365 JOURS

AUX PIEDS DU MAÎTRE

365 Jours aux Pieds du Maître

Jérémy Sourdril et 14 auteurs

365 exhortations quotidiennes

365joursauxpiedsdumaitre.com

Imprimé en France.

ISBN 978-2-9812919-0-5
Dépôt légal - Bibliothèque et Archives nationales du Québec, 2011
Dépôt légal - Bibliothèque et Archives Canada, 2011

À mon Seigneur,
À ma précieuse femme,
À ma Eden,
Vous êtes « mon amour ».

Remerciements

C'est avec toi Seigneur que j'ai vécu les moments les plus profonds, les plus intimes, les plus extraordinaires, les plus passionnants. Tu es mon amour et te servir est ma passion. Tu as su gagner mon cœur, c'est toi qui m'as cherché et qui m'as aimé le premier et je te serai éternellement reconnaissant. Tu as fait de moi celui que je suis, ta grâce envers moi est puissante et je ne saurais la mesurer. J'ai hâte de te voir face à face. Je veux voir ton visage...

Papa, Maman, votre amour et votre fidélité ont toujours été pour moi une colonne dans ma vie. Nul ne pourrait vous remplacer. Vous êtes des parents extraordinaires. L'œuvre de Dieu nous a éloignés pour un temps, mais nous recevrons une récompense éternelle. Je vous aime.

Annabelle, tu es un cadeau de Dieu. Plusieurs femmes ont une conduite vertueuse, mais toi tu les surpasses toutes. Ton humour, ta sagesse, ta joie et ta douceur font de toi une femme exceptionnelle. Je t'aime.

Anthony prépare-toi, le Maître a besoin de toi. Souviens-toi qu'au temps venu, il s'occupera de toutes choses.
Magali, puisses-tu utiliser ta persévérance et ta détermination pour le Royaume de Dieu.
Stéphanie, ton aide et ta joie débordante sont un encouragement, ta maison est bénie. Je remercie Dieu de ce qu'il a fait dans ta vie.

Gwen, tu es mon chantre, celui qui se lève dès l'aurore pour adorer Jésus. Ton cœur déborde de louanges pour Dieu. Nul ne te ravira de sa main.

Je suis reconnaissant à Dieu pour les nombreux leaders qu'il a placés dans ma vie, qui ont été pour moi des modèles et des sources d'inspiration tout au long de ma vie chrétienne et de ministère. Je pense d'abord à Olivier Derain : un modèle de conviction et de vision, un modèle d'enseignement et de vérité. Merci pour l'amour que tu as manifesté à ta manière durant tant d'années. Ce premier livre est le fruit de ton travail dans ma vie.

Je pense aussi à ceux qui ont été mes pasteurs pendant plusieurs années : Bernard Cogat : même s'il est parti, je remercie son épouse pour l'homme qu'il a été, son humour et sa simplicité ont été pour moi une bénédiction dans mon jeune âge. Philippe Bak : merci pour votre enseignement, mais par-dessus-tout pour le caractère de Christ et les fruits de l'esprit qui émanent de vous. Merci pour toutes vos prières à mon égard, merci d'avoir semé dans ma vie. Votre travail n'a pas été vain. Tim Kilstrom : merci pour votre enseignement de foi qui a été bénéfique alors que nous commencions EnseigneMoi.

Merci à ceux qui ont eu un impact dans ma vie, que j'ai connus de près ou de loin : Michaël Lebeau, mon compagnon d'œuvre. Tu m'as toujours poussé à plus d'excellence. Mon âme s'est attachée à toi comme l'âme de Jonathan pour David.

Charles Talingano, merci de m'avoir aidé à prier avec le feu, merci pour ton zèle.

Joël et Mathilde Spinks, merci pour votre amour pour la francophonie, merci d'avoir été sensibles à la voix de Dieu qui nous appelait à vivre ensemble une nouvelle saison.

Merci à Alain-Patrick Tsengue, Fofy Ndelo, John Bevere, Heidi Baker, à tous ceux qui m'ont fait confiance d'une manière ou d'une autre, et les autres. Je n'ai pas la place d'écrire tous vos noms.

Merci à tous les auteurs de ce livre et ceux qui m'ont aidé à le corriger. Vous avez répondu positivement à mon appel avec une grande simplicité.

Je ne saurais oublier Fripon et Maria, vous faites partie de ces personnes rares et précieuses comme on en rencontre peu dans une vie. Votre joie, votre douceur et votre passion pour Christ m'inspire. You're so special to me.

Introduction

Avez-vous déjà rêvé d'être une personne différente ? D'entrer dans tout ce que Dieu a prévu pour vous ? J'ai une bonne nouvelle pour vous, vous n'avez pas besoin d'être quelqu'un d'autre !

Pendant longtemps, j'ai cherché à plaire à Dieu, j'ai cherché à obtenir la puissance de le servir, mais c'est en m'approchant de Lui qu'il m'a transformé. Comme dit la Parole de Dieu : « Quand on tourne vers Lui nos regards, on est rayonnant de joie ». Lorsqu'on regarde à Dieu et que nous basons notre vie sur sa justice, nous apprenons à ne dépendre que de Lui, c'est alors qu'il nous enseigne ses voies.

> *2 Corinthiens 3 : 18*
> *Nous tous qui, le visage découvert, contemplons comme dans un miroir la gloire du Seigneur, nous sommes transformés en la même image, de gloire en gloire, comme par le Seigneur, l'Esprit.*

Il en sera ainsi pour vous en cette année.

Si je devais résumer le travail accompli et l'inspiration contenue dans ce livre, je pourrais presque dire : « J'ai posé ma plume, et Dieu a écrit ».

Lorsque Dieu m'a demandé d'écrire ce livre en un an, j'ai lutté pendant plusieurs semaines, me sentant incapable d'y parvenir. Je mentirais si je disais que Dieu m'a aidé ou que c'est moi qui l'aie aidé... Il m'a tout donné, qu'à Lui Seul revienne toute la Gloire. J'ai tout reçu en Jésus-Christ.

La Bible déclare « qu'avec Dieu, nous ferons des exploits ». Ce livre est pour moi un de ces exploits. Jour après jour, Dieu me donnait souvent juste un mot, je « posais la plume » et Dieu m'inspirait.

Plusieurs auteurs, qui sont des amis pour moi, ont également participé à ce livre. Vous serez richement béni par leurs écrits.

Je crois que si vous lisez ces pages avec un cœur ouvert, tendre et soumis à Dieu, vous verrez les choses les plus extraordinaires se manifester dans votre vie. Ces exhortations, écrites par 15 auteurs différents, vont ouvrir un chemin nouveau devant vous. Vous serez enseigné, convaincu, corrigé, édifié.

> 2 Timothée 3 : 16-17
> *Toute Écriture est inspirée de Dieu, et utile pour enseigner, pour convaincre, pour corriger, pour instruire dans la justice, afin que l'homme de Dieu soit accompli et propre à toute bonne œuvre.*

Je vous encourage à méditer quotidiennement, avec fidélité, les vérités de la Parole de Dieu dont il est question dans cet ouvrage. Ne passez pas au-dessus des versets, mais prenez votre temps pour lire ces exhortations, afin qu'elles viennent changer votre vie en profondeur. Mettez à l'épreuve la Parole de Dieu en la pratiquant jour après jour.

Ma prière est que vous puissiez devenir un véritable disciple de Jésus-Christ, afin que vous puissiez faire les choses que Jésus a faites, et de plus grandes encore.

01 JANVIER

Yvan Castanou

Nouvelle année ou nouvelle dimension ?

Proverbes 29 : 18 : « Quand il n'y a plus de révélation divine, le peuple se laisse aller ».

Chaque nouvelle année est porteuse de nouveaux espoirs, de nouvelles résolutions et de nouveaux vœux. Mais si vous êtes réaliste et sage, vous savez bien que ce n'est pas le fait de franchir une année de plus qui transformera votre vie.

Qu'est-ce qui est le plus important ? Entrer dans une nouvelle année, ou dans une nouvelle dimension de votre existence ?

Si vous voulez que votre vie reçoive une nouvelle impulsion, il vous faut comprendre que Dieu travaille avec les saisons. Sa notion de temps est différente de la nôtre.

Il travaille certes dans le temps chronologique, « chronos » : le temps de notre calendrier. Mais aussi et surtout avec le temps « kairos », qui fait référence au temps fixé par Dieu, la « saison voulue » pour qu'arrivent les choses. Il fait toute chose parfaite en son temps (littéralement « en sa saison »).

Une nouvelle dimension ne commence pas avec une nouvelle année, mais avec une nouvelle révélation divine. Pierre a eu besoin d'une nouvelle instruction de Christ, pour marcher sur l'eau, ce que personne n'avait jamais fait avant lui.

De même, c'est une nouvelle vision de Dieu qui a permis à Jacob de devenir Israël, à Moïse le fugitif, de devenir le libérateur du peuple Hébreu, à David le rejeté, de devenir l'homme selon le cœur de Dieu, et à Saul de Tarse le meurtrier, de devenir Paul, le mentor de l'Église.

Chaque nouvelle révélation de Dieu vous fait prendre conscience de vos possibilités, de vos opportunités, de vos forces et de l'immensité de votre potentiel. C'est la vision qui déclenche en vous la passion, la motivation et la détermination à payer le prix. C'est encore elle qui vous fait voir l'invisible, avant d'accomplir l'impossible, qui vous pousse à l'action lorsqu'elle est associée à la foi. Sans révélation, sans nouvelle instruction du Seigneur, vous ferez ce que vous avez toujours fait dans le passé. Et quelqu'un a dit : « Si vous continuez de faire ce que vous avez toujours fait, vous obtiendrez ce que vous avez toujours eu ». Rien ne changera. Et prendre des résolutions, si bonnes soient-elles, ne suffira pas, car la plupart d'entre elles s'estompent au bout de quelques semaines.

Dieu essaie de vous dire quelque chose. Il veut vous donner des instructions à suivre pour progresser vers votre destinée. Pour les écouter, il vous suffit de vous connecter sur Saint-Esprit FM. Entendez ce qu'il vous dit pour cette année, visualisez-le et passez à l'acte !

C'est ainsi que vous expérimenterez une nouvelle dimension et pas simplement une nouvelle année.

Une action pour aujourd'hui

En cette nouvelle année, votre joie, votre épanouissement et votre rayonnement dépendent de votre capacité à voir, entendre et obéir aux instructions de Dieu. Prenez tout le temps qu'il vous faudra, dans la prière, pour écouter ce qu'il veut vous dire en cette saison. C'est cela la révélation divine ! Engagez-vous dans cette direction, et vous verrez que ni la confusion, ni la honte ne seront votre partage. C'est la clé pour expérimenter, au-delà d'une simple nouvelle année, une nouvelle dimension avec Dieu.

02 JANVIER

Olivier Derain

Quelle est votre vision pour cette année ?

Il est étonnant de voir tant de chrétiens qui tournent en rond, sans jamais se poser la question : « Où suis-je en train d'aller ? », ou encore : « Quels sont mes objectifs pour cette année qui arrive ? ».

Faites un bilan de l'année précédente

Lors d'une réunion que nous avons célébrée dans notre église au Burundi, je partageais sur un texte de Jean 17, pendant les dîmes et les offrandes (comme je le fais chaque dimanche), où Jésus va prier Son Père après ses trois ans et demi de ministère rempli d'œuvres.

> *Jean 17 : 1-4*
> *Après avoir ainsi parlé, Jésus leva les yeux au ciel, et dit : Père, l'heure est venue ! Glorifie ton Fils, afin que ton Fils te glorifie, selon que tu lui as donné pouvoir sur toute chair, afin qu'il accorde la vie éternelle à tous ceux que tu lui as donnés. Or, la vie éternelle, c'est qu'ils te connaissent, toi, le seul vrai Dieu, et celui que tu as envoyé, Jésus-Christ. Je t'ai glorifié sur la terre, j'ai achevé l'oeuvre que tu m'as donnée à faire.*

Jésus dans ce passage faisait un bilan de la première Mission que le Père lui avait donnée de réaliser sur la terre, et pour Christ ce bilan était parfait bien évidemment ! Un bilan pour une entreprise permet d'en connaître sa santé, si elle est bonne ou mauvaise ou si elle est prête à déposer le bilan. Cela permet d'évaluer où elle en est dans ses investissements, si elle a fait du profit ou si elle perd de l'argent et donc qu'elle est en danger. Par ce bilan les actionnaires et les dirigeants de cette entreprise peuvent se féliciter ou encore savoir s'ils doivent prendre des mesures d'urgences pour redresser leur société. C'est une leçon pour nous !

Nous avons une année qui se termine et une qui commence : êtes-vous capable de faire un bilan sincère et équilibré de votre vie avec le Seigneur ? Certains, vous pourrez me dire : « Je suis presqu'au dépôt de bilan ! », d'autres vous avez avancé, mais vous tournez en rond depuis des années, d'autres encore vous avez une vision et vous savez où vous allez. Un bilan pour un enfant de Dieu, c'est se poser la question à propos de son avancement dans sa relation avec Dieu, c'est un bilan sur ses fruits au niveau de l'efficacité de ses prières de cette année qui vient de s'écouler, c'est un bilan sur ses relations avec les autres, c'est un bilan sur sa prospérité financière et c'est aussi un bilan sur sa santé physique.

« Quels fruits est-ce que je porte ? », devrait être notre question en cette nouvelle année. « Suis-je encore tourné sur « moi », « moi », « moi », ou ma vie a-t-elle réellement changé et je cherche à être une source de bénédictions ? ».

Avoir une vision pour le Royaume de Dieu cette année

C'est un des plus grands drames de l'histoire de l'humanité. Les années passent et la plupart des enfants du Royaume de notre Père sont en train d'attendre et de ne rien accomplir, sans aucune vision, ne réalisant pas que ce sont des dizaines et des dizaines d'années perdues. Ils tournent en rond sans savoir vraiment où ils vont. Quel dommage, quel gâchis ! Dieu veut que nous soyons productifs pour Sa gloire, il n'est intéressé ni par nos gémissements, ni par nos plaintes, si nous le connaissons depuis des années. Il y a en effet dans nos vies un temps de restauration, mais il y a aussi un temps de construction, puis un temps où nous devons conquérir pour lui.

Notre vie est faite de décisions journalières qui déterminent nos directions et qui façonnent jour après jour notre destinée : votre destinée, c'est ce que Dieu a écrit d'avance au troisième ciel sur votre vie et qu'il veut que vous accomplissiez sur cette terre afin de le glorifier, mais pour cela, il a besoin de votre collaboration ! La plupart des chrétiens sont enterrés sans avoir accompli la moindre phase de leur destinée, ils ne sont qu'une ombre qui est passée sur cette terre : oui, ils vont au ciel, mais quel dommage de ne pas avoir été de ceux qui ont pu construire le Royaume : ne perdez pas votre temps.

Alors, faites un bilan de cette année qui est passée et fixez-vous des objectifs de foi et d'achèvement pour l'année qui commence, afin que cette année soit meilleure que la précédente, pour la seule et unique gloire de Christ !

03 JANVIER

Joël Spinks

Rachetons le temps

Col 4 : 5-6 : « Conduisez-vous avec sagesse envers ceux du dehors, et rachetez le temps. Que votre parole soit toujours accompagnée de grâce, assaisonnée de sel, afin que vous sachiez comment il faut répondre à chacun ».

Il y a quelque temps, je me suis trouvé coincé dans une petite communauté Inuit (esquimau) dans l'Arctique canadien où il faisait -56 degrés Celsius ! Malgré le blizzard, je me suis présenté à l'aéroport, souhaitant ardemment que mon vol me ramène dans le sud du Canada. Finalement, je restai sur la glace avec mes frères et sœurs dans le Grand Nord. Que faire dans une telle situation ? Bien, j'ai choisi de rechercher la face du Seigneur afin qu'Il m'accorde une direction précise pour ma vie. En ce moment d'isolation, le Seigneur me révéla des pas spécifiques qu'Il désirait que je prenne. Gloire à Dieu !

À une autre occasion, j'étais dans l'Est du Canada, espérant retourner à Calgary pour rentrer chez moi. Cette fois-ci, mon vol fut retardé. Que faire dans une telle situation désolante ? Bien, je pouvais me frustrer, me lamenter, ou je pouvais essayer de discerner l'opportunité de Dieu dans ladite situation. Puisque j'ai choisi la dernière possibilité, Dieu m'a conduit à discuter avec une passagère. Elle me partagea qu'elle venait d'apprendre une terrible et mauvaise nouvelle ! Le cancer l'avait atteinte, ainsi que sa mère, et à présent, elle était consumée par la crainte et la désolation. Alors, j'ai réalisé quelle était la raison pour le retard de mon vol. J'ai pu lui partager l'Évangile concernant la volonté de Dieu en rapport avec la guérison divine. Elle fut tellement réceptive et heureuse par mes paroles qu'elle me remercia de tout cœur. Là où satan voulait m'ennuyer, Jésus avait un plan pour mon édification et pour la bénédiction d'une pauvre dame malade.

Aujourd'hui, je me retrouve à Paris chez des amis, coincé à nouveau. Je croyais m'envoler pour le Québec en après-midi, pensant retrouver ma famille ce soir, mais Dieu savait que je resterais ici encore pour quelque temps. Vous voyez, un petit nuage... d'une taille qui affecta le continent européen m'empêcha de partir. Cette poussière volcanique de l'Islande a impacté des milliers de voyageurs partout à travers le monde. Puisque des milliers de vols sont annulés, soudainement, des milliers de gens sont surpris par beaucoup de temps libre. Que faire dans de tels moments d'attente ? Pourquoi ne pas racheter le temps pour le Seigneur ?

Vous savez, un jour ou l'autre, votre plan sera secoué. Bref, la vie est pleine de surprises. Que ferez-vous de ces cadeaux inattendus ? Permettrons-nous à l'ennemi de nous dérober de la paix et de la joie du moment ? Nous permettrons-nous de gaspiller notre temps, ou choisirons-nous de l'investir pour le Royaume ? Aujourd'hui, j'aimerais vous encourager à saisir chaque moment qui vous est prêté ! Nous n'avons qu'une vie sur cette terre, alors nous devons savoir comment la savourer et de la faire compter pour l'éternité !

Lorsque nous nous tournons vers Jésus, nous découvrons qu'il n'y a rien qui Le surprend. Soyons donc conscients que ces « moments surprises » sont en fait des cadeaux prévus dans Son agenda afin de nous faire goûter et partager Sa bonté.

04 JANVIER

Jérémy Sourdril

« Donne-nous des paroles avec quoi travailler »

Proverbes 18 : 21 : « La vie et la mort sont au pouvoir de la langue; quiconque l'aime en mangera les fruits ». Ce qui sort de notre bouche a une puissance, et il ne faut pas mépriser cette vérité de la Parole de Dieu. Certaines personnes ont dit : « Oh ces chrétiens de foi exagèrent avec la confession, ils vont trop loin ».

En fait, c'est la Parole de Dieu qui va trop loin dans ce cas ! Aussi vrai que le salaire du péché c'est la mort, aussi vrai la vie et la mort sont au pouvoir de la langue !

Bien entendu, il y a des gens qui deviennent superstitieux en tordant la doctrine de la confession. Il y a dans tous les domaines surnaturels des excès, et si nous devions arrêter à cause de cela de croire à la puissance de Dieu nous ne serions plus des croyants !

Ce n'est pas parce qu'il y a des excès dans un domaine que nous devons arrêter de le croire. À cause de cela, bien des gens sont passés à côté de puissantes bénédictions et de réponses à leur besoin.

Mon pasteur (Joël Spinks) a un jour reçu une visitation glorieuse de la part de Dieu. Il n'avait pas encore 30 ans. Il était dans une conférence de 800 personnes et on l'a appelé sur le devant. La puissance de Dieu est tombée sur lui et il est resté environ quatre heures au sol dans la présence de Dieu. Alors qu'il était « dans l'esprit », deux anges lui apparurent. Un ange lui dit : « Donne-nous des paroles avec quoi travailler ». Cette parole, c'est une grande révélation, tout un enseignement. Elle m'a encore plus ouvert les yeux sur la puissance de la Parole de Dieu dans nos bouches.

Nous ne parlons jamais aux anges, nous ne les louons pas non plus, et nous n'essayons pas d'avoir de visions d'anges, mais la Parole de Dieu déclare que :

> *Hébreux 1 : 14*
> *Ne sont-ils pas tous des esprits au service de Dieu, envoyés pour exercer un ministère en faveur de ceux qui doivent hériter du salut ?*

La Bible déclare que les anges servent Dieu en servant les croyants. Les anges travaillent avec la Parole de Dieu. Si vous confessez constamment les circonstances dans votre vie, Dieu ne pourra pas œuvrer pour vous, car vous déclarez ce en quoi vous croyez. Dieu dit :

> *Hébreux 11 : 6*
> *Or sans la foi il est impossible de lui être agréable; car il faut que celui qui s'approche de Dieu croie que Dieu existe, et qu'il est le rémunérateur de ceux qui le cherchent.*

Il nous faut comprendre qu'on ne s'approche pas de Dieu simplement dans la prière, dans le sens de se mettre à part pour quelques minutes, fermer les yeux et prier. On s'approche de Dieu en méditant, et aussi en proclamant la Parole de Dieu. Si vous ne savez pas comment vous approcher de Dieu, confessez la Parole de Dieu. Vous verrez que sa présence vous enveloppera alors que vous déclarez avec foi les versets qui viennent dans votre esprit. On s'approche donc de Dieu en confessant sa Parole.

De la même façon que Dieu a besoin de Sa Parole dans notre bouche pour travailler dans nos vies, les anges ont besoin de nos paroles pour travailler. Je le dis encore, nous ne parlons pas aux anges, mais les anges entendent ce que nous disons.

Si les anges nous entendent, les démons aussi parfois. En fait, si une personne commence à avoir un langage diabolique, cela appelle le monde des ténèbres à se manifester. Des gens ont dit : « Moi je mourrais avant mes 30 ans car mon père est mort avant 30 ans et mon grand-père aussi ». Vous savez quoi, si cette personne déclare cela régulièrement avec foi, c'est ce qui se passera. Bien des gens n'étaient ni pauvres, ni malades, mais à force de confesser les choses du royaume des ténèbres, de confesser leur crainte de la maladie et de la pauvreté, ils ouvrent une porte aux démons à travailler dans leurs vies.

J'ai connu une église (mais il y a en a beaucoup !) qui se réunissait pour prier. Mais leur réunion de prière n'était que des prières de lamentations, de plaintes, de craintes et de confessions négatives et défaitistes. Et bien ils avaient beau prier, il ne se passait rien. Celui qui s'approche de Dieu doit venir avec foi. Vous ressortiez de cette église plus mal qu'en rentrant, car cela ouvrait les portes à des esprits méchants qui venaient tyranniser les gens et les oppresser encore plus.

Dieu a besoin de vos paroles pour travailler, et ses anges qu'il envoie pour nous aider ont aussi besoin de nos paroles pour travailler avec la Parole de Dieu dans notre bouche. Lorsque les anges entendent la Parole de Dieu dans notre bouche, cela leur permet de travailler. Plus nous confessons la Parole de Dieu avec foi (et avec une vie droite bien entendu), et plus les anges seront en action pour nous ! Il ne faut pas mépriser le ministère des anges en faveur de ceux qui doivent hériter du salut.

Alors que Pierre était en prison, un ange exerça son ministère auprès de lui :

> *Actes 12 : 7-8*
> *Et voici, un ange du Seigneur survint, et une lumière brilla dans la prison. L'ange réveilla Pierre, en le frappant au côté, et en disant : Lève-toi promptement ! Les chaînes tombèrent de ses mains. Et l'ange lui dit : Mets ta ceinture et tes sandales. Et il fit ainsi. L'ange lui dit encore : Enveloppe-toi de ton manteau, et suis-moi.*

Dieu peut nous protéger en envoyant ses anges, certains ont même exercé l'hospitalité à des anges sans le savoir ! C'est ce que nous dit la Parole de Dieu.

Alors que vous déclarez la Parole de Dieu, vous permettez au royaume de Dieu, au monde angélique de travailler en votre faveur. Dieu parle et tout se soumet à Sa Parole. Dieu nous a donné Sa Parole pour que nous puissions créer dans notre maison, dans notre vie, une atmosphère de foi, un endroit où règne Sa Parole. J'aime quand l'onction vient sur moi alors que je suis dans mon salon, et que je commence à proclamer la Parole de Dieu qui sort de mon esprit. À ce moment-là je sens la présence de Dieu autour de moi. Mais ce n'est pas le genre de présence « frisson », c'est comme si les mots de la parole de Dieu qui sortent de ma bouche devenaient vivants, mais vraiment comme quelque chose de vivant, que je pourrais presque toucher autour de moi. C'est vraiment merveilleux de sentir la vie qui se trouve dans la Parole de Dieu.

Quoi que vous ressentiez, et quelles que soient les circonstances, déclarez la Parole de Dieu. Tout pourrait s'élever pour que vous ne puissiez pas déclarer la Parole, mais c'est justement là qu'il faut la déclarer !

> *Jean 1 : 1-5*
> *Au commencement était la Parole, et la Parole était avec Dieu, et la Parole était Dieu. Elle était au commencement avec Dieu. Toutes choses ont été faites par elle, et rien de ce qui a été fait n'a été fait sans elle. En elle était la vie, et la vie était la lumière des hommes. La lumière luit dans les ténèbres, et les ténèbres ne l'ont point reçue.*

> *Romains 10 : 8*
> *Que dit-elle donc ? La parole est près de toi, dans ta bouche et dans ton cœur. Or, c'est la parole de la foi, que nous prêchons.*

> *2 Corinthiens 4 : 13*
> *Et, comme nous avons le même esprit de foi qui est exprimé dans cette parole de l'Écriture : J'ai cru, c'est pourquoi j'ai parlé ! Nous aussi nous croyons, et c'est pour cela que nous parlons…*

05 JANVIER

Jérémy Sourdril

La place du Saint-Esprit dans ta vie

La première fois que j'ai entendu qu'on pouvait avoir une véritable relation avec le Saint-Esprit, je pense avoir été à la fois surpris et assoiffé, car dans mon église on ne m'avait pas appris cela. Un jour même, on nous avait enseigné qu'on ne pouvait pas parler au Saint-Esprit, mais la démonstration biblique ne tenait pas la route.

Je savais au fond de moi qu'il était biblique de parler au Saint-Esprit, mais on nous avait enseigné le contraire. Alors j'avais soif de mon côté et je gardais cela pour moi. Mon meilleur ami avait une bonne relation avec le Saint-Esprit. Il lui parlait chaque jour, à tout moment, et il commença à vivre des choses surnaturelles grâce à lui. Il est arrivé qu'une personne entre dans sa chambre et soit convaincue de péché, il priait pour des gens qui tombaient sous la puissance de Dieu et qui étaient réellement visités, et d'autres choses semblables. Il avait seulement 19 ans.

J'avais déjà lu un ou deux livres sur le Saint-Esprit, et au début je me posais vraiment des questions, et à la fois je sentais dans mon esprit une soif de connaître plus le Saint-Esprit et de développer une relation avec lui. Mais à cause de ce qu'on m'avait enseigné, je me disais : « Peut-on réellement parler au Saint-Esprit ? », « Si on peut parler au Saint-Esprit pourquoi y a-t-il si peu de référence à ce sujet dans le Nouveau Testament ? », « Pourquoi mon pasteur n'en parle pas ? », mais je voyais que certaines personnes sérieuses avec Dieu avaient vécu des choses avec le Saint-Esprit. Je crois que les hommes et femmes les plus utilisés par Dieu sur la terre actuellement sont des gens qui ont développé une relation forte avec le Saint-Esprit.

John Bevere raconte qu'à l'époque où son ministère (d'aide) consistait à prendre les gens à l'aéroport pour les amener à l'église, il prit dans sa voiture le Pasteur Yonngi Cho. Il sentit immédiatement la présence du Saint-Esprit alors que le Pasteur Cho restait en silence. John Bevere se mit à pleurer « en silence », et il dit au Pasteur Cho : « Il y a une grande présence du Saint-Esprit ici ! » et le Pasteur acquiesça simplement. John Bevere raconte que les personnes dont il se souvient le mieux (des dizaines de personnes qu'il amena de l'aéroport à l'église) sont des personnes qui avaient une forte relation avec le Saint-Esprit.

Effectivement, le Saint-Esprit marque nos vies. Il n'a pas besoin de dire qu'il est là quand il est là, mais on sait qu'il est là.

Le fait qu'il y ait peu de références au fait de parler au Saint-Esprit ne veut pas dire que l'on ne peut pas lui parler. Le mot évangéliste n'apparait que 3 fois dans la Bible et pourtant le ministère d'évangéliste est l'un des cinq ministères que Dieu a donné au corps et nous en avons cruellement besoin. De la même façon, on voit peu de versets qui nous disent directement de parler au Saint-Esprit, mais les Actes (par exemple) transpirent de la communion qu'avaient les apôtres et les disciples avec le Saint-Esprit. La Bible dit dans :

> *2 Corinthiens 13 : 13*
> *Que la grâce du Seigneur Jésus-Christ, l'amour de Dieu, et la communication du Saint-Esprit soient avec vous tous ! Amen !*

Le terme communication (ici veut dire : « échange, communion, communication, partenariat, etc. ». Oui, nous pouvons communier, communiquer, parler avec le Saint-Esprit. Le Saint-Esprit est-il moins Dieu que le Père ? Bien entendu que non ! Le Saint-Esprit est l'esprit de Christ. Le fait est que beaucoup de croyants se privent, souvent par manque de connaissance ou mauvais enseignements de cette merveilleuse relation avec Dieu le Saint-Esprit. Dieu a voulu se révéler en trois personnes alors nous pouvons avoir une relation avec ces « trois » personnes.

Nous ne prions pas Jésus dans le sens de demander quelque chose, mais nous prions le Père au Nom de Jésus. C'est ce qu'a dit Jésus dans les évangiles. Nous parlons au Père, à Jésus son Fils et au Saint-Esprit. Certains groupes disent que nous ne pouvons pas parler ou adorer Jésus car il est moins élevé que le Père et d'autres groupes disent qu'on ne peut pas parler ou adorer le Saint-Esprit car il est moins élevé que le Père.

Mais j'aimerais vous faire croire la Parole de Dieu aujourd'hui pour vous libérer de toute question humaine : Oui, nous pouvons et nous devons parler au Saint-Esprit.

Lorsque nous entendons ou lisons des choses à propos de gens qui ont une relation avec le Saint-Esprit, nous avons souvent tendance à vouloir imiter leur relation. Cela a l'air de fonctionner un jour ou deux, mais ensuite cela « s'évapore », puis nous sommes déçus. Ce que beaucoup ne comprennent pas, c'est qu'il s'agit d'une RELATION. On n'entre pas dans une relation avec quelqu'un du jour au lendemain. Cela prend du temps. Même dans une famille, il y a un temps d'adaptation de relation les uns avec les autres. Beaucoup de parents cherchent encore alors que leurs enfants ont 17 ans à avoir une bonne relation avec eux.

Notre relation avec le Père est différente que celle avec le Fils et encore différente de celle avec le Saint-Esprit. En tant qu'être humain, nous ne comprenons pas toujours pourquoi Dieu a voulu se révéler en trois personnes, pourquoi il a besoin d'anges à son service, pourquoi il a besoin d'hommes à son service et d'anges au service des hommes alors que nous l'avons déjà lui en nous ! Mais Dieu dans sa suprême intelligence l'a voulu ainsi.

C'est merveilleux de développer sa relation avec Dieu le Père, Dieu le Fils et Dieu le Saint-Esprit. Ma relation est différente avec « chacun d'eux ». Au début de ma vie chrétienne, je priais toujours : « Éternel Dieu », et mon meilleur ami m'avait fait remarqué cela en me disant : « Pourquoi pries-tu toujours à l'Éternel Dieu alors que Dieu est un Père pour nous ? ». Cela m'ouvrit les yeux et me fit grandir dans ma relation avec Dieu en tant que Père. Dieu n'était plus le Dieu lointain de l'Ancien Testament, mais il était devenu un Père pour moi. Ainsi beaucoup se privent d'une relation avec Dieu le Saint-Esprit, ou même Dieu le Père.

Souvent je me réveille le matin et je suis déjà rempli du Saint-Esprit. Je sens la présence du Saint-Esprit sur moi et je ne peux qu'adorer Jésus-Christ. Le Saint-Esprit m'a toujours amené à adorer Jésus, jamais à l'adorer lui. Je pourrais l'adorer mais le Saint-Esprit m'amène toujours vers Jésus. Lorsque le Saint-Esprit est sur moi en manifestation (au travers de son onction), c'est comme si j'étais amené dans la Présence du Roi des rois automatiquement. Je n'ai pas à chercher encore et encore Dieu mais je suis déjà dans sa Présence. Voilà pourquoi il m'est si facile d'adorer Jésus à longueur de temps lorsque le Saint-Esprit est sur moi. La Bible dit que Dieu nous a donné tout ce qui contribue à la vie et à la piété :

> *2 Pierre 1 : 3*
> *Comme sa divine puissance nous a donné tout ce qui contribue à la vie et à la piété, au moyen de la connaissance de celui qui nous a appelés par sa propre gloire et par sa vertu,*

Adorer et prier Dieu ne devraient jamais être une charge. La Bible dit que c'est « poussés par le Saint-Esprit que des hommes ont parlé de la part de Dieu » :

> *2 Pierre 1 : 21*
> *Car ce n'est pas par une volonté d'homme qu'une prophétie n'a jamais été apportée, mais c'est poussés par le Saint-Esprit que des hommes ont parlé de la part de Dieu.*

Ils sentaient la présence du Saint-Esprit qui leur donnait une onction, une force, une mesure de la présence de Dieu pour faire ce qu'ils avaient à faire. De la même façon, le Saint-Esprit vient nous pousser à adorer Jésus. Lorsque nous adorons Jésus, Dieu vient habiter notre adoration et tout devient possible.

Aujourd'hui j'aimerais que vous ne vous priviez pas de cette grâce infinie de Dieu que de pouvoir être en relation avec le Saint-Esprit. Le Saint-Esprit n'est ni une colombe, ni une force, ni un vent, ni une rivière, mais une personne, et il désire être en relation avec vous. Vous vous demandez peut-être : « Mais à quoi me servira-t-il d'être en relation avec le Saint-Esprit, car je suis déjà en relation avec Dieu et Dieu est un ? ». Dieu l'a voulu ainsi, et si vous désirez voir Dieu en manifestation dans votre vie chrétienne, si vous désirez connaître plus Dieu, vous aspirerez à cette relation.

Accueillez le Saint-Esprit dans votre vie, que la communion avec le Saint-Esprit soit avec vous. Commencez à inviter le Saint-Esprit dans votre vie, honorez-le et donnez-lui la place qu'il mérite. Écoutez votre cœur. Dites-lui que vous avez soif de Lui, que vous avez cruellement besoin de plus de Lui, que vous désirez connaître Jésus-Christ. Si cette relation met du temps à se construire, ne vous inquiétez pas. Marchez aussi dans la sainteté et écoutez ce que le Saint-Esprit vous dira de changer dans votre vie, puis changez ces choses, grâce à la puissance souveraine qui agit en vous.

06 JANVIER

Jérémy Sourdril

Dieu ne nous amènera pas là où Il l'a décidé sans nous

Les chrétiens veulent voir Dieu agir dans leur vie. Ils aimeraient avoir des visions, ils aimeraient que Dieu leur parle, ils aimeraient voir Dieu intervenir avec puissance dans leur vie, ils aimeraient voir la gloire de Dieu. Dieu nous aime et il veut toucher nos vies, mais Dieu nous a demandé de nous mettre en position de recevoir.

Les gens se trompent en pensant que, parce qu'ils sont devenus enfants de Dieu, Dieu les amènera là où il l'a décidé. C'est une grande et terrible erreur.

Dieu veut nous amener là où Il nous appelle, mais ce n'est pas lui qui le fera. Cela peut vous surprendre mais Dieu nous dirige, ce n'est pas lui qui nous déplace, qui nous fait marcher. C'est à nous de lui obéir, d'être dirigé par Lui, c'est à nous de poser un pas devant l'autre.

En tant que parents, nous pouvons prendre notre bébé par les mains pour essayer de le faire marcher mais c'est à notre bébé de poser les pieds l'un après l'autre. Nous ne sommes pas trois à le faire marcher comme un robot, l'un prenant ses mains, l'autre prenant sa jambe droite et l'autre prenant sa jambe gauche pour le faire avancer. Si votre fils de sept ans se remettait à marcher à quatre pattes voulant que vous le preniez par les mains pour marcher vous ne cèderiez pas à son caprice, car vous êtes un bon parent qui veut responsabiliser son enfant. Dieu a dit dans sa Parole :

> *Jacques 4 : 8*
> *Approchez-vous de Dieu, et il s'approchera de vous. Nettoyez vos mains, pécheurs; purifiez vos cœurs, hommes irrésolus.*

Les gens disent souvent à Dieu : « Lave-moi de mes péchés », mais ici il est dit aux hommes de nettoyer leur cœur et leurs mains. En fait, Dieu nous demande toujours quelque chose pour qu'Il puisse intervenir. Si nous ne prenons pas la décision de nettoyer notre vie, Dieu ne le fera pas pour nous. Nous avons besoin de nous occuper du naturel et Dieu prendra le relais pour le surnaturel. Nous n'avons pas la puissance de nettoyer notre esprit (notre cœur), mais nous avons la puissance de prendre la décision que notre cœur soit nettoyé. Nous n'avons pas la puissance d'être sauvé, mais nous avons la puissance (l'autorité) de prendre la décision d'être sauvé, de nous mettre en position d'être sauvé. Ce n'est pas nous qui nous sauvons, mais pour être sauvé, il faut qu'il y ait nous et Dieu. Nous nous mettons en position d'être sauvé, en nous repentant sincèrement et en acceptant Jésus-Christ dans notre vie, et Dieu amène, à cause de ce que nous avons fait, une puissante conviction de péché qui produira un miracle et recréera notre esprit. Ainsi il nous fait devenir enfant de Dieu.

> *Jean 1 : 12*
> *Mais à tous ceux qui l'ont reçue, à ceux qui croient en son nom, elle a donné le pouvoir de devenir enfants de Dieu,*

Nous avons l'autorité de devenir enfant de Dieu à partir du moment où nous croyons au Nom de Jésus-Christ et où nous recevons Jésus. À ce moment-là Dieu fait un miracle. Ainsi, c'est à nous de nous approcher de Dieu, puis Dieu s'approchera de nous. Oui, Dieu a dit qu'il se ferait connaître à un peuple qui ne le cherchait pas, mais quand vous devenez un bébé en Christ, vous allez devoir maturer et devenir adulte.

Les gens sont surpris de ne pas voir la Gloire de Dieu dans leur vie. Ils ne comprennent pas pourquoi Dieu n'intervient pas plus grandement. Il y a plusieurs raisons mais l'une d'elles est la consécration. Si vous voulez voir Dieu agir puissamment dans votre vie, vous avez besoin de vous consacrer dans votre amour pour Dieu. Sans consécration vous n'aurez pas d'influence; vous ne pourrez pas influencer votre corps, votre âme, votre esprit, votre environnement, votre prochain. Nous avons besoin de nous consacrer pour voir la Gloire de Dieu. Dieu ne touche pas les gens par hasard. Il n'y a pas de petits chouchous parmi le peuple de Dieu. Il existe des témoignages surprenants, mais il nous est donné toujours en fonction de notre soif de Dieu. Plus notre soif est grande, et plus Dieu viendra nous remplir. Il ne faut pas croire que le fait d'être chrétien fera que Dieu s'occupera de tous nos besoins. Non ! Il faut nous mettre en position de recevoir. Dieu nous a tout donné, c'est notre réalité en Christ, mais il faut aller dans le domaine de l'esprit, prendre et recevoir tout ce qui nous appartient en Christ.

Jésus-Christ, le Seigneur de Gloire Tout-Puissant a dit que des fleuves d'eau vive couleront de notre esprit. A-t-il menti ? Non ! Mais là encore il faut ouvrir les vannes de notre esprit pour que la vérité qui est sortie de la glorieuse bouche du Seigneur puisse se manifester. Les paroles de Jésus sont oui et amen, MAIS nous devons nous mettre en position de recevoir. Sa Parole est toujours oui et amen, même si frère Y a une grave maladie et sœur Y vit dans la pauvreté. Il y a des gens qui habitent au bord de la mer, mais qui ne vont jamais se baigner de leur vie. La mer est toujours là, c'est une vérité, mais ils ne se sont jamais mis en position pour que la mer les rafraichisse. La Parole est pleine de vérités et de richesses et toutes ces choses sont disponibles pour nous, mais nous devons faire notre part.

Si vous ne voyez pas Dieu intervenir comme vous le voudriez dans votre vie, alors que vous avez une promesse de sa part pour aujourd'hui, ne mettez pas la faute sur Dieu, mais mettez-vous en position de recevoir. Souvent nous chantons au Seigneur : « Touche-moi par ta Gloire », alors que toute la semaine nous n'avons pas cherché profondément Dieu. Il ne faut pas être surpris de ne pas voir sa Gloire dans nos vies si nous ne nous consacrons pas réellement. Nous avons des promesses merveilleuses de la part du Seigneur, et je peux vous promettre que Dieu s'approchera de vous si vous vous approchez vraiment de lui de tout votre cœur. Dieu nous aime et Dieu veut toucher nos vies.

07 JANVIER

Mamadou Karambiri

Soyez déterminé jusqu'au bout

2 Rois 2 : 1 : « Lorsque L'Éternel fit monter Élie au ciel... Élie partait de Guilgal avec Elisée... Béthel... Jéricho... le Jourdain ».

Votre détermination, votre foi et votre persévérance sont les ingrédients nécessaires pour la « sauce du succès » de votre vie ici-bas. Plusieurs étudiants prophètes s'étaient inscrits à l'école des prophètes d'Elie. Mais un seul fit la différence : Elisée.

Quels ont été les poteaux indicateurs qui ont guidé Élisée sur le chemin du succès ?

Guilgal : Un cœur entier à Dieu

Dieu étend ses regards sur le monde entier pour soutenir les hommes et les femmes dont le cœur est tout entier à lui. Livrez-lui à l'instant avec confiance, votre cœur.

Béthel : Votre cœur ou maison d'habitation du Dieu d'amour

Vous êtes un centre d'amour, car l'Amour « Agapao », l'Amour incorruptible, infaillible est déjà répandu dans votre cœur par le Saint-Esprit (1 Corinthiens 13 : 4-8 et Romains 5 : 5). Vous êtes l'amour incarné, alors manifestez cet amour sur votre chemin, en tout temps et en toutes circonstances.

Jéricho : Il est temps de renverser toutes les murailles qui s'opposent à votre progrès

Les Jéricho de votre vie ne sont pas des cités imprenables. Vous avez de puissantes armes en votre possession pour renverser les murailles qui ont pris d'assaut votre cœur. Remplissez votre cœur de joie et votre bouche de louange et poussez des cris de victoire ! Et votre Jéricho tombera.

Le Jourdain : Mettez votre foi en action

Détournez les regards des eaux tumultueuses de votre Jourdain et levez les yeux vers Jésus, l'auteur et le réalisateur de votre foi. Parlez à ces eaux et elles se partageront pour vous laisser continuer le voyage vers votre destinée.

Une action pour aujourd'hui

Comme Élisée dans 2 Rois 2 : 9, demandez et vous recevrez. Le bon père céleste donne le Saint-Esprit, l'onction à quiconque le lui demande avec foi. Alors... Demandez... et vous recevrez. Amen !

08 JANVIER

Mohammed Sanogo

Apprendre à rêver

Hébreux 11 : 1 : « La foi est la ferme assurance des choses qu'on espère et la démonstration de celles qu'on ne voit pas ».

Lorsque j'observe la construction d'une maison, elle ne cesse de me rappeler les principes de la foi. Effectivement, pour bâtir une maison, il faut d'abord un plan, un rêve. Celui qui veut construire un bâtiment, commence d'abord par en rêver, il voit dans son esprit quelque chose qu'il voudrait voir se réaliser : c'est l'espérance ! À partir de cette espérance, il commence à construire étape par étape en gardant son rêve, son espérance. En chemin, il peut survenir des incidents, des blocages. Mais s'il garde son espérance, sa détermination et sa fermeté, il finira par voir ce bâtiment naître, démontrant ainsi sur le terrain ce qu'il a vu en image, en rêve.

La foi agit pareillement. Elle commence toujours par un rêve, par une vision, une image plus ou moins précise. Les architectes vous diront que dans la réalisation, des détails peuvent changer, mais au départ, il faut toujours un rêve, une espérance, une vision.

Pour manifester la foi, il faut apprendre à rêver et à garder son rêve ! Combien de gens ne savent plus rêver, ne savent plus espérer ? Dieu dit que la foi est la ferme assurance des choses qu'on espère...L'espérance est un rêve ! C'est une vision positive de l'avenir. Avez-vous un rêve pour votre vie spirituelle ? Avez-vous un rêve de ce que vous serez demain ? Avez-vous un rêve pour votre famille, pour vos enfants, pour votre profession ? Il faut que vous rêviez et que vous soyez ferme c'est-à-dire, garder ce rêve. Apprenez à rêver, ayez des pensées positives pour le futur. Le rêve, c'est le début de la foi !

Ne vous laissez surtout pas influencer par la réalité des circonstances présentes, au point d'oublier vos rêves. C'est un piège que de se focaliser sur les circonstances présentes qui vous poussent à vous préoccuper uniquement de comment vous allez résoudre tel problème, comment décanter telle autre situation. Il est vrai qu'il faut trouver des solutions aux problèmes qui se posent à vous, mais que cela n'altère pas votre foi. Or, votre foi commence par le rêve, et ce rêve va induire votre comportement quotidien, vos choix, vos décisions, vos mouvements.

La foi n'est pas seulement le rêve, elle implique d'autres choses telles l'assurance, la fermeté, la démonstration, mais elle commence toujours par le rêve. Apprenez à rêver pour tous les aspects de votre vie, apprenez à rêver selon les promesses de DIEU et gardez vos rêves, votre espérance.

09 JANVIER

Jérémy Sourdril

La fine limite entre le désespoir et la foi

Entre les contraires, il existe souvent une fine limite. Il en existe aussi une entre le désespoir et la foi. J'ai personnellement vécu des moments de désespoir et de foi, et j'ai réalisé que le désespoir et la foi se croisent parfois. Ils ne devraient pourtant pas le faire...

Si nous voulons servir Dieu avec puissance, nous sommes appelés à marcher dans la foi. C'est ainsi que toute personne qui naît de nouveau entreprend une nouvelle vie, une vie de foi. Une vie où Dieu nous appelle à vivre des choses palpitantes, surprenantes, extraordinaires, surnaturelles. Dieu nous appelle à la délivrance, à partager sa bonne nouvelle autour de nous et ainsi porter des fruits. Toute personne qui vient à Christ est saisie d'une façon ou d'une autre par un nouveau désir qui naît dans son cœur, le désir de voir Dieu en manifestation. Les inconvertis ne voient pas Dieu car la Bible dit que tous ont péché et sont privés de la Gloire de Dieu, mais pour nous qui sommes sauvés, sa présence et sa gloire sont disponibles aujourd'hui.

Cela nous amène à chercher sa face. Combien d'hommes et de femmes ont cherché la face de Dieu sans pouvoir la trouver. Certainement, ils n'ont pas cherché Dieu comme il le fallait, ils ne l'ont pas cherché avec de bonnes motivations, ils ont peut-être cherché quelque chose au lieu de le chercher lui, car Dieu se laisse trouver par celui qui le cherche.

Quelles qu'en soient les raisons, il y a dans le monde beaucoup de rétrogrades qui cherchaient auparavant Dieu mais qui se sont découragés. Eux qui étaient plein de foi, ils ont été visités par le désespoir. Le désespoir est le manque d'espoir, et en Dieu il y a de l'espoir. L'espérance est une arme puissante dans la vie du croyant.

Quelqu'un a dit : « Le temps révèle les cœurs ». C'est une grande vérité. Le cœur de l'homme est un vrai casse-tête, une vraie énigme. Il est difficile de comprendre pourquoi certaines personnes peuvent vivre une même situation et avoir des attitudes différentes, avoir vécu dans la même église et considérer le pasteur ou tel frère d'une manière différente, vivre dans la même famille et se sentir rejeté alors que l'autre vit comme une personne aimée. Le temps vient montrer la mesure de foi d'une personne.

J'ai un ami, qui a vécu plus de 30 ans en chaise roulante. Il ne peut pas (encore) parler, si ce n'est en langue des signes et ne peut pas (encore) marcher. À chaque fois que je le vois, il a toujours un grand sourire. Lorsqu'il me parle en langue des signes, il a toujours des paroles de foi. En parlant avec lui sur internet, son langage a toujours été un langage de foi. Il a dans sa maison des versets sur la guérison affichés partout chez lui, dans toutes les pièces. Il écoute très régulièrement des messages sur la guérison. Quelqu'un qui viendrait lui dire qu'il n'est pas un homme de foi serait un menteur. Abraham était-il dans la foi au moment où il a levé son couteau au-dessus d'Isaac ou bien était-il dans la foi avant cet acte ?

> *Genèse 22 : 2*
> *Dieu dit : Prends ton fils, ton unique, celui que tu aimes, Isaac; va-t'en au pays de Morija, et là offre-le en holocauste sur l'une des montagnes que je te dirai.*

Abraham était dans la foi au moment même où il a décidé d'obéir à Dieu. Il n'était pas dans la foi au moment où il leva le couteau sur son fils, ce fut le fruit de sa foi, ce fut la démonstration de sa foi, mais il commença à être dans la foi dès le moment où il mit sa vie en accord avec la Parole de Dieu.

Oui, la foi est une démonstration, donc la foi doit se manifester au bout d'un moment. Mais personne ne peut dire quand viendra le moment de la manifestation. Vous êtes-vous déjà aperçu que les hommes et femmes de foi d'Hébreux 11 saluèrent de loin seulement les promesses qu'ils avaient reçues ? Ils nous attendaient, donc nous pouvons maintenant voir les promesses s'accomplir sous nos yeux. Etaient-ils des gens de foi ? Oui ! Ce frère dont je vous ai parlé pourrait choisir le désespoir, mais il a choisi la foi.

Certaines personnes ont reçu des promesses de la part de Dieu, mais alors que les mois et les années passent, ils sont dans le désespoir. Ils sont complètement désespérés, ils perdent leur joie et leur paix, et certains deviennent rétrogrades. Ils ont l'impression que Dieu leur a menti alors qu'il n'en est rien. Il est clair que cette femme qui avait la perte de sang depuis 12 ans disait régulièrement que si elle touchait le bord du manteau de Jésus, elle serait guérie.

Nous ne savons pas si cela faisait plusieurs jours, plusieurs semaines ou plusieurs mois qu'elle déclarait cela, mais elle était déjà dans la foi lorsqu'elle faisait cette déclaration. La manifestation a suivi.

Qu'aurait-pu faire cette femme ? Si Jésus était déjà passé là et qu'elle n'avait pas réussi à le toucher à cause de la foule, si elle avait essayé encore et encore sans pouvoir l'approcher, et que finalement elle était tombée dans le désespoir, elle n'aurait jamais pu recevoir son miracle.

Cela me fait penser au peuple dans le désert, et à Josué et Caleb. Les 10 espions et ces deux hommes avaient une même promesse. Ils étaient tous en face des mêmes géants, des mêmes circonstances, ils mangeaient la même nourriture, ils faisaient le même voyage et avait habité les mêmes endroits. Ils avaient fait les mêmes expériences et étaient entourés des mêmes gens, MAIS Josué et Caleb furent différents.

Voici ce que déclaraient les 10 espions :

> *Nombres 14 : 3*
> *Pourquoi l'Éternel nous fait-il aller dans ce pays, où nous tomberons par l'épée, où nos femmes et nos petits-enfants deviendront une proie ? Ne vaut-il pas mieux pour nous retourner en Egypte ?*

Et voici ce que déclaraient Josué et Caleb :

> *Nombres 14 : 7-8*
> *Et parlèrent ainsi à toute l'assemblée des enfants d'Israël : Le pays que nous avons parcouru, pour l'explorer, est un pays très bon, excellent. Si l'Éternel nous est favorable, il nous mènera dans ce pays, et nous le donnera : c'est un pays où coulent le lait et le miel.*

Lisez bien, ils étaient devant la même montagne de difficultés ! Mais leur réaction fut différente. Ah, le cœur de l'homme et ses mystères ! Pourquoi certains choisissent de faire confiance à Dieu et d'autres non !

Je le dis encore : ils étaient devant les mêmes géants, devant les mêmes défis, devant les mêmes obstacles et les mêmes montagnes, mais Josué et Caleb eurent une attitude différente. Ils choisirent la foi.

Aujourd'hui, choisissez de regarder à Dieu et non pas aux géants dans votre vie. Choisissez la foi ! La foi est avant tout une décision. La foi, pour se démontrer, doit d'abord avoir été décidée. Vous décidez d'avoir foi, et ensuite seulement, la foi se manifeste. Vous pouvez le faire, car Dieu a mis en vous une semence de foi, à vous d'en prendre soin en l'utilisant quand il le faut.

10 JANVIER

Jérémy Sourdril

La fine limite entre le désespoir et la foi (suite)

Abraham marcha trois jours entiers avec Isaac. Trois jours de tempête dans l'âme, c'est extrêmement long, mais il ne fit pas demi-tour. Il considéra la parole de Dieu devant ses envies personnelles légitimes, et il trouva la Parole plus importante.

> *Hébreux 11 : 13-15*
> *C'est dans la foi qu'ils sont tous morts, sans avoir obtenu les choses promises; mais ils les ont vues et saluées de loin, reconnaissant qu'ils étaient étrangers et voyageurs sur la terre. Ceux qui parlent ainsi montrent qu'ils cherchent une patrie. S'ils avaient eu en vue celle d'où ils étaient sortis, ils auraient eu le temps d'y retourner.*

Avez-vous bien lu le verset 15 ? Ils avaient le temps de faire demi-tour ! Ils auraient pu retourner en arrière ! Mais ils ne le firent pas. Quelle merveilleuse attitude !

Il y a toujours un calcul, une considération à prendre. Mettez d'un côté de la balance les fruits qui sont engendrés par votre désespoir, et mettez de l'autre les fruits qui sont et pourraient être engendrés par la foi.

> *Hébreux 11 : 24-26*
> *C'est par la foi que Moïse, devenu grand, refusa d'être appelé fils de la fille de Pharaon, aimant mieux être maltraité avec le peuple de Dieu que d'avoir pour un temps la jouissance du péché, regardant l'opprobre de Christ comme une richesse plus grande que les trésors de l'Egypte, car il avait les yeux fixés sur la rémunération.*

Que j'aime ces versets ! L'attitude de Moïse me bénit.

Le peuple d'Israël était complètement désespéré. Ils dirent donc :

> *Nombres 14 : 3*
> *Pourquoi l'Éternel nous fait-il aller dans ce pays, où nous tomberons par l'épée, où nos femmes et nos petits-enfants deviendront une proie ? Ne vaut-il pas mieux pour nous retourner en Egypte ?*

Il faut dire que cela faisait si longtemps qu'ils marchaient. Ils étaient fatigués et las. Ils n'en pouvaient plus, ils avaient hâte d'entrer dans les promesses de Dieu ! Dieu avait promis, alors que se passait-il ? C'était l'épreuve de leur foi.

Pendant longtemps, je regardais à la Parole de Dieu et à toutes ses promesses, et j'étais complètement désespéré. Je marchais dans la foi et je voulais tellement voir Dieu agir que j'en étais désespéré. Cela vous est-il déjà arrivé ? On dit parfois qu'il faut être désespéré pour toucher Dieu. Oui, je crois en un désespoir, mais un désespoir plein de foi. Notre foi, notre désir de voir Dieu agir ne doit pas nous amener dans le désespoir et nous faire perdre notre joie et notre paix en Lui. Je crois que les hommes qui ont vu Dieu agir dans leur vie de façon extrême pouvaient répondre « oui » à la question : « Êtes-vous dans la joie ? »

Il existe une fine limite entre le désespoir et la foi. Au milieu du désespoir, la foi doit se lever pour dire : « Je réussirai grâce à Dieu, oui avec Dieu je ferai des exploits ! » (Psaumes 60 : 12 et 108 : 13).

Parfois vous pouvez prier de tout votre cœur, mais rien n'a l'air de se passer. Vous priez de semaine en semaine et rien ne bouge. Mais n'avez-vous pas oublié que l'épreuve de votre foi existe ? Que produit l'épreuve de la foi ? Notre patience. La patience est donc quelque chose d'extrêmement important, qui doit être développée dans nos vies.

> *Jacques 1 : 2-4*
> *Mes frères, regardez comme un sujet de joie complète les diverses épreuves auxquelles vous pouvez être exposés, sachant que l'épreuve de votre foi produit la patience. Mais il faut que la patience accomplisse parfaitement son œuvre, afin que vous soyez parfaits et accomplis, sans faillir en rien.*

> *1 Pierre 1 : 7*
> *Afin que l'épreuve de votre foi, plus précieuse que l'or périssable qui cependant est éprouvé par le feu, ait pour résultat la louange, la gloire et l'honneur, lorsque Jésus-Christ apparaîtra,*

J'aimerais vous dire aujourd'hui de la part de Dieu : gardez courage, ne baissez pas les bras ! Ne soyez pas désespéré ! Changez votre désespoir en espoir, votre espoir en foi ! Soyez patient dans l'épreuve, car Dieu vous en fera sortir ! L'épreuve ne durera pas toujours !

Dieu n'envoie rien de mauvais vers nous pour nous éprouver. Il ne nous éprouve pas par le péché, mais il nous éprouve par la fidélité de notre foi dans les circonstances de notre vie. Allons-nous choisir de faire confiance à Dieu quoi qu'il arrive ? Sa Parole est-elle réellement pour nous digne de confiance ? Est-elle LA vérité ? Est-elle LA vie ? Est-elle digne d'être acceptée et crue ?

Si vous avez soif d'être utilisé par Dieu, si vous désirez un réveil, ne soyez pas désespéré, car le désespoir n'amène qu'à la dépression, alors que la foi, consciente des réalités, continue à croire en Dieu dans la joie. Nous pouvons marcher dans la joie alors que des millions courent en enfer. Oui, c'est quelque chose de terrible, mais nous pouvons garder notre joie et notre paix même si la terre est gouvernée par satan.

N'acceptons pas de nous faire voler notre joie et notre paix par le voleur ! Si nous sommes dans le désespoir, qui amènera l'espoir à ce monde perdu et désespéré ?

Nous avons une raison d'être en paix et de vivre dans la joie : nous avons été sauvés. Quel bonheur infini ! D'éternité en éternité, nous serons avec Celui qui nous a sauvés. C'est extraordinaire et merveilleux. Dieu est puissant à l'extrême, il est le seul vrai Dieu et il ne ment pas ! Sa Parole est la vérité. Je vous en prie, continuez à lui faire confiance, continuez à croire que Sa Parole est vraie ! Dieu n'a pas changé, il reste le même. Faites la différence parmi le peuple, soyez comme Josué et Caleb, afin que Dieu puisse dire à votre sujet :

> *Nombres 32 : 12*
> *Excepté Caleb, fils de Jephunné, le Kenizien, et Josué, fils de Nun, qui ont pleinement suivi la voie de l'Éternel.*

Vous le pouvez.

11 JANVIER

Jonathan Bersot

Prendre l'initiative

Si je vous demandais : « Voulez-vous faire la volonté de Dieu ? », la réponse serait, je suppose : « Certainement ! ». Chaque chrétien aspire à faire la volonté de Dieu, à accomplir les œuvres que Dieu a préparées d'avance pour lui :

> *Éphésiens 2 : 10*
> *Car nous sommes son ouvrage, ayant été créés en Jésus-Christ pour de bonnes œuvres, que Dieu a préparées d'avance, afin que nous les pratiquions.*

Si la bonne volonté est bien présente, comment mettons-nous cela en pratique dans le quotidien ? En effet, comment vivre chaque jour dans la volonté de Dieu ? Tout d'abord, on peut commencer la journée en demandant à Dieu de nous éclairer pour accomplir le plan du jour.

> *Jean 12 : 49*
> *Car je n'ai point parlé de moi-même; mais le Père, qui m'a envoyé, m'a prescrit lui-même ce que je dois dire et annoncer.*

Ainsi, chaque matin nous pouvons demander à Dieu de nous diriger et de nous montrer ce qu'Il attend de nous pour cette journée. Bien souvent nous avons tendance à dire chaque matin ce que nous attendons que Dieu fasse pour nous dans la journée, mais nous devons aussi poser la question « Que veux-tu que je fasse ? » (Actes 9 : 6), et prendre le temps d'écouter la réponse. Mais jusqu'à quel point devons-nous poser cette question ? Devrions-nous demander à Dieu quelle chemise nous devons porter ce matin ? Devrions-nous demander s'il faut mettre deux, un ou pas de sucre dans notre café ? Vous conviendrez avec moi que ce genre de question n'est pas raisonnable, et ne convient pas pour un chrétien qui a une certaine maturité.

Si un enfant pose ce genre de question à son père ou à sa mère, on s'attend à ce que, devenu grand, il prenne un peu plus d'initiative. De l'initiative avez-vous dit ? Un chrétien peut-il vraiment prendre de l'initiative quand il veut accomplir la volonté de Dieu ? Pour illustrer ce propos, disons que Dieu me demande d'aller à Québec alors que je suis à Montréal. D'une manière très précise, Dieu m'ordonne d'aller dans la ville de Québec pour accomplir la mission à laquelle je suis appelé.

Maintenant, est-ce que cela fait une différence si je prends l'autoroute 20 ou l'autoroute 40 ? La Rive-Nord ou la Rive-Sud ? Qu'importe ! Et si je prends le bus au lieu de conduire, et je pourrais même y aller en train ? Dieu me laisse ici une marge de manœuvre avec sa part d'initiative. Dieu est l'architecte qui dessine le plan (Hébreux 11 : 10). Maintenant, que l'on opère de telle ou telle manière n'a pas d'importance !

Pour mieux vous convaincre, s'il le fallait, regardons à Josué chapitre un. Dieu donne une mission à Josué : conduire le peuple dans le pays promis. Cependant, il dit aussi :

> *Josué 1 : 8*
> *...tu auras du succès dans tes entreprises...*

Le verbe « entreprendre » signifie que Josué a une certaine part d'initiative. D'ailleurs, ce verbe est répété au verset qui suit :

> *Josué 1 : 9*
> *L'Éternel, ton Dieu, est avec toi dans tout ce que tu entreprendras.*

La Bible en français courant va traduire l'expression avec le mot projet : « tu mèneras à bien tes projets et ils réussiront ».

D'une certaine manière, Dieu donne « carte blanche » à Josué, en lui assurant le succès de ses entreprises, de ce qu'il entreprendra. On retrouve cette idée dans cette autre assurance :

> *Josué 1 : 3*
> *Tout lieu que foulera la plante de votre pied, je vous le donne, comme je l'ai dit à Moïse.*

Oui, mais ? En effet s'il y a carte blanche, il y a aussi des conditions qui s'appliquent à ce contrat :

> *Josué 1 : 7-8*
> *Fortifie- toi seulement et aie bon courage, en agissant fidèlement selon toute la loi que Moïse, mon serviteur, t'a prescrite; ne t'en détourne ni à droite ni à gauche, afin de réussir dans tout ce que tu entreprendras. Que ce livre de la loi ne s'éloigne point de ta bouche; médite-le jour et nuit, pour agir fidèlement selon tout ce qui y est écrit; car c'est alors que tu auras du succès dans tes entreprises, c'est alors que tu réussiras.*

Ainsi, si Josué reste fidèle à la parole, qu'il la médite et la met en pratique sans s'en détourner ni à droite ni à gauche, Dieu donnera du succès à ses entreprises. Jésus lui-même nous donne la même assurance :

> *Jean 15 : 7*
> *Si vous demeurez en moi, et que mes paroles demeurent en vous, demandez ce que vous voudrez, et cela vous sera accordé.*

Dieu n'est donc pas contre l'esprit d'initiative, et le chrétien peut, et doit, utiliser son intelligence pour réfléchir et prendre des décisions qui resteront dans le plan de Dieu. Un autre exemple, puisque je vous sens un peu sceptique. Pierre est en prison, un ange du Seigneur vient le délivrer miraculeusement de ses chaînes et le conduit en dehors de son cachot et de la prison. Cependant, quand Pierre se retrouve dans la rue, en pleine nuit, l'ange ne lui dit pas où aller :

> *Actes 12 : 12*
> *Après avoir réfléchi, il se dirigea vers la maison de Marie, mère de Jean, surnommé Marc, où beaucoup de personnes étaient réunies et priaient.*

Eh oui, un chrétien réfléchit ! Et prend de l'initiative ! Ce qui paralyse la plupart des chrétiens c'est la peur de se tromper. Prendre de l'initiative, peut-être, mais si je me trompe ? Est-ce que je fais bien d'aller dans cette direction ? La réponse à cette question est dans la communion que nous avons avec Dieu. Si nous savons être sensibles à l'Esprit de Dieu, non seulement nous aurons cette sagesse qui conduit à prendre de bonnes décisions, mais aussi nous serons capables d'entendre Dieu nous dire « Non, pas par-là ! ». Prenons l'exemple de Paul. Paul est un homme de prière et il ne prend certainement pas de décisions à la légère. Alors qu'il dirige une équipe missionnaire, Paul prend l'initiative d'aller à Éphèse. Une décision réfléchie et logique, Éphèse est la grande ville de l'Asie mineure, commençons en toute logique par la plus grande ville pour répandre la bonne nouvelle dans cette région. Mais...

> *Actes 16 : 6*
> *Ayant été empêchés par le Saint -Esprit d'annoncer la parole dans l'Asie, ils traversèrent la Phrygie et le pays de Galatie.*

Comme Paul est sensible à l'Esprit, il sait que ce n'est pas la bonne direction (du moins pas pour l'instant, mais il ira tout de même à Éphèse quelques temps plus tard, tout était une question de synchronisme !). Ne pouvant aller à l'est, Paul va à l'ouest, mais...

> *Actes 16 : 7*
> *Arrivés près de la Mysie, ils se disposaient à entrer en Bithynie; mais l'Esprit de Jésus ne le leur permit pas.*

L'Esprit à nouveau empêche cette initiative de s'accomplir. Finalement, Paul aura une vision avec un Macédonien le conjurant de venir en macédoine. Ce qu'il faut retenir de ces histoires, c'est que Dieu nous donne un plan, quelquefois très détaillé et quelquefois assez général. Le chrétien mature saura prendre de l'initiative, non pas des projets charnels, mais conformes à ce que l'Écriture enseigne du plan général ou détaillé de Dieu. La bonne nouvelle, c'est que si nous savons garder une oreille attentive à la voie de l'Esprit, il ne permettra pas que nous nous trompions de chemin quand celui-ci s'écarte du plan de Dieu. Cependant, si deux chemins vont dans le sens du plan de Dieu, c'est à vous à faire un choix, à prendre l'initiative. Que la voiture soit une BMW ou une Smart, qu'importe, pourvu que vous arriviez à bon port (maintenant, je crois que je sais quelle voiture je choisirais si j'avais le choix entre une BMW ou une Smart).

Le plus important pour Dieu, ce ne sont pas les détails de l'histoire, mais c'est que nous accomplissions, menions à bien les projets qu'Il a formés sur notre vie.

12 JANVIER

Jérémy Sourdril

Et si ce que Dieu t'a appelé à faire était pour aujourd'hui ?

Souvent quand nous recevons une vision, nous pensons que c'est pour demain et quand demain passe nous sommes dans la confusion. Nous nous posons parfois la question : « Était-ce vraiment la voix de Dieu ? ».

Quelqu'un a dit que ce qui revenait régulièrement dans notre esprit et qui restait en nous malgré toutes les tempêtes, c'est ça la voix de Dieu. Une vision est souvent pour un futur lointain dont on ne connaît pas la date. MAIS si nous sommes fidèles à Dieu et dans notre foi, nous la verrons se réaliser et nous y entrerons.

Je me souviens lorsque Dieu m'a appelé au ministère, il y eut un temps où partout où j'allais on prophétisait sur mon appel. Ce n'est pas toujours comme cela que ça se passe, et ce n'est pas parce que vous n'avez jamais reçu de prophétie que vous n'êtes pas appelé au ministère. En tout cas pendant cette période de temps, je pensais que c'était le moment d'entrer dans le ministère puisque Dieu m'y appelait. J'étais tout excité à l'intérieur de moi de l'appel qu'il rendait vivant en moi. Mais, plusieurs années après, je n'étais pas encore entré dans le ministère. Cet appel que Dieu avait mis dans mon cœur et qui avait été confirmé par de multiples prophéties, mit plusieurs années à se réaliser, et je ne suis d'ailleurs pas encore entré dans tout ce que Dieu a mis dans mon cœur il y a plus de 10 ans.

En même temps il y a des visions qui sont, non pour « demain », mais pour « aujourd'hui ». Des choses dont on doit arrêter de croire que c'est pour un futur lointain dont on ne connaît pas la date. Les chrétiens sont les meilleurs pour espérer. Quand on est chrétien, on espère toujours. On espère pour la guérison, on espère pour la manifestation de notre salut, on espère être baptisé du Saint-Esprit, on espère gagner des âmes, on espère que tous les enfants de la terre auront à manger, on espère voir des gens guéris, touchés et transformés... ! Mais l'espérance est toujours future ! Espérer ce n'est pas ce qui amènera les choses à la réalité. La Bible dit que la foi c'est une assurance des choses qu'on espère oui, mais aussi une manifestation de celles qu'on ne voit pas. La vraie foi va démontrer les choses. Notre foi doit être démontrée par nos œuvres.

Tellement de gens sont dans l'espérance. Ils attendent que les choses se passent, car ils se disent : « Finalement, Dieu a parlé alors c'est lui qui doit mettre les choses en place ! ». Mais nous avons une grande responsabilité pour entrer dans ce que Dieu nous appelle à faire.

> *Ezéchiel 12 : 21-28*
> *La parole de l'Éternel me fut adressée, en ces mots : Fils de l'homme, que signifient ces discours moqueurs Que vous tenez dans le pays d'Israël : Les jours se prolongent, Et toutes les visions restent sans effet ? C'est pourquoi dis-leur : Ainsi parle le Seigneur, l'Éternel : Je ferai cesser ces discours moqueurs; On ne les tiendra plus en Israël. Dis-leur, au contraire : Les jours approchent, Et toutes les visions s'accompliront. Car il n'y aura plus de visions vaines, Ni d'oracles trompeurs, Au milieu de la maison d'Israël. Car moi, l'Éternel, je parlerai; Ce que je dirai s'accomplira, Et ne sera plus différé; Oui, de vos jours, famille de rebelles, Je prononcerai une parole et je l'accomplirai, Dit le Seigneur, l'Éternel. La parole de l'Éternel me fut adressée, en ces mots : Fils de l'homme, voici, la maison d'Israël dit : Les visions qu'il a ne sont pas près de s'accomplir; Il prophétise pour des temps éloignés. C'est pourquoi dis-leur : Ainsi parle le Seigneur, l'Éternel : Il n'y aura plus de délai dans l'accomplissement de mes paroles; La parole que je prononcerai s'accomplira, Dit le Seigneur, l'Éternel.*

Cette parole était liée à une parole de malédiction pour la famille de rebelles, nous, nous sommes de la famille de Dieu et Dieu a une parole de bénédiction et il veut nous dire quelque chose ici. Dieu veut que l'on arrête de croire que tout ce qu'il nous appelle à faire est pour dans 10 ans ou dans 20 ans. Il y a des choses qui doivent être accélérées, et ce ne sera pas avec le bras de la chair, ce sera avec notre foi en la Parole de Dieu, notre foi en le Dieu d'aujourd'hui et non plus seulement en celui de demain.

Plus le temps va passer, et plus Dieu va accélérer les choses. Dieu VEUT accélérer les choses et il veut le faire au travers de nous. C'est bien de croire à demain mais que va-t-il se passer aujourd'hui ?

Nous aimons dire que Jésus-Christ est le même hier, aujourd'hui et éternellement, mais si souvent notre foi est pour le Jésus d'hier et celui de demain, mais pas pour celui d'aujourd'hui.

Trop de gens sont constamment dans l'espérance : « Oh un jour Dieu le fera car il me l'a dit », mais nous réalisons que ce jour n'arrive jamais. D'autres disent : « Si j'avais les moyens, voici ce que je ferais », ou encore : « Quand ma situation maritale sera meilleure, voilà comment je servirai Dieu », alors que Dieu aimerait faire quelque chose au travers d'eux AUJOURD'HUI. Des églises disent aussi : « Quand nous aurons tant de membres, voilà ce que nous ferons », alors que Dieu aimerait justement faire cette chose au travers d'eux pour attirer plus de gens à la foi aujourd'hui.

Il y a des visions qui sont pour demain, mais le « demain » doit bien arriver un jour ! Certains pensent que demain est toujours demain et jamais aujourd'hui ! Et ils passent à côté de ce que Dieu avait prévu pour eux en ratant le moment de Dieu. Jésus savait que son heure n'était pas encore venue, mais quand il a su que c'était le moment il n'a pas fui son appel, il a obéi quelles que soient la foi et la douleur que cela lui a coûtées.

Pierre a reçu une puissante vision. Et cette vision n'était pas pour un futur lointain, quelque chose auquel Dieu l'appellerait plusieurs années après mais c'était pour aussitôt.

> *Actes 11 : 11-12*
> *Et voici, aussitôt trois hommes envoyés de Césarée vers moi se présentèrent devant la porte de la maison où j'étais. L'Esprit me dit de partir avec eux sans hésiter. Les six hommes que voici m'accompagnèrent, et nous entrâmes dans la maison de Corneille.*

Il y a des choses que nous sommes appelés à faire « aussitôt ».

> *Actes 16 : 9-10*
> *Pendant la nuit, Paul eut une vision : un Macédonien lui apparut, et lui fit cette prière : Passe en Macédoine, secours-nous ! Après cette vision de Paul, nous cherchâmes aussitôt à nous rendre en Macédoine, concluant que le Seigneur nous appelait à y annoncer la bonne nouvelle.*

Je crois que Dieu veut parler à plusieurs personnes aujourd'hui et il veut vous dire qu'il y a des choses que vous espérez depuis longtemps mais qui sont pour aujourd'hui, et il vous faut commencer aujourd'hui.

Aussitôt ne veut pas dire qu'il n'y aura pas de problèmes ni de persécutions, c'est souvent quand on entre dans le « aussitôt » que les choses vont très vite et que la chair se réveille et se révèle. Et si Dieu voulait un réveil pour aujourd'hui ?

N'entrez pas par vous-même dans ce qu'Il vous a appelé à faire, mais écoutez sa voix aujourd'hui. J'aimerais que l'on puisse prier ensemble cette prière, et je crois que Dieu vous montrera ce qu'il vous appelle à faire aujourd'hui.

Prions ensemble :

« Père je te remercie pour ta Parole. S'il y a quelque chose que tu m'appelles à faire ou que tu m'as appelé à faire pour aujourd'hui, je veux y entrer. Je ne veux pas seulement espérer, mais je crois que tu es aussi le Dieu d'aujourd'hui. Je ne veux pas repousser ton appel. Je ne veux pas non plus le précipiter. Mais si vraiment tu me demandes de faire quelque chose aujourd'hui, parle-moi Seigneur s'il te plaît, ouvre mes yeux, révèle-moi ta volonté. Je prie que tu mettes dans mon cœur une alerte, un feu vert, une pression par rapport à cela. Père je te remercie, merci Saint-Esprit, car tu me révèles ta volonté. Amen ! ».

Il le fera, amen !

13 JANVIER

Jérémy Sourdril

Sauver les autres, demande du temps, et de l'amour

Ne vous est-il jamais arrivé de prier pour le salut d'un proche et de ne pas voir l'exaucement le jour-même, la semaine même ou bien l'année même ? C'est une chose très frustrante pour la chair et cela amène souvent les croyants à se poser toutes sortes de questions et parfois même à se décourager.

La prière pour les perdus est un acte très spécial, on pourrait croire que c'est un art

Avez-vous déjà remarqué que la prière, c'est plus que des mots ? J'imagine que oui, sinon c'est que vous n'avez sûrement jamais vraiment prié ! Vous avez dû remarquer que ce n'est pas répéter des prières qu'on a entendu amènera le même exaucement. Lorsqu'on prie, ce n'est pas notre bouche qui prie mais c'est notre cœur. Notre bouche ne fait que traduire imparfaitement ce que notre cœur contient.

Vous pouvez répéter 100 fois par jour pendant une semaine : « Seigneur sauve mon père », et ne pas le voir sauver. Ce n'est pas une question de mots, ni de répétitions de prière.

Certaines personnes ont établi des réunions d'intercession, mais l'intercession est une prière dans l'Esprit qui est initiée par Dieu lui-même. Vous pouvez prier pendant plusieurs semaines, plusieurs mois ou années pour une personne, et un jour, vous sentez la présence de Dieu sur vous d'une façon très particulière et vous intercédez réellement pour cette personne. C'est quelque chose de puissant, et vous avez vraiment l'impression de livrer un combat. À la fin, vous savez que vous savez que vous savez que cette personne sera sauvée.

Prier pour que toute la terre soit sauvée ne fera rien du tout. Commencez par un individu, puis un couple, une famille, un quartier, un village, une région, une nation, ensuite vous pourrez vous attaquer à plus gros.

Les gens prient pour des choses dont ils savent qu'ils ne pourront pas mesurer le résultat. Ils prient encore et encore sans jamais faire de bilan. Ils prient pour un pays et entendent une information qui va dans le sens de leur prière et ils disent : « Oh gloire à Dieu, Dieu a entendu nos prières ». Premièrement, Dieu a dit qu'il écoutait quand on lui parle donc cela n'est pas un grand miracle. Deuxièmement, dans l'extrême majorité des cas dans cet exemple, ce ne sont que les circonstances. Les gens prient pour un pays entier et témoignent de « résultats » alors qu'ils n'arrivent pas à avoir un résultat lorsqu'ils prient pour une seule personne. Beaucoup se fabriquent ainsi de fausses vies de prières.

Jésus a demandé à ses disciples de commencer à Jérusalem, en Judée, Samarie et jusqu'aux extrémités de la Terre.

> *Actes 1 : 8*
> *Mais vous recevrez une puissance, le Saint-Esprit survenant sur vous, et vous serez mes témoins à Jérusalem, dans toute la Judée, dans la Samarie, et jusqu'aux extrémités de la terre.*

Les gens prient pour qu'il n'y ait plus aucune personne qui ait faim dans le monde, et ils font prier cela à leurs enfants, alors qu'ils ne soutiennent aucun pauvre et n'aident aucune organisation. C'est tout simplement de l'hypocrisie religieuse, et il faut s'en défaire.

Ne priez pas pour le monde entier. Une telle déclaration peut vous surprendre, mais vous voyez, Jésus n'a jamais prié pour cela non plus. Il n'a pas prié pour que tout le monde soit sauvé, car de toute façon tout le monde ne sera pas sauvé, Jésus n'aurait donc pas été exaucé et il n'aurait pas pu dire :

> *Jean 11 : 42*
> *Pour moi, je savais que tu m'exauces toujours.*

Jésus n'aurait pas eu sa réponse exaucée. Vous voyez souvent nous voulons prier pour le monde entier, mais nous ne sommes pas capables de prier pour une personne jusqu'au bout. Que préférez-vous : prier toute votre vie pour le monde entier et ne pas pouvoir dire à la fin de votre vie le résultat de vos prières, ou prier pour une personne chaque année et la voir sauvée ? Je crois que chaque chrétien peut amener personnellement une âme au Seigneur chaque année. Si cela n'est pas la réalité pour nous, nous devons vraiment rechercher plus.

Prier pour une âme perdue demande un prix. Toujours. Le premier prix à payer, c'est le temps. Du temps, de la passion et de l'amour. De l'humilité et de la mort à soi-même. Il faut être une personne de vision pour prier et croire jusqu'à ce qu'une personne soit sauvée.

Je prie régulièrement pour connaître intimement et profondément la valeur d'une âme. Lorsque vous voyez une âme sauvée au travers de votre vie, c'est une joie ineffable. Imaginez, c'est une éternité entière qui est changée ! Nous donnons des années pour nos enfants, afin de les élever et de les éduquer, c'est un investissement énorme, mais ici, on parle d'une éternité entière ! Une vie éternelle radicalement transformée, juste par ce que vous vous êtes donné, juste parce que vous avez eu confiance en Dieu.

Je ne sais pas quel oiseau de proie essaiera de manger votre travail, mais avec Christ vous serez plus que vainqueur. Je veux vous encourager à persévérer dans la foi. Dieu est Tout-Puissant.

Très souvent, lorsque nous prions pour une âme perdue, nous sommes trop « spirituels ». Nous l'invitons à l'église, encore et encore, nous lui donnons une Bible, des CD et livres chrétiens, etc. Mais nous ne voulons pas démontrer de manière pratique notre amour.

Si vous priez pour votre voisin, il serait bien de lui dire bonjour. Il serait bien de l'inviter à manger, ou à boire un café. Il serait bien de s'intéresser à lui ! D'aller vous promener avec lui, de rire avec lui !

Souvent ceux qui prient pour les perdus n'aiment pas les gens. Ils détestent le péché et ils en viennent alors à être énervés de l'attitude des incroyants. Je me demande toujours comment Jésus faisait pour entrer dans une maison alors que des gens buvaient, se saoulaient certainement et racontaient toutes sortes d'histoires. Jésus savait vivre dans le monde, sans prendre part au péché du monde. Jésus investissait chez les gens. Il ne priait pas seulement pour eux, mais il investissait du temps. Il enseignait, il donnait des leçons de vie, il nourrissait la foule, etc. Avant de prier pour les gens, il serait bon de nous intéresser aux gens.

Je me souviens il y a quelques années maintenant, nous priions de temps à autre avec ma femme pour le salut de son père et de la femme de son père. Il ne se passait rien d'apparent. Un jour nous avions passé un week-end dans notre famille et nous devions revenir sur Paris (où nous habitions) pour le travail. Cela faisait une heure que nous étions partis, et sur la route, mon beau-père nous apprit que la mère de sa femme (...) venait de mourir. Je devais retourner au travail, mais quelque chose en moi me dit : « Non, tu vas prendre des jours de congé et tu vas l'accompagner partout où il faut pour l'enterrement ». J'étais vraiment gêné par rapport à mon travail et je me demandais comment je pourrais expliquer cela, je me disais aussi que nous venions de partir depuis une heure et qu'il fallait revenir... mais je décidai d'obéir à Dieu.

Pendant deux ou trois jours, j'accompagnais comme je pus la femme du père de ma femme dans cette épreuve difficile, avec tout l'amour que je pouvais. Je les amenais avec ma voiture dans la région où l'enterrement devait avoir lieu, je les accompagnais silencieusement, sans rien dire de particulier. C'était dans un village perdu du fin fond de la France, et je me souviens qu'après l'enterrement, toute la famille s'était réunie dans un bar. Il y avait des jeunes qui étaient installés là et qui buvaient des bières. J'aurais voulu les amener au salut. Ces jours passèrent. Je revins sur Paris.

Cette démonstration avait ouvert le cœur de la femme du père de ma femme. Son cœur avait été touché par l'amour de Dieu, même si je ne dis rien de particulier. Quelques semaines plus tard, elle donna sa vie à Christ et fut sauvée. Aujourd'hui c'est une femme qui aime le Seigneur avec son mari, le père de ma femme, qui a lui aussi accepté le Seigneur.

Ce que je voulais vous dire avec ce petit témoignage, c'est qu'il faut investir dans la vie des gens. Ne croyez pas que ce sera toujours seulement vos prières seules qui feront quelque chose, mais parfois il faudra aussi démontrer l'amour qui est derrière vos prières. Jusqu'à quel point êtes-vous prêt à obéir au Seigneur et à donner du temps pour gagner une âme perdue ? L'amour, c'est ce qui a animé le Père à envoyer Jésus-Christ pour sauver les perdus, et c'est aussi ce qui doit vous animer afin de sauver ceux qui sont sur votre cœur et votre chemin.

Si vous n'avez jamais fait de Jésus-Christ le Sauveur de votre vie, vous pouvez le faire maintenant. C'est entre vous et Dieu. Pour accepter Jésus dans votre vie comme Sauveur, je vous encourage à vous rendre à la fin du livre à la page : « Comment recevoir Jésus comme Sauveur ? », juste après la page du 31 décembre.

14 JANVIER

Selvaraj Rajiah

La priorité du chrétien

Je crois que l'Église s'est écartée de sa priorité numéro un.

Dieu veut que nous rétablissions les priorités dans une hiérarchie correcte.

Nous devrions nous demander : « Qu'avons-nous vraiment recherché dans le mouvement charismatique ? » ou encore « Quel but ai-je voulu atteindre personnellement ? », « Était-ce d'abord pour obtenir la puissance et les dons, puis à l'occasion manifester de l'amour à quelqu'un dans le besoin ? ». Si cela est le cas, je suis navré de le dire, l'Écriture n'établit pas ces objectifs dans cet ordre-là.

La Bible déclare que notre but doit être de mettre l'amour en premier. Au fur et à mesure que nous recherchons et désirons l'amour, l'onction de Dieu fera venir sur nous les dons de l'Esprit. C'est alors seulement que nous pourrons les mettre en pratique et obtenir la manifestation de leur puissance.

> *1 Jean 4 : 16*
> *Et nous, nous avons connu l'amour que Dieu a pour nous, et nous y avons cru. Dieu est amour; et celui qui demeure dans l'amour demeure en Dieu, et Dieu demeure en lui.*

La Bible toute entière parle d'amour. D'où viennent l'onction, la puissance et la foi ? Elles proviennent du fait que l'on demeure en Dieu. Et si vous demeurez en Dieu, vous demeurez dans l'amour. À contrario, si vous demeurez en dehors de Dieu et de sa présence, vous n'avez pas l'onction qui permet aux dons de se manifester, les miracles ou la foi, ni aucun acte surnaturel dans votre vie. Beaucoup de chrétiens se demandent : « Où est Dieu ? Et Dieu répond : « Où est l'amour ? » Voyez-vous, lorsque vous vous mettez à rechercher la puissance et les dons, il est facile de perdre l'amour. Et lorsque vous perdez l'amour, vous perdez l'objectif même de votre quête.

Le mouvement charismatique se trouve précisément à cette croisée des chemins. Nous avons été jaloux dans notre recherche de l'onction, de la puissance et des dons. Mais dans notre désir de capacité, nous avons abandonné une bonne partie de notre fondement chrétien. Parce que nous manquons de vraie spiritualité, nous ne marchons pas dans l'amour et par la suite nous perdons la puissance et les dons de Dieu.

Nous sommes devenus des gens qui parlent beaucoup des prophéties, mais nous entendons rarement prophétiser. Nous parlons de miracles et de prodiges, mais en voyons rarement. Nous parlons de grande foi, mais nous trébuchons sur nos petits problèmes. Nous disons : « Considérez avec joie les diverses épreuves qui nous arrivent », mais, lorsqu'on regarde les croyants rassemblés, on découvre facilement ceux qui traversent une épreuve. Il ne suffit pas de parler de puissance divine pour qu'elle se manifeste. Ce qui la libère, c'est de marcher dans l'amour de Dieu. C'est à cette condition-là seulement que nous verrons la puissance de Dieu se manifester à travers nous.

Par conséquent, les chrétiens qui cherchent réellement un but ou une vision pour le corps de l'Église, n'ont plus à se demander quelle direction prendre. Dieu a déjà montré la route. C'est Lui qui nous appelle à être un peuple d'amour. Bien plus, Dieu nous ordonne d'aimer nos ennemis et de prier pour eux. Cela représente une attitude, une tâche de tous les instants que chacun de nous doit choisir d'accomplir.

Lorsque je suis entré dans le ministère, j'admirais les grands hommes de foi et je voulais leur ressembler. Je me disais souvent : « Il n'y a rien que je ne ferai pas pour être comme eux ». Je voulais être puissant dans l'Esprit, je voulais une onction forte et voir des signes, des miracles et des prodiges. Je le désirais si fort ! Que m'importait d'avoir à jeûner, de porter de vieux vêtements déchirés, ou d'être pauvre ! J'étais prêt à tout pour obtenir la puissance de Dieu dans ma vie. C'est alors que le Seigneur a commencé à agir dans ce domaine de mon existence. Il m'a dit de retourner étudier la vie de ceux et celles qui avaient marché dans Sa Puissance. Je me mis donc à approfondir mon étude sur la vie de ces serviteurs et servantes que Dieu avait puissamment utilisés.

Savez-vous ce que j'ai découvert ? Que ces hommes et ces femmes aimaient les gens tout comme Jésus les aimait. Alors le Seigneur m'a demandé : « Pourquoi veux-tu ces signes, ces miracles et ces dons ? » « Seigneur, je veux aider Ton peuple » répondis-je. Et le Seigneur de conclure : « Pour aider Mon peuple tu dois commencer par marcher dans l'amour, parce que c'est l'amour qui produit toutes ces bénédictions ».

Nous parlons bien souvent d'atteindre les multitudes en allant dans les nations et les lieux pas encore touchés par l'Évangile pour y prêcher. Toutefois, plus d'un serviteur de Dieu refuse de se rendre dans des endroits où il lui faut sacrifier son confort quotidien, dormir sur le sol, ou se passer des commodités modernes. Mais la priorité de l'amour est d'aller dans les endroits où les gens souffrent et sont dans le besoin, où qu'ils soient.

Dans 1 Jean 4, nous voyons Jésus bravant deux interdits de son temps, s'approcher d'une femme, de plus samaritaine, venue puiser de l'eau : un être sans doute désemparé d'avoir perdu ou quitté cinq maris. Nous le voyons répondre à son besoin en lui donnant de l'eau vive. Nous voulons tous connaître Dieu davantage n'est-ce pas ? Pour cela, il nous faut marcher dans l'amour. Là où Dieu demeure, là vous verrez des signes, des miracles, des prodiges, les manifestations des dons de l'Esprit, la foi, la révélation, le discernement et tout ce que nous recherchons.

Dès aujourd'hui, si vous saisissez cette simple vérité, elle changera votre vie toute entière ! Le moyen pour demeurer en Dieu, pour avoir accès à tous les dons spirituels, c'est de poursuivre l'amour et de marcher dans sa voie.

> *Éphésiens 3 : 16-19*
> *Afin qu'il vous donne, selon la richesse de sa gloire, d'être puissamment fortifiés par son Esprit dans l'homme intérieur, en sorte que Christ habite dans vos cœurs par la foi; étant enracinés et fondés dans l'amour, que vous puissiez comprendre avec tous les saints quelle est la largeur, la longueur, la profondeur et la hauteur, et connaître l'amour de Christ, qui surpasse toute connaissance, en sorte que vous soyez remplis jusqu'à toute la plénitude de Dieu .*

Nous avons là une raison de nous enthousiasmer ! Nous y voilà ! Être puissamment fortifiés ! Mais où est donc cette puissance ? Dans l'épître aux éphésiens, Paul écrit à des croyants, nés de nouveau et remplis de l'Esprit. Il explique qu'il existe une plénitude en Jésus-Christ qu'il nous appartient d'expérimenter. Les croyants, de façon personnelle, et les communautés aussi, ont besoin de vivre cette plénitude en Christ. Paul nous montre là, trois chemins qui mènent à cette plénitude en Christ :

- Être enraciné et fondé dans l'amour,
- Comprendre les dimensions de l'amour,
- Connaître et expérimenter l'amour qui surpasse toute connaissance.

La plénitude divine en nous vient avec la révélation de Son amour. Dieu est amour. Plus vous marchez dans l'amour, plus vous progressez dans la plénitude de Dieu. Lorsque vous commencez à marcher dans la plénitude divine, vous commencez à expérimentez l'onction, la puissance, les dons, la foi, les prodiges et les miracles.

> *Éphésiens 3 : 20*
> *Or à celui qui peut faire par la puissance qui agit en nous, infiniment au-delà de tout ce que nous demandons ou pensons.*

Voyez-vous, vous servez un Dieu « plus que suffisant ». Dieu peut faire excessivement plus que nous ne pouvons demander ou penser. Il peut accomplir des choses plus grandes que tous les miracles imaginables. Notre Dieu est puissant. Il peut tout faire. Vous demandez alors : « Mais si Dieu est si puissant, pourquoi sommes-nous malades, pauvres, déprimés, oppressés et passons nous par tant d'épreuves ? » Pour répondre à cette question, relisez de nouveau ce verset 20.

Remarquons le mot « par ». Ce terme établit une condition. Le verset dit : « par la puissance qui agit en nous ». Votre Dieu, le Tout-Puissant, peut tout accomplir dans votre vie. Mais qu'en est-il ? C'est par la puissance qui agit en vous ! Quelle est cette force ? C'est la mesure de la plénitude divine, enracinée et fondée dans l'amour de Dieu, exercée et mise en pratique dans votre vie.

Extrait du livre « Que manque-t-il pour obtenir la puissance de Dieu ».

15 JANVIER

Jérémy Sourdril

Dès le matin je verrai ta face

Comment allez-vous aujourd'hui ? Êtes-vous de bonne humeur, prêt à passer cette journée plein de la présence de Dieu ? Si vous avez passé une mauvaise journée aujourd'hui, ou si vous ne vous sentiez pas bien quand vous vous êtes réveillé, j'aimerais vous montrer aujourd'hui une prière qui est en fait une promesse de la Parole de Dieu.

La Parole de Dieu est un précieux trésor, un doux délice qui traverse notre âme et pénètre dans notre cœur, c'est une eau pure et fraîche qui est disponible pour nous alors que nous traversons le désert. Cette fraîche parole est fraîche de son onction, de sa vérité. Elle est pure et vraie, et nous pouvons la déclarer dans nos vies. Elle est vivante et a la capacité, alors que nous la croyons et la confessons, de se mettre en action dans nos vies. Vous pouvez prendre n'importe quelle promesse qui s'applique à vous, la déclarer et la voir en action dans votre vie. La vie qui est dans la Parole donnera la vie à votre corps, votre âme et votre esprit.

Un jour, alors que je méditais la Parole, je reçus ce verset comme rhéma :

> *Psaumes 17 : 15*
> *Pour moi, dans mon innocence, je verrai ta face; dès le réveil, je me rassasierai de ton image.*

Oh quelle richesse ! Quelle promesse ! Sachant aussi que le Seigneur nous dit qu'il est avec nous chaque jour de notre vie, qu'il est avec nous, sur nous et pour nous, et encore qu'il prie pour nous !

Je ne sais pas comment vous vous sentez généralement lorsque vous vous réveillez, si vous êtes la même personne qu'après avoir mangé, si vous êtes lunatique, si vous écoutez tous vos symptômes ou si vous essayez de performer pour plaire à Dieu, mais quelle que soit votre condition vous pouvez faire cette confession, qui je crois est une véritable promesse de la Parole de Dieu :

Pour moi, dans mon innocence, je verrai ta face; dès le réveil, je me rassasierai de ton image !

J'ai commencé à confesser cela dans ma vie, car souvent je devais attendre un moment de la journée pour avoir un temps avec Dieu et « ressentir » sa présence, mais le Seigneur m'a fait comprendre son désir que je puisse le voir dès mon réveil. Le jeune marié est si heureux lorsqu'à son réveil, pour la première fois de sa vie, une femme, sa femme, est allongée à ses côtés. Il respire un grand coup de bonheur en imaginant ses futures années et en réalisant quelle joie il a d'avoir trouvé la femme de sa vie. Je fais une parenthèse ici : si vous êtes marié, rappelez-vous ce que vous avez ressenti dans vos premiers jours avec votre conjoint, les bons moments passés avec lui (s'il y en a eu et j'espère pour vous), et sachez renouveler votre amour pour lui. Vous pouvez renouveler cet amour. Démontrez-lui votre amour plus que d'habitude dans ces prochains jours, et plus encore !

Cette même joie que l'époux (et l'épouse) ressent à son réveil, vous pouvez vous aussi la vivre, mais à un point hautement plus élevé. Lorsque j'ai commencé à croire que l'exaucement de cette prière de David pouvait devenir une réalité dans ma vie, j'étais assez excité. Je me disais : « Je peux voir le Seigneur dès mon réveil ! Mais c'est une formidable promesse ! Je ne serai plus obligé d'attendre « le bon moment » dans la journée pour cela, mais dès le matin, je verrai la face du Seigneur ! ». Et vous savez quoi, c'est ce qui s'est passé, Dieu a, encore une fois, honoré sa Parole. Dieu est toujours derrière Sa Parole pour l'accomplir.

Vous n'avez rien fait en dormant qui puisse être apprécié par Dieu, vous n'avez rien accompli d'extraordinaire, et c'est justement ici que Dieu veut vous révéler sa grâce, vous révéler qu'il vous aime dès le matin, en fait il vous aimait lorsque vous étiez encore pécheur. Dieu veut, dès le matin, vous révéler son amour, vous remplir de Sa Parole, vous révéler des choses nouvelles, car tout est grâce en Lui.

Vous vous réveillerez avec une parole de Dieu dans votre bouche qui remplira votre cœur de louange, votre âme de joie, votre corps de force. Vous pourrez sentir le souffle de Dieu sur votre visage, qui vous embrassera de Sa Présence. Oh son amour vaut mieux que celui d'un homme ou d'une femme !

Dieu vous visitera dès le matin. C'est parce que Dieu nous aime qu'il arrive parfois que nous recevions Sa Parole même en dormant. Ses pensées pour nous sont plus nombreuses que le sable qui est au bord de la mer.

Dès le matin, le Seigneur est près de vous, il veut vous remplir afin de pouvoir tenir ferme dans cette journée nouvelle, il connait nos faiblesses et nos défis, et c'est pour cela qu'il veut nous visiter dès le matin.

Saisissez-vous de cette prière aujourd'hui, croyez que Dieu viendra l'exaucer dans votre vie, et vivez un changement radical !

Le fait que Dieu vous remplisse régulièrement alors que vous êtes encore dans votre lit fera fuir l'ennemi, fera fuir l'oppression, et fera bien d'autres choses encore. Vous apprendrez à développer une vie de louange à votre réveil, à oublier un peu comment vous vous sentez, et plutôt à louer Dieu et remplir votre maison de sa Présence. Dieu habite au milieu de nos louanges, alors si vous souhaitez que votre petit-déjeuner soit rempli de Sa Présence, louez-le, adorez-le de tout votre cœur dès le réveil ! Criez de tout votre cœur au Seigneur combien vous l'aimez en cachant s'il le faut votre bouche dans votre coussin ! Dites-lui combien vous l'aimez, remerciez-le pour qui il est, et le grand salut qu'il vous a donné en Jésus-Christ.

Je ne sais pas si cette promesse se réalisera dans votre vie demain ou dans une semaine, mais je sais que si vous vous saisissez de cette parole et que vous la déclarez régulièrement dans votre vie, vous allez la vivre. Seigneur, merci car dès le matin, je me rassasierai de ton image, dès le matin je verrai ta face !

Il m'est arrivé de prier pour recevoir un message car je devais prêcher la Parole, et je priais encore et encore sans rien recevoir. Je m'endormais en priant, et en me réveillant j'étais complètement rempli du Saint-Esprit et d'une parole de Dieu ! Gloire au Seigneur !

Oui, Dieu veut vous remplir du Saint-Esprit dès votre réveil, vous pouvez sentir sur vous une puissance, une présence, l'onction du Saint-Esprit qui produira en vous quelque chose de merveilleux pour le Royaume de Dieu. Vous attendez peut-être le baptême du Saint-Esprit depuis des années, mais Dieu va vous remplir du Saint-Esprit à votre réveil ! Vous attendez peut-être la guérison et courez de réunion en réunion pour chercher Dieu et trouver la guérison, mais Dieu va vous guérir à votre réveil ! C'est Lui qui le fera ! Oh je crois que quelqu'un a reçu un rhéma aujourd'hui ! Oui, Dieu veut vous remplir de Sa présence, de sa Gloire, de son onction dès l'aube. Dieu désire nous montrer parfois que ce n'est pas à cause de nos performances et de tout ce qu'on peut faire pour Lui qu'il vient nous toucher, mais qu'il veut venir dès le matin, alors que nous venons de dormir et que nous avons été inactifs, nous remplir du Saint-Esprit !

J'aimerais déclarer sur votre vie, en accord avec votre foi, que Dieu va vous visiter et vous remplir du Saint-Esprit alors que vous ouvrirez les yeux à votre réveil, je déclare que vous commencerez à le louer et à l'adorer et que ce sera facile d'entrer dans sa présence, même si vous avez peu de temps.

Dieu connait votre temps et vos challenges, mais il est prêt, juste à cause de son amour, à vous remplir encore et encore. Dieu nous aime et il ne nous aime pas en fonction de nos performances et de tout ce que nous essayons de faire pour Lui. Il nous aime, un point c'est tout. Si vous avez un bébé, c'est pour vous totalement naturel d'aller le voir à son réveil, de lui donner à boire et de vous occuper de lui. Ainsi c'est naturel pour Dieu que de nous visiter dès notre réveil. Il est notre Seigneur, il est notre Dieu, et ses bontés se renouvellent chaque jour à notre égard !

Même au cœur du livre des Lamentations, se trouve cette merveilleuse promesse :

> *Lamentations 3 : 22-24*
> *Les bontés de l'Éternel ne sont pas épuisées, Ses compassions ne sont pas à leur terme; Elles se renouvellent chaque matin. Oh ! Que ta fidélité est grande ! L'Éternel est mon partage, dit mon âme; C'est pourquoi je veux espérer en lui.*

16 JANVIER

Jérémy Sourdril

Savez-vous recevoir la critique ?

Vous a-t-on déjà fait une remarque sur votre caractère, sur quelque chose à changer dans votre vie ? L'avez-vous bien acceptée, avez-vous bien réagi ?

Il y a des personnes qui sont connues pour ne pas recevoir les critiques. Si on leur fait une remarque ou une critique constructive, ils se fâcheront et ne changeront jamais. C'est un grand frein pour notre croissance spirituelle ! Il faut, en tant que serviteur et enfant de Dieu, rester corrigible.

Nous devons apprendre à recevoir la critique. Non pas la critique destructive, mais celle dont nous pouvons tirer quelque chose de bon. Cela nous aidera beaucoup. Les plus grands leaders savent recevoir la critique, ils ont appris qu'on ne devient pas un grand leader sans savoir recevoir la critique, sans savoir se remettre en question régulièrement.

Posez-vous les questions :

- Est-ce que les gens peuvent me faire facilement des remarques, ou est-ce que je prends toujours mal les remarques qu'on me fait ?

- Suis-je attentif et prêt à changer lorsqu'on me fait des remarques, ou est-ce que je n'accepte pas la critique car je pense être déjà au top ?

La Bible ne dit-elle pas que :

> *2 Timothée 3 : 16-17*
> *Toute Écriture est inspirée de Dieu, et utile pour enseigner, pour convaincre, pour corriger, pour instruire dans la justice, afin que l'homme de Dieu soit accompli et propre à toute bonne œuvre.*

La Parole de Dieu est utile pour nous corriger, afin de nous rendre capable d'accomplir les œuvres que Dieu a préparées pour nous. Cette question de savoir prendre la critique est un vrai défi dans la vie de beaucoup de gens. Cela peut durer des années et même toute une vie si on n'y prend pas garde. Il en est ainsi de celui qui regarde dans un miroir et oublie aussitôt son visage naturel : on peut lui faire une remarque mais il n'y prend pas garde. Il n'évolue donc pas. Souvent, les gens trouvent automatiquement toutes sortes d'excuses pour ne pas changer, car le changement demande un coût.

Changer n'est pas toujours facile pour la chair. Lisez lentement chacun de ces versets :

> *Proverbes 10 : 17*
> *Celui qui se souvient de la correction prend le chemin de la vie, Mais celui qui oublie la réprimande s'égare.*
>
> *Proverbes 12 : 1*
> *Celui qui aime la correction aime la science; Celui qui haït la réprimande est stupide.*
>
> *Proverbes 13 : 18*
> *La pauvreté et la honte sont le partage de celui qui rejette la correction, Mais celui qui a égard à la réprimande est honoré.*
>
> *Proverbes 15 : 32*
> *Celui qui rejette la correction méprise son âme, Mais celui qui écoute la réprimande acquiert l'intelligence.*

Je veux vous convaincre aujourd'hui de ce principe par la Parole de Dieu ! J'aimerais que, si c'est pour vous un défi d'accepter les remarques constructives des gens, vous puissiez prendre la décision de changer cela dès aujourd'hui. Et vous le pouvez ! Sachez écouter ce qu'on peut vous dire sur votre caractère, sur votre travail, etc. Priez afin que Dieu vous corrige là où vous avez besoin de correction.

Que la correction du Seigneur est bonne ! Elle nous enseigne ses voies !

Jean 16 : 21
La femme, lorsqu'elle enfante, éprouve de la tristesse, parce que son heure est venue; mais, lorsqu'elle a donné le jour à l'enfant, elle ne se souvient plus de la souffrance, à cause de la joie qu'elle a de ce qu'un homme est né dans le monde.

Lorsque nous recevons une critique, cela paraît au premier abord être « un mauvais moment ». Il vous est peut-être arrivé d'être convoqué par votre patron ou votre pasteur par exemple, et sur le coup ce n'était pas une partie de plaisir, mais pourtant, si vous savez considérer la critique comme une belle occasion de changer, de grandir et de vous parfaire en Christ, vous saurez que quelque chose de bon va être enfanté suite à ce moment désagréable pour votre chair.

Hébreux 12 : 10-11
Nos pères nous châtiaient pour peu de jours, comme ils le trouvaient bon; mais Dieu nous châtie pour notre bien, afin que nous participions à sa sainteté. Il est vrai que tout châtiment semble d'abord un sujet de tristesse, et non de joie; mais il produit plus tard pour ceux qui ont été ainsi exercés un fruit paisible de justice.

La correction (ou la discipline) n'est jamais agréable pour la chair, mais elle est utile. Il existe des gens qui savent bien prendre les remarques. Cela ne veut pas dire qu'on doive accepter que les gens nous parlent n'importe comment et nous fassent toutes sortes de remarques négatives, mais nous devons être ouvert à changer. Maintenant même, décidez quelle sera votre attitude si on vous fait une remarque aujourd'hui ou demain. Serez-vous en colère ? Serez-vous triste, malheureux et blessé ? Non ! Déclarez avec moi aujourd'hui : « Je choisis d'avoir une attitude enseignable, car je veux devenir meilleur et je suis prêt à être corrigé ! C'est pour mon bien. Je prendrai ce qui est bon, et je ne m'occuperai pas de ce qui est mauvais. Je ne méditerai pas sur le mal mais sur le bien. Je veux m'améliorer, je suis prêt à changer ! Amen ! ».

17 JANVIER

Jérémy Sourdril

Savez-vous recevoir la critique ? (suite)

Avez-vous déjà vécu cela : vous avez reçu une correction, et vous étiez assez content de vous car vous l'aviez assez bien accepté. Vous étiez même d'accord avec les remarques qu'on vous a faites. Mais le temps a passé, et quand vous pensez à cette correction, vous ne ressentez plus les choses de la même façon.

Vous commencez à repenser à ce qu'on vous a dit, et cela vous met en colère. Vous aviez peut-être bien pris les remarques au départ, mais vous méditez encore et encore sur ce moment et vous êtes en colère contre la personne qui vous a fait cette remarque. Parfois il s'agit simplement d'oppressions spirituelles qui essaient de nous amener en arrière alors que nous étions justement en train de reprendre la bonne route, un bon caractère et la bonne façon de faire. Le Seigneur dit que si nous nous décidons pour l'obéissance, nous mangerons les meilleurs fruits du pays. J'aimerais paraphraser : si vous savez recevoir la critique et changer, vous mangerez les meilleurs fruits du pays.

Dieu nous a appelés à méditer sa Parole, et non pas à méditer sur le côté négatif de ce que peuvent nous dire les gens. Bien souvent Dieu nous appelle à franchir des étapes dans notre vie, et plusieurs choses vont nous être révélées. C'est ainsi que très souvent des gens sont puissamment touchés par le Saint-Esprit dans des réunions, mais s'ils ne veulent pas changer, ils seront pires qu'avant. David disait au Seigneur :

> *Psaumes 139 : 23-24*
> *Sonde-moi, ô Dieu, et connais mon cœur ! Eprouve-moi, et connais mes pensées ! Regarde si je suis sur une mauvaise voie, Et conduis-moi sur la voie de l'éternité !*

David n'était pas en train de prier religieusement, mais il priait de tout son cœur. Oh, j'aimerais que chacun de nous puissions déverser notre cœur devant Dieu, nous humilier devant Dieu en priant : « Seigneur, non pas ma volonté, mais la tienne, montre-moi si je suis sur une mauvaise voie, ouvre mes yeux Seigneur pour connaître tes désirs, sonde mon cœur, car je suis prêt à changer ». Dès maintenant, vous pouvez commencer à prier de tout votre cœur, oh je suis certain que plusieurs parmi vous allez vivre un fort moment avec le Seigneur maintenant. Déversez votre cœur devant lui maintenant, priez de tout votre cœur devant Lui pour connaître ses voies !

Ces deux versets expriment le désir de quelqu'un qui veut vraiment grandir. Vous pouvez lire, écouter et regarder des prédications, cela ne fera que changer et faire grandir votre connaissance, mais il faudra la mettre en pratique afin que votre vie change réellement. Malheureusement, un grand nombre de gens emmagasinent semaine après semaine de la connaissance mais ne changent pas, car ils pensent que c'est pour les autres et pas pour eux, ils pensent que les autres doivent changer mais pas eux.

Il existe un véritable aveuglement spirituel dû à l'orgueil. L'orgueil nous empêche de nous voir tel que nous sommes. La foi n'est pas contre le changement, la foi sait reconnaître ses faiblesses et dire à Dieu : « Seigneur, montre-moi ce que je dois changer ». L'orgueil, lui, ne voit rien du tout. Je suis triste de rencontrer des chrétiens qui pensent ne pas devoir changer. Ils ne le disent pas comme ça mais si on leur fait une remarque vraiment à propos, ils disent toujours : « oui mais... », en se justifiant et en se convainquant qu'ils obéissent déjà à la Parole dans ce domaine de leur vie. Ils ne peuvent pas changer, et Dieu ne peut pas les changer !

Si on vous a fait une remarque hier, il y a une semaine ou un mois, sachez écouter cette remarque et vous remettre en question. Ce n'est pas un péché que de se remettre en question. Oui, tout ce qui n'est pas le fruit d'une conviction est péché, et une bonne remise en question nous amène à être des gens de conviction et convaincus.

Si par exemple, votre meilleur ami vous dit : « Je te trouve assez lunatique, ce serait bien de changer cela », ne dites pas automatiquement : « Oh non je ne suis pas lunatique moi je suis toujours de bonne humeur », mais dites plutôt : « Je te remercie pour ta remarque, je vais réfléchir et méditer sur ce que tu me fais remarquer ». Ensuite, chez vous, posez-vous les questions en conséquence. Aujourd'hui, étais-je de bonne humeur ? Et hier ? Et la semaine dernière ? M'a-t-on déjà fait remarquer cela ? M'étais-je déjà fait cette remarque et si oui, n'est-ce pas comme une confirmation que je doive vraiment changer sur cela ?

Sachons nous poser les bonnes questions, et n'oublions pas les critiques qui peuvent nous faire grandir. Ne repensez pas à tout ce qu'ont pu vous dire les gens mais sachez retenir ce qui est à retenir.

1 Thessaloniciens 5 : 21
Mais examinez toutes choses; retenez ce qui est bon;

Examinez ce que vous ont dit les gens. Vous pouvez prendre quelque chose de bon quelque part.

Proverbes 27 : 7
Celui qui est rassasié foule aux pieds le rayon de miel, Mais celui qui a faim trouve doux tout ce qui est amer.

Voilà un verset bien à propos au sujet de recevoir la critique, l'enseignement, la correction, la remarque ou le conseil. Si nous sommes rassasiés de nous-mêmes, dans le sens de » penser ne pas devoir changer », nous allons fouler aux pieds ce qui aurait pu nous amener plus loin, nous allons fouler aux pieds le rayon de miel. Mais celui qui a faim et soif de changement, soif d'aller plus loin, soif de justice trouvera bon même ce qui est amer. Même si les remarques lui semblent amères, il les trouvera bonnes car utiles pour sa croissance.

Ezéchiel 3 : 3
Il me dit : Fils de l'homme, nourris ton ventre et remplis tes entrailles de ce rouleau que je te donne ! Je le mangeai, et il fut dans ma bouche doux comme du miel.

Apocalypse 10 : 9
Et j'allai vers l'ange, en lui disant de me donner le petit livre. Et il me dit : Prends-le, et avale-le; il sera amer à tes entrailles, mais dans ta bouche il sera doux comme du miel.

La Parole de Dieu (comme les remarques inspirées des hommes et femmes utilisés par Dieu pour nous parler) ne sera pas toujours douce à notre âme. Elle viendra travailler là où ça fait mal... Elle viendra mettre en relief les choses que nous ne voulions pas changer, des choses dont nous avons honte ou qui sont encore des blessures évidentes, MAIS c'est justement ici que Dieu veut nous amener une guérison.

Je prie que vous puissiez recevoir la guérison du Seigneur là où vous en avez besoin, car le Seigneur est disponible pour vous dès maintenant, pour vous bénir et vous faire du bien.

Matthieu 11 : 29
Prenez mon joug sur vous et recevez mes instructions, car je suis doux et humble de cœur; et vous trouverez du repos pour vos âmes.

18 JANVIER

Jérémy Sourdril

Un message important aux pasteurs et aux croyants

Matthieu 24 : 1 : « Comme Jésus s'en allait, au sortir du temple, ses disciples s'approchèrent pour lui en faire remarquer les constructions ».

Je crois que le Seigneur veut parler à plusieurs aujourd'hui. Beaucoup d`églises, de pasteurs et de croyants ont pour vision d'acheter un bâtiment d'église, de devenir propriétaire, d'embellir la maison, ce qui est une bonne chose, mais le Seigneur dit aujourd'hui : « Occupez-vous de l'intérieur (de ce qui fait le cœur) de la maison au lieu de vous préoccuper de l'extérieur de la maison. Occupez-vous de ce qui est vraiment important ».

Vous êtes peut-être de ceux qui passent trop de temps à vous occuper de l'extérieur de la maison, même des ustensiles de la maison, et vous avez oublié celui qui construit la maison.

La Bible dit que si ce n'est pas le Seigneur qui bâtit la maison, celui qui la bâtit travaille en vain. Laissez Dieu s'occuper des choses secondaires et occupez-vous de son Royaume et des choses justes. Trop d'églises s'occupent de nouveaux programmes, réfléchissent à de nouveaux horizons, réfléchissent sur la croissance, sur la nouvelle moquette de l'église, et en oublient celui qui a dit : « Je bâtirai mon Église ».

> *Matthieu 24 : 2*
> *Mais il leur dit : Voyez-vous tout cela ? Je vous le dis en vérité, il ne restera pas ici pierre sur pierre qui ne soit renversée.*

Nous construisons un royaume éternel, œuvre d'un Dieu éternel. L'église moderne, pour combler le vide spirituel de son église, organise de nombreux programmes, pour pallier au manque de la présence de Dieu.

Il n'est pas mauvais d'organiser des programmes, mais il est mauvais de le faire si Dieu n'est pas présent comme il devrait l'être dans l'église. Le seul programme qui devrait avoir lieu dans ce cas, c'est une repentance générale de l'église, une recherche désespérée de sa présence. Je le répète : ce qui est important, ce n'est pas l'extérieur de la maison, mais c'est celui qui construit la maison.

> *Hébreux 3 : 4*
> *Chaque maison est construite par quelqu'un, mais celui qui a construit toutes choses, c'est Dieu.*

Ne construisez pas votre église ou votre vie sans le Seigneur. Arrêtez-vous un moment, et sachez que c'est l'Éternel, c'est Lui qui construit la maison.

- Vous êtes peut-être un pasteur ou un chrétien qui n'osez plus vous arrêter sérieusement devant Dieu et lui présenter tous vos programmes ?
- Pensez-vous que Dieu est pleinement satisfait et d'accord de tous vos programmes ?
- Êtes-vous en train d'organiser, de gérer des choses sans consulter sérieusement Dieu ?
- Êtes-vous entré dans une machine infernale de programmes et d'habitudes sans que Dieu s'y manifeste vraiment ?

Dieu veut habiter son temple, il veut habiter sa maison. Dieu veut se manifester, il veut manifester sa présence et les fruits de sa présence.

Où sont les gens qui se repentent, qui tombent sur leur face en pleine réunion car ils ont péché ? Pourquoi des chrétiens peuvent vivre dans le péché d'une manière régulière et s'asseoir tranquillement le dimanche à l'église sans être puissamment touchés par le Saint-Esprit ? Pourquoi les réunions d'églises (et nos journées) se suivent et se ressemblent ? C'est parce que la Gloire de la maison n'est pas au rendez-vous.

Êtes-vous satisfait ? Vraiment, posez-vous la question : « Suis-je vraiment satisfait ? ». Examinez votre conduite et jugez sérieusement de votre recherche de la Gloire de Dieu. Si Dieu n'est pas présent comme il le devrait, il faut le rechercher avec un zèle plus fort que jamais auparavant.

L'Église actuelle ne sera pas visitée puissamment par Dieu si elle ne recherche pas Celui qui construit la maison au lieu de rechercher comment construire la maison. C'est Dieu qui construit la maison, même s'il utilise nos mains pour le faire.

> *Exode 25 : 9*
> *Vous ferez le tabernacle et tous ses ustensiles d'après le modèle que je vais te montrer.*

Moïse n'a rien fait par lui-même. Il ne s'est pas arrêté pour réfléchir à son propre plan de construction pour le tabernacle. Il ne s'est pas assis pour dessiner des croquis du tabernacle, calculer des mesures, choisir ses étoffes, mais Dieu lui a montré exactement comment construire le tabernacle. Jésus a dit lui-même : Je ne fais (dis) rien par moi-même mais je fais (dis) tout ce que le Père me montre (m'enseigne).

> *Proverbes 3 : 5-7*
> *Confie-toi en l'Éternel de tout ton cœur, Et ne t'appuie pas sur ta sagesse; Reconnais-le dans toutes tes voies, Et il aplanira tes sentiers. Ne sois point sage à tes propres yeux, Crains l'Éternel, et détourne-toi du mal*

Lorsque nous empruntons un nouveau chemin, assurons-nous que Jésus le prendra avec nous. Lorsque nous avons longtemps marché sur le même chemin, assurons-nous que Jésus est toujours avec nous.

Peut-être l'avez-vous oublié ? Peut-être vous a-t-il montré de changer de chemin, de changer de programme, de changer de parcours, peut-être a-t-il dit : « Arrête-toi ici et allons plutôt là », et n'avez-vous pas écouté ? Est-ce que Jésus est toujours sur le chemin avec vous ? Pouvez-vous sentir son souffle d'approbation, sa bénédiction dans ton cœur, sa paix dans vos pensées ?

Quelle que soit la route sur laquelle vous vous trouvez, si Jésus n'est plus dans ce que vous êtes en train de faire, n'ayez pas peur de tout remettre en question, n'ayez pas peur de changer des choses, même si cela bouleverse vos habitudes d'une façon violente, n'ayez pas peur d'écouter ce qu'il a à vous dire. Si Jésus n'est plus là, voici pourquoi la bénédiction n'est pas totale. Si ce n'est pas Dieu qui bâtit lui-même la maison, vous bâtissez en vain. Est-il toujours là ? Est-ce toujours lui qui bâtit ou est-ce vous ?

19 JANVIER

Reinhard Bonnke

Votre territoire de miracles

Actes 2 : 22 : « Jésus... cet homme à qui Dieu a rendu témoignage devant vous par les miracles, les prodiges et les signes qu'il a opérés par lui au milieu de vous ».

Une nouvelle année est devant nous. Une année où Dieu a préparé de grandes choses pour Ses enfants. Une année, où le Royaume de notre Seigneur s'étendra et où beaucoup d'hommes et de femmes seront sauvés pour l'éternité. Quelle joie de pouvoir commencer quelque chose de nouveau avec le Seigneur !

Nous, équipe CfaN, nous croyons de tout cœur à un Dieu qui fait des miracles. Nous avons eu le privilège d'avoir pu voir de nos propres yeux d'innombrables miracles et nous continuerons de les expérimenter dans la nouvelle année. Tous nos rapports de mission en rendent compte. C'est vrai, notre Dieu est un Dieu qui fait des miracles.

Les croyants du Nouveau Testament n'allaient pas ça et là, à la recherche d'un miracle. Non, ils vivaient simplement dans le territoire du miracle. Ils se trouvaient en plein cœur du Royaume de Dieu et furent les témoins d'un Dieu qui fait des miracles dans chaque situation. Ils savaient que le quotidien en tant que chrétien était déjà en soi surnaturel, pavé de miracles. Cela apparaît comme quelque chose de tout à fait normal dans les écrits de Paul.

Malheureusement, ce qui était à cette époque normal ne l'est plus du tout de nos jours. On a investi tant d'efforts pour trouver de nouvelles méthodes pour vivre les miracles, que ce phénomène semble être un profond mystère. Il faut nous détourner de la complexité et du mystère et revenir à la simplicité à l'égard de Christ (voir 2 Corinthiens 11 : 3).

Pierre sortit de la barque

Un des miracles les plus intéressants de la Bible est l'histoire où Pierre marcha sur l'eau ; un homme tout à fait ordinaire qui suivait Jésus, un homme comme vous et moi. À cet instant-là, il quitta le domaine sécurisé du naturel et entra dans celui du miracle. Regardons d'un peu plus près ce miracle.

> *Matthieu 14 : 25-29*
> *A la quatrième veille de la nuit, Jésus alla vers eux, marchant sur la mer. Quand les disciples le virent marcher sur la mer, ils furent troublés, et dirent : C'est un fantôme ! Et, dans leur frayeur, ils poussèrent des cris. Jésus leur dit aussitôt : Rassurez-vous, c'est moi; n'ayez pas peur ! Pierre lui répondit : Seigneur, si c'est toi, ordonne que j'aille vers toi sur les eaux. Et il dit : Viens ! Pierre sortit de la barque, et marcha sur les eaux, pour aller vers Jésus.*

Alors que les disciples traversaient la Mer de Galilée, ils virent une forme humaine qui se mouvait à la surface de l'eau, une silhouette qui se profilait dans la lumière de l'aurore. Ils se frottèrent les yeux. Était-ce une hallucination ? Mais elle ne disparut pas. Elle était bel et bien réelle; c'était quelque chose que personne au monde n'avait encore vue. Ils eurent des sueurs froides et pris d'une grande frayeur, ils se mirent à pousser de grands cris.

Deux minutes plus tard, ils furent encore plus consternés. Pierre était sorti de la barque et ne s'était pas enfoncé dans les eaux comme ils s'y étaient attendus, mais avait atterri sur la surface de la mer comme si elle était bétonnée. Ses pieds touchèrent l'eau d'un bruit sourd au lieu de les éclabousser. Et maintenant, il y avait deux silhouettes à la surface de l'eau, marchant sur les vagues !

Les conditions pour un miracle commencèrent lorsque Pierre était encore dans la barque

Pierre s'était soudain métamorphosé. Une minute avant encore, il avait paniqué, ses cheveux s'étaient hérissés sur sa tête puis soudain, il avait osé faire ce qu'aucun être humain avant lui n'avait jamais fait : marcher sur l'eau. Lorsque Pierre changea, la situation changea. Pierre remarqua que des circonstances potentiellement dangereuses pouvaient changer lorsqu'il était différent. Lorsque Christ entre dans la vie de quelqu'un, le ciel met les choses en branle. Des situations peuvent changer. Ceci est une grande vérité biblique.

Cet incident dans la vie de Pierre laisse transparaître quelque chose de bien plus grand qu'un simple changement de circonstances. En réalité, rien n'avait changé autour de lui. Les eaux étaient toujours aussi terrifiantes. Mais Pierre était devenu maître des circonstances. La mer sous ses pieds grondait toujours mais Pierre marchait sur les flots, comme sur un paillasson. Les miracles commencent en nous puis affectent notre environnement. Les eaux menaçaient d'engloutir Pierre, mais Pierre en fit un passage lorsque Jésus lui dit de venir.

C'est Jésus Lui-même qui a amené les disciples ici

C'était Jésus Lui-même qui avait obligé Ses disciples à monter dans la barque et à passer avant Lui de l'autre côté du lac (Matthieu 14 : 22). Mais le vent était contraire, et la barque fut battue par les flots (Matthieu 14 : 24). Parfois les problèmes arrivent quand nous sommes, ou même parce que nous sommes, en train d'accomplir la volonté même de Dieu. Nous devons donner du temps à Dieu et Le laisser agencer les choses à Sa manière car toutes choses concourent à notre bien (Romains 8 : 28). Jésus avait la situation en main et Il vit que les disciples avaient beaucoup de peine à ramer et luttaient contre les flots sur le lac de Galilée lorsqu'Il était en train de prier sur la montagne (Marc 6 : 47-48). Ne vous en faîtes pas, le Seigneur a de très bons yeux !

Dieu ne nous promet pas des mers toujours calmes et des voyages sans embûches. Même Paul fit naufrage à trois reprises. Les disciples durent lutter contre les éléments de la nature sur leur barque en bois pour la simple raison qu'ils étaient là où Dieu les avaient placés.

Beaucoup de gens achoppent sur ce sujet. Ils font ce qui est juste et néanmoins passent par la souffrance. Cependant, nous ne devons pas nous inquiéter. Les perturbations qui surviennent là où Dieu nous place, sont des occasions pour vivre des miracles. Les vents de tempête en Galilée furent les premiers ingrédients d'un miracle pour Pierre et ses compagnons.

Bien sûr, nous ne pouvons pas toujours dire que tous nos problèmes sont de cette catégorie. Les difficultés ne signifient pas que nous sommes dans la volonté de Dieu. Parfois, elles montrent que nous faisons notre propre volonté. Nous amoncelons alors nos propres problèmes. Comme Eliphaz l'a dit à Job :

> *Job 5 : 7*
> *L'homme naît pour souffrir, comme l'étincelle pour voler.*

Les problèmes font naturellement partie de notre monde déchu et le diable, notre ennemi, n'est jamais loin.

Cela n'a jamais été le plan de Dieu que nous vivions une vie sans miracle

Que nous soyons responsables ou pas de notre situation, nous avons tous besoin d'un miracle un jour ou l'autre. Un jour ou l'autre, nous faisons face à des difficultés dans le domaine de la santé, du travail, du couple, de la famille ou autres et nous avons besoin d'une intervention surnaturelle de Dieu pour nous en sortir. Comme les disciples dans leur barque, nous pouvons rester assis dans les vagues de l'inquiétude, tentant de conjurer les assauts de la frayeur. Jésus même, en apparaissant sur la scène, alimenta les craintes des disciples. Ils avaient besoin d'un miracle, un point c'est tout.

Il en est de même pour nous. Nous avons besoin de rien d'autre qu'une intervention surnaturelle dans notre vie ; pour Sa gloire et Son honneur. Toute notre reconnaissance doit Lui revenir ! Cela n'a jamais été Son plan que nous menions une vie sans miracle. Car même si nous avons donné le meilleur de nous-mêmes, nous dépendrons à jamais de Lui pour tous nos besoins.

Avez-vous besoin aujourd'hui d'un miracle ? D'une intervention surnaturelle de Dieu dans votre vie ? Désirez-vous que l'équipe CfaN se joigne à vous dans l'intercession ? Alors envoyez-nous votre requête de prière et nous l'apporterons avec vous au Seigneur en ce début d'année. Veuillez simplement nous contacter par courrier ou en nous envoyant un email.

Puisse cette année devenir une année où vous entrerez dans votre territoire de miracles, une merveilleuse année de victoires et de percées ! Prions et croyons ensemble pour cela. Nous nous attendons à de grandes choses de la part d'un grand Dieu !

20 JANVIER

Jérémy Sourdril

Les médias déguisés en anges de lumière

Les médias nous entourent de toutes parts, si bien qu'il serait difficile, si nous le désirions, de ne pas recevoir d'informations du monde. Entre les sites internet, les réseaux sociaux, les journaux et magazines, les publicités, la télévision, la radio et d'autres médias, nous sommes assaillis de tous côtés d'informations.

La plupart d'entre nous allons régulièrement sur des sites internet d'actualités ou lisons le journal. Un grand nombre de gens va au moins deux fois par semaine sur un site internet d'actualité, lisent un journal ou un magazine. Le fait est que, pour le moment, les médias sont malheureusement contrôlés par des inconvertis, qui n'ont donc pas eu leur esprit recréé ! Ce qui vient d'un esprit mort ne peut pas plaire à Dieu. « Il n'y en a pas un seul qui fasse le bien », dit l'Écriture.

Nous savons tous qu'il faut prendre garde à ce que nous lisons, écoutons ou regardons. Nous savons que la recherche numéro un sur internet est la pornographie. C'est un terrible fléau. Adam et Eve étaient nus et ont eu naturellement honte, mais aujourd'hui beaucoup d'inconvertis n'ont pas honte de se montrer nus ou de regarder de telles choses. Qu'un enfant de Dieu ne tombe jamais dans ce fléau !

En dehors de la pornographie qui n'est pas vraiment déguisée, il existe des moyens utilisés par la société, et donc inspirés par le dieu de ce siècle, pour amener l'homme vers le bas. Ce sont des moyens déguisés. Ils paraissent être bons, ou en tout cas inoffensifs, mais en fait ils sont pleins d'un venin mortel qui paralyse l'homme jour après jour.

J'aimerais vraiment vous encourager en tant qu'enfant de Dieu à faire attention à tout ce que les médias vous montrent. Ne pensez pas que tout est inoffensif, que vous et vos enfants pouvez-vous permettre de tout écouter sous prétexte qu'il faut être au courant de ce qui se passe dans le monde, et vivre comme le monde pour mieux le comprendre. On a dit un jour à un jeune homme dans une église d'écouter des radios mondaines pour s'en inspirer, ce qui l'aiderait à mieux diriger la louange dans l'église. Quelle stupidité mondaine !

> *2 Corinthiens 11 : 15*
> *Il n'est donc pas étrange que ses ministres aussi se déguisent en ministres de justice. Leur fin sera selon leurs œuvres.*

Dans ce passage, l'apôtre Paul était sidéré de la faiblesse des chrétiens de Corinthe, qui acceptaient toutes sortes d'enseignements, dont certains étaient donnés par des hommes aux apparences pieuses mais qui annonçaient en fait un autre évangile. Il leur dira au verset 20 :

> *2 Corinthiens 11 : 20*
> *Si quelqu'un vous asservit, si quelqu'un vous dévore, si quelqu'un s'empare de vous, si quelqu'un est arrogant, si quelqu'un vous frappe au visage, vous le supportez.*

L'apôtre Paul reprochait à ces chrétiens d'accepter tout et n'importe quoi sans faire de tri. Il va dire que ses ministres se déguisent en ministres de justice. Les ministres de qui ? De satan bien sûr. Il y a donc des ministres qui sont envoyés par satan. Ce sont des envoyés, et souvent ils n'en sont pas même conscients. Ils sont envoyés avec un message. Ces ministres existent encore aujourd'hui. Je ne parle pas de faux serviteurs de Dieu qui peuvent circuler dans les églises, mais je parle des envoyés du diable. Comment apportent-ils leur message aujourd'hui ? Par les médias, bien entendu. Ils utilisent des moyens de communication efficaces. Loin de moi la pensée de voir le diable partout, mais je réalise que la Parole de Dieu nous met en garde contre la pensée du siècle présent.

> *Romains 12 : 2*
> *Ne vous conformez pas au siècle présent, mais soyez transformés par le renouvellement de l'intelligence, afin que vous discerniez quelle est la volonté de Dieu, ce qui est bon, agréable et parfait.*

> *Galates 1 : 4*
> *Qui s'est donné lui-même pour nos péchés, afin de nous arracher du présent siècle mauvais, selon la volonté de notre Dieu et Père,*

Les sites internet d'actualités

Voilà de beaux sites internet déguisés en anges de lumière. Apparemment, rien de mauvais : juste de l'actualité. Pourtant, si nous sommes attentifs, nous pouvons par exemple regarder un site internet comme Yahoo. Si je regarde l'actualité du jour sur ce site à la date d'aujourd'hui, voici ce que je trouve en gros titre

« **Britney ne veut pas embrasser Lady Gaga** » (accompagné d'une vidéo) : Voilà un article qui encourage indirectement l'homosexualité et la débauche.

« **De la prison à un contrat de 100 millions de dollars » :** En prenant l'exemple d'un homme, un article qui encourage indirectement les gens à chercher l'argent et la chance, sous des airs de sainteté.

« **Un dixième pied humain retrouvé à Vancouver » :** Un article qui raconte la trouvaille de 10 morceaux de corps (des pieds) sur les plages de Vancouver. Voilà qui incite indirectement les gens à la peur et à la phobie.

« **Une ville allemande instaure un parcmètre pour prostituées » :** Un article qui banalise la prostitution et la place au même titre qu'un stationnement de voiture.

« **Infections au virus du Nil au Québec** » (avec la photo d'un moustique qui pique une personne) : Un article expliquant que quatre personnes ont été infectées par un virus. Cet article encourage indirectement la peur de virus, de maladie et de mort.

Ce n'est que six des vingt-quatre informations en gros titres qui se trouvent sur ce site Internet. Oui, la plupart du temps, il s'agit de messages indirects, « de faux anges de lumière ». C'est de la séduction. Est-ce que ces articles vous paraissent intéressants ? Pour la chair, oui, pour notre esprit, non ! Est-ce que cela paraît édifiant ? Pas du tout ! La plupart des gens lisent les nouvelles en se réveillant devant leur café. Certains chrétiens lisent toutes sortes d'actualités sans prendre du temps avec Dieu ! Selon vous, à quoi vont-ils penser toute la journée ? De quoi vont-ils parler ? De quoi se seront-ils nourris et de quoi vont-ils nourrir les autres ? Nous devons faire attention afin d'être, toujours et en tous lieux, une bonne odeur pour les gens. Nous sentirons bon en lisant les nouvelles de Dieu mais nous sentirons comme le monde en ne triant pas les nouvelles du monde. Ne disons pas : « Ce n'est pas grave, c'est juste de l'actualité ! » mais étudions ce qui est bon, agréable, et parfait. L'actualité aura changé demain, mais la Parole de Dieu reste toujours la même. Il est mieux de construire sa vie sur le roc de la Parole de Dieu que sur le sable du monde.

Travaillant personnellement sur Internet, j'allais régulièrement sur un site prendre des nouvelles du monde. J'ai réalisé que chaque semaine ou presque, se trouvait un article de prévention santé. À chaque fois, il s'agissait d'articles tels que : « Attention si vous avez mal au ventre », « Quels sont les symptômes de telle maladie », « J'avais un cancer du sein sans le savoir », etc. En fait, des articles qui font peur aux gens et les amènent à se dire : « Moi aussi j'ai mal ici, je dois donc être malade ! ». Voici comment on ouvre une belle porte pour la maladie dans nos vies. Il y a tous les articles sur les meurtres, la prostitution, les abus sexuels, qui créent chez beaucoup un voyeurisme extrêmement malsain et diabolique. Il y a aussi des articles tels que : « Comment tromper sa femme à l'étranger », qui poussent à la débauche et à l'adultère en banalisant ces horribles péchés. En fait, la plupart des articles (sur certains sites) amènent les gens à avoir peur de la maladie, à chercher toujours plus d'argent, à chercher des relations sexuelles, bref, un ramassis de péchés immondes.

Cela est-il surprenant ? Non ! Mais si vous ne faites pas attention, vous allez vous conformer à ces « actualités » et elles vont pénétrer en vous, ce qui vous empêchera d'entrer dans la présence de Dieu. Je vous encourage donc à trouver de vrais sites d'actualités, pas des sites poubelles, car il y a des gens qui sont obsédés par la peur à cause d'actualités de la sorte et vivent dans l'angoisse, d'autres encore tombent dans le péché. Un grand homme de Dieu a déclaré il y a bien des années : « Je ne lis jamais les journaux, les actualités de ce monde ne m'intéressent pas, je préfère l'actualité de la Parole de Dieu ». Sur ces choses, je vous laisserai méditer, mais nous pouvons déjà déclarer aujourd'hui : « Je ferai attention à ce que j'écoute, à ce que je lis et à ce que je regarde, car je sais que ce que je vois m'amènera à penser et je veux penser comme Dieu ».

> *Philippiens 4 : 8*
> *Au reste, frères, que tout ce qui est vrai, tout ce qui est honorable, tout ce qui est juste, tout ce qui est pur, tout ce qui est aimable, tout ce qui mérite l'approbation, ce qui est vertueux et digne de louange, soit l'objet de vos pensées.*

21 JANVIER

Jérémy Sourdril

Les médias déguisés en anges de lumière (suite)

Nous devons faire preuve de prudence quant à l'actualité du monde, et ne pas croire que les pensées du siècle présent qui sont manifestées dans l'actualité quotidienne n'auront pas d'impact sur nous si nous n'y prenons pas garde. Nous sommes appelés à penser d'une manière élevée, pas d'une manière charnelle.

Les réseaux sociaux

Lorsqu'on pense réseaux sociaux, on pense à Facebook. Ici, c'est comme dans la vie ou presque : si vous faites le tri parmi vos amis, vous aurez de la bonne information, mais sinon, vous aurez toutes sortes de vidéos, de photos et de commentaires poussant au péché. Un vrai danger pour les plus faibles.

La radio et la télévision

On retrouve les dangers de certains sites Internet d'actualités, avec certaines « variantes ». Il existe d'innombrables émissions de radio où le sexe, les propos insensés, bestiaux et vulgaires sont de rigueur. Sans parler de la musique diabolique qui y passe. Mais étonnamment certains chrétiens se laissent emporter par cela et y trouvent même du plaisir. Ils veulent se « relaxer », disent-ils.

A la télévision, c'est comme sur Internet, ces deux médias se rapprochant de plus en plus. On peut trier plus facilement ce qu'on regarde, étant assaillis par moins d'informations. Les gens se délectent d'émissions, de reportages, de films mondains et laissent même leurs enfants les regarder.

Il existe beaucoup de séries télévisées et de dessins animés qui ont l'air inoffensifs et reposants, mais qui sont pleins de messages : « Profitez de la vie », « Sortez avec des filles et des garçons et couchez ensemble avant le mariage », « Buvez, mangez, sortez car la vie est courte », « Vive l'homosexualité », « Toutes les routes mènent à Dieu », « Dieu n'existe pas », etc.

La très grande majorité des dessins animés d'aujourd'hui ne devraient pas être vus par nos enfants. On y trouve magie, occultisme, violence, amour de l'argent et du pouvoir, athéisme et j'en passe.

Dernièrement quelqu'un a amené un magazine chez nous. Il l'a posé dans mon bureau, et quand j'y suis passé, voilà que sur la première page de la couverture il y avait un sein ! Je ne sais pas si ce magazine parlait de santé ou d'autre chose, mais peu importe, j'ai demandé à ce qu'on enlève ce magazine de chez moi !

« Je suis le gardien de ma maison »

« Je suis le gardien de ma maison ». Rien d'impur n'y entrera. Je ne veux pas voir ce genre de choses, je ne veux pas que ma fille en grandissant, pense que c'est normal de montrer son corps ainsi. Non, ce n'est pas normal, non ce n'est pas « pas grave ». C'est très grave, c'est le péché et c'est enfanté par le malin. Cela n'a rien à faire chez moi. Au Nom de Jésus-Christ, moi et ma maison, nous servirons Dieu dans la pureté.

Notes importantes

Ne pensez pas que je sois contre les médias. Il ne s'agit pas de toute façon de ce que je pense, mais de ce que le Seigneur pense et approuve. Alors, mettons-nous devant la Parole de Dieu. Avant tout, Dieu nous demande de ne pas nous conformer au siècle présent mais de renouveler notre intelligence afin de connaître ce qui est bon, agréable et parfait. Lorsque nous sommes face à un média, posons-nous la question : est-ce bon, agréable et parfait ? Ou encore : est-ce que cela pourrait m'empêcher de trouver ce qui est bon, agréable et parfait ? Faisons passer le média au crible du verset que nous avons lu hier :

> *Philippiens 4 : 8*
> *Au reste, frères, que tout ce qui est vrai, tout ce qui est honorable, tout ce qui est juste, tout ce qui est pur, tout ce qui est aimable, tout ce qui mérite l'approbation, ce qui est vertueux et digne de louange, soit l'objet de vos pensées.*

Posons-nous donc ces questions :

« Est-ce que ce média est plein de vérité, honnête, juste, pur, aimable, de bonne réputation, plein de vertus, digne de louange ? ». S'il ne l'est pas : « Est-ce qu'il me pousse à avoir de telles pensées ? ». Enfin, posons-nous la question : « Est-ce que ce média m'édifie, ou au moins, est-ce qu'il est utile ? ».

> *1 Corinthiens 10 : 23*
> *Tout est permis, mais tout n'est pas utile; tout est permis, mais tout n'édifie pas.*

Nous avons une grande liberté en tant qu'être humain. Nous pouvons choisir la vie ou la mort dans ce que nous lisons, regardons et pensons, mais est-ce que ce que je lis ou regarde est utile ? Est-ce que cela m'édifie ? Est-ce une source de repos réel ?

Les bons médias

Il existe bien heureusement des médias qui ne sont pas mauvais. Ils sont rares mais il en existe. Il existe de bons films, des reportages, des actualités, des dessins animés et même des séries qui ne sont pas mauvais. Sachons donc sélectionner ce qui passera dans notre âme, car nous nous devons de garder nos pensées. Attention à ce que nous laissons regarder à nos enfants !

> *Proverbes 4 : 23*
> *Garde ton cœur plus que toute autre chose, Car de lui viennent les sources de la vie.*

22 JANVIER

Michaël Lebeau

L'un des grands secrets de la réussite

La clé de mon succès a lieu lorsque tout le monde dort.

Un jour le pasteur Myles Munroe croisa Michaël Jordan dans l'ascenseur d'un hôtel et il lui posa cette question :

« Quel est le secret de ta réussite ? »

Michaël Jordan lui a répondu : « La clé de mon succès a lieu lorsque tout le monde dort. Quand j'étais au lycée, mon coach m'a dit : «Tu ne réussiras jamais dans le domaine du basket-ball ! «. Et lorsque mon coach me l'a dit, cela a créé en moi un désir, une passion de jouer au basket-ball et je suis allé dire à ma mère : «Achète-moi un ballon de basket. Je peux réussir au basket-ball, mon coach m'a dit que je n'y arriverai pas, mais j'ai le désir, j'ai une passion, je jouerai au basket-ball». ».

Depuis ce jour, chaque matin à cinq heures, j'allais au gymnase. Il n'y avait personne, il n'y avait que des cafards et des rats. Et j'étais là, seul avec mon ballon de basket, et chaque matin pendant quatre heures, pendant que tout le monde dormait, je m'entraînais et je « shootais », je faisais des paniers sans m'arrêter ».

Suite à cette anecdote Myles Munroe a dit : « Les leaders ne dorment pas ! Trouve ton appel, cette chose qui te gardera éveillé pendant que tout le monde dort. Tu dors trop, c'est pour cela que tu es un suiveur et non un leader. Quand tu trouves une passion, tu ne dors pas ! ».

La qualité de ta préparation (de ton entraînement) déterminera ta performance !

Si tu es appelé à enseigner la parole de Dieu, lève-toi plus tôt, ou couche-toi plus tard, passe des heures et des heures à méditer la Parole, à lire les enseignements d'autres hommes de Dieu, à prier pour avoir de profondes révélations. Inscris-toi à un institut biblique de qualité. Ainsi tu deviendras un leader qui percera et fera la différence.

Si tu es appelé à être un chef d'entreprise à succès pour financer l'Évangile : Passe des heures chaque jour à étudier, chercher et travailler pour augmenter ton expertise et devenir le meilleur dans ton domaine.

Si tu es appelé à être un grand musicien chrétien : Entraîne-toi chaque jour pendant des heures sur ton instrument, suis des cours auprès d'un excellent professeur, écoute les meilleurs dans ton domaine, passe du temps à louer et adorer le Seigneur.

Jésus connaissait son appel, et lui aussi a dû se préparer pendant de longues années avec discipline dans la prière, la méditation et le jeûne pour devenir le leader qu'il a été. Souvent, il se retirait tôt le matin ou tard le soir et il priait, il développait son potentiel, aiguisait son don, fortifiait son esprit, croissait en stature, augmentait sa sagesse, tout cela car il connaissait sa vocation. Il voulait être prêt, il ne gaspillait pas son temps libre, mais il l'investissait dans ce à quoi il était appelé.

> *Luc 2 : 40*
> *Or, l'enfant croissait et se fortifiait. Il était rempli de sagesse, et la grâce de Dieu était sur lui.*

> *Luc 2 : 52*
> *Et Jésus croissait en sagesse, en stature, et en grâce, devant Dieu et devant les hommes.*

Et en l'espace de trois ans, Jésus a eu le plus grand impact sur la terre qu'aucun homme n'ait jamais eu.

Il y a un prix à payer pour réussir, es-tu prêt à relever ce défi en travaillant avec passion pendant que d'autres dorment, afin de devenir le grand leader que Dieu veut que tu sois ?

Une petite note : soyez néanmoins raisonnable envers votre corps, il ne s'agit pas non plus de vous épuiser mais de bien gérer votre temps en le consacrant en priorité à votre préparation pour accomplir pleinement votre vocation en Jésus-Christ ! Un peu moins de paresse et un peu plus de discipline.

23 JANVIER

Filipe et Marie Alves

Dieu a besoin que tu prophétises !

Voici un passage d'Ezéchiel qui est vraiment extraordinaire : Dieu fait revivre des ossements desséchés et ils deviennent une puissante armée, n'est-ce pas merveilleux ?

Ezéchiel 37 : 1-14
La main de l'Éternel fut sur moi, et l'Éternel me transporta en esprit, et me déposa dans le milieu d'une vallée remplie d'ossements. Il me fit passer auprès d'eux, tout autour; et voici, ils étaient fort nombreux, à la surface de la vallée, et ils étaient complètement secs. Il me dit : Fils de l'homme, ces os pourront-ils revivre ? Je répondis : Seigneur Éternel, tu le sais. Il me dit : Prophétise sur ces os, et dis-leur : Ossements desséchés, écoutez la parole de l'Éternel ! Ainsi parle le Seigneur, l'Éternel, à ces os : Voici, je vais faire entrer en vous un esprit, et vous vivrez; je vous donnerai des nerfs, je ferai croître sur vous de la chair, je vous couvrirai de peau, je mettrai en vous un esprit, et vous vivrez. Et vous saurez que je suis l'Éternel. Je prophétisai, selon l'ordre que j'avais reçu. Et comme je prophétisais, il y eut un bruit, et voici, il se fit un mouvement, et les os s'approchèrent les uns des autres.

Je regardai, et voici, il leur vint des nerfs, la chair crût, et la peau les couvrit par-dessus; mais il n'y avait point en eux d'esprit. Il me dit : Prophétise, et parle à l'esprit ! Prophétise, fils de l'homme, et dis à l'esprit : Ainsi parle le Seigneur, l'Éternel : Esprit, viens des quatre vents, souffle sur ces morts, et qu'ils revivent ! Je prophétisai, selon l'ordre qu'il m'avait donné. Et l'esprit entra en eux, et ils reprirent vie, et ils se tinrent sur leurs pieds : c'était une armée nombreuse, très nombreuse. Il me dit : Fils de l'homme, ces os, c'est toute la maison d'Israël. Voici, ils disent : Nos os sont desséchés, notre espérance est détruite, nous sommes perdus ! Prophétise donc, et dis-leur : Ainsi parle le Seigneur, l'Éternel : Voici, j'ouvrirai vos sépulcres, je vous ferai sortir de vos sépulcres, ô mon peuple, et je vous ramènerai dans le pays d'Israël. Et vous saurez que je suis l'Éternel, lorsque j'ouvrirai vos sépulcres, et que je vous ferai sortir de vos sépulcres, ô mon peuple ! Je mettrai mon esprit en vous, et vous vivrez; je vous rétablirai dans votre pays, et vous saurez que moi, l'Éternel, j'ai parlé et agi, dit l'Éternel.

Aujourd'hui vous faites peut-être face à une situation similaire, tout à l'air perdu, mort, désespéré. Pourquoi Dieu n'agit-il pas ? Regardons ce passage de plus près, afin que l'Esprit de Dieu nous éclaire.

Ces os pourront-ils revivre ?

La première chose que nous pouvons relever dans ce passage, c'est cette question que Dieu pose à Ézéchiel : « Ces os pourront ils revivre ? ». Dieu ne le sait-il pas ? Si, mais il veut faire naître une attente chez Ézéchiel.

A partir de ce moment-là, Ézéchiel est véritablement dans l'attente de ce que Dieu va faire et lui répond : « Seigneur tu le sais ». De même, aujourd'hui face à votre problème, ayez l'attitude d'Ezéchiel et attendez-vous à l'action du Seigneur, attendez-vous à l'impossible, attendez-vous au miraculeux. Soyez assuré de la volonté de Dieu par rapport à cette situation en étant à son écoute dans la prière et en méditant Sa parole. Cet aspect est essentiel : il ne sert à rien de prier sans s'attendre avec foi à l'action de Dieu et sans être assuré que notre demande est conforme à Sa volonté.

Prophétise !

Le deuxième élément que nous relevons dans ce passage, c'est que Dieu dit à Ézéchiel tout ce qui va se passer, mais rien ne se produit. Pourquoi ? Dieu n'ordonne pas aux os de revivre mais il demande à son prophète de parler de sa part : « prophétise ». La volonté de Dieu s'accomplit à travers Ézéchiel, c'est un canal pour l'action de Dieu. N'est-ce pas merveilleux ! Le miracle se produit seulement après qu'Ezéchiel ait parlé : les os reprennent vie et l'Esprit de Dieu vient en eux.

En tant que chrétien, né de nouveau et rempli de l'Esprit de Dieu, nous sommes des canaux, Dieu veut utiliser nos bouches pour que Sa parole s'accomplisse. Là où il y a la maladie, Dieu veut que nous proclamions la guérison, là où il y a la dépression, Dieu veut que nos proclamions la restauration des âmes. Dieu est le Dieu des miracles, il n'a pas changé ! Dieu veut agir dans ce monde, dans votre vie; mais il a besoin de vous, de chrétiens qui soient dans l'attente, qui cherchent Sa volonté et qui agissent conformément à Sa parole.

24 JANVIER

Jérémy Sourdril

Cherchez-vous la faveur de l'homme ?

Dans l'épître aux Galates, l'apôtre Paul introduit sa lettre en expliquant que l'Évangile qu'il a reçu venait directement d'une révélation du Seigneur. Il raconte qu'après sa conversion, il ne consulta ni la chair ni le sang, mais qu'il partit vers l'Arabie, seul.

Il alla ensuite à Damas, et trois ans plus tard il remonta pour la première fois à Jérusalem où il rencontra Jacques, et Pierre chez qui il passa deux semaines. Il repartit pour la Cilicie et la Syrie et c'est seulement 14 ans plus tard, après avoir prêché l'évangile partout où il passait, qu'il vint à Jérusalem accompagné cette fois-ci de Barnabas et de Tite.

L'apôtre a reçu l'Évangile directement du Seigneur. Un homme a ensuite prié pour lui et lui a parlé de la part du Seigneur. L'apôtre Paul explique que sa relation avec Dieu ne vient pas d'un homme mais de Dieu seul. Il démontre que Dieu est Celui qui l'intéresse par-dessus tout. Il vivait une relation intime avec Dieu, évangélisa, enseigna des gens puis forma des églises locales.

Après cette introduction, il parlera d'un problème qui surgit au sein de l'église de Galatie. Pierre et d'autres frères usèrent d'hypocrisie par peur d'être jugés par des hommes. En fait ils mangeaient avec des non-juifs mais quand des juifs les rejoignirent dans la ville, ils n'allaient plus manger avec ces non-juifs par peur d'être critiqués. Pourtant, c'est bien le Seigneur lui-même qui donna une vision à Pierre quelques temps plus tôt pour lui dire que tout était pur et qu'il n'y avait aucune différence entre le juif et le non-juif. L'apôtre va dire dans son introduction :

> *Galates 1 : 10*
> *Et maintenant, est-ce la faveur des hommes que je désire, ou celle de Dieu ? Est-ce que je cherche à plaire aux hommes ? Si je plaisais encore aux hommes, je ne serais pas serviteur de Christ.*

Il répond donc à ce problème dès le début de cette épître en nous donnant un grand principe : « Si je voulais encore plaire aux hommes, je ne serais pas serviteur de Christ ».

Nous sommes tous appelés à être serviteur de Christ d'une façon ou d'une autre. Jésus a bien dit que celui qui veut être grand soit le serviteur de tous, il a aussi dit qu'il était venu, non pour être servi, mais pour servir les autres. Nous sommes appelés à servir les autres.

Nous ne pouvons pas servir les autres, et par cela servir Christ, si nous voulons plaire aux hommes. Celui qui veut plaire aux hommes ne peut pas plaire à Dieu ! Il est impossible de plaire totalement aux hommes et de plaire à Dieu. Il n'y a personne qui puisse plaire à la fois aux hommes et à Dieu. Je ne dis pas que personne doit aimer, mais que nous ne devons pas vouloir plaire aux hommes. Jésus a dit que ceux qui vivent pieusement en Jésus-Christ seront persécutés. Il y a donc pour celui qui vit avec la vraie piété un nombre de gens qui ne l'aimera pas.

Vouloir plaire aux gens est une bien grande erreur de la part du croyant

Certains diront que l'apôtre Paul voulait plaire aux gens lorsqu'il disait qu'il se faisait « tout à tous » (1 Corinthiens 9 : 22), mais ce n'était pas ce qui le poussait à s'adapter aux gens. En s'adaptant aux gens, il ne cherchait pas son intérêt personnel mais il cherchait l'intérêt de Christ, l'intérêt du Royaume de Dieu.

Lorsqu'une personne vient à Christ, elle doit comprendre qu'elle doit mourir totalement à ce désir de vouloir plaire aux hommes. Grand est le nombre de gens qui ont chuté et sont retombés dans leur vomi, si je puis dire, en voulant plaire aux hommes. Cela me fait penser à Moïse. Il avait tout pour plaire aux gens, il était dans le palais royal, fils de la fille du Pharaon, mais la Bible dit qu'il refusa ce titre et la jouissance éphémère du péché, mais qu'il quitta l'Egypte, regardant l'opprobre de Christ comme une richesse plus grande que les trésors de l'Egypte.

Cet homme avait compris quelque chose. La gloire de l'homme est vaine, mais faire la volonté de Dieu est bien plus glorieux. Aucun serviteur de Dieu ne pourra voir Dieu agir fortement d'une manière régulière s'il n'est pas du tout mort au regard des autres et à leurs compliments (ou leurs critiques).

C'est toujours, au début de notre vie chrétienne, et plus longtemps si nous n'y remédions pas, un combat entre ce que les gens pensent de nous, et la façon dont Dieu nous demande de nous comporter. Lorsqu'on est dans le monde, quoi qu'on en pense, nous aimons plaire aux gens, nous aimons être apprécié et reconnu. C'est ainsi que beaucoup se mettent à fumer et à suivre les modes, pour être reconnu et apprécié des autres. C'est ainsi que les gens sont prêts à offrir leur cœur et leur corps pour être aimé de quelqu'un. On s'achète la plus grosse voiture possible, pour être vu par le voisin, la plus belle maison possible, pour être reconnu et complimenté. Les hommes sont prêts à tout parfois pour être reconnu.

Ils font des compromis. Tellement de compromis. C'est une chose vraiment triste.

Nous sommes des enfants de Dieu et la plus belle des choses, c'est de plaire à Dieu, de lui être agréable. Jésus n'avait rien pour attirer le regard mais il avait quelque chose de plus. Les femmes sont appelées elles aussi à avoir cette parure intérieure du cœur qui ne peut être cachée par du maquillage. J'aimerais encore réécrire cette parole de l'apôtre :

« Si je voulais encore plaire aux hommes, je ne serais pas serviteur de Christ ».

Il est parfois bon de remettre en question nos motivations quant aux choix de notre vie, toutes ces petites choses que nous faisons pour être vu et reconnu. Ce sentiment de vouloir plaire, lorsqu'il est régulier et profond, nous empêchera de grandir dans l'onction et de porter des fruits. Nous devons mourir au regard des autres, cela nous aidera beaucoup à entendre la voix de Dieu. Beaucoup n'entendent plus la voix de Dieu car ils ne sont pas prêts à obéir. Dieu sait que s'il envoie sa Parole, ils la recevront, mais ils la mettront dans la balance inconsciemment : d'un côté la Parole de Dieu, et de l'autre côté ce que vont penser les autres si j'obéis.

Ce qui est merveilleux avec Dieu, c'est qu'il est compatissant. Il peut venir à notre secours pour nous changer car il est bon, et sa miséricorde dure à toujours. Oh oui, sa miséricorde dure à toujours.

Si aujourd'hui vous avez des conflits avec ce problème de complaisance, vous pouvez changer par Christ qui vit en vous. Dites-lui : « Seigneur, je réalise que je fais tant de choses pour être apprécié des autres. Je veux changer. Je veux t'obéir à toi seul et faire ce que tu me demandes, quoi qu'en penseront les autres, car je t'aime ».

Jean 5 : 41
Je ne tire pas ma gloire des hommes.

25 JANVIER

Jérémy Sourdril

Ne reste pas sur tes échecs passés

Nous avons tous échoué quelque part, mais certains n'arrivent pas à se pardonner. Mais aussi longtemps qu'ils n'arrivent pas à se pardonner et à tourner la page, aussi longtemps ils ne pourront pas « voir leur David ».

Certains ont fait des erreurs concernant le mariage

Je vois des gens qui éprouvent des difficultés dans leur mariage et qui demandent la prière. Ils essaient de passer à autre chose, ils essaient de passer au-dessus de leurs disputes, mais les erreurs de l'autre sont toujours présentes dans leur âme. Le vrai pardon oublie. Lorsque vous venez en tant que couple pour une meilleure situation maritale, vous devez radicalement oublier les erreurs passées.

Cela ne sert à rien de marcher avec les erreurs de l'autre lorsque nous sommes appelés à aimer l'autre. Je dis aux gens, lorsqu'ils viennent pour la prière, de se pardonner entièrement, puis je leur dis que s'il arrive prochainement une situation de conflit qu'ils ont déjà vécue dans le passé, ne pas dire : « C'est encore la même chose, tu vois, tu n'as pas changé ! », mais oublier volontairement et croire le meilleur. Voici ce qui règlera beaucoup de conflits, il faut pour cela une bonne dose d'amour, d'humilité, et de ferveur d'esprit :

- Si le ton commence à monter, arrêtez le travail de votre âme et de vos pensées non-renouvelées.

- Faites le rapidement, avant que la dispute s'anime.

> *Proverbes 17 : 14*
> *Commencer une querelle, c'est ouvrir une digue; Avant que la dispute s'anime, retire-toi.*

La Bible n'est pas en train de dire que nous devons fuir lorsqu'on rencontre un conflit. Dans le cadre du mariage, comme ailleurs, les disputes n'amènent à rien.

> *Jacques 1 : 19-20*
> *Sachez-le, mes frères bien-aimés. Ainsi, que tout homme soit prompt à écouter, lent à parler, lent à se mettre en colère; car la colère de l'homme n'accomplit pas la justice de Dieu.*

- Laissez la dispute, tenez la main de votre conjoint avec douceur et priez en langue.

C'est dur pour l'orgueil de mâle ! Automatiquement, écartez l'orgueil et tenez la main de votre épouse. Trouvez la force en vous pour prier efficacement, sans jugement de l'autre mais en croyant que Dieu va vous aider à changer l'un et l'autre.

> *Matthieu 12 : 30*
> *Celui qui n'est pas avec moi est contre moi, et celui qui n'assemble pas avec moi disperse.*

Lorsque le mari et la femme commencent à devenir des ennemis, l'unité n'est plus possible. Il faut travailler l'un avec l'autre. Les gens demandent parfois la prière tout en disant : « Il a tort et j'ai raison ». Nous devons être en parfaite harmonie avec notre épouse et travailler main dans la main, nous ne travaillons pas l'un contre l'autre mais notre état d'esprit doit être :

« Je ne suis pas avec les circonstances contre ma femme, mais je suis toujours avec ma femme contre les circonstances, je ne fais qu'un avec elle car je l'aime ».

Certains ont fait des erreurs concernant les finances

Ils ont perdu beaucoup d'argent, ils ont échoué dans leur travail, dans leurs dossiers ou dans leur société et ils ne pensent plus que Dieu peut faire quelque chose au travers d'eux dans ce domaine. Mais Dieu sait nous relever, il a la puissance de nous relever et de nous faire sortir des pires situations. Il est aussi venu délivrer les désespérés, ceux qui sont malades dans leurs finances, afin qu'Il soit glorifié.

Certains ont fait des erreurs dans le service ou le ministère

D'autres ont échoué dans le ministère ou dans leur foi. Ils pensaient aller quelque part, ils pensaient que la personne pour qui ils avaient prié serait guérie mais au contraire elle est morte, et leur confiance en Dieu est comme morte avec cette personne. Ils priaient pour le salut d'une personne et cette personne n'a pas été sauvée, et cela entache leur relation avec Dieu et ils font parfois naufrage par rapport à la foi. Ils sont désespérés et à bout de force et ils crient : « Dieu que fais-tu ? ».

Nous avons tous fait des erreurs et avons tous vécu des échecs, mais aucun échec n'est trop grand pour Dieu. Dieu a toujours la puissance de nous redonner la vue et l'espoir. Il y a dans sa maison d'abondantes joies. Nous pouvons, grâce à Dieu, aller de l'avant et croire encore que tout est possible, car, oui, tout est possible à celui qui croit. Au lieu de regarder au passé et de parler du passé, parlons du futur, parlons de ce que nous voulons. Redressons nos genoux abattus, le Seigneur nous donnera plein de courage pour bâtir à nouveau ce qui a été détruit. Il peut le faire. Il veut le faire. Dieu veut le meilleur pour nous, quoi que nous en pensions.

Déclarons-le aujourd'hui !

« Seigneur, je crois que tu veux le meilleur pour moi, je laisse mon passé derrière moi, je crois que tu as des projets de paix et non de malheur pour ma vie. Je continue à te faire confiance Seigneur car tu es bon, tu es ma forteresse, tu es Celui en qui je me confie ! Je me cache en toi, tu es ma raison de vivre et je veux faire ta volonté. Celui qui se confie en toi a dans son cœur des chemins tout tracés, merci Seigneur car tu me révèles ta volonté maintenant que je t'ai laissé ce qui m'empêchait d'avancer !

Je suis prêt à me reprendre, je suis prêt à changer et à aimer encore. Je vais réussir grâce à toi, ce que je désire, c'est faire ta volonté. Je veux te servir, me donner tout entier à toi, je ne veux plus voir que toi, je veux te connaître davantage. Viens te révéler à moi Seigneur, ouvre mes yeux pour te voir ! Tu m'ouvres les yeux et je vois. Oui, je crois que le bonheur et la grâce m'accompagneront encore tous les jours de ma vie. Je t'aime ! ».

Si vous avez fait cette prière de tout votre cœur, je crois qu'une paix est venue sur vous. J'aimerais vous dire quelque chose de la part du Seigneur : « Il y a quelque chose devant vous ». Tout n'est pas fini. Il y a encore, plus que vous ne pouvez penser ou imaginer, devant vous. Derrière les nuages se cache un ciel bleu. Dieu n'en a pas fini avec vous, le meilleur est à venir, c'est le meilleur de Dieu pour ses enfants.

26 JANVIER

Jérémy Sourdril

Ne vous trompez pas de combat

Nous pouvons faire face à des problèmes relationnels, et tôt ou tard, nous y serons confrontés, à plus ou moins grande échelle. Il est possible de régler ces problèmes et d'en sortir victorieux, en accomplissant la volonté de Dieu.

Vouloir régler des problèmes coûte à notre chair, mais cela fortifie notre esprit, notre amour pour Dieu et pour les gens, renforçant notre caractère et notre paix en Dieu.

Lorsqu'ils font face à une difficulté relationnelle, beaucoup de gens se mettent à combattre les personnes avec qui ils ont un problème. Il y a par exemple ceux qui subissent une injustice matérielle, commerciale ou financière. Ils ont acheté quelque chose, et, soit ils ne l'ont jamais reçue, soit ce qu'ils ont reçu était de mauvaise qualité. D'autres louent un appartement, achètent une maison ou un bien et découvrent des problèmes qui étaient cachés à la base.

Parfois ce genre de situations amène des gens à ne plus dormir. Ils pensent nuit et jour à l'injustice qu'ils ont vécue, et cela devient invivable pour eux, ils n'arrivent plus à se sortir ça de la tête. Ils téléphonent à la personne ou la société qui les ont traités injustement, ils envoient des mails, font des recherches, envoient des courriers, etc. Ils cherchent jusqu'au bout à ce que la justice soit rétablie. En fait ils veulent guérir leur blessure.

Lorsque l'homme est blessé, il cherchera instinctivement la guérison. Personne ne se laisse mourir comme ça, mais l'homme se bat pour sa survie. Ainsi, lorsqu'une personne est blessée dans son âme, elle cherchera la guérison d'une manière ou d'une autre. Lorsque quelqu'un vit une injustice, il essaiera souvent de se faire justice.

Un jour, je déménageai dans une maison. L'agence m'avait menti sur quelques points, mais je ne le sus que plus tard. Dans les deux mois qui suivirent l'entrée dans les lieux, je découvris de plus en plus de problèmes. L'agence ne faisait pas grand-chose pour réparer ces problèmes. Puis, un jour, un peu avant l'hiver, une terrible odeur apparut et une fuite d'eau survint d'une chambre au rez-de-chaussée. L'agence ne voulait rien savoir, puis elle fit finalement venir une personne qui bidouilla un peu les canalisations. Le problème survint à nouveau, et ceci par trois fois. Finalement, il n'y avait plus de fuite, mais une épouvantable odeur. L'odeur persistait, et à chaque fois que j'entrais dans la maison ou que j'allais au rez-de-chaussée, cette odeur était là. Je pensais : « Tu sens cette odeur pourrie ? Et l'agence ne fait rien alors qu'elle le devrait ! Quelle injustice ! ».

Je décidai de rester patient, en demandant tranquillement à l'agence de faire le nécessaire, mais lorsqu'elle visita la maison, elle me dit qu'il fallait simplement aérer la pièce ! Bien entendu, je l'avais déjà fait, mais l'odeur persista. L'agence ne voulait rien faire. Je décidai d'écrire une lettre recommandée qui resta sans réponse. La pièce était inutilisable. Le rez-de-chaussée était inutilisable.

Plus les jours passaient, et plus ma patience était mise à l'épreuve. J'étais en colère ! J'ai contacté alors une association de défense de consommateurs, et je me débattais avec des mails et des courriers, sans pouvoir rien faire. Je savais que Dieu ne voulait pas que je me fasse justice tout seul. Cela dura plusieurs semaines. Je réalisai aussi que la porte d'entrée n'était pas étanche, et il faisait moins neuf degrés dehors, mais la responsable de l'agence se moquait ouvertement de moi. C'en était trop ! Je redoublais de colère contre cette injustice, mais je sentais que ce n'était pas la solution. Il fallait laisser Dieu s'en occuper. C'était dur, car parfois on pourrait penser que Dieu aime agir lentement. Mais c'est dans ces temps-là que nous pouvons voir la profondeur de notre foi en Lui.

Il est facile de garder la foi un jour, mais cela est plus difficile de la garder un mois, un an ou vingt-cinq ans !

J'étais en colère contre la responsable de l'agence, mais quand je pensais à la décision de marcher dans la paix, j'avais presque envie de lui envoyer un bouquet de fleurs pour lui montrer le principe de l'amour... mais j'avais encore des leçons à apprendre. La Bible dit :

> *Éphésiens 6 : 12-13*
> *Car nous n'avons pas à lutter contre la chair et le sang, mais contre les dominations, contre les autorités, contre les princes de ce monde de ténèbres, contre les esprits méchants dans les lieux célestes. C'est pourquoi, prenez toutes les armes de Dieu, afin de pouvoir résister dans le mauvais jour, et tenir ferme après avoir tout surmonté.*

Éphésiens 6 : 16
Prenez par-dessus tout cela le bouclier de la foi, avec lequel vous pourrez éteindre tous les traits enflammés du malin;

Quand nous sommes confrontés à un conflit relationnel qui dure longtemps, nous pouvons voir où nous en sommes dans notre caractère. Sommes-nous un enfant ? Sommes-nous un adulte ? Sommes-nous un homme mûr, un homme parfait ? Sommes-nous arrivés à la stature parfaite de Christ ?

Ne vous trompez pas de combat. Nous n'avons pas à lutter contre la chair et le sang, mais contre les principautés et les esprits méchants qui veulent nous voir désespérés. Ils utilisent tout simplement des hommes pour cela, car ils ne peuvent rien faire sans les hommes.

J'ai rencontré une personne divorcée, qui avait eu un enfant, et celui-ci vivait chez l'ex-conjoint. Cet ex-conjoint contrôlait la vie de cet enfant d'une manière négative, ce qui rendait furieuse la personne que je connaissais. Dans de telles situations, nous crions à l'injustice et notre chair veut « éclater » de colère, mais ce n'est pas la solution de Dieu. La vraie solution est de se confier en Dieu dans la foi. Nous devons nous reposer entièrement en Dieu par une vraie décision. Concernant ces problèmes de maison, c'est ce que je décidai. Finalement, les problèmes furent réparés.

Quand j'ai quitté cette maison, l'agence voulait me prendre la moitié de ma caution. C'était un nouvel examen. Je choisis de répondre avec douceur et confiance en Dieu. L'agence n'avait jamais répondu favorablement à aucune de mes demandes, mais cette fois-ci, j'ai récupéré la totalité de ma caution, car ils y étaient obligés par ma foi en Dieu.

Bien des gens perdent la paix, la joie, la bénédiction à cause de ce genre d'histoires. Ils se battent contre l'homme, mais l'homme qui ne connait pas Dieu (et malheureusement parfois des chrétiens) est lui-même contrôlé ou poussé par des mauvais esprits qui veulent notre mal. Ils veulent exactement nous enlever nos nuits de sommeil, notre joie, notre foi. Nous devons nous lever contre cela, mais en choisissant de garder la paix, en choisissant de ne pas combattre l'homme. Ne perdons pas notre temps à nous battre contre l'homme, contre une organisation ou une société quelconque, mais confions-nous en Dieu et Il nous rendra justice.

Romains 12 : 19
Ne vous vengez point vous-mêmes, bien-aimés, mais laissez agir la colère; car il est écrit : À moi la vengeance, à moi la rétribution, dit le Seigneur.

Proverbes 3 : 5-6
Confie-toi en l'Éternel de tout ton cœur, Et ne t'appuie pas sur ta sagesse; Reconnais-le dans toutes tes voies, Et il aplanira tes sentiers.

Il existe un grand nombre de promesses dans la Parole de Dieu qui parlent de se confier en Dieu. Je vous encourage à les chercher et à les méditer.

La foi fait partie de notre armure. Elle vient éteindre les traits enflammés du malin. Choisissons de nous confier en Dieu, choisissons d'avoir confiance en Lui. Vous savez, Dieu ne nous rendra pas toujours justice de la manière qu'on imagine, car Dieu voit à long terme, mais je peux vous assurer que si vous gardez une bonne attitude en écoutant votre conscience, vous serez béni un jour ou l'autre. La bénédiction vous atteindra assurément car Dieu n'est pas un fils d'homme pour se repentir. Vous pouvez avoir eu un problème avec un ami, mais parce que vous avez une bonne attitude, Dieu vous donnera un autre ami. Vous pouvez avoir eu un problème dans votre maison, mais Dieu vous en donnera une plus belle dans le futur. Si vous gardez une bonne attitude, vous mangerez les meilleures productions du pays, le meilleur de Dieu sera toujours disponible pour vous bénir.

Sachez-le : **LA PRIÈRE DU JUSTE À UNE GRANDE EFFICACITE !**

27 JANVIER

Raoul Wafo

Bien commencer

Pour réussir sa vie, il est important d'apprendre à bien commencer ce que tu inities.
Car, ainsi qu'on le sait, la fondation d'une maison déterminera sa solidité et sa stabilité.

Jean 1 : 12
Mais à tous ceux qui l'ont reçue, à ceux qui croient en son nom, elle a donné le pouvoir de devenir enfants de Dieu.

Avant de faire quoi que ce soit, il est important de s'interroger :

Qu'est-ce que Dieu aurait fait s'il était à ma place ?

Cela te permettra de tout faire sur la base de la Parole de Dieu, car Dieu a choisi de ne rien faire en dehors de sa parole. Dieu ne se sentira pas responsable des choses que tu auras initiées sans lui. Tu ne pourras pas invoquer la bénédiction de l'Éternel sur les projets qui ne sont pas de lui.

La sagesse consiste donc à reconnaître l'Éternel dans toutes tes voies afin que tes sentiers soient aplanis.

Tu peux être tenté plusieurs fois de faire les choses dans la vie comme tu le penses, mais ne cède pas à cette tentation car sans lui tu ne pourras rien faire. Ce qui est né de Dieu résiste aux tribulations, épreuves et défis de la vie. Bref, ce qui est né de Dieu triomphe du monde. Toute initiative prise en dehors de la volonté de Dieu n'engendrera que tribulations, échecs et désastres.

Confie-toi entièrement à lui de tout ton cœur, reconnais-le dans toutes tes voies et il aplanira tes sentiers.

Prions ensemble :

« Éternel mon Dieu mon créateur, en ce jour je choisis d'opérer avec la sagesse qui est de toi en faisant toute chose avec ta parole et ta volonté. Je reconnais que sans toi je ne peux rien faire, je veux que tu restes mon allié Seigneur. Fais-moi connaître ta volonté et je me soumettrai à elle au nom de Jésus. Amen ! ».

28 JANVIER

Dorothée Rajiah

Péniel, le lieu du Brisement

La nuit durant laquelle Jacob a fait face à Dieu a probablement été la plus longue de sa vie. Il était face à face avec Dieu ! Il y a des situations dans nos vies où nous sommes mis face à Dieu et nous nous tournons vers lui. Cela vient souvent au travers de situations difficiles telles qu'un divorce, un décès, une dépression...

Genèse 32 : 24-28
Jacob demeura seul. Alors un homme lutta avec lui jusqu'au lever de l'aurore. Voyant qu'il ne pouvait le vaincre, cet homme le frappa à l'emboîture de la hanche; et l'emboîture de la hanche de Jacob se démit pendant qu'il luttait avec lui. Il dit : Laisse-moi aller, car l'aurore se lève. Et Jacob répondit : Je ne te laisserai point aller, que tu ne m'aies béni. Il lui dit : Quel est ton nom ? Et il répondit : Jacob. Il dit encore : ton nom ne sera plus Jacob, mais tu seras appelé Israël; car tu as lutté avec Dieu et avec des hommes, et tu as été vainqueur.

Ces situations difficiles ont l'avantage de nous amener à réaliser que nous ne pouvons pas y arriver par nous-mêmes.

Il y a beaucoup de domaines dans lesquels il nous semble que nous n'avons pas besoin de Dieu. Nous y arrivons tous seuls, nous nous sentons forts. Mais il arrive des situations dans notre vie où nous sommes au pied du mur, nous n'avons aucun recours, aucune force, aucune solution en nous-mêmes. Dieu nous attend dans ces moments car c'est dans ces moments que nous sommes capables de lever les yeux vers le ciel, de nous tourner vers Dieu et d'être changés. C'est dans ces instants que nous comprenons que nous avons besoin d'un sauveur. Jésus est le seul sauveur. Il est le sauveur du monde. Il n'y en a pas d'autres comme lui. Il veut sauver votre vie et la vie de votre famille.

Jacob était né dans une famille qui craignait Dieu. Mais, lui, n'avait aucune connaissance de Dieu. Son cœur était éloigné de Dieu. Jusqu'à ce qu'un jour, il soit obligé de fuir car son frère voulait le tuer. Dans sa fuite, il s'est retrouvé tout seul, face à lui-même puis face à Dieu.

Aussi difficile que cela puisse paraître, c'est la meilleure chose qui pouvait lui arriver.

Parfois, ce qui semble être le pire pour nous est en fait le meilleur. Il y a des épreuves qui sont à salut. Toute difficulté ne vient pas pour vous détruire. Quand Dieu les a permises, elles viennent pour vous sauver, pour vous ouvrir les yeux, pour vous sortir du péché, de l'endormissement, de la complaisance...

La Bible nous dit que l'ange a étendu sa main et a déboîté la hanche de Jacob

Jacob ne pouvait plus marcher de la même façon. Jacob ne pouvait plus dépendre de ses propres forces.

Vous aussi, devez permettre à Dieu de vous toucher, de vous changer et même de vous briser. Cela fait mal sur le moment mais plus tard vous ne ressentirez plus la douleur. C'est lorsque Dieu brise notre propre force, notre propre dépendance envers nous-mêmes et nos capacités, que nous pouvons marcher dans la puissance de Dieu.

Dieu a changé son nom

Jacob signifie tricheur, escroc. Dieu lui a donné le nom d'Israël : qui signifie Prince avec Dieu. Nous avons tous besoin d'un changement. Il y des brisements qui amènent des changements !

Rendez grâce à Dieu en toute chose et déclarez :

« Cette année n'est pas pour moi l'année du trouble, mais l'année du double ! ».

29 JANVIER

Jérémy Sourdril

La douceur d'une femme

Vous pensez peut-être : quel drôle de titre pour une pensée du jour ! J'aimerais vous parler aujourd'hui de la douceur d'une femme. La douceur est vraiment un trait de caractère qui peut se développer en chacun de nous, et je crois que la douceur chez une femme en particulier est un trésor inestimable.

Il a toujours ou presque, existé des femmes grossières. Ces femmes refusent d'être soumises à un homme. Elles parlent pour dire des sottises, sans réfléchir, elles parlent pour être vues, elles ont dans leur bouche des paroles mielleuses et doucereuses, rien à voir avec la vraie douceur d'une femme. Ce sont des paroles mauvaises, provenant d'un cœur rebelle et insoumis.

La Bible dit de ce genre de femmes qu'elles sont pleines de toute espèce de péché, qu'elles recherchent le plaisir. Avec cela, étant oisives, elles vont de lieu en lieu, bavardant, bruyantes, effrontées, sans retenue, se mêlant de tout, disant ce qu'il ne faut pas dire. Chers frères célibataires, que jamais une telle femme ne croise le chemin de votre cœur ! Ce serait pour votre perte !

Elles ont peut-être l'air fortes, pleines de caractère, sûres d'elles et même dans le succès, mais elles n'ont pas la parure intérieure d'une vraie femme de Dieu.

C'est ma propre femme qui m'a appris ce qu'était la douceur d'une femme. En l'observant, j'ai appris ce qu'est la douceur. Non pas que je ne l'avais jamais vue ailleurs, mais j'ai vu en elle combien la douceur peut amener l'onction dans une vie.

> *1 Pierre 3 : 1-4*
> *Femmes, soyez de même soumises à vos maris, afin que, si quelques-uns n'obéissent point à la parole, ils soient gagnés sans parole par la conduite de leurs femmes, en voyant votre manière de vivre chaste et réservée. Ayez, non cette parure extérieure qui consiste dans les cheveux tressés, les ornements d'or, ou les habits qu'on revêt, mais la parure intérieure et cachée dans le cœur, la pureté incorruptible d'un esprit doux et paisible, qui est d'un grand prix devant Dieu.*

Femmes, vous pouvez avoir une conduite si formidable que, même si des hommes ne veulent pas accepter le Seigneur, ils soient convaincus de péché à cause de votre conduite. Oh quelle promesse extraordinaire ! C'est la Parole de Dieu ! Vous n'aviez peut-être jamais réalisé cela, mais c'est la Parole de Dieu, c'est une promesse pour vous ! Il y a une onction dans la soumission à votre mari et dans votre conduite !

Il est dit qu'ils seront gagnés par votre conduite, en voyant la pureté de votre conduite, accompagnée de la (vraie) crainte (de Dieu).

Oh vous pourrez toujours bien vous habiller ! C'est le même principe en ce qui concerne l'argent. L'argent n'est pas un problème, mais c'est l'amour de l'argent qui est le problème. De la même façon, être riche n'est pas un problème pour Dieu, mais être riche pour soi-même. Le problème n'est pas d'avoir un trésor (de l'argent), le problème, c'est lorsque notre trésor se trouve dans notre cœur, lorsque l'argent est ce qui nous pousse à vivre.

> *Luc 12 : 34*
> *Car là où est votre trésor, là aussi sera votre cœur.*

Dans 1 Pierre au chapitre 3, Pierre ne dit pas que la femme ne doit pas bien s'habiller et ne pas se maquiller, non pas du tout. Il dit que la parure de la femme, le trésor de la femme, ne doit pas être sa parure extérieure, mais sa parure intérieure. Ainsi, pour vous donner un exemple précis, il serait dommage qu'une femme passe tout son temps à se maquiller, s'acheter des habits, faire les magasins, s'occuper de son aspect extérieur en ne s'occupant pas en priorité de son cœur.

Il serait donc bien que la femme (et cela compte bien entendu aussi pour les hommes) passe du temps à prier et rechercher le Seigneur le dimanche matin avant d'aller à l'église ou encore le samedi soir pour se préparer à rencontrer le Seigneur. Mais, la parure cachée du cœur, c'est encore beaucoup plus que cela...

La douceur d'une femme se caractérise par : « La pureté incorruptible d'un esprit doux et paisible », qui est d'un grand prix devant Dieu. La pureté. Un esprit doux et paisible. Des mots qui résonnent d'une façon douce à mes oreilles ! La douceur d'une femme selon Dieu. Quelle merveille que Dieu peut utiliser pour Lui. Beaucoup de femmes veulent diriger leur mari, et le tiennent à la baguette. Elles se moquent de lui ouvertement et le rabaissent. Je prêche souvent pour encourager les hommes à être de meilleurs maris, mais pour une fois, je parlerai aux femmes aujourd'hui !

Il y a des femmes qui sont dures avec leur mari. Elles s'attendent à avoir un mari parfait, ce qui malheureusement n'est pas possible. Elles manquent de patience et de cet amour précieux qui caractérise la femme fidèle. Elles se mettent à la mauvaise place dans le couple, empêchant le mari de prendre sa place. Il y a effectivement des maris qui, parfois à cause de leur éducation, d'échecs passés, ou d'esprit de rejet, ont du mal à prendre leur place d'homme dans le couple et dans la maison. Et c'est là que surgit parfois l'esprit indocile et insoumis de certaines femmes. Elles commencent à faire des remarques à leur mari, puis petit à petit elles veulent tout diriger. Elles se plaignent que leur mari ne prend pas sa place, mais celui-ci se cherche, il n'est pas né mari ! Il lui faut du temps ! Il lui faut apprendre ! Ce n'est pas parce que c'est un homme qu'il est facile pour lui de tout apprendre et de prendre sa place en quelques mois ! Un peu de patience, un peu d'amour ! Un peu de gentillesse et de compréhension !

La vraie douceur rend la femme la plus moche (si cela existe) d'une beauté certaine. J'ai vu certaines femmes douces. Elles sont peu nombreuses. Ce genre de femme réfléchit souvent avant de parler. Elle est soumise. Elle est docile. Elle est humble. Elle est bien sûr, douce par-dessus-tout. Ses paroles sont des paroles de sagesse, pleines de sens. Il est courant que la femme dépourvue d'intelligence se moque de la femme douce, mais peu importe, la femme douce se confie en Dieu lorsqu'elle est blessée. Parfois, entre autre à cause de ce que les gens ont dit d'elle, une telle femme aura l'impression de ne pas être assez bonne dans tel ou tel domaine, de ne pas être ceci ou cela, elle ne se sentira pas à la hauteur, mais dans sa soif de connaître le Seigneur, elle lui fera confiance et Dieu pourra lui confier beaucoup.

La douceur d'une femme ne s'entend pas seulement au timbre de sa voix, c'est l'aspect intérieur qui compte, qui, évidemment, se traduira par des actes concrets. Je prie afin que vous puissiez recevoir intimement la révélation de ce qu'est la vraie douceur d'une femme selon le Seigneur. Une femme douce est sensible, mais à la fois elle est forte. Être douce ne veut pas dire ne pas avoir de caractère, une femme douce n'est pas un paillasson ni une femme effacée. Elle sait où est sa place, elle respecte son mari, et par-dessus tout elle respecte le Seigneur. Elle est prête au changement, elle désire servir le Seigneur dans ce qu'il lui demandera de faire.
La colère d'une femme douce est passagère et retenue. Sa langue est, elle aussi, pleine de douceur et de beauté. Elle sait ce qui est bon, elle connait ce qui est parfait. Elle sait enseigner dans la douceur. Elle n'essaie pas d'enseigner comme un homme, elle enseigne en restant elle-même et sait le faire avec passion, et compassion.

> *Proverbes 15 : 4*
> *La langue douce est un arbre de vie, Mais la langue perverse brise l'âme.*

> *Proverbes 16 : 24*
> *Les paroles agréables sont un rayon de miel, Douces pour l'âme et salutaires pour le corps.*

Certainement, vous pourriez chanter à une telle femme, si elle était vôtre :

> *Cantiques des cantiques 2 : 14*
> *Ma colombe, qui te tiens dans les fentes du rocher, Qui te caches dans les parois escarpées, Fais-moi voir ta figure, Fais-moi entendre ta voix; Car ta voix est douce, et ta figure est agréable.*

Mes chers frères, les sages encouragements que vous pourriez lui faire, peuvent aider votre femme à devenir douce, et sachez que vous aussi êtes appelés à la douceur, comme le Seigneur nous le demande dans sa Parole :

> *Philippiens 4 : 5*
> *Que votre douceur soit connue de tous les hommes. Le Seigneur est proche.*

La femme douce est amie de la femme vertueuse, elle peut même l'être elle-même. Son mari peut dire d'elle, comme je peux le dire de ma propre épouse : « Plusieurs filles ont une conduite vertueuse; Mais toi, tu les surpasses toutes ». Je vous encourage aujourd'hui à lire Proverbes 31.

30 JANVIER

Jérémy Sourdril

Tu dois réparer le mal que tu as fait

« Pasteur Jérémy, le titre de votre exhortation est trop dur ! Vous mettez les gens sous la condamnation ! », penserez-vous peut-être. Mais en fait, le fruit de notre salut devrait être la réparation du mal fait aux autres. Malheureusement, certaines personnes n'ont pas été bien renseignées sur ce sujet, nous allons donc en parler.

J'ai beaucoup aimé lire les résumés des réunions d'évangélisation de l'évangéliste Reinhard Bonnke. Une chose vraiment intéressante est de constater le fruit du salut des gens. Quel que soit le message qui est donné, une personne qui est sauvée ressent le besoin de réparer le mal qu'elle a fait.

Ce n'est pas quelque chose de religieux, c'est juste une des conséquences de l'amour de Dieu répandu dans le cœur de celui qui vient à Lui. Suite aux réunions de Reinhard Bonnke, des gens sont venus amener des voitures, des meubles, de l'électroménager et toutes sortes de choses qui avaient été volées près de l'estrade où sur l'estrade ! Souvent, des camions pleins étaient amenés à la Police de la ville où les réunions avaient eu lieu.

Une vraie repentance amène les gens à réparer le mal qu'ils ont fait. Lorsque mon frère est né de nouveau, je me souviens de deux choses importantes qu'il a faites, qui montrent vraiment les conséquences d'une vraie repentance et qui résument vraiment la réparation du mal fait aux autres. Il m'a demandé pardon pour le mal qu'il m'avait fait quand nous étions plus jeunes. Un soir alors qu'il venait tout juste de revenir au Seigneur, il fut convaincu qu'il devait me demander pardon. C'est ce qu'il fit, et c'est un des plus beaux souvenirs de ma vie, d'avoir vu ce que produit l'amour de Dieu.

> *Matthieu 6 : 15*
> *Mais si vous ne pardonnez pas aux hommes, votre Père ne vous pardonnera pas non plus vos offenses.*

Il a rendu ce qu'il avait volé. Alors qu'il était jeune, il avait volé un autoradio dans une voiture stationnée devant une maison. Après sa nouvelle naissance, il a attendu les gens devant leur maison pendant plusieurs heures afin de leur rembourser ce qu'il leur avait volé quelques années plus tôt.

> *Luc 19 : 8*
> *Mais Zachée, se tenant devant le Seigneur, lui dit : Voici, Seigneur, je donne aux pauvres la moitié de mes biens, et, si j'ai fait tort de quelque chose à quelqu'un, je lui rends le quadruple.*

Zachée avait compris par révélation ce principe. C'est beau de voir les fruits d'une vraie repentance. Mais j'ai remarqué que plusieurs chrétiens n'avaient pas réparé le mal qu'ils avaient fait. Dieu leur avait mis à cœur de le faire mais ils n'ont pas obéi docilement à cette voix. Plusieurs années après ma nouvelle naissance, alors que je lisais un livre appelé : « Bonjour Saint-Esprit », j'entendis en une seconde le Seigneur me dire de régler trois choses dans ma vie. Ce n'était pas des péchés que je vivais mais des choses passées ! Oui, toutes choses sont passées dans notre esprit pour la nouvelle créature en Christ, mais il doit y avoir réparation lorsque celle-ci est possible !

Dieu m'a demandé de dire : « Je vous aime » à mes parents. Je n'étais pas en froid avec mes parents, pas du tout, mais je n'avais pas du tout l'habitude de le leur dire. L'amour, c'est le fruit d'une vraie nouvelle naissance. Dieu m'a aussi demandé de rembourser un magasin que j'avais volé alors que j'étais un chrétien rétrograde plusieurs années auparavant. J'ai donc fait un chèque que j'ai envoyé à cette entreprise, auquel j'ai joint mon témoignage de rencontre avec Jésus. Cette lettre toucha le cœur du directeur. J'ai aussi envoyé une lettre pour demander pardon au directeur de mon collège, que j'avais insulté alors que j'étais étudiant.

Vous savez ce qui est étonnant ? C'est que dans mon cœur ces choses ne pesaient pas du tout ! C'était pour moi des choses réglées. Je n'avais pas cela sur la conscience. Mais Dieu me parla pourtant. Dieu me demanda une certaine réparation. Reinhard Bonnke raconte l'histoire d'un couple qui s'est converti. Suite à leur nouvelle naissance, ils résolurent de rendre ce qu'ils avaient volé. Le monsieur était un très bon vendeur dans un magasin de meubles, mais il avait meublé toute sa maison avec des meubles volés à son magasin. La femme, elle, avait travaillé dans une institution financière et avait détourné de l'argent avec lequel elle avait acheté sa maison. Donc la maison et ce que contenait la maison était volée !

Imaginez les conséquences possibles d'une telle réparation : prison, amendes, poursuites, restitution des biens, pauvreté ! Mais ce couple a préféré la richesse de l'obéissance à la jouissance éphémère du péché de vol.

Accompagné de l'évangéliste, chacun a été chez son patron, et ces deux patrons ont effacé complètement leurs dettes. Quel témoignage, quelle bénédiction ! Cela ne se passe pas toujours aussi bien, j'ai entendu un certain témoignage où la personne est allée en prison suite à sa confession. Mais devant Dieu, c'est une chose normale que de réparer le mal fait aux autres.

Qu'il s'agisse d'un vol, d'une blessure faite à quelqu'un ou d'une rancune dans le cœur, ces choses doivent être réglées, même si personne n'était au courant ! Écoutez ce que vous dit le Seigneur, n'écoutez pas votre tête mais écoutez votre cœur. Ne vous cachez pas derrière de faux raisonnements, mais si Dieu met en vous une pensée particulière, obéissez. Vous serez dans la joie d'avoir obéi au Seigneur. Quelqu'un a dit : « Nos propres plans paient tout de suite mais nous coûtent plus tard, les plans de Dieu coûtent tout de suite mais paient plus tard ». C'est clair !

> *Hébreux 12 : 11*
> *Il est vrai que tout châtiment semble d'abord un sujet de tristesse, et non de joie; mais il produit plus tard pour ceux qui ont été ainsi exercés un fruit paisible de justice.*

La version Darby, au lieu de parler de châtiment, parle de discipline. Il y a des décisions qui semblent ne pas nous réjouir, mais qui produisent plus tard un fruit paisible de justice.

> *Éphésiens 5 : 9*
> *Car le fruit de la lumière consiste en toute sorte de bonté, de justice et de vérité.*

Quel beau verset ! Notre nouvelle naissance nous amène à vivre dans la bonté, dans la justice et dans la vérité. L'Esprit de vérité habite en nous ! Soyons des gens qui marchent dans la vérité, soyons des gens qui font la différence. Ne cachons pas nos péchés mais repentons-nous sincèrement de ce dont le Seigneur nous parle, et remettons notre vie en règle. Dieu bénira toujours celui qui cherche la justice et la vérité.

> *Matthieu 6 : 33*
> *Cherchez premièrement le royaume et la justice de Dieu; et toutes ces choses vous seront données par-dessus.*

On prend souvent ce verset pour parler de la provision de Dieu lorsqu'on s'attache à son Royaume, mais il y a plus que cela. Si vous cherchez la justice en vous repentant et en mettant votre vie en règle, quoi que cela vous coûte, Dieu vous donnera toutes choses par-dessus. Ne faites pas ce que vos pensées vous demandent de faire, mais juste ce que Dieu et votre conscience vous demandent de faire.

> *Hébreux 11 : 24-26*
> *C'est par la foi que Moïse, devenu grand, refusa d'être appelé fils de la fille de Pharaon, aimant mieux être maltraité avec le peuple de Dieu que d'avoir pour un temps la jouissance du péché, regardant l'opprobre de Christ comme une richesse plus grande que les trésors de l'Egypte, car il avait les yeux fixés sur la rémunération.*

Voilà un homme qui aurait pu se passer de changer de vie. Il aurait pu rester tranquillement dans le bien-être de la chair et dans la jouissance du péché, tout ceci était tellement facile et reposant ! Exaltant pour le corps et pour l'âme ! Mais il choisit de suivre Dieu. Pour lui tout ce qu'il laissait derrière lui n'était rien comparé aux richesses de Christ, à l'opprobre de Christ, à Christ lui-même en fait. Marcher avec Jésus nous coûte quelque chose, mais cela en vaut le coup !

> *Matthieu 16 : 25*
> *Car celui qui voudra sauver sa vie la perdra, mais celui qui la perdra à cause de moi la trouvera.*

N'essayez pas de rester orgueilleux, de sauver votre argent mal gagné ou vos objets volés. Délaissez toutes ces choses, et la vie de Dieu viendra dans le domaine où vous vous êtes repentis. Réparez ce qui est à réparer. Dieu vous aime, Dieu est bon, Dieu veut votre bien et votre joie, et vous êtes bénis en Lui !

31 JANVIER

Mamadou Karambiri

La clé du succès

Le succès n'est pas une mangue, ou une pomme mûre, qui vous tombe dessus par hasard lorsque vous passez sous l'arbre. Le bonheur n'est pas un coefficient de corrélation entre une incantation, un « grigri » et vos désirs.

Psaume 37 : 3-5
Confie-toi... Fais de l'Éternel tes délices... Recommande ton sort...

Le succès qui vous apportera le vrai bonheur dans votre vie est étroitement lié à ce qui suit :

Une foi ferme dans le Seigneur et sa Parole

Les circonstances quotidiennes, les soucis et les fardeaux vous empêchent de voir la fidélité du Seigneur et vous amènent à chercher la solution en dehors de lui et de sa Parole. Celui qui vous a fait la promesse est fidèle, alors tournez vos regards et vos pensées vers lui.

Apprenez à faire de l'Éternel vos délices

Vous avez été habitué aux bénédictions de sa main, mais avez-vous oublié de réjouir son cœur par votre amour pour lui et votre obéissance à sa Parole ?

Apprenez à vous abandonner entièrement entre les mains de Dieu

Nous chantons avec ferveur le cantique : « Entre tes mains, j'abandonne tout avec bonheur »; mais qu'en est-il réellement lorsque le temps de prendre la décision de tout lui confier arrive ?

Une action pour aujourd'hui

« Seigneur, comme le fils prodigue, je me lève, je prends cette ferme position de me confier désormais en toi seul, de faire de toi mes délices et de te recommander ma vie, ma famille, mon travail. Je te remercie de ce que tu m'exauces en me donnant ce que mon cœur désire. Amen ».

01 FÉVRIER

Selvaraj Rajiah

Le cri que Dieu entend

Dieu est Celui qui opère des miracles. Il fera un miracle pour votre situation. Dans Actes 27 : 22, Paul déclare :

> *Actes 27 : 22*
> *Maintenant je vous exhorte à prendre courage; car aucun de vous ne périra, et il n'y aura de perte que celle du navire.*

Il y a quelques temps de cela, Dieu m'a interrompu alors que je priais et Il a parlé en mon cœur au sujet de nos lamentations et de nos pleurs : « Sais-tu que je n'entends pas les cris de mes enfants lorsqu'ils pleurent et se lamentent ».

Je Lui ai dit : « Seigneur, je pensais que Tu les entendais ». Et Il m'a dit : « J'entends les cris de désespoir d'un pécheur lorsqu'il crie vers moi. Mais une fois qu'une personne est née de nouveau, elle a besoin de marcher par la foi. J'entends le cri de la foi qui consiste à appeler les choses qui n'existent pas comme si elles existaient » (Romains 4 : 17). C'est ce que nous enseigne la Parole au travers de ce verset :

> *Joël 3 : 10*
> *De vos hoyaux forgez des épées, Et de vos serpes des lances ! Que le faible dise : Je suis fort !*

L'apôtre Paul connaissait le cri de la foi et il nous l'a montré dans Actes 27. Il exhortait les hommes sur le navire en naufrage à prendre courage. Il leur disait de commencer à agir par la foi. Pouvez-vous imaginer ce à quoi ces marins ont pu penser lorsqu'il leur disait cela ? « Écoutez ce stupide prédicateur. Nous sommes en plein naufrage et voyez ce qu'il nous dit : Prenez bon courage ! »

Vous avez peut-être le même sentiment qu'avaient ces marins, vous avez peut-être l'impression que votre navire s'enfonce, vous avez peut-être envie de pousser un cri de désespoir, mais ne le faites pas ! Au contraire, faites ce que Paul a dit et gardez courage.

Criez à Dieu dans la foi et dites-Lui : « Seigneur, je n'ai pas peur, je ne veux pas désespérer, je vais m'encourager parce que Ta Parole dit que Tu me délivreras de cette situation ». Remerciez et louez Dieu pour Sa délivrance. Lui seul vous aidera à vous en sortir et Il le fera !

Extrait du livre « 3 clés pour votre miracle ».

02 FÉVRIER

Jérémy Sourdril

Quelle est ta nationalité ?

Nous voyons dans l'épître aux Galates que l'Église de Galatie va vivre une certaine difficulté, qui est certainement la raison principale de la rédaction de cette épître. Dans Galates 1 : 6-7, l'apôtre déclare que cette église s'est détournée de celui qui les a appelés par la grâce de Christ, pour passer « à un autre Évangile » :

> *Galates 1 : 6-7*
> *Je m'étonne que vous vous détourniez si promptement de celui qui vous a appelés par la grâce de Christ, pour passer à un autre Évangile. Non pas qu'il y ait un autre Évangile, mais il y a des gens qui vous troublent, et qui veulent renverser l'Évangile de Christ.*

Cette église s'était donc détournée de Jésus-Christ d'une certaine manière. Comment cela s'est-il fait ? Était-ce parce qu'ils vivaient dans l'adultère ? Était-ce parce qu'ils ont adoré des faux dieux ? Était-ce parce qu'ils n'allaient plus à l'église et qu'ils ne vivaient plus une vie de foi ? Était-ce parce qu'ils ont rejeté Jésus ?

Quel était donc ce si grand péché qui a fait que ces croyants se sont détournés de Christ ?

L'apôtre Paul va expliquer au chapitre un qu'il ne recherche pas la faveur de l'homme, qu'il ne cherche pas à plaire aux hommes. Il raconte que l'Évangile qu'il a reçu ne vient pas d'un homme mais d'une révélation directe du Seigneur. Pendant trois ans, il partit en Arabie et à Damas. C'est seulement ensuite qu'il monta à Jérusalem et qu'il fit la connaissance de Céphas (Pierre) et de Jacques. Ensuite, il passa 14 ans dans les contrées de la Syrie et de la Cilicie à prêcher l'Évangile aux païens. Il revint avec Barnabas et Tite à Jérusalem. C'est là que ce grand péché fut découvert.

> *Galates 2 : 3-5*
> *Mais Tite, qui était avec moi, et qui était Grec, ne fut pas même contraint de se faire circoncire. Et cela, à cause des faux frères qui s'étaient furtivement introduits et glissés parmi nous, pour épier la liberté que nous avons en Jésus-Christ, avec l'intention de nous asservir. Nous ne leur cédâmes pas un instant et nous résistâmes à leurs exigences, afin que la vérité de l'Évangile fût maintenue parmi vous.*

1- « Pour épier la liberté que nous avons en Jésus-Christ »

Des faux frères avaient rejoint cette église dans le but de découvrir la liberté vécue en Jésus-Christ. La Bible déclare qu'il y a une liberté glorieuse pour les enfants de Dieu. Pas seulement pour le millenium et dans la Nouvelle Jérusalem, mais pour aujourd'hui. En Christ, nous avons été délivrés de toute loi. Tout ce que nous avons pu connaître comme loi a été annulé. Tout commandement appris par les hommes doit être lavé par notre foi en Christ. Nous ne sommes plus sous aucune loi humaine, ni sous aucune juridiction humaine, ni sous aucune tradition humaine. Si nous obéissons aujourd'hui aux lois du pays, c'est seulement parce que la Bible déclare dans :

> *Romains 13 : 1*
> *Que toute personne soit soumise aux autorités supérieures; car il n'y a point d'autorité qui ne vienne de Dieu, et les autorités qui existent ont été instituées de Dieu.*

> *Tite 3 : 1*
> *Rappelle-leur d'être soumis aux magistrats et aux autorités, d'obéir, d'être prêts à toute bonne œuvre,*

Si la Bible n'avait pas dit ces choses et d'autres versets qui en parlent, nous ne serions soumis à aucune loi de notre pays. Mais en fait, nous sommes avant tout soumis à la Parole de Dieu qui nous demande d'être soumis aux autorités de notre pays.

Comprenez qu'à notre nouvelle naissance, nous avons été délivrés de toute loi, qu'elle soit « naturelle » ou qu'elle soit « spirituelle ou religieuse ». Nous ne sommes plus sous la loi, qu'elle soit religieuse, judaïque ou humaine. Si aujourd'hui en tant qu'enfant de Dieu nous obéissons à un principe, une loi ou une tradition quelconque, cela doit être parce que la Bible nous le demande. Nous vivons dans la liberté. Si la Bible ne dit rien contre ces choses, nous pouvons les accomplir, en se rappelant que :

> *1 Corinthiens 6 : 12*
> *Tout m'est permis, mais tout n'est pas utile; tout m'est permis, mais je ne me laisserai asservir par quoi que ce soit.*

2- « Avec l'intention de nous asservir »

Si nous obéissons à une loi, une tradition ou un principe dont la Bible ne parle pas, mais qui nous asservit, c'est-à-dire qui enlève notre liberté en Christ, nous rabaissons l'œuvre de Christ qui nous a affranchis pour la liberté (Galates 5 : 1). Nous ne devons pas, par contre, obéir à une loi qui va à l'encontre de la Parole de Dieu. Si une loi disait : « Les relations homosexuelles sont une bonne chose et le mariage homosexuel est favorisé », nous ne pouvons pas y obéir. Nous regardons à la Parole de Dieu. C'est ainsi que nous renouvelons notre intelligence par la Parole de Dieu. Nous ne renouvelons pas notre intelligence par nous-mêmes ! Jamais ! Toujours par la Parole de Dieu.

> *Romains 12 : 2*
> *Ne vous conformez pas au siècle présent, mais soyez transformés par le renouvellement de l'intelligence, afin que vous discerniez quelle est la volonté de Dieu, ce qui est bon, agréable et parfait.*

C'est en renouvelant notre intelligence par la Parole que nous discernons la volonté de Dieu, ce qui est bon, agréable et parfait. Les gens demandent qu'on prie pour eux afin de connaître la volonté de Dieu, mais parfois, en renouvelant simplement leur intelligence par la Parole, ils recevraient très facilement la volonté de Dieu qui est déjà dans leur esprit. C'est ainsi que nous découvrirons ce qui est bien selon Dieu.

3- « Afin que la vérité de l'Évangile fût maintenue parmi vous »

L'apôtre refusait de se laisser asservir afin que la vérité de l'Évangile fût maintenue. Quelle était donc cette vérité ?

> *Galates 2 : 6*
> *Ceux qui sont les plus considérés-quels qu'ils aient été jadis, cela ne m'importe pas : Dieu ne fait point acception de personnes, ceux qui sont les plus considérés ne m'imposèrent rien.*

La vérité de l'Évangile se trouve dans ce verset. Dieu ne fait pas de considération de personnes. L'apôtre explique que ce que les plus considérés étaient avant, cela importait peu. Avant quoi ? Avant leur nouvelle naissance ! L'Apôtre Paul nous montre un très grand principe qu'il précisera plus tard : en Christ, tout ce que nous avons pu vivre avant notre nouvelle naissance importe peu. Toutes choses deviennent nouvelles ! Nous passons d'un Royaume de ténèbres au Royaume de Dieu. Nous changeons de nationalité. C'est ici le point crucial de ce message. En Christ, tu n'es plus sous une nationalité humaine !

> *Galates 3 : 26-28*
> *Car vous êtes tous fils de Dieu par la foi en Jésus-Christ; vous tous, qui avez été baptisés en Christ, vous avez revêtu Christ. Il n'y a plus ni Juif ni Grec, il n'y a plus ni esclave ni libre, il n'y a plus ni homme ni femme; car tous vous êtes un en Jésus-Christ.*

> *Romains 10 : 12-13*
> *Il n'y a aucune différence, en effet, entre le Juif et le Grec, puisqu'ils ont tous un même Seigneur, qui est riche pour tous ceux qui l'invoquent. Car quiconque invoquera le nom du Seigneur sera sauvé.*

Il n'y a plus, spirituellement parlant, de nationalité. Certains chrétiens ont pris le verset de Galates pour dire que les relations homosexuelles étaient bibliques mais c'est une hérésie diabolique ! Lorsque l'apôtre Paul a déclaré cette puissante vérité, il y avait des Juifs et des Grecs, il y avait des esclaves et des libres, il y avait des hommes et des femmes. Mais il explique que, spirituellement parlant, il n'y a plus de différence ! En Christ, il n'y a plus de nationalité, spirituellement parlant, il n'y a plus d'esclave ni de libre (nous appartenons à Christ), il n'y a plus ni homme ni femme au point de vue spirituel, puisque notre esprit n'a pas de sexe ! C'est ainsi que les femmes peuvent exercer les dons spirituels et le ministère. Au point de vue humain, nous restons des hommes, nous restons des femmes, nous restons Juifs ou Grecs, libres ou esclaves au point de vue humain. Si quelqu'un était esclave avant sa nouvelle naissance, il ne devient pas libre dans la chair le jour de sa nouvelle naissance.

03 FÉVRIER

Jérémy Sourdril

Quelle est ta nationalité ? (suite)

Dans Actes 10, suite à la vision de la nappe et la révélation qui amena Pierre chez Corneille, Pierre dit :

> *Actes 10 : 34-35*
> *Alors Pierre, ouvrant la bouche, dit : En vérité, je reconnais que Dieu ne fait point acception de personnes, mais qu'en toute nation celui qui le craint et qui pratique la justice lui est agréable.*

C'est ainsi que nous arrivons au grand péché de l'église de Galatie :

> *Galates 2 : 11-16*
> *Mais lorsque Céphas vint à Antioche, je lui résistai en face, parce qu'il était répréhensible. En effet, avant l'arrivée de quelques personnes envoyées par Jacques, il mangeait avec les païens; et, quand elles furent venues, il s'esquiva et se tint à l'écart, par crainte des circoncis. Avec lui les autres Juifs usèrent aussi de dissimulation, en sorte que Barnabas même fut entraîné par leur hypocrisie. Voyant qu'ils ne marchaient pas droit selon la vérité de l'Évangile, je dis à Céphas, en présence de tous : Si toi qui es Juif, tu vis à la manière des païens et non à la manière des Juifs, pourquoi forces-tu les païens à judaïser ? Nous, nous sommes Juifs de naissance, et non pécheurs d'entre les païens. Néanmoins, sachant que ce n'est pas par les œuvres de la loi que l'homme est justifié, mais par la foi en Jésus-Christ, nous aussi nous avons cru en Jésus-Christ, afin d'être justifiés par la foi en Christ et non par les œuvres de la loi, parce que nulle chair ne sera justifiée par les œuvres de la loi.*

Pierre était retourné aux traditions et à la loi des hommes non régénérés. Avant que des croyants de chez Jacques ne viennent dans la région, il mangeait avec les païens, mais ensuite Pierre se cacha, par peur de ces gens circoncis. Les juifs aussi tombèrent dans ce péché, et même Barnabas fut entraîné avec eux dans leur péché. Barnabas fut entraîné dans ce que tout le monde faisait autour de lui ! C'est bien ainsi que naissent des traditions ou des modes. « Tout le monde le fait, alors je le fais ! ».

Ce péché n'était pas seulement d'avoir été hypocrite, ça ce n'était que la partie visible de cet iceberg de péché. C'était d'avoir voulu obéir aux traditions des hommes de chez eux. Pierre et les autres voulaient à nouveau obéir aux traditions de leur nationalité ! Ils voulaient se remettre sous les traditions de leur pays et de la religion juive !

Cela me fait penser à Abram. Qu'a dit Dieu à Abram ?

> *Genèse 12 : 1*
> *L'Éternel dit à Abram : Va-t'en de ton pays, de ta patrie, et de la maison de ton père, dans le pays que je te montrerai.*

Lorsque notre esprit est recréé par la puissance de Dieu, par la Foi que nous avons en Jésus-Christ, c'est ce que nous sommes appelés à faire spirituellement. Si tu es Français, Canadien, Congolais ou d'un autre pays, tu dois quitter les traditions de ton pays et de ta patrie, tu dois quitter les ordonnances et les lois de la maison de ton père pour te soumettre à la loi de Dieu seul.

Si par exemple ton père était constamment de mauvaise humeur, n'exprimait jamais ses sentiments, ou encore mentait constamment, tu dois regarder à la Parole de Dieu pour voir comment se comporte le Père Céleste, comment est par exemple le père du fils prodigue, et ainsi tu renouvelles ton intelligence et tu accordes ta vie à ce que Dieu demande dans sa Parole.

Dieu nous a demandé de ne pas nous conformer au siècle présent. Le courant de ce siècle présent forme une culture. La culture crée en nous des mentalités. Ces mentalités nous amènent à faire des choses régulières. Ces choses régulières font naître des pensées, des actions et des choix. Ces choix déterminent le cours de notre vie, notre futur.

> *Jean 3 : 7*
> *Ne t'étonne pas que je t'aie dit : Il faut que vous naissiez de nouveau.*

La deuxième naissance est obligatoire pour devenir un enfant de Dieu. Cette naissance n'est pas charnelle, elle est spirituelle. Nous naissons dans un Royaume spirituel, un royaume éternel.

> *Apocalypse 5 : 9-11*
> *Et ils chantaient un cantique nouveau, en disant : Tu es digne de prendre le livre, et d'en ouvrir les sceaux; car tu as été immolé, et tu as racheté pour Dieu par ton sang des hommes de toute tribu, de toute langue, de tout peuple, et de toute nation; tu as fait d'eux un royaume et des sacrificateurs pour notre Dieu, et ils régneront sur la terre. Je regardai, et j'entendis la voix de beaucoup d'anges autour du trône et des êtres vivants et des vieillards, et leur nombre était des myriades de myriades et des milliers de milliers.*

Nous sommes d'une autre nation !

> *Colossiens 1 : 13*
> *Qui nous a délivrés de la puissance des ténèbres et nous a transportés dans le royaume du Fils de son amour,*

Ne te vois plus comme un Français, un Québécois, un Congolais, un Ivoirien... Tu es voyageur sur cette terre, soumis aux seules lois du Royaume de Dieu. Si ta culture t'amène à faire des choses contraires à la Parole, tu dois rejeter ces choses.

> *Hébreux 11 : 8-10*
> *C'est par la foi qu'Abraham, lors de sa vocation, obéit et partit pour un lieu qu'il devait recevoir en héritage, et qu'il partit sans savoir où il allait. C'est par la foi qu'il vint s'établir dans la terre promise comme dans une terre étrangère, habitant sous des tentes, ainsi qu'Isaac et Jacob, les cohéritiers de la même promesse. Car il attendait la cité qui a de solides fondements, celle dont Dieu est l'architecte et le constructeur.*

> *Hébreux 11 : 13-16*
> *C'est dans la foi qu'ils sont tous morts, sans avoir obtenu les choses promises; mais ils les ont vues et saluées de loin, reconnaissant qu'ils étaient étrangers et voyageurs sur la terre. Ceux qui parlent ainsi montrent qu'ils cherchent une patrie. S'ils avaient eu en vue celle d'où ils étaient sortis, ils auraient eu le temps d'y retourner. Mais maintenant ils en désirent une meilleure, c'est-à-dire une céleste. C'est pourquoi Dieu n'a pas honte d'être appelé leur Dieu, car il leur a préparé une cité.*

Ne regarde pas à ta patrie et à ta nation. Un grand nombre de personnes, des africains, des européens et d'autres ne s'intègrent jamais à leur nouveau pays parce qu'ils regardent en arrière. Tu ne peux pas regarder en arrière et voir la bénédiction du Seigneur dans ta vie. La femme de Loth regarda la ville de Sodome comme si elle y attachait de l'importance alors que tout y était péché. Elle n'eut aucun futur si ce n'est d'être transformée en statue de sel.

Revenons à Genèse 12, lisons le verset 2 :

> *Genèse 12 : 2-4*
> *Je ferai de toi une grande nation, et je te bénirai; je rendrai ton nom grand, et tu seras une source de bénédiction. Je bénirai ceux qui te béniront, et je maudirai ceux qui te maudiront; et toutes les familles de la terre seront bénies en toi. Abram partit, comme l'Éternel le lui avait dit, et Loth partit avec lui. Abram était âgé de soixante-quinze ans, lorsqu'il sortit de Charan.*

Abram avait une grande promesse, mais il amena Loth avec lui. Il n'aurait pas dû. Cela a été une erreur qui lui a coûté très cher ! Mais c'était culturel de s'occuper de son neveu ! Mais Dieu avait dit QUITTE TOUT !

04 FÉVRIER

Jérémy Sourdril

Quelle est ta nationalité ? (suite)

Loth n'aurait jamais dû aller avec Abram ! À cause de cela, il y eut un problème avec Abram (Gen 13 : 7), et Loth alla vers les plaines du Jourdain qui l'amenèrent à Sodome et Gomorrhe. Après la destruction de ces villes, Loth alla se cacher, ses filles couchèrent avec lui et c'est là que les nations de moabites et d'ammonites virent le jour.

Par la faute d'Abram, ces deux nations virent le jour indirectement. Bien des années après, voici ce que dit la Bible à leur sujet :

> *Nombres 25 : 1*
> *Israël demeurait à Sittim; et le peuple commença à se livrer à la débauche avec les filles de Moab.*

Voilà l'héritage de cette nation. Moab était plein de débauche. Si vous étiez né à Moab, vous auriez été maudit et vous auriez certainement participé à leur péché, car tout comme les villes de Sodome et Gomorrhe, c'était leur culture !

Il y a des choses choquantes qu'on accepte car c'est culturel, tout le monde le fait et on pense qu'on doit le faire nous aussi. Les gens de Sodome et Gomorrhe avaient une culture de sexualité déréglée si bien qu'ils avaient des relations sexuelles dans la rue aux yeux de tous ! Ce n'était pas choquant pour ces gens, c'était devenu culturel ! De la même façon aujourd'hui il est culturel d'adopter un certain style de vie, de regarder certains films et de tromper son conjoint ! Cela ne choque plus personne ! C'est devenu culturel dans certaines régions de sortir avec « des garçons ou des filles » et de coucher avec plusieurs partenaires dans sa vie !

> *Deutéronome 23 : 3*
> *L'Ammonite et le Moabite n'entreront point dans l'assemblée de l'Éternel, même à la dixième génération et à perpétuité,*

Dieu n'aime pas la culture du péché, il ne la bénit pas. Il bénit sa culture. Abram s'était fait rouler par sa culture, qui pourtant paraissait bonne (s'occuper de son neveu en le prenant en charge). Si ta culture te dit de t'occuper de toute ta famille, de tes cousins, et des cousins de tes cousins, et que cela nuit à ta relation avec Dieu et à ton épanouissement en Christ, tu dois refuser cela.

Des cultures apprennent le mensonge aux enfants comme un moyen de protection. On leur dit qu'ils doivent mentir pour ne pas être blessé, pour pouvoir réussir dans la vie. C'est ainsi que des enfants, devenus parents, mentent à leurs enfants et reviennent sur des paroles qu'ils ont dites. Leur éducation a forgé en eux des mentalités. Leurs enfants savent que leur parole n'a aucun poids.

D'autres cultures apprennent à ne pas dire toute la vérité, à avoir une parole « légère ». Ainsi on ne sait jamais ce que la personne pense, et si jamais elle prend un engagement, sept fois sur dix, elle ne l'accomplira pas. Ce type de personne déclare des choses qu'elle ne fait pas, elle prend des engagements qu'elle ne tient pas, elle signe des contrats qu'elle trahit, car on lui a enseigné toute sa vie à faire de même. Soyons des gens de parole ! Si nous ne sommes pas capables de tenir notre parole, comment Dieu pourra nous confier de grandes choses ? ! Comment pourra-t-il nous faire entrer dans notre destinée !

Si tu dois payer des milliers de dollars pour envoyer le corps mort du grand père de ton cousin au pays, et que cela te met dans des problèmes financiers insurmontables, tu dois laisser cela. Laisse les morts ensevelir les morts ! Ne te mets pas dans des problèmes à cause de la culture. Mieux vaut obéir à la Parole de Dieu et se mettre la famille à dos que de désobéir à Dieu et plaire aux hommes. Ne donne pas ce que tu n'as pas.

On ne peut pas s'occuper de tout le monde. Oui on doit s'occuper des siens, mais pas si on n'en a pas les moyens, pas si cela nous met dans des problèmes financiers. Nous ne devons RIEN faire par traditions culturelles des hommes, nous devons juste obéir au Seigneur.

D'autres ont reçu des mentalités de pauvreté à force de voir la pauvreté partout dans leur famille et dans leur pays pendant des années. Cela a forgé en eux une mentalité de pauvreté et de manque, alors qu'ils sont citoyens du ciel, riches en Christ et pourvus dans tous leurs besoins selon la Parole de Dieu. Nous devons refuser la culture lorsqu'elle est contraire à notre héritage en Christ.

Abram eut encore un autre problème à cause de sa culture. Alors que Dieu lui avait donné une promesse : « Tu deviendras une grande nation », il coucha avec Agar car Saraï ne pouvait pas avoir d'enfant parce que c'était la culture ! À l'époque si une femme était stérile, l'homme allait coucher avec sa servante et la servante accouchait sur les jambes de l'épouse stérile. C'est ce qu'a fait Abram et Dieu n'a pas béni cela.

Quelle a été la conséquence ? La naissance de la nation d'Ismaël (qui d'ailleurs se maria avec une étrangère égyptienne, dans l'ancienne alliance il y avait distinction entre les peuples, mais pas entre les individus, Job était arabe et il plaçait sa foi en Dieu...), ce qui donna la naissance bien plus tard de l'islam !

Qu'est-ce que Dieu a dit à Abraham après sa faute avec Agar ?

> *Genèse 17 : 1-6*
> *Lorsqu'Abram fut âgé de quatre-vingt-dix-neuf ans, l'Éternel apparut à Abram, et lui dit : Je suis le Dieu tout-puissant. Marche devant ma face, et sois intègre. J'établirai mon alliance entre moi et toi, et je te multiplierai à l'infini. Abram tomba sur sa face; et Dieu lui parla, en disant : Voici mon alliance, que je fais avec toi. Tu deviendras père d'une multitude de nations. On ne t'appellera plus Abram; mais ton nom sera Abraham, car je te rends père d'une multitude de nations. Je te rendrai fécond à l'infini, je ferai de toi des nations; et des rois sortiront de toi.*

Il lui demande d'être intègre, de marcher devant sa face, c'est-à-dire de marcher dans SES voies, dans ses façons de faire ! Dieu lui rappelle son alliance 24 ans après la première fois. Abram a perdu 24 ans à cause de sa culture ! Des chrétiens perdent ainsi des dizaines d'années, voire toute leur vie par des choix de cultures au lieu d'obéir à Dieu. C'est une grande catastrophe. Certains fuient leur pays car c'est culturel, alors que Dieu ne leur a pas parlé, ils font des compromis, car ils ont vu leurs parents agir ainsi, et reproduisent les erreurs de leur père, de leur famille, de leurs voisins ou de leur entourage.

Plus tard encore, dans Genèse 20, lorsqu'Abraham passa à Guérar, dit de Sara qu'elle était sa sœur, par crainte; et qu'est-ce que son fils Isaac reproduit bien des années après alors que son père était déjà mort ? Exactement la même chose, le même mensonge ! Ils étaient prêts tous les deux à ce qu'on couche avec leur femme ! ISAAC REPRODUIT CE QUE LA TRADITION LUI AVAIT APPRIS !

Moïse est un très bel exemple de quelqu'un qui refusa sa nationalité. Il était devenu fils du Pharaon. Tout lui appartenait, il avait autant d'argent qu'il voulait et pouvait avoir tout ce qu'il voulait. Il pouvait jouir du péché chaque jour de sa vie. Mais il refusa sa nationalité, il choisit la nationalité du peuple de Dieu. Oui il en faisait partie de naissance, mais il n'était plus d'Israël. Aujourd'hui il n'y a pas d'alliance avec Israël mais avec le peuple de Dieu. Choisissons d'obéir aux lois du Royaume de notre Père Céleste.

> *Hébreux 11 : 24-27*
> *C'est par la foi que Moïse, devenu grand, refusa d'être appelé fils de la fille de Pharaon, aimant mieux être maltraité avec le peuple de Dieu que d'avoir pour un temps la jouissance du péché, regardant l'opprobre de Christ comme une richesse plus grande que les trésors de l'Egypte, car il avait les yeux fixés sur la rémunération. C'est par la foi qu'il quitta l'Egypte, sans être effrayé de la colère du roi; car il se montra ferme, comme voyant celui qui est invisible.*

Si tu veux que le SALUT de Dieu entre pleinement dans ta vie chrétienne, si tu veux devenir cette grande nation, tu dois QUITTER ta nationalité !

05 FÉVRIER

Joël Spinks

La loyauté... Une bête en voie d'extinction ?

Dieu a un plan merveilleux et glorieux pour Son Église !

Il veut déployer Son onction sur nous, Ses miracles et Sa gloire !

> *Proverbes 25 : 19 (BDS)*
> *Se fier à un homme déloyal au jour du malheur, c'est comme se fier à une dent branlante ou à un pied chancelant.*

> *Proverbes 25 : 19*
> *Comme une dent cassée et un pied qui chancelle, Ainsi est la confiance en un perfide au jour de la détresse.*

Comme nous avons soif que Sa volonté parfaite soit accomplie parmi nous ! Certains diront, « Mais pourquoi nous ne voyons pas plus de Sa gloire parmi nous aujourd'hui ? » Bien, la raison est TRÈS simple ! Si nous connaissons la volonté de Dieu en ce qui concerne le réveil, sachez que l'ennemi la connaît également. Satan travaille 24 heures sur 24 pour essayer d'empêcher l'Église d'entrer dans sa destinée de gloire ! Il peut attaquer de l'extérieur mais, malheureusement, je crois que l'opposition première vient principalement de l'Église ! Quelle triste réalité !

L'ennemi influence nos conversations pour se maudire et se trahir entre nous. Satan, l'accusateur des frères, est celui qui nous accuse devant notre Dieu jour et nuit (Apocalypse 12 : 10) Il travaille pareillement sur la terre, essayant d'inspirer les frères à se maudire mutuellement. En faisant ainsi, Dieu NE PEUT PAS déverser son onction sur ces canaux remplis de haine. Même si nous sommes commandés de ne pas médire (Tite 3 : 2), certains pensent que ces paroles ne sont que de simples suggestions au lieu d'un commandement !

Un homme loyal sait aimer véritablement. Si quelqu'un assassine le caractère de son ami, il défendra l'honneur de celui qui est proche de son cœur. Un homme déloyal ne le défendra pas, mais au contraire, participera à l'assassinat en fabriquant des informations pour détruire son « ami ». Le pire c'est que ce genre de situation existe trop souvent dans l'Église ! Comme nous disons au Québec, « Ô mon doux ! »

> *Éphésiens 4 : 30-32*
> *N'attristez pas le Saint-Esprit de Dieu, par lequel vous avez été scellés pour le jour de la rédemption. Que toute amertume, toute animosité, toute colère, toute clameur, toute calomnie, et toute espèce de méchanceté, disparaissent du milieu de vous. Soyez bons les uns envers les autres, compatissants, vous pardonnant réciproquement, comme Dieu vous a pardonné en Christ.*

Possiblement le Seigneur vous invite à examiner vos cœurs :

- Êtes-vous loyal envers vos frères chrétiens ?
- Êtes-vous un chrétien à « deux faces », les bénissant à l'église mais les maudissant en privé ?
- Aimez-vous vos leaders d'église ?
- Sinon, que faites-vous sous leur autorité ?

J'ai déjà prêché qu'une des façons qu'un individu peut savoir s'il est appelé à fréquenter notre assemblée c'est en se demandant simplement : « Est-ce que j'aime Pasteur Joël et son épouse Mathilde ? ». Cela vous surprend ? Vous pensez peut-être : « Ne devrions-nous pas plutôt demander aux gens s'ils aiment le Seigneur Jésus ? ». Certes, mais puisque tous les chrétiens diront qu'ils aiment Jésus, nous devons aussi leur demander s'ils aiment les pasteurs.

Si les gens dans notre assemblée ne nous aiment pas, ils ne nous seront jamais loyaux

Ils seront des instruments entre les mains de l'ennemi pour nous accuser faussement et ils détruiront l'œuvre de Dieu que nous essayons d'accomplir. « Oui mais, nous devons aimer tout le monde ! Pourquoi demander aux gens de se questionner ainsi ? » Même si nous savons que nous devons aimer « tout le monde », nous savons également que nous n'avons pas d'affinités avec tous. Il est alors important de vouloir côtoyer ceux qui nous dirigent, les aimer, prier pour eux et les défendre quand l'ennemi veut les attaquer.

Je me réjouis que nous ayons des gens dans notre assemblée qui aiment Jésus, mais qui nous aiment également et véritablement ! Je me réjouis de voir leur loyauté envers Jésus et envers Ses sous-bergers : nous ! Et non, cela ne me gêne pas du tout de le dire ! Je crois que nous devons vivre une révolution dans l'Église à ce niveau-là ! Pendant trop longtemps, nous avons permis aux déloyaux d'exister dans nos rangs, dans notre armée. Il n'y a aucune armée humaine qui tolère l'infiltration d'ennemis et par conséquent, son autodestruction ! L'Église de Jésus-Christ n'est pas moins intelligente ! Il est d'autant plus difficile de répondre à l'appel de Dieu et de livrer le bon combat quand il se livre sur deux fronts ! Les gens qui sont avec nous devraient être une source de soutien et non une source d'opposition ! Bien sûr, je ne dis pas qu'on devrait avoir des dictateurs comme bergers, qui ne sont pas redevables ! Non, il est bon d'avoir un conseil d'anciens, composé de gens qui nous aiment et désirent notre bien.

Je rends grâce que lorsqu'une nouvelle personne a essayé de semer la pagaille à l'église, elle a été immédiatement reprise par une sœur loyale : « Non, nous ne parlons pas contre nos bergers dans cette assemblée ! Ça ne fonctionne pas comme cela ici ! » Gloire à Dieu pour des gens qui choisissent l'amour et la loyauté !

ARRÊTEZ de maudire vos frères et sœurs au Nom de Jésus ! Priez et bénissez vos leaders au lieu de les maudire ! Soyons intelligents et déjouons les plans de l'ennemi dès aujourd'hui ! Soyons loyaux et recevons la gloire du Seigneur parmi nous et à travers la francophonie !

06 FÉVRIER

Jérémy Sourdril

Avez-vous vécu les signes d'une vraie repentance ?

Certains croient que tous ceux qui lèvent la main à un appel naissent de nouveau, mais nous ne pouvons pas savoir s'ils sont en train de vivre le miracle de la nouvelle naissance. Cependant, nous pouvons en voir les fruits. Une vraie repentance amène des fruits réels. Si vous êtes né de nouveau, vous devriez avoir vécu plusieurs de ces choses :

La confession publique de Jésus-Christ comme Sauveur et Seigneur :

Romains 10 : 10
Car c'est en croyant du cœur qu'on parvient à la justice, et c'est en confessant de la bouche qu'on parvient au salut,

Luc 12 : 8
Je vous le dis, quiconque me confessera devant les hommes, le Fils de l'homme le confessera aussi devant les anges de Dieu;

La confession publique des péchés, le « témoignage » (au lieu de cacher ses péchés) :

Actes 19 : 18
Plusieurs de ceux qui avaient cru venaient confesser et déclarer ce qu'ils avaient fait.

La destruction des choses occultes et idolâtres (pornographie, musique diabolique, etc.) :

Actes 19 : 19
Et un certain nombre de ceux qui avaient exercé les arts magiques, ayant apporté leurs livres, les brûlèrent devant tout le monde : on en estima la valeur à cinquante mille pièces d'argent.

Une libéralité financière (au lieu de l'égoïsme), une reconnaissance par l'offrande et la restitution d'argent ou d'objets volés (au lieu de la persévérance dans le péché) :

Luc 19 : 8
Mais Zachée, se tenant devant le Seigneur, lui dit : Voici, Seigneur, je donne aux pauvres la moitié de mes biens, et, si j'ai fait tort de quelque chose à quelqu'un, je lui rends le quadruple.

Matthieu 8 : 4
Puis Jésus lui dit : Garde-toi d'en parler à personne; mais va te montrer au sacrificateur, et présente l'offrande que Moïse a prescrite, afin que cela leur serve de témoignage.

Le baptême d'eau :

Actes 2 : 38
Pierre leur dit : Repentez-vous, et que chacun de vous soit baptisé au nom de Jésus-Christ, pour le pardon de vos péchés; et vous recevrez le don du Saint-Esprit.

L'amour pour son frère et pour le monde :

1 Jean 4 : 20
Si quelqu'un dit : J'aime Dieu, et qu'il haïsse son frère, c'est un menteur; car celui qui n'aime pas son frère qu'il voit, comment peut-il aimer Dieu qu'il ne voit pas ?

Galates 5 : 14
Car toute la loi est accomplie dans une seule parole, dans celle-ci : tu aimeras ton prochain comme toi-même.

La communion fraternelle (au lieu de l'individualisme), l'amour pour la maison de Dieu (au lieu de la haine ou de l'indifférence) et la simplicité de cœur (au lieu de l'orgueil) :

Actes 2 : 46
Ils étaient chaque jour tous ensembles assidus au temple, ils rompaient le pain dans les maisons, et prenaient leur nourriture avec joie et simplicité de cœur,

Matthieu 18 : 3
Et dit : Je vous le dis en vérité, si vous ne vous convertissez et si vous ne devenez comme les petits enfants, vous n'entrerez pas dans le royaume des cieux.

Une vie de louange :

Ésaïe 61 : 3
Pour accorder aux affligés de Sion, Pour leur donner un diadème au lieu de la cendre, Une huile de joie au lieu du deuil, Un vêtement de louange au lieu d'un esprit abattu, Afin qu'on les appelle des térébinthes de la justice, Une plantation de l'Éternel, pour servir à sa gloire.

Actes 2 : 47
Louant Dieu, et trouvant grâce auprès de tout le peuple. Et le Seigneur ajoutait chaque jour à l'Église ceux qui étaient sauvés.

L'obéissance au commandement d'annoncer l'Évangile :

Marc 16 : 20
Et ils s'en allèrent prêcher partout. Le Seigneur travaillait avec eux, et confirmait la parole par des miracles...

Le pardon :

Matthieu 6 : 15
Mais si vous ne pardonnez pas aux hommes, votre Père ne vous pardonnera pas non plus vos offenses.

Matthieu 18 : 21-22
Alors Pierre s'approcha de lui, et dit : Seigneur, combien de fois pardonnerai-je à mon frère, lorsqu'il péchera contre moi ? Sera-ce jusqu'à sept fois ? Jésus lui dit : Je ne te dis pas jusqu'à sept fois, mais jusqu'à septante fois sept fois.

Si vous n'avez pas vécu ces choses, cela veut dire que vous n'êtes pas né de nouveau. Pour accepter Jésus dans votre vie comme Sauveur, je vous encourage à aller tout à la fin du livre à la page : « Comment recevoir Jésus comme Sauveur ? ».

Si vous avez vécu ces choses mais vous ne les vivez plus, la Bible déclare :

2 Timothée 1 : 6
C'est pourquoi je t'exhorte à ranimer le don de Dieu que tu as reçu par l'imposition de mes mains.

Vous pouvez changer. Dieu vous en a donné la capacité. La Bible déclare que Christ en vous, c'est l'espérance de la Gloire. La Bible dit que c'est Dieu qui nous donne la capacité, que ce n'est ni par force, ni par puissance mais par l'Esprit de Dieu. La Bible déclare que l'amour de Dieu a été répandu dans notre cœur. Si vous n'avez plus l'habitude de déclarer que Jésus-Christ est Seigneur, prenez la décision de le confesser devant les hommes, de rendre témoignage de lui et de ce qu'il a fait pour vous. Détruisez les choses occultes ou idolâtres qui seraient dans votre maison, rendez ce que vous avez volé, changez votre attitude par rapport aux finances, donnez dans la maison de Dieu et marchez dans la libéralité. Prenez la décision de vous baptiser d'eau !

Vous pouvez faire toutes ces choses, elles sont dans votre « pouvoir » ! Marchez dans l'amour et le pardon, dans la communion fraternelle, la vie d'église, la louange, l'annonce de l'Évangile... Devenez simple de cœur. Faites-le, par amour pour le Seigneur, ranimez la flamme aujourd'hui, dites : « Oui Seigneur, je reviens à toi, je ranime mon zèle et ma foi en toi. Je serai obéissant ! Je prends la décision de changer et de faire ce que j'ai à faire, au Nom de Jésus je le fais, car tu me donnes la force de le faire. Amen ! ».

07 FÉVRIER

Yvan Castanou

Comment faire pour prier lorsque vous n'en avez pas envie ?

Vous arrive-t-il de ne pas avoir envie de prier, même si vous savez que vous devez le faire ? Cela arrive généralement lorsque vous passez par une épreuve, ou simplement lorsque votre âme est abattue.

> *1 Thessaloniciens 5 : 18*
> *Rendez grâces en toutes choses, car c'est à votre égard la volonté de Dieu en Jésus-Christ.*

Comment faire si vous n'arrivez pas à prier ? C'est simple ! Remerciez Dieu pour tout ce qu'il est. David dit :

> *Psaume 34 : 2*
> *Je bénirai l'Éternel en tout temps, et sa louange sera toujours dans ma bouche.*

Peut-être vous a-t-on appris à remercier Dieu pour tout ce qui vous arrive ? Mais ce n'est pas ce que Dieu vous demande. En réalité, la Bible dit : rendez grâces à Dieu « en toutes choses » et non « pour toutes choses ». Il y a une différence énorme entre remercier Dieu « pour » tout ce qui vous arrive ou « en » tout ce qui vous arrive.

En effet, Paul précise (version Semeur) :

> *Philippiens 4 : 4*
> *Réjouissez-vous de tout ce que le Seigneur est pour vous.*

Ce n'est pas remercier Dieu des événements de votre vie, mais de ce qu'il est pour vous, de ses attributs : bonté, fidélité, présence, amour, justice, compassion, paix, puissance.

Ce qu'il est ne dépend pas des circonstances, mais chaque circonstance que vous traversez lui permet de manifester un ou plusieurs aspects de ce qu'il est, de ses qualités.

Dans la peine, il est votre consolateur. Dans l'injustice, il reste celui qui défend votre cause si vous le laissez faire. Dans la solitude, il demeure votre plénitude. Dans vos erreurs, il ne s'éloigne pas et reste le berger de votre vie. Dans chaque situation que vous traversez, il est avec vous et manifeste sa présence par ses attributs. C'est ainsi qu'il vous répond et vous guide.

Il n'a jamais promis que vous ne vivriez pas d'épisodes douloureux, au contraire (Jean 16 : 33) ! Mais quand vous le remerciez indépendamment de ce que vous vivez, simplement pour sa présence et ses attributs, c'est-à-dire pour tout ce qu'il est, c'est à vous-même que vous faites du bien.

Dans les moments difficiles, vous avez besoin de reprendre espoir, d'être fortifié dans votre être intérieur, et de tenir ferme. Vous avez besoin d'oxygène divin. La prière est le seul moyen de respirer cet oxygène divin. Apprenez à rendre grâce pour tout ce qu'Il est, et vous serez surpris de voir sa puissance vous fortifier et sa paix inonder votre cœur. Car cette paix intérieure et profonde, n'est-ce pas ce que vous recherchez ?

Une prière pour aujourd'hui

« Père, accorde-moi la faveur de savoir te rendre grâces en tout temps. Aide-moi à réaliser qu'en agissant ainsi c'est à moi-même que je rends service et non à toi. Merci de renouveler ma perception de la prière d'action de grâces. Au Nom de Jésus, amen ».

08 FÉVRIER

Mohammed Sanogo

La foi agissante

Le salut s'obtient par la foi en Jésus. Ce que nous ignorons ou omettons souvent, ce sont les actions qui doivent suivre la foi. C'est merveilleux et nécessaire d'aller à l'église, de prier, de prendre du temps dans la parole mais n'oublions jamais que le salut après notre foi doit s'accompagner d'actions concrètes vis-à-vis de notre prochain.

Matthieu 25 : 31-45
Lorsque le Fils de l'homme viendra dans sa gloire, avec tous les anges, il s'assiéra sur le trône de sa gloire. Toutes les nations seront assemblées devant lui. Il séparera les uns d'avec les autres, comme le berger sépare les brebis d'avec les boucs; et il mettra les brebis à sa droite, et les boucs à sa gauche. Alors le roi dira à ceux qui seront à sa droite : Venez, vous qui êtes bénis de mon Père; prenez possession du royaume qui vous a été préparé dès la fondation du monde. Car j'ai eu faim, et vous m'avez donné à manger; j'ai eu soif, et vous m'avez donné à boire; j'étais étranger, et vous m'avez recueilli; j'étais nu, et vous m'avez vêtu; j'étais malade, et vous m'avez visité; j'étais en prison, et vous êtes venus vers moi. Les justes lui répondront : Seigneur, quand t'avons-nous vu avoir faim, et t'avons-nous donné à manger; ou avoir soif, et t'avons-nous donné à boire ? Quand t'avons-nous vu étranger, et t'avons-nous recueilli; ou nu, et t'avons-nous vêtu ? Quand t'avons-nous vu malade, ou en prison, et sommes-nous allés vers toi ? Et le roi leur répondra : Je vous le dis en vérité, toutes les fois que vous avez fait ces choses à l'un de ces plus petits de mes frères, c'est à moi que vous les avez faites. Ensuite il dira à ceux qui seront à sa gauche : Retirez-vous de moi, maudits; allez dans le feu éternel qui a été préparé pour le diable et pour ses anges. Car j'ai eu faim, et vous ne m'avez pas donné à manger; j'ai eu soif, et vous ne m'avez pas donné à boire; j'étais étranger, et vous ne m'avez pas recueilli; j'étais nu, et vous ne m'avez pas vêtu; j'étais malade et en prison, et vous ne m'avez pas visité. Ils répondront aussi : Seigneur, quand t'avons-nous vu ayant faim, ou ayant soif, ou étranger, ou nu, ou malade, ou en prison, et ne t'avons-nous pas assisté ? Et il leur répondra : Je vous le dis en vérité, toutes les fois que vous n'avez pas fait ces choses à l'un de ces plus petits, c'est à moi que vous ne les avez pas faites.

Dans ce passage, le premier groupe comme le deuxième groupe est étonné d'entendre Jésus dire que c'est lui qui avait eu faim, soif, etc. Si vous voyez Jésus physiquement frapper à votre porte, n'allez-vous pas tous vous précipiter pour l'accueillir ? S'il vous dit qu'il a soif, n'allez-vous pas promptement lui proposer à boire ! Mais auriez-vous la même réaction s'il s'agissait de pauvres gens autour de vous ? Le groupe qui a agi en bien l'a fait sans savoir que c'était à Jésus qu'il le faisait. Ces personnes sont agréablement surprises de se voir si bien récompensées. C'est loin d'être le cas des membres du second groupe. N'attendez pas que Dieu descende du ciel pour faire le bien. Faites le bien autour de vous. Faites preuve de bonté envers tous. Lorsqu'un frère est dans le besoin, aidez-le du mieux que vous pouvez. Visitez les malades, les prisonniers. Donnez à manger à ceux qui ont faim et soif, offrez des soins gratuits aux malades.

Matthieu 14 : 15-20
Le soir étant venu, les disciples s'approchèrent de lui, et dirent : Ce lieu est désert, et l'heure est déjà avancée; renvoie la foule, afin qu'elle aille dans les villages, pour s'acheter des vivres. Jésus leur répondit : Ils n'ont pas besoin de s'en aller; donnez-leur vous-mêmes à manger...

Jésus a exhorté les disciples à nourrir eux-mêmes la foule. Cette exhortation s'adresse aussi à vous. Ne dites surtout pas que ces tâches reviennent aux gouvernements ou associations de bienfaisance. L'Église pèche en se disant que seul l'état va agir face à la pauvreté, à la famine, etc. Une personne qui a faim peut-elle être attentive à une prédication quand elle n'a qu'un désir : manger ? Jacques vous pose la même question dans la Bible.

Jacques 2 : 15
Si un frère ou une sœur sont nus et manquent de la nourriture de chaque jour, et que l'un d'entre vous leur dise : allez en paix, chauffez-vous et vous rassasiez! Et que vous ne leur donniez pas ce qui est nécessaire au corps, à quoi cela sert-il ? Il en est ainsi de la foi : si elle n'a pas les œuvres, elle est morte en elle-même.

Jacques 2 : 22
Tu vois que la foi agissait avec ses œuvres, et que par les œuvres la foi fut rendue parfaite.

Manifestez donc votre foi par les œuvres, car c'est ainsi qu'elle sera rendue parfaite. Jésus vous exhorte à faire le bien autour de vous, à aider du mieux que vous pouvez, ceux qui sont autour de vous. Par de bonnes œuvres, posez ainsi des actes de foi. Plusieurs viendront ainsi au Seigneur au travers de vous.

09 FÉVRIER

Jérémy Sourdril

L'évangélisation, c'est une question de foi !

Il existe des obstacles courants qui bloquent les fruits dans l'évangélisation. Nous allons en voir cinq dans ces deux prochains jours, ce qui vous encouragera à évangéliser en délaissant ces fardeaux pesants et inutiles.

> *Marc 16 : 17-18*
> *Voici les miracles qui accompagneront ceux qui auront cru : en mon nom, ils chasseront les démons; ils parleront de nouvelles langues; ils saisiront des serpents; s'ils boivent quelque breuvage mortel, il ne leur fera point de mal; ils imposeront les mains aux malades, et les malades, seront guéris.*

Dans beaucoup d'églises, devant un tel verset, il y a beaucoup de doutes. En fait le doute s'est transformé en incrédulité. Les gens ne croient plus.

> *Jacques 1 : 5-8*
> *Si quelqu'un d'entre vous manque de sagesse, qu'il la demande à Dieu, qui donne à tous simplement et sans reproche, et elle lui sera donnée. Mais qu'il la demande avec foi, sans douter; car celui qui doute est semblable au flot de la mer, agité par le vent et poussé de côté et d'autre. Qu'un tel homme ne s'imagine pas qu'il recevra quelque chose du Seigneur : c'est un homme irrésolu, inconstant dans toutes ses voies.*

La Bible nous montre que sans la foi il est impossible de porter du fruit. Voilà pourquoi il est absolument indispensable d'être dans la foi avant d'aller évangéliser. Il ne faut pas évangéliser en espérant que Dieu fera quelque chose, en se disant que peut-être il se passera quelque chose. Il faut annoncer l'Évangile en croyant que Dieu est derrière Sa Parole pour l'accomplir. La Bible dit que :

> *Hébreux 13 : 8*
> *Jésus-Christ est le même hier, aujourd'hui, et éternellement.*

Depuis 2000 ans, Dieu a sauvé des âmes dans toutes les régions du monde chaque année. Les gens disent que leur région est dure mais Jésus-Christ n'a pas changé depuis 2000 ans et sa puissance est toujours la même pour sauver, pour délivrer, pour guérir !

Le Saint-Esprit est également le même, et sa puissance pour convaincre les cœurs l'est aussi ! C'est juste la foi des croyants qui a besoin d'être renouvelée et fortifiée ! Voici donc quelques obstacles importants à l'annonce de l'Évangile :

Ils manquent de hardiesse et ont peur

Dieu ne nous a pas donné un esprit de crainte ! Voici ci-dessous un beau témoignage que j'aimerais que Dieu rende à notre sujet !

> *Apocalypse 12 : 11*
> *Ils l'ont vaincu à cause du sang de l'agneau et à cause de la parole de leur témoignage, et ils n'ont pas aimé leur vie jusqu'à craindre la mort.*

Quelle déclaration ! Ils n'avaient pas peur de mourir !

> *Romains 8 : 15-17*
> *Et vous n'avez point reçu un esprit de servitude, pour être encore dans la crainte; mais vous avez reçu un Esprit d'adoption, par lequel nous crions : Abba ! Père ! L'Esprit lui-même rend témoignage à notre esprit que nous sommes enfants de Dieu. Or, si nous sommes enfants, nous sommes aussi héritiers : héritiers de Dieu, et cohéritiers de Christ, si toutefois nous souffrons avec lui, afin d'être glorifiés avec lui.*

Annoncer l'évangile est une souffrance pour la chair, mais c'est aussi ainsi que notre héritage se manifeste : la puissance souveraine de Dieu en nous et notre esprit qui crie : Abba Père, j'ai confiance en toi !

Éphésiens 1 : 18-19
Et qu'il illumine les yeux de votre cœur, pour que vous sachiez quelle est l'espérance qui s'attache à son appel, quelle est la richesse de la gloire de son héritage qu'il réserve aux saints, et quelle est envers nous qui croyons l'infinie grandeur de sa puissance, se manifestant avec efficacité par la vertu de sa force.

Devant Goliath, David avait toutes les raisons d'avoir peur. Ce qu'il a fait était vraiment stupide selon les hommes. Il aurait pu dire n'importe quoi pour expliquer le fait de ne pas aller tuer Goliath. Est-ce que David était le seul qui puisse tuer Goliath ? NON ! Cela aurait pu être n'importe qui, ayant foi en Dieu ! Il aurait pu raconter toutes les batailles que le peuple avait déjà perdues, il aurait pu dire qu'il était trop jeune, trop petit, pas préparé. MAIS s'il avait fait ça il serait resté sur la touche avec les milliers d'incrédules qui étaient en train de raisonner !

Le raisonnement nous anesthésie, le raisonnement nous laisse sur la touche. Vous vous dites peut-être : « Dieu peut peut-être m'utiliser ! », ou encore : « Je vais essayer ». Mais dites-vous : « Dieu VA m'utiliser ! ». Ayons de HAUTES pensées. Pensons d'une manière élevée ! David a décidé de croire en Dieu malgré la foule de croyants incrédules. Nous faisons notre part, et Dieu fera sa part. David a lancé une pierre, et Dieu s'est occupé d'y ajouter sa puissance.

Si les gens ne croient pas, c'est parce qu'ils pensent selon leurs propres pensées

Dieu ne nous a jamais demandé d'annoncer l'Évangile avec notre force. Jésus lui-même a dit : « Dieu m'a oint pour annoncer... ». C'est Dieu qui oint, c'est Son onction.

Actes 10 : 38
Vous savez comment Dieu a oint du Saint-Esprit et de force Jésus de Nazareth, qui allait de lieu en lieu faisant du bien et guérissant tous ceux qui étaient sous l'empire du diable, car Dieu était avec lui.

La même onction qui était sur Jésus est disponible pour nous lorsque nous marchons dans l'obéissance.

Ésaïe 55 : 8-13
Car mes pensées ne sont pas vos pensées, Et vos voies ne sont pas mes voies, Dit l'Éternel. Autant les cieux sont élevés au-dessus de la terre, Autant mes voies sont élevées au-dessus de vos voies, Et mes pensées au-dessus de vos pensées. Comme la pluie et la neige descendent des cieux, Et n'y retournent pas Sans avoir arrosé, fécondé la terre, et fait germer les plantes, Sans avoir donné de la semence au semeur Et du pain à celui qui mange, Ainsi en est-il de ma parole, qui sort de ma bouche : Elle ne retourne point à moi sans effet, Sans avoir exécuté ma volonté Et accompli mes desseins. Oui, vous sortirez avec joie, Et vous serez conduits en paix; Les montagnes et les collines éclateront d'allégresse devant vous, Et tous les arbres de la campagne battront des mains. Au lieu de l'épine s'élèvera le cyprès, Au lieu de la ronce croîtra le myrte; Et ce sera pour l'Éternel une gloire, Un monument perpétuel, impérissable.

Dieu est toujours derrière Sa Parole pour l'accomplir. Alors que vous sortirez annoncer l'Évangile, Dieu a déclaré au verset 12 le revêtement d'une joie et d'une paix d'en haut. Avez-vous déjà expérimenté la joie d'annoncer l'Évangile ? Dieu a dit qu'annoncer l'Évangile nous rendrait joyeux. La terre attend avec un ardent désir votre révélation.

10 FÉVRIER

Jérémy Sourdril

L'évangélisation, c'est une question de foi ! (suite)

Mettez en pratique la parole, et ne vous bornez pas à l'écouter, en vous trompant vous-mêmes par de faux raisonnements. Annoncez l'Évangile aujourd'hui !

Ils s'attendent à des fruits naturels

En tant qu'êtres humains, nous agissons constamment dans le naturel dans tous les domaines de notre vie. Nous marchons, nous respirons, nous mangeons, nous travaillons, nous communiquons... Tout ceci créé en l'homme très rapidement le sentiment d'être un corps et une âme (seulement). Pourtant nous sommes des esprits. Adam et Eve ne voyaient pas leur corps physique parce qu'ils étaient plus conscients de leur être spirituel que nous. En cela, il leur était facile de parler à Dieu.

La chute a amené l'homme dans le domaine du naturel. Ainsi, lorsque les gens font même des choses qui devraient être spirituelles, ils les font d'une manière naturelle et s'attendent à voir des fruits naturels. L'évangélisation n'est pas quelque chose de naturel, et il ne faut pas aller évangéliser de façon naturelle. Il faut être revêtu de la compassion de Dieu et de la présence de Dieu pour que les fardeaux puissent être détruits, les captifs libérés et les malades guéris. Nous devons nous attendre au surnaturel. Nous ne cherchons pas des signes, mais nous devons profondément aspirer à la manifestation de Dieu. Ce que nous devrions désirer par-dessus-tout, c'est la conviction du Saint-Esprit qui vient toucher les gens. La Bible déclare :

Ils ne réalisent pas ce que Dieu les a appelés à vivre :

> *Jean 15 : 16*
> *Ce n'est pas vous qui m'avez choisi; mais moi, je vous ai choisis, et je vous ai établis, afin que vous alliez, et que vous portiez du fruit, et que votre fruit demeure, afin que ce que vous demanderez au Père en mon nom, il vous le donne.*

> *Jean 15 : 8*
> *Si vous portez beaucoup de fruit, c'est ainsi que mon Père sera glorifié, et que vous serez mes disciples.*

Un vrai disciple porte du fruit. Si nous n'en portons pas, cela ne veut pas dire que nous sommes un faux disciple, mais que nous sommes un mauvais disciple. Cela peut changer, car la Bible dit que « Sa divine puissance nous a donné TOUT ce qui contribue à la VIE et à la piété ».

> *Romains 8 : 19-21*
> *Aussi la création attend-elle avec un ardent désir la révélation des fils de Dieu. Car la création a été soumise à la vanité, -non de son gré, mais à cause de celui qui l'y a soumise, avec l'espérance qu'elle aussi sera affranchie de la servitude de la corruption, pour avoir part à la liberté de la gloire des enfants de Dieu.*

La Bible parle d'une liberté glorieuse pour les enfants de Dieu. Retenez ceci aujourd'hui : VOUS ÊTES LIBRE D'ANNONCER L'EVANGILE ! C'est votre liberté en Christ. Même si vous êtes dans un pays où il est interdit de parler de Jésus-Christ le Puissant Sauveur, Dieu vous a déclaré LIBRE d'annoncer l'Évangile. Vous pouvez à tout moment annoncer l'Évangile ! Quel privilège ! Il nous faut comprendre qu'il s'agit d'une grâce extraordinaire que Dieu nous a faite d'annoncer son précieux évangile ! Dieu aurait pu nous laisser juste Sa Parole et nous demander de dire aux gens de lire dans la Bible ce qu'il a fait pour eux en tant qu'être humain, mais Dieu nous a fait partenaires, il nous a permis par son Précieux Sang d'annoncer sa Parole. C'est un honneur extrême !

Dans l'Ancien Testament, tous ne pouvaient pas servir Dieu. Aujourd'hui en Christ, nous sommes devenus participants du sang, nous sommes en communion avec Dieu et sommes ouvriers avec Dieu ! Nous sommes complètement LIBRES d'annoncer l'Évangile, c'est notre liberté en tant qu'enfants de Dieu. Saisissons-nous en ! Profitons-en ! Commencez à demander à Dieu de vous éclairer par rapport à cette vérité de la Parole de Dieu. Dieu nous a donné une liberté glorieuse, celle d'annoncer Sa Parole et de voir les fruits extraordinaires qui en découleront. Jésus-Christ est tellement bon ! Il est tellement fidèle et toujours derrière Sa Parole pour l'accomplir ! Gloire à Dieu nous pouvons compter sur Lui !

Alors que nous partirons annoncer l'Évangile, il nous couvrira de joie, de bonté et d'amour. Sa compassion puissante pour les perdus descendra sur nous alors que nous sommes persévérants à donner notre vie pour les âmes perdues, alors que nous prions et travaillons en vue du salut des âmes perdues. Quelle merveille !

Ils remettent la Parole de Dieu en question

Nous n'avons pas à discuter ce que Dieu a dit. Ce qu'il a dit est oui et amen, un point c'est tout. Il a dit dans :

> *Marc 16 : 15-17*
> *Puis il leur dit : Allez par tout le monde, et prêchez la bonne nouvelle à toute la création. Celui qui croira et qui sera baptisé sera sauvé, mais celui qui ne croira pas sera condamné. Voici les miracles qui accompagneront ceux qui auront cru : en mon nom, ils chasseront les démons; ils parleront de nouvelles langues;*

Avez-vous bien lu la promesse du verset 17 ? Quelle a été la réaction des disciples face à cette promesse ? Se sont-ils réunis pour dire : « Oh cette Parole est pour des temps éloignés, ce n'est pas pour aujourd'hui, Jésus vient tout juste de mourir et de ressusciter, et il vient tout juste de nous donner cette Parole. Ce doit être pour nos arrières petits-enfants ». Non ! Ils n'ont pas dit non plus : « Oh c'était une image que Jésus a voulu nous donner ». Non plus ! Ils n'ont pas dit : « Soyons réalistes ! Avant d'aller annoncer l'Évangile, étudions la Parole et connaissons-la par cœur pour être sûr d'être bien prêts ». Non ! Ils ont cru, et ils ont obéi. Rien de plus, rien de moins :

> *Marc 16 : 20*
> *Et ils s'en allèrent prêcher partout. Le Seigneur travaillait avec eux, et confirmait la parole par les miracles qui l'accompagnaient.*

Qu'a été la suite de l'obéissance ? L'accomplissement de la Parole. Le Seigneur travaillait avec eux, et il confirmait la Parole par des signes et des miracles. Lisez bien ceci : Dieu ne confirmait pas la parole des disciples qui partaient annoncer l'Évangile, mais il confirmait SA Parole dans la bouche des disciples qui annonçaient l'Évangile ! Ainsi, lorsque vous annoncerez l'Évangile, ne vous inquiétez pas de ce que seront vos paroles, déclarez juste la Parole de Dieu ! Abraham avait une promesse :

> *Romains 4 : 18*
> *Espérant contre toute espérance, il crut, en sorte qu'il devint père d'un grand nombre de nations, selon ce qui lui avait été dit : Telle sera ta postérité.*

Il savait très bien la réalité dans laquelle il vivait chaque jour de sa vie. La Bible dit que son corps était déjà usé, MAIS il refusa de regarder à la réalité et FACE À LA PROMESSE DE DIEU il ne douta point mais il fortifia sa foi. Il déclarait : « Voici ce que le Seigneur m'a promis, je le crois, amen ».

> *Romains 4 : 19-22*
> *Et, sans faiblir dans la foi, il ne considéra point que son corps était déjà usé, puisqu'il avait près de cent ans, et que Sara n'était plus en état d'avoir des enfants. Il ne douta point, par incrédulité, au sujet de la promesse de Dieu; mais il fut fortifié par la foi, donnant gloire à Dieu, et ayant la pleine conviction que ce qu'il promet il peut aussi l'accomplir. C'est pourquoi cela lui fut imputé à justice.*

> *Romains 4 : 23*
> *Mais ce n'est pas à cause de lui seul qu'il est écrit que cela lui fut imputé;*

La foi d'Abraham nous a permis d'avoir foi. Pour qu'une personne trouve la foi, il faut toujours qu'une autre personne ait eu foi d'abord ! Il y a toujours eu quelqu'un qui a eu foi avant vous. Les gens ont besoin de « se poser » sur votre foi pour marcher dans la foi eux-mêmes. Même Dieu a dû marcher dans la foi pour nous. Il a appelé les choses qui n'étaient pas comme si elles étaient. Dieu est un Dieu de foi, et nous trouvons la foi dans sa Parole. Si nous marchons dans la foi, les gens à qui nous parlerons seront poussés à avoir foi. La porte d'entrée de la foi des gens, c'est notre foi.

Si nous croyons que le terrain dans lequel nous vivons est un terrain incrédule, c'est à nous de changer le terrain par notre foi ! Car : « Ce qui triomphe du monde, c'est notre foi ! ».

11 FÉVRIER

Reinhard Bonnke

Jésus, Le Créateur à qui même les tempêtes obéissent

Jésus est la personne la plus importante de tous les temps, celui dont le nom a marqué notre ère, qui a été aimé et adoré comme personne d'autre sur cette terre. Il est absolument tout pour ceux d'entre nous qui l'ont accepté comme leur Seigneur et leur Sauveur. Il est le Roi des rois et le Seigneur des seigneurs.

> *Hébreux 1 : 2-3*
> *Dieu, dans ces derniers temps, nous a parlé par le Fils; il l'a établi héritier de toutes choses; par lui il a aussi créé l'univers. Le Fils est le reflet de sa gloire et l'empreinte de sa personne, et il soutient toutes choses par sa parole puissante.*

J'aimerais vous inviter à vous pencher avec moi sur Lui et sur quelques aspects de la personne et du ministère de Jésus. Il donna tout pour nous, alors, à nous de Lui donner tout ce que nous avons.

Jésus, Celui à qui même les tempêtes obéissent

Le lac de Galilée était en furie, fouettant et déchirant de ses griffes comme un monstre s'attaque à un petit bateau. Une douzaine de gars ramaient désespérément pour tenter d'échapper à sa colère. Mais le port se trouvait bien loin, à presque cinq kilomètres de ces eaux écumantes.

Ils étaient seuls. Jésus, leur Seigneur, n'était pas avec eux. Lorsque Jésus n'est pas parmi les gens, ces derniers se sentent toujours seuls. Puis soudain, ils Le virent. Il apparut comme un fantôme dans l'obscurité et l'écume. C'était incroyable. Il approchait et marchait d'un pas ferme sur les vagues qui ressemblaient à des créatures sauvages. Il marcha directement vers le bateau et monta à bord :

> *Marc 6 : 50-51*
> *Rassurez-vous, c'est moi, n'ayez pas peur ! Puis il monta vers eux dans la barque, et le vent cessa.*

Puis, ils firent une autre expérience inexplicable : ils arrivèrent directement vers la berge sans vraiment savoir comment cela était arrivé. Tout ceci était bien réel, mais si fantastique que les disciples ne l'oublièrent jamais, ni le comprirent vraiment.

Il va de soi que le Dieu qui créa l'univers savait comment dompter la tempête ; et c'est ce que fit Jésus. La tâche d'amener un bateau vers la berge en l'espace de quelques minutes ne représentait aucun problème pour celui dont le nom est « la Parole ». Il devait simplement ré-organiser quelques atomes.

Jésus, le Créateur

Ceci m'amène à un autre aspect de notre Seigneur glorieux. Il est le Créateur de l'univers et du plus petit des atomes. À partir de quoi et comment ont été créées toutes choses ? Qu'importe la nature, le Créateur peut l'utiliser comme Il Lui plaît.

> *1 Corinthiens 8 : 6*
> *Jésus Christ par qui sont toutes choses et par qui nous vivons.*

Dans les cinquante dernières années, la science a trouvé que le « matériel de base » de l'univers se compose non seulement d'atomes mais également de particules, éléments qui véhiculent de l'énergie. Ces dernières ne fonctionnent pas selon un ordre rigide ou un système, et n'obéissent pas à des lois de la nature, mais sont en mouvement perpétuel, de façon aléatoire et dans un chaos apparent. Puis à un moment approprié, ces points se rangent comme des soldats et forment des rangs.

Cette danse informe de points d'énergie prend soudain des formes que nous reconnaissons – des éléments, l'eau, les planètes et le soleil.

Nous sommes, de même, ainsi faits. Personne ne sait comment et pourquoi nous sommes comme nous sommes.

Psaume 139 : 13-16
C'est toi qui as formé mes reins, qui m'as tissé dans le sein de ma mère. Je te loue de ce que je suis une créature si merveilleuse. Tes œuvres sont admirables, et mon âme le reconnaît bien. Mon corps n'était point caché devant toi, lorsque j'ai été fait dans un lieu secret, tissé dans les profondeurs de la terre. Quand je n'étais qu'une masse informe, tes yeux me voyaient; et sur ton livre étaient tous inscrits les jours qui m'étaient destinés, avant qu'aucun d'eux n'existe.

Dieu nous a créés et nous tient dans Sa main, instant après instant

Actes 17 : 28
Car en lui nous avons la vie, le mouvement, et l'être.

Il harnache et contrôle ces points d'énergie, les compacte, les transforme et leur donne une forme. Il maintient tout en existence. C'est de ce Créateur que nous parlons.

Les particules dansantes qui forment nos corps se comportent d'une manière qui est un mystère pour la science. Leur fonctionnement semble impossible humainement et pourtant nous avons été créés à partir de ces éléments. Beaucoup de gens ne croient pas aux miracles. Néanmoins, c'est un fait : sans eux la vie serait impossible.

Ce qui est impossible devient possible dans la présence du Seigneur – à chaque instant. Le surnaturel est naturel pour Lui, ce qui est impossible est possible. Hébreux 1 : 2-3 dit que le Fils de Dieu « soutient toutes choses par sa parole puissante ». Job parle de l'univers comme étant « le bord de ses voies » ou « le bord de ses actes » (Job 26 : 14), comme des traces dans l'herbe mouillée.

Il me semble que la création arriva simplement sur Son passage. Et c'est effectivement ce qui s'est passé ! Partout où Jésus allait, il se passait quelque chose – il n'y avait plus de malades. Il suffisait que Jésus passe. Lorsqu'Il est là, alors ce n'est pas un problème de marcher sur les vagues, de transporter un bateau à la vitesse de l'éclair, et de nourrir cinq mille personnes avec le pique-nique d'un petit garçon. Tout ceci arrive simplement; les forces cosmiques se plient à Sa volonté.

Romains 8 : 28
Toute chose concoure au bien de ceux qui l'aiment.

Voilà de qui nous parlons lorsque nous faisons référence au Jésus de la Bible. À Lui soit toute la gloire !

12 FÉVRIER

Jérémy Sourdril

Ton miracle est toujours à la porte

Les disciples avaient prié pour la libération de Pierre, mais ils n'y croyaient pas vraiment. Au verset 16, il est dit que Pierre continuait de frapper à la porte...

> *Actes 12 : 15-16*
> *Ils lui dirent : Tu es folle. Mais elle affirma que la chose était ainsi. Et ils dirent : C'est son ange. Cependant Pierre continuait à frapper. Ils ouvrirent, et furent étonnés de le voir.*

La seule façon de faire entrer ton miracle, c'est de croire, c'est de le faire entrer en ouvrant la Porte. Jésus est à la porte et il frappe. Jésus, c'est la Parole de Dieu. Il frappe : « Voici les signes qui accompagneront ceux qui auront cru ». Il frappe encore : « En mon nom, ils chasseront des démons ». Il frappe encore : « Ils parleront de nouvelles langues ». Il frappe encore : « Ils imposeront les mains aux malades, et les malades, seront guéris ». L'Église est largement entrée dans cette promesse du baptême du Saint-Esprit, Mais pas dans les autres. Oui nous avons vu des démons chassés, oui nous avons vu des guérisons, mais Dieu a promis des signes pour chaque croyant. Une des « façons » de voir la Gloire de Dieu, lorsque nous ne la voyons pas encore, est de réaliser que nous sommes aveugles. Si nous pensons voir alors que nous sommes aveugles, Dieu ne pourra pas ouvrir nos yeux.

Dieu doit ouvrir nos yeux afin que l'on sache intimement ce qui nous appartient en Christ. Je suis tellement heureux d'avoir été celui que j'ai été. J'ai grandi dans un petit village, je me voyais comme David le berger, inconnu de tous. Je n'étais rien... Je n'avais aucune vision pour ma vie, mais Dieu m'a fait sortir d'une vie sans vision. Une vie sans fruit, une vie sans but. J'aime tellement Jésus. Il choisit des gens faibles, des moins que rien, des personnes en qui personne n'investirait. Qui était allé voir Pierre ? Qui lui avait proposé de travailler à son service ? Qui avait appelé Zachée ? Dieu t'appelle à son service, et cela ne se fera pas avec ta force. Cela ne se fera pas à cause de tes heures de prière, cela se fera juste à cause de Lui, juste à cause de Jésus. Où sont les prédicateurs qui aiment Jésus ? Sans Jésus, je serais misérable, je sais d'où je viens. D'où viens-je ? Pas d'estime de soi et pourtant orgueilleux, pas de vision et pourtant pensant tout contrôler, je viens d'un endroit qui devait me mener loin de Dieu, la route large des rétrogrades, mais Dieu m'a libéré.

Ce n'est pas à cause de nous. Je suis le pantin de Jésus. Si je ne le suis pas encore je désire le devenir. Pourquoi devrais-je choisir ma route s'il peut la choisir pour moi ? L'apôtre a déclaré : « Je suis esclave de Jésus-Christ ». Si vous voulez vraiment servir Dieu, ne laissez rien entre Lui et vous. Il ne s'agit pas de vous. Il s'agit de ceux pour qui Jésus est mort. Je prie qu'un esprit de révélation vienne sur vous, qui vous fasse connaître pourquoi vous êtes là. Vous devez servir à la louange de Sa Gloire. La Gloire de Dieu se manifeste dans l'humilité, dans la recherche désespérée d'un Dieu vivant en action. Dieu aime le cœur humble. Dieu aime celui qui ne lui volera pas sa Gloire.

Qu'avez-vous, que vous n'ayez reçu ? Vous devez servir à la louange de sa gloire. C'est plus qu'un beau chant, c'est plus qu'une belle prière, c'est une vie déposée sur l'autel. C'est une vie soumise à celle de Dieu. Des croyants sont morts sans jamais entrer dans ce que Dieu avait préparé pour eux. Des croyants sont passés à côté… Ils ont choisi une femme, ils ont choisi une ville, ils ont choisi une maison, ils ont choisi un travail, ils ont choisi la gloire, ils ont choisi l'argent, ils ont choisi le compromis.

Il y a des cœurs tortueux. Je suis parfois terriblement triste lorsque je pense aux chrétiens qui sont actuellement dans des églises, mais qui vont rétrograder. Il y a un feu qui sévit, ne soyons pas étonné du feu qui sévit dans l'église. Jusqu'à quelle chaleur resteras-tu dans la fournaise de la persécution, jusqu'à quelle chaleur resteras-tu dans la fournaise de la tentation, jusqu'à quelle chaleur resteras-tu dans la fournaise de l'épreuve ? Les gens que Dieu va utiliser dans ces derniers temps sont des femmes et des hommes prêts à mourir pour Christ. Quel est le degré auquel vous considérez votre vie ? Paul dira :

> *Actes 20 : 24*
> *Mais je ne fais aucun cas de ma vie, comme si elle m'était précieuse, pourvu que j'accomplisse ma course avec joie, et le ministère que j'ai reçu du Seigneur Jésus, d'annoncer la bonne nouvelle de la grâce de Dieu.*

> *Philippiens 1 : 21*
> *Car Christ est ma vie, et la mort m'est un gain.*

L'évangile a été ridiculisé parce que les chrétiens ont ridiculisé l'évangile, parce que les chrétiens l'ont bien voulu. Quand les chrétiens mettent leurs vies sur l'autel, la crainte de Dieu s'empare des inconvertis.

L'obéissance amène l'onction de Dieu dans ta vie. Dieu a un message radical. Dieu ne forcera jamais quiconque à faire quoi que ce soit pour Lui, mais Dieu ne peut utiliser que des gens qui lui ont vraiment donné leur vie.

La plupart des chrétiens n'ont donné que leur esprit à Dieu ! Pas leur âme et pas leur corps. C'est la raison pour laquelle l'évangile est ce qu'il est aujourd'hui. En fait l'évangile est toujours aussi puissant, mais ceux qui étaient censés apporter l'évangile en ont caché la puissance, en ont refusé la puissance par incrédulité et amour de la vie présente. Jésus est venu pour une seule chose : pour nous donner un héritage. Cet héritage comprend le salut, cet héritage comprend la délivrance, cet héritage comprend l'amour. « Qu'il illumine les yeux de votre cœur, afin que vous sachiez quelle est la richesse glorieuse de son héritage envers les saints ». Il n'y aurait pas eu d'héritage s'il n'y avait pas eu de mort. Et Jésus ne serait pas mort s'il n'avait pas eu d'héritage à donner. Jésus nous a fait une promesse extraordinaire : celle de nous envoyer la personne du Saint-Esprit. Cela fait partie de notre héritage en Lui. L'Église a mis le Saint-Esprit dans une boîte. Ce n'est pas parce qu'on chante : « Digne es-tu Esprit de Dieu », ou « Viens Esprit de Dieu », qu'on n'a pas mis l'Esprit de Dieu dans une boîte. Beaucoup se sont assoupis.

> *Ésaïe 29 : 11-12*
> *Toute la révélation est pour vous comme les mots d'un livre cacheté Que l'on donne à un homme qui sait lire, en disant : Lis donc cela ! Et qui répond : Je ne le puis, Car il est cacheté; Ou comme un livre que l'on donne À un homme qui ne sait pas lire, en disant : Lis donc cela ! Et qui répond : Je ne sais pas lire.*

Nous sommes devenus comme cet homme qui ne sait pas lire, comme celui qui aimerait lire, mais le livre est cacheté, la vérité est cachetée, les secrets de Dieu sont cachetés, les promesses de Dieu sont cachetées. Nous avons de grandes promesses et nous les lisons jour après jour, mais sans y entrer. Les pharisiens connaissaient par cœur la loi. Et pourtant lorsque Jésus-Christ a paru avec son message, et ils ont rejeté son message. Son message est entre nos mains. Que ferons-nous ? « Le Seigneur dit : Quand ce peuple s'approche de moi, Il m'honore de la bouche et des lèvres; Mais son cœur est éloigné de moi, Et la crainte qu'il a de moi n'est qu'un précepte de tradition humaine ».

« Pasteur Jérémy, comment oses-tu me prêcher l'Ancien Testament ? Suis-je un incroyant pour m'accuser de ces choses ? ». Lorsque la vérité de la Parole est apportée, le juste est édifié, et celui dont la conscience le reprend est appelé à se repentir. Beaucoup d'enfants de Dieu ressemblent à ce peuple. Vous est-il déjà arrivé qu'une personne vous appelle au téléphone et alors qu'elle vous parle vous faites autre chose et vous n'écoutez pas. C'est avec la même légèreté que plusieurs s'approchent de Dieu. C'est dans cette même légèreté que les promesses de Dieu sont parfois parlées et lues. « Seigneur je te doooonnnne ma vie », et au premier tremblement sous tes pieds, tu laisses tomber la Parole de Dieu pour choisir la peur ? Au premier défi, tu fais marche arrière, tu te rétractes ? Dieu n'est pas venu faire un procès à son peuple aujourd'hui, il est venu dire :

> *Ésaïe 29 : 17-19*
> *Encore un peu de temps, Et le Liban se changera en verger, Et le verger sera considéré comme une forêt. En ce jour-là, les sourds entendront les paroles du livre; Et, délivrés de l'obscurité et des ténèbres, Les yeux des aveugles verront. Les malheureux se réjouiront de plus en plus en l'Éternel, Et les pauvres feront du Saint d'Israël le sujet de leur allégresse.*

Alors que tu confesses à Dieu : « Je suis aveugle », Dieu t'ouvre les yeux. Alors que tu confesses à Dieu : « J'ai besoin de ta révélation pour connaître la grandeur surabondante de ta puissance envers moi », tu es délivré des ténèbres ! Sur toi sa lumière paraît ! Alors que tu dis : « Seigneur je n'entendais pas tes paroles, je ne les comprenais pas », Dieu dit : « Les sourds entendront les paroles du livre » !

> *Ésaïe 29 : 22-23*
> *C'est pourquoi ainsi parle l'Éternel à la maison de Jacob, Lui qui a racheté Abraham : Maintenant Jacob ne rougira plus, Maintenant son visage ne pâlira plus. Car, lorsque ses enfants verront au milieu d'eux l'œuvre de mes mains, Ils sanctifieront mon nom; Ils sanctifieront le Saint de Jacob, Et ils craindront le Dieu d'Israël.*

C'est nous la maison de Jacob ! L'Église n'aura plus à rougir, car parmi vous, des hommes et des femmes vont croire Dieu, vont croire ses promesses, vont croire qu'il n'a pas changé, vont croire qu'il peut les utiliser tels qu'ils sont. Et ils verront l'œuvre de ses mains ! Vous allez voir la Gloire de l'Éternel, car tout est possible à celui qui croit ! Tout est possible à celui qui met sa confiance en Dieu, qui croit la Parole de Dieu, qui prend la Parole de Dieu comme le oui et l'amen, comme l'autorité finale de sa vie.

13 FÉVRIER

Jérémy Sourdril

Deux types de croyants

Dans Actes 19, Paul rencontre des disciples et va enseigner dans la synagogue pendant 3 mois, déclarant que Jean disait au peuple de croire en celui qui venait après lui, c'est-à-dire en Jésus. Mais plusieurs ne voulaient pas croire.

> *Actes 19 : 8-9*
> *Ensuite Paul entra dans la synagogue, où il parla librement. Pendant trois mois, il discourut sur les choses qui concernent le royaume de Dieu, s'efforçant de persuader ceux qui l'écoutaient. Mais, comme quelques-uns restaient endurcis et incrédules, décriant devant la multitude la voie du Seigneur, il se retira d'eux, sépara les disciples, et enseigna chaque jour dans l'école d'un nommé Tyrannus.*

Ces gens refusaient de croire pour deux raisons : un endurcissement de cœur face à la vérité, et un manque total de foi. L'apôtre Paul n'était pas intéressé à perdre son temps avec des gens qui refusaient la vérité, il cherchait des bons terrains, des cœurs ouverts. Il savait que l'incrédulité empêche Dieu d'agir et ne voulait pas perdre son temps avec des gens incrédules et endurcis, car cela ne portait pas de fruit dans son ministère. Il se retira donc, prit à part les disciples et fit une école biblique. Il ne voulait pas que ses disciples prennent part à l'incrédulité, à l'endurcissement à la parole de Dieu et à la vérité, alors il les a mis à part. La première école biblique a été créée pour mettre à part un peuple de croyants et pour les séparer des incrédules, car lorsque nous sommes environnés d'incrédules, il est plus difficile d'aller loin avec Dieu. Lorsque Paul fait cette école biblique, il veut former des gens différents, des gens qui feront la différence. Des gens avec un cœur différent, qui auront un impact différent. Paul a mis à part ceux qui avaient un bon cœur. Ce qui va se passer en conséquence de cette école biblique est extraordinaire :

> *Actes 19 : 10*
> *Cela dura deux ans, de sorte que tous ceux qui habitaient l'Asie, Juifs et Grecs, entendirent la parole du Seigneur.*

Il est évident que les étudiants de cette école biblique ont partagé autour d'eux ce qu'ils recevaient pendant leurs cours, car Paul savait qu'il devait former des disciples et que le disciple agit normalement comme son maître. C'est dans cette école que les doctrines ont été enseignées comme jamais auparavant. L'impact de cette école a été énorme. L'église d'Éphèse devint l'église la plus forte, et l'épitre aux Éphésiens est d'ailleurs l'épître la plus profonde. Lorsqu'il écrira plus tard à l'église d'Éphèse, au chapitre 1 d'Éphésiens, il va rappeler leur salut et leur baptême du Saint-Esprit, et l'apôtre va leur dire : « J'ai entendu parler de votre foi... de votre amour.... ». Le temps s'était écoulé et Paul avait reçu des nouvelles de leur croissance. C'était une église en bonne santé...

... mais Paul savait que la connaissance enfle

Les membres de l'église d'Éphèse avaient été au bénéfice de deux ans d'école biblique. Ils connaissaient la Parole, et peut-être que plusieurs personnes se pavanaient de leur connaissance en disant : « Moi je connais la Parole ! ». J'ai reçu un jour ce témoignage : « Depuis que j'ai fait cette école biblique, je suis reconnu, on me considère dans la ville et les gens m'appelle pasteur car ils savent que j'ai fait une école biblique ». Quel témoignage désespérant ! La connaissance seule ne fera pas tout, c'est une erreur que beaucoup font : croire que l'école biblique va les propulser dans leur ministère. Pas forcément. Étudier dans un Institut Biblique ne changera pas votre caractère et ne vous donnera pas l'onction. À l'iBEM (l'Institut Biblique EnseigneMoi), les fondations de cet institut sont quatre piliers : la Parole, l'Onction, le Caractère de Christ et le Leadership.

Nous pouvons enseigner la Parole de Dieu et les gens peuvent grandir dans l'onction, leur caractère, et le leadership mais ce n'est pas la connaissance seule qui amènera l'onction dans leur vie ou un bon caractère ! Il faut de la soif, il faut de l'obéissance ! Paul était conscient qu'il fallait que cette église vive quelque chose de plus. Il pria que Dieu illumine les yeux de leur cœur.

L'église d'Éphèse avait dû observer l'apôtre Paul, leur ancien professeur, celui qu'ils avaient vu faire des miracles et auxquels ils avaient participé, et ils devaient se demander : « Quel est son secret pour voir la Gloire de Dieu ? », « Quel est son secret pour marcher encore aujourd'hui dans le miraculeux », « J'aimerais tellement aller dans le monde entier comme lui ». Ils voyaient que le feu n'avait pas quitté l'apôtre Paul. Paul pria pour qu'ils connaissent :

> *Éphésiens 1 : 19*
> *Quelle est envers nous qui croyons l'infinie grandeur de sa puissance, se manifestant avec efficacité par la vertu de sa force.*

C'est une promesse pour nous ! Il y avait quelque chose de plus à vivre pour cette bonne église. La Parole de Dieu est le pilier principal de notre vie chrétienne, mais la Parole a besoin d'être mise à l'épreuve, pas dans le sens de voir si elle va marcher mais dans le sens de la faire fonctionner. Comme dans Actes 19, à la porte de sortie de l'école biblique, à la porte de sortie de l'église, comme à son entrée, il y a deux catégories de croyants :

- Il y a les croyants incrédules (oui !).
- Il y a les croyants convaincus (de conviction : Actes 28 : 22-24).

> *Actes 28 : 24*
> *Les uns furent persuadés par ce qu'il disait, et les autres ne crurent point.*

Certains pensent qu'il est plus facile de « croire » lorsqu'on est dans le ministère, mais c'est complètement faux. Pour « croire », nous devons nous habituer à écouter notre esprit et pas nos émotions. Si nous ne savons pas gérer nos émotions aujourd'hui, qu'arrivera-t-il lors de persécutions ? Nous devons rejeter toute émotion qui nous empêche de croire la Parole de Dieu.

> *Marc 16 : 9-13*
> *Jésus, étant ressuscité le matin du premier jour de la semaine, apparut d'abord à Marie de Magdala, de laquelle il avait chassé sept démons. Elle alla en porter la nouvelle à ceux qui avaient été avec lui, et qui s'affligeaient et pleuraient. Quand ils entendirent qu'il vivait, et qu'elle l'avait vu, ils ne le crurent point. Après cela, il apparut, sous une autre forme, à deux d'entre eux qui étaient en chemin pour aller à la campagne. Ils revinrent l'annoncer aux autres, qui ne les crurent pas non plus.*

Les disciples de Jésus ne vont pas croire que Jésus est ressuscité, pourtant il leur avait dit : « Je reviendrai vers vous ». Ils ne croient pas à ce que Jésus avait annoncé car ils n'avaient pas eu la révélation que Jésus parlait de sa résurrection. Ils avaient la promesse de Jésus mais ils ne l'ont pas comprise. Ils n'ont donc pas cru aux paroles des personnes qui l'avaient vu ressuscité. Jésus va leur reprocher leur incrédulité et l'endurcissement de leur cœur, parce qu'ils n'avaient pas cru. Puis Jésus, juste après leur avoir reproché cela, va leur dire :

> *Marc 16 : 15-18*
> *Puis il leur dit : Allez par tout le monde, et prêchez la bonne nouvelle à toute la création. Celui qui croira et qui sera baptisé sera sauvé, mais celui qui ne croira pas sera condamné. Voici les miracles qui accompagneront ceux qui auront cru : en mon nom, ils chasseront les démons; ils parleront de nouvelles langues; ils saisiront des serpents; s'ils boivent quelque breuvage mortel, il ne leur fera point de mal; ils imposeront les mains aux malades, et les malades seront guéris.*

Dans Actes 12 : 15, les disciples ont pensé que Rhode était folle, lorsqu'elle leur a dit que Pierre était là. Pourtant TOUTE l'église priait pour la délivrance de Pierre et pourtant Jésus leur avait dit : « Demandez et vous recevrez ». Au bout d'un moment, parce qu'elle persistait à dire que c'était bien Pierre, ils eurent une autre idée : « Ce doit être son ange ! », car ils ne réussissaient pas à croire. Pour eux, c'était moins miraculeux de voir une chose pour laquelle ils n'avaient pas prié, à savoir un ange, que de voir la réponse à leur prière, à savoir Pierre ! Ils avaient prié, mais sans croire vraiment que Dieu pouvait envoyer son ange.

> *Éphésiens 3 : 20*
> *Or, à celui qui peut faire, par la puissance qui agit en nous, infiniment au-delà de tout ce que nous demandons ou pensons,*

> *Jérémie 33 : 3*
> *Invoque-moi, et je te répondrai; Je t'annoncerai de grandes choses, des choses cachées, Que tu ne connais pas.*

Dieu est Tout-Puissant et il a des projets cachés en réserve pour nous. Si vous croyez pour un peu, croyez pour beaucoup, si vous croyez pour beaucoup croyez pour énormément. Elevez votre foi à un autre niveau aujourd'hui !

14 FÉVRIER

Jérémy Sourdril

Le mariage est spirituel. Maris, aimez vos femmes !

Le mariage est spirituel et important aux yeux de Dieu

On a dit de l'épître aux Éphésiens qu'elle est l'épître la plus profonde de toutes. On y découvre effectivement :

- Notre identification avec Christ
- Les cinq ministères
- Les armes du Croyant
- Deux prières puissantes de Paul
- Le mystère de l'Église révélé
- Le salut par grâce

Et tout cela en six chapitres seulement ! Étonnamment selon certains, dans cette profonde épitre, l'apôtre Paul parle de la famille et des relations dans le couple. Et oui, la relation dans le couple est quelque chose de très spirituel. Certains l'ont oublié (et certains ministères il faut le dire). Certains chrétiens soi-disant spirituels traitent leur épouse comme des roues de secours. Je le dis souvent : « Offrir des fleurs à sa femme est un acte très spirituel », inviter sa femme au restaurant aussi. Lui payer une manucure aussi ! Quelqu'un a dit : « Si tu n'es pas prêt à sortir de l'argent maintenant, les frais d'avocat te coûteront plus cher »...

Maris, aimez vos femmes !

Dans l'épître aux Éphésiens, au verset 25, nous lisons : « Maris, aimez vos femmes ». Personne n'aura besoin d'un Doctorat en Théologie pour comprendre cette phrase. Elle est constituée de quatre mots : « Maris », « aimez », « vos », « femmes ». Je pense que le Seigneur était tellement conscient des raisonnements contradictoires que pourraient avoir certains maris qu'il a voulu faire simple. Pourtant, il faut le dire, beaucoup n'ont pas compris cette simple parole !

« Aimez »

Si vous avez bien lu comme moi, il n'est pas écrit :

- « Maris, ce serait bien d'aimer votre femme, vous ne pensez pas ? », ou encore :

- « Maris, quand vous avez envie de... vous savez quoi..., et bien, aimez vos femmes ! », ou encore :

- « Maris, je vous offre le choix : aimez vos femmes ou pas (selon vos envies du moment), c'est vous le chef donc c'est vous qui choisissez ! ».

Non, en fait il est écrit : « Aimez » ! Dieu nous donne un commandement. Aimer sa femme n'est pas une option, ni même un choix, c'est un commandement et un devoir (une obligation pour certains) !

Aimer selon Ses exigences

En fait, cela ne s'arrête pas là. Imaginez que j'apprenne à jouer du piano avec quelqu'un qui en joue depuis un an, pensez-vous que cette personne aura les mêmes exigences qu'un pianiste professionnel qui pratique depuis 45 ans ? Certainement pas, car il a 45 fois moins d'expérience !

Et bien Dieu nous a aimés avant la fondation du monde. Autant dire qu'il en a de l'expérience ! Ne pensez-vous pas qu'il s'attend à ce que nous aimions selon SES exigences ? Quel défi ! Ce qui est impossible à la chair est possible avec l'aide de Dieu ! Lisons la suite :

Aimer son épouse comme le Christ a aimé l'Église

> *Éphésiens 5 : 25*
> *Maris, aimez vos femmes, comme Christ a aimé l'Église, et s'est livré lui-même pour elle,*

J'entends déjà certains qui raisonnent en eux-mêmes : « Il s'agit seulement d'une image ! Dieu n'a pas vraiment voulu dire ça ! ». Eh bien, j'espère pour vous que le salut et le Ciel ne sont pas des images, sinon nous sommes tous perdus !

Oui, nous devons aimer nos femmes de la même façon, avec la même attitude, avec la même démonstration d'amour, avec les mêmes motivations que Christ a aimé l'Église ! Relisez cette dernière phrase encore une fois !

Pour bien comprendre jusqu'à quel point Jésus a aimé l'Église, rappelez-vous (si vous avez vu la Passion de Christ cela peut vous aider à imaginer combien il nous a aimés) qu'il a été giflé, frappé, on lui a craché dessus, on l'a insulté, on l'a battu avec des fouets tranchants, on l'a couronné d'une couronne avec des épines coupantes, et on l'a crucifié. Il a été jusque-là car il nous aimait. Un jour avant cela, des gens reprochaient à cette femme d'avoir répandu du parfum sur Jésus, et Jésus, qui pourtant savait ce qu'il allait subir 24 heures plus tard, a pris la défense de cette femme en disant : « Laissez-la ! Pourquoi lui faites-vous de la peine ! ». Voilà encore une marque d'amour.

Impressionnant non ? Un amour démesuré. En fait, le pire dans tout cela, c'est que nous devons aimer notre femme même si elle n'est ni soumise, ni parfaite ! De la même façon, Dieu aime les pires chrétiens et il a donné sa vie pour les pires incroyants ! Durant toute la vie d'un homme, Dieu l'aimera, après quoi viendra le jugement s'il a été infidèle (incroyant). Mais tout le long de la vie de cet homme, Dieu lui restera fidèle dans son amour, Dieu ne reprendra pas sa vie. Ainsi, nous devons aimer et rester fidèle à notre conjoint pendant toute sa vie !

Nous devons aimer notre femme d'un amour démesuré. Même si notre femme ne respecte pas ses obligations, nous devons continuer à l'aimer. Rappelez-vous que vous ne faites qu'une seule chair. L'amour est patient. Si votre femme ne fait pas ce que vous aimeriez qu'elle fasse, continuez à être patient sans vous mettre en colère. En fait, Jésus s'est livré totalement pour l'Église, et pas l'Église pour Jésus (cela n'a été que le résultat).

> *1 Corinthiens 13 : 1*
> *Quand je parlerais les langues des hommes et des anges, si je n'ai pas l'amour, je suis un airain qui résonne, ou une cymbale qui retentit.*

Tu peux réussir dans ton travail, dans ton ministère et dans tes relations, tu peux voir des miracles à cause de ta foi, si tu n'as pas d'amour pour ton (ta) conjoint(e), cela ne sert à rien, tu es un échec selon Dieu.

> *1 Corinthiens 13 : 4-8*
> *L'amour est patient, il est plein de bonté; l'amour n'est point envieux; l'amour ne se vante point, il ne s'enfle point d'orgueil, ne fait rien de malhonnête, ne cherche point son intérêt, ne s'irrite point, ne soupçonne point le mal, ne se réjouit point de l'injustice, mais se réjouit de la vérité; il excuse tout, croit tout, espère tout, supporte tout. L'amour ne périt jamais. Les prophéties prendront fin, les langues cesseront, la connaissance disparaîtra.*

Il y a de quoi méditer. Parfois vous vous trouvez dans une certaine situation et vous attendez de l'autre qu'il fasse quelque chose et il ne le fait pas, ou il ne réagit pas comme vous le souhaiteriez, alors vous êtes vraiment fâché. Mais si vous regardez à l'amour, vous ne pourrez pas rester fâché. Vous devrez toujours décider d'espérer, décider d'aimer, décider d'être patient, décider de ne pas chercher votre intérêt... Et c'est aussi là que vous allez crucifier votre chair et vivre les souffrances de Christ. Vivre les souffrances de Christ, c'est choisir d'aimer quelqu'un qui ne nous rend pas notre amour.

15 FÉVRIER

Jérémy Sourdril

Pourquoi aimer sa femme ?
Un test pour mieux aimer son conjoint !

Éphésiens 5 : 26-27 : « Afin de la sanctifier par la parole, après l'avoir purifiée par le baptême d'eau, afin de faire paraître devant lui cette Église glorieuse, sans tache, ni ride, ni rien de semblable, mais sainte et irrépréhensible ».

L'amour n'étant pas égoïste, ce qui nous pousse à aimer notre femme ne peut pas être de satisfaire nos propres besoins. L'amour donne toujours quelque chose. L'amour a toujours les bras ouverts. L'amour refuse de fermer son cœur. L'amour ne change pas. Ce qui m'a vraiment surpris lorsque j'ai médité sur ce passage, c'est que nous devons aimer notre femme, pour la sanctifier et pour la faire paraître devant Dieu sans tâche, ni ride, mais sainte et sans défaut.

Tu dois relever la tête de ta femme

Caïn, après avoir lâchement et méchamment trahi ses obligations et tué son frère va dire :

> *Genèse 4 : 9*
> *L'Éternel dit à Caïn : Où est ton frère Abel ? Il répondit : Je ne sais pas; suis-je le gardien de mon frère ?*

Selon Dieu, chacun est responsable pour sa propre vie, mais nous avons une grande responsabilité par rapport aux gens qui nous entourent, et dans le cadre du couple sur l'autre. Le pourcentage de ceux qui rabaissent leur femme est énorme. Il y a plein d'hommes qui rabaissent constamment leur femme, d'autres qui le font à l'occasion, dans tous les cas c'est une horrible pratique. Ta femme a besoin d'être relevée, tu dois l'amener toujours plus haut. Arrête de la réduire et de lui renvoyer une mauvaise image d'elle-même :

> *1 Pierre 3 : 7*
> *Maris, montrez à votre tour de la sagesse dans vos rapports avec vos femmes, comme avec un sexe plus faible; honorez-les, comme devant aussi hériter avec vous de la grâce de la vie. Qu'il en soit ainsi, afin que rien ne vienne faire obstacle à vos prières.*

« Comme un vase ou un corps plus faible, avec une force moins grande ». Il y a d'une façon générale une certaine fragilité, une sensibilité plus grande chez la femme que chez l'homme. Les hommes qui rabaissent leur femme n'ont rien compris. Tu dois encourager ta femme, tu dois l'élever plus haut, tu dois être une source de bénédiction pour elle, tu dois la motiver et l'aider à aller plus loin avec Dieu. Tu ne dois pas la manipuler ni abuser d'elle. Tu dois la soutenir pour la présenter devant Christ comme un mari qui n'aura pas à rougir.

Posez-vous sincèrement ces questions (pour l'un et pour l'autre !) :

- Avez-vous pour elle des marques d'attention ?
- Lui offrez-vous des cadeaux ?
- Lui dites-vous : « Je t'aime » ?
- Êtes-vous complice ou est-ce que votre amour est devenu superficiel ?
- La prenez-vous dans vos bras comme Dieu nous prend dans ses bras d'amour ?
- Lui prouvez-vous votre amour ?
- Lui donnez-vous la place qu'elle mérite ?
- L'honorez-vous comme étant une seule chair avec elle ?
- La délaissez-vous pour votre travail, pour vos activités ou pour des amis ?
- Pouvez-vous juste lui parler le soir dans votre lit, sans vous attendre à quelque chose de plus ?

- Savez-vous l'écouter ?
- Aimez-vous l'écouter ?
- Ses paroles ont-elles de l'importance pour vous ?
- Pensez-vous être le plus spirituel, et elle la plus charnelle d'entre vous ?
- Méprisez-vous le talent et les dons que Dieu a mis dans sa vie ? (nous en avons tous reçu)
- Vous moquez-vous d'elle parfois devant vos amis, ou vous la diminuez en public ?
- Essaie-t-elle de vous dire quelque chose depuis des mois ou des années mais que vous n'avez jamais vraiment voulu écouter ?
- Marchez-vous dans la vraie soumission ?
- Croyez-vous que Dieu puisse guérir votre cœur si vous en avez besoin ?

Si vous avez des choses à changer, notez-les maintenant sur un papier, repentez-vous et demander à Dieu de vous aider à changer. Un dernier conseil : Célébrez votre femme (mari) pour qui elle (il) est : VOTRE FEMME (MARI) ! Que celui qui a des oreilles entende et change ! Que les femmes disent : « Amen » ! Et les maris aussi !

16 FÉVRIER

Olivier Derain

Êtes-vous un chrétien irresponsable ?

Genèse 3 : 12 : « L'homme répondit : La femme que tu as mise auprès de moi m'a donné de l'arbre, et j'en ai mangé ».

1 Samuel 15 : 19-21
Pourquoi n'as-tu pas écouté la voix de l'Éternel ? Pourquoi t'es-tu jeté sur le butin, et as-tu fait ce qui est mal aux yeux de l'Éternel ? Saül répondit à Samuel : J'ai bien écouté la voix de l'Éternel, et j'ai suivi le chemin par lequel m'envoyait l'Éternel. J'ai amené Agag, roi d'Amalek, et j'ai dévoué par interdit les Amalécites; mais le peuple a pris sur le butin des brebis et des bœufs, comme prémices de ce qui devait être dévoué, afin de les sacrifier à l'Éternel, ton Dieu, à Guilgal.

Bien des chrétiens « planent » dans un monde imaginaire qu'ils se sont eux-mêmes fabriqués, en jouant leur propre film !

L'irresponsabilité est effarante chez les chrétiens. Je pense qu'ils gagnent pour la plupart les championnats du monde devant les païens dans ce domaine ! Ils se cachent derrière la prière, derrière les : « Seigneur : ce n'est pas moi, c'est le diable ! C'est à cause d'untel ».

Non, c'est toi, c'est moi, c'est nous ! Nous devons prendre la responsabilité de nos actions, et arrêter de blâmer les autres pour nos mauvaises actions. Que ce soit pour nos échecs ou nos péchés, c'est la même chose.

Adam n'a rien trouvé d'autre à faire que de blâmer Dieu pour son péché : « C'est la femme que Tu m'as donnée ». Je crois que c'était la réponse la plus stupide (et je mesure bien le mot ici) qu'il pouvait donner à Dieu. Au lieu de : « Seigneur, je suis confus, pardon, je ne sais plus où j'en suis, j'ai tout gâché par MA faute, que puis-je faire maintenant ? », il a accusé Dieu. Il disait en quelque sorte : « Si je n'avais pas eu cette femme que TU as mise à côté de moi, alors je n'aurais pas fait cela ! ». Quelle irresponsabilité ! Saül était de la même trempe, il a justifié sa désobéissance envers la Parole que le prophète Samuel lui avait donnée de la part du Seigneur, en blâmant le peuple : « C'est eux qui m'ont fait désobéir » !

Ce genre d'attitude a amené Saül le premier roi d'Israël à se disqualifier. À chaque fois que Dieu lui a redonné une chance, il s'arrangeait pour se défiler de ses responsabilités de leader.

Qu'il n'en soit pas ainsi ! La fuite et le rejet de nos fautes sur les autres, ne nous amèneront jamais vers le succès que le Seigneur veut que l'on expérimente en Lui. Blâmer les autres nous enfoncera, tandis que prendre nos responsabilités et y faire face amènera la puissante main de Dieu dans nos vies.

Confession :

« Je prends conscience aujourd'hui que de blâmer les autres pour mes échecs et mes erreurs ne me conduira qu'au naufrage. Je refuse de dire que c'est la faute d'un autre, d'une circonstance, du diable ou même de Dieu, quand je pèche ou que j'échoue dans quoi que ce soit. Je prends mes responsabilités et j'assume les conséquences de mes actions ».

Prions :

« Père dans le Nom de Jésus, je viens à Toi et je Te demande de m'aider à être véritable devant Toi et les hommes. Je prends la responsabilité de mes erreurs et de mes échecs, je comprends devant Toi que c'est la porte pour que Tu puisses relever ma tête. Je refuse d'être comme Saül qui T'a tant désobéi. Merci Seigneur car Ta parole m'instruit sur mon attitude. Amen ! ».

17 FÉVRIER

Anne Bersot

Gros mensonge ?

La boîte de bonbons était vide. Qui avait mangé les smarties ? Trois jolies frimousses aux yeux tout ronds regardaient Maman d'un air innocent : ce n'était personne, comme d'habitude ! Encore une enquête pour le Sherlock familial.

La plus hardie des trois frimousses (et peut-être bien la plus coupable) avance une hypothèse : « C'est peut-être un voleur ». Moue pleine de doute de Maman. L'hypothèse ne prenant pas... : « C'est le bébé, je l'ai vu !... ». VVVoui ! bien sûr ! Avec son sourire sans dent, avalant déjà avec difficulté la purée de carotte, ça ne peut être que lui ! Maman s'éloigne, semblant abandonner l'enquête, puis se retourne comme l'éclair et dit : « Et ils étaient bons les smarties ? ». Une des frimousses s'illumine, et les yeux brillants s'exclame : « Oh oui ! ». Le piège à mensonge avait fonctionné. Bien joué maman !...

Il est difficile d'apprendre à un petit à lacer ses souliers, mais je vous garantis qu'il n'y a pas besoin de beaucoup de pratique pour qu'il arrive à mentir avec désinvolture.

La capacité à mentir est là, bien ancrée dans sa personne, et nous savons toutes que c'est l'une des premières expressions du péché. Quand quelqu'un se donne au Seigneur, une des premières choses qui doit être éliminée est le mensonge.

> *Proverbes 6 : 19*
> *Dieu hait le faux témoin, celui qui dit des mensonges.*

La Parole de Dieu nous enseigne à repousser le mensonge et à avoir dans la bouche des paroles de vérité, car :

> *Proverbes 12 : 22*
> *Ceux qui agissent avec vérité lui sont agréables.*

Cela fait partie des bases acquises de la vie chrétienne.

Il y a cependant des formes de mensonge plus subtiles dans lesquelles nous pouvons nous faire piéger sans nous en rendre compte : ce sont les exagérations. On rit des histoires de sardines qui bouchent le port de Marseille, mais l'exagération est bien une forme de mensonge. Il est rare qu'on le fasse délibérément, mais que ce soit par culture locale, par déformation familiale, ou par notre caractère, l'exagération n'est pas acceptable à long terme dans une vie chrétienne. C'est une vue déformante des choses, et donc, du mensonge. On voit les événements et les personnes au travers d'une lunette déformante, et on les ré-exprime telles qu'on les a vues ou ressenties. Une petite réflexion de travers devient alors une attaque virulente, un petit rhume devient une grosse grippe, un petit incident devient un gros scandale.

Si c'est notre cas, il faut absolument changer notre façon de faire, car le mensonge sous toutes ses formes est inadmissible dans une vie chrétienne. L'Apôtre Paul nous le confirme en disant ceci dans :

> *Éphésiens 5 : 8-11*
> *Autrefois vous étiez ténèbres, et maintenant vous êtes lumière dans le Seigneur. Marchez comme des enfants de lumière ! Car le fruit de la lumière consiste en toute sorte de bonté, de justice, et de vérité. Examinez ce qui est agréable au Seigneur, et ne prenez point part aux œuvres infructueuses des ténèbres, mais plutôt condamnez-les.*

Il est bon d'avoir un regard juste sur les choses, une perception vraie des événements pour rester dans la pleine vérité.

18 FÉVRIER

Jérémy Sourdril

Les oppressions démoniaques qui détruisent les relations

N'avez-vous jamais eu une pensée bizarre concernant un frère ou une sœur de votre entourage ? Une pensée négative et une sensation étrange lorsque vous pensiez à une personne ou lorsque vous la voyiez, alors que rien d'apparent ne vous aurait amené à penser ainsi ?

Si cela vous est déjà arrivé, il faut savoir qu'il existe des oppressions démoniaques qui détruisent les relations. En détruisant les relations, elles détruisent l'Église. Ce genre de pensées peut vous arriver sur vous-même. Vous commencez à avoir des pensées qui réduisent votre estime de vous-même, et qui vous amèneront à être découragé et à ne plus avoir confiance en vous et aux plans de Dieu pour votre vie, alors même que vous viviez des bonnes choses avec Dieu quelques semaines auparavant ! Je ne traiterai pas de cela aujourd'hui, mais vous pouvez y faire face de la même façon.

Il y a plusieurs années, nous avons connu une personne avec mon épouse avec qui nous avions une très belle relation. Cela dura de nombreux mois, puis, du jour au lendemain, sans aucune raison apparente, cette personne changea complètement à notre égard et devint extrêmement distante. Que s'était-il passé ? Il est clair qu'elle avait alimenté des pensées à notre sujet, des pensées qui ne venaient pas d'elle !

Que fait le royaume des ténèbres ?

Vous pouvez avoir une bonne relation avec quelqu'un, et un jour vous ne savez pas pourquoi vous commencez à avoir des pensées bizarres au sujet de cette personne. Cela vous surprend et vous commencez à méditer ces choses. Plus vous y pensez, et plus ces pensées vous apparaissent comme étant la vérité. La personne pour qui vous avez ces pensées adopte (apparemment) une attitude étrange avec vous, alors vous commencez à l'éviter. C'est ce qu'on appelle une forme d'oppression démoniaque et ses conséquences.

Une oppression démoniaque, c'est une sensation très désagréable qui vous anesthésie. Si vous étiez un vase d'eau, vous avez l'impression d'avoir été vidé et séché au soleil. Si vous étiez une bouteille d'eau, vous avez l'impression d'être secoué dans tous les sens et retourné. Ces oppressions vous pompent complètement, toute votre énergie et votre confiance, envers vous ou envers des gens. Vous n'arrivez plus à prier, vous n'arrivez plus à louer, vous n'arrivez plus à imaginer vos rêves se réaliser, et vous vous sentez bizarre. Il existe différents types d'oppression mais l'une d'elles est l'oppression qui détruit des relations.

Cette oppression, comme beaucoup d'oppressions, commence à partir d'une certaine vérité et prend naissance dans une faille de caractère. Si par exemple vous vous sentez incapable de réussir quoi que ce soit, cette oppression prendra une certaine vérité : vous n'êtes pas capable de tout faire (aujourd'hui) et la poussera à l'extrême par toutes sortes de pensées. En fait pour certains il s'agit de prédications entières qui passent dans leur tête (et qui sont en fait juste des pensées), des prédications anti-bibliques et tragiques.

Au niveau d'une relation, vous pouvez avoir déjà pensé une certaine chose négative sur un frère ou une sœur. Vous aimez cette personne à un certain degré, mais vous commencez à avoir des pensées négatives sur cette personne. Vous imaginez qu'elle pense des choses mauvaises à votre sujet. Une atmosphère étrange vient sur vous lorsque vous passez du temps à méditer ces choses. Si vous ne prenez pas garde, vous allez commencer à agir différemment avec cette personne, et du coup cette personne va réagir également d'une autre façon en essayant de s'adapter à votre changement. Ensuite, vous trouverez que cette personne a vraiment changé : vos pensées étaient donc vraies ! En fait, vous venez juste de vous faire rouler par le diable.

Certaines personnes ont perdu des amis comme ça, parfois même des meilleurs amis ! Si vous ne prenez pas garde à vos pensées, c'est ce qui arrivera ! Toutes les pensées qui viennent dans votre tête ne sont pas forcément justes. Mettez vos pensées en harmonie et en accord avec la Parole de Dieu. Une bonne façon de savoir si votre pensée est juste, est de se demander si vous marchez dans l'amour. Posez-vous des questions :

- Suis-je en train de soupçonner le mal ?
- Suis-je prêt à tout excuser, à croire le meilleur de cette personne, à tout espérer, à tout supporter ?
- Y a-t-il des raisons réelles à mes pensées et si oui puis-je tout simplement pardonner ?
- Suis-je meilleur que cette personne, est-ce que Dieu l'aime plus que moi ?
- Si Dieu ne l'aime pas plus qu'Il ne m'aime moi, puis-je l'aimer également ?
- Mes pensées sont-elles en accord avec Philippiens 4 : 8 ?

> *Philippiens 4 : 8*
> *Que tout ce qui est vrai, tout ce qui est honorable, tout ce qui est juste, tout ce qui est pur, tout ce qui est aimable, tout ce qui mérite l'approbation, ce qui est vertueux et digne de louange, soit l'objet de vos pensées.*

2 Corinthiens 10 : 5
Nous renversons les raisonnements et toute hauteur qui s'élève contre la connaissance de Dieu, et nous amenons toute pensée captive à l'obéissance de Christ.

Nous devons refuser radicalement toute pensée contraire à la Parole de Dieu. N'attendons pas que ces pensées prennent racine en nous, mais rejetons automatiquement toute pensée contraire à l'amour de Dieu. Le désir du diable est clair : diviser les chrétiens, diviser l'Église. Les chrétiens ne dérangent pas forcément le diable, mais ce qui le dérange, c'est lorsque les chrétiens s'assemblent en église, car c'est la volonté parfaite de Dieu, et Christ est mort pour elle. Là où les chrétiens sont désunis, le diable n'a même plus de travail, mais lorsque les églises sont de véritables églises, avec un pasteur et des brebis, cela le dérange. N'aidons pas le diable, mais au contraire aimons notre prochain, cela détruit le royaume de satan lorsque nous aimons d'une façon désintéressée et que nous refusons de tomber dans ses pièges.

Éphésiens 6 : 11-14
Revêtez-vous de toutes les armes de Dieu, afin de pouvoir tenir ferme contre les ruses du diable. Car nous n'avons pas à lutter contre la chair et le sang, mais contre les dominations, contre les autorités, contre les princes de ce monde de ténèbres, contre les esprits méchants dans les lieux célestes. C'est pourquoi, prenez toutes les armes de Dieu, afin de pouvoir résister dans le mauvais jour, et tenir ferme après avoir tout surmonté. Tenez donc ferme : ayez à vos reins la vérité pour ceinture; revêtez la cuirasse de la justice.

Un jour une très forte oppression vint sur moi. Ce n'étaient pas des mauvaises pensées sur quelqu'un d'autre mais sur moi-même. Je me sentais extrêmement bizarre. J'avais ouvert une porte en confessant un mensonge sur moi-même qui me rabaissait en me comparant à quelqu'un d'autre. Si vous confessez que vous êtes moins bien que les autres, que tous les autres sont meilleurs, faites attention car vous êtes en train de déclarer un mensonge ! Dieu ne travaille pas avec des paroles de mensonge, mais le diable travaille avec cela car il est le père des mensonges ! Il prendra votre parole et la multipliera dans vos pensées. Les oiseaux de mensonge voleront de plus en plus vite autour de vos oreilles, vous fatiguant, vous oppressant, vous affaiblissant.

J'avais remarqué que depuis deux jours, je ne louais plus le Seigneur de toutes mes forces comme j'aime le faire régulièrement dans la journée, je n'arrivais plus à prier. Je commençais à accepter des pensées de mensonge. Le deuxième soir, je voulais ma délivrance : je refusais de continuer ma semaine ainsi. Puis une pensée me vint : « lis la pensée que tu as écrite : 'Quand l'atmosphère est bizarre autour de vous' ». Je l'avais écrite quelques semaines plus tôt, et je ne savais plus de quoi elle traitait exactement ! Je la lus, et je vis à la fin que j'encourageais les gens à prendre la sainte cène. C'est ce que je fis. Je ne l'avais pas encore prise que déjà je ressentais la présence de Dieu sur moi, une présence de vérité et de foi. Je ressentis alors que j'étais complètement délivré ! La sainte cène, le sang de Jésus-Christ est une protection contre les oppressions !

Le diable n'a aucun droit sur vous, combien même vous auriez ouvert une porte. Si vous l'avez fait, il vous suffit de demander au Père de vous pardonner au Nom de Jésus-Christ et de croire qu'Il le fait au moment même où vous priez. La paix de Dieu viendra sur vous. Pensez comme Dieu pense au sujet des gens et sachez que toutes les pensées que vous avez ne viennent pas forcément de vous. Il se peut parfois qu'elles viennent du monde des ténèbres. Vous n'avez pas besoin alors de chasser le diable de la planète terre, vous avez juste à demander pardon à Dieu d'avoir accepté de telles pensées et à déclarer la vérité au lieu du mensonge. Rétablissez la vérité. Si vous aviez pensé : « Cette personne est bizarre avec moi elle ne doit pas m'aimer et en plus elle ne m'a pas dit bonjour la dernière fois », dites maintenant : « J'aime cette personne, je crois qu'elle m'aime et qu'elle a besoin de l'amour de Dieu. Quelle que soit son attitude d'hier ou de demain, je décide de tout faire pour l'aimer comme Dieu l'aime. Je choisis de l'aimer comme Dieu me demande de l'aimer, car Dieu a déversé dans mon cœur son amour pour aimer mon prochain ».

Jean 15 : 12-13
C'est ici mon commandement : Aimez-vous les uns les autres, comme je vous ai aimés. Il n'y a pas de plus grand amour que de donner sa vie pour ses amis.

Romains 5 : 5
Or, l'espérance ne trompe point, parce que l'amour de Dieu est répandu dans nos cœurs par le Saint-Esprit qui nous a été donné.

19 FÉVRIER

Jérémy Sourdril

La vraie famille de Jésus et le voile déchiré

« Qui est ma mère, et qui sont mes frères ? ». Nous pourrions penser : « Quelle déclaration étonnante pour celui qui a dit d'honorer son père et sa mère ! ». Si nous allons plus loin, nous réalisons que celui qui a dit d'honorer nos parents a aussi inspiré l'apôtre à écrire :

> *Matthieu 12 : 46-50*
> *Comme Jésus s'adressait encore à la foule, voici, sa mère et ses frères, qui étaient dehors, cherchèrent à lui parler. Quelqu'un lui dit : Voici, ta mère et tes frères sont dehors, et ils cherchent à te parler. Mais Jésus répondit à celui qui le lui disait : Qui est ma mère, et qui sont mes frères ? Puis, étendant la main sur ses disciples, il dit : Voici ma mère et mes frères. Car, quiconque fait la volonté de mon Père qui est dans les cieux, celui-là est mon frère, et ma sœur, et ma mère.*
>
> *Galates 6 : 10*
> *Ainsi donc, pendant que nous en avons l'occasion, pratiquons le bien envers tous, et surtout envers les frères en la foi.*

En entrant dans la grande famille de Dieu, quelle que soit notre origine, Dieu nous donne des pères, des mères, des frères et des sœurs. Il n'y a pas de cousins dans la famille de Dieu, d'oncles ou de tantes, car c'est une famille intime et proche.

Beaucoup de gens n'ont pas compris que Dieu a voulu leur donner des parents et des frères et sœurs, alors ils restent seuls. Ils ne profitent pas des relations qu'ils pourraient entretenir avec leur famille.

Jésus a déclaré que sa vraie famille était celle qui obéissait à sa volonté. Les disciples n'étaient pas parfaits, mais Jésus se rattachait à eux. Imaginez, Jésus se mettait dans la même famille que les disciples ! N'auriez-vous pas voulu étant jeune avoir Jésus comme frère ? Imaginez quelle fierté vous auriez eu que d'avoir Jésus-Christ comme frère ! Quelle confiance face aux obstacles, aux moqueurs et aux ennemis !

Parfois dans un lycée, des plus grands viennent embêter un plus petit, et le plus petit vient pleurer à son grand frère en rapportant ce qu'on lui a fait, alors le grand frère va voir ceux qui l'ont embêté et venge son frère, alors que ces « grands » ne s'attendaient pas à ce que ce nouveau ait un très grand frère.

Jésus viendra vous défendre dans toutes les situations que vous pouvez rencontrer. Le nom de Jésus nous a été donné comme une procuration sur cette terre. Son nom dans notre bouche est puissant pour faire fuir nos ennemis.

Certaines religions placent Marie dans une position qu'elle n'avait pas. Jésus n'était pas plus proche de Marie que de la foule qui le suivait, mais Jésus allait là où des gens cherchaient Dieu. À 12 ans, déjà, il parlait avec des gens dont certains cherchaient Dieu et étaient passionnés des choses concernant Dieu. Jésus passait du temps avec ses disciples, ils étaient pour lui comme de vrais frères. Il passait bien plus de temps avec ses frères « spirituels » qu'avec ses frères « naturels ». Jésus avait choisi de faire prévaloir sa famille spirituelle. C'était sa famille spirituelle qui était sa vraie famille.

> *Matthieu 10 : 35-36*
> *Car je suis venu mettre la division entre l'homme et son père, entre la fille et sa mère, entre la belle-fille et sa belle-mère; et l'homme aura pour ennemis les gens de sa maison.*

Nous savons que ce n'est pas dans le cœur de Dieu de séparer des familles, mais c'est dans son cœur de protéger ses enfants. Notre famille est spéciale et doit tenir une grande place dans notre cœur, mais notre famille spirituelle doit en tenir une encore plus grande. Si notre famille naturelle est sauvée, nous pouvons vivre des choses extraordinaires, si du moins nous plaçons notre foi pour vivre des choses en famille.

Si une personne est maltraitée, injuriée ou haïe dans sa famille de chair à cause de sa foi en Jésus-Christ, elle peut se séparer pour suivre Christ, tout en écoutant la direction du Saint-Esprit pour sa vie.

Matthieu 10 : 37-38
Celui qui aime son père ou sa mère plus que moi n'est pas digne de moi, et celui qui aime son fils ou sa fille plus que moi n'est pas digne de moi; celui qui ne prend pas sa croix, et ne me suit pas, n'est pas digne de moi.

Nous devons aimer Dieu avant notre femme ou notre mari, nos enfants ou une quelconque personne sur cette terre. Si nous avons dans nos relations des gens qui se moquent de Dieu et qui nous amènent toujours vers le bas, mais que nous demeurons avec eux, Dieu nous demandera des comptes.

Nous pouvons bien entendu avoir des amis non-chrétiens, et nous devons même en avoir, mais nous devons avoir des priorités relationnelles.

Nous devons passer plus de temps avec notre famille spirituelle qu'avec notre famille naturelle. Cela peut vous surprendre mais c'était pourtant la mentalité du Seigneur et aussi celle de l'apôtre Paul.

Romains 9 : 3-4
Car je voudrais moi-même être anathème et séparé de Christ pour mes frères, mes parents selon la chair, qui sont Israélites, à qui appartiennent l'adoption, et la gloire, et les alliances, et la loi, et le culte, et les promesses,

L'apôtre était profondément attristé dans son âme de la relation qu'il avait par rapport à sa famille, mais il avait choisi à cause de Christ de faire prévaloir sa famille spirituelle. Choisir la famille de Dieu demande parfois un coût, mais il y a de grandes richesses derrière ce choix. Décidez-vous de choisir la famille de Dieu !

20 FÉVRIER

Jérémy Sourdril

La vraie famille de Jésus et le voile déchiré (suite)

Observez avec qui vous passez le plus de temps. Voyez-vous vos frères et sœurs en Christ seulement le dimanche matin ? Êtes-vous constamment entouré de non-croyants, que ce soit au travail et à la maison ? Votre cercle intime est-il composé d'inconvertis qui se moquent de Dieu ? Attention, et faisons du tri dans nos relations !

Certains chrétiens se plaignent de ne pas avancer avec Dieu, de ne pas avoir envie de prier et de méditer, mais ils ne sont entourés d'aucune personne qui puisse être pour eux des gens d'édification. Ceux qui ont soif de Dieu attirent des gens qui ont soif de Dieu. Ceux qui n'ont pas soif, attirent des gens qui n'ont pas soif.

Vous pouvez regarder les cinq dernières années de votre vie chrétienne, si vous étiez déjà sauvé, et étudier les relations nouvelles que vous avez eues. Vous comprendrez parfois comment vous en êtes arrivé à aujourd'hui. Il n'y a qu'à regarder les temps de réveils. Lorsqu'un réveil éclate quelque part, des gens qui ont soif voyagent des jours s'il le faut pour assister à des réunions de réveil afin de voir la gloire de Dieu changer des vies.

Certaines personnes restent chez leurs parents non-chrétiens jusqu'à l'âge de 35 ans, alors qu'elles pourraient vivre des choses plus grandes avec Dieu si elles prenaient leurs responsabilités en tant qu'adultes. Dieu placera toujours les bonnes personnes dans votre vie si vous faites passer le Royaume et la famille de Dieu en premier. Le Royaume de Dieu n'est-il pas composé d'une famille ?

Pour Jésus c'était clair : sa vraie famille, c'était ceux qui lui obéissaient. Ma vraie famille, c'est ceux qui ont les mêmes convictions que moi et la même foi en Dieu. Pour ma part, ma famille naturelle étant sauvée, je bénéficie d'une relation encore plus forte avec elle. Mais il y a d'autres personnes dans ma famille un peu plus éloignée, qui n'ont pas admis que je puisse devenir chrétien, et qui n'ont plus jamais recherché à me parler. Je me souviens avoir écrit à un membre de ma famille qui me répondit qu'il préférait ne plus jamais avoir de mes nouvelles. Je ne lui avais pas parlé de Dieu, mais il savait que j'étais chrétien.

Dernièrement encore, je reprenais contact avec un bon ami d'école que j'ai beaucoup aimé. Nous avons passé des bons moments ensemble à rigoler alors que j'étais rétrograde à l'âge de 18 ans. Il m'a écrit ce mail : « Tu es devenu bizarre, vraiment barré dans ta religion. Tu es devenu fanatique et tu n'es plus le gars cool que je connaissais...». J'avoue avoir été frappé dans mon âme en lisant ce texte, mais la joie du Seigneur me remplit à nouveau, lorsque je regardai aux millions de personnes partout dans le monde qui sont MA famille.

Tous ne vous suivront pas, certains vous quitteront et vous cracheront dessus, mais vous avez une famille incroyable qui ne demande qu'à vous connaître mieux ! Nous attirons ce que nous sommes, et nous devons travailler dans nos relations pour être un bon grand frère, une bonne petite sœur ou une bonne maman selon la position que Dieu nous donne quelque part. Certains sont blessés dans les églises et les quittent. Ils préfèrent rester seuls chez eux, ce qui est une terrible erreur. Dans les mêmes églises où ils ont été blessés, des gens biens n'ont pas été blessés. Si vous avez quitté l'église, je vous en prie, trouvez-vous une famille spirituelle. Choisissez la famille de Dieu. Trouvez une bonne église locale.

Jésus a été profondément trahi. Ses disciples ont couru de peur lorsqu'il a été arrêté et certains l'ont observé être frappé et injurié. Pierre avait dit et promis, avec tous les autres disciples qu'ils resteraient avec lui et qu'ils le protègeraient, mais dans le jardin tous l'ont abandonné. Pourtant, sur la croix, Jésus les aimait, et après sa résurrection, il alla voir sa famille spirituelle, sa famille qui l'avait trahi et blessé, sa famille qui lui avait promis des choses et qui n'avait pas tenu ses promesses, sa famille qui l'avait quitté dans le désespoir, dans la douleur et au moment où il avait le plus besoin d'elle. Mais qui Jésus a-t-il été voir en premier ? Sa famille spirituelle.

Jésus a même préparé un repas. Il devait avoir hâte de voir ses enfants, ses frères et ses sœurs « dans le Seigneur ». Il s'est réjoui de revoir sa famille, même celui qui voulait voir pour croire. Jésus a décidé de pardonner entièrement et de refaire confiance, car le vrai amour pardonne et croit tout, il espère tout.

Si vous avez été blessé par votre famille spirituelle, ne tombez pas dans le piège du diable en vous éloignant de votre famille, car vous êtes, sinon, dans la volonté parfaite du diable en restant seul et en étant dans une église invisible ou par internet, mais au contraire, rapprochez-vous de la famille de Dieu.

Actes 2 : 46
Ils étaient chaque jour tous ensembles, assidus au temple, ils rompaient le pain dans les maisons, et prenaient leur nourriture avec joie et simplicité de cœur,

Les premiers chrétiens étaient puissants en œuvres à cause de l'unité et de l'amour qu'ils avaient les uns pour les autres. Ils partageaient le pain et mangeaient dans les maisons, mais pas seulement, ils allaient à l'église (au temple), pour louer et adorer Dieu. Les maisons sont faites pour dormir et pour manger, mais l'église est faite pour adorer Jésus. Non, les disciples ne restaient pas faire leur culte dans les maisons, mais ils allaient au temple.

Actes 3 : 1
Pierre et Jean montaient ensemble au temple, à l'heure de la prière : c'était la neuvième heure.

Pierre et Jean étaient de bons chrétiens, qui faisaient face aux vrais et aux faux chrétiens des églises, aux vrais et aux faux serviteurs de Dieu, mais ils allaient prier à l'église (au temple) à l'heure de la prière. Ils n'étaient pas religieux en se fixant une heure pour prier avec leurs frères dans le Seigneur, mais ils savaient qu'aller au temple était la bonne chose à faire pour se retrouver.

Jésus a « déchiré » le voile du temple, il n'a pas détruit le temple. La nouvelle mode qui dit que les églises ne sont plus pour aujourd'hui est tout simplement une mode qui sort du cœur de satan lui-même, faite pour désunir les chrétiens et les disperser. Le monde a compris que l'union fait la force. La famille est faite pour être ensemble, et la famille est plus forte lorsque tous les membres sont présents. Jésus était déjà dans le temple à douze ans, et il n'a jamais arrêté d'y être. Il n'a pas détruit le temple, mais les gens ont dit de lui qu'il allait le détruire.

Ainsi on trouve aujourd'hui des gens qui disent que l'Église actuelle est une fausse Église que Dieu va détruire, mais Dieu ne détruit pas les églises, il les construit. À sa mort, c'est le voile qui a été déchiré, pas le temple. Ce sont les traditions humaines qui doivent être déchirées, pas les églises.

Jésus a chassé les vendeurs et les marchands de l'intérieur du temple, mais il n'a pas détruit le temple. Il a dit qu'il construirait lui-même son Église, son temple, qui ne serait pas faite par la main d'homme mais qui se retrouverait dans des bâtiments faits par la main des hommes. Le choix des disciples de continuer à aller dans les temples et les églises est la preuve de cela. Jésus ne leur avait jamais dit de ne plus aller au temple pour adorer. Ils allaient aussi dans des chambres hautes, qui pouvaient contenir plusieurs centaines de personnes, et ils allaient « à l'église » avec leur famille spirituelle.

Choisissez la famille de Dieu, choisissez la bonne part, choisissez d'aimer, même ceux qui vous ont blessé, choisissez d'aller sur les traces de Jésus et de ses disciples, et vous serez béni.

21 FÉVRIER

Michael Lebeau

Mettre sa vie en ordre : la porte du bonheur !

Après six ans de conversion, je marchais avec Dieu, je voyais quelques beaux miracles, mais ma vie semblait ne pas avancer de gloire en gloire, j'avais l'impression de tourner en rond, de faire du sur place, je n'arrivais pas à trouver de stabilité dans tous les domaines. J'étais dans le manque... Il manquait quelque chose à ma foi... Mais quoi ?

Un jour, le Seigneur m'a clairement parlé et m'a dit : « Je veux que tu deviennes intègre », autrement dit : « Je veux que tu mettes ta vie en règle ». On pourrait croire que ce genre de message ne s'applique qu'aux incroyants, mais pourtant je vous assure : de nombreux chrétiens « nés de nouveau » ont du désordre dans leur vie, ils manquent d'intégrité, et le Seigneur s'étonne de voir aujourd'hui si peu de personnes intègres, honnêtes, qui tiennent leur parole, leurs engagements, qui marchent avec droiture dans la vérité, loin des dettes, se détournant du mensonge, des critiques, de l'impureté et des mauvais désirs...

La longue liste des choses à corriger :

Quand le Seigneur me dit que si je voulais expérimenter sa faveur dans ma vie, je devais avant toute chose mettre ma vie en ordre, je pris une feuille de papier et je fis l'inventaire de tout ce que je devais régler/redresser/corriger... Je réalisai alors à quel point la liste était longue, si longue qu'il m'a fallu une année entière pour tout remettre en ordre !

Je fis la promesse au Seigneur que je prendrais une année pour remettre de l'ordre dans ma vie. En un an, voici quelques exemples de ce que j'ai fait :

- Honorer toutes les promesses non tenues que j'avais faites aux gens dans le passé
- Rembourser toutes les dettes que je pouvais avoir envers des personnes
- Demander pardon sincèrement aux personnes que j'avais pu blesser par mes attitudes
- Me réconcilier avec les personnes qui pouvaient avoir quelque chose contre moi
- Supprimer les musiques MP3 et logiciels que je n'avais pas achetés
- Arrêter toute mauvaise habitude
- Renoncer au rejet et à l'amertume
- Honorer d'avantage mes parents…

Et la liste était encore longue...

Au bout d'un an, j'ai pu mettre de l'ordre dans ma vie, et ainsi devenir un enfant de Dieu qui marche dans l'intégrité. À partir de ce moment, Dieu a commencé à arroser ma vie de sa faveur dans tous les domaines (mariage, finances, domaine émotionnel, opportunités...). J'ai alors réalisé à quel point l'intégrité est une chose importante aux yeux de notre Père céleste. Il se plait à voir ses enfants menant une vie pure, sainte et droite.

Beaucoup de chrétiens arnaquent leur frères et sœurs, ne tiennent pas leurs paroles et leurs engagements à tel point qu'il nous est parfois plus facile de faire confiance à un incroyant qu'à un chrétien dans le domaine des finances par exemple. Dieu dit : « Repentez-vous, mettez votre vie en règle ! ». En tant qu'enfant de Dieu, nous devrions être connus avant tout comme étant des personnes intègres.

Et toi, que vas-tu faire ?

Quand vous regardez votre vie, soyez honnête, la trouvez-vous en ordre devant Dieu, ou avez-vous encore des zones d'ombres que vous devez amener à la lumière ? Je sais que nous parlons souvent dans nos églises de foi, de provision, de louange, de prière... mais n'oublions pas l'essence même de la vocation de Dieu pour ses enfants : « Il nous a appelés à marcher dans la lumière, la vérité et l'amour ». Dieu veut réellement que vous deveniez cette personne intègre, droite, digne de confiance... Cette personne ayant une vie réglée sans désordre, sans péché.

Aujourd'hui, prenez la décision de mettre votre vie en règle, de rembourser vos dettes, d'honorer vos promesses non tenues, d'arrêter toute habitude de péché de votre vie... Arrêtez-vous un moment, je vous en prie, et entrez en vous-même. Ce ne sera pas facile, cela vous demandera du courage, de la discipline et des efforts, mais c'est ce que Dieu attend de vous, ne craignez pas, il saura récompenser votre intégrité.

Ce qui vous paraîtra être une perte, sera en réalité un investissement pour votre avenir ! Mais faites-le par obéissance à Sa Parole et non pas pour être comblé de bénédictions, car en recherchant premièrement la justice du royaume de Dieu, le reste vous sera donné en plus. Devenez juste et parfait comme votre Père céleste !

Si vous avez été touché par ce message et que vous croyez qu'il vous est personnellement adressé, je vous encourage maintenant même à faire une liste des choses que vous devez corriger, et à vous fixer une date limite pour tout redresser. Certaines vieilles habitudes ancrées dans vos gènes prendront plus de temps que d'autres à être corrigées, mais Jésus est également capable de changer vos gênes ! Alléluia ! Il est temps de changer, de se repentir et de devenir une personne intègre !

Pour finir je vous laisse sur le cœur cette parole que Dieu a donné à Abraham :

> *Genèse 17 : 1*
> *Lorsqu'Abram fut âgé de quatre-vingt-dix-neuf ans, l'Éternel apparut à Abram, et lui dit : Je suis le Dieu tout-puissant. Marche devant ma face, et sois intègre.*

22 FÉVRIER

Jérémy Sourdril

Fiançailles, Mariage : Ne vous fiez pas aux apparences !

Plusieurs personnes tombent dans le piège du : « C'est une superbe occasion, l'occasion unique, ne t'inquiète pas tu ne risques rien, cela vaut vraiment le coup, ce n'est pas si grave que cela », et ils tombent, par leur propre convoitise ! Apparemment, tout a l'air « beau », sans danger, mais la fin est terrible :

> *Proverbes 7 : 16-22*
> *J'ai orné mon lit de couvertures, de tapis de fil d'Egypte; J'ai parfumé ma couche de myrrhe, d'aloès et de cinnamome. Viens, enivrons-nous d'amour jusqu'au matin, livrons-nous joyeusement à la volupté. Car mon mari n'est pas à la maison, il est parti pour un voyage lointain; il a pris avec lui le sac de l'argent, il ne reviendra à la maison qu'à la nouvelle lune. Elle le séduisit à force de paroles, elle l'entraîna par ses lèvres doucereuses. Il se mit tout à coup à la suivre, comme le bœuf qui va à la boucherie, comme un fou qu'on lie pour le châtier.*

> *Proverbes 7 : 26-27*
> *Car elle a fait tomber beaucoup de victimes, et ils sont nombreux, tous ceux qu'elle a tués. Sa maison, c'est le chemin du séjour des morts; il descend vers les demeures de la mort.*

Combien d'hommes se font rouler par l'apparence de certaines femmes. Nous ne sommes pas de ce monde pour choisir notre femme en fonction de sa beauté seule. Il faut avant tout trouver une femme selon le cœur de Dieu. Si vous pouvez trouver à la fois une femme selon le cœur de Dieu et belle vous êtes béni ! Mais mieux vaudrait encore une femme moins belle et ayant la crainte de Dieu, plutôt qu'une femme apparemment parfaite, mais qui est pleine de vanité :

> *Proverbes 11 : 22*
> *Un anneau d'or au nez d'un pourceau, C'est une femme belle et dépourvue de sens.*

Ne vous faites pas avoir ! Les femmes savent s'embellir, mais vous avez tous, comme moi, mangé un jour un chocolat bien enveloppé et qui contenait de l'alcool. Je ne sais pas si vous aimez cela mais moi je déteste et je le recrache quand ça m'arrive !

Il existe une multitude d'hommes et de femmes, et très malheureusement de chrétiens et de chrétiennes qui ont choisi leur conjoint selon les critères de ce monde ! Ils passent une belle nuit de noces, et au réveil c'est comme si le fond de teint et les artifices avaient disparu ! Ils ont l'impression de s'être fait rouler ! La personne avait démontré un aspect extérieur super, mais elle n'avait pas du tout creusé l'aspect intérieur qui est le plus important, et une fois marié des choses se révèlent ! Quel dommage !

Je me souviens, alors que je revenais au Seigneur, Dieu m'a demandé de quitter la fille avec laquelle j'étais. Je me disais : « Que vont penser ses parents car ils savent que je suis (devenu) chrétien ! ». Mais Dieu avait parlé très clairement, et je lui ai obéi. La vie est faite de choix. Cette personne n'était pas le choix de Dieu. Grâce à mon obéissance, Dieu a pu me donner quelqu'un qui avait non seulement l'aspect extérieur, mais aussi l'aspect intérieur, la parure intérieure du cœur d'une femme selon Dieu :

> *1 Pierre 3 : 3-4*
> *Ayez, non cette parure extérieure qui consiste dans les cheveux tressés, les ornements d'or, ou les habits qu'on revêt, mais la parure intérieure et cachée dans le cœur, la pureté incorruptible d'un esprit doux et paisible, qui est d'un grand prix devant Dieu.*

Dieu regarde au cœur. Et Dieu sonde les cœurs. Lorsque nous sommes dans une situation de choix, nous pouvons prier le :

> *Psaumes 139 : 23-24*
> *Sonde-moi, ô Dieu, et connais mon cœur ! Eprouve-moi, et connais mes pensées ! Regarde si je suis sur une mauvaise voie, Et conduis-moi sur la voie de l'éternité !*

Il faut savoir prendre le temps de creuser et de sonder le cœur de l'autre pour le connaître vraiment, que ce soit pour les fiançailles mais aussi dans notre vie quotidienne. La Bible dit à propos de ceux qu'on relâche pour le service :

> *1 Timothée 3 : 10*
> *Qu'on les éprouve d'abord, et qu'ils exercent ensuite leur ministère, s'ils sont sans reproche.*

On ne choisit pas une femme selon nos émotions. Il faut savoir avant tout écouter notre cœur. Regarder aux apparences fait que l'on se presse. Se presser n'est jamais une bonne chose, car notre esprit, lui, est patient, et nous ne sommes pas en train d'acheter un objet qui est une bonne affaire et qui va peut-être nous échapper si nous ne l'achetons pas tout de suite !

Certains se pressent et c'est « wouaw » ! Je le veux tout de suite, et un peu plus tard c'est « ahhhhhh » je ne le veux plus ! En pensant que la « bonne affaire » va leur échapper, les gens passent à côté de ce que Dieu veut pour eux.

Quelque chose ou quelqu'un peut paraître brillant, mais tout ce qui brille n'est pas de l'or ! Nous sommes si impulsifs sur les apparences, cela nous impressionne et nous en rêvons les nuits suivantes !

23 FÉVRIER

Jérémy Sourdril

Fiançailles, Mariage : Ne vous fiez pas aux apparences ! (suite)

Ne jugeons point selon les apparences; tout ce qui brille n'est pas or.

> *1 Samuel 16 : 6-7*
> *Lorsqu'ils entrèrent, il se dit, en voyant Eliab : Certainement, l'oint de l'Éternel est ici devant lui. Et l'Éternel dit à Samuel : Ne prends point garde à son apparence et à la hauteur de sa taille, car je l'ai rejeté. L'Éternel ne considère pas ce que l'homme considère; l'homme regarde à ce qui frappe les yeux, mais l'Éternel regarde au cœur.*

Samuel avait dit à propos de Saül :

> *1 Samuel 10 : 24*
> *Samuel dit à tout le peuple : Voyez-vous celui que l'Éternel a choisi ? Il n'y a personne dans tout le peuple qui soit semblable à lui. Et tout le peuple poussa les cris de : Vive le roi !*

Mais Saül n'avait pas le cœur de Dieu. Ses ambitions et son cœur étaient pourris. Samuel voulait refaire la même chose après la chute de Saül :

> *1 Samuel 16 : 6*
> *Lorsqu'ils entrèrent, il se dit, en voyant Eliab : Certainement, l'oint de l'Éternel est ici devant lui.*

Samuel était prêt à se tromper. Regarder aux apparences, c'est vraiment dangereux ! Les apparences entraînent souvent notre convoitise à agir dans le domaine de nos sentiments. Quand nous voyons quelque chose qui paraît intéressant, nous sommes dans le domaine humain, alors que quand nous discernons selon Dieu, nous faisons le bon choix. Samuel était un grand prophète de Dieu, mais s'il avait marché selon sa vue, il aurait oint la mauvaise personne. Quelle catastrophe ! Samuel n'aurait peut-être jamais misé sur le petit David, pourtant il était un homme oint. Alors Dieu lui apprit une grande leçon :

> *1 Samuel 16 : 7*
> *Et l'Éternel dit à Samuel : Ne prends point garde à son apparence et à la hauteur de sa taille, car je l'ai rejeté. L'Éternel ne considère pas ce que l'homme considère; l'homme regarde à ce qui frappe les yeux, mais l'Éternel regarde au cœur.*

Samuel aurait choisi Eliab, car il le trouvait bien, alors que Dieu l'avait rejeté ! Quelle différence de vision !

> *1 Samuel 17 : 28*
> *Eliab, son frère aîné, qui l'avait entendu parler à ces hommes, fut enflammé de colère contre David. Et il dit : Pourquoi es-tu descendu, et à qui as-tu laissé ce peu de brebis dans le désert ? Je connais ton orgueil et la malice de ton cœur. C'est pour voir la bataille que tu es descendu.*

Eliab, voyait dans le cœur de David de la malice et de l'insolence alors que Dieu voyait un cœur selon lui. Quelle différence de vision ! Saül et Goliath ne voyaient qu'en David un jeune garçon, alors que Dieu voyait un roi. Samuel était attristé de l'échec de Saül qu'il avait laissé derrière lui, mais il devait passer à autre chose pour que Dieu ouvre de nouvelles voies et qu'il puisse atteindre David, l'homme selon le cœur de Dieu, mais Samuel devait faire face à Eliab. Eliab avait l'apparence de la réussite, l'apparence de la bonne personne. Ne vous basez jamais sur l'apparence d'une personne pour entrer dans un quelconque engagement avec elle. La « bénédiction » chez une personne, même financière, n'est pas toujours le signe de bénédiction de Dieu ou de spiritualité. Il y aura toujours un Saül devant toi, afin que tu ne trouves pas ton David, qu'il s'appelle Saül, Eliab ou Goliath ! Cette personne pourra paraître la meilleure, ou cette bonne occasion pourra paraître alléchante, mais les apparences restent les apparences. On ne connaît pas quelqu'un du jour au lendemain, mais on voit qui il est dans la tempête et dans les beaux jours. Il y a des décisions qui engagent pendant des années ou des dizaines d'années et il ne faut pas jouer avec ce genre de décisions. Il faut marcher dans la paix, mais marcher aussi dans nos convictions. Dieu ne nous montrera pas des signes ou des anges, mais si nous savons l'écouter, si nous cherchons vraiment à savoir quoi faire et si nous regardons selon ses apparences à Lui, il mettra une douce et merveilleuse paix dans notre cœur.

> *Proverbes 3 : 6*
> *Reconnais-le dans toutes tes voies, Et il aplanira tes sentiers.*

24 FÉVRIER

Filipe et Marie Alves

Qui va gagner ? Votre chair ou votre esprit ?

Le passage ci-dessous fait partie du Sermon sur la montagne, Jésus est au début de son ministère et s'adresse à la foule. Il énonce de nouveaux principes totalement révolutionnaires, qui à première vue semblent inapplicables...

- Comment peut-on aimer ou faire du bien à nos ennemis alors qu'ils n'arrêtent pas de nous faire du mal ?
- Comment peut-on aimer sans limites comme Jésus nous le commande, c'est impossible ! Et pourtant...

> *Luc 6 : 27-28*
> *Mais je vous dis, à vous qui m'écoutez : Aimez vos ennemis, faites du bien à ceux qui vous haïssent, bénissez ceux qui vous maudissent, priez pour ceux qui vous maltraitent.*

Le combat entre la chair et l'esprit

En tant que chrétiens nés de nouveau, nous avons un nouvel esprit, nous avons la vie de Dieu en nous, mais nous avons également une chair. L'esprit est bien disposé, mais la chair est faible (comme nous le dit Jésus) et nous pousse à réagir de façon naturelle : quand quelqu'un nous fait du mal, nous avons vraiment envie de lui rendre ou de lui dire quelque chose de méchant pour lui faire du mal à notre tour, nous voulons nous faire justice nous-mêmes.

Mais nous avons le pouvoir et même le devoir de faire taire notre chair afin de laisser couler en nous la vie de Dieu.

Au début, cela va nous demander un effort; certains chrétiens pensent qu'il faut prier, pour avoir plus d'amour afin d'être capable d'aimer comme Jésus le demande, mais non ! Si vous êtes né de nouveau, son amour est déjà répandu dans votre cœur et c'est à vous de le manifester.

> *Romains 5 : 5*
> *Or, l'espérance ne trompe point, parce que l'amour de Dieu est répandu dans nos cœurs par le Saint-Esprit qui nous a été donné.*

Concrètement, si au travail vous avez du mal à aimer une personne ou si une personne vous fait du mal, faites des efforts pour lui parler, pour être agréable : vous allez voir les choses changer et le Seigneur va pouvoir se manifester à travers vous.

Laissez couler la vie de Dieu

C'est en faisant ce premier pas que vous allez voir la vie de Dieu se manifester. En tant que chrétiens, nous devons faire la différence. Jésus nous dit même que c'est à l'amour que nous avons les uns pour les autres que l'on reconnaîtra que nous sommes ses disciples : ce n'est donc pas un détail ! Plus vous allez manifester de l'amour, plus vous allez en ressentir, vous allez ressembler de plus en plus à Jésus, lui qui nous a aimé jusqu'au bout en donnant sa vie par amour. Alors, donnez sans aucune retenue ce que Dieu a mis en vous, soyez une bénédiction partout où vous allez.

> *Jean 7 : 38*
> *Celui qui croit en moi, des fleuves d'eau vive couleront de son sein.*

Les « fleuves d'eau vive » dont il est question ici, c'est le Saint Esprit qui va se manifester en nous et à travers nous pour bénir les gens, les aimer et surtout les toucher pour le Royaume de Dieu.

Alors dès maintenant faites taire votre chair et manifestez la vie de DIEU !

25 FÉVRIER

Jérémy Sourdril

« Vous m'empêchez d'agir »

L'homme est limité mais Dieu est illimité. L'homme pense à sa soirée et la relation sexuelle qu'il aura avec sa femme, alors que Dieu a déjà tout prévu de la destinée de l'enfant qui naîtra de cette relation. L'homme pense petit, même très petit parfois.

En tant qu'enfant de Dieu, nous ne devrions pas penser petit, mais malheureusement beaucoup de croyants restent toute leur vie avec de petites pensées ridicules, alors que Dieu aimerait leur donner des pensées infiniment grandes et productives de fruits élevés.

Dieu nous a demandé de renouveler notre intelligence et nos pensées. C'est notre responsabilité. Dieu ne le fera pas pour nous. C'est à nous de changer nos pensées par Sa Parole, et alors nous serons en position de recevoir ses pensées. Lorsque nous serons dans cette position, Dieu nous donnera des pensées puissamment élevées. Nous sommes des gens différents, et ce n'est pas à cause de nous, mais juste à cause de Celui qui vit en nous. Christ en nous, c'est l'espérance de la Gloire.

> *Romains 12 : 2*
> *Ne vous conformez pas au siècle présent, mais soyez transformés par le renouvellement de l'intelligence, afin que vous discerniez quelle est la volonté de Dieu, ce qui est bon, agréable et parfait.*

Nous devons discerner la volonté de Dieu, et cela viendra en renouvelant notre intelligence et en changeant notre attitude. L'homme de Dieu déclare au verset précédent : « à offrir vos corps comme un sacrifice vivant, saint, agréable à Dieu, ce qui sera de votre part un culte raisonnable ». Voici comment vous découvrirez la volonté de Dieu. Dieu peut nous parler à partir du moment où nous ne vivons plus pour nous-mêmes. Nous devons mourir à notre moi, et servir Dieu quel que soit ce qu'il nous demande.

J'aimerais vous dire aujourd'hui que Dieu peut faire infiniment au-delà de ce que vous pensez ou imaginez. Posez-vous cette question : est-ce que Dieu vous a déjà mis à cœur de prier pour quelqu'un et vous ne l'avez pas fait car vous vous êtes dit : « Oh il ne va rien se passer de spécial », « Que pourrait-il donc bien arriver », « Et si cela ne fait rien ». Nous limitons la puissance et l'action de Dieu sur la terre, alors que nous sommes censés être ses représentants ! Dieu dit : « Vous m'empêchez d'agir ! ». Nous empêchons Dieu d'agir à partir du moment où nous raisonnons alors qu'il a mis dans notre cœur quelque chose à faire.

Si Dieu nous demande de faire quelque chose, faisons-le, un point c'est tout ! Si Dieu a dit, c'est que Dieu a ses raisons ! Si par exemple des gens viennent chez vous, chrétiens ou pas, et que d'un coup vous avez la pensée de prier pour eux, FAITES-LE sans réfléchir ! Sachez discerner ce qui est bon, agréable et parfait. Si vous deviez vous poser des questions, ce serait : « Ce que Dieu m'a mis à cœur, ce que j'ai dans ma pensée, est-ce bon ? Est-ce agréable ? Est-ce parfait ? ». Nous ne réfléchissons pas autant lorsqu'il s'agit d'inviter les gens au restaurant ou à la plage, mais lorsqu'il s'agit de faire des choses spirituelles et de prier pour les gens, nous avons bizarrement besoin qu'un ange descende nous frapper l'épaule ! Mais aucun ange ne descendra !

Dieu va nous donner un peu et il verra ce qu'on fait avec ce « un peu ». Si nous sommes des gens incapables de lui obéir, Dieu trouvera quelqu'un d'autre. Si nous sommes incapables de penser grand, Dieu trouvera une autre personne, quelqu'un qui peut voir grand, qui peut voir comme lui voit. Mais même si nous avons échoué, une fois, cinq fois ou cinquante fois, nous pouvons demander sincèrement pardon au Seigneur pour notre désobéissance, et Dieu dans son amour viendra nous parler à nouveau afin que nous soyons une source de bénédiction pour des gens. Dieu cherche des gens qui ne limitent pas sa puissance et son action par leurs pensées.

> *Ésaïe 55 : 8-11*
> *Car mes pensées ne sont pas vos pensées, Et vos voies ne sont pas mes voies, Dit l'Éternel. Autant les cieux sont élevés au-dessus de la terre, Autant mes voies sont élevées au-dessus de vos voies, Et mes pensées au-dessus de vos pensées. Comme la pluie et la neige descendent des cieux, Et n'y retournent pas Sans avoir arrosé, fécondé la terre, et fait germer les plantes, Sans avoir donné de la semence au semeur Et du pain à celui qui mange, Ainsi en est-il de ma parole, qui sort de ma bouche : Elle ne retourne point à moi sans effet, Sans avoir exécuté ma volonté Et accompli mes desseins.*

Dieu parlait à des gens qui n'étaient pas nés de nouveau, aujourd'hui nous avons la possibilité, beaucoup plus facilement, de recevoir les pensées de Dieu grâce à notre esprit recréé, pur et parfait. La volonté de Dieu nous vient de notre esprit, car tout ce qui sort de notre esprit est pur, saint et parfait. Tout ce qui sort de notre esprit est en parfait accord avec la volonté de notre Seigneur. Ici dans ce texte nous voyons que Dieu a des pensées d'une hauteur exceptionnelle. Dieu a des plans, mais les pensées des hommes limitent la réalisation de ses plans. Dieu dit : « Ma parole est puissante et elle ne retourne pas à moi sans avoir accompli ce pourquoi elle a été donnée ».

Cela veut dire que si Dieu met une pensée dans votre cœur, une pensée qui vient de Lui, vous ne savez peut-être pas ce qui se trouve derrière cette pensée, derrière ce sentiment intérieur de devoir faire cette chose, mais Dieu Lui sait exactement ce qui se trouve derrière cette parole. Parfois Dieu nous dit juste de prier pour quelqu'un, et apparemment il ne se passe rien, mais cette personne viendra un jour vous dire : « Tu ne sais pas mais ce jour-là, quand tu avais prié pour moi, j'étais complètement désespéré, et à cause de mon orgueil je résistais et je ne voulais pas m'effondrer en larmes, mais à cause de cette prière j'ai tenu bon et j'ai continué à marcher avec Dieu ». Dieu peut faire des choses incroyables, que vous ne pourriez même pas imaginer, au travers de vous !

> *1 Corinthiens 2 : 9*
> *Mais, comme il est écrit, ce sont des choses que l'œil n'a point vues, que l'oreille n'a point entendues, et qui ne sont point montées au cœur de l'homme, des choses que Dieu a préparées pour ceux qui l'aiment.*

Il y a des mystères qui sont dans le cœur de Dieu pour notre vie personnelle, des choses que nous sommes appelés à vivre en tant qu'enfant de Dieu, des choses extraordinaires, mais si nous ne voulons pas obéir dans les petites choses, comment Dieu nous en confiera de plus grandes ! Dieu veut nous donner plus ! Dieu veut nous confier beaucoup, non pas pour notre gloire, non pas pour que nous allions nous glorifier et raconter la façon extraordinaire dont Dieu nous utilise, à tous les chrétiens que nous connaissons, mais pour que Lui seul soit glorifié ! Oh toi qui lis cette pensée aujourd'hui, je ne sais pas qui tu es, ni dans quelle situation tu te trouves, je ne sais même pas si tu es sauvé ou pas, si tu es en paix avec Dieu, si tu es rétrograde et loin de Dieu, je ne sais pas si tu te sens sale devant Dieu et pécheur, mais sache que Dieu a des plans merveilleux en réserve pour ta vie ! Dieu a prévu des trésors pour ta vie, des choses folles que tu ne croirais pas si tu les entendais.

> *Habakuk 1 : 5*
> *Jetez les yeux parmi les nations, regardez, Et soyez saisis d'étonnement, d'épouvante ! Car je vais faire en vos jours une œuvre, Que vous ne croiriez pas si on la racontait.*

Il y a d'innombrables desseins de Dieu qui ne sont pas encore montés au cœur de l'homme, des choses qu'il a réservées pour ceux qui l'aiment. Si aujourd'hui vous n'êtes pas en paix avec Dieu, j'aimerais vous inviter à faire cette prière. Si vous avez échoué et que vous désirez être utilisé par Dieu. Si vous voulez servir Dieu et vous donner tout entier à Lui, si vous voulez repartir à zéro car tout est possible pour vous aujourd'hui, priez ceci de tout votre cœur :

« Dieu, je viens à toi tel que je suis. Je te demande de tout mon cœur pardon pour mes péchés, pardonne-moi de m'être éloigné de toi par mon endurcissement à ta Parole. Je viens à toi et je te donne ma vie entière. Jésus-Christ, je crois que tu es mort pour moi et que tu as payé le prix que je ne pouvais pas payer, un prix inestimable, le prix de ma vie. Tu t'es donné pour mes péchés afin que je ne sois plus esclave du péché mais que je devienne ton enfant, ton serviteur. Je me donne entièrement à toi Jésus-Christ, viens habiter dans mon cœur, change ma vie s'il te plaît. Fais que tout devienne nouveau dès aujourd'hui ! Je veux entendre ta voix et connaître les richesses et les desseins que tu as prévus pour moi. Dieu, je crois que tu deviens mon Père et que je deviens ton enfant, je crois que je serais dirigé par toi, maintenant et pour toujours. Amen ! ».

Alors que vous avez fait cette prière de tout votre cœur, Dieu veut que vous puissiez grandir dans Sa Parole. Si vous n'avez pas ou plus de Bible ou si vous ne lisiez plus, trouvez une Bible et passez du temps avec Dieu en la méditant. Le Saint-Esprit viendra vous éclairer. Demandez à Dieu de vous parler au travers de Sa Parole, et Il le fera ! Trouvez une bonne église et soyez fidèle à Dieu !

> *Romains 8 : 14*
> *Car tous ceux qui sont conduits par l'Esprit de Dieu sont fils de Dieu.*

> *Jérémie 29 : 11*
> *Car je connais les projets que j'ai formés sur vous, dit l'Éternel, projets de paix et non de malheur, afin de vous donner un avenir et de l'espérance.*

26 FÉVRIER

Raoul Wafo

Ton futur dépend de toi

Il est impératif de réaliser que ton futur sera totalement influencé et dépeint par ce en quoi tu crois aujourd'hui. Car, dans le processus de la foi, nous croyons (temps présent) et nous voyons (temps futur).

> *Jean 11 : 40*
> *Jésus lui dit : Ne t'ai-je pas dit que, si tu crois, tu verras la gloire de Dieu ?*

C'est aujourd'hui qu'il faut ouvrir ton cœur au Seigneur, qu'il faut prendre la bonne décision, c'est maintenant qu'il faut croire en la promesse qu'il t'a annoncée.

Si tu ne fais rien aujourd'hui, tu ne verras rien demain. Ton futur ne sera pas le fruit d'un hasard; mais sera plutôt semblable à un tableau peint par l'action de ta foi présente. Arrête donc de te plaindre au sujet des choses que tu n'as pas pu voir ou expérimenter jusqu'à ce jour.

Si tu avais cru en elles, de par le passé, ton présent aurait été différent. Tu ne peux plus rien faire à ce propos, car le passé est dépassé. Ce qu'il y a de réjouissant, c'est que par l'action de ta foi; tu peux décider aujourd'hui d'avoir un futur meilleur.

Prions :

« Seigneur de toute mon âme en ce jour, je prends la décision de croire aux promesses que tu m'as annoncées car je sais que seule, ma foi présente, a la capacité de changer mon avenir. Alors, je déclare, par la puissance exceptionnelle de Dieu, que ma vie ne sera plus jamais la même. J'appelle à l'existence toutes les promesses que tu m'as annoncées; au nom de Jésus, amen ».

27 FÉVRIER

Mamadou Karambiri

Détrônez la culpabilité de votre vie !

Une des stratégies du diable est de vous maintenir esclave de votre passé. Il vole votre avenir avec les souvenirs de vos échecs et de vos fautes passées.

Apocalypse 12 : 10
Il a été précipité, l'accusateur de nos frères...

Vivez-vous dans ce cycle : « espérance - souvenir du passé - culpabilité - découragement - espérance... » ?

Aujourd'hui, vous pouvez briser ce cycle et sortir de ce piège de l'ennemi. Dieu vous dit : « L'accusateur a été précipité, détrôné, dépouillé... » Alors, relevez-vous et croyez dans la Parole de Dieu, en ce qui concerne ces trois vérités :

La délivrance de vos péchés

Confessez-les au Seigneur qui vous pardonnera et vous purifiera (1 Jean 1 : 9). Soyez assuré que vos péchés confessés seront jetés au fond de « la mer de l'oubli de Dieu ». Et il ne s'en souviendra plus (Psaume 103 : 12 et Michée 7 : 18-19).

Votre importance aux yeux de Dieu

Croyez qu'il vous a accepté en Christ. Il vous a aimé, alors que vous étiez encore pécheur et rebelle. Vous êtes la prunelle de ses yeux (Deutéronome 32 : 10).

L'autorité de vos propres paroles

Ne donnez pas accès au diable, par des paroles négatives ! Fermez la porte de votre cœur par des pensées pures, bonnes, honnêtes. Résistez à l'ennemi de votre âme, avec une foi ferme, en demeurant dans la parole infaillible. Et si le diable vous rappelle votre passé, arrêtez-vous et dites-lui qu'un avenir sûr et certain lui est réservé dans l'étang de feu (Apocalypse 20 : 10).

Une prière pour aujourd'hui

« Seigneur, je crois que je suis pardonné, et purifié. Je rejette les accusations du diable contre moi. Je sais que tu m'aimes d'un amour éternel, cela me suffit. Dans le nom puissant de Jésus. Amen ».

28 FÉVRIER

Jérémy Sourdril

Ne vous fiez pas aux apparences !

Discernement, bon sens, prudence, patience et sagesse seront de rigueur pour ne pas tomber dans le piège des apparences ! Il y a parfois derrière l'apparence de l'homme une personne bien différente. Certaines personnes se donnent des apparences qu'elles n'ont pas.

> *1 Samuel 15 : 13-14*
> *Samuel se rendit auprès de Saül, et Saül lui dit : Sois béni de l'Éternel ! J'ai observé la parole de l'Éternel. Samuel dit : Qu'est-ce donc que ce bêlement de brebis qui parvient à mes oreilles, et ce mugissement de bœufs que j'entends ?*

Saül, par exemple, voulait faire croire qu'il était obéissant à la Parole de Dieu, mais son cœur était faux. Il y a beaucoup de chrétiens qui se font passer pour ce qu'ils ne sont pas. Ils veulent montrer leur spiritualité, alors ils se forcent à prier et à faire des choses spirituelles, ils parlent d'une certaine façon et exagèrent des choses, mais à l'intérieur c'est vide. Ils ont peut-être vécu quelque chose il y a longtemps mais aujourd'hui il ne reste plus rien. Certains vont même jusqu'à prier en public avec de grandes déclarations, en doutant tout à la fois de ce qu'ils prient. Ils utilisent le Nom de Jésus en vain, ils l'utilisent pour leurs ambitions personnelles.

Lorsque nous sommes des gens honnêtes, nous avons du mal à imaginer que les autres gens puissent être malhonnêtes, alors parfois nous nous faisons avoir.

> *Matthieu 10 : 16*
> *Voici, je vous envoie comme des brebis au milieu des loups. Soyez donc prudents comme les serpents, et simples comme les colombes.*

> *Proverbes 14 : 15*
> *L'homme simple croit tout ce qu'on dit, Mais l'homme prudent est attentif à ses pas.*

L'amour ne soupçonne pas le mal, nous dit 1 Corinthiens 13 : 5. C'est donc là qu'il faut être équilibré : ne pas soupçonner le mal, mais être prudent si nous ressentons des choses malhonnêtes chez les gens. Dieu nous a donné une intuition pour cela, une alarme intérieure ! Soyons sensibles à notre petite voix intérieure. Ne croyons pas tout ce que les gens nous disent, ne soyons pas naïfs mais ayons du bon sens et du discernement.

> *2 Corinthiens 11 : 14*
> *Et cela n'est pas étonnant, puisque satan lui-même se déguise en ange de lumière.*

Même satan se déguise en ange de lumière ! Tout ce qui paraît lumière n'est pas lumière !

Plus les gens sont honnêtes, et parfois plus ils se font avoir par des gens malhonnêtes. C'est ainsi que des vendeurs dans le monde réussissent à vendre des choses à des prix exorbitants en faisant croire aux gens qu'ils en ont vraiment besoin, que c'est quelque chose de vital, de primordial, dont ils ont absolument besoin ! Des choses qu'eux-mêmes n'achèteraient pas ! Les malhonnêtes n'héritent pas du Royaume de Dieu. Les bénéfices du Royaume de Dieu ne sont pas pour eux. Si vous êtes un chrétien malhonnête, vous avez besoin d'une profonde repentance qui vous laissera une cicatrice, afin que vous vous en souveniez ! La cicatrice d'une circoncision de la malhonnêteté ! Si vous manipulez les gens pour les amener à vous donner des choses, que ce soit de l'argent, des objets, des services ou même de l'amour, vous êtes dans le péché et il faut vous en dégager. Une vraie repentance s'impose.

Si vous vous trouvez face à des gens de ce type, ayez du bon sens et du discernement. Ne marchez pas selon les émotions et n'entrez pas dans une affaire car elle paraît extraordinaire ! Ne faites rien sous le coup de l'émotion mais soyez patient avant de « valider une apparence ». Nous savons que « l'habit ne fait pas le moine ». Combien sont en prison pour avoir commis des actes horribles ! Soyons donc prudents, pleins de bon sens et de discernement. Le bon sens n'est pas contraire à la foi, le bon sens saura nous préserver de bien des loups ! Attention à qui vous confiez vos enfants, attention avec qui vous marchez dans cette vie et avec qui vous vous investissez. Soyez bien certains que ce sont de bonnes personnes. Certains se révèlent au bout de plusieurs années. Comme a dit quelqu'un, « le temps révèle les cœurs ». Pas les apparences !

Il y a des « chrétiens » qui parcourent les églises jusqu'à trouver une église où les gens se feront berner par les apparences. Ils montrent un aspect extérieur merveilleux, ils parlent de certaines choses qui font qu'on croit qu'ils vivent dans le miraculeux et que ce sont des gens très spirituels, mais ils ne savent absolument pas se maîtriser et ils sont esclaves de bien des choses. J'ai beaucoup de mal à comprendre comment font ces gens, mais certains se donnent des apparences pour avoir des positions dans l'église. Ils sont pleins de toutes espèces de péchés et d'amertume, et à l'extérieur ils montrent un vêtement blanc. C'est ce que Jésus reprochait aux pharisiens.

> *Matthieu 23 : 14*
> *Malheur à vous, scribes et pharisiens hypocrites ! Parce que vous dévorez les maisons des veuves, et que vous faites pour l'apparence de longues prières; à cause de cela, vous serez jugés plus sévèrement.*

> *Luc 11 : 39*
> *Mais le Seigneur lui dit : Vous, pharisiens, vous nettoyez le dehors de la coupe et du plat, et à l'intérieur vous êtes pleins de rapine et de méchanceté.*

On peut donner une certaine image aux gens mais on ne peut pas tromper Dieu. C'est un plus grand péché encore qu'un chrétien use d'une apparence dans la maison de Dieu qu'un enfant du diable. Tromper des chrétiens pour en retirer quelque chose, c'est essayer de tromper Dieu, c'est un péché terrible !

> *Lévitique 25 : 17*
> *Aucun de vous ne trompera son prochain, et tu craindras ton Dieu; car je suis l'Éternel, votre Dieu.*

> *Galates 6 : 7*
> *Ne vous y trompez pas : on ne se moque pas de Dieu. Ce qu'un homme aura semé, il le moissonnera aussi.*

Certains aussi se donnent l'apparence de chrétiens qu'on a blessés injustement. Ils laissent croire aux autres qu'on les a blessés injustement ailleurs : « Vous ne savez pas ce qu'ILS m'ont fait ? ». C'est toujours ailleurs car on ne peut pas vraiment contredire cela, on ne connait pas « ailleurs » ! Donc ils viennent avec leurs soi-disant blessures pour être cajolés, pour qu'on leur donne des choses, pour qu'on compatisse à leur souffrance, en fait ce sont des gens qui devraient déjà être des gens matures mais ce ne sont que des bébés en Christ qui ne veulent pas grandir.

Sur Internet, des faux-chrétiens s'inscrivent sur des forums chrétiens, se lient quelque temps d'amitié avec des femmes (s'ils sont des hommes, et des hommes si ce sont des femmes) puis disent : « Mon père est gravement malade, je n'ai pas d'argent et il faut 500 dollars pour l'opérer sinon il va mourir d'un jour à l'autre ! », ou : « Des gens veulent me tuer parce que je suis chrétien, mais si vous me donnez 1000 dollars je pourrais fuir du pays car mon ambassade me l'a permis ! ». Et cela se passe à peu près toujours par Western Union : vous envoyez de l'argent en espèces, sans jamais le revoir bien sûr. Certains manipulent des femmes avec une estime d'elles-mêmes très mauvaise, parfois il s'agit de femmes pas très « belles » selon les critères de ce monde, et leur font sortir de l'argent. Ils essaient même parfois de se marier avec elles pour avoir la nationalité d'un nouveau pays et fuir ! Malheur à eux !

Combien de mails j'ai reçu d'autres pays en disant : « Je veux m'inscrire dans votre Institut Biblique, pouvez-vous m'envoyer une invitation à venir dans votre pays, je veux absolument m'inscrire, etc. ». Ces gens veulent déménager dans un autre pays pour étudier six heures par semaine ?! Ils veulent juste quitter leur pays et utilisent la foi pour leurs ambitions personnelles. C'est terrible ! Certains sont prêts à envoyer leur photo, leur CV, une recommandation et un dossier d'inscription, mais si vous leur dites que vous ne pouvez pas les aider à immigrer dans votre pays vous n'en entendez plus jamais parler.

N'utilisez jamais le Nom de Jésus, le Nom de Dieu, la foi ou la Parole de Dieu pour des ambitions cachées !

Si jamais vous aviez l'intention de manipuler une personne, de mentir à un chrétien en utilisant quelque part la foi pour arriver à vos fins, REPENTEZ-VOUS aujourd'hui même ! Dieu est bien au-dessus des méthodes humaines. Ne priez pas d'un côté si c'est pour manipuler des gens d'un autre côté ! Vous n'aiderez certainement pas Dieu par un mensonge ! Il existe des situations vraiment difficiles, mais le mensonge n'amènera jamais la bénédiction de Dieu dans votre vie, même si vous essayez de trouver des versets contraires ! Mieux vaut mourir avec la vérité que de mourir menteur ! La faveur et la foi de Dieu, elles, vous délivreront, combien même vous vous trouveriez dans la fosse aux lions.

29 FÉVRIER

Dorothée Rajiah

Dieu va faire de toi un « Philippe »

Dieu veut faire de nous des « Philippe ». Voyons aujourd'hui ensemble comment nous pouvons manifester le caractère de Philippe.

Actes 8 : 26-40

Un ange du Seigneur, s'adressant à Philippe, lui dit : Lève-toi, et va du côté du midi, sur le chemin qui descend de Jérusalem à Gaza, celui qui est désert. Il se leva, et partit. Et voici, un Ethiopien, un eunuque, ministre de Candace, reine d'Ethiopie, et surintendant de tous ses trésors, venu à Jérusalem pour adorer, s'en retournait, assis sur son char, et lisait le prophète Ésaïe. L'Esprit dit à Philippe : Avance, et approche-toi de ce char. Philippe accourut, et entendit l'Ethiopien qui lisait le prophète Ésaïe. Il lui dit : Comprends-tu ce que tu lis ? Il répondit : Comment le pourrais-je, si quelqu'un ne me guide ? Et il invita Philippe à monter et à s'asseoir avec lui. Le passage de l'Écriture qu'il lisait était celui-ci : Il a été mené comme une brebis à la boucherie; Et, comme un agneau muet devant celui qui le tond, Il n'a point ouvert la bouche.

Dans son humiliation, son jugement a été levé. Et sa postérité, qui la dépeindra ? Car sa vie a été retranchée de la terre. L'eunuque dit à Philippe : Je te prie, de qui le prophète parle-t-il ainsi ? Est-ce de lui-même, ou de quelque autre ? Alors Philippe, ouvrant la bouche et commençant par ce passage, lui annonça la bonne nouvelle de Jésus. Comme ils continuaient leur chemin, ils rencontrèrent de l'eau. Et l'eunuque dit : Voici de l'eau; qu'est-ce qui empêche que je sois baptisé ? Philippe dit : Si tu crois de tout ton cœur, cela est possible. L'eunuque répondit : Je crois que Jésus-Christ est le Fils de Dieu. Il fit arrêter le char; Philippe et l'eunuque descendirent tous deux dans l'eau, et Philippe baptisa l'eunuque. Quand ils furent sortis de l'eau, l'Esprit du Seigneur enleva Philippe, et l'eunuque ne le vit plus. Tandis que, joyeux, il poursuivait sa route, Philippe se trouva dans Azot, d'où il alla jusqu'à Césarée, en évangélisant toutes les villes par lesquelles il passait.

Quoi de plus merveilleux que de faire la seule chose qui fait battre le cœur de Dieu :

- Atteindre les perdus,
- Raconter la glorieuse œuvre de Christ,
- Partager l'Évangile pour lequel Jésus est mort et a tout donné ?

Je pense que nous désirons tous être un « Philippe » dans notre temps et dans notre monde parce qu'il n'y a rien de plus merveilleux que d'entendre :

- Merci de m'avoir ouvert les yeux,
- Merci parce qu'aujourd'hui je suis sauvé,
- Merci parce que je suis délivré,
- Merci parce que j'ai trouvé la Paix...

Je reviens d'Israël, et j'ai eu le bonheur de marcher dans le jardin de Gethsémané, sur le chemin de croix, j'ai vu le mont Golgotha et le tombeau qui est vide depuis plus de 2000 ans, je peux vous assurer que Jésus n'a pas fait tout cela en vain.

Apocalypse 5 : 9
Et ils chantaient un cantique nouveau, en disant : Tu (Jésus) es digne de prendre le livre, et d'en ouvrir les sceaux; car tu as été immolé, et tu as racheté pour Dieu par ton sang des hommes de toute tribu, de toute langue, de tout peuple, et de toute nation.

Jésus a racheté pour Dieu par Son sang des hommes de toute tribu, de toute langue, de tout peuple, et de toute nation. Et Il a besoin de nous pour engranger Sa moisson.

Trois Caractéristiques à propos de Philippe que nous avons besoin d'imiter :

Philippe s'est rendu disponible pour Dieu !

Beaucoup de gens disent : « Moi, je veux sauver les âmes... », mais elles ne se rendent jamais disponibles. Nous devons donner de notre temps à Dieu. L'ange est venu vers lui car Dieu savait qu'Il pouvait avoir confiance en lui. Aussi, dès qu'il lui a dit « Lève-toi et va... dans le désert », il est parti. »

Philippe s'est approché de quelqu'un !

Philippe ne connaissait pas cet homme, il était en plus étranger et ne lui demandait rien.

Si nous attendons que les gens nous lancent un cri de désespoir, un S.O.S ou nous appellent et nous supplient de les aider ou de prier pour eux, nous pouvons attendre longtemps avant que les âmes soient sauvées. Parce que dans la réalité, tout comme pour Philippe, personne ne demande rien. Tout le monde est beau et semble aller bien. La quête de Dieu dans le cœur des gens ne se voit pas sur les visages. Néanmoins, les gens cherchent désespérément Dieu et parfois ils ne sont même pas conscients qu'ils le cherchent ! Nous devons les aider. Nous devons aider notre voisin, notre collègue, notre famille, nos amis...

> *Actes 8 : 29*
> *L'Esprit dit à Philippe : Avance, et approche-toi de ce char.*

Philippe s'est intéressé sincèrement à la personne

Nous devons nous avancer vers les gens. Nous devons leur poser des questions, nous intéresser à eux si nous voulons qu'ils soient sauvés !

> *Actes 8 : 30*
> *Philippe accourut, et entendit l'Ethiopien qui lisait le prophète Ésaïe. Il lui dit : Comprends-tu ce que tu lis ?*

L'homme ne lui aurait jamais partagé son souci, ses questions et ses doutes si Philippe n'avait pas commencé par lui poser des questions. Ils se seraient simplement dit « Bonjour, belle journée aujourd'hui ou qu'est ce qu'il fait froid en ce moment !.. ». Et rien de plus. Le même genre de discussion que l'on a avec beaucoup de gens que l'on côtoie tous les jours. Mais Dieu nous demande de suivre l'exemple de Philippe à partir de maintenant dans notre vie chrétienne.

C'est le temps de passer à la vitesse supérieure, de laisser de côté nos peurs, nos doutes, nos complexes et nos hésitations.

Nous avons le plus glorieux Évangile. Aucune religion n'a un Dieu si puissant et si merveilleux. Alors, il n'y a pas de temps à perdre.

Prions, intercédons, évangélisons, parlons, imposons les mains, invitons, prions pour les besoins, croyons en Dieu pour un miracle dans leurs vies et laissons le Saint-Esprit agir !

01 MARS

Jérémy Sourdril

Tu dois refuser que les échecs des autres affaiblissent ta foi.

Aujourd'hui, prenez la décision de ne pas mettre votre foi dans les échecs de vos « amis » !

L'orgueil, la rébellion et la convoitise empêchent les gens d'avoir le cœur de David. Le Prophète Samuel n'était atteint d'aucune de ces choses, mais il devait passer à une autre étape dans son ministère. Toutefois, Samuel avait du mal à y passer, et cela aurait pu l'empêcher d'aller plus loin.

Son cœur avait vécu une blessure au sujet de Saül et cette blessure aurait même pu être la fin de son ministère. L'échec qu'avait vécu Saül avait contaminé, d'une certaine façon, sa foi pour voir un jour un homme au cœur de Dieu. Peut-être pensait-il : « Saül avait une bonne apparence, il avait tout pour réussir, il venait d'une bonne famille, il était cultivé et pourtant, il a échoué. Même si Dieu appelle un roi, même s'il est le meilleur des hommes, ce roi va mal finir, au début tout ira bien, mais finalement il ne restera pas sur la piste comme Saül ».

Si Samuel était resté à l'étape de Saül, il serait passé à côté de David. Saül avait été un terrible échec mais Samuel devait passer à autre chose. Il devait détourner son regard de Saül pour pouvoir aller plus loin. S'il était resté sur cet échec, Dieu aurait pu lui dire n'importe quoi, cela l'aurait empêché de voir réellement, cela aurait mis un voile sur ses yeux, sur sa vision, sur son futur, sur la puissance de Dieu.

Il y a des hommes qui ont fait des erreurs et qui n'arrivent pas à s'en remettre, mais il y a aussi ceux qui ont vu des gens faire des erreurs et qui ont été affaiblis.

Il y a les paroles de découragement données par un chrétien ou un serviteur de Dieu en qui nous avons confiance. Celles-ci sont un poison mortel. Mortel pour les visions divines que Dieu nous a données, mortel pour le Royaume de Dieu. Parfois nous avons un très bon ami chrétien ou un ministère que nous respectons beaucoup pour ce qu'il nous a apporté, et un jour celui-ci chute ou vit un terrible échec.

Si nous connaissons un serviteur de Dieu qui a chuté, ou encore quelqu'un qui a abandonné le ministère car c'était trop dur, cela peut être un poison pour nous.

Voyez dans une église ce qui se passe : si une personne est infectée par un problème particulier ou par le découragement, elle en parlera souvent à plusieurs personnes dans l'église et ainsi les infectera, étant elle-même membre du Corps de Christ. Si les membres sont de réels membres du Corps de Christ, cela ne posera pas trop de dégâts, mais s'ils sont juste membres du corps local (leurs amis dans l'église), cela peut poser problème. Si les gens regardent à l'église, aux chrétiens ou aux pasteurs avant de regarder à Christ, ils seront entraînés par la chute du premier maillon faible.

De la même façon, si nous suivons trop un leader, qui peut être un ami proche, et que nous le voyons trop comme un modèle, s'il tombe, nous risquons d'être entraînés avec lui. Il faut toujours regarder à Christ, quoi que les gens autour de nous puissent vivre.

Si quelqu'un tombe, il n'y a pas forcément des gens qui le suivront en tombant de la même façon que lui, mais à cause de sa chute, des gens tomberont souvent au niveau de leur foi. Ils perdront une foi ferme, ils tomberont par rapport à la vision que Dieu leur avait donnée, ils ne réussiront plus à croire pour le grand objectif que Dieu avait mis dans leur cœur.

Certaines personnes ont entendu et écouté des paroles de découragement de la part de gens qui étaient parfois même de « meilleurs » chrétiens ou de meilleurs ministères qu'eux, ou encore il les ont vus tomber. Et cela a fortement affaibli leur vie chrétienne, leur ministère et leur foi sans forcément qu'ils ne s'en rendent compte. Une foi solide peut prendre du temps à être construire, mais tuer la foi prend peu de temps. Il est toujours plus facile de détruire que de bâtir.

Si quelqu'un autour de vous a abandonné la foi ou le ministère, s'il a échoué dans un domaine, il faut refuser d'alimenter des pensées telles que : « Il a abandonné alors j'abandonnerai aussi ». Si vous rencontrez une difficulté semblable à celle qu'il a rencontrée avant sa chute, ne dites pas : « Il n'avait pas réussi à faire cela donc je n'y arriverai pas moi non plus ». N'imitez pas ceux qui ont chuté ou échoué, même s'ils étaient vos plus grands modèles. Priez pour leur relèvement, mais ne les suivez pas dans leur chute. David avait constamment devant lui l'exemple de Saül qui fut un échec terrible, mais il regardait le futur avec confiance, non confiant de lui-même mais confiant en Dieu.

Si vous voulez aller plus loin, mais que constamment vous entendez une voix qui dit : « Ce n'est pas possible, regarde untel qui n'a pas réussi, pourquoi tu réussirais toi ! », vous devez vous opposer à cette voix ! Car TOUT est POSSIBLE à celui qui croit !

On parle souvent de ne pas copier la vision des autres, mais on parle moins de ne pas copier l'incrédulité ou le doute des autres. Il y a des paroles que vous avez entendues qui ont peut-être anesthésié votre foi dans un domaine ou un autre. Délaissez-les.

Quand les paroles de découragement viennent de l'extérieur, c'est plus facile à gérer que lorsqu'elles viennent de l'intérieur. Une parole de découragement, ce n'est pas toujours quelqu'un qui vous dit : « Oh tu n'y arriveras pas », mais c'est parfois quelqu'un qui vous dira : « Moi je n'y suis pas arrivé ». Si vous mettez votre foi dans ce que vous entendez au lieu de ce qui sort de la Parole de Dieu, cela vous rendra improductif.

Il y aura toujours quelqu'un pour vous dire que c'est impossible. Toujours quelqu'un pour vous dire qu'il a essayé et qu'il n'a pas réussi. Quelqu'un pour vous dire, que ça ne marche plus aujourd'hui. Quelqu'un pour vous dire que ce que Dieu vous a appelé à faire, il l'a lui-même déjà essayé et cela n'a pas marché (alors en conséquence il veut vous dire que cela ne marchera pas pour vous). Pourtant, les cœurs sont les mêmes depuis la chute, le cœur de l'homme est toujours aussi pourri aux quatre coins de la planète mais depuis 2000 ans, nous avons la possibilité de vivre les choses les plus extraordinaires qu'aucun homme n'a encore vécues. Ce que Dieu vous a appelé à faire, vous le ferez par sa force souveraine qui agit puissamment en vous.

Nous ne sommes pas appelés à regarder et faire tout comme les autres, même si ceux-ci peuvent nous inspirer, comme Paul qui disait : « Soyez mes imitateurs, comme je le suis moi-même de Christ », mais nous sommes appelés à regarder avant tout à Christ. Alors, si quelqu'un a été pour vous une source de découragement, même s'il est un excellent ami, un frère dans le Seigneur ou un ministère qui vous a beaucoup béni, choisissez de regarder à Dieu et de ne pas perdre votre confiance et votre foi en Dieu. Si vous avez été déçu par un chrétien, choisissez de ne pas être déçu de Dieu. Ne placez pas votre foi en ce que vivent les autres, mais placez-la sur la Parole de Dieu.

Déclarez que ce qui vous a affaibli pendant un temps ne détruira pas votre foi, déclarez que même si les autres ont échoué, Dieu a la puissance de vous faire réussir ce qu'il vous a demandé d'accomplir.

Déclarez :

« Je refuse que les échecs des autres affaiblissent ma foi, je refuse de regarder aux divorces chez les chrétiens, cela ne m'atteindra pas dans ma confiance en Dieu. Je refuse de copier l'incrédulité des autres. Je veux marcher comme Josué et Caleb qui avaient un esprit différent, qui avaient des mentalités différentes. Même si ceux que j'ai vus ou ceux que je verrai tomber sont des modèles et de bonnes personnes, je refuse de tomber. Je ne serai pas de ceux qui rétrogradent, je ne ferai pas partie des moqueurs, des critiqueurs, je ne serai pas de ceux qui se retirent ! Je prends garde à moi, je ferai attention de ne pas défaillir, je tiendrai ferme au Nom Puissant de Jésus-Christ ! ».

02 MARS

Jérémy Sourdril

Cinq choses qui empêchent les gens d'avoir le cœur de David

Si vous voulez avoir le cœur de David, vous serez encouragé à changer, car la connaissance donne la vie et nous ouvre les yeux. Je prie afin que vos yeux s'ouvrent pour nous approcher toujours plus du cœur de Dieu lui-même. Christ en nous, c'est l'espérance de la gloire ! Soyez encouragé !

La rébellion et l'orgueil

Souvent lorsque ce que Dieu dit dans sa Parole ne plaît pas aux hommes, les hommes trouvent un moyen de faire parler Dieu en interprétant à leur sauce ce que la Bible dit. Ils disent : « Oh Dieu n'a pas vraiment voulu dire ça », et alors ils ouvrent la porte à la séduction à cause de leur désobéissance. La séduction est une arme extrêmement puissante, qui naît dans le cœur d'une personne rebelle. La rébellion est ce qui amène la séduction.

> *1 Samuel 15 : 13*
> *Samuel se rendit auprès de Saül, et Saül lui dit : Sois béni de l'Éternel ! J'ai observé la parole de l'Éternel.*

Saül était sûrement persuadé d'avoir accompli la volonté de Dieu. Mais Samuel lui montra que non. La rébellion amène les gens à être séduits. La séduction, c'est être persuadé de quelque chose alors qu'on est dans l'erreur. La rébellion est provoquée par l'orgueil, par un manque d'humilité. Si vous regardez les autres comme étant plus petits que vous, la séduction n'est pas loin.

Samuel dit à Saül dans :

> *1 Samuel 15 : 23*
> *Car la désobéissance est aussi coupable que la divination, et la résistance ne l'est pas moins que l'idolâtrie et les théraphim. Puisque tu as rejeté la parole de l'Éternel, il te rejette aussi comme roi.*

Les gens qui sont séduits pourraient jurer que Dieu leur a demandé de faire ce qu'ils sont en train de faire, que Dieu leur a parlé par tel ou tel songe, par tel ou tel signe, et bien souvent ils sont attirés par leur propre convoitise ou leur propre rébellion. Certains, peuvent même amener des gens à prophétiser sur eux car ils recherchent quelque chose que Dieu ne les a pas appelés à faire.

La convoitise ouvre parfois la porte à des fausses prophéties qui viendront caresser les désirs de la personne qui convoite. Certaines personnes sont par exemple persuadées que le pasteur se trompe ou que leur responsable se trompe. Ils sortent des versets ici et là pour se persuader qu'ils ont raison, mais souvent c'est parce qu'ils ont été blessés dans leur orgueil.

Je vais vous donner une grande révélation : c'est une bonne chose que d'être blessé dans son orgueil ! Mais il faut savoir guérir de cette blessure.

Saül a été rejeté à cause de sa désobéissance, qui venait d'un cœur orgueilleux :

> *1 Samuel 15 : 17*
> *Samuel dit : Lorsque tu étais petit à tes yeux, n'es-tu pas devenu le chef des tribus d'Israël, et l'Éternel ne t'a-t-il pas oint pour que tu sois roi sur Israël ?*

Une grande difficulté pour un leader est de rester petit à ses yeux. Saül comme David, a commencé petit à ses yeux. Saül était derrière les ânesses perdues pour les chercher et David était derrière les moutons pour les nourrir. Saül dira :

> *1 Samuel 9 : 21*
> *Saül répondit : Ne suis-je pas Benjamite, de l'une des plus petites tribus d'Israël ? Et ma famille n'est-elle pas la moindre de toutes les familles de la tribu de Benjamin ? Pourquoi donc me parles-tu de la sorte ?*

1 Samuel 10 : 20-23
Samuel fit approcher toutes les tribus d'Israël, et la tribu de Benjamin fut désignée. Il fit approcher la tribu de Benjamin par familles, et la famille de Matri fut désignée. Puis Saül, fils de Kis, fut désigné. On le chercha, mais on ne le trouva point. On consulta de nouveau l'Éternel : Y a-t-il encore un homme qui soit venu ici ? Et l'Éternel dit : Voici, il est caché vers les bagages. On courut le tirer de là, et il se présenta au milieu du peuple. Il les dépassait tous de la tête.

Dieu nous donne à la limite de notre humilité. Il y a des gens qui prient constamment, et parfois pendant des années : « Dieu envoie ta gloire dans ma vie », mais Dieu dit : « Tu n'es pas prêt ! ». Quand Dieu donne l'onction à quelqu'un pour le mandater à faire quelque chose, Dieu prend un engagement. Il n'est pas facile pour Dieu de mandater quelqu'un, de lui donner l'onction. Dieu n'a pas pu bénir Saül, car Dieu nous donne à la limite de notre humilité. L'humilité nous amène à comprendre que Dieu a toujours raison, l'humilité nous amène à l'obéissance. Il y a une grande puissance dans l'humilité. L'humilité nous amène dans les hauteurs avec Dieu, et nous n'avons rien à prouver aux autres.

Proverbes 15 : 32
Celui qui rejette la correction méprise son âme, Mais celui qui écoute la réprimande acquiert l'intelligence.

Proverbes 1 : 20-23
La sagesse crie dans les rues, Elle élève sa voix dans les places : Elle crie à l'entrée des lieux bruyants; Aux portes, dans la ville, elle fait entendre ses paroles : Jusques à quand, stupides, aimerez-vous la stupidité ? Jusques à quand les moqueurs se plairont-ils à la moquerie, Et les insensés haïront-ils la science ? Tournez-vous pour écouter mes réprimandes ! Voici, je répandrai sur vous mon esprit, Je vous ferai connaître mes paroles...

Écouter la réprimande et savoir se remettre en question amèneront l'onction dans votre vie. Nous avons tous besoin d'un garde-fou, d'une personne proche de nous qui peut (et qui sait) nous dire la vérité. Si nous réagissons mal lorsqu'on nous reprend, personne n'osera plus nous reprendre et nous glisserons petit à petit vers un endroit inatteignable. « Le pays du refus de la correction ».

Saül avait Samuel, mais il voulait que Samuel fasse à sa façon. Il était peut-être d'accord avec Samuel dans le fond mais, pas sur la forme. Il refusait une repentance sincère. Beaucoup de gens sont comme ça, vous leur montrez combien ils ont tort, ou vous prêchez un message devant les amener à la repentance, ils sont d'accord et disent : « Oui oui c'est vrai », mais cela ne change rien dans leur vie. Savoir des choses ne veut pas dire pratiquer des choses. Beaucoup pensent pratiquer parce qu'ils savent, et se trompent eux-mêmes.

La véritable repentance doit nous amener à de véritables fruits, à des changements évidents. Que nos progrès soient évidents de tous ! Beaucoup de ceux qui réussissent ne veulent plus écouter personne. Ils se créent une tour d'ivoire et de protection, parce qu'ils ont été blessés ici et là, alors ils ne font plus confiance aux gens et ne veulent plus les écouter.

03 MARS

Jérémy Sourdril

5 choses qui empêchent les gens d'avoir le cœur de David (suite)

Voici la suite de notre exhortation d'hier. Nous allons parler de la convoitise, et nous avancerons encore un peu plus dans une vraie sanctification ! Je prie que nous puissions mettre la Parole en pratique !

Dites avec moi de tout votre cœur : « Père, parle-moi aujourd'hui s'il te plaît, je suis prêt à changer si tu me reprends par rapport à quelque chose dans ma vie, car je t'aime et je veux vraiment changer. Amen ! ».

La rébellion, l'orgueil (suite)

L'attitude des premiers chrétiens nous montre quelque chose d'important :

> *Actes 2 : 46*
> *Ils étaient chaque jour tous ensembles, assidus au temple, ils rompaient le pain dans les maisons, et prenaient leur nourriture avec joie et simplicité de cœur,*

Les premiers croyants étaient des gens simples de cœur. Nous sommes appelés à marcher dans cette simplicité. Cette simplicité qui ne soupçonne pas le mal et qui est humble.

> *2 Corinthiens 11 : 3*
> *Toutefois, de même que le serpent séduisit Eve par sa ruse, je crains que vos pensées ne se corrompent et ne se détournent de la simplicité à l'égard de Christ.*

Nombreux sont les gens qui se détournent de la simplicité de Christ par ruse de l'ennemi ! Savez-vous que lorsque vous commencerez à porter du fruit, il y a quelqu'un qui viendra vous féliciter ?

Quelqu'un qui viendra à vos côtés en applaudissant. C'est le diable ! Il viendra vous applaudir et vous dira : « Bravo, tu es vraiment bon ! ». Si vous l'avez écouté la première fois, il reviendra lorsque vous porterez plus de fruits, et il vous dira : « C'est super les fruits que tu portes, tu es fort quand même, c'est grâce à toi tout cela, tu as vraiment réussi, tes prières et ta consécration ont provoqué tout cela, bravo ! ».

Le diable fera tout pour vous faire tomber dans l'orgueil petit à petit. C'est trop dommage de tomber dans l'orgueil alors qu'on veut servir Dieu.

En tant qu'enfant de Dieu appelé à voir sa puissance et à porter des fruits, nous prions régulièrement demandant à Dieu sa puissance, et lorsque nous commençons à la voir agir, il y aura quelqu'un pour caresser notre chair et notre égo. Il faut crucifier notre égo, sinon nous tomberons dans la séduction. Jésus lui-même a dit : « Je ne peux rien faire par moi-même ».

Il y a des gens utilisés par Dieu pendant un temps, puis ils sont frustrés parce qu'ils ne vivent plus ce qu'ils ont vécu. C'est parfois un problème d'orgueil qui les a amenés à ne plus porter de fruits. Si l'orgueil vous a atteint, une repentance et un changement profond de cœur doivent se faire.

Dans 1 Samuel 15, du verset 24 au verset 31, Saül va jusqu'à feindre une repentance. Son attitude est choquante ! Même gisant dans son péché, il demande à être honoré devant les anciens d'Israël et le peuple, cela afin de ne pas perdre son image. Il veut montrer une certaine apparence alors qu'à l'intérieur il est sali par le péché. Saül a grandement péché et il n'a pas du tout eu une attitude de repentance. Il ira jusqu'à déchirer le manteau de Samuel.

Il négocia même avec Samuel : si Samuel l'honorait, alors à ce moment-là il se prosternerait devant l'Éternel. En se prosternant devant Dieu avec cette attitude de cœur, il a signé la plus haute trahison envers Dieu. Ne faisons jamais des choses « spirituelles » pour les apparences, entraînés par notre orgueil !

Si vous avez des attitudes orgueilleuses, vous pouvez demander à Dieu de vous aider à supprimer cela dans votre vie. Prenez la décision de marcher dans l'humilité. Confessez vos péchés à Dieu et il vous aidera à en sortir, il vous délivrera de cette mauvaise habitude, car il vous aime et il veut vous aider.

La convoitise

Nous avons vu que la séduction fait « parler Dieu ». Mais les gens ne font pas seulement parler Dieu, ils le font aussi taire. Combien de gens par exemple se persuadent qu'ils peuvent avoir des relations sexuelles avec leur fiancé(e) ! Leur convoitise les amène à la séduction. Ils disent que Dieu n'a pas clairement parlé sur le sujet et ils s'aveuglent eux-mêmes par leur désobéissance. Ils chercheront tous les versets pour montrer qu'ils ont raison, mais ils ne chercheront pas ceux qui montrent qu'ils ont tort. Toutefois, s'ils sont honnêtes avec eux-mêmes et qu'ils veulent réellement connaître la volonté de Dieu, ils connaîtront intimement la vérité.

La convoitise peut aussi amener les hommes à se faire arnaquer dans les affaires et au niveau des finances. La Bible dit de ne pas envier ce que possèdent les autres. Certains mettent leur famille en danger à cause d'opérations financières motivées par la convoitise. Si vous avez 15.000 dollars dans votre compte, n'achetez pas une voiture à 14. 900 dollars. Mieux vaut attendre ou en acheter une moins chère que d'utiliser le minimum vital ! Nous devrions avoir 40% du montant de tout ce que nous achetons de côté sur notre compte bancaire, et 15% peut-être pour une maison. Si nous achetons une voiture à 10.000 dollars, nous devrions avoir 4000 dollars de côté, s'il arrivait quelque chose sur cette voiture.

Combien de gens n'ont pas gardé d'argent de côté lors de l'achat d'une voiture, puis un ou deux mois plus tard une pièce importante se casse, ils n'ont plus d'argent pour réparer, et cela les met dans des situations dramatiques parfois. Je suis passé par là, et cela a mis du temps, mais j'ai vraiment compris la leçon !

Il y a aussi les gens qui utilisent de l'argent qu'ils n'ont pas ! En tant qu'enfant de Dieu, le prêt n'est pas une méthode que nous devrions utiliser régulièrement. Cela devrait être exceptionnel. La patience est quelque chose qui vous évitera bien des problèmes ! La patience est un bon moyen de savoir si nous sommes poussés par la convoitise. Aujourd'hui, les gens veulent tout et tout de suite ! Cela va à l'encontre de la patience ! Nous avons reçu dans notre esprit un fruit merveilleux qui s'appelle la patience, et nous pouvons l'utiliser !

Il est dit dans :

> *Proverbes 13 : 11*
> *La richesse mal acquise diminue, Mais celui qui amasse peu à peu l'augmente.*

La version Darby dit : « Les biens qui viennent de la vanité diminuent, mais celui qui amasse à la main les accroîtra ».

04 MARS
Jérémy Sourdril

5 choses qui empêchent les gens d'avoir le cœur de David (suite)
La précipitation, la jouissance du péché, le compromis et la fraude, autant de caractéristiques que nous devons bannir de nos vies.

La précipitation

N'agissez pas avec convoitise dans votre vie, n'agissez pas non plus avec précipitation, à moins que Dieu ne vous parle clairement ! La peur de rater l'occasion extraordinaire nous fait souvent chuter gravement ! Il y a des temps où l'on doit agir rapidement, mais dans ces cas-là il nous faut une vraie conviction du Seigneur.

> *Proverbes 21 : 5*
> *Les projets de l'homme diligent ne mènent qu'à l'abondance, Mais celui qui agit avec précipitation n'arrive qu'à la disette.*

La précipitation et la convoitise conduisent à la pauvreté. Au contraire, si nous savons être des gens sages, nous verrons la bénédiction de Dieu ! La sagesse de Dieu nous amène dans la bénédiction, il nous faut donc savoir la rechercher, au lieu de rechercher ce qu'elle donne.

> *Proverbes 8 : 18*
> *Avec moi sont la richesse et la gloire, Les biens durables et la justice.*

> *Proverbes 8 : 21*
> *Pour donner des biens à ceux qui m'aiment, Et pour remplir leurs trésors.*

La jouissance du péché

Moïse nous donne une leçon formidable dans la Parole de Dieu. Moïse avait tout pour être heureux et jouir de la vie. Il connaissait Dieu, il avait tout l'argent dont il avait besoin, les trésors de l'Egypte étaient pour lui, il pouvait avoir autant de femmes qu'il voulait, il régnait sur l'Egypte, il avait une destinée toute tracée par l'homme, il ne lui manquait rien, mais il décida de ne pas jouir de ces choses pour suivre l'appel de Dieu. Il choisit d'écouter son appel, même s'il fit une erreur dans la façon d'entrer dans ce que Dieu lui avait dit, il avait au moins rejeté toute convoitise charnelle.

> *Hébreux 11 : 24-26*
> *C'est par la foi que Moïse, devenu grand, refusa d'être appelé fils de la fille de Pharaon, aimant mieux être maltraité avec le peuple de Dieu que d'avoir pour un temps la jouissance du péché, regardant l'opprobre de Christ comme une richesse plus grande que les trésors de l'Egypte, car il avait les yeux fixés sur la rémunération.*

Oui, la Bible est claire, elle dit clairement que le péché donne une certaine jouissance à notre chair. Mais elle nous dit aussi que notre esprit a des désirs contraires à ceux de la chair. Notre chair crie parfois, pleine de convoitises, mais nous devons la tenir assujettie.

> *1 Corinthiens 9 : 27*
> *Mais je traite durement mon corps et je le tiens assujetti, de peur d'être moi-même rejeté, après avoir prêché aux autres.*

Le compromis

La convoitise amène beaucoup de chrétiens à se mettre dans le compromis. On leur offre un poste intéressant en échange de certains compromis, et ils l'acceptent. Parfois Dieu utilisera des circonstances pour tester notre foi et notre amour pour Lui. Certains cherchent du travail, et on leur propose quelque chose, mais ils sentent dans leur cœur que ce n'est pas la bonne chose à faire pour eux. Mais ils font taire leur conscience et acceptent, ouvrant ainsi une porte au diable dans leur vie, Dieu les ayant prévenus dans leur cœur. Certains se mettent aussi avec des gens pas clairs, car ils convoitent une position, de l'argent ou ils veulent être estimés et aimés des autres.

Quelqu'un a dit cette puissante vérité : « Nos propres plans paient tout de suite mais nous coûtent plus tard, les plans de Dieu coûtent tout de suite, mais paient plus tard ». C'est tellement vrai ! Ils sont nombreux les chrétiens à choisir la facilité, ils pensent même parfois que « Dieu est dans le coup », car ils ont prié pour qu'il se passe quelque chose, mais Dieu n'est pas dans toutes les circonstances, même après la prière ! La question qu'il faut régulièrement se poser : « Étais-je dans la convoitise au moment où j'ai pensé à cette chose ? Au moment où j'ai prié ? Au moment où j'ai accepté ? ». Si la réponse est oui, il faut une repentance radicale avec des fruits qui accompagneront cette repentance.

Ce n'est pas notre chair qui doit dominer, mais c'est notre esprit par le moyen de notre âme. Si nous accomplissons les désirs de la chair, c'est que nous sommes dominés par notre chair. Comment s'en sortir ? Écoutez votre esprit et obéissez au Seigneur ! La chair criera pendant un temps puis elle saura au bout d'un moment qu'elle n'est plus la chef.

La fraude

La convoitise conduit même parfois certains chrétiens à la fraude ! Une des causes est souvent, pour ne pas dire toujours, un manque de confiance en Dieu, que ce soit au niveau d'examens, du business, du mariage, des documents administratifs. Dieu ne bénira jamais la fraude, il ne bénira jamais non plus la convoitise, alors débarrassons-nous en une bonne fois pour toutes, prenons une réelle décision et changeons radicalement.

Apportons les changements nécessaires même si cela nous coûte des choses de valeur.

Demandons pardon aux gens envers qui nous avons eu ces sentiments, et sachez-le, Dieu verra votre cœur et vos actions et il vous bénira.

05 MARS

Joël Spinks

Comment vaincre la jalousie ?

Exode 20 : 17 : « Tu ne convoiteras point la maison de ton prochain; tu ne convoiteras point la femme de ton prochain, ni son serviteur, ni sa servante, ni son bœuf, ni son âne, ni aucune chose qui appartienne à ton prochain ».

Avez-vous déjà présenté une nouvelle acquisition, une nouvelle maison par exemple, à vos amis tout en s'attendant qu'ils se réjouiront avec vous ? Comment vous sentiriez-vous si votre dite tournée de votre nouvelle demeure se faisait dans un silence total ? Ne vous sentiriez-vous pas inconfortable par ce malaise tranchant ? Ou encore, avez-vous déjà fait des nouveaux amis mais, par la suite, vos « autres amis » vous ont abandonnés, car ils ne toléraient pas de partager votre amitié avec ses nouvelles connaissances ?

Parfois les jaloux ne peuvent se réjouir du bonheur des autres car ils se sentent diminués par le progrès de leurs proches. Quel mystère ? Vous savez, le péché de la jalousie n'est qu'un des voleurs de bénédictions futures pour celui qui est envahi par elle.

Permettez-moi d'expliquer :

Si un ami reçoit quelque chose de nouveau, une faveur ou une victoire formidable, j'éprouve de la joie tout naturellement ! Je suis véritablement et honnêtement content pour lui, car je sais que Dieu lui démontre son amour et Sa bonté ! Vous savez, satan voudrait me faire croire que l'accroissement de mon ami est pour ma décroissance ou pour ma perte. Quelle idée absurde ! Si mon ami est béni par mon Père céleste, je sais que j'ai le même Père ! Ses bontés sont inépuisables et elles sont également pour moi ! Si mon ami est dans une filée pour la distribution de bénédictions, je suis dans cette même filée ! S'il est béni et si je suis dans ses rangs, je sais que je suis un des prochains à recevoir une bénédiction !

Non, nous ne devons pas éprouver de jalousie car nous connaissons Celui qui ne nous oubliera jamais. De plus, puisque notre valeur ne se retrouve pas dans nos possessions ou nos victoires, nous n'éprouvons aucune menace. Comme nous poursuivons Dieu, et comme nous prions Ses mystères par notre esprit rempli de l'Esprit, toutes choses vont concourir assurément pour notre bien ! (Romains 8 : 26-28) Alors, pourquoi vivre les émotions de la jalousie ? Pourquoi permettrions-nous d'être immatures et d'être conduits par la chair au lieu de marcher par l'Esprit ? Aujourd'hui, prenons la décision de se réjouir du bonheur d'autrui et positionnons-nous dans le rang de la bénédiction !

> *Psaumes 84 : 11*
> *Car l'Éternel Dieu est un soleil et un bouclier, L'Éternel donne la grâce et la gloire, Il ne refuse aucun bien à ceux qui marchent dans l'intégrité.*

06 MARS

Yvan Castanou

Pourquoi bénir Dieu pour vos ennemis ?

Dieu ne veut pas détruire tous vos ennemis. Il veut se glorifier dans votre vie à travers eux. Qu'est-ce qu'un ennemi ? C'est tout ce qui vous empêche de progresser vers votre destinée. Il peut s'agir d'une personne, d'une épreuve, d'une faiblesse de caractère ou d'une mauvaise habitude.

Matthieu 5 : 44
Mais moi, je vous dis : aimez vos ennemis, bénissez ceux qui vous maudissent...

Bien que nous ne combattions pas contre la chair et le sang, il n'en demeure pas moins que lorsque satan nous rend visite, il passe souvent par des personnes mal intentionnées, dont l'objectif est clairement de nous détruire, ou de nous séduire.

Mike Murdock a dit : « Vous n'avez pas d'avenir, sans ennemi ». Par exemple, c'est par Goliath, un ennemi d'Israël, que David a été révélé au grand jour. Sans lui, il serait demeuré un petit berger inconnu. Par sa victoire sur Goliath, David a obtenu en une journée ce qu'il n'aurait jamais osé rêver : le changement de statut (l'accès au palais), l'honneur (la main de la fille du roi), et la destruction du joug qui pesait sur toute sa famille, depuis des générations.

Dieu ne peut se glorifier dans votre vie tant qu'il n'y a pas de géant à terrasser sur votre chemin. Il n'y a pas de position nouvelle sans opposition, pas d'avenir sans ennemi, pas de triomphe sans trouble, pas de gloire sans histoire.

Avez-vous remarqué que vous êtes plus attentif à vos actes et vos paroles lorsque vous évoluez en environnement hostile ? Vos ennemis vous obligent à la prudence et à la sagesse, et donc à veiller et prier sans cesse. Ils exposent vos faiblesses, vous contraignant à faire preuve d'humilité; ils révèlent vos limites, vous obligeant ainsi à vous appuyer constamment sur la puissance de Dieu.

Vos ennemis, sans le savoir, vous poussent vers votre destinée. Sans le savoir, les personnes qui s'efforcent de vous jeter dans le puits sont les instruments qui vous propulsent vers le palais. Elles vous crucifient, mais ce faisant, elles vous mènent à la résurrection. En vous rejetant, elles vous poussent dans les bras éternels de Dieu, parce que c'est en vous tournant vers lui que vous trouvez la force, le réconfort.

En y regardant de plus près, vous vous apercevrez que les personnes qui ont voulu vous faire du mal, vous ont propulsé vers votre destinée en Christ.

Lorsque vous saisissez cette vérité, vous commencez à aimer vos ennemis et à bénir Dieu pour ceux qui vous maudissent.

Une prière pour aujourd'hui

« Père, je réalise que ce n'est pas en vain que tu permets l'apparition d'ennemis dans ma vie. Je réalise que tu ne laisses jamais mes ennemis se réjouir à mon sujet, mais que tu les utilises comme un marchepied vers ma prochaine élévation divine. Merci de me guérir de toute amertume et de glorifier ton Nom. Amen ».

07 MARS

Jérémy Sourdril

Continuer à aimer Jésus « même s'il ne pouvait plus rien faire pour vous »

Il y eut deux hommes qui firent une différence dans l'histoire de l'humanité. Il s'agit de deux hommes qui continuèrent à aimer Jésus alors que celui-ci ne pouvait plus rien faire pour eux. On passe à côté de l'histoire de ces hommes, pourtant l'un d'eux trouve sa place dans chacun des quatre évangiles.

Les disciples de Jésus venaient d'horizons différents. Aucun ne se ressemblait vraiment mais ils étaient tous différents. Ils vécurent tous des choses fortes avec Dieu et virent des miracles extraordinaires sous leurs yeux. Ils entendirent le maître faire des promesses merveilleuses au sujet des fleuves d'eau vive qui couleraient de leur esprit, au sujet du fait que Jésus serait toujours avec eux, qu'il ne les laisserait jamais seul, etc. Jésus avait proclamé des paroles de délivrance sur les malades, les pauvres et les pécheurs. Il guérissait les gens et les délivrait, tout en prêchant sur le Royaume de Dieu. Il manifestait en fait le Royaume de Dieu.

Mais, il mourut. Dans le jardin, les disciples furent choqués, et ils le suivirent de loin. Lorsque Pierre vit Jésus se faire frapper, il n'en revenait pas, il était choqué. Ceux des disciples qui étaient présents lors de sa mort étaient épouvantés : où étaient passées toutes les promesses de Jésus ? Qu'allaient-ils devenir ?

Certains des disciples n'assistèrent pas à la crucifixion par peur d'être tués eux aussi. Les disciples étaient dans l'incompréhension la plus totale. Nous ne réalisons pas ce qu'ils ont vécu mais après avoir passé trois ans et demi avec le Seigneur, ils étaient persuadés qu'il allait devenir roi sur Jérusalem, et il était là en train de mourir sur une croix !

Jésus avait-il menti ? S'était-il trompé ? Était-ce de la faute des disciples ? Avaient-ils laissé une porte ouverte dans leur vie qui avait empêché Jésus de devenir roi ? Était-ce leur orgueil ou leur raisonnement humain, leur manque de zèle ou de prière dans le jardin qui avait mis Jésus dans cette position ? Jésus était-il vraiment le Fils de Dieu ? Autant de questions que les disciples ont dû se poser.

Jésus venait d'expirer son dernier souffle. Il avait crié : « Mon Dieu mon Dieu, pourquoi m'as-tu abandonné ? ». Les disciples ne trouvaient même plus, apparemment, de foi en Jésus lui-même. Ils ont pleuré et il est clair que certains étaient dans la terreur.

Pourtant, deux hommes sont sortis du lot. Jésus ne pouvait rien pour eux, car il était mort, mais ils ont continué à l'aimer. Ils ont continué à démontrer leur amour. Ils avaient des questions, ils ne comprenaient pas pourquoi, mais ils ont continué à aimer Jésus et à lui être fidèle pendant ces heures tragiques qui suivirent la mort de Celui qui devait être leur Sauveur. Il devait les sauver, mais apparemment ce sont eux qui le sauvaient de la croix.

En prenant les quatre évangiles, voici leur histoire :

Le soir étant venu, comme c'était la préparation, c'est-à-dire, la veille du sabbat, arriva un homme bon, juste et riche, conseiller de distinction, nommé Joseph, lequel était aussi disciple de Jésus. Il n'avait point participé à la décision et aux actes des autres; il était d'Arimathée, ville des Juifs, et il attendait le royaume de Dieu.

En secret par crainte des Juifs, il osa demander à Pilate la permission de prendre le corps de Jésus. Pilate s'étonna qu'il fût mort si tôt; fit venir le centenier et lui demanda s'il était mort depuis longtemps. S'en étant assuré par le centenier, Pilate ordonna de le remettre. Joseph prit le corps et le descendit de la croix, l'enveloppa d'un linceul blanc qu'il avait acheté.

Nicodème, qui auparavant était allé de nuit vers Jésus, vint aussi, apportant un mélange d'environ cent livres de myrrhe et d'aloès. Ils enveloppèrent le corps de Jésus de bandes, avec les aromates, comme c'est la coutume d'ensevelir chez les Juifs. Puis Joseph roula une grande pierre à l'entrée du sépulcre, et il s'en alla. Le sépulcre se trouvait dans le jardin où Jésus avait été crucifié. Ce fut là qu'ils déposèrent Jésus, à cause de la préparation des Juifs, parce que le sépulcre était proche.

Jésus était mort, il ne pouvait plus rien, ni pour Joseph, ni pour Nicodème, mais ils s'occupèrent de Jésus, prirent des risques, et dépensèrent de l'amour, de l'argent et du temps. Joseph attendait le Royaume de Dieu. Malgré la mort de Jésus, il continuait de faire confiance aux paroles de Jésus, même si tout était contraire à ses paroles. Il osa aller vers Pilate, alors qu'il avait une position importante. Il risqua sa position, son travail et il risqua aussi sa vie pour s'occuper de Jésus ! Il aurait pu se dire que quelqu'un l'aurait fait, mais il prit ce risque fou. Il avait acheté un linceul blanc qui devait coûter bien cher, mais en plus il mit Jésus dans un sépulcre qu'il s'était fait tailler pour lui-même. Cela avait dû lui coûter un prix fou, et en plus ce sépulcre était pour lui.

Nicodème, lui, qui était allé dans la nuit vers Jésus, dépensa un prix énorme pour embaumer le corps de Jésus.

Ce n'était pas n'importe quel parfum. Il prit environ 3,5 kilos de myrrhe et d'aloès :

> *Exode 30 : 22-23*
> *L'Éternel parla à Moïse, et dit : Prends des meilleurs aromates, cinq cents sicles de myrrhe, de celle qui coule d'elle-même; la moitié, soit deux cent cinquante sicles, de cinnamome aromatique, deux cent cinquante sicles de roseau aromatique,*

Joseph et Nicodème continuèrent à aimer Jésus. Ils prirent des risques, alors qu'ils n'avaient rien à gagner.

J'aimerais vraiment vous encourager aujourd'hui à aimer Jésus, même si vous traversez des difficultés qui vous paraissent insurmontables, même si Jésus vous paraît loin et que vous avez été déçu par Lui. En fait Jésus est toujours prêt de nous, il est ressuscité des morts et il est vivant pour répondre à notre foi ! Faites-lui encore confiance, croyez à sa Parole et aimez-le jusqu'au bout, renouvelant votre premier amour pour Lui ! Jésus-Christ, extraordinaire Dieu d'amour, le Roi de Gloire tout puissant, mérite votre louange et votre adoration. Avant même de finir cette page, commencez à l'adorer, commencez à lui dire que vous l'aimez, dites-lui que vous l'aimerez quoi qu'il arrive, et quoi qu'il soit arrivé, que vous l'aimerez en dépit des circonstances. Donnez-lui tout ! Prenez un instant pour lui renouveler votre amour, pour lui renouveler vos vœux de consécration et de soumission à sa volonté.

Aimez Jésus d'une façon désintéressée !

Aimez-le juste pour qui Il est : notre sauveur d'amour. Vous pouvez le louer maintenant, car la louange est une décision, et les vrais adorateurs, c'est vous ! Ouvrez votre bouche maintenant. Pratiquez la Parole de Dieu, et l'Esprit de Dieu vous inspirera une adoration en l'honneur de Jésus, celui qui peut faire infiniment au-delà de tout ce que vous pouvez penser ou imaginer, celui qui vous aime d'un amour éternel, et qui aime aussi être aimé sans qu'on n'attende rien en retour de sa part.

Déclarons :

« Jésus, je t'aime ! Je t'adore ! Tu es mon amour et mon Dieu ! Reçois la gloire et la louange, l'honneur pour tous les siècles ! Je te donne ma vie entière, je te donne tout ! Prends ma vie comme un parfum d'adoration, comme un parfum de myrrhe qui coule sur toi Seigneur. Je t'aime Jésus ».

08 MARS

Mohammed Sanogo

« Notre père est dans les cieux »

A la question (des disciples) de savoir comment prier efficacement, Jésus répond en Matthieu 6 en leur enseignant la « fameuse prière du notre père ». Cette prière présente de manière évolutive plusieurs étapes qui favorisent l'efficacité de la prière : apprendre à suivre ces différentes étapes révolutionnera vos prières.

Ésaïe 66 : 1
Dieu est dans le ciel et la terre est son marchepied.

Dans la première étape de cette progression, c'est-à-dire « notre père qui est aux cieux », en plus de la notion du Père (déjà développée) à qui nous nous adressons, Jésus nous amène à considérer la position de Dieu : « ...qui est dans les cieux... ». Il est en effet très important en priant de considérer la position de DIEU par rapport à la situation que nous vivons ou traversons :

Vous remarquerez que toutes les autres requêtes viennent bien après cette étape « ... qui est dans les cieux... ». En effet avant de demander quoi que ce soit nous devons être conscients que Dieu est au-dessus de la terre, au-dessus de nos problèmes.

Effectivement, la position de celui à qui nous demandons de l'aide est déterminante dans la confiance que nous avons en sa capacité à nous venir en aide. Si nous sommes dans un trou, celui qui peut nous aider doit être à l'extérieur de ce trou. S'il y a une crise financière celui qui peut nous aider ne doit pas être dans la crise mais en dehors. Si malheureusement il s'y trouve aussi, nous aurions un peu de doute en sa capacité à nous aider. Dieu est esprit et c'est au travers de nos pensées que nous appréhendons sa position. Bien que nous sachions qu'il est capable de tout, nous pouvons « plomber » notre foi si nous concevons mal sa position par rapport à notre situation.

Si vous avez besoin de 10.000 euros de manière urgente, votre foi va dépendre : si vous êtes le fils de Bill Gates, sûrement que vous serez serein et que ces 10.000 euros ne vous angoisseront pas. Mais si votre père travaille dans une pauvre ferme au fin fond de la campagne... certainement que vous aurez quelques appréhensions.

Lorsque vous venez dans la prière, quelle est (de manière inconsciente) la position que vous donnez à Dieu par rapport à vos besoins ? La crise financière, sociale, le manque d'emploi vous accablent. Peut-être qu'inconsciemment vous avez l'impression que Dieu aussi est en difficulté face à ces crises !

« Il n'y a plus d'argent dans le pays ! » peut-être qu'inconsciemment pensez-vous que Dieu est aussi à court d'argent pour vous venir en aide ? « Toutes les entreprises ferment et licencient ! » Peut-être que vous êtes effrayé par cette situation comme si le ciel était aussi en crise ?

Lorsque vous priez, avez-vous l'impression que Dieu est sur la terre soumis aux problèmes terrestres ou le voyez-vous au-dessus de ceux-ci ? Ne vous angoissez pas comme si le problème que vous devez affronter était aussi un problème pour Dieu : « Dieu est au ciel ». Vous serez plus serein si vous avez constamment à l'esprit la position de Dieu et l'assurance qui en découle est un ingrédient nécessaire dans la foi (Hébreux 11 : 1).

La position que vous donnez à Dieu se voit dans la façon dont vous décrivez le problème que vous traversez : si vous vous attardez plus sur la description du problème au lieu de décrire Dieu face à ce problème, c'est qu'inconsciemment vous sous-estimez la position de Dieu.

C'est ce qui a fait la différence entre David et l'armée d'Israël devant Goliath : eux, ils voyaient un géant à la carrure impressionnante. Ils furent intimidés comme si la carrure de Goliath était un problème pour Dieu : ils n'ont pas eu la foi et ont pris la fuite. David par contre voyait Dieu élevé avant de voir Goliath; dès lors Goliath paraissait petit comme un chien et par rapport à cette vision, David a agi et l'a tué comme un chien.

Le ciel n'est pas en crise... et « votre père est justement dans les cieux ». Le ciel n'a pas de problème d'emploi, et votre père s'y trouve justement. Le ciel n'a pas de problème de santé, et votre père y est le roi. Dieu est au ciel et la terre est son marchepied. « Notre Père qui est dans les cieux ».

09 MARS

Jérémy Sourdril

La paix et l'inspiration face à une situation de stress

Le stress n'est jamais la volonté de Dieu. Au contraire, Dieu nous veut dans la paix. Dieu est si bon qu'il s'intéresse non seulement à notre esprit, mais aussi à la paix de notre âme, dans nos émotions, dans nos pensées.

Vous avez déjà certainement vécu une situation de stress. Une nouvelle ou un évènement inattendu, quelque chose à achever avant une date butoir, un bilan à rendre ou un exposé à faire, etc. Le stress survient lorsque nous pensons ne pas pouvoir faire face à une situation, ne pas être à la hauteur à cause d'un manque de préparation ou de possibilité. Il faut vraiment comprendre en tant qu'enfant de Dieu que Dieu nous aime tellement qu'il a promis de nous donner la paix dans les situations de stress que nous pouvons rencontrer, mais à deux conditions. Avant de lire ce verset que vous connaissez déjà certainement, il faut que vous puissiez réaliser réellement que si vous remplissez ces deux conditions, aucune situation de stress ne pourra perdurer dans votre vie.

> *Philippiens 4 : 6*
> *Ne vous inquiétez de rien; mais en toute chose faites connaître vos besoins à Dieu par des prières et des supplications, avec des actions de grâces.*

La Parole de Dieu nous apprend que l'inquiétude est un choix, ou plus exactement que résister à l'inquiétude est un choix. L'inquiétude ou le stress peuvent essayer de nous attaquer, mais nous avons le choix de refuser ces choses. La première chose à faire est de décider de ne pas stresser. C'est une décision. La décision de ne pas stresser veut dire que même si aucune circonstance n'est là pour nous aider, nous décidons d'obéir à Dieu simplement en ne regardant pas aux circonstances. Combien de gens disent : « C'est plus fort que moi », mais je peux vous dire que rien n'est impossible à celui qui croit.

> *Ésaïe 26 : 3*
> *A celui qui est ferme dans ses sentiments Tu assures la paix, la paix, Parce qu'il se confie en toi.*

Dieu nous a fait des promesses. Et des hommes inspirés par le Saint-Esprit ont confirmé que la Parole de Dieu est vraie. À celui qui est ferme dans ses sentiments, ou encore dans ses décisions et convictions, Dieu assure la paix. Si vous ne vous laissez pas rouler par vos sentiments, vous réussirez à remplir cette première étape.

Avez-vous déjà réfléchi au mot : « sentiment » ? Je trouve que le mot en français est vraiment bon. Il y a : « senti » et « ment ». Ceci veut dire que ce que nous sentons, nos sentiments, mentent souvent ! Et en tant qu'enfant de Dieu, nous ne sommes pas appelés à écouter nos sentiments mais nous sommes appelés à soumettre nos sentiments à la Parole de Dieu. Si vous êtes ferme dans votre décision de ne pas stresser, si vous êtes ferme dans vos sentiments renouvelés par la Parole de Dieu, Dieu vous donnera la paix. Mais ce verset d'Ésaïe dit que la paix de Dieu vient parce que nous nous confions en Dieu. C'est la deuxième étape, et nous en parlerons demain. Jusqu'ici, méditez sur ces vérités importantes, soyez ferme dans vos convictions et prenez la décision de ne pas vous inquiéter pour ce que vous pouvez traverser.

Déclarez avec moi :

« Je rejette toute forme d'inquiétude et de crainte au Nom Puissant de Jésus-Christ, je suis une nouvelle créature et je n'ai pas été créé pour marcher dans la crainte tous les jours de ma vie, ni même un seul jour ! Crainte, je t'ordonne de quitter ma vie ! Je reçois la paix de Dieu maintenant même ! Gloire à Jésus-Christ, le Dieu de toute paix ! Amen ! ».

10 MARS

Jérémy Sourdril

La paix et l'inspiration face à une situation de stress (suite)

Nous avons vu hier que la Parole de Dieu nous dit qu'en toute chose nous devons faire connaître nos besoins à Dieu par des prières et des supplications, avec des actions de grâces. C'est ici la deuxième étape pour vaincre une situation de stress.

Que ferez-vous si un évènement inattendu vous atteint (sachant que l'enfant de Dieu ne craint pas qu'un évènement inattendu l'atteigne) ? Vous vous décidez automatiquement à ne pas stresser, vous prenez la décision de ne pas écouter vos sentiments mais d'obéir à Dieu en choisissant de ne pas vous inquiéter. Ensuite, Dieu nous demande de nous confier en Lui.

Commencez à dire tout de suite (n'attendez pas que la marmite déborde) :

« Seigneur, merci car tu as promis d'être tous les jours avec moi et de m'accompagner. Tu m'as demandé de ne pas m'inquiéter, je refuse de m'inquiéter par rapport à ce que je viens d'apprendre, ce que je viens de vivre, ou ce que j'ai à faire. Je te demande de m'aider et j'appelle ta paix surnaturelle. Viens me donner ton inspiration et ta stratégie dans cette situation. Merci, car tu me donnes une paix surnaturelle Seigneur ! Je te loue ! Je t'adore et je te remercie pour ton amour ! Merci car tu prends soin de moi ! Merci parce que tu m'aimes ! ».

Ainsi vous faites connaître votre besoin, avec des louanges et des supplications selon ce que le Saint-Esprit vous dirigera. Et la paix de Dieu vous remplira :

> *Philippiens 4 : 7*
> *Et la paix de Dieu, qui surpasse toute intelligence, gardera vos cœurs et vos pensées en Jésus-Christ.*

Nous avons souvent parlé de cette promesse de Dieu, mais Dieu veut nous donner autre chose : de l'inspiration. Si Dieu veut nous remplir d'une paix qui dépasse toute intelligence et qui garde nos cœurs et nos pensées en Jésus-Christ, c'est parce que Dieu veut aussi nous donner l'inspiration pour agir par rapport à cette situation. Il y a quelque chose que Dieu veut nous donner, qui dépasse notre intelligence humaine, quelque chose qui ne vient pas de notre âme mais qui trouve son commencement dans notre cœur, dans notre esprit. Cela s'appelle l'inspiration. Dieu veut nous donner cette « chose » qui dépasse notre intelligence, qui est en fait quelque chose de spirituel : une inspiration divine pour faire face à cette situation.

Il y a les situations de stress qui ne durent qu'un instant, mais il y a parfois des situations ou le stress essaie de nous attaquer régulièrement face à un défi particulier. Cela peut être la garde de ses enfants pour une maman qui a été délaissée, une dette financière ou une crise économique personnelle, une maladie quelconque, etc. Dans ces situations, nous devons trouver l'inspiration divine.

Dieu ne veut jamais nous laisser seul ! Non, nous pouvons ne pas être des enfants, mais même si nous étions parvenus à la stature de Christ, Dieu ne voudrait pas nous laisser seul. La seule fois où Dieu a laissé Jésus seul, c'était à la croix, lorsque Dieu le Père a dû détourner ses regards de son Fils à cause de nos péchés. Même dans le désert, Jésus n'était pas seul, Dieu était derrière lui pour l'aider et d'ailleurs il envoya ses anges.

Même lorsque Jésus dort dans la tempête, il est là pour nous donner la paix, MAIS si vous ne vous décidez pas pour l'obéissance, vous ne pourrez pas recevoir la paix de Dieu. Si vous ne décidez pas de vous mettre en accord avec la Parole de Dieu en choisissant de ne pas vous inquiéter, et si vous ne remettez pas vos soucis au Seigneur, vous limiterez la puissance surnaturelle de Dieu dans votre vie et son inspiration qu'il aimerait vous donner.

Un jour, ma fille âgée de quatre ans, est tombée d'un escalier et a atterri sur la nuque sur la dernière marche de l'escalier. Elle a pleuré mais apparemment tout allait bien. Puis plus tard elle a vomi, ce qui est un très mauvais signe dans ce genre de situation (cela peut être le signe d'un traumatisme crânien). Je me souviens avoir posé ma main sur sa tête avec autorité en appelant la guérison de Dieu et en chassant tout mal. Puis dans la soirée, alors qu'elle dormait dans sa chambre, elle a vomi à nouveau. Nous avons appelé les urgences qui nous ont très fortement conseillés de nous rendre à l'hôpital le plus proche.

Finalement, ils ont envoyé deux hommes qui sont montés à la maison, un peu survoltés, et qui l'ont amenée à l'hôpital, au son des sirènes de l'ambulance. Vous pouvez imaginer la situation. J'ai devancé les pompiers qui pourtant passaient par les sens interdits et les feux rouges ! Je priais de toutes mes forces dans la voiture, et en un instant, à une seconde très précise, la paix de Dieu coula sur moi d'une façon extraordinaire. C'était vraiment merveilleux. Arrivé à l'hôpital, le stress était pourtant revenu pour moi, et dura toute la nuit jusqu'à recevoir le diagnostic. C'est dommage car j'aurais pu garder la paix de Dieu toute la nuit.

Quand la paix de Dieu vient sur vous, gardez-la ! Dieu est intéressé par notre paix. En fait il est extrêmement intéressé à notre paix ! Ici, je n'avais pas d'inspiration à recevoir, mais j'avais à garder cette paix surnaturelle de Dieu.

Si vous remplissez ces deux conditions, vous êtes dans la meilleure position pour que Dieu vous donne l'inspiration nécessaire.

> *1 Corinthiens 10 : 13*
> *Aucune tentation ne vous est survenue qui n'ait été humaine, et Dieu, qui est fidèle, ne permettra pas que vous soyez tentés au-delà de vos forces; mais avec la tentation il préparera aussi le moyen d'en sortir, afin que vous puissiez la supporter.*

N'oublions pas qu'il existe un don spirituel qui s'appelle la parole de sagesse ! Dieu peut nous donner une parole de sagesse, une forte conviction intérieure qui est une inspiration divine pour garder la paix pendant la situation que nous rencontrons ou pour nous donner une solution pour sortir de la situation que nous rencontrons.

> *Job 38 : 36*
> *Qui a mis la sagesse dans le cœur, Ou qui a donné l'intelligence à l'esprit ?*

Ce verset parle d'une intelligence et d'une sagesse du cœur, de l'esprit. Il ne s'agit pas de l'intelligence ou de la sagesse humaine, mais de la sagesse et de l'intelligence spirituelle que Dieu nous donne dans notre esprit.

J'aimerais prier pour vous

Si vous rencontrez en ce moment une difficulté ou un défi qui vous paraît insurmontable, sachez tout d'abord que rien n'est insurmontable. Je prie maintenant pour vous, et je vous exhorte à vous mettre en position de recevoir. Croyez que Dieu va vous toucher.

« Père, je prie maintenant pour ce cher frère, cette chère sœur, au Nom puissant de Jésus-Christ, afin qu'il (elle) soit rempli(e) de la connaissance de ta volonté, en toute sagesse et intelligence spirituelle, afin qu'il (elle) marche de la façon dont tu veux, selon tes décisions. Je proclame la paix surnaturelle de Dieu dans ses pensées et dans son cœur. Gloire à toi précieux Père, gloire à Jésus-Christ, amen ! ».

> *Colossiens 1 : 9*
> *C'est pour cela que nous aussi, depuis le jour où nous en avons été informés, nous ne cessons de prier Dieu pour vous, et de demander que vous soyez remplis de la connaissance de sa volonté, en toute sagesse et intelligence spirituelle,*

11 MARS

Jonathan Bersot

Zachée était-il vraiment un voleur ?

Dans une ville, dont je tairai le nom, un jour, un frère a remarqué une sœur sortir d'un hôtel, c'était un mardi après-midi. Que pouvait bien faire la sœur untel dans un hôtel en plein après-midi ? Voilà que, la semaine suivante, à la même heure, la même sœur sort du même hôtel...

Mais que peut bien faire une femme mariée dans un hôtel chaque semaine en plein après-midi ? Non ? Vous croyez ? Ce n'est pas possible ! Qui aurait cru que cette sœur puisse avoir des relations galantes extraconjugales ? Franchement ! Pourtant, en creusant un peu plus loin, alors que le pasteur s'en mêlait, on réalisa qu'il se tenait dans cet hôtel des réunions des Weight Watchers, chaque mardi après-midi. Mais la rumeur avait été lancée, la calomnie faisait ses ravages...

Dans la même veine, qui ne connaît pas l'histoire de Zachée, ce chef des publicains qui n'avait pas bonne presse ?

> *Luc 19 : 7*
> *Voyant cela, tous murmuraient, et disaient : Il est allé loger chez un homme pécheur.*

Zachée est un juif qui travaille pour les Romains en collectant l'impôt pour César. Les publicains, aussi appelés péagers, n'étaient pas très bien vus en ce temps-là. Aujourd'hui, être inspecteur des impôts ne veut pas forcément dire être un traître à sa nation, son pays et sa race.

Ce qui est assez surprenant avec ce texte, c'est de voir comment la médisance peut avoir de l'influence sur notre jugement, malgré les données rationnelles du récit. En effet, aujourd'hui encore, il n'est pas rare d'entendre dire que Zachée était un voleur et que s'il était riche, c'est parce qu'il avait volé, exploité les plus pauvres. Ça, c'est ce que les gens de Jéricho pensaient de lui. Mais est-ce vrai ? Quelle est votre opinion concernant Zachée ? Votre point de vue est-il objectif ou influencé par les mauvais propos que l'on tenait sur lui au temps de l'Évangile ? Se pourrait-il que les murmures des contemporains de Zachée nous influencent encore aujourd'hui ?

Jésus, pour sa part, ne semble pas être conditionné par ces murmures, bien au contraire il va à contre-courant.

L'évangile de Luc nous avait déjà présenté des professions similaires, avec un fort taux de médisances et de suspicion. Jean le Baptiste, lui, sans juger ou murmurer avait recommandé l'honnêteté :

> *Luc 3 : 12-13*
> *Des collecteurs d'impôts aussi vinrent se faire baptiser et lui dirent : « Maître, que nous faut-il faire ? ». Il leur dit : « N'exigez rien de plus que ce qui vous a été fixé ». Des militaires lui demandaient : « Et nous, que nous faut-il faire ? » Il leur dit : « Ne faites ni violence ni tort à personne, et contentez-vous de votre solde ».*

Avec le baptême de repentance de Jean, le collecteur d'impôts pouvait garder sa profession, mais sans rien exiger de plus que ce qui a été fixé. La réputation des collecteurs d'impôts était en effet mauvaise, et certainement justifiée : ils profitaient de leur position d'autorité pour escroquer, voler, s'enrichir sur le dos des taxables.

Mais je reviens à ma question du début, est-ce le cas de Zachée ? Le nom de Zachée lui-même semble dire le contraire. En effet, Zachée signifie « pur ». Son nom a-t-il toujours du sens en Luc 19, ou ce collecteur d'impôt s'est-il détourné du sens propre de son nom ? Est-il honnête comme son nom l'indique ou est-il malhonnête comme la pensée populaire le proclame ? En plus, non seulement il est collecteur d'impôt, mais il est le chef !

Veuillez noter avec moi, que quand Jésus appelle Zachée par son nom, alors qu'il est perché dans un sycomore, cela a pour effet de révéler que Jésus connaît Zachée et qu'il connaît aussi son nom avec sa signification. En l'appelant devant tout le monde, il rappelle aussi à tous quel est le nom du chef des péagers. Faisons maintenant un peu de mathématique. Les chiffres en effet sont ici des informations pragmatiques, loin de toutes influences médisantes de la foule. Luc nous dit :

> *Luc 19 : 8-9*
> *Mais Zachée, se tenant devant le Seigneur, lui dit : Voici, Seigneur, je donne aux pauvres la moitié de mes biens, et, si j'ai fait tort de quelque chose à quelqu'un, je lui rends le quadruple. Jésus lui dit : Le salut est entré aujourd'hui dans cette maison, parce que celui-ci est aussi un fils d'Abraham.*

Décortiquons ensemble la formule mathématique de ce passage. Zachée est riche, on ne peut dire le contraire. Mais quelle est l'origine de sa fortune ? A-t-il volé cet argent aux gens de Jéricho en trafiquant les comptes des impôts comme la croyance populaire veut nous amener à croire ? Quand Zachée reçoit Jésus dans sa maison, le Salut est entré chez lui. En réponse, Zachée donne la moitié de ses biens aux pauvres, soit 50 % de sa fortune.

Ensuite, il veut dédommager ceux à qui il a fait du tort, en les remboursant au quadruple. Seriez-vous d'accord avec moi pour dire que dans cette situation, devant Jésus, il ne s'agit pas d'une promesse qu'il ne tiendra pas ou qu'il ne peut tenir, mais que ses propos sont non seulement sincères, mais vrais ? Bref, pour rembourser au quadruple, il faut avoir cet argent. Souvenons-nous, Zachée a donné la moitié de sa fortune (50 %) et s'il utilise tout le reste de ses biens, il ne peut rembourser maintenant que 50 % divisé par quatre de ce qu'il avait au départ, soit, 12, 5 %.

Il n'est pas dit que Zachée a donné TOUT ce qu'il avait, mais techniquement (et mathématiquement), si Zachée était un voleur, seulement 12, 5 % au maximum de sa fortune initiale aurait été obtenue en faisant du tort à quelqu'un.

Bref, Zachée n'était pas si voleur que cela. Il pourrait même être « pur », contrairement à ce que la rumeur pouvait dire de lui. En gardant cela en tête, la déclaration de Jésus peut confirmer cela quand Il dit :

> *Luc 19 : 9*
> *Jésus lui dit : Le salut est entré aujourd'hui dans cette maison, parce que celui-ci est aussi un fils d'Abraham.*

Zachée n'est pas devenu fils d'Abraham (le père des croyants) quand Jésus est entré dans sa maison, il l'était auparavant (Cf. Matthieu 3 : 3).

Ne nous laissons pas influencer par l'opinion populaire, la pensée de tous, la médisance ou les ragots, mais laissons Jésus nous conduire dans la vérité en regardant ceux qui nous entourent comme lui les voit.

12 MARS

Jérémy Sourdril

Ne fais pas l'œuvre de Dieu avec négligence

La négligence que beaucoup de chrétiens ont, a beaucoup sali la réputation du Corps de Christ. La négligence est souvent la conséquence de la légèreté chez plusieurs chrétiens. On trouve de plus en plus de ce genre de chrétiens, l'amour du plus grand nombre se refroidit, les principes et le courant du monde ont envahi bien des croyants.

C'est aussi pour cela que beaucoup font l'œuvre de Dieu avec négligence.

> *Jérémie 48 : 10*
> *Maudit soit celui qui fait avec négligence l'œuvre de l'Éternel, Maudit soit celui qui éloigne son épée du carnage !*

Nous ne sommes plus sous la malédiction, mais en faisant l'œuvre de Dieu avec négligence, nous limitons la grâce de Dieu sur notre vie et nous nous empêchons nous-mêmes d'aller plus loin dans le plan de Dieu pour notre vie.

Pendant longtemps, l'évangile a été synonyme de pauvreté, et dans bien des églises, lorsqu'il s'agissait de faire des choses pour Dieu, les gens disaient : « Oh ce n'est pas grave si ce n'est pas super, c'est pour le Seigneur ! ». C'est fou mais c'était pourtant la mentalité de beaucoup de gens. Si quelqu'un avait l'idée de mettre un panneau pour indiquer où se trouvait l'église, quelqu'un prenait un morceau de carton et écrivait le nom de l'église dessus. Lorsqu'il fallait acheter quelque chose pour l'église, on achetait toujours les choses les moins chères et de moins bonne qualité, car : « C'était pour le Seigneur ! ». Apparemment, ce genre de personne n'avait pas dû lire combien Dieu était rigoureux lors de la construction du tabernacle par exemple, combien Dieu marche dans l'excellence et la perfection.

> *Matthieu 5 : 48*
> *Soyez donc parfaits, comme votre Père céleste est parfait.*

Jésus était en train de dire que nous devons avoir les mêmes attitudes d'amour que Dieu le Père a envers les gens. Nous devons avoir une attitude d'excellence envers le Seigneur et envers son œuvre. Si nous aimons Dieu, nous ne lui offrirons pas le moins bon, car Dieu ne veut pas du moins bon. Imaginez un fiancé qui pour conquérir sa fiancée lui offrait une robe abimée et un vase tout sale. Ne serait-elle pas choquée et même vexée ? Pourtant, les gens osent offrir à Dieu des choses de ce genre. Ils utilisent parfois des choses, et lorsque ces choses sont en mauvais état, ils les donnent à l'église ! Ils récupèrent à la déchetterie des tables, des rideaux, des bureaux, pour les amener à l'église. Et ils pensent que Dieu sera content avec cela car Dieu n'est pas intéressé par les choses matérielles. Non, Dieu n'est pas intéressé par les choses matérielles en elles-mêmes mais Dieu est intéressé par l'attitude qui est derrière notre don et il est intéressé à ce qu'on lui donne le meilleur !

> *Deutéronome 15 : 21*
> *S'il a quelque défaut, s'il est boiteux ou aveugle, ou s'il a quelque autre difformité, tu ne l'offriras point en sacrifice à l'Éternel, ton Dieu.*

> *Malachie 1 : 14*
> *Maudit soit le trompeur qui a dans son troupeau un mâle, Et qui voue et sacrifie au Seigneur une bête chétive ! Car je suis un grand roi, dit l'Éternel des armées, Et mon nom est redoutable parmi les nations.*

Il est très clair que Dieu n'aime pas être trompé, il demande de nous le meilleur. Dieu ne demande pas que l'on puisse l'aimer comme un « pote », mais de tout notre cœur, de toute notre âme et de toutes nos pensées comme notre seul et unique Dieu. Nous devons être excellents pour notre Dieu, faisant notre travail pour lui avec joie. Il y a toujours quelque chose à faire pour lui. Quand je vois parfois des églises qui distribuent des invitations avec des fautes d'orthographe dans le titre, avec un papier de moins bonne qualité que du papier toilette, alors que ces églises ont les moyens, je suis quelque peu surpris... Je ne pense pas que ces gens aient envoyé ce genre de document comme faire-part pour annoncer leur mariage !

> *Matthieu 22 : 11-12*
> *Le roi entra pour voir ceux qui étaient à table, et il aperçut là un homme qui n'avait pas revêtu un habit de noces. Il lui dit : Mon ami, comment es-tu entré ici sans avoir un habit de noces ? Cet homme eut la bouche fermée.*

Ce qui importe pour Dieu, c'est bien entendu notre cœur et nos motivations, mais cela doit se refléter dans notre œuvre et nos actions pour lui. Nous ne donnons pas le moins bon à Dieu. Nous lui donnons d'abord les prémices de nos revenus, et nous faisons de notre mieux pour son œuvre.

Ne vous est-il jamais arrivé de trouver un papier par terre dans l'église ? Quelle a été votre réaction ? Vous êtes passé sans le ramasser comme si vous ne l'aviez pas vu ? Vous vous êtes dit que ce n'était pas à vous de le ramasser, car ce n'était pas vous qui l'aviez fait tomber ? Ou vous l'avez ramassé et jeté à la poubelle ? Si vous ramassez les papiers qui traînent par terre chez vous, à combien plus forte raison vous devriez le faire à l'église.

Grand est le nombre d'églises dans le monde qui ont des énormes toiles d'araignées dans le coin des murs, sous les radiateurs, ou aux fenêtres ! Combien ont des fenêtres sales, et des trous dans le plafond ! J'ai été dernièrement dans une église, la salle de culte était propre, mais lorsque j'ai visité la « salle » pour les enfants, il y avait des trous dans les plafonds avec des fils qui sortaient, les murs à la hauteur des enfants étaient vraiment très sales et il y avait des choses dangereuses à la portée des enfants ! C'est une insulte au Seigneur et à ses petits enfants ! Là où Dieu envoie, il pourvoit. Dieu est le Dieu qui pourvoit. N'attendez pas que quelqu'un d'autre le fasse mais faites-le vous-même ou participez financièrement pour rendre les choses propres et excellentes.

Je suis toujours surpris de la radinerie qu'ont beaucoup de gens qui se permettent de dépenser des dizaines de milliers de dollars et qui ne veulent pas mettre 500 dollars pour peindre par exemple la salle des enfants ou le bureau du pasteur. Pourquoi les églises devraient être les endroits où l'on trouve le plus de vieux meubles, de chaises abîmées, de rideaux ternis, de poussière et de tapis usagés ? ! Il ne faut pas qu'il en soit ainsi !

Dieu regarde à notre cœur mais il regarde également aux choses que l'on fait pour Lui. Vous savez, Dieu nous observe, il regarde avec quelle précaution et avec quel zèle et quel sérieux nous nous occupons de son œuvre. Je sais que Dieu est extrêmement intéressé par la façon dont nous nous occupons de sa maison. Sa maison doit être d'une certaine manière le reflet de sa Gloire.

Nous devons refuser la négligence et nous repentir si nous agissons avec négligence pour les choses qui le concernent. Vous pourrez lire comment Dieu voulait des choses précises et excellentes concernant la construction du tabernacle et tout ce qui se rapportait à son service ! Dieu n'avait pas choisi le frère qui se débrouille pas trop mal dans le domaine, et qui pourrait bidouiller quelque chose, ou la sœur qui réussit à utiliser le moins d'argent pour faire des choses, mais il appela Betsaleel et Oholiab, qui étaient remplis d'un esprit de sagesse et d'intelligence et de compétence pour toutes sortes d'ouvrage.

> *Exode 35 : 35*
> *Il les a remplis d'intelligence, pour exécuter tous les ouvrages de sculpture et d'art, pour broder et tisser les étoffes teintes en bleu, en pourpre, en cramoisi, et le fin lin, pour faire toute espèce de travaux et d'inventions.*

C'est la honte pour les chrétiens et pour Dieu lorsque vous entrez dans une église d'un pays prospère et que vous êtes prêt à tomber en entrant car le lino à l'entrée a été mal posé ou qu'il est complètement corné ! Nous servons le Roi parfait, saint et sans défaut !

Si vous faites quelque chose pour Dieu, et vous êtes de toute façon appeler à faire quelque chose pour Dieu, faites-le avec professionnalisme Joyce Meyer a donné comme définition de l'excellence, que l'excellence : « C'est faire tout ce qu'on peut avec ce que l'on a ». Si vous n'avez rien, essayez de trouver quelque chose et faites quelque chose avec. Nous avons toujours un talent que Dieu nous a donné, et nous avons la responsabilité de nous en servir. Si vous avez cent dollars, mieux vaut acheter une petite chose de bonne qualité, qu'un gros objet de mauvaise qualité qui sera brisé au bout de quelques jours ! Beaucoup de chrétiens ne comprennent pas, que Dieu aime l'excellence. Dieu n'est pas assis sur un trône où il a besoin de mettre sous un pied du trône une cale pour ne pas risquer de tomber ! Il n'y a pas d'ange sale qui s'approche de Dieu !

13 MARS

Jérémy Sourdril

Ton réveil personnel transformera les esprits morts

En tant qu'être humain, nous devons vraiment réaliser que nous sommes des êtres spirituels. Un être humain qui ne réalise pas sa nature, va mépriser son éternité. Un esprit est éternel, il n'a pas de fin. Comprendre que la vie de notre esprit n'a pas de fin nous fait également comprendre que nous devons nous occuper de notre esprit.

Notre esprit n'ayant aucune fin, vous devez savoir où il va aller, lorsqu'il quittera votre corps. Pour ma part, j'ai remis, j'ai donné mon esprit à Jésus-Christ, et ma destinée, c'est une éternité extraordinaire, ineffable, dans la glorieuse présence de Dieu.

Celui qui donne sa vie à Jésus-Christ verra son esprit être recréé par la puissance de Dieu. La Bible dit que Dieu nous transporte à ce moment-là de la puissance des ténèbres à son admirable lumière, du royaume des ténèbres au Royaume de Dieu. La destinée de notre éternité est alors sécurisée en Lui.

Si les non-chrétiens pouvaient comprendre qu'ils sont des êtres spirituels et que leur esprit, c'est-à-dire qui ils sont réellement, ne mourra jamais, ils se poseraient des questions et viendraient bien plus facilement à Dieu. Prions pour que notre famille, notre entourage, ceux qui ne sont pas sauvés reçoivent une révélation surnaturelle de leur éternité, afin qu'une angoisse les saisisse jusqu'à ce qu'ils crient à Dieu pour le rachat de leur âme.

Dans plusieurs réveils, pour ne pas dire dans tous, des hommes et des femmes qui se moquaient bien de leur éternité et de Dieu, ont reçu cette révélation et ont été complètement saisis d'une angoisse indescriptible. Certains résistaient et n'ont pas pu dormir pendant plusieurs jours, criant et agonisant de douleurs sous le poids de la conviction de péché. Lorsqu'une telle révélation vient dans la vie d'une personne, les prières qui ont amené cette personne à recevoir cette révélation amèneront aussi une conviction de péché dans la vie de cette personne.

Je crois en une telle révélation, je crois que votre prière, à vous aujourd'hui qui lisez cette pensée, peut créer dans la vie de ceux que vous aimez cette révélation et cette conviction de péché.

Dans ces réveils (et il ne faut pas seulement être dans un réveil pour voir de telles manifestations ! Ne vous abusez pas par de faux raisonnements !), des gens couraient à l'église pour être sauvés, et souvent des gens interrompaient le message du prédicateur en hurlant et en suppliant que quelqu'un prie pour leur salut. Certains avaient l'air de « morts vivants » parce qu'ils avaient résisté plusieurs jours à cette conviction de péché, puis ils venaient finalement donner leur vie au Seigneur et devenaient des enfants de Dieu.

Ce n'est pas parce que mon église, ma ville, ma région, mon pays ne vit pas un réveil que je ne peux pas vivre un réveil personnel et voir la vie des gens autour de moi être complètement retournée par la puissance de Dieu. J'ai cette conviction que si vous priez avec foi, persévérance et confiance en Dieu, de telles choses se manifesteront autour de vous. Si seulement vous plantez votre vie pour les âmes perdues.

Je vous dis que si vous priez pour les âmes avec persévérance, amour et foi, vous verrez la Gloire du Seigneur. Vos fruits se multiplieront et Dieu amènera dans votre vie des gens assoiffés de Lui. Oui, Dieu lui-même enverra vers vous, jusque dans votre maison, des gens qui chercheront désespérément Dieu. Ils chercheront Dieu, ils vous trouveront, et par la puissance surnaturelle que Dieu a mise en vous, ils trouveront le Seigneur alors que vous leur prêcherez l'Évangile.

Dieu a dit : « Je mets devant toi la vie et la mort, choisis la vie afin que tu vives », et nous pouvons dire : « Il a mis devant nous la vie et la mort pour les âmes qui nous entourent ». Au travers de votre feu, ou de votre silence, les gens trouveront, soit la mort, soit la vie. Il en sera fait selon votre foi !

14 MARS

Selvaraj Rajiah

L'esprit et l'action du leader

Lorsque l'esprit du leader vient sur vous, vous coulez alors dans la même onction. C'est l'onction du leader, et vous aurez ainsi le privilège d'opérer selon son esprit.

Nombres 11 : 17
Je descendrai, et là je te parlerai; je prendrai de l'esprit qui est sur toi, et je le mettrai sur eux, afin qu'ils portent avec toi la charge du peuple, et que tu ne la portes pas à toi seul.

Beaucoup commettent l'erreur de penser qu'il s'agit de leur propre onction. Ils divisent l'église et partent de leur côté, convaincus qu'ils aboutiront aux mêmes résultats que leur leader. Mais voilà que tout se dessèche au bout d'un moment. Pourquoi ? Parce que cette onction n'était pas la leur.

Il y a quelques années de cela, je me trouvais dans une ville. Le pasteur-assistant de l'église où je devais prêcher avait, sans la bénédiction du pasteur principal, quitté l'église locale, entraînant une partie des membres avec lui. Pendant un temps, les choses semblèrent aller plutôt bien. Puis, tout à coup, ce ministère cessa complètement d'exister. (Ce n'est pas ainsi que fonctionne l'ordre établi par Dieu).

Les apôtres ont imposé les mains sur Philippe et Etienne et ils les ont envoyés. Il y eut des signes et des miracles. Mais ils n'étaient pas des apôtres eux-mêmes. N'ayez jamais une très haute opinion de vous-même plus qu'il n'en faudrait.

Un de mes frères, pasteur d'une église en Inde, avait un interprète. Au début, cet homme était très humble et suivait la vision de cette église. Plusieurs mois passèrent. Un jour, il décida de faire imprimer des cartes de visite à son nom, s'attribuant un titre sans l'autorisation de son pasteur principal. Plusieurs mois plus tard, il s'appropria une place dans l'église qui ne lui revenait pas.

Il se mit à faire des choses dans l'église sans l'approbation du pasteur, pensant qu'il partageait, en effet, la même onction que ce dernier. Il partageait, en effet, la même onction au début, parce qu'il « suivait le flot » de l'onction du leader. Mais ce n'était pas son onction propre. C'était l'onction du pasteur. Quelques mois plus tard, il provoqua une division dans l'église et partit de son côté. Aujourd'hui, l'église de cet homme n'existe plus.

Moïse n'a pas transmis son onction seulement aux 70 hommes. Il l'a aussi communiquée à Josué. Avant de devenir commandant en chef, Josué fut serviteur. Vous ne deviendrez jamais leader, si vous n'avez pas travaillé d'abord sous le couvert d'un « manteau ».

Extrait du livre « Saisir l'esprit et la vision du leader ».

15 MARS

Jérémy Sourdril

Le Saint-Esprit dans la vie et le ministère de Jésus

J'ai été à l'église pour la première fois alors que je devais avoir six ans. Mais c'est seulement quatorze ans après que j'ai réellement compris l'impact du Saint-Esprit dans le ministère de Jésus.

Pendant quatorze ans, je voyais dans la Bible Jésus faire des miracles, je le voyais aimer les gens et aller de lieu en lieu faisant du bien autour de lui, mais je pensais qu'il le faisait par lui-même puisqu'il était Dieu. Pourtant, la Bible nous montre le contraire.

Nous savons tout d'abord que le Saint-Esprit n'est pas donné uniquement aux gens qui exercent le ministère mais qu'il est donné (envoyé) à chaque croyant. Le Saint-Esprit n'est pas un don, mais il possède des dons et les distribue comme il le veut. Jésus avait besoin du Saint-Esprit d'abord pour sa vie personnelle et ensuite pour sa vie de ministère.

Il faut noter que le Saint-Esprit, comme Dieu le Père, et comme Jésus, n'est pas quelqu'un qu'on va voir seulement quand on en a envie, ou quand on a quelque chose à demander, mais il est une personne à part entière avec qui nous pouvons développer une merveilleuse relation.

> *2 Corinthiens 3 : 6*
> *Il nous a aussi rendus capables d'être ministres d'une nouvelle alliance, non de la lettre, mais de l'esprit; car la lettre tue, mais l'esprit vivifie.*

De la même façon qu'on a besoin d'une révélation de la Parole par le Saint-Esprit, nous avons besoin d'une révélation du Saint-Esprit sur lui-même. Vous devez vraiment comprendre que vous avez besoin d'une révélation sur qui est le Saint-Esprit. Malheureusement beaucoup ne recherchent pas à avoir une relation réelle avec Lui.

On ne peut pas étudier le Saint-Esprit comme on étudie une doctrine. On parle de la doctrine du Saint-Esprit, ou même de la doctrine de Dieu, mais c'est plus une appellation car en fait Dieu ne se rencontre pas vraiment en l'étudiant. On peut certes étudier à propos de qui il est au travers de la Parole, mais cela ne nous amènera pas forcément à une relation avec Lui. On n'étudie pas Dieu comme on étudie un thème. On apprend à le connaître au travers d'une relation avec lui et on le découvre dans la Parole.

Dès le commencement, le Saint-Esprit se révèle comme l'Esprit qui a coopéré avec le Père :

> *Genèse 1 : 2*
> *La terre était informe et vide : il y avait des ténèbres à la surface de l'abîme, et l'esprit de Dieu se mouvait au-dessus des eaux.*

Quand Dieu a dit : « Que la lumière soit », la lumière est venue PARCE QUE le Saint-Esprit coopérait et couvait la terre.

Dans Genèse 1 : 26, le Saint-Esprit était là, et a participé à la création de la vie humaine :

> *Genèse 1 : 26*
> *Puis Dieu dit : Faisons l'homme à notre image, selon notre ressemblance, et qu'il domine sur les poissons de la mer, sur les oiseaux du ciel, sur le bétail, sur toute la terre, et sur tous les reptiles qui rampent sur la terre.*

Lors du déluge, le Saint-Esprit était encore là.

Le Saint-Esprit a organisé et protégé la naissance de Jésus comme un artiste, puis il fut sur Marie :

> *Luc 1 : 35*
> *L'ange lui répondit : Le Saint-Esprit viendra sur toi, et la puissance du Très-Haut te couvrira de son ombre. C'est pourquoi le saint enfant qui naîtra de toi sera appelé Fils de Dieu.*

Quand Jésus s'est fait baptiser, le Saint-Esprit était là, et à partir de ce moment, la vie de Jésus a radicalement changé. Il était dirigé par le Saint-Esprit. On pourrait dire que Jésus avait un nouvel ami :

> *Matthieu 3 : 16*
> *Dès que Jésus eut été baptisé, il sortit de l'eau. Et voici, les cieux s'ouvrirent, et il vit l'Esprit de Dieu descendre comme une colombe et venir sur lui.*

C'est dirigé par le Saint-Esprit que Jésus est allé dans le désert :

> *Matthieu 4 : 1*
> *Alors Jésus fut emmené par l'Esprit dans le désert, pour être tenté par le diable.*

Quand Jésus était dans le désert, c'est Lui que Jésus recherchait, mettant à part tout ce qu'il avait, tout ce qu'il était, pour être avec Lui et être impacté par Lui.

En sortant du désert, Jésus avait tout à coup un message à prêcher : « Repentez-vous, car le Royaume des Cieux est proche ». Il était revêtu de sa puissance. Il avait a dû attendre d'être revêtu du Saint-Esprit pour exercer son ministère :

> *Actes 10 : 38*
> *Vous savez comment Dieu a oint du Saint-Esprit et de force Jésus de Nazareth, qui allait de lieu en lieu faisant du bien et guérissant tous ceux qui étaient sous l'empire du diable, car Dieu était avec lui.*

Il était intéressé par le salut des perdus. C'était surnaturel. Aimer les gens comme Dieu, c'est surnaturel. Avant on ne le voyait pas comme ça, bien qu'il aimait déjà les gens. Il était animé par une vision. Il était dirigé pour choisir ses disciples. Il enseignait, prêchait, guérissait et délivrait, tout cela au travers et en coopération avec le Saint-Esprit.

Avant de lire la prochaine pensée du jour demain, je vous encouragerais à passer un temps avec le Seigneur afin de ranimer votre soif du Saint-Esprit. Si vous n'êtes pas encore baptisé du Saint-Esprit, Dieu est prêt à le faire maintenant. N'attendez plus avant d'être rempli. Dieu est fidèle, il ne change pas, et il est prêt à vous remplir aujourd'hui.

Si vous êtes déjà rempli du Saint-Esprit, Dieu veut vous remplir à nouveau, il veut vous rafraîchir, vous avez besoin d'être rempli afin de faire ce que Dieu vous a appelé à faire ! Ranimez la flamme qui est en vous !

16 MARS

Jérémy Sourdril

Le Saint-Esprit dans la vie et le ministère de Jésus (suite)

Nous avons vu la dernière fois le désir qu'avait le Seigneur de « rencontrer » le Saint-Esprit. Jésus connaissait son grand besoin d'être revêtu du Saint-Esprit pour accomplir la volonté de Dieu dans sa vie.

> *Luc 4 : 14*
> *Jésus, revêtu de la puissance de l'Esprit, retourna en Galilée, et sa renommée se répandit dans tout le pays d'alentour.*

Cette « rencontre » que Jésus fit avec le Saint-Esprit faisait dire aux gens : « N'est-ce pas le fils de Joseph ? ».

> *Luc 4 : 22*
> *Et tous lui rendaient témoignage; ils étaient étonnés des paroles de grâce qui sortaient de sa bouche, et ils disaient : N'est-ce pas le fils de Joseph ?*

Ils admiraient les paroles de Jésus. Oui, Jésus n'était plus le même après sa « rencontre » avec le Saint-Esprit. Relisez les évangiles, et observez toutes les fois où le Saint-Esprit est à l'œuvre dans le ministère de Jésus.

Jean a rendu témoignage de cette expérience :

> *Jean 1 : 32*
> *Jean rendit ce témoignage : J'ai vu l'Esprit descendre du ciel comme une colombe et s'arrêter sur lui.*

Après sa rencontre avec le Saint-Esprit, ce fut 40 jours de désert. Pour la plupart des gens, cela dure des années, c'est une préparation du caractère, de fidélité, de mort à soi-même, de sanctification, d'obéissance. On voit parfois des gens qui sont baptisés du Saint-Esprit et ils sont supers zélés, puis au bout de quelques mois il n'y a plus rien, alors que certains priaient depuis des années pour être remplis. C'est vraiment dommage, et dans ce cas il faut ranimer la flamme du don reçu. Ce n'est pas Dieu qui le fera, comme ce n'est pas Dieu qui s'approchera de nous. C'est à nous de nous approcher de Lui et c'est à nous de ranimer la flamme, comme Paul le disait à Timothée.

> *2 Timothée 1 : 6*
> *C'est pourquoi je t'exhorte à ranimer le don de Dieu que tu as reçu par l'imposition de mes mains.*

Oui, la vie de Jésus fut radicalement transformée, impactée par son expérience avec le Saint-Esprit. Parfois, vous pouvez rencontrer une personne quelques minutes qui vous transmet un savoir, qui changera beaucoup de choses dans votre vie. Certaines personnes paient des fortunes pour être 30 minutes ou une heure avec un leader de renommée, un chef d'entreprise ou un mentor pour apprendre de lui. Lorsque vous êtes « percuté » par le Saint-Esprit, vous ne serez plus jamais la même personne.

Le Saint-Esprit est l'Esprit de Christ. Tout ce qui suivit le ministère de Jésus était le résultat de sa rencontre avec Lui. Il y avait une empreinte extraordinaire du Saint-Esprit sur la vie de Jésus. Ne pensez pas que Jésus agissait seul. Lorsqu'il a multiplié les pains, ressuscité Lazare, il le faisait en accord et dirigé par le Saint-Esprit. Jésus dira : « C'est l'Esprit qui vivifie » :

> *Jean 6 : 63*
> *C'est l'esprit qui vivifie; la chair ne sert de rien. Les paroles que je vous ai dites sont esprit et vie.*

Puis Jésus fait une promesse extraordinaire au sujet du Saint-Esprit :

> *Jean 7 : 38*
> *Celui qui croit en moi, des fleuves d'eau vive couleront de son sein, comme dit l'Écriture.*

> *Jean 16 : 7*
> *Cependant je vous dis la vérité : il vous est avantageux que je m'en aille, car si je ne m'en vais pas, le consolateur ne viendra pas vers vous; mais, si je m'en vais, je vous l'enverrai.*

Du verset 13 à 15, Jésus mentionne 13 fois directement ou indirectement le Saint-Esprit. En disant « Il vous conduira », Jésus savait de quoi il parlait, il l'avait vécu lui-même dans son propre ministère. Il parlait comme quelqu'un d'expérience. Il s'agissait des dernières paroles de Jésus.

C'est par l'Esprit de Dieu que Jésus a été ressuscité. C'est par Lui qu'il a été rendu capable d'accomplir son œuvre, de faire ses miracles, d'accomplir son appel. C'est par Lui qu'il a été prêché aux esprits en prison.

> *Jean 16 : 8*
> *Et quand il sera venu, il convaincra le monde en ce qui concerne le péché, la justice, et le jugement :*

La Parole de Dieu a été écrite par le Saint-Esprit.

> *2 Pierre 1 : 21*
> *Car ce n'est pas par une volonté d'homme qu'une prophétie n'a jamais été apportée, mais c'est poussés par le Saint-Esprit que des hommes ont parlé de la part de Dieu.*

Ne méprisez pas le Saint-Esprit. Ne négligez pas le Saint-Esprit. Observez-le dans la vie de Jésus, observez-le dans la vie des apôtres, puis apprenez à le connaître. Ayez soif de Lui. Il désire une relation avec vous. Il veut passer du temps avec vous, car il vous aime et il a été envoyé pour vous aider à porter du fruit dans votre vie chrétienne. Vous ne pouvez rien faire par vous-même, vous avez besoin du Saint-Esprit.

Prions aujourd'hui avec foi. Il va vous toucher !

« Saint-Esprit, j'ai soif de toi, viens toucher ma vie. Je désire te rencontrer, je désire te connaître. Je veux plus de toi. J'ai besoin de toi. Tu es mon Dieu, viens m'aider à connaître Jésus. Donne-moi une révélation de la croix. Montre-moi ce que Jésus a fait pour moi. Montre-moi comment adorer Jésus-Christ. Je te donne tout, je te donne toute ma vie. Prends tout. Merci précieux Saint-Esprit, car je crois que tu viens toucher ma vie, je crois que tu vas me toucher particulièrement dans les prochaines heures. Je vais être attentif à toi, et à tout ce que tu veux me dire. Merci pour cette nouvelle vie avec toi ! Gloire à Jésus-Christ ! Gloire à l'Esprit de Christ ! ».

17 MARS

Jérémy Sourdril

Pensez aux choses d'en haut

La Bible nous exhorte à chercher les choses d'en haut, à y penser et à s'y attacher. En fait, nous devons nous porter vers les choses d'en haut, cela doit être notre objectif, nos pensées doivent se diriger sur ce qui est éternel.

> *Colossiens 3 : 1-2*
> *Si donc vous êtes ressuscités avec Christ, cherchez les choses d'en haut, où Christ est assis à la droite de Dieu. Affectionnez-vous aux choses d'en haut, et non à celles qui sont sur la terre...*

Pour recevoir la vie de Christ, nous avons dû mourir et ressusciter. Notre esprit est ressuscité des morts. La mort qui était dans notre esprit s'est transformée en vie, en vie éternelle, et à présent des fleuves de cette eau vive coulent en nous.

Nous avons souvent prêché sur le fait de se séparer du péché, puisque le contexte de ces versets s'y porte, mais il y a encore plus que cela. Si nous refusons de pécher aujourd'hui, ce n'est pas seulement pour cette vie présente, mais c'est pour notre éternité. Certains chrétiens savent qu'ils sont sauvés, et pourtant ils rétrogradent et commencent à vivre, comme, ou pire que les gens de ce monde, en se disant que Dieu les sauvera de toute façon. Oui, il y a une certaine vérité mais ils méprisent complètement les richesses et les récompenses de leur éternité !

La Bible déclare que celui qui donne ne serait-ce qu'un verre à un prophète en sa qualité de prophète recevra une récompense de prophète. Cette récompense n'est pas seulement physique mais elle est aussi spirituelle et éternelle. Si vous pouviez imaginer combien ce que vous faites pour Dieu n'est pas oublié de sa part ! Dieu n'oublie pas le travail que vous faites pour lui, si seulement vous le faites vraiment pour lui.

Les gens ne réalisent pas que les petites choses qu'ils font pour Dieu trouveront une récompense éternelle. Pensez à ce qui est en haut, pensez à votre éternité, pensez aux récompenses éternelles !

Un jour de consécration et de sanctification dans cette vie présente recevra des milliards d'années de récompense. Oh, si vous pouviez saisir cette vérité ! Et vous le pouvez ! Parfois nous sommes découragés dans notre travail pour Dieu, car nous ne voyons pas le résultat ou nous manquons de fidélité, mais pensez aux choses d'en haut !

Je connaissais un couple de retraités qui priaient chaque jour pour les persécutés à travers le monde. Eux étaient dans une petite chambre dans une maison de retraite. Ils priaient fidèlement chaque jour. Ils recevront pour cela une récompense éternelle.

Vous ne devez pas chercher des récompenses sur cette terre. Ne cherchez pas la gloire et la reconnaissance de la part des gens. Ne cherchez pas à être mis en avant mais cherchez les choses d'en haut. Peu importe si vous êtes reconnu ou pas, car de toute façon qu'est-ce que cela vous apportera d'être reconnu ?

Les gens cherchent à être reconnus et ceci est de la stupidité, de la vanité, de la superficialité ! Les gens reconnus aujourd'hui ne le seront pas demain. Peu importe d'être reconnu du moment que j'accomplisse ma course avec joie, du moment que j'accomplisse la volonté de Dieu pour ma vie !

> *Actes 20 : 24*
> *Mais je ne fais pour moi-même aucun cas de ma vie, comme si elle m'était précieuse, pourvu que j'accomplisse ma course avec joie, et le ministère que j'ai reçu du Seigneur Jésus, d'annoncer la bonne nouvelle de la grâce de Dieu.*

L'apôtre avait délaissé sa vie depuis bien des années, il l'avait semée, il l'avait fait mourir en terre. Tout comme Jésus qui méprisa la honte et qui quitta sa condition de Roi :

Philippiens 2 : 4-9
Que chacun de vous, au lieu de considérer ses propres intérêts, considère aussi ceux des autres. Ayez en vous les sentiments qui étaient en Jésus-Christ, lequel, existant en forme de Dieu, n'a point regardé comme une proie à arracher d'être égal avec Dieu, mais s'est dépouillé lui-même, en prenant une forme de serviteur, en devenant semblable aux hommes; et ayant paru comme un simple homme, il s'est humilié lui-même, se rendant obéissant jusqu'à la mort, même jusqu'à la mort de la croix. C'est pourquoi aussi Dieu l'a souverainement élevé, et lui a donné le nom qui est au-dessus de tout nom,

Jésus avait les yeux fixés sur l'éternité. Il regardait à toutes les âmes qui seraient sauvées grâce à lui. Parce que Jésus a considéré les intérêts des autres, Dieu l'a récompensé en lui donnant le nom qui est au-dessus de tout nom. Ainsi si nous considérons les intérêts des autres, si nous considérons l'éternité des autres, Dieu nous récompensera dans notre éternité.

Hébreux 11 : 24-26
C'est par la foi que Moïse, devenu grand, refusa d'être appelé fils de la fille de Pharaon, aimant mieux être maltraité avec le peuple de Dieu que d'avoir pour un temps la jouissance du péché, regardant l'opprobre de Christ comme une richesse plus grande que les trésors de l'Egypte, car il avait les yeux fixés sur la rémunération.

J'aime tellement ce passage, pour l'avoir appliqué un jour dans ma vie. Parfois vous devrez faire des choix, surtout au tout début de votre vie chrétienne. Choisirez-vous vos propres plans de péché ou choisirez-vous d'obéir à Dieu même si cela paraît moins « cool » ? Quelqu'un a dit que nos propres plans paient tout de suite mais nous coûtent plus tard, et que les plans de Dieu coûtent tout de suite mais paient plus tard. C'est une puissante vérité.

Moïse a choisi de mépriser les richesses de l'Egypte. Il avait TOUT ! Tout ce dont il avait besoin ! Tout était tracé pour sa vie, il avait tout pour jouir de sa vie, des femmes, de l'argent, les meilleurs mets d'Egypte, la plus belle demeure, les plus beaux chars, tout ce dont il avait besoin, mais il regarda aux richesses de Christ, il regarda vers la récompense !

Quand Moïse perçut les récompenses de Christ, toute la richesse de l'Egypte pâlit ! Plus rien n'avait de valeur ! Aujourd'hui comprenez qu'il est temps de se consacrer, qu'il est temps de penser aux choses d'en haut et de mettre en priorité le Royaume de Dieu et sa justice, de mettre en priorité ce que Dieu a mis sur votre cœur ! Vous ne serez pas récompensé pour tout ce que vous faites de bien et de gentil mais vous serez récompensé par rapport à ce que Dieu vous a dit dans sa Parole et d'une façon personnelle !

Quelqu'un a dit : « L'éternité, c'est long longtemps ! ».

18 MARS

Reinhard Bonnke

Jésus, Celui qui est présent et qui donne le repos

« ... personne ne connaît le Père, si ce n'est le Fils et celui à qui le Fils veut le révéler. Venez à moi, vous tous qui êtes fatigués et chargés, et je vous donnerai du repos. Prenez mon joug sur vous et recevez mes instructions, car je suis doux et humble de cœur; et vous trouverez le repos pour vos âmes. Car mon joug est doux, et mon fardeau léger ».

Jésus, celui qui est présent

Des millions de gens croient que Jésus existe, et certains arrivent à le prouver – mais seul quelques-uns ont une relation vivante avec Lui. Pour certains, Il est autre part, lointain et absent de leur vie quotidienne et ceci n'est pas sans importance. Je parle d'une relation vraie, intacte, de Sa présence dans nos vies. Car sans Sa présence, la vie est vide et ne rime à rien.

Un des meilleurs exemples de la Bible qui montre l'importance de notre relation avec le Seigneur est le peuple d'Israël. Ils étaient sortis de l'esclavage de l'Egypte par la main puissante de Dieu et étaient en route vers le pays promis; mais le voyage devint difficile. Comme des enfants effrayés, ils désirèrent alors retourner à l'endroit où ils avaient été soi-disant en sûreté. Ils se fabriquèrent un dieu, un veau d'or, pour les ramener en Egypte. C'était de la pure folie ! Le Seigneur leur montra que si c'était vraiment ce à quoi ils aspiraient, Il ne les forcerait pas. Il dit :

> *Exode 33 : 3*
> *Je ne monterai point au milieu de toi... car tu es un peuple au cou raide.*

Néanmoins, quoiqu'ils fassent, Dieu ne faillirait jamais à Sa promesse. Il avait fait serment de leur donner le pays promis, et qu'importe ce qu'ils décideraient de faire, Il viendrait à bout de Ses desseins.

> *Romains 3 : 3*
> *Eh quoi ! Si quelques-uns n'ont pas cru, leur incrédulité annulera-t-elle la fidélité de Dieu ?*

Ainsi, pour être sûr qu'ils atteignent cet objectif, Il dit qu'Il leur enverrait un ange. Le peuple mécontent fut soudain complètement déconcerté !

> *Exode 33 : 2-4*
> *Lorsque le peuple eut entendu ces sinistres paroles, il fut dans la désolation.*

La perspective d'être dans le pays promis sans la présence du Seigneur les paralysa de crainte. Le plus grand ange de gloire ne remplirait jamais le pays de sa présence. Seul le Seigneur pouvait le faire. Et ils savaient que ceci était vital. Ils étaient peut-être un peuple non éduqué sortant tout droit de l'esclavage mais ils n'étaient pas aussi insensés que beaucoup de gens aujourd'hui. Des anges ne leur suffiraient pas. Il fallait que ce soit Dieu et personne d'autre ! Ils avaient besoin de Sa présence ! De nos jours, les gens mettent leur confiance dans des anges ou des êtres d'une planète inconnue ou d'une autre galaxie. Certains essaient de prendre contact avec les esprits de personnes décédées de leur famille ou avec des forces cosmiques, ou mettent leur confiance dans l'influence des étoiles et leurs horoscopes, ou même dans des amulettes qui portent chance. Mais qu'en est-il de Dieu ? Bien des siècles en arrière, Israël n'était pas prêt à se satisfaire de quelque chose d'autre que de la présence du Seigneur au milieu d'eux.

Ce qui arriva ensuite bat tous les records. Moïse, qui s'attendait à mourir, se leva pour intervenir et intercéder en faveur du peuple. Il était un pionnier de la foi. Même encore aujourd'hui, les paroles qu'il adressa à Dieu dans Exode 32 et 33 nous paraissent dangereusement audacieuses.

> *Exode 33 : 12-13*
> *Voici, tu me dis : Fais monter ce peuple ! Considère que cette nation est ton peuple. Ne sera-ce pas quand tu marcheras avec nous, et quand nous serons distingués, moi et ton peuple, de tous les peuples qui sont sur la face de la terre ?*

La foi et l'engagement de Moïse amenèrent la victoire. Le Seigneur dit :

> *Exode 33 : 14*
> *Je marcherai moi-même avec toi, et je te donnerai du repos.*

Ceci fut une leçon spirituelle vitale dès le début de l'histoire du peuple d'Israël : Dieu est largement suffisant en Lui-même; Ses lois aussi bonnes et utiles qu'elles soient, ne suffisent pas à elles-mêmes. Dans Sa présence seule réside la paix et le repos.

Matthieu 11 : 28
Je vous donnerai du repos.

Le même Seigneur nous répéta exactement les mêmes paroles plus de 1 000 ans plus tard. Celui qui était présent dans Sa splendeur sur le mont Sinaï est devenu l'homme Christ Jésus qui a dit : « Venez à moi et je vous donnerai du repos ». Comme le peuple d'alors, nous avons besoin d'une relation vivante avec Lui aujourd'hui, la certitude de Sa présence dans nos vies.

Jésus, celui qui donne le repos

Seul Jésus peut nous donner du repos. Nous sommes tous agités jusqu'à ce que nous trouvions le repos dans Sa présence. C'est là que nous pouvons nous détendre. Les Dix Commandements et les nombreuses autres règles que Moïse donna au peuple d'Israël ne leur donnèrent jamais le repos mais seulement du travail. Les lois nous lient au lieu de nous libérer. La délivrance d'Israël de l'esclavage de l'Egypte fut une opération de foi, non une récompense pour avoir suivi la loi. Ils n'étaient certainement pas vertueux. Dieu donna des Commandements mais souligna un aspect très important : le succès ne vient qu'au travers d'une relation avec Lui, sa présence...

Psaumes 127 : 1
Si l'Éternel ne bâtit la maison, ceux qui la bâtissent travaillent en vain.

L'introduction des Dix Commandements est un autre rappel :

Exode 20 : 2
Je suis l'Éternel, ton Dieu, qui t'ai fait sortir du pays d'Egypte, de la maison de servitude.

Il est un Dieu rempli d'amour et d'intérêt pour Son peuple. Et c'est pourquoi Il leur donna les Commandements. Ces derniers étaient seulement l'ABC de Ses bons conseils plein d'amour, pour une société primitive sur terre. Malheureusement, la société moderne d'aujourd'hui n'a pas encore appris cet ABC.

Dieu Lui-même aimerait être notre tout en tous. Il aimerait que nous trouvions du repos en Lui, dans ce qu'Il est. Voilà la leçon que nous donne l'Exode. Il s'agissait de l'œuvre de Dieu. Il la planifia et la mit à exécution. Cela ne venait pas du désir de Pharaon, de la coopération de Moïse ou de la volonté du peuple. Au contraire, Pharaon refusa de les laisser aller. Moïse voulut se retirer du projet. Le peuple n'avança que s'il était conduit. La seule bonne volonté à l'œuvre dans cette histoire était celle de Dieu Lui-même. Dieu résista à la résistance de Pharaon, montra de la bonne volonté lorsque le peuple obéit à contrecœur et travailla lorsque Moïse ne voulut plus travailler. Il savait ce que serait leur bien continuel au travers des générations à venir et Son plan ne serait pas contrarié par leurs pères désobéissants, sans vision et au cou raide.

Lorsque Moïse mourut et que Josué prit le flambeau, il dut apprendre les mêmes leçons que Moïse. À la porte du Pays promis, alors qu'il s'apprêtait à conquérir ce pays, le Seigneur lui promit une seule chose :

Josué 1 : 9
L'Éternel, ton Dieu, est avec toi dans tout ce que tu entreprendras.

La plus grande libération de l'Histoire, l'exode d'Egypte, n'aurait jamais pu avoir lieu s'il n'avait pas été présent parmi son peuple. Ils n'avaient jamais demandé ou mérité cette présence. Il n'y avait rien qui parlait en leur faveur. Il les choisit simplement, traça leur destinée et la fit arriver. Les paroles du Seigneur à Josué ressemblaient aux paroles de Jésus lorsqu'il nous donna la mission de prêcher l'Evangile à toute créature :

Matthieu 28 : 20
Et voici, je suis avec vous tous les jours jusqu'à la fin du monde.

Les chrétiens doivent faire face à un monde hostile tout comme Israël a dû conquérir un pays promis hostile. Mais quand le Seigneur nous donne une mission, Il nous donne la même garantie : Sa présence. L'Église d'aujourd'hui est organisée, structurée, intelligente et prestigieuse et près de deux milliards de gens se nomment chrétiens. Tout semble vaste et complexe mais le secret et le fondement même de la foi chrétienne est la présence du Seigneur au milieu de nous.

19 MARS

Jérémy Sourdril

Tu ne tenteras point le Seigneur, ton Dieu

J'aime les paroles de Jésus. Elles sont plus précieuses que l'or fin. Il est lui-même la Parole de Dieu, et lorsqu'il parle, sa Parole a la capacité de devenir vie pour quiconque met sa foi en elle. Dans ma Bible, ses paroles sont en rouge, afin qu'on les remarque, mais bien souvent, on oublie de regarder à ses paroles, les trouvant trop simples.

Nous cherchons dans les épîtres de grandes révélations et dans l'Ancien Testament l'histoire des héros de la foi, et nous oublions les paroles de notre Seigneur Tout-Puissant. Il ne faut pas qu'il en soit ainsi.

Il y a bien des gens qui disent (ou qui pensent sans se l'avouer) : « Oh je connais déjà les paroles de Jésus, je les ai lus des dizaines de fois ». J'aimerais vous encourager à lire les paroles de Jésus et à demander au Père un esprit de révélation qui vous fasse comprendre par révélation les paroles de Jésus. Vous pouvez avoir lu 5000 fois les paroles de Jésus, vous avez encore tant de révélations à recevoir de ses paroles.

Certains théologiens connaissent si bien la Parole qu'ils en oublient que la Parole n'est pas une lettre morte. Ils connaissent la structure des phrases, les doctrines d'interprétation, les difficultés du grec, etc. Ils disent : « Oh je sais retirer de bons enseignements des paroles de Jésus », mais parfois, c'est juste intellectuel alors que Jésus aimerait leur donner des révélations dans sa connaissance. Jésus aimerait toucher puissamment leur vie afin que, non seulement ils connaissent la Parole d'une façon naturelle, mais qu'ils puissent aussi la connaître intimement, par révélation du Saint-Esprit. Parfois à force de trop chercher dans un verset par ses propres moyens, en utilisant des principes de langage et d'interprétation, on peut se perdre vraiment et s'éloigner de la puissance de la Parole de Dieu.

Ceci était une parenthèse. Alors que Jésus était dans le désert, amené par l'Esprit pour être tenté par le diable, et qu'il eut faim après n'avoir pas mangé pendant 40 jours, satan se présenta devant lui pour le tenter.

Le diable va tenter Jésus une première fois, puis va lui dire :

> *Matthieu 4 : 5-6*
> *Le diable le transporta dans la ville sainte, le plaça sur le haut du temple, et lui dit : Si tu es Fils de Dieu, jette-toi en bas; car il est écrit : Il donnera des ordres à ses anges à ton sujet; Et ils te porteront sur les mains, De peur que ton pied ne heurte contre une pierre.*

Jésus lui répondit : « Il est aussi écrit : Tu ne tenteras point le Seigneur, ton Dieu ». Jésus reprend une parole de l'Ancien Testament pour fermer la bouche du diable. Si Jésus a repris cette parole, c'est qu'elle était encore pleine de puissance et de vérité.

Le diable mit Jésus devant une situation et était en train de lui dire : « Puisque la Bible dit cela, tu peux donc utiliser la Parole à ton avantage ». Mais Jésus dit que le fait d'utiliser la Parole de Dieu dans cette situation serait tenter Dieu.

Il y a des chrétiens qui utilisent les façons de faire du diable parfois. Ils se mettent devant une situation difficile qu'ils ont eux-mêmes créée, et alors ils utilisent la Parole de Dieu à leur avantage. Mais la Parole de Dieu s'utilise lorsqu'on a un cœur repentant. On ne peut pas utiliser la Parole à notre avantage sans réelle repentance, sans une sincère décision de faire demi-tour. Des gens se fiancent avec des incroyants, et alors ils utilisent des versets de la Parole pour que Dieu bénisse leur couple et leurs relations sexuelles. C'est tenter Dieu. Certains fument régulièrement et disent : « Dieu nous a donné le libre arbitre et nous sommes parfaits en lui, donc même si je fume ce n'est pas un plus grand péché qu'autre chose ». C'est tenter Dieu.

D'autres encore font des mauvais choix en le sachant pertinemment qu'ils sont hors de la volonté de Dieu, ils font des compromis, de la corruption même, et ils demandent ensuite à Dieu de bénir leurs entreprises. C'est aussi tenter Dieu. Le fait d'utiliser la Parole de Dieu sans un cœur repentant et entier à Lui est une tentation envers Dieu.

Si vous utilisez des versets de la Parole de Dieu, c'est bien; confesser la Parole de Dieu, c'est bien, mais n'utilisez jamais la Parole de Dieu pour vous sortir de situation en l'utilisant comme une monnaie d'échange, connaissant son pouvoir.

Oui, le verset utilisé par le diable était de la Parole de Dieu, mais si Jésus avait sauté, à ce moment-là il se serait mis en position de désobéissance, une situation de compromis qui n'était pas une situation inspirée par Dieu. Ses os auraient été brisés, et la prophétie n'aurait pas été accomplie.

Ne vous mettez jamais dans une situation à cause de compromis tout en utilisant la Parole de Dieu. Il y a des gens qui aiment faire cela. Ils jouent avec le feu et disent : « Oh Dieu me protège, il a dit qu'il était tous les jours avec moi ». Certains aussi rencontrent Jésus-Christ et lui donnent leur vie, mais ensuite ils recommencent à prier les saints et à parler aux « morts », en disant : « Oh Dieu est amour, Dieu me comprend ». C'est une grande tentation devant Dieu, et une porte ouverte pour le royaume de satan.

> *Luc 10 : 25*
> *Un docteur de la loi se leva, et dit à Jésus, pour l'éprouver : Maître, que dois-je faire pour hériter la vie éternelle ?*

Ici, ce docteur de la loi n'avait pas des motivations saines. Il utilisa la parole de Jésus qui parlait de la vie éternelle mais pour des motivations différentes que d'avoir une vraie réponse.

> *1 Corinthiens 10 : 9*
> *Ne tentons point le Seigneur, comme le tentèrent quelques-uns d'eux, qui périrent par les serpents.*

> *Nombres 21 : 5-6*
> *Et parla contre Dieu et contre Moïse : Pourquoi nous avez-vous fait monter hors d'Egypte, pour que nous mourions dans le désert ? Car il n'y a point de pain, et il n'y a point d'eau, et notre âme est dégoûtée de cette misérable nourriture. Alors l'Éternel envoya contre le peuple des serpents brûlants; ils mordirent le peuple, et il mourut beaucoup de gens en Israël.*

Les israélites utilisèrent la Parole de Dieu qui leur disait de quitter l'Egypte, et ils étaient en train de dire qu'elle était fausse. C'est aussi là tenter le Seigneur. Les conséquences furent terribles ! Tant d'églises et de chrétiens osent faire des reproches à Dieu alors qu'ils sont responsables de n'être pas entrés dans ses plans. Ils disent parfois : « C'est l'affaire de Dieu, c'est sa faute, c'est lui qui m'a appelé », alors qu'ils sont responsables d'entrer dans leur appel. Sachons utiliser la Parole de Dieu comme il le faut. Elle est utile pour nous corriger et nous remettre dans le droit chemin de la justice !

20 MARS

Jérémy Sourdril

Tu ne tenteras point le Seigneur, ton Dieu (suite)

Beaucoup utilisent la Parole de Dieu pour excuser leur péché !

Il y a des maris qui sont insatisfaits de leur femme, parce qu'elle ne leur donne pas tout ce qu'ils désirent (ou envie) sexuellement parlant. Alors ils regardent des films pornographiques et pire, trompent leur femme et disent : « Ma femme n'est pas soumise comme la Parole de Dieu le demande, son corps ne m'appartient pas, elle me prive de relations conjugales alors que la Bible dit de ne pas se priver l'un de l'autre, donc ce n'est pas de ma faute, c'est la faute de ma femme qui n'obéit pas à la Parole de Dieu, j'ai donc le droit de faire ce que je fais ». En fait, ils cherchent dans la Parole de Dieu des appuis pour leur péché ! C'est tenter le Seigneur, et il ne faut JAMAIS le faire. Si votre femme ne vous donne pas ce que vous désirez, il serait bon d'entrer dans le domaine de l'esprit. En fait la Bible dit :

> *1 Corinthiens 7 : 5*
> *Ne vous privez point l'un de l'autre, si ce n'est d'un commun accord pour un temps, afin de vaquer à la prière; puis retournez ensemble, de peur que satan ne vous tente par votre incontinence.*

Si votre femme ne veut pas avoir de relation avec vous, ceci peut être pour certains une forme de tentation. Dans ce cas, nous nous retrouvons comme Jésus dans le désert. Une tentation se trouve devant nous. Allons-nous utiliser la Parole de Dieu pour arriver à nos fins et faire manger notre appétit charnel ou va-t-on choisir l'amour, l'obéissance et la maitrise de la chair ?

D'autres ont été trompés alors ils disent : « J'ai été trompé(e), je peux donc tromper mon conjoint à présent car c'est œil pour œil, dent pour dent, et ce sera de toute façon justice rendue ». Cela peut vous paraître choquant mais cela arrive à plus ou moins grande échelle ! Les gens utilisent la Parole de Dieu pour excuser leur péché ! Ainsi ils violent leur conscience et ils tentent le Seigneur.

Si vous avez déjà utilisé la Parole de Dieu pour excuser votre péché, pour votre avantage dans une situation où il ne fallait pas réagir comme cela, vous devez demander pardon au Seigneur. Il vous pardonnera, et vous revêtira de son manteau de protection. La chair est faible alors si la tentation arrive, priez ! Ne vous livrez pas à toutes sortes de pensées humaines et d'en bas, mais par la force souveraine de Dieu en vous, résistez au péché. Utilisez votre autorité en Christ non pour vos besoins charnels mais contre le péché. Vous avez une autorité contre le péché !

> *Hébreux 12 : 4*
> *Vous n'avez pas encore résisté jusqu'au sang, en luttant contre le péché.*

> *Genèse 4 : 7*
> *Certainement, si tu agis bien, tu relèveras ton visage, et si tu agis mal, le péché se couche à la porte, et ses désirs se portent vers toi : mais toi, domine sur lui.*

Oui, il y a peu de secondes avant de consommer le péché, mais est-ce que cela vaut véritablement le coup d'entacher notre relation avec Dieu ? De s'éloigner de Dieu ? Non ! Dominez sur lui, cela vous fera grandir avec Dieu, et Dieu sera béni de voir que vous désirez lui plaire en tout point. Résistez à vos envies de péché, même si vous pensez bien le mériter ! Il n'en est rien, le péché n'est jamais la volonté de Dieu ! Après la tentation, le diable fuit, trouvant quelqu'un de plus fort que lui (la Parole de Dieu), et Jésus-Christ, fut revêtu de la puissance du Saint-Esprit ! Il put dire avec assurance, amour et joie :

> *Luc 4 : 18-21*
> *L'Esprit du Seigneur est sur moi, Parce qu'il m'a oint pour annoncer une bonne nouvelle aux pauvres; Il m'a envoyé pour guérir ceux qui ont le cœur brisé, Pour proclamer aux captifs la délivrance, Et aux aveugles le recouvrement de la vue, Pour renvoyer libres les opprimés, Pour publier une année de grâce du Seigneur. Ensuite, il roula le livre, le remit au serviteur, et s'assit. Tous ceux qui se trouvaient dans la synagogue avaient les regards fixés sur lui. Alors il commença à leur dire : Aujourd'hui cette parole de l'Écriture, que vous venez d'entendre, est accomplie.*

Déclarez qu'aujourd'hui vous remportez grâce à Jésus la victoire contre le péché ! Il vous bénira car Il vous aime.

21 MARS

Olivier Derain

Le plus grand HOLDUP de l'histoire de l'humanité

Aujourd'hui nous allons parler argent et chrétien. On entend tellement de chrétiens parler à propos des finances sans avoir une réelle connaissance de ce qui se passe dans les systèmes de ce monde.

> *Deutéronome 10 : 14*
> *Voici, à l'Éternel, ton Dieu, appartiennent les cieux et les cieux des cieux, la terre et tout ce qu'elle renferme.*
>
> *Psaumes 50 : 11-12*
> *Je connais tous les oiseaux des montagnes, Et tout ce qui se meut dans les champs m'appartient. Si j'avais faim, je ne te le dirais pas, Car le monde est à moi et tout ce qu'il renferme.*

Voici une série de questions auxquelles tellement de chrétiens n'ont jamais pensé :

- Qui est le créateur de la terre ? Dieu.
- Qui a mis les ressources naturelles dans la terre (or, pétrole, diamant...) ? Dieu.
- Qui est le propriétaire des ressources naturelles de la terre ? Dieu.
- Qui gère la grande majorité des richesses de la terre depuis la chute d'Adam : Les enfants de Dieu ou les enfants du pire ennemi de Dieu, c'est-à-dire le diable ? Les enfants du diable.

Qui n'est jamais choqué par le pillage perpétué par les enfants du pire ennemi de notre Père céleste ? Les enfants de Dieu ! Etonnant non ? Les enfants du diable pillent les richesses de notre Père et nous disons : « Amen » ! Beaucoup d'enfants de Dieu insultent même des prédicateurs ou des businessmen chrétiens qui ont de grandes richesses.

Savez-vous que la plupart des prières qui montent vers Dieu concernent des besoins matériels ? L'argent est-il sale ? Les païens ont les médias, les banques, les mines, les usines (et la liste est longue), et les enfants de Dieu ne s'en rendent même pas compte, ou sont fatalistes.

Oui, le plus grand scandale financier de l'histoire de l'humanité n'a pas été la crise des années 20 aux USA, ou même récemment l'affaire Madoff, mais c'est bien ce qui se passe sous notre nez tous les jours dans ce monde. Autant les pécheurs sont aveuglés par rapport à leur éternité, autant les chrétiens le sont (il faut le dire) par rapport à ce scandale financier. Les pécheurs utilisent les biens de notre Père pour financer le péché partout dans le monde et les églises souffrent souvent d'un manque de finances : étrange non ?

Ouvrons nos yeux et réfléchissons sur ces vérités.

Confessons :

« Je déclare que je suis le fils (la fille) du propriétaire de la terre. Je prends conscience aujourd'hui que nous avons à faire au plus grand holdup de l'histoire de l'humanité. J'en suis scandalisé et je veux jouer ma part pour que Christ règne au travers de moi ».

Prions :

« Père je viens à Toi dans le Nom de Jésus, Tu es le propriétaire de la terre et de tout ce qu'elle renferme (toutes les richesses sont à Toi) et je veux le reconnaître, car c'est Ta parole qui le déclare. Je veux exercer mon autorité dans le Nom de Ton fils Jésus afin que ces richesses puissent être drainées dans mes mains et les mains de Tes enfants et qu'elles puissent servir pour construire Ton Royaume. Aide-moi à mieux comprendre toutes ces lois spirituelles et à les mettre en pratique afin de prospérer non pas comme le monde voit la prospérité, mais comme Tu vois la prospérité, ce pour la seule et unique gloire de Ton Nom. Amen ! ».

22 MARS

Michael Lebeau

Deux clés à posséder pour vivre dans le surnaturel

Que nous manque-t-il pour voir le surnaturel de Dieu dans notre vie ?

Quand nous regardons la vie d'hommes ordinaires comme Moïse, Joseph, Elie, Pierre, Paul, Smith Wigglesworth, Moody, Kathryn Kuhlmann, Billy Graham, Yonggi Cho, ou d'autres frères et sœurs moins connus... nous constatons que tous vivaient dans leur vie « le surnaturel de Dieu ». Cependant, lorsque nous observons notre propre vie, nous remarquons que l'intervention de Dieu semble rare, voir quasi inexistante : toujours si malade, toujours dans le besoin et le manque, menant une vie amère, fade et routinière. Pourtant, nous savons que Dieu est capable d'intervenir surnaturellement dans les affaires de notre vie.

Cela nous amène à nous poser cette question : « Que nous manque-t-il pour voir le surnaturel de Dieu dans notre vie ? ».

La Bible est claire là-dessus : « Tout est possible à celui qui croit ! ». Elle dit que la foi est la vertu qui amène le surnaturel de Dieu dans notre vie. Tout se situe donc au niveau de notre foi.

> *Hébreux 11 : 1*
> *Or la foi est une ferme assurance des choses qu'on espère, une démonstration de celles qu'on ne voit pas.*

Souvent nous pensons avoir la foi, mais en réalité, notre foi est trop faible pour avoir des résultats... Nous manquons de « ferme assurance » ou/et de « démonstration de celles qu'on ne voit pas ». Mais alors, une question se pose : « Comment développer notre foi pour la rendre active et dynamique afin de produire le miraculeux dans les circonstances de notre vie ? ».

J'aimerais vous partager deux clés à posséder qui vous aideront à développer une foi qui produit le surnaturel de Dieu.

Clé n°1 : « La loi de la perception » : percevoir le résultat de son miracle

Certains prédicateurs l'appellent la : « quatrième dimension », d'autres l'appellent : « la loi de la perception », dans tous les cas, ce principe biblique fonctionne et apporte à votre foi une dimension nouvelle. En quoi consiste-t-il ? Il s'agit de régulièrement percevoir en vous, le résultat de votre miracle jusqu'à ce que cette perception devienne réalisable à vos yeux. Vous commencez alors à avoir cette « ferme assurance » dont parle l'apôtre Paul dans Hébreux 11 : 1.

Par exemple, si vous êtes célibataire et que vous n'arrivez pas à entrer dans le mariage, commencez à visualiser régulièrement votre mariage, la cérémonie, puis votre mari. Percevez son caractère, imaginez votre vie de couple, voyez-vous marié et épanoui ! Vous découvrirez alors ceci : Plus vous développerez la faculté à percevoir votre miracle, plus il vous sera facile d'y croire ! Alors, ce mariage qui vous paraissait si lointain, deviendra peu à peu dans votre esprit, une réalité palpable et vous aurez suffisamment de foi pour l'amener à la manifestation.

Que celui qui est dans le besoin se voit pourvu, que celui qui est stérile voit ses enfants, que celui qui a une petite église rêve de milliers de membres dans son assemblée, que celui qui est paralysé se voit courir et se réjouisse !

Dieu a demandé à Abraham d'utiliser la « loi de la perception » pour le soutenir dans le combat de sa foi :

> *Genèse 13 : 14-15*
> *L'Éternel dit à Abram, après que Lot se fut séparé de lui : Lève les yeux, et, du lieu où tu es, regarde vers le nord et le midi, vers l'orient et l'occident; car tout le pays que tu vois, je le donnerai à toi et à ta postérité pour toujours.*

> *Genèse 15 : 5*
> *Et après l'avoir conduit dehors, il dit : Regarde vers le ciel, et compte les étoiles, si tu peux les compter. Et il lui dit : Telle sera ta postérité.*

Chaque jour, nous devrions nous arrêter et prendre un temps pour percevoir les rêves de Dieu pour notre vie. Pendant que vous le faites, remerciez Dieu le Père de tout votre cœur pour ce que vous percevez ! Il ne s'agit pas de pensées positives, mais de la foi qui voit comme possédant déjà ce qu'on espère (en accord avec la volonté de Dieu) ! Ne savez-vous pas que vous finissez par croire ce que vous entendez et percevez régulièrement. Alléluia ! Oh, je vois votre situation changer, je vous vois différent, je vois la faveur, je vous vois rayonner et vous, arrivez-vous à le percevoir ? Développez cette habitude, et vous verrez votre foi grandir !

Clé n° 2 : « Préparer son champ en attendant le miracle ! ».

Connaissez-vous cette histoire : « Deux fermiers priaient pour qu'il pleuve pendant un temps de sécheresse. Mais seulement l'un des deux a pris le temps de préparer son champ pour recevoir la pluie. D'après vous, lequel des deux a été exaucé ? Et oui, c'est celui qui a pris le temps de préparer son champ, c'est lui qui avait le plus de foi ».

Comme cette histoire l'illustre, croire c'est agir ! L'apôtre Jacques a dit :

> *Jacques 2 : 18*
> *Mais quelqu'un dira : Toi, tu as la foi; et moi, j'ai les œuvres. Montre-moi ta foi sans les œuvres, et moi, je te montrerai la foi par mes œuvres.*

La foi sans les œuvres est morte. Quand nous avons demandé à Dieu d'intervenir pour un miracle, prenons la bonne habitude de préparer notre champ à recevoir ce miracle !

Par exemple, si Dieu vous a dit qu'il vous offrira une belle carrière professionnelle aux Etats-Unis, commencez à apprendre l'anglais sérieusement dès aujourd'hui. Le fait que vous commencez à apprendre l'anglais démontre que vous avez foi que bientôt Dieu vous ouvrira la porte du travail aux USA. En d'autres termes, commencez à penser et à agir en considérant que vous avez déjà obtenu ce que vous avez demandé à Dieu. Dieu ne demande pas au paralytique de marcher, ou à l'aveugle de voir, mais il leur demande de vivre comme s'il pouvait marcher et voir. C'est cela, « préparer son champ », c'est cela la FOI ! Il ne suffit pas de croire dans votre cœur, il faut aussi démontrer votre foi par des actes. Souvenez-vous : les actes que nous posons témoignent de notre foi bien plus que nos paroles !

Alors qu'il n'avait pas plu depuis trois ans, le prophète Élie avait foi pour qu'il pleuve de nouveau. La Bible dit qu'il pria avec instance pour qu'il pleuve à nouveau (Jacques 5 : 17-18) puis après avoir prié, lui aussi a préparé son champ (1 Rois 18 : 41) en envoyant son serviteur regarder sept fois le ciel pour voir s'il voyait des nuages, puis il a commencé à planifier des actions avec Achab alors que la pluie n'était même pas encore arrivée. Comme Elie, n'attendez pas les bras croisés, mais préparez votre champ pour votre miracle !

Je vous encourage vraiment à ne pas baisser les bras face aux situations difficiles, mais à croire que votre foi en grandissant amènera les promesses de Dieu à leur manifestation dans votre vie ! Qu'à partir d'aujourd'hui, ces deux clés fassent partie de votre quotidien afin que vous développiez en vous la foi de Dieu qui déplace des montagnes et fait trembler l'enfer !

23 MARS

Jérémy Sourdril

Des gestes simples qui se transforment en miracles

En tant que croyant, nous sommes amenés à vivre des choses glorieuses et à voir Dieu agir de façon surnaturelle dans nos vies. Mais pour autant il ne faut pas mépriser les gestes simples que nous sommes appelés à vivre.

Si vous étiez un constructeur immobilier, et qu'une grande opportunité s'offrait à vous, mais qu'il fallait pour cela déplacer une montagne, vous bâtiriez tout un projet pour la « déplacer ». Il faudrait certainement des années pour le faire. Cela coûterait des millions d'euros ou de dollars.

Jésus, lui, nous a demandé de parler à notre montagne, et qu'elle se déplacerait. Une simple parole de foi, et c'est toute une montagne qui se déplace. Oui, la montagne est une image que Jésus nous donne, mais il y a parfois des circonstances plus grandes que des montagnes. Et dans ces circonstances, une simple parole de foi produit le changement désiré.

De la même façon, il y a des gestes simples qui peuvent avoir un puissant impact. Ce n'est pas forcément retourner ciel et terre qui amènera le changement désiré, mais parfois des gestes simples.

Il arrive que nous puissions prier pour le salut de quelqu'un pendant de nombreux mois et des années, et nous ne voyons pas cette personne se tourner vers Dieu, alors nous sommes parfois découragés. Mais des gestes simples pourraient peut-être tout changer. Des gestes faits avec amour et foi.

Je ne dis pas que la prière ne change pas les choses, mais je dis que parfois la prière n'est pas suffisante. J'imagine que je choque certaines personnes en écrivant cela, mais c'est pourtant une vérité. Jésus-Christ n'est pas venu sur la terre pour prier seulement, mais il a démontré l'amour de Dieu par sa vie. Si Jésus avait prié seulement, il n'aurait pas tout accompli. Il a dû nous montrer l'exemple, en obéissant aux plans de Dieu le Père jusqu'à la mort, la mort de la croix. Il a dû mourir sur cette croix et verser son sang. Il a aussi démontré son amour par des gestes « simples ».

Lorsque la femme adultère a été présentée à Jésus, il n'a pas envoyé le feu du ciel contre elle ou contre les pharisiens, il n'a pas envoyé des anges ou fait un retour dans le passé afin que cette femme ne pèche pas, il a simplement dit une parole. Ensuite, il a dit à cette femme une parole puissante, qui allait être le pilier de la vie de cette femme :

> *Jean 8 : 10-11*
> *Alors s'étant relevé, et ne voyant plus que la femme, Jésus lui dit : Femme, où sont ceux qui t'accusaient ? Personne ne t'a-t-il condamnée ? Elle répondit : Non, Seigneur. Et Jésus lui dit : Je ne te condamne pas non plus : va, et ne pèche plus.*

Jésus aurait pu simplement prier le Père et cette femme aurait pu être surnaturellement délivrée, mais il n'en a pas été ainsi. Lorsque la foule était là, et qu'elle était affamée, Jésus n'a pas prié seulement, mais il a démontré son amour en rompant le pain. En fait, Jésus a dû rompre le pain pendant plus d'une heure. Y avez-vous déjà pensé ? Il a rompu les pains pour une foule de plusieurs milliers de personnes. Il a fait ce geste simple avec ses mains.

Y a-t-il quelque chose d'extraordinaire à rompre le pain avec ses mains ? Non. Avec ses pieds ou avec ses coudes, oui, mais pas avec ses mains. Par contre, ce qui est extraordinaire, c'est qu'alors que Jésus rompait le pain par amour, alors qu'il faisait ce geste simple, Dieu manifestait sa puissance surnaturelle.

J'aimerais vous faire comprendre un principe : alors que vous faites des gestes simples, dans l'amour et dans la foi, Dieu manifestera sa puissance surnaturelle. Qu'y a-t-il d'extraordinaire à mettre sa main sur quelqu'un ? Rien ! Et pourtant Jésus a dit : « Vous imposerez vos mains aux malades et les malades seront guéris ». Il n'a pas dit ici : « Vous prierez pour les malades », mais : « Vous imposerez les mains aux malades ». Je crois que Dieu est parfois « fatigué » que les chrétiens pensent être pour quelque chose dans la manifestation de Sa puissance.

Voilà pourquoi, Dieu a voulu que le fait de juste mettre sa main sur quelqu'un le guérisse. Nous n'avons même pas à prier, ainsi nous ne pouvons pas nous glorifier. Si nous le faisons, et bien la chute est proche et c'est malheureux.

Beaucoup de prédicateurs et de chrétiens racontent qu'un jour ils prêchaient où ils étaient dans une situation qu'ils ne maitrisaient pas du tout, et Dieu a fait quelque chose qu'ils n'imaginaient pas du tout. Dieu veut nous surprendre, afin que nous ne tombions pas dans l'orgueil.

Pour en revenir aux gestes simples, il y a des gestes simples que vous pouvez faire. J'ai déjà raconté qu'alors que la maman de la femme du père de ma femme venait de mourir, je sentis dans mon cœur le besoin d'être présent dans les préparatifs et de les accompagner. J'ai mis beaucoup d'amour à faire cela et je ne faisais rien de particulier. Nous priions depuis longtemps pour elle, mais je crois que ces jours-là ont été la porte de son salut. Cela toucha son cœur et elle accepta le Seigneur peu de temps après.

Les gestes simples, cela peut être de tondre la pelouse de votre voisine qui a un problème de bras ou qui est vieille, cela peut être aussi de nettoyer la cour de votre voisin qui est pourtant en bonne santé. Cela peut-être de participer à un enterrement et de faire la différence par votre amour et vos gestes d'attention inspirés par le Saint-Esprit qui vit en vous.

Ne méprisez pas l'amour manifesté dans des gestes simples, car Dieu peut utiliser vos gestes pour apporter sa puissance surnaturelle. En fait, vos gestes peuvent être le moyen de locomotion de la puissance de Dieu. Oh quelle bénédiction ! Quelle parole incroyable ! Quelle Dieu glorieux ! Quelle sagesse infinie que celle de notre Dieu !

Dieu veut faire, au travers de vous, des choses étonnantes, par des gestes pourtant simples. N'avez-vous pas un morceau de papier et un crayon ? Parfois les gens disent : « J'aimerais beaucoup prêcher à l'église ou devenir un grand prédicateur », « J'aimerais gagner le monde entier pour Jésus ». Prenez ce morceau de papier, écrivez avec votre cœur tout ce que le Seigneur vous dira, et envoyez cette lettre à la personne que Dieu mettra sur votre cœur. N'attendez pas, faites-le rapidement et ne remettez pas à demain ce que vous pourriez faire aujourd'hui.

24 MARS

Jérémy Sourdril

Des gestes simples qui se transforment en miracle (suite)

Je me souviens, alors qu'EnseigneMoi n'avait que quelques mois, le Seigneur me mit fortement à cœur d'écrire à mes parents combien je les aimais et combien ils étaient importants à mes yeux. J'écrivais cette lettre en pleurant, tellement touché par l'amour du Seigneur.

J'avais quitté la région où mes parents habitaient depuis plusieurs mois pour EnseigneMoi et je leur ai envoyé cette lettre. Elle fut une véritable bénédiction pour eux, plus que beaucoup de cadeaux ou d'argent que j'aurais pu leur offrir, ou encore que beaucoup de discours. Une simple lettre fut une puissante bénédiction.

Je connais un homme formidable. Je ne l'ai jamais vu se plaindre. Il a quatre merveilleux enfants et une femme magnifique. C'est un homme de foi. Une des choses qui m'a le plus marqué chez lui, ce sont les gestes simples qu'il a pu avoir pour nous et pour les gens autour de lui. Lorsqu'il vous sourit, vous pouvez sentir l'amour du Seigneur, si vous avez quelque chose à porter qui paraît lourd, il pourrait courir pour vous aider. Il est toujours prêt à rendre service. Les gens n'aiment pas rendre service quand cela ne les arrange pas, mais lui serait prêt à m'aider si je devais nettoyer les toilettes d'une université. Et il le ferait avec joie et sourire ! Oui, vous aimeriez tous avoir un ami comme ça !

Les gestes simples qu'il fait font de lui une personne extraordinaire. Une personne hors norme, et Dieu peut manifester sa puissance au travers de lui. Il n'y a pas (encore) eu de morts ressuscités au travers de lui ni de miracles extraordinaires, mais sa vie est empreinte de la bénédiction de Dieu et il est une bénédiction pour moi et pour plusieurs. Je sais que, si j'avais un besoin, même le plus grand, il serait toujours là pour moi, et même s'il ne pouvait peut-être y répondre, il essaierait comme il le pourrait.

Les gens se méprisent souvent et se sous-estiment. Ils disent : « Oh je ne suis pas comme cette personne », mais vous n'avez pas à être comme cette personne, vous avez juste à être la personne que Dieu vous appelle à être. Et vous deviendrez cette personne en accomplissant les gestes simples qui changeront votre caractère, qui feront de vous une personne obéissante et qui amèneront la puissance de Dieu dans votre vie. La puissance de Dieu n'agit pas seulement dans le domaine du spectaculaire, mais parfois elle se déverse sans faire de bruit, dans la tranquillité, dans la vie « de tous les jours ».

Vous pourriez peut-être dire : « Je t'aime » à vos parents. Vous pourriez peut-être faire ce que votre conjoint espère depuis si longtemps. Vous pourriez peut-être amener votre famille en vacances loin de votre travail et des appels téléphoniques. Vous pourriez peut-être construire la cabane que vous aviez promise à votre fils. Vous pourriez peut-être aller au spectacle de vos enfants ! Vous pourriez aider un frère pour son déménagement alors qu'il n'a personne pour l'aider. Vous pourriez peut-être prendre l'homme battu qui se trouve au bord de la route et l'amener quelque part afin qu'il soit soigné comme le bon samaritain. C'est un geste puissant mais qui toucha la vie de cet homme. Jésus a dit à Zachée :

> *Luc 19 : 5*
> *Lorsque Jésus fut arrivé à cet endroit, il leva les yeux et lui dit : Zachée, hâte-toi de descendre; car il faut que je demeure aujourd'hui dans ta maison.*

Jésus n'a même pas invité Zachée chez lui, mais il s'est invité chez Zachée. Ce geste simple d'amour, de confiance et d'intérêt envers Zachée toucha si profondément le cœur de Zachée qu'il fut convaincu de péché :

> *Luc 19 : 9*
> *Jésus lui dit : Le salut est entré aujourd'hui dans cette maison, parce que celui-ci est aussi un fils d'Abraham.*

Ne méprisez pas les gestes simples, car, avec Jésus en vous, les œuvres simples se transforment en miracle.

> *Éphésiens 2 : 10*
> *Car nous sommes son ouvrage, ayant été créés en Jésus-Christ pour de bonnes œuvres, que Dieu a préparées d'avance, afin que nous les pratiquions.*

> *Éphésiens 3 : 20-21*
> *Or, à celui qui peut faire, par la puissance qui agit en nous, infiniment au-delà de tout ce que nous demandons ou pensons, à lui soit la gloire dans l'Église et en Jésus-Christ, dans toutes les générations, aux siècles des siècles ! Amen !*

25 MARS

Filipe et Marie Alves

Rien n'est impossible à Dieu

Dans le premier chapitre de l'Évangile de Luc, deux situations très similaires se suivent : l'ange Gabriel est envoyé par Dieu pour annoncer deux naissances miraculeuses.

Il visite premièrement Zacharie et lui annonce la future naissance de Jean-Baptiste. Quelques mois plus tard, le même ange Gabriel visite Marie pour annoncer la naissance de Jésus.

Zacharie et Marie reçoivent donc chacun une promesse des plus extraordinaires, concernant ces deux enfants qui vont naître, et qui accompliront les prophéties les plus attendues depuis des centaines d'années par Israël : la venue du Messie et de celui qui lui en préparera le chemin.

Mais Zacharie et Marie ne vont pas réagir de la même manière à cette annonce. Et malgré l'apparition absolument extraordinaire de l'ange Gabriel, Zacharie répond avec incrédulité : « À quoi reconnaîtrai-je cela ? ». Ses yeux étaient fixés sur le naturel, sur son âge avancé et la stérilité de sa femme. L'ange Gabriel lui répond qu'il sera muet jusqu'à l'accomplissement de la promesse car, dit-il : « Tu n'as pas cru à mes paroles ».

Au contraire, Marie, qui posera une question presque identique : « Comment cela se fera-t-il ? », reçoit la promesse avec foi et dira : « Qu'il me soit fait selon ta parole ».

C'est parce que Zacharie n'arrivait pas à imaginer ou à comprendre de quelle façon la promesse pourrait se réaliser, qu'il est resté dans le naturel et n'a pas réussi à saisir par la foi ce miracle qui lui était promis. Et ceci alors même qu'il priait pour que sa femme enfante ! Car l'ange Gabriel lui dit : « Ta prière a été exaucée. Ta femme Elisabeth t'enfantera un fils ».

Quelle situation paradoxale !... Il prie pour un enfant et le jour où le Seigneur lui annonce que sa femme va enfanter, il doute...

Marie, non plus, ne voyait pas de quelle façon cette merveilleuse promesse allait s'accomplir, car elle n'était pas encore mariée à Joseph. Mais au lieu de regarder dans le naturel, elle eut foi que ce que Dieu promet il peut aussi l'accomplir (Romains 4 : 21), quel que soit le moyen.

« Car rien n'est impossible à Dieu », telle est la conclusion de l'ange Gabriel. Oui, rien, absolument RIEN, n'est impossible à Dieu. Jésus confirmera cette parole :

> *Matthieu 19 : 26*
> *Jésus les regarda, et leur dit : Aux hommes cela est impossible, mais à Dieu tout est possible.*

Et il va même plus loin en disant :

> *Marc 9 : 23*
> *Jésus lui dit : Si tu peux ! Tout est possible à celui qui croit.*

Alors face à nos circonstances, ne passons pas à côté de la solution que le Père a DÉJÀ en réserve pour nous. Ne soyons pas déstabilisés par l'apparent manque de solutions. Ne fixons pas nos regards sur les choses naturelles. Ne perdons pas de temps avec des : « Comment ? », mais saisissons par la foi les promesses de Dieu dans sa Parole et décidons de croire que ce que Dieu promet, il peut aussi l'accomplir. Dieu se charge de trouver le moyen !

26 MARS

Jérémy Sourdril

Le message originel des apôtres

Lorsque Dieu veut amener son peuple dans une direction particulière, cela ne veut pas dire que Dieu oublie sa Parole générale. Le problème est que lorsque Dieu met en évidence une vérité de sa Parole pour une saison particulière, certaines églises ou certains croyants ne voient plus rien d'autre autour.

C'est ce qui s'est passé avec la doctrine de la Foi. Lorsque Dieu a suscité des serviteurs de Dieu dans les années 1980 à enseigner sur la Foi, certaines églises n'ont fait qu'enseigner sur la foi et ont oublié d'enseigner la sanctification, sans laquelle pourtant personne ne verra Dieu. Puis ce fut au tour de la louange, et on oublia d'enseigner les bases de la vie chrétienne, et ainsi des églises ont dérivé dans des choses anti-scripturaires. Kenneth Hagin disait que toute doctrine poussée à l'extrême devient un danger. Lorsqu'on prêche sur un seul sujet et qu'on oublie les autres cela devient un danger.

Il y a des églises qui ne prêchent que sur le succès. Elles attirent beaucoup, mais si elles oublient de prêcher le message de la repentance, elles se composeront de beaucoup de gens marchant dans le succès mais qui ne sont pas nés nouveau ! D'autres églises enseignent sur le Royaume de Dieu ou sur l'amour de Dieu, mais là encore il faut un équilibre dans la doctrine. Certaines personnes, sous prétexte que Dieu est amour, se permettent de vivre dans le péché. Ceci était une parenthèse.

Les apôtres étaient très complets dans leur enseignement. Aujourd'hui j'aimerais que l'on s'arrête sur l'un des messages originels des disciples :

> *Actes 15 : 22*
> *Alors il parut bon aux apôtres et aux anciens, et à toute l'Église, de choisir parmi eux et d'envoyer à Antioche, avec Paul et Barnabas, Jude appelé Barsabas et Silas, hommes considérés entre les frères.*

Ce message était l'un des principaux messages des apôtres, et pourtant nous l'entendons si peu aujourd'hui. Les apôtres ne disaient pas que c'est par beaucoup d'argent que nous pouvons entrer dans le Royaume de Dieu, ou encore par beaucoup d'études, ou par beaucoup de succès, mais par beaucoup de tribulations.

J'ai réalisé avec le temps que beaucoup de nouveaux chrétiens se font tromper. On leur promet certaines choses qui sont véritables : le fait que Dieu est bon, le fait que Dieu répond aux prières et qu'Il est puissant, mais on ne leur dit pas qu'ils auront des tribulations dans ce monde.

Les apôtres n'avaient pas inventé leur message. Ce n'est pas quelqu'un parmi eux qui avait eu une bonne idée ou même reçu une révélation particulière, mais c'était avant tout le message de Jésus qu'il ne faisait que répéter :

> *Jean 16 : 33*
> *Je vous ai dit ces choses, afin que vous ayez la paix en moi. Vous aurez des tribulations dans le monde; mais prenez courage, j'ai vaincu le monde.*

Les apôtres prêchaient le message de Jésus-Christ : si vous devenez un enfant de Dieu, VOUS AUREZ des tribulations dans ce monde. Ce n'est pas une option, si toutefois vous êtes un chrétien bouillant.

> *2 Timothée 3 : 12*
> *Or, tous ceux qui veulent vivre pieusement en Jésus-Christ seront persécutés.*

J'ai une prophétie pour vous : si vous vivez pieusement en Jésus-Christ, vous serez persécutés ! Ce n'est pas une prophétie qui nous donne envie de sauter et louer Dieu mais j'ai une autre prophétie pour vous : prenez courage, Jésus a vaincu le monde !

Certains croyants ont peur de dire aux gens que s'ils deviennent chrétiens ils auront des persécutions mais pourtant il faudrait les avertir. Jésus nous a avertis et son avertissement nous donne la paix. Le trouble vient lorsqu'on ne s'attend pas à quelque chose et la paix vient plus facilement lorsqu'on était préparé à ce qui arrive. Dieu avait par exemple dit à la femme que son accouchement serait pénible et qu'elle enfanterait dans la douleur, et heureusement qu'elle fut avertie ! Imaginez l'angoisse multipliée qu'elle aurait eue !

Le message originel des apôtres nous donne la paix dans la persécution

Jésus a voulu être clair avec nous, et les apôtres étaient animés de la même franchise. Jésus ne voulait pas qu'on angoisse quand vient la tempête, qu'on se pose une multitude de questions mais il désirait (et désire encore) nous donner la paix. D'ailleurs il nous l'a déjà donnée :

> *Jean 14 : 27*
> *Je vous laisse la paix, je vous donne ma paix. Je ne vous donne pas comme le monde donne. Que votre cœur ne se trouble point, et ne s'alarme point.*

Jésus ne veut jamais que nous soyons dans le trouble, mais il nous a déjà donné sa paix. Si vous passez par des moments de persécution, marchez dans la paix de Dieu. Si vous n'arrivez pas à marcher dans sa paix, saisissez-vous en par la foi. Jésus a dit que nous aurons des persécutions mais il a également dit que nous avons la paix en lui. Jésus est si bon qu'il ne désirait pas que nous nous sentions pris entre quatre murs sous la surprise. Il nous a avertis. Il ne faut pas s'étonner des persécutions que nous pouvons vivre en tant qu'enfant de Dieu.

> *1 Pierre 4 : 12-16*
> *Bien-aimés, ne soyez pas surpris, comme d'une chose étrange qui vous arrive, de la fournaise qui est au milieu de vous pour vous éprouver. Réjouissez-vous, au contraire, de la part que vous avez aux souffrances de Christ, afin que vous soyez aussi dans la joie et dans l'allégresse lorsque sa gloire apparaîtra. Si vous êtes outragés pour le nom de Christ, vous êtes heureux, parce que l'Esprit de gloire, l'Esprit de Dieu, repose sur vous. Que nul de vous, en effet, ne souffre comme meurtrier, ou voleur, ou malfaiteur, ou comme s'ingérant dans les affaires d'autrui. Mais si quelqu'un souffre comme chrétien, qu'il n'en ait point honte, et que plutôt il glorifie Dieu à cause de ce nom.*

L'apôtre avait compris la paix de Dieu. Il savait que Dieu est puissant pour nous délivrer de la prison par sa paix. La paix de Dieu peut venir, pas seulement quand tout va bien, mais c'est justement quand tout va mal que sa paix est puissante pour nous délivrer de la prison.

Un jour Paul et Silas étaient en prison, et ils pouvaient être exécutés d'une minute à l'autre par l'injustice des hommes, mais ils ont su trouver la paix de Dieu, et la paix de Dieu a fait d'une persécution un moyen d'adorer Jésus-Christ. Nous pouvons faire d'une persécution un moyen de s'approcher encore plus près du Seigneur et vivre des choses glorieuses avec lui. La louange et l'adoration au travers de la paix de Dieu en nous produira un miracle.

Si vous êtes persécuté à cause de la justice, ne soyez pas attristé, ne soyez pas dans la confusion, ne soyez pas dans la crainte ou dans la stupeur mais approchez-vous de Dieu avec confiance. Pierre a été jusqu'à nous exhorter de nous réjouir en Dieu dans la persécution. Il savait que se confier en Dieu et se réjouir en Dieu amenait le surnaturel à agir. Dieu habite au milieu de la louange de son peuple, et notre réjouissance et notre confiance le font agir avec puissance dans notre vie.

Si nous restons dans le domaine du naturel, nous serons découragés et anéantis, mais si nous nous déplaçons dans le domaine de la foi, cela amènera des choses glorieuses dans notre vie. Alors je vous encourage aujourd'hui : persévérez-dans la foi brûlante, dans la foi ferme, dans la foi bouillante. Et si vous n'avez pas de persécutions, priez pour les persécutés dans ce monde (vous pourrez trouver des sujets de prière à cet effet sur le site de Portes Ouvertes : « porteouvertes.fr »).

27 MARS

Raoul Wafo

Regarde à l'invisible

2 Corinthiens 4 : 18 : « Parce que nous regardons, non point aux choses visibles, mais à celles qui sont invisibles; car les choses visibles sont passagères, et les invisibles sont éternelles ».

Au-delà de tout ce qui existe dans le naturel que nous pouvons voir de nos yeux, goûter de notre langue, toucher de nos mains, sentir de notre nez et entendre de nos oreilles; il existe un monde qui n'est pas perceptible par ces cinq sens. Ce monde est appelé « l'invisible ».

Tous les jours, le monde qui nous environne nous bombarde d'informations qui, une fois perçues par nos cinq sens ont tendance à nous déstabiliser en créant la peur. Les mauvais rapports de nos banquiers, les paroles de notre conjoint, les informations de la radio et de la télévision...

Au-delà de toutes ces choses, Dieu nous appelle à focaliser nos regards sur les choses qui sont invisibles, car tout ce que nous voyons dans le monde naturel finit par passer, seule la parole de Dieu a la capacité de demeurer éternellement. Connecte-toi à l'invisible en plaçant ta foi en cette parole et elle fera changer la donne. N'oublie jamais que Dieu existe et qu'il est extrêmement fidèle.

Tu peux faire de lui un allié sûr (bien qu'il soit invisible) et par ta foi en lui, les réalités visibles se transformeront en miracle de Dieu.

Prions :

« Seigneur de tout mon cœur, je choisis ce matin de regarder à l'invisible et non au visible. Je veux garder ta parole dans mon cœur car je sais que toutes ces situations que je traverse sont passagères. Je m'attends au miracle que tu accomplis dans ma vie en ce jour. Amen ! ».

28 MARS

Dorothée Rajiah

A qui irions-nous d'autre qu'à toi ?

Le ministère de Jésus sur terre a été le plus puissant qui n'ait jamais existé. Les signes, les miracles, les guérisons, les prodiges, les résurrections l'accompagnaient. Néanmoins, Jésus était loin de faire l'unanimité.

> *Jean 6 : 60-61*
> *Plusieurs de ses disciples, après l'avoir entendu, dirent : Cette parole est dure; qui peut l'écouter ? Jésus, sachant en lui-même que ses disciples murmuraient à ce sujet, leur dit : Cela vous scandalise-t-il ?*

> *Jean 6 : 65-68*
> *Et il ajouta : C'est pourquoi je vous ai dit que nul ne peut venir à moi, si cela ne lui a été donné par le Père. Dès ce moment, plusieurs de ses disciples se retirèrent, et ils n'allaient plus avec lui. Jésus donc dit aux douze : Et vous, ne voulez-vous pas aussi vous en aller ? Simon Pierre lui répondit : Seigneur, à qui irions-nous ? Tu as les paroles de la vie éternelle.*

Il avait en fait beaucoup de disciples mais aussi beaucoup d'opposants, de détracteurs, de religieux, de contestataires et même, au sein de sa propre équipe, un traître, des disciples qui ont fui, et un qui l'a renié ! Ce n'était pas le ministère rêvé ! C'était un ministère difficile qui a fini cloué à une croix, mais Jésus savait ce qu'il faisait et Il savait où il allait et où il amenait les gens. Jésus était là pour que les hommes soient sauvés !

La pratique d'une religion ne sauve pas, notre « propre justice » ne sauve pas. Seul le sang de Jésus qui a coulé à la croix pour nous laver de nos péchés peut nous sauver. Dans ce passage, on voit que plusieurs des disciples de Jésus n'acceptent pas ses paroles. Ils pensent que ses paroles sont dures et ils se mettent à murmurer contre lui. La Bible nous dit que « plusieurs de ses disciples se retirèrent et n'allèrent plus avec lui ». Alors Jésus dit à ses douze : « Et vous, ne voulez-vous pas aussi vous en aller ? » Simon Pierre lui répondit : « Seigneur, à qui irions-nous ? Tu as les paroles de la vie éternelle ». La déclaration de Pierre est une des plus belles et des plus vraies qui soient ! Il y a deux leçons importantes à tirer de ce passage.

Première leçon : « À qui irions-nous d'autre qu'à toi ? »

Quelle que soit la situation que vous traversez, vous devez savoir qu'il n'y aura jamais meilleur endroit pour vous qu'auprès de Jésus. Quand votre cœur est brisé, quand vous vous sentez seul ou abandonné, quand vous vous sentez trahi, quand vous passez par des situations difficiles. Ne fuyez pas loin de Dieu, approchez-vous de Lui !

> *Proverbes 18 : 24*
> *Mais il est tel ami plus attaché qu'un frère.*

Jésus est l'ami fidèle et tendre. Dieu merci pour les amis, pour les gens merveilleux que Dieu a mis à nos côtés, Néanmoins, vous ne trouverez jamais un ami comme Jésus ! Il sera toujours là, Il vous aimera en tout temps, Il ne vous laissera pas, ne vous abandonnera pas, Il sera toujours fidèle, Il vous relèvera, Il vous pardonnera... Pierre le comprenait bien, c'est pourquoi il répondit à Jésus « Ou irions-nous loin de toi ? »

Deuxième leçon : « Tu as les paroles de la vie éternelle »

Les paroles de Jésus étaient parfois difficiles à recevoir. Ce sont des paroles sans compromis. Il reprenait les religieux de façon très directe car Il connaissait leurs pensées. Il était capable de dire dans certains cas : « Race de vipères », « Race d'incrédules », « Tombeaux blanchis »... Néanmoins, même si les paroles de Jésus parfois vous reprennent, vous corrigent, vous semblent dures, elles n'en sont pas moins les « paroles de la vie éternelle ». Jésus n'est pas venu nous dire ce que nous avions envie d'entendre, il n'est pas venu nous chanter une berceuse et que nous finissions tous en enfer. Non, Il est venu nous sauver, Il est venu nous révéler le Père. Il est venu confronter nos péchés. Il est venu confronter l'hypocrisie de son temps...

Ces paroles étaient en décalage avec les conceptions de l'époque, Il les a néanmoins parlées pour nous sauver et nous ouvrir les yeux. Parfois la Parole vous console, vous encourage, vous élève, et parfois elle vous reprend, mais une chose est sûre, elle communique toujours la vie éternelle !

29 MARS

Jérémy Sourdril

Ésaïe 58, un autre type de jeûne

Il existe différents types de jeûne. Certains croyants aiment à inventer régulièrement des formes de jeûne. Après le jeûne de Daniel, ils essaient un autre jeûne, ils essaient de jeûner la viande, ensuite ils jeûneront les légumes, enfin ils jeûneront la télévision ou les jeux-vidéo. Parfois on a l'impression que c'est plutôt un régime qu'ils cherchent !

Le jeûne a une grande place dans la religion. Il n'y a pas que dans le christianisme que les gens jeûnent, mais aussi dans l'Islam, dans l'Hindouisme et dans bien d'autres religions. Gloire à Dieu, nous ne suivons pas une religion. Nous ne suivons pas des philosophies humaines et des principes charnels et psychologiques. Nous suivons la Parole de Dieu. Nous savons que le jeûne n'impressionne pas Dieu. Dieu reste le même après et avant le jeûne. C'est nous qui changeons. Certains sont morts de faim d'avoir jeuné pour une cause ! Certains pensent forcer Dieu en jeûnant et ils disent : « Ah Dieu va être obligé de répondre en voyant combien je jeûne longtemps ». Mais souvent la base du jeûne est charnelle, et effectué « par les propres forces » de la personne.

Beaucoup de chrétiens se posent des questions sur le jeûne. Certains l'ont totalement éliminé de leur vie, parfois par manque de consécration, par méconnaissance ou par mépris du jeûne. Certains le font à l'excès, croyant impressionner Dieu et voulant, par le bras de la chair, atteindre un niveau élevé de relation avec Dieu et de soumission de la chair.

Le jeûne est une consécration à Dieu et à sa Parole. Lorsqu'on jeûne, il est vrai qu'on soumet sa chair et qu'on décide de passer un temps de consécration particulier. Il y a une vraie bénédiction dans le jeûne biblique et je crois que nous devons être dirigés pour jeûner efficacement.

J'aimerais vous parler aujourd'hui d'un jeûne selon Dieu. La maison de Jacob jeûnait. Tous les jours ils cherchaient Dieu et cherchaient à connaître les voies de Dieu. Ils cherchaient à s'approcher de Dieu. C'est une bonne chose n'est-ce pas ? Pourtant Dieu n'était pas content avec eux. Il faut bien comprendre qu'ils avaient toute la forme extérieure de la piété et qu'ils cherchaient vraiment Dieu. Mais alors qu'ils jeûnaient, Dieu va leur reprocher un certain nombre de choses :

- Vous vous livrez à vos penchants
- Vous exigez durement tous les travaux qui vous sont dus. (Darby)
- Vous jeûnez pour vous disputer et vous quereller, Pour frapper méchamment du poing
- Vous ne jeûnez pas comme le veut ce jour, Pour que votre voix soit entendue en haut.

Apparemment, Dieu n'est pas satisfait lorsque nous jeûnons seulement. Et apparemment la maison de Jacob n'avait pas tout compris au sujet du jeûne. Ils pensaient pouvoir tromper Dieu. En fait, Dieu va leur dire qu'ils essaient de faire des choses religieuses tout en vivant dans le péché.

Gloire à Dieu, nous sommes devenus totalement justes à notre nouvelle naissance, c'est notre position en Christ ! Mais cela ne nous « décharge » pas de respecter les règles d'un jeûne selon Dieu. N'est-ce pas excellent de voir ce que Dieu demande d'un jeûne ? Dieu n'en a pas trop dit sur le jeûne mais le chapitre 58 est la plus grande leçon sur le jeûne.

> *Ésaïe 58 : 5*
> *Est-ce là le jeûne auquel je prends plaisir, Un jour où l'homme humilie son âme ? Courber la tête comme un jonc, Et se coucher sur le sac et la cendre, Est-ce là ce que tu appelleras un jeûne, Un jour agréable à l'Éternel ?*

Ici, Dieu vient enlever toute idée de religion en ce qui concerne le jeûne. Pour Dieu, c'est évident, jeûner n'est pas quelque chose de religieux. Ce n'est pas non plus le fait de tourmenter son âme. Certaines sectes et religions prescrivent de se taper la tête contre le sol ou d'affliger son âme par des techniques de lectures forcées, ce n'est en tout cas jamais le jeûne selon Dieu. Ici, ils étendaient le sac et la cendre sous eux et ils penchaient la tête. Le jour du jeûne n'est pas un jour ou nous sommes désespérés, malheureux et sans espoir, sous prétexte de grande humilité.

> *Ésaïe 58 : 6*
> *Voici le jeûne auquel je prends plaisir : Détache les chaînes de la méchanceté, Dénoue les liens de la servitude, Renvoie libres les opprimés, Et que l'on rompe toute espèce de joug;*

Ici, Dieu amène un principe révolutionnaire pour beaucoup. Pour Dieu, un vrai jeûne est de délivrer, libérer, briser les jougs de quelqu'un. En fait, au lieu de s'apitoyer sur soi-même et d'écouter toute la journée le bruit de son ventre qui crie, Dieu veut qu'on ait le regard tourné vers les autres ! Ainsi, si vous aviez décidé de passer un jour entier de 12 heures à jeûner et prier, ne serait-ce pas une bonne idée de s'occuper d'une personne, de la bénir, d'avoir pour elle des paroles d'encouragement, des paroles de réconfort ? Ne serait-ce pas une bonne chose que de sortir dans la rue pour annoncer l'Évangile libérateur et de chercher quelqu'un dont vous pourriez enlever le joug ? Pensez-y !

> *Ésaïe 58 : 7*
> *Partage ton pain avec celui qui a faim, Et fais entrer dans ta maison les malheureux sans asile; Si tu vois un homme nu, couvre-le, Et ne te détourne Pas de ton semblable.*

Ici encore, Dieu vient révolutionner nos pensées. Il dit que nous pouvons partager notre nourriture ! Donc Dieu parle d'un jour de jeûne où nous mangeons ! Il existe certaines personnes qui ont choisi d'être sobres en tout temps au lieu de jeûner pour ensuite se goinfrer de gâteaux à la fin de leur jeûne.

Dieu parle de partager. Le jour de jeûne serait donc un jour de partage. Un jour où l'on pense encore à l'autre finalement, mais pas à n'importe quel autre, à celui qui a faim, donc nous pourrions partager quelque chose que l'autre n'a pas. Que pourrions-nous partager aujourd'hui ? Pensez-vous que nous pourrions partager notre argent, partager notre amour, ou encore partager nos talents, pour ceux qui n'en ont pas ou qui ne le savent pas ? Nous pourrions aller dans la rue, donner à manger, des vêtements ou de l'argent aux pauvres que nous croisons, tout en leur annonçant l'Évangile. Pourquoi ne pas leur imprimer Ésaïe 58 avec d'autres versets pour leur montrer que c'est Dieu qui vous a motivé à les aimer et qu'Il les aime ?

> *Ésaïe 58 : 8*
> *Alors ta lumière poindra comme l'aurore, Et ta guérison germera promptement; Ta justice marchera devant toi, Et la gloire de l'Éternel t'accompagnera.*

Le jeûne est lié à la bénédiction ! Le fait de jeûner bibliquement apporte donc une bénédiction dans nos vies. Alors que nous nous tournons vers les autres pour les bénir et les arroser, nous sommes nous-mêmes arrosés et bénis. Dieu parle même ici de santé. Oui, je crois que le vrai jeûne peut apporter la guérison mais aussi la présence de Dieu que nous recherchons tant.

> *Ésaïe 58 : 9*
> *Alors tu appelleras, et l'Éternel répondra; Tu crieras, et il dira : Me voici ! Si tu éloignes du milieu de toi le joug, Les gestes menaçants et les discours injurieux,*

Après avoir agi de la sorte, nous nous ouvrons à la présence de Dieu d'une manière plus grande. Ce serait une folie que de jeûner et chercher la face de Dieu tout en ayant de l'amertume et de la haine pour quelqu'un. Si c'est votre cas, si vous avez de la haine contre une personne, pardonnez à cette personne de tout votre cœur, voilà ce qui sera un bon jeûne selon Dieu, ne plus faire passer vos envies, vos penchants et vos décisions avant les décisions de Dieu. J'aimerais vous laisser avec les multiples et impressionnantes bénédictions promises suite au vrai jeûne. Ce qui est bien avec ce jeûne, c'est que nous n'avons pas besoin de s'enfermer quelque part, de se mettre dans une position inconfortable et religieuse, mais que finalement nous pouvons le vivre tous les jours, n'importe où ! Mais en fait, ne s'agirait-il pas de la vie chrétienne normale ?

> *Ésaïe 58 : 10-14*
> *Si tu donnes ta propre subsistance à celui qui a faim, Si tu rassasies l'âme indigente, Ta lumière se lèvera sur l'obscurité, Et tes ténèbres seront comme le midi. L'Éternel sera toujours ton guide, Il rassasiera ton âme dans les lieux arides, Et il redonnera de la vigueur à tes membres; Tu seras comme un jardin arrosé, Comme une source dont les eaux ne tarissent pas. Les tiens rebâtiront sur d'anciennes ruines, Tu relèveras des fondements antiques; On t'appellera réparateur des brèches, Celui qui restaure les chemins, qui rend le pays habitable. Si tu retiens ton pied pendant le sabbat, Pour ne pas faire ta volonté en mon saint jour, Si tu fais du sabbat tes délices, Pour sanctifier l'Éternel en le glorifiant, Et si tu l'honores en ne suivant point tes voies, En ne te livrant pas à tes penchants et à de vains discours, Alors tu mettras ton plaisir en l'Éternel, Et je te ferai monter sur les hauteurs du pays, Je te ferai jouir de l'héritage de Jacob, ton père; Car la bouche de l'Éternel a parlé.*

30 MARS

Jérémy Sourdril

Ne doutez pas de l'amour de Dieu pour vous

Il y a des chants, qui, je l'avoue, sont désespérants. Tout chant « chrétien » n'est pas forcément biblique, même s'il paraît plein d'humilité. J'ai remarqué que beaucoup de chants pleins « d'humilité » étaient en fait anti-scripturaires. Un de ces chants dit : « Je ne comprendrais jamais pourquoi tu m'aimes ».

Vous pensez peut-être que ce n'est pas quelque chose de grave, mais c'est en fait très grave. À cause de ce genre de déclarations que les chrétiens font, ils ne connaîtront jamais sur cette terre l'amour de Dieu réellement, car il en sera fait selon notre foi et notre confession. Si vous devez chanter ce chant, faites-le avec d'autres paroles !

> *Éphésiens 3 : 14-19*
> *A cause de cela, je fléchis les genoux devant le Père, duquel tire son nom toute famille dans les cieux et sur la terre, afin qu'il vous donne, selon la richesse de sa gloire, d'être puissamment fortifiés par son Esprit dans l'homme intérieur, en sorte que Christ habite dans vos cœurs par la foi; afin qu'étant enracinés et fondés dans l'amour, vous puissiez comprendre avec tous les saints quelle est la largeur, la longueur, la profondeur et la hauteur, et connaître l'amour de Christ, qui surpasse toute connaissance, en sorte que vous soyez remplis jusqu'à toute la plénitude de Dieu.*

Avez-vous lu les versets 18 et 19 ? L'apôtre Paul priait pour que nous puissions comprendre l'amour de Dieu en profondeur, largeur, hauteur... bref tout l'amour de Dieu ! Il ne s'agissait pas d'une belle prière pour faire beau, ni une prière pour comprendre l'amour de Dieu lorsque nous serons morts, car à notre mort, nous connaîtrons Dieu comme il nous a connus ! Non, Paul priait pour que nous puissions avoir une révélation de l'amour de Dieu aujourd'hui, dans cette vie présente ! Cela est possible, et puisque cela est possible, ne confessez jamais le contraire ! Paul a bien insisté, il priait pour que les chrétiens d'Ephèse connaissent quelle est la largeur, la longueur, la profondeur et la hauteur de l'amour de Dieu, rien de moins ! Cela est possible je le répète !

Oui, nous pouvons connaître l'amour de Celui qui nous aime d'un amour éternel ! C'est merveilleux ! Dieu nous aime ! Ce Dieu de l'Ancien Testament comme disent certains, qui semble parfois dur, se révélait même dans l'Ancien Testament comme un Dieu d'amour. Il a dit :

> *Jérémie 31 : 3*
> *De loin l'Éternel se montre à moi : Je t'aime d'un amour éternel; C'est pourquoi je te conserve ma bonté.*

Je suis tellement heureux que Dieu vous aime, vous et moi, d'un amour éternel ! Je ne sais pas qui tu es, toi qui lis cette pensée du jour, mais toi et moi, le Seigneur nous aime ! Le fait de savoir que Dieu nous aime de cette façon me rapproche de vous qui lisez cette pensée aujourd'hui ! Nous sommes aimés de Dieu !

> *Genèse 2 : 22*
> *L'Éternel Dieu forma une femme de la côte qu'il avait prise de l'homme, et il l'amena vers l'homme.*

Dieu avait créé l'homme pour être en relation avec lui. Et Dieu savait qu'en créant la femme, beaucoup d'hommes se détourneraient de lui pour suivre leur femme. Et c'est ce qui s'est passé. Le regard de l'homme s'est porté vers la femme et vice-versa. Ainsi, Salomon, à qui Dieu avait tout donné, se détourna de lui pour coucher avec des femmes dévouées à des idoles. David tomba à cause d'une femme, et bien d'autres encore. Comme dit la Parole :

> *1 Corinthiens 7 : 33*
> *Et celui qui est marié s'inquiète des choses du monde, des moyens de plaire à sa femme.*

C'est une réalité, et pourtant Dieu, par amour, a décidé de donner au cœur de l'homme ce dont il avait éperdument besoin. Dieu est bon, Dieu est vraiment bon.

> *Ésaïe 43 : 25*
> *C'est moi, moi qui efface tes transgressions pour l'amour de moi, Et je ne me souviendrai Plus de tes péchés.*

Michée 7 : 19
Il aura encore compassion de nous, Il mettra sous ses pieds nos iniquités; Tu jetteras au fond de la mer tous leurs péchés.

Dieu choisit de jeter nos péchés derrière lui, dans la mer, et de les oublier. Il le fait par amour pour nous. Dieu a envoyé Jésus son fils précieux, pour être frappé, injurié, giflé, fouetté, crucifié pour pardonner nos péchés, parce qu'il nous aime d'un amour éternel.

L'amour de Dieu est patient, il excuse tout, il croit tout, il espère tout, il supporte tout. L'amour ne périt jamais. Non, tu n'as pas trop péché pour Dieu. Jésus a même demandé au Père de pardonner ceux qui l'ont crucifié et frappé. Vous n'en êtes pas rendu là, et même si vous l'étiez, Jésus vous pardonnerait si vous venez à lui, repentant.

Je suis allé un jour à la piscine avec ma fille. J'étais dans une piscine à vague, et, alors que je pensais que l'eau était profonde, j'ai donné un grand coup de pied dans l'eau pour remonter à la surface, et mon pied a frappé le sol. J'ai eu très mal ! Je suis rentré chez moi en boitant, et Annabelle (ma merveilleuse femme) rigolait avec une amie de la sensibilité des hommes quand ils se font un petit bobo (je ne ferai pas d'exhortation sur ce point !).

J'avais vraiment mal et ce soir-là, j'écrivais une pensée du jour, alors que la douleur était présente depuis plusieurs heures. Soudain, j'ai entendu un gros « boum » dans la chambre à côté, je savais que ma petite fille de cinq ans venait de tomber de notre grand lit ! Et vous savez quoi ? Je n'ai pas eu le temps de me dire : « Si je me lève brusquement et que je coure dans la chambre pour la serrer dans mes bras, je vais avoir très mal, alors je vais me déplacer doucement, tranquillement » ! Je ne me suis pas dit non plus : « Oh mais ma femme est là, alors elle va aller la prendre elle-même, je n'ai pas besoin de me lever ». Non, mon amour pour ma fille a fait que, je n'ai pas réfléchi une seule seconde, j'ai couru le plus vite possible dans la chambre, oubliant ma douleur en y allant. Je l'ai récupérée et l'ai prise dans mes bras, alors qu'elle allait commencer à pleurer, se réveillant de son sommeil.

Elle s'est rendormie contre moi tout de suite, et moi j'avais encore plus mal qu'avant !

Matthieu 7 : 11
Si donc, méchants comme vous l'êtes, vous savez donner de bonnes choses à vos enfants, à combien plus forte raison votre Père qui est dans les cieux donnera-t-il de bonnes choses à ceux qui les lui demandent.

Jésus parlait aux pharisiens qui étaient hypocrites et méchants. Les pharisiens remettaient constamment en question l'amour de Dieu et étaient prêts à lapider la première pécheresse qui passait par là. Et Jésus leur a parlé d'amour, en les reprenant dans cette parole. Il leur montrait que, bien entendu, c'est une évidence, Dieu est bien plus Amour que des parents, il aime VRAIMENT les gens. Nous pensons bien sûr au fils prodigue et à comment son père (l'image de Dieu ici) l'a accueilli dans ses bras d'amour avec une grande fête et de beaux habits.

Mon attitude avec ma fille ce soir-là n'était pas quelque chose d'extraordinaire. C'est ce qu'aurait fait tout bon parent. Et vous savez quoi, et bien Dieu va accourir à vous à chaque fois que vous aurez besoin de lui, si vous restez dans sa présence. Si vous vous êtes éloigné de lui, et bien Dieu vous aime toujours de la même façon, il n'est pas venu chercher des justes mais des pécheurs à la repentance. Alors, repentez-vous, et sautez dans les bras d'amour du Dieu qui nous aime, car l'amour de Dieu pour vous, enfants de Dieu, est éternel !

Si Dieu n'est pas encore votre Père, et que vous ne connaissez pas intimement Dieu, vous pouvez aujourd'hui faire la paix avec Dieu et connaître son amour. Je vous encourage à faire cette prière de tout votre cœur. Il ne s'agit pas d'une recette magique, d'une prière « incantation », mais si vous dites ces mots de tout votre cœur, en y croyant vraiment, la Bible déclare que vous allez aujourd'hui même devenir enfant de Dieu !

Si vous n'avez jamais fait de Jésus-Christ le Sauveur de votre vie, vous pouvez le faire maintenant. C'est entre vous et Dieu. Pour accepter Jésus dans votre vie comme Sauveur, je vous encourage à vous rendre à la fin du livre à la page : « Comment recevoir Jésus comme Sauveur ? », juste après la page du 31 décembre.

31 MARS

Mamadou Karambiri

Voulez-vous expérimenter les sept verbes de Dieu ?

Genèse 1 : 27-28 : « Dieu créa... bénit..., dit : soyez féconds... multipliez, remplissez... assujettissez... et dominez ».

Mais vous, avez-vous expérimenté les sept verbes divins proclamés sur Adam et la nouvelle création en Christ ?

Dieu créa... Dieu est créateur au sens le plus parfait du terme. Le Dieu qui créa Adam à son image est celui qui vous a créé(e) en Christ. Vous êtes une nouvelle création en Christ, c'est un fait, une certitude ! Il vous a communiqué sa vie (Zoé). Vous avez la vie éternelle et vous êtes devenu participant de la nature divine. Vous n'êtes plus sous l'autorité de la puissance des ténèbres, vous avez été délivré et transféré dans le royaume de la lumière, le royaume de l'amour divin. Le croyez-vous ? Ou pensez-vous qu'il s'agisse d'une simple doctrine sans un effet réel sur votre vie quotidienne ? Vous n'êtes pas un simple converti dans un système religieux, mais un véritable enfant de Dieu, né par le Saint-Esprit dans le Royaume de Dieu.

Dieu les bénit... Tout ce que Dieu a créé est béni et vous, nouvelle création en Christ, vous êtes déjà béni de toute bénédiction spirituelle dans les lieux célestes en Christ. Par la foi, acceptez cette vérité et entrez dans cette bénédiction divine qui n'est suivie d'aucun chagrin. Proclamez les bénédictions de Dieu sur votre vie, en toutes circonstances, en tous lieux et tous les jours. Dieu a béni chacun des sept jours de la semaine en disant : « Bon jour ». Alors faites comme le Père céleste chaque jour à votre réveil.

« Soyez fécond ! ». Ce que Dieu a créé et béni est fécond. Toute forme de stérilité doit disparaître de votre vie, car Dieu a parlé sur votre vie en Christ. Que la personne stérile dise je suis féconde. Réjouissez-vous stérile (spirituel, physique, professionnel...) ! Faites éclater votre allégresse et votre joie, car le Seigneur vous visitera et vous vous répandrez à droite et à gauche.

« Multipliez-vous et remplissez la terre ! ». Vous devez vous multiplier dans le domaine qui vous a été assigné. Vous êtes un enfant de Dieu créé à son image. Vous devez vous reproduire spirituellement dans ceux et celles qui sont autour de vous. Cette multiplication des enfants de Dieu aura pour effet induit de remplir la terre de la présence, de l'amour de Dieu.

« Assujettissez et dominez ! ». Deux verbes qui font peur de prime abord s'ils sont mal compris. Par le fruit de l'esprit vous allez assujettir les œuvres de la chair qui font la guerre à votre âme. Assujettir, c'est amener les hommes de la terre à être des sujets du Roi des rois en vivant selon les principes et les lois spirituelles de la Bible. Vous dominerez quand vous aurez compris que vous avez reçu l'autorité au nom de Jésus-Christ. Cette autorité d'exercer le règne de Dieu sur les trois mondes (air, mer, terre). Cette domination ne s'exerce pas sur votre prochain.

Une prière pour aujourd'hui

« Père, comme Adam au commencement, je bénéficie en Christ de ces sept verbes divins. Par ton Esprit Saint donne-moi de les accepter et de les expérimenter dans ma vie quotidienne. Amen ».

01 AVRIL

Jérémy Sourdril

Le premier Avril et le poisson d'Avril

La tradition du poisson d'Avril serait apparue en France en 1564. On raconte que jusque-là, l'année commençait au premier avril (en fait l'année civile n'a jamais débuté un premier Avril), mais le roi de France Charles IX décida, par l'Édit de Roussillon, de changer le calendrier : l'année débuterait désormais le premier janvier.

Les farceurs d'Avril : cinq versions du Poisson d'Avril

On dit que le premier janvier 1565, tout le monde se souhaita pour la première fois : « Bonne année », se fit des cadeaux, comme chaque début d'année. Aussi, trois mois plus tard, le premier avril 1565, des conservateurs qui refusaient cette réforme continuèrent de célébrer le début de l'année à cette date. Ils se firent encore des cadeaux comme on le faisait auparavant. On leur faisait alors des farces et on se moquait d'eux. Le premier Avril serait devenu le « jour des fous ». Ces gens furent appelés des « farceurs », puisque ce n'était plus le début de l'année officielle ! On s'offrit donc des cadeaux : « pour rire », qui ne coûtaient pas grand-chose ou qui étaient sans valeur. C'est à partir de ce jour qu'on se serait fait des blagues et des faux cadeaux pour s'amuser un peu et rappeler ce début d'année.

On dit encore que cette fête aurait débuté au seizième siècle : les cadeaux que l'on s'offrait en avril étaient le plus souvent des poissons ! Effectivement, le premier Avril se trouvant à la fin du carême (période durant laquelle la consommation de viande était interdite chez les chrétiens) le poisson était le cadeau le plus fréquent. Puis on offrit de faux poissons. Certains pensent que le poisson d'avril est né à partir de là.

Une autre version dit qu'au début du mois d'avril, la pêche était interdite en France, car c'est la période de reproduction des poissons. Certains auraient alors eu comme idée de faire des blagues aux pêcheurs en jetant des harengs dans les rivières. On pense alors qu'ils (peut-être des enfants accompagnés d'adultes) devaient crier aux pêcheurs : « Poisson d'avril ! ».

D'autres racontent que le « poisson d'avril » serait devenu « poisson » parce qu'au début du mois d'Avril, dernier signe de l'hiver, la lune sort du signe zodiacal des poissons.

Pour d'autres, cette coutume viendrait des chrétiens, à cause du signe de l'ICHTUS (acronyme grec qui signifie : « Jésus Christ, le Sauveur et Fils de Dieu ») qui servait de signe de ralliement aux premiers chrétiens persécutés, ou à cause des poissons pêchés lors d'une pêche miraculeuse ordonnée par Jésus, mais il n'en est rien.

Ce que fait le monde au 20ème siècle

En France, au début du 20ème siècle, on s'envoyait de très belles cartes postales ornées d'un poisson d'avril et très joliment décorées. Le premier avril était la fête de l'amour et de l'amitié. À ce sujet, le musée-château de Dieppe conserve une très grande collection de ces cartes postales.

Ce que fait le monde aujourd'hui

La coutume veut que l'on accroche un poisson fabriqué manuellement dans le dos des personnes puis que l'on s'exclame : « Poisson d'avril ! » une fois la plaisanterie découverte, ou encore après une fausse histoire racontée. Cette coutume de se faire des blagues a franchi les frontières et s'est répandue dans de nombreux pays, mais on ne s'accroche pas de poissons d'Avril dans le dos dans tous ces pays ! (cette coutume existe aux États-Unis, au Canada, en Belgique, en Suisse, en Italie et au Japon).

Nous pouvons profiter de cette journée pour annoncer Jésus !

Peu importe l'histoire ancienne, soit nous profitons de cette occasion d'annoncer l'évangile, soit nous disons : « C'est une fête païenne et nous ne voulons y prendre part d'une aucune manière ! ». Quelqu'un a dit : « Il y a deux occasions d'annoncer l'évangile : la bonne occasion, et la mauvaise occasion ».

2 Timothée 4 : 2
Prêche la parole, insiste en toute occasion, favorable ou non, reprends, censure, exhorte, avec toute douceur et en instruisant.

J'encouragerais chaque chrétien à profiter de cette journée pour annoncer le message de l'ICHTUS. Aujourd'hui, bien des gens se demanderont en voyant les ichtus collés sur les voitures s'il s'agit d'un poisson d'avril !

Profitez donc de cette journée pour coller des Ichtus sur le dos de vos collègues, de vos amis, de vos voisins, et dites-leur en quoi votre poisson d'Avril est si différent du leur ! Vous pouvez d'un côté faire un poisson avec vos enfants par exemple, et de l'autre écrire ICHTUS, avec un verset biblique. Bien des versets dans la Bible nous parlent de poissons ! Notre Dieu d'amour nous donnera-t-il un serpent si nous lui demandons un poisson ? Jésus n'a-t-il pas multiplié les poissons et nourri une foule immense ? En ce premier Avril, rappelons-nous que Dieu prend soin des hommes qui se confient en Lui.

La mort et la résurrection de Jésus-Christ n'est pas un poisson d'Avril, c'est une puissance de Dieu pour le salut de quiconque croit ! N'ayez pas honte de l'Évangile ! Prenez la décision d'annoncer l'Évangile aujourd'hui, il nous a donné le ministère de la réconciliation ! Jésus est vivant, Alléluia !

02 AVRIL

Jérémy Sourdril

La reconnaissance du don libère le don

Il y a plusieurs années, j'ai entendu un Pasteur faire cette déclaration : « La reconnaissance du don libère le don ». J'ai eu le temps de la mettre à l'épreuve et de la vivre plusieurs fois, et elle s'avère être vraiment puissante.

Nous sommes parfois les derniers à nous apercevoir de nos qualités, de nos dons ou de notre appel. C'est pour cela que, parfois, nous recevons des prophéties; c'est simplement pour nous faire prendre conscience de certaines choses que Dieu a déposées en nous.

Vous pouvez être quelqu'un qui libère les dons chez les gens. Les gens sont si souvent sujet à se dévaloriser. Ils ne réalisent pas certains dons qu'ils ont. Ils se disent : « Oh ce n'est pas quelque chose d'extraordinaire ». Mais, comme on enseigne à l'Institut Biblique EnseigneMoi, un don ne vient jamais à maturité ! Dieu nous donne un peu, c'est quand même un don, mais c'est à nous, avec sa force et notre fidélité, de l'amener à mûrir.

Avez-vous remarqué une personne autour de vous qui est très forte dans un domaine et cela vous a surpris ? Peut-être même que vous vous êtes dit : « J'aimerais tellement lui ressembler en cela, j'aimerais tellement pouvoir faire ça aussi bien qu'elle ! ». Je vous exhorte à aider cette personne à reconnaître son don, et à l'aider à y entrer. Donnez-lui une parole d'encouragement par rapport à ce que vous avez vu chez elle, et cela l'incitera à reconnaître son don et à le libérer.

La reconnaissance d'une qualité, même infiniment petite, libère la qualité

J'ai envoyé des milliers de colis et enveloppes aux chrétiens du monde entier qui commandaient à l'époque des livres et des DVD, lorsque nous avions la librairie EnseigneMoi. J'allais très souvent à la Poste, mais notre Poste était toute petite, et la personne agente de guichet était vraiment très désagréable et méchante. En fait, il est évident qu'elle souffrait. Elle essayait de me chercher des histoires lorsque je venais poster des colis et enveloppes, et j'avoue qu'au début, je rentrais assez fâché parfois ! (cela me fait sourire aujourd'hui)

Alors, avec ma femme, nous avons décidé de la surnommer « aimable ». Cela changea notre façon de la voir, et lorsque j'allais à la Poste, j'étais le plus courtois possible, et je lui faisais remarquer, lorsqu'elle l'était ou qu'elle essayait de l'être, qu'elle était aimable.

Puis elle changea ! Elle devint gentille. À chaque fois que j'entrais à la Poste, je pouvais voir que cela lui demandait un effort considérable, mais elle essayait vraiment d'être aimable, et pas juste par hypocrisie. J'avais réussi à libérer cette « qualité » en elle.

Il ne faut pas confondre cela avec de la manipulation. La manipulation invente des choses pour amener des gens à changer, parfois même en bien. Mais c'est différent lorsque, par AMOUR, nous remarquons des petites qualités chez les gens que nous leur faisons remarquer pour ainsi les aider à s'épanouir.

Bien des gens sont aigris et il faudrait juste parfois changer notre façon de les voir et notre façon de leur parler.

Certains parents sont en colère contre leurs enfants quant à leurs notes scolaires, ou leur attitude, alors ils leur disent toujours : « Tu es vraiment mauvais », « C'est nul », « Ah encore une mauvaise note », « Mais tu es vraiment bête ! ». Ne dites jamais cela à vos enfants, mais aidez-les à changer par amour. Cela ne marchera pas toujours à tous les coups, mais si vous êtes inspiré par amour, vous en verrez le résultat.

Avez-vous pensé à quelqu'un ? Si non, essayez de trouver votre collègue de travail le (la) plus méchant(e) et trouvez une qualité chez lui (elle) ! Ou chez votre belle-mère !

Je reconnais que, selon la Parole de Dieu, vous êtes hardi, plein de courage et de force, rempli d'amour, libéré du péché ! C'est ce que vous êtes en Jésus-Christ, et cela libère ces vérités dans votre vie !

03 AVRIL

Jérémy Sourdril

Un mot en ce qui concerne les offrandes

Il y a eu dans l'histoire de l'Église de mauvaises expériences concernant les demandes de finances, ce qui est dommage pour l'Église. Il arrivait à l'apôtre Paul de faire des appels d'argent, mais jamais avec pression.

Je vous exhorte à toujours donner sans pression, mais dans la joie et dans la paix au Seigneur. Soyez obéissant, Dieu bénira votre obéissance. Lorsque l'apôtre Paul avait besoin de parler d'argent, il n'utilisait pas le Nom du Seigneur à toutes les sauces et dans tous les sens pour que les chrétiens puissent le soutenir. L'apôtre savait aussi recevoir un salaire des églises :

> *2 Corinthiens 11 : 8*
> *J'ai dépouillé d'autres Églises, en recevant d'elles un salaire, pour vous servir.*

Les Corinthiens étaient pour beaucoup des bébés spirituels, qui, apparemment, n'étaient pas assez matures pour soutenir le ministère de Paul, leur propre « père » spirituel ! J'ai déjà remarqué à bien des reprises cette terrible réalité. Voilà pourquoi Dieu dira :

> *Exode 20 : 12*
> *Honore ton père et ta mère, afin que tes jours se prolongent dans le pays que l'Éternel, ton Dieu, te donne.*

Dieu savait combien les enfants peuvent être parfois égoïstes. Les enfants ne réalisent pas lorsqu'ils sont petits que leurs parents paient tout pour eux ! Et les enfants osent parfois se plaindre de ne pas avoir d'argent de poche, alors que les parents ont dépensé des dizaines de milliers d'euros pour eux ! Que ce soit pour leur payer la nourriture, les vêtements, l'école, les activités, prendre une plus grande voiture ou agrandir la maison !

Nous pouvons « comprendre » les enfants au début car ils ne sont pas conscients de la vie et de ses principes, mais le pire est qu'en grandissant, beaucoup d'enfants déshonorent leurs parents en ne pourvoyant pas à leurs besoins, alors qu'il le faudrait.

Parfois des enfants qui ont, excusez-moi l'expression, « coûté » à leurs parents ne veulent qu'une chose : que leurs parents aillent en maison de retraite pour récupérer l'argent de la vente de leur maison. C'est terrible !

En tant que personnes matures et spirituelles, nous devons comprendre que le fait d'honorer ses parents naturels et aussi spirituels passe aussi par les finances. Les pharisiens ne supportaient pas ce principe, alors certains, par radinerie et méchanceté, avaient trouvé un moyen de ne pas honorer leurs parents financièrement :

> *Matthieu 15 : 4-6*
> *Car Dieu a dit : Honore ton père et ta mère; et : Celui qui maudira son père ou sa mère sera puni de mort. Mais vous, vous dites : Celui qui dira à son père ou à sa mère : Ce dont j'aurais pu t'assister est une offrande à Dieu, n'est pas tenu d'honorer son père ou sa mère. Vous annulez ainsi la parole de Dieu au profit de votre tradition.*

Savoir donner est bien souvent une preuve de maturité. En tout cas ne pas savoir donner est clairement une preuve d'immaturité. Plus nous grandissons avec Dieu, et plus nous devrions être capable de donner, plus nous devrions être des donneurs, savoir écouter la voix de Dieu à ce sujet et lui obéir.

Il y a parfois de « vieux » chrétiens qui s'enorgueillissent d'être sauvés depuis 40 ans, mais quand vient le moment de faire une offrande spéciale pour un invité, un missionnaire ou une œuvre chrétienne, on dirait que le poids des années est tombé dans leur poche et qu'il est impossible pour leurs mains d'atteindre leur portefeuille. Plus nous vieillissons, et plus nous devrions être conscients que l'argent est un moyen de bénir, d'aider, de soutenir l'œuvre de Dieu. Les Philippiens, contrairement aux Corinthiens, étaient plus matures.

> *Philippiens 4 : 14-16*
> *Cependant vous avez bien fait de prendre part à ma détresse. Vous le savez vous-mêmes, Philippiens, au commencement de la prédication de l'Évangile, lorsque je partis de la Macédoine, aucune Église n'entra en compte avec moi pour ce qu'elle donnait et recevait; vous fûtes les seuls à le faire, car vous m'envoyâtes déjà à Thessalonique, et à deux reprises, de quoi pourvoir à mes besoins.*

Les ministères qui débutent sont souvent les ministères les moins soutenus, alors qu'ils sont parfois ceux qui en ont le plus besoin. Paul avait déjà porté du fruit, mais seuls les Philippiens soutinrent financièrement son ministère.

L'apôtre parle même d'une détresse financière ! Paul devait probablement avoir prié pour demander à Dieu un soutien, mais comme le Pasteur Olivier l'enseigne à l'iBEM, Dieu n'est pas un faussaire et il ne multiplie pas les billets de banque ! L'apôtre avait donc besoin de donateurs et de partenaires financiers !

Mais puisqu'il n'en trouva pas assez, l'apôtre Paul a dû s'occuper de tentes pendant un temps, parce qu'il n'était pas soutenu par les églises ! J'ai connu plusieurs pasteurs comme cela. Ils aimeraient bien arrêter de « servir aux tables » pour s'occuper pleinement de la diffusion de la Parole de Dieu, mais, parce que les chrétiens de leur région sont immatures, ils vivent la détresse et sont obligés de travailler à côté. Alors les chrétiens, qui devaient les soutenir mais qui ne l'ont pas fait, se plaignent des mauvais services rendus par leur pasteur ! Certains pasteurs travaillent même toute la nuit du samedi au dimanche pour subvenir aux besoins de leur famille puis doivent prêcher, être en forme, aimer les gens et se donner au maximum pour eux, le dimanche matin, tout ceci après leur travail.

Je crois personnellement, et je ne dis pas que c'est le Seigneur qui l'affirme directement, mais éprouvez et priez sur cette parole si vous le désirez : que chaque chrétien devrait, en plus de sa dîme, soutenir mensuellement au moins un ministère. Je ne dirais pas : « Oh le Seigneur me dit que vous devez donner tant d'argent », mais je dis que vous devez prier par rapport au soutien que vous devriez apporter à ceux qui ont été et qui sont pour vous une bénédiction.

Y a-t-il un pasteur qui vous a béni et à qui vous n'avez jamais vraiment dit merci ? Bénissez-le aujourd'hui ! Les gens pensent qu'en donnant leur dîme ils donnent au pasteur mais c'est faux. Ils donnent au Seigneur, et si l'église en a la possibilité, elle donnera un salaire au pasteur. Donner sa dîme n'est pas remercier le pasteur, par contre faire un don et le donner au pasteur, c'est ce qui s'appelle un don.

N'y a-t-il pas un frère dans le besoin ? Faites-lui un don. Donnez-lui ce que vous aimeriez qu'on vous donne si vous étiez dans sa situation. Dieu VERRA votre action !

> *Hébreux 6 : 10*
> *Car Dieu n'est pas injuste, pour oublier votre travail et l'amour que vous avez montré pour son nom, ayant rendu et rendant encore des services aux saints.*

04 AVRIL

Jérémy Sourdril

Un mot en ce qui concerne les offrandes (suite)

Avez-vous pris la décision hier de bénir quelqu'un par une offrande ou un cadeau ? Si vous ne l'avez pas fait, je vous encourage à mettre aujourd'hui en application la Parole de Dieu.

> *Luc 10 : 30-33*
> *Jésus dit : Un homme descendait de Jérusalem à Jéricho. Il tomba au milieu des brigands, qui le dépouillèrent, le chargèrent de coups, et s'en allèrent, le laissant à demi mort. Un sacrificateur, qui par hasard descendait par le même chemin, ayant vu cet homme, passa outre. Un Lévite, qui arriva aussi dans ce lieu, l'ayant vu, passa outre. Mais un Samaritain, qui voyageait, étant venu là, fut ému de compassion lorsqu'il le vit.*

> *Matthieu 25 : 44-45*
> *Ils répondront aussi : Seigneur, quand t'avons-nous vu ayant faim, ou ayant soif, ou étranger, ou nu, ou malade, ou en prison, et ne t'avons-nous pas assisté ? Et il leur répondra : Je vous le dis en vérité, toutes les fois que vous n'avez pas fait ces choses à l'un de ces plus petits, c'est à moi que vous ne les avez pas faites.*

Nous devons donner dans les temps de crise, mais pas seulement, nous devons aussi savoir donner quand tout va bien ! Quand vous donnez dans un bon terrain, la bénédiction de ce bon terrain reviendra sur vous. La reine de Seba aurait pu venir les mains vides devant Salomon, lui qui avait déjà tant d'or et tant d'argent mais elle apporta avec elle une offrande, et repartit de son voyage bénie. Ce n'était pas un échange commercial, mais c'était une offrande qui amena une autre offrande.

> *1 Rois 10 : 10*
> *Elle donna au roi cent vingt talents d'or, une très grande quantité d'aromates, et des pierres précieuses. Il ne vint plus autant d'aromates que la reine de Séba en donna au roi Salomon.*

> *1 Rois 10 : 13*
> *Le roi Salomon donna à la reine de Séba tout ce qu'elle désira, ce qu'elle demanda, et lui fit en outre des présents dignes d'un roi tel que Salomon. Puis elle s'en retourna et alla dans son pays, elle et ses serviteurs.*

Si vous êtes béni par un ministère d'une manière régulière, bénissez-le ! Vous serez béni en retour ! Si vous avez un père spirituel, vous devriez le bénir. Non seulement son œuvre, mais aussi lui en tant qu'individu. Cela est une chose bonne devant Dieu. Soyez spirituel. Soyez adulte. Dieu lui-même vous dit :

> *Proverbes 3 : 27*
> *Ne refuse pas un bienfait à celui qui y a droit, Quand tu as le pouvoir de l'accorder.*

> *Proverbes 11 : 25*
> *L'âme bienfaisante sera rassasiée, Et celui qui arrose sera lui-même arrosé.*

Nous pourrons toujours chercher des excuses et des interprétations, mais la Parole de Dieu est claire au sujet des offrandes. C'est un principe divin qui a traversé les alliances, un moyen que Dieu a trouvé pour que nous puissions être bénis nous-mêmes : nous semons, et nous récoltons. Oh ce n'est pas le seul moyen et semer ses finances ne fera pas tout, mais c'est un moyen extrêmement efficace que Dieu a mis à notre portée afin de bénir. Dieu s'occupera de nous bénir en retour. Ne gardons pas par avarice, mais sachons écouter la voix de Dieu aujourd'hui, pour donner à ceux que Dieu nous met à cœur.

Prions, et je crois que Dieu va vous mettre des gens et/ou des œuvres à cœur !

« Père, je te demande d'ouvrir mes yeux et de me parler au sujet de ce que je viens de lire. Je veux être un donneur. Je refuse d'être attaché à l'argent. Je suis prêt à donner aux personnes que tu me montreras, car je veux être une bénédiction. Je crois que tu mets dans mes mains de quoi donner. Je veux donner avec joie, juste par amour et par obéissance. Si j'ai fermé mes oreilles pendant longtemps alors que tu m'as clairement parlé, je te demande pardon Père. Je veux dire oui et amen à ta Parole. Fais de moi ce que tu veux, je veux être une bénédiction. Mets dans mon cœur ta volonté. Seule ta volonté m'importe. Je crois que tu vas me parler, et je vais ouvrir mes oreilles pour t'entendre. Je t'aime Seigneur ! Tu pourvois à tous mes besoins, au Nom Puissant de Jésus-Christ, je le crois, j'en suis convaincu, tu es un Dieu riche à l'extrême, la terre et les cieux, l'or et l'argent, TOUT t'appartient Seigneur ! ».

05 AVRIL

Yvan Castanou

De quoi le diable a-t-il le plus peur ?

Jean 8 : 32 : « Vous connaîtrez la vérité et la vérité vous affranchira ».

Si la Bible l'appelle le père du mensonge, de quoi le diable peut-il bien avoir le plus peur ? En y réfléchissant, je me suis aperçu que c'est la connaissance de la vérité. Pas de la vérité elle-même, elle a toujours existé. Mais du fait que l'homme puisse la connaître. Pour combattre la vérité, le diable répand toutes sortes de mensonges, dans le seul objectif d'en tenir l'homme aussi éloigné que possible.

Aujourd'hui, je voudrais partager avec vous trois principes concernant la vérité.

La vérité partielle reste ignorance

Elle vaut certes mieux que le mensonge, mais si vous vous en contentez, vous n'expérimenterez pas la plénitude de l'héritage que Dieu vous a réservée en Christ, et vous n'accomplirez pas le dessein qu'il a pour vous. Beaucoup de croyants ont réduit le message du salut à la seule nouvelle naissance. En conséquence, ils sont tellement frustrés, peu épanouis qu'ils ne voient plus que le paradis est maintenant sur terre, mais ils attendent avec empressement le chariot qui les transportera au ciel.

La vérité associée au mensonge demeure un mensonge

C'est sur cette association que repose la stratégie de l'ennemi, qui consiste à répandre toutes sortes de fausses religions prônant l'amour du prochain. Certes, aimer le prochain est indispensable, mais Jésus dit :

> *Jean 14 : 6*
> *Je suis le chemin, la vérité et la vie. Nul ne vient au Père que par moi.*

Plusieurs vous diront de prier au nom de Dieu. Mais la Bible affirme qu'il n'y a de salut en aucun autre nom que celui de Jésus (Actes 4 : 12).

La vérité non mise en pratique équivaut à se tromper soi-même

Connaître la vérité ne se limite pas à connaître la Bible. Cela signifie bien davantage : c'est devenir intime ou profondément attaché à la personne de Jésus. Cette relation fait de vous une personne qui connaît le cœur et les voies du Sauveur. Et lorsque vous parvenez à cette intimité, il se révèle personnellement à vous, parce que vous l'aimez (Jean 14 : 21-23).

Quand Dieu se révèle à vous, il vous révèle toujours d'où vous êtes (votre origine en lui), qui vous êtes (votre identité en Christ), comment vous êtes fait (votre potentiel) et le pourquoi de votre existence (votre but).

Ce sont là les choses que le diable ne veut surtout pas que vous sachiez !

Prions aujourd'hui :

« Père, accorde-moi la grâce de te connaître et de devenir un intime de ton Fils bien-aimé. Délivre-moi de tout de ce qui ne relève pas de ta vérité, et introduis-moi dans la révélation de la connaissance de Christ. Au nom de Jésus, amen ! ».

06 AVRIL

Joël Spinks

Des sentiments variables devant la Parole de Dieu inchangeable

Combien de fois avez-vous fixé vos yeux sur votre performance pour déterminer ce que vous croyez sur vous-même ? Vous laissez-vous distraire par vos sentiments qui changent de jour en jour, et ce, selon la qualité de votre performance ? Ou plutôt votre foi demeure constamment fermement établie dans la Parole du Seigneur.

Lundi matin: « Je pense que Dieu m'aime vraiment ce matin ! Je me sens comme un enfant de Dieu aimé par son père. J'ai prié, lu ma Bible et j'ai même évangélisé ! Wow ! Quel sentiment d'accomplissement et de dignité ! Alléluia ! ».

Mardi soir: « Je n'ai pas lu ma Bible ce matin, et j'ai été tellement occupé que je n'ai même pas prié de la journée (même pas avant les repas !). Quelle honte ! Dieu ne m'aime certainement pas beaucoup aujourd'hui. Je ne me sens vraiment pas sauvé en ce moment ! ».

Puisque nous ne sommes pas appelés à vivre selon nos sentiments, mais par la foi (Galates 3 : 11) le Seigneur vous invite à changer votre fondation si elle est érigée sur vos émotions. Cette foi doit être fondée exclusivement sur la Parole de Dieu !

Un jour, on « se sent sauvé », et le lendemain, on a l'impression d'être perdu. Comme une jeune fille qui se questionne sur l'amour d'un jeune homme, elle arrache les pétales d'une marguerite se questionnant : « Il m'aime ? Il ne m'aime pas ? Il m'aime ? Il ne m'aime pas ? ». Pourtant la Bible révèle clairement :

> *Romains 8 : 38-39*
> *Car j'ai l'assurance que ni la mort ni la vie, ni les anges ni les dominations, ni les choses présentes ni les choses à venir, ni les puissances, ni la hauteur, ni la profondeur, ni aucune autre créature ne pourra nous séparer de l'amour de Dieu manifesté en Jésus Christ notre Seigneur.*

Comment pouvons-nous donc marcher d'une façon stable ? Comment pouvons-nous marcher d'un pas confiant dans l'amour du Seigneur ? Si nous ne sommes pas établis dans la vérité de la Parole de Dieu, ce sera impossible !

> *Hébreux 13 : 5*
> *Je ne te délaisserai point, et je ne t'abandonnerai point.*

> *Jérémie 31 : 3*
> *De loin l'Éternel se montre à moi : Je t'aime d'un amour éternel.*

Comment pourrions-nous donc nous laisser séduire par nos émotions ? Sachez ceci ! Dieu n'est jamais la cause de notre instabilité, de nos problèmes ou de nos doutes. Si vous vous retrouvez fréquemment victimes de sauts d'humeurs, ou encore, éprouvant des sentiments d'insécurité concernant votre position en Christ, revenez à la stabilité de la Parole de Dieu ! Celle-ci ne change pas et elle ne changera jamais ! Comprenons ceci :

> *Jean 1 : 1, 14 - Au commencement était la Parole, et la Parole était avec Dieu, et la Parole était Dieu. Et la parole a été faite chair, et elle a habité parmi nous, pleine de grâce et de vérité; et nous avons contemplé sa gloire, une gloire comme la gloire du Fils unique venu du Père.*

Cette Parole est le Seigneur Jésus, Celui qui est le même hier, aujourd'hui, et éternellement (Héb 13 : 8).

> *Matthieu 24 : 35*
> *Le ciel et la terre passeront, mais mes paroles ne passeront point.*

Si nous souhaitons avoir une vie caractérisée de stabilité sur le plan émotionnel, elle doit être basée et ancrée dans la Parole de Dieu, et jamais dans nos sentiments ou émotions.

Prenons donc cette résolution : « Je ne me laisserai jamais gouverner ou influencer par mes émotions. Le Seigneur Jésus et Sa Parole est ma stabilité dès aujourd'hui et à jamais ! Amen ! ».

07 AVRIL

Jérémy Sourdril

Quel est ton seuil de tolérance envers le péché ?

Cela peut paraître étonnant mais nous avons tous un seuil de tolérance envers le péché. On nous a tous appris à ne pas jouer avec le feu sous peine de se brûler, et le même conseil s'applique au péché.

Si vous allez dehors sous la pluie, vous risquez de vous faire mouiller, si vous regardez une équinoxe, pourtant belle, vous pourriez devenir aveugle, et si vous marchez sur une corde raide, vous risquez de tomber. Il y a toujours eu des gens sûr d'eux : « Je suis sûr que je peux y arriver ! ». Un soir, je lisais à ma fille l'histoire d'une petite fille qui voulait à tout prix des patins à roulettes, car elle voyait ses amies patiner pour aller à l'école et elle voulait faire comme elles. Elle disait chaque jour à sa maman : « Je veux patiner, je veux des patins » et elle était persuadée qu'il suffirait d'enfiler ses patins pour « glisser » sur les routes comme son imagination la lui montrait.

Un jour, ses parents lui en achetèrent pour son anniversaire, elle courut dehors, elle les enfila, tomba sur les fesses, puis ensuite sur le visage, et tomba encore et encore. Elle finit par s'arrêter en pleurant, ayant très mal et disant qu'elle n'y arriverait jamais !

Bien des gens sont comme cette petite fille. Ils pensent qu'ils peuvent tranquillement jouer avec le péché sans se faire mal, ils pensent « gérer » le péché. Ils se permettent de « prolonger leur regard » sur des filles à moitié dénudées à la plage, dans des magazines ou sur Internet, en se disant : « Ce n'est pas un film pornographique, donc ce n'est pas trop grave », mais la Bible nous montre que la convoitise produit le péché.

> *Jacques 1 : 14-15*
> *Mais chacun est tenté quand il est attiré et amorcé par sa propre convoitise. Puis la convoitise, lorsqu'elle a conçu, enfante le péché; et le péché, étant consommé, produit la mort.*

Il y a un principe dont certaines personnes, bien que le subissant, ne sont pas conscientes. C'est que si vous convoitez quelque chose qui concerne le péché, il est fort possible que les choses se mettent en place pour vous faire tomber par rapport à cette convoitise. Ce n'est pas forcément toujours une histoire de sexe. Si vous convoitez une grosse Mercedes, alors que vous n'avez pas l'argent pour l'acheter, il est possible qu'une offre alléchante se présente à vous, que vous acceptiez cette offre et que vous le regrettiez pendant des années à cause du prix que vous auront coûté les réparations. Si vous cherchez constamment à acheter des choses car vous êtes toujours insatisfait de ce que vous avez, il est possible que vous vous fassiez arnaquer, à cause de votre convoitise. Sachez-le, la convoitise attire les sales affaires.

Les gens pensent qu'ils savent se contrôler. Et nous avons tous un seuil de tolérance envers le péché. La question à se poser, c'est : « Quel est mon seuil de tolérance envers le péché ? ».

Je me souviens qu'avec ma femme, il y a quelques années, nous regardions un film et cela devenait bizarre. Il n'y avait pas de scène violente, affreuse, ni sexuelle, mais nous nous sentions mal l'un et l'autre car il était trop vulgaire à notre goût. En fait nous avions tout simplement décidé de passer une soirée ensemble, de regarder un film, et si nous l'arrêtions ce petit projet d'un soir tombait à l'eau (en fait souvent nous ne regardions pas même un film par mois). À la fin du film, nous nous sentions stupides, nous savions qu'il n'était pas sain, et nous prenions la décision que cela n'arriverait plus. Un autre jour, nous regardions un autre film, et au bout de quelques minutes, nous entendions un gros mot puis deux. C'en était trop, nous décidions d'arrêter ce film.

Vous avez peut-être déjà fait cette expérience ? Peut-être vous vous dites que cela est trop radical ? Malheureusement beaucoup ont un seuil de tolérance beaucoup trop élevé envers la télévision et le péché en général. Ils se permettent de regarder des films sensuels, des films d'horreur, des films trop vulgaires, des films qu'ils ne se permettraient pas de regarder avec Jésus assis à côté d'eux. Mais c'est pire, Jésus habite en nous, et notre corps est le temple du Saint-Esprit.

Certaines personnes se sont permises de flirter, ou de se laisser complimenter trop souvent par un collègue car leur seuil de tolérance était élevé. Puis, petit à petit, leur convoitise les a amenés à glisser vers le péché, puis vers la mort. Sachez que le péché a une odeur puante de mort. Vous ne pourrez pas flirter avec le péché sans en porter l'odeur. Vous ne pourrez pas marcher dans le Saint des saints avec cette odeur. Dieu nous a appelés à la sanctification, au fait de s'éloigner du péché et de s'avancer toujours plus près de lui. Nous devons aspirer à un seuil de tolérance le plus faible possible, dans tous les domaines de notre vie.

08 AVRIL

Jérémy Sourdril

Quel est ton seuil de tolérance envers le péché ? (suite)

Lorsque vos amis vous font des blagues tendancieuses, jusqu'où le supportez-vous ? Si une discussion devient calomnieuse, jusqu'où la tolérez-vous ? Si les paroles d'une belle musique sont mauvaises, les écouterez-vous ? Si quelque chose que vous ne devez pas regarder se présente sous vos yeux, quand détournerez-vous le regard ?

> *2 Samuel 11 : 2-3*
> *Un soir, David se leva de sa couche; et, comme il se promenait sur le toit de la maison royale, il aperçut de là une femme qui se baignait, et qui était très belle de figure. David fit demander qui était cette femme, Et on lui dit : N'est-ce pas Bath-Schéba, fille d'Eliam, femme d'Urie, le Héthien ?*

David fit demander qui était cette femme... Qu'elle soit vierge ou mariée, il ne devait pas la regarder. En fait, David n'aurait pas dû rester à Jérusalem, mais il aurait dû aller en guerre combattre pour son peuple. Sa convoitise l'a amené dans cette situation, et la convoitise a envahi ses pensées jusqu'à le rendre complètement fou, jusqu'à imaginer une manœuvre diabolique pour tuer le mari de cette femme. L'odeur de mort de son péché était partout sur lui et il l'a payé de la vie de son propre fils. Le fait d'accepter de marcher et de méditer sur une convoitise, ouvrira une porte au diable dans vos pensées, et parfois il sera difficile de la refermer, alors attention.

Parlant des finances, ce verset nous parle aussi de la semence d'une manière générale :

> *Galates 6 : 7-8*
> *Ne vous y trompez pas : on ne se moque pas de Dieu. Ce qu'un homme aura semé, il le moissonnera aussi. Celui qui sème pour sa chair moissonnera de la chair la corruption; mais celui qui sème pour l'Esprit moissonnera de l'Esprit la vie éternelle.*

Si vous êtes constamment en train de marcher sur la corde raide de la convoitise, si vous semez des graines de convoitise dans le champ que Dieu vous a demandé de garder, à savoir votre vie, sachez que vous récolterez ce que vous avez semé. Soyez une personne qui déteste le péché ! Soyez une personne radicale envers le péché, ne le laissez pas venir vers vous, même si cela émoustille tous vos sens charnels, même si vos papilles gustatives sont en délire et si votre nez sent une odeur de parfum suave !

N'avez-vous jamais utilisé des aliments contenant du poison pour souris ou pour fourmis ? J'ai déjà mis à titre préventif ce genre d'aliment contre les fourmis. La fourmi en prend avec elle pensant que c'est de la nourriture, elle les amène dans la fourmilière, et cela tue toute la fourmilière. Ne permettez pas à votre convoitise de salir votre famille, de salir vos amis, de briser ce que vous avez construit.

C'est terrible lorsque la vie d'une famille est brisée par la convoitise d'un des conjoints pour une autre femme ou pour un autre homme. Quelle folie.

Nous sommes appelés à penser aux choses d'en haut. Cela nous évitera de tomber dans les choses de cette terre.

> *Colossiens 3 : 1-3*
> *Si donc vous êtes ressuscités avec Christ, cherchez les choses d'en haut, où Christ est assis à la droite de Dieu. Affectionnez-vous aux choses d'en haut, et non à celles qui sont sur la terre. Car vous êtes morts, et votre vie est cachée avec Christ en Dieu.*

Si vous avez de la difficulté à faire taire vos convoitises, déclarez que vous êtes mort en Jésus-Christ, que cette convoitise ne vous appartient pas et que vos désirs sont cachés en Jésus-Christ. Si le péché veut vous envelopper (et rappelez-vous que le péché nous enveloppe si facilement), confessez (et criez s'il le faut) le Nom de Jésus-Christ jusqu'à ce que la convoitise disparaisse.

> *Colossiens 3 : 5*
> *Faites donc mourir les membres qui sont sur la terre, l'impudicité, l'impureté, les passions, les mauvais désirs, et la cupidité, qui est une idolâtrie.*

Déclarons ensemble :

« Je suis ressuscité avec Christ, je recherche donc les choses d'en haut, où Christ est assis à la droite de Dieu. J'affectionne les choses de mon Père Céleste et non les choses qui sont sur la terre. Je suis mort au péché, et ma vie est cachée avec Christ en Dieu. Quand Christ, ma vie, paraîtra, alors je paraîtrai aussi avec lui dans la gloire.

Je fais mourir les membres qui sont sur la terre, l'impudicité, l'impureté, les passions, les mauvais désirs, et la cupidité. Je ne vis plus dans ces péchés. Je renonce à toutes ces choses, à la colère, à l'animosité, à la méchanceté, à la calomnie, aux paroles malhonnêtes qui pourraient sortir de ma bouche.

Je choisis la sainteté, car je me suis dépouillé du vieil homme et de ses œuvres. J'ai revêtu l'homme nouveau qui se renouvelle dans la connaissance, selon l'image de celui qui m'a créé. Christ est tout en moi.

Je suis un élu de Dieu et je choisis de me revêtir par la foi d'entrailles de miséricorde, de bonté, d'humilité, de douceur, de patience, et par-dessus tout de l'amour.

Quoi que je fasse, à partir d'aujourd'hui, que ce soit en parole ou en œuvre, je le ferai au Nom du Seigneur Jésus, en rendant par lui des actions de grâces à Dieu le Père. Je suis saint, car Dieu est saint, et c'est Dieu qui me donne la force de dominer contre le péché ».

> *Hébreux 12 : 4*
> *Vous n'avez pas encore résisté jusqu'au sang, en luttant contre le péché.*

09 AVRIL

Jonathan Bersot

Les trois passoires

Le grand philosophe antique, Socrate enseigna un jour sur ce que bien des chrétiens devraient mettre en pratique. En effet, un jour, on vint dire au philosophe : « Veux-tu savoir ce que je viens d'apprendre sur ton ami ? »

Socrate, plutôt que de satisfaire la curiosité humaine demanda de faire le test des trois passoires avant d'écouter ce qu'on voulait lui dire au sujet de son ami. Connaissez-vous le test des trois passoires ? Nous aussi, dans notre vie quotidienne, nous devrions mettre en pratique ce principe de sagesse grec.

Le premier test, première passoire, est un test de vérité. Socrate posa ainsi la question : « as-tu vérifié si ce que tu veux me dire est vrai ? » Combien de fois, lorsque nous ouvrons la bouche pour parler de quelqu'un avons-nous vérifié si ce que nous allons dire est vrai ? Vous êtes-vous déjà fait prendre à dire quelque chose de quelqu'un pour vous rendre compte plus tard que c'était faux ! Le témoignage de Jésus est vrai !

> *Jean 19 : 35*
> *Celui qui l'a vu en a rendu témoignage, et son témoignage est vrai; et il sait qu'il dit vrai, afin que vous croyiez aussi.*

Comment pourrions-nous être crédibles quand nous rendons témoignage si nous sommes capables de dire des choses fausses ? De plus, si cela est négatif et péjoratif, on passe de la médisance à la calomnie. Bref, soyons prudents. Ne colportons pas des nouvelles non vérifiées et peu fiables, mais assurons-nous de parler vrai, de demeurer dans la vérité à l'image de notre Maître et Seigneur.

La deuxième passoire, le deuxième test est celui de la bonté. Ce que tu veux dire est-il empreint de bonté ou de méchanceté ? Il est question ici de l'intention. Celle de faire du bien ou de faire du mal. À quoi servirait une information qui n'aurait que pour seul objectif de faire du mal, de salir une réputation, de se venger ou satisfaire sa mesquinerie ? Si Socrate ne veut pas se nourrir de ce qui n'est pas empreint de bonté, qu'en est-il du chrétien ?

> *Philippiens 4 : 8*
> *Au reste, frères, que tout ce qui est vrai, tout ce qui est honorable, tout ce qui est juste, tout ce qui est pur, tout ce qui est aimable, tout ce qui mérite l'approbation, ce qui est vertueux et digne de louange, soit l'objet de vos pensées.*

Il y a d'un côté ce qui est bien charnel avec son lot de jalousie, de rancune, d'hypocrisie, etc. et de l'autre côté le caractère chrétien, ressemblant à celui de Jésus. Ce n'est certes pas le chemin le plus facile, mais sur ce chemin étroit et resserré se trouve la volonté de notre Dieu : que nous soyons semblables à l'image de son Fils (Romains 8 : 29). Rejetons donc tous propos méchants, malhonnêtes, destructeurs et sachons rester simples, bons et bien intentionnés.

La troisième passoire est celle de l'utilité. « Est-il utile que tu m'apprennes ce que mon ami a fait ? » demanda Socrate. Est-ce que cette information même si elle est vraie et pas forcément méchante est utile ? Salomon, dans toute sa sagesse (certainement supérieure à celle de Socrate), va, lui aussi, parler de poursuite du vent en se posant la question de l'utilité. Si cette information n'est pas utile, pourquoi la divulguer ? Pourquoi se consacrer aux choses inutiles et délaisser ce qui est utile, voire capital ?

> *1 Corinthiens 10 : 23*
> *Tout est permis, mais tout n'est pas utile; tout est permis, mais tout n'édifie pas.*

> *Tite 3 : 8*
> *Cette parole est certaine, et je veux que tu affirmes ces choses, afin que ceux qui ont cru en Dieu s'appliquent à pratiquer de bonnes œuvres. Voilà ce qui est bon et utile aux hommes.*

Bref, réfléchissons avant de parler, à plus forte raison quand il s'agit de dire quelque chose concernant quelqu'un. Si nous avons fait du tort, sachons réparer, demander pardon et corriger pour la vérité. Si Socrate, philosophe païen a pu avoir en son temps cette sagesse remarquable, le chrétien d'aujourd'hui, avec la Parole et l'Esprit de Dieu ne devrait-il pas être encore plus sage ? Puissions-nous demander à Dieu chaque jour cette sagesse, afin d'avoir toujours des paroles vraies, empreintes de bonté et utiles pour ceux qui nous écoutent.

10 AVRIL

Mohammed Sanogo

Où se trouve votre foi ?

Luc 8 : 25 : « Puis il leur dit : Où est votre foi ? Saisis de frayeur et d'étonnement, ils se dirent les uns aux autres : quel est donc celui-ci, qui commande même au vent et à l'eau, et à qui ils obéissent ? ».

Lorsque quelqu'un vous demande « où est votre voiture », cela signifie que vous avez une voiture mais qu'il ne la voit pas et donc, vous interroge pour savoir où vous l'avez mise. Les disciples étaient tellement effrayés par le vent qui soufflait que Jésus leur a demandé « où était leur foi ».

Le « où », on le sait, est un adverbe de lieu. Remarquez bien : les disciples n'avaient pas été traités d'incrédules par le Seigneur, mais en fait, Jésus leur a demandé où ils avaient mis leur foi. Ils avaient la foi, mais ils l'avaient déplacée et l'avaient mise dans la puissance de la tempête ! Ils savaient que Jésus était puissant, mais ils regardaient tellement le vent, qu'ils ont commencé à croire en la force de vent. C'est de la même façon qu'Israël, a plus eu confiance en la force musculaire de Goliath qu'en Dieu.

La foi en Dieu prend un coup lorsqu'on la place dans les circonstances, dans les difficultés au lieu de la placer en Dieu. Votre foi est-elle dans la gravité de la crise financière qui frappe le monde ou dans la puissance du Dieu infiniment grand à qui l'or et l'argent appartiennent ?

Votre foi est-elle dans le chômage qui sévit dans le pays ou dans la puissance de Dieu qui pourvoit et qui peut vous trouver du travail quelles que soient les difficultés du pays ? Où est votre foi ? La mettez-vous dans votre âge et dans la ménopause qui avance à grands pas ou en ce Dieu qui a donné un enfant à Sara à 90 ans ?

Ayez le regard fixé sur l'Éternel et vous réaliserez, comme David face à Goliath, la petitesse de l'adversité et la puissance de Dieu pour la vaincre.

Prions :

« Seigneur, apprends-moi à ne pas regarder aux circonstances, ni aux difficultés, encore moins aux obstacles, mais à fixer mes regards sur ta grandeur et à placer ma foi là où il faut : en toi ! ».

11 AVRIL

Jérémy Sourdril

Faire la bonne chose selon Dieu

Faire quelque chose de bien ne veut pas forcément dire que c'est la bonne chose selon Dieu.

Faire quelque chose de bien, mais hors de la volonté de Dieu

Cela peut paraître surprenant mais Dieu n'a pas les mêmes façons de penser que nous. C'est surtout qu'il a ses plans et c'est à nous de rentrer dans ses plans, ce n'est pas à lui de rentrer dans nos plans.

Parfois nous avons des désirs personnels de faire certaines choses. Nous pouvons par exemple avoir un fort désir de créer un orphelinat, c'est quelque chose de bien mais il ne s'agit peut-être pas de la bonne chose selon Dieu, pour notre vie personnelle.

J'ai lu l'histoire d'un jeune homme qui avait un appel pour le ministère, mais aucune porte ne s'ouvrait pour lui. Alors un jour un « prophète » est venu dans son église et il lui a dit : « Dieu veut que tu deviennes un ingénieur, tu construiras des ponts et des bâtiments ».

Ce jeune n'était pas bon en mathématiques ni en science, mais à cause de cette parole il entreprit des études d'ingénieur pour répondre à « l'appel » de Dieu. Au bout de quelques mois, il était complètement découragé, il n'était pas bon du tout et était au bout du rouleau. Cela paraissait une bonne chose mais ce n'était pas en fait la volonté de Dieu pour sa vie. Il s'était laissé tromper. Il se repentit de s'être trompé et en quelques semaines, on lui proposa de devenir pasteur associé dans une bonne église, ce qui avait été pour lui la volonté de Dieu depuis toujours. Cela pouvait paraître une bonne chose de devenir ingénieur, mais ce n'était pas la volonté de Dieu pour lui.

Plusieurs personnes ont voulu ouvrir une église alors qu'il n'était pas appelé au ministère pastoral. C'est un bon sentiment que de vouloir devenir serviteur de Dieu, mais sans appel de Dieu, il ne pourra pas nous revêtir car ce n'est pas sa volonté.

Parfois quelqu'un verra une personne dans le besoin et voudra lui donner une somme importante d'argent. Cela peut encore partir d'un bon sentiment mais s'il a lui-même des problèmes d'argent et qu'il n'a pas reçu un rhéma de la part de Dieu, Dieu ne pourra pas bénir son geste. Il ne faut pas toujours dire oui ! Parfois il faut savoir dire non !

Faire quelque chose de bien, mais avec de mauvaises motivations

Le Psalmiste disait à Dieu :

> *Psaumes 139 : 23-24*
> *Sonde-moi, ô Dieu, et connais mon cœur ! Eprouve-moi, et connais mes pensées ! Regarde si je suis sur une mauvaise voie, Et conduis-moi sur la voie de l'éternité !*

Nous serions surpris de savoir que certaines bonnes choses que nous faisons ne sont pas forcément faites avec de bonnes motivations. Certains font des choses parce qu'on leur a demandés et ils se sont sentis forcés de dire « oui », mais ils sont toujours en train de se plaindre en le faisant et finalement certains développent de la haine et de l'amertume à cause de cela. Parfois même, la personne qui leur a demandé de faire ça ne pourrait pas imaginer ce qui est dans le cœur de cette autre personne.

Ne vous est-il jamais arrivé de rendre un service et, alors que vous le faites, vous êtes vraiment énervé ? Je pense que cela nous est tous arrivé. La vie est » drôle » parfois, personne ne peut dire : « Je suis parfait », car nous avons tous péché un jour ou l'autre et personne n'a le droit de jeter la pierre à l'autre à cause de cela.

Parfois, le Seigneur nous dit : « Tes motivations dans ce domaine ne sont pas bonnes, tu devrais te corriger ». Dans ce cas-là, il faut vraiment écouter sa voix et ne pas dire : « Ce n'était peut-être pas le Seigneur ! ». Si vous avez une pensée de changer une mauvaise motivation en bonne motivation, c'est sûrement le Seigneur !

Cela me fait penser à quelqu'un qui venait juste de se convertir, et un soir, dans son lit, il entendit une parole lui dire : « Arrête de fumer ». C'était une des premières fois qu'il entendait aussi fortement la voix de Dieu. Il me posa alors la question : « C'était quoi cette voix tu penses ? ». Je lui dis que c'était Dieu, mais il n'arrêta de fumer que plusieurs années après, c'est dommage !

La Bible dit aussi :

> *Philippiens 1 : 15*
> *Quelques-uns, il est vrai, prêchent Christ par envie et par esprit de dispute; mais d'autres le prêchent avec des dispositions bienveillantes.*
>
> *1 Corinthiens 13 : 3*
> *Et quand je distribuerais tous mes biens pour la nourriture des pauvres, quand je livrerais même mon corps pour être brûlé, si je n'ai pas l'amour, cela ne me sert de rien.*

C'est fou tout ce qu'on est capable de faire sans amour ! Eprouvons nos motivations dans tout ce que nous faisons, et en particulier pour aujourd'hui dans tout ce que nous faisons de bien. Mettons la Parole de Dieu en pratique et ne nous bornons pas à juste l'écouter et être d'accord avec ce qu'elle dit. Je suis sûr que quelque chose à corriger vous viendra à l'esprit. Nous allons prier pour cela, afin que nous soyons, tous ensemble, un vase de premier choix pour le Seigneur.

Prions ensemble :

« Père, je viens à toi, te demander de sonder mon cœur dans tout ce que je fais de bien, que ce soit pour toi ou en général dans ma vie. Je t'en prie, viens sonder mon cœur, viens sonder mes motivations. Viens purifier mes sentiments. Montre-moi ce que j'ai à corriger, car je veux grandir et marcher dans l'amour tous les jours de ma vie. Mets aussi en moi le vouloir et le faire s'il te plaît, je suis prêt à changer, j'ai besoin de ton aide. Je veux changer ce que j'ai à changer, je le décide aujourd'hui, je ne veux pas le remettre à demain. Je t'aime Seigneur ! ».

12 AVRIL

Jérémy Sourdril

Attitude de certaines brebis et du conjoint envers le pasteur

Le berger avait pris un temps précieux à préparer un message qui puisse bénir les vies… Arrivé près de l'enclos de protection, il entendait des murmures et des discussions. Sœur plainte, sans l'avoir salué, commença à se plaindre de tout ce qu'elle ne trouvait pas juste dans l'enclos…

..Puis, frère découragement expliqua dans tous les sens au berger qu'il était impossible de s'occuper d'un si grand troupeau. Vint le moment du partage.

J'ai vu des brebis n'avoir aucun respect pour le berger, prendre un bâton et le frapper. J'ai vu des brebis se liguer ensemble, et faire sortir de l'enclos leur berger. J'ai vu des boucs grogner et conspirer contre lui.

Un matin, il était environ six heures, lorsqu'un berger s'éveilla. Il sortit de son lit et plia le genou en criant : « Dieu, aide-moi à toujours mieux manifester ton amour aux brebis que tu m'as confiées, montre-moi comment les aimer davantage ».

Ce matin-là, le berger n'avait pas d'appétit, il décida de consacrer sa matinée à prier pour les brebis. Les minutes passaient, et le berger criait à Dieu, nommant des prénoms les uns après les autres, demandant à Dieu de répondre à leurs besoins. Il pria ce jour-là toute la matinée. Vers midi, il se décida d'aller nourrir ses brebis. Il pensait à une certaine brebis et se réjouissait de voir l'exaucement de ses prières pour elle. Il était heureux de revoir ses brebis qu'il aimait tant.

Le berger avait pris un temps précieux à préparer un message qui puisse bénir les vies. Arrivé près de l'enclos de protection, il entendait des murmures et des discussions. Sœur plainte, sans l'avoir salué, commença à se plaindre de tout ce qu'elle ne trouvait pas juste dans l'enclos. Puis, frère découragement expliqua dans tous les sens au berger qu'il était impossible de s'occuper d'un si grand troupeau. Vint le moment du partage. Frère et sœur inertes, fixèrent le berger tout le long du message sans exprimer un seul signe extérieur de foi, de joie, ou d'accord à l'écoute du message… Autant dire qu'aucun d'eux n'avait prié pour leur berger depuis bien longtemps…

Nous les hommes, nous attendons tellement des autres. Nous attendons une approbation, un sourire, un bonjour, un cadeau, un remerciement, du respect, un honneur ou une gloire. Nous attendons de nos enfants tellement de choses. Ce n'est souvent qu'une fois parent, que, à son tour, l'enfant réalisera la grandeur de l'amour que ses parents lui ont manifesté, en le nourrissant, en l'habillant, en le lavant, en changeant ses couches, en l'amenant à l'école, en lui racontant des histoires et bien des choses semblables. S'il n'est pas parent à son tour, il arrivera qu'il ne réalise jamais tout ce que ses parents ont souffert pour lui et le prix qu'ils ont payé.

Nous aussi, chrétiens que nous sommes, nous ne réalisons pas le prix payé par nos pasteurs pour paître nos âmes. Paul nous a exhortés à être soumis à nos dirigeants, afin qu'ils puissent nous servir, non en gémissant, mais avec joie.

Vous êtes peut-être une brebis blessée. Vous êtes partie d'une église car vous avez été trop blessée. Ne restez pas dehors. Pardonnez et oubliez, cela est possible en Christ. Il a mis dans votre cœur tout l'amour nécessaire pour le faire et aller de l'avant. Trouvez une église proche de chez vous, où vous pourrez à nouveau vous épanouir. C'est la volonté de Dieu pour votre vie chrétienne.

Attitude du conjoint envers le pasteur

Certaines femmes de pasteurs (ou certains maris) amoindrissent leur conjoint par leurs paroles. Au lieu d'avoir des paroles qui sortent du lot, des paroles de grâce, de foi et d'encouragement, elles mettent sur leurs épaules de lourds fardeaux par leurs paroles. Pourtant, le conjoint d'un pasteur a besoin d'être rempli à déborder de foi et d'amour. Son cœur devrait dire : « Comment puis-je l'aider et mieux le soutenir ? », « Comment puis-je l'encourager ? ». Sa relation avec Dieu ne doit pas être en fonction de celle de son conjoint, mais elle doit avoir une relation forte avec Dieu, indépendante de la vie de prière de son mari.

Si le pasteur se décourage, il devrait pouvoir trouver de l'appui auprès de son épouse, du réconfort, de l'amour, de la compréhension et des paroles chargées de grâce. Si le pasteur n'arrive plus à prier, sa femme devrait l'encourager par la prière efficace. C'est parfois très difficile pour la femme du pasteur, car elle aussi peut se trouver être bien seule, et être parfois la personne qui marche constamment sur une corde fine. Le couple pastoral doit vraiment construire un havre d'amour. Les circonstances difficiles, les blessures et les histoires de l'église pèsent sur eux et l'amour dans le couple doit se fortifier. Jamais l'un d'eux ne doit retirer sa main du combat :

> *Proverbes 18 : 9*
> *Celui qui se relâche dans son travail est frère de celui qui détruit.*

Vous êtes peut-être la femme d'un pasteur. Je ne peux pas imaginer ce que vous avez pu subir, mais je vous en prie : ne soyez pas irritée. Ne restez pas blessée. Pardonnez à ceux qui vous ont fait mal, et pardonnez à votre mari. Au fond de vous, vous regrettez peut être que votre mari soit pasteur. Vous rêvez peut-être d'avoir un pasteur, et pas un mari-pasteur. Vous n'imaginiez peut-être pas le coût du ministère pastoral. Vous êtes peut-être devenue dépressive : vous n'avez plus de joie, vous riez de plus en plus rarement, et aucune vision concernant votre futur ne vous redonne de l'espoir...

J'aimerais vous dire que tout peut changer aujourd'hui par une décision. Si vous décidez de pardonner, si vous décidez que le Seigneur vous guérisse, si vous vous décidez à encourager votre mari et à devenir une femme de foi, par vos paroles et votre attitude, tout peut changer. Je vous assure que vous pouvez être un encouragement concret pour votre mari, et par votre nouvelle façon de vivre la Parole, la joie surnaturelle du Seigneur peut vous remplir à nouveau.

Il arrive que certains maris, en tant qu'homme, soient trop orgueilleux pour écouter les conseils de leurs femmes, surtout les conseils spirituels. Après tout, « c'est eux que Dieu a appelés », et la femme doit les suivre (c'est ce que pensent certains maris). Ils écoutent mais au fond d'eux, quelque chose dit : « Je connais déjà tout ça, que veux-tu m'apprendre de plus ? ». Peu importe ses pensées, le Saint-Esprit d'amour en vous peut surprendre votre époux.

Il arrive aussi que certaines femmes de pasteurs s'écartent de tout ce qui touche au ministère, prétextant que Dieu ne les a pas appelées, elles. Le pasteur se retrouve alors seul au monde. Critiqué par les uns, rejeté par les autres, délaissé ou incompris. Qu'il n'en soit pas ainsi pour vous ! Femmes de Dieu, Dieu vous aime, il est présent pour vous consoler, pour vous guérir et pour vous fortifier aujourd'hui ! Tournez-vous vers lui de tout votre cœur.

13 AVRIL

Jérémy Sourdril

Tu donnes et tu reprends

Un des premiers dimanches où j'arrivais dans l'église où je suis pasteur associé, j'entendis de loin le groupe de louange qui répétait avant le culte cette chanson bien connue : « Tu donnes et tu reprends ». Je me suis dit : « Oh non pas ici ! ».

Puis, je rejoins le groupe de prière afin de prier un moment pour le culte qui allait bientôt commencer. Pendant la louange, j'eus la merveilleuse surprise d'entendre le groupe chanter, non pas comme je croyais : « Tu donnes et tu reprends », mais : « Tu donnes et tu bénis » ! J'étais tellement content ! Je n'étais pas le seul à m'être aperçu que cette déclaration ne reflétait absolument pas la nature de Dieu.

Parfois nous chantons des chants, en croyant que tout ce qu'écrivent les artistes chrétiens sont des paroles de Dieu aussi bien que la Parole de Dieu elle-même. Mais souvent il faut dire que les chants chrétiens ne concordent pas avec notre nouvelle alliance en tant qu'enfant de Dieu.

> *Jean 10 : 10*
> *Le voleur ne vient que pour dérober, égorger et détruire; moi, je suis venu afin que les brebis aient la vie, et qu'elles soient dans l'abondance.*

Si je vous offrais un cadeau, et que le lendemain je vienne en cachette dans votre salon vous le reprendre, le prendriez-vous bien ? Ne serait-ce pas un vol ? Oui cela le serait. Si vous donniez votre fille en mariage à un homme, et que vous reveniez en cachette récupérer votre fille pour vous enfuir avec elle loin de son mari, ne serait-ce pas injuste ? Oui cela le serait. Le voleur, c'est le diable. Dieu ne vous donne pas un cadeau pour le reprendre, il ne vous donne pas un être cher, un frère, un mari, un enfant, pour vous le reprendre.

Un jour un pasteur a demandé à un de mes amis pasteur : « Que diriez-vous à quelqu'un qui a perdu son enfant ? Vous lui diriez que ce n'était pas la volonté de Dieu ? ». Mon ami lui répondit : « Je ne lui dirais rien ». Le Pasteur lui dit : « J'ai perdu un enfant ». Ce pasteur pensait que c'était Dieu qui avait repris son enfant ! Quelle image terrible de Dieu !

Les gens ont parfois une image catastrophique de Dieu. Ils vivent une tragédie ou un échec et remettent la responsabilité sur Dieu, ne trouvant pas de réponse à leurs questions. Ils disent : « Cela devait être la volonté de Dieu ». Parfois vous assistez à un enterrement, et vous entendez celui qui officie les funérailles dire : « Dieu a repris son serviteur ». Et pourtant non ! Dieu n'a repris personne ! Dieu ne donne pas la vie pour la reprendre plus tard !

Mon pasteur me raconta cette histoire vraie : il était à l'enterrement d'un jeune homme qui s'était suicidé, et le pasteur qui officiait déclara : « Dieu a repris ce jeune homme ». Quelle folie ! Lorsque David Wilkerson est mort, certaines personnes ont dit : Dieu a repris son serviteur. Non, il est mort d'un accident de voiture, ce n'est absolument pas Dieu qui a repris sa vie, c'est l'accident de voiture qui a repris sa vie !

Lorsque nous vivons un échec ou une tragédie, ce ne sera pas trouver la paix que de penser que c'est Dieu qui a voulu cet échec ou cette tragédie. Si nous ne savons pas répondre à toutes les questions, continuons cependant à croire la Parole de Dieu pour nous ! Ne mettons pas Dieu à la place de celui qui se déguise en ange de lumière ! Dieu saura vous consoler, Lui le Saint Consolateur, Lui qui a perdu son propre Fils, pour le retrouver plus tard dans sa gloire.

Parfois, les gens associent, et malheureusement si souvent les chrétiens aussi, les tragédies à Dieu comme s'il en était, non seulement le responsable, mais Celui qui avait voulu ces choses ! C'est une hérésie ! C'est faire de Dieu un voleur, un tueur et un destructeur ! Non Dieu ne tue pas des bébés dans le ventre des femmes, ils ne tuent pas non plus des enfants, ni des jeunes, ni des adultes ! Dieu ne tue personne ! Dieu donne la vie !

> *Nombres 23 : 19-20*
> *Dieu n'est point un homme pour mentir, Ni fils d'un homme pour se repentir. Ce qu'il a dit, ne le fera-t-il pas ? Ce qu'il a déclaré, ne l'exécutera-t-il pas ? Voici, j'ai reçu l'ordre de bénir : Il a béni, je ne le révoquerai point.*

Dieu a ordonné à la bénédiction d'être avec nous, et Dieu ne changera pas d'avis. Cependant, nous pouvons nous mettre sur une route éloignée de cette bénédiction et vivre le chaos. En Jésus-Christ, nous avons la promesse de la vie, pas celle de la mort. Dieu ne reprend pas, mais Dieu donne.

Jean 3 : 16
Car Dieu a tant aimé le monde qu'il a donné son Fils unique, afin que quiconque croit en lui ne périsse point, mais qu'il ait la vie éternelle.

Dieu a donné Jésus, il ne le reprendra pas ! Tant que le Ciel et la terre seront là, le Sang de Jésus sauvera encore celui qui vient à Lui. Dieu est celui qui donne. Le diable dit à Jésus :

Matthieu 4 : 9
Et lui dit : Je te donnerai toutes ces choses, si tu te prosternes et m'adores.

Le diable lui aurait probablement donné toutes ces choses, mais Jésus péchant, il l'aurait ensuite tué ou réduit à l'esclavage d'un si grand péché. Mais bien sûr Jésus a refusé cette offre. Lorsque le diable donne quelque chose, il reprend d'un autre côté autre chose. Bien des gens en ont fait cette malheureuse expérience. Ils vont voir des guérisseurs et le problème de peau ou le bouton disparait, mais les voilà oppressés, avec un cancer ou des problèmes de famille qui surgissent d'un coup alors que tout allait bien.

Romains 11 : 29
Car Dieu ne se repent pas de ses dons et de son appel.

Lorsque Dieu donne l'onction du ministère à quelqu'un, cette onction ne le quittera jamais, jusqu'à sa mort. Souvent lorsqu'une personne tombe extrêmement dans le péché, il va mourir prématurément, ou son onction va fortement diminuer. C'est aussi pour cela que certaines personnes continuent à exercer des dons spirituels alors qu'elles vivent dans le péché.

14 AVRIL

Jérémy Sourdril

Tu donnes et tu reprends (suite)

Les déclarations : « tu donnes et tu reprends », et encore : « Dieu a repris son serviteur », sont basées sur ce seul passage de Job :

Job 1 : 21
Et dit : Je suis sorti nu du sein de ma mère, et nu je retournerai dans le sein de la terre. L'Éternel a donné, et l'Éternel a ôté; que le nom de l'Éternel soit béni !

Je suis toujours choqué de voir les chrétiens dirent un grand amen aux déclarations qui vont contre la foi et se taire lorsqu'on donne des déclarations de foi. Certains passent leur temps à prêcher des messages sur l'écharde dans la chair de Paul et sur Job, et sur les malédictions, au lieu de prêcher la Parole de la Foi et du salut. Vous pouvez aller parfois dans des églises dire : « Dieu est bon », et n'entendre personne, puis continuer : « Le diable est méchant », et les gens disent un grand : « Amen ! ».

Dans ce livre de Job, que beaucoup ne comprennent pas, cet homme, qui bien sûr n'était pas né de nouveau, vivant sous l'ancienne alliance, a perdu tout ce qu'il avait. Il s'est écrié que Dieu a donné puis a repris. La Bible ne dit pas que sa déclaration est juste, mais lorsqu'on lit les milliers de versets autour de ce verset, on s'aperçoit bien que cette déclaration n'est pas biblique. Le diable a dit à Eve : « Vous ne mourrez pas », et cette déclaration était fausse. L'Ecclésiaste a écrit : « Tout est vanité », faisant aussi certaines déclarations qui ne reflètent pas le cœur de Dieu, des déclarations qui ne sont pas faites pour nous aujourd'hui en tant qu'enfant de Dieu !

Comment peut-on louer Dieu de ce qu'il nous reprend des choses ? Je ne vois pas ça dans la Parole de Dieu, surtout pas dans le Nouveau Testament ! Le diable reprend des choses, nous perdons des choses nous-mêmes par des mauvais choix, et les circonstances aussi nous prennent des choses. Si j'ai un problème de voiture, ce n'est pas Dieu. Si je fume tous les jours de ma vie, que j'ai un cancer et que je meure, ce ne sera pas Dieu qui a repris ma vie ! Si j'ai une société qui fonctionne bien avec cinq employés et que tout s'écroule, ce n'est pas Dieu qui a repris ! Il faut arrêter de mettre Dieu partout où nous ne comprenons pas, comme si Dieu était « le bouche-trou » de nos incompréhensions et de nos échecs !

Non, Dieu ne reprend pas, je le redirais encore et encore : Dieu ne reprend pas. Dieu donne. Il donne son amour, il donne sa paix, pas comme le monde donne, il s'agit d'une paix éternelle. Il donne la vie, pas la vie du diable, mais la vie éternelle, qui dure éternellement. Il nous donne une joie entière qui demeure. Sa Parole est oui et amen, elle ne change pas, il ne vous dira pas demain : « Ma parole ne fonctionne plus ». Dieu ne change pas, il reste le même pour toujours car tout est parfait en Lui et rien n'est à changer. Dieu est celui qui donne, car il nous aime d'un amour éternel. Il ne donne pas avec une main et par derrière vous reprend son cadeau. Dieu ne reprend pas son salut.

Guéhazi, animé d'un esprit de convoitise, courut vers Naaman. Dieu avait donné une guérison totale à Naaman au travers du ministère d'Elisée, mais Guéhazi courut après Naaman pour recevoir quelque chose de lui. Ça, c'est la façon de faire du diable, il reprend même ce qu'il n'a pas donné, il veut des intérêts même là où il n'a rien investi.

La lèpre de Naaman s'est attachée à Guéhazi, car il avait ouvert une porte au diable dans sa vie. C'est lui-même qui a été l'expéditeur de sa lèpre, comme Ananias et Saphira ouvrirent une porte pour leur mort.

Non, ma fille ne me dira pas : « Papa, merci car tu m'as donné un jeu et tu me l'as repris, tu m'as donné un gâteau et tu l'as mangé devant moi, tu m'as donné un poney, et tu l'as fait mourir, merci papa je suis tellement contente de t'avoir comme papa ».

Dieu donne et Dieu bénit. Oui, si nous traversons un désert, choisissons de bénir et d'aimer Dieu, si le diable nous a volé des choses, remercions Dieu de ce qu'il pourvoit à nos besoins, mais ne remercions pas Dieu pour des choses que le diable a fait dans nos vies.

Romains 8 : 32
Lui, qui n'a point épargné son propre Fils, mais qui l'a livré pour nous tous, comment ne nous donnera-t-il pas aussi toutes choses avec lui ?

15 AVRIL

Selvaraj Rajiah

Jésus est l'Espoir

Lorsque quelqu'un est désespéré et qu'on lui offre une lueur d'espoir, il s'y accroche de tout son être. L'aveugle Bartimée avait retenu dans son cœur chaque parole d'espoir et il avait pris la décision d'aller trouver Jésus de Nazareth si jamais l'occasion se présentait.

Partout dans le monde, les gens cherchent l'espoir, et, Dieu merci, nous l'avons en Jésus qui a donné les cinq ministères pour apporter l'espoir à l'Église et à un monde mourant. Jésus est la réponse à chacun de vos problèmes.

> *Jean 14 : 6*
> *Il est le Chemin, la Vérité et la Vie.*

Un jour quelqu'un nous appela pour nous dire qu'une sœur de l'église était mourante à l'hôpital. L'église se mit à prier pour elle et je me rendis à son chevet. L'hôpital n'autorisait que trois visites par jour. Le jour où j'y allai, son mari et sa sœur lui avaient déjà rendu visite. En entrant dans la salle d'attente, j'aperçus plusieurs personnes qui désiraient aussi la voir. Quand ils me virent, ils décidèrent de me laisser leur tour afin que je puisse prier pour elle. Au début je refusai parce que ces gens avaient pris des dispositions particulières pour venir voir cette sœur. Mais je compris que je n'étais pas là pour lui rendre une simple visite, mais pour prier pour elle. Quand je saluai son mari et sa famille, ils me dirent tous qu'il n'y avait plus d'espoir. Mais je n'étais pas là pour conduire une cérémonie d'enterrement. J'étais venu pour mener un service de résurrection. J'entrai et priai dans le nom de Jésus, et je sus dans mon esprit, que les chaînes de la mort étaient brisées.

La Foi n'est bonne que lorsque vous la mettez en action

Je suis allé dans cet hôpital pour faire la prière de la foi. C'était il y a deux ans. Aujourd'hui, cette dame est toujours vivante, et a depuis participé à plusieurs voyages missionnaires.

Quel que soit votre degré de désespoir, Jésus est la solution à votre problème. Il est votre espoir, il est le seul qui puisse vous aider. Nous ne servons pas un Jésus mort, mais un Jésus vivant ! Certaines personnes continuent à porter un crucifix à leur cou. Mais je veux que vous sachiez que Jésus est descendu de la croix. Il a été crucifié, mis au tombeau, mais aujourd'hui il est vivant.

Il a dit : « Je vis, et vous vivrez aussi ».

Extrait du livre « 3 Clés pour votre Miracle ».

16 AVRIL

Olivier Derain

La fidélité : La clé de notre promotion !

Luc 16 : 10 : « Celui qui est fidèle dans les moindres choses l'est aussi dans les grandes, et celui qui est injuste dans les moindres choses l'est aussi dans les grandes ».

Matthieu 25 : 14-29
Il en sera comme d'un homme qui, partant pour un voyage, appela ses serviteurs, et leur remit ses biens. Il donna cinq talents à l'un, deux à l'autre, et un au troisième, à chacun selon sa capacité, et il partit. Aussitôt celui qui avait reçu les cinq talents s'en alla, les fit valoir, et il gagna cinq autres talents. De même, celui qui avait reçu les deux talents en gagna deux autres. Celui qui n'en avait reçu qu'un alla faire un creux dans la terre, et cacha l'argent de son maître. Longtemps après, le maître de ces serviteurs revint, et leur fit rendre compte. Celui qui avait reçu les cinq talents s'approcha, en apportant cinq autres talents, et il dit : Seigneur, tu m'as remis cinq talents; voici, j'en ai gagné cinq autres. Son maître lui dit : C'est bien, bon et fidèle serviteur; tu as été fidèle en peu de chose, je te confierai beaucoup; entre dans la joie de ton maître.

Celui qui avait reçu les deux talents s'approcha aussi, et il dit : Seigneur, tu m'as remis deux talents; voici, j'en ai gagné deux autres. Son maître lui dit : C'est bien, bon et fidèle serviteur; tu as été fidèle en peu de chose, je te confierai beaucoup; entre dans la joie de ton maître. Celui qui n'avait reçu qu'un talent s'approcha ensuite, et il dit : Seigneur, je savais que tu es un homme dur, qui moissonnes où tu n'as pas semé, et qui amasses où tu n'as pas vanné; j'ai eu peur, et je suis allé cacher ton talent dans la terre; voici, prends ce qui est à toi. Son maître lui répondit : Serviteur méchant et paresseux, tu savais que je moissonne où je n'ai pas semé, et que j'amasse où je n'ai pas vanné; il te fallait donc remettre mon argent aux banquiers, et, à mon retour, j'aurais retiré ce qui est à moi avec un intérêt. Otez-lui donc le talent, et donnez-le à celui qui a les dix talents. Car on donnera à celui qui a, et il sera dans l'abondance, mais à celui qui n'a pas on ôtera même ce qu'il a.

Nous avons tous des rêves et des visions dans notre cœur que nous aimerions voir se réaliser. Cela brûle dans notre cœur et l'impatience peut devenir un de nos pires ennemis. Nous sommes dans une société du « tout et tout de suite ». Il faut que vous compreniez qu'entre la parole du Seigneur que vous avez reçue et la réalisation de cette parole, il y a un fossé, et vous allez devoir passer par des étapes indispensables. Cela s'appelle la préparation et une bonne préparation est obligatoire.

Votre destinée, c'est comme un escalier que vous devez gravir, marche après marche, étape après étape. La parole que Dieu vous a donnée est immatérielle, la réalisation de cette parole est tangible (quelque chose de touchable), mais entre les deux, il y a un immense fossé, que VOUS devez combler. Cela prendra du temps, du renoncement, des efforts, de la foi, des souffrances et j'en passe. Personne n'a réussi en UN JOUR et vous ne serez pas l'exception (contrairement à ce que nous pouvons croire quand Dieu nous parle, tellement c'est fort dans notre cœur !).

Une chose que vous devez comprendre est d'apprendre à travailler au niveau où vous êtes, et pour cela vous devez vous appliquer et être fidèles !

La fidélité, c'est continuer, jour après jour, mois après mois, année après année, à faire ce que l'on est supposé faire avec la meilleure attitude et le meilleur zèle possibles.

Dieu n'est pas intéressé par votre position actuelle, Il regarde l'ATTITUDE avec laquelle vous faites les choses, c'est ce qui a un grand prix à Ses yeux. Beaucoup de gens prient pour des promotions, mais vous n'attirerez pas la faveur de Dieu ni des hommes si vous êtes négligeant, et si vous ne vous donnez pas 100 % dans ce que vous faites dans le temps présent. La prière a son rôle et nous devons prier pour la faveur, pour les promotions, car Dieu est un Dieu de promotion, mais si nous ne sommes pas trouvés fidèles, Dieu ne pourra pas nous bénir dans ce domaine.

Dans les deux textes que nous avons lus, la clé de la promotion est la fidélité. Combien de chrétiens appelés au ministère ne sont pas entrés dans leur appel après des années, car ils n'ont pas été trouvés fidèles par Dieu ! Ils voulaient prêcher tout de suite et être devant tout le monde... D'autres ont des appels divers pour le Royaume et ils se font des illusions. Dieu ne donne pas de promotion à ceux qu'Il ne trouve pas fidèles.

La plupart des chrétiens sont comme celui qui avait reçu UN TALENT et qui finalement se disent : « Je n'ai pas reçu comme les autres, donc je ne peux rien en faire ». Non ! Apprenons à exploiter, à faire prospérer tout ce que nous avons reçu de Dieu, quel que soit le niveau. La fidélité vous permettra de purifier vos motivations, elle vous aidera à travailler la constance dans votre caractère et finalement OUVRIRA la porte de votre promotion DIVINE. Trop de chrétiens veulent ouvrir les portes de leur promotion par opportunisme et se cassent la figure en loupant une marche. La plupart de ceux qui s'ouvrent eux-mêmes les portes pour leur ministère ne sont pas capables d'avoir fidèlement un emploi.

Comment pouvons-nous administrer les biens du Royaume, si nous n'arrivons pas à administrer les biens de ce monde et de notre vie personnelle ? En d'autres termes, si quelqu'un est un échec dans la vie naturelle, comment pourra-t-il réussir dans la vie surnaturelle et la gestion du ministère (à méditer) ?

Si vous voulez une percée dans votre vie (spirituelle, financière, relationnelle ou autre) : soyez fidèle !

Confessons :

« Je refuse de m'impatienter devant le temps, mais je veux être fidèle là où Dieu m'a placé. Je prends l'engagement de faire de mon mieux dans mon travail, mon volontariat dans mon église locale et dans ma famille. Je comprends que ma fidélité est la clé pour ma future promotion, qu'elle purifie mes motivations et qu'elle m'aide ».

Prions :

« Père, dans le Nom de Jésus, je Te demande de bien vouloir me montrer les domaines où je ne suis pas fidèle dans les choses que Tu m'as confiées. Montre-moi Seigneur à quel niveau j'en suis réellement, afin que je ne brûle pas les étapes. Merci, car Tu m'aimes et Tu veux que je gravisse marche après marche au moment où TU me dis qu'il est temps de monter. Je veux Ta promotion et non pas les promotions des hommes, je refuse de me laisser manipuler par mes sentiments pour m'auto-promouvoir, mais je veux attendre que Tu me mettes dans la bonne position. Amen ».

- Joseph a été fidèle dans la maison de Potiphar, il a eu de la promotion. Il a été fidèle dans la prison et a obtenu la faveur de Dieu et des hommes.
- Presque tous ceux qui ont réussi dans le ministère témoignent de périodes où ils ont été fidèles sans ne rien voir de spécial se passer dans leur vie et ils remercient le Seigneur pour les petits commencements. Puis ils vous diront tous : « Nous étions en train de faire comme d'habitude depuis des années, nous étions dans la volonté de Dieu et Dieu nous a bénis d'une façon incroyable à un moment particulier, c'est là où nous avons vécu cette percée spirituelle ».
- Dans 1 Timothée 1 : 12, Paul nous dit que le Seigneur l'a mis dans le ministère, car il a été trouvé fidèle. Alors apprenons à être fidèles dans les petites choses et Dieu nous donnera de la promotion.

17 AVRIL

Jérémy Sourdril

Ne regardez pas à demain si vous oubliez « aujourd'hui »

Nous avons tous un rêve. Votre rêve est peut-être celui de voir le Seigneur face à face, celui de voir des paralytiques guéris, d'avoir des enfants heureux, celui de voyager partout dans le monde, découvrir des îles paradisiaques, visiter Venise, la muraille de Chine, les chutes du Niagara ou encore d'entrer dans la maison blanche...

Nous avons tous un appel, des choses que Dieu a mises dans notre cœur. Cependant, nous ne pouvons pas regarder toujours à plus tard si c'est pour oublier notre aujourd'hui.

Beaucoup de gens pensent que leur rêve ou leur appel se réalisera tout seul. Que c'est Dieu qui les amènera dans l'accomplissement des prophéties qu'ils ont reçues. Mais c'est une erreur. Cela ne viendra pas tout seul, et nous avons une grande part à jouer.

La grande majorité des prophéties sont conditionnelles. Nous avons quelque chose à faire. Si on vous a prophétisé que vous allez devenir un gagneur de beaucoup d'âmes, ce n'est pas en restant assis à regarder la télévision que cela arrivera. Plusieurs regardent à leur appel, et même certains travaillent dur pour cela, mais ils en oublient le présent. Ils vivent toujours vers le futur et ainsi passent à côté de bien des occasions d'être une bénédiction et de se préparer vraiment à ce que Dieu les appelle à faire.

Le prophète Jérémie a reçu un puissant appel de la part de Dieu, Dieu lui dira dans :

> *Jérémie 1 : 5*
> *Avant que je t'eusse formé dans le ventre de ta mère, je te connaissais, et avant que tu fusses sorti de son sein, je t'avais consacré, je t'avais établi Prophète des nations.*
>
> *Jérémie 1 : 10*
> *Regarde, je t'établis aujourd'hui sur les nations et sur les royaumes, pour que tu arraches et que tu abattes, pour que tu ruines et que tu détruises, pour que tu bâtisses et que tu plantes.*

C'était vraiment un puissant appel ! Puis Dieu va demander à Jérémie ce qu'il voit :

> *Jérémie 1 : 11*
> *La parole de l'Éternel me fut adressée, en ces mots : Que vois-tu, Jérémie ? Je répondis : Je vois une branche d'amandier.*

Jérémie aurait pu se dire : « Quoi ? Mais Dieu m'a appelé à de plus grandes choses que cela ! Je ne veux pas regarder à cette petite vision car Dieu m'a appelé à plus, cette vision ne doit pas venir de Dieu ! ». Il avait un grand appel mais Dieu lui a donné au début une TOUTE PETITE vision : une branche d'amandier !

Quand j'ai lu ce passage un jour, je me suis dit que Jérémie devait vraiment être surpris de cette vision. Dieu l'avait appelé à tellement plus ! Cette vision n'était pas extraordinaire, mais c'était pourtant exactement le plan de Dieu pour sa vie. Si Jérémie avait méprisé son « aujourd'hui » à cause de son « demain » il n'aurait jamais pu voir le « demain » !

Néhémie, quant à lui, a levé une « armée » de gens pour reconstruire les murailles de Jérusalem. Il est semblable en cela à beaucoup de chefs d'entreprise, beaucoup de pasteurs, de leaders qui ont une grande vision. Ils sont parfois semblables à de gros bulldozers, détruisant tout sur leur passage, ce sont des visionnaires, et rien ne pourra les arrêter.

Le problème c'est que parfois ils ne veulent pas régler des choses simples de la vie de tous les jours car ils regardent toujours à demain, sans jamais prévoir le « aujourd'hui ». Parfois aussi malheureusement, ils construisent leur vision en oubliant les choses importantes comme la famille, et, alors qu'ils s'apprêtent à donner les derniers ordres pour poser le « clocher » de leur vision, les fondations mal posées de leur mariage s'écroulent, fracassant au passage leur vision.

Néhémie a fait face à des détracteurs, des moqueurs, des ennemis qui voulaient faire échouer la construction de la muraille de Jérusalem.

Au début du chapitre 4 de Néhémie, Néhémie pris connaissance des plans de l'ennemi et alors qu'il construisait la vision pour demain, il décida de faire quelque chose aujourd'hui.

Néhémie 4 : 9
Nous priâmes notre Dieu, et nous établîmes une garde jour et nuit pour nous défendre contre leurs attaques.

Une fois cela effectué, les ennemis l'apprirent et leur entreprise fut anéantie.

Néhémie 4 : 16
Depuis ce jour, la moitié de mes serviteurs travaillaient, et l'autre moitié était armée de lances, de boucliers, d'arcs et de cuirasses. Les chefs étaient derrière toute la maison de Juda.

Depuis ce jour, Néhémie mis les choses en place pour que sa vision puisse s'effectuer. Il aurait pu, à cause de sa grande vision, prendre à la légère ce qui se passait aujourd'hui, et la construction aurait été anéantie.

Samson, lui, avait un grand appel, mais à cause de son mauvais caractère, il échoua lamentablement.

Quelle que soit la vision que Dieu vous a donnée, quel que soit votre appel, construisez les fondations avant de vouloir édifier les murs ou de décorer la maison. Construisez le Caractère de Christ en vous, tout ce que votre main trouve à faire aujourd'hui, faites-le, attachez-vous aux choses importantes, et non pas forcément à celles qui sont urgentes.

Si votre appel est de devenir un serviteur de Dieu (ce que nous sommes tous appelés à être d'une façon ou d'une autre), votre appel est donc d'aimer les gens. N'oubliez pas d'aimer les gens aujourd'hui avant de vouloir aimer les foules demain ! Dieu voit notre cœur et si nous n'arrivons pas à commencer au début parce que nous désirons la fin, notre fin ne sera certainement pas celle que nous avions prévue. Jésus a dit aux disciples :

Actes 1 : 8
Mais vous recevrez une puissance, le Saint-Esprit survenant sur vous, et vous serez mes témoins à Jérusalem, dans toute la Judée, dans la Samarie, et jusqu'aux extrémités de la terre.

Il fallait d'abord commencer à Jérusalem avant de vouloir aller aux extrémités de la terre. Si Pierre avait dit : « Non je ne serais pas un témoin avant que Dieu ne m'envoie aux extrémités de la terre », il aurait raté l'appel de Dieu pour lui ! Les 3000 âmes qui furent le fondement du christianisme auraient été perdues ! Quel impact !

Ne méprisons pas les petits commencements. Parfois certaines personnes méprisent leur entourage et veulent toucher les foules, mais ce n'est pas ainsi qu'on bâtit son caractère. David a dû faire confiance à Dieu et développer son caractère, et Dieu l'a élevé petit à petit. David n'est pas arrivé à Goliath par hasard, mais avant cela, il avait déjà tué l'ours et le lion

18 AVRIL

Reinhard Bonnke

Jésus, l'Auteur du Salut, la Parole de Dieu

Hébreux 2 : 7et 10 : « Tu l'as couronné de gloire et d'honneur, tu as mis toutes choses sous ses pieds.... Il convenait, en effet, que celui pour qui et par qui sont toutes choses, et qui voulait conduire à la gloire beaucoup de fils, ait élevé à la perfection par les souffrances le Prince de leur Salut ».

Jésus, l'Auteur du Salut

Pâques est la célébration de notre rédemption. Au travers de Sa mort et de Sa résurrection, Jésus a vaincu toute la puissance de l'ennemi, le péché, la mort et Satan lui-même en faisant des puissances des ténèbres, les perdants éternels. Le message de Pâques est que Jésus est victorieux ! Sans Lui, il n'y aurait jamais eu de rédemption. C'est grâce à Son sacrifice et à Sa résurrection triomphale qu'Il ouvrit le chemin vers Dieu pour nous. Par Ses souffrances, Il devint le Prince de notre Salut. Si nous parlons de Salut, seule Sa présence sauve. Le Salut ne vient pas comme un colis recommandé du Ciel. Jésus amène non seulement le Salut mais Il est Lui-même le Salut en personne. Nous devons être « en Christ ».

> *Romains 8 : 1*
> *Il n'y a donc maintenant aucune condamnation pour ceux qui sont en Jésus Christ.*

> *Colossiens 1 : 27*
> *Christ en vous, l'espérance de la gloire.*

Il n'est pas l'auteur d'un système religieux comprenant des règles qui sont difficiles à mettre en pratique. Il est le Dieu de notre Salut, pas le Chef pour lequel nous devons travailler dur afin de mériter le Salut.

> *Philippiens 2 : 13*
> *C'est Dieu qui produit en vous le vouloir et le faire, selon son bon plaisir.*

Jésus seulement ! Il dit :

> *Matthieu 11 : 28*
> *Venez à moi, vous tous qui êtes fatigués et chargés, et je vous donnerai du repos.*

Venez seulement ! Lui-seul accomplit l'œuvre du Salut. Malheureusement, beaucoup de gens n'aiment pas cela. Ils aimeraient se vanter de leurs œuvres. Christ aimerait nous donner du repos lorsque nous nous tournons vers Lui mais pour eux, s'approcher de Lui est un dur labeur.

Certaines églises ont inventé des chemins tortueux pour s'approcher de Jésus. Les gens aimeraient être reconnus, appréciés comme des saints méritants. Alors, ils font de Jésus un grand objectif à atteindre et leur religion est remplie de règles difficiles, de dur labeur, d'une discipline de fer, de prière et de jeûne très laborieux. Certains en font une raison d'être et ne sont jamais sûrs d'y parvenir. Pour moi c'est plutôt du cynisme : « Si vous vous approchez de moi vous trouverez le repos de vos âmes mais vous en aurez bien besoin car c'est très difficile d'y parvenir ». Beaucoup n'attendent le repos que dans la tombe. Jésus n'a jamais mentionné que de tels efforts étaient nécessaires. Tout ce que nous avons besoin de faire est de L'accepter. Ses commandements sont simples : « Venez à moi ! », « Croyez en moi ! », « Suivez-moi ! ».

Jésus, la Parole de Dieu

Les prophètes dans la Bible annonçaient un message de Dieu. Jésus n'amena aucun message de Dieu car Il était Lui-même le message – le message des prophètes. Les prophètes dirent : « Ainsi parle l'Éternel ». Jésus dit : « Je vous dis ». Il n'était pas inspiré mais Celui qui inspire en personne. Il parla par la bouche des prophètes.

Mohammed se nomma lui-même un prophète, un messager envoyé par Allah. On dit que le premier message qu'il reçut à la Mecque représente l'essence même du Coran. Il est composé de sept courtes lignes. La cinquième est : « Montre-nous le droit chemin ». Aucun chrétien n'a besoin de prier une telle prière. Jésus est le chemin en personne. Beaucoup de religions et de sectes indiquent leur propre route, comme il est écrit dans :

> *Ésaïe 53 : 6*
> *Chacun suivait sa propre voie.*

Paul, cet apôtre érudit, rempli de foi, dit :

> *Philippiens 1 : 21*
> *Car Christ est ma vie.*

Notre confiance repose en Jésus Lui-même, quelles que soient les doctrines dans lesquelles nous croyons. Nous sommes jugés par ce qu'est Jésus, non par un livre de règles.

> *Romains 3 : 23*
> *Car tous ont péché et sont privés de la gloire de Dieu.*

Dans les évangiles, il est question de Jésus non d'un manuel qui explique comment se sauver soi-même. Ils nous montrent que s'Il est là, rien n'est impossible. Un exemple pour cela se trouve dans Luc 5 : 17. Jésus se trouvait dans une maison et « la puissance du Seigneur se manifestait par des guérisons ». Personne ne fut guéri, mais la puissance était tout de même là. Puis soudain, un homme paralysé fut amené à Jésus par ses amis, par le toit. Jésus ne le toucha pas mais cet homme fut guéri et ses péchés furent pardonnés. Là où était Jésus, il y avait toujours la guérison et l'espérance. Luc 6 : 19 décrit Jésus alors qu'Il se trouvait dans la contrée de Tyr et Sidon :

> *Luc 6 : 19*
> *Toute la foule cherchait à le toucher, parce qu'une force sortait de lui et les guérissait tous.*

De nos jours, les chrétiens sont bombardés de centaines de livres, de CDs et vidéos qui promettent de nouvelles méthodes de prière et de foi, de nouvelles révélations et des théories ainsi que des révélations personnelles. Pourtant, Jésus parla de la foi avec tant de simplicité :

> *Jean 11 : 40*
> *Si tu crois, tu verras la gloire de Dieu.*

De grands chrétiens du passé étaient des hommes et des femmes avec une foi toute simple ; pas des gens simples. Nous pouvons méditer sur les exemples qu'ils nous ont donnés spirituellement. Ils agirent selon la conviction toute simple que Dieu était avec eux.

Le Dieu Tout-Puissant n'est pas conditionné pour réagir à des formules ou à des méthodes spécifiques. Les gens parlent d'un Dieu qui se met en action. Nous ne sommes pas ceux qui Le mettent en action; Il est Celui qui est l'action.

> *Juges 13 : 25*
> *Et l'Esprit de l'Éternel commença à l'agiter.*

> *2 Pierre 1 : 21*
> *C'est poussés par le Saint-Esprit que des hommes ont parlé de la part de Dieu.*

Être utile dans les mains de Dieu n'implique pas un travail laborieux. Cela commence dans le repos en Lui car Il est tout en tous.

> *Exode 33 : 14*
> *Je marcherai moi-même avec toi, et je te donnerai du repos.*

Si vous n'avez jamais fait de Jésus-Christ le Sauveur de votre vie, vous pouvez le faire maintenant. C'est entre vous et Dieu. Pour accepter Jésus dans votre vie comme Sauveur, je vous encourage à vous rendre à la fin du livre à la page : « Comment recevoir Jésus comme Sauveur ? », juste après la page du 31 décembre.

19 AVRIL

Jérémy Sourdril

Les rêves, les songes et les chrétiens

Je ne vous apprendrais rien en vous disant que beaucoup de chrétiens aiment les rêves. À croire que les chrétiens sont de grands enfants ! La particularité avec beaucoup de chrétiens, c'est qu'ils prennent leurs rêves pour la Parole de Dieu. Certains même suivent leurs rêves au même titre que la Parole de Dieu.

Si nous voulons comprendre les rêves et les songes, il ne faut pas aller dans le monde pour les comprendre, mais il faut aller dans la Parole de Dieu.

Les rêves peuvent provenir de la multitude des activités :

Les gens ont beaucoup de mal à se défaire de l'idée qu'un rêve qui contient des évènements ou des paroles chrétiennes vient obligatoirement de Dieu. Parfois, une chrétienne est en difficulté dans son église, et commence à penser des choses sur son pasteur ou sur des chrétiens. Puis, elle fait un rêve, et voit son pasteur ou les chrétiens en train de faire des choses mauvaises. Elle se dit alors : « C'est Dieu qui m'a parlé ! ». Mais j'aimerais vous dire quelque chose d'important, et si vous ne pouvez retenir que cela, ce serait déjà bien : ce n'est pas forcément Dieu qui a parlé !

> *Ecclésiaste 5 : 3*
> *Car, si les songes naissent de la multitude des occupations, la voix de l'insensé se fait entendre dans la multitude des paroles.*

Si vous allez voir un film d'action, il est possible que vous rêviez de vous, habillé(e) en superman (ou en superwoman) en train de sauver le monde, ou encore d'un grand tremblement de terre et de la fin du monde ! Vous pourrez peut-être rêver que vous êtes poursuivi(e) par des gens armés de pistolet qui veulent vous tuer !

Si vous marchez dans le péché et la convoitise de relations sexuelles et que vous regardez des femmes ou des hommes pour les convoiter, il est possible que vous fassiez des rêves impurs ! Si vous êtes mal dans votre peau, si vous avez des pensées négatives, il est possible que vous rêviez de vous en train de sauter d'un grand immeuble et même sentir une grande paix !

De la même façon, si vous êtes un chrétien, vous pouvez rêver de choses « chrétiennes » ! Il ne faut pas en être étonné ! Le problème est que beaucoup de croyants recherchent des rêves car cela nourrit leur âme et leurs émotions.

> *1 Jean 4 : 1*
> *Bien-aimés, n'ajoutez pas foi à tout esprit; mais éprouvez les esprits, pour savoir s'ils sont de Dieu, car plusieurs faux prophètes sont venus dans le monde.*

Dieu n'a jamais dit que tous les rêves « chrétiens » ou spirituels proviendraient de lui forcément. Le fait est que certains aiment tellement ça qu'ils recherchent des choses, et pensent que tous les rêves viennent forcément de Dieu. Pourtant, les rêves proviennent dans la grande majorité des cas des multitudes des activités et de la vie de notre âme.

Si vous marchez dans la haine, dans la convoitise, dans le péché et dans la médisance, et que vous recevez des « rêves » qui montrent que c'est vous qui avez raison et les autres qui ont tort (en constatant ce qui se passe dans vos rêves), sachez bien que le rêve ne vient pas du Seigneur ! Repentez-vous de vos actions et rejetez ces rêves !

Les songes peuvent provenir du diable :

Le rêve provient souvent de notre imagination. Les gens oublient que dans « imagination » il y a le mot « image ». Notre imagination peut créer des images. C'est pour cela que des chrétiens sont parfois convaincus d'avoir « vu » quelque chose, alors ils sont certains que c'est Dieu qui a parlé bien que ce soit juste le fruit de leur imagination.

> *Deutéronome 13 : 1-3*
> *S'il s'élève au milieu de toi un prophète ou un songeur qui t'annonce un signe ou un prodige, et qu'il y ait accomplissement du signe ou du prodige dont il t'a parlé en disant : Allons après d'autres dieux, -des dieux que tu ne connais point, -et servons-les ! Tu n'écouteras pas les paroles de ce prophète ou de ce songeur, car c'est l'Éternel, votre Dieu, qui vous met à l'épreuve pour savoir si vous aimez l'Éternel, votre Dieu, de tout votre cœur et de toute votre âme.*

Deutéronome 13 : 5
Ce prophète ou ce songeur sera puni de mort, car il a parlé de révolte contre l'Éternel, votre Dieu, qui vous a fait sortir du pays d'Egypte et vous a délivrés de la maison de servitude, et il a voulu te détourner de la voie dans laquelle l'Éternel, ton Dieu, t'a ordonné de marcher. Tu ôteras ainsi le mal du milieu de toi.

Dieu était radical au sujet des rêves qui amenaient les gens à s'éloigner de Lui. J'ai vraiment un conseil à vous donner. Si vous faites un songe diabolique pour une raison quelconque, ou même un rêve qui provient de la multitude de vos activités, rejetez-le ! Non seulement rejetez-le mais ne le déclarez même pas. Vous pouvez vous en débarrasser en confessant la Parole de Dieu, en priant en langue et en appelant le Nom Puissant de Jésus-Christ. Rejetez ce « songe ». Ne l'acceptez pas. Il est un faux songe, un songe qui ne vient pas de Dieu.

Non, vous ne mourrez pas ! Non, Dieu ne vous envoie jamais de crainte ! Si un rêve vous donne des sueurs froides, vous pouvez généralement facilement en conclure que Dieu n'est pas dans le coup ! Si des mauvais rêves restent vous hanter dans vos pensées, rejetez-les au Nom de Jésus, et commencez à déclarer les rêves de Dieu à votre sujet.

20 AVRIL

Jérémy Sourdril

Les rêves, les songes et les chrétiens (suite)

Il y a des rêves qui proviennent de Dieu. Prenons ce qui est bon, et rejetons le reste !

La Bible déclare au sujet du ministère prophétique dans l'Ancien Testament :

> *Nombres 12 : 6*
> *Et il dit : Écoutez bien mes paroles ! Lorsqu'il y aura parmi vous un prophète, c'est dans une vision que moi, l'Éternel, je me révélerai à lui, c'est dans un songe que je lui parlerai.*

Je sais que beaucoup se pensent prophète et ne comprennent pas du tout ce qu'est un véritable prophète, mais la Bible ne nous dit pas que nous devons être dirigés par les songes. C'est la Parole de Dieu qui nous dirige. Cependant, si Dieu nous donne un songe, il peut nous donner une révélation, une direction qui sera confirmée dans notre cœur. Un songe de Dieu doit nous apporter une VRAIE révélation, un VRAI message. Nous n'avons pas besoin d'interpréter nos rêves.

Il existe des livres chrétiens d'interprétation de rêves, mais c'est de la pure superstition, et si souvent, ce n'est ni plus ni moins que de l'occultisme déguisé ! Si Dieu vous donne un songe, il vous donnera lui-même l'explication ! Le pharaon ne pouvait pas comprendre son rêve car il ne connaissait pas Dieu. Nous, nous sommes le temple de Celui qui nous dirige dans toute chose et qui nous révèle toute chose. N'allez pas voir les diseurs de bonne aventure qui paraissent sanctifiés afin qu'ils interprètent vos songes. Pierre reçut une vision de la part de Dieu :

> *Actes 10 : 17-20*
> *Tandis que Pierre ne savait en lui-même que penser du sens de la vision qu'il avait eue, voici, les hommes envoyés par Corneille, s'étant informés de la maison de Simon, se présentèrent à la porte, et demandèrent à haute voix si c'était là que logeait Simon, surnommé Pierre. Et comme Pierre était à réfléchir sur la vision, l'Esprit lui dit : Voici, trois hommes te demandent; lève-toi, descends, et pars avec eux sans hésiter, car c'est moi qui les ai envoyés.*

Au début Pierre ne savait pas que penser de cette vision. Mais l'Esprit lui dit directement de suivre ces hommes. Le Saint-Esprit continua le travail qu'il avait commencé. Puis le Saint-Esprit révéla directement à Pierre le sens de cette vision et ouvrit son intelligence afin qu'il la comprenne si bien que Pierre put dire :

> *Actes 10 : 28-29*
> *Vous savez, leur dit-il, qu'il est défendu à un Juif de se lier avec un étranger ou d'entrer chez lui; mais Dieu m'a appris à ne regarder aucun homme comme souillé et impur. C'est pourquoi je n'ai pas eu d'objection à venir, puisque vous m'avez appelé; je vous demande donc pour quel motif vous m'avez envoyé chercher.*

Le Saint-Esprit lui révéla la vision avant qu'il parte avec ces hommes, et c'est pour cela qu'il les suivit. Arrivé sur place, il dit qu'il n'a pas fait d'objection à venir car Dieu lui a « appris » qu'il ne fallait regarder aucun homme comme souillé. Si votre songe est de Dieu, Dieu vous révèlera ce qu'il en est. Si Dieu vous donne un songe, son message sera clair ! Dieu en voulait aux faux prophètes de raconter des songes provenant de leur propre cœur, de leurs propres pensées et Dieu a montré que Ses songes sont clairs et évidents, ils sont oui et amen. Dieu dira ailleurs qu'il en veut à ces bergers qui n'ont pas de visions claires.

> *Jérémie 23 : 28-29*
> *Que le prophète qui a eu un songe raconte ce songe, Et que celui qui a entendu ma parole rapporte fidèlement ma parole. Pourquoi mêler la paille au froment ? dit l'Éternel. Ma parole n'est-elle pas comme un feu, dit l'Éternel, Et comme un marteau qui brise le roc ?*

La Parole de Dieu est comme un marteau qui brise le roc, c'est une parole puissante, pas un rêve d'enfant. Le message de Dieu est clair, mais il est parfois possible que cela prenne du temps pour le comprendre dans toute sa plénitude. Dieu pourra vous donner une certaine lumière au départ et vous pourrez le comprendre plus tard. Si Dieu vous donne un songe, n'allez pas au-delà du message qu'il vous donne. Si Dieu vous a dit : « C'est cela », ne lui faites pas dire : « C'est cela et puis ceci, et encore cela, puis aussi ceci » !

21 AVRIL

Jérémy Sourdril

Les rêves, les songes et les chrétiens (suite)

Il y a des rêves qui proviennent de Dieu. Prenons ce qui est bon, et rejetons le reste !

N'allons pas chercher des rêves si nous vivons dans le péché

Nous avons vu que de toute façon, nous ne devons pas chercher des rêves. Dieu a plus de mille façons de nous parler, et s'il veut nous donner un rêve, c'est lui qui le décide. Savez-vous que certains pasteurs puissamment utilisés par Dieu n'ont jamais eu de songes ? Oui, cela peut vous surprendre, car tellement de chrétiens pensent que Dieu leur parle par songe tous les mois ou même toutes les semaines !

> *1 Samuel 28 : 6-7*
> *Saül consulta l'Éternel; et l'Éternel ne lui répondit point, ni par des songes, ni par l'urim, ni par les prophètes. Et Saül dit à ses serviteurs : Cherchez-moi une femme qui évoque les morts, et j'irai la consulter. Ses serviteurs lui dirent : Voici, à En-Dor il y a une femme qui évoque les morts.*

Le péché de Saül fut très grave et il en eut de grandes conséquences. Si vous marchez aujourd'hui dans le péché, il faut vous repentir. Dieu ne viendra pas vous parler, si ce n'est pour vous dire de faire demi-tour par rapport à votre péché. Mais Gloire à Dieu, si vous êtes sincère, et si vous désirez réellement vous repentir en prenant la décision véritable de ne plus recommencer, Jésus-Christ vous pardonnera lui-même et Dieu le Père vous jugera pardonné. Au niveau des rêves, il y a eu des excès aussi forts que dans l'occultisme...

Les rêves qui disparaissent

Une bonne façon (ce n'est pas la seule !) de savoir si un rêve vient de Dieu, c'est qu'il restera vivant avec le temps. Il en est de même lorsque Dieu nous parle dans notre cœur. D'ailleurs, c'est la façon que Dieu utilise le plus souvent pour nous parler : Il nous parle dans notre cœur.

> *Psaumes 90 : 5*
> *Tu les emportes, semblable à un songe, qui, le matin, passe comme l'herbe.*

Si le rêve disparait, ne vous en inquiétez pas, et s'il reste un peu, ne vous en inquiétez pas non plus. Priez simplement par rapport à cela, et Dieu saura imprimer dans votre esprit s'il a quelque chose à vous dire.

Si vous avez reçu de vrais songes prophétiques

Nous avons vu que la plupart des rêves viennent de la multitude de nos activités. Certains viennent aussi du diable, et d'autres peuvent venir de Dieu. Oui, Dieu peut nous parler par un songe. Il ne faut pas croire lorsqu'on lit la Bible que les hommes de Dieu avaient des songes tous les matins. Il faut aussi comprendre que la plupart des songes et des visions ont été donnés dans le cadre du ministère prophétique, un ministère très rare aujourd'hui. Il faut aussi réaliser que nous sommes dans la nouvelle alliance, nous sommes donc nés de nouveau et le Saint-Esprit habite en nous pour nous diriger. C'est dans notre cœur qu'Il nous parle principalement. Dans la nouvelle alliance, il y a peu de références à des rêves par rapport à l'Ancien Testament. Toutefois, Dieu peut encore parler par des songes :

> *Actes 2 : 17*
> *Dans les derniers jours, dit Dieu, je répandrai de mon Esprit sur toute chair; Vos fils et vos filles prophétiseront, Vos jeunes gens auront des visions, Et vos vieillards auront des songes.*

Ce verset, bien que ne disant pas que seuls les vieillards auront des songes, nous montre qu'il faut avoir de la sagesse (la sagesse des cheveux blancs) pour recevoir un songe de la part de Dieu. Maintenant, si vous avez reçu un vrai songe de la part de Dieu, je vous encouragerais à l'écrire et à le parler régulièrement dans votre vie. Je réalise de plus en plus que Dieu veut que nous parlions l'appel qu'il nous donne. Si Dieu vous a montré que vous deviez guérir les malades et prier pour les gens, déclarez régulièrement, alors que vous priez (mais pas seulement), ce que Dieu vous a montré : « Je crois que tu m'as appelé à guérir des malades, merci car je vais prier pour des gens et les voir guéris, merci pour le don de guérison que tu m'as donné... ».

Si Dieu vous a montré des choses, ce n'est pas pour cela que vous y entrerez forcément. Vous devez marcher dans la fidélité et la sainteté. Les choses ne se feront pas toutes seules juste parce que Dieu vous les a montrées. Dieu nous montre ce qu'il veut de nous, mais nous devons bouger et nous déplacer pour qu'il puisse intervenir surnaturellement. Il a souvent besoin de nos cinq pains et nos deux poissons pour agir. Il y a un grand fossé et parfois de longues années entre le rêve et la réalité, alors soyez patient et marchez dans l'amour de Dieu. Continuez à aimer Dieu et à aimer les âmes quoi qu'il arrive, et donnez-vous tout entier à Celui qui vous a parlé !

22 AVRIL

Michael Lebeau

Devenez un gagneur d'âmes !

Voici quelques remarques qui seront utiles à ceux qui veulent évangéliser :

Le Salut des âmes est la plus grande priorité de Dieu

En janvier 2007, j'ai été fortement visité par le Saint-Esprit alors que j'étais assis sur mon lit. Dieu me révéla que sa plus grande préoccupation était : « le salut des âmes ». J'ai ressenti une douleur inexprimable pour tous ceux qui allaient en enfer. Depuis ce jour, cette expérience reste gravée en moi comme une cicatrice dans mon âme. Je peux aujourd'hui l'affirmer à tous sans l'ombre d'un doute : « La priorité de Dieu est que le maximum d'âmes parviennent au salut ».

> *Luc 15 : 7*
> *De même, je vous le dis, il y aura plus de joie dans le ciel pour un seul pécheur qui se repent, que pour quatre-vingt-dix-neuf justes qui n'ont pas besoin de repentance*

Le cœur de Dieu se réjouit bien plus pour une seule âme qui se convertit que pour 99 chrétiens qui se réunissent chaque dimanche à l'église. Cela montre bien où se situe le fardeau de Dieu.

Le Seigneur Jésus doit revenir, mais il tarde nous dit la Bible. Pourquoi tarde-t-il ? Parce qu'ils voudraient qu'on ait plus de foi ? Non. Parce qu'il voudrait qu'on jouisse plus de notre vie sur terre ? Non. En réalité, la Bible nous dit que la seule raison pour laquelle il n'est pas encore revenu chercher son Église, c'est afin que le plus grand nombre parvienne au salut.

> *2 Pierre 3 : 9*
> *Le Seigneur ne tarde pas dans l'accomplissement de la promesse, comme quelques-uns le croient; mais il use de patience envers vous, ne voulant pas qu'aucun périsse, mais voulant que tous arrivent à la repentance.*

La nouvelle naissance : le plus grand des miracles

Beaucoup minimisent l'expérience de la « nouvelle naissance », en la comparant à une adhésion à un groupe de croyants et de valeurs. Mais elle est bien plus qu'une adhésion, bien plus qu'une guérison, bien plus qu'un simple miracle... C'est tout simplement le plus grand des miracles.

Plus j'avance avec le Seigneur, plus je réalise que les guérisons m'impressionnent de moins en moins comparées au miracle de la nouvelle naissance. Au miracle de voir un cœur transformé en une fraction de seconde par la puissance de l'Évangile. De voir une personne croire en un message digne des plus grands films de science-fiction : croire que Dieu le Fils s'est incarné dans un corps humain en passant par une vierge qui s'appelle Marie..., qu'il a vécu 33 ans sur terre pour finalement être cloué sur une croix selon la volonté de Dieu le Père pour payer la dette qui nous réconcilierait avec Dieu. Quelle folie nous dit Paul ! C'est pour cela que nous pouvons affirmer que la nouvelle naissance n'est pas une expérience intellectuelle mais bel et bien un miracle qui se produit dans le cœur d'un homme par la puissance du Saint-Esprit.

> *1 Corinthiens 1 : 1*
> *Car la prédication de la croix est une folie pour ceux qui périssent; mais pour nous qui sommes sauvés, elle est une puissance de Dieu*

Les marabouts, les occultes et certaines religions peuvent produire des guérisons et des miracles par le biais de puissances démoniaques, mais personne hormis le Saint-Esprit ne peut produire une nouvelle naissance. Cela ne dépend donc pas de vous, mais du Saint-Esprit au travers de vous. Soyez déchargés de toutes responsabilités, priez, et prêchez, lui s'occupera de produire le miracle dans le cœur de celui qui invoquera avec foi le nom du Seigneur Jésus.

Le plus grand obstacle à l'évangélisation, c'est vous-même

Votre esprit est bien disposé à évangéliser, mais votre chair ne l'est pas. Votre chair correspond à la dimension de votre être non renouvelé qui ne veut pas se soumettre à la volonté de Dieu : c'est ce qui en vous vous pousse à des désirs contraires à ceux de Dieu. Alors que votre esprit veut témoigner de Jésus Christ à votre voisin, votre chair veut que vous restiez chez vous tranquillement installé dans votre zone de confort.

> *Galates 5 : 17*
> *Car la chair a des désirs contraires à ceux de l'Esprit, et l'Esprit en a de contraires à ceux de la chair; ils sont opposés entre eux, afin que vous ne fassiez point ce que vous voudriez.*

Pour avoir envie d'évangéliser, il vous suffit donc de faire en sorte que votre nature spirituelle domine sur votre nature charnelle. À savoir que la chair et l'esprit fonctionne comme une balance, lorsque votre chair est en haut, votre esprit est en bas. Inversement, lorsque votre esprit est au top, votre chair est au plus bas. En nourrissant votre esprit, vous dépouillerez votre chair, c'est pour cela que l'apôtre Paul a dit :

> *Galates 5 : 16 :*
> *Je dis donc : Marchez selon l'Esprit, et vous n'accomplirez pas les désirs de la chair.*

Autrement dit, faites les choses spirituelles sous l'impulsion du Saint-Esprit, telle que « méditer la Parole », « prier », « chanter des louanges à Dieu », ainsi votre chair s'écrasera et les désirs de l'esprit vont s'éveiller dont l'envie de gagner des âmes.

Ne sous-estimez pas la valeur d'une seule âme

Un tableau de Picasso a une valeur, il coûte très cher mais il est estimable. La plus belle des maisons a un prix, même Facebook a un prix. Cependant, une vie humaine, une seule âme n'a pas de prix. Votre âme, celle de votre voisin, de votre oncle, de votre ami n'a pas de prix, elle a une valeur inestimable aux yeux de Dieu. Même tout l'or du monde ne serait valoir le prix d'une seule âme.

Livrer sa vie pour le Salut d'une seule âme vaut la peine aux yeux de Dieu. C'est pourquoi n'hésitons pas à investir du temps, même des années s'il le faut pour amener une seule âme au Seigneur !

De la même manière qu'il ne faut pas attendre d'avoir beaucoup pour faire beaucoup de biens, investissez votre temps et votre énergie pour le salut d'une âme au lieu d'attendre d'en sauver des milliers d'un coup.

Quelqu'un a dit : « Croyez pour la multitude, mais arrêtez-vous pour une seule âme ».

Jésus s'est arrêté au bord du puits pour une seule âme : la femme samaritaine. Mais cette âme a permis par la suite qu'un village entier entende parler de l'évangile. Vous ne savez pas combien d'âmes peuvent être sauvées au travers d'une seule âme que vous avez amenée à Christ.

Je ne sais pas qui a amené Billy Graham et Reinhard Bonnke au salut, mais ce que je sais c'est qu'indirectement cette personne à contribuer à amener des millions d'âmes à la vie éternelle.

Cela m'inspire à ne jamais sous-estimer la valeur d'une âme !

23 AVRIL

Jérémy Sourdril

Les choses obligatoires que vous n'aimez pas…
…et la mauvaise humeur

Il existe des choses obligatoires que nous n'aimons pas, des choses qui demeureront et qui ne changeront pas. Parfois, pour ne pas dire souvent, cela peut mettre les gens de mauvaise humeur pour le reste de la journée, pour la semaine, ou parfois pour leur vie !

En tant qu'enfant de Dieu, nous ne pouvons pas nous faire voler notre joie par ces choses obligatoires que nous n'aimons pas.

N'avez-vous jamais entendu ou dit vous-même : « Je déteste l'hiver ! ». Je l'ai souvent entendu. Je pense même l'avoir dit autrefois, car je n'aimais pas du tout le froid. Je me souviens d'un hiver où il avait fait très froid (selon moi) : il faisait -9 degrés Celsius. Je me précipitais pour chercher le courrier à dix mètres de la maison et je trouvais ça vraiment désagréable. Puis le Seigneur nous a appelés à vivre au Québec ! Quand j'étais plus jeune, j'avais dit (bêtement) au Seigneur : « J'irais partout mais pas au Groenland » (en voulant dire : pas un pays glacial). En partant pour le Québec, tous les gens nous disaient : « Vous allez avoir froid », « Ça doit être vraiment très dur l'hiver ! », et toutes sortes de réflexions comme celles-ci !

Je me suis décidé à aimer l'hiver québécois. Et alors que nous parcourions notre premier hiver, et que les températures descendaient fortement, je choisissais de regarder aux bienfaits de l'hiver. Nous avons vécu un hiver jusqu'à - 35 °C ! Le -9°C de la France était une plaisanterie à côté de cela, mais savez-vous, je n'ai jamais trouvé cela désagréable ! J'ai entendu plusieurs québécois me dire : « Je déteste l'hiver », alors je leur disais : « Vous allez le vivre toute votre vie alors choisissez de l'aimer ! ».

Effectivement, il y a des choses dans notre vie que nous ne pouvons pas changer. Elles sont là et elles le resteront malgré notre foi. Parfois ce sont des circonstances, des évènements, ou même des gens !

Si vous détestez une saison, choisissez de l'aimer ! Il y a aussi parfois des gens qui n'aiment pas conduire leur voiture. Mais ils y sont obligés pour se rendre au travail, et ils devront le faire pendant plusieurs dizaines d'années ! Choisirez-vous de vous faire voler votre joie par quelque chose que vous n'appréciez pas ? Prenez la décision de changer. Prenez la joie au lieu de la mauvaise humeur !

D'autres encore ont un plus grand problème : ils n'aiment pas travailler ! Je pourrais les encourager à aller vers la fourmi des Proverbes, et en même temps, à croire que Dieu a un bon travail pour eux. C'est la volonté de Dieu que nous puissions travailler de nos mains.

Il y a aussi des gens que nous rencontrons régulièrement. Ce peut-être un collègue de travail, la factrice, le boulanger, un professeur, un frère ou une sœur, une belle-mère ! Et j'en passe... Nous devons prendre une décision aujourd'hui même par rapport à toutes ces choses qui nous rendent grincheux et malheureux. Un homme de Dieu a dit : « En tant que chrétien, nous avons toutes les raisons de toujours avoir le sourire ». C'est vrai ! Nous avons toujours une raison d'être joyeux. Ne fixons pas nos yeux vers ce qui est passager, mais fixons nos yeux vers ce qui est éternel.

Jonas avait ce problème. Il s'irritait et avait un très fort penchant à se plaindre. Les gens de mauvaise humeur sont parfois des gens vraiment drôles (malgré eux). Il est écrit dans le livre de Jonas : « La parole de l'Éternel fut adressée à Jonas, fils d'Amitthaï, en ces mots : Lève-toi, va à Ninive, la grande ville, et crie contre elle ! Car sa méchanceté est montée jusqu'à moi. Et Jonas se leva pour s'enfuir à Tarsis ». Je trouve ce dernier verset vraiment drôle. Quand on lit ce texte pour la première fois on ne s'attend pas à cela !

Vous connaissez son histoire. Il va même dire : « Prenez-moi et jetez-moi dans la mer ». Quelle folie ! N'aurait-il pas été préférable, rendu à ce point, d'obéir à Dieu et de se repentir ? Mais parfois malheureusement certaines personnes préfèrent vivre des galères terribles plutôt que de se repentir et de changer de voie. Quand vous ronchonnez toujours et êtes de mauvaise humeur, cela vous pousse à le dire avec votre bouche. Et à cause de votre confession, vous pouvez vous attirer de grands problèmes, plus que vous ne pouvez vous l'imaginer, vous pourriez finir avec Jonas dans le grand poisson puant. Avec les paroles de plaintes qui sortent de votre bouche, vous risquez ainsi de vous attirer des oppressions spirituelles, qui rendent l'atmosphère autour de vous encore plus fatigante et attristante !

Jonas a déclaré :

> *Jonas 2 : 7*
> *Quand mon âme était abattue au dedans de moi, Je me suis souvenu de l'Éternel, Et ma prière est parvenue jusqu'à toi, Dans ton saint temple.*

Son âme était abattue. Mais il a commencé à crier à Dieu. Au verset 9, il s'est passé quelque chose qui a été initié par Jonas, et qui fut pour lui une parole de délivrance :

> *Jonas 2 : 9-10*
> *Pour moi, je t'offrirai des sacrifices avec un cri d'actions de grâces, J'accomplirai les vœux que j'ai faits : Le salut vient de l'Éternel. L'Éternel parla au poisson, et le poisson vomit Jonas sur la terre.*

Jonas a déclaré trois choses :

- Je t'offrirai des sacrifices avec un cri d'actions de grâces
- J'accomplirai les vœux que j'ai faits
- Le salut vient de l'Éternel.

Jonas a parlé de louange, d'obéissance et de salut (= délivrance). La louange et la proclamation de la Parole positive de Dieu obligeront le grand poisson puant à vous recracher, car ce grand poisson puant déteste la louange, il ne la supporte pas, de la même façon la mauvaise humeur déteste la louange, mais si vous vous décidez à louer Dieu alors que vous n'en avez AUCUNEMENT envie, la tristesse se changera en joie !

Finalement Jonas obéit, puis au chapitre 3, Dieu décida de ne pas juger la ville de Ninive. La réponse de Jonas ne se fit pas attendre :

> *Jonas 4 : 1*
> *Cela déplut fort à Jonas, et il fut irrité.*
>
> *Jonas 4 : 4-5*
> *L'Éternel répondit : Fais-tu bien de t'irriter ? Et Jonas sortit de la ville, et s'assit à l'orient de la ville, Là il se fit une cabane, et s'y tint à l'ombre, jusqu'à ce qu'il vît ce qui arriverait dans la ville.*

Au verset trois, Jonas demanda encore à Dieu la mort. Ne faites jamais cela, car ce ne sera pas Dieu qui vous prendra la vie, mais c'est celui qui tue les gens ! C'est une grande porte ouverte au diable que de confesser une telle chose. Dieu le fait réfléchir sur son irritation et Jonas fait comme beaucoup de personnes qui ont un esprit de rejet : il se met tout seul dans un coin à attendre que les choses se passent.

> *Jonas 4 : 6-7*
> *L'Éternel Dieu fit croître un ricin, qui s'éleva au-dessus de Jonas, pour donner de l'ombre sur sa tête et pour lui ôter son irritation. Jonas éprouva une grande joie à cause de ce ricin. Mais le lendemain, à l'aurore, Dieu fit venir un ver qui piqua le ricin, et le ricin sécha.*

Dieu fit pousser un ricin, c'était un bel examen pour Jonas, et il est dit que Jonas éprouva une grande joie quand le ricin poussa. Puis Dieu fit venir un ver qui sécha le ricin. Jonas demanda une nouvelle fois la mort. Jonas est semblable à ceux qui sont de bonne humeur quand tout va bien et de mauvaise humeur quand tout va mal.

Ne soyons pas de ceux dont les circonstances déterminent leur humeur, mais soyons de ceux qui changent les circonstances par leur humeur, et qui, malgré les circonstances qui ne changent pas, gardent une bonne humeur, la joie et une bonne confession.

24 AVRIL

Filipe et Marie Alves

Un peuple selon le cœur de Dieu

Je vous invite à relire Ésaïe 58, un passage où le prophète, véritable porte-parole de Dieu, s'adresse au peuple d'Israël. Il est mandaté par Dieu pour dénoncer les péchés dont le peuple n'est même pas conscient.

Ici le peuple d'Israël est une image prophétique des chrétiens, du peuple de Dieu. Dans la première partie, Dieu montre que le peuple croit être dans le plan de Dieu et n'a pas conscience de son égarement.

> *Ésaïe 58 : 2*
> *Tous les jours ils me cherchent, Ils veulent connaître mes voies; Comme une nation qui aurait pratiqué la justice, Et n'aurait pas abandonné la loi de son Dieu, Ils me demandent des arrêts de justice, Ils désirent l'approche de Dieu.*

Dieu leur montre le décalage entre leurs paroles et leurs actes... Parfois nous faisons de même, nous louons Dieu le dimanche matin en déclarant : je te donne tout, je vis seulement pour toi et le dimanche après-midi lorsque Dieu nous montre une personne pour laquelle nous devons prier ou à laquelle nous devons rendre visite, nous préférons passer trois heures devant la télévision ! Nous agissons ainsi parce que nous nous laissons dominer par notre chair ! Nous suivons nos propres désirs. Et pourtant, Dieu veut que cette chair soit crucifiée :

> *Matthieu 16 : 24-25*
> *Alors Jésus dit à ses disciples : Si quelqu'un veut venir après moi, qu'il renonce à lui- même, qu'il se charge de sa croix, et qu'il me suive. Car celui qui voudra sauver sa vie la perdra, mais celui qui la perdra à cause de moi la trouvera.*

> *Ésaïe 58 : 13-14*
> *Si tu retiens ton pied pendant le sabbat, Pour ne pas faire ta volonté en mon saint jour, Si tu fais du sabbat tes délices, Pour sanctifier l'Éternel en le glorifiant, Et si tu l'honores en ne suivant point tes voies, En ne te livrant pas à tes penchants et à de vains discours, Alors tu mettras ton plaisir en l'Éternel, Et je te ferai monter sur les hauteurs du pays, Je te ferai jouir de l'héritage de Jacob, ton père; Car la bouche de l'Éternel a parlé.*

Marcher selon l'Esprit demande un effort de notre part, tout chrétien qui veut marcher suivant la volonté de Dieu doit abandonner ses propres désirs, ses propres plans...

> *Romains 8 : 13-14*
> *Si vous vivez selon la chair, vous mourrez; mais si par l'Esprit vous faites mourir les actions du corps, vous vivrez. Car tous ceux qui sont conduits par l'Esprit de Dieu sont fils de Dieu.*

Le désir de Dieu est d'avoir un peuple qui n'est pas centré sur ses propres intérêts mais qui recherche ce qui plaît au cœur de Dieu.

Dans Ésaïe 58, le prophète parle d'un peuple qui ne s'éloigne pas des pauvres et des laissés-pour-compte, mais qui en prend soin. Dieu veut remplacer notre cœur par le sien, il veut que nous soyons motivés par la compassion. Pas une compassion humaine mais la compassion qui vient directement du cœur du père. Celle que ressentait Jésus lorsqu'il guérissait les malades ou chassait les mauvais esprits. Dieu ne veut pas un peuple qui agisse par habitude, religieusement mais un peuple inspiré par l'Esprit et prompt à obéir !

Alors les résultats ne se feront pas attendre ! Ce sont toutes les promesses qui se trouvent dans Ésaïe 58 versets 8 à 14 ! Et croyez-moi la parole de Dieu est vraie ! Soyez sensibles à la douce voix de l'Esprit-Saint et soyez prompt à vous laisser reprendre par sa Parole.

> *Hébreux 12 : 4-6*
> *Vous n'avez pas encore résisté jusqu'au sang, en luttant contre le péché. Et vous avez oublié l'exhortation qui vous est adressée comme à des fils : Mon fils, ne méprise pas le châtiment du Seigneur, Et ne perds pas courage lorsqu'il te reprend; Car le Seigneur châtie celui qu'il aime, Et il frappe de la verge tous ceux qu'il reconnaît pour ses fils.*

25 AVRIL

Raoul Wafo

L'œil de l'expert te reconnaîtra

La Bible dit de toi que tu es l'ouvrage de Dieu recréé en Jésus-Christ. C'est-à-dire, que ta vie aux yeux de Dieu commence le jour où tu as accepté Jésus-Christ comme ton Seigneur et Sauveur personnel.

> *Éphésiens 2 : 10*
> *Car nous sommes son ouvrage, ayant été créés en Jésus-Christ pour de bonnes œuvres, que Dieu a préparées d'avance, afin que nous les pratiquions.*

La valeur d'une œuvre est déterminée par l'auteur de l'œuvre, les tableaux de Picasso et Van Gogh n'auront jamais la même valeur que ceux peints par n'importe quel peintre anonyme. Cependant, il faut être un expert en la matière pour reconnaître la valeur des tableaux de ces grands artistes.

Une personne non exercée à la peinture les mépriserait sans doute, ce n'est pas pour autant que ces tableaux perdraient leur valeur.

Toi tu es l'ouvrage de Dieu, Dieu est ton réalisateur, ton concepteur, le maître de l'ouvrage que tu es. Ta valeur est directement liée à la valeur de Dieu.

Bref, tu n'as pas de prix sur le marché (tu coûtes trop cher). Ne te braques pas, si quelqu'un t'insulte ou te méprise c'est simplement parce qu'il n'a pas l'œil expert pour reconnaître le tableau (Homme) que tu es. Personne ne te demande en mariage ne t'inquiète pas. Celui qui a le regard de l'expert te reconnaîtra et t'accordera la valeur que tu mérites.

Quelle bénédiction que d'être l'ouvrage de Dieu ! Il t'a tellement valorisé qu'il t'a fait de peu inférieur à lui et t'a donné la domination sur toutes les œuvres de ses mains...

Prions :

« Éternel des armées, aide-moi à avoir moi-même la révélation de la valeur que j'ai en toi. Je te remercie pour le don de Jésus-Christ à la croix pour moi. Merci Seigneur car je suis ce que tu dis que je suis; ton ouvrage, une œuvre de grande valeur. Amen ».

26 AVRIL

Jérémy Sourdril

Un jour dans ses parvis vaut mieux que mille ailleurs

Tiré du Psaume 84, ce verset a été de tout temps lu, chanté, psalmodié. En le déclarant, nous sommes en train de dire que nous préférons passer un jour dans la présence de Dieu que mille ailleurs. Quelle grande déclaration !

Nous les chrétiens sommes bons pour faire de grandes déclarations. Ce qui est dommage, c'est lorsque la déclaration ne concorde pas avec l'action. L'évangéliste Reinhard Bonnke a déclaré qu'il rêvait d'une Afrique lavée par le sang. C'est une grande déclaration, qui est prouvée par l'action. Dans ses croisades en Afrique, 55 millions de personnes ont rempli une carte pour faire de Jésus leur Seigneur. Nous savons bien entendu qu'un pourcentage seulement a été sauvé, mais le fait est que « Le sang de Jésus a coulé partout en Afrique » au travers du ministère de Reinhard. Il a prêché devant des foules atteignant près de quatre millions de personnes.

Nous avons tous ou presque, dit au Seigneur qu'un jour dans ses parvis vaut mieux que mille ailleurs. Pourtant, si peu d'entre nous se donnent les moyens de vivre ce jour dans les parvis de Dieu.

Je suis souvent impressionné lorsque je vois une personne s'appliquer à cuisiner pendant trois ou quatre heures d'affilées, préparant un repas qui sera mangé en moins d'une heure. C'est aussi surprenant de voir des pêcheurs de poissons attendre jusqu'à huit heures sans rien pêcher parfois ! Les disciples eux-mêmes avaient pêché toute une nuit sans rien prendre ! Quelle patience ! Quelle persévérance ! Quel courage !

Il y a aussi des célibataires qui surfent sur Internet pendant des heures et des heures chaque jour espérant trouver leur futur(e) époux (se). C'est une recherche importante mais c'est fou également de voir la patience de certaines personnes à rechercher des choses vaines.

Si réellement nous croyons cette déclaration du Psalmiste, nous devrions être prêts à passer 1000 jours à rechercher la présence de Dieu. Parfois nous voulons entrer dans la présence de Dieu, nous voulons être revêtu d'onction et vivre quelque chose de particulier avec Dieu, alors nous nous consacrons. Nous nous consacrons un, deux, trois jours, une semaine, deux semaines... et nous voilà découragés. Cela vous est-il déjà arrivé ? Nous pensons : « Pourquoi Dieu ne s'approche pas de moi ? », « Pourquoi je n'arrive pas à entrer dans sa présence ? », et alors nous abandonnons notre recherche de la présence de Dieu.

L'homme se décourage si facilement en ce qui concerne les choses spirituelles. Mais il est normal de passer plus de temps à construire les choses spirituelles car ce sont des choses éternelles. Les choses humaines sont passagères, elles.

Si vraiment un jour dans les parvis de Dieu est une meilleure chose que 1000 jours vécus ailleurs, passons du temps à chercher ce jour. Et c'est vrai ! Un jour dans ses parvis est vraiment mieux que 1000 jours vécus ailleurs !

Nous devons avoir les bonnes priorités dans notre vie. Nous sommes chrétiens, nos priorités devraient être les priorités du Royaume de Dieu. Le Royaume de Dieu, ce n'est pas le manger et le boire, mais c'est la paix, la justice, l'amour. Ne courons pas chaque jour de notre vie derrière ce qui est passager, mais courons vers ce qui est éternel. Cherchons la présence de Dieu plus que tout. Soyons des gens qui poursuivent la présence de Dieu.

Il y a dans la présence de Dieu d'abondantes joies. Il y a la guérison dans sa présence, le salut, la provision ! Il y a tout pleinement dans la présence de Jésus-Christ. Nous passons parfois 11 heures dans la journée à « se tuer » au travail, sans passer 10 minutes avec Dieu. Si seulement nous passions 10 minutes avec Dieu, nous n'aurions peut-être pas besoin de passer 11 heures à « se tuer » à la tâche... Ayons les bonnes priorités !

Peut-être que vous aviez prévu de vous reconsacrer. « Ce mois-ci, je vais me reconsacrer ! », mais le temps est passé et vous avez beaucoup d'activités... Je vous exhorte à établir votre calendrier et votre vie sur les bonnes priorités.

Je vois rarement des parents qui n'embrassent pas leurs enfants avant d'aller à l'école. C'est pour eux une sorte de priorité que de dire « bonne journée » à leurs enfants et ainsi les bénir. Il en est de même pour le couple. Alors ne délaissons pas la personne la plus importante, celle qui mérite toute la gloire, tout l'honneur et la première place dans nos vies.

Vous savez quoi ? Dieu est bon et il vous aime. Ses parvis sont des parvis intimes, réservés pour ceux qui le désirent vraiment. Si vous vous fixez les bons objectifs, le meilleur est devant vous. Il faut savoir parfois dire : « Non », à un film, à une invitation, à une relation... pour passer du temps avec lui, surtout lorsque vous sentez dans votre esprit qu'il est temps de passer un moment avec Lui. Puis après avoir dit : « Non », passez du temps à l'adorer pour qui il est, pour ce qu'il fait et pour ce qu'il fera, pour sa Parole qui est oui et amen et qui ne change pas. Pour toutes ses promesses envers vous, scellées par sa Parole.

L'éternité sera glorieuse et aucun mot ne pourrait la définir. Mais ce qui est sûr, c'est qu'un « jour » d'éternité sera oh combien plus glorieux qu'un jour terrestre. Ne permettez pas à votre chair de vous dominer, mais rappelez-vous toujours que vous êtes un être spirituel, et que vous avez vraiment besoin de recharger votre batterie spirituelle dans la présence de Dieu.

> *Psaumes 84 : 10*
> *Mieux vaut un jour dans tes parvis que mille ailleurs; Je préfère me tenir sur le seuil de la maison de mon Dieu,*
> *Plutôt que d'habiter sous les tentes de la méchanceté.*

Nous avons aujourd'hui, en tant qu'enfant de Dieu, un accès constant dans la présence de notre Père. Quel bonheur ! Le plus long, c'est le chemin qui amène à sa présence. C'est sur ce chemin que nous devons renoncer à toute méchanceté, à toute désobéissance, à tout péché... les remettre à la croix. C'est sur ce chemin que nous faisons taire notre âme, nos questions et même nos prières de demande.

> *Luc 10 : 41-42*
> *Le Seigneur lui répondit : Marthe, Marthe, tu t'inquiètes et tu t'agites pour beaucoup de choses. Une seule chose est nécessaire. Marie a choisi la bonne part, qui ne lui sera point ôtée.*

Choisissons la bonne part et refusons de nous agiter pour ce qui ne vaut rien. Mettons-nous aux pieds de Jésus, allons à l'église, dans la maison de Dieu, écouter le cœur du Seigneur pour nous. Donnons-nous les moyens de réussir notre vie chrétienne.

27 AVRIL

Jérémy Sourdril

Nous avons reçu tout ce qu'il faut pour réussir notre vie chrétienne

Souvent les gens demandent à certaines personnes qui réussissent leur vie chrétienne : « Quel est ton secret ? ». On a parfois l'idée qu'il y a un secret, un « p'tit truc » qui changera notre vie chrétienne et qui nous fera réussir.

Mais pour réussir notre vie en Christ, il faut vraiment comprendre que c'est une relation avec Lui et qu'il n'y a pas de petits trucs qui changeront tout. La plupart du temps, c'est juste une question de croire la Parole de Dieu et d'aimer Dieu ! La Bible déclare :

> *2 Pierre 1 : 3*
> *Comme sa divine puissance nous a donné tout ce qui contribue à la vie et à la piété, au moyen de la connaissance de celui qui nous a appelés par sa propre gloire et par sa vertu,*

Si vous voulez réussir votre vie chrétienne, il vous faut comprendre que vous avez déjà reçu tout ce qui contribue à la vie et à la piété. J'aimerais que vous puissiez méditer aujourd'hui sur ce court passage.

Si vous vous sentez sec dans votre relation avec Dieu, si vous doutez de sa présence dans votre vie, si vous n'arrivez pas à vivre sa présence, si vous ne comprenez pas pourquoi les fleuves d'eau vive ne coulent apparemment pas dans votre vie comme Jésus l'a promis, CONFESSEZ et CROYEZ ce verset.

La foi en la Parole de Dieu est ce qui amène cette parole à se manifester dans notre vie. Et puisque nous croyons, c'est aussi pourquoi nous parlons. La vie de Dieu et la piété ne se manifesteront pas pleinement en vous si vous ne croyez pas, ou plus, que Dieu vous a tout donné à ce sujet. Jésus déclara aux Juifs dans :

> *Jean 6 : 53*
> *Jésus leur dit : En vérité, en vérité, je vous le dis, si vous ne mangez la chair du Fils de l'homme, et si vous ne buvez son sang, vous n'avez point la vie en vous-mêmes.*

A notre nouvelle naissance, nous sommes devenus participants de la nature divine, et nous avons la vie de Dieu en nous. C'est une réalité. La vie de Dieu est en nous, mais nous pouvons l'affaiblir, la mépriser et ne pas l'utiliser. Les gens pensent que tout ce qui concerne la vie chrétienne se fera automatiquement car c'est la responsabilité de Dieu, ils disent que Jésus a tout accompli et qu'il n'y a plus rien à faire. Jésus a tout accompli par rapport au plan du Père pour sa vie, et pourtant on voit Paul déclarer :

> *Colossiens 1 : 24*
> *Je me réjouis maintenant dans mes souffrances pour vous; et ce qui manque aux souffrances de Christ, je l'achève en ma chair, pour son corps, qui est l'Église.*

Paul n'était pas en train de contredire le Seigneur en disant qu'il accomplissait les souffrances de Christ qui restait, mais il accomplissait pour sa propre vie les plans de Dieu écrits pour lui. Jésus a tout accompli pour que tu puisses tout accomplir du plan de Dieu pour ta vie !

Les âmes ne seront pas sauvées juste parce que Jésus a tout accompli. Les dons spirituels ne se manifesteront pas dans votre vie juste parce qu'il a tout accompli et envoyé son Esprit. Vous ne recevrez pas le Saint-Esprit à moins de faire quelque chose !

Jésus a tout accompli pour nous donner tout ce qui contribue à la vie et à la piété. C'est chose faite. Il a donné la guérison à l'Église mais ce n'est pas pour cela qu'il n'y a aucun malade. Jacques dira aussi :

> *Jacques 5 : 14a*
> *Quelqu'un parmi vous est-il malade ?...*

Jésus nous a déjà guéris à la croix, il a TOUT accompli à ce sujet, mais il faut agir pour le manifester. Par exemple, Jacques poursuivra en disant qu'est-ce que nous devons faire :

> *Jacques 5 : 14b*
> *Qu'il appelle les anciens de l'Église, et que les anciens prient pour lui, en l'oignant d'huile au nom du Seigneur;*

Jésus a tout accompli mais pour que ce « tout est accompli dans notre vie » devienne réalité dans notre quotidien, nous devons faire quelque chose.

Nous avons la vie de Dieu en nous, et Dieu nous a donné tout ce qui contribue à la durabilité de la vie et de la piété en nous, mais nous avons à faire quelque chose pour cela ! Vous devez CROIRE cette puissante parole de la lettre d'amour de Dieu pour vous et la déclarer autant de fois qu'il faudra jusqu'à être noyé de sa vie.

Déclarez aujourd'hui :

« Oui, je crois que j'ai reçu tout ce qu'il faut pour manifester la vie de Dieu en moi, pour marcher dans la vraie piété, la vie de l'Esprit, la sainteté, je déclare que j'ai tout reçu en Jésus-Christ. Je suis devenu participant de la nature divine, cette nature divine coule dans mon esprit, coule dans mon âme, coule dans mon corps. Cette divine puissance rafraîchit mes os et guérit mon corps, elle restaure mon âme et change mes pensées, elle remplit mon esprit de paix et me comble de joie. J'ouvre mes bras pour tout recevoir de toi. Père, merci pour ta parole, je dis oui et amen à ta parole, quel que soit ce que je ressens ces derniers temps, je dis que j'ai reçu tout ce qui contribue à Ta vie en moi. Alléluia ! ».

Oui, comme vous l'avez prié, quel que soit ce que vous ressentez dans votre corps ou dans votre âme, faites confiance en la Parole de Dieu car celui qui s'approche de Dieu doit CROIRE. La Bible déclare que des fleuves d'eau vive couleront de l'esprit de ceux qui ont cru.

Croyez que ces fleuves coulent en vous. Croyez que la vie de Dieu en vous fera éclater les jougs d'incrédulité, les jougs de maladie, les jougs d'oppression et de dépression qui peuvent être vôtres. Vous avez tout reçu pour vivre des choses glorieuses avec Dieu, que l'œil n'a pas vu et que l'oreille n'a pas entendu !

Le meilleur est à venir pour vous et Dieu N'A PAS DIT SON DERNIER MOT !

28 AVRIL

Dorothée Rajiah

Va demander chez tous tes voisins des vases vides et n'en demande pas un petit nombre !

Il y a trois choses essentielles à retenir dans ce récit :

> *2 Rois 4 : 3-7*
> *Va demander au dehors des vases chez tous tes voisins, des vases vides, et n'en demande pas un petit nombre. Quand tu seras rentrée, tu fermeras la porte sur toi et sur tes enfants; tu verseras dans tous ces vases de l'huile, et tu mettras de côté ceux qui seront pleins. Alors elle le quitta. Elle ferma la porte sur elle et sur ses enfants; ils lui présentaient les vases, et elle versait. Lorsque les vases furent pleins, elle dit à son fils : Présente-moi encore un vase. Mais il lui répondit : Il n'y a plus de vase. Et l'huile s'arrêta. Elle alla le rapporter à l'homme de Dieu, et il dit : Va vendre l'huile, et paie ta dette; et tu vivras, toi et tes fils, de ce qui restera.*

Savoir se tourner dans la bonne direction quand tout va mal

Voici l'histoire d'une femme qui est dans une terrible situation. Elle est veuve, elle a deux enfants à charge, son mari mourant l'a laissée avec beaucoup de dettes, et des créanciers mécontents et menaçants. Elle ne sait pas quoi faire, elle est dans la peur et dans la panique.

Beaucoup de gens passent par des situations dramatiques dans lesquelles ils sont acculés. Mais quand il n'y a plus de solutions, quand nous sommes arrivés au bout de nos capacités, ressources et forces, il reste encore une solution : se tourner vers Dieu.

Cette femme va avoir le bon réflexe : se tourner vers Dieu pour recevoir de l'aide et donc aller voir le Prophète. Nous aussi devons savoir quoi faire dans toutes les circonstances de notre vie.

Apprendre à faire confiance à Dieu

L'homme de Dieu lui dit : « Va demander au dehors des vases chez tous tes voisins, des vases vides, et n'en demande pas un petit nombre ».

Dieu nous demande toujours de lui faire confiance et de lui obéir, même quand nous ne comprenons pas. Cette femme n'avait que peu d'huile. Elle ne comprenait pas ce qui lui était demandé, néanmoins elle l'a fait. Elle a emprunté un maximum de vases vides à tous ses voisins. La foi, c'est croire dans la Parole de Dieu même quand on ne voit pas la solution ! La Foi et l'obéissance marchent ensemble, main dans la main.

Déverser dans des vases vides

Pour qu'elle ait son miracle, Dieu lui a ordonné de déverser le peu d'huile qu'elle avait dans des vases vides. Savez-vous qu'autour de vous, il y a beaucoup de vases vides qui ont besoin d'un miracle et d'être remplis. Vos voisins, vos familles, vos proches.

Dieu a un plan pour votre famille et vos voisins. Votre salut n'est que le commencement d'un grand flot de bénédictions et de grâce qui va se répandre sur chacun d'eux et les amener dans le Royaume de Dieu. L'Évangile est trop grand pour vous tout seul.

Si vous voulez voir votre miracle, si vous voulez voir Dieu agir, si vous voulez voir votre huile augmenter et se multiplier, il va falloir la déverser dans les vies de ceux qui sont vides, sans espoir, sans foi, et perdus...

L'huile représente le Saint-Esprit en nous. Que vous soyez jeune ou ancien dans la foi, Dieu vous appelle à donner ce que vous avez reçu, afin que vous receviez toujours plus.

> *Ecclésiaste 11 : 1*
> *Jette ton pain à la surface des eaux et avec le temps, tu le retrouveras.*

Jésus, semez la vie éternelle, la paix, la justice, l'amour, la bonté et vous verrez Dieu agir dans votre vie !

29 AVRIL

Mamadou Karambiri

Votre véritable identité est en Christ !

2 Corinthiens 5 : 17 : « Si quelqu'un est en Christ, il/elle est une nouvelle créature... ».

Plusieurs d'entre nous ont laissé les hommes y compris nous-mêmes, nous coller des identités négatives, circonstancielles.

Rebecca a donné à son fils le nom Jacob (usurpateur). Ce nom, cette identité, a suivi cet enfant presque toute sa jeunesse et a failli annuler les desseins de Dieu à son égard. Une autre mère, figure d'autorité, a mis en cage l'avenir de son fils en l'appelant Jaebets (douleur).

Avec quelle identité vivez-vous aujourd'hui ? Qui vous a donné cette identité ?

Sachez que vous êtes vous-même une figure d'autorité pour votre vie. Et à ce titre votre langue est votre propre instrument de construction ou de destruction.

Si vous proclamez, confessez chaque jour que vous êtes une « vieille fille », alors sachez que vous le resterez !

Vous n'avez pas été créé(e) par Dieu pour mourir jeune, pour être un échec, un misérable... un vermisseau... Les projets de Dieu à votre égard sont grands et remplis de bonté. Tel le psalmiste David, confessez : « Je suis une créature si merveilleuse... Je suis prince (princesse), fils (fille) de Dieu ».

Proclamez votre identité en Christ et non votre « état misérable » en satan. Ne faites pas comme Naomi, la belle-mère de Ruth, qui après les événements familiaux difficiles s'est donnée le nom de Mara (amère). Elle a voulu changer l'identité qu'elle avait reçue de Dieu, « Naomi » (douceur) en « Mara » (amère).

Réagissez comme Jaebets ! Levez-vous et refusez votre identité négative ! Changez votre façon de parler et prononcez sur vous-même, votre famille, etc., les paroles du Seigneur. Confessez la Parole de Dieu sur vous sur vos circonstances ! Vous êtes une nouvelle créature, les choses anciennes sont passées, toutes choses sont devenues nouvelles.

Votre proclamation pour aujourd'hui

« Je suis une nouvelle création en Christ, une créature si merveilleuse, créée à l'image de Dieu. Je suis le temple, la maison d'habitation de Dieu. Je suis fils/fille de Dieu et en tant que tel(le), je suis également membre à part entière de la famille divine, la famille royale. Je suis héritier(ère) et cohéritier (ère) de Christ. Tout ce que le Père a est à moi. Je suis béni(e) de toute sorte de bénédictions spirituelles en Christ ».

30 AVRIL

Jérémy Sourdril

Écouter des prédications ne change pas forcément l'homme

Étudier est quelque chose de bon. S'instruire donne à l'homme d'acquérir de la connaissance. Étudier la Parole de Dieu ne vous amènera pas forcément dans les hauteurs avec Dieu, c'est en cela que beaucoup se trompent. Les pharisiens apprenaient sans cesse à propos de la loi sans pourtant jamais arriver à toucher Dieu.

> *Ecclésiaste 12 : 12-13*
> *Du reste, mon fils, tire instruction de ces choses; on ne finirait pas, si l'on voulait faire un grand nombre de livres, et beaucoup d'études est une fatigue pour le corps. Ecoutons la fin du discours : Crains Dieu et observe ses commandements. C'est là ce que doit faire tout homme.*

Jésus n'est pas contre l'instruction, bien au contraire, bien des fois il a exhorté les gens à apprendre de lui et à s'instruire, mais Jésus reprocha aux pharisiens d'étudier toujours sans jamais rien apprendre.

Il y a dans l'Église de bien mauvais élèves. Souvent les parents reprochent à leurs enfants de ne pas bien étudier, et de ne pas mettre en pratique ce qu'ils leur apprennent, mais ce problème se retrouve accentué dans l'Église. Vous pourrez demander à tout prédicateur et je pense que chacun pourra vous dire qu'une fois au moins il a été surpris d'avoir prêché un certain message et de ne pas avoir vu les gens changer.

Aller à l'église pour y être encouragé et enseigné, écouter des prédications sur Internet, et lire de nombreux livres, c'est bien, mais parfois je suis surpris lorsque je parle à certaines personnes du fossé qui existe entre leur connaissance théorique et ce qu'ils expérimentent vraiment.

Il y a aussi ceux qui lisent la Parole de Dieu sans cesse, qui écoutent et lisent des enseignements, mais qui n'apprennent jamais. Ils ont une certaine soif de Dieu mais lisent ou écoutent sans jamais rien apprendre. L'écoute doit nous amener à la méditation, puis à la connaissance (révélé ou apprise) et la connaissance doit nous amener à l'application de cette connaissance. Certaines personnes lisent des livres rapidement et s'écrient : « Oh j'ai lu ce livre en une journée », mais malheureusement ils n'en retiennent rien et si vous leur demandez de quoi ce livre parlait, ils ne pourront pas vous dire réellement le message principal de ce qu'ils ont lu ou entendu.

A ce sujet, Dieu ne nous a pas demandé de lire seulement la Parole de Dieu mais plutôt de la méditer. Vous pouvez lire vos cinq chapitres par jour mais ce qui va vraiment vous changer, c'est de méditer la Parole de Dieu. Mieux vaut lire quelques versets chaque jour et les méditer pendant votre journée plutôt que de lire cinq chapitres rapidement qui ne vous changeront pas vraiment. L'homme est religieux par nature et cherche à satisfaire Dieu par les travaux de la chair. Cela nous est tous arrivé de lire plusieurs chapitres de la Bible, de la fermer et de ne pas savoir ce que nous avons lu. Je vous encourage, alors que vous étudiez, à souligner l'idée principale du texte et à écrire le message que Dieu vous donne au travers de ce que vous avez lu ou entendu. Ensuite, priez et demandez au Père de vous éclairer, que l'Esprit de Dieu en vous vous enseigne par rapport à ce que vous avez pu lire.

Il y a de grands théologiens qui sont des livres fermés, ils connaissent beaucoup avec leur tête de la Parole de Dieu mais la pratiquent si peu.

Si votre pasteur enseigne par exemple sur l'amour un dimanche, mettez en pratique pendant la semaine ce que vous avez appris au travers de gestes simples. Lorsque le Seigneur vous demande de faire quelque chose, ne dites pas pendant des mois : « Le Seigneur m'a parlé de », « J'ai eu telle vision », mais mettez en pratique ce que Dieu vous a dit si vous en avez les moyens aujourd'hui. Si vous n'en avez pas les moyens aujourd'hui, préparez le terrain et donnez-vous à fond pour voir cette chose se réaliser dans votre vie.

Vous pouvez encourager les gens à annoncer l'Évangile, et les gens seront bénis et excités parfois, et lorsque vous faites un appel à évangéliser, le pourcentage de gens prêts à mettre le message en pratique sera faible. C'est une triste réalité parfois. Je me souviens d'un pasteur qui avait un grand besoin au niveau de l'accueil dans son église. Il a enseigné sur l'importance de l'accueil, en expliquant autant qu'il pouvait l'importance d'accueillir les nouvelles personnes dans l'église et personne ne s'est présentée pour le faire.

Avoir beaucoup d'informations n'est pas forcément ce qui va vous changer. Vous avez besoin d'avoir l'information et ensuite vous avez besoin de la mettre en pratique, et alors vous pourrez, petit à petit, recevoir de plus en plus d'informations.

Hébreux 5 : 12-14
Vous, en effet, qui depuis longtemps devriez être des maîtres, vous avez encore besoin qu'on vous enseigne les premiers rudiments des oracles de Dieu, vous en êtes venus à avoir besoin de lait et non d'une nourriture solide. Or, quiconque en est au lait n'a pas l'expérience de la parole de justice; car il est un enfant. Mais la nourriture solide est pour les hommes faits, pour ceux dont le jugement est exercé par l'usage à discerner ce qui est bien et ce qui est mal.

J'ai remarqué que souvent, les gens ne voient pas là où se trouve leur vrai besoin. Quelqu'un voudra un livre sur le miraculeux de Dieu alors qu'il aurait besoin d'un livre sur la maîtrise de soi, un autre voudra un livre sur le Leadership alors qu'il aurait besoin d'un livre sur « Comment aimer sa femme ? », un autre un livre sur des témoignages de résurrection de morts, alors qu'il aurait besoin d'un livre sur l'importance de garder sa bouche et de faire attention à sa confession.

Parfois les gens viennent vous dire : « Moi je suis très sensible au Saint-Esprit ». Bien souvent c'est juste de l'orgueil. Je suis surpris de certaines confessions que font les gens. Quelqu'un a dit à un ami : « Je suis le prochain Billy Graham », un autre a dit : « Je suis le prophète de mon pays ». Quelles déclarations ! Bien souvent ces gens se retrouvent par terre trois ans plus tard. C'est malheureux, cela donne une mauvaise image de Christ et les gens se moquent du Seigneur à cause de telles déclarations. Cela apporte aussi beaucoup de confusions. Certains disent : « Moi je me mets au fond de l'église car je suis vraiment sensible et les gens ne pourront pas comprendre ce que je peux vivre, j'ai une trop grande onction ». Ce n'est pas parce que vous tombez par terre lorsqu'on prie pour vous que vous êtes spirituel, loin de là !

Ne mettez pas en avant votre titre ou même votre appel. Ce sont vos fruits qui parleront pour vous. Si vous avez besoin de nourriture solide, c'est que vous avez développé votre caractère, vous avez développé en vous les fruits de votre esprit, etc.

Si vous vous mettez en colère régulièrement car vous ne réussissez pas à vous maîtriser, si vous dites des gros mots et que vous êtes impatient, si vous ne réussissez pas à aimer vos ennemis, vous devriez revenir aux bases de la vie chrétienne.

Jacques 1 : 21-26
C'est pourquoi, rejetant toute souillure et tout excès de malice, recevez avec douceur la parole qui a été plantée en vous, et qui peut sauver vos âmes. Mettez en pratique la parole, et ne vous bornez pas à l'écouter, en vous trompant vous-mêmes par de faux raisonnements. Car, si quelqu'un écoute la parole et ne la met pas en pratique, il est semblable à un homme qui regarde dans un miroir son visage naturel, et qui, après s'être regardé, s'en va, et oublie aussitôt quel il était. Mais celui qui aura plongé les regards dans la loi parfaite, la loi de la liberté, et qui aura persévéré, n'étant pas un auditeur oublieux, mais se mettant à l'œuvre, celui-là sera heureux dans son activité. Si quelqu'un croit être religieux, sans tenir sa langue en bride, mais en trompant son cœur, la religion de cet homme est vaine.

Si vous n'avez jamais fait de Jésus-Christ le Sauveur de votre vie, vous pouvez le faire maintenant. C'est entre vous et Dieu. Pour accepter Jésus dans votre vie comme Sauveur, je vous encourage à vous rendre à la fin du livre à la page : « Comment recevoir Jésus comme Sauveur ? », juste après la page du 31 décembre.

01 MAI

Joël Spinks

La confession triomphante

2 Corinthiens 4 : 13 : « Et, comme nous avons le même esprit de foi qui est exprimé dans cette parole de l'Écriture : J'ai cru, c'est pourquoi j'ai parlé ! Nous aussi nous croyons, et c'est pour cela que nous parlons ».

Un ami vous demande comment vous vous portez aujourd'hui. Vous répondez : « Bien, j'ai mal au dos, à la jambe, au petit orteil. Je me sens découragé parce que Dieu ne prend pas soin de mes finances. Bref, je crois même faire faillite ! À part de cela, tout va bien, mais je suis certain que les choses iront de pire en pire ! »

Pourquoi dites-vous ce que vous dites ? Quel est le BUT de vos paroles ? L'édification de votre auditeur ou l'exaltation de vos douleurs ? La Parole de Dieu nous révèle qu'il y a un pouvoir surnaturel renfermé dans nos paroles. Il semblerait que plusieurs croyants l'ignorent !

> *Proverbes 18 : 21*
> *La mort et la vie sont au pouvoir de la langue; Quiconque l'aime en mangera les fruits.*

En lisant ce proverbe, nous comprenons que Dieu nous a donné le pouvoir de se bénir en confessant la vérité de Sa Parole. Il nous a aussi donné le pouvoir de se maudire en refusant de croire la Parole de Dieu et en refusant de s'approprier les promesses bibliques. Au lieu de s'accorder avec le rapport divin, la seule vérité, nous parlons parfois notre réalité humaine.

> *Marc 11 : 22 - 24 :*
> *Jésus prit la parole, et leur dit : Ayez foi en Dieu. Je vous le dis en vérité, si quelqu'un dit à cette montagne : Ote-toi de là et jette-toi dans la mer, et s'il ne doute point en son cœur, mais croit que ce qu'il dit arrive, il le verra s'accomplir. C'est pourquoi je vous dis : Tout ce que vous demanderez en priant, croyez que vous l'avez reçu, et vous le verrez s'accomplir.*

Au lieu de croire que ce que nous dirons arrive, nous disons ce qui nous arrive présentement et nous récoltons davantage la confession de notre bouche ! Au lieu de parler à la montagne d'obstacles qui se dresse devant nous, nous décrivons la montagne et tous les obstacles visibles ! « Elle est grande. Elle est dangereuse ! Elle est incontournable ! »

De plus, nous prenons le téléphone et nous étalons ce que nous croyons être impossible. Evidemment, ce chemin n'est pas celui du Seigneur et n'exige aucune foi de notre part. Dieu ne nous appelle certainement pas à marcher par la vue, ni à s'entretenir dans des conversations qui magnifient tous nos défis et problèmes. Il nous appelle plutôt à parler notre victoire !

> *Luc 6 : 45*
> *L'homme bon tire de bonnes choses du bon trésor de son cœur, et le méchant tire de mauvaises choses de son mauvais trésor; car c'est de l'abondance du cœur que la bouche parle.*

Si nous croyons que l'homme bon tire de bonnes choses de son cœur, nous devrions donc aussi s'assurer que notre cœur soit pur.

> *Proverbes 4 : 23*
> *Garde ton cœur plus que toute autre chose, Car de lui viennent les sources de la vie.*

Aujourd'hui, si vous réalisez que votre bouche n'a pas été en accord avec la Parole de Dieu, pourquoi ne pas décider de changer ? Pourquoi ne pas réserver nos paroles pour celles qui ouvriront la porte à la bénédiction ?

Choisissez la vie par vos paroles dès maintenant !

02 MAI

Jérémy Sourdril

Quand rien ne se passe comme vous l'aviez prévu

Il y a des jours où, comme certains diraient : « Nous aurions dû rester au lit ! ». Des jours où rien ne se passe comme nous avions prévu. Ce n'est pas forcément le diable, mais parfois juste les circonstances qui nous attaquent comme un ennemi…

Depuis la chute, l'homme aime contrôler les choses. L'homme aime être stable financièrement, il aime contrôler les évènements, la nature, les animaux, l'électricité, l'homme aime tout contrôler !

> *Luc 12 : 17-19*
> *Et il raisonnait en lui-même, disant : Que ferai-je ? Car je n'ai pas de place pour serrer ma récolte. Voici, dit-il, ce que je ferai : j'abattrai mes greniers, j'en bâtirai de plus grands, j'y amasserai toute ma récolte et tous mes biens; et je dirai à mon âme : Mon âme, tu as beaucoup de biens en réserve pour plusieurs années; repose-toi, mange, bois, et réjouis-toi.*

L'homme résonne, et l'homme planifie. L'homme « animal » n'aime pas Dieu, car l'homme « animal » ne veut pas que quelqu'un contrôle sa vie. Il aimerait plutôt contrôler la vie de Dieu s'il le pouvait. Les gens prennent des assurances, pour contrôler les choses en cas d'accident. Parfois ils s'occupent même, des dizaines d'années avant leur mort, de leur cercueil et des coûts engendrés, car l'homme aime gérer les situations. Il cotise au chômage, à la retraite, pour prévoir et contrôler ses vieux jours. L'homme a un agenda, et il planifie les choses. Plus l'homme contrôle, et plus on dirait que l'homme est heureux !

Le mari est fier lorsque, alors que son pneu crève sur la route, il sort sa roue de secours et l'installe devant sa femme émerveillée. « Et oui je contrôle tout chéri ! ». Sa fierté est encore là lorsque la femme crie au secours alors qu'une souris traverse la cuisine et le mari dit (avec une voix un peu particulière pour l'occasion après s'être raclé la gorge) : « Ne t'inquiète pas chérie je contrôle la situation ». Mais sa puissance se trouve limitée lorsque le bébé pleure la nuit et qu'il faut aller le rendormir... là l'homme viril se cache sous l'oreiller... parfois...

L'homme aime contrôler, mais il y a des choses que les gens ne peuvent pas contrôler, et cela les rend parfois fou. L'être humain est déstabilisé quand les choses ne se passent pas comme il avait prévu. Même si l'homme essaie de contrôler le monde, il se trouve fort dépourvu lorsqu'un tsunami arrive et que personne ne peut gérer la situation.

Sans parler d'un cas aussi grave, il y a parfois des jours où les choses ne se passent pas comme nous avions prévu. À 10 heures je ferai cela, puis à midi ceci. Ce week-end je ferai cela et cet été ceci. Parfois, nous décidons de passer une journée de repos à l'extérieur au soleil, mais au lever le temps n'est pas au beau fixe ! Le climat a un grand impact sur les gens. Au soleil on remarque que les gens sont souvent plus joviaux, plus sympathiques même, et dans des endroits pluvieux et froids les gens sont parfois plus renfermés et dépressifs. On parle aussi parfois de se lever du bon pied ou du mauvais pied.

J'aimerais vous encourager à prendre une décision si c'est votre cas, à choisir la bonne humeur quel que soit le temps qu'il fait dehors ! S'il fait gris dehors, ils sont maussades et quand il fait beau ils sont alors de bonne humeur. Choisissez d'être de bonne humeur en tout temps ! Si vous êtes touché par ce problème, il FAUT changer. Ne permettez pas au climat de changer votre humeur, ni aux circonstances d'ailleurs.

03 MAI

Jérémy Sourdril

Quand rien ne se passe comme vous l'aviez prévu (suite)

Des fois nous achetons un meuble à monter soi-même, un appareil électrique et nous prévoyons de l'utiliser rapidement, mais rien n'a l'air de marcher et nous nous emportons. C'est toujours la faute du manuel et jamais la nôtre ! Cela vous est-il déjà arrivé ? L'épouse prévoit une sortie en famille, mais le mari a prévu autre chose !

Un jour, un frère jura comme je n'avais jamais entendu, ni même chez les païens. Il se trouvait devant un problème qu'il n'avait pas prévu et il s'emporta d'une façon incroyable ! Si souvent les gens qui s'énervent le font pour des choses si stupides ! Plus nous avançons en âge, et moins nous devrions nous énerver, car la sagesse devrait grandir en nous. La sagesse et la maitrise de soi.

La maîtrise de soi fait partie des fruits de notre esprit. C'est ce que Dieu a mis en nous à notre nouvelle naissance, mais tout comme la joie, c'est à nous de l'utiliser ou pas. Dieu ne nous forcera jamais à utiliser les dons qu'il nous a donnés. La preuve en est, certains les cachent en terre !

Il y a certains chrétiens, il faut le dire, qui s'énervent comme des fous furieux et qui vomissent des gros mots et parfois même des insultes quand ça ne se passe pas comme prévu. Ils chantent des louanges le dimanche, déclarent appartenir à Dieu et à côté de cela font des choses vraiment surprenantes.

Parlant de la langue, Jacques dira :

> *Jacques 3 : 9-11*
> *Par elle nous bénissons le Seigneur notre Père, et par elle nous maudissons les hommes faits à l'image de Dieu. De la même bouche sortent la bénédiction et la malédiction. Il ne faut pas, mes frères, qu'il en soit ainsi. La source fait-elle jaillir par la même ouverture l'eau douce et l'eau amère ?*

Si vous êtes un enfant de Dieu, vous devez savoir vous contrôler. Jamais une discussion pour « régler un problème » ne devrait commencer par la colère, car ce serait se donner deux fois plus de travail. La colère de l'homme n'accomplit pas la justice de Dieu.

> *Jacques 1 : 19-20*
> *Sachez-le, mes frères bien-aimés. Ainsi, que tout homme soit prompt à écouter, lent à parler, lent à se mettre en colère; car la colère de l'homme n'accomplit pas la justice de Dieu.*

Si vous vous mettez en colère, ne péchez point. La colère n'est pas un péché, mais agir sur la colère est un péché. L'enfant de Dieu doit être quelqu'un de doux et de paisible. Il ne doit pas être une « chiffe molle » ou une « lavette », mais il doit refléter les attributs de Dieu : doux et paisible, mais aussi ferme et fort.

Soyons prompt à écouter l'autre qui pense avoir raison, même si nous sommes persuadés d'avoir raison, et soyons plus lent à parler pour nous défendre.

> *Jacques 3 : 13*
> *Lequel d'entre vous est sage et intelligent ? Qu'il montre ses œuvres par une bonne conduite avec la douceur de la sagesse.*

Le plus intelligent n'est pas forcément celui qui a raison, mais c'est celui qui garde sa conduite, avec douceur et sagesse. La douceur, la sagesse, la maîtrise de soi n'interviennent pas seulement face à la colère, mais aussi face aux difficultés de la vie. Il est possible que vous soyez au fond du trou, au bout du tunnel et que rien ne se passe comme vous l'aviez prévu. Vous êtes déboussolé, vous avez même peut-être été trahi, vous ne voyez plus d'espoir, mais malgré cela gardez la paix, et marchez dans la confiance en Dieu, le cœur paisible. C'est aussi cela avoir une bonne conduite, c'est avoir une conduite de foi, de confiance en Dieu.

Quand j'avais 19 ans, un verset m'a vraiment marqué :

> *Philippiens 4 : 5*
> *Que votre douceur soit connue de tous les hommes. Le Seigneur est proche.*

Paul dira de lui-même :

> *1 Timothée 1 : 13*
> *Moi qui étais auparavant un blasphémateur, un persécuteur, un homme violent. Mais j'ai obtenu miséricorde, parce que j'agissais par ignorance, dans l'incrédulité;*

Et oui Paul aussi a dû changer de caractère ! Si vous avez des gros défauts, il faut les changer avant de servir Dieu, ou avant de vous marier, car après, ils seront encore plus exposés et mis à l'épreuve. Changer un défaut, c'est une décision qu'on peut faire alors même qu'on vit seul. L'apôtre Paul était avant un homme emporté. C'est d'ailleurs un des gros défauts des pharisiens derrière leur sainte apparence.

Notre douceur doit être reconnue par tous, car le temps est proche et il ne faut pas être une occasion de chute par des défauts de caractère. Être une occasion de chute, ou mal gérer quelque chose que nous n'avions pas prévue, n'est pas forcément le fait de se mettre en colère, mais cela peut être de manquer de confiance en Dieu, de manquer de foi, de manquer la cible, de pécher finalement.

Si rien ne se passe comme vous l'aviez prévu :

- Prenez la décision de ne pas vous faire voler votre joie, mais déclarez que la joie du Seigneur est votre force, la force qui vous aidera à franchir les barrages ennemis. Dites à haute voix : « Je ne suis pas un bébé spirituel, je refuse de ne pas me contrôler, mais grâce à Dieu je me maitrise. J'ordonne à mon âme de se taire et de se plier à la Parole de Dieu ».

- Prenez la décision de vous réjouir en Dieu et de le louer pour un sujet particulier, cela amènera la présence de Dieu car il habite au milieu de la louange et des réjouissances lorsqu'on se réjouit en obéissance à sa Parole.

- Prenez la décision de ne pas vous faire voler votre paix, mais déclarez que le Seigneur vous a donné une paix qui n'est pas comme la paix du monde.

- Prenez la décision de ne pas vous inquiéter, mais remettez simplement ce fardeau au Seigneur, et la paix de Dieu gardera vos cœurs et vos pensées en Jésus-Christ. Gloire à Dieu je suis sûr que certains d'entre vous viennent de recevoir à nouveau la paix de Dieu !

- Ne regardez plus à votre problème et à ce que vous aviez prévu mais fixez vos yeux sur Jésus-Christ.

- Déclarez à nouveau votre confiance en Dieu ! « Seigneur merci car je peux avoir confiance en toi. J'ai confiance en toi, tu viens m'aider, me soutenir par ta force souveraine, car Christ en moi c'est l'espérance de la Gloire. Je crois que la réponse vient grâce à toi. Gloire à Dieu ! ».

04 MAI

Yvan Castanou

Vous voulez être honoré ? Il y a un prix à payer !

Aujourd'hui, tout le monde voudrait être honoré, et atteindre le sommet. Ce sentiment est légitime, puisqu'il y a en chaque être humain une graine de royauté dans la mesure où il est l'image de Dieu. Mais certaines personnes n'acceptent pas l'idée qu'un croyant puisse être honoré, souvent parce qu'elles confondent humilité et humiliation.

> *Matthieu 20 : 22*
> *Jésus répondit : Vous ne savez ce que vous me demandez. Pouvez-vous boire la coupe que je vais boire ? Nous le pouvons, dirent-ils.*

Il n'y a pas de raccourci, et rien ne saurait remplacer l'obéissance à la voix de l'Éternel.

Les fils de Zébédée ont demandé à être distingués aux côtés de Jésus. Il ne les a pas réprimandés pour cela. Il leur a simplement fait comprendre que tous ceux qui veulent régner avec Lui devront boire la coupe (2 Timothée 2 : 12).

Nous vivons une ère fast-food où tout le monde voudrait arborer la couronne d'or, mais très peu sont disposés à porter celle d'épines. La popularité de certains ministères donne, à plusieurs croyants, l'impression qu'il existe une formule rapide pour parvenir à la réussite. La vérité, c'est qu'il n'y a pas de raccourci, et rien ne saurait remplacer l'obéissance à la voix de l'Éternel.

John Maxwell a déclaré ceci : « Dans la vie, vous avez deux options : soit vous payez maintenant, et vous vous amuserez plus tard; soit vous vous amusez maintenant, et vous paierez plus tard. Mais dans tous les cas, la vie vous réclamera son dû ».

Autrement dit, seuls ceux qui boivent la coupe sont dignes d'être honorés. Car l'honneur ne se revendique pas, il se mérite. Il ne vient pas avec les diplômes ou les titres que vous vous attribuez, mais avec les accomplissements, c'est-à-dire avec les résultats que vous obtenez.

David a été honoré pour avoir terrassé Goliath. Jésus-Christ a été couronné de gloire après avoir accompli la volonté parfaite du Père. Jusqu'à la croix, Il s'est humilié lui-même en se rendant obéissant (Philippiens 2 : 7).

Derrière les grandes réalisations, des combats redoutables ont été livrés, des coupes amères ont été bues, des vases de terre ont été brisés, des larmes ont coulé, et des vies ont été sacrifiées.

Si vous acceptez de payer le prix pour contribuer à répandre le royaume de Dieu, Dieu vous distinguera aux yeux de toutes les nations. Comme David devant Goliath, Il vous accordera la promotion et l'élévation divine. Jésus-Christ finit toutes ses lettres aux églises d'Asie par « À celui qui vaincra... ». Voilà la clé de la distinction et de l'honneur. Il n'y a pas de raccourci.

Une prière pour aujourd'hui

« Seigneur, accorde-moi la grâce d'être compté parmi ceux de ton peuple qui ne se sont ni souillés, ni compromis, mais qui restent fidèles à la parole de la vérité. Par ta grâce, je ferai ma part, afin que Christ en moi soit glorifié. Au nom de Jésus. Amen ».

05 MAI

Jérémy Sourdril

Les symptômes ne sont pas la maladie

Vous rappelez-vous ce que nous avons vu dans la pensée : « Jésus a-t-il déjà été tenté par le mal ? ». Nous avons vu que la tentation n'est pas un péché. Ce n'est pas parce que vous êtes tenté que vous avez péché, sinon Jésus aurait péché, car la Bible déclare qu'il a été tenté en toutes choses comme nous, mais il n'a pas accepté cette tentation.

La tentation ne vous appartient pas ! Elle appartient au diable !

Pensez-vous que Jésus a déjà eu des symptômes de maladie ? A-t-il déjà senti qu'une maladie lui tournait autour ? Je crois que oui. Mais pourtant Jésus n'a jamais été malade. Jésus pouvait pécher, Jésus pouvait être malade. Si Jésus avait accepté la tentation du diable dans le désert, il aurait péché. Il ne faut pas croire qu'il était facile pour Jésus-Christ de venir sur la terre, ce n'était pas un simple exercice d'enfant. Jésus-Christ a résisté jusqu'au sang contre le péché !

De la même façon, le diable a dû essayer bien des fois de le rendre malade, par la suggestion, par toutes les maladies auxquelles Jésus était confronté chaque jour. La plupart des maladies dans les évangiles avaient pour origine des démons de maladies. Jésus a été tenté en toutes choses comme nous. Si Jésus n'avait pas gardé ses pensées, il aurait pu tomber malade. Mais il n'a jamais été malade, au contraire, à la Croix du Calvaire, il a porté sur lui toutes nos maladies, toutes nos infirmités, pour que nous puissions être délivrés de la maladie si elle essayait de venir sur nous.

Les symptômes ne sont pas la maladie, de la même façon que la tentation n'est pas le péché. Si vous comprenez cela, vous pourrez plus facilement résister à la maladie qui voudrait s'emparer de vous. Les symptômes sont comme des émissaires de la maladie, ils sont comme l'ancre d'un bateau. Lorsque l'enclume est posée, on sait que le bateau n'est pas loin, mais le bateau n'est pas l'enclume. Lorsque l'émissaire d'un roi méchant arrive quelque part, il arrive avec un message. Il peut avoir l'odeur de celui qui l'a envoyé (le roi méchant), il a le sceau de celui qui l'a envoyé, il amène avec lui une certaine oppression, mais IL N'EST PAS LE ROI et n'a pas son réel pouvoir !

C'est ainsi que fonctionnent les symptômes. Les symptômes ont un message, ils vous disent que la maladie arrive, que la maladie est là, mais ce ne sont que ses représentants, ce n'est pas encore la maladie ! Les symptômes ont l'odeur de la maladie, ils ont le sceau de la maladie, ils appartiennent au même groupe et peuvent amener une certaine oppression avec eux, mais ils ne sont pas la maladie ! Si les symptômes s'approchent de vous, résistez-y par la Parole de Dieu. Ils ont l'obligation de se soumettre à la Parole de la Foi. Lorsque Christ est mort et ressuscité et qu'il a été écrit par le doigt de Dieu dans la Sainte Parole de Dieu :

> *1 Pierre 2 : 24*
> *Lui qui a porté lui-même nos péchés en son corps sur le bois, afin que morts aux péchés nous vivions pour la justice; lui par les meurtrissures duquel vous avez été guéris.*

Alors à ce moment-là, les symptômes et les maladies du monde entier ont dû plier le genou. Si vous parlez la Parole de la foi, les symptômes auront l'obligation de fuir, si seulement vous marchez dans la foi de Dieu.

> *Luc 10 : 19*
> *Voici, je vous ai donné le pouvoir de marcher sur les serpents et les scorpions, et sur toute la puissance de l'ennemi; et rien ne pourra vous nuire.*

> *Marc 16 : 18*
> *Ils saisiront des serpents; s'ils boivent quelque breuvage mortel, il ne leur fera point de mal; ils imposeront les mains aux malades, et les malades, seront guéris.*

Déclarez ces versets si l'émissaire de la maladie s'approche de vous, s'il entre dans votre château, si vous sentez dans les couloirs de votre corps une odeur de mort, une odeur de maladie, sachez que ce n'est pas la mort, sachez que ce n'est pas la maladie. Résistez avec fermeté ! Soyez violent envers les symptômes, car c'est vous qui détenez les clés de votre corps.

06 MAI

Jérémy Sourdril

Les symptômes ne sont pas la maladie (suite)

Si vous êtes déjà malade...

Votre corps est le temple du Saint-Esprit. Si vous ne voulez pas la guérison pour vous-même, désirez-là au moins pour le temple du Saint-Esprit que vous êtes ! Il faut que vous puissiez être en bonne santé pour pouvoir servir Dieu pleinement. Si vous êtes actuellement malade, vous pouvez déjà servir avec ce que vous avez, ce serait dommage de faire de la maladie une excuse pour ne pas servir Dieu.

> *1 Corinthiens 6 : 19-20*
> *Ne savez-vous pas que votre corps est le temple du Saint-Esprit qui est en vous, que vous avez reçu de Dieu, et que vous ne vous appartenez point à vous-mêmes ? Car vous avez été rachetés à un grand prix. Glorifiez donc Dieu dans votre corps et dans votre esprit, qui appartiennent à Dieu.*

Le contexte de ces versets est une exhortation à fuir l'impudicité, mais il est aussi possible de fuir la maladie. C'est un combat, le combat de la foi, et en Jésus-Christ la victoire est assurée avec la foi de Dieu.

Il n'y a, en Christ, AUCUNE condamnation. Je suis effaré parfois quand je vois la manière dont les chrétiens parlent à certains malades. Quelqu'un dira à un paralytique : « Bah pourquoi tu es encore dans ton fauteuil ? Ne sais-tu pas que Dieu guérit ? ». Un autre dira : « Ah si tu avais la foi tu serais guéri ». Certains mêmes vont jusqu'à penser ou dire : « Ah si je pouvais prendre ta maladie, avec ma foi je serais tout de suite guéri ».

Ce genre de déclarations dites telles quelles sans amour, sont tout à fait stupides, méchantes, diaboliques, contraires à la nature de Dieu. Il faut parfois se taire et simplement prier. Vous ne pouvez pas aller vers n'importe quel malade, sous le prétexte que vous avez une « bonne exhortation ». Soyez bien sûr d'être dirigé par le Saint-Esprit, ce qui évitera parfois bien des larmes de la part des malades. Jésus ne courait pas derrière tous les malades, mais il répondait à ceux qui venaient à lui.

A vous qui êtes malade, Dieu vous aime d'un amour éternel et vous êtes précieux à ses yeux. Il désire vous bénir, vous édifier, vous apporter la guérison dont vous avez besoin, mais jamais il ne vous condamne du fait qu'une maladie ait pris racine en vous.

Le désir de Dieu est de guérir TOUS les malades (vous y compris) et de vous guérir de TOUTES vos maladies.

> *Psaumes 103 : 3*
> *C'est lui qui pardonne toutes tes iniquités, Qui guérit toutes tes maladies;*

> *Matthieu 8 : 16*
> *Le soir, on amena auprès de Jésus plusieurs démoniaques. Il chassa les esprits par sa parole, et il guérit tous les malades,*

> *Matthieu 12 : 15*
> *Mais Jésus, l'ayant su, s'éloigna de ce lieu. Une grande foule le suivit. Il guérit tous les malades,*

> *Matthieu 14 : 35-36*
> *Les gens de ce lieu, ayant reconnu Jésus, envoyèrent des messagers dans tous les environs, et on lui amena tous les malades. Ils le prièrent de leur permettre seulement de toucher le bord de son vêtement. Et tous ceux qui le touchèrent furent guéris.*

> *Matthieu 15 : 30*
> *Alors s'approcha de lui une grande foule, ayant avec elle des boiteux, des aveugles, des muets, des estropiés, et beaucoup d'autres malades. On les mit à ses pieds, et il les guérit;*

> *Matthieu 19 : 2*
> *Une grande foule le suivit, et là il guérit les malades.*

Actes 5 : 16
La multitude accourait aussi des villes voisines à Jérusalem, amenant des malades et des gens tourmentés par des esprits impurs; et tous étaient guéris.

Ne croyez jamais que vous êtes l'exception à la règle. Croyez plutôt la Parole de Dieu.

Déclarons aujourd'hui :

« Seigneur, merci parce que par tes meurtrissures, j'ai été guéri. Merci car tu guérissais dans l'ancienne alliance toutes nos maladies, tu guérissais sur terre tous les malades qui venaient à toi, puis tu guérissais encore tous les malades après ta résurrection au travers de tes disciples. Quels que soient les symptômes que je puisse avoir, ce n'est pas la maladie, alors je refuse ces symptômes. Si je suis malade, merci Seigneur car cette maladie ne m'appartient pas. Merci Père car tout esprit de maladie t'est soumis, toute maladie doit plier le genou devant toi et fuir de ma vie. Au Nom Puissant de Jésus-Christ, je suis entièrement guéri en Christ, je suis restauré, je suis délivré. Amen ! ».

Si aujourd'hui votre maladie a pour origine un esprit mauvais, j'ordonne à tout esprit méchant de maladie de quitter votre vie au Nom Puissant de Jésus-Christ. Esprits malades, vous quittez les corps maintenant même. Maladies, je vous lie et je vous ordonne de quitter les corps au Nom de Jésus-Christ.

Je crois que vous avez reçu votre guérison, n'hésitez pas à me faire part de votre témoignage. Vous êtes béni en Celui qui vous guérit de toutes vos maladies.

07 MAI

Jérémy Sourdril

Jésus a-t-il déjà été tenté par le mal ?

Pensez-vous que Jésus a déjà été tenté ? Vous allez certainement répondre que oui, car la Bible déclare que Jésus a été tenté en TOUTES CHOSES COMME NOUS. Maintenant si je vous pose la question : « Pensez-vous que Jésus a déjà été tenté par le mal ? » Vous me répondrez probablement non, car Dieu ne peut pas être tenté par le mal.

Pourtant, qu'est-ce que la tentation ? N'est-ce pas quelque chose de contraire à la volonté de Dieu ? Pouvons-nous être tentés par le bien, ou bien attirés vers le bien ? La tentation est forcément contraire à la volonté de Dieu et donc automatiquement quelque chose de mal. Oui, Jésus a été tenté par le mal alors qu'il était sur la terre dans son corps de chair. Au ciel, Dieu n'a jamais et ne sera jamais tenté par le mal. Toutefois, je tiens à préciser que Jésus n'a jamais VOULU faire le mal, mais qu'il a été tenté par le mal.

> *Matthieu 4 : 1*
> *Alors Jésus fut emmené par l'Esprit dans le désert, pour être tenté par le diable.*

> *Matthieu 4 : 3*
> *Le tentateur, s'étant approché, lui dit : Si tu es Fils de Dieu, ordonne que ces pierres deviennent des pains.*

Que fait le tentateur ? Il tente ! Vous allez comprendre où je veux vous amener. À ce moment-là, Jésus a été tenté de transformer des pierres en pains, MAIS il n'a pas eu envie de le faire et de faire ce qui était contraire à la volonté de Dieu, car tout en Jésus était pureté, sainteté et amour pour le Père. La Bible dit : « Et ayant accompli toute tentation, le diable se retira d'avec lui pour un temps ».

Jésus a été tenté, NON PAS PAR LUI-MÊME (par une convoitise qu'il aurait eue), mais par le tentateur, et il a refusé les mensonges diaboliques de l'ennemi. Il a résisté au diable et le diable a fui à la Sainte Parole de Dieu.

> *Luc 8 : 11-12*
> *Voici ce que signifie cette parabole : La semence, c'est la parole de Dieu. Ceux qui sont le long du chemin, ce sont ceux qui entendent; puis le diable vient, et enlève de leur cœur la parole, de peur qu'ils ne croient et soient sauvés.*

Qu'arrive-t-il à ceux qui entendent la Parole de Dieu dans ce passage ? Le diable vient enlever cette Parole. Comment le fait-il ? Est-ce qu'il enlève avec ses doigts les mots de la Bible qui sont tombés en nous ? Non pas vraiment, mais il ôte la Parole avec des doutes, avec de l'incrédulité, avec des mensonges ! Comme il l'a fait avec Adam et Eve !

> *Luc 8 : 13*
> *Ceux qui sont sur le roc, ce sont ceux qui, lorsqu'ils entendent la parole, la reçoivent avec joie; mais ils n'ont point de racine, ils croient pour un temps, et ils succombent au moment de la tentation.*

Ce type de personne se retire à quel moment ? Au moment de la tentation ! Il y a une heure pour la tentation, il y a une minute, il y a une seconde pour la tentation alors soyez vigilant. Le fait d'être tenté ne fait pas de vous quelqu'un de mauvais, cela fait de vous juste un être humain ! Quand vous êtes tenté dites-vous que vous êtes toujours sur la terre ! Dans le Ciel de Dieu, il n'y aura plus AUCUNE tentation gloire à Dieu !

> *Jacques 4 : 7*
> *Soumettez-vous donc à Dieu; résistez au diable, et il fuira loin de vous.*

Est-ce que vous êtes le seul sur la terre à connaître la tentation ? Non ! Est-ce vous qui connaissez les plus grandes tentations ? Non ! Vous êtes tenté mais vous pouvez résister et réussir à faire fuir le diable, car sachez-le, LA TENTATION EST TOUJOURS PASSAGÈRE ! Et LA TENTATION NE VOUS APPARTIENT PAS ! Elle appartient à son père le diable !

Vous pouvez vous sentir tenté, et votre âme bouillonne et vous avez envie de faire cette chose que vous savez pourtant être contraire à la Parole de Dieu, mais lorsque la tentation vient, ne commencez pas à méditer sur la tentation, mais résistez automatiquement par la Parole de Dieu avant même que le diable finisse sa phrase !

Imaginez un soldat s'avançant sur le champ de bataille. Il voit à seulement dix mètres de lui un ennemi rechargeant son fusil et prêt à lui tirer dessus. Que va faire ce soldat ? Va-t-il commencer à réfléchir et à méditer : « Oh je sais ce qui va se passer, il va finir de charger son fusil et il va me tirer dessus, ensuite, je tomberai par terre, je saignerai, j'aurai mal, je crierai, je repenserai à ma femme et mes enfants, puis je mourrai. Quel dommage, l'ennemi veut me tuer, il va me tuer, quel dommage ! C'est dur de mourir à mon âge quand même ! ».

Non, un soldat ne fera JAMAIS ça car il veut VIVRE !

Ne permettons pas au diable de nous envoyer des sales coups, de nettoyer tranquillement son fusil pour nous renvoyer une deuxième balle, de recharger son fusil et d'attendre tranquillement en réfléchissant à ce que nous allons faire ! Si le diable est en train de déclarer la mort sur votre vie, je proclame MAINTENANT MÊME la VIE au Nom Puissant de Jésus-Christ ! Vous êtes délivré aujourd'hui même de l'esprit de suicide car il ne vient pas de vous, c'est le diable et il est décelé et mis à nu ! Ce n'était pas vous qui vouliez aller à l'encontre de la volonté de Dieu mais c'est le diable !

Lorsque vous comprenez que c'est le diable qui vous envoie des balles de mensonge et que cela ne vient pas de vous, il est mis à nu, il est découvert et il ne peut plus rien faire contre vous ! Il fuira !

J'ai entendu l'histoire d'une femme qui a eu une vision. Elle entendait des grands hurlements comme ceux d'une grosse bête féroce, d'un lion terrible. Certainement, il s'agissait du diable ! Elle s'est avancée avec crainte près du buisson derrière lequel était caché ce « diable », et en le dépassant, elle a vu une toute petite souris qui se dissimulait en criant dans un microphone ! Dieu lui a dit : « Ça c'est le diable ! ».

Dans la pensée : « Quelle est l'importance du diable dans votre vie ? », je vous ai démontré que le diable n'a plus aucune puissance, ni aucune autorité contre les enfants de Dieu. À nouveau j'aimerais vous faire découvrir ce verset sur lequel je vous invite à méditer.

> *Ésaïe 14 : 10*
> *Tous prennent la parole Pour te dire : Toi aussi, tu es sans force comme nous, Tu es devenu semblable à nous !*

Sachez bien que le diable a été dénué de toute puissance et de toute autorité envers les enfants de Dieu. Il se déguise en serpent car les serpents font peur, il porte toujours un déguisement de Dracula car Dracula fait peur à beaucoup mais derrière Dracula il y a un être qui a perdu sa puissance envers vous.

Si je viens à votre porte, parfaitement déguisé en lion et qu'alors que vous ouvrez la porte, je rugis tel un vrai lion, que ferez-vous ? Pour la plupart d'entre vous, vous pousserez un cri, vous fermerez la porte avec frayeur. Mais si je gratte à la porte et que je l'ouvre en rugissant, vous allez vous cacher en courant, et peut-être en criant, SANS SAVOIR que je ne suis pas un vrai lion !

C'est bien l'un des deux pouvoirs de satan avec la suggestion, c'est celui de se déguiser. Il peut se déguiser et vous avez vraiment peur car vous pensez qu'il est vraiment puissant mais en fait il a été déclaré, jusqu'au plus haut des cieux et aux tréfonds de la terre, que Jésus-Christ le Roi de Gloire a réduit à l'impuissance satan ! Youhouuuu !

08 MAI

Jérémy Sourdril

Jésus a-t-il déjà été tenté par le mal ? (suite)

1 Pierre 5 : 8 : » Soyez sobres, veillez. Votre adversaire, le diable, rôde comme un lion rugissant, cherchant qui il dévorera ». Avez-vous déjà remarqué que le diable est COMME un lion rugissant mais qu'il N'EST PAS UN LION RUGISSANT ? Le diable devient puissant dans notre propre vie lorsque nous lui ouvrons des portes.

> *1 Pierre 5 : 9*
> *Résistez-lui avec une foi ferme, sachant que les mêmes souffrances sont imposées à vos frères dans le monde.*

Si Dieu vous demande de résister au diable, c'est que vous pouvez le faire ! (Aujourd'hui, je ne parlerai pas de la persécution). Dieu ne vous demandera jamais quelque chose que vous ne pouvez pas faire. Et non seulement vous avez la possibilité de lui résister, mais vous en avez le pouvoir ! Tous les enfants de Dieu sont tentés et il y a une certaine souffrance à résister à la tentation, il s'agit du combat spirituel.

> *1 Pierre 5 : 13-14*
> *L'Église des élus qui est à Babylone vous salue, ainsi que Marc, mon fils. Saluez-vous les uns les autres par un baiser d'affection. Que la paix soit avec vous tous qui êtes en Christ !*

Nous étions, avant notre nouvelle naissance, sous le pouvoir de satan, subissant ses désirs méchants. Mais le Christ de Gloire, le Roi Tout Puissant, le Fils de Dieu vivant a arraché à satan son pouvoir sur la vie de ses enfants. Il a déchiré l'acte qui était rédigé contre nous et qui donnait à satan un pouvoir sur notre vie.

Vous êtes devenu un enfant de Dieu, et vous avez en vous, dans vos mains et dans votre bouche le pouvoir de marcher sur toute la puissance de l'ennemi. Jésus-Christ a tout donné pour cela, il a résisté jusqu'au sang contre le péché, afin que nous puissions vivre dans la liberté !

> *Luc 10 : 19*
> *Voici, je vous ai donné le pouvoir de marcher sur les serpents et les scorpions, et sur toute la puissance de l'ennemi; et rien ne pourra vous nuire.*

Vous avez le pouvoir de marcher sur toute autorité démoniaque !

Alors que vous marchez sur cette terre en tant qu'enfant de Dieu, « satan tombe du ciel comme un éclair ». Si satan a eu un pouvoir sur Judas, c'est bien sûr parce qu'il n'était pas né de nouveau, et c'est aussi parce qu'il avait ouvert une grande porte de désobéissance dans sa vie. Judas a été tenté par le diable. Il a commencé à voler de l'argent du ministère de Jésus, puis un esprit de malice, de saleté, d'insoumission est entré en lui, en fait satan lui-même est entré en Juda, qui fut aveuglé par sa propre convoitise, qui l'amena au péché, qui l'amena à la mort.

Rappelez-vous que la tentation n'est pas un péché, mais elle devient péché lorsqu'on agit dessus. Donc lorsque la tentation frappe à votre porte, ne lui laissez pas le temps d'entrer, résistez-lui fermement et automatiquement par la Puissante Parole de Dieu.

09 MAI

Mohammed Sanogo

Vous êtes une lumière pour le monde, éclairez-le

Matthieu 5 : 15 : « On n'allume pas une lampe pour la mettre sous le boisseau, mais on la met sur le chandelier, et elle éclaire tous ceux qui sont dans la maison ».

Le Seigneur vous a certainement déjà touché par sa parole, par une parole qui vous a amené à la conversion ou vous a éclairé par rapport à certaines situations. Vous avez reçu la lumière de Dieu, elle est en vous maintenant.

Mais que faites-vous de ce que vous entendez lors de nombreuses prédications, de nombreux enseignements, de multiples exhortations ? La gardez-vous pour vous ou la partagez-vous autour de vous ?

La question aujourd'hui c'est qu'avez-vous fait ou que faites-vous de cette lumière, de ses messages que vous avez reçus ? Les gardez-vous sous le boisseau de l'indifférence, de la timidité, de l'égoïsme ou la partagez-vous avec d'autre autour de vous ? Que faites-vous des paroles qui vous ont béni et changé, qu'en faites-vous ?

Comme le montre le passage de Mathieu 5 : 15 en vous éclairant, Dieu attend de vous que vous transmettiez cette lumière autour de vous en témoignant, en encourageant et en exhortant les autres.

Transformez les autres par la lumière qui vous a touché :

> *2 Timothée 2 : 2*
> *Ce que tu as entendu de moi en présence de beaucoup de témoins, confie-le à des hommes fidèles, qui soient capables de l'enseigner aussi à d'autres.*
>
> *Ésaïe 60 : 1*
> *Lève-toi et sois éclairée car ta lumière arrive, et la gloire de l'Éternel se lève sur toi.*

Prions :

« Oh Seigneur, je veux être la lumière et éclairer autour de moi en partageant aux autres ce que j'ai reçu de toi. Aide-moi, par ta grâce à y parvenir. Amen ! ».

10 MAI

Jonathan Bersot

Devons-nous éviter les sujets qui fâchent ?

Cela fait plusieurs années que je connais le fonctionnement des Églises de Pentecôte et je sais qu'il y a des sujets qui fâchent. Le pasteur prend des risques en parlant d'argent par exemple : l'argent c'est tabou ! La dernière fois que j'ai parlé de la dîme dans une église, un monsieur m'a fait savoir à l'issu du culte qu'il en avait été très contrarié.

Faut-il éviter les sujets qui fâchent ? L'apôtre Paul disait aux anciens d'Éphèse :

> *Actes 20 : 27*
> *Car je vous ai annoncé tout le conseil de Dieu, sans en rien cacher.*

Dans une Église qui veut marcher d'après la Parole de Dieu, dans la vérité, il est important que rien ne soit caché. Si Dieu parle d'argent, nous devons parler d'argent. Si Dieu dénonce l'homosexualité, nous devons en faire autant, avec le même amour que Dieu manifeste envers le pécheur. Si Dieu parle des membres du corps de Christ, nous devons en parler. En préparant certaines prédications, je me suis rendu compte que l'Église moderne évite trop souvent les sujets qui fâchent pour plaire à tout le monde.

D'ailleurs, l'apôtre Paul avait déjà mis en garde en disant :

> *2 Timothée 4 : 3*
> *Car il viendra un temps où les hommes ne supporteront pas la saine doctrine; mais, ayant la démangeaison d'entendre des choses agréables, ils se donneront une foule de docteurs selon leurs propres désirs…*

La mission de l'Église n'est pas de faire de la démagogie politique ! Nous devons annoncer la Parole de Dieu « sans rien cacher ». Ce qui est important, ce n'est pas : « Qu'est-ce que les autres vont penser ? », pour qui allons-nous passer, mais qu'en pense Dieu ? Voulons-nous être fidèles à sa Parole, à ses commandements ? Si cela est vrai pour le pasteur qui enseigne à l'Église, cela l'est aussi pour chacun d'entre nous. Devons-nous éviter les sujets qui fâchent avec notre famille, nos amis, nos collègues de travail ? Devrions-nous leur dire que tout va bien, qu'ils n'ont pas de soucis à se faire quand ils marchent sur un chemin large et spacieux plutôt que sur chemin étroit et resserré ?

> *Matthieu 7 : 13*
> *Entrez par la porte étroite. Car large est la porte, spacieux est le chemin qui mènent à la perdition, et il y en a beaucoup qui entrent par là.*

Pouvons-nous, pour la simple raison que nos propos pourraient contrarier, laisser les perdus se perdre ? Si quelqu'un prend la route en construction qui conduit à la falaise, nous savons qu'il va dans le vide, que c'est la mort assurée. Mais devrions-nous contrarier ce conducteur qui risquerait de mal le prendre si on lui faisait remarquer qu'il est dans l'erreur, sur une mauvaise voie ?

Bien évidemment, me diront certains, nous devons le dire avec amour, avec bonté, tolérance et respect. Oui, mais aussi avec vérité. L'amour n'exclut pas la vérité, bien au contraire, quand on aime, on ne peut pas laisser faire, mais on se doit de parler vrai. Il ne s'agit donc pas de changer le message, mais sachons toutefois parler avec tact et respect.

Vous savez, quand une personne se sent aimée, elle acceptera plus facilement les paroles de vérité. En revanche, si elle ne ressent pas l'amour, elle se sentira jugée, condamnée et méprisée.

La vraie question n'est peut-être pas : « Devons-nous éviter les sujets qui fâchent ? », mais plutôt : « Pourquoi certains sujets fâchent-ils ? ». Certains sujets fâchent parce que celui qui entend sait bien qu'il doit changer de conduite, mais ne veut pas l'accepter et se le faire dire. C'est dans un geste de rébellion, de contestation que l'on se fâche. C'est une question de choix, de préférence.

> *Jean 3 : 19*
> *Et ce jugement c'est que, la lumière étant venue dans le monde, les hommes ont préféré les ténèbres à la lumière, parce que leurs œuvres étaient mauvaises.*

La repentance est aussi un sujet qui fâche. Le pécheur n'aime pas entendre qu'il doit se repentir et revenir à Dieu, pourtant c'est la voie du salut ! Jean Baptiste prêchait la repentance et baptisait du baptême de repentance, et même les Évangiles résument la prédication de Jésus ainsi :

> *Matthieu 4 : 17*
> *Dès lors Jésus commença à prêcher, et à dire : Repentez- vous, car le royaume des cieux est proche.*

Ma responsabilité en tant que pasteur n'est pas de dire des choses agréables (2 Timothée 4 : 3), mais d'annoncer toute la Parole de Dieu. Vérifiez par vous-même, prenez des notes, lisez la Bible et regardez si ce qui est enseigné dans votre Église est la parole d'un homme, d'une Église ou d'un mouvement ou alors simplement ce que Dieu dit au travers de la Bible.

> *Actes 17 : 11*
> *Ces Juifs avaient des sentiments plus nobles que ceux de Thessalonique; ils reçurent la parole avec beaucoup d'empressement, et ils examinaient chaque jour les Écritures, pour voir si ce qu'on leur disait était exact.*

11 MAI

Jérémy Sourdril

La folie de la prédication

Le chapitre 1 de la première épître aux Corinthiens est un chapitre extrêmement intéressant qui va vous parler aujourd'hui. Il est dit au verset 17 :

> *1 Corinthiens 1 : 17*
> *Ce n'est pas pour baptiser que Christ m'a envoyé, c'est pour annoncer l'Évangile, et cela sans la sagesse du langage, afin que la croix de Christ ne soit pas rendue vaine.*

Nous avons tous témoigné un jour ou l'autre et si vous témoignez régulièrement ou avez un cœur pour le faire vous devez profondément comprendre que votre belle façon de parler n'accomplira rien de durable. Plusieurs le font régulièrement, au travail ou dans la rue mais ils le font comme une œuvre religieuse, une obligation car Dieu nous le demande dans sa Parole. Toutefois sans l'amour cette œuvre ne produira rien. L'apôtre Paul, ou devrais-je dire l'érudit apôtre Paul avait compris que sa sagesse de langage ne produirait rien de surnaturel et que cela ne fonderait pas les gens dans une vraie relation avec Dieu. Il est fort probable qu'après sa nouvelle naissance Paul a essayé de prêcher avec sa sagesse, avec ce qu'il comprenait de Dieu, et il a dû se heurter à des cœurs durs avec lesquels la plus belle sagesse ne pouvait rien faire.

La plupart des jeunes prédicateurs vivent cette expérience. Ils préparent un message et sont excités, ils essaient de mettre en place une démonstration théologique et s'attendent à voir des fruits surnaturels. Mais c'est comme si on leur jetait des seaux d'eau froide pendant leur prédication. Dieu met une onction sur Sa Parole qu'il nous donne à prêcher, mais pas sur notre propre sagesse et nos propres réflexions sur Sa Parole. Des pasteurs passent leur vie à rendre la Parole de Dieu sage, mais Dieu a choisi d'être fou selon ce monde, et la sagesse des prédicateurs et des meilleurs chrétiens ne produira pas de fruits surnaturels.

Ce qui est vraiment intéressant, c'est que Paul choisit de prêcher l'Évangile sans la sagesse du langage AFIN QUE la croix de Christ ne soit pas rendue vaine. Paul avait compris que c'était la façon de faire de Dieu. Paul avait bien des raisons de mettre sa confiance dans sa chair, c'est ce qu'il expliquera brièvement au chapitre 3 de l'épître aux Philippiens, il connaissait très bien les Écritures. Si Paul, qui fut un évangéliste, trouvait bon de ne pas prêcher l'Évangile avec la sagesse du langage pour que la croix de Christ ne soit pas rendue vaine, n'essayons pas d'être sage selon ce monde.

Nous devons chercher à ce que la puissance de Dieu se manifeste dans notre témoignage. Dieu a promis d'être avec nous et il a dit que les dons du Saint-Esprit se manifesteraient au travers de l'Église, au travers de ses enfants. Ne vous attendez pas à moins que cela. Jésus l'a bien dit, nous ferons les mêmes œuvres que Lui, et de plus grandes encore. Avant de chercher des plus grandes que Lui, cherchons déjà à manifester les mêmes œuvres que Lui.

Ce n'est pas notre facilité à communiquer et à partager l'Évangile qui nous fera porter des fruits, mais c'est notre relation avec Dieu. Nous devons nous préparer dans la prière, sachant que la prière n'est pas une œuvre religieuse mais une relation, une discussion intime avec Dieu. Dieu veut nous préparer dans la prière, nous fortifier, nous ranimer.

Être rempli du Saint-Esprit quand nous partons annoncer l'Évangile changera tout. Un cœur et une passion pour les perdus fera toute la différence. Ne pas s'appuyer sur notre chair, notre connaissance, nos témoignages, notre église le fera également. Aspirons à ce qu'il ne reste plus que Christ.

> *1 Corinthiens 1 : 21*
> *Car puisque le monde, avec sa sagesse, n'a point connu Dieu dans la sagesse de Dieu, il a plu à Dieu de sauver les croyants par la folie de la prédication.*

La prédication est une folie. Ce n'est pas quelque chose de sensé, elle ne peut se recevoir que spirituellement, car la Parole est esprit et vie. Ne vous étonnez pas que les gens vous prennent pour un(e) fou (folle) lorsque vous prêchez la Parole de Dieu, car la prédication est vraiment une folie ! C'est pour cela que vous ne pouvez pas juste prêcher car vous ne porterez pas de fruits. Vous devez démontrer la Parole au travers de votre amour et de votre foi alors que vous prêchez.

Ne pensez pas en vous-même : « Oh je suis bien meilleur que la majorité des chrétiens car je suis l'un des seuls à évangéliser comme ça », car ce serait une œuvre de la chair et vous ne recevrez pas de récompense pour votre travail.

La prédication est une folie. Pourquoi Dieu a choisi la prédication comme moyen de sauver le monde et les croyants ? Oui, c'est Jésus qui sauve mais c'est la prédication qui présente et amène le salut en Jésus, comme dit la Parole :

> *Romains 10 : 14*
> *Comment donc invoqueront-ils celui en qui ils n'ont pas cru ? Et comment croiront-ils en celui dont ils n'ont pas entendu parler ? Et comment en entendront-ils parler, s'il n'y a personne qui prêche ?*

La prédication est le moyen que Dieu a utilisé pour sauver ce monde et démontrer son amour. Si vous prêchez (proclamer la Parole) autour de vous, Dieu sera derrière Sa Parole pour l'accomplir, pas derrière votre parole. Si vous parlez de l'amour de Dieu, Dieu manifestera son amour, si vous parlez de la paix, Dieu manifestera la paix, si vous parlez du salut, Dieu manifestera une conviction de péché dans la vie des gens qui ne le connaissent pas, et une joie dans la vie de ceux qui le connaissent.

Ne sous-estimez jamais la prédication de la Parole de Dieu car elle est puissante à l'extrême, mais c'est toujours une question de foi. Si vous vous attendez à un petit Jésus, Jésus se fera petit, ou plutôt vous ferez de Jésus un petit, dans le sens où vous ne lui donnerez pas la possibilité d'agir au travers de votre prédication. Croyez pour de grandes choses car vous avec un grand Dieu, ayez de grands rêves car Dieu est un grand Dieu.

C'est fou de penser qu'un homme, qui est Dieu, est venu sur une croix, et qu'en croyant en Lui nous serons sauvés de nos péchés. C'est complètement irrationnel et cela ne s'explique pas avec une sagesse humaine. Il faut pour cela une vraie révélation de Jésus-Christ, cela demande un miracle de la part de Dieu. Oui, personne ne vient à Dieu si Dieu ne l'a pas appelé, mais Dieu a appelé tout le monde, et ce sont ceux qui l'acceptent qui seront bénéficiaires de la parole de Dieu. Dieu ne fait pas de favoritisme.

C'est donc une folie de penser que Dieu va sauver et changer des vies, juste parce que quelqu'un a donné des versets bibliques à ce sujet dans sa prédication, mais c'est justement de cette façon que Dieu veut sauver l'humanité. Dieu ne veut pas être en relation avec notre tête, mais avec notre esprit.

Si vous prêchez la Parole de Dieu, soyez assuré que Dieu sera derrière sa Parole pour l'accomplir. Il n'est pas question de vous, mais votre rôle est de croire que Sa Parole est vraie et qu'il pourra l'accomplir. Dieu a choisi la folie de la prédication afin que personne ne se glorifie, que personne ne puisse dire : « C'est parce que j'ai beaucoup étudié », « C'est parce que je suis meilleur que les autres ». Alors n'ayez crainte, ne pensez pas que vous devez prouver quoi que ce soit par vous-même, mais faites confiance en Dieu.

12 MAI

Jérémy Sourdril

Ils ont marché sur la lune

Lorsque le premier homme a marché sur la lune, l'humanité entière ou presque s'est tournée vers la lune. Ce fait d'actualité a nourri le peuple et les journaux pendant longtemps, et beaucoup d'enfants se sont mis à rêver d'aller un jour, eux aussi, sur la lune.

> *Actes 1 : 9-11*
> *Après avoir dit cela, il fut élevé pendant qu'ils le regardaient, et une nuée le déroba à leurs yeux. Et comme ils avaient les regards fixés vers le ciel pendant qu'il s'en allait, voici, deux hommes vêtus de blanc leur apparurent, et dirent : Hommes Galiléens, pourquoi vous arrêtez-vous à regarder au ciel ? Ce Jésus, qui a été enlevé au ciel du milieu de vous, viendra de la même manière que vous l'avez vu allant au ciel.*

Les anges envoyés de Dieu ont fait une déclaration qui n'était pas anodine, mais qui montre un puissant principe. Dieu ne fait pas intervenir des anges pour nous divertir, mais toujours pour influencer nos vies et nous révéler des choses. C'était aussi le cas dans cette situation.

Lorsque les anges de Dieu leur ont parlé, ceux-ci n'étaient pas en train de se demander : « Mince ils regardent le Seigneur partir et ils ne rebaisseront jamais la tête mais ils vont rester bloqués dans cette position toute leur vie ». Non, Dieu et les anges savaient que les disciples allaient repartir à leurs activités, mais Dieu a envoyé les anges leur dire : « Hommes Galiléens, pourquoi vous arrêtez-vous à regarder le ciel ? ».

Comme la dernière parole reçue de la part de quelqu'un qui s'en va pour toujours, cette parole s'est imprimée dans la conscience des disciples. Dieu leur disait par là : « Il y a quelque chose à faire sur cette terre, ne restez pas ici à regarder le ciel ! ».

Malheureusement c'est l'attitude de bien des chrétiens. Ils ont les yeux fixés vers le ciel.

Avez-vous déjà chanté ou entendu des chants de la sorte : « Seigneur, ici sur la terre tout est chaos, nous regardons au ciel et maintenant nous n'avons plus qu'à attendre de te rejoindre » ? Moi oui. Trop de gens restent dans leur cocon de salut. Ils sont sauvés, ils sont fidèles, ils donnent leur dîme, vont à l'église, chantent des chants et lisent leur Bible mais ils regardent toujours au ciel.

Les anges sont venus dire aux disciples : « Il y a quelque chose à faire sur cette terre, arrêtez de regarder le ciel ! ».

Vous avez quelque chose à faire sur cette terre. Vous avez quelqu'un à sauver, quelqu'un à encourager, quelqu'un à qui parler de la part de Dieu. Vous avez un don inépuisable à exploiter. La Bible dit que Dieu a préparé des œuvres bonnes afin que nous y marchions, afin que nous les pratiquions. La Parole de Dieu ne se produira pas dans notre vie sans que nous ayons à faire quelque chose. Il y a des choses que Dieu fera sans l'intervention de l'homme, mais la grande majorité des choses que Dieu fait et fera dans ce monde sont faites au travers des hommes qu'il sauve. Le fait de regarder au ciel nous rend étonnamment incrédule. À force de regarder au ciel, Dieu ne peut rien faire au travers de nous. Jésus est descendu du ciel, pas pour que nous montions au ciel (seulement), mais pour qu'ici-bas, nous suivions son exemple. Dieu aurait pu « ouvrir » le ciel et faire mourir son fils mais il est descendu en chair afin de nous montrer l'exemple à suivre. Jésus est descendu, et plus encore que cela, il est venu habiter dans notre cœur, ici-bas, avec nous, et nous ne sommes plus orphelins.

Je redirais encore et encore que Dieu a prévu des choses glorieuses pour ses enfants. Dieu a écrit de toute éternité des œuvres bonnes pour que nous les vivions dans cette vie. Cela pour chacun de ses enfants ! Pour entrer dans ce que Dieu a prévu pour nous, nous devons le croire, avoir un cœur pour servir Dieu et déclarer régulièrement ce que Dieu nous dit dans Sa Parole à ce sujet. Permettez aux anges et à Dieu de travailler en votre faveur. Dieu a besoin de paroles avec quoi travailler. Il a besoin de ses paroles non seulement dans votre cœur mais aussi dans votre bouche. En esprit, mais aussi en vérité. Déclarez : « Seigneur, tu as prévu des œuvres bonnes afin que je les pratique ! Oui il y a des œuvres qui ont été écrites pour moi, je dois les vivre, je dois y marcher, merci Seigneur car je vais les vivre ! ».

Plus vous allez parler la Parole de Dieu à votre sujet, et plus vous permettrez à cette Parole de prendre place dans votre vie. Dieu ne nous appelle pas à vivre dans le naturel (seulement) mais à vivre dans le surnaturel. Nous sommes de la race de Dieu, héritiers des plus grandes promesses que Dieu ait contractées avec les hommes dans toute l'histoire de l'humanité. Une alliance signée avec le sang de Jésus-Christ, Dieu « tabernaclant » en nous personnellement. Vous avez, en tant qu'individu, signé une alliance avec Dieu à votre nouvelle naissance.

Dieu a déchiré l'acte qui était rédigé contre vous, et d'ennemi de Dieu vous êtes passé à ami de Dicu. Oui, vous êtes devenu un ami de Dieu, et c'est à vous d'honorer cette position. Il n'y a aujourd'hui plus rien qui vous sépare d'avec le Créateur du ciel et de la terre. Vous êtes relié en esprit avec Lui. Et Dieu veut vous utiliser. Allez-vous choisir la facilité pour le regretter plus tard ou allez-vous choisir de vous donner entièrement à Dieu pour vivre dans ses plans ?

Vous pouvez être chrétien et attendre le retour de Jésus avec persévérance comme s'il arrivait demain mais ne rien vivre de surnaturel aujourd'hui. Vous savez, ce n'est pas parce que quelque chose de bon se trouve sur votre route que vous êtes forcément à l'endroit où vous deviez passer. Pourquoi vous contenter du bon alors que Dieu a en réserve le très bon ?

Vous pouvez avoir ouvert un hôpital pour personnes blessées, donner votre argent aux pauvres, prier pour les malades et pourtant ne pas être à l'endroit où Dieu vous avait appelé à être. Vous pouvez faire quelque chose de bien sans pour autant être dans ce que Dieu voulait pour vous. Vous pouvez même être au bon endroit mais pas au bon étage. Dieu a quelque chose de plus, Dieu vous appelle à aller plus haut, à manifester encore plus sa puissance illimitée. Ne limitez pas Dieu, jamais.

La puissance illimitée de Dieu habite en vous. La puissance du sang de Jésus, du Nom de Jésus, de la résurrection de Jésus-Christ habite en vous. Ne vous contentez jamais du minimum ou de la « moyenne chrétienne », car la moyenne chrétienne est loin de plaire à Dieu.

Un mot important pour vous :

S'il vous plaît, réalisez VRAIMENT, comprenez réellement que Dieu a écrit et préparé des œuvres bonnes pour vous. Un poisson fera naître un autre poisson qui nagera dans le lac ou la mer où il est né. Un tigre vivra au milieu des siens, mais nous, nous sommes à l'image de Dieu, nous avons en nous la nature divine. Nous devons donc vivre d'une façon divine, dans des choses surnaturelles que Dieu a préparées pour ceux qui l'aiment.

Aujourd'hui, baissez la tête du ciel ! Oui Jésus revient Gloire à Dieu mais Jésus est en vous et il veut changer ce monde au travers de vous.

Rappelez-vous qu'il n'est pas une question de vous, mais qu'il est question de Lui en vous.

13 MAI

Selvaraj Rajiah

L'épreuve de la fidélité

2 Rois 2 : 12 : « Élisée regardait et criait : Mon Père ! Mon Père ! Char d'Israël et sa cavalerie ! Et il ne le vit plus. Saisissant alors ses vêtements, il les déchira en deux morceaux ».

Nous voyons qu'Élisée s'écria : « Mon père, mon père ! ». Pour recevoir l'esprit du leader, vous devez considérer celui-ci comme votre parent spirituel. Le leader est la source de la vie spirituelle. Les fils deviendront automatiquement des pères. Si vous êtes fidèle, vous deviendrez, par la source de vie, un père fidèle. Si vous voulez avoir l'esprit du leader, vous devrez vous attacher à lui, et non pas le quitter. Dieu recherche des gens qui s'attachent, pas des gens qui se détachent. Dans ces derniers jours, le Saint-Esprit met à l'épreuve notre niveau d'engagement. Le jeune homme Élisée dit à Élie : « Je ne t'abandonnerai pas ».

Ce n'est qu'une fois mis à l'épreuve que l'engagement se révèle, vous ne pouvez pas prouver votre loyauté tant que l'occasion d'être déloyal ne se présente pas à vous. C'est lorsque vous êtes confronté à une occasion d'être immoral, et que vous y résistez, que vous pouvez justement démontrer votre moralité.

Adam avait été créé innocent et juste. Mais lorsqu'il fut mis à l'épreuve, il fut trouvé injuste. C'est pourquoi vous ne devez jamais imposer les mains aux gens, tant qu'ils n'ont pas fait leurs preuves.

Dans le livre des Actes, au chapitre 28, Paul ramassait du bois pour faire du feu, il saisit accidentellement une vipère qui ressemblait à une branche. Lorsqu'il essaya de la jeter dans le feu, la vipère s'attacha à sa main : le feu l'avait révélée. De la même façon, quand Dieu prend ce qui est en vous et le place dans le feu, celui-ci révèle votre véritable nature. C'est pourquoi les leaders doivent s'assurer que les personnes qui travaillent étroitement avec eux ont déjà prouvé leur relation d'alliance en étant passées par le feu.

Cela est vrai aussi pour le mariage. Passé l'enthousiasme des premiers jours, la chair se calme. Vous passez alors par un temps d'épreuve au bout duquel, soit vous vous séparez, soit vous vous unissez l'un avec l'autre, dans une magnifique relation d'alliance.

Les ministres de Dieu doivent savoir que le Saint-Esprit permet au feu d'éprouver quiconque travaille étroitement avec un leader. C'est pourquoi, si quelqu'un ne supportant pas le feu s'en va, ne vous découragez pas en tant que leader. Ne courez pas après lui.

La Bible déclare:

> *Matthieu 15 : 13*
> *Tout arbre qui n'a pas été planté par mon Père céleste sera déraciné.*

Le père se débarrassera de tout ce qu'il n'a pas planté. Mais ne maudissez pas les gens. Bénissez-les. Dites-leur : « Que Dieu vous bénisse, peut-être nous reverrons-nous ».

Autre exemple biblique : Noémie et Ruth. Ruth fut bénie, parce qu'elle s'attacha à Noémie, elle dit à celle-ci : « Je serai avec toi dans les bons comme dans les mauvais moments... qu'il y ait foule ou seulement une poignée de personnes... »

Du fait que vous portez le manteau et que de grandes choses se passent dans votre ministère, beaucoup chercheront à rentrer dans votre entourage. Ou bien, elles tourneront autour de vous parce qu'elles veulent se servir de votre ministère pour établir leur propre position. Ce genre de cas est très fréquent. En tant que leader, vous devez veiller à ce que les gens qui travaillent avec vous aient des mobiles purs et droits et qu'ils puissent partager les bons et les mauvais moments.

Nous voyons dans la Bible qu'Élisée n'était pas connu pour son ministère prophétique. Tout ce qu'il faisait, c'était servir, et rien que servir l'homme de Dieu. Un jour, le roi demanda :

> *2 Rois 3 : 11*
> *N'y a-t-il ici aucun prophète de l'Éternel, par qui nous puissions consulter l'Éternel ?*

Et les gens répondirent au roi : « Il y a un homme qui versait l'eau sur les mains d'Élie ». Les gens de l'Ancien Testament savaient une chose que la plupart des gens du Nouveau Testament ignorent. Ils avaient compris que, si vous travaillez sous la direction d'un leader, plus tard, le « manteau » de celui-ci viendra sur celui qui aura travaillé étroitement avec lui.

C'est un principe. Dieu ne fabrique pas de leader. Il forme des serviteurs. Si le serviteur demeure fidèlement soumis à l'autorité, il deviendra lui-même leader lorsque l'heure viendra où le leader mourra, ou le libérera. En attendant, si le leader vous introduit dans son ministère pour l'aider et travailler pour lui, réalisez qu'il n'y a rien dans cet endroit qui vous appartienne. Vous n'y êtes qu'en tant que simple administrateur. Le roi dit : « Vous voulez parler du serviteur du prophète ? Alors, la parole de l'Éternel est dans sa bouche. Faites-le venir ».

Les gens qui quittent prématurément un leader ou un ministère n'arrivent jamais à maturité. Le fils prodigue de la Bible était parti avec sa part entière d'héritage. Bien sûr, nous savons qu'à la fin de l'histoire, il est restauré par son père, mais nous ne voyons pas qu'il ait reçu d'autre héritage.

C'est pourquoi, ne partez jamais avant le temps. Vous devez comprendre ce principe. La plupart des diplômés d'écoles bibliques veulent se lancer immédiatement dans leur propre ministère, sans avoir d'abord travaillé pour quelqu'un d'autre. Ce n'est pas la volonté de Dieu. Vous avez besoin d'acquérir de la maturité et cela en demeurant sous le manteau d'un leader.

Il nous arrivera parfois de travailler sous les ordres d'un leader injuste (par exemple David et Saül). Mais David avait compris qu'il n'avait nul droit de mettra la main sur l'oint de Dieu. David déclara : « C'est à Dieu de le faire » C'est là que le caractère de l'homme de Dieu fut éprouvé en David. Et c'est là que nous autres charismatiques passons à côté du but.

Peut-être dites-vous : « Moi je suis pur, j'ai le don de Dieu. Je vois bien les faiblesses qui sont chez mon leader. Par conséquent, je vais faire ce que je veux ». Ou peut-être dites-vous : « Je vais suivre ma propre voie et je vais faire mes propres affaire », mais vous ne comprenez donc pas le Royaume ! Aussi les choses ne joueront-elles pas en votre faveur. Voyez-vous, on n'attend pas que son père soit sauvé pour l'honorer.

La Bible dit :

> *Éphésiens 6 : 2*
> *Honore ton père et ta mère, afin que tu sois heureux et que tu vives longtemps sur la terre*

Extrait du livre « Saisir l'esprit et la vision du leader ».

14 MAI

Jérémy Sourdril

Toutes choses vous seront données par-dessus

Dans l'évangile de Luc au chapitre 12 et au verset 15, Jésus va dire : « Gardez-vous avec soin de toute avarice; car la vie d'un homme ne dépend pas de ses biens, fût-il dans l'abondance ». Le Seigneur nous exhorte à rejeter l'avarice dans nos vies et à rejeter l'égoïsme qui est totalement contraire à la vie d'un disciple de Jésus-Christ.

Un vrai disciple de Jésus-Christ est quelqu'un qui vit pour les autres, et qui a semé sa vie dans la terre que Dieu lui a donnée. Beaucoup de chrétiens se trompent eux-mêmes et sont toujours à la recherche de leur bien-être, alors que nous sommes vraiment censés être mort à nous-mêmes et à nos ambitions personnelles qui sont contraires à la volonté de Dieu.

> *Luc 12 : 16-19*
> *Et il leur dit cette parabole : Les terres d'un homme riche avaient beaucoup rapporté. Et il raisonnait en lui-même, disant : Que ferai-je ? Car je n'ai pas de place pour serrer ma récolte. Voici, dit-il, ce que je ferai : j'abattrai mes greniers, j'en bâtirai de plus grands, j'y amasserai toute ma récolte et tous mes biens; et je dirai à mon âme : Mon âme, tu as beaucoup de biens en réserve pour plusieurs années; repose-toi, mange, bois, et réjouis-toi.*

Ce genre d'attitude est excessivement courante dans ce monde. Parfois vous entendrez les gens dire : « Je n'ai tout de même pas travaillé autant pour donner mon argent à quelqu'un d'autre ! », et malheureusement pour eux c'est souvent ce qui arrive. Ils bâtissent une maison, meurent ou tombent malades et un autre habite la maison qu'ils ont construite.

Lorsque la terre a beaucoup rapporté à cet homme, il n'a pas pensé une seule seconde en donner une partie à quelqu'un mais il s'est fait un plan d'agrandissement. Cet homme aimait plus l'argent que les hommes qui l'entouraient. Cet homme faisait ses propres plans sans considérer aucunement la volonté du Seigneur... On ne sait pas si cet homme était marié ou s'il avait de la famille mais en tout cas, il ne les consulta point. Il construisait sa vie par lui-même, avec ses propres pensées et ses propres raisonnements.

La Bible ne dit pas que le fait d'être riche est un péché, nous ne sommes pas toujours responsables si la terre où nous avons semée porte beaucoup de fruits ! Certains croyants sont jaloux de ceux qui réussissent et alors ils se mettent à les critiquer en prenant une toute petite partie d'un message.

Cela me fait penser qu'un jour j'ai voulu référencer l'église dans laquelle j'étais à Paris sur un site Internet de référencement d'église, et on me l'a refusé en disant que mon église était une église qui prêchait la prospérité !

Mon pasteur était américain et ces gens s'étaient fait une idée sur mon église sans jamais y être entré. Je leur ai proposé d'aller voir tous les messages des prédications audio de mon pasteur sur notre site internet, car depuis les deux ans que j'étais dans cette église il n'y avait pas eu une seule prédication sur les finances ou la prospérité !

Beaucoup de gens perdent du temps à juger les chrétiens qui prospèrent, au lieu de gagner des âmes et de porter des fruits. C'est une stupidité. Si le serviteur d'autrui tombe ou est dans l'erreur, ce n'est pas à moi, le plus saint des chrétiens, à le redresser, avec la poutre dans mon œil. Jésus-Christ n'était pas en train de juger constamment les gens mais il prêchait contre ceux qui empêchaient les gens d'entrer dans le Royaume de Dieu et qui n'y entraient pas eux-mêmes.

Pour revenir à notre texte, cet homme a voulu finalement prendre sa retraite ou du moins la préparer. Je vois tellement de gens qui désirent la retraite plus que tout pour pouvoir profiter du fruit de leur labeur. Les gens attendent toute la semaine leur week-end et ils en oublient d'œuvrer pour le Seigneur la semaine, ils attendent toute l'année leurs grandes vacances et ils en oublient de porter du fruit jour après jour.

La retraite devrait être en tant qu'enfant de Dieu quelque chose de passionnant. Pas pour les belles petites fleurs qu'on peut planter dans notre jardin, pas pour le nouveau portail, ou la salle de bain à peindre, mais pour ce que Dieu nous appelle à faire.

Parmi les gens les plus impliqués dans l'Église, il devrait y avoir une grande partie de retraités ! Ils devraient évangéliser, gagner des âmes et réfléchir avec la prière à de nouvelles méthodes d'atteindre les perdus, financer l'Évangile, prier avec puissance, foi et détermination, aider les gens que Dieu met sur leur route, entrer dans l'appel que Dieu a pour eux maintenant qu'ils ont beaucoup de temps !

Les retraités disent parfois : « Oh nous avons encore moins de temps qu'avant quand on travaillait ! », mais c'est souvent parce qu'ils font plein de choses qui ne servent à rien ! Oui c'est bon pour le corps et pour l'âme, mais cela ne construit rien de spirituel ! Nous construisons un Royaume éternel, ne l'oublions jamais !

Les gens prennent ce passage et disent : « Vous voyez bien que Dieu n'aime pas ceux qui prospèrent financièrement », mais ils se trompent complètement.

> *Luc 12 : 20-21*
> *Mais Dieu lui dit : Insensé ! Cette nuit même ton âme te sera redemandée; et ce que tu as préparé, pour qui cela sera-t-il ? Il en est ainsi de celui qui amasse des trésors pour lui-même, et qui n'est pas riche pour Dieu.*

Ce verset sous-entend largement que les riches pour Dieu sont bénis par Dieu. Mais ceux qui sont riches pour eux-mêmes sont maudits. Là encore ce n'est pas la richesse le problème mais c'est de chercher et posséder des trésors, juste pour soi. Par contre il est bien d'être riche quand c'est pour Dieu.

15 MAI

Jérémy Sourdril

Toutes choses vous seront données par-dessus (suite)

1 Timothée 6 : 17 : « Recommande aux riches du présent siècle de ne pas être orgueilleux, et de ne pas mettre leur espérance dans des richesses incertaines, mais de la mettre en Dieu, qui nous donne avec abondance toutes choses pour que nous en jouissions ».

Paul n'était pas en train de dire au pasteur qu'il formait : « Dis aux riches de tout vendre et de tout donner aux pauvres », mais il parle, là encore, de l'attitude de cœur qui est derrière la prospérité. Paul ne disait pas non plus que ce n'était pas une situation normale d'être riche mais au contraire il va dire que c'est Dieu qui les a rendus riches, que c'est Dieu qui nous donne avec ABONDANCE TOUTES CHOSES pour que nous en JOUISSIONS. Le problème n'est donc pas de jouir de ce que Dieu nous donne, mais de ne penser qu'à nous-mêmes, car penser à nous-mêmes seulement, ce n'est pas le cœur de Dieu !

Jésus-Christ pensait aux autres mais aussi à lui-même. Comment ça ? Et bien il mangeait pour son corps, il buvait, il se reposait, car il était à l'écoute de ses besoins. Il n'a pas investi dans l'achat d'une maison car il savait qu'il n'avait que trois ans et demi de ministère, mais il s'habillait et comme tout le monde certainement il s'achetait des habits ! Oh j'imagine que certains esprits religieux refusent de croire cela en disant : « Oh mais non c'était des femmes qui lui tricotaient ses habits ». J'imagine que non, car qui connaît un pasteur dans l'histoire de l'Église qui recevait des autres tous ses habits y compris ses sous-vêtements ?

Si les gens ne le font pas pour les pasteurs, ils ne l'ont pas fait non plus pour Jésus. Les chrétiens pensent parfois à tort que le ministère de Jésus était pauvre, pourtant Jésus a vécu pourrait-on dire une cuillère en or à la bouche !

> *Matthieu 2 : 11*
> *Ils entrèrent dans la maison, virent le petit enfant avec Marie, sa mère, se prosternèrent et l'adorèrent; ils ouvrirent ensuite leurs trésors, et lui offrirent en présent de l'or, de l'encens et de la myrrhe.*

Dieu le Père avait envoyé des mages pour apporter de l'or aux parents de Jésus, en fait à Jésus. Là où s'installe Jésus s'installe la provision et la richesse. Oui, Jésus est plus que millionnaire, plus que milliardaire, plus que multimilliardaire, tout lui appartient !

De la même manière que la richesse peut être une bénédiction dans le cadre du caractère de Dieu pour nous, mais peut-être une malédiction dans le cadre d'un caractère égoïste et mauvais, de la même façon le sexe peut être une bénédiction dans le cadre du caractère de Dieu pour nous (dans le cadre du mariage), mais peut-être une malédiction dans le cadre d'un caractère égoïste et mauvais (pornographie, adultère, etc.).

> *Apocalypse 21 : 21*
> *Les douze portes étaient douze perles; chaque porte était d'une seule perle. La place de la ville était d'or pur, comme du verre transparent.*

Non, il ne s'agit pas d'une image, tout comme le salut n'est pas une image et le fait qu'il n'y aura ni pleurs ni cris non plus. La ville de Dieu, celle qui est dans son cœur depuis des millénaires est une ville toute en or, tout comme était le tabernacle tout en or que Dieu avait demandé à Moïse de construire.

Si vous êtes un chrétien pauvre et dans l'échec, ne faites pas de vos frustrations une prédication contre ceux qui prospèrent en inventant toutes sortes d'histoires mais sachez vous remettre en question par rapport à la Parole de Dieu, à moins que vous ne vous sentiez au-dessus de tous les autres. Dans ce cas ce serait dommage car nous devons voir les autres plus grands que nous-mêmes.

Si nous sommes riches, il faut que nous le soyons pour Dieu, afin de financer son Royaume ici sur terre, car Dieu a besoin d'argent ici sur Terre pour accomplir ses plans. Oui, aucune œuvre divine qui perdure ne s'est faite sans argent. Même le ministère de Jésus a eu besoin d'argent. Jésus n'est pas un faussaire et il ne multipliait pas l'argent contrairement à ce que beaucoup peuvent penser.

> *Luc 8 : 3*
> *Jeanne, femme de Chuza, intendant d'Hérode, Susanne, et plusieurs autres, qui l'assistaient de leurs biens.*

Des femmes, dont certaines riches, soutenaient le ministère de Jésus. Jésus d'ailleurs avait une bourse, dont Judas se servait en volant, car il y avait pas mal d'argent, et Jésus soutenait aussi les pauvres régulièrement, comme Paul demande aux riches de faire du bien, d'être riches en bonnes œuvres, d'avoir de la libéralité et de la générosité.

De Luc 12 : 22 à Luc 12 : 30, le message de Jésus n'est pas de dire que nous ne devons pas du tout penser aux choses dont nous avons besoin, mais Jésus parle de la foi et de l'incrédulité ! C'est le message que Jésus donne ici ! Ayez foi et ne soyez pas incrédule en vous inquiétant constamment ! Faites-moi confiance car je n'ai pas de problème d'argent et je vais pourvoir à tous vos besoins si vous me faites confiance !

> *Luc 12 : 31-34*
> *Cherchez plutôt le royaume de Dieu; et toutes ces choses vous seront données par-dessus. Ne crains point, petit troupeau; car votre Père a trouvé bon de vous donner le royaume. Vendez ce que vous possédez, et donnez-le en aumônes. Faites-vous des bourses qui ne s'usent point, un trésor inépuisable dans les cieux, où le voleur n'approche point, et où la teigne ne détruit point. Car là où est votre trésor, là aussi sera votre cœur.*

Jésus n'a pas dit que nous ne devions pas avoir de comptes bancaires (car même les comptes bancaires s'usent et certains ont tout perdu pendant la crise), ni de bourses. Jésus lui-même avait une bourse et Judas volait dedans constamment !

Jésus ne se contredit pas mais il nous dit de ne pas se faire de trésors qui s'usent, c'est à dire que notre trésor ne doit pas être de l'argent mais plutôt tout ce qui concerne le Royaume de Dieu, car là ou est ton trésor là aussi sera notre cœur. Il nous dit que le Royaume est à nous, que nous ne devons pas vivre pour l'argent, ni pour les biens, ni pour la prospérité, que ces choses ne doivent pas habiter notre cœur, mais que la recherche, le désir, l'aspiration, la poursuite du Royaume de Dieu doit être notre priorité ! Le reste viendra après !

Cherchons les choses éternelles d'en haut et non les choses passagères d'en bas, sans oublier que nous avons quand même besoin des passagères étant voyageur sur cette terre.

Trop de gens cherchent le : « Toutes ces choses vous seront données par-dessus », au lieu d'aspirer à : « Cherchez premièrement le Royaume de Dieu et sa justice ».

16 MAI

Olivier Derain

Êtes-vous un bébé spirituel ?

1 Corinthiens 3 : 1-2 : « Pour moi, frères, ce n'est pas comme à des hommes spirituels que j'ai pu vous parler, mais comme à des hommes charnels, comme à des enfants en Christ. Je vous ai donné du lait, non de la nourriture solide, car vous ne pouviez pas la supporter; et vous ne le pouvez pas même à présent ».

Paul écrit à des chrétiens nés de nouveau : après quatre ans de conversion, les Corinthiens sont encore des bébés spirituels.

Personne ne naît adulte dans ce monde, mais nous commençons tous par passer par le stade de bébé.

Le suivi des nouveaux convertis

- Nous sommes responsables des bébés spirituels. Dans le naturel, les bébés ont besoin d'être aidés, ils ne font rien par eux-mêmes. Ils ne prennent que du lait et encore, il faut le leur donner.
- Le bébé spirituel a besoin de trouver des réponses pour sa vie.
- Les bébés spirituels ont besoin du lait de la Parole de Dieu pour expérimenter une croissance.

Les caractéristiques des bébés

Un bébé est prêt à tout pour le Seigneur, mais il a besoin d'être encadré, pour éviter de faire des erreurs ou de se laisser tromper.

L'innocence du Bébé :

> *2 Corinthiens 5 : 17*
> *Si quelqu'un est en Christ, il est une nouvelle créature. Les choses anciennes sont passées; voici, toutes choses sont devenues nouvelles.*

- Un bébé dans le naturel n'a pas de passé, il est innocent, quelles que soient les choses qu'il a faites avant de recevoir le Seigneur.
- Un nouveau converti est ouvert, il a un esprit enseignable.
- Dans le naturel, il est prouvé qu'un enfant reçoit les fondations de sa vie entre zéro et trois ans. Les premières années dans la vie d'un chrétien dans ses fondations spirituelles (croissance).
- Il vaut mieux apprendre de la bonne manière la première fois que d'avoir à désapprendre.

L'ignorance du Bébé :

- Notre attitude détermine notre altitude : nous devons savoir où nous en sommes et le reconnaître.
- Les bébés dans le naturel mettent tout à la bouche (poison ou pas), c'est à cause de leur ignorance des choses.
- Les « serviteurs de Dieu » qui forcent les chrétiens à écrire les péchés qu'ils ont commis avant leur conversion !
- Les bébés spirituels ne savent pas discerner les bons enseignements des mauvais enseignements : « Ne me retire pas ton Saint-Esprit ».
- Nous devons être prudents sur la manière dont nous nous nourrissons : un gâteau peut être très beau, mais aussi contenir du POISON !

- Nous pouvons nous empoisonner avec des doctrines empoisonnées et ruiner notre vie spirituelle (prédicateur), baptisés de l'Esprit ou pas. Notre critère doit être la Parole de Dieu.
- Les choses les plus dangereuses sont celles qui « sonnent » religieuses, qui paraissent très spirituelles, que nous écoutons et que nous lisons. Dans le monde, nous savons bien que nous ne pourrons rien trouver de bon à manger spirituellement : nous connaissons, en effet, le message du monde et ce qu'il contient.
- Faites attention aux aliments dont vous vous nourrissez spirituellement. Quelqu'un a dit : « Vous êtes ce que vous lisez ».

L'irritabilité du Bébé :

- Les bébés sont très changeants et facilement déstabilisés.
- Ils sont facilement perturbés et, quand ils le sont, ils deviennent irritables.
- Sans qu'il se passe grand-chose, ils peuvent se mettre dans tous leurs états.

Le sevrage spirituel

- L'enfant a besoin d'une nourriture équilibrée pour une bonne croissance.
- L'église doit créer l'atmosphère, pour qu'un bébé spirituel qui a soif de Dieu puisse grandir spirituellement.

  Psaumes 131 : 2
  Loin de là, j'ai l'âme calme et tranquille, Comme un enfant sevré qui est auprès de sa mère; J'ai l'âme comme un enfant sevré.

  Genèse 21 : 8
  L'enfant grandit, et fut sevré; et Abraham fit un grand festin le jour où Isaac fut sevré.

- Cela devrait être une fête, quand un chrétien sort de son état de dépendance spirituelle, pour se nourrir tout seul : cela signifie qu'il commence à connaître la Parole de Dieu et à l'appliquer dans sa vie spirituelle.
- S'il n'y a pas de croissance spirituelle, les prières des autres chrétiens deviennent inefficaces, car un chrétien au bout d'un certain temps doit avoir SA PROPRE FOI.
- Malheureusement, beaucoup s'arrêtent au sevrage spirituel.
- La croissance n'est pas dépendante des années de conversion, ou du service de quelqu'un dans l'église.
- Il y a des gens qui veulent que l'on s'occupe d'eux tout le temps, ils « épuisent » le pasteur.

  1 Pierre 2 : 2
  Désirez, comme des enfants nouveau-nés, le lait spirituel et pur, afin que par lui vous croissiez pour le salut,

- L'enfant sevré survivra, même s'il arrive quelque chose aux parents.
- Le sevrage est un signe de croissance.
- Parfois, on prêche dans une église et on ne peut pas profondément nourrir les âmes, car elles sont à un stade de bébé, on doit les nourrir à la petite cuillère.

Conclusion :

Les bébés sont facilement frustrés, distraits et blessés. Dieu veut que nous sortions de cet état.

17 MAI

Jérémy Sourdril

Que mangerez-vous aujourd'hui et qu'avez-vous mangé hier ?

Nous devenons ce que nous mangeons... Un jour, des parents affolés sont allés voir leur docteur pour lui dire que le visage de leur enfant était devenu orange. Le docteur leur a demandé en souriant : « A-t-il beaucoup bu de jus de carotte dernièrement ? ». C'était bien ça... Effectivement, certaines personnes réagissent ainsi au jus de carottes.

Certaines personnes obèses aux États-Unis ont porté plainte contre de grandes chaînes de fast-food comme le Mc Donald's, prétextant qu'ils étaient devenus obèses à cause de ces fast-foods. C'est vrai, ils sont devenus obèses en mangeant au fast-food mais pas à cause du fast-food ! Juste en raison de leur choix d'en manger.

De la même façon, des gens qui ont contracté le cancer en fumant trop ont porté plainte contre des marques de cigarettes, disant qu'ils avaient été poussés à trop fumer en conséquence des incitations innombrables de la part de ces marques. Je crois que toute personne sensée pourrait comprendre que ces gens ont la responsabilité de leurs actions. Pourtant, plusieurs ont gagné ce genre de procès !

Nous ne pourrons pas dire en arrivant dans le merveilleux Ciel de Dieu : « Seigneur, le péché était présent partout, j'étais constamment incité, ce n'est pas de ma faute ! ». Faire un tel procès à Dieu serait perdu d'avance, car, en plus, nous ne pouvons pas faire de procès à Dieu. Dieu n'est JAMAIS responsable du mal qui peut nous arriver. Dieu ne fait que du bien.

Ne dites JAMAIS à Dieu : « Seigneur, pourquoi m'as-tu fait cela ? », en indiquant une injustice car Dieu n'est jamais l'expéditeur ou le responsable d'une injustice. Nous sommes sans cesse incités au péché, ou en tout cas régulièrement. L'air de ce monde est comme habité de millions de particules d'incitation au péché. La Bible dit à ce sujet :

> *Éphésiens 2 : 1-2*
> *Vous étiez morts par vos offenses et par vos péchés, dans lesquels vous marchiez autrefois, selon le train de ce monde, selon le prince de la puissance de l'air, de l'esprit qui agit maintenant dans les fils de la rébellion.*

Le fait de marcher dans l'offense et le péché nous a amenés à mourir spirituellement. Il ne faut pas croire que nous pouvons vivre dans le péché et l'accepter régulièrement sans en subir les conséquences. La Bible parle du prince de la puissance de l'air. Ce prince apporte au monde de nombreuses oppressions, inquiétudes, peurs, phobies.

Aujourd'hui Gloire à Dieu, nous sommes vivants ! Maintenant c'est la vie de Dieu qui coule en nous. Cependant, nous vivons encore dans ce monde qui subit le train de ce monde, et dans ce monde il faut choisir de quoi nous allons nous nourrir.

Comme je l'ai montré brièvement ci-dessus, nous devenons souvent ce que nous mangeons. Il ne faut pas croire qu'en buvant du soda toute la journée sans jamais boire d'eau et à la fois manger des produits chimiques nous n'aurons pas de conséquence un jour ou l'autre.

Les gens pensent que Dieu touchera leur vie et qu'ils vivront des miracles de la part du Seigneur en se nourrissant constamment des choses de ce monde. Ils pensent pouvoir entrer dans les plans de Dieu en mangeant à la table du prince de ce monde.

Ce que nous faisons vivre dans nos pensées aura un effet sur notre vie. Si vous vous nourrissez de films, de séries télévisées, d'actualités mondaines, de musique païenne, de discussions vaines, et de mille et une chose qui ne nourriront pas votre esprit, vous allez vous affaiblir spirituellement.

Je vois parfois des chrétiens prendre le train de ce monde. Oui, il y a dans ce monde un train qui circule de partout. Les rails de ce train sont des hommes. Là où il n'y a aucun homme, ce train ne passe pas. Beaucoup d'hommes entrent dans ce train sans jamais s'en rendre compte. On n'a pas besoin d'argent pour y entrer, cela paraît plaisant. Un pauvre et un riche peuvent y embarquer, ils ne seront juste pas assis au même endroit.

Le problème est qu'une fois qu'on entre dans ce train, il circule rapidement et il est très dur et parfois risqué d'en sortir. Le conducteur a une fâcheuse tendance à rouler plus vite lorsqu'il voit quelqu'un qui veut sauter du train, et les contrôleurs vous en empêcheront autant que cela leur est possible. J'ai une question pour vous : « Qu'avez-vous mangé hier ? ».

Chaque être humain a 24 heures par jour, et 168 heures par semaine. Hier, qu'avez-vous mangé ? Si vous vous nourrissez de pensées négatives en vous réveillant et que vous vous remémorez vos cauchemars, si vous prenez le journal et écoutez la radio, que vous partez pour la journée au travail ou aux études et que vous vous nourrissez de discussions vaines... Si vous rentrez chez vous afin de vous divertir un peu, que vous finissez la soirée en regardant un film, puis que vous vous couchez... et que vous faites cela cinq jours par semaine, vous allez rapidement rencontrer un problème.

Une discussion vaine n'est pas forcément un péché loin de là, mais c'est juste une discussion qui n'amène rien, qui ne construit rien. Vous devez vous occuper de votre esprit et lui donner de la bonne nourriture chaque jour de votre vie. Parfois, les gens se demandent comment ou pourquoi les autres vivent des choses avec Dieu et pas eux, mais je peux vous assurer que si vous nourrissez votre esprit convenablement, vous vivrez de grandes choses avec Dieu. L'apôtre avait trouvé le repas adapté en tout moment :

« Priez en tout temps, par l'Esprit, avec toutes sortes de prières ». Il faut toujours prier. Cela ne veut pas dire 24 heures sur 24, mais chaque jour de notre vie. Vous vous apercevrez que plus vous prierez et plus vous aurez envie de prier. C'est comme cela que les gens deviennent obèses. Plus ils mangent et plus ils ont envie de manger. Ils agrandissent leur estomac. De la même façon vous pouvez agrandir l'espace de votre tente spirituelle, l'espace de votre être intérieur. Nous ne pouvons pas prier constamment pour nos besoins ou les besoins des autres, mais nous devons en tout temps prier par toutes sortes de prières. Personnellement ma vie de prière est remplie au moins à 75% de louange.

Lorsque vous vous réveillez le matin, commencez à déclarer ce que vous dicte votre esprit. Vous dites peut-être : « Mon esprit ne me dicte rien ! », mais c'est probablement parce qu'il est affaibli. Si vous vous êtes couché dans la gloire, vous allez en général vous réveiller avec des restes de gloire. J'aime quand mon esprit me dicte ce que le Saint-Esprit lui a dit. Je me réveille avec un verset biblique, et parfois cela peut être un verset dont vous aurez besoin pour vous ou pour quelqu'un le jour-même !

Déclarez ce verset et si rien ne vous « vient », ouvrez rapidement votre Bible, prenez un proverbe par exemple ou lisez votre verset du jour, puis déclarez-le pendant quelques minutes. Ensuite, commencez à prier par rapport à ce verset en remerciant Dieu. N'oubliez pas qu' : » au commencement, Dieu ». Que Dieu soit au commencement de chacune de vos journées. Dites, en vous réveillant : « Au commencement de cette journée, Dieu ! Dieu était avant toute chose et Dieu sera présent aujourd'hui avec moi ». Si vous le pouvez, mettez un chant de louange dans votre maison, qui amènera une atmosphère de louange autour de vous.

Nourrissez votre esprit de louange. Il en a besoin. Cherchez à être utile entre les mains du Maître, cherchez les choses d'en haut. Cherchez à manifester l'amour et le caractère de Dieu. S'il fait sombre dehors, il fait toujours beau dans votre esprit. Si vous ne trouvez pas de joie chez les autres, puisez dans votre esprit la joie du Saint-Esprit.

Aujourd'hui est un jour nouveau. De quoi allez-vous vous nourrir ? Vous pouvez choisir votre nourriture avec soin, et vous consacrer au Seigneur. Il y a des temps de famille, il y a aussi des temps seul à seul avec Dieu. Je prie que vous puissiez trouver le temps favorable pour cela. Si vous êtes dans le train de ce monde, que tout va vite et que vous courrez toujours chaque jour de votre vie sans « avoir le temps » pour Dieu, il faut changer votre emploi du temps. Nous pouvons tous le faire. Si vous cherchez ce qui est juste devant Dieu, Dieu saura aussi vous aider dans votre emploi du temps. Ce n'est pas Dieu que l'on doit mettre à la deuxième position dans notre vie ni notre esprit. Votre esprit est comme une batterie qui a besoin d'être rechargée. Lorsque vous êtes rempli du Saint-Esprit dans votre esprit, plus rien ne vous est impossible, vous recevez un zèle pour témoigner et parler avec assurance à ce monde qui se perd. Vous recevez la faveur, la force physique et intellectuelle dont vous avez besoin.

Dieu vous aime, et Dieu aime le temple qu'il habite. Aujourd'hui, prenez la décision de donner à manger à votre esprit en vous consacrant aux choses utiles.

18 MAI

Reinhard Bonnke

Jésus, la Présence qui guérit

Regardons de plus près l'histoire de cette femme guérie d'une « perte de sang » dans Luc 8 : 43-44. Jésus n'entreprit rien dans toute cette histoire. Elle s'approcha de Lui, ne fit rien de plus que de tendre un doigt pour toucher la bordure de Son vêtement et instantanément elle fut guérie. Elle avait découvert un secret.

La puissance et la guérison émanent de Sa présence. Nous n'avons pas besoin d'une technique spéciale ni de faire des exercices spirituels pour être guéris. Ceci transparaît également dans :

> *Marc 6 : 56*
> *On mettait les malades sur les places publiques, et on le priait de leur permettre seulement de toucher le bord de son vêtement. Et tous ceux qui le touchaient étaient guéris.*

Aucun d'eux n'était un « athlète religieux ». Ils s'approchèrent simplement de Jésus.

La guérison de cette femme a un aspect très touchant. Elle était non seulement malade mais était également un cas social. Ses hémorragies la rendaient impure et personne ne voulait avoir à faire avec elle, par crainte de devenir impur également. Elle était un paria. Dans Lévitique 15 : 19, il est écrit que si une femme avait un flux : « Quiconque la touchera sera impur ». Cette femme savait qu'en touchant le vêtement de Jésus, elle Le rendrait impur, mais elle pensa que personne ne le remarquerait.

Néanmoins, Jésus le sut instantanément. Il sentit une force sortir de Lui et demanda : « Qui m'a touché ? ». La petite femme fut effrayée et terrifiée. Elle ne s'était pas attendue à une telle situation. S'Il savait qu'elle L'avait touché, il savait également qu'Il avait été souillé. Elle se cacha alors dans la foule. Mais Jésus continua de demander qui L'avait touché. Pour finir, elle s'avança tremblante et apeurée et admit publiquement la vérité, le fait qu'elle avait été malade et pourquoi elle L'avait touché.

Jésus savait que tout le monde l'évitait. Son visage semblait si exsangue, pâle et malade. Tout son argent était passé dans les mains des médecins et elle ne pouvait plus se payer un traitement pour son anémie. Lorsqu'elle se tint devant Lui et qu'Il entendit son histoire, Il ne lui fit aucun reproche, Il n'avait aucune colère. Il la bénit :

> *Luc 8 : 48*
> *Ta foi t'a guérie, va en paix !*

Si elle L'avait souillé, Il la purifia. Voilà comment est Jésus ! Toujours ! Il prend notre impureté et nous donne Sa pureté.

> *2 Corinthiens 5 : 21*
> *Celui qui n'a point connu le péché, il l'a fait devenir péché pour nous, afin que nous devenions en lui justice de Dieu.*

Un érudit romain, Pline l'Ancien, qui vécut du temps de Christ, rapporta ce que les gens disaient sur les femmes souffrant d'hémorragie. Elles représentaient une menace. Leur condition pouvait avoir des répercussions néfastes de tout genre : rendre un vin nouveau aigre, faire tomber les fruits des arbres, faire mourir des ruches entières d'abeilles et donner la rage aux chiens.

Si une femme comme celle mentionnée dans notre histoire avait jeté un regard furtif sur un bébé, ce dernier aurait pu être empoisonné. Cette pauvre femme qui toucha Jésus savait tout cela. Nous pouvons bien nous imaginer combien elle se sentit mal en osant toucher de ses doigts le vêtement de Jésus Christ.

Lorsque Jésus lui dit : « Ta foi t'a guérie, va en paix », Jésus révolutionna toutes les idées qui existaient sur Dieu. Pour les Juifs à cette époque, Yahweh était un être transcendant et terrifiant. On ne pouvait pas s'approcher de Lui sans grande précaution. Même les sacrificateurs devaient observer des conditions scrupuleuses de perfection rituelle. Puis Jésus vint et la puissance de guérison coula simplement de Lui, même pour les intouchables.

Les païens avaient de Dieu une idée encore plus vague. Ils pensaient qu'Il était un nuage de puissance inconnue, sans sentiments, indescriptible et immuable. Ce « quelque chose » était si pur, qu'il ne pouvait interférer avec la chair humaine ou le monde matériel. Sans passion, Il demeurait inaccessible. Néanmoins, le Fils de Dieu prit une forme humaine et bien qu'Il soit Dieu, Il étreignit même les lépreux. Nous voyons Dieu comme Il est de toute éternité – rempli de pitié, d'amour et de puissance. Lorsque la main tremblante d'une petite femme rejetée Le toucha, la vérité jaillit pour changer le monde à jamais : Dieu est amour.

En méditant sur cette histoire, on réalise que la vérité extraordinaire ne fut pas le miracle mais le fait que Jésus accepta cette femme telle qu'elle était, et mit en avant la dimension de Sa divinité en faveur de cette poussière d'humanité déchue. Le Prince de gloire avait le souci de parler à une âme oubliée.

Lorsque nous parlons de la présence de Dieu, cela signifie la présence de Dieu parmi nous, pas seulement Sa présence dans le Ciel. Sa présence est le Ciel. Il amène le ciel dans la vie de gens ordinaires.

CfaN organise des campagnes d'évangélisation parfois dans les pays les plus pauvres du monde, où certaines personnes ne possèdent rien de plus qu'une couverture. La foule peut compter des centaines de milliers de personnes incluant les plus pauvres parmi les pauvres mais Dieu vient toujours sur eux avec des bénédictions extraordinaires. Il a un intérêt spécial pour chaque individu, Il les sort du pire des marasmes et donne un sens à leur vie. Jésus dit :

> *Matthieu 11 : 5*
> *La bonne nouvelle est prêchée aux pauvres.*

Que nous ayons à faire à une femme malade, à un maître comme Paul, à Saint Augustin, à Luther, à un roi ou à un paysan, le cœur même de la foi chrétienne est la présence et la proximité de Jésus. Il aimerait passer du temps avec vous et moi.

19 MAI

Michaël Lebeau

Ma première leçon de foi

Quelques mois après ma conversion en 2001, le Seigneur me donna ma première leçon de foi. J'ai alors découvert que la foi était la condition indispensable pour voir la main de Dieu intervenir dans les situations de ma vie.

La foi vient de ce que l'on entend et ce que l'on entend vient de la Parole de Dieu

Alors que j'étais encore étudiant, assis à l'arrière d'une voiture, je lisais un passage des Évangiles où Jésus chassait un démon d'une personne. Pendant que je lisais ce passage, le Saint-Esprit me dit : « Il y a une personne dans ton église qui a un mauvais esprit, ce soir à la réunion de prière, tu poseras ta main sur elle, et comme Jésus le faisait, toi aussi tu chasseras le démon qui est en elle ».

Ici, il y a une première chose à retenir : Si le Saint-Esprit ne m'avait pas parlé, je n'aurais pas pu avoir la foi. Car sans paroles de Dieu révélées, il n'y a pas de foi, autrement dit pour avoir la foi, il est indispensable de recevoir une parole de Dieu sur laquelle s'appuyer. Lorsque nous n'avons pas eu de paroles révélées de Dieu (« Rhéma » en grec), nous sommes dans l'espérance et non dans la foi et Dieu n'honore pas notre espérance, mais il honore toujours notre foi. D'où l'importance d'apprendre à entendre et reconnaître la voix de Dieu !

> *Romains 10 : 17*
> *Ainsi la foi vient de ce qu'on entend, et ce qu'on entend vient de la parole de Christ.*

Dans ce verset, le mot « parole » provient du mot grec « rhéma » qui signifie « parole révélée ». Ce mot est différent de l'autre mot grec « logos » qui signifie « parole écrite ». La Bible en soit est le Logos, il faut la méditer pour qu'elle devienne « rhéma » (révélation pour vous). La foi c'est avoir l'assurance de voir se réaliser ce en quoi on espère, mais c'est aussi démontrer par nos actes qu'on y croit vraiment !

> *Hébreux 11 : 1*
> *Or la foi est une ferme assurance des choses qu'on espère, une démonstration de celles qu'on ne voit pas.*

Le soir venu, nous étions dans une réunion de prière et la personne qui était supposée avoir un démon était présente. À ce moment-là, j'eus un doute profond, car elle louait Dieu, chantait des chants, etc. Tout semblait laisser croire qu'elle n'avait pas de mauvais esprit en elle. Puis, le pasteur nous demanda de former un cercle pour prier, et il imposa les mains à cette personne disant : « Seigneur bénis-la, touche-la... », et rien ne se produisit. Je doutais encore plus, car je me disais : « Le Saint-Esprit m'a dit ce matin de poser ma main sur elle, puis de chasser le démon, mais le pasteur vient de poser sa main sur elle et il ne s'est rien passé ! ». Cependant au fond de moi, j'avais la ferme assurance que quand je poserais ma main sur elle, il se passerait quelque chose. Souvenez-vous, la foi est une ferme assurance, mais c'est aussi une démonstration, il me fallait maintenant démontrer que j'avais la foi en posant ma main sur elle. C'est ce que je fis, et à peine posais-je ma main sur elle, qu'elle s'effondra sur le sol et que les démons commencèrent à se manifester par des cris et des déformations physiques.

Ce fut ma première leçon de foi ! Peut-être me direz-vous : « Comment se fait-il que le pasteur lui ait imposé les mains et qu'il ne se soit rien passé ? ». Tout simplement parce que le pasteur n'a pas agi par la foi, et pourquoi n'a-t-il pas agi par la foi ? Parce que lui n'avait pas eu de parole de Dieu révélée, il était dans l'espérance et opérait avec son âme. Son intention était bonne, il voulait bénir la personne en question. Mais cela venait d'un désir de son âme et de ses émotions. Alors que dans mon cas, bien que j'aie fait le même geste que lui, j'ai agi par la foi dans la Parole qui m'avait été révélée. Et vous le savez aussi bien que moi, la puissance de Dieu se libère par la foi.

J'espère que cette leçon que j'ai apprise, vous aidera à développer votre foi. N'oubliez jamais que la foi commence par une révélation de la Parole de Dieu. Puis une fois que vous avez la conviction que Dieu vous a parlé, vous devez croire fermement en cette parole, et démontrer votre foi par une action. Alors assurément, vous verrez la main de Dieu intervenir dans votre situation. Dès aujourd'hui, prenez la bonne habitude de méditer la Parole de Dieu jusqu'à ce qu'elle vous soit révélée (qu'elle devienne vivante en vous), puis croyez en cette parole et agissez conformément (actions, comportements, paroles) à ce qu'elle dit. Le miracle dont vous avez besoin, suivra ! Que Dieu vous bénisse et que sa Parole produise en vous la foi !

20 MAI

Jérémy Sourdril

La puissance de la fidélité

Lorsqu'on parle de fidélité, on pense souvent au mariage. Effectivement, les époux se promettent fidélité le jour de leur mariage. C'est une belle promesse, qui malheureusement sera si souvent entravée. Dans certaines régions du monde, le taux d'infidélité après le mariage avoisine les 75%. La fidélité dans ce monde n'a plus une grande valeur...

Dans l'Ancien Testament, on contractait des alliances de fidélité, fidélité d'un engagement envers la famille, envers des terres, etc. Abraham fit par exemple une alliance avec Abimélek, Jacob en fit une avec Laban. Les gens faisaient une alliance qui durait toute la vie, et si quelqu'un venait à la trahir, cette trahison lui valait parfois la vie. Si vous rompiez une alliance, l'autre personne pouvait vous lapider, vous tuer, c'était son droit. Voilà pourquoi on ne contractait pas une alliance à la va-vite, comme on peut le faire aujourd'hui.

Être une personne de parole est vraiment quelque chose de puissant. Souvent les gens veulent et demandent à Dieu de faire des miracles, de changer leur vie, de faire ceci et cela, mais ce serait tellement plus facile pour Dieu de nous donner et nous exaucer si nous étions des personnes de paroles. Cela ne sert à rien de vouloir gagner le monde si nous ne savons pas être une personne de parole.

> *Proverbes 10 : 19*
> *Celui qui parle beaucoup ne manque pas de pécher, Mais celui qui retient ses lèvres est un homme prudent.*

Certaines personnes ont de la facilité à communiquer. Elles parlent beaucoup. Le danger, c'est que lorsqu'on parle beaucoup, on parle souvent pour rien dire, on déclare des choses que l'on ne tient pas, et on fait des promesses que l'on n'accomplit pas.

> *Matthieu 12 : 36-37*
> *Je vous le dis : au jour du jugement, les hommes rendront compte de toute parole vaine qu'ils auront proférée. Car par tes paroles tu seras justifié, et par tes paroles tu seras condamné.*

Nos paroles sont un engagement. Dieu a donné à l'homme le grand pouvoir de parler, d'ordonner, de déclarer des choses. Souvent les gens prient pour des choses et se demandent pourquoi elles ne sont pas exaucées, et d'un autre côté elles déclarent constamment des choses qui sont contraires à ce qu'elles ont prié. Il ne faut pas être surpris de ne rien recevoir dans ce cas. Nous ne devons pas parler sans avoir réfléchi. Nous ne devons pas prier sans être engagé avec Dieu.

Si nous disons des choses à nos enfants, nous devons faire en fonction de ce que nous avons dit, sinon ne parlons pas. Ne parlons pas sur la colère et ne prenons pas d'engagement sous la pression. Refusez toujours de vous engager lorsque vous êtes dans un état de pression, sous la fatigue ou lorsqu'on essaie de vous manipuler. Refusez toujours, même si sur le coup ce n'est pas l'option la plus facile.

Prendre un engagement est quelque chose de très simple : c'est facile, c'est rapide, c'est pour cela que pour certains cela n'engage à rien ! Un engagement est simple à prendre, mais tenir un engagement est quelque chose de différent. Si vous avez promis à votre conjoint de faire quelque chose dans le futur, vous devez vivre et marcher pour que cette chose arrive, vous devez tout faire pour cela, cela doit être une priorité dans votre vie.

Trahir la confiance de quelqu'un, c'est une blessure qui parfois ne guérira pas. Il ne faut pas jouer avec ça. Ne soyons pas de ceux qui s'engagent facilement.

> *Hébreux 10 : 38-39*
> *Et mon juste vivra par la foi; mais, s'il se retire, mon âme ne prend pas plaisir en lui. Nous, nous ne sommes pas de ceux qui se retirent pour se perdre, mais de ceux qui ont la foi pour sauver leur âme.*

Si vous avez manqué de fidélité quelque part, vous pouvez vous repentir sincèrement auprès de Dieu et des hommes envers qui vous n'avez pas été fidèle. Vous serez bénis.

21 MAI

Jérémy Sourdril

La puissance de la fidélité (suite)

Ne soyons pas de ceux qui se retirent, mais si nous avons pris un engagement il faut le tenir.

Parfois les gens pensent qu'ils peuvent se retirer et que ce n'est pas quelque chose de grave, mais notre vie est écrite sur un papier. Et ce papier nous suit. Lorsque plus tard nous voudrons un engagement de la part des autres, nous serons surpris de ne pas le trouver, car ce que nous semons, nous le récoltons tôt ou tard.

Apprenons à moins parler. Si nous disons : « Je ferai ça quand j'aurai ça », ou : « Je ferai ça en rentrant », ou encore : « Je ferais ça cette semaine », soyons bien certain que nous pouvons l'accomplir.

Si vous vous apercevez que vous êtes une personne qui ne tient pas votre parole, réfléchissez aux petites choses que vous pouvez changer. Petit à petit un nettoyage se fera.

> *Proverbes 6 : 1-5*
> *Mon fils, si tu as cautionné ton prochain, Si tu t'es engagé pour autrui, Si tu es enlacé par les paroles de ta bouche, Si tu es pris par les paroles de ta bouche, Fais donc ceci, mon fils, dégage-toi, Puisque tu es tombé au pouvoir de ton prochain; Va, prosterne-toi, et fais des instances auprès de lui; Ne donne ni sommeil à tes yeux, Ni assoupissement à tes paupières; Dégage-toi comme la gazelle de la main du chasseur, Comme l'oiseau de la main de l'oiseleur.*

Il arrive parfois qu'un chrétien prête de l'argent à un autre chrétien, et celui-ci n'arrive pas à le rembourser, alors il fait tout pour ne pas le voir, il l'esquive et essaie d'oublier sa dette. La Bible nous dit que si vraiment nous sommes au fond du trou, il ne sert à rien de se cacher, mais il faut aller voir la personne avec qui nous nous sommes engagés et lui dire que nous ne réussissons pas à tenir notre engagement.

Nous parlons de fidélité. Vous êtes peut-être comme j'ai été pendant longtemps. J'avais du mal à rester fidèle dans mes engagements avec Dieu et dans la vie de tous les jours.

Un jour je devais m'engager à faire quelque chose pendant un an et une petite voix venait me dire : « Tu n'y arriveras pas, tu n'es pas quelqu'un de fidèle ». Je savais que c'était un mensonge, mais à la fois je réfléchissais aux désirs et aux engagements que j'avais pris et j'avais comme peur de m'engager sur une période si longue. Je crois que l'amour peut nous aider à être fidèle. Il ne m'a jamais été difficile d'être fidèle à ma femme depuis nos huit ans de mariage, puisque je l'aime. Au contraire, c'est un honneur. Aimer les gens avec qui nous prenons nos engagements sera une clé pour marcher dans la fidélité.

Nous n'avons plus beaucoup d'exemples de fidélité de nos jours. Les gens se lient et se délient constamment, les couples et les familles se détruisent car les gens ne savent plus tenir un engagement, même les assurances et les banques ne tiennent plus leur contrat parfois.

J'ai appris que confesser la fidélité de Dieu d'une manière régulière nous aidait à être une personne fidèle. Plus vous confesserez que Dieu est fidèle, et plus ce sera facile pour vous d'être comme votre Père.

> *Exode 34 : 6*
> *Et l'Éternel passa devant lui, et s'écria : L'Éternel, l'Éternel, Dieu miséricordieux et compatissant, lent à la colère, riche en bonté et en fidélité,*

Je m'émerveille devant la fidélité de Dieu. Tout s'écrie « fidélité » en Lui. Il est vraiment fidèle, ce qu'il dit arrive, ce qu'il promet prend forme. Tout dans sa bouche est oui et amen, il n'y a pas de choses cachées qu'il ne dit pas pour paraître mieux ou pour tirer un avantage quelque part, mais tout est saint dans sa parole.

Que vous soyez gentil ou méchant, infidèle ou pas, Dieu demeure fidèle. C'est sa nature.

> *2 Timothée 2 : 13*
> *Si nous sommes infidèles, il demeure fidèle, car il ne peut se renier lui-même.*

Nous devons vraiment apprendre à être des gens fidèles pour ressembler toujours plus à notre Seigneur qui nous aime. Dieu pourra vous aider, si seulement vous réalisez là où vous en êtes et si vous lui faites connaître ce besoin aujourd'hui. Vous pouvez dire : « Seigneur, je réalise que je manque de fidélité, que je ne tiens pas mes engagements. Je te demande pardon. Apprends-moi la fidélité, apprends-moi à être une personne fidèle et à t'obéir jusqu'au bout, à accomplir jusqu'au bout ce que ma bouche a déclaré. Aide-moi à ne pas déclarer des choses que je ne pourrais pas tenir ».

> *Psaumes 141 : 3*
> *Éternel, mets une garde à ma bouche, Veille sur la porte de mes lèvres !*

Merci Seigneur car tu m'aides à être fidèle comme Moïse qui était fidèle dans toute ta maison !

> *Nombres 12 : 7*
> *Il n'en est pas ainsi de mon serviteur Moïse. Il est fidèle dans toute ma maison.*

Lorsque j'arriverai devant le Seigneur, j'aimerais tellement qu'il puisse dire cela de moi ! Pouvoir accomplir tout ce que Dieu m'a demandé et tout ce que je lui ai promis. Nous chantons des beaux chants à l'église et nous faisons des promesses « Je te louerai toujours, je te servirai partout où tu m'amèneras », ne mentons pas à Dieu si ce n'est pas le cas ! Jésus a beaucoup insisté sur la fidélité, car une personne infidèle ne pourra pas être vraiment utile entre les mains du maître.

Dieu a du mal à trouver des gens fidèles, qui restent les mêmes qu'il fasse beau ou qu'il pleuve, avec ou sans argent, le jour ou la nuit, dans le calme ou la tempête, et c'est pourtant de ce genre de personnes que Dieu a besoin.

Soyons fidèles dans les petites choses, Dieu nous donnera la force, mais il faut avant tout décider de changer. Vous pouvez déclarer à haute voix après avoir prié : « Seigneur merci car tu fais de moi une personne fidèle, je suis une personne fidèle grâce à toi, alléluia ! ».

22 MAI

Jérémy Sourdril

Une mode anti-biblique : chacun est son propre pasteur

Il y a toujours eu dans l'histoire de l'Église des courants et des modes chez les chrétiens. Il y a eu certaines révélations qui ont amené de bonnes choses dans l'Église et d'autres des choses catastrophiques pour beaucoup...

Jésus a dit qu'on reconnaîtra un arbre à son fruit, alors, lorsqu'une personne vous parle d'une soudaine révélation qu'elle a eue, étudiez un peu sa vie avant de vous saisir de cette révélation, car nous devons éprouver les prophéties et les révélations.

Il y a actuellement en Europe, au Canada et en Afrique un courant qui attaque le ministère pastoral. Ceci n'est pas nouveau, mais j'aimerais aujourd'hui vous mettre en garde contre cela.

Il existe des chrétiens qui allaient dans des églises, mais un jour, pour une raison ou une autre, une division ou un scandale, se sont retrouvés hors des églises. Blessés, ils ont souvent craché sur le ministère pastoral qui avait la charge de l'église locale dans laquelle ils allaient. Puis, ils ont entendu quelque part une révélation qui disait qu'aujourd'hui nous n'avons plus besoin du ministère pastoral et que celui-ci n'aurait jamais dû diriger l'église.

Alors, heureux de ne devoir se soumettre à personne, ni à un pasteur, ni à Dieu, ils pensent que chacun est pasteur. Un certain nombre d'entre eux parlent alors contre l'Église évangélique dans son ensemble en prenant l'exemple de pasteurs qui ont dérapé, pour prouver que leur choix est le meilleur. Il y a de plus en plus de ces personnes-là. Plusieurs visitent encore des églises ici et là mais ils ne sont jamais satisfaits, car ils marchent constamment avec des blessures.

Beaucoup de ces gens attaquent aussi le principe de la dîme, en expliquant que la dîme était pour l'ancienne alliance et sous la loi. Donner la dîme est pour eux un sacrifice, alors que cela devrait être un geste d'amour. Ils disent alors qu'aujourd'hui nous devons donner comme nous le désirons, en utilisant des versets qui sont utilisés pour les offrandes.

La dîme n'est pas née sous la loi mais avant la loi, de la même manière la notion de sacrifice n'est pas née sous la loi mais à la chute dans le jardin d'Eden. Sous la nouvelle alliance Jésus s'est donné comme sacrifice et il est aujourd'hui le sacrifice parfait pour nous.

Si ces croyants voulaient vraiment vivre comme les premiers chrétiens, ils devraient vendre tous leurs biens et les remettre aux pieds des pasteurs et des apôtres afin qu'ils les distribuent entre tous !

Je repensais dernièrement à cette mode qui circule partout et qui attaque le ministère pastoral, et un frère vint me raconter l'histoire suivante : une église avait eu 150 membres. Il y a eu une division et aujourd'hui ils ne sont plus que 15 personnes. Après cette division, il prêcha dans cette église et un responsable vint le voir pour lui dire que la dîme n'était pas pour nous aujourd'hui, que chaque personne est lui-même un pasteur dans l'église, donc qu'ils n'ont plus besoin de se soumettre à un pasteur ! Des gens blessés, insoumis, qui ne veulent plus aucune autorité au-dessus d'eux.

Pourtant, le pasteur est ce qu'on appelle un « ministère-don », c'est-à-dire l'un des cinq ministères, que Dieu a donné pour l'édification commune. C'est la volonté parfaite de Dieu, Jésus-Christ est mort pour envoyer ce don aux croyants, avec lequel il bâtit son église.

> *2 Timothée 4 : 1-4*
> *Je t'en conjure devant Dieu et devant Jésus-Christ, qui doit juger les vivants et les morts, et au nom de son apparition et de son royaume, prêche la parole, insiste en toute occasion, favorable ou non, reprends, censure, exhorte, avec toute douceur et en instruisant. Car il viendra un temps où les hommes ne supporteront pas la saine doctrine; mais, ayant la démangeaison d'entendre des choses agréables, ils se donneront une foule de docteurs selon leurs propres désirs, détourneront l'oreille de la vérité, et se tourneront vers les fables.*

Paul exhortait Timothée dans le cadre de son ministère pastoral, à prêcher la saine doctrine, et il lui a aussi appris comment se comporter envers les jeunes et les plus vieux, les jeunes femmes et les veuves... Paul avertissait qu'il y aurait un temps où les gens iraient ici et là cherchant à entendre des choses agréables.

Ces personnes attaquent beaucoup les églises qui prêchent la bonté de Dieu, la victoire, le fait que Dieu nous veut en bonne santé physique, spirituelle et financière. Ils disent que ces églises cherchent leurs propres désirs alors qu'eux-mêmes veulent entendre des choses agréables, telle que de ne pas avoir à se soumettre à une autorité pastorale.

En toute chose il faut un équilibre, pour ne pas tomber dans l'extrême. Oui, le ministère pastoral est voulu et envoyé par Dieu, et non les pasteurs ne sont pas parfaits et ils ne doivent pas être des dictateurs. Toutefois si certains le devenaient, ce n'est pas aux brebis de corriger leur pasteur à la manière d'Aaron et de Myriam (sauf s'ils veulent avoir la lèpre ou toutes sortes de déséquilibres pour avoir parlé contre un serviteur de Dieu) mais si vous êtes dans une maison spirituelle, vous choisissez délibérément de vous soumettre à l'autorité spirituelle de cette maison.

Jésus est le grand berger, mais il a des sous-bergers. Ces sous-bergers reçoivent de Dieu une onction du ministère qui leur donne de travailler pour Dieu à plein temps et d'équiper les saints, et de diriger, d'amener l'église là où Dieu les a appelés à l'amener. Il existe aussi certains pasteurs qui ont échoué dans leur ministère et qui ont perdu leur église et qui ensuite commence à dénigrer le ministère pastoral.

Paul encourageait Timothée à tenir bon dans son ministère en tant que pasteur, à continuer d'enseigner la saine doctrine malgré tous les gens qui viendraient le contredire et attaquer son ministère comme Paul lui-même avait reçu des attaques quant à son ministère d'apôtre.

> *2 Timothée 4 : 5*
> *Mais toi, sois sobre en toutes choses, supporte les souffrances, fais l'œuvre d'un évangéliste, remplis bien ton ministère.*

Paul exhorta ensuite Timothée à la sobriété et à tenir ferme, et ensuite il l'exhorta à faire l'œuvre d'un évangéliste, pas le ministère. Tout pasteur devrait savoir faire l'œuvre d'un évangéliste. Les versets deux et trois ne s'appliquent pas au ministère d'évangéliste mais à celui de pasteur. Le ministère de pasteur est le ministère le plus controversé. Les gens ne réalisent pas le poids de responsabilité qui repose sur les pasteurs. Beaucoup de chrétiens n'ont pas peur de traîner les pasteurs dans la boue... Malheur à eux ! Ils attaquent tous les pasteurs, et l'Église Évangélique dans son ensemble, et ils sont en eux-mêmes plein d'orgueil et plein d'insoumission.

23 MAI

Jérémy Sourdril

Une mode anti-biblique : chacun est son propre pasteur (suite)

Dans les Actes, c'était le début de l'Église et la persécution était présente partout. Les gens se convertissaient en masse et il n'y avait pas de gens préparés au ministère, c'est pourquoi un pasteur n'était pas automatiquement mis en charge d'une église, mais plutôt un ancien…

La Bible dit de ne pas donner un ministère à un jeune dans la foi, et c'est pour cela que des anciens étaient nommés par les hommes. Ce n'était pas un appel divin mais c'était un appel fait par l'homme, pour un temps. Ensuite, quand des hommes ont pu être formés, des pasteurs étaient placés en charge d'une ou de plusieurs églises, comme ce fut le cas pour Timothée qui avait été formé par Paul. Les pasteurs ne sont pas des dictateurs, et l'Église n'est pas une démocratie ! Faites d'une église une démocratie et revenez m'en parler dans 10 ans ! Vous ne verrez que division, œuvre morte et dissolution.

Jésus-Christ a bâti l'Église sur les cinq ministères. Il a dit à Pierre que sur lui il bâtirait son église. Pierre entra dans son ministère à la Pentecôte et ce fut le début de l'Église.

> *Éphésiens 4 : 11-12*
> *Et il a donné les uns comme apôtres, les autres comme prophètes, les autres comme évangélistes, les autres comme pasteurs et docteurs, pour le perfectionnement des saints en vue de l'œuvre du ministère et de l'édification du corps de Christ,*

Les ministères ont été donnés pour parfaire les saints, pour les perfectionner, pour les façonner, pour les présenter devant Dieu plein de confiance, pour édifier, construire les croyants. Les croyants n'ont pas été donnés pour le perfectionnement des autres croyants, mais ce sont les ministères qui ont été donnés par le Seigneur pour le perfectionnement des saints. On choisit d'être un saint mais on ne choisit pas d'exercer un ministère, cela est un don de Dieu, c'est un don surnaturel !

> *Éphésiens 4 : 13-14*
> *jusqu'à ce que nous soyons tous parvenus à l'unité de la foi et de la connaissance du Fils de Dieu, à l'état d'homme fait, à la mesure de la stature parfaite de Christ, afin que nous ne soyons plus des enfants, flottants et emportés à tout vent de doctrine, par la tromperie des hommes, par leur ruse dans les moyens de séduction,*

Les ministères ont été donnés par le Seigneur pour que les bébés spirituels puissent devenir des adultes, des hommes faits. Pour que les nouveaux nés dans l'Église soient nourris et grandissent au travers du ministère pastoral et des autres ministères.

> *Éphésiens 4 : 15*
> *Mais que, professant la vérité dans l'amour, nous croissions à tous égards en celui qui est le chef, Christ.*

Pour que l'église fonctionne bien, il faut que l'église fonctionne comme le Seigneur l'a voulu. C'est la même chose pour le couple. Aujourd'hui le mariage est combattu même chez certains chrétiens, l'autorité du mari également. De la même façon, dans l'Église, des gens combattent les pasteurs en tant qu'autorité. Dieu est le grand pasteur, mais il a donné des pasteurs et des ministères pour gérer l'église, pour la construire, l'édifier. Dans le cadre d'une soumission à l'autorité et lorsque chacun trouve sa place dans l'église dans le corps, le corps se fortifie et peut avancer.

Vous avez besoin d'une église locale. Vous avez besoin d'un pasteur. Vous avez besoin d'être soumis à l'autorité du pasteur que Dieu vous a appelé à avoir. Cela sera une très grande bénédiction pour vous et vous pourrez grandir et vous fortifier. Le bras ne peut pas dire à la tête qu'il n'a pas besoin d'elle et vice-versa. Nous avons tous besoin les uns des autres, et en marchant dans l'amour et la soumission aux autorités et les uns avec les autres, nous avancerons avec le Seigneur et nous pourrons être une Église forte et unie dans ce monde divisé.

24 MAI

Filipe et Marie Alves

Êtes-vous une personne engagée ?

Nous découvrons dans deux histoires bien distinctes plusieurs similitudes. Elles nous enseignent comment deux personnes, l'aveugle de Jéricho et Zachée, vont voir leur vie touchée par Jésus et complètement transformée.

Luc 18 : 35-43
Comme Jésus approchait de Jéricho, un aveugle était assis au bord du chemin, et mendiait. Entendant la foule passer, il demanda ce que c'était. On lui dit : C'est Jésus de Nazareth qui passe. Et il cria : Jésus, Fils de David, aie pitié de moi ! Ceux qui marchaient devant le reprenaient, pour le faire taire; mais il criait beaucoup plus fort : Fils de David, aie pitié de moi ! Jésus, s'étant arrêté, ordonna qu'on le lui amène; et, quand il se fut approché, il lui demanda : Que veux-tu que je te fasse ? Il répondit : Seigneur, que je recouvre la vue. Et Jésus lui dit : Recouvre la vue; ta foi t'a sauvé. À l'instant il recouvra la vue, et suivit Jésus, en glorifiant Dieu. Tout le peuple, voyant cela, loua Dieu.

Luc 19 : 1-10
Jésus, étant entré dans Jéricho, traversait la ville. Et voici, un homme riche, appelé Zachée, chef des publicains, cherchait à voir qui était Jésus; mais il ne pouvait y parvenir, à cause de la foule, car il était de petite taille. Il courut en avant, et monta sur un sycomore pour le voir, parce qu'il devait passer par là. Lorsque Jésus fut arrivé à cet endroit, il leva les yeux et lui dit : Zachée, hâte-toi de descendre; car il faut que je demeure aujourd'hui dans ta maison. Zachée se hâta de descendre, et le reçut avec joie. Voyant cela, tous murmuraient, et disaient : Il est allé loger chez un homme pécheur. Mais Zachée, se tenant devant le Seigneur, lui dit : Voici, Seigneur, je donne aux pauvres la moitié de mes biens, et, si j'ai fait tort de quelque chose à quelqu'un, je lui rends le quadruple. Jésus lui dit : Le salut est entré aujourd'hui dans cette maison, parce que celui-ci est aussi un fils d'Abraham. Car le Fils de l'homme est venu chercher et sauver ce qui était perdu.

Rien ne prédisposait ces personnes à être touchées par Dieu. Pourquoi ont-elles été visitées par Jésus ? Qu'est-ce qui les différencient de la multitude qui entoure Jésus ?

Ici, l'aveugle de Jéricho et Zachée sont, au regard du monde, des gens méprisables et sans valeur, ils sont rejetés par la société. L'un est un mendiant qui vit de la pitié des autres et l'autre s'enrichit au dépend des autres et collabore avec l'envahisseur. Outre cet aspect, ces deux personnes ont chacune un handicap qui les empêche physiquement de voir Jésus, l'un est aveugle et a besoin qu'on lui dise que Jésus est là et l'autre est si petit qu'il ne peut pas voir Jésus dans la foule. Et pourtant, ce sont précisément ces deux personnes qui vont voir leur vie changée...

La foule est si proche de Jésus, elle l'entoure et pourtant rien ne se passe pour elle. Cette foule ne fait que suivre, elle subit : elle glorifie Dieu quand un miracle se produit, elle juge quand Jésus vient chez Zachée. Elle est dérangée quand l'aveugle se manifeste pour retenir l'attention de Jésus, elle ne supporte pas les cris de ce mendiant ! Elle n'aime pas être dérangée, elle n'aime pas être remise en question, elle est là pour voir. Il n'y a là aucun engagement de sa part. C'est précisément ce qui fait la différence. Il y a chez l'aveugle et Zachée un engagement. Tous deux affrontent de nombreux obstacles pour être remarqués par Jésus. Ils affrontent la foule qui les a rejetés, ils n'ont pas peur des autres, de leur jugement, une seule chose leur importe : voir Jésus. Ils affrontent leur handicap, ils ne s'arrêtent pas à cela.

Cette détermination amène une transformation à partir du moment où ils sont remarqués par Jésus. Il répond à leur attente, il répond à leur foi. L'aveugle est instantanément guéri et suit Jésus. Zachée se repent et dit : « Le Salut est venu dans cette maison ». Aucune des personnes présentes dans la foule n'est transformée, et pourtant elles ont sûrement touché Jésus, mais absolument rien ne s'est passé car elles n'attendaient rien de lui. Ces deux histoires nous montrent à quel point notre investissement, notre attente par rapport aux choses de Dieu sont essentiels.

De quel côté êtes-vous aujourd'hui ?

Êtes-vous comme la foule ? Vous suivez Jésus, vous applaudissez lorsqu'un miracle se produit, vous murmurez lorsque vous estimez qu'une chose n'est pas comme elle devrait être ? Ou êtes-vous comme celui qui va être visité par Jésus ? Êtes-vous celui qui va rentrer dans les œuvres préparées d'avance malgré vos handicaps et le » qu'en-dira-t-on » ? Allez-vous tout mettre en œuvre pour que Jésus s'arrête ? Aujourd'hui choisissez d'être déterminé pour Dieu, choisissez de le mettre en premier dans votre vie !

25 MAI

Jérémy Sourdril

Le pouvoir des paroles

Notre vie est dirigée par la parole, qu'elle soit parole de Dieu, parole de l'homme ou parole du diable. C'est à nous de choisir par quelles paroles notre vie sera dirigée. Lorsque vous conduisez, vous n'êtes pas obligé d'emprunter toutes les routes transversales mais c'est vous qui choisissez la route que vous allez emprunter selon votre désir.

De la même façon vous n'êtes pas obligé d'emprunter chaque parole mais vous pouvez choisir les paroles qui auront un impact sur notre vie.

Certaines personnes qui vivent l'échec mettent la faute sur les autres à cause de ce qu'elles ont entendu, car le climat dans lequel elles vivaient n'était pas bon et les paroles qu'on leur a dites n'étaient pas édifiantes. Pourtant, ce n'est pas parce que vous entendez ou vous recevez une parole qu'il faut obligatoirement l'accepter comme étant une parole que vous devez emmagasiner dans votre âme.

La parole, c'est comme une route, vous pouvez l'emprunter ou pas. Vous avez le choix. Vous avez pu entendre des paroles comme : « Tu n'y arriveras pas, tu n'arriveras jamais à rien, tu ne vaux rien »... Vous avez le choix de les accepter ou pas. Vous pouvez marcher dans la rue et voir ici et là des publicités sales et perverses et pour autant vous avez le choix de les regarder ou pas. Vous pouvez les voir sans les regarder, comme vous pouvez entendre sans écouter.

> *Proverbes 7 : 5*
> *Pour qu'elles te préservent de la femme étrangère, De l'étrangère qui emploie des paroles doucereuses.*

Lorsque le diable vient vous mentir ou vous tenter au travers d'un homme ou d'un de ses émissaires, entendez-le mais ne l'écoutez pas. C'est votre choix. Sa parole peut avoir l'air douce mais au fond c'est un poison mortel, qui en a fait tomber plus d'un. Parfois le diable se sert de situation difficile dans la vie pour nous envoyer toutes sortes de paroles (pensées) mauvaises mais nous devons les refuser automatiquement et ne pas s'y attarder. Ne vous arrêtez pas sur l'aire d'autoroute du diable, car vous risquez de ne jamais repartir ! Croire les mensonges du diable a amené bien des gens à ne plus jamais faire confiance à Dieu et aux plans de Dieu pour leur vie.

> *Jean 1 : 1-14*
> *Au commencement était la Parole, et la Parole était avec Dieu, et la Parole était Dieu. Elle était au commencement avec Dieu. Toutes choses ont été faites par elle, et rien de ce qui a été fait n'a été fait sans elle. En elle était la vie, et la vie était la lumière des hommes. La lumière luit dans les ténèbres, et les ténèbres ne l'ont point reçue. Il y eut un homme envoyé de Dieu : son nom était Jean. Il vint pour servir de témoin, pour rendre témoignage à la lumière, afin que tous crussent par lui. Il n'était pas la lumière, mais il parut pour rendre témoignage à la lumière. Cette lumière était la véritable lumière, qui, en venant dans le monde, éclaire tout homme. Elle était dans le monde, et le monde a été fait par elle, et le monde ne l'a point connue. Elle est venue chez les siens, et les siens ne l'ont point reçue.*
>
> *Mais à tous ceux qui l'ont reçue, à ceux qui croient en son nom, elle a donné le pouvoir de devenir enfants de Dieu, lesquels sont nés, non du sang, ni de la volonté de la chair, ni de la volonté de l'homme, mais de Dieu. La parole a été faite chair, et elle a habité parmi nous, pleine de grâce et de vérité; et nous avons contemplé sa gloire, une gloire comme la gloire du Fils unique venu du Père.*

Il y a une puissante parole, pleine de grâce et de vérité. C'est la parole unique de Dieu, Jésus-Christ, parole de Dieu et puissante parole pour quiconque met sa confiance en Elle. Chaque semaine nous entendons la Parole mais si souvent nous ne l'écoutons pas, nous ne la recevons pas comme étant la vérité. On nous démontre que cette parole est vraie, mais le jour où nous devrions mettre cette parole en pratique, nous choisissons les paroles mensongères de notre chair et du dieu de ce siècle... Il ne faut pas qu'il en soit ainsi !

> *2 Timothée 2 : 23*
> *Repousse les discussions folles et inutiles, sachant qu'elles font naître des querelles.*

Il y a des paroles des hommes que vous ne devez pas écouter. Parfois il faut savoir raccrocher poliment le téléphone, s'éloigner d'une discussion stupide ou encore la faire cesser.

Votre âme n'est pas une poubelle et les gens n'ont pas le droit de jeter leurs déchets d'incrédulité, de perversité, de jalousie et de méchanceté en vous. Si toutefois ils le font, rejetez ces paroles et ne les acceptez pas. C'est votre droit.

> *Luc 8 : 13*
> *Ceux qui sont sur le roc, ce sont ceux qui, lorsqu'ils entendent la parole, la reçoivent avec joie; mais ils n'ont point de racine, ils croient pour un temps, et ils succombent au moment de la tentation.*

Qu'elles soient bonnes ou mauvaises, toutes les paroles ne prennent pas racine en nous, mais certaines paroles vont être semées en vous et porter du fruit. C'est pour cela qu'il est important de ne pas recevoir et accepter toutes les paroles.

Vous allez peut-être dire : « Oh mais moi je n'accepte pas les paroles des gens », mais observez ce à quoi vous pensez. Posez-vous vraiment ces questions aujourd'hui : « Qu'est-ce qui m'empêche de croire ? », « Qu'est-ce qui m'empêche de faire confiance en Dieu dans cet aspect de ma vie ? », « Qu'est-ce qui m'empêche d'avoir une entière confiance en Dieu ? », et vous réaliserez bien souvent que ceci est dû à des racines, paroles d'incrédulité, de doute, d'anxiété... qui ont été semées en vous et que vous avez régulièrement méditées.

Parfois dans ma vie, je peux entendre un mensonge. Si j'ai juste entendu, il n'y a normalement aucun problème. Si par contre, j'ai écouté ce mensonge, et qu'il revient à ma pensée, j'ai pris l'habitude de le dénoncer automatiquement et de rétablir la vérité à haute voix. Si j'ai entendu dire quelqu'un que Dieu était méchant par exemple, et que cette pensée revenait, je dirais : « Dieu est bon, Dieu est très bon ! ». Vous pouvez et devez faire la même chose et c'est encore mieux quand vous confessez avec cela la Parole de Dieu. Vous pouvez par exemple ajouter : « Oui, Dieu est bon, sa Parole dit qu'il m'aime d'un amour éternel et qu'il prend soin de moi. Oh oui, Dieu est bon ! ».

Si vous pratiquez ces choses vous allez construire autour de vous un rempart qui deviendra impénétrable et les mensonges ne pourront pas s'installer en vous car ils ne trouveront pas de quoi prendre racine. Le diable et ses petits copains ne viendront plus vous chercher des histoires mais ils fuiront loin de vous car en rétablissant la vérité, celle-ci les tourmentera et les angoissera. Les démons du possédé de Gadara suppliaient Jésus, et de la même manière les démons doivent plier le genou devant la sainte Parole de Dieu. La Parole de Dieu est puissante dans votre bouche. Ne la sous-estimez jamais.

> *Hébreux 4 : 12*
> *Car la parole de Dieu est vivante et efficace, plus tranchante qu'une épée quelconque à deux tranchants, pénétrante jusqu'à partager âme et esprit, jointures et moelles; elle juge les sentiments et les pensées du cœur.*

Si un collègue de travail ou encore un membre de votre famille vient vous raconter des débilités sur Dieu, vous avez le droit de rétablir la vérité ! Non, nous ne sommes pas l'avocat de Dieu et il n'a pas besoin qu'on le défende, mais pour nous-mêmes et pour les autres, nous nous devons de rétablir la vérité. Si les gens viennent vous parler de guerre, de tourment et de toutes les choses affreuses que le diable fait dans ce monde, vous avez le droit de parler de l'amour de Dieu et de sa puissance pour sauver quiconque vient à lui. Si quelqu'un vient vous parler des « hauts faits » de tel ou tel sorcier, vous pouvez parler de la toute-puissance de Dieu et de ses hauts faits.

> *1 Jean 2 : 21*
> *Je vous ai écrit, non que vous ne connaissiez pas la vérité, mais parce que vous la connaissez, et parce qu'aucun mensonge ne vient de la vérité.*

Refusez le mensonge, ne méditez pas sur des paroles fausses et armez-vous de la Parole de Dieu. Soyez une personne qui dit la vérité. Ne permettez pas à toutes les paroles que vous entendez de devenir semence en vous.

Parfois vous pouvez être dans le trouble, mais dans ce cas parlez la Parole de Dieu. Si aujourd'hui vous êtes angoissé, vous avez peur de la mort, du lendemain ou même d'aujourd'hui, si vous avez peur pour vos finances ou pour votre travail ou votre couple, armez-vous de la Parole de Dieu et déclarez-la encore et encore jusqu'à ce que Dieu fasse descendre sur vous sa paix surnaturelle qui gardera votre cœur et vos pensées en Lui. Oh la paix de Dieu est si douce ! Choisir sa Parole c'est choisir la paix, c'est choisir le bonheur, c'est choisir l'amour.

> *Philippiens 4 : 7*
> *Et la paix de Dieu, qui surpasse toute intelligence, gardera vos cœurs et vos pensées en Jésus-Christ.*

26 MAI

Raoul Wafo

Parle le langage de Dieu

Romains 4 : 17 : «Il est écrit : Je t'ai établi père d'un grand nombre de nations. Il est notre père devant celui auquel il a cru, Dieu, qui donne la vie aux morts, et qui appelle les choses qui ne sont point comme si elles étaient ».

En tant que citoyen du Royaume de Dieu, Dieu attend de toi que tu puisses opérer dans le surnaturel. Il y a tellement des défis auxquels tu es confronté quotidiennement, qui auront tendance à te dicter le langage que tu devras parler. Mais n'oublie pas ce principe :

« Ce que tu dis, c'est ce qui arrive »

Dieu attend de toi que tu appelles les choses qui ne sont pas comme si elles étaient. Si tu es malade, c'est le moment de déclarer que tu es guéri, si tu es pauvre, c'est le moment de dire que tu es riche. Car quand Dieu a dit que la lumière soit, n'oublie pas qu'en ce moment-là, tout ce qui se voyait sur la surface de l'abîme n'était que ténèbres (Genèse 1 : 3).

Dieu a choisi de parler le langage de sa propre nature. Dieu attend de toi que tu fasses le choix de parler son langage, le langage du Royaume de Dieu, de la lumière, de la vérité et non le contraire. En le faisant, tu vas libérer par ta bouche une force spirituelle qui viendra changer les choses autour de toi.

Lève-toi dans ta foi maintenant et commence à appeler les choses comme si elles étaient.

Prions :

« Père céleste, en ce jour et de tout mon cœur, je prends la résolution d'appeler les choses qui ne sont pas comme si elles étaient. Je choisis de parler le langage de la vérité, aux circonstances face auxquelles je suis, et je sais Seigneur, que tu amèneras mes paroles à manifestation, afin que ton nom soit glorifié ! »

27 MAI

Jérémy Sourdril

Les qualités d'une femme selon le cœur de Dieu

« Femmes, soyez soumises ».

Éphésiens 5 : 22
Femmes, soyez soumises à vos maris, comme au Seigneur;

Un pasteur a utilisé ce verset dans un mariage, mais en oubliant de lire le verset précédent. Plusieurs femmes ont commencé à se révolter. Le monde aujourd'hui a créé beaucoup de femmes qui veulent diriger leur maison par elles-mêmes. En fait, la plupart des femmes qui ont un problème avec la soumission ont ce problème car elles ont une mauvaise expérience du mariage et la grande majorité de ces femmes sont aigries et elles vous diront : « Moi, faire encore confiance à un homme ? Jamais ! Je me suis déjà bien fait avoir ! ».

- Déjà, on peut remarquer que la femme ne doit pas être soumise à tous les hommes, mais seulement à son mari dans le cadre du mariage.
- On peut remarquer aussi au verset d'avant qu'en fait, nous devons tous nous soumettre les uns aux autres poussés par la crainte de Christ.
- Soumission ne veut pas dire paillasson. Il n'est pas dit que la femme devait être un tapis sur lequel le mari pouvait s'essuyer en rentrant à la maison, après une journée fatigante.
- Le principe divin de la soumission est merveilleux lorsqu'il est bien compris. Une unité dans la pluralité, Dieu a établi des rôles différents qui, lorsqu'ils sont vraiment compris et respectés amènent une grande bénédiction. Un couple béni est un couple dont la femme est soumise.
- Une autre chose que l'on peut dire est que Paul s'adresse aux femmes ici. Les hommes ne sont pas censés écouter. Ce n'est donc pas à l'homme de dire à sa femme : « Tu dois être soumise », mais c'est à la femme de se soumettre délibérément. Il n'est pas dit : « Maris, soumettez vos femmes ! », ou encore : « Faites-les marcher dans la soumission ». C'est la femme qui choisit de se soumettre par amour et par respect et par obéissance à Dieu premièrement puis pour son mari, croyant que la sagesse de Dieu est de loin la meilleure.
- La soumission de la femme à son mari est comparée à la soumission de l'Église au Christ. C'est donc une soumission qui est bonne et enveloppée d'amour.
- La femme choisit de se soumettre à cause du rôle que Dieu a donné à l'homme, pas forcément parce qu'elle est d'accord avec tout. Il est facile de se soumettre quand tout va bien, mais la soumission sera testée, lorsque le mari aura la tête dure et n'écoutera pas les bons conseils de sa femme.
- Il n'est pas dit que la femme doit se soumettre seulement si l'homme respecte ses obligations à lui.
- Une femme ne doit pas se soumettre si son mari lui demande des choses que Dieu n'approuve pas, et une fois de plus, ce n'est pas au mari de dire à sa femme de se soumettre.

Une bonne conseillère, non irritable et non excessive de jalousie

La femme est appelée à être une bonne conseillère. Il y a de nombreuses femmes qui, à cause du fait qu'elles respectent la soumission, reçoivent une sagesse divine. Il faut savoir bien conseiller son mari et ne pas le laisser prendre une mauvaise direction sans le conseiller avec douceur. Une chose remarquable chez une femme, c'est la douceur.

Une femme douce, c'est une femme qui aura plus de faveur que les autres. Il faut aussi savoir maîtriser ses émotions, ne pas manipuler son mari avec ses émotions, et ne pas crier. Il faut rechercher la paix. Si votre mari est niais, et bien soyez plus intelligente que lui, choisissez l'amour et la réconciliation. Refusez-vous de piétiner l'autorité que Dieu a donnée à votre mari, ce serait déshonorer Christ. Ne soyez pas non plus jalouse à l'extrême, car cela fait fuir les maris, comme la vaisselle les fait fuir.

28 MAI

Dorothée Rajiah

Courez !

Voici des paroles de Paul qui sont pour moi parmi les plus belles et les plus puissantes de la Bible ! Nous devrions être capables de les dire, car elles ne peuvent être prononcées que par des gens qui ont accepté de mener une vie qui a un sens et une direction. Il faut avoir et poursuivre un rêve à l'intérieur de soi pour pouvoir les prononcer !

> *Philippiens 3 : 7-14*
> *Mais ces choses qui étaient pour moi des gains, je les ai regardées comme une perte, à cause de Christ. Et même je regarde toutes choses comme une perte, à cause de l'excellence de la connaissance de Jésus-Christ mon Seigneur, pour lequel j'ai renoncé à tout, et je les regarde comme de la boue, afin de gagner Christ, et d'être trouvé en lui, non avec ma justice, celle qui vient de la loi, mais avec celle qui s'obtient par la foi en Christ, la justice qui vient de Dieu par la foi, afin de connaître Christ, et la puissance de sa résurrection, et la communion de ses souffrances, en devenant conforme à lui dans sa mort, pour parvenir, si je puis, à la résurrection d'entre les morts. Ce n'est pas que j'aie déjà remporté le prix, ou que j'aie déjà atteint la perfection; mais je cours, pour tâcher de le saisir, puisque moi aussi j'ai été saisi par Jésus-Christ. Frères, je ne pense pas l'avoir saisi; mais je fais une chose : oubliant ce qui est en arrière et me portant vers ce qui est en avant, je cours vers le but, pour remporter le prix de la vocation céleste de Dieu en Jésus-Christ.*

Toute personne née dans ce monde cherche le bonheur

C'est légitime de vouloir être heureux, de vouloir se marier et réussir professionnellement... Mais qu'est-ce que le vrai bonheur ? Qu'est-ce qui nous rend véritablement heureux ?

- Vivre pour un rêve, c'est ce qui rend vraiment heureux
- Rien n'est plus grand ni plus beau que de vivre pour Dieu.

Le but et le rêve que vous allez poursuivre dessinera la carte et l'itinéraire de votre vie

Paul avait un rêve, un objectif au fond de lui, c'est pourquoi il courait, il se portait en avant et il était capable d'oublier et de mettre de côté certaines choses...

> *Philippiens 3 : 13-14*
> *Frères, je ne pense pas l'avoir saisi; mais je fais une chose : oubliant ce qui est en arrière et me portant vers ce qui est en avant, je cours vers le but, pour remporter le prix de la vocation céleste de Dieu en Jésus-Christ.*

Je ne pense pas l'avoir saisi mais je fais une chose...

Nous n'avons pas tout reçu de Dieu. Nous n'avons pas tous les dons et toutes les capacités.
Il nous manque encore beaucoup de choses et nous avons encore beaucoup à apprendre, mais cela ne nous empêche pas d'aller de l'avant avec Dieu.

... oubliant ce qui est en arrière...

Il y a des choses qui doivent rester en arrière. Il y a des choses dont nous devons nous détacher : des façons de penser, d'agir, des habitudes et même parfois des gens !

... me portant vers ce qui est en avant

L'Esprit de Dieu nous appelle toujours à aller de l'avant. Même si le juste tombe sept fois, Dieu le relève. Dieu ne nous veut jamais à terre. Il nous relève pour que nous avancions.

... je cours vers le but...

Notre vie doit être vécue pour un but. Paul n'était pas un homme qui marchait, c'est un homme qui courait. Nous aussi sommes des gens qui courons et notre but est Jésus-Christ

... pour remporter le prix de la vocation céleste de Dieu en Jésus-Christ

Paul ne courait pas n'importe comment. Il explique qu'il ne court pas comme à l'aventure, mais qu'il court pour remporter une couronne incorruptible, pour atteindre un but !

> *1 Corinthiens 9 : 25-27*
> *Tous ceux qui combattent s'imposent toute espèce d'abstinences, et ils le font pour obtenir une couronne corruptible; mais nous, faisons-le pour une couronne incorruptible. Moi donc, je cours, non pas comme à l'aventure; je frappe, non pas comme battant l'air. Mais je traite durement mon corps et je le tiens assujetti, de peur d'être moi-même rejeté, après avoir prêché aux autres.*

Si vous voulez vivre une vraie vie et pas seulement « exister », il faut courir comme Paul, il faut vivre pour accomplir les buts de Dieu !

Une grande partie des gens que vous rencontrerez dans la vie ne parleront que d'eux et ne seront intéressés que par eux, car ils n'ont pas de rêve. Une autre grande partie des gens que vous rencontrerez admirent ceux qui ont un rêve et le poursuivent et donneraient beaucoup pour leur ressembler, parce qu'ils n'en ont pas.

Remerciez Dieu d'avoir un rêve. Les rêves de Dieu nous rendent riches !

29 MAI

Jérémy Sourdril

Faites un cadeau à quelqu'un cette semaine !

Il y a des gens qui pensent que faire des cadeaux n'est pas quelque chose de spirituel. Pourtant, lorsque vous agissez par amour, cet acte peut être très spirituel ! Il existe des gens qui parlent contre la prospérité, mais qui ont les poches cousues tellement elles ne veulent pas donner aux autres !

Nous devons trouver un équilibre et donner, par amour envers nos frères, nos sœurs, et le monde.

> *Actes 20 : 35*
> *Je vous ai montré de toutes manières que c'est en travaillant ainsi qu'il faut soutenir les faibles, et se rappeler les paroles du Seigneur, qui a dit lui-même : Il y a plus de bonheur à donner qu'à recevoir.*

La Puissance du présent

J'ai remarqué que trop de chrétiens ne pensent jamais à bénir leurs familles par des présents. La prospérité nous est utile pour deux choses principales : afin que nous soyons pourvus pour nos besoins personnels, et pour donner nos dîmes et offrandes au Seigneur (pour toute bonne œuvre).

> *Proverbes 21 : 14*
> *Un don fait en secret apaise la colère, Et un présent fait en cachette calme une fureur violente.*

Vous n'avez peut-être pas des gens de votre famille ou amis qui sont en colère ou remplis de fureur à votre égard, mais peut être des personnes qui ne comprennent pas votre style de vie, qui ne comprennent pas votre amour pour Dieu, qui ne comprennent pas votre foi. Peut-être est-ce votre femme, votre mari, ou vos enfants. Peut-être une tante, une grand-mère, un oncle oublié. Peut-être un ami d'enfance, un chrétien rétrograde ?

Sans arrière-pensée, pensez à quelqu'un aujourd'hui. Quelqu'un dans votre entourage a besoin d'un cadeau. Un appel, une lettre, une visite, un geste, un cadeau, quelqu'un a besoin de vous. Pourquoi se priver de donner ? Le Seigneur a dit dans :

> *Jean 15 : 13*
> *Il n'y a pas de plus grand amour que de donner sa vie pour ses amis.*

Donner sa vie, ce n'est pas forcément mourir pour les autres, c'est évident. Mais c'est se donner pour les autres, bénir les autres, les encourager, être tourné toujours vers les autres. Offrir un cadeau est quelque chose de simple, mais qui est un beau geste d'amour.

Je crois que le Seigneur peut vous inspirer à offrir un cadeau à quelqu'un. On a entendu tellement de témoignages en ce sens. Ce petit garçon qui voulait une bicyclette rouge mais qui n'avait pas d'argent et dont la maman lui disait de prier pour cela s'il voulait l'avoir un jour. Cette petite fille qui voulait une maison de poupée, ce père de famille qui voulait une voiture pour aller travailler et qui les ont reçus de quelqu'un... Les témoignages seraient nombreux pour démontrer que bien des gens ont été inspirés par Dieu pour envoyer un cadeau à quelqu'un.

On n'achète pas l'amour ou la reconnaissance des gens avec des cadeaux. Cela est mauvais ! Mais ce qui nous anime, c'est l'amour. Dieu nous a fait le plus beau des cadeaux : envoyer Jésus-Christ, son fils unique, mourir pour notre salut. Dieu n'est pas contre des cadeaux, au contraire, on en trouve bien d'exemples dans la Parole de Dieu.

Je sais que des gens sont arrivés tristes et démoralisés à l'église, et quelqu'un avait eu à cœur de leur offrir un cadeau ce jour-là. Ces gens ont retrouvé la joie et ont été édifiés de voir que quelqu'un pensait encore à eux et qu'ils avaient écouté Dieu. Donnons avant tout aux frères et sœurs dans la foi et, plus que pourvoyons, honorons les serviteurs de Dieu qui travaillent au bien de nos âmes.

> *Galates 6 : 10*
> *Ainsi donc, pendant que nous en avons l'occasion, pratiquons le bien envers tous, et surtout envers les frères en la foi.*

Philippiens 2 : 25
J'ai estimé nécessaire de vous envoyer mon frère Epaphrodite, mon compagnon d'œuvre et de combat, par qui vous m'avez fait parvenir de quoi pourvoir à mes besoins.

Beaucoup trop de gens se limitent à la dîme. Vous pouvez appeler un cadeau une offrande. Vous pouvez faire une offrande, en dehors de votre dîme, qui est un cadeau pour quelqu'un, dans le but d'être une bénédiction pour lui. Parfois c'est une bonne chose que d'offrir à quelqu'un quelque chose qu'on n'oserait pas s'offrir soi-même car nous trouvons cela trop cher; car cette même personne ne l'achètera pas pour elle non plus !

Ma femme a un don de libéralité. Elle aimerait offrir des cadeaux chaque semaine à toutes sortes de gens. Elle sème ici et là, et nous récoltons. Un cadeau peut être une semence. Ce n'est pas forcément quelque chose qui vous coûtera de l'argent !

Un jour, de merveilleux amis nous ont fait pendant trois semaines un don chaque semaine. Personne n'était au courant mais nous traversions une tempête et nous marchions dans la foi. L'argent donné la première semaine fut utilisé dans la semaine, puis ainsi de suite. À la fin, la tempête était passée. Quelques semaines plus tard, nous étions dans un magasin et nous avons vu un beau canapé qui était de la même série que le canapé de ces amis. Nous l'avons acheté et nous l'avons déposé chez eux. Ils étaient tellement heureux ! Finalement, nous avions été une bénédiction les uns pour les autres, et l'amour avait encore grandit !

Quand j'étais plus jeune, j'étais avare, radin. Alors que j'étais rétrograde, une fille m'avait quitté juste parce que j'étais radin ! Mais en revenant au Seigneur, Dieu m'a délivré de cette attitude et je suis devenu un donneur. Depuis bien des années maintenant, j'ai eu la joie avec mon épouse de donner encore et encore pour toute bonne œuvre, et cela est une très grande bénédiction. Si vous êtes radin, ou que vous êtes attaché à l'argent, cela n'est pas bon devant Dieu, il faut changer d'attitude vis à vis de l'argent. Commencez à donner 5 euros à un enfant, puis 10 euros à un ado, 20 euros à un jeune, 50 euros à un adulte et bientôt vous pourrez donner 500 euros sans vous faire de souci. Voici un verset que l'on aime aussi utiliser concernant les finances :

Luc 6 : 38
Donnez, et il vous sera donné : on versera dans votre sein une bonne mesure, serrée, secouée et qui déborde; car on vous mesurera avec la mesure dont vous vous serez servis.

C'est une puissante réalité ! J'aimerais vous laisser sur ce dernier passage, que je vous encourage à lire en entier :

2 Corinthiens 9 : 6-11
Sachez-le, celui qui sème peu moissonnera peu, et celui qui sème abondamment moissonnera abondamment. Que chacun donne comme il l'a résolu en son cœur, sans tristesse ni contrainte; car Dieu aime celui qui donne avec joie. Et Dieu peut vous combler de toutes sortes de grâces, afin que, possédant toujours en toutes choses de quoi satisfaire à tous vos besoins, vous ayez encore en abondance pour toute bonne œuvre, selon qu'il est écrit : Il a fait des largesses, il a donné aux indigents; Sa justice subsiste à jamais. Celui qui Fournit de la semence au semeur, Et du pain pour sa nourriture, vous fournira et vous multipliera la semence, et il augmentera les fruits de votre justice. Vous serez de la sorte enrichis à tous égards pour toute espèce de libéralités qui, par notre moyen, feront offrir à Dieu des actions de grâces.

Un disciple de Jésus-Christ, c'est aussi quelqu'un qui sait penser aux autres, car il y a plus de bonheur à donner qu'à recevoir. Je vous exhorte à demander au Seigneur : « Père, je prie au nom de Jésus-Christ, mets-moi à cœur une personne et un cadeau à lui offrir s'il te plaît. Amen ! ».

30 MAI

Jérémy Sourdril

Donnez-vous le moins bon à Dieu ?

Dieu est un être spirituel, mais Dieu a toujours apprécié les choses matérielles que l'on peut lui offrir. Oui, cela peut vous surprendre mais il en est pourtant ainsi.

Bien sûr, Dieu regarde toujours le cœur qui est derrière ce que vous allez lui donner, voilà pourquoi une petite pièce, si c'est tout ce que vous avez, plaira à Dieu, et si vous avez les moyens et que vous avez 10.000 pièces et que vous les donnez à Dieu, cela plaira aussi à Dieu.

Jésus n'était pas aussi satisfait car les riches n'avaient pas donné assez d'argent !

> *Marc 12 : 41-42*
> *Jésus, s'étant assis vis-à-vis du tronc, regardait comment la foule y mettait de l'argent. Plusieurs riches mettaient beaucoup. Il vint aussi une pauvre veuve, elle y mit deux petites pièces, faisant un quart de sou.*

Parfois des gens disent, pour excuser leur radinerie envers Dieu, que cette petite veuve dans la Bible n'a donné que deux petites pièces et que cela a plu à Jésus plus encore que tous les riches qui avaient donné plus. Mais en fait si Jésus n'était pas aussi satisfait des autres offrandes, c'est parce que les autres n'avaient pas donné assez !

> *Marc 12 : 43-44*
> *Alors Jésus, ayant appelé ses disciples, leur dit : Je vous le dis en vérité, cette pauvre veuve a donné plus qu'aucun de ceux qui ont mis dans le tronc; car tous ont mis de leur superflu, mais elle a mis de son nécessaire, tout ce qu'elle possédait, tout ce qu'elle avait pour vivre.*

Ces riches n'avaient pas donné assez en fonction de ce qu'ils possédaient, mais ils avaient donné de leur superflu, alors que la veuve avait donné tout ce qu'elle avait ! Cela me rappelle l'histoire de cette autre veuve de Sarepta, qui donna son dernier gâteau à l'homme de Dieu ! Il ne lui restait qu'une poignée de farine et un peu d'huile au fond d'une cruche ! Elle a donné à l'homme de Dieu tout ce qu'elle avait. Je suis convaincu que la veuve dont parla Jésus dans Marc 12 prospéra par cette offrande, car :

> *2 Corinthiens 9 : 6*
> *Sachez-le, celui qui sème peu moissonnera peu, et celui qui sème abondamment moissonnera abondamment.*

Cette veuve n'a pas donné peu, elle a donné tout ce qu'elle avait, et cette offrande a dû être multipliée. Ensuite, elle a pu certainement encore donner et là encore Dieu a pu multiplier ce qu'elle avait donné...

Certains disent que Dieu n'a pas besoin de notre argent, alors, ils gardent tout pour eux, et ils laissent leur église végéter et mourir. Ils donnent le minimum de salaire à leur pasteur pour « ne pas qu'il s'enorgueillisse », pendant qu'eux-mêmes vont en vacances à Hawaï et s'achètent une voiture neuve.

J'ai vu et entendu parler d'églises qui laissaient, excusez-moi l'expression, crever leur pasteur financièrement. Ce n'est pas à nous de mettre des choses dans la vie de notre pasteur ou des gens autour de nous afin qu'ils ne s'enorgueillissent pas. Nous ne sommes pas Dieu pour reprendre ses serviteurs et contrôler leur degré d'orgueil. Trop de chrétiens ont comme principe de donner le minimum à leur pasteur, car, dit-on : « Il sert Dieu ». David voulait offrir un sacrifice à Dieu et il refusa de l'avoir gratuitement, sans avoir d'argent à donner :

> *1 Chroniques 21 : 24*
> *Mais le roi David dit à Ornan : Non ! Je veux l'acheter contre sa valeur en argent, car je ne présenterai point à l'Éternel ce qui est à toi, et je n'offrirai point un holocauste qui ne me coûte rien.*

A la fois nous disons dans nos chants que nous donnons le meilleur à Dieu et à la fois nous sommes avares et égoïstes ! Ce n'est pas quand l'église est dans une petite barque dans la tempête qu'il faut sortir de la barque et prendre votre jet-ski tout neuf que vous venez de vous acheter pour quitter la tempête et dire que Dieu vous a appelé ailleurs, dans un endroit plus tranquille ! Le Seigneur saura vous diriger, mais il saura aussi vous reprendre si vous avez violé votre conscience.

Trop de gens ont une mentalité de pauvreté pour l'Église. Je me souviens d'avoir vu quelque chose qui me choqua vraiment. J'étais dans une église et il y avait là un chrétien qui avait eu entre les mains des centaines de milliers d'euros, certainement des millions au travers de son entreprise, et pour les repas fraternels de l'église, il avait proposé, au lieu d'acheter des tables neuves, de prendre des portes de l'église et de les mettre sur des trépieds en bois afin qu'on mange dessus ! Et c'est à peu près ce qui se fit !

Malachie 1 : 8
Quand vous offrez en sacrifice une bête aveugle, n'est-ce pas mal ? Quand vous en offrez une boiteuse ou infirme, n'est-ce pas mal ? Offre-la donc à ton gouverneur ! Te recevra-t-il bien, te fera-t-il bon accueil ? Dit l'Éternel des armées.

Malachie 1 : 14
Maudit soit le trompeur qui a dans son troupeau un mâle, Et qui voue et sacrifie au Seigneur une bête chétive ! Car je suis un grand roi, dit l'Éternel des armées, Et mon nom est redoutable parmi les nations.

Nous ne sommes plus sous la malédiction mais les principes qui engendraient la malédiction sont toujours d'actualité ! Dieu ne change pas dans son caractère mais les moyens d'exprimer son caractère peuvent changer ! Dans cette église des gens venaient amener les jouets (parfois défectueux) dont ils ne voulaient plus chez eux, pour les donner à l'école du dimanche ! L'église avait acheté du lino pour mettre sur le sol et avait recouvert la salle à 80%, et cela resta pendant des années ! Pourtant il y avait l'argent pour terminer, mais bon, c'était la maison de Dieu !

Les gens se permettent des choses qu'ils ne se permettraient pas chez eux. Ils voient des jeux aux poubelles dehors et ils disent : « Oh ça servirait bien pour l'église ! »... Dieu ne vous demande pas de donner l'argent que vous n'avez pas, et de tout donner à l'église, mais Dieu demande de lui donner avec joie, sans contrainte, en écoutant votre cœur, et en ne donnant pas moins que ce que vous feriez pour vous-même. Il est Dieu !

Dans cette église les enfants n'avaient pas de table, et quelqu'un avait proposé d'acheter une petite table à Emmaüs (un endroit où l'on achète des choses dont plus personne, ou presque, ne veut). J'étais vraiment en colère, cela me dépassait vraiment, j'achetai donc une belle table pour enfant avec des chaises pour enfant et je la donnai à l'église.

J'ai vu tellement cette attitude chez les chrétiens ! Si vous êtes un collectionneur de vieux rideaux, de vieilles horloges, de vieux tapis ou de vieilles fleurs séchées, visitez les églises car vous risqueriez de trouver la perle rare dont plus personne ne veut plus, mais que les chrétiens, eux, utilisent pour leur Dieu !

31 MAI

Jérémy Sourdril

Donnez-vous le moins bon à Dieu ? (suite)

J'ai entendu une sœur qui avait quitté une église car elle n'était pas d'accord avec la gestion financière de celle-ci, et qui rejoignit un groupe anti-église locale. Elle déclara qu'elle était choquée car cette église avait acheté une cuisine qui coûta 15.000 euros...

> *2 Chroniques 1 : 11-12*
> *Dieu dit à Salomon : Puisque c'est là ce qui est dans ton cœur, puisque tu ne demandes ni des richesses, ni des biens, ni de la gloire, ni la mort de tes ennemis, ni même une longue vie, et que tu demandes pour toi de la sagesse et de l'intelligence afin de juger mon peuple sur lequel je t'ai fait régner, la sagesse et l'intelligence te sont accordées. Je te donnerai, en outre, des richesses, des biens et de la gloire, comme n'en a jamais eu aucun roi avant toi et comme n'en aura aucun après toi.*

Dieu n'a jamais été contre l'or, son temple était plein de kilos d'or, c'est lui qui l'a mis en terre et les routes au ciel en seront pavées ! Il n'est pas contre les biens et même pas contre la gloire ! Ce que Dieu déteste, c'est que l'homme recherche l'or et ait de l'amour pour l'or et l'argent. Ce n'est pas l'argent qui fait tomber un homme, et vous savez quoi, ce n'est même pas la gloire, c'est le caractère de cet homme face à l'argent et à la gloire. Dieu a fait de Salomon, un serviteur de Dieu, un multimilliardaire. Ce n'est pas l'argent qui a fait tomber Salomon, c'est son caractère par rapport aux femmes.

Il ne faut pas être riche pour avoir ce problème car même les plus pauvres tombent ainsi ! J'en parlerai à une autre occasion.

Plus de 100 fois il y a le mot « or » dans la construction du temple que Dieu lui-même a demandé à Moïse de construire. Même les habits des hommes de Dieu qui servaient Dieu étaient plein d'or eux aussi ! Dieu va demander à Moïse de recueillir une offrande par le peuple, mais pas une offrande de chose de peu de valeur !

> *Exode 25 : 1-3*
> *L'Éternel parla à Moïse, et dit : Parle aux enfants d'Israël. Qu'ils m'apportent une offrande; vous la recevrez pour moi de tout homme qui la fera de bon cœur. Voici ce que vous recevrez d'eux en offrande : de l'or, de l'argent et de l'airain*

Si Moïse avait fait cela aujourd'hui, en demandant aux gens de ramener des gros billets de banque, de l'or, le bois le plus précieux et des ustensiles de la plus grande valeur, les gens auraient été choqués et ils auraient dit : « Mais vous plaisantez, c'est l'église, on ne doit pas voir d'argent dans une église » et entre guillemet ils auraient pu dire : « Car Dieu est pauvre et Dieu se plaît dans la pauvreté ! ». Mais non, Dieu n'est pas pauvre, Dieu est plus que milliardaire et l'argent n'est pas un problème pour lui.

> *Exode 36 : 5*
> *Et vinrent dire à Moïse : Le peuple apporte beaucoup plus qu'il ne faut pour exécuter les ouvrages que l'Éternel a ordonné de faire.*

Les gens avaient un cœur pour Dieu et comprenaient l'importance de donner des choses de valeur pour la maison de Dieu afin qu'elle soit la plus belle possible, afin qu'elle représente ce que Dieu désirait. Encore une fois, ce n'est pas seulement le montant que l'on peut donner qui plaît à Dieu, mais c'est la qualité de ce que l'on donne et combien on donne par rapport à ce que l'on possède nous-mêmes.

Si dans votre église une pièce est à repeindre, si le bureau ou l'armoire de votre pasteur est prêt à s'écrouler, si on peut lire sur la pancarte de l'église : ÉGLISE DE PENTE au lieu de ÉGLISE DE PENTECOTE, car il manque les quatre dernières lettres, changez-tout cela ! Si vous aviez prévu de vous acheter un téléviseur à 1000 dollars mais que le carrelage, la tuyauterie et les toilettes de la salle de bain de votre église sont pourris, participez à les changer !

Je vous le dis : changez la cuvette des toilettes qui est sale et les tapis pleins de poussière qui sont dans la salle des enfants ! Faites dans l'église non pas moins bien que chez vous, non pas comme vous le feriez chez vous, mais MIEUX encore que chez vous, car c'est la maison de Dieu !

01 JUIN

Mamadou Karambiri

Soyez flexible

Jérémie 18.6 : « Comme l'argile dans la main du potier... »

Le poussin ne serait jamais ce beau coq qui chante si bien s'il refusait de casser cet œuf et d'en sortir.

Le papillon ne serait jamais ce magnifique insecte aux ailes parées de belles couleurs s'il restait telle cette chenille qui se traîne sur le sol.

Tant que vous resterez dans cette mentalité non renouvelée du vieil homme, vous ne bénéficierez point des avantages de la nouvelle créature en Christ. Si par contre vous osez sortir de votre boîte, il vous sera impossible de retourner à votre état originel de vieil homme. Et satan le sait bien. C'est pour cela qu'il fait tout pour vous maintenir longtemps dans vos limites traditionnelles par la peur de prendre des risques.

Vous ne pourrez jamais vous élargir, vous déployer, vous étendre sans flexibilité. La nouvelle création en Christ est flexible par le Saint-Esprit qui habite en elle.

Comment cette flexibilité se manifeste-t-elle ?

Vous devez dans un premier temps, réajuster vos pensées sur la Parole de Dieu. Relisez :

> *Ésaïe 54 : 1-3*
> *Réjouissez-vous et faites éclater votre allégresse et votre joie. Élargissez l'espace de votre cœur. Déployez les bras de votre foi et affermissez votre confiance dans la fidélité de votre Dieu.*

Ensuite, obéissez à la Parole de Dieu, par des actes précis. Pierre a jeté le filet sur la parole de Jésus. Il avait essayé en vain par ses propres forces mais sur la Parole de Dieu, la pêche a été fructueuse. De même, lors du mariage de Cana, les serviteurs ont rempli d'eau les six vases de pierre sur l'ordre de Jésus... parce qu'ils avaient foi dans la parole de Jésus et s'attendaient à un miracle.

Enfin, soyez humble et abandonnez-vous entre les mains du Seigneur. Marie a dit : « Je suis la servante du Seigneur et je m'abandonne à la parole de mon Dieu ».

Il est temps que vous sortiez de vos cages de peur et d'incrédulité. Fortifiez-vous dans le Seigneur et par son Esprit tout-puissant. Ne craignez point et prenez courage. Celui qui est en vous est plus puissant que toutes les circonstances, l'environnement et les événements extérieurs. Vous êtes plus que vainqueur en Christ.

Une action pour aujourd'hui

Remplissez votre cœur de la parole de Dieu. Renouvelez votre intelligence en méditant les promesses du Seigneur. Proclamez par votre bouche, cette parole vivante. Alors vous verrez la gloire de Dieu dans votre vie.

02 JUIN

Joël Spinks

De conférence en conférence ou de gloire en gloire ?

J'aime assister à des réunions spéciales, des retraites et des conférences ! Quelle joie de vivre de nouvelles expériences entre croyants ! Nous organisons régulièrement des moments comme ceux-là, afin de vivre des temps de rafraîchissement. Oui, j'aime les événements spéciaux, mais je dois vous avouer que je préfère l'église locale !

> *2 Corinthiens 3 : 18*
> *Nous tous qui, le visage découvert, contemplons comme dans un miroir la gloire du Seigneur, nous sommes transformés en la même image, de gloire en gloire, comme par le Seigneur, l'Esprit.*

Vous savez, les chrétiens sont souvent à la recherche d'une expérience nouvelle avec le Seigneur. Ils veulent vivre « plus » en Dieu. Ils ont soif de Sa merveilleuse présence ! Certes, ces désirs sont légitimes et même louables, cependant, je crois que plusieurs chrétiens tombent dans « le piège des conférences » en assistant à plein de réunions mais en négligeant leur propre assemblée. Vous voyez, si un chrétien n'est pas attaché et fidèle dans l'assistance régulière des réunions dans d'une église locale, il ne grandira et ne murira pas comme le Seigneur l'avait prévu.

> *Hébreux 10 : 25*
> *N'abandonnons pas notre assemblée, comme c'est la coutume de quelques-uns; mais exhortons-nous réciproquement, et cela d'autant plus que vous voyez s'approcher le jour.*

« Si seulement mon église était comme cette conférence ! »

Certes, le feu et la passion sont des choses réelles et merveilleuses à expérimenter, cependant, nous ne ressentons pas toujours la gloire lors des moments les plus glorieux : ceux dédiés à la croissance spirituelle (là où la chair apprend à se soumettre). Si vous êtes honnêtes avec vous-mêmes, qui d'entre vous paierait et s'inscrirait aux conférences suivantes ? :

- La conférence de la maturité spirituelle
- La conférence de la générosité et de l'entraide
- La conférence de la repentance
- La conférence de la soumission

OU préfériez-vous plutôt vous inscrire aux conférences suivantes :

- La conférence sur la gloire céleste
- La conférence sur la faveur surnaturelle
- La conférence sur les miracles

Comprenez : lors d'une conférence, nous écoutons un ORATEUR qui nous stimule et nous bénit. À l'église, nous écoutons et recevons la provision céleste du PASTEUR que le Seigneur a placée sur notre vie. Notre pasteur devrait nous stimuler à progresser dans le Seigneur. Le fruit ultime de son ministère sera notre bénédiction, mais nous ne le RESSENTONS pas tous toujours immédiatement. Voilà la raison pourquoi les gens abandonnent leur église. De plus, si nous avons un besoin véritable, nous appellerons notre pasteur et non l'orateur qui n'est pas réellement présent dans notre vie.

À la clôture d'une bonne conférence, les gens recherchent souvent comment ils peuvent se remplir à nouveau, comme au moment de la dernière conférence. Au lieu de PROGRESSER de gloire en gloire, ces gens S'OCCUPENT (en réchauffant les bancs) de conférence en conférence.

Dieu souhaite que vous soyez remplis de Son Esprit, et ce, constamment. Cependant, il souhaite aussi vous voir engagés personnellement dans la recherche de Sa présence. Combien de temps par jour passez-vous à lire et à méditer Sa Parole ? Combien de temps consacrez-vous à la prière en langues ? Souvent, lors d'une conférence, nous bénéficions de l'onction qui repose sur l'orateur et qui est relâchée par sa consécration. MAIS VOUS AUSSI pouvez vous consacrer et vivre la gloire !

« À la conférence tout était beau et parfait ! »

Si cette conférence devenait une église, vous verriez également les imperfections de ces êtres-humains. Puisque nous sommes présents que dans quelques réunions, nous avons une image faussée de la réalité. De toute manière, si nous passons notre temps à évaluer les gens, nous risquons d'être que des spectateurs, non-impliqués dans le vrai service du Maître. Les gens occupés à Le servir n'ont pas le temps d'évaluer tous les soldats dans l'armée.

Véritablement, nous ne sommes pas appelés qu'à la gloire d'une conférence, mais nous sommes appelés à servir le Seigneur et à s'oublier soi-même dans une gloire qui demeure. Dieu souhaite notre édification dans une conférence, mais aussi notre croissance spirituelle dans le cadre d'une église locale ! La chair n'est pas à la recherche de frères et sœurs « papier-sablés » mais Dieu sait que notre caractère a besoin de se développer en les côtoyant à l'église. Bref, nous ne pouvons pas vivre dans une conférence. Nous devons sortir des rangs des spectateurs et servir dans l'armée du Grand Roi.

C'est dans l'église locale que j'ai appris à laver les toilettes, laver les plancher, enseigner les enfants dans l'école du dimanche, chanter comme soliste, prêcher et ensuite enseigner à la télé. Je remercie le Seigneur pour les années de services dans Son armée qui ont beaucoup travaillé mon caractère. Merci mon Dieu pour tous les messages que ma chair ne voulait pas entendre mais qui ont fait de moi un porteur de Ton message, à l'église et dans les conférences ! Merci Seigneur pour la gloire que j'ai expérimentée dans le surnaturel, mais je Te remercie premièrement pour le temps de préparation que tu m'as accordé.

Une chose est certaine, une conférence ne servira jamais comme un abri véritable contre toutes blessures. Si vous ne fréquentez que des conférences, Dieu vous attend toujours à l'église. Il veut vous guérir, vous restaurer et vous équiper. Sachez que Dieu n'est pas contre votre participation dans une conférence. Au contraire, si vous êtes fidèles dans votre église locale et si vous avez le privilège de COMPLÉTER votre marche chrétienne avec ces moments spéciaux, alors tous sont gagnants !

03 JUIN

Jérémy Sourdril

Vous ne savez pas bien parler ? Vous êtes timide ?

Plusieurs personnes ont des difficultés à s'exprimer, et cela est parfois très gênant pour eux, que ce soit pour annoncer l'évangile, ou tout simplement pour avoir des relations fraternelles, amicales ou professionnelles. Parfois, cela les amènera même à être introverties, et ne jamais parler à personne.

Que ce soit par manque de confiance en vous, par timidité, par manque d'éducation, ou parce que vous êtes dans un autre pays que le vôtre, avec une autre culture ou une autre langue, vous faites peut-être partie de ces personnes qui n'osent pas trop parler en public ou même en cercle restreint.

J'ai vécu ce problème pendant plusieurs années pour parler en public, par manque de confiance en moi, qu'on appelle parfois timidité. Je me souviens qu'au collège, je préférais avoir 0/20 que de faire un exposé devant toute la classe. Je détestais cela. Quand il s'agissait de faire rire la classe 10 secondes, je n'étais pas gêné, mais quand tout le monde avait le regard sur moi et s'attendait à quelque chose de ma part, je trouvais cela horrible car je rougissais beaucoup et je ne savais pas toujours pourquoi...

La peur de parler en public me poursuivait, et ce pendant près de 10 ans. Un jour, mon pasteur m'a invité à prêcher pour la première fois. J'avais alors 19 ans. J'étais stressé, mais je n'ai pas rencontré de problème particulier, même si cela était un petit peu inconfortable. Le pasteur m'avait laissé la liberté de prendre le temps dont j'avais besoin, et il pensait que j'allais prêcher 20 minutes, mais j'ai prêché 45 minutes ce jour-là. Ce fut le début de ma délivrance. Puis, j'ai prêché dans des réunions de jeunes. Je « prenais sur moi », et cela allait. Jusqu'à mes 21 ans, je prêchais mais je restais derrière le pupitre en bois bien confortablement et il y avait une vraie évolution : Dieu m'aidait dans ce défi.

Un jour j'ai assisté à une réunion d'Heidi Baker en Suisse. J'allais bientôt avoir 22 ans. Il y avait une merveilleuse présence de Dieu, et j'ai reçu dans cette réunion une libération de la peur de parler en public. Je n'ai pourtant rien senti de particulier. J'avais changé mes façons de penser, en voyant Heidi, morte à elle-même, adorant comme une enfant, et j'ai été touché de la façon dont elle exerçait le ministère avec simplicité. Depuis ce jour je n'ai plus jamais eu peur de parler en public.

Vous ne rencontrerez peut-être pas Heidi Baker et ce n'est probablement pas la façon dont vous recevrez votre délivrance, mais Dieu est disponible aujourd'hui pour vous guérir de cette difficulté. Parfois les gens apprennent une nouvelle langue et quand ils sont confrontés à des gens parlant la même langue, ils ne veulent pas l'exercer par honte de faire des erreurs. C'est dommage car c'est vraiment comme cela, en appliquant ce qu'on a appris, qu'on développe notre langage.

Par exemple, essayez de lire cette phrase : Puveoz-vuos lrie ceci ? Soeln une rcheerche fiate à l'Unievristé de Cmabridge, il n'y a pas d'iromtpance sur l'odrre dnas luqeel les lerttes snot, la suele cohse imotprante est que la priremère et la derènire letrte du mot siot à la bnone palce.

Vous avez certainement réussi à lire cette phrase, et pourtant toutes les lettres sont mélangées ! Ainsi ne vous en faites pas si votre langage n'est pas parfait, les gens vont vous comprendre et vous réussirez à dire ce que Dieu voulait dire au travers de vous. Dieu a dit : Ouvre ta bouche, et je la remplirai. Il n'a pas dit : ouvre ta bouche, mais fais-le très bien, parle parfaitement !

Pour recevoir sa délivrance par rapport à la timidité excessive, il y a deux aspects : l'aspect humain et l'aspect divin. Dieu vous libérera toujours mais vous devrez tout de même vous mettre à l'œuvre et croire qu'il l'a fait. Je vais prier pour vous aujourd'hui, afin que le Seigneur vous délivre de la timidité et de la crainte de parler en public.

Le thème de la peur de parler en public est un thème important dans la Parole de Dieu : Moïse, Jérémie, et d'autres prophètes ont fait face à ce problème.

> *Exode 4 : 10*
> *Moïse dit à l'Éternel : Ah ! Seigneur, je ne suis pas un homme qui ait la parole facile, et ce n'est ni d'hier ni d'avant-hier, ni même depuis que tu parles à ton serviteur; car j'ai la bouche et la langue embarrassées.*
>
> *Jérémie 1 : 5-7*
> *Avant que je t'eusse formé dans le ventre de ta mère, je te connaissais, et avant que tu fusses sorti de son sein, je t'avais consacré, je t'avais établi Prophète des nations. Je répondis : Ah ! Seigneur Éternel ! Voici, je ne sais point parler, car je suis un enfant. Et l'Éternel me dit : Ne dis Pas : Je suis un enfant. Car tu iras vers tous ceux auprès de qui je t'enverrai, et tu diras tout ce que je t'ordonnerai.*

Souvent, je lisais ces passages et cela me fortifiait de savoir que de si grands hommes de Dieu aient pu être comme moi. Dieu aime prendre des gens qui ne savent pas parler pour en faire des orateurs. Il aime prendre des gens malades pour les guérir et qu'ils guérissent eux-mêmes d'autres personnes... Il prend des pauvres pour les enrichir... et des dépressifs pour les rendre heureux.

> *1 Corinthiens 1 : 26-29*
> *Considérez, frères, que parmi vous qui avez été appelés il n'y a ni beaucoup de sages selon la chair, ni beaucoup de puissants, ni beaucoup de nobles. Mais Dieu a choisi les choses folles du monde pour confondre les sages; Dieu a choisi les choses faibles du monde pour confondre les fortes; et Dieu a choisi les choses viles du monde et celles qu'on méprise, celles qui ne sont point, pour réduire à néant celles qui sont, afin que nulle chair ne se glorifie devant Dieu.*

Dieu prend un plaisir tout particulier à utiliser des gens qui ont des faiblesses, afin que ceux-ci ne se glorifient pas en eux, et ainsi Dieu est celui qui est vraiment glorifié. Mais Dieu aime changer les faiblesses des hommes en force. J'ai réalisé dans ma vie que plus j'exerçais ce que Dieu me demandait (c'est à dire prêcher sa Parole), et plus il me donnait la capacité de le faire.

Après cette libération que j'ai vécue dans la réunion d'Heidi Baker, je devais prêcher un message pour Noël dans mon église et j'eus à cœur Matthieu 2 : 1-2. Le Seigneur ne m'avait donné que deux versets, et je ne savais absolument pas quoi dire, si ce n'est la phrase : « Soyons comme les mages ». Dieu m'avait mis à cœur quelque chose de vraiment étonnant (que je n'ai plus jamais fait depuis !) : me déguiser en mage pour prêcher ! Alors que je commençais à prêcher, j'ai enlevé mon costume et j'avais mon habit de mage en dessous. Les gens n'ont pas vraiment réalisé ce que j'ai fait ce jour-là (et je les comprends !) et cela fait encore bien rire ma femme, mais ce jour j'ai vécu ma première prédication en dehors du pupitre où je me cachais depuis trop longtemps confortablement. Une onction est descendue sur la réunion comme je ne l'avais jamais vécue auparavant en prêchant, et une inspiration surprenante est venue sur moi.

C'était ma première prédication où j'étais totalement libre. J'étais impressionné.

Cela était le début d'une grande leçon que le Seigneur me donna pendant longtemps au travers du passage de 1 Corinthiens 1, et dont il me parle encore régulièrement : nous ne sommes qu'une enveloppe, un vase, un instrument entre ses mains. Peu importe que vous sachiez bien parler, que vous soyez noir ou blanc, une femme ou un homme, grand ou petit, gros ou mince, avec une cravate ou pas, que vous vous trouviez moche ou beau. Cela n'a pas d'importance pour Dieu ! Dieu utilise les choses faibles de ce monde pour confondre les fortes.

Si vous êtes lié par la timidité ou par la crainte des hommes, vous devez connaître et vous saisir de cette vérité de la Parole de Dieu :

> *Romains 8 : 15*
> *Et vous n'avez point reçu un esprit de servitude, pour être encore dans la crainte; mais vous avez reçu un Esprit d'adoption, par lequel nous crions : Abba ! Père !*

> *1 Jean 4 : 4*
> *Vous, petits-enfants, vous êtes de Dieu, et vous les avez vaincus, parce que celui qui est en vous est plus grand que celui qui est dans le monde.*

04 JUIN

Jérémy Sourdril

Vous ne savez pas bien parler ? Vous êtes timide ? (suite)

J'aimerais vous dire aujourd'hui que vous n'êtes pas timide. La vérité, c'est que vous êtes plein d'audace et plein d'hardiesse en Jésus-Christ et que vous pouvez accomplir la volonté de Dieu. Vous devriez déclarer chaque jour cette vérité de la Parole afin que votre personnalité, vos pensées, se soumettent à la Parole de Dieu.

Un jour, je prêchais un message sur la timidité en disant aux gens qu'il fallait qu'ils soient délivrés de la timidité quand cela les empêchait de faire la volonté de Dieu, et un homme est venu me voir à la fin du message, il était sûr de lui et révolté et il me dit quelque chose que je n'avais pas dit d'ailleurs : « La timidité, ce n'est pas un péché ! Moi je suis timide et sachez que la timidité n'est pas un péché ! ». Cet homme avait l'air de tout sauf d'être un homme timide, pour aller voir le prédicateur et lui démontrer son mécontentement ! Peut-être avait-il été libéré ce jour-là et il ne s'en était pas rendu compte !

Il y a des gens qui aiment bien porter des poids qu'ils n'ont pas à porter. Certains restent avec leurs fardeaux et leur timidité excessive alors que Dieu aimerait la prendre.

Une autre fois, on m'avait invité pour tenir une conférence de jeunes qui durait une semaine, et j'étais habillé avec un short et un t-shirt rouge « flash ». J'avais déjà tenu plusieurs réunions et on m'avait demandé au dernier moment si je voulais dire un mot un après-midi. Je commençai à parler du Saint-Esprit, et le Seigneur me mit à cœur de parler de la timidité. Je commençai à en parler et je leur dis : « Vous savez si vous rougissez, ce n'est pas grave, cela ne fait absolument rien ! Vous allez voir, je vais rougir maintenant ! ». Puis je devins tout rouge, et je continuai à prêcher. Je venais de donner une démonstration que je n'avais pas prévue au départ ! Cette semaine-là, une jeune fille donna son témoignage devant tous les jeunes. Elle expliqua que suite à ce message, elle pouvait parler en public pour la première fois de sa vie ! Elle devait avoir 21 ans.

> *Psaumes 81 : 10*
> *Je suis l'Éternel, ton Dieu, qui t'a fait monter du pays d'Egypte; Ouvre ta bouche, et je la remplirai.*

J'aimerais prier pour vous maintenant, et je crois que vous allez recevoir aujourd'hui même une délivrance. Ensuite, continuez à déclarer la Parole et remerciez Dieu car il vous a délivré de ce fardeau. Puis, ouvrez la bouche, donnez l'occasion à Dieu de la remplir. Nous sommes tous appelés à annoncer sa Parole, et Dieu veut nous libérer de nos peurs.

Père, je prie maintenant grâce à Jésus-Christ. Je te demande de délivrer ce frère, cette sœur qui lit cette pensée au Nom de Jésus. Je crois, que tu prends sa crainte, sa timidité et qu'elle est libre maintenant. Merci car elle va aller de l'avant. Je prie afin que tu lui ouvres les yeux sur sa position qu'elle a en toi. Merci car elle est pleine de force, d'audace et de hardiesse !

05 JUIN

Yvan Castanou

Vos fréquentations affectent votre productivité

Avez-vous remarqué qu'en compagnie de certaines personnes, vous vous sentez plus fort, comme encouragé, et que vous avez envie de devenir meilleur ? Et à l'inverse, avec d'autres, vous vous sentez plus faible, facilement en proie au doute ou à la peur.

> *Proverbes 13 : 20*
> *Qui fréquente les sages deviendra sage, mais celui qui fraie avec les insensés va au-devant du malheur.*

Le choix de vos fréquentations détermine le niveau de votre productivité et de votre performance dans la vie.

La vérité est que chaque personne que vous fréquentez affecte votre vie, que ce soit pour y ajouter, soustraire, multiplier ou diviser. Son influence touche tous les domaines de ce que vous êtes : joie, foi, enthousiasme, crainte, zèle, consécration, intégrité, vision, espérance, attitude, etc.

Les personnes qui accomplissent leur destinée font extrêmement attention à leurs fréquentations. Elles savent que leur entourage détermine leurs réalisations. Ne dit-on pas : « Dis-moi qui tu fréquentes, je te dirai qui tu es », ou encore : « Qui se ressemble s'assemble » ?

Certaines relations sont nuisibles à l'éclosion de votre potentiel. Certains de vos « amis » ne vous voient qu'au travers de votre passé, de ce que vous avez été, et ne font référence à vous qu'en ces termes. Ils ne vous projettent jamais dans votre futur, vers ce que vous pourriez devenir. D'autres refusent de vous voir évoluer vers un avenir meilleur malgré vos capacités, et préfèrent vous voir stagner.

Peu avant la crucifixion, Jésus a traité son ami Pierre en ennemi, lui disant : « Arrière de moi satan ». Parce qu'à ce moment-là, Pierre ne se préoccupait pas de l'avenir de Jésus, ni de son but, qui était l'accomplissement de sa destinée (la crucifixion) pour sauver le monde.

Tout comme Jésus a dit à Judas : « Mon ami », lorsque ce dernier est venu le livrer. Parce qu'à ce moment précis, Judas était l'instrument qui poussait Jésus vers sa destinée, vers la volonté de Dieu pour sa vie.

Réalisez que le choix de vos fréquentations détermine le niveau de votre productivité et de votre performance dans la vie. La quantité et la qualité du fruit que vous porterez sont influencées par l'environnement dans lequel vous évoluez. Si vous ne savez pas discerner vos véritables amis, vous risquez de vouloir conserver certaines fréquentations dans votre vie, alors même qu'elles constituent un frein à votre maturité et à la réalisation de votre destinée. Aucune fréquentation ne vous laisse indifférent. Soyez donc vigilant, votre destinée en dépend !

Une prière pour aujourd'hui

« Seigneur, accorde-moi de savoir reconnaître les personnes que tu envoies dans ma vie. Préserve-moi de toute forme de compromis et de légèreté dans le choix de mes fréquentations. Au nom de Jésus, amen ».

06 JUIN

Jérémy Sourdril

Jésus est venu afin de détruire les œuvres du diable

Dieu est un Dieu de succès, de réussite. C'est un entrepreneur et il réussit ce qu'il entreprend. Dieu connaît à l'avance les besoins, il détermine des plans d'action, il est toujours loin devant, et il le restera toujours. Ses pensées sont bien au-dessus de celle de l'homme inconverti. Nous qui sommes sauvés pouvons avoir ses pensées.

> *Jérémie 29 : 11*
> *Car je connais les projets que j'ai formés sur vous, dit l'Éternel, projets de paix et non de malheur, afin de vous donner un avenir et de l'espérance.*

Dieu a de toute éternité déterminé des projets pour notre vie, il a écrit quelque chose dans le ciel, quelque chose dans son cœur à notre sujet. Dieu n'est pas un homme pour bâtir sa maison sur du sable. Dieu avait un plan, celui de détruire les œuvres du diable. Le diable pensait surprendre Dieu lors de la révolte en le prenant de court, mais Dieu savait déjà. On pourrait se demander pourquoi, si Dieu le savait, il aurait créé tout cela. Dieu n'a pas voulu nous répondre directement, nous sommes ses créatures et nous n'avons jamais à mettre Dieu au banc des accusés. Il peut avoir certaines incompréhensions dans notre vie, nous n'avons pas réponse à tout, mais nous avons LA réponse à tout : Jésus-Christ, Fils de Dieu venu en chair, crucifié, mort et ressuscité et puissant pour délivrer tout homme.

Lorsque Jésus est venu, c'est ce qu'il a fait, c'est ce qu'il nous a montré. Cette femme prostituée, qui avait peut-être été abusée dans sa jeunesse, ou abandonnée, a trouvé sa délivrance en Jésus. Marie de Magdala vivait constamment avec sept démons, et cela devait l'accabler tous les jours de sa vie, mais Christ l'a libérée. L'homme de Gadara était entièrement possédé, et là encore Jésus détruisit les œuvres du diable dans sa vie. Il y eut encore ce père de famille dont le fils se jetait dans l'eau et dans le feu depuis son enfance. Quel désespoir il devait vivre ! Ce père vivait un combat depuis des années. L'anxiété devait souvent le gagner, la crainte, la tristesse et les questionnements au sujet de ce qui arrivait à son fils.

> *Matthieu 17 : 14-15*
> *Lorsqu'ils furent arrivés près de la foule, un homme vint se jeter à genoux devant Jésus, et dit : Seigneur, aie pitié de mon fils, qui est lunatique, et qui souffre cruellement; il tombe souvent dans le feu, et souvent dans l'eau.*

Cet homme était complètement désespéré. Il en avait assez, il était désemparé. Il devait aller à un autre niveau, un niveau au-delà de la crainte de l'homme et du qu'en dira-t-on. Ce qui lui importait plus que tout, c'était la délivrance de son fils. Il avait déjà été voir les disciples, mais ils n'avaient rien pu faire. Jésus, Lui, le guérit :

> *Matthieu 17 : 18*
> *Jésus parla sévèrement au démon, qui sortit de lui, et l'enfant fut guéri à l'heure même.*

J'aimerais vous dire que Jésus a la foi. Il a assez de foi pour détruire les œuvres du diable dans votre vie. Si vous n'avez pas de foi, prenez la foi de Jésus, prenez la sienne. Marchez dans la foi de Dieu. Jésus n'est pas impressionné par la tempête que vous traversez en ce moment, ni depuis combien de mois et d'années vous êtes dans cette tempête. Jésus est disposé à détruire et à exterminer toute œuvre du diable dans votre vie. Jésus n'aime pas laisser les gens en proie au tourment et aux difficultés. Non, Jésus n'aime pas ça. Vous avez peut-être été abusé, détruit par quelque chose dans votre enfance ou dans vos dernières années, mais Jésus veut détruire ce qui vous blesse, ce qui vous brise. On ne raconte pas le passé des gens que Jésus a délivrés, si ce n'est que la samaritaine eut cinq maris, car en fait Jésus était plus attentionné à la délivrance qu'à l'origine des problèmes des gens.

Quel que soit ce que vous avez pu vivre, quelles que soient les choses avec lesquelles vous vous battez, ce dont vous n'arrivez pas à vous défaire, Jésus veut vous délivrer et il veut le faire aujourd'hui ! Jésus est le même aujourd'hui, avant de l'être demain. Souvent les gens attendent de sentir quelque chose, d'aller dans une réunion particulière ou de rencontrer un ministère puissant, mais Jésus lui-même veut vous délivrer dans l'endroit même où vous vous trouvez actuellement, quel qu'il soit.

Je vous propose cette prière aujourd'hui :

« Seigneur, je déclare que tu es venu détruire les œuvres du diable dans ma vie. Je ne veux plus vivre avec ce fardeau, avec ce poids, avec cette culpabilité. Je refuse de fermer la bouche et de mourir, je refuse l'esprit de mort dans ma vie, mais je te demande de me délivrer entièrement aujourd'hui. Je te dépose tout Seigneur, tous mes fardeaux, tout ce dont je suis esclave. Tu sais ce que j'ai vécu, je ne veux plus vivre les conséquences de ce que j'ai vécues, je veux vivre libre de mon passé. Merci parce que tu viens me délivrer, juste parce que tu m'aimes ».

07 JUIN

Jérémy Sourdril

Quand l'atmosphère est bizarre autour de vous

Il y a des jours où nous avons l'impression d'être vide, sec, d'être tourmenté et oppressé. Il ne faut pas désespérer, cela est arrivé à tout le monde, même au « meilleur » des chrétiens. Mais il y a une solution rapide et efficace pour sortir de cette situation.

Un homme a dit : « Vous ne pouvez pas empêcher un oiseau de voler au-dessus de votre tête, mais vous pouvez l'empêcher de faire un nid sur votre tête ». C'est ce dont nous allons parler aujourd'hui.

> *Éphésiens 6 : 12*
> *Car nous n'avons pas à lutter contre la chair et le sang, mais contre les dominations, contre les autorités, contre les princes de ce monde de ténèbres, contre les esprits méchants dans les lieux célestes.*

On trouve souvent deux extrêmes dans l'Église. Ceux qui parlent constamment du diable et de sa soi-disant puissance, et les autres qui ne sont pas du tout conscient des réalités spirituelles diaboliques.

Ne vous est-il jamais arrivé de vous sentir bizarre, de ressentir des sensations que vous ressentiez autrefois avant de connaître Christ, jusqu'à douter de la présence de Dieu dans votre vie ?

Il faut vraiment comprendre, et rapidement dans notre vie chrétienne que nos sentiments nous mentent, et que nous ne pouvons pas leur faire confiance si nous ne les soumettons pas à la Parole de Dieu. Trop de gens vivent avec leurs sentiments, et du coup ils se font roulés par le diable et par leurs pensées. Si un esprit mauvais vient leur souffler un mensonge, il l'accepte comme étant la vérité et comme étant leur propre pensée, et voilà qu'une porte a été ouverte pour l'oppression.

Il existe un esprit qui s'appelle l'esprit de découragement. Les mauvais esprits sont toujours des menteurs. L'esprit de découragement vous dira que vous n'êtes pas un bon chrétien, car vous n'avez pas assez prié, ou parce que vous avez péché, il vous dira que c'est trop difficile d'être fidèle à Jésus et à votre église locale, que la vie est vraiment difficile et que vous ne réussirez pas.

Si vous ne comprenez pas que nous faisons parfois face à des esprits méchants, vous allez accepter ces pensées comme si elles étaient vôtres. C'est justement l'un des pouvoirs du diable, celui de faire croire que ses pensées sont les vôtres. En fait, à partir du moment où vous acceptez des pensées diaboliques, vous allez croire que c'est vous qui les avez développées et qu'elles vous appartiennent.

Le diable a dit à Eve qu'elle deviendrait comme Dieu, et Eve a commencé à accepter cette pensée et à l'activer comme si elle était sienne. Au début c'était une pensée du diable mais c'est devenu la pensée d'Eve, si bien qu'elle a proposé le fruit à son mari.

Parfois, des chrétiens sont attaqués spirituellement, ils sont oppressés et ils ne savent pas quoi faire. Ils essaient de lire la Bible mais c'est comme si la Bible était devenu un vieux grimoire. Ils essaient de prier mais c'est comme si le ciel était fermé. Ils écoutent un chant de louange mais ce chant qui leur faisait tant de bien quelques jours avant ne les édifie plus du tout.

Si vous ne savez pas comment traiter de telles attaques et que vous avez des failles dans votre caractère, vous serez à chaque fois en ébullition et vous allez être en colère, morose et de mauvaise humeur. Il vous serait même possible de tomber dans le péché si vous ne faites rien contre ces attaques, vous serez encore plus découragé. Nous verrons demain que faire lorsque l'atmosphère est bizarre autour de vous. Jusqu'ici, je vous encourage à méditer sur le verset d'Éphésiens que nous avons lu aujourd'hui.

08 JUIN

Jérémy Sourdril

Que faire quand l'atmosphère est bizarre autour de vous (suite)

Dans le livre d'Exode au chapitre 12, la nation d'Egypte va subir un jugement divin. Il faut comprendre que ce n'est pas Dieu ici qui tuait les gens, mais le destructeur, l'exterminateur.

> *Exode 12 : 22-23*
> *Vous prendrez ensuite un bouquet d'hysope, vous le tremperez dans le sang qui sera dans le bassin, et vous toucherez le linteau et les deux poteaux de la porte avec le sang qui sera dans le bassin. Nul de vous ne sortira de sa maison jusqu'au matin. Quand l'Éternel passera pour frapper l'Egypte, et verra le sang sur le linteau et sur les deux poteaux, l'Éternel passera par-dessus la porte, et il ne permettra pas au destructeur d'entrer dans vos maisons pour frapper.*

Le sang qui était appliqué sur les linteaux des portes, protégeait ceux qui avaient mis leur confiance dans la parole de Dieu.

> *Hébreux 9 : 11-14*
> *Mais Christ est venu comme souverain sacrificateur des biens à venir; il a traversé le tabernacle plus grand et plus parfait, qui n'est pas construit de main d'homme, c'est-à-dire, qui n'est pas de cette création; et il est entré une fois pour toutes dans le lieu très saint, non avec le sang des boucs et des veaux, mais avec son propre sang, ayant obtenu une rédemption éternelle. Car si le sang des taureaux et des boucs, et la cendre d'une vache, répandue sur ceux qui sont souillés, sanctifient et procurent la pureté de la chair, combien plus le sang de Christ, qui, par un esprit éternel, s'est offert lui-même sans tache à Dieu, ne purifiera-t-il votre conscience des œuvres mortes, afin que vous serviez le Dieu vivant !*

Le sang de Jésus est une protection pour notre vie spirituelle. La Bible dit que Jésus-Christ a présenté son sang devant le Père, et que ce sang nous purifie, nous lave, nous protège, nous guérit.

La sainte cène a une grande puissance. Si vous faites face à des oppressions, je vous encourage à méditer sur le sang de Jésus, et à prendre la sainte cène chez vous. Lorsque vous prenez le fruit de la vigne, symbole du sang de Jésus-Christ et que vous le faites avec foi, cela écarte les mauvais esprits de votre vie, cela écarte les oppressions. Sachez avant tout que vous êtes béni de toute bénédiction spirituelle et que vous êtes assis dans les lieux célestes avec Jésus-Christ.

Le diable n'a aucun droit de toucher à votre vie, car vous êtes devenu un enfant de Dieu, et il est sous vos pieds ! Voilà pourquoi il peut vous blesser de temps à autre le talon, mais nous avons toute la puissance et l'autorité spirituelle sur lui :

> *Luc 10 : 19*
> *Voici, je vous ai donné le pouvoir de marcher sur les serpents et les scorpions, et sur toute la puissance de l'ennemi; et rien ne pourra vous nuire.*

Dieu nous a donné l'autorité de chasser les démons et de chasser tout esprit qui voudrait nous empêcher ou empêcher les hommes d'accomplir la parfaite volonté de Dieu. En prenant la sainte cène, vous devenez PARTICIPANT de Christ !

> *Hébreux 3 : 14*
> *Car nous sommes devenus participants de Christ, pourvu que nous retenions fermement jusqu'à la fin l'assurance que nous avions au commencement,*

Quand vous prenez la sainte cène, c'est comme si le sang de Christ coulait dans vos veines. En fait le sang de Jésus coule dans vos veines spirituelles si l'on veut, donc vous n'avez pas besoin de crier contre le diable en vous abîmant la gorge, vous n'avez pas besoin de chasser le diable partout, mais lorsque vous sentez intimement que vous faites face à des oppressions spirituelles, ne vous permettez pas de rester dans cet état pendant des jours et des jours, car cela va vous affaiblir spirituellement !

La sainte cène est l'alliance dans le Sang Puissant de Jésus-Christ ! Je proclame que le Sang de Jésus-Christ est puissant dans votre vie pour arracher les ténèbres et les oppressions dans votre vie, les cauchemars et les angoisses qui viennent à vous ! Quelqu'un a dit que le sang de Jésus coule comme une fontaine du ciel vers nous. C'est une belle image ! Oui, le sang de Jésus coule sur moi et en moi, et je suis moi-même l'habitation du Dieu Tout-Puissant, créateur du Ciel et de la Terre !

Le sang de Jésus vous protège et vous protégera encore de tout mal, et rien ne pourra vous nuire. Ne vous laissez pas intimider, même si vous avez l'impression de voir des ombres, d'entendre des bruits ! Même si vous entendiez une voix, le diable n'a aucune puissance et aucune autorité sur vous ! Jésus-Christ l'a dépouillé ! Et Jésus-Christ habite en vous, le diable le sait, il le voit en vous, et il connaît votre autorité et il a peur, comme un petit chien a peur quand un pétard explose à ses côtés, le diable a peur quand vous exercez votre autorité spirituelle.

Vous n'avez pas besoin de ressentir quelque chose pour pouvoir exercer votre autorité, autant que le policier n'a pas besoin de ressentir l'insigne de police sur son habit pour exercer la sienne. Vous portez le manteau de la Gloire de Dieu sur vous, le manteau des rachetés, le manteau des élus, des hauts ambassadeurs de Christ revêtus de l'onction et de la présence de Dieu.

Smith Wigglesworth était un jour dans sa chambre, et le diable en personne (rappelez-vous qu'il ne peut être qu'à un seul endroit à la fois) s'est présenté à lui pour lui faire peur, et Smith lui a simplement dit : « Que fais-tu là, toi ?! ». Cela me fait penser parfois aux gens qui essaient de faire une blague pour faire peur et que cela ne vous a pas du tout surpris et pas fait peur. Celui qui voulait vous faire peur se sent ridicule car il a raté sa blague. C'est la même chose quand le diable rencontre un chrétien qui connaît son autorité en Christ. Il est désarmé et sa puissance est mise à nu.

La puissance du diable dans la vie d'un chrétien est donnée par le chrétien lui-même. La connaissance de qui nous sommes en Christ, de ce que Christ a accompli pour nous à la croix, et d'une marche dans la sainteté, sont autant de facteurs puissants pour rester élever au-dessus de tout nid que voudrait faire l'oiseau sur notre tête. Comme l'exterminateur passait au-dessus des maisons du peuple de Dieu, l'oiseau passera au-dessus de votre tête, mais ne pourra pas s'y arrêter. Ce que Jésus-Christ a fait pour nous est merveilleux :

> *Colossiens 2 : 15*
> *Il a dépouillé les dominations et les autorités, et les a livrées publiquement en spectacle, en triomphant d'elles par la croix.*

09 JUIN

Jonathan Bersot

Divergences et unité

Une chose est sûre, il n'y a pas deux êtres humains identiques sur la surface de la Terre. De la même manière, il n'y a pas deux pasteurs identiques, ni deux églises identiques. La différence ne signifie pas manque d'unité. Pour illustrer notre propos, prenons l'exemple de la musique.

Il y a de nos jours bien des divergences quant aux styles musicaux, aux instruments, aux harmonies à utiliser dans l'église. Certains ont un point de vue, d'autres un autre. Et bien entendu, les uns comme les autres utilisent des textes bibliques pour justifier leurs positions ! Mais il ne s'agit pas de prendre des textes bibliques pour justifier une position ou une autre, mais de se positionner à la lumière de la Parole de Dieu. D'une manière schématique, il existe deux positions diamétralement opposées : les conservateurs et les progressistes.

Les conservateurs sont ceux qui ne veulent pas voir la musique des temps anciens évoluer vers une musique moderne. Le principe évoqué est celui du non-changement de la Parole de Dieu qui doit se reporter sur la musique. Mais quelle doit être la forme étalon (de base) ? La musique des réveils religieux était déjà moderne en rapport avec la musique de leur époque. Luther et Calvin ne reconnaîtraient pas leurs vieux cantiques dans ceux du premier siècle.

Les Chœurs et Cantiques sont la confirmation d'une volonté de chants nouveaux, car, au temps du réveil, on a exprimé la volonté de chanter des cantiques emprunts de joie et de bonheur, accompagnés par la guitare, l'accordéon et le violon. Ainsi, sur la base de musique populaire, de merveilleux textes ont été mis en musique.

Les progressistes sont ceux qui désirent faire évoluer la musique de l'église vers des instruments modernes, acoustiques ou électroniques, et des harmonies modernes. Dans leur élan, ils ont tendance à rejeter tout ce qui vient du passé, considéré comme poussiéreux et hors du temps.

La musique dans l'église est avant tout une musique d'unité, une musique qui rassemble autour d'un consensus fraternel. Depuis des millénaires, le conflit des générations sévit et divise bien des familles. Une famille unie sera celle qui résistera aux conflits des générations et qui surmontera les différences autour d'une unité familiale, basée sur l'amour, le respect de l'autre et la volonté de rester uni. La famille « idéale » et biblique comporte généralement trois ou quatre générations vivant sous le même toit. Les enfants prennent soin des aînés et honorent leurs parents (Exode 20 : 12, Marc 7 : 10) et les pères prennent soin des fils (Éphésiens 6 : 4, Colossiens 3 : 21).

Pour conserver l'unité, des concessions sont indispensables de la part des uns comme des autres. Il est remarquable de voir des « papis » et des « mamies » emmener leurs petits-enfants au Mc Donald's alors que jamais ils n'y auraient mis les pieds pour eux-mêmes. Mais, pour faire plaisir aux petits, par amour, et pour partager un moment de bonheur, le modernisme (ou américanisme) est toléré, si ce n'est accepté.

De la même manière, certains adolescents acceptent de laisser leurs copains et la console de jeu pour passer un moment avec l'aïeul, à discuter ou à se promener tranquillement au rythme de l'aîné.

L'amour fraternel doit nous pousser les uns vers les autres, nous rassembler et nous rapprocher. Malgré les différences d'âges, d'expériences, de caractères, de cultures, nous sommes, en Christ, un seul corps.

Il est donc impératif que la musique dans l'église soit une musique familiale, qui regroupe toutes les tendances en un consensus basé sur la tolérance, le respect de l'autre, l'amour du prochain. Les modernistes doivent respecter les conservateurs et leur attachement aux vieux cantiques qui ont fait leurs preuves, et les conservateurs doivent, par amour pour les frères, accepter et tolérer un peu de modernité (Romains 15 : 1, 1 Corinthiens 13 : 7, Éphésiens 4 : 2, Colossiens 3 : 13, 1 Thessaloniciens 5 : 14, 2 Timothée 2 : 10), sachant que la forme n'est pas le plus important ! Ce qui importe c'est la réalité de la foi, la réalité de l'amour, la réalité de la joie, la réalité de la louange et de l'adoration.

Le modernisme ne doit pas être appliqué en tant que tel. Mais, de la même manière, les jeunes d'aujourd'hui s'expriment dans un français différent de celui de leurs grands-parents, leur sensibilité sera donc affectée par le contexte environnemental. Ainsi le son d'une guitare électrique peut faire grincer les dents de certaines personnes, alors que le même son produira de l'émotion et aura un sens différent pour une autre. Accepter la différence sans la mépriser est indispensable, car l'église ne peut pas se retrouver dans les extrêmes, mais au centre, dans la moyenne (qui est en constante mutation), dans une musique populaire (au sens strict du terme) qui reflétera d'une manière fidèle et unanime (populaire) les sentiments des cœurs.

L'irritation n'apporte rien (1 Corinthiens 13 : 5, Colossiens 3 : 21), mais l'amour qui supporte tout nous conduira vers l'unité, qui ne consiste pas à faire passer ses intérêts avant ceux des autres (1 Corinthiens 10 : 24, 13 : 5, Philippiens 2 :4), mais à rechercher avant toute chose les intérêts de Dieu (Matthieu 6 : 33) qui ne sont certainement pas exclusivement dans la forme (Matthieu 15 : 8, 22 : 37, Éphésiens 5 : 19, Colossiens 3 : 23), mais dans les sentiments exprimés et manifestés par musique.

D'une manière générale, sachons donner la priorité à l'unité.

> *Éphésiens 4 : 3*
> *Vous efforçant de conserver l'unité de l'Esprit par le lien de la paix.*

Laissez-moi vous raconter une petite histoire vécue pour illustrer cette vérité. Nous étions un groupe de plusieurs chrétiens visitant la ville de New York. À un certain moment, il y eut un peu de confusion sur le chemin à prendre. À droite ou à gauche ? Certains comprenaient la carte d'une manière, d'autres savaient que le chemin le plus court était par là. Dans ce genre de situation, sachons donner priorité à l'unité. Le plus important, c'est l'unité, c'est de rester ensemble. Si le groupe veut aller à droite et que toi tu sais que c'est bien mieux à gauche, que c'est plus court, plus facile, que feras-tu ? Vaut-il mieux aller tous ensemble à droite, même si le chemin est plus long ou se diviser ? Préfères-tu prouver que tu as raison et rester seul ?

Donnons priorité à l'unité, même si le chemin est un peu plus long, un peu plus difficile, qu'importe, on arrivera au même endroit ensemble !

De la même manière, dans l'Église, dans notre famille, donnons la priorité à l'unité, nous efforçant d'unir plutôt que de diviser.

10 JUIN

Mohammed Sanogo

L'épreuve, un sujet de joie selon Dieu

Jacques 1 : 1-3 : « Mes frères, regardez comme un sujet de joie complète les diverses épreuves auxquelles vous pouvez être exposés, sachant que l'épreuve de votre foi produit la patience. Mais il faut que la patience accomplisse parfaitement son œuvre, afin que vous soyez parfaits et accomplis, sans faillir en rien ».

Ce passage semble quelque peu paradoxal, n'est-ce pas ? Humainement parlant, les épreuves sont loin de nous procurer de la joie, au contraire, elles ont tendance à nous affliger, nous attrister voire à marquer notre vie. Peut-on regarder comme un sujet de joie complète la mort d'un être cher ? Est-ce possible de manifester la joie face à la trahison ? À l'échec ? À la déception ? Face à une épreuve qu'on ne s'explique pas, on a envie d'interroger Dieu et de lui demander : « Seigneur pourquoi ? », n'est-ce pas ?

Lorsqu'on a prié avec ferveur pour un proche malade pour qu'il guérisse et que cela ne s'est pas accompli, on a tendance à se décourager et on craint ensuite de prier pour les malades de peur de ne pas avoir de résultat positif.

Certaines épreuves peuvent même constituer de mauvais souvenirs, des bornes marquantes à vie, et malheureusement, le point de départ du découragement, de l'amertume, de l'aigreur, de la lassitude, de l'incrédulité, etc. Job, en un seul jour, a perdu biens et enfants. Mais il a loué le Seigneur ! Il a su trouver les mots pour rendre grâce au Seigneur en dépit du drame qu'il a vécu. Pas une seule fois, il n'en a voulu à Dieu.

> *Job 1 : 21-22*
> *Je suis sorti nu du ventre de ma mère, et j'y retournerai nu : que l'Éternel soit loué. Au milieu de tous ces malheurs, Job ne commit pas de péché et n'attribua rien d'inconvenant à Dieu.*

Que cela soit un exemple pour nous. Joseph non plus n'a pas laissé l'amertume ni la rancœur gagner son cœur malgré la trahison de ses propres frères et en dépit de toutes les épreuves qu'il a eues à traverser.

> *Genèse 45 : 5, 7-8*
> *Maintenant, ne vous affligez pas, et ne soyez pas fâchés de m'avoir vendu pour être conduit ici, car c'est pour vous sauver la vie que Dieu m'a envoyé devant vous… Dieu m'a envoyé devant vous pour vous faire subsister dans le pays, et pour vous faire vivre par une grande délivrance. Ce n'est donc pas vous qui m'avez envoyé ici, mais c'est Dieu; il m'a établi père de Pharaon, maître de toute sa maison, et gouverneur de tout le pays d'Égypte.*

Pourquoi se réjouir malgré les épreuves ?

Lorsque notre foi est éprouvée, cela produit la patience en nous et développe notre endurance (version Parole Vivante de notre passage de base). La réponse nous est également donnée dans 1 Pierre 1 : 6-7 (version Parole Vivante) :

> *1 Pierre 1 : 6-7*
> *C'est pourquoi vous êtes rempli de joie, même si toutes sortes de difficultés doivent vous rendre triste pendant un peu de temps. Ces difficultés servent à montrer la qualité de votre foi.*

Les diverses épreuves constituent en fait un test de la fermeté de notre foi, de notre engagement, de notre amour et de notre fidélité envers le Seigneur. Refuser de se réjouir face aux difficultés, penser que Dieu vous abandonne ou qu'il ne prête guère attention à vous, c'est justement échouer au test. Au contraire, se réjouir en toutes circonstances, bonnes ou mauvaises, c'est y réussir avec brillo.

Conséquence d'une telle attitude :

Cela vous rend parfait et accompli, sans faillir en rien, dit Jacques 1 : 3. La version Parole Vivante précise que notre patience se manifeste dans toute notre conduite et s'accompagne d'actes parfaits. Ainsi, vous serez plein de forces, deviendrez irréprochables et il ne vous manquera rien.

Considérons la fin que le Seigneur accorde à ceux qui se confient en lui :

Jacques 5 : 11
Voici, nous disons bienheureux ceux qui ont souffert patiemment. Vous avez entendu parler de la patience de Job, et vous avez vu la fin que le Seigneur lui accorda, car le Seigneur est plein de miséricorde et de compassion.

2 Pierre 2 : 9
Le Seigneur sait délivrer de l'épreuve les hommes pieux.

La qualité et la fermeté de ses engagements, de sa foi, de son amour, de sa persévérance, de sa patience, de sa fidélité, sont testées.

Recommandation :

Ne nous laissons pas, face à l'épreuve, envahir par l'amertume. Celle-ci fait pousser des rejetons, sources de troubles et d'infection. Comme Joseph, regardons les épreuves auxquelles nous sommes exposés comme un sujet de joie complète.

11 JUIN

Jérémy Sourdril

Retrouver la joie après (avoir péché) s'être éloigné de Dieu

Nous avons tous fait la malheureuse expérience du péché. Cette action qui nous amène vers le bas, qui nous rend sale et qui nous culpabilise. Ce qu'il faut savoir à propos du péché, c'est qu'il est là pour nous enlever notre paix.

Lorsque nous péchons, nous perdons notre paix, nous perdons notre assurance, nous perdons notre confiance, finalement nous perdons notre joie.

Il faut vraiment comprendre l'objectif du péché. Oui, le péché a un objectif. On a même parfois l'impression que le péché a une personnalité !

> *Romains 7 : 8*
> *Et le péché, saisissant l'occasion, produisit en moi par le commandement toutes sortes de convoitises; car sans loi le péché est mort.*

On pourrait vraiment croire que le péché a une personnalité. On imagine le péché dire : « Hum voilà quelque chose que cet homme n'a pas le droit de faire, je vais saisir l'occasion et je vais me manifester, youpi je ne resterai pas caché au fond de lui ! ». En fait, le péché, c'est la voix du diable. Le diable parle dans ce monde au travers du péché, c'est son moyen de communication... et on en parle dans les journaux.

> *Jacques 1 : 15*
> *Puis la convoitise, lorsqu'elle a conçu, enfante le péché; et le péché, étant consommé, produit la mort.*

Le péché produit la mort. La mort, c'est toujours une séparation. Dans le cas du péché dans la vie du croyant, cela le sépare de sa relation avec Dieu. Le péché amène automatiquement un joug de culpabilité quand nous avons un cœur pour Dieu. Un chrétien qui n'a aucune crainte de Dieu ne se trouvera pas mal de pécher, il en trouvera même du plaisir peut-être. Cependant, celui qui craint Dieu a le mal en horreur, et lorsqu'il pèche, il ressent une profonde tristesse.

J'ai une bonne nouvelle : si vous avez péché et que vous vous sentez mal par rapport à Dieu à cause de votre péché, c'est une bonne chose !

Parfois, des chrétiens qui ont péché ou qui se sont éloignés de Dieu croulent sous le poids de la culpabilité. Ils se sentent tellement mal d'avoir fait ce qu'ils ont fait, d'avoir choisi ce qu'ils ont choisi, d'être tombé si bas.

Puis vient satan dans le jardin, et le combat continue. Au début, c'était le combat avec leur conscience, mais là c'est le combat avec le diable, et le diable ne fait pas de cadeau. Le diable n'en a que faire de vous. Il veut vous détruire et vous écraser jusqu'à ce que vous quittiez la barque, jusqu'à ce que vous vous exterminiez vous-même. Il vous chuchotera la culpabilité, il vous dira que vous êtes le pire chrétien, que vous avez fait le pire, que Dieu n'est plus près, qu'il est trop tard, qu'il ne sera plus possible de revivre votre premier amour. Toutes ses pensées sont contraires à la Parole de Dieu, tout a une affreuse odeur de mort.

Dieu, lui, lorsqu'il vous voit chuter, est déjà prêt à ouvrir son cœur pour vous recevoir à nouveau. Il est comme un bon berger, plein de douceur et de tendresse, plein d'amour et de compréhension. Jésus se rappelle lorsqu'il a dû lui-même lutter contre le péché afin de ne pas défaillir. Dans le jardin Jésus a lutté contre le péché, il a lutté contre la tentation d'échapper à la volonté parfaite de Dieu, il a lutté jusqu'à saigner des grumeaux de sang. Jésus se souvient, et est compatissant.

Jésus, c'est le bon berger. Il a décidé de se rendre vulnérable, il se laisse trouver par celui qui le cherche. Lors du retour, lors de la repentance, il ne demande pas une longue lettre d'excuse, mais avec le peu de mots qu'on peut lui dire, il s'en saisit et nous pardonne.

Si vous avez péché et que vous vous sentez mal, même si cela fait des années que vous luttez avec cela, que votre conscience vous reprend et que vous souhaiteriez sortir de cette situation, cela montre que vous avez un cœur pour Dieu ! Vous avez ce qu'il faut pour revenir à Dieu. Il ne vous faut pas plus qu'un cœur d'enfant, repentant.

Vous n'avez pas besoin de tout expliquer à Dieu, de lui dire pourquoi et comment, Dieu est comme un mari qui attend dans sa maison que sa femme adultère revienne le cœur repentant. Il attend, parfois des années, et chaque jour ses yeux se portent vers les escaliers qui amènent à la maison. Il regarde, il souffre de cette situation, il sait qu'il est trompé mais il sait aussi que son amour est plus fort que tout. Il repense aux moments avec l'épouse et il espère car l'amour espère tout. L'amour croit tout, l'amour pardonne tout. Mais pour pouvoir pardonner, il faut qu'il y ait demande sincère de pardon.

Un jour la femme s'approche de la maison. Dieu ne s'est pas endormi. Dieu veillait. Dieu voyait. Dieu connaissait. Il voit l'épouse arriver, la tête basse, les marques du péché sur son corps et dans sa conscience, il ressent le stress et le manque de paix de sa femme. Il sait qu'elle se sent sale, il sait qu'elle regrette... il sait... il connaît...

La femme ouvre la porte. Elle tombe à genoux, elle implore le pardon. Christ la relève, Christ la regarde. Ses yeux sont des puits d'amour, des puits de pardon. Dieu ne demande pas d'explication, Dieu ne veut pas savoir car Dieu sait déjà. Dieu est resté fidèle, il n'a pas changé. Il est disponible encore pour aimer. Ce soir, il ne repensera pas à hier car hier est oublié à jamais.

Lorsque tu demandes pardon au Seigneur, de tout ton cœur, avec sincérité, lorsque tu reviens à lui sincèrement, Dieu t'aime et te pardonne, juste parce qu'il est l'amour parfait. Viens tel que tu es, même si tu n'as plus rien. Même si tu ne vaux plus rien à tes yeux. Même si tu as chuté, si tu as honte.

Alors que tu reviens à lui, Dieu te donnera sa paix, et alors que tu accepteras son amour parfait, qui dépasse ton intelligence, Dieu te remplira à nouveau de joie. Pour goûter à sa joie à nouveau, il faut accepter qu'il t'aime malgré tout ce que tu as pu faire, il faut te pardonner toi-même. Il faut croire qu'il est fidèle et juste pour te pardonner et te laver de toute iniquité. Et c'est ce qu'il est.

> *Philippiens 4 : 6-7*
> *Ne vous inquiétez de rien; mais en toute chose faites connaître vos besoins à Dieu par des prières et des supplications, avec des actions de grâces. Et la paix de Dieu, qui surpasse toute intelligence, gardera vos cœurs et vos pensées en Jésus-Christ.*

Ne t'inquiète pas de comment Dieu va réagir, mais abandonne-toi à lui. N'aie pas peur de lui dire ce que tu veux lui dire. Dis-le lui avec confiance.

> *Jean 14 : 27*
> *Je vous laisse la paix, je vous donne ma paix. Je ne vous donne pas comme le monde donne. Que votre cœur ne se trouble point, et ne s'alarme point.*

Le monde offre en échange de quelque chose, mais Jésus donne gratuitement. Quoi que vous ayez pu faire, Dieu vous demande aujourd'hui de ne pas vous inquiéter, de ne pas vous troubler, mais de lui faire confiance et de recevoir sa paix. Recevez sa paix aujourd'hui. Il vous la donne, dites avec foi : « Je reçois ta paix Seigneur ». La paix ouvrira la porte à la joie. Dieu vous rétablit aujourd'hui, assurément. Et si vous n'avez plus d'église locale, trouvez-vous une bonne église !

> *Romains 15 : 13*
> *Que le Dieu de l'espérance vous remplisse de toute joie et de toute paix dans la foi, pour que vous abondiez en espérance, par la puissance du Saint-Esprit !*

12 JUIN

Selvaraj Rajiah

La femme à la perte de sang

Cette femme a entendu le message de guérison et de délivrance en Jésus-Christ comme beaucoup d'autres ce jour-là. Mais ceux-là mêmes, après avoir entendu la Parole, s'en allèrent comme ils étaient venus.

Qu'est-ce qui différenciaient ces gens de la femme malade ? C'est que cette femme s'attacha à ce qu'elle entendit : elle reçut ces paroles comme une source de force. C'était plus qu'une philosophie à ses yeux. Elles devinrent vie pour elle qui allait mourir. Elle s'empara du message et l'absorba de tout son être. Elle se dit en elle-même : « Si je pouvais seulement toucher son vêtement ? Je serais guérie ». Et de fait, en agissant selon sa foi, elle obtint son miracle.

La foi sans les œuvres est morte. Jésus a dit : « Mes paroles sont Esprit et vie ». « La lettre tue, mais l'Esprit vivifie ».

Nous sommes à présent devant une loi spirituelle. Que nous enseigne-t-elle ? Elle dit que, si la Parole en nous ne produit pas d'action, c'est qu'elle n'a pas été vivifiée par le Saint-Esprit. En d'autres termes, si la Parole n'est pas vivifiée par le Saint-Esprit, elle ne peut pas produire la vie. La Parole en vous doit conduire à l'action.

Voyez-vous, au commencement, Dieu a parlé, et le monde a été créé. Il n'avait pas le choix. À cause de la puissance de la parole, le monde ne pouvait qu'exister. La Bible toute entière nous montre que lorsque Dieu parle, il y a nécessairement accomplissement. Il ne peut jamais en être autrement. Ainsi, le centurion qui est venu à Jésus, avait eu cette révélation, quand il dit : « Dis seulement une parole et mon serviteur sera guéri ». Dans l'esprit du centurion, l'éventualité d'un échec était exclue : il savait que si Jésus prononçait seulement la Parole, son serviteur serait guéri.

Dieu n'exige jamais, ni n'attend de nous, ce qu'il n'exige pas de Lui-même. En tant que parents, nous voulons tellement que nos enfants réalisent de meilleures choses dans la vie, que parfois nous avons tendance à exiger d'eux plus que nous n'exigeons de nous-mêmes. Mais Dieu n'est pas comme cela, il nous montre l'exemple. Dans le livre du Deutéronome, Dieu accomplit tout ce qu'il déclare. Ses interventions ne dépendent pas de la justice du peuple d'Israël, ni d'aucune de ses actions. Les accomplissements de Dieu ne reposent que sur Sa promesse.

Ceci constitue pour beaucoup un obstacle. Ils pensent qu'ils ne recevront quelque chose de la part du Seigneur qu'après avoir accompli certaines actions ou par leur mérite. Mais le fait de recevoir de Dieu, n'a absolument rien à voir avec leur bonté.

Extrait du livre « 3 Clés pour votre Miracle ».

13 JUIN

Olivier Derain

Est-ce bien de poser des toisons ou des signes ?

Romains 8 : 14 : « Car tous ceux qui sont conduits (dirigés) par l'Esprit de Dieu sont fils de Dieu.

Juges 6 : 17
Gédéon lui dit : Si j'ai trouvé grâce à tes yeux, donne-moi un signe pour montrer que c'est toi qui me parles.

Nous connaissons tous ces versets et nous avons tous fait cette prière au Seigneur : « Seigneur s'il se passe telle ou telle chose aujourd'hui alors cela veut dire que Tu veux que je fasse ceci ou cela. Si untel m'appelle au téléphone, c'est un signe de ta part, que telle chose est Ta volonté pour moi ».

Nous avons tous subi les effets néfastes de ce genre de signes ou encore entendu des chrétiens dans notre entourage qui se sont retrouvés avec tout un tas de problèmes pensant « que Dieu avait répondu à leur signe ». Des gens mariés à la mauvaise personne, des chrétiens qui ont quitté leur job n'importe comment et qui se sont retrouvés dans des sérieux problèmes financiers, ou encore avec plein d'autres problèmes toujours en pensant que « c'était le Seigneur ». Des vies ont été gâchées, des destinées enterrées à cause de ce genre de pratique : Ceci devrait nous donner matière à réfléchir !

Les signes sont-ils pour nous en tant que chrétiens nés de nouveau ? En fait non ! Le verset de Romains est clair, nous sommes dirigés par le Saint-Esprit et non pas par les signes ! Beaucoup demandent alors pourquoi Dieu a-t-Il répondu à Gédéon de cette manière-là ? C'est simple, car il n'était pas né de nouveau et il n'avait pas de prophètes près de lui pour consulter Dieu, nous avons une promesse pour être dirigés aujourd'hui par le Saint-Esprit que Gédéon n'avait pas.

Ne mettez pas de signes ou de toisons devant Dieu, mais apprenez à être dirigés par le Saint-Esprit : il nous dirige principalement par le témoignage intérieur, mais aussi par la voix de notre esprit (notre conscience), plus rarement par une voix audible, parfois par des visions (il en existe trois types). Il est à noter que les prophéties nous sont souvent données par Dieu en tant que confirmation de ce que nous avons déjà reçu et non pour nous diriger dans une voie que nous ne connaissons pas.

Confession et prière :

« Père merci pour Ta Parole qui m'éclaire aujourd'hui. Apprends-moi à écouter ma nature spirituelle, là où Ton Esprit habite en moi, je comprends que Tu ne me diriges pas par les signes, mais par Ton merveilleux Saint-Esprit, c'est pourquoi je veux devenir sensible à la voix du Saint-Esprit. Je Te loue, car Tu veux que je réussisse dans ma destinée, en comprenant que je dois connaître Ta direction. Merci de m'aimer. Amen ».

14 JUIN

Jérémy Sourdril

Seigneur, ouvre cette porte ou ferme cette porte, selon ta volonté...

Avez-vous déjà vu un Western ? On y voit parfois un saloon, des gens complètement ivres se bagarrant à l'intérieur, puis on voit quelqu'un entrer au travers des portes battantes de l'entrée du bar, un sheriff, Lucky Luke... Parfois, la porte s'ouvre toute seule, pourtant personne n'y est entré, c'est juste le vent qui l'a ouverte...

Faire ce genre de prière remet toute la responsabilité sur Dieu

Lorsqu'on prie, ce n'est jamais à Dieu de tout faire mais nous avons toujours notre part de responsabilité. Ce que Dieu nous demande par exemple, c'est notre foi. C'est beaucoup trop facile de remettre toute la responsabilité sur Dieu. Finalement, si la porte s'ouvre, c'est que Dieu l'a ouverte, et si elle se ferme, c'est que Dieu l'a fermée, je serai exaucé de toute façon ! Et si la pluie tombe aujourd'hui, c'est que tu veux que je me marie avec Charlène, et s'il fait beau, tu veux que je me marie avec Jennifer pourquoi pas !

Prier cela, c'est demander à Dieu de procéder selon nos façons de faire

Finalement c'est moi qui décide comment Dieu doit agir et il n'a qu'à obéir à mes façons de faire. Je mets des toisons devant lui et il doit obéir à mes désirs.

C'est mettre une toison devant Dieu

Savez-vous que les toisons ne sont pas pour notre alliance ? Ce n'est pas par les toisons que Dieu nous parle. Certaines personnes de l'Ancien Testament utilisaient ce genre de procédés parce qu'ils n'avaient pas le Saint-Esprit en eux, leur esprit n'avait pas été recréé et le Saint-Esprit ne rendait pas témoignage à leur esprit de la volonté de Dieu mais ils devaient aller voir des prophètes pour connaître la volonté de Dieu. Il n'y a qu'un seul exemple ou presque dans l'Ancien Testament mais les chrétiens aiment bien ça car c'est tellement facile.

C'est facile, cela ne nous demande pas de foi

La foi voit à l'avance ce dont elle a besoin. La foi s'appuie sur quelque chose d'invisible, elle voit dans l'invisible et amène les choses à la réalité. La foi est ferme, c'est une assurance, un titre de propriété, une démonstration de ce que l'on espère. Je n'ai pas besoin de foi pour cette prière, car quel que soit ce qui va se passer, quelque chose va se passer dans tous les cas ! Nous ne prions pas pour quelque chose de précis, nous ne pouvons donc pas être dans la foi.

La personne qui prie ainsi, le fait souvent parce qu'elle est dans la confusion

Souvent les gens prient cette prière car ils sont dans une situation où ils n'ont pas reçu de réponse de la part de Dieu depuis plusieurs semaines ou plusieurs mois. Ils voient que rien ne se fait selon ce qu'ils avaient prié alors ils disent : « Que Dieu ouvre une porte ou la ferme, ce sera plus facile ». Mais Dieu n'agit pas comme cela. Je n'ai jamais vu Jésus ou l'un des apôtres prier de cette manière. La confusion amène les gens à prier cela. Vous ne savez pas du tout quelle est la volonté de Dieu alors vous choisissez la facilité. Souvent, cette prière s'appuie sur une mauvaise relation avec Dieu, venant de personnes qui n'arrivent pas à savoir ce que Dieu veut.

Quoi qu'il arrive, nous ferons le bon choix, car de toute façon c'est Dieu qui va tout faire

Si jamais la situation que « Dieu » a choisie venait à prendre une mauvaise tournure, nous accuserions Dieu de ce qui nous arrive. D'ailleurs n'est-ce pas lui qui a répondu ! Cela ne nous fait jamais nous remettre en question.

En fait, sur la route de Dieu, Dieu nous laisse très souvent le choix contrairement à ce que beaucoup de gens pensent. Ils pensent que c'est à Dieu de tout décider : Dieu décide de notre conjoint, de notre maison, de notre ville, de notre église, de notre voiture, de nos habits... mais ce n'est pas tout à fait ça (j'en parlerai à une autre occasion).

C'est d'ailleurs à nous de choisir la mort ou la vie, c'est le choix que Dieu nous propose toujours. La bénédiction ou la malédiction. L'obéissance ou la désobéissance. Être un vase d'honneur ou un vase vil.

Et si la porte reste mi- ouverte, mi- fermée ?

Et oui cela peut arriver, que fait-on dans ce cas ? On patiente ? Ah non ! C'est vrai que les chrétiens ont trouvé encore autre chose : « Le temps de Dieu ». « Sûrement que Dieu est en train de préparer les choses ». Tout ceci n'est qu'une excuse pour ne pas avancer. C'est fou ce que les gens peuvent inventer pour leurs échecs.

Et si le diable ouvre la porte ?

Que ferez-vous si c'est le diable qui ouvre la porte ? Vous ne pourrez pas voir la différence si c'est Dieu ou le diable car Dieu ne vous dira pas qu'il a ouvert la porte ! Car si Dieu vous disait qu'il a ouvert la porte, n'aurait-il pas été plus facile qu'il vous dise directement sa volonté, à savoir si vous deviez entrer ou pas par cette porte ?

Donc le diable peut vous ouvrir la porte, et vous n'en saurez rien. Vous y entrerez, et vous ne trouverez pas des verts pâturages, mais des galères en grand nombre, et vous trouverez toutes sortes d'excuses pour justifier à nouveau votre situation. Et là le diable ne vous fera pas de cadeau car vous serez sur son territoire, dans la volonté permissive de Dieu, dans l'endroit où Dieu nous laisse souvent jusqu'à ce que nous revenions en nous-mêmes et que nous cherchions réellement Dieu cette fois-ci jusqu'à recevoir une conviction profonde du Saint-Esprit dans notre cœur, que personne ne pourra nous ôter.

15 JUIN

Jérémy Sourdril

Seigneur, ouvre cette porte ou ferme cette porte, selon ta volonté... (suite)

Nous avons déjà vu huit raisons pour lesquelles cette prière n'est pas une prière parfaite. Aujourd'hui nous allons voir neuf autres raisons.

Et si un homme ouvre la porte ?

Il y a aussi des hommes qui savent ouvrir des portes. Il y a des grands patrons millionnaires qui savent le faire, des maires, des avocats, des agents immobiliers et bien d'autres gens. Même un enfant de cinq ans peut le faire. Certaines personnes peuvent aussi ouvrir des portes pour leurs fins personnelles, et attention cela risque de vous coûter cher au bout d'un moment, et alors vous vous retournerez contre Dieu en disant : « Pourquoi m'as-tu fait ça ? », alors que Dieu n'aura ni ouvert ni fermé de porte. Ce sera juste l'homme.

J'ai entendu tellement de témoignages qui n'étaient pas du tout du Seigneur, c'était juste de bonnes circonstances. Il y a des gens qui ne croient pas en Dieu qui voient de magnifiques portes s'ouvrir devant eux et ils n'ont pourtant jamais prié pour ça. Ils ont juste travaillé dur ou traversé les circonstances. Ils achètent un champ et trouvent un trésor, reçoivent un héritage, sont promus dans leur travail, sont envoyés à l'étranger tous frais payés. Je parle ici du côté « finances », mais il n'y a pas que cela. Ils peuvent se cogner nez-à-nez devant la boulangerie sur la personne qui deviendra leur femme.

Faites très attention avant de mettre le nom de Dieu sur un témoignage, qu'il soit mauvais ou bon.

Ce type de prière est quasiment de la superstition

C'est une forme de loterie nationale. C'est pile ou face, si la pièce tombe sur le côté face, c'est gagné, si elle tombe sur le pile, c'est perdu !

Ça peut être une forme de chantage

Parfois les gens prient cela alors que Dieu leur a déjà demandé quelque chose ou qu'ils savent au fond d'eux ce qu'ils doivent faire. Et ils disent : « Si tu ne l'ouvres pas je ne le ferai pas Seigneur, mais si tu l'ouvres, je le ferai » (en espérant que la porte ne s'ouvre pas). Beaucoup connaissent parfaitement la volonté de Dieu, ils savent dans leur conscience qu'ils sont au bon endroit au bon moment et pourtant ils prient cela car ils ne veulent pas vraiment obéir... Ils récolteront malheureusement les conséquences de cette attitude.

C'est un signe d'immaturité

Si vous ne savez pas écouter directement la voix de Dieu, vous utiliserez cette forme d'excuse pour ne pas rechercher de tout votre cœur, de toute votre âme et de toutes vos forces la volonté de Dieu. L'adulte spirituel juge de tout, il sait quelle est la volonté de Dieu car il a l'habitude d'écouter son témoignage intérieur. Il sait reconnaître ce « sentiment » de paix ou ce « sentiment » de trouble qui lui indique s'il s'approche du cœur et des désirs de Dieu. Cette prière ne nous demande pas d'écouter notre témoignage intérieur, pourtant c'est la façon principale que Dieu utilise pour nous parler.

C'est contraire à la marche par la foi

Contrairement à ce que beaucoup croient, c'est totalement opposé à la foi, car c'est marcher en regardant les circonstances. Si les circonstances sont bonnes, ok je me lance Dieu est bon, si les circonstances sont mauvaises, je ne bouge pas, car c'est la tempête ! Finalement, si je suis dans une tempête, ou si la mer est fermée devant moi, ou encore que le rocher est sec et qu'il n'y a pas d'eau, ce doit être que Dieu a fermé la porte ? Non ! Dieu veut seulement que tu parles à ta montagne, que tu parles au rocher, que tu parles à la tempête car c'est l'autorité qu'il t'a donnée et tant que tu ne bougeras pas dans ce qu'il a déjà mis dans ton cœur il ne bougera pas non plus.

Cela amène souvent au péché

Aussi, le résultat de cette prière ne peut pas être basé sur une conviction, car finalement on ne sait jamais trop si c'est Dieu qui a répondu. Et tout ce qui n'est pas le fruit d'une conviction est péché.

Si on fait cette prière une fois, pourquoi ne pas la faire chaque jour de notre vie ?

Si cette prière est biblique, pourquoi ne pas la faire à chaque fois que l'on en a besoin, tous les jours de notre vie et pour tout ? Faites ça tous les jours et vous deviendrez un chrétien extrêmement bizarre, et le diable vous roulera dans la farine et vous enverra des oppressions spirituelles de doute, de confusion et d'incrédulité.

Dieu est-il notre esclave et doit-il ouvrir les portes à notre passage ?

Jésus-Christ n'a-t-il pas déjà tout accompli pour nous ? Marchons dans le « tout est accompli » de Dieu. Dieu n'est pas notre esclave pour ouvrir les portes devant nous à chaque fois que nous en avons envie. Dieu nous dira plutôt : « Ouvre cette porte devant toi », « Monte ici car j'ai quelque chose de plus pour toi », « Prend cette route là-bas car j'ai en réserve des choses glorieuses pour toi ».

Pourquoi ne pas l'ouvrir ou la fermer nous-mêmes ?

Finalement Dieu nous propose de l'ouvrir nous-mêmes cette porte ! Il veut nous parler, il veut nous diriger lui-même ! Il veut être un ami, un confident, un père qui apprend à son enfant comment manger tout seul, marcher tout seul, s'habiller tout seul. Dieu ne veut pas la lettre qui tue mais il veut l'Esprit qui vivifie, il veut nous parler directement et ne pas nous laisser dans la confusion car il nous aime ! Il nous prend par la main quand nous en avons besoin. Il nous propose d'ouvrir ou de fermer. Il nous propose de lui obéir ou pas.

J'aimerais prier pour vous aujourd'hui :

« Père, je prie au Nom de Jésus-Christ, ton précieux fils. Merci car tu l'as envoyé pour nous sauver, pour nous restaurer, pour nous envoyer ton bon Esprit, afin que nous ne soyons pas orphelins. Merci car tu es venu en nous, et nous sommes aujourd'hui le temple du Saint-Esprit. Tu as promis de nous diriger. Je prie Père pour tous ceux qui liront cette pensée, afin que tu illumines les yeux de leur cœur et qu'ils connaissent intimement ta volonté, donne leur la révélation de tes mystères, car les choses cachées deviennent révélées pour tes enfants. Je crois que tu leur ouvres les yeux et qu'au travers de leur esprit, ils peuvent connaître ta volonté. Merci Père, amen ! ».

Dieu vous parlera personnellement car il vous aime ! Soyez sensible au témoignage intérieur dans votre esprit !

> *Deutéronome 30 : 19*
> *J'en prends aujourd'hui à témoin contre vous le ciel et la terre : j'ai mis devant toi la vie et la mort, la bénédiction et la malédiction. Choisis la vie, afin que tu vives, toi et ta postérité,*

16 JUIN

Jérémy Sourdril

Que trouve-t-on dans ton vase ?

Dans la Bible, le vase est souvent utilisé comme un symbole. Il peut être fait de matériaux divers et contenir des choses différentes. Les voisins d'une veuve avaient beaucoup de vases vides. Avec son vase presque vide, cette veuve remplit tous les vases qu'elle avait pu trouver. On voit ainsi des vases d'argent, d'or, de bois, de pierre, d'airain...

La veuve de Sarepta n'aurait pas vécu son miracle si elle n'avait pas eu un vase à la maison. Lorsqu'Élie lui demanda à manger, elle répondit à Élie : « Ta servante n'a rien du tout à la maison qu'un vase d'huile ». Il ne lui restait qu'un peu d'huile. Une multiplication d'huile à partir d'un reste. Les vierges folles, elles, n'avaient rien dans leurs vases. Les sages avaient un peu d'huile.

David disait :

> *Psaumes 31 : 12*
> *Je suis oublié des cœurs comme un mort, Je suis comme un vase brisé.*

David, dans l'oubli, se comparait à un vase. David avait compris qu'il était un contenant. David était un homme de louange et il savait ce qu'était la présence de Dieu, car bien des fois il l'avait expérimenté. Parfois, et même souvent, il faisait face à des difficultés et beaucoup de pensées venaient l'attaquer dans sa confiance en Dieu. Il était parfois en proie au tourment et à toutes espèces de pensées mauvaises, mais il savait aussi qu'en louant Dieu et qu'en confessant sa confiance en Dieu, toutes ces pensées négatives étaient balayées et remplacées par la vérité par la présence de Dieu.

C'est aussi pour cela qu'on peut voir David plein de stupeur, de crainte et de désespoir au début d'un Psaume et terminer dans le même Psaume plein d'assurance, de courage et de confiance. Il savait qu'en passant du temps avec Dieu en se confiant en Lui, le mal était changé par le bien. David comprenait qu'il était un vase, et même s'il vivait des temps difficiles et pensait qu'il n'était plus qu'un vase brisé, il savait aussi que dans l'ombre de vallée de la mort il ne craignait aucun mal.

Ce que beaucoup de gens ne comprennent pas, c'est que David n'était pas né de nouveau. « Comment ça David n'était pas né de nouveau », dites-vous peut-être ? Oui, Jésus-Christ n'était pas encore mort et ressuscité et la nouvelle naissance n'était donc pas encore disponible. Ce que Jésus avait promis débuta dans :

> *Jean 20 : 22*
> *Après ces paroles, il souffla sur eux, et leur dit : Recevez le Saint-Esprit.*

La Bible dit ici littéralement que Jésus souffla EN eux. Effectivement Jésus leur avait donné cette prophétie quelques temps plus tôt :

> *Jean 14 : 17*
> *L'Esprit de vérité, que le monde ne peut recevoir, parce qu'il ne le voit point et ne le connaît point; mais vous, vous le connaissez, car il demeure avec vous, et il sera en vous.*

Le Saint-Esprit ne demeurait pas dans David (bien qu'il soit celui qui a écrit la plupart des Psaumes de louange), c'est pour cela que nous pouvons aller beaucoup plus loin dans la louange aujourd'hui qu'ils le faisaient avec les Psaumes. Bien des conducteurs de louange utilisent tels quels des Psaumes pour écrire ou chanter des chants de louange sans réaliser que David n'était pas né de nouveau. Bien des chants chrétiens ne sont pas à la lumière de ce que Jésus a accompli pour nous à la Croix.

David savait qu'il pouvait contenir de la louange ou du désespoir. Louange ou désespoir. La Bible nous dit que nous sommes des vases :

> *2 Corinthiens 4 : 7*
> *Nous portons ce trésor dans des vases de terre, afin que cette grande puissance soit attribuée à Dieu, et non pas à nous.*

Notre corps est comparé à un vase de terre. Nous avons tous quelque chose dans notre vase. Les vierges folles et les voisins de la veuve de Sarepta n'avaient que du vent et de la poussière au fond de leur vase. Cela ne leur servit de rien. Trop de gens permettent de garder dans leur vase des choses qui dénatureront le goût de l'ensemble du vase.

Certaines personnes sont surprises de ne pas pouvoir recevoir des bénédictions ou de ne pas garder la présence de Dieu, car au fond de leur vase, il y a un dépôt de non-pardon, d'amertume, ou encore de culpabilité. Elles ne réalisent pas que cela donne un goût à tout ce qui sort du vase, c'est à dire de leur bouche et de leur vie en général. C'est fou comme on peut parfois laisser des dépôts au fond de nous alors qu'on ne les laisserait jamais dans le naturel.

Je me souviens étant petit, j'avais dit une chose méchante à ma professeure, et elle avait écrit un mot pour avertir mes parents. En arrivant à la maison, j'avais pris ce mot et je l'avais mis au fond d'un vieux pot en argile que nous avions devant la maison. Ce pot avait une toute petite ouverture, mais on pouvait y voir des feuilles mortes et un peu d'eau. Vous est-il déjà arrivé de mettre des feuilles dans un seau et de les laisser plusieurs semaines ? Moi oui. Au bout de plusieurs semaines, s'il a plu, et que vous soulevez ces feuilles, une mauvaise odeur très forte se dégage, comme si les feuilles avaient pourri.

Les gens laissent au fond de leur cœur toutes sortes d'amertume, de pensées négatives ou encore de désirs charnels et de convoitise, et au fur et à mesure des jours qui avancent, ces choses pourrissent au fond d'eux. Ils ne comprennent pas pourquoi ils ne réussissent pas et ils ont l'impression de tourner constamment dans leur vie autour d'une piste de course ronde. Ils reviennent toujours au même point.

Si vous avez de l'essence dans une bouteille et que vous y ajoutiez de l'huile, l'huile et l'essence vont se séparer et l'essence sera en haut. Plus vous rajouterez d'huile et plus l'essence sera en haut et sortira finalement de la bouteille. L'essence, c'est entre autre de la décomposition de matière organique, en d'autres mots, de la pourriture ! Ne laissez pas de la pourriture dans votre huile, mais ajoutez l'huile de la présence de Dieu qui fera couler la pourriture.

Plus vous passerez du temps dans la présence de Dieu, et plus Dieu voudra déverser de l'huile en vous. Vous aurez alors deux choix : ouvrir votre cœur et choisir de recevoir l'huile de sa présence, ou fermer votre cœur en ne pardonnant pas et en ne réglant pas les choses que Dieu vous demande de régler dans votre vie. Si vous ne souhaitez pas régler ces problèmes, la pourriture restera.

L'apôtre Paul recevra une puissante révélation au sujet de qui nous sommes :

> *1 Corinthiens 6 : 19*
> *Ne savez-vous pas que votre corps est le temple du Saint-Esprit qui est en vous, que vous avez reçu de Dieu, et que vous ne vous appartenez point à vous-mêmes ?*

Déclarez la Parole de Dieu à votre sujet : si vous avez cru en Lui, vous êtes le temple du Saint-Esprit ! Si nous pouvions réaliser cela ! Et nous le pouvons grâce à Dieu. Dites aujourd'hui : « Je suis le temple du Saint-Esprit ! ». Si vous avez un mauvais dépôt en vous, vous pouvez aujourd'hui vous en débarrasser en passant du temps dans sa présence. Dieu est prêt à faire couler avec abondance de l'huile dans le vase que vous êtes.

- Vous choisissez de faire ce que Dieu vous a demandé, ce à quoi vous pensez en lisant cette pensée.
- Vous vous repentez d'avoir laissé ces choses en vous.
- Vous choisissez de rejeter tout ce qui n'est pas bon dans votre vase et de le laisser au Seigneur.
- Alors que vous remerciez le Seigneur, Dieu déversera son huile en vous. Dieu est fidèle, il le fera.

> *Ésaïe 61 : 3*
> *Pour accorder aux affligés de Sion, Pour leur donner un diadème au lieu de la cendre, Une huile de joie au lieu du deuil, Un vêtement de louange au lieu d'un esprit abattu, Afin qu'on les appelle des térébinthes de la justice, Une plantation de l'Éternel, pour servir à sa gloire.*

17 JUIN

Reinhard Bonnke

Jésus, le Pain de Vie

Luc 9 : 16-17 : « Jésus prit les cinq pains et les deux poisons, et, levant les yeux vers le ciel, il les bénit. Puis, il les rompit, et les donna aux disciples, afin qu'ils les distribuassent à la foule ».

Jésus, le Pain de Vie

Il est bien connu que l'évangile de Luc regorge de références au pain, à la nourriture, aux repas et au fait de manger. J'ai compté 48 passages sur ce thème. Le plus notoire d'entre eux est celui où Luc raconte comment 5000 personnes furent nourries dans Luc 9 : 10-17. Les quatre évangiles parlent de cet incident qui a apparemment quelque chose de très important à nous dire.

Jésus Lui-même fit allusion à ce miracle dans Matthieu 16 : 9 et Il fut très surpris de constater que les disciples ne semblaient pas avoir vraiment compris ce qui s'était passé ce jour-là. Ils avaient seulement compris ce qu'ils avaient vu de leurs yeux naturels mais n'avaient pas saisi les desseins éternels de Dieu qui se cachaient derrière cet incident. Avaient-ils vraiment pensé que Dieu avait seulement voulu démontrer Sa puissance ?

En me penchant à nouveau sur cette histoire très connue, je remarquai quelque chose de très inhabituel. Luc insère cette histoire entre deux versets très similaires :

> *Luc 9 : 9*
> *Mais Hérode disait : J'ai fait décapiter Jean; qui donc est celui-ci, dont j'entends dire de telles choses ?*

> *Luc 9 : 18*
> *Jésus posa cette question à ses disciples : Qui dit-on que je suis ?*

Les foules auxquelles Jésus fait référence étaient celles qu'Il avait nourries et non le peuple en général. Que pensaient ces personnes de Lui ? Qu'avaient-elles fait de l'homme qui avait montré une telle omnipotence ? Jésus pensa que le miracle aurait au moins dû éveiller la curiosité de savoir qui Il était vraiment. En fait, ce miracle aurait dû révéler Son identité. C'est la manière qu'utilise Dieu pour tester le cœur des hommes et des femmes. Voient-ils vraiment ? Il ne déambule pas dans le monde en portant un trait caractéristique visible de tous. Ses œuvres portent la marque de Sa présence et de tout ce qui a rapport à Sa personne. Jésus dit un jour à ce sujet :

> *Jean 14 : 11*
> *Croyez du moins à cause de ces œuvres.*

Néanmoins, Ses œuvres furent bien plus qu'une démonstration de Sa puissance. Pensez seulement à la déclaration très connue de Jésus dans :

> *Jean 14 : 10 :*
> *Je suis dans le Père, et le Père est en moi. Les paroles que je vous dis, je ne les dis pas de moi-même; et le Père qui demeure en moi, c'est lui qui fait les œuvres.*

Si nourrir une foule de 5 000 personnes signifiait quelque chose, Jésus disait par-là que le Père était tout autant impliqué dans cette histoire que Lui-même. Au travers de Ses miracles, Jésus donna la gloire au Père et révéla le cœur de Père.

Jésus est l'image de Dieu. Regardez Jésus, Ses œuvres, Sa bonté et Son don de soi et vous verrez le visage de Dieu. Jésus est comme Dieu le Père, et Dieu le Père est comme Jésus, le Fils. « Tel père, tel fils », dit un dicton. Comme c'est vrai pour Jésus et Son Père ! Jésus dit :

> *Jean 5 : 19*
> *Le Fils ne peut rien faire de lui-même, il ne fait que ce qu'il voit faire au Père; et tout ce que le Père fait, le Fils aussi le fait pareillement.*

Pourquoi Jésus a-t-Il nourri les multitudes ? Était-ce bien à Lui de se soucier d'une telle chose ? Eh bien, oui, Il le fit car c'est le genre de choses que Dieu fait tout le temps. Jésus fit seulement ce qu'Il vit le Père faire, et par cela, Il démontra qu'Il était véritablement le Fils de Dieu. Le Fils était le reflet de Dieu. Par exemple, le Père dit :

> *Exode 15 : 26*
> *Je suis l'Éternel, qui te guérit.*

Jésus guérit également. Le Seigneur est le Dieu du Salut et Jésus sauve. Le Seigneur est le Dieu de la délivrance, et Jésus délivre. Le Seigneur est éternel et immuable, et :

> *Hébreux 13 : 8*
> *Jésus Christ est le même hier, aujourd'hui, et éternellement.*

A l'occasion de situations réelles et pendant Sa courte vie sur terre, Il accomplit l'œuvre du Père. Toute image de Dieu qui diffère de Jésus est fausse. Tout ce qu'Il fit, de Bethlehem jusqu'à son retour dans la gloire, révèle le cœur véritable de Dieu.

J'aimerais revenir sur les versets que Luc plaça avant et après le récit où Jésus nourrit la foule. Dans les deux versets, la question est posée de savoir si Jésus était Élie ou Jean-Baptiste, revenu à la vie. Il est intéressant de voir que le miracle de la multiplication des pains se passa dans le désert, un endroit où Élie et Jean-Baptiste passèrent de longues années, vivant de peu de choses et mangeant ce qu'ils trouvaient. Tous deux étaient des ascètes, comme les saints médiévaux qui essayaient d'oublier qu'ils avaient des estomacs. Non, Jésus n'était ni Jean Baptiste ni Elie. Au contraire, ses ennemis L'accusèrent d'être un bon-vivant et un buveur de vin ! Il habitua l'opinion publique à l'abondance et la libéralité de Dieu. Il pourvut à plus de pain que nécessaire et plus de vin à Cana qu'ils n'en purent boire. Le pain et le vin sont des dons de Christ.

Rappelez-vous de ce verset dans l'évangile de Jean :

> *Jean 5 : 19*
> *Le Fils ne peut rien faire de lui-même, il ne fait que ce qu'il voit faire au Père.*

En d'autres termes, c'est le Père qui nous donne du pain et du vin.

Il est étrange de s'imaginer que Jésus multiplia du pain dans le désert. Avant de commencer Son ministère sur terre, le diable tenta Jésus et Lui demanda de faire exactement cela, dans le désert; Jésus Lui résista. Le tentateur s'approcha de Lui en Le provoquant :

> *Matthieu 4 : 3*
> *Si tu es Fils de Dieu, ordonne que ces pierres deviennent des pains.*

Satan essaya de pousser Jésus à prouver qui Il était vraiment mais Jésus ne fit jamais de miracle avec de pareilles motivations. Jésus Lui-même ne chercha jamais à démontrer Sa puissance pour que les gens croient en Lui. Il ne se fia jamais à ces personnes qui ne croyaient en Lui qu'en raison des miracles qu'Il faisait (voir Jean 2 : 23-25). Il vint pour montrer aux gens qui était le Père. Il ne se révéla jamais Lui-même mais attendit toujours que les gens le reconnaissent eux-mêmes et s'écrient comme Pierre :

> *Matthieu 16 : 16*
> *Tu es le Christ, le Fils du Dieu vivant.*

L'identité de Jésus en tant que Messie est prouvée par les Écritures de l'Ancien Testament à maintes reprises. Il correspondait aux prophéties et Il a accompli ces Écritures-là mais Jésus est bien plus grand que ces prophéties. Les érudits de la Bible, à Son époque, connaissaient toutes les Écritures sur le Messie, d'un point de vue académique. Pourtant, Jésus affirma qu'ils ne connaissaient ni les Écritures ni la puissance de Dieu ! Les Écritures décrivirent le Christ mais Jésus expliqua les Écritures. Il était bien plus que le reflet d'un miroir. Il était trop grand pour le miroir. La prophétie ne pouvait contenir Sa gloire.

18 JUIN

Jérémy Sourdril

Quelle est la place du diable dans ta vie ?

Il n'y a pas de commune mesure entre la place de Dieu et celle du diable dans la Parole de Dieu.

Le nom du diable, appelé le plus couramment le diable (diabolos) ou satan (satan), est utilisé environ 50 fois dans la Bible. On en parle aussi parfois avec d'autres termes. Le nom de Dieu, Dieu (Elohiym), Éternel (Yehovih), Seigneur (Adonay) et Jésus (Iesous) (ou Christ : Christos) est utilisé environ 4400 fois, sans compter tous les autres noms utilisés pour nommer ou décrire Dieu.

Certains chrétiens disent en une seule journée plus de fois le nom du diable que la Bible toute entière ne le dit elle-même ! J'ai pu m'apercevoir d'un drôle de fait lorsque je prêche : dans certaines églises, vous pouvez déclarer des choses merveilleuses à propos du plan de Dieu dans la vie de gens et avoir une salle à peu près silencieuse mais si vous rajoutez : « Le diable est méchant », vous entendrez des dizaines d'amen dit avec conviction ! Finalement parfois on pourrait se dire : « Suis-je dans une église ou dans un culte à satan ? ».

Nous devrions normalement refléter Christ dans notre vie. On devrait avoir le parfum de Christ et de la connaissance de Dieu qui se dégage de notre vie. Mais le fait est que beaucoup de chrétiens dégagent l'odeur du diable. À force d'en parler, le diable leur « pète » dessus et ils sentent mauvais ! Oui, le diable ne donne pas de parfum, il « pète » sur les gens, contrairement à Christ qui nous parfume d'un doux parfum de gloire.

Si vous faites une étude sur le diable dans la Bible, vous remarquerez que la Bible n'en dit pas trop à son sujet. Elle en parle bien entendu et plusieurs fois, mais elle ne lui donne pas une place qui ne lui revient pas. Des chrétiens sont malheureusement en train de parler du diable du matin au soir, du lundi matin au dimanche. Le diable est partout, dans leur facture de gaz, dans leur problème de voiture, dans le retard du bus, dans le clou sous leur chaussure ! Finalement ils en reviennent vraiment à louer le diable. Ils font vraiment sa louange et sa publicité.

Je ne mentirais pas en disant que certains chrétiens parlent plus du diable que de Dieu. Quelle terrible réalité ! La louange, c'est dire du bien de. Lorsque vous parlez de ce que le diable fait dans votre vie et en général, vous êtes en train de le louer. Vous ne dites peut-être pas que ce qu'il fait est bien, mais comme pour le diable le mal est bien, et le bien est mal, ce que vous dites est vraiment une louange à ses oreilles. Plus vous parlez de ses actions, et plus il est béni et satisfait de son travail.

Trop de chrétiens voient le diable partout, et le chassent de partout. Certains chassent le diable alors qu'il n'est même pas là. Beaucoup disent que c'était le diable alors qu'il n'était pas dans l'histoire.

> *Marc 12 : 17*
> *Alors il leur dit : Rendez à César ce qui est à César, et à Dieu ce qui est à Dieu. Et ils furent à son égard dans l'étonnement.*

Ne mettez pas le diable là où il n'est pas. Regardez un peu si Jésus parlait constamment du diable à ses disciples et vous vous apercevrez que non. Jésus a informé les disciples qu'il y avait un ennemi et qu'il était venu pour détruire ses œuvres, et il a aussi dit :

> *Luc 10 : 19*
> *Voici, je vous ai donné le pouvoir de marcher sur les serpents et les scorpions, et sur toute la puissance de l'ennemi; et rien ne pourra vous nuire.*

Si vraiment vous avez envie de parler du diable, c'est sur ce genre de verset que vous devriez méditer, sur la puissance et l'autorité que Dieu vous a données sur lui.

Il n'y avait pas de diable dans la tempête. Il n'y avait pas de diable lorsqu'il fallut payer un impôt. Le diable n'est pas partout, même si ses effets sont nombreux. Jésus n'était pas en train de dire aux gens : « Qu'est-ce que t'a fait le diable ? », mais plutôt : « Que veux-tu que je te fasse ? ».

Jésus ne mettait pas l'accent sur ce que faisait le diable, son action, ses effets, mais il mettait l'accent sur ce qu'il allait faire, Lui. Si le diable essaie de vous chercher des histoires, résistez-lui et confessez votre foi en Dieu, approchez-vous de Dieu et déclarez la Parole de Dieu.

Si vous racontez toujours ce que le diable fait, dans votre vie ou la vie des autres, vous lui permettez d'agir, vous lui ouvrez une porte. Si je parle constamment de la joie, j'ouvre une porte pour la joie dans ma vie. Si je parle toujours de maladie, j'ouvre la porte à la maladie. Si je parle régulièrement la Parole de Dieu, j'ouvre une porte à la Parole de Dieu dans ma vie. Si je parle sans cesse le péché, j'ouvre une porte au péché. Si je parle souvent du diable, je lui ouvre une porte.

> *Éphésiens 4 : 27*
> *Et ne donnez pas accès au diable.*

On ouvre une porte au diable par notre bouche, pas forcément en disant ou en faisant quelque chose de mal, mais parfois en parlant trop de lui. Ne racontez pas ce que le diable fait dans votre vie, mais racontez ce que Jésus a fait, Lui ! Au lieu de parler de ses œuvres, écrasez ses œuvres !

> *Actes 10 : 38*
> *Vous savez comment Dieu a oint du Saint-Esprit et de force Jésus de Nazareth, qui allait de lieu en lieu faisant du bien et guérissant tous ceux qui étaient sous l'empire du diable, car Dieu était avec lui.*

La Bible nous dit plusieurs fois l'attitude qu'on doit avoir face à lui, mais elle ne nous dit pas de parler de ses œuvres. Attention ! La Bible dit de se soumettre à Dieu (de lui obéir pour notre protection), de résister au diable, de veiller, de ne pas lui donner accès, de se revêtir de toutes les armes de Dieu, afin de pouvoir tenir ferme contre les ruses du diable.

Demain, j'aimerais remettre dans vos pensées le diable à la place et à la destinée qui lui est réservée ! Régnez en Jésus aujourd'hui !

19 JUIN

Jérémy Sourdril

Quelle est la place du diable dans ta vie ? (suite)

Hébreux 2 : 14 : « Ainsi donc, puisque les enfants participent au sang et à la chair, il y a également participé lui-même, afin que, par la mort, il anéantît celui qui a la puissance de la mort, c'est-à-dire le diable ».

Genèse 3 : 14-15
L'Éternel Dieu dit au serpent : Puisque tu as fait cela, tu seras maudit entre tout le bétail et entre tous les animaux des champs, tu marcheras sur ton ventre, et tu mangeras de la poussière tous les jours de ta vie. Je mettrai inimitié entre toi et la femme, entre ta postérité et sa postérité : celle-ci t'écrasera la tête, et tu lui blesseras le talon.

Éphésiens 1 : 21-22
Au-dessus de toute domination, de toute autorité, de toute puissance, de toute dignité, et de tout nom qui se peut nommer, non seulement dans le siècle présent, mais encore dans le siècle à venir. Il a tout mis sous ses pieds, et il l'a donné pour chef suprême à l'Église,

La Bible dit que le diable est maudit, et que nous lui écraserons la tête, que Jésus a anéanti le diable en anéantissant la mort spirituelle pour les élus, que le diable et les dominations sont sous nos pieds, (voilà pourquoi il blesse le talon de l'église, c'est parce que le talon est à sa hauteur).

Le diable rôde comme un lion rugissant mais il n'est pas un lion rugissant, de la même façon que le Saint-Esprit n'est pas une colombe.

La destinée du diable dans la Bible

Romains 16 : 20
Le Dieu de paix écrasera bientôt satan sous vos pieds. Que la grâce de notre Seigneur Jésus-Christ soit avec vous !

J'aimerais ici détruire de vos mentalités le fait que le diable règnera en enfer. Plus précisément, non, le diable ne règnera pas dans le lac de feu et de souffre. Le monde nous a montré un petit diable avec des cornes rouges et un trident qui pique les gens en enfer, mais voici une grande révélation au sujet de sa destinée :

Premièrement :

Apocalypse 20 : 2
Il saisit le dragon, le serpent ancien, qui est le diable et satan, et il le lia pour mille ans.

Puis éternellement :

Apocalypse 20 : 10
Et le diable, qui les séduisait, fut jeté dans l'étang de feu et de soufre, où sont la bête et le faux prophète. Et ils seront tourmentés jour et nuit, aux siècles des siècles.

Lisez bien la fin du verset ! C'est une grande révélation pour certains ! Oui, le diable ne règnera pas à toujours, mais il souffrira à toujours. Voilà encore un passage qui nous donnera encore plus de révélation à ce sujet. Lorsque le diable sera jeté dans le lac de feu et de souffre et que les perdus le rejoindront, ils se moqueront de lui car il sera dénué de toute puissance et de toute force, il sera sans force, méprisable et méprisé. Les hommes se moqueront de lui.

Ésaïe 14 : 9-11
Le séjour des morts s'émeut jusque dans ses profondeurs, Pour t'accueillir à ton arrivée; Il réveille devant toi les ombres, tous les grands de la terre, Il fait lever de leurs trônes tous les rois des nations. Tous prennent la parole Pour te dire : Toi aussi, tu es sans force comme nous, Tu es devenu semblable à nous ! Ta magnificence est descendue dans le séjour des morts, Avec le son de tes luths; Sous toi est une couche de vers, Et les vers sont ta couverture.

Ésaïe 14 : 12-17
Te voilà tombé du ciel, Astre brillant, fils de l'aurore ! Tu es abattu à terre, Toi, le vainqueur des nations ! Tu disais en ton cœur : Je monterai au ciel, J'élèverai mon trône au-dessus des étoiles de Dieu; Je m'assiérai sur la montagne de l'assemblée, A l'extrémité du septentrion; Je monterai sur le sommet des nues, Je serai semblable au Très-Haut. Mais tu as été précipité dans le séjour des morts, Dans les profondeurs de la fosse. Ceux qui te voient fixent sur toi leurs regards, Ils te considèrent attentivement : Est-ce là cet homme qui faisait trembler la terre, Qui ébranlait les royaumes, Qui réduisait le monde en désert, Qui ravageait les villes, Et ne relâchait point ses prisonniers ?

J'aimerais sur ces points vous dire que, quoi qu'il se passe dans votre vie, Dieu est Tout-Puissant pour vous délivrer encore, et vous l'êtes aussi en Lui, et j'aimerais vous donner un dernier passage sur lequel méditer.

Quoi qu'il se passe dans votre vie, croyez la Parole de Dieu, et confessez encore et encore ces versets jusqu'à ce que l'amour de Dieu vous enveloppe complètement. Dieu est bon, il vous aime, et vous êtes délivré en Lui.

Romains 8 : 38-39
Car j'ai l'assurance que ni la mort ni la vie, ni les anges ni les dominations, ni les choses présentes ni les choses à venir, ni les puissances, ni la hauteur, ni la profondeur, ni aucune autre créature ne pourra nous séparer de l'amour de Dieu manifesté en Jésus-Christ notre Seigneur.

20 JUIN

Michaël Lebeau

Donner la priorité aux priorités

Plus j'observe la vie des Hommes qui ont accompli de grandes choses, plus je constate qu'ils avaient une vie organisée autour de priorités. « Donner la priorité aux priorités » est un grand principe qui vous permettra chaque jour d'entrer un peu plus dans votre destinée.

Pourquoi faut-il donner la priorité aux priorités ?

Une priorité se définit comme étant une chose plus importante que les autres et parce qu'elle est plus importante, elle doit passer avant toutes les autres. Il ne faut pas confondre l'important et l'urgent. Une priorité est toujours importante, mais une bonne priorité est rarement urgente. Par exemple, répondre à un email ou payer une facture peuvent être des choses urgentes mais non prioritaires.

Voici une citation de Goethe que j'affectionne particulièrement : « Les choses qui importent le plus ne doivent pas être à la merci de celles qui importent le moins ».

Une personne qui n'a pas défini de priorités dans sa vie est une personne qui vit au jour le jour, se laissant conduire par les bonnes et les mauvaises circonstances. Elle est sans cesse occupée par des activités urgentes et non importantes. Par exemple, elle passe huit heures par jour à faire un travail qui ne lui tient pas à cœur, elle perd une heure par jour dans les transports, fait à manger, s'occupe des enfants, nettoie sa maison, passe des appels téléphoniques, répond à des emails, discute sur des réseaux sociaux… Elle passe son temps à gérer des crises et des problèmes pressants. Elle ne sait pas dire non, elle accepte toutes les invitations, et se laisse séduire par toutes sortes de distractions et de passe-temps agréables. Et elle n'a même pas vu le temps s'écouler et voilà qu'elle se retrouve à la retraite remplie de remords se disant : « Je n'ai rien accompli de ma vie ». Quelqu'un a dit que l'endroit le plus riche de la terre c'est le cimetière, c'est là que se trouve tous les livres qui n'ont pas été écrits, tous les films qui n'ont pas été produits, tous les discours qui n'ont pas été proclamés, tous les rêves qui n'ont pas été manifestés…

Au contraire, une personne qui a su organiser sa vie au quotidien autour de ses priorités passe peu de temps à gérer des crises car elle est proactive. Elle a compris que la denrée la plus précieuse qu'elle possède c'est son temps et qu'elle doit l'investir dans les choses qui sont importantes c'est-à-dire les choses qui sont liées à sa destinée. Elle a aussi des problèmes pressants à résoudre, des invitations, des propositions de passe-temps, mais elle « SAIT DIRE NON » aux choses moins importantes pour investir son précieux temps dans ses priorités. Elle se rend disponible pour ses activités prioritaires.

Beaucoup de personnes affirment manquer de discipline pour justifier le peu de fruits qu'elles portent. Elles disent : « Je n'ai pas assez de discipline pour mettre sur pied la vision que j'ai dans mon cœur, je n'ai pas assez de discipline pour prier et méditer la Parole de Dieu… ». Mais en réalité, la racine du problème se situe au niveau des priorités. Si elles arrivent à faire battre leur cœur pour de justes priorités alors elles n'auront plus de problèmes à se discipliner.

Des personnes qui ont organisé leur vie autour de priorités :

C'est parce que Michaël Jordan a décidé de faire du « basketball » sa priorité qu'il a pu dire : « La clé de mon succès a lieu lorsque tout le monde dort ». En réalité, pendant que tout le monde dormait, lui tous les matins pendant cinq heures, allait dans le vieux gymnase de l'école pour s'entrainer au milieu des rats et des cafards. Après des années d'entrainement, il est devenu le meilleur joueur de basketball au monde. Si « devenir un grand joueur de basketball » n'avait pas été sa priorité, il ne serait pas devenu celui que l'on connait. Lorsque votre vie est organisée autour de priorités, vous consacrez du temps à ces priorités.

Nelson Mandela, emprisonné depuis plusieurs années dans des conditions difficiles, reçut la visite de personnes haut placées du gouvernement Sud-Africain, qui lui dirent : « Nous te libérons aujourd'hui, nous t'offrons une voiture, une maison et des revenus à vie, si tu renonces à ton combat ». Il répondit : « Lorsque je sortirai les autres sortiront aussi ». Il faisait référence à tous ses compagnons « noirs africains » enfermés pour des questions raciales dans les prisons d'Afrique du Sud. Il put refuser une telle proposition car il avait conscience de sa priorité. Lorsque votre vie est organisée autour de priorités, vous savez dire non à ce qui n'a que peu d'importance et à ce qui vous détourne de vos priorités.

J'aimerais maintenant vous donner l'exemple suprême d'un homme qui a su bâtir magistralement sa vie autour de ses priorités : Jésus-Christ. Il s'est consacré et à mener une vie pieuse car il connaissait son appel : « Sauver l'humanité du péché ». Il a investi son temps dans la méditation des écritures et dans la prière afin de grandir en stature et en grâce. Souvent, il se levait tôt pour aller prier. Il est resté focalisé sur ses priorités malgré les tentations diaboliques. Il s'occupait des affaires de son père s'éloignant de toute distraction. Il n'a commis aucun péché, il a su tenir sa chair assujettie afin d'être un sacrifice parfait, pur et sans tache, capable d'ôter le péché du monde. Lorsque votre vie est organisée autour de priorités divines, vous livrez votre vie en sacrifice pour accomplir les bonnes œuvres que Dieu a préparées pour vous.

> *Éphésiens 2 : 10*
> *Car nous sommes son ouvrage, ayant été créés en Jésus-Christ pour de bonnes œuvres, que Dieu a préparées d'avance, afin que nous les pratiquions.*

En tant qu'enfant de Dieu, quelles doivent être nos priorités ?

Dieu et ses projets pour notre vie doivent être la priorité des priorités :

Dans Luc 14, Jésus parle de ceux qui ont de mauvaises priorités.

> *Luc 14 : 18-20*
> *Mais tous unanimement se mirent à s'excuser. Le premier lui dit : J'ai acheté un champ, et je suis obligé d'aller le voir; excuse-moi, je te prie. Un autre dit : J'ai acheté cinq paires de bœufs, et je vais les essayer; excuse-moi, je te prie. Un autre dit : Je viens de me marier, et c'est pourquoi je ne puis aller.*

Au verset 21, Jésus explique que le maître de la maison qui représente Dieu le Père fut irrité. Il se mit en colère car les conviés à son repas avaient fixé de mauvaises priorités. Jésus veut nous enseigner par cela que Dieu doit avoir la priorité dans nos vies et que rien ne doit passer avant l'appel qu'il a pour notre vie pas même le travail (les cinq paires de bœufs et le champ), ni le mariage. L'appel de Dieu (l'invitation au repas) doit avoir la première place dans nos vies.

Jésus nous encourage également en nous rappelant que si nous faisons de son règne (royaume) notre priorité toutes ces choses dont nous avons besoin nous serons données par-dessus.

> *Matthieu 6 : 33*
> *Recherchez premièrement le royaume et la justice de Dieu; et toutes ces choses vous seront données par-dessus.*

Vos priorités doivent répondre à cet objectif : « Gagner des âmes et en faire des disciples », c'est cela contribuer à amener le règne de Dieu sur terre.

> *Matthieu 28 : 19-20*
> *Allez, faites de toutes les nations des disciples, les baptisant au nom du Père, du Fils et du Saint-Esprit, et enseignez-leur à observer tout ce que je vous ai prescrit. Et voici, je suis avec vous tous les jours, jusqu'à la fin du monde.*

Dans quel couloir ? Vous pouvez gagner des âmes par les arts, les affaires, la musique, les médias, la prédication, l'humanitaire, le sport... Vous devez demander au Saint-Esprit de vous révéler le couloir de votre destinée.

Dès aujourd'hui, choisissons d'organiser notre vie autour des bonnes priorités.

21 JUIN

Jérémy Sourdril

N'attends pas qu'un ange descende !

Nous pouvons perdre beaucoup de temps, attendant que le Seigneur nous montre un signe certifiant ou au contraire désapprouvant ce que nous souhaitons entreprendre. Mais j'aimerais vous dire : ce signe ne viendra pas toujours. En fait, il viendra rarement.

Beaucoup de chrétiens ont la fâcheuse habitude d'être dirigés dans leur vie par des signes. Ils prient et demandent des signes à Dieu, alors que nous sommes appelés à être dirigés par le Saint-Esprit. Nous ne sommes pas appelés à être dirigés par des signes. Le problème est que, ne comprenant pas ce principe de la Parole de Dieu qui est pourtant écrit noir sur blanc, ils s'en inventent et les prennent pour un signe. Cela peut parfois être très grave.

Dieu nous a promis de nous diriger. Il a dit qu'il ne nous laisserait pas seul dans notre vie chrétienne, et qu'il était même avantageux qu'il s'en aille, afin de nous envoyer le Saint-Esprit.

> *Jean 16 : 13*
> *Quand le consolateur sera venu, l'Esprit de vérité, il vous conduira dans toute la vérité; car il ne parlera pas de lui-même, mais il dira tout ce qu'il aura entendu, et il vous annoncera les choses à venir.*
>
> *Romains 8 : 14*
> *Car tous ceux qui sont conduits par l'Esprit de Dieu sont fils de Dieu.*

Lorsque j'étudiais à l'iBEM (l'Institut Biblique EnseigneMoi) il y a plusieurs années, il y a une chose (parmi tant d'autres !) qui m'a frappé. Le Pasteur Olivier Derain expliquait la différence entre « être conduit » et « être dirigé », en montrant que ce verset était mal traduit et qu'il aurait dû être traduit : « Car tous ceux qui sont dirigés par l'Esprit de Dieu, ceux-là sont fils de Dieu ».

On pourrait penser que ce n'est pas une grande différence, que c'est juste une histoire de mot, mais c'est beaucoup plus qu'un simple mot. Certaines personnes pensent que le Saint-Esprit (ou d'autres les « signes » du Saint-Esprit) va nous conduire. Ils pensent que nous avons juste à nous mettre sur la place du passager et que le Saint-Esprit conduira notre vie pour nous. Mais cela ne se passe pas comme ça. Le Saint-Esprit nous dirige. Il nous donnera des indications, et puisqu'il est esprit, il parlera dans notre esprit. Il ne donnera pas de carte routière, il ne nous montrera pas de panneaux forcément, mais il nous dirigera dans notre esprit. C'est aussi pour cela que nous devons passer du temps à prier en langues. Cela sensibilise notre esprit à entendre la voix de Dieu.

Parfois, pour ne pas dire souvent, le Saint-Esprit mettra juste dans notre cœur un feu vert ou un feu rouge, une petite pression pour faire quelque chose ou une « impression » dans notre esprit que quelque chose ne va pas quand il ne faut pas faire quelque chose.

Il y a des gens qui prient constamment : « Seigneur, si tu es Dieu, donne-moi un signe, c'est si facile pour toi », puis, si Dieu ne leur donne pas de signe, ils disent : « Seigneur, puisque tu ne me donnes pas de signes, voici, s'il se passe tel évènement de telle façon, alors je saurai que c'est toi ». En fait, ils prennent Dieu pour un esclave, devant obéir comme NOUS avons décidé, de la façon dont on le lui a demandé, sans avoir vraiment son mot à dire.

Beaucoup veulent tout simplement mettre Dieu au pied du mur. Mais Dieu ne se met pas au pied du mur ! Dieu nous a donné sa Parole et ses façons de faire, et c'est à nous de rentrer dans ses plans et ses façons de faire. Pas à lui de rentrer dans nos plans et lui demander de signer en bas quand nous avons tout écrit nous-mêmes !

Ayant dit cela, il faut aussi comprendre que Dieu nous a donné un grand libre arbitre. Il y a bien des décisions que c'est à nous de prendre tout seul. Et il a promis de nous diriger. Il faut apprendre à être dirigé dans les choses de moyenne importance avant de vouloir entendre sa voix dans les choses de grande importance. Si Dieu nous parle de nous sanctifier et de ne pas faire certaines choses, c'est une direction de sa part. Parfois cela n'aura pas un grand impact mais nous devons lui obéir dans ces choses, sinon ne nous attendons pas forcément à discerner sa voix lorsqu'Il nous parlera des choses très importantes.

Nous serions surpris de connaître le nombre de personnes qui ont demandé un signe au Seigneur quant à leur futur époux. Cela pourra fonctionner au début alors que nous sommes des bébés spirituels, mais ensuite nous avons besoin de grandir et de savoir entendre sa voix. Quand nous sommes enfant et que nous nous retrouvons devant un gâteau interdit, nous le mangerons peut-être, mais si notre parent est là pour nous dire de ne pas le manger, nous ne le ferons pas. Plus tard, étant adolescent, si nous voyons un gâteau que nous n'avons pas le droit de manger, notre parent n'aura pas besoin de nous le dire forcément car nous nous rappellerons de la voix de notre parent. Alors nous ne le ferons pas.

Il y a des choses où Dieu n'a pas besoin de nous diriger d'une manière spéciale. Les pharisiens demandaient des signes à Jésus, et Jésus répondit :

> *Matthieu 12 : 39*
> *Il leur répondit : Une génération méchante et adultère demande un miracle; il ne lui sera donné d'autre miracle que celui du prophète Jonas.*

Ces pharisiens demandaient des signes par incrédulité. Certains disent : « Ah si je voyais Jésus j'aurais ensuite une grande foi ! », mais ce n'est pas forcément le cas ! Les gens demandent parfois des signes à Dieu des signes pour des choses dont il a clairement parlé dans sa Parole. Ils demandent un signe pour donner leur dîme, ils demandent un signe pour s'investir à l'église, ils demandent un signe pour honorer ou aimer les gens, ils demandent un signe pour savoir s'ils doivent arrêter les relations sexuelles avant le mariage, s'ils doivent se marier avec un inconverti, ils demandent un signe pour croire !

J'ai remarqué que les gens qui demandent des signes sont bien souvent des gens qui manquent de foi. Ils veulent un signe avant de croire. Il faut faire attention à cela. Souvent aussi, ce sont des gens qui ne veulent pas obéir à ce que Dieu leur a déjà dit ou ce qui est déjà exprimé dans la Parole. Dans ce cas-là, le signe qu'ils verront sera peut-être envoyé par quelqu'un d'autre que Dieu, car il n'y a pas que Dieu qui peut envoyer un signe ! Au lieu de chercher un signe, cherchons à écouter la voix de notre esprit au travers de notre témoignage intérieur, cherchons le Seigneur. Il nous dirigera par le Saint-Esprit. Il le fera par le Saint-Esprit.

22 JUIN

Jérémy Sourdril

N'attends pas qu'un ange descende ! (suite)

Au début de l'année 2003, alors que j'étais avec ma future femme depuis plusieurs mois, je me posais la question au sujet d'un futur mariage. J'étais troublé car certaines personnes m'avaient découragé à me marier. J'avais peu réfléchi au mariage, aux engagements du mariage, etc. Mais je voulais me marier car j'aimais Annabelle !

J'étais si troublé d'avoir été déstabilisé par des gens proches que je décidai d'aller voir mon pasteur. Je n'ai eu aucune préparation au mariage. La seule préparation à mon mariage fut une question. J'étais donc entré chez mon pasteur, et je lui demandais un peu gêné un conseil car je voulais me marier et je ne savais pas. Je ne pense pas que je voulais un « signe » du Seigneur, mais en tout cas je voulais être convaincu de ce que je faisais. Mon pasteur me posa une question toute simple, d'une simplicité infantile : « Est-ce que tu l'aimes ? ».

QUOI ? Mon pasteur qui était un homme si spirituel me demandait juste si j'aimais Annabelle ! Je lui répondis de suite : « Oui ». Et alors il me dit : « Tu as la réponse ! ».

Je ne dis pas que cela doit toujours se passer comme ça, mais je crois que mon pasteur avait été vraiment dirigé et fait preuve de sagesse. Le trouble me quitta et en sortant de chez lui j'étais vraiment heureux ! Youhouuu je pouvais me marier ! Vous savez quoi ? Je sentais dans mon cœur que c'était la chose à faire, malgré ce que certaines personnes m'avaient dit à ce sujet.

Je peux vous dire que si vous écoutez les gens autour de vous alors que vous avez une question sur le plan de Dieu pour votre vie, vous allez en entendre de toutes les couleurs ! L'un vous dira : « Tu dois aller à droite je te le dis », et l'autre vous dira : « Je suis certain que tu dois aller à gauche » ! Mais si nous ne voulons pas nous tromper, nous serons dans la confusion !

J'ai vraiment une bonne nouvelle pour vous : le Saint-Esprit vous dirigera. Écoutez ce que dit votre cœur. Si vous ne ressentez rien de particulier, c'est souvent parce que c'est la bonne chose à faire ! Priez en langues, déversez vos questions au Seigneur, et si vous avez un cœur pur et des motivations justes, il vous dirigera, soit par un « sentiment » de paix, soit par un « sentiment » de malaise. Et sachez que la paix ne fait pas toujours un grand bruit, elle marche parfois sur la pointe des pieds !

Mon pasteur avait su, en une question toute simple, me faire prendre conscience de ce qui était déjà sur mon cœur. Il me le confirmait, sans pour autant m'avoir donné son avis ! Il n'était pas comme les autres, donnant ses idées et son avis, mais il faisait confiance à mon cœur. Vous pouvez effectivement faire confiance à votre cœur, surtout si vous êtes une personne marchant avec Dieu.

Cela fait plus de huit ans que je pris cette décision, et il n'y pas un seul jour, une seule heure ou une seule minute où je l'ai regrettée. C'est clair, j'avais été dirigé par le Saint-Esprit, mais la décision m'appartenait, car Dieu nous a donné un libre arbitre et c'est nous qui choisissons beaucoup de choses. Ce n'est pas, contrairement à ce que beaucoup pensent, Dieu qui choisit tout pour nous. Il respecte nos goûts, nos sensibilités, et selon ce que nous choisissons, là il nous dira : « Oui », ou : « Non ».

Parfois Dieu vous dira dans votre cœur d'avancer, ou même vous ne sentirez absolument rien de particulier, mais la grâce dans ce que vous faisiez est partie (je ne parle pas des circonstances qui ont changé car les gens aiment bien faire parler Dieu quand les circonstances ne leur plaisent plus ! C'est vraiment grave !). Si vous écoutez votre cœur, vous sentirez que vous devez commencer quelque chose, que vous devez avancer un pas. Et alors que vous avancez par la foi, Dieu confirmera que ce que vous faites est bien dans son plan. La prophétie est un des moyens que Dieu nous a donnés pour CONFIRMER ce que nous avons déjà reçu dans notre cœur.

Sachez que si vous êtes dans la colère, la haine, la jalousie ou l'animosité, ne vous attendez pas à ce que Dieu vous parle. Vous avez besoin de vous repentir, et le ciel « s'ouvrira » à nouveau pour vous.

Dieu est bon, Dieu est merveilleux, Dieu nous aime tellement qu'il veut nous diriger par la voix de notre esprit. Toutes choses sont devenues nouvelles, il a préparé de grandes œuvres et c'est à nous d'y marcher en écoutant notre cœur, ayant passé du temps dans la présence de Dieu. Dieu ne parlera pas forcément pendant la prière ou pendant le jeûne, il parlera parfois pendant qu'on vous prépare la nourriture, alors que vous êtes sur le toit en train d'attendre votre repas ! Dieu n'aime pas qu'on l'enferme dans une boîte.

23 JUIN

Filipe et Marie Alves

Déchargez-vous !

Un jour, mon fils de deux ans a voulu plier une chaise pliante en bois : il a failli tomber avec, tant le poids était trop lourd pour lui. J'ai pris la chaise et je l'ai rangée tout simplement et sans la moindre difficulté. De même, en tant que chrétien nous portons parfois des fardeaux beaucoup trop lourds, tellement lourds qu'on pourrait tomber avec.

Pourtant, il est écrit :

> *1 Pierre 5 : 6-7*
> *Humiliez-vous donc sous la puissante main de Dieu, afin qu'il vous élève au temps convenable; et déchargez-vous sur lui de tous vos soucis, car lui-même prend soin de vous.*

Dans la première partie du verset, Dieu nous demande de nous humilier sous sa main puissante, c'est-à-dire de reconnaître notre incapacité face au problème, impossible à résoudre avec nos propres moyens. Tout comme ce matin, mon petit garçon était bien obligé d'admettre que la chaise était trop lourde pour lui. Lorsqu'il aura grandi, porter cette chaise ne présentera plus pour lui une grande difficulté.

Dans la seconde partie du verset, le Seigneur nous invite à nous décharger sur lui. Dans le dictionnaire, on nous propose la définition suivante pour le verbe « se décharger » : « dégager la responsabilité sur quelqu'un ».

Ainsi lorsqu'on se décharge d'un problème, nous n'avons plus à le porter, mais c'est Dieu qui s'en occupe : quelle libération !

Si aujourd'hui vous faites face à un problème trop grand, ne ployez pas sous le fardeau mais laissez faire Dieu, et déchargez-vous, car il prend soin de vous !

24 JUIN

Jérémy Sourdril

Quel vase choisis-tu d'être ?

Pendant longtemps, des gens ont cru une doctrine qui disait que Dieu avait choisi de toute éternité qui serait sauvé et qui ne le serait pas. En gros, que Dieu avait créé des gens pour le ciel et d'autres pour l'enfer. C'est ce qu'on appelait la prédestination (aujourd'hui ce genre de doctrines diaboliques n'est plus trop à la mode).

Un jour dans une petite ville où il y avait un réveil, tous les gens étaient sauvés les uns après les autres. Un homme restait parmi les derniers à être perdu. Quand on lui demandait pourquoi il n'acceptait pas Jésus malgré tout ce qu'il avait pu voir de Dieu, il répondit que de toute façon il avait été créé pour l'enfer et qu'il ne pouvait pas faire autrement. Il avait cru cette doctrine diabolique pour son malheur.

De la même manière, certaines personnes ont dit : « Moi, Dieu m'a destinée à être un vase vil, faible, c'est d'ailleurs ce que dit la Bible puisque Dieu a dit qu'il avait créé des vases d'honneur et des vases vils ». Ils s'appuient sur ce passage pour affirmer cela :

> *2 Timothée 2 : 20*
> *Dans une grande maison, il n'y a pas seulement des vases d'or et d'argent, mais il y en a aussi de bois et de terre; les uns sont des vases d'honneur, et les autres sont d'un usage vil.*

La Bible donne un fait : dans le Royaume de Dieu il y a des vases différents, des vases d'honneur et des vases d'un usage vil. Il y a des vases que Dieu ne peut pas utiliser. Vous rappelez-vous de l'homme qui a reçu un talent et qui l'a enterré en terre ? Dieu ne nous donne pas à tous les mêmes dons, mais Dieu donne à chacun un don. Nous pouvons tous développer notre (nos) don(s) ou le(s) laisser mourir.

> *Luc 13 : 6-9*
> *Il dit aussi cette parabole : Un homme avait un figuier planté dans sa vigne. Il vint pour y chercher du fruit, et il n'en trouva point. Alors il dit au vigneron : Voilà trois ans que je viens chercher du fruit à ce figuier, et je n'en trouve point. Coupe-le : pourquoi occupe-t-il la terre inutilement ? Le vigneron lui répondit : Seigneur, laisse-le encore cette année; je creuserai tout autour, et j'y mettrai du fumier. Peut-être à l'avenir donnera-t-il du fruit; sinon, tu le couperas.*

Il y a des gens qui ne portent aucun fruit, ils sont donc inutiles ou presque entre les mains de Dieu, et deviennent des vases d'un usage vil.

> *Romains 9 : 21*
> *Le potier n'est-il pas maître de l'argile, pour faire avec la même masse un vase d'honneur et un vase d'un usage vil ?*

En prenant ce passage seul (qui est utilisé au sujet des gens qui ferment leur cœur à Dieu), on pourrait croire que Dieu forme des gens pour le salut et d'autres pour la perdition. Et pourquoi pas finalement des gens pour la maladie et d'autre pour la bonne santé ! Plusieurs pensent que Dieu a forcé Pharaon à agir de la façon dont il a agi, que Dieu a mis le mal dans son cœur, mais en fait Dieu a juste mis en évidence ce qui était déjà dans le cœur de Pharaon.

Lorsqu'il est dit que Dieu a endurci le cœur de Pharaon, il n'en a pas changé la contenance. Le cœur de Pharaon était mauvais avant et après avoir été endurci. Dieu n'a pas créé Pharaon avec l'objectif qu'il soit perdu, mais Pharaon aurait toujours pu se repentir et accepter d'obéir à Dieu.

Prenons l'image d'un œuf. Si vous mettez l'œuf dans une casserole d'eau bouillante, vous êtes en train de l'endurcir, mais vous ne changez pas la contenance de l'œuf. L'œuf est toujours œuf avant et après avoir été endurci.

C'est ce qui s'est passé avec le Pharaon, Dieu l'a mis dans de l'eau bouillante pour faire ressortir ce qui était déjà dans son cœur mauvais, il ne l'a pas forcé à agir de cette manière, mais il a confondu Pharaon dans son attitude.

> *Genèse 20 : 6*
> *Dieu lui dit en songe : Je sais que tu as agi avec un cœur pur; aussi t'ai-je empêché de pécher contre moi. C'est pourquoi je n'ai pas permis que tu la touchasses.*

Abimélec a agi d'un cœur pur et à cause de ce cœur pur, Dieu l'a empêché de pécher contre Lui en couchant avec la femme d'Abraham. Dieu n'agit pas contre notre cœur. Il ne nous forcera jamais à pécher sachez-le ! C'est le diable qui aimerait nous forcer à pécher ! Mais devant le péché, nous avons toujours le choix. La Parole de Dieu va nous éclairer à ce sujet au travers du verset suivant de Timothée :

> *2 Timothée 2 : 21*
> *Si donc quelqu'un se conserve pur, en s'abstenant de ces choses, il sera un vase d'honneur, sanctifié, utile à son maître, propre à toute bonne œuvre.*

C'est nous qui choisissons quel sera notre usage ! Voulons-nous être un vase d'honneur ? C'est ce que nous propose le Seigneur. Dieu nous donne la liberté, le choix. Certains objecteront avec ce passage :

> *Romains 9 : 22*
> *Et que dire, si Dieu, voulant montrer sa colère et faire connaître sa puissance, a supporté avec une grande patience des vases de colère formés pour la perdition,*

Il n'est pas dit que les vases ont été créés avec comme objectif la perdition. Cela irait à l'encontre de la volonté de Dieu qui est que tous les hommes soient sauvés et parviennent à la connaissance de la vérité ! Cela serait une injustice de naître sans avoir le choix d'accepter ou pas Jésus-Christ et d'être destiné de toute façon à être perdu. Vous pouvez aujourd'hui choisir quel genre de vase vous serez dans le Royaume de Dieu. Nous ne serons pas récompensés en fonction de notre don mais en fonction de la fidélité et de l'obéissance au Seigneur quant à l'utilisation de ce don.

Quel vase choisissez-vous d'être ? Un vase inutile ou presque, ou un vase d'honneur, utile entre les mains du maître ? C'est VOTRE choix. Personne ne le fera pour vous, Dieu non plus. Dieu nous laisse le choix de lui obéir ou pas. Avez-vous en vous quelque chose que Dieu vous a donné ? Une capacité particulière, quelque chose que vous aimez faire ? Dieu a obligatoirement déposé un don en vous. Ne le laissez pas mourir mais utilisez-le.

Les gens trouvent souvent tout un tas d'excuses pour ne pas accomplir la volonté de Dieu, mais devant Dieu nous ne pourrons pas trouver d'excuses. « Seigneur, j'avais un mariage », « Seigneur, mon travail était difficile », « Seigneur, j'étais occupé par mes obligations familiales ». Celui qui voudra sauver sa vie la perdra. Nous sommes une graine et nous devons mourir à nos propres envies alors que nous sommes sur la terre, afin de porter des fruits pour sa Gloire.

> *Éphésiens 2 : 10*
> *Car nous sommes son ouvrage, ayant été créés en Jésus-Christ pour de bonnes œuvres, que Dieu a préparées d'avance, afin que nous les pratiquions.*

Nous sommes des vases préparés pour la Gloire. Ici, il est dit que nous avons été créés en Jésus-Christ pour accomplir des œuvres bonnes. Dieu les a déjà préparées pour nous, afin que nous y marchions littéralement. Ce ne sont pas nos œuvres, mais les siennes qu'il nous permet d'accomplir par Lui. Dieu a de toute éternité préparé des œuvres pour chacun de nous, pour vous qui lisez ce texte personnellement.

Méditez sur cette vérité aujourd'hui : il y a des œuvres que Dieu a préparées pour que vous les accomplissiez, des œuvres de gloire ! Gloire à Dieu !

25 JUIN

Raoul Wafo

La puissance du choix

Hébreux 11 : 24 : « C'est par la foi que Moïse, devenu grand, refusa d'être appelé fils de la fille de Pharaon ».

Il faut que tu réalises que ta destinée sera la résultante des choix que tu feras quand l'opportunité t'en sera donnée.

Moïse refusa par choix; résultant d'une conviction intérieure, d'être appelé fils de la fille du Pharaon... il dû renoncer à une gloire humaine; le trône d'Egypte avec tous les avantages qui s'y rattachent. Bien au contraire, il accepta d'être maltraité avec le peuple de Dieu.

Le choix de Moïse ne fut pas basé sur des récompenses fictives; des avantages sociaux, des biens matériels, une gloire terrestre; mais plutôt sur une révélation de la parole de Dieu à son égard. Il dû payer un prix.

Certains choix ne seront pas faciles à faire. Dieu n'a pas prévu, dans son royaume, que les choses soient faciles, mais plutôt qu'elles soient possibles. Il y aura toujours un prix à payer pour toute obéissance. Ne te laisse pas décourager par les difficultés apparentes. Sache que notre Dieu saura récompenser ta fidélité.

Es-tu tenté par toutes ces sollicitations de la chair, du monde et du diable ? N'oublie pas le diable est rusé. Tout ce qu'il te présente pour t'appâter ne sont que des leurres, il n'y a pas de vérité en lui. Tout ce que nous obtenons du diable ne dure qu'un temps; seul ce que Dieu nous donne est éternel. Considère ceci : l'éternité a plus de valeur que le temps et le ciel est plus vrai que la terre.

Prions :

« Dieu Tout Puissant, je t'ouvre mon cœur ce jour, aide-moi par ton Esprit à faire le bon choix en ce qui concerne ma vie et ma destinée. Accorde-moi la révélation de l'éternité au nom de Jésus. Amen ».

26 JUIN

Dorothée Rajiah

Se confier en Dieu face à l'injustice

Il y a dans notre monde beaucoup d'injustices, tant de violences, de crimes, de méchancetés, de rumeurs, d'accusations, de mensonges, de trahisons... Face à cela, la majorité des gens répondent par la haine et la vengeance, mais nous qui sommes chrétiens ne pouvons pas réagir ainsi.

Genèse 45 : 4-8

Joseph dit à ses frères : Approchez-vous de moi. Et ils s'approchèrent. Il dit : Je suis Joseph, votre frère, que vous avez vendu pour être mené en Egypte. Maintenant, ne vous affligez pas, et ne soyez pas fâchés de m'avoir vendu pour être conduit ici, car c'est pour vous sauver la vie que Dieu m'a envoyé devant vous. Voilà deux ans que la famine est dans le pays; et pendant cinq années encore, il n'y aura ni labour, ni moisson. Dieu m'a envoyé devant vous pour vous faire subsister dans le pays, et pour vous faire vivre par une grande délivrance. Ce n'est donc pas vous qui m'avez envoyé ici, mais c'est Dieu; il m'a établi père de Pharaon, maître de toute sa maison, et gouverneur de tout le pays d'Egypte.

Nous avons un Dieu, des lois, des principes et une foi qui ne nous permettent pas d'agir comme ceux qui sont sans Dieu, sans lois ni foi. Car nous, qui sommes chrétiens, nous ne plaçons pas notre confiance en la chair, c'est à dire en nous-mêmes ou en l'homme, mais nous plaçons notre foi et notre confiance en Dieu. Dieu est Souverain dans nos vies et nous nous attendons à Lui et à Sa justice dans tous les domaines de notre vie.

Dans ce passage, nous lisons à propos de Joseph. Joseph est l'exemple même de l'homme droit et innocent victime des pires injustices. L'histoire de sa vie est une succession de jalousies, de fausses accusations, de trahisons... au point où l'on peut se poser la question : mais dans toutes ses épreuves, où était Dieu ? Que faisait Dieu ?

Peut-être vous êtes-vous posé la même question face à des injustices et des situations difficiles dans votre vie.

Nous passons tous par des mauvaises circonstances, sans que nous comprenions pourquoi. Nous n'avons pas la réponse à certaines de nos questions. Nous nous demandons :

- Pourquoi moi ? Qu'ai-je fait pour subir cela ?
- Où est Dieu dans tout cela ? Que fait-il pour moi ?

Je n'ai personnellement pas la réponse à toutes les questions mais il y a une chose que je sais, c'est qu'au travers de toutes ces injustices :

Joseph a gardé sa foi et son intégrité. Il n'a pas laissé les circonstances lui voler ce que Dieu avait mis en lui.

Tant de gens disent : « Oh, je prie pour avoir un travail, un conjoint, une maison..., mais rien ne vient, alors j'arrête d'aller à l'église, j'arrête de prier, j'abandonne la foi... ». Est-ce là toute votre spiritualité ? Est-ce là toute votre intégrité ?

Je rends grâce à Dieu que Joseph n'était pas comme cela. Joseph a refusé de tomber dans le piège tendu par l'ennemi. Joseph a refusé l'apitoiement, l'amertume et la colère. Joseph a refusé d'en vouloir aux autres ou à Dieu, Il a choisi de rester digne, de garder sa foi, de rester confiant en Dieu. Il a choisi de croire qu'en toutes circonstances, Dieu était Souverain dans sa vie. Il a choisi de croire que Dieu était sa justice.

Et que s'est-il passé ?

En l'espace de 24 heures, Dieu a renversé toutes les circonstances de sa vie. En un instant, Dieu lui a fait justice et a relevé son nom. En un instant, Dieu a fait ce qu'aucun homme n'aurait pu faire par ses propres forces. En un jour, Joseph est passé de la prison au Palais, et de prisonnier à Premier ministre de l'Egypte !

Les voies de Dieu sont plus élevées que vos voies. Il faut choisir Dieu dans votre vie. Il faut choisir d'obéir à Sa Parole. Il faut s'abandonner à Lui et savoir qu'Il est Souverain dans votre vie !

27 JUIN

Jérémy Sourdril

Que personne ne méprise ta jeunesse (ou ton manque d'expérience)

L'apôtre Paul était un père. Il n'y a pas de bon père qui laisse son fils se faire insulter, outrager, blesser sans rien dire. Paul était conscient que les jeunes doivent faire leurs preuves, mais il avait formé Timothée et il croyait en ce que Dieu avait mis dans sa vie.

L'apôtre Paul ne croyait certainement pas en Timothée, de la même façon qu'il ne croyait pas non plus en lui-même ! Il dira d'ailleurs :

> *Philippiens 3 : 3*
> *Car les circoncis, c'est nous, qui rendons à Dieu notre culte par l'Esprit de Dieu, qui nous glorifions en Jésus-Christ, et qui ne mettons point notre confiance en la chair.*

Contrairement à beaucoup, Paul ne se permettait pas de mettre sa confiance dans la chair. S'il l'avait fait, il n'aurait jamais pu vivre le ministère qu'il a vécu et il n'aurait pas pu subir avec joie les persécutions qui l'ont poursuivi. Il croyait en l'appel qu'avait reçu Timothée, et il lui a dit :

> *1 Timothée 4 : 12*
> *Que personne ne méprise ta jeunesse; mais sois un modèle pour les fidèles, en parole, en conduite, en amour, en foi, en pureté.*

On pourrait croire que ce verset ne s'appliquerait qu'aux jeunes en âge, mais en fait, il faut comprendre que beaucoup d'adultes sont restés des enfants. Je ne parle pas du point de vue spirituel seulement, mais au niveau naturel. Tellement de gens ne prennent pas leur vie en mains. Ils se laissent diriger par le chômage, par leur caractère, par la pluie et le beau temps, par ce que pensent les autres, par leurs convoitises et leurs désirs multiples. Ils en veulent toujours plus et ne sont jamais satisfaits de ce qu'ils ont. Ils veulent toujours un congé de plus et croient mériter largement leurs vacances.

En fait, beaucoup d'adultes n'ont pas de vision. Ils laissent passer leur vie comme des enfants, ne construisant pas d'avenir réel dans les choses importantes. Plus le temps avance, et plus je suis pris de compassion envers les gens qui n'ont aucune vision. Il est terrible de se lever cinq jours par semaine pour aller au travail afin de manger le soir, dormir la nuit dans la maison qu'on veut finir de payer, puis se relever pour retourner au travail, faire ses courses le samedi et aller à l'église le dimanche matin, et partir dès la fin de la réunion pour se reposer l'après-midi. La vie, c'est beaucoup plus que ça !

Dieu veut que notre vie soit passionnante, et que nous puissions entrer dans les plans qu'il a prévus pour nous. Si nous pouvions prier pour connaître sa volonté et pour qu'elle puisse s'accomplir dans notre vie. Beaucoup disent : « Je suis d'accord que Dieu a un plan pour ma vie », et ils pensent que ce qu'ils vivent, c'était ça le plan de Dieu pour eux ! Je suis désolé, mais Dieu n'est pas un homme ! Il y a des hommes qui avaient le désir de devenir millionnaires et de gouverner sur beaucoup de biens et sur des hommes et ils ont réussi.

Ne pensez-vous pas que notre Dieu, que votre Dieu est beaucoup plus imaginatif, créateur, inspiré et entrepreneur que les meilleurs des hommes ? Pourquoi se contenter d'une vie médiocre quand nous avons un Père merveilleux qui veut notre bonheur et qui a écrit de toute éternité un plan et des œuvres pour nous afin de les accomplir avec nous ? Qu'importe ce que disent la réalité et les autres, notre compte en banque et notre tête, Dieu est excessivement imaginatif. Ils donnent des dons différents et malheureusement la vie de beaucoup trop de chrétiens est semblable à celle des incroyants qui ne connaissent pas Dieu.

Paul a dit à Timothée : « Que personne ne méprise ta jeunesse », ne permets à personne de mépriser ton peu d'expérience de la vie. Le fait est que souvent, c'est nous qui nous méprisons nous-mêmes !

L'homme regarde à ce qui frappe les yeux. Non seulement envers les autres, mais envers soi-même. « Je ne suis pas ceci », « Je ne suis pas cela », « Je ne suis pas assez ceci », « Je ne fais pas assez bien cela »... mais dans les choses de l'Esprit de Dieu, nous ne pourrons rien accomplir par notre chair.

Nous devons assujettir notre chair mais c'est notre esprit qui recevra la volonté de Dieu, c'est de notre esprit que sortiront les trésors de l'Esprit de Dieu.

Tellement de trésors n'ont jamais été déterrés par les chrétiens alors qu'ils étaient sous leurs pieds ! Nous pensons toujours : « Dieu peut le faire avec lui mais avec moi c'est une autre histoire », ou encore : « Je suis trop jeune, regarde tout ce qu'il a fait lui pour en arriver là ». Mais est-ce que Dieu t'a dit que tu devais passer par le même chemin ? Est-ce que Dieu a dit : « Voici les miracles qui accompagneront ceux qui seront les plus spirituels, qui connaîtront plus la parole et qui seront chrétiens depuis 15 ans ou pasteurs depuis 20 ans ? ». Non ! Il est temps de croire que la Parole de Dieu est vraie pour tous !

Écoutez ce que dit le Seigneur. Dieu va lever une armée de jeunes dans ces derniers temps. Il l'a déclaré dans sa Parole, et tu peux en faire partie. C'est ton choix.

> *Actes 2 : 17-18*
> *Dans les derniers jours, dit Dieu, je répandrai de mon Esprit sur toute chair; Vos fils et vos filles prophétiseront, Vos jeunes gens auront des visions, Et vos vieillards auront des songes. Oui, sur mes serviteurs et sur mes servantes, Dans ces jours-là, je répandrai de mon Esprit; et ils prophétiseront.*

Je te parle à toi qui lis ce texte maintenant même : Pourquoi dis-tu toujours que c'est pour les autres ? Pourquoi dis-tu que ce n'est pas pour toi ? Pourquoi ne crois-tu pas VRAIMENT que la Parole de Dieu est oui et amen ? IL A DIT ! Jésus A DIT ! DIEU A PARLÉ, IL A PROMIS que TU prophétiserais et que TU aurais des visions.

Tu dis peut-être : « Non il n'a pas dit que tous les jeunes feront cela », ou encore tu dis : « Je ne suis pas assez... ». MAIS DIEU CHOISIT LES CHOSES FAIBLES DU MONDE, CELLES QU'ON MÉPRISE ! Il n'a pas dit que certains jeunes auront des visions, et que certains fils et filles prophétiseraient ! Dieu veut amplifier sa voix au travers de TOI. De TOI. Je sens que l'Esprit de Dieu veut te parler aujourd'hui même. Ce ne sera pas demain, c'est pour aujourd'hui. La Bible déclare :

> *Jacques 4 : 8*
> *Approchez-vous de Dieu, et il s'approchera de vous. Nettoyez vos mains, pécheurs; purifiez vos cœurs, hommes irrésolus.*

Approche-toi de Dieu aujourd'hui, repens-toi de ne pas avoir cru et d'avoir toujours cru que c'était pour les autres, ne sois pas une âme partagée ! L'âme partagée vit constamment dans le doute : « Est-ce que Dieu a-t-il réellement dit ? », « Est-ce que vraiment Dieu veut m'utiliser ? ». Bien sûr que oui ! Dieu t'aime et il veut t'utiliser personnellement. La foi sans les œuvres est stérile : donne l'occasion à Dieu de se manifester au travers de toi, et ne te méprise plus jamais, au Nom Puissant de Jésus-Christ.

J'aimerais prier pour vous :

« Père précieux, merveilleux Jésus-Christ, toi qui nous as aimé le premier et qui t'es offert parfaitement pour nous afin que nous puissions vivre une vie excellente et glorieuse en toi, une vie pleine de ta gloire et de l'empreinte de ton amour, je prie pour cette personne qui lit ce texte Je prie que plus jamais elle ne se méprise. Tu sais les trésors que tu as mis en elle, et qui sont enfouis, toutes les fois où elle s'est rabaissée car elle a regardé à elle, je prie que tu ouvres ses yeux afin qu'elle comprenne intimement et profondément qu'il ne s'agit pas d'elle mais de toi au travers d'elle. Seigneur Jésus-Christ, touche-la maintenant par ta présence. Amen ».

28 JUIN

Jérémy Sourdril

Dieu veut faire au travers de vous des choses surprenantes

Je crois qu'en tant que serviteur de Dieu, nous devons redonner la foi aux chrétiens, c'est-à-dire leur refaire croire que la Parole de Dieu est vraie ! En discutant avec ma femme il y a quelques temps, j'énumérais tout ce qu'il faudrait sûrement pour vivre un réveil : « Pour entrer dans un réveil, il faudrait ceci, et il faudrait cela »...

En écoutant tout ce que j'énumérais, elle me répondit : « Finalement pour voir un réveil, il faudrait juste que les chrétiens croient la Parole de Dieu ». Elle avait tout à fait raison !

Nous discutions à propos d'un verset qui nourrit puissamment mon esprit et qui, à la fois, me défie constamment et m'appelle à découvrir des richesses extraordinaires qu'il contient :

> *Marc 16 : 17-18*
> *Voici les miracles qui accompagneront ceux qui auront cru : en mon nom, ils chasseront les démons; ils parleront de nouvelles langues; ils saisiront des serpents; s'ils boivent quelque breuvage mortel, il ne leur fera point de mal; ils imposeront les mains aux malades, et les malades, seront guéris.*

Nous vivons actuellement dans une société qui, je vous le rappelle, est gouvernée par le dieu de ce siècle. L'esprit du monde est différent de l'Esprit qui habite le croyant. Dans cette société, tout doit aller très vite. Si vous connaissez des personnes plus âgées, elles vous diront certainement : « De mon temps on n'était pas aussi pressé que maintenant, ce n'était pas la course ».

Aujourd'hui les gens veulent tout et tout de suite. Si une femme déplaît quelque peu à son mari, et bien il la quitte, et en trouve une autre, car il n'a pas le temps d'aimer, il n'a pas le temps de construire, il n'a pas le temps de réparer. On doit acheter sa maison et sa voiture tout de suite, les banques offrant des prêts de plus en plus intéressants. On doit avoir la nouveauté du moment pour être à la page et reconnu par les autres. On a des repas tout préparés, qui sait si bientôt ils ne seront pas prémâchés ! Les voitures roulent plus vite, les trains vont plus vite, les avions sont plus rapides. Internet est partout, et de plus en plus rapide, et un événement qui se passe en Chine est connu dans la minute à l'autre bout du monde, car on doit tout savoir et tout de suite.

Les gens sont constamment à la recherche d'informations, des derniers potins et des dernières nouvelles. Qu'y a-t-il de nouveau dans le journal, sur Yahoo, sur Facebook, dans mes mails ?

Tous ces faits font de beaucoup de personnes des gens superficiels (je n'ai pas dit tous). Voilà pourquoi des gens peuvent vivre 80 ans sur cette terre et mourir comme des animaux sans s'être posé une fois les vraies questions sur Dieu, sur leur existence sur terre... Voilà pourquoi des gens achètent des maisons, se marient et font la fête sans venir à Jésus pour bâtir une vie réelle. Il y a peu de gens profonds, qui savent s'arrêter sur des choses importantes de la vie.

Même les chrétiens sont pris dans cet engrenage et disent : « Je n'ai pas le temps de prier, je n'ai pas le temps de lire la Bible, je n'ai pas le temps d'aller à l'église et encore moins à la réunion de prière ! ». Ce qui fait que beaucoup de croyants sont aussi superficiels. On ne voit pas l'empreinte forte du Seigneur Jésus sur leur vie. On gratte un peu derrière leur témoignage de nouvelle naissance mais on ne voit plus rien aujourd'hui du Dieu qui ne change pas.

C'est merveilleux de donner son témoignage de conversion, mais depuis, que s'est-il passé ? Depuis quand Dieu lui-même n'a-t-il pas parlé ? Où est la marque de Dieu dans la vie du chrétien ? Jésus pouvait dire :

> *Jean 14 : 7*
> *Si vous me connaissiez, vous connaîtriez aussi mon Père. Et dès maintenant vous le connaissez, et vous l'avez vu.*

On devrait voir Dieu dans notre vie. Les gens qui travaillent beaucoup disent : « Je n'ai pas le temps de chercher Dieu », et ceux qui sont au chômage disent : « Je n'ai pas le temps non plus je cherche du travail ». Ceux qui sont à la retraite ont eux aussi mille et une choses à faire !

En fait beaucoup de chrétiens se reposent sur le miracle de la nouvelle naissance. Imaginez si nous nous comportions ainsi dans le naturel. Nous serions constamment fixés sur notre naissance dans le monde. Quelqu'un nous croiserait et nous demanderait des nouvelles et nous lui dirions : « Tu sais, je suis né le 09 Février 1983, ce jour-là je suis venu au monde c'est merveilleux ! ». Une semaine après, il nous demanderait des nouvelles et à nouveau nous lui dirions : « Tu sais, je suis né le 09 Février 1983, ce jour-là je suis venu au monde c'est merveilleux ! ». La personne nous regarderait comme une personne malade, folle.

Gloire à Dieu tu es né un jour spirituellement mais depuis, que s'est-il passé ? Les apôtres et les premiers croyants pouvaient dire avec vérité : « Jésus n'a pas changé aujourd'hui », et ils pouvaient dire, voilà ce que Dieu a fait hier, voilà ce qu'il a fait aujourd'hui ! Que s'est-il passé depuis ta naissance spirituelle ? N'as-tu pas vécu d'autres expériences, n'as-tu pas grandi, ne connais tu pas beaucoup plus Jésus ? De la même façon que Dieu a voulu que nous grandissions dans la connaissance de nos parents au fur et à mesure du temps où nous grandissons, de la même façon il veut que nous le connaissions de plus en plus lorsque nous grandissons spirituellement.

Jésus a dit : « Voici les miracles et les signes, qui accompagneront ceux qui auront cru ». La liste qui est donnée après n'est pas une liste fermée, exhaustive. Il y a d'autres signes et d'autres miracles. L'homme veut constamment enfermer Dieu dans des versets mais Dieu ne peut pas s'enfermer dans des versets. Dieu veut réellement nous accompagner de signes et de miracles. La plupart des croyants trouveront toutes sortes d'excuses pour dire pourquoi cela ne marche pas aujourd'hui ou pour dire qu'ils ont déjà essayé MAIS...

Si je pouvais aujourd'hui faire croire à une seule personne que Jésus n'a pas menti, ce serait superbe. Si vraiment nous croyons qu'il n'a pas menti, nous devrions constamment donner la possibilité à Dieu de montrer que sa Parole est vraie, et pas seulement dans nos réunions d'églises et entre chrétiens. Aujourd'hui, j'aimerais vous annoncer que Jésus n'a pas changé, qu'il n'est pas un menteur et qu'il a clairement dit que des signes doivent accompagner le croyant. Pas le pasteur, pas le prophète, pas l'évangéliste, mais le CROYANT.

Je pense que Dieu va utiliser dans les derniers temps des inconnus. Une multitude de chrétiens inconnus, qui croiront juste la Parole de Dieu. Il y aura certainement de fausses doctrines qui circuleront ici et là mais les gens seront utilisés par Dieu pour amener des âmes à lui, et guérir le monde.

Il est dit dans la Bible une parole sur laquelle j'aimerais vraiment vous inviter à méditer. J'aimerais que vous puissiez vous l'approprier, l'écrire ou l'imprimer, que vous puissiez sur votre lit ce soir confesser ce verset et le méditer.

> *Éphésiens 3 : 20*
> *Or, à celui qui peut faire, par la puissance qui agit en nous, infiniment au-delà de tout ce que nous demandons ou pensons,*

Vous pourriez imaginer comment Dieu peut le faire mais cela ne sert à rien, car il peut faire au-delà. Dieu n'aime pas être limité par une tête pleine de : « Moi je pense que... ». Dieu est un Dieu qui aime agir dans la liberté et la diversité. Ce verset, vous devez le méditer et le croire. Je vous encourage à prier pour avoir une révélation dans votre esprit de ce verset.

Seigneur tu peux faire, par la puissance qui agit en moi (dans mon esprit dans lequel tu habites), infiniment au-delà de tout ce que je demande ou pense. Il n'est pas dit que Dieu fera au-delà de notre foi, mais au-delà de nos pensées et de nos demandes. Pas au-delà de notre foi. Vous devez croire que Dieu est capable de tout faire au travers de vous. Le croyez-vous aujourd'hui ?

29 JUIN

Jérémy Sourdril

Soyez désintéressé : êtes-vous une source ou une pompe ?

Il devient rare de trouver aujourd'hui des personnes désintéressées. Le courant du siècle présent entraine les gens à marcher avec des intérêts personnels. Il y a quelques temps, une mère me dit au sujet de son enfant : « Si j'avais su que mes enfants ne me montreraient pas d'amour, je ne les aurais pas faits ». L'amour ne cherche pas son intérêt.

Parlant du caractère de l'évêque, l'apôtre Paul dira à Timothée :

> *1 Timothée 3 : 3*
> *Il faut qu'il ne soit ni adonné au vin, ni violent, mais indulgent, pacifique, désintéressé.*

Avez-vous lu ce dernier mot : « désintéressé » ? Un des traits de caractère de celui qui veut servir Dieu doit être celui d'être désintéressé. Une personne ne peut pas d'un côté poursuivre l'argent et ses intérêts personnels, et d'un autre côté servir Dieu. Cela ne correspond pas au désir du cœur de Dieu au sujet de ceux qui le servent.

Être désintéressé est un message qui devient rare. Parfois, j'ai compassion des chrétiens qui ont beaucoup d'argent, car ils ne doivent jamais savoir pourquoi ils ont plus d'amis que les autres ! Quand j'étais au collège, j'avais un ami qui avait pas mal d'argent. Les jeunes allaient toujours chez lui car il y avait à manger, à boire, à fumer et à jouer. Puis une fois le collège passé, personne ne venait plus chez lui. C'est fou comme les gens sont attirés par les autres afin de chercher quelque chose pour eux-mêmes.

Vous avez le choix d'être une pompe ou une source

Je suis quelqu'un qui aime l'église locale. Depuis que je suis entré dans une église de Pentecôte en 1991, j'ai toujours aimé l'église. L'église, c'est vraiment un endroit merveilleux. C'est au travers de l'église que Dieu touche le monde. Bien qu'il y ait une mode diabolique contre les églises locales et le ministère pastoral, c'est toujours Jésus qui bâtit son église et qui appelle des ministères et des croyants à se regrouper pour être puissants dans et pour ce monde. L'église locale, c'est le moyen de communication de Dieu.

C'est sûrement dans l'église que j'ai rencontré les gens les plus extraordinaires. Des gens qui ont un cœur pour bénir les autres, pour prier pour eux, pour soutenir et encourager. Toujours prêts à prier et à encourager. D'autres sont de véritables pompes spirituelles. Des petits bébés en Christ. Ils veulent non seulement le lait et le biberon, mais ils veulent que ce soit vous qui l'achetiez et qui les lui donniez. Ils sont toujours insatisfaits des autres et en demandent toujours plus. Vous les entendrez parfois dire : « Personne ne m'aime », « Personne ne fait attention à moi », « Peux-tu me donner ça », « Peux-tu me prêter cela », « Puis-je venir chez toi c'est urgent ? ». Ils ont toujours besoin d'être cajolés, consolés, écoutés.

> *Jean 6 : 26*
> *Jésus leur répondit : En vérité, en vérité, je vous le dis, vous me cherchez, non parce que vous avez vu des miracles, mais parce que vous avez mangé des pains et que vous avez été rassasiés.*

Il y a des gens qui utilisent l'église seulement pour répondre à leurs besoins. L'église n'a pas été bâtie par Jésus pour répondre à nos besoins seuls, mais pour qu'au travers de nous, les autres soient sauvés et restaurés, afin que ceux qui ont besoin d'un médecin soient guéris par Lui. Notre désir en allant à l'église devrait toujours être : « Je veux être une bénédiction pour quelqu'un ».

Éphésiens 4 : 14-15
Afin que nous ne soyons plus des enfants, flottants et emportés à tout vent de doctrine, par la tromperie des hommes, par leur ruse dans les moyens de séduction, mais que, professant la vérité dans l'amour, nous croissions à tous égards en celui qui est le chef, Christ.

Les ministères ont été donnés aux croyants afin qu'ils grandissent, qu'ils soit édifiés et équipés. Et les bébés croyants se plaignent parfois d'être corrigés lorsqu'ils font des bêtises. Il faut pourtant bien une correction parfois.

Saviez-vous qu'il arrive à des bergers, lorsqu'une brebis s'échappe du troupeau, de lui casser une patte pour qu'elle comprenne qu'elle doit suivre le troupeau ? Je ne dis pas qu'il faille aller jusque-là, mais en tant que brebis, il faut savoir recevoir la correction, non seulement du Seigneur au travers de Sa Parole, mais aussi du Seigneur au travers de Ses Serviteurs.
On a tous appris un jour à nos enfants à nous lâcher la jambe, sinon, nous rendons cet enfant incapable de faire face à la vie adulte. De la même façon, certaines personnes n'osent pas dire aux bébés ou aux plus grands des choses vraies qui les aideront à grandir. Ils se disent qu'ils doivent toujours supporter leurs enfantillages car, disent-ils, l'amour supporte tout.

L'amour supporte tout mais l'amour sait aussi reprendre, éduquer, redresser. Dans le verset 15 que j'ai cité plus haut, la bonne traduction serait : « Mais que, disant la vérité avec amour, nous grandissions à tous égards ». L'amour n'est pas toujours en train de cajoler et de consoler. Parfois l'amour sait reprendre les gens. Des églises sont devenues des nurseries car les gens n'osaient rien dire à personne et finalement ce genre d'église ne sert à rien. C'est une église de « gros bébé lala », comme on dit au Québec. Des gros bébés qui veulent toujours une petite parole d'encouragement, quelqu'un qui viendra les conforter dans leurs situations douloureuses en leur tapotant l'épaule, qui veulent une petite prophétie et être un peu mis en avant, qui veulent être reconnus par tous et aimés par tous et qui souvent, n'ont pas d'amis ou presque, et qui sont toujours blessés par les autres...

Peu de gens aimeraient s'occuper d'un bébé qui ne grandit pas toute leur vie. Ils veulent que le bébé grandisse, que le bébé devienne mature. C'est normal, Dieu nous a créés pour grandir et devenir adultes.

Trop de gens sont des pompes spirituelles. Ils ne veulent pas changer, mais ils veulent qu'on prie pour eux et qu'on aille dans le sens de leur plainte. Si vous n'allez pas dans leur sens, ils finiront par quitter l'église et raconteront dans la prochaine église combien ils ont été blessés dans l'autre, jusqu'à ce qu'ils soient blessés à nouveau (d'ailleurs si vous êtes pasteur faites toujours attention aux gens qui vous parlent mal de leurs dernières églises car la prochaine église dont ils parleront en mal, sachez que c'est la vôtre !). Ces gens sont toujours tournés vers eux-mêmes : « Moi, mon, et moi-même ». Ils ne sont jamais une vraie bénédiction pour les autres mais ils cherchent à soutirer, à aspirer, à pomper, à vider.

1 Corinthiens 10 : 24
Que personne ne cherche son propre intérêt, mais que chacun cherche celui d'autrui.

Philippiens 2 : 4-7
Que chacun de vous, au lieu de considérer ses propres intérêts, considère aussi ceux des autres. Ayez en vous les sentiments qui étaient en Jésus-Christ, lequel, existant en forme de Dieu, n'a point regardé comme une proie à arracher d'être égal avec Dieu, mais s'est dépouillé lui-même, en prenant une forme de serviteur, en devenant semblable aux hommes;

Nous devons nous efforcer de chercher l'intérêt de l'autre avant tout. Cela est bon devant notre Seigneur. Occupez-vous des autres et Dieu s'occupera de vous. Parfois, nous sommes tristes car nous ne ressentons pas la présence de Dieu comme avant, alors nous prions : « Seigneur bénis-moi, touche-moi, viens, viens », alors que la réponse est parfois juste de commencer à prier pour les autres. En vous déversant dans la vie des autres vous serez vous-même arrosés. Vous seriez surpris de savoir qu'en aimant les autres, vous recevrez de l'amour.

30 JUIN

Jérémy Sourdril

Soyez désintéressé : êtes-vous une source ou une pompe ? (suite)

La Parole de Dieu nous exhorte à ne pas chercher son intérêt, mais à considérer les intérêts des autres. Nous devrions être une source de bénédiction, pas une pompe !

> *Philippiens 2 : 20-21*
> *Car je n'ai personne ici qui partage mes sentiments, pour prendre sincèrement à cœur votre situation; tous, en effet, cherchent leurs propres intérêts, et non ceux de Jésus-Christ.*

Paul a dû avouer aux Philippiens que personne ne prenait à cœur leur situation. Ah si une offrande de 5000 dollars était offerte à celui qui viendrait aider cette église, il y aurait eu la queue pour aider cette église, mais il faut dire qu'il est souvent dur de donner sans rien attendre en retour. C'est pourtant la façon de faire de Dieu. Il a donné sans rien attendre en retour. Nous n'avons rien à lui offrir dont il ait cruellement besoin. C'est sa nature d'aimer. L'apôtre Paul s'attristait que tous cherchaient leurs propres intérêts. Ces personnes calculaient, raisonnaient :

« Est-ce que cela vaudra le coup ? Qu'ai-je à gagner dans cette histoire ? »

Paul, parlant de l'attitude qu'il avait eue envers les Éphésiens, rappela ce qu'avait dit Jésus au sujet de donner :

> *Actes 20 : 35*
> *Je vous ai montré de toutes manières que c'est en travaillant ainsi qu'il faut soutenir les faibles, et se rappeler les paroles du Seigneur, qui a dit lui-même : Il y a plus de bonheur à donner qu'à recevoir.*

Souvent les gens qui sont blessés et qui veulent être cajolés sont à la recherche du bonheur. Parfois toute leur vie. Ils veulent recevoir, encore et encore, mais ils ne comprennent pas que le vrai bonheur est de se déverser dans la vie des autres. Une des récompenses pour un serviteur de Dieu, c'est de voir la vie des gens transformée, c'est de voir les gens s'épanouir, se relever, être bénis.

Si vous avez eu la mauvaise habitude d'être une pompe spirituelle, si trop souvent vous ne laissez pas les autres parler, mais que vous tournez toujours les conversations vers vous, vos besoins et vos attentes, vous devriez aujourd'hui prendre la décision d'arrêter et d'agir conformément à la Parole de Dieu.

Prions aujourd'hui !

« Seigneur, je te demande pardon si j'ai trop cherché et trop demandé de la part des autres. Pardonne-moi et aide-moi à changer mon caractère et ma mentalité par rapport à cela dans ma vie. Je choisis de donner, de donner ma vie pour les autres. Je ne veux plus que les autres s'occupent tout le temps de moi, je refuse de rester un bébé, je refuse de marcher avec des blessures de ce que les autres ont pu me dire ou me faire. Je choisis de pardonner, je choisis d'oublier, je choisis d'aller de l'avant et de changer. Père, aide-moi et apprends-moi à donner, tout simplement. Je veux donner ma vie pour ceux qui m'entourent. Tu as dit qu'il n'y a pas de plus grand amour que de donner sa vie pour ses amis. Je veux aimer, je veux donner ma vie, je décide de changer aujourd'hui, au Nom puissant de Jésus-Christ ! ».

.

01 JUILLET

Mamadou Karambiri

Sortez de votre barque sacrée

Matthieu 14 : 29 : « Pierre sortit de la barque, et marcha sur les eaux ».

Pierre est né dans une barque, a grandi dans une barque et vivait des fruits de sa barque en tant que pêcheur. Sa barque lui était indispensable.

Depuis sa rencontre avec Jésus, sa barque est devenue sacrée. Jésus l'utilisait à la fois pour prêcher et pêcher les hommes. Relisez Luc 5 : 3 et Marc 4 : 36.

La barque de Pierre était devenue sa sécurité et il y trouvait son plaisir.

Et vous, quelle est votre barque ? S'agit-il de votre vie, votre famille, votre travail, votre ministère, vos succès… ?

Votre conversion à Christ est devenue votre barque, votre sécurité, ce qui est une bonne chose. Mais attention, cette sécurité peut devenir paralysante et vous empêcher de marcher avec Jésus sur les eaux fougueuses de ce monde.

De sa barque, Pierre maîtrisait les eaux et sa vie professionnelle était devenue monotone, sans goût.

Votre vie chrétienne est-elle tombée dans une monotonie sécurisante, une routine quotidienne dont vous connaissez la fin avant même d'en connaître le commencement ?

Aujourd'hui, Jésus vient à votre rencontre, Mais Il vient dans des circonstances difficiles ! Votre barque (votre famille, votre vie...) est battue par les flots insidieux des difficultés que vous traversez. Le vent de la vie, de la paix, du repos vous est contraire. Tout semble s'opposer à vous. Jésus vient à vous par sa Parole et vous parle : « Mes enfants venez, sortez de votre vie monotone, venez et suivez-moi ». « Allez et marchez avec moi, sur ces eaux tumultueuses qui vous font peur et vous troublent ».

Écoutez sa voix et prenez courage. Il est là, à côté de vous, son esprit est en vous. Levez-vous maintenant et faites le premier pas de la foi avec lui. Tournez-vous vers lui et vous serez rayonnant de joie. Il vous tient la main et sa Parole transforme vos eaux en un terrain solide.

Une prière pour aujourd'hui

« Seigneur, je me lève, je sors de ma barque et je marche avec toi sur mes eaux troubles. Avec toi, il y a l'assurance, la paix et la victoire. Amen ».

02 JUILLET

Jérémy Sourdril

Vous pouvez choisir de ne pas être une personne vaine !

Nous sommes déçus lorsque nous apprenons à quelqu'un à pratiquer quelque chose et que cette personne ne le fait pas. Si par exemple nous sommes professeur de musique, et que nous apprenons à notre élève à jouer d'une certaine manière, et qu'il ne le fait jamais, nous pensons avoir perdu notre temps.

Si nous apprenons à nos enfants la politesse et que jamais nous les entendions dire : « Bonjour », « Merci » et : « S'il te plaît », cela nous déçoit également. Parfois des parents achètent un beau cadeau à leur enfant et celui-ci l'a oublié en quelques semaines, alors le parent dit : « Si j'avais su, je ne t'aurais pas acheté ce jeu, tu n'y joues jamais ! ».

A notre Nouvelle Naissance, Dieu a mis en nous une semence de foi. Cette foi nous permet de croire en toute la Parole de Dieu.

> *Éphésiens 4 : 11-12*
> *Et il a donné les uns comme apôtres, les autres comme prophètes, les autres comme évangélistes, les autres comme pasteurs et docteurs, pour le perfectionnement des saints en vue de l'œuvre du ministère et de l'édification du corps de Christ,*

Dieu a pris la charge d'envoyer des hommes pour qu'ils travaillent dans son Royaume à temps plein. C'est un gros investissement et une responsabilité énorme qu'a prise Dieu en faisant cela. Il a promis de pourvoir à nos besoins lorsqu'on le sert dans son œuvre, de s'occuper de nous et c'est de Lui que vient le don du ministère.

Parfois, des patrons qui ont quelques centaines d'employés s'enorgueillissent, mais Dieu a des dizaines de milliers de gens qui le servent partout dans le monde. Dieu les prépare, et les envoie. Certains déménagent dans un autre pays, et impliquent toute leur famille dans leur ministère. Cela a un coût impressionnant. Ce sont des vies données pour servir Dieu, données pour le perfectionnement des saints.

Toutefois, je crois que tous les pasteurs ont été surpris un jour de voir que quelques minutes seulement après avoir prêché, un chrétien de l'église venait lui dire totalement l'opposé de sa prédication ce jour-là. Un pasteur prêche sur la joie du Seigneur, et plusieurs personnes sortent de l'église la tête basse et l'âme triste. Un pasteur prêche sur l'évangélisation, et personne ne veut évangéliser. Un pasteur prêche sur le fait d'aider dans l'église et de visiter les malades et personne ne propose son aide. On pourrait ainsi donner de multiples exemples.

Jésus a formé des disciples, et il les a régulièrement mis à l'épreuve, pour savoir s'ils avaient appris ses leçons et s'ils allaient les mettre en pratique. Il a demandé à ses disciples de donner à manger à la foule, voulant tester leur foi.

En envoyant les disciples qui allaient se retrouver en pleine tempête, Jésus voulait aussi tester leur autorité en Lui et leur confiance en Dieu. Lorsqu'il s'endormit dans la barque dans la tempête, et qu'il vit cet enfant démoniaque que les disciples n'avaient pas pu délivrer, il fut surpris de leur incrédulité. Il les envoya deux par deux sans bâton, sans nourriture, pour guérir les malades et chasser les démons... Bref, Jésus aimait mettre les disciples à l'épreuve.

Jésus ne tentait pas les disciples mais il leur faisait passer des examens. S'il avait enseigné sur la foi, il leur permettait de tester leur foi. S'il leur avait appris à aimer, il leur donnait la possibilité d'aimer. S'il leur avait appris à chasser les démons, il leur donnait l'occasion de le faire. Il a dit :

> *Jean 14 : 12*
> *En vérité, en vérité, je vous le dis, celui qui croit en moi fera aussi les œuvres que je fais, et il en fera de plus grandes, parce que je m'en vais au Père;*

Pour Jésus, il est normal que nous puissions porter les mêmes fruits que Lui. C'est le contraire qui le surprend. Il faut vraiment qu'on puisse le réaliser, que la façon de penser de Jésus s'imprègne en nous. Ah il y a une telle révélation à posséder dans ce verset. On pourrait méditer sur ce verset pendant des heures et des heures.

J'aimerais le réécrire : dans la façon de penser de Jésus (celui qui ne ment ni ne se trompe), il est normal que nous qui sommes sauvés portions au moins les mêmes fruits que Lui. C'est exactement pour cela qu'il est venu. Ne rendons pas sa venue et son ministère qu'il a voulu être un exemple pour nous, vains ! Mais, poursuivant la volonté de Dieu, portons ses œuvres.

Luc 6 : 40
Le disciple n'est pas plus que le maître; mais tout disciple accompli sera comme son maître.

Pensez-vous qu'il est possible de devenir comme Jésus dans son ministère et sa façon de l'exercer ? J'aimerais vous dire que oui. Oh je n'y suis pas encore ! Mais j'y aspire. Être comme le Maître. Jésus est un bon enseignant mais il a de mauvais élèves. Des élèves qui ne mettent pas en application sa Parole. Il existe d'excellents professeurs mais si un élève ne veut pas pratiquer ce qu'il entend, cet élève ne sera jamais comme son maître. Je n'ai pas dit que nous ne pècherons plus jamais, mais que comme Paul, nous puissions vivre avec vérité :

Galates 2 : 20
J'ai été crucifié avec Christ; et si je vis, ce n'est plus moi qui vis, c'est Christ qui vit en moi; si je vis maintenant dans la chair, je vis dans la foi au Fils de Dieu, qui m'a aimé et qui s'est livré lui-même pour moi.

Nous pouvons être semblables au Maître et porter les fruits qu'il portait. Un des obstacles majeurs pour ne pas devenir un disciple, c'est tout simplement de ne pas pratiquer ce que le Maître nous dit. Jésus ne nous a jamais appelés des chrétiens, mais des disciples. Un disciple fait ce qu'il a vu faire du Maître.

03 JUILLET

Jérémy Sourdril

Vous pouvez choisir de ne pas être une personne vaine ! (suite)

Jacques 2 : 19-20 : « Tu crois qu'il y a un seul Dieu, tu fais bien; les démons le croient aussi, et ils tremblent. Veux-tu savoir, ô homme vain, que la foi sans les œuvres est inutile ? ».

Notre foi sans les œuvres est stérile. Nous devons démontrer l'amour de Dieu, sa puissance, sa patience, sa foi, ses attributs divins. Dieu ne peut le faire qu'au travers de nous. Il l'a voulu ainsi.

> *Jacques 2 : 26*
> *Comme le corps sans âme est mort, de même la foi sans les œuvres est morte.*

Avez-vous déjà vu un cadavre ? Moi, oui. La destinée d'un cadavre est la tombe, car un cadavre ne sert à rien. Trop tard pour aimer, pour danser, pour jouer, pour marcher. Un cadavre n'a plus d'esprit, et à cause de cela il est néant. Au mieux, on pourra réutiliser certaines parties pour une personne qui en a besoin. Une foi sans œuvres est morte. Personne ne pourra utiliser notre foi, c'est à nous d'utiliser la foi que Dieu nous a donnée à nous en tant qu'individu. Si tu crois réellement, pourquoi ne donnes-tu pas l'occasion à Dieu de manifester qui il est au travers de toi, sachant que c'est sa parfaite volonté ?

> *2 Corinthiens 5 : 18-19*
> *Et tout cela vient de Dieu, qui nous a réconciliés avec lui par Christ, et qui nous a donné le ministère de la réconciliation. Car Dieu était en Christ, réconciliant le monde avec lui-même, en n'imputant point aux hommes leurs offenses, et il a mis en nous la parole de la réconciliation.*

Jésus nous a donné le ministère de la réconciliation, il l'a mis en nous. Je vous en prie, comprenez cela aujourd'hui. Ne regardez pas à qui vous êtes, mais regardez à ce qu'il dit de vous, à Lui en vous, et à ce qu'il a mis en vous. En vous, en ce moment même dort le ministère de la réconciliation. Cette femme que vous avez croisée dans le bus, vous étiez appelé à la réconcilier avec Dieu. Cet homme sur le trottoir, vous étiez appelé à faire de même ! Il y a quelque chose qui sommeille en vous. Lorsque le ministère de la réconciliation sommeille en nous, le Saint-Esprit sommeille en nous, comme Jésus dans la barque.

> *Jacques 1 : 22-25*
> *Mettez en pratique la parole, et ne vous bornez pas à l'écouter, en vous trompant vous-mêmes par de faux raisonnements. Car, si quelqu'un écoute la parole et ne la met pas en pratique, il est semblable à un homme qui regarde dans un miroir son visage naturel, et qui, après s'être regardé, s'en va, et oublie aussitôt quel il était. Mais celui qui aura plongé les regards dans la loi parfaite, la loi de la liberté, et qui aura persévéré, n'étant pas un auditeur oublieux, mais se mettant à l'œuvre, celui-là sera heureux dans son activité.*

Combien de faux raisonnements nous font perdre des fruits ! « Personne le ne fait, personne ne m'a montré, personne ne m'a aidé, personne ne m'a aimé, j'ai trop péché, je me suis trop trompé ». Tout ceci n'est que faux raisonnements, contraires à la pensée de Dieu. Jésus utilise les choses faibles pour confondre les fortes, un point c'est tout. Il veut t'utiliser, un point c'est tout. N'en rajoute pas ! Fais taire ta pensée ! Ne dis pas : « Mais » ! Ne rajoute pas de mais à la Parole immuable de Dieu. Celui qui a plongé les regards dans la loi parfaite et qui persévère !

Si tu as abandonné, c'est que tu n'as pas assez persévéré. Il te faut à nouveau prendre une décision aujourd'hui. Ressors ton cahier de notes, celui où tu avais écrit ta vision, et confesse que tu persévéreras jusqu'à la réalisation de cette vision. Oui c'est possible, Jésus l'a dit ! Confesse que tu iras jusqu'au bout et que tu réussiras. Confesse que tu ne seras pas un auditeur oublieux ! Il est écrit que celui qui est heureux dans son activité/action est celui qui pratiquera ACTIVEMENT la Parole de Dieu. Ne te permets jamais de remettre en doute la vision que Dieu t'a donnée si tu n'as pas pratiqué activement la Parole au sujet de cette vision.

Déclarons ensemble aujourd'hui :

« Seigneur, merci pour ta Parole. Je choisis de ne pas être un auditeur oublieux, je choisis de ne pas oublier le visage que tu m'as donné après m'être regardé dans le miroir. Je choisis aujourd'hui de pratiquer ta Parole Seigneur ! Je te demande pardon pour le passé. Le passé est derrière moi, je te fais confiance, oui, j'ai confiance en toi ! Je veux te donner l'occasion de te manifester au travers de ma vie dès aujourd'hui. Je choisis de pratiquer activement et avec persévérance ce que tu m'appelles à faire, afin que tes œuvres, celles que tu as écrites de toute éternité pour que je les pratique soit vraiment pratiquées par moi. Je veux être tout simplement un disciple et porter les fruits que tu as portés. Je ne serai pas un cadavre spirituel. Jamais. Mais ta vie coule en moi, ton amour coule en moi, tes désirs coulent en moi. Je t'aime ».

04 JUILLET

Yvan Castanou

Le bénéfice indiscutable de la souffrance

Job 36 : 15 (Bible du Semeur) : « Dieu délivre l'affligé par son affliction même, et c'est par la souffrance qu'il le dispose à l'écouter ».

Encore aujourd'hui, beaucoup croient à tort que la souffrance est un baromètre qui permet de mesurer l'amour de Dieu envers eux. En d'autres termes, nous sommes nombreux à penser ceci : « Je saurai que Dieu m'aime si les épreuves que je traverse ne sont pas trop nombreuses ». Rien n'est plus loin de la vérité.

En réalité, la souffrance n'est pas un but, mais un processus utile et nécessaire, par lequel Dieu prend le temps de nous rapprocher de lui, de nous transformer et de nous délivrer de cette folie qui est attachée au cœur de l'enfant (Proverbes 22 : 15).

Dans notre nature charnelle et corrompue héritée d'Adam, quelque chose a tout simplement tendance à se rebeller contre Dieu et sa Parole. Seule la fournaise ardente peut ôter de telles impuretés. Avez-vous plus de valeur que l'or ? Bien sûr que oui !

Réalisez-vous qu'une simple éponge ne peut suffire à ôter les impuretés et à faire briller ce précieux minerai ? Pour le raffiner et faire ressortir tout son éclat, le feu est indispensable. Le feu ne détruit jamais l'or mais consume toutes les souillures qui s'y attachent. De même, le feu de l'épreuve n'est pas fait pour vous tuer, mais uniquement pour consumer ce qui n'appartient pas à la nature de Christ en vous.

L'arrogance, par exemple, se trouve dans la nature corrompue de tous les hommes, et ce, indépendamment de leur position sociale. Avez-vous remarqué que l'orgueil n'attend pas que vous soyez parvenu au sommet pour vous tenter ? Avez-vous également constaté que vous avez plus appris à développer l'humilité, non à travers les conseils des sages, mais plutôt à travers la fournaise de la souffrance ? Assurément, il y a des vertus que seul le feu peut produire. Le psalmiste a dit :

> *Psaume 119 : 67*
> *Avant d'avoir été humilié, je m'égarais; Maintenant j'observe ta parole.*

Notre nature charnelle héritée d'Adam n'aime tout simplement pas se soumettre à Dieu. La Bible dit encore :

> *Job 36 : 15*
> *Dieu délivre l'affligé par son affliction même, et c'est par la souffrance qu'il le dispose à l'écouter.*

Si Jésus a appris l'obéissance par les choses qu'Il a souffertes (Hébreux 5 : 8), qui sommes-nous pour vouloir être épargnés ?

En regardant en arrière de manière sincère, je suis convaincu que parmi les souffrances que vous avez endurées, il y en a certainement au moins une, en particulier, pour laquelle vous pouvez dire : « Merci Seigneur. Ce fut douloureux mais nécessaire ».

David l'a exprimé de la manière suivante :

> *Psaume 119 : 71*
> *Pour moi, la souffrance a été une bonne chose, elle m'a appris ce que tu voulais.*

Aucune souffrance n'est vaine. Plus vite vous apprendrez à obéir à la sagesse divine, et plus vite, Dieu ouvrira le chapitre suivant de votre destinée. Non, les ténèbres ne règneront pas toujours sur la terre !

Une prière pour aujourd'hui

« Seigneur, je reconnais que tu es le Maître des temps et des circonstances. Accorde-moi la grâce de ne pas demeurer ignorant en t'accusant dans les saisons de souffrance. Aide-moi à comprendre ta volonté et à me discipliner afin de t'obéir davantage. Au nom de Jésus, amen ! ».

05 JUILLET

Jérémy Sourdril

La suprême vanité des objets des vitrines de magasin

Le monde essaie de remplir le vide de son cœur en achetant des objets. On peut acheter partout et par tous les moyens. Dans certains pays, on peut même utiliser tout l'argent qu'on désire sans l'avoir sur son compte, en signant un contrat de remboursement sur plusieurs mois.

Les gens veulent montrer qu'ils ont réussi dans la vie, alors ils vont au restaurant comme les autres, ils achètent les habits de la nouvelle marque en vogue, ils achètent le nouvel objet i-Tech à la mode pour pouvoir « être encore dans le coup », alors que parfois ils n'ont pas l'argent nécessaire pour faire cela.

Des gens mettent leur famille entière dans le trouble, dans l'inquiétude et l'incompréhension à cause de leur convoitise pour avoir ce que les autres possèdent et pour avoir encore plus, simplement pour être reconnus par les autres. C'est ainsi que beaucoup de gens perdent de l'argent, tout en voulant gagner des amis, se faire remarquer, ou encore se faire aimer. En tant qu'enfant de Dieu, nous devons comprendre que nous n'avons rien à prouver à personne, et que ce n'est pas nos biens qui déterminent qui nous sommes. Ce monde achète des choses parfois parce que le monde n'est plus rien. Le monde est vanité et poursuite du vent.

Nous ne devons pas marcher comme les gens de ce monde, qui passent leur vie dans les magasins à vouloir acheter toujours plus de choses, afin de satisfaire un vide dans leur esprit. Ils cherchent à remplir leur esprit par des choses physiques, mais cela ne fonctionne pas. Ils sont heureux pour un jour ou plus, mais ensuite le vide est toujours là, alors ils achètent à nouveau, ils sortent à nouveau au restaurant, ils vont à nouveau au cinéma. Ils ne veulent pas rester seuls, car lorsqu'ils sont seuls, ils réalisent la vanité de leur existence.

C'est ainsi que l'on trouve des personnes âgées qui s'assoient pendant des heures sur des bancs à regarder les gens passer, comme les vaches regardent passer les trains. La condition humaine sans Christ est une condition animale, une situation déplorable. L'apôtre Paul a parlé de l'homme animal, l'homme psychique qui marche selon la vanité de ses pensées (ses désirs).

> *Éphésiens 4 : 17*
> *Voici donc ce que je dis et ce que je déclare dans le Seigneur, c'est que vous ne devez plus marcher comme les païens, qui marchent selon la vanité de leurs pensées.*

Les inconvertis marchent selon les désirs de leurs pensées. En fait, ils désirent profondément trouver Dieu mais ils sont aveuglés par les pensées diaboliques qui circulent dans le siècle présent. Ils ne voient donc pas resplendir l'Évangile de Gloire, l'Évangile du Christ Jésus ressuscité.

> *1 Corinthiens 2 : 14*
> *Mais l'homme animal ne reçoit pas les choses de l'Esprit de Dieu, car elles sont une folie pour lui, et il ne peut les connaître, parce que c'est spirituellement qu'on en juge.*

L'homme animal est attiré par l'achat. Il achète encore et toujours pour combler un trou profond. Mais vous savez ce trou ne pourra jamais être comblé par autre chose que Dieu. Vous pourrez acheter des voitures, cela ne comblera pas ce trou. Vous pourrez acheter des maisons, cela ne comblera pas ce trou. Ce trou en forme de Dieu ne pourra être rempli que par Dieu lui-même. Il « a créé » ce trou à sa mesure. Ce trou est un puits infini. Si vous commencez à vivre comme les gens de ce monde, vous ne pourrez plus recevoir les choses de Dieu, car vous perdrez votre focus et vos priorités. Mais si vous êtes devenu un enfant de Dieu né de nouveau, vous n'avez plus besoin de rien. Dieu lui-même est votre provision.

Les choses qui nous entourent sont des choses secondaires, sans grande importance.

Si vous êtes attaché aux choses de ce monde, il faut vous détacher. Nous parlons parfois du jeûne, mais un jeûne d'achat inutile devrait se faire pour beaucoup de croyants. Nous ne sommes pas appelés à ne vivre qu'avec une table et une chaise dans nos maisons comme beaucoup de gens l'ont enseigné dans le passé, mais ce que Dieu nous donne ne doit pas passer en priorité dans notre vie. Cela ne doit pas nourrir notre âme comme si nous étions des gens désespérés, mais cela doit répondre à un besoin.

> *Ésaïe 22 : 13*
> *Et voici de la gaîté et de la joie ! On égorge des bœufs et l'on tue des brebis, On mange de la viande et l'on boit du vin : Mangeons et buvons, car demain nous mourrons !*

Les inconvertis passent leur temps à se divertir et ils s'attachent aux choses de ce monde car ils n'ont aucune vision concernant leur éternité et ils sont vides... C'est une chose affreuse ! C'est ce que faisaient les fils de Job. Ils marchaient dans la vanité, ils remplissaient leur week-end de choses vaines qui ne construisent rien et qui n'aboutissent à rien, si ce n'est à perdre du temps.

> *Job 1 : 4*
> *Ses fils allaient les uns chez les autres et donnaient tour à tour un festin, et ils invitaient leurs trois sœurs à manger et à boire avec eux.*

Je vois des chrétiens attendre la fin du mois pour pouvoir acheter le nouveau truc qui vient de sortir, pour pouvoir dépenser enfin, encore et encore. Certains chrétiens ont deux objectifs dans leur week-end, surtout en Europe et en Amérique : acheter et aller à l'église. Ils se nourrissent des choses de ce monde, ils écoutent la musique de ce monde, ils aiment les magasins, les soldes et la musique qui passent dans ces magasins. Ils y passent des heures à dépenser parfois l'argent qu'ils n'ont même pas (crédits). Ils regardent des émissions sur les gens les plus riches de la terre, les soirées qui coûtent chères, les gros yachts, les choses chères de la vie, avec une convoitise et une jalousie intérieures.

Nous ne devons pas regarder ce genre d'émissions, animés par la convoitise, mais regarder ce genre d'émissions doit amener un cri en nous pour le salut de ce monde qui court après des choses qui sont vaines, et cela doit nous inspirer pour que les chrétiens brillent et soient ceux qui attirent les médias. Dieu n'est pas contre la richesse, il est lui-même supra riche, mais il est contre les mauvais sentiments, qu'ils soient derrière la richesse ou qu'ils soient derrière la pauvreté ! Pensons aujourd'hui aux choses d'en haut !

06 JUILLET

Jérémy Sourdril

La suprême vanité des objets des vitrines de magasin (suite)

Les gens regardent nos précieux frères et sœurs vivant en Afrique, en se demandant pourquoi ils vivent plus de miracles que la plupart des autres occidentaux. Le matérialisme est l'une des raisons qui empêchent les gens de vivre des miracles.

En Afrique, beaucoup de chrétiens passent le week-end entier à l'église ou avec des frères et des sœurs à s'édifier les uns et les autres alors qu'en Europe et en Amérique beaucoup de chrétiens ne pensent qu'aux loisirs et à s'acheter le nouveau pantalon qui ira si bien avec les nouvelles chaussures qu'ils se sont achetées la semaine dernière. Ils sont toujours à la recherche des bonnes trouvailles, des bonnes affaires, du truc qui les rendra contents et dont ils parleront à tout le monde.

Savez-vous que certaines personnes témoignent plus de leurs achats que de Jésus-Christ ? Ils parlent de la bonne affaire qu'ils ont faite avec une telle joie et une telle excitation que c'est à se mordre les doigts sur l'état de leur âme. Un enfant de Dieu n'est pas appelé à combler un trou car le trou a déjà été comblé ! Christ est venu habiter et « tabernacler », prendre toute la place dans notre esprit ! Celui qui a ressuscité Jésus-Christ habite en nous !

Je ne dis pas qu'il n'est pas bon de faire des affaires et de se faire « plaisir » parfois, mais ces choses ne doivent absolument pas être la priorité et même une des priorités de nos vies. Le matérialisme a tué le zèle de beaucoup de gens. Le matérialisme a engendré la tiédeur et même le manque d'amour chez beaucoup d'enfants de Dieu ! C'est une catastrophe spirituelle !

Plus vous vous approcherez de Dieu, et plus toutes les choses pâliront autour de vous. Nous ne devons pas vivre dans la pauvreté et s'habiller avec les habits du siècle dernier, mais ce que Dieu nous demande c'est de nous occuper d'abord de la parure intérieure du cœur.

> *1 Pierre 3 : 3-4*
> *Ayez, non cette parure extérieure qui consiste dans les cheveux tressés, les ornements d'or, ou les habits qu'on revêt, mais la parure intérieure et cachée dans le cœur, la pureté incorruptible d'un esprit doux et paisible, qui est d'un grand prix devant Dieu.*

Ce passage ne dit pas que les femmes doivent s'habiller comme des sacs. L'apôtre ne donne pas des règles d'habillement, mais il donne une règle concernant l'habillement intérieur, la parure intérieure et cachée d'une femme selon le cœur de Dieu. Il y a ce qui n'est pas caché et il y a ce qui est caché. Plusieurs montrent une apparence qui n'est pas le reflet de leur être intérieur. À l'extérieur tout est beau et à l'intérieur tout est désespoir. Les gens essaient de combler leur désespoir par l'aspect extérieur. Rien ne va à la maison mais ils s'achètent la dernière voiture à la mode pour faire croire que tout va bien et qu'ils sont dans le succès. Rien ne va dans leur cœur alors ils s'achètent des amis, en offrant et en payant des choses aux gens.

Le monde court après des choses qui sont vaines. Ils sont attachés dans leur âme à des choses matérielles. Ils sont parfois prêts à tout pour acquérir des biens et être reconnus. Nous devons faire la différence, nous devons chercher le Royaume de Dieu et les choses qui sont justes, et Dieu nous bénira d'une façon extrême si nous le cherchons Lui pour qui il est.

Sachons apprécier ce que Dieu nous donne et ce qu'il met à notre disposition, mais ne soyons pas des gens vains. Ayons les bonnes priorités et les bons sentiments. Ayons les sentiments qui étaient en Jésus-Christ, lui qui ne voulait que la Gloire de Dieu seul. Si les gens vous aiment, aidez-les à aimer Celui qui vous a rendu tel que vous êtes. Si les gens vous détestent, priez afin qu'ils voient en vous resplendir le Seigneur de gloire.

07 JUILLET

Joël Spinks

Vivre dans votre destinée

Un jour, une dame dans l'auditoire d'une émission de télévision me demanda : « Pasteur Joël, es-tu surpris de te retrouver à la télévision aujourd'hui ? ». Ma réponse vint rapidement sans aucune hésitation : « Non ! J'ai toujours su que le Seigneur m'appelait à le servir dans les médias. Depuis ma tendre enfance, je le savais et je le voyais ».

En vérité, c'est comme si je marchais dans un sentier que je connaissais à l'avance. Il nous faut marcher dans le sentier du Seigneur, et non le nôtre ! Afin de véritablement marcher avec confiance dans notre destinée divine, je crois que nous devons saisir certaines vérités essentielles.

Premièrement, nous devons savoir dans le fond de notre cœur que Dieu a des projets de paix et non de malheur pour chacun d'entre nous (Jérémie 29 : 11). Il ne nous dirige jamais vers de sombres précipices, mais plutôt dans de verts pâturages (Psaume 23) ! Il n'a jamais prévu votre échec ou un moment où vous étiez destiné à faire fausse route.

Nous devons également comprendre que notre seule responsabilité envers le Seigneur est très simple à comprendre, mais parfois un défi à vivre ! Vous désirez marcher dans votre destinée ? Vous voulez être heureux dans le service chrétien ? Le Seigneur vous demande seulement une obéissance... totale et exclusive ! La vie chrétienne est donc très simple à saisir : Obéissez toujours au Maître et n'en faites jamais à votre tête ! « Mais cela est impossible pasteur ! ». Je comprends votre doute, mais comprenez que l'obéissance est possible. Il est Celui qui nous dirige alors, si nous nous soumettons à Sa volonté parfaite, il nous conduira toujours au bon port ! Quand Dieu parle et nous révèle des instructions concernant notre appel, nous devons simplement dire : « Oui Seigneur ! », et nous serons à la bonne place, au bon moment, sans perdre une seule minute sur un mauvais chemin non prévu par le Seigneur.

Deuxièmement, reconnaissez-le dans tous vos sentiers. Sachez qu'il est votre source en toutes choses ! Que ce soit pour vos besoins, vos relations, vos finances, et votre avancement en général, Il est votre source. Sachez que celui qui vous a appelé est le même qui ouvrira les portes devant vous. Quand vous dites : « Oui Seigneur », vous permettez à Dieu de vous favoriser. En d'autres mots, il est votre seul agent de promotion. Par contre, si vous désirez faire son travail et vous promouvoir vous-même, afin « d'avancer » dans votre destinée, il vous laissera faire.

> *Proverbes 27 : 2*
> *Qu'un autre te loue, et non ta bouche, Un étranger, et non tes lèvres.*

Soyez assuré qu'il fait un travail beaucoup plus efficace que vous pourriez faire, alors je vous conseille fortement de laisser ce dossier entre Ses mains ! J'ai vu sa grande fidélité à mon égard, et je vous encourage à patienter pour le voir agir dans votre vie. Ça en vaut la peine !

> *2 Corinthiens 10 : 18*
> *Ce n'est pas celui qui se recommande lui-même qui est approuvé, c'est celui que le Seigneur recommande.*

Ceci dit, certaines personnes pensent qu'elles peuvent se cacher dans une grotte et que Dieu se servira d'eux. Non ! Soyons intelligents et rappelons-nous du premier point : « Obéissez au Seigneur ». Le Seigneur nous appelle à l'activité et non à l'oisiveté. La promotion viendra donc lorsque vous le servez. « Oui mais, avant de m'investir, je préfère attendre qu'on m'invite à prêcher au stade Olympique ! ». Vous n'êtes pas prêt à laver les toilettes de l'église ? Vous n'êtes pas prêt à être un serviteur ? La promotion viendra, mais, un peu plus tard pour vous !

> *Jacques 4 : 10*
> *Humiliez-vous devant le Seigneur, et il vous élèvera.*

Soyez donc rempli de foi, sachant que le Seigneur a des plans merveilleux pour votre vie. Il désire vous promouvoir, mais il a premièrement besoin de votre humble obéissance et de votre confiance. Un dernier point, soyez heureux aujourd'hui ! N'attendez pas d'être au sommet de votre montagne avant de sourire ! Non, comprenez que vous êtes déjà dans votre destinée, en chemin vers encore plus de sa gloire !

> *Ésaïe 40 : 31*
> *Mais ceux qui se confient en l'Éternel renouvellent leur force. Ils prennent le vol comme les aigles; Ils courent, et ne se lassent point, Ils marchent, et ne se fatiguent point.*

08 JUILLET

Jonathan Bersot

Voulez-vous comprendre l'Apocalypse ?

Faites-vous partie de cette multitude de chrétiens qui s'intéressent à l'Apocalypse ? Non pas que ce soit un mal en soit, quoique... En effet, combien de chrétiens reprochent à leur pasteur de ne pas assez prêcher sur l'Apocalypse ?

En ce qui me concerne, il arrive assez souvent que l'on me demande de prêcher sur le dernier livre du Nouveau Testament. Mais pourquoi s'intéresser autant à la fin des temps ? Parce que c'est important ! répondront certains. En effet, c'est important. Mais...

Oui, il y a un « mais », car, entre vous et moi, il y a certainement une anomalie quand on prêche plus l'Apocalypse que la bonne nouvelle de Jésus Christ. En effet, imaginez que vous soyez dans un vol transatlantique et que le vol soit en péril. Il ne reste que dix minutes avant que l'avion ne s'abîme en mer. Vous avez donc dix minutes (ou un peu moins, car je suppose que vous allez prier pour demander à Dieu force, courage et sagesse), donc moins de dix minutes pour prêcher et parler aux autres passagers de l'avion en danger. Allez-vous prêcher sur l'apocalypse ou sur l'amour de Dieu manifesté en Jésus ? Même si vous n'êtes pas dans un avion au moment où vous lisez ces lignes, l'urgence n'en est pas moins réelle.

Vos amis, votre famille, vos collègues de travail ont besoin d'entendre le message du salut et non le sens du 666 ou des deux témoins de l'apocalypse !

Je dois vous avouer que cela m'agace un tantinet quand on rentre dans la démesure en prêchant l'apocalypse au lieu de prêcher la bonne nouvelle du royaume de Dieu. Oui, mais, me diriez-vous peut-être, il n'est pas question ici des nouveaux dans la foi, mais des chrétiens qui doivent comprendre l'apocalypse.

Vous savez, quand je suis sorti de l'école biblique, je prêchais d'une manière assez compliquée. En fait, je voyais, ou plutôt je présentais une vérité spirituelle dans tel ou tel passage et je me lançais à essayer de l'expliquer alors que je ne la maîtrisais pas moi-même. Avant d'enseigner une vérité fondamentale, il est important de bien la saisir pour mieux l'expliquer. Si vous me demandiez de vous expliquer maintenant certains principes de physique nucléaire, mes explications risqueraient d'être très embrouillées, voire obscures, parce que je ne connais pas assez bien la matière que j'enseignerais.

En revanche, quand on parle de ce que l'on connaît bien, notre explication est fluide, limpide comme de l'eau de roche. Voyez-vous, si au début de mon ministère je prêchais d'une manière compliquée, aujourd'hui, j'ai simplifié mon message. Plus j'apprends, plus je me perfectionne d'une manière académique et ministérielle, plus je suis simple dans mon approche. Il n'y a pas là un paradoxe. J'en veux pour preuve Jésus lui-même.

En effet, s'il y a un maître en Théologie (le savoir sur Dieu), c'est bien Jésus. Pourtant, quand il parle aux foules du royaume de Dieu (qu'Il connaît bien puisse qu'Il en vient), il reste très simple dans son approche. On peut dire des choses très profondes et complexes en s'exprimant d'une manière très simple. Les huissiers du temple, par exemple, sont bien placés pour avoir entendu tous les maîtres, sages et théologiens de leur époque. Mais avec Jésus, ce n'est pas la même chose. Jésus n'enseigne pas comme les scribes et les pharisiens : quand il parle, on comprend !

> *Jean 7 : 46*
> *Les huissiers répondirent : Jamais homme n'a parlé comme cet homme.*

Le message de Jésus est simple dans sa forme et profond dans le fond. Ce qui fait qu'un enfant même est capable et d'en saisir le sens :

> *Marc 10 : 15*
> *Je vous le dis en vérité, quiconque ne recevra pas le royaume de Dieu comme un petit enfant n'y entrera point.*

En suivant l'exemple de Jésus, nous devrions nous aussi être capables d'enseigner des principes complexes du Royaume de Dieu en toute simplicité.

Revenons à l'Apocalypse. Que devons-nous comprendre du message de l'Apocalypse ? Est-ce que le but de l'Apocalypse est de nous mettre en garde concernant la fin des temps ? Non, le but de l'Apocalypse est de nous donner de l'espoir dans les temps difficiles.

D'ailleurs, les premiers lecteurs du dernier livre de l'apôtre Jean étaient persuadés de vivre ces temps apocalyptiques, alors que des chrétiens étaient persécutés par l'Empire romain. Nous devons avec humilité reconnaître que les prophéties de l'Apocalypse ne sont pas évidentes et demeurent mystérieuses, et c'est d'ailleurs le but !

> *Apocalypse 13 : 18*
> *C'est ici la sagesse. Que celui qui a de l'intelligence calcule le nombre de la bête. Car c'est un nombre d'homme, et son nombre est six cent soixante-six.*

Qui a cette intelligence pour comprendre ce chiffre ? Tellement d'explications contradictoires (voire de bêtises) ont déjà été écrites pour ce fameux 666. En ce qui me concerne, j'opte pour une position d'humilité en reconnaissant ne pas tout savoir et ne pas tout comprendre...

Je reviens à mon raisonnement en posant la question « Pourquoi voulez-vous comprendre l'Apocalypse ? ». Si la réponse est « juste pour savoir », la Bible n'a pas été écrite juste pour nous sachions, mais pour transformer nos vies, notre relation avec Dieu. Comprendre les Écritures ne doit pas être uniquement cérébral et intellectuel, mais aussi, voire surtout, pratique et relationnel. Comprendre avec le cœur, mettre en pratique la parole de Dieu, obéir !

> *Matthieu 7 : 26*
> *Mais quiconque entend ces paroles que je dis, et ne les met pas en pratique, sera semblable à un homme insensé qui a bâti sa maison sur le sable.*

Alors voilà ma position, voilà ce que je réponds à ceux qui veulent plus d'enseignements sur l'Apocalypse : avez-vous lu l'Évangile ? Le mettez-vous en pratique ? Vous savez des passages comme :

> *Matthieu 5 : 44*
> *Mais moi, je vous dis : Aimez vos ennemis, bénissez ceux qui vous maudissent, faites du bien à ceux qui vous haïssent, et priez pour ceux qui vous maltraitent et qui vous persécutent,*

> *Jean 13 : 34*
> *Je vous donne un commandement nouveau : Aimez-vous les uns les autres; comme je vous ai aimés, vous aussi, aimez-vous les uns les autres.*

Avant de chercher à comprendre ce qui est compliqué, commençons par mettre en pratique ce qui est simple ! Avant de vouloir être des experts en savoir apocalyptique, commençons simplement par être un disciple qui met en pratique la parole de son Maître.

Avant de vouloir être capable d'expliquer le futur, les catastrophes ou les malheurs à venir, sachons aimer et prendre soin de ceux qui nous entourent et qui vivent déjà, aujourd'hui, des séismes, des drames, des bouleversements de tous ordres. Pourquoi vivre dans le futur alors que le présent a besoin de nous ? Notre prochain est là, dans le moment présent.

Le message de Jean dans l'Apocalypse est un message d'espoir, de salut et de réconfort : au travers de tout ce qui peut arriver, l'Agneau de Dieu a remporté la victoire et est digne de louanges, une place nous a été réservée aux noces de l'Agneau ! Alléluia !

Le message de l'Apocalypse est loin d'être un message effrayant ou déprimant, bien au contraire, c'est un message d'espoir et de triomphe !

09 JUILLET

Jérémy Sourdril

Tu dois peut-être revenir en arrière

On nous a souvent exhortés à aller de l'avant. Parfois pourtant, il est bon de revenir en arrière, lorsque nous sommes au mauvais endroit, et cela est possible grâce à Dieu.

Lorsqu'on est au mauvais endroit, on ne s'en rend pas forcément compte, surtout dans les situations de la vie et les choses spirituelles. Dans le naturel, il serait facile, si vous vouliez aller en France et que vous lisiez sur la pancarte en face de vous : « Bienvenue en Italie », de savoir que vous vous êtes trompés de route, mais dans les choses de la vie, c'est souvent plus difficile.

Je regardais une émission dernièrement sur les contrefaçons, et on y voyait le créateur d'un objet de luxe ne plus vraiment savoir quel était son produit et quelle était la contrefaçon. Il y a quelques mois, nous venions d'acheter une voiture, et quelques jours après sur un parking, ma femme essaya d'ouvrir une voiture qui ressemblait à la nôtre mais qui n'était pas la nôtre ! C'est une situation amusante qui nous est probablement arrivée à tous !

Il est souvent impossible de faire la différence entre un vrai et un faux diamant au premier coup d'œil, et les arnaques sont nombreuses sur cet objet. Une émission encore montrait un bijoutier qui vendait de faux diamants, installé sur une des places les plus prestigieuses en la matière : la place Vendôme ! Il est impossible de le voir à l'œil nu et il faut un œil expert pour cela, il faut se pencher rigoureusement sur la matière.

Imaginons des jumeaux. Appelons-les Esaü et Jacob. Vous pourriez être persuadé de parler à Esaü en disant : « C'est bien lui. Il a la même voix, il a le même nez, il a le même sourire, il a le même humour, il a la même couleur de yeux », et être pourtant en face de Jacob ! (c'est d'ailleurs ce qui est arrivé à Isaac leur propre père) Même un endroit dans un pays peut ressembler parfaitement à un autre endroit dans un autre pays (C'est d'ailleurs une des techniques du diable que de se déguiser, de faire croire que, de contrefaire ou d'imiter).

Si j'ai pris ces exemples, c'est pour vous montrer que nous pouvons être dans une situation ou devant un évènement qui nous paraît *normal**, car nous ne prenons pas le temps de scruter à la lumière de la Parole de Dieu, de notre témoignage intérieur et de ce que Dieu nous a déjà dit de la situation ou de l'évènement en question.

Il est possible que plusieurs lecteurs aujourd'hui ne soient pas dans la maison, ne soient pas dans la ville, ne soient pas dans l'église, ne soient pas dans le travail, ne soient pas dans le ministère que Dieu avait pour eux.

> *1 Rois 19 : 11-12*
> *L'Éternel dit : Sors, et tiens-toi dans la montagne devant l'Éternel ! Et voici, l'Éternel passa. Et devant l'Éternel, il y eut un vent fort et violent qui déchirait les montagnes et brisait les rochers : l'Éternel n'était pas dans le vent. Et après le vent, ce fut un tremblement de terre : l'Éternel n'était pas dans le tremblement de terre. Et après le tremblement de terre, un feu : l'Éternel n'était pas dans le feu. Et après le feu, un murmure doux et léger.*

Quoi de plus malheureux que de voir un chrétien perdu ? Un chrétien qui n'est pas dans des choses de Dieu et qui est pourtant convaincu que « Dieu est à l'œuvre ». J'ai déjà vu des sites internet où l'on montrait toutes sortes de photos pour dire que Dieu était à l'œuvre à cet endroit, avec des déclarations bidons et lorsqu'on regarde le fruit de cela on s'aperçoit qu'il est nul et moins encore que nul. Beaucoup de gens, parce qu'ils ne vivent pas les signes et les miracles qu'ils voudraient vivre, émulent et imitent Dieu. Ceci est une chose terrible.

Dans les versets précédents, Élie s'est retrouvé dans une situation de stress, de peur, de noirceur, de chemin apparemment sans issue. Il se demandait vraiment comment il pouvait sortir de cette situation, il n'y croyait pas vraiment. Mais apparemment, Dieu était à l'œuvre. Et voici que devant l'Éternel, il y eut un vent fort et violent qui déchirait les montagnes et brisait les rochers, mais l'Éternel n'était pas dans le vent ! Pourtant, Dieu envoya son vent à la Pentecôte plus tard, et Dieu avait déjà fait à l'époque d'Élie des choses semblables, mais Dieu n'était pas là. Il y eut encore un tremblement de terre, mais Dieu n'était pas là non plus ! Beaucoup auraient crié : « Alléluia ! C'est Dieu qui nous visite ! », mais Dieu n'était pas là. Voilà encore un feu ! Dieu n'a-t-il pas déjà utilisé le feu ? Ne s'est-il pas manifesté comme un feu ? « Alléluia ! C'est Dieu qui nous visite ! », mais Dieu n'était pas là non plus. Dieu était dans le murmure doux et léger.

Certains disent : « Si vraiment je suis dans la mauvaise direction, donne-moi un signe, montre-moi clairement, ferme les portes », mais la majorité du temps Dieu ne donnera aucun signe. C'est terrible pour nous qui aimons marcher avec nos yeux ! Mais ce n'est pas la façon de faire de Dieu. DIEU VOUS PARLERA DANS VOTRE COEUR, par un murmure doux et léger. Vous sentirez un malaise, comme une petite voix qui vous dira : « Es-tu en train de faire la bonne chose ? » (Arrêtez-vous une seconde dans la lecture de cette pensée. Il vous parlera peut-être si vous êtes quelque part au mauvais endroit, ou en train de faire la mauvaise chose. Vous oublierez peut-être cette pensée mais dans les prochains jours, votre cœur vous parlera : SOYEZ ATTENTIF !).

** Selon Wikipédia, la normalité est ce qui est conforme à ce dont on a l'habitude, ce qui ne surprend, ne dérange ni n'attire la curiosité... Une chose normale est donc perçue quasiment inconsciemment et on ne s'en souvient pas facilement, alors qu'une chose anormale éveille l'attention et est facilement retenue par le cerveau.*

De la même façon que notre cerveau nous dit lorsque nous voyons un homme marcher sur l'eau : « Ce n'est pas normal », de la même façon notre cœur nous dit : « Ce n'est pas normal », lorsque nous faisons la mauvaise chose ou sommes à la mauvaise place, mais si nous ne voulons pas nous remettre en question et éteignons la voix de notre cœur, cette voix diminuera jusqu'à ce que nous ne l'entendions plus du tout. C'est dangereux de ne pas faire la bonne chose, de ne pas être au bon endroit.

> *1 Rois 19 : 13*
> *Quand Élie l'entendit, il s'enveloppa le visage de son manteau, il sortit et se tint à l'entrée de la caverne. Et voici, une voix lui fit entendre ces paroles : Que fais-tu ici, Élie ?*

Élie a dû sortir de sa caverne lorsqu'il a entendu ce doux murmure. Lorsque ce doux murmure te parlera, mets-toi tout de suite en situation d'écoute et d'obéissance. Dieu lui a dit : « Que fais-tu ici, Élie ? ». Il lui disait en fait : « Tu n'es pas au bon endroit ! ». Élie avait toutes les raisons peut-être de vouloir rester sans sa caverne, là où il ne courait aucun risque, mais Dieu va lui dire :

> *1 Rois 19 : 15*
> *L'Éternel lui dit : Va, reprends ton chemin par le désert jusqu'à Damas; et quand tu seras arrivé, tu oindras Hazaël pour roi de Syrie.*

Si tu es dans la mauvaise direction, il n'est pas trop tard pour revenir. Si des hommes âgés de 80 ans retournent à l'école, apprennent une nouvelle langue, engendrent une nation et réussissent, il n'est pas trop tard pour toi. Si Dieu utilise ton cœur pour te parler, pour te faire changer de direction quelque part, c'est qu'il a la puissance de t'amener là où il veut, mais attention, il ne bougera pas tes jambes pour toi pour faire ce que tu as à faire, et il n'ouvrira pas ta bouche pour dire ce que tu as à dire. Ce sera à toi de le faire, et Lui mettra Sa force dans tes jambes et Ses paroles dans ta bouche. Alors que tu feras ce qu'il t'a dit, alors il ouvrira un chemin dans le désert de carte routière, dans ce lieu inconnu.

Il n'est jamais trop tard pour changer. Et même si... tu ne peux pas changer de femme ou d'autres choses, tu peux changer d'attitude, tu peux changer de pensées, tu peux changer de destinée.

Tu es peut-être semblable à Jonas, tu as peut-être fui la destinée de Dieu pour toi, mais là encore il n'est pas trop tard pour se repentir, dire avec Jonas : « J'accomplirai les vœux que j'ai faits », et être recraché du poisson puant.

10 JUILLET

Mohammed Sanogo

Méditons la parole de Dieu !

Josué 1 : 8 : « Que ce livre de la loi ne s'éloigne point de ta bouche; médite-le jour et nuit, pour agir fidèlement selon tout ce qui y est écrit; car c'est alors que tu auras du succès dans tes entreprises, c'est alors que tu réussiras ».

Pour parvenir à mettre en pratique la parole de Dieu, il ne suffit pas seulement de l'écouter. Mais il faut surtout la méditer. Le terme méditation désigne une pratique mentale ou spirituelle qui consiste à porter son attention sur un certain sujet ou sur soi. Elle implique que l'on amène son attention de façon centripète sur un seul point de référence. On peut par exemple méditer une pensée philosophique dans le but d'en approfondir le sens.

Nous ne devons pas nous borner à lire la parole de Dieu ou même à l'écouter, nous devons la méditer. Qu'est-ce que la méditation de la parole de Dieu ? La méditation de la Bible va au-delà d'une simple lecture et d'une simple compréhension de ce qu'on a lu. Il s'agit ici de penser constamment à la parole lue, de l'analyser pour en cerner les différents contours afin d'en être imprégnés.

Pourquoi faut-il méditer la parole de Dieu ? Pour parvenir à changer de pensée, de mentalité et surtout pour mettre cette parole en pratique. Si tu es fumeur et que l'on te dit que fumer nuit à la santé, tu peux le comprendre sur le champ, mais ne pas pour autant prendre la décision de cesser de fumer. Ce qui peut t'y amener, c'est lorsque tu penses et repenses à la nuisance que peut produire le tabac sur ta santé.

Il en est de même lorsque la parole de Dieu nous est prêchée. Nous la comprenons, nous disons : « Alléluia ! Amen ! » à la parole entendue sur le champ mais si nous ne la réécoutons pas, si nous n'y pensons pas constamment, si nous ne la méditons pas jour et nuit, nous ne pourrons pas l'appliquer et serons des auditeurs oublieux.

> *Jacques 1 : 23-25*
> *Mettez en pratique la parole, et ne vous bornez pas à l'écouter, en vous trompant vous-mêmes par de faux raisonnements. Car, si quelqu'un écoute la parole et ne la met pas en pratique, il est semblable à un homme qui regarde dans un miroir son visage naturel, et qui, après s'être regardé, s'en va, et oublie aussitôt quel il était. Mais celui qui aura plongé les regards dans la loi parfaite, la loi de la liberté, et qui aura persévéré, n'étant pas un auditeur oublieux, mais se mettant à l'œuvre, celui-là sera heureux dans son activité.*

Quand faut-il méditer la parole de Dieu ? Le passage de Josué insiste aussi sur la fréquence de la méditation : jour et nuit ! C'est justement à force de répéter que cela finit par quitter le simple intellect pour imprégner l'esprit. L'esprit du chrétien qui communique avec l'Esprit de Dieu retient la parole par le fait d'y penser constamment (la méditation) et le rappel (jour et nuit). Objectif visé : parvenir à la mise en pratique ! Conséquence directe : le succès, la réussite dans toutes les entreprises !

Face aux soucis de la vie, Jérémie est tenté de perdre courage, mais il prend la décision de repasser plusieurs fois dans son cœur, de méditer sur ce qui peut lui redonner espoir :

> *Lamentations de Jérémie 3 : 22-23*
> *Voici ce que je veux repasser en mon cœur, ce qui me donnera de l'espérance. Les bontés de l'Éternel ne sont pas épuisées, ses compassions ne sont pas à leur terme. Elles se renouvellent chaque matin. Oh! Que ta fidélité est grande! ».*

Bonne action :

« Je m'engage à méditer jour et nuit la parole de Dieu afin de parvenir à la mettre en pratique » !

11 JUILLET

Selvaraj Rajiah

L'amour manifesté dans le pardon

On m'invitait assez régulièrement dans une église, en Inde pour prêcher, et chaque fois c'était la même famille très aisée de l'assemblée qui m'hébergeait. Mais une fois, on me logea dans une autre famille. Au cours de ce séjour, le pasteur m'expliqua que la mère avait été hospitalisée...

Les autres membres de la famille avaient cessé de venir à l'église à cause d'un malentendu entre eux et lui, ce qui avait produit de l'amertume et du ressentiment dans leur cœur. Ayant interrogé le pasteur sur la possibilité de rendre visite à cette dame, il a acquiescé et nous sommes allés la voir.

Lorsque nous sommes arrivés à l'hôpital, le pasteur est resté dans le couloir, parce que jusqu'à présent, la dame avait refusé de le rencontrer. Je suis donc entré seul dans la chambre. Nous avons passé un moment agréable, parlant de choses et d'autres et, avant de partir, j'ai prié pour elle. Pendant cette prière, le Saint-Esprit me dit : « Il faut qu'elle cesse de critiquer le pasteur et qu'elle libère l'esprit de pardon dans sa vie ». Voyez-vous, un esprit de contrôle agissait sur elle. Il y avait eu un désaccord entre elle et le pasteur, et celui-ci avait dû la reprendre et discipliner sa conduite. En conséquence, elle s'était abandonnée à la colère et à la rancune, répandant des rumeurs méchantes et des calomnies sur le pasteur.

Quand je lui ai dit ce que le Saint-Esprit m'avait montré, elle a été convaincue dans son esprit et s'est repentie devant Dieu de son comportement. Elle a compris que la discipline était nécessaire à sa vie spirituelle et à la croissance de l'église. Alors, la puissance de guérison du Seigneur l'a touchée et rétablie complètement. Très peu de temps après, elle a pu quitter l'hôpital, entièrement guérie. Les médecins étaient même très étonnés et ne pouvaient pas expliquer une amélioration aussi rapide. En fait cette femme n'était pas malade. La seule raison de son hospitalisation était de ne pas avoir marché dans l'amour.

La puissance de Dieu se trouve dans l'amour de Dieu. Vous n'avez pas besoin de chercher, ni de prier pour l'obtenir, ni le quémander. Il n'est pas nécessaire de dire : « Dieu, donne-moi la grâce d'aimer un tel ou une telle ». La Bible nous montre que :

> *Romains 5 : 5*
> *L'amour de Dieu est répandu dans notre cœur par le Saint-Esprit.*

Il vous suffit de marcher dans l'amour et de commencer à marcher avec l'amour tel qu'il est en vous.
Examinons deux exemples bibliques de personnes qui ont marché dans l'amour. Le premier est Etienne :

> *Actes 6 : 8*
> *Etienne plein de grâce et de puissance, faisait des prodiges et de grands miracles parmi le peuple.*

Le second exemple est Jésus :

> *Actes 10 : 38*
> *Vous savez comment Dieu a oint du Saint-Esprit et de force Jésus de Nazareth, qui allait de lieu en lieu faisant du bien et guérissant tous ceux qui étaient sous l'empire du diable, car Dieu était avec Lui.*

Ces deux hommes ont marché dans la puissance de Dieu. Ils avaient tous les deux une autre chose en commun. Ils ont connu le martyre : Jésus fut crucifié, Etienne lapidé. Mais il est remarquable que tous deux aient prié et demandé à Dieu de pardonner à leurs bourreaux. Il est très instructif de lire dans la Bible comment ces deux hommes ont marché dans la puissance, l'amour, la grâce, la compassion et le pardon de Dieu.

Extrait du livre « Que manque-t-il pour obtenir la puissance de Dieu ».

12 JUILLET

Jérémy Sourdril

Ne fais pas d'une bénédiction de Dieu un moyen pour s'éloigner de Lui

Ce titre peut surprendre mais c'est pourtant une malheureuse réalité pour beaucoup d'enfants de Dieu. Durant mes dernières années de vie chrétienne, j'ai été surpris bien des fois de réaliser que beaucoup de croyants faisaient d'une bénédiction de Dieu, d'une réponse à leurs prières, un moyen pour s'éloigner de Lui

La vie est comme une barque dans un fleuve. Si tu ne rames pas tu te laisses emporter

Il faut comprendre que la vie est comme une barque dans un fleuve. Lorsqu'on est assis dans la barque de la vie, on ne réalise pas forcément que nous avançons, mais le fait est que nous sommes entraînés par le courant du temps. Que vous ayez une montre ou pas, le temps avance toujours. Nous sommes toujours en train d'avancer, et si nous ne prenons pas la peine de ramer dans la bonne direction, nous nous faisons entrainer dans le sens du courant de ce siècle. Il faut ramer, toujours ramer. Ramer jusqu'au courant du Saint-Esprit, jusqu'au courant de la présence de Dieu, se laisser emporter et ramer encore pour rester dans le bon courant.

On ne devient pas rétrograde en se réveillant un matin, mais comme l'eau se transforme en glace lorsque la température est négative, petit à petit, nous « congelons » notre vie spirituelle. On laisse l'église quelques semaines, parce que l'on déménage ou parce que nous sommes occupés ou pour toute autre raison, on oublie de prier car on n'a pas le temps, on se laisse distraire et on laisse les oppressions spirituelles nous gagner et nous entrainer sans rien dire... et puis nous entrons dans un état de rétrograde au lieu d'entrer dans un état d'homme fait.

« Seigneur, si tu me donnes cela, voici ce que je ferai pour toi »

C'est la prière de beaucoup. On pourrait dire plusieurs choses sur ce genre de prières, mais il faut dire que malgré tout, Dieu y répond parfois. Dieu a ses raisons et ce sont des raisons de sagesse et d'amour. Pourtant, lorsque Dieu répond, beaucoup de ces gens vont à l'extrême opposé de l'engagement qu'ils avaient pris avec Dieu ! S'ils avaient dit : « Seigneur, je dirais alors oui », ils disent non ! S'ils avaient dit : « Seigneur j'irais au Sud », ils vont au Nord !

> *Proverbes 20 : 25*
> *C'est un piège pour l'homme que de prendre à la légère un engagement sacré, Et de ne réfléchir qu'après avoir fait un vœu.*

Ce qui est malheureux, c'est que la plupart de ceux qui ont fait d'un engagement un piège ne réfléchissent jamais à leur état actuel.

Des exemples de gens qui ont changé leur bénédiction de Dieu en séparation d'avec lui

Je connaissais un couple chrétien qui n'avait pas d'enfants, et qui en voulait un. On avait prié pour eux afin qu'il reçoive cette bénédiction de la part de Dieu et ils ont eu un enfant peu de temps après. La naissance passée, le couple ne venait plus à l'église. Ni la femme, ni le mari. Ils disaient : « Le bébé a mal dormi cette nuit », ou encore : « C'est difficile la route avec un bébé »... La chair trouve toujours des raisons à son éloignement de Dieu. Puis, en acceptant et en trouvant des raisons pour ne pas venir à l'église, ils ne sont plus allés à l'église. Ils ont alors fait d'une bénédiction de Dieu un moyen pour s'éloigner de Lui.

Chers papas, trouvez la sagesse pour ne pas laisser votre femme seule à la maison à s'occuper des enfants, ou à la garderie au fond de l'église, car ce n'est pas vous le plus spirituel et celui qui a le plus besoin d'avancer. Trouvez un équilibre. Chères Mamans, combattez le bon combat en vous rapprochant de Dieu pour trouver la force de faire tout ce que Dieu met sur votre cœur.

Certaines personnes encore sont bénies financièrement par le Seigneur. Elles sont heureuses car Dieu les a bénies en réponse à leurs prières, et étonnamment on ne les voit plus à l'église. Elles profitent du dimanche matin pour faire du sport, monter leur nouvelle cabane dans le jardin, peindre la façade de leur maison ou faire du bricolage. Certains vont toujours à l'église, mais à l'époque, ils cherchaient désespérément Dieu pour obtenir ce dont ils avaient besoin, et maintenant qu'ils l'ont reçu, ils ont oublié celui qui avait donné.

D'autres sont vraiment bénis, alors ils achètent une maison au soleil, dans un endroit où ils vont pouvoir bien se reposer de leur dur labeur, dans un endroit plaisant et tranquille, dans un endroit sans église. Ils y vont d'abord un week-end, en pensant : « Dieu comprend la situation, on priera un moment dimanche matin », puis ils s'y rendent un peu plus régulièrement, puis certains vont y habiter. Alors qu'ils en portaient déjà peu, au bout d'un certain temps, leur vie spirituelle ne porte plus aucun fruit réel.

D'autres ont beaucoup prié pour réussir leurs études, Dieu leur a même ouvert des portes qu'ils n'espéraient plus ! Pendant leurs études, ils ont cherché à servir Dieu... au début. Mais beaucoup ont transformé la porte que Dieu leur a ouverte en porte du chaos. Ils oublient Dieu, ils se lient à de mauvaises personnes, et tombent. Certains reviennent au Seigneur, et lorsqu'ils visitent leur terre natale, ils reviennent à l'église, se sentent repris dans leur conscience et prennent des décisions. Ils prient pour un bon travail et Dieu, étant un bon père, les bénit et les exauce. Mais à cause d'un week-end barbecue, un autre week-end de fête, une semaine de vacances, des rénovations à faire, trois semaines de fatigue et une invitation de belle-maman, voilà deux mois qu'ils ne sont plus allés célébrer Dieu. Leur amour pour Dieu se refroidit, se rétrécit, se congèle.

Il y en a encore que Dieu a mis à part dans un travail particulier ou dans une ville particulière. Ils étaient là pour faire quelque chose de spécial pour Dieu et il le savait, c'était une réponse à leurs désirs et à leurs prières, c'était un temps transitoire particulier. Ils ne savaient pas exactement tout ce que Dieu voulait, mais ils savaient que c'était Dieu qui les y avait conduits. Mais de la même façon que Dieu a dit à Abraham de partir dans un endroit qu'il ne connaissait pas et qu'il a dû tenir ferme dans le combat de la foi, Dieu demande à ces gens de tenir ferme dans la foi, malgré les circonstances difficiles, qu'elles soient financières, familiales, ou émotives. Mais ils font de cette bénédiction et de cette mise à part un moyen pour s'éloigner de Lui.

Dieu a fait de multiples prodiges envers le peuple d'Israël et voilà le peuple en train d'adorer un veau d'or !

> *Jérémie 2 : 13*
> *Car mon peuple a commis un double péché : Ils m'ont abandonné, moi qui suis une source d'eau vive, Pour se creuser des citernes, des citernes crevassées, Qui ne retiennent pas l'eau.*

Un homme a prié longtemps pour rencontrer une femme. Dieu répond à sa prière et trois ans après, en les rencontrant au hasard, on se demande ce qui s'est passé pendant ces trois ans, car on ne les a plus jamais revus à l'église, et aux dernières nouvelles leur mariage n'est pas vraiment une réussite.

Aujourd'hui, c'est le jour pour revenir à Celui qui vous a béni

Peut-être que vous déclarez : « Dieu n'a pas encore pleinement répondu », comme une excuse pour votre état actuel, mais Dieu vous dit :

> *Jérémie 2 : 17*
> *Cela ne t'arrive-t-il pas Parce que tu as abandonné l'Éternel, ton Dieu, Lorsqu'il te dirigeait dans la bonne voie ?*

Je ne sais pas s'il existe un domaine de votre vie où Dieu vous a béni, et vous avez fait de cette bénédiction un moyen pour s'éloigner du Maître ? Si c'est le cas il vous faut vous asseoir un moment et réfléchir. Rappelez-vous d'où vous venez et combien Dieu vous a béni. Dieu a dit à votre sujet :

> *Ésaïe 44 : 21*
> *Souviens-toi de ces choses, ô Jacob ! O Israël ! Car tu es mon serviteur; Je t'ai formé, tu es mon serviteur; Israël, je ne t'oublierai pas.*

Dieu ira jusqu'à dire cette vérité pour certains :

> *Jérémie 2 : 31-32*
> *Hommes de cette génération, considérez la parole de l'Éternel ! Ai-je été pour Israël un désert, Ou un pays d'épaisses ténèbres ? Pourquoi mon peuple dit-il : Nous sommes libres, Nous ne voulons pas retourner à toi ? La jeune fille oublie-t-elle ses ornements, La fiancée sa ceinture ? Et mon peuple m'a oublié Depuis des jours sans nombre.*

Si vous êtes prêts à revenir à Dieu et à donner à Dieu ce qu'il mérite, voici ce que Dieu dit à votre sujet :

> *Ésaïe 43 : 25*
> *C'est moi, moi qui efface tes transgressions pour l'amour de moi, Et je ne me souviendrai Plus de tes péchés.*

13 JUILLET

Jérémy Sourdril

Ne médisez pas

Un jour ou l'autre, nous sommes tous passés par la médisance. La médisance est comme une maladie verbalement transmissible. Elle se transmet de personne à personne et de génération en génération et devrait normalement être éliminée lorsqu'elle croise la personne ou la génération d'un fils ou d'une fille de Dieu.

Ce qui a permis à la médisance de trouver un grand public et d'avoir beaucoup d'adeptes, c'est qu'elle a des allures de bienséance voir de sainteté !

Il ne faut pas se tromper sur la vraie nature de la médisance. Elle vient du diable. Allons droit au but pour trouver la solution lorsqu'on est tenté de médire :

> *Colossiens 3 : 13*
> *Supportez-vous les uns les autres, et, si l'un a sujet de se plaindre de l'autre, pardonnez-vous réciproquement. De même que Christ vous a pardonné, pardonnez-vous aussi.*

La médisance, c'est dire du mal de quelqu'un, en pensant qu'on a raison et sans être dans l'amour parfait. La vraie sagesse serait de se dire : « Si j'ai envie de médire de quelqu'un, pourquoi ne pas aller lui parler directement ? Pourquoi parler dans son dos ? », et de sonder ses motivations.

Une chose qui pourrait vous libérer de la médisance, c'est que la Bible, non seulement nous permet, mais nous ordonne de nous supporter les uns les autres. Oui, la Bible ne nous dit pas d'être d'accord avec tout ce que font les autres, mais la Bible nous dit de supporter les autres !

Imaginez qu'un frère est dépendant de la cigarette, qu'il n'arrête pas de fumer, et que cela vous dérange. Au lieu d'aller le raconter et d'en discuter avec qui veut bien l'entendre, vous devriez supporter cette imperfection. En fait, le verset suivant nous dit : « Mais par-dessus tout, revêtez-vous de l'amour, qui est le lien de la perfection ». Si je peux choisir la perfection, cela est une bonne chose ne trouvez-vous pas ? Choisir l'amour, c'est toujours choisir la perfection. Des gens sont prêts à se disputer pour atteindre la perfection alors que la perfection, c'est l'amour parfait de Christ en nous.

La Bible nous demande donc de revêtir l'amour. Si je vois donc mon frère dépendant de la cigarette, que ferais-je ? Au lieu d'en parler à quelqu'un, je choisirais de prier avec compassion pour ce frère, et si le Seigneur me dirige ainsi, j'irais l'encourager dans l'amour. Le problème aujourd'hui, c'est celui-ci : quatre petites dames se rencontrent au café du coin, elles se mettent à parler d'une autre sœur, et après avoir craché tout leur venin, elles passent à une autre sœur, puis la discussion se termine et chacune rentre chez soi. Elles ont même parfois l'impression de marcher dans la sainteté en faisant cela, en dénonçant ce que font les autres. Ce qui est terrible c'est que personne ne priera pour ces deux sœurs ! Personne n'intercédera en leur faveur ! Et elles ne changeront pas.

Si Dieu vous montre quelque chose chez quelqu'un, ne vous êtes-vous jamais dit que c'était pour prier pour cette personne ?

Comme j'ai entendu le Pasteur Olivier Derain le dire, « Le don de discernement des défauts des autres n'existe pas » ! Sachez-le ! Par contre, vous pouvez être amené à voir quelque chose chez quelqu'un, et ce n'est jamais pour médire ensuite de cette personne. C'est pour prier pour elle, c'est sûr. C'est pour l'aider, la soutenir et l'accompagner peut-être.

14 JUILLET

Jérémy Sourdril

Ne médisez pas (suite)

Médire des autres, c'est se croire plus saint et plus élevé qu'eux.

Lorsque tu médis contre quelqu'un, tu pèches

> *Philippiens 2 : 13*
> *Car c'est Dieu qui produit en vous le vouloir et le faire, selon son bon plaisir.*

L'humilité est contre la médisance, car la médisance est un fruit de l'orgueil. Oui, une personne qui médit est une personne orgueilleuse.

Souvent, des gens entendent une prédication, ou vous pouvez leur parler d'un certain sujet, et ils sont constamment en train de dire : « Ah mais c'est comme la sœur Y qui fait ceci et cela, et comme sœur W qui est vraiment orgueilleuse ». Et en fait la personne ne réalise pas que c'est justement elle qui a besoin de cette prédication. Dieu ne nous a pas demandé de méditer sur les péchés des autres pour ensuite les médire, il nous a demandé de méditer sur sa Parole pour construire les autres.

Il y a une grande différence entre médire des autres, dans le sens de vouloir rabaisser les autres en racontant leurs défauts, leurs échecs et leurs problèmes, et citer des faits afin de prier pour ces personnes, de les aider à aller de l'avant ou encore de protéger des personnes mais toujours avec un vrai cœur d'amour envers les autres. Tellement de chrétiens médisent des hommes de Dieu et de leur propre pasteur ! C'est une pourriture qui sort de leur bouche ! De l'eau amère que même le désert ne voudrait pas !

> *Romains 14 : 4*
> *Qui es-tu, toi qui juges un serviteur d'autrui ? S'il se tient debout, ou s'il tombe, cela regarde son maître. Mais il se tiendra debout, car le Seigneur a le pouvoir de l'affermir.*

Ces gens qui critiquent les serviteurs de Dieu disent : « Oui mais je peux le critiquer car ce n'est pas un vrai serviteur de Dieu ! », mais ici la Parole de Dieu ne dit pas de ne pas critiquer seulement les serviteurs de Dieu, mais les serviteurs d'autrui ! Les serviteurs d'autrui !

> *Jacques 4 : 11*
> *Ne parlez point mal les uns des autres, frères. Celui qui parle mal d'un frère, ou qui juge son frère, parle mal de la loi et juge la loi. Or, si tu juges la loi, tu n'es pas observateur de la loi, mais tu en es juge.*

Ce verset est une vraie révélation. Si tu juges ton frère ou ta sœur, tu deviens un transgresseur. Tu transgresses la loi d'amour de Dieu. Les critiqueurs de serviteurs de Dieu diront : « Oui mais ce ministère ne sert pas vraiment Dieu ». La Bible ira plus loin :

> *Jacques 4 : 12*
> *Un seul est législateur et juge, c'est celui qui peut sauver et perdre; mais toi, qui es-tu, qui juges le prochain ?*

Nous n'avons pas le droit de juger notre prochain ! Un point c'est tout. Cela ne nous appartient pas. Cela ne nous aidera jamais. Ce qui nous aidera, c'est de déposer nos fardeaux à Dieu et d'aimer les gens. Si tu viens à parler en mal d'une personne, et que tu le fais encore et encore sans t'arrêter, sache que tu ne fais pas la bonne chose. Certains ont perdu leur vie à force de critiquer les autres. Ils ont ouvert de telles portes à la critique, et en fait au diable, que le diable les a saisis. Ils ont tout un tas de problèmes, des problèmes de finances et des oppressions spirituelles et ils disent : « Oh c'est normal Jésus a vécu ça aussi », alors qu'eux ne portent aucun fruit réel et que leur vie ne respire pas la présence de Dieu.

15 JUILLET

Jérémy Sourdril

Ne médisez pas (suite)

La médisance après avoir été blessé.

La plupart des gens qui font de la médisance envers une personne sont des gens qui ont été blessés par cette personne. Si vous critiquez régulièrement quelqu'un, posez-vous réellement la question sans vous cacher : « Ai-je été blessé par cette personne ? ». Si vous avez été blessé et que vous êtes en mesure d'aller voir cette personne, demandez-lui pardon d'avoir agi ainsi et marchez dans l'amour ensemble. S'il ne veut pas marcher dans l'amour, choisissez pour vous-même de marcher dans l'amour. Vous aurez fait la bonne chose, et lorsque vous devrez rendre des comptes au Seigneur, vous serez justifié pour cela.

Tellement de gens médisent des autres car ils ont été blessés. Parfois, ils sont blessés de ce que les autres ont réussi et pas eux. Il y a des pasteurs qui médisent de d'autres pasteurs car ces autres pasteurs ont mieux réussi qu'eux, alors ils trouvent beaucoup de choses, basées sur des ouï-dire pour les dénigrer auprès de leurs fidèles, animés d'un esprit de jalousie.

Oui, la médisance peut être un fruit de la jalousie. La jalousie amène souvent la médisance. Balayons la jalousie, balayons les blessures et la médisance. Jésus a porté nos blessures. Choisissez de pardonner. Choisissez de faire grâce.

Souvent les gens ne veulent pas pardonner et continue à médire car ils se sentent plus fort ainsi, alors que Dieu nous demande de nous humilier en pardonnant, et alors il nous élèvera au-dessus de notre problème et nous serons libéré.

Alexandre le Forgeron m'a fait beaucoup de mal

> *2 Timothée 4 : 14-15*
> *Alexandre, le forgeron, m'a fait beaucoup de mal. Le Seigneur lui rendra selon ses œuvres. Garde toi aussi de lui, car il s'est fortement opposé à nos paroles.*

L'apôtre Paul n'était ni une femmelette, ni une mauviette. Cet Alexandre devait vraiment avoir été exécrable et extrêmement méchant envers Paul. Pourtant, Paul s'est limité à prévenir son enfant Timothée de ce loup en lui disant : « Il m'a fait beaucoup de mal ». Il n'a pas même passé deux minutes à parler de cet homme mais il a prévenu Timothée.

Paul avait un autre combat à livrer que d'écrire de longues pages sur ses ennemis. Il ne marchait pas dans la rancœur, ni dans la jalousie, il ne voulait pas non plus se faire justice lui-même en médisant, mais il avait déjà remis cette affaire au Seigneur. Il ne parlait pas non plus sur une blessure non-guérie, et même s'il l'avait fait, cela n'aurait pas été la façon de faire de Dieu. (D'ailleurs, je dois dire, contrairement à ce que beaucoup de chrétiens pensent que Paul n'était pas Dieu et qu'il a fait des erreurs comme nous... et des péchés !) Mais ici bien sûr, dans son rôle de père spirituel, il a voulu protéger Timothée son fils contre cet homme méchant, pour qu'il ne se fasse pas berner par Alexandre si jamais il essayait d'attaquer Timothée.

Effectivement, lorsqu'un loup ne réussit pas dans un ministère ou une église, il ira ailleurs, allant d'église en église pour diviser le Corps.

Certains pensent avoir un ministère prophétique contre l'apostasie en critiquant les hommes de Dieu et en citant des noms de pasteurs mais ils se méprennent complètement. Ce sont des jaloux, des gens blessés de ne pas réussir et poussés par le désir de s'élever au-dessus des autres derrière une fausse apparence d'humilité, et cela se retournera contre eux. Même David n'a pas osé parler contre l'oint de l'Éternel, alors même que celui-ci avait été rejeté par Dieu.

Laissez faire la justice de Dieu, et vous, pardonnez. Ne médisez pas, mais revêtez-vous de l'amour et d'un esprit de miséricorde et de compassion. Nous avons tous péché un jour, nous ne sommes donc pas meilleurs que les autres. Nous sommes des rachetés de Dieu, rachetés par grâce.

Si vous vous retrouvez dans une conversation de médisance, voici ce que vous pouvez faire :

- Vous vous taisez pour ne pas envenimer les choses.
- Vous pouvez proposer de prier pour cette personne (et vous verrez alors la surprise de la personne qui médit et ainsi vous verrez que le but de ces médisances n'étaient pas d'aider mais juste d'assouvir un esprit de critique)…

Un jour un serviteur de Dieu parlait en mal d'un autre serviteur de Dieu. Son auditeur a pris le téléphone et a appelé le serviteur de Dieu en question, puis a dit : « Il y a devant moi telle personne qui a des choses à te dire, je vous laisse maintenant régler ce problème ensemble ».

Si la personne dont vous médisez arrivait, ou si même Jésus arrivait alors que vous parlez contre cette personne, est-ce que vous vous sentiriez bien ? Pourriez-vous dire en regardant dans les yeux Jésus-Christ (qui a donné sa vie pour lui aussi) : « Seigneur, mes motivations en disant cela étaient parfaites, je n'ai absolument rien à me reprocher » ?

Prions !

« Seigneur, viens sonder nos motivations et viens nous aider à marcher dans l'amour ! Je choisis de ne plus médire. Je pardonne à ceux qui m'ont blessé. Pardonne-moi pour tout ce que j'ai pu dire sur les autres, sur mon pasteur, sur ma famille, même sur toi Seigneur. Je reconnais mes erreurs et je me décide pour l'obéissance. Merci car tu m'as sanctifié par la vérité. Je suis saint en toi et je prends la décision d'aimer ».

16 JUILLET

Reinhard Bonnke

Jésus, le Pain de Vie

« Du pain ! » (suite de la pensée du jour du 17 juin).

Le peuple d'Israël parlait de « El Shaddaï », le Dieu Tout-Puissant ou le Dieu Tout- Suffisant (Exode 6 : 3). Les nations du monde s'attachaient à leurs déités limitées, à leurs dieux de la pluie, de la fertilité, du feu, de l'eau et aux dieux du ciel; chacun d'eux se définissait par sa puissance limitée respective alors qu'Israël connaissait El Shaddaï, le Tout-Puissant, le Seigneur Tout-Suffisant. Israël avait cette connaissance avancée, mille ans avant que la Grèce n'invente les dieux de l'Olympe et leurs puissances limitées.

Lorsque Jésus nourrit la foule de 5 000 personnes, Il démontra El Shaddaï, le Dieu dont tout humain a besoin. Ce récit dans Luc 9 est si palpitant ! J'ai remarqué que lorsque la foule vint à Jésus, Luc rapporte qu'Il les « accueillit » (verset 11). Si les disciples avaient pu décider, Jésus aurait dû renvoyer la foule pour chercher de la nourriture et un logement dans les villages avoisinants. Leur réaction était tout à fait légitime car ils étaient fatigués et n'avaient pas eu un instant de répit, même pour manger. Les disciples furent stupéfaits lorsque Jésus « accueillit » les foules. Néanmoins, ils réalisèrent bien vite ce que cela signifiait – Jésus avait pris le rôle de l'hôte pour cette foule bariolée et les traita comme Ses invités.

Christ prit le rôle de Celui qui pourvoit à tous les besoins de l'être humain et des animaux. Déjà dans le Sermon sur la Montage, Il en parla :

> *Matthieu 6 : 26*
> *Regardez les oiseaux du ciel : ils ne sèment ni ne moissonnent, et ils n'amassent rien dans des greniers; et votre Père céleste les nourrit.*

Il évoquait ce que le Psaumes 145 nous dit :

> *Psaumes 145 : 16*
> *Tu ouvres ta main et tu rassasies à souhait tout ce qui a vie.*

C'est exactement ce dont il est question dans ce Psaume si connu :

> *Psaume 23 : 1, 5*
> *L'Éternel est mon berger : je ne manquerai de rien. Tu dresses devant moi une table, en face de mes adversaires.*

Dès le début de la Bible, nous étions les invités du Seigneur Dieu. Adam et Eve apprirent que les arbres du jardin les nourriraient. Lorsqu'ils péchèrent, ils furent chassés de ce merveilleux verger. Leurs repas ne « pendaient » plus aux arbres. Dieu décréta au contraire :

> *Genèse 3 : 18-19*
> *Tu mangeras de l'herbe des champs. C'est à la sueur de ton visage que tu mangeras du pain.*

Ils durent cultiver la terre, planter les semences, veiller à leur croissance, rentrer la moisson, moudre les grains pour produire de la farine et cuire le pain. Ils durent prendre en main tout le processus de la production du pain. Les choses n'étaient plus aussi simples mais ils avaient de la nourriture. Dieu avait pourvu à leurs besoins.

Dieu est toujours l'hôte, peu importe qui nous sommes.

> *Matthieu 5 : 45*
> *Car il fait lever son soleil sur les méchants et sur les bons, et il fait pleuvoir sur les justes et sur les injustes.*

Après le Déluge, Dieu fit une alliance avec les vivants :

> *Genèse 8 : 21-22*
> *Je ne maudirai plus la terre, à cause de l'homme, parce que les pensées du cœur de l'homme sont mauvaises dès sa jeunesse; et je ne frapperai plus tout ce qui est vivant, comme je l'ai fait.*

Six millénaires se sont écoulés et Dieu n'a pas failli à Sa Parole.

Dans l'histoire de la Bible, il est question de pain, de pain et de pain encore. Le mot apparaît à 350 reprises dans les Écritures. Pensons seulement à Joseph qui, divinement conduit, avait accès à tous les greniers à blé de l'Egypte; ou au peuple d'Israël se nourrissant du pain du ciel durant leurs péripéties dans le désert; ou encore aux champs de moisson dans la vie de Ruth, de Samson et de Gédéon; Élie et Élisée furent divinement nourris et tant d'autres exemples dans les livres des prophètes. Jésus Lui-même parla de pain à 25 reprises. Dans le fameux discours de Jésus sur le pain de vie dans l'évangile de Jean (Jean 6 : 25-59), le mot apparaît 14 fois.

Comme Son Père, Jésus se glissa souvent dans le rôle de l'hôte. Lorsqu'Il rencontra Jean et André pour la première fois, Il s'entretint avec eux dans Sa maison (Jean 1 : 35-39). Au puits de Samarie, Il demanda de l'eau à la Samaritaine et pour finir c'est Lui qui donna à la femme de l'eau (Jean 4 : 4-26). Il pourvut au vin du mariage de Cana (Jean 2 : 1-11).

Dans Jean 21, il prépara un petit-déjeuner sur la plage pour les disciples affamés après une nuit passée sur le lac de Galilée.

Lorsque Christ s'occupa des 5 000 personnes, Il ne les nourrit pas seulement mais eut également compassion d'elles, les guérit et les enseigna. Quel moment superbe ! Il les partagea en groupes de cinquante personnes. Dieu avait nourri le peuple d'Israël avec de la manne dans le désert et Christ nourrissait maintenant une autre foule d'Israël.

Les pharisiens n'auraient jamais donné leur consentement pour organiser cette fête en plein air. Il n'y avait pas d'eau pour se laver et se purifier les mains avant de manger, il n'y avait pas d'invités de marque, pas de tables dressées pour des personnes de haut rang et pour les autres. Les personnes les plus importantes dans cette histoire sont Christ et Ses disciples qui servent les autres. Tous étaient assis par terre en cercle ou en groupe, égaux entre eux, chacun faisant passer le pain miraculeux à son voisin. Cela ressemblait à la répétition de la parabole de la fête des noces de Christ (Matthieu 22), là où chacun est le bienvenu - paralysé, pauvre, mendiant, impur - chacun étant l'égal de l'autre.

Notre Dieu est Celui qui remplit tout en tous. Il y a une plénitude de joie dans Sa présence. Toujours et encore, Dieu pose des questions comme : « Pourquoi dépenser de l'argent pour des choses qui ne nourrissent pas ? ».

Jésus est le pain de vie, mais les gens dépensent leur argent pour de la drogue et d'autres plaisirs questionnables qui laissent un vide dans la vie.

Ces 5000 personnes qui furent nourries révélèrent Dieu le Père, tel qu'Il est dans son souci infini pour la race humaine. Ce Dieu remplit le ventre d'une immense foule affamée cet après-midi-là. Pourtant, Il nous créa non seulement avec des estomacs mais également avec une pensée et une âme et nous donne bien au-delà du pain : des plaisirs, des satisfactions et des besoins comblés - dans dix milles domaines. Le Seigneur est le Dieu de toutes bontés.

Jésus est ce qui est essentiel dans la vie. Il nous dit :

> *Jean 6 : 35*
> *Je suis le pain de vie. Celui qui vient à moi n'aura jamais faim, et celui qui croit en moi n'aura jamais soif.*

Si vous n'avez jamais fait de Jésus-Christ le Sauveur de votre vie, vous pouvez le faire maintenant. C'est entre vous et Dieu. Pour accepter Jésus dans votre vie comme Sauveur, je vous encourage à vous rendre à la fin du livre à la page : « Comment recevoir Jésus comme Sauveur ? », juste après la page du 31 décembre.

17 JUILLET

Jérémy Sourdril

Comment reconnaître un loup ?
Les sept caractéristiques d'un loup

Vous ne serez pas surpris si je vous dis que le diable déteste l'Église. Il déteste également tout croyant enraciné dans une église locale. Si donc vous êtes enraciné dans une église, soyez sur vos gardes, sachant que les loups existent bel et bien.

> *Actes 20 : 28-30*
> *Prenez donc garde à vous-mêmes, et à tout le troupeau sur lequel le Saint-Esprit vous a établis évêques, pour paître l'Église du Seigneur, qu'il s'est acquise par son propre sang. Je sais qu'il s'introduira parmi vous, après mon départ, des loups cruels qui n'épargneront pas le troupeau, et qu'il s'élèvera du milieu de vous des hommes qui enseigneront des choses pernicieuses, pour entraîner les disciples après eux.*

Je n'ai jamais rencontré un seul chrétien qui ait entendu un loup lui parler. Jamais. Par contre j'ai vu bien des chrétiens à qui un loup avait parlé sans qu'ils s'en rendent compte. Lorsqu'un loup vient vers une brebis, il ne dévoile pas sa nature. Il ne dévoile pas ses motivations, mais il se déguise. Jésus dira à ce sujet : « Gardez-vous des faux prophètes. Ils viennent à vous en vêtements de brebis, mais au dedans ce sont des loups ravisseurs ».

> *Proverbes 14 : 30*
> *Un cœur calme est la vie du corps, Mais l'envie est la carie des os.*

Notre esprit a été rendu parfait à notre nouvelle naissance. Et un esprit en bonne santé est un esprit qui apporte la vie à notre corps. Il y a dans notre esprit des trésors inépuisables. Jésus a prophétisé que des fleuves d'eau vive couleraient de notre esprit... Et l'envie est la carie des os. Envie veut dire aussi jalousie. La jalousie est la carie des os. La jalousie vient affaiblir les os, et lorsque les os sont affaiblis, l'esprit s'affaiblit.
Ce qui pousse les faux prophètes et les loups à s'attaquer aux brebis, c'est la jalousie.

Le mot « carie » signifie pourriture. La jalousie des loups va entrainer des caries dans le Corps de Christ.

Si le loup vient vous attaquer, c'est probablement que vous êtes une racine dans l'église dans laquelle vous êtes. Ne vous faites pas tromper, ni voler votre destinée. Parfois le loup, celui qui amène la carie, pourra vous promettre de grandes choses : « J'ai un bon terrain pour toi, avec moi tu règneras, ton appel que ton pasteur ne reconnaît pas sera reconnu avec moi », et il mettra l'emphase sur vous, votre égo sera exalté.

Le loup flatte votre égo

Il vous montrera combien vous n'êtes pas reconnu malgré tout ce que vous savez faire et le grand appel que vous avez sur votre vie. Il caressera votre orgueil, votre envie, vos désirs, vos motivations hédonistes. Si le loup arrive à transporter ses désirs en vous, il atteindra votre âme, il affaiblira votre esprit. Si l'envie s'élève en vous, la carie s'installera. Les caries cherchent un endroit où s'infiltrer dans la dent car la carie débute le plus souvent dans les zones qui sont les moins accessibles au nettoyage. Elles cherchent le point faible. Si elles voient qu'une faille s'est formée par une convoitise ou une autre, elle s'infiltre. La carie vient avec du sucre (entre autre). Le sucre, c'est le symbole des passions, des désirs, des envies. Rappelez-vous que l'envie est la carie des os. Si donc vous avez des problèmes avec la jalousie ou l'envie par rapport à d'autres ministères, attention, car cela attire le loup !

Les caries s'attaquent aux dents et vont pénétrer jusqu'aux racines afin de les atteindre, les affaiblir, les faire souffrir, les faire mourir. Les caries peuvent dévitaliser une dent, c'est-à-dire enlever la vie dans les racines. On prive alors la dent de sa vitalité.

Le loup s'attaque aux racines et vous affaiblit

Mais ce que ne vous dit pas le loup, c'est que si vous vous déracinez, vous vous dévitalisez. Les racines de la dent, qu'on appelle « la pulpe », sont constituées de vaisseaux sanguins. Ce sont eux qui transmettent l'information et les microbes. Dans le cas du croyant, si vous avez été touché par une carie, vous êtes en danger et vous êtes un danger, car vous transportez quelque chose aux autres membres de l'église.

Éphésiens 4 : 16
C'est de lui, et grâce à tous les liens de son assistance, que tout le corps, bien coordonné et formant un solide assemblage, tire son accroissement selon la force qui convient à chacune de ses parties, et s'édifie lui-même dans l'amour.

Si la carie vous touche, vous transporterez automatiquement un message. Le message de la bonne nouvelle se transformera en message de la mauvaise nouvelle. Un message de jugement. L'information qu'apportent les loups est le mensonge. La pulpe est également constituée de nerfs. Ce sont eux qui transmettent les signaux douloureux, ils transmettent la douleur au corps. Une carie se trouvant sur une dent en bas peut amener une terrible douleur en haut de la bouche.

Lorsque la carie touche les nerfs, elle transmet des douleurs. Lorsqu'une personne se fait « attraper » par un loup, elle transporte non seulement un message, mais un poison diabolique, des oppressions spirituelles dans la maison où elle est encore pour quelques temps.

Au début, lorsque le loup arrive, il ne fait que de brèves apparitions. Il attaque par petits coups, pour que vous puissiez vous familiariser avec lui, et pour que vous ne puissiez pas le discerner directement. Alors il apporte un peu de poison, par dose, petit à petit. Si vous acceptez ce poison, vous le transportez avec vous à l'église. Et ce poison se transmet, si vous ouvrez votre bouche. Cela va apporter un certain nombre d'oppressions et de doutes dans l'église. Lorsque le doute s'installe dans l'église, la foi s'en trouve affaiblie. La foi affaiblie apporte le découragement. Le découragement ouvre la porte à l'oppression et aux attaques de l'ennemi.

Comprenez le chemin de l'oppresseur aujourd'hui ! Si vous êtes découragé, vous êtes fortement comestible pour le loup ! Car un corps faible, c'est un système immunitaire et des anticorps faibles, facilement pénétrables par la maladie. Vous êtes le Corps de Christ !

Le loup vous apporte un message, ce message si vous l'acceptez se transforme en carie en vous, et vous rend petit à petit, non seulement improductif dans la maison de Dieu, mais aussi un transporteur de microbes (comme les pièges anti-fourmis, de la nourriture qui paraît au premier abord bonne, mais qui, une fois prise par la fourmi et transportée dans la fourmilière, tue toute la fourmilière).

Le loup vous rend sensible au mal et à la critique

1 Corinthiens 13 : 5
Elle ne fait rien de malhonnête, elle ne cherche point son intérêt, elle ne s'irrite point, elle ne soupçonne point le mal,

En touchant les racines et les nerfs, cela vous rendra plus sensible à certains évènements que vous supportiez facilement avant.

Lorsque vous avez une carie, vous ne supportez plus les boissons froides ou chaudes. Avant, une boisson bien froide vous rafraîchissait en été et une boisson chaude vous réconfortait les soirs d'hiver, mais maintenant vous ne supportez plus rien. Ainsi vous supportiez les prédications à basse température ou à haute température de vos pasteurs mais aujourd'hui vous ne les supportez plus !

Alors que vous lisez ce texte, je suis en train d'appliquer dans vos cœurs l'eau bouillante du Saint-Esprit. Et s'il y a une carie chez quelqu'un d'entre vous à cause de ce que vous avez entendu ou dit, et que vous avez laissé ces choses en vous en les méditant, alors que vous lisez cette parole de Dieu votre conscience vous reprend et vous rend témoignage d'un certain nombre de choses. Vous avez des souvenirs récents qui vous viennent instantanément de choses dont vous devez vous repentir.

Si vous êtes devenus sensible à la critique, sensible à l'erreur, vous êtes semblable aux pharisiens, devant la femme adultère, prêt à lui jeter la pierre, vous qui vous croyez si saint et si parfait. La poutre est tellement grosse dans votre œil que vous pensez la voir chez les autres !

18 JUILLET

Jérémy Sourdril

Comment reconnaître un loup ? Les sept caractéristiques d'un loup (suite)

Le loup ne marche pas dans l'amour. L'amour, c'est ce qui est éternel. L'amour ne passera pas. Les loups ne sont pas animés ni motivés par l'amour. Ils sont animés par l'esprit de critique et de jalousie. Ils sont jaloux du succès des autres. Ils s'élèvent toujours contre des gens qui réussissent mieux qu'eux.

> *Jean 12 : 9-11*
> *Une grande multitude de Juifs apprirent que Jésus était à Béthanie; et ils y vinrent, non pas seulement à cause de lui, mais aussi pour voir Lazare, qu'il avait ressuscité des morts. Les principaux sacrificateurs délibérèrent de faire mourir aussi Lazare, parce que beaucoup de Juifs se retiraient d'eux à cause de lui, et croyaient en Jésus.*

Les loups s'en contrefichent que Lazare soit ressuscité. Ils s'en contrefichent que Madame Cancer ait été guérie, que Monsieur adultère se soit repenti, que Mademoiselle perdue soit enfin sauvée ! Ils sont prêts à tout casser, les brebis avec les bergers. Les sacrificateurs étaient complètement fous de vouloir faire mourir celui que Jésus venait tout juste de ressusciter. Ils ne marchaient pas dans l'amour mais marchaient dans la jalousie, car l'attention n'était plus sur eux !

> *Actes 13 : 42-45*
> *Lorsqu'ils sortirent, on les pria de parler le sabbat suivant sur les mêmes choses; et, à l'issue de l'assemblée, beaucoup de Juifs et de prosélytes pieux suivirent Paul et Barnabas, qui s'entretinrent avec eux, et les exhortèrent à rester attachés à la grâce de Dieu. Le sabbat suivant, presque toute la ville se rassembla pour entendre la parole de Dieu. Les Juifs, voyant la foule, furent remplis de jalousie, et ils s'opposaient à ce que disait Paul, en le contredisant et en l'injuriant.*

Paul et Barnabas exhortaient les croyants à s'attacher à Dieu, n'est-ce pas une belle œuvre ? Mais la jalousie est illogique, c'est la carie des os. La jalousie s'attaque au corps.

Vous êtes le Corps de Christ. Si vous ne traitez pas la carie qui est en vous, les microbes peuvent migrer par voie sanguine dans tout l'organisme, le cœur, les sinus, les reins, les yeux, les articulations...

Si vous voulez traiter la dent avant que la carie ne s'installe, il vous faut une arme contre la carie. Le Saint-Esprit vient par sa sainteté et par sa vérité vous laver par l'eau de la Parole.

> *Éphésiens 5 : 25-27*
> *Maris, aimez vos femmes, comme Christ a aimé l'Église, et s'est livré lui-même pour elle, afin de la sanctifier par la parole, après l'avoir purifiée par le baptême d'eau, afin de faire paraître devant lui cette Église glorieuse, sans tache, ni ride, ni rien de semblable, mais sainte et irrépréhensible.*

Christ nous a aimés pour nous purifier de toute bactérie, par l'eau de la Parole. Savez-vous ce que fait la salive dans nos bouches ? La salive attaque les bactéries cariogènes. Elle a des propriétés antibactériennes. L'eau de la Parole de Dieu, détruit les bactéries par la vérité. La salive permet aussi la re-minéralisation de la dent grâce à la présence d'éléments minéraux (calcium, fluor) inclus dans sa composition. La Parole de Dieu redonne la vie au Corps tout entier.

La salive défend également. Elle forme un écran protecteur afin de résister aux assauts des acides. Mais si le sucre vient en quantité excessive, le rapport des forces s'inverse. Vaincue par le nombre et débordée, la pellicule protectrice en vient même à collaborer avec l'envahisseur en favorisant l'adhérence des bactéries cariogènes. C'est ce qui arrive si vous méditez sur ce qui n'est pas bon. La Parole qui devait vous aider devient alors même une occasion de chute pour vous. C'est ce qui arriva aux pharisiens avec l'enseignement Jésus.

Le loup diminue l'estime et l'honneur que vous avez pour votre autorité pour que vous l'estimiez lui. Il veut prendre la place de votre berger. Il déshonore les autorités.

N'ECOUTEZ PAS les critiques destructives envers vos autorités. Jamais. En ce moment, il y a une mode qui dit : « Chacun est son propre pasteur, nous n'avons plus besoin de pasteur ». C'est une mode anti-biblique qui tue la vraie Église. Jésus a envoyé les ministères pour équiper les saints, et le pasteur est là pour gouverner l'Église comme un gouverneur.

Ne mangez pas ce qui n'est pas sain. Une mauvaise hygiène bucco-dentaire vous amènera des caries. Rappelez-vous qu'un esprit en bonne santé, c'est la vie pour tout le corps. Ne laissez pas des pensées mauvaises imprégner vos os. Ne permettez pas au diable de déposer des semences de maladies en vous. Vous pensez peut-être : « Pourquoi parles-tu de maladie ? ». Car une parole diabolique appartient à son père le diable. Toute parole exagérée donnée dans le but de nuire ou de tirer un avantage n'a pas pour père le Dieu de vérité. Et puisqu'une parole diabolique appartient au diable, elle a la nature du diable, elle a les chromosomes du diable, les gènes du diable. Les gènes du diable, c'est le péché, c'est la maladie, c'est le chaos, c'est la mort. Certains sont morts en prenant la sainte cène, non pas parce qu'ils ne savaient pas ce que représentait la sainte cène, mais parce qu'ils la prenaient indignement, ayant jugé des serviteurs de Dieu.

Dieu déteste la calomnie. C'est à cause de la calomnie que le peuple d'Israël est mort dans le désert. Tous ! Ce n'est pas à cause du désert qu'ils sont morts ! Certains vous diront : « C'est le désert dans ton église tu sais chez moi c'est le feu »... Mais sachez que ce n'est pas à cause du désert qu'ils sont morts. Le feu dont parlent ces gens vous brûlera.

Ce n'est même pas non plus parce que le peuple d'Israël vivait dans le péché d'une manière générale, car de toute façon ils étaient pécheurs, ils n'étaient pas nés de nouveau, mais c'est à cause de la calomnie !

> *Nombres 14 : 2-4*
> *Tous les enfants d'Israël murmurèrent contre Moïse et Aaron, et toute l'assemblée leur dit : Que ne sommes-nous morts dans le pays d'Egypte, ou que ne sommes-nous morts dans ce désert ! Pourquoi l'Éternel nous fait-il aller dans ce pays, où nous tomberons par l'épée, où nos femmes et nos petits-enfants deviendront une proie ? Ne vaut-il pas mieux pour nous retourner en Egypte ? Et ils se dirent l'un à l'autre : Nommons un chef, et retournons en Egypte.*

Dieu répondra à cela aux versets 11 puis au verset 27 où Dieu dit : « Jusqu'à quand laisserai-je cette méchante assemblée murmurer contre moi ? J'ai entendu les murmures des enfants d'Israël qui murmuraient contre moi », parlant des paroles prononcées contre Moïse !

Car la Bible montre que celui qui parle contre un serviteur de Dieu parle contre Dieu lui-même. Myriam subit une conséquence de cela. Elle fut frappée de lèpre.

Certains disent : « Oui mais celui-ci n'est pas vraiment un serviteur de Dieu, c'est un faux prophète donc je peux mal en parler », mais même les anges ne se permettent pas de mal parler contre le diable ! Dieu lui-même dira :

> *Zacharie 3 : 2*
> *L'Éternel dit à satan : Que l'Éternel te réprime, satan ! Que l'Éternel te réprime, lui qui a choisi Jérusalem ! N'est-ce pas là un tison arraché du feu ?*

Le loup vous dira combien votre autorité se trompe, elle mettra l'accent sur les faiblesses de l'autorité, et vous montrera ses gros muscles à lui, ceci afin de vous détourner de votre place. Que celui qui fait face à une telle personne fuit !

19 JUILLET

Jérémy Sourdril

Comment reconnaître un loup ?
Les sept caractéristiques d'un loup (suite)

Le loup attaque l'Église et le ministère pastoral pour ravir les brebis. Un jour l'apôtre Paul va nommer quelqu'un qui lui a fait du mal :

> *2 Timothée 4 : 14*
> *Alexandre, le forgeron, m'a fait beaucoup de mal. Le Seigneur lui rendra selon ses œuvres.*

Cet homme lui a fait beaucoup de mal et croyez-moi, si Paul a dit beaucoup de mal c'est vraiment beaucoup de mal ! Il y avait beaucoup de choses derrière ce : « Beaucoup de mal ».

Les gens disent : « Oui on peut parler contre des serviteurs de Dieu et même les nommer car Paul l'a fait ». Mais cet homme n'était pas un serviteur de Dieu. Des centaines de gens étaient ennemis de Paul. Pourtant on ne voit pas l'apôtre Paul nommer des gens à tour de bras dans ses lettres ! Alexandre a dû lui faire beaucoup de mal pour qu'il le nomme, d'ailleurs il l'a livré à satan :

> *1 Timothée 1 : 18-20*
> *Le commandement que je t'adresse, Timothée, mon enfant, selon les prophéties faites précédemment à ton sujet, c'est que, d'après elles, tu combattes le bon combat, en gardant la foi et une bonne conscience. Cette conscience, quelques-uns l'ont perdue, et ils ont fait naufrage par rapport à la foi. De ce nombre sont Hyménée et Alexandre, que j'ai livrés à satan, afin qu'ils apprennent à ne pas blasphémer.*

Paul exhortait Timothée à ne pas faire naufrage, à combattre le BON combat, pas le MAUVAIS combat ! Il n'est pas dit qu'Hyménée et Alexandre avaient perdu la foi, il est dit qu'ils avaient perdu leur conscience. Ils avaient encore la foi, mais ils se sont trompés de combat en combattant le ministère de l'apôtre Paul. Ils n'ont pas écouté leur conscience, à cause de leur jalousie envers Paul.

Paul n'était pas un plaintif ni un critiqueur. Il n'était pas en train de dire constamment : « Tel serviteur de Dieu prêche tel mensonge, pasteur untel fait ceci, vous ne savez pas ce qu'a dit tel serviteur de Dieu ? ». Il n'était pas tourné vers ses ennemis ou vers ceux qui ne prêchaient pas comme lui et qui n'avaient pas les mêmes convictions, mais il était tourné vers les âmes perdues et ceux qui avaient vraiment soif de Dieu.

Si quelqu'un vient parler dans vos oreilles contre votre autorité, faites-le taire. Mais SI vous l'avez écouté ou entendu, écoutez votre cœur !

Ceux qui parlent contre des serviteurs de Dieu sont très souvent remplis d'oppression car ils travaillent sous le couvert d'esprits mauvais : des esprits de séduction et de manipulation. Il faut vraiment le comprendre, sinon vous risquez d'être manipulé. Et si vous écoutez ce qu'ils vous disent, il y aura une désagréable « impression » dans votre esprit, mais si vous ne prenez pas garde à vous-même, vous allez être aspiré dans une spirale infernale sans vous en rendre vraiment compte. Vous allez perdre votre joie. Vous allez perdre votre amour pour Dieu, vous allez perdre votre amour pour votre famille, vous allez perdre votre destinée ! Sachez reconnaître la voix du Saint-Esprit !

Dans 2 Corinthiens 10, une personne ou un groupe de personnes combattait contre Paul, et Paul va dire :

> *2 Corinthiens 10 : 12*
> *Nous n'osons pas nous égaler ou nous comparer à quelques-uns de ceux qui se recommandent eux-mêmes. Mais, en se mesurant à leur propre mesure et en se comparant à eux-mêmes, ils manquent d'intelligence.*

Si vous vous êtes fait embobiner par un loup qui critique votre pasteur, mesurez les fruits réels, la vie et le caractère de votre autorité, et regardez les fruits réels, la vie et le caractère de la personne qui juge et critique. C'est ce qu'enseignait Jésus :

> *Matthieu 7 : 15-20*
> *Gardez-vous des faux prophètes. Ils viennent à vous en vêtements de brebis, mais au dedans ce sont des loups ravisseurs. Vous les reconnaîtrez à leurs fruits. Cueille-t-on des raisins sur des épines, ou des figues sur des chardons ? Tout bon arbre porte de bons fruits, mais le mauvais arbre porte de mauvais fruits. Un bon arbre ne peut porter de mauvais fruits, ni un mauvais arbre porter de bons fruits. Tout arbre qui ne porte pas de bons fruits est coupé et jeté au feu. C'est donc à leurs fruits que vous les reconnaîtrez.*

J'ai entendu parler d'un loup. Il prêche contre les pasteurs, en disant que l'Église d'aujourd'hui est une église hérétique. Ce loup est allé voir un de mes amis et lui a demandé : « Peux-tu me dire tout ce que tu sais de mal sur tous les ministères que tu peux ? ». Ces loups se nourrissent des erreurs des pasteurs ou la très grande majorité du temps, des exagérations faites contre les pasteurs. L'équipe de ce loup a, dans une seule émission de radio que j'écoutais pour la première fois, en dix minutes à peine, cassé plus de dix ministères. Ils disaient des mensonges incroyables sur ces ministères que je connais personnellement. Des choses complètement folles, que je n'oserais même pas répéter.

Un jour nous avons écrit sur EnseigneMoi.com un dossier contre ce genre de loup : une mise en garde contre certains groupes sectaires. Ce dossier avait été attaqué par ce groupe qui s'était reconnu. Une jeune femme l'a lu mais n'a pas bien saisi la profondeur de l'article et, quelques jours après, elle a été victime de ce même groupe. Cette jeune femme était chrétienne depuis trois ans. Un loup l'a invité à une conférence d'un certain apôtre qui se trouvait à Paris. Ce faux apôtre forme des chrétiens à visiter des églises dans la francophonie, avec des dépliants et des CD, pour attraper des chrétiens en leur disant que ce que prêche leur pasteur est faux.

Ce faux apôtre a prophétisé devant tout le monde sur ce loup en disant qu'il avait un grand ministère prophétique, etc. La femme était donc séduite. Puis, petit à petit, ce loup a commencé à lui dire, je cite, que « les églises de bâtiment » étaient des dénominations d'hommes, que c'était l'apostasie, un système pyramidal identique à la franc-maçonnerie et que Dieu nous voulait dans des églises de maison. Cet homme lui a proposé directement de se fiancer. Elle voyait des « signes » pour l'encourager mais croyez-moi le diable donne des signes, pas Dieu seulement (à ce sujet nous ne sommes pas dirigés par les signes).

Ce loup lui a dit de quitter son église. La majorité du temps, le loup vient quand le berger n'est pas là où lorsqu'il dort. Puis, il lui a dit qu'elle était religieuse parce qu'elle priait chaque matin, puis qu'elle n'avait pas l'amour de la vérité en remettant en question ses doctrines.

Ce loup disait qu'Eve a eu une relation sexuelle avec le diable et des choses semblables. Puis d'autres « doctrines » mêlées de vérité et de mensonges. Enfin, il l'a convaincue que les fiancés devaient avoir des relations sexuelles ensemble. Lorsqu'elle remettait en question ses paroles, il la traitait d'esprit de Jézabel, d'esprit de rébellion. Elle n'avait plus d'église ! Elle n'en avait pas parlé à son pasteur donc elle ne pouvait plus être aidée, se sentant condamnée de toutes parts ! Elle avait été séduite mentalement et spirituellement. Quand vous êtes séduits, vous ouvrez la porte à des esprits mauvais. C'est une réalité !

Cet homme a manipulé cette femme pour coucher avec elle. Elle sentait dans son cœur que ce n'était pas la bonne chose à faire mais dans sa tête, je cite : « Je vivais dans l'angoisse, dans la culpabilité et l'accusation du diable. J'avais même peur de lui dire que j'allais voir mes sœurs ou que j'allais au restaurant avec une copine ». Finalement, par la prière, elle réussit à se sortir de cette situation. Le diable utilise ce genre de loups pour arracher les chrétiens de leurs églises. Ils veulent les déraciner. Ne vous déracinez jamais de votre église (Gloire à Dieu, dans ce cas-ci, cette chère sœur réussit par la prière à se sortir de ses griffes, non sans blessures).

Si vous rencontrez un tel loup, fuyez ! Jésus est votre berger, restez près de lui, par votre attitude, par vos paroles, par votre amour. Soyez une bénédiction pour quelqu'un aujourd'hui, changez le mal en bien !

20 JUILLET

Jérémy Sourdril

Comment reconnaître un loup ?
Les sept caractéristiques d'un loup (suite)

Le loup attaque l'Église et le ministère pastoral, il se recommande lui-même et éloigne de Dieu.

> *2 Corinthiens 10 : 16*
> *Et d'annoncer l'Évangile au-delà de chez vous, sans nous glorifier de ce qui a été fait dans les limites assignées à d'autres.*
>
> *Romains 15 : 20*
> *Et je me suis fait honneur d'annoncer l'Évangile là où Christ n'avait point été nommé, afin de ne pas bâtir sur le fondement d'autrui,*

Paul explique qu'il n'était pas quelqu'un qui va se glorifier de son ministère « Moi je pense que, moi j'ai fait ça ». Il explique aussi qu'il ne va pas chercher de la gloire dans le travail d'un autre et ne pas s'infiltrer dans l'œuvre d'un autre. Il avait d'autres chats à fouetter. Il s'occupait de SON œuvre, pas de l'œuvre d'un autre.

Il y a des gens qui cassent constamment des ministères car, en le faisant, les morceaux tombent par terre et ils peuvent marcher dessus et s'élever. Finalement, plus ils cassent de ministères, et plus ils s'élèvent eux-mêmes. En écrasant les autres ils s'élèvent eux-mêmes. Ils vous diront que ce sont les appelés de l'Éternel, ceux qui travaillent contre la fausse Église hérétique, qu'ils ont la Parole et que personne d'autre ne l'a vraiment car toutes les églises évangéliques sont dans l'erreur. Ils cracheront sur les pasteurs. Ils iront fouiller dans la vie des serviteurs de Dieu pour vous montrer quel est la valeur du costume que tel homme de Dieu vient de s'acheter. Mais qu'est-ce que cela peut me faire, le prix auquel il a acheté son costume ? Ce n'est pas mon rôle de connaître la vie privée des gens. Moi en tant que croyant j'ai ma responsabilité, et en tant que brebis mon rôle n'est pas de donner un coup de bâton à mon berger.

Ne trainez pas avec ceux qui se délectent des dernières histoires malheureuses des serviteurs de Dieu. Je vous le dis, fuyez loin d'eux. C'est un poison qui tuera votre foi, qui tuera votre amour pour Dieu, qui tuera votre confiance en Dieu. Quand vous n'avez plus confiance aux serviteurs de Dieu, vous n'avez plus confiance en Dieu. Voilà pourquoi les gens quittent les églises et quittent Dieu finalement. En quittant l'église, nous quittons Dieu. Ce genre de loups dont j'ai parlé, ont brisé plein d'églises locales.

Savoir que tel ministère a divorcé ou que tel ministère est tombé, ou que tel ministère a acheté son chien 10.000 dollars ou sa voiture 70.000 dollars, je m'en contrefiche. Ce n'est pas mon rôle de regarder la vie des gens.

Les chrétiens pensent avoir sanctifié leur curiosité malsaine et diabolique. Au lieu de lire les magazines people sur les stars de ce monde, ils lisent les magazines peoples sur les ministères. Des sites internet à la vue de n'importe quel païen qui recherche Dieu, qui racontent combien tel serviteur de Dieu a piqué dans la caisse et s'est mal comporté. Si ces affaires sont vraies, ne devraient-elles pas être jugées dans l'église, entre croyants, comme dit la Bible ?

Certains croient avoir le ministère de jugement des serviteurs de Dieu. Ils se prennent pour « Zorro » au-dessus des gloires, pour les apôtres des derniers temps. Mais je vous dis que ceux qui parlent contre des oints de Dieu le font pour leur propre malheur. David avait compris ce principe. Il n'osait pas parler contre Saül, combien même Dieu l'avait rejeté. David avait le cœur de Dieu. Il n'y a pas de justicier des derniers temps, Il n'y a pas de « ministère de jugement des serviteurs de Dieu ». Comprenez ce que je dis et que Dieu vous donne l'intelligence en tout.

Dans 2 Corinthiens 11 : 8 à 12, Paul avait reçu des accusations concernant les finances dans son ministère. Cela n'est pas nouveau ! Il dira ensuite :

> *2 Corinthiens 11 : 13-15*
> *Ces hommes-là sont de faux apôtres, des ouvriers trompeurs, déguisés en apôtres de Christ. Et cela n'est pas étonnant, puisque satan lui-même se déguise en ange de lumière. Il n'est donc pas étrange que ses ministres aussi se déguisent en ministres de justice. Leur fin sera selon leurs œuvres.*

Paul parle de « faux apôtres », c'est-à-dire de gens qui se disent « apôtres », qui se disent SERVITEURS DE JUSTICE. Ils disent : « Nous nous allons rétablir la justice ! ». Mais on n'établit pas la justice en détruisant le Corps de Christ, car un Royaume ne peut subsister en s'attaquant lui-même. Ces « apôtres » accusent les vrais serviteurs de Dieu concernant la gestion des finances, la gestion du ministère et bien d'autres domaines.

Le loup se recommande lui-même et vous éloigne de Dieu

Ces gens ne vous rapprochent pas de Dieu. Posez-vous sincèrement la question : « Ces gens me rapprochent-t-ils de Dieu ou d'eux-mêmes ? ». Votre relation avec Dieu s'améliore-t-elle ou avez-vous perdu votre joie et votre paix ? Ils ne vous amènent pas près du cœur de Dieu, car ils en sont loin. Ils sont plein d'orgueil, voulant vous prouver par leurs fruits que ce qu'ils disent est la vérité. Mais observez bien leurs fruits.

> *2 Corinthiens 10 : 8*
> *Et quand même je me glorifierais un peu trop de l'autorité que le Seigneur nous a donnée pour votre édification et non pour votre destruction, je ne saurais en avoir honte,*

Voilà encore un moyen pour savoir si quelqu'un vient de Dieu ou pas : « Qui le recommande ? ». Est-ce le Saint-Esprit dans votre cœur ? Ou avez-vous été manipulé et oppressé ? Est-ce que votre cœur attestait qu'il s'agit d'un serviteur de Dieu, que sa Parole est vraie ? Ne vous laissez pas détourner par Sanballat ! Le Seigneur vous le recommande-t-il, le sentez-vous dans votre cœur ? Ou est-ce par votre propre convoitise que vous avez attiré ce loup à vous ?

> *Jacques 1 : 13-14*
> *Que personne, lorsqu'il est tenté, ne dise : C'est Dieu qui me tente. Car Dieu ne peut être tenté par le mal, et il ne tente lui-même personne. Mais chacun est tenté quand il est attiré et amorcé par sa propre convoitise.*

Si vous convoitez un titre plus grand dans l'église, et que vous croyez que vous pouvez avoir une meilleure place ailleurs, vous attirez ce genre de proposition en convoitant ce qui n'est pas encore votre temps et vous risquez bien des déboires ! Ces loups viendront vous prophétiser ce que vous avez ENVIE d'entendre ! Ce sera le sujet d'une autre pensée du jour. Alors, à tous, je vous encourage, restez sur vos gardes et n'écoutez pas la calomnie destructrice.

Si vous connaissez quelqu'un qui a ces caractéristiques, fuyez !

21 JUILLET

Michaël Lebeau

Un chrétien peut-il pécher ?

En tant qu'enfant de Dieu nous devons marcher en nouveauté de vie et renoncer au péché.

Justifié par la foi en Jésus-Christ

Dieu est saint et il exige que nous soyons saints. Depuis la chute d'Adam et Eve, il était impossible à quiconque d'être reconnu saint devant Dieu car le péché demeurait dans l'homme. La loi n'avait pas le pouvoir de rendre juste qui que ce soit, seul le sacrifice de Jésus-Christ pouvait nous libérer du péché et ainsi nous rendre saint et juste devant Dieu.

> *Galates 2 : 16*
> *Néanmoins, sachant que ce n'est pas par les œuvres de la loi que l'homme est justifié, mais par la foi en Jésus-Christ, nous aussi nous avons cru en Jésus-Christ, afin d'être justifiés par la foi en Christ et non par les œuvres de la loi, parce que nulle chair ne sera justifiée par les œuvres de la loi.*

Tout cela nous le savons et par conséquent nous savons qu'en donnant notre vie à Jésus, en croyant qu'il est ressuscité d'entre les morts et en nous repentant sincèrement de nos actions passées, nous avons été sanctifiés par son précieux sang. Quelle grâce ! Tous nos péchés ont été effacés et nous pouvons désormais nous tenir devant Dieu la conscience purifiée. Tout ceci ne fait-il pas de notre Dieu un Dieu bon ? Oui, il est bon mais ne confondons pas sa bonté avec de la tolérance. Selon le dictionnaire Wikipédia, le mot tolérance « désigne la capacité à accepter ce que l'on désapprouve, c'est-à-dire ce que l'on devrait normalement refuser ». Dieu n'est pas tolérant, il n'approuve pas que ses enfants continuent à vivre dans le péché et mènent une vie de péché comme avant leur nouvelle naissance.

Ne soyez pas hypocrite

> *Matthieu 6 : 5*
> *Lorsque vous priez, ne soyez pas comme les hypocrites, qui aiment à prier debout dans les synagogues et aux coins des rues, pour être vus des hommes. Je vous le dis en vérité, ils reçoivent leur récompense.*

En tant qu'enfant de Dieu nous devons marcher en nouveauté de vie et renoncer au péché.

Il est inacceptable qu'on trouve dans nos églises des personnes qui lèvent les mains le dimanche matin en chantant des louanges à Dieu, qui ont le nom de Dieu dans leur bouche toute la journée et qui dénoncent les péchés des autres mais qui, une fois rentrées chez elles, se corrompent dans toutes sortes de péchés. Il ne faut pas se leurrer, il existe des personnes qui vivent ainsi et cela, Dieu l'a en horreur.

Voici un exemple pour illustrer ce que je dis :

Ma femme a côtoyé une collègue de travail pendant un an et demi. Elles ont souvent déjeuné ensemble et passé du temps à discuter toutes les deux. Sa collègue parlait tout le temps de Dieu, disant combien Dieu est bon et merveilleux et elle était la première à dénoncer l'hypocrisie dans leur lieu de travail. Elle lui avait un jour demandé si elle était sûre d'être sauvée si elle mourrait demain et sans hésitation elle lui avait répondu que oui.

Ma femme savait bien que tout n'était pas parfaitement en règle dans sa vie, néanmoins elle la considérait comme étant chrétienne et aimant sincèrement Dieu. Mais un jour elle découvrit la vérité sur cette personne : elle était bisexuelle (attirée par les hommes et les femmes). Régulièrement elle et son compagnon (ils n'étaient pas mariés) passaient la nuit avec une autre femme. Je vous laisse imaginer le choc que l'annonce de cette nouvelle lui a procuré ! Jamais elle n'aurait pensé ça de cette personne. Lorsqu'elle a su que ma femme était au courant de la vie qu'elle menait, elle a simplement répondu : « Ce n'est pas grave, je fais ce que je veux ! ».

Un chrétien peut pécher accidentellement mais ne demeure pas dans le péché.

> *1 Jean 3 : 6-10 :*
> *Quiconque demeure en lui ne pèche point; quiconque pèche ne l'a pas vu, et ne l'a pas connu. Petits enfants, que personne ne vous séduise. Celui qui pratique la justice est juste, comme lui-même est juste. Celui qui pèche est du diable, car le diable pèche dès le commencement. Le Fils de Dieu a paru afin de détruire les œuvres du diable. Quiconque est né de Dieu ne pratique pas le péché, parce que la semence de Dieu demeure en lui; et il ne peut pécher, parce qu'il est né de Dieu. C'est par là que se font reconnaître les enfants de Dieu et les enfants du diable. Quiconque ne pratique pas la justice n'est pas de Dieu, non plus que celui qui n'aime pas son frère.*

L'apôtre Jean dit ici que celui qui est né de nouveau ne peut pas vivre en demeurant dans le péché car la nouvelle création qu'il est devenu a la nature de Dieu en lui. Par conséquent, celui qui se dit chrétien et qui est à l'aise en demeurant dans le péché, n'est probablement pas né de nouveau.

Mais attention, il y a une énorme différence entre le fait de pécher de manière « accidentelle » (notre conscience nous reprend, on se repent immédiatement et on prend la décision de ne plus recommencer) et le fait de demeurer dans le péché, c'est-à-dire de pratiquer consciemment un péché régulièrement et dans la durée sans vouloir se repentir.

Dans 1 Jean 2, Jean dit que si quelqu'un a péché nous avons un avocat auprès du Père, Jésus-Christ. Ce passage et celui cité plus haut ne sont pas en contradiction mais parlent de deux choses complètement différentes. En effet, 1 Jean 1 explique qu'un chrétien peut tomber dans un péché, dans ce cas il a accès au pardon de Dieu en passant pas Jésus-Christ, son avocat, mais 1 Jean 3 explique qu'un chrétien né de Dieu ne peut pas demeurer dans ce péché (rester dans ce péché sans se repentir).

On ne se moque pas de Dieu, on ne peut pas paraître saint lorsqu'on est avec d'autres chrétiens et demeurer dans le péché sous prétexte que nous sommes justifiés par la foi en Jésus-Christ. Dieu est très clair, on ne peut pas être en partie du royaume des cieux et en partie de ce monde. Il exige que nous fassions un choix.

> *Apocalypse 3 : 16*
> *Ainsi, parce que tu es tiède, et que tu n'es ni froid ni bouillant, je te vomirai de ma bouche.*

Une nouvelle vie implique une nouvelle façon de vivre

Si vous avez réellement dit oui à Jésus, toute votre vie a été transformée. Il ne peut pas en être autrement. Désormais, vous ne pouvez plus vous conduire comme avant votre nouvelle naissance car vous avez connu la vérité et la vérité vous a rendu libre.

> *1 Pierre 1 : 14-15*
> *Comme des enfants obéissants, ne vous conformez pas aux convoitises que vous aviez autrefois, quand vous étiez dans l'ignorance. Mais, puisque celui qui vous a appelés est saint, vous aussi soyez saints dans toute votre conduite,*

Si vous vous sentez concerné par ce texte, que vous savez que votre manière d'agir n'est pas conforme à ce que Dieu veut de vous, que vous réalisez que vous meniez une double vie, alors prenez une décision aujourd'hui et renoncez aux péchés qui vous enveloppent si facilement. N'ayez pas peur de vous tenir devant Dieu avec humilité et de vous repentir. Quel bon père refuserait de pardonner à son enfant?

Prions maintenant !

« Père, j'ai pris conscience que je n'ai pas été honnête dans ma manière de vivre, que j'ai laissé le péché me dominer et que je me suis comporté comme un hypocrite. Je te demande pardon pour tout cela. Je m'engage dès aujourd'hui à mettre de l'ordre dans ma vie et je renonce à pratiquer le péché. Saint-Esprit aide moi à tenir ferme face aux tentations qui se dresseront devant moi et à ne plus revenir en arrière. Père, merci parce que tu ne me tournes pas le dos mais qu'au contraire tu me prends dans tes bras d'amour et tu me pardonnes. Je reviens à toi. Amen ».

22 JUILLET

Filipe et Marie Alves

Allons conquérir Jéricho pour le Seigneur !

Le peuple d'Israël était sans aucun doute surexcité lorsqu'il traversa le Jourdain sous les ordres de Josué. Cela faisait 40 ans qu'ils marchaient dans le désert. Leurs pères n'avaient connu que l'esclavage en Égypte. Mais cette nouvelle génération était jeune, forte, motivée, pleine de rêves et de projets.

Leurs pères avaient eu une vie de misère. Nés dans l'esclavage et la ségrégation, ils avaient tout de même vu la main puissante de Dieu pour les libérer et avaient finalement goûté à la liberté. Mais ils n'ont pas renouvelé leurs mentalités. Et bien que libres, ils sont restés esclaves à l'intérieur. Esclaves de la peur et de l'incrédulité. Et ils n'ont pas pu entrer dans le pays promis par Dieu. Ils n'ont pas pu prendre possession des promesses merveilleuses que leur Libérateur avait en réserve pour eux, à quelques kilomètres de là seulement.

Mais la nouvelle génération n'avait pas connu l'esclavage ni la mentalité de l'Égypte. Eux, ils étaient libres, complètement libres dans ce désert. Et depuis leur naissance, ils avaient entendu l'histoire de leurs pères, les promesses de Dieu, l'avenir radieux qui leur était réservé. Ce pays où coulent le lait et le miel. Un pays habité par des peuples impies et méchants qui ne craignaient pas Dieu, et que le Seigneur allait livrer entre leurs mains. Le jugement de Dieu allait s'accomplir à travers eux. Alors ils se préparaient depuis des dizaines d'années. Les jeunes hommes se fortifiaient et se préparaient pour les combats. Pharaon et son armée n'avaient pu résister devant leurs pères, car Dieu était avec eux. Alors ces peuples iniques allaient subir le même châtiment.

Et enfin, le grand jour est arrivé ! Dieu a dit à Josué que le moment était venu de traverser ce Jourdain et de prendre possession du pays promis. Première ville à conquérir : Jéricho. Les hommes de guerre préparent leurs armes, ils réfléchissent aux différentes stratégies pour prendre la ville. Quel plan d'attaque extraordinaire Josué va-t-il recevoir directement de Dieu ? Peut-être aura-t-il une vision, de nouvelles armes redoutables jamais fabriquées auparavant ? Et là, le plan secret de Dieu est enfin dévoilé par Josué : marcher autour de la ville sans dire un mot... Mais ils sont motivés, soumis et plein de courage; il doit s'agir d'une tactique mystérieuse, redoutable. Josué va certainement donner le signal de l'attaque à la fin de la marche. Mais après la marche, retour au camp. Un jour, deux jours, trois, quatre, cinq, six...

Les historiens estiment que Jéricho n'était pas très loin du camp de base d'Israël, à environ trois kilomètres, et que les murailles s'étendaient sur moins d'un kilomètre. Je ne sais pas quel équipement les hommes d'Israël portaient mais ne serait-ce qu'une bonne épée, cela devait déjà bien peser. Bien que cette marche de sept kilomètres ne soit pas exténuante, cela devait tout de même fatiguer les hommes d'Israël. Quelle stratégie singulière... Alors que les hommes de guerre devraient tout faire pour être au meilleur de leur forme, la stratégie divine est de commencer à les fatiguer. Pire encore, leurs ennemis observent la situation et eux ne font aucun effort puisqu'ils sont retranchés dans l'enceinte de la ville. Ils observent l'ennemi et peuvent préparer une stratégie de défense.

Du côté d'Israël, la chair commence à souffrir, un physiquement d'abord, puis surtout moralement. Pour couronner le tout, le septième jour, le jour de l'assaut, ce n'est pas un tour que Dieu va demander, mais sept tours...

On a souvent entendu dire que les marches autour de Jéricho produisaient deux effets : elles minaient le moral des ennemis, chez qui la terreur s'appesantissait davantage de jour en jour et, du côté d'Israël, Dieu cherchait leur obéissance et leur soumission. Il me semble que Dieu travaillait beaucoup plus profondément le cœur d'Israël : il fallait faire mourir la chair.

Ils avaient la bonne vision, et une bonne volonté. Ils étaient prêts à prendre possession du pays promis, ils allaient obéir au Seigneur et se soumettre à Josué. Ils n'auraient pas peur des ennemis, leur confiance serait en Dieu ! Mais peut-être avaient-ils trop confiance en eux, en leurs capacités, en leurs stratégies, en leurs bonnes idées... Or on ne sert pas Dieu avec nos propres idées, on n'accomplit pas les plans de Dieu avec nos propres forces, on ne fait pas avancer le Royaume de Dieu avec nos plans humains.

Ne sommes-nous pas comme Pierre parfois ? Quoi Seigneur, toi tu me laverais les pieds ?... Quoi Seigneur, si tous t'abandonnaient, moi jamais !... Quoi Seigneur, ils veulent te prendre au jardin de Gethsémané, moi je te défendrai avec l'épée !... Des bonnes motivations, en apparence, mais c'est la chair qui réagit.

Et à chaque tour de Jéricho, les plans humains cèdent. « Je pense que nous attaquerons par le côté Est ». Finalement on rentre au camp. « Ah c'est aujourd'hui qu'on attaquera, j'en suis sûr ». Finalement on rentre au camp. « Ces marches nous fatiguent, il faut vraiment attaquer aujourd'hui ».

Finalement, retour au camp. Le jour de l'attaque, la confiance des hommes d'Israël ne peut être qu'en Dieu. Ils savent que la victoire ne sera pas due à leur supériorité physique, et encore moins à leur supériorité stratégique. Il est absolument impossible de tirer gloire de cette victoire. C'est la victoire du Seigneur.

Parfois Dieu nous donne une vision, et nous avons de bonnes motivations, une bonne attitude, mais il arrive souvent que nous essayions de l'accomplir par nos forces, nos idées, nos stratégies. Le danger serait d'en tirer gloire, que nous soyons pris d'orgueil, même de façon très infime. Ne volons surtout pas la gloire à Dieu. Nos réussites, TOUTES nos réussites, sont une grâce de notre Père. Il faut parfois un temps de préparation, où nous passons au creuset, où la chair souffre, où nos ambitions propres meurent. Pour enfin laisser toute la place à Dieu.

Oui il veut que nous réussissions, oui il nous donne l'intelligence pour y arriver. Mais nous devons nous confier en Sa force, en Ses plans à lui, en Sa sagesse et Sa souveraineté. Cela ne veut pas dire que nous recevrons ses directions de façon spectaculaire, en rêves et en visions, et que nous n'avons rien à faire, non. Mais il s'agit de notre attitude de cœur. Ayons une vraie humilité devant Dieu et non une façade hypocrite devant les hommes.

23 JUILLET

Jérémy Sourdril

Toutes ces choses que l'on essaie d'obtenir par nous-mêmes

Après la chute de l'homme, Dieu lui a dit : « C'est à la sueur de ton visage que tu mangeras du pain ». Cette parole est restée profondément ancrée en l'homme, installée jusque dans son ADN. L'homme a en lui cette notion de devoir travailler pour obtenir ce dont il a besoin.

Un père de famille qui se respecte apprendra d'ailleurs à ses enfants le principe de travailler de leurs mains pour faire subsister à leur tour leur propre famille et pour vivre eux-mêmes. On dira encore : « Tout travail mérite salaire ».

Ce principe de vie gouverne le monde. Les hommes travaillent de plus en plus dur chaque jour pour gagner plus d'argent et pour profiter de la vie au maximum. Beaucoup travaillent plus pour profiter de la vie mais finalement ils ne réussissent pas à trouver la joie qu'ils pensaient trouver en travaillant, et parfois le divorce et les réalités d'une vie adonnée au travail viennent les rattraper. Les gens sont dans un système de productivité chevronné : « Si tu veux réussir tu dois transpirer, tu dois te donner, tu dois travailler toujours plus car c'est cela la vie ! ». Pourtant ce n'est pas forcément la façon de faire de Dieu.

Bien sûr, Dieu n'est pas contre le travail. L'Ecclésiaste dira au sujet du travail :

> *Ecclésiaste 9 : 10*
> *Tout ce que ta main trouve à faire avec ta force, fais-le; car il n'y a ni œuvre, ni pensée, ni science, ni sagesse, dans le séjour des morts, où tu vas.*

Il faut noter que c'est justement l'Ecclésiaste qui a déclaré cette chose. Il n'avait pas la révélation de l'éternité, et cette parole ressemble à :

> *1 Corinthiens 15 : 32*
> *Si c'est dans des vues humaines que j'ai combattu contre les bêtes à Ephèse, quel avantage m'en revient-il ? Si les morts ne ressuscitent pas, Mangeons et buvons, car demain nous mourrons.*

Paul était en train de dire que si l'Ecclésiaste avait raison, et si dans l'éternité il n'y a rien, il fallait effectivement jouir de la vie sur terre au maximum et faire tout ce que notre main trouvait à faire : péché ou pas. C'est ce que font les incroyants, ils veulent jouir de leur vie, mais alors ils travaillent à fond chaque jour de leur vie pour avoir la plus grosse maison, la plus grosse voiture car ils veulent profiter du peu de temps qu'ils ont sur cette terre ! Beaucoup mettent 40 ans à payer leur maison, dont ils ne profiteront pas pour certains. Ils construisent une maison, et un autre l'habite !

Recevoir sans avoir travaillé : une des façons que Dieu utilise pour nous bénir

Cette façon de penser de toujours travailler plus pour gagner plus de bénédictions de Dieu s'est profondément infiltrée dans l'Église (je ne parle pas du travail pour un salaire). Les chrétiens, inconsciemment ou non pensent qu'à force de jeûne et de prières Dieu leur répondra. Ils pensent qu'à force de lire la Bible ils connaîtront mieux Dieu. Ils pensent qu'en allant plus à l'église ils seront plus proches de Dieu, ils pensent qu'en donnant plus d'argent ils seront plus bénis par Dieu. Ils font de Dieu un troqueur, un vendeur de ses grâces ! Pourtant, nous avons un héritage ! Au lieu de chercher à droite et à gauche des petites pièces de bénédiction, ouvrons grands les bras pour recevoir un trésor en héritage !

Certainement vous commencez à vous poser certaines questions... Savez-vous que les pharisiens étaient absolument convaincus d'être dans la vérité ? Cela faisait pour certains des dizaines d'années qu'ils pratiquaient des choses religieuses qu'ils pensaient être bonnes !

- Les pharisiens jeûnaient et priaient, comme nous.
- Les pharisiens donnaient la dîme et des offrandes, comme nous.
- Les pharisiens lisaient la Parole de Dieu, comme nous.
- Les pharisiens allaient au temple, comme nous.

Et pourtant avec toutes ces choses ils n'ont pas réussi à obtenir ce qu'ils désiraient. Réalisez un peu la terrible réalité de leur vie ! Ils pensaient trouver Dieu en faisant toutes ces choses et ils n'ont pas réussi à le trouver, car ils pensaient qu'à force de FAIRE des choses ils seraient récompensés.

Jean 5 : 39
Vous sondez les Écritures, parce que vous pensez avoir en elles la vie éternelle : ce sont elles qui rendent témoignage de moi.

Les pharisiens lisaient, encore et encore, ils méditaient et connaissaient par cœur plus de versets que la plupart de nous et n'ont pas réussi à trouver Jésus ! Ils le cherchaient par leur force !

Aujourd'hui quand un chrétien veut recevoir une bénédiction (pensez à votre propre vie), il se dit : « Je vais écouter plein d'enseignements là-dessus et quand je serai assez fort dans la foi alors je prierai et Dieu répondra », ou encore : « Quand j'aurai jeûné assez longtemps ou quand j'aurai prié suffisamment, Dieu viendra me visiter (en quelque sorte il sera obligé de le faire - mais ça il ne le dit pas) ». Mais ils ne réalisent pas qu'ils font les choses dans un système de pensées : travailler plus = recevoir plus.

Mais Dieu n'est pas un Dieu qui se laisse trouver ou qui donne ses bénédictions parce qu'on accomplit des œuvres ! C'est en fait un esprit religieux qui est ancré véritablement dans l'Église, qui laisse croire que Dieu répondra à ce que nous avons fait !

Dieu donne par amour, de cœur à cœur, pas parce que tu as jeûné 40 jours, pas parce que tu connaîtras assez de versets bibliques ! Il nous a donné le salut gratuitement, et tout l'héritage : salut, guérison, baptême du Saint-Esprit, fruits de l'Esprit, dons de l'Esprit, prospérité... tout cela nous est donné par grâce !

Là où nous devons travailler, c'est dans l'œuvre de Dieu. Nous devons travailler à fond dans la vision que Dieu nous a donnée, mais en ce qui concerne les bontés du Seigneur, elles ne sont pas à vendre, elles sont gratuites. Nous n'avons pas à être productifs pour recevoir la guérison ou le salut, mais nous avons à être productifs pour recevoir les récompenses éternelles pour lesquelles nous devons travailler. Dieu a travaillé pendant six jours pour que nous puissions bénéficier de cadeaux gratuits, mais il s'est reposé un jour. Nous devons travailler pour l'œuvre de Dieu, mais là encore, sans jamais oublier que Dieu ne répond pas en fonction de nos œuvres, mais en fonction de notre cœur derrière ce que l'on fait.

Tu n'as pas besoin de faire des choses pour recevoir ce dont tu as besoin. Dieu est celui qui donne gratuitement. Ta prière ne forcera pas Dieu à agir. Dieu veut agir avant tout parce que tu le désires avec ton cœur, avant tout parce qu'il t'aime !

24 JUILLET

Olivier Derain

Une prière qui ne sera jamais exaucée !

Hébreux 11 : 6 : « Or sans la foi il est impossible de lui être agréable; car il faut que celui qui s'approche de Dieu croie que Dieu existe, et qu'il est le rémunérateur de ceux qui le cherchent ».

> *Romains 10 : 17*
> *Ainsi la foi vient de ce qu'on entend, et ce qu'on entend vient de la parole de Christ.*

Beaucoup de chrétiens pensent que certains ont une grâce spéciale pour prier et être exaucés. D'autres pensent que croire est quelque chose qui est réservé spécialement pour certaines personnes qu'elles admirent. D'autres encore prient pour que Dieu leur donne la foi ou même jeûnent, pensant que Dieu va leur transmettre la foi dont ils ont besoin. Ils pensent ni plus ni moins qu'avoir la foi est la responsabilité de Dieu et qu'ils n'ont rien à faire, c'est Dieu qui doit leur donner de croire.

Si vous faites ce genre de prière, je tiens à vous le dire ce sont des prières inutiles et vous perdez votre temps ! En effet, le verset de Romains est clair, il nous dit bien que la foi vient de la Parole de Dieu, elle ne vient pas en priant ou en jeûnant ou par tout autre moyen. Donc prier : « Seigneur donne-moi la foi » n'est pas une prière scripturaire. Je vous ferais remarquer que quand les disciples sont venus vers Jésus pour Lui demander d'augmenter leur foi, Jésus ne l'a pas fait, mais leur a dit que s'ils avaient la foi comme un grain de sénevé alors ils pourraient voir bien des choses se produire.

Il y a un temps où nous sommes portés par la foi des autres, souvent par celle de notre pasteur qui prie pour nous ou des frères et sœurs qui nous ont amenés à Christ, mais il y a un temps où leur foi ne pourra plus nous porter. C'est à nous d'avoir la foi dont nous avons besoin.

N'avez-vous jamais fait cette expérience de demander à quelqu'un qu'il prie pour vous et vous avez vu des résultats étonnants de la part du Seigneur, tout cela au début de votre conversion ? Puis quelques années plus tard vous retombez dans le même problème et après avoir demandé encore une fois la prière, vous n'avez aucune réponse ! Pourquoi ? La réponse est simple : au début vous dépendiez de la foi des autres, car vous étiez bébé spirituel et vous ne pouviez pas croire pour vous-même. Mais au bout d'un certain temps, c'est à vous de vous porter vous-même, d'avoir votre propre foi pour ce que vous voulez recevoir du Seigneur. C'est un peu comme nos enfants, tant qu'ils sont petits nous les portons dans nos bras, nous les nourrissons à la petite cuillère, mais au bout d'un certain temps, c'est à eux de marcher et de se nourrir tout seul. Si nous continuons à les materner cela signifie alors qu'ils sont terriblement malades ou handicapés ! C'est à nous de prendre nos responsabilités et de savoir générer cette foi dont nous avons besoin, pour plaire à Dieu quand nous entrons dans Sa merveilleuse présence et Lui demander nos besoins.

Apprenons à passer du temps dans la Parole, c'est elle qui nous donne la foi dont nous avons besoin. Devenons des chrétiens qui grandissent dans la foi et prenons nos responsabilités, pas après pas.

Confession :

« Je prends conscience que la foi est un ingrédient indispensable pour que je puisse m'approcher de Dieu et être agréé par Lui. Je renonce à prier cette prière : « Seigneur donne-moi la foi », ou encore de jeûner pour avoir la foi, mais je comprends que c'est ma responsabilité de méditer la Parole de Dieu et que cette foi soit générée dans mon cœur (mon esprit qui est né de nouveau) ».

Prions ensemble :

« Père je te remercie pour cette parole d'aujourd'hui et je comprends que Tu veux que je possède cette foi qui arrache les montagnes de mes problèmes. Je Te demande de m'aider à grandir dans la foi, à me montrer comment ça marche, comment je peux mieux recevoir cette foi dont j'ai besoin et savoir la mettre en pratique. Au Nom puissant de Jésus. Amen ! ».

25 JUILLET

Raoul Wafo

La vie de chacun dépend de la source qui l'a créé

Jean 15 : 15 : « Je ne vous appelle plus serviteurs, parce que le serviteur ne sait pas ce que fait son maître; mais je vous ai appelés amis, parce que je vous ai fait connaître tout ce que j'ai appris de mon Père ».

Lorsque nous observons la nature, nous nous rendons compte de l'importance de la source pour l'être vivant, quel qu'il soit. Le poisson vit dans l'eau et pour le créer poisson, Dieu a utilisé l'eau comme source. C'est pourquoi il dépend entièrement de cette source. Il y trouve sa nourriture, son épanouissement et sa raison d'être. C'est le seul endroit où vous êtes sûr de le trouver.

De même la vie de la plante répond à ce même principe. Ôtez une plante du sol qui a servi à sa création et elle meure. Tout son potentiel se trouve dans ce sol. C'est pourquoi lorsqu'on déplace un poisson, une plante, ou un quelconque être vivant connecté à une source, on est obligé de recueillir un échantillon de cette source pour recréer un habitat où ces êtres pourront s'épanouir. Sans la source, l'être meurt, il n'y a aucun doute.

Pourquoi est-il important de comprendre ce principe ?

Parce que c'est un principe divin qui t'aidera à réaliser qu'il t'est IMPOSSIBLE de vivre et de t'épanouir dans cette vie sans Dieu. Car quand Dieu te créa, il n'a utilisé ni or, ni diamant comme matière; mais il a parlé à lui-même disant : « faisons l'homme à notre image... ». C'est pourquoi, tu ne peux vivre sans Dieu.

De ce principe, découle cette vérité fondamentale :

C'est Dieu qui te révèle ton potentiel et qui t'épanouit. Sans lui, tu ne peux rien faire, et cette vérité a été déclarée par notre Seigneur Jésus-Christ dans le livre de Jean. La connaissance que tu as de ton potentiel, de ta vie, et de ta raison de vivre, tu l'as vraiment en t'approchant de lui. Personne d'autre que lui n'est capable de te révéler l'essence même de ta vie. C'est pourquoi il dit dans :

> *Jean 15 : 16*
> *Ce n'est pas vous qui m'avez choisi; mais moi, je vous ai choisis, et je vous ai établis, afin que vous alliez, et que vous portiez du fruit, et que votre fruit demeure, afin que ce que vous demanderez au Père en mon nom, il vous le donne.*

Si tu ne restes pas connecté à Dieu, et à sa présence, ta vie sera sèche comme le sarment. Tu auras l'impression de vivre, mais cette vie sera stérile, sans vie, sans productivité, et sans aucun fruit.

26 JUILLET

Jérémy Sourdril

Ne prie pas pour les autres !

La prière en groupe peut nous amener à faire quelques erreurs. Un jour ou l'autre, nous avons tous fait l'erreur de prier pour les autres. J'entends par là que nous avons prié dans le but que les autres nous entendent ou nous avons même peut-être parlé aux autres en priant, ou encore nous avons voulu enseigner les autres par notre prière.

On retrouve régulièrement ce genre de « prières » dans les églises traditionnelles, religieuses, mais pas seulement. Comme je l'ai rappelé dans la pensée : « L'église est-elle pour toi une maison de prière ? », Dieu nous appelle à prier, afin que les autres soient édifiés et qu'ils puissent dire amen à notre prière.

> *1 Corinthiens 14 : 15-17*
> *Que faire donc ? Je prierai par l'esprit, mais je prierai aussi avec l'intelligence; je chanterai par l'esprit, mais je chanterai aussi avec l'intelligence. Autrement, si tu rends grâces par l'esprit, comment celui qui est dans les rangs de l'homme du peuple répondra-t-il amen à ton action de grâces, puisqu'il ne sait pas ce que tu dis ? Tu rends, il est vrai, d'excellentes actions de grâces, mais l'autre n'est pas édifié.*

Certaines personnes, en lisant ce passage, ont cru que Dieu nous demandait d'encourager les autres par notre prière, mais ce n'est pas tout à fait ça. À cause de cette interprétation poussée à l'extrême, des réunions de prières se sont transformées en réunions de prières « exhortantes » ou encore de prières « enseignantes ».

Ce qu'il faut comprendre ici, c'est que lorsque nous prions, nous parlons directement à Dieu. Notre but, notre motivation, notre désir est premièrement de toucher le cœur de Dieu, de s'approcher du trône de la grâce, mais pas d'encourager nos frères et sœurs. L'encouragement et l'édification de nos frères et sœurs est une conséquence de notre prière, pas le but visé de notre prière.

Paul nous exhorte à prier dans notre langue car lorsque tu pries avec passion, lorsque tu déverses ton amour pour Dieu et pour les âmes dans la prière, lorsque tu intercèdes avec larmes pour les perdus, c'est toute l'église rassemblée qui est édifiée, et alors les gens peuvent ajouter leur foi à la tienne, et dire alors : « Amen ! ».

Ne prie jamais pour que les autres entendent ta belle prière. Cela blesse le cœur de Dieu et éloigne Sa présence. Certaines personnes qui pratiquent cela ne parlent même plus à Dieu mais sont simplement en train de montrer aux autres comment ils prient bien, eux... Dieu devient alors le deuxième interlocuteur, alors qu'il était censé être le premier.

Dieu n'habite pas au milieu de l'encouragement à la louange, mais au cœur de la louange

C'est aussi le problème que rencontrent beaucoup de groupes de louanges. À force de vouloir conduire les autres dans la louange et l'adoration, ils n'y entrent presque jamais eux-mêmes ! Ils en viennent à chanter, au lieu d'adorer. Beaucoup se trompent concernant l'onction, la présence de Dieu. Or beaucoup de chantres ne sont pas en train de louer, ils chantent juste des chants et essaient par tous les moyens de stimuler les autres, parfois dans la chair il faut le dire.

Si vous voulez que la présence de Dieu descende, oubliez un moment les gens, oubliez un moment le peuple, et comme David, adorez Dieu de tout votre cœur, de toute votre force, de toutes vos pensées ! Oubliez un peu d'encourager les autres, et parlez à Dieu directement, et en l'adorant de tout votre cœur, sa présence descendra et amènera le peuple à l'adorer. Heidi Baker est une femme chez qui j'ai vu ce principe. Elle adore Jésus comme une enfant, et l'onction descend alors. Elle n'est pas là en train de supplier les gens à adorer Dieu, mais elle adore et la présence de Dieu descend; alors ceux qui ont le cœur ouvert se libèrent et adorent à leur tour.

> *1 Corinthiens 14 : 26*
> *Que faire donc, frères ? Lorsque vous vous assemblez, les uns ou les autres parmi vous ont-ils un cantique, une instruction, une révélation, une langue, une interprétation, que tout se fasse pour l'édification.*

Avez-vous remarqué qu'il n'est pas parlé ici de la prière ? En fait, le fait de rechercher Dieu dans la prière doit nous amener plus loin. Alors que l'on s'approche de Dieu, Dieu peut nous utiliser dans les dons spirituels, Dieu peut nous donner des révélations et des instructions pour les autres.

N'utilisez pas la prière pour enseigner les gens, mais si Dieu vous donne une instruction ou une révélation pour les autres, levez-vous, et avec l'accord de votre leader, apporter aux gens l'instruction que Dieu vous donne. Si Dieu vous donne une langue ou une interprétation, restez dans une atmosphère de prière et apportez le don spirituel comme Dieu qui parle au travers de vous. Si Dieu vous donne un cantique d'adoration, chantez à Dieu de tout votre cœur. S'il s'agit d'un cantique d'encouragement, d'une parole de foi, déclarez-la !

Dieu pourra aussi vous pousser à déclarer qui vous êtes en Christ, à confesser la Parole de Dieu, alors, confessez avec hardiesse et avec foi ce que Dieu vous met à cœur.

En gros, si Dieu vous amène à parler aux autres faites-le, si Dieu vous appelle à vous exhorter vous-même, faites-le, mais n'utilisez pas la prière pour enseigner les autres. Si Dieu vous appelle à enseigner les autres, ne le faites pas au travers de la prière, en utilisant Dieu comme un pantin.

J'ai souvent entendu des gens qui commencent à prier en disant : « Seigneur, tu sais ce qui s'est passé hier matin, etc., puis voilà ce que tu m'as montré Seigneur tout à l'heure dans une vision, etc. ». En fait ils ne parlent pas à Dieu mais ils veulent simplement que les autres connaissent leur misère ou leurs grandes « révélations ». Il ne faut pas qu'il en soit ainsi, mais si vous parlez à Dieu parlez à Dieu.

Malheureusement, beaucoup de gens se mettent en position de prière, ferment les yeux, puis utilisent la prière comme un moyen de parler ou d'enseigner les autres. Parfois aussi nous pouvons entendre une prière et nous pensons : « Mais ce n'est pas du tout biblique ce que cette personne a prié ! », et nous avons envie de prier le contraire juste pour enseigner la personne. Cela m'arrivait souvent au début de ma vie chrétienne, j'entendais des choses et j'avais envie de rétablir la vérité mais cela vous amènera à enseigner les gens dans la prière, vous ne serez même plus en train de parler à Dieu mais vous utiliserez Dieu comme un moyen d'enseigner les autres ! Et Dieu n'approuvera pas votre action.

Ne priez donc pas pour les autres, mais priez à Dieu pour les autres !

27 JUILLET

Dorothée Rajiah

Vous êtes le jardinier de vos pensées !

Luc 8 : 5 : « Un semeur sortit pour semer sa semence. Comme il semait, une partie de la semence tomba le long du chemin : elle fut foulée aux pieds, et les oiseaux du ciel la mangèrent ».

La Bible dit que le semeur sort pour semer

- Le semeur, c'est premièrement Jésus et le Saint-Esprit.
- Dieu a envoyé Jésus dans ce monde pour apporter la Parole du Père dans nos vies.
- Le semeur, c'est aussi votre pasteur qui enseigne la Parole semaine après semaine.
- Chaque croyant a besoin que la Parole soit semée dans son cœur semaine après semaine et pour cela, chaque croyant a besoin d'une bonne église pour recevoir la bonne semence !

Le semeur vient semer des semences !

- Dieu ne vient pas semer des ordures, des ragots, des mauvaises nouvelles, des peurs et de doutes. C'est satan et ses agents qui s'en chargent, mais pas Dieu !
- Dieu vient semer Sa Parole. La Parole de Dieu est une semence.
- La semence est merveilleuse, elle vient tout droit du Royaume de Dieu.
- Elle est puissante, énergisante, vivifiante, pleine de vérité...
- Elle a le pouvoir de vous donner la vie éternelle, la foi, la victoire, la percée dans vos situations.

Nos pensées sont comme un jardin et nous sommes tous jardiniers !

- Que nous le voulions ou pas, nous sommes tous cultivateurs.
- Nous cultivons sans cesse des pensées.
- Or, c'est nous qui choisissons quelles pensées nous plantons dans le jardin de notre cœur et aussi quelles pensées nous allons arroser et faire grandir.

La question est : « Quel genre de pensée cultivez-vous ? Cultivez-vous les pensées de Dieu qui sont des pensées de paix, d'amour, de joie, de victoire, de foi, de solution, de respect... ou cultivez-vous les pensées de l'ennemi qui sont des mauvaises herbes ? ». Il est temps de vérifier ce qui se trouve dans votre jardin, car si vous voulez réussir et voir l'exaucement de vos prières, il va falloir commencer le grand nettoyage de printemps. Vous savez pourquoi ? Parce que TOUT ce qui est planté produit et produira une récolte.

> *Galates 6 : 7*
> *Ne vous y trompez pas : on ne se moque pas de Dieu. Ce qu'un homme aura semé, il le moissonnera aussi.*

En d'autres termes, ce que récolte un homme au cours de sa vie dépend entièrement de ce qu'il a semé. C'est la raison pour laquelle il est important de faire l'inventaire de vos pensées pour vous débarrasser de tout ce qui va bloquer votre croissance :

- Pensées d'échec
- Mauvaise opinion de soi / Mauvaise opinion des autres
- Peurs, haine, rancune, jugement, critique, vengeance...

Toutes ces choses sont des mauvaises herbes dans votre jardin qui vont étouffer votre vie spirituelle et la bonne semence que le semeur sème semaine après semaine. Dieu nous a donné une solution efficace et radicale. C'est le meilleur désherbant au monde !

> *2 Corinthiens 10 : 5*
> *Nous renversons les raisonnements et toute hauteur qui s'élève contre la connaissance de Dieu, et nous amenons toute pensée captive à l'obéissance de Christ.*

Amener nos pensées captives à l'obéissance de Christ :

- Ce n'est pas automatique / C'est une discipline.
- Cela exige de se remplir continuellement de la Parole et du Saint-Esprit.

Certes, ce n'est pas une chose qui nous est naturelle, mais c'est une discipline qui paiera dans le temps et produira les MEILLEURS RÉSULTATS dans votre vie !

28 JUILLET

Mamadou Karambiri

Apprenez à discerner la voix de Dieu

Job 33 : 14 : » Dieu parle tantôt d'une manière tantôt d'une autre... ».

La parole était avec Dieu et la parole était Dieu. Dieu et sa parole sont un, indivisibles.

Dieu s'adresse à vous par la parole parlée, la parole écrite, la voix intérieure du Saint-Esprit, les songes et les visions, certaines circonstances et événements de votre vie... Chaque jour, Dieu vous parle. Mais êtes-vous à l'écoute de Dieu ? Avez-vous appris à discerner sa voix ?

La Bible symbolise la voix écrite de Dieu ! Dès que vous ouvrez votre Bible, vous vous retrouvez face à face avec la voix écrite de Dieu. Lorsque vous allumez votre radio, vous entendez la voix de l'animateur ou du journaliste. De même, lorsque vous ouvrez votre Bible vous devriez normalement entendre Dieu vous parler. Si vous n'entendez pas sa voix, c'est que vous cherchez une autre voix. Dieu parle... mais vous n'y prenez pas garde.

La Bible est un miroir : chaque jour, votre miroir vous « parle » dès que vous le regardez. Il vous dit ce qui ne va pas sur votre visage, au niveau de vos cheveux, etc. Vous entendez la voix du miroir vous parler et vous y prêtez attention. Vous nettoyez votre visage, vous mettez de l'ordre dans vos cheveux. De même, la Bible vous renvoie le reflet de votre cœur. Dieu vous parle... écoutez-le... obéissez à sa voix... et alors vous serez heureux dans toutes vos activités.

Une prière pour aujourd'hui

« Seigneur, apprends-moi à discerner ta voix à travers les Saintes Écritures. Désormais, je vais prendre garde à ce que j'entends au moyen de la parole parlée et de la voix intérieure du Saint-Esprit ».

29 JUILLET

Jérémy Sourdril

La fin du monde est pour bientôt

Marc 13 : 8 : « Une nation s'élèvera contre une nation, et un royaume contre un royaume; il y aura des tremblements de terre en divers lieux, il y aura des famines. Ce ne sera que le commencement des douleurs ».

Une terrible crainte va envahir les hommes

Le terrible séisme qui a frappé le Japon le 11 mars dernier va encore arriver, encore et encore, ici et là, jusqu'à ce qu'une terrible crainte envahisse le cœur de tout homme qui a rejeté Jésus-Christ. On pourrait penser que les catastrophes dont Jésus a parlé dans Matthieu 24 et Marc 13 se sont déjà passées, mais elles vont ressurgir encore, avec plus de puissance que jamais, et ceci a été annoncé par Jésus (ces prophéties s'appliquent à la fin de la tribulation que nous ne connaîtrons pas, nous, enfants de Dieu). Des nations vont se lever contre des nations et des groupements de nations s'élèveront contre des groupements de nations. Il y aura de plus en plus de terribles famines et de catastrophes naturelles. Il y aura de plus en plus de gourous, de sorciers, de séducteurs et de sectes diaboliques qui entraîneront beaucoup de gens. Ceux qui mettent leur foi en Jésus-Christ seront de plus en plus haïs alors que le temps approche.

Une détresse va venir sur le monde comme le monde n'a jamais connue. Jésus nous a mis en garde contre l'esprit de séduction qui viendra sur le monde. Jésus nous a demandé de ne pas être troublés, de rejeter la confusion, le trouble et l'inquiétude. Jésus nous a demandé de persévérer.

Je le répète, des signes vont apparaître dans le monde entier, des catastrophes de plus en plus rapprochées, et de plus en plus fortes, et l'on dira ici et là : « Nous n'avions jamais connu cela », « Notre pays n'avait jamais vu cela auparavant », et encore : « Nous n'attendions pas un seul instant à ce qui vient d'arriver, nous n'y étions pas préparés, nous n'étions pas prêts », « Personne ne peut rien faire pour nous, personne ne pourra réparer ce qui vient d'arriver ».

Une crainte terrible va s'abattre sur le monde, mais alors que cette crainte va s'abattre sur le monde, alors que des hommes et des femmes, partout dans le monde, se réveilleront en sueur et crieront en pleine nuit l'âme angoissée par des cauchemars, alors que les hôpitaux accueilleront de plus en plus de gens frappés par la folie, la Gloire du Seigneur se manifestera pour ses élus en tout lieu. Des ambiances cauchemardesques et des oppressions apocalyptiques viendront sur des villes entières comme une tempête rapide, et laisseront derrière elles des milliers de gens en proie au tourment. Beaucoup de gens se tourneront vers des sectes, vers des religions orientales et mystiques, mais une foule se ruera vers les vraies églises et vers le Seigneur, cherchant avec désespoir un secours.

Siloé, un exemple pour nous aujourd'hui

> *Luc 13 : 4-5*
> *Ou bien, ces dix-huit personnes sur qui est tombée la tour de Siloé et qu'elle a tuées, croyez-vous qu'elles fussent plus coupables que tous les autres habitants de Jérusalem ? Non, je vous le dis. Mais si vous ne vous repentez, vous périrez tous également.*

NOUS DEVONS ANNONCER L'ÉVANGILE. Nous devons dire aux hommes ce qui est sur le point d'arriver et ce qui arrive. Nous devons sauver le monde, car c'est la volonté de Dieu. Cette tour de Siloé a tué des hommes, alors qu'au réservoir de Siloé, un aveugle a été guéri (Jean 9 : 11). Siloé veut dire envoyé. Les catastrophes ont été envoyées, ou plus précisément prophétisées, mais au cœur de ces catastrophes il y aura le miracle pour celui qui se confie en Dieu, il sera sauvé des eaux, il sera sauvé de l'enfer. La tour de Siloé symbolise la tour de Babel, la tour des hommes et des femmes qui érigent leur propre pouvoir, entraînés par l'orgueil et la haine de la vérité qui est Christ. Alors que le réservoir de Siloé symbolise Jésus-Christ, on vient y puiser pour avoir la vie. Les hommes impies s'érigent des tours, les hommes pieux puisent au réservoir. Jésus n'a-t-il pas dit :

> *Jean 7 : 38*
> *Celui qui croit en moi, des fleuves d'eau vive couleront de son sein, comme dit l'Écriture.*

> *Ésaïe 12 : 3*
> *Vous puiserez de l'eau avec joie Aux sources du salut,*

Nous les croyants ne connaîtront pas la tribulation, nous serons enlevés avant que la terre soit frappée, et il y aura une rétribution du méchant. Une grande proportion de ceux qui se donneront à Christ pendant la tribulation le fera au prix de leur vie. Mais avant la tribulation interviendra toutes sortes de terribles catastrophes. Les télévisions du monde entier nous montreront une catastrophe à l'Est et au même instant une catastrophe de même ampleur touchera l'Ouest.

Matthieu 24 : 13-14
Mais celui qui persévérera jusqu'à la fin sera sauvé. Cette bonne nouvelle du royaume sera prêchée dans le monde entier, pour servir de témoignage à toutes les nations. Alors viendra la fin.

Matthieu 24 : 44
C'est pourquoi, vous aussi, tenez-vous prêts, car le Fils de l'homme viendra à l'heure où vous n'y penserez pas.

Beaucoup de croyants se délectent des plaisirs de la vie, en oubliant les instructions de Jésus. Veillons. Ne nous laissons pas voler notre héritage et nos récompenses futures. Dieu nous établit tous pour donner la nourriture aux gens de notre maison, aux gens de notre famille, aux gens de notre société, aux gens de notre quartier. Sachons veiller, sachons écouter notre témoignage intérieur car l'alarme peut sonner à tout moment, sachons chercher Dieu, rejeter le péché et tout fardeau diabolique qui voudrait s'emparer de nous, et courons avec persévérance l'épreuve qui nous est proposée.

Pensons à ce qui est en haut et non à ce qui est sur la terre, car la terre passera, car le Royaume de Dieu n'est pas le manger et le boire mais la justice, la paix et la joie par le Saint-Esprit.

Dans ces derniers temps, de plus en plus d'hommes et des femmes vivront une intimité profonde avec Dieu et seront délivrés du chaos, ils ne feront pas de leurs circonstances une fosse qui les éloignera de Dieu mais un moyen de s'approcher encore plus de Dieu, alors que de plus en plus de croyants perdront leur premier amour, se fatigueront, et périront avec les autres.

La vie est plus que la nourriture, et le corps plus que le vêtement. Pour toi qui es enfant de Dieu, Jésus te dit et te répétera encore et encore cette bonne nouvelle :

Luc 12 : 32
Ne crains point, petit troupeau; car votre Père a trouvé bon de vous donner le royaume.

Mais pour celui qui rejettera Jésus il ne goûtera pas la joie, ni la protection divine, ni le salut :

Hébreux 10 : 27
Mais une attente terrible du jugement et l'ardeur d'un feu qui dévorera les rebelles.

Jésus sera jusqu'à la fin disponible pour sauver celui qui vient à Lui, et si vous avez confessé et cru de votre cœur que Jésus-Christ est votre Seigneur, votre Sauveur, qu'il est vraiment ressuscité des morts et qu'il est le Fils de Dieu, il vous préparera une place et vous gardera dans ses bras d'amour. Sa miséricorde est grande pour celui qui vient à Lui.

30 JUILLET

Joël Spinks

Quoi faire quand on ne sait pas quoi faire ?

Proverbes 16 : 1-3 : « Les projets que forme le cœur dépendent de l'homme, Mais la réponse que donne la bouche vient de l'Éternel. Toutes les voies de l'homme sont pures à ses yeux; Mais celui qui pèse les esprits, c'est l'Éternel. Recommande à l'Éternel tes œuvres, Et tes projets réussiront ».

Aujourd'hui, j'ai reçu un appel d'un couple vivant une crise personnelle. La question me fut posée : « Pasteur, que devons-nous faire lorsque l'on ne sait pas quoi faire ? »

J'écoutais avec empathie l'histoire de cette situation précaire, tout en recherchant le véritable conseil de l'Éternel. Malgré les questionnements et la confusion qui régnaient dans la situation, je savais que le Seigneur n'éprouvait aucune anxiété ! Il attira mon attention sur le besoin fondamental, celui de Lui remettre la situation en prière. Vous savez, il y a dans le cœur de l'homme beaucoup de projets, mais c'est le dessein de l'Éternel qui s'accomplit (Proverbes 19 : 21).

Lorsqu'une personne se retrouve devant une situation ambigüe, ne sachant pas trop quoi faire, le meilleur Conseiller se rend toujours disponible afin d'offrir Ses justes conseils.

Désirant retrouver un brin de lumière à travers toute cette noirceur, j'ai demandé : « Quelle est la SEULE chose dans votre vie dont vous êtes réellement certain ? » Le couple m'informa que seul leur amour pour le Seigneur était une « chose certaine ». Voilà le fondement par excellence ! De plus, ils ont partagé qu'ils étaient attachés à leur église locale, sachant que le Seigneur les avaient appelés à cette maison de prière. Ceci dit, le couple SAVAIT que la seule bonne décision ne pouvait se prendre à moins d'honorer l'importance de cette certitude, celle de l'appel à leur église locale.

Souvent, les gens se laissent guider par l'argent au lieu de l'Esprit de Dieu. Par exemple, j'entends parfois des gens expliquer comment ils ont dû déménager de ville, loin de leur église locale, afin de bénéficier d'une augmentation salariale. Certes, c'est parfait de le faire SI c'est la volonté du Seigneur, cependant, SI ce ne l'est pas, l'échec est certain ! Pouvez-vous imaginer échanger votre famille chrétienne pour de l'argent ? Réalisez-vous que le Grand Berger appelle des sous-bergers (des pasteurs) dans Son Église afin d'assurer que Ses bien-aimés jouissent de Sa bénédiction.

Comment pouvons-nous ne pas se préoccuper de notre appel personnel dans l'église locale, une portion majeure de notre vie ? Comment pouvons-nous savoir quoi faire devant l'incertitude sans consulter Dieu et Ses plans pour notre vie ? Bref, Dieu ne nous appelle pas à courir après l'argent ou d'être guidé par la raison humaine ! Il nous appelle à rechercher Sa présence et Sa sagesse afin de recevoir Sa parfaite direction. Si nous mettons Dieu au premier rang dans notre vie, il nous conduira dans la bénédiction et il prendra soin de tous nos besoins (Matthieu 6 : 33).

Aujourd'hui, si vous vous retrouvez devant une situation difficile, ne sachant pas trop quoi faire, consultez le Seigneur de vos âmes. Demandez-Lui ce qu'Il en pense. Soyez à l'écoute de la présence ou de l'absence de la paix. (Ésaïe 55 : 12) Ensuite, discutez avec votre berger et demandez au Seigneur de confirmer Sa direction dans votre vie. Les enfants de Dieu sont conduits par l'Esprit de Dieu (Romains 8 : 14), mais personne n'est auto-suffisant (Éphésiens 4 : 11-16). Nous avons besoin des ouvriers du Seigneur, et du Corps de Christ en général, afin d'expérimenter la joie et la bénédiction.

31 JUILLET

Jérémy Sourdril

As-tu plus de foi qu'un démon ?

Le désir de Dieu a toujours été depuis la chute de satan que l'on voit la différence entre celui qui sert Dieu et celui qui ne le sert pas. Lorsque Dieu a planté Adam dans le jardin, il s'attendait à voir une différence flagrante entre Adam et le diable.

Le Seigneur aimait tellement Adam, il lui parlait comme un ami et il allait à sa rencontre pour passer du temps avec lui, juste parce qu'il l'aimait profondément. Le Seigneur aimait tellement Adam, ses vagues d'amour le remplissait dès qu'Adam le désirait. Pourtant, il y eut dans le jardin une minute sans aucune différence entre celui qui servait Dieu et celui qui ne le servait pas.

> *Malachie 3 : 18*
> *Et vous verrez de nouveau la différence Entre le juste et le méchant, Entre celui qui sert Dieu Et celui qui ne le sert pas.*

Certains ont dit que la dîme était pour l'ancienne alliance car elle figurait dans Malachie (à ce sujet la dîme n'est pas née dans la loi mais avant la loi). Mais en fait ces personnes croient cela car ils n'arrivent pas à donner à Dieu avec juste de l'amour, ils ne veulent pas donner car ils pensent que cela vient de la loi, ils ne peuvent pas imaginer que l'on peut donner à Dieu un minimum de 10% de nos revenus juste par amour. Et ils ne veulent surtout pas que les autres donnent leur dîme non plus. Ils ne veulent pas que les autres donnent parce qu'ils aiment Jésus tout simplement, tout comme les pharisiens ne voulaient pas que la pécheresse pardonnée pleure au pied de Jésus et répandent un parfum de très grand prix sur le corps de Jésus.

Ce même verset 18 de Malachie (qui se trouve dix versets plus loin que celui de la dîme) est utilisé par ces gens, et sur ce point ils ont raison, s'ils le lisent tel qu'il est écrit. Dieu a dit, et cela vaut pour toutes les alliances, qu'on verra la différence entre celui qui sert Dieu et celui qui ne le sert pas.

Malheureusement, on peut habiter à côté de quelqu'un sans jamais savoir qu'il est chrétien. Parfois des gens disent : « J'avais un collègue de travail pendant cinq ans et il ne m'a jamais dit qu'il était chrétien, quelle honte ! ». Mais pourquoi as-tu attendu cinq ans, toi, avant de le lui dire ?

Il devrait avoir une différence entre celui qui sert Dieu et celui qui ne le sert pas. Nous ne pouvons pas accepter le contraire. Si c'est le cas dans notre vie, nous devons refuser et supprimer cette différence dans notre vie, la désintégrer jusqu'à la dernière particule.

> *Jacques 2 : 19*
> *Tu crois qu'il y a un seul Dieu, tu fais bien; les démons le croient aussi, et ils tremblent.*

Certains se cachent derrière leur « foi » en Dieu pour ne pas avancer plus avec le Seigneur, pour ne pas vivre les promesses de Dieu concernant le croyant normal qui doit vivre le surnaturel, des miracles, des prophéties, des dons manifestés dans sa vie, l'amour de Dieu pour les perdus, etc. Ils disent : « Eh moi je suis chrétien ! », dans le sens de : « Je suis respectable, j'ai atteint le but ». Il est malheureux de construire une magnifique voiture pour la laisser dans le garage, il est triste d'aller à l'école et d'en sortir sans savoir compter, triste que la mariée se fasse belle avec sa robe, et que le fiancé ne paraisse pas.

Dieu a transformé, recréé notre esprit parfaitement, il nous a créé pour que nous puissions accomplir des œuvres parfaites et excellentes, et nous nous contentons trop souvent d'œuvres médiocres et naturelles. Nous servons un Dieu surnaturel. Pas un Dieu naturel. Si nous servions un Dieu naturel, ce Dieu utiliserait nos propres forces pour montrer sa puissance, mais nous servons un Dieu surnaturel, qui utilise son Esprit pour se manifester. C'est par Lui et grâce à Lui que nous pouvons croire faire des miracles en son Nom.

Gloire à Dieu, tout est possible à celui qui croit ! Tout vous est possible aujourd'hui !

01 AOÛT

Jérémy Sourdril

As-tu plus de foi qu'un démon ? (suite)

Le désir de Dieu a toujours été depuis la chute de satan que l'on voit la différence à notre Nouvelle Naissance, la Bible fait cette déclaration extraordinaire :

> *2 Corinthiens 5 : 17*
> *Si quelqu'un est en Christ, il est une nouvelle créature. Les choses anciennes sont passées; voici, toutes choses sont devenues nouvelles.*

A ce moment-là tout dans notre esprit est devenu nouveau. La mort spirituelle et toute malédiction quelle qu'elle soit est partie. Nous sommes devenus le temple de la personne la plus puissante qui n'ait jamais existé : DIEU. Le Dieu tout puissant a choisi d'habiter EN NOUS. Quelle folie et quelle sagesse de Dieu ! Il choisit les choses faibles pour confondre les fortes. Il te choisit toi.

Allons un peu plus loin dans notre texte :

> *Jacques 2 : 19-20*
> *Tu crois qu'il y a un seul Dieu, tu fais bien; les démons le croient aussi, et ils tremblent. Veux-tu savoir, ô homme vain, que la foi sans les œuvres est inutile ?*

L'homme vain, le chrétien vain croit en Dieu bien sûr, mais ne comprend pas que sa foi sans les œuvres est morte. Elle ne sert à rien. Jésus dira à ce sujet :

> *Matthieu 5 : 13*
> *Vous êtes le sel de la terre. Mais si le sel perd sa saveur, avec quoi la lui rendra-t-on ? Il ne sert plus qu'à être jeté dehors, et foulé aux pieds par les hommes.*

Jésus parle à des croyants ! Si tu n'as plus de goût dans la bouche du monde, tu seras foulé aux pieds des hommes. D'autres chrétiens s'abusent par de faux raisonnements en disant : « Ah le monde est dur et méchant et de toute façon, comme les hommes ont rejeté Jésus moi aussi ils me rejettent et ne veulent pas m'écouter ! ».

Quelle folie de se comparer à Jésus lorsqu'il s'agit de trouver une conclusion telle que celle-ci ! Lorsque vous aurez fait les mêmes miracles que Jésus et lorsque vous aurez été écouté par d'aussi grandes foules que Lui, alors là vous aurez peut-être une raison d'être rejeté des hommes comme il l'a été ! Ce que Jésus-Christ a dit, il l'a dit. Il a dit que si nous n'avons pas de saveur, nous ne porterons pas de fruits et nous ne serons plus bons qu'à être jeté dehors et foulé aux pieds des hommes.

Jésus était écouté et il a donné sa vie lui-même. Il avait du goût. Il a même proposé qu'on le mange. Lorsque quelqu'un écoutait Jésus avec un bon cœur, il sentait en lui son cœur bouillir, il sentait le sel venir dans sa bouche et lui donner soif de plus de Dieu, soif de connaître plus ce Jésus-Christ le Messie, le Fils du Dieu vivant !

> *Jacques 4 : 8*
> *Approchez-vous de Dieu, et il s'approchera de vous. Nettoyez vos mains, pécheurs; purifiez vos cœurs, hommes irrésolus.*

C'est l'église de Laodicée. Une église tiède. Une église mi-figue, mi-raisin. Une église du « mais » et du « peut-être » à la Parole de Dieu. On dit souvent qu'en s'approchant de Dieu il s'approche de Dieu mais on oublie l'aspect de purifier nos mentalités divisées. Je ne sais pas s'il y a pire condition que d'être une âme partagée... Toujours dans le doute, jamais dans la foi, toujours dans la confusion. Jésus veut te donner une paix comme le monde ne connaît pas. Dieu ne peut pas travailler avec un cœur partagé. Dieu ira encore plus loin :

> *Jacques 1 : 6-8*
> *Mais qu'il la demande avec foi, sans douter; car celui qui doute est semblable au flot de la mer, agité par le vent et poussé de côté et d'autre. Qu'un tel homme ne s'imagine pas qu'il recevra quelque chose du Seigneur : c'est un homme irrésolu, inconstant dans toutes ses voies.*

Si vous doutez, n'imaginez pas un seul instant recevoir ce que vous avez demandé. Des gens prient, et la semaine suivante, voyant que tout ne se passe pas comme eux l'ont imaginé avec leur tête humaine, ils recommencent à déclarer la réalité, la conjoncture, l'échec, les symptômes et les témoignages diaboliques. L'homme qui a deux idées qui s'opposent, deux façons de penser différentes ne pourra pas recevoir de Dieu son miracle.

> *Romains 14 : 23*
> *Mais celui qui a des doutes au sujet de ce qu'il mange est condamné, parce qu'il n'agit pas par conviction. Tout ce qui n'est pas le produit d'une conviction est péché.*

Dieu nous a fait des promesses extraordinaires. Avez-vous plus de foi qu'un démon ? Voulez-vous activer la foi suffisante que Dieu a mise dans votre cœur pour croire aujourd'hui les promesses de Dieu à votre sujet ? En fait, il ne s'agit pas vraiment de la grandeur de la foi puisqu'une foi comme un grain de moutarde est suffisante pour faire des miracles, mais des œuvres de la foi ! La différence entre le monde (qui croit en Dieu et qui dit souvent : « Oh moi je crois en Dieu je vais même à l'église trois fois par année ») et nous, ce n'est pas forcément la foi mais les œuvres de la foi !

La différence entre la foi d'un démon et la nôtre, c'est que nous avons les œuvres qui vont avec notre foi, contrairement aux démons. Si nous n'avons pas les œuvres concrètes de notre foi dans notre vie, nous devons nous remettre en question et chercher la face de Dieu pour sortir de cette situation de tiédeur et de foi vaine. C'est aussi ce que dit la Parole de Dieu :

> *Jacques 2 : 24*
> *Vous voyez que l'homme est justifié par les œuvres, et non par la foi seulement.*

> *Romains 2 : 13*
> *Ce ne sont pas, en effet, ceux qui écoutent la loi qui sont justes devant Dieu, mais ce sont ceux qui la mettent en pratique qui seront justifiés.*

Ce ne sont pas des œuvres de la loi dont il s'agit, ce sont les œuvres de l'amour qui nous justifient, qui justifient et confirment notre foi en Lui.

Il a dit qu'il pourvoit à tous vos besoins. Il a dit qu'il vous aime d'un amour éternel. Il a dit qu'il sera avec vous tous les jours jusqu'à la fin du monde. Il a dit que cela ne sert à rien de s'inquiéter mais qu'il prend soin de vous. Il a dit que des miracles accompagneront ceux qui auront cru. Il a dit qu'il vous utiliserait si vous croyez en lui. Il a dit que vous feriez les mêmes choses que lui et des plus grandes encore. Il a dit qu'il avait des projets de paix, d'avenir et d'espérance pour toi. Il a dit qu'il est le Dieu qui te guérit. Il a dit qu'il a porté tes souffrances sur Lui et qu'il a pris tes blessures et ta peine.

> *Jacques 1 : 16-17*
> *Ne vous y trompez pas, mes frères bien-aimés : toute grâce excellente et tout don parfait descendent d'en haut, du Père des lumières, chez lequel il n'y a ni changement ni ombre de variation.*

02 AOÛT

Jérémy Sourdril

Avoir une vision d'encouragement

Je suis surpris quand je pense à toutes les choses peu utiles qu'on apprend à l'école. La plupart des jeunes en sortent sans savoir gérer un budget, sans savoir quel métier faire, sans savoir faire sa lessive ! Par contre nous apprenons des choses sur la chimie, l'homme préhistorique et le théorème de Pythagore.

La plupart d'entre nous n'avons jamais été éduqués ni formés à encourager les autres, on ne nous l'apprend pas à l'école, entre autre à cause de l'esprit d'individualisme et d'égoïsme qui plane sur le monde. Chacun suit sa propre voie, et apparemment c'est une voie à une seule file : on ne regarde jamais les autres de peur d'être doublé. En tant que croyant, cet esprit d'égoïsme devrait être banni de nos vies.

Peu de croyants réalisent que Dieu est un Dieu d'encouragement. Si l'on demandait à beaucoup de gens les principales caractéristiques de Dieu, ils diraient peut-être qu'il est un Dieu sévère, un Dieu puissant, un Dieu jaloux, un Dieu de justice et peut-être un Dieu d'amour, mais excessivement peu souligneraient que Dieu est un Dieu d'encouragement.

> *Deutéronome 31 : 23*
> *L'Éternel donna ses ordres à Josué, fils de Nun. Il dit : Fortifie-toi et prends courage, car c'est toi qui feras entrer les enfants d'Israël dans le pays que j'ai juré de leur donner; et je serai moi-même avec toi.*

Dieu encouragea bien des fois Josué en lui disant : « Prends courage et fortifie-toi ! ». Josué avait besoin d'entendre cette Parole. Il en avait profondément besoin. Cette parole de vie dans la bouche de Dieu ne quitta pas Josué. Josué pouvait se rappeler chaque jour de sa vie ce puissant encouragement que lui avait donné le Seigneur. Il lui dira encore :

> *Josué 1 : 5*
> *Nul ne tiendra devant toi, tant que tu vivras. Je serai avec toi, comme j'ai été avec Moïse; je ne te délaisserai point, je ne t'abandonnerai point.*

Quelle parole encourageante ! Parfois lorsque quelqu'un nous fait part de tous ses problèmes, nous n'osons pas l'encourager, car nous manquons de confiance en Dieu et en Ses promesses. Nous avons la fausse impression que si nous proclamons une parole d'encouragement biblique, ce sera à nous de prouver qu'elle est vraie. Pourtant nous n'avons pas directement à prouver la Parole de Dieu, nous avons à la proclamer et à la croire avant tout. Nous retenons tellement de paroles d'encouragement car nous avons peur que ces paroles ne trouvent pas un terrain favorable. Nous sommes pourtant appelés à être des partisans d'encouragement dans un monde sans espérance.

Voici ce que le Seigneur fit déclarer à Daniel :

> *Daniel 10 : 16-19*
> *Et voici, quelqu'un qui avait l'apparence des fils de l'homme toucha mes lèvres. J'ouvris la bouche, je parlai, et je dis à celui qui se tenait devant moi : Mon seigneur, la vision m'a rempli d'effroi, et j'ai perdu toute vigueur. Comment le serviteur de mon seigneur pourrait-il parler à mon seigneur ? Maintenant les forces me manquent, et je n'ai plus de souffle. Alors celui qui avait l'apparence d'un homme me toucha de nouveau, et me fortifia. Puis il me dit : Ne crains rien, homme bien-aimé, que la paix soit avec toi ! Courage, courage ! Et comme il me parlait, je repris des forces, et je dis : Que mon seigneur parle, car tu m'as fortifié.*

Jésus aussi encourageait les gens, alors même qu'il allait faire un miracle dans les secondes à venir. Pour Jésus, il fallait l'encouragement avant le miracle. Jésus préparait ainsi le cœur des gens. L'encouragement ouvre le cœur des gens à recevoir plus de Dieu. Lorsque tu es encouragé par une Parole inspirée par Dieu, tu ouvres la porte pour recevoir les conséquences de l'encouragement. De la même façon, lorsque nous acceptons les paroles de découragement, celles-ci viennent nous briser les os.

> *Matthieu 9 : 2*
> *Et voici, on lui amena un paralytique couché sur un lit. Jésus, voyant leur foi, dit au paralytique : Prends courage, mon enfant, tes péchés te sont pardonnés.*

> *Matthieu 9 : 22*
> *Jésus se retourna, et dit, en la voyant : Prends courage, ma fille, ta foi t'a guérie. Et cette femme fut guérie à l'heure même.*

Marc 10 : 49
Jésus s'arrêta, et dit : Appelez-le. Ils appelèrent l'aveugle, en lui disant : Prends courage, lève-toi, il t'appelle.

Jésus aimait encourager les gens. Il savait que la foi ne s'élève pas d'un cœur découragé. Lorsque tu es découragé, il paraît si difficile d'avoir la foi ! Et c'est pourtant là qu'on en a souvent le plus besoin !

Oui, même après sa mort, Jésus continuait d'encourager :

Actes 23 : 11
La nuit suivante, le Seigneur apparut à Paul, et dit : Prends courage; car, de même que tu as rendu témoignage de moi dans Jérusalem, il faut aussi que tu rendes témoignage dans Rome.

Il y a dans notre cœur des paroles d'encouragement pour les gens qui nous entourent, mais nous les méprisons si souvent ! Lorsque nous avons la vision d'encourager les autres, nous permettons au Saint-Esprit de le faire au travers de nous. Cela ouvrira même parfois la porte aux dons spirituels. Combien la prophétie est encourageante !

Je crois que la vie chrétienne doit être pratique. Aujourd'hui, prenez la décision d'encourager quelqu'un. Faites la différence dans un monde ou l'encouragement est si souvent trompeur et manipulateur.

03 AOÛT

Jérémy Sourdril

Avoir une vision d'encouragement (suite)

L'amour, c'est aussi savoir encourager ceux qui nous entourent :

- Combien une maman a besoin d'être encouragée pour son rôle de mère et de femme.
- Combien un père a besoin d'être encouragé dans son rôle d'époux et de père.
- Un enfant a besoin d'être encouragé dans les progrès et les efforts qu'il faits, même petit. La vendeuse dans le magasin, l'éboueur, le boulanger, le maçon, le travailleur ont eux aussi besoin d'être encouragés.

Si souvent, nous retenons des paroles d'encouragement qui parfois sont ni plus ni moins des dons spirituels, et si nous ne les retenons pas, elles ouvriront parfois la porte au miraculeux. Comme le disait une sœur il n'y a pas longtemps : « Ses paroles ne t'appartiennent pas, elles sont à Dieu », et Dieu nous les donne pour que nous puissions les donner aux autres. Des vies seraient épargnées par une parole d'encouragement. Vous me direz peut-être : « Crois-tu vraiment qu'une simple parole d'encouragement sauvera une vie ? ». Oui, une parole d'encouragement inspirée, dite dans l'amour de Dieu.

Il y a des maris qui laissent des dons mourir chez leurs épouses car ils n'encouragent jamais leur femme. L'encouragement mettra parfois en lumière des dons chez les gens. Encouragés, ils poursuivront dans cette voie avec la parole que vous leur avez donnée.

Vous n'avez pas besoin de prendre le micro, de prendre une grosse voix et de trembler en disant : « Le Seigneur a paaaaarrrlééé », pour donner une parole d'encouragement. Dites avec simplicité et avec profondeur, avec conviction la parole que vous avez sur le cœur, et vous serez étonné parfois que c'était une parole de Dieu lui-même.

Le monde essaie constamment de nous décourager, mais Dieu nous encourage toujours, il a même mis à nos côtés le merveilleux Saint-Esprit pour nous consoler et nous encourager quand nous en avons besoin. Sa Parole est tellement encourageante ! Il n'a jamais laissé personne avec son problème, sans solution. Jésus a toujours une parole encourageante à donner. Saül dit à David :

> *1 Samuel 17 : 33*
> *Saül dit à David : Tu ne peux pas aller te battre avec ce Philistin, car tu es un enfant, et il est un homme de guerre dès sa jeunesse.*

David avait confiance en Dieu dans son cœur et il répondit :

> *1 Samuel 17 : 37*
> *David dit encore : L'Éternel, qui m'a délivré de la griffe du lion et de la patte de l'ours, me délivrera aussi de la main de ce Philistin. Et Saül dit à David : Va, et que l'Éternel soit avec toi !*

David s'encouragea avec les succès que Dieu lui avait fait vivre. Lorsque personne n'est là pour vous encourager, encouragez-vous vous-même et apprenez aux autres à encourager en leur montrant vous-même l'exemple. David connaissait l'encouragement, il savait que c'était la façon de faire de Dieu :

> *1 Chroniques 28 : 20*
> *David dit à Salomon, son fils : Fortifie-toi, prends courage et agis; ne crains point, et ne t'effraie point. Car l'Éternel Dieu, mon Dieu, sera avec toi; il ne te délaissera point, il ne t'abandonnera point, jusqu'à ce que tout l'ouvrage pour le service de la maison de l'Éternel soit achevé.*

Dieu ne dit pas : « Tu ne peux pas », mais Dieu dit toujours que tout est possible à celui qui croit !

> *Marc 9 : 23*
> *Jésus lui dit : Si tu peux ! Tout est possible à celui qui croit.*

Soyez encouragé aujourd'hui et n'oubliez pas, ENCOURAGEZ QUELQU'UN !

04 AOÛT

Jérémy Sourdril

Comment vivre et supporter l'INJUSTICE ?

L'injustice ne laisse pas grand monde indifférent. Enfin... lorsqu'elle n'est pas subie par nous, elle ne nous inquiète pas beaucoup, mais lorsque nous en sommes la cible, nous crions bien souvent au scandale et au malheur !

L'injustice peut amener chez l'homme différents sentiments : la colère, la vengeance, la tristesse, le découragement, la confusion, le doute, le rejet et la compassion, sont les sentiments le plus couramment partagés.

L'injustice, tel un caméléon, s'infiltre partout et se déguise sous bien des formes, selon le courant de ce siècle, frappant l'homme telle une maladie évolutive. Il existe de terribles injustices et des injustices plus bénignes, touchant l'enfant de Dieu et l'enfant du diable.

L'injustice ouvre la porte à d'autres esprits

L'injustice ne plaît pas à Dieu, et il n'y a point d'injustice en Lui. Parfois, des chrétiens qui subissent une injustice quelconque, prient. C'est souvent le premier réflexe qui leur vient. Mais lorsque cette injustice dure un jour, deux jours, trois jours et plus, le découragement prend place, et lorsque le chrétien laisse le découragement pénétrer ses pensées, il ouvre une porte dans son âme et commence à accepter des mauvaises façons de penser. Sans le réaliser, voici que ce chrétien commence à douter de Dieu. Le diable vient subtilement lui susurrer à l'oreille : « Dieu a-t-il réellement dit ? ».

Voici que le chrétien, connaissant l'injustice et maintenant le découragement, rencontre le doute. Le doute vient le visiter. Le chrétien se pose alors toutes sortes de questions qui souvent, l'éloignent de Dieu. Le doute est opposé à la foi. Le doute atteint le juste, l'empêchant de prier avec foi. Le chrétien prie toujours, mais plus avec foi. Le doute vient tuer la foi. Alors, puisqu'il prie encore, le chrétien se pose encore plus de questions : « Pourquoi Dieu ne répond pas ? », « Pourquoi me laisse-t-il dans cette situation ? », laissant place au rejet et à la confusion. Voilà que le chrétien est bien accompagné ! L'injustice, le découragement, le doute, le rejet et la confusion l'environnent. Ils l'environnent au travail, ils l'environnent sous la douche, ils l'environnent au lit, ils l'environnent dans la voiture... et le ciel s'assombrit. Le diable crie déjà à la victoire, se disant : « J'ai réussi ! C'était tellement facile ! L'homme est si rapide pour douter du Dieu Tout-Puissant ! Le voilà à ma merci ! ».

« Dieu, pourquoi permets-tu cela ? »

Cette confusion attriste le chrétien. « Dieu, pourquoi ? ». Mais Dieu ne répond qu'à la prière de la foi, car celui qui s'approche de Dieu doit croire... qu'il rémunère, qu'il exauce, celui qui vient à Lui. Donc il n'y a pas de réponse. L'homme, qui a vécu de si belles choses avec Dieu, est comme aveuglé de tout ce qu'il a pu expérimenter avec Dieu ! Il oublie tout et remet en question l'amour du Père. Voilà que Dieu est mis sur la place de l'accusé, lui qui n'a point commis de péché. Le diable se frotte les mains.

Le chrétien, voyant que la situation n'évolue pas, voyant que le temps passe et que les choses ne changent pas malgré ses prières (de doute), cherche conseil auprès de l'homme, mais c'est comme un Picasso d'avis divergents : chacun a son opinion et son petit conseil, souvent non-assaisonnés d'amour. Le chrétien est déçu. Il se dit que finalement il n'est pas le seul. Il se dit qu'il le mérite peut-être. Il se dit que c'est la vie. La vie est méchante et dure. Le diable est cruel c'est ainsi. Le sommeil n'arrive pas à atteindre le chrétien, pourtant allongé dans son lit. Le chrétien pense. Le chrétien réfléchit. Alors que la première porte du découragement est encore ouverte, l'esprit de découragement, qui a déjà montré le chemin à l'esprit de doute, l'esprit de rejet, l'esprit de confusion et de tristesse, montrent le chemin à l'esprit de vengeance.

« Il ne s'en sortira pas comme cela », pense alors le chrétien.

05 AOÛT

Jérémy Sourdril

Comment vivre et supporter l'INJUSTICE ? (suite)

L'homme qui subit une injustice écrira parfois une lettre, il portera plainte, il trouvera des moyens de se venger, de détruire celui qui l'a amené dans cette situation, et en fait il se mettra dans le camp de celui qui a amplifié cette situation : le diable. Voilà que Dieu s'est vraiment éloigné.

Je me ferais justice moi-même !

> *Ésaïe 59 : 2*
> *Mais ce sont vos crimes qui mettent une séparation Entre vous et votre Dieu; Ce sont vos péchés qui vous cachent sa face Et l'empêchent de vous écouter.*

Le péché, c'est manquer le but, cela peut être par exemple manquer le chemin par lequel Dieu voulait nous faire passer pour sortir d'un problème. J'ai déjà vécu cela, et au début j'avais tellement envie de résoudre le problème par moi-même ! « C'est vraiment n'importe quoi », disais-je. Et j'essayais, encore et encore, de me faire justice. Quand l'injustice frappe l'homme, l'homme cherche à se faire justice. J'ai encore essayé, et cela ne marchait pas. Puis c'est le temps qui venait prendre l'injustice, jusqu'à ce qu'elle me frappe à nouveau. J'essayais encore de me faire justice, mais cela ne marchait jamais !

Laissez agir la colère de Dieu. Confiez-vous en Dieu. Dieu est en colère contre l'injustice dans ta vie

Un jour, alors que j'avais essayé par tous les moyens, je m'étais fatigué, j'ai plié les genoux. J'ai demandé pardon à Dieu d'avoir essayé par moi-même de me faire justice. Je me sentais alors en paix. Dieu a dit :

> *Romains 12 : 19*
> *Ne vous vengez point vous-mêmes, bien-aimés, mais laissez agir la colère; car il est écrit : À moi la vengeance, à moi la rétribution, dit le Seigneur.*
>
> *Colossiens 3 : 25*
> *Car celui qui agit injustement recevra selon son injustice, et il n'y a point d'acception de personnes.*
>
> *Romains 1 : 18*
> *La colère de Dieu se révèle du ciel contre toute impiété et toute injustice des hommes qui retiennent injustement la vérité captive,*

C'est un doux et puissant trésor que Dieu m'a aidé à découvrir. Laisser agir la colère de Dieu. Ne pas parler à celui qui a été injuste, mais se confier totalement à Dieu. Cela a fonctionné.

Parfois nous chantons ou nous prions : « Seigneur, je te fais confiance », mais dans les épreuves de notre vie, Dieu nous dit : « Me fais-tu encore confiance ? ». Quand tout va bien il est toujours facile de faire confiance, mais quand tout va mal autour de nous, c'est là que notre confiance est éprouvée, c'est aussi là qu'elle est vraiment utile.

Je ne sais pas quelle injustice vous vivez aujourd'hui ou ce que vous avez pu vivre, mais laissez agir la colère de Dieu. Confiez-vous en Dieu et faites-lui confiance. Sachez que les choses ne se dérouleront pas toujours comme vous avez prévu. Bien souvent, nous ne recevons pas la réponse que nous attendions, mais je peux vous promettre une chose aujourd'hui : si vous vous confiez de tout votre cœur à Dieu, si vous lui faites confiance quelles que soient les circonstances passées, présentes ou à venir, Dieu vous donnera le meilleur, Dieu vous donnera mieux, Dieu multipliera la valeur de ce qu'on vous a volé. Si par contre vous entrez dans le piège du diable et dans ses façons de faire, si vous essayez de vous en sortir par vous-même, vous ne réussirez pas, vous vous éloignerez de Dieu car vous vous éloignerez des façons de faire de Dieu. Il est possible que pour un temps vous paraissiez réussir, mais même ce qui paraît être une réussite sans Dieu est un échec.

> *Psaumes 60 : 12*
> *Avec Dieu, nous ferons des exploits; Il écrasera nos ennemis.*

Laissez faire Celui qui a vécu la pire injustice, l'injustice amène sa compassion

Notre vrai ennemi, après nous-mêmes, c'est le diable. Ne vous attaquez pas à l'homme mais comprenez que l'homme n'a pas inventé l'injustice, l'injustice est un bébé du diable, il l'a lui-même engendrée, alors sachez que derrière l'injustice ne se cache pas un homme mais un démon. Il ne sert à rien de chasser l'injustice, il faut se confier en Dieu, et Dieu lui-même fera ce qu'il faut faire. Quand Dieu voit l'injustice dans ta vie, sa compassion est grande à ton égard, et il veut de tout son cœur, parce qu'il t'aime, te prendre par la main pour t'amener dans le chemin qui te fera sortir de là. Lors d'un incendie, ou d'un accident, la porte de sortie n'est pas la porte la plus facile d'accès, mais on utilise des portes de secours, des couloirs étroits et sombres, où on passe par la fenêtre. Faire confiance à Dieu implique un coût, mais cela vaut vraiment le coup.

> *Luc 23 : 34*
> *Jésus dit : Père, pardonne-leur, car ils ne savent ce qu'ils font. Ils se partagèrent ses vêtements, en tirant au sort.*

Personne n'a vécu pire injustice que Dieu lui-même. Il a été maltraité, et injustement cloué. Il n'avait JAMAIS rien fait de mal ! Jamais ! Il aimait tout le monde ! Écoutez, même s'il s'est donné lui-même, on avait tout pris de lui. On l'avait frappé et humilié, on lui avait craché dessus et alors même qu'il souffrait sur la croix dans une douleur extrême, on se moquait de Lui. On s'est partagé ses vêtements pendant qu'il était sur la croix ! Et son attitude est exemplaire. C'est plus qu'une attitude, c'est le suprême amour divin. Il a pardonné parfaitement.

Aujourd'hui, sachez pardonner. Comment vivre et supporter l'injustice ? En pardonnant à ceux qui nous ont offensés, en se confiant en Dieu, et en lui faisant confiance.

> *1 Pierre 3 : 18*
> *Christ aussi a souffert une fois pour les péchés, lui juste pour des injustes, afin de nous amener à Dieu, ayant été mis à mort quant à la chair, mais ayant été rendu vivant quant à l'Esprit,*

Si tu agis bien, la délivrance est pour toi.

> *2 Pierre 2 : 9*
> *Le Seigneur sait délivrer de l'épreuve les hommes pieux, et réserver les injustes pour être punis au jour du jugement...*

06 AOÛT

Yvan Castanou

Comment vaincre la peur ?

La peur est l'une des armes les plus redoutables que l'ennemi utilise pour paralyser et avorter la destinée des enfants de Dieu. La peur est l'une des plus grandes causes d'échec dans la société.

Certains ont peur d'échouer, peur du prix à payer, peur de donner, peur des maladies, peur de tomber dans le péché, peur du diable, peur des critiques, des oppositions, peur de la pauvreté ou peur de la prospérité.

Les deux plus grandes formes de peur :

Les deux formes de peur les plus redoutables sont la peur du rejet et la peur de l'échec.

La peur du rejet vous conduit à ne pas essayer, à vous conformer à la pensée populaire, et à ne jamais vous démarquer. Elle vous pousse à devenir une photocopie des autres. Elle provient de l'amour conditionnel que vous avez reçu de la part de vos parents. Lorsque vous faisiez quelque chose qu'ils désapprouvaient, ils vous retiraient leur amour, et vous l'avez interprété comme un rejet de leur part. Cette crainte d'être de nouveau rejeté vous conduit à rechercher constamment la validation des autres dans tout ce que vous faites. Elle vous conduit à rentrer dans le rang, et à ne surtout pas déranger les traditions établies. Comme l'a si bien exprimé un pasteur récemment, « qui ne dérange pas, se range ».

Cette peur du rejet s'exprime par les questions suivantes : « Que va-t-on penser de moi ? », et : « Si les autres me rejetaient ? » ou encore : « S'ils ne m'approuvaient pas ? ».

La peur de l'échec, quant à elle, vous conduit à ne surtout pas prendre de risque. Vous voulez changer, aller plus loin, mais la question suivante revient fréquemment dans votre esprit : « qu'est-ce qui prouve que tu réussiras cette fois-ci ? », ou encore « et si ça ne marchait pas ? ».

La peur vous pousse à remettre constamment au lendemain ce que vous devriez faire aujourd'hui. Elle vous pousse à choisir le statu quo, à rester dans votre zone de confort, en attendant patiemment qu'un jour la chance vous sourit, ou encore que tous les feux soient au vert avant de sortir de chez vous.

Vous aurez toujours une bonne excuse derrière laquelle vous cacher pour justifier votre peur, mais sachez que la peur chronique peut devenir une offense envers Dieu. Elle sous-entend que vous considérez que Dieu n'est pas à vos côtés, et qu'Il n'est pas capable de vous faire réussir.

Les origines de la peur :

Le développement du courage commence par la compréhension des origines psychologiques de la peur. Tout enfant nouveau-né éprouve seulement deux craintes : la peur de tomber et la peur des bruits (les bruits assourdissants). Toutes les autres formes de peur, que nous éprouvons en tant qu'adultes, sont apprises au fur et à mesure que nous grandissons. Ces peurs proviennent principalement des critiques et des avertissements souvent destructeurs de nos parents, même lorsqu'ils étaient remplis de bonnes intentions.

Comment se développent les différents types de peur ?

Lorsqu'un enfant curieux entreprend de faire des choses et qu'il les fait mal, le parent le gronde et le punit, créant en lui une image de peur, qui est liée au fait d'essayer de faire quelque chose de nouveau ou de différent. Lorsque nous sommes adultes, nous l'expérimentons comme la peur d'échouer, de prendre des risques, la peur de commettre une erreur, ou la peur de perdre.

La peur provient de quelque chose que vous ne voyez pas

Chaque fois que vous avez peur, cela signifie qu'il y a quelque chose que vous ne comprenez pas, ou que vous ne voyez pas. La peur provient de l'ignorance.

Moïse aurait eu toutes les raisons d'avoir peur en se présentant devant Pharaon, roi du monde entier à cette époque. Mais la Bible dit qu'il n'eut pas peur de se présenter devant le roi visible (Pharaon), parce qu'il regardait au Roi invisible, l'Éternel des armées.

Hébreux 11 : 27
C'est par la foi qu'il quitta l'Egypte, sans être effrayé de la colère du roi; car il se montra ferme, comme voyant celui qui est invisible.

Satan est appelé le prince des ténèbres. Le mot « prince » signifie « premier ». Le mot « ténèbres » est également traduit de l'hébreu par « ignorance ». Ainsi, satan maintient son règne en vous à travers votre ignorance; il règne dans tous les domaines où vous n'avez pas la connaissance. Mais, lorsque vous découvrez et expérimentez la connaissance de la Vérité, vous devenez réellement libre. Jésus a dit : « vous connaîtrez la vérité et la vérité vous affranchira ».

Jean 8 : 32
Vous connaîtrez la vérité, et la vérité vous affranchira.

Ce n'est pas la vérité qui affranchit, mais la connaissance de cette vérité. La vérité existe en effet depuis le commencement. Autrement dit, votre ignorance vous coûte très cher. Le mot connaissance ici, de l'hébreu « YADA », implique l'intimité, la communion et la relation étroite.

Vous ne connaissez véritablement que ce que vous vivez ou appliquez régulièrement. Si vous ne le vivez pas, vous le savez simplement, mais vous ne le connaissez pas encore, puisque ce n'est pas encore votre expérience quotidienne.

Ne vous laissez pas conquérir par la peur ! Soyez victorieux et non victime de la peur. Regardez au Roi invisible, et non aux montagnes visibles qui se dressent devant vous. Focalisez-VOUS sur les promesses et non sur les problèmes, sur les opportunités et non sur les obstacles.

Confessez aujourd'hui votre assurance dans la Parole de Dieu, et recevez le courage d'aller de l'avant en regardant à Christ, l'auteur de votre foi et celui qui la mène à la perfection.

07 AOÛT

Reinhard Bonnke

Pour l'éternité

Éphésiens 1 : 10 : » Il nous a fait connaître le mystère de sa volonté... de réunir toutes choses en Christ, celles qui sont dans les cieux et celles qui sont sur la terre ».

La résurrection, quel thème fantastique ! J'aimerais prendre quelques instants pour méditer avec vous sur ce sujet. Ce qui a une durée éternelle n'a jamais été du préfabriqué ou conçu à la va-vite. Dieu est Lui-même l'auteur du futur et cela ne se passe pas automatiquement ou par deux ou trois coups de « baguette magique ». Il créa le ciel et la terre en six jours mais Il travaille à notre futur depuis des millénaires. En ce moment-même, Il consacre tous ses efforts à ce plan divin pour lequel Il envoya Son propre Fils sur terre :

> *Apocalypse 13 : 8*
> *L'Agneau qui a été immolé dès la fondation du monde.*

Ce que Dieu a planifié est mystérieux et inconcevable pour la pensée humaine. Pour réaliser Son plan, Dieu a besoin de temps et de matériel adéquat, du matériel vivant, à savoir, nous, les êtres humains. Les gens sont le « matériel de construction » du monde à venir, un matériel difficile à manier, graveleux, rigide, animé d'une volonté propre. Sa main façonne des choses marquées par la splendeur et l'architecture de l'éternité. Jusqu'au plus petit des atomes ou particules, l'univers témoigne de Sa sagesse omnisciente. Néanmoins, la nouvelle création de Dieu amena également de nouveaux problèmes d'une ténacité extraordinaire, et autant de problèmes qu'il existe d'êtres humains impliqués dans ce processus.

Pour parer à ces problèmes, il ne suffisait pas simplement à Dieu de les résoudre en exerçant avec force son omnipotence et sa toute-puissance. Aux premières esquisses de ce nouveau monde, sur sa planche à dessin, Dieu avait déjà une solution merveilleuse : son Fils ! Il mourrait, briserait les chaînes de la mort, ressusciterait puis par sa victoire nous insufflerait à tous une vie nouvelle, une vie abondante, une vie au-delà de la vie.

La résurrection est Sa marque de fabrique

Ce plan de Dieu est en train de se réaliser; il n'est pas fictif. Des croyants partout dans le monde en font l'expérience et deviennent participants de ce programme divin. Chaque prière, témoignage, victoire, et centime investi ainsi que tous les innombrables sacrifices et efforts apportés à Dieu s'ajoutent dans ce plan. La résurrection n'a jamais été un « plan B », une solution conçue à la hâte en réponse à une situation désespérée et urgente. Dieu n'est jamais désespéré, jamais pris de cours ou surpris par une urgence. Il avait planifié la résurrection dès la fondation du monde – Dieu dit que la résurrection soit, et elle fut.

Sans bruit mais qui ébranle l'enfer

Dans la quiétude et l'humidité rafraichissante de l'aurore d'une journée de printemps à Jérusalem, dans un tombeau taillé dans un rocher, il y eut comme une explosion de vie. Elle était silencieuse et ébranla cependant l'enfer. Jérusalem se trouve au croisement de trois continents, l'Europe, l'Asie et l'Afrique. De ce tombeau, dans ce jardin, découla une vie nouvelle qui se propagea au-delà de ces continents jusqu'aux extrémités de la terre; un raz-de-marée extraordinaire dont les répercussions sont encore visibles aujourd'hui. La résurrection fut planifiée bien avant que la terre ne soit créée et fut mise en place à un moment précis, déterminé par Dieu. Jésus ressuscita de la mort au moment et à l'heure planifiés par Dieu.

Ceci était bien plus qu'un simple miracle. Les miracles ne sont pas plus que des grains de blé qui nous parviennent, portés par le vent, du champ de moisson où Dieu est à l'œuvre. Lorsque Lazare sortit du tombeau, lorsque Jésus ramena à la vie le fils de la veuve de Naïn, lorsque la petite fille du chef de la synagogue fut ressuscitée... c'était bel et bien des miracles et des prodiges mais ils furent bien vite oubliés. Par contre, ce qui se passa ce matin-là de Pâques, dépassa tout ce qui arriverait par la suite, changea le monde et impacte encore aujourd'hui notre troisième millénaire.

Lorsque Christ ressuscita sur la pierre, se leva et se dirigea vers l'entrée du tombeau, cela se passait loin de tout regard, dans le secret des murs de granit. Personne ne fut témoin du moment même de Sa résurrection, mais du fait qu'Il est ressuscité, présent et vivant. Ces témoins sont des hommes et des femmes du monde entier depuis plus de 2 000 ans. La première étape de cette résurrection se passa dans un jardin, mais la plate-forme véritable de cet événement est l'Histoire avec l'univers entier comme arrière-plan. Lorsque Jésus ressuscita des morts, la gloire du Seigneur, la Shekinah, se mit à illuminer les textes anciens et passages de la Bible.

> *Ésaïe 53 : 11*
> *A cause du travail de son âme, il rassasiera ses regards.*

De ce tombeau dans le jardin, une lumière jaillit et les récits anciens prirent de nouvelles dimensions. L'exode d'Israël d'Egypte, Joseph en prison, la chute de Babylone et la fin de la captivité; toutes ces histoires avaient une nouvelle signification en Jésus. Il expliqua dans les Écritures ce qui Le concernait (Luc 24 : 27), Lui, le Ressuscité.

Plongé dans l'immortalité

La résurrection était plus qu'un miracle et Jésus dépassait l'ampleur de l'événement en soi. Il ne s'agissait pas seulement de la résurrection mais du Ressuscité qui se tient avec tant de splendeur et de gloire devant nous et le monde entier. Il est en personne un plus grand miracle que l'événement de la résurrection en soi. Jésus Christ, le Seigneur, était Lui-même, en personne, la résurrection. « Je suis la résurrection et la vie » dit-Il dans Jean 11 : 25, et ceci demeure encore aujourd'hui une déclaration profonde et mystérieuse. Comment peut-Il incarner la résurrection ? Peut-Il être un événement ?

La réponse à cette question se trouve dans une déclaration de la sagesse populaire : il y a une raison pour tout événement. Jésus est la cause, la raison même de la résurrection. Il est la vie, et aucun tombeau, aucun lien ne pouvait Le retenir. Il est la vie et la source même de la vie. Cette source jaillit de Lui pour la première fois dans ce jardin, et depuis, ne tarit pas : de Lui, découlent toutes les forces de la résurrection, nouveautés de vie, nouvelle naissance, nouveaux fils, nouvelle bonté, nouvelles richesses; un flot de bonté venant de la plénitude de Dieu, un flot qui ne s'arrêtera jamais. Il est la résurrection et nous sommes cachés en Lui. Nous sommes également maintenant étroitement imbriqués dans la résurrection. Jésus dit :

> *Jean 11 : 25*
> *Celui qui croit en moi vivra, même s'il meurt.*

Jésus pouvait mourir et ressusciter à nouveau car la vie est une force positive qui a le dessus et surmonte tout ce qui est négatif, y compris la mort. En Lui, nous avons été immergés dans l'immortalité et nous secouerons la mort comme un chien secoue son pelage lorsqu'il sort de l'eau. La tombe ne put retenir Christ et ne peut non plus nous retenir, à jamais. La vie coule de Lui vers nous pour toujours.

> *Jean 3 : 36*
> *Celui qui croit au Fils a la vie éternelle.*

Il est la vie, la source même de la vie. Rien au monde, pas même une croix de bois faite par des mains d'hommes et destinée à Le crucifier ne put faire tarir cette source. Un vieux chant dit : « Elle coule toujours encore, aussi fraîche que la blessure sur le côté de mon Sauveur ». Le Prince de la vie devint homme et se rendit vulnérable à la haine humaine. Ils le prirent, le brutalisèrent, l'accrochèrent à une croix avec des clous en fer, le poussèrent avec force dans les eaux ténébreuses de la mort, mais il ressuscita et sortit immortel de cette rivière morbide.

> *Jean 10 : 17-18*
> *Je donne ma vie afin de la reprendre. Personne ne me l'ôte, mais je la donne de moi-même; j'ai le pouvoir de la donner, et j'ai le pouvoir de la reprendre : tel est l'ordre que j'ai reçu de mon Père.*

Ce qu'Il accomplit fut un don inestimable envers l'humanité, sans bénéficier d'aucun avantage pour Lui-même. Il le fit simplement car Son amour comme celui de Son Père, Le poussait à un tel acte. Et ce qu'Il fit ce jour-là a toujours la même force de Salut aujourd'hui. Ce jour de Pâques, ce jour où Christ ressuscita des morts, affectera tout être humain et toute chose à jamais. Il a eu des répercussions et a forgé des centaines de millions de vies; mais ceci n'est qu'une introduction, l'ouverture d'un chef-d'œuvre de musique de Dieu qui remplira l'éternité. Cette résurrection, dans toute sa sainteté, sa pureté, sa joie, et sa vitalité exubérante, deviendra universelle, ne s'arrêtera pas de prendre de l'envergure, enveloppera et infiltrera la nature en elle-même, tout chose, toute créature, et s'étendra jusqu'aux cieux. Tous les plans de Dieu pivotent autour de la mort et de la résurrection de Son Fils. Jésus Lui-même nomma le futur : « La résurrection » (Matthieu 22 : 30). Certains sont déjà « fils de la résurrection » (Luc 20 : 36), et « seront unis à Lui par une résurrection semblable à la sienne » (Romains 6 : 5). Tout est résurrection en devenir

Nous serons un peuple de la résurrection, un nouvel ordre

> *1 Jean 3 : 2*
> *Bien-aimés, nous sommes maintenant enfants de Dieu, et ce que nous serons n'a pas encore été manifesté; mais nous savons que, lorsqu'il paraîtra, nous serons semblables à lui, parce que nous le verrons tel qu'il est. Nous, qui ne méritions que l'enfer, nous avons été rachetés et élevés à un nouvel ordre, à des choses plus élevées qu'aucun ange, esprit, puissance ou créature quelconque ne pourra jamais atteindre. Quelle grâce, quel don, quel merveilleux Seigneur !*

08 AOÛT

Jérémy Sourdril

Voulez-vous gagner la faveur des hommes ?

On n'imagine pas le nombre de choses que nous faisons pour gagner la faveur des hommes. Par exemple, la très grande majorité des jeunes qui fument ont commencé à le faire pour faire comme les autres, afin d'être acceptés dans un groupe et ne pas être exclus. Nous qui sommes croyants, nous devrions fuir cette attitude comme la peste.

Avez-vous déjà fait quelque chose pour gagner la faveur des hommes ?

Si vous voulez aller loin avec Dieu, il vous faudra mourir à cette attitude. C'est un terrain glissant, et on peut s'y retrouver à toutes les étapes de notre vie chrétienne.

- Faites-vous quelque chose pour être vu et pour avoir en retour de la reconnaissance, du respect ou encore de la faveur ?
- Faites-vous quelque chose pour être accepté dans un groupe ?
- Êtes-vous sujet aux modes de ce siècle présent, vous faut-il le dernier vêtement dernier cri, la nouvelle voiture, télévision ou même la dernière nouveauté chrétienne ?
- Avez-vous déjà dit ou pensé : « Il ne faudrait pas que mes parents (ou le pasteur) apprennent cela ? », à cause de l'image qu'il aurait de vous ?

Nous ne pouvons pas agir dans le ministère, dans notre travail ou simplement dans notre vie quotidienne en voulant gagner la faveur des hommes. La faveur des hommes est comme une étoile filante. On s'y installe et on brille pour un temps mais très vite on retombe, mais du coup on retombe de beaucoup plus haut et la chute est plus dure encore. Pensez-y :

- Êtes-vous actuellement dans une place à l'église car vous voulez gagner la faveur de l'homme ?
- Est-ce que vous vous retenez dans votre ministère, dans votre travail, dans votre projet, dans votre vision pour cette même raison ?
- Est-ce que vous prenez certaines décisions, est-ce que vous prêchez d'une telle façon, ou si vous êtes conducteur de louange choisissez tel chant, pour gagner la faveur de l'homme ?

Proverbes 29 : 26
Beaucoup de gens recherchent la faveur de celui qui domine, Mais c'est l'Éternel qui fait droit à chacun.

La faveur de Dieu vaut mieux que la faveur des hommes. La faveur de Dieu est comme une douce rosée qui paraît fragile, mais qui est, lorsqu'elle est reçue, puissante, forte, terrible. Lorsque la faveur de Dieu est sur un homme, tout est possible, les routes se redressent sous les pieds de l'homme favorisé, les montagnes s'abaissent, les ponts deviennent solides, les arbres refleurissent, la création se soumet.

Il existe des esprits religieux très puissants, qui sont profondément infiltrés dans l'église. Ce sont des esprits de séduction, car ils font croire être spirituels, étant installés dans l'église, on pourrait croire qu'ils font partie de la maison. Vouloir gagner la faveur de l'homme est une motivation cancéreuse, sale, comme la gangrène. Elle s'installe entre l'homme et Dieu et Dieu est diminué alors que l'homme qui l'utilise est élevé aux yeux des hommes... pour un temps seulement.

Si vous voulez gagner la faveur de l'homme, vous êtes en train de rabaisser Dieu, de le ridiculiser aux yeux du diable. Vous déclarez au monde entier que Dieu n'est pas assez puissant pour vous amener là où il vous a appelé. Nous ne servons pas l'homme. Nous servons Dieu qui nous dira de servir les hommes. Servir l'homme en oubliant Dieu est une hérésie.

Certaines personnes sont devenues si religieusement déférentes et respectueuses envers leur pasteur, qu'elles en oublient que c'est Dieu qui fait toute chose. Il y a aussi ceux qui n'ont aucun respect pour leur pasteur, ceux-ci ont suivi la voie de satan, leur chute est certaine et leur récompense maudite les atteindra.

Arrêtez de faire les choses acceptables pour la religion. Je vous en prie, arrêtez de prêcher des messages formatés, mais annoncez ce que Dieu vous dit. Certains prédicateurs ont des messages au fond de leur cœur mais ils les retiennent par peur des autres. C'est une chose terrible que de mépriser la voix du Saint-Esprit en nous ! Trop de gens sont comme un homme nu qui porte une cravate. Ils ont oublié celui qu'ils servent. Ils ont l'impression d'être habillés, et que même Dieu approuve leurs voies, mais en fait il n'y a que l'homme qui les approuve. Ils sont félicités, ils sont aimés, ils sont remerciés, ils sont loués, ils sont affichés, mais Dieu ne peut approuver leur marche.

Lorsqu'un homme se retient de dire ce que Dieu met dans son cœur, parfois depuis des mois, parfois depuis des années, cet homme est en train de faire mourir Dieu dans sa vie. Je vous en prie frères et sœurs, ne faites rien pour gagner la faveur des hommes. Ne vous engagez pas pour cela, mais soyez engagés envers Dieu et servez Dieu qui vous dira toujours de servir les autres.

> *Galates 1 : 10*
> *Et maintenant, est-ce la faveur des hommes que je désire, ou celle de Dieu ? Est-ce que je cherche à plaire aux hommes ? Si je plaisais encore aux hommes, je ne serais pas serviteur de Christ.*

Paul avait compris qu'on ne peut pas servir Dieu en recherchant la faveur des hommes. Je vous dis que des centaines et des milliers d'appelés sont passés à côté de leur appel à cause de ce seul problème. Des milliers de pasteurs et de croyants ne sont jamais entrés dans ce que Dieu voulait faire au travers d'eux car ils ont voulu rester dans l'acceptable, dans le normal, dans la prédication habituelle, correcte, sobre et sensée.
Des hommes vont passer l'éternité en enfer à cause de ce même fléau :

> *Jean 12 : 42-43*
> *Cependant, même parmi les chefs, plusieurs crurent en lui; mais, à cause des pharisiens, ils n'en faisaient pas l'aveu, dans la crainte d'être exclus de la synagogue. Car ils aimèrent la gloire des hommes plus que la gloire de Dieu.*

Des hommes ont tué pour gagner la faveur. Tu ne peux pas servir Dieu en cherchant la gloire de l'homme. Jésus disait ne recevoir de louange de personne :

> *Jean 5 : 41*
> *Je ne tire pas ma gloire des hommes.*

L'homme ne te donnera pas la promotion divine que tu attends. Détourne tes yeux de ce que tu recherches, et regardes à Jésus. Lorsque tu tournes tes regards vers Jésus, tes yeux sont éclairés, tout devient possible par Celui qui donne la vraie faveur.

09 AOÛT

Mohammed Sanogo

Les 70 palmiers

Le passage ci-dessous nous relate l'histoire du peuple d'Israël qui, une fois sorti d'Egypte et après avoir traversé la Mer Rouge, a commencé son cheminement vers la terre promise, mais cela devait passer par le désert.

Exode 15 : 22-27
Moïse fit partir Israël de la mer Rouge. Ils prirent la direction du désert de Schur; et, après trois journées de marche dans le désert, ils ne trouvèrent point d'eau. Ils arrivèrent à Mara; mais ils ne purent pas boire l'eau de Mara parce qu'elle était amère. C'est pourquoi ce lieu fut appelé Mara. Le peuple murmura contre Moïse, en disant : Que boirons-nous ? Moïse cria à l'Éternel; et l'Éternel lui indiqua un bois, qu'il jeta dans l'eau. Et l'eau devint douce. Ce fut là que l'Éternel donna au peuple des lois et des ordonnances, et ce fut là qu'il le mit à l'épreuve. Il dit : Si tu écoutes attentivement la voix de l'Éternel, ton Dieu, si tu fais ce qui est droit à ses yeux, si tu prêtes l'oreille à ses commandements, et si tu observes toutes ses lois, je ne te frapperai d'aucune des maladies dont j'ai frappé les Egyptiens; car je suis l'Éternel, qui te guérit. Ils arrivèrent à Elim, où il y avait douze sources d'eau et soixante-dix palmiers. Ils campèrent là, près de l'eau.

Tout chrétien, dans sa marche, passe par le désert. Ce « désert » constitue un temps de privation des besoins primaires (recherche de bien-être, travail, mari ou femme, enfant, etc.). Mais ce temps de privation, ce désert, est une préparation à la Gloire de Dieu. Les enfants d'Israël ont vu de loin les eaux qui pouvaient étancher leur soif. Mais grande a été leur déception de voir que ces eaux étaient amères.

Face aux eaux de Mara, Moïse a crié à Dieu, et ce dernier lui a montré la solution : le bâton de commandement pour changer l'eau amère et inconsommable en une eau douce et buvable.

Exode 15 : 25
Moïse cria à l'Éternel; et l'Éternel lui indiqua un bois, qu'il jeta dans l'eau. Et l'eau devint douce. Ce fut là que l'Éternel donna au peuple des lois et des ordonnances, et ce fut là qu'il le mit à l'épreuve.

C'est à ce moment-là qu'Israël fait la rencontre de Jéhovah Rapha, l'Éternel qui guérit, l'Éternel qui restaure.

Exode 15 : 26
Il dit : Si tu écoutes attentivement la voix de l'Éternel, ton Dieu, si tu fais ce qui est droit à ses yeux, si tu prêtes l'oreille à ses commandements, et si tu observes toutes ses lois, je ne te frapperai d'aucune des maladies dont j'ai frappé les Egyptiens; car je suis l'Éternel, qui te guérit.

Une fois la rencontre faite avec Jéhovah Rapha, Israël arrive à Elim, où il y avait les 12 sources d'eau et les 70 palmiers. Pourquoi 12 et 70 ? Douze sources d'eau, cela rappelle les 12 disciples de Jésus, les 12 tribus d'Israël, les 12 fondements. Les douze sources d'eau représentent aussi les 12 attitudes de cœur qu'il faut avoir. En dehors des 12 apôtres, Jésus avait choisi 70 disciples pour le précéder afin d'aller annoncer la parole.

Luc 10 : 1
Après cela, le Seigneur désigna encore soixante-dix autres disciples, et il les envoya deux à deux devant lui dans toutes les villes et dans tous les lieux où lui-même devait aller.

Moïse avait choisi 70 anciens pour l'aider dans son ministère.

Nombres 11 : 16
L'Éternel dit à Moïse : Assemble auprès de moi soixante-dix hommes des anciens d'Israël, de ceux que tu connais comme anciens du peuple et ayant autorité sur lui; amène-les à la tente d'assignation, et qu'ils s'y présentent avec toi.

Les 70 palmiers nous parlent de discipolat, d'ordre, de délégation et d'organisation. Le juste croît comme un palmier :

Psaumes 92 : 13
Plantés dans la maison de l'Éternel, Ils prospèrent dans les parvis de notre Dieu;

Les justes croissent comme le palmier; ils s'élèvent comme le cèdre du Liban. Pourquoi le palmier ? Quelle est la particularité de cet arbre ?

Ses racines font deux fois sa taille

Les racines sont les parties de l'arbre qui ne sont pas visibles. L'arbre y tire ses nutriments. La vie de l'arbre lui est communiquée par ses racines. Sans elles, il meurt. La racine chez l'enfant de Dieu, c'est la réelle conversion. Comme les racines du palmier, la conversion du chrétien doit être profonde, véritable, solide et vraie.

Beaucoup de gens n'arrivent pas à camper à Elim, faute de réelle conversion. Ils croient en Jésus, mais ne sont pas convertis. Dans Jean 8 : 30-59, la Bible parle des juifs, qui avaient cru en Jésus, mais qui pourtant étaient esclaves du péché et n'étaient pas convertis. La conversion implique la transformation.

> *2 Corinthiens 5 : 17*
> *Si quelqu'un est en Christ, il est une nouvelle créature. Les choses anciennes sont passées; voici, toutes choses sont devenues nouvelles.*

Beaucoup vont à l'église, mais ne sont pas convertis. Ils vivent dans la fornication, l'adultère, la masturbation, la médisance, le mensonge, la corruption...

Si telle est ta vie, aujourd'hui, ton Dieu t'interpelle : rencontre Jéhovah Rapha, afin de te convertir. Repens-toi, convertis-toi, car tu as pour père le diable ! Dieu te donne l'occasion de croître comme le palmier. Il veut te sauver. Change de vie.

Sa croissance est intérieure

Le palmier a la particularité de ne pas tirer sa substance de croissance de son écorce comme c'est le cas pour la plupart des arbres, mais de son intérieur. La croissance intérieure est synonyme d'une croissance profonde. Il y a en effet des gens qui donnent leur vie à Jésus, mais qui développent leur vie chrétienne en fonction des autres. Ils prient seulement lorsqu'ils sont dans un groupe. Ils n'ont pas de vie de prière intime dans leur maison ou dans leur chambre, pas de méditation personnelle de la Bible, en dehors de l'église. En public, ils jouent aux grands adorateurs, ils se prosternent, peuvent même se coucher par terre, pleurer, mais ne manifestent jamais cela seuls dans leur chambre.

Est-ce votre cas ? Pour y remédier, apprenez à contempler Jéhovah Rapha, afin que votre croissance vienne de l'intérieur et non de l'extérieur, pour que vous n'ayez pas une vie chrétienne de façade. Soyez vrai. Si vous êtes nés de nouveau, cherchez à développer votre intimité avec le Seigneur.

Beaucoup d'hommes de Dieu tombent dans le piège de l'occupation à outrance à cause du ministère. Conséquence : ils n'ont plus le temps de passer des moments intimes avec le Seigneur. Contraints de donner l'exemple en public face aux fidèles, leur croissance n'est plus qu'apparente. Êtes-vous confronté à une telle situation ? Faites un break pour chercher la face de Dieu, prenez un sabbat pour retrouver votre premier amour. Quand votre vie de prière baisse, prenez un temps de jeûne, seul, devant le Seigneur, et implorez-le. Il vous ravivera parce qu'il est fidèle.

Le palmier peut pousser partout

Dans le désert, au bord de l'océan, dans la forêt... Quand le juste est juste dans son for intérieur, quel que soit l'endroit où il arrive, même quand il n'y a pas de chrétien autour de lui, il demeure ferme. C'est lui qui communique la vie aux gens. En effet, il n'attend pas que les gens s'assemblent autour de lui pour grandir.

Les justes croissent comme un palmier. Croissez pour que le nom du Seigneur soit glorifié.

10 AOÛT

Jérémy Sourdril

Il faut être saint pour entrer dans la présence de Dieu

Lorsque Jésus va venir prendre son Église, il viendra chercher une église sans tâche, ni ride, ni rien de semblable. En vue de ces éléments, viendra-t-il te chercher ?

La sainteté convient à la maison de Dieu

Je n'ai jamais connu personnellement une personne qui laisserait un couteau aiguisé dans le lit d'un bébé, ni une couche sale sur la table des invités. Mais j'ai connu des hommes méchants qui, se prétendant chrétiens, venaient à l'église la Bible sous le bras. J'ai vu des chrétiens couverts de toutes espèces de péchés se sentir libres d'aller à l'église sans honte.

Un homme qui vit dans la méchanceté ou la moquerie n'a pas sa place dans l'assemblée des saints. Une femme adultère non plus. Un jeune homme qui se salit constamment et qui prend son plaisir à la pornographie non plus. Un pasteur qui vit dans l'orgueil non plus. Un homme qui vit dans le mensonge et qui applique son cœur à la perversion non plus. Une femme médisante et crachant constamment du venin sur les autres non plus.

Je ne dis pas qu'il ne faut pas faire accueil à celui qui est faible dans la foi, mais, à la manière de Paul, ne pas intégrer/adopter dans la famille celui qui, se disant frère, vit dans le désordre. Il y a une différence entre l'accueil et l'adoption.

La saleté ne convient pas à la maison de Dieu. La pureté est pour la maison de Dieu. On a trop souvent prêché contre le péché seulement en ne dénonçant pas celui qui l'exécute. Jésus exhortait les disciples régulièrement à se garder des Pharisiens et de toutes leurs traditions et péchés.

Jésus n'a-t-il pas dit :

> *Apocalypse 22 : 15*
> *Dehors les chiens, les enchanteurs, les impudiques, les meurtriers, les idolâtres, et quiconque aime et pratique le mensonge !*

Lorsqu'on passera de l'autre côté, lorsque l'homme se tiendra devant le trône de Dieu, Dieu ne dira pas : « Oh ce que je dénonce ce n'est pas le pécheur mais c'est juste le péché ! ». J'ai souvent dit comme beaucoup de chrétiens, que Dieu aime le pécheur mais qu'il n'aime pas le péché. C'est une réalité mais la condamnation et le jugement seront les conséquences d'un amour de Dieu bafoué. Dieu dira :

> *Galates 5 : 19-21*
> *Or, les œuvres de la chair sont manifestes, ce sont l'impudicité, l'impureté, la dissolution, l'idolâtrie, la magie, les inimitiés, les querelles, les jalousies, les animosités, les disputes, les divisions, les sectes, l'envie, l'ivrognerie, les excès de table, et les choses semblables. Je vous dis d'avance, comme je l'ai déjà dit, que ceux qui commettent de telles choses n'hériteront point le royaume de Dieu*

Changera-t-on la Parole de Dieu pour apaiser les consciences et offrir un évangile à l'eau de rose ? Il est dit que ceux qui commettent de telles choses n'hériteront point le royaume de Dieu ni plus ni moins.

Quelqu'un dira : « Oui mais tu rejettes la grâce ! ». Oh non, la grâce ne contredit pas la Parole de Dieu au sujet du péché :

> *Tite 2 : 11-12*
> *Car la grâce de Dieu, source de salut pour tous les hommes, a été manifestée. Elle nous enseigne à renoncer à l'impiété et aux convoitises mondaines, et à vivre dans le siècle présent selon la sagesse, la justice et la piété,*

On oublie souvent le pauvre Tite et les révélations qu'il a reçues. Vous pouvez lire toute l'épître de Tite et réaliser que la grâce nous pousse au changement et à la vraie sanctification. Oui, Dieu nous a sanctifiés, nous sommes saints dans notre esprit mais il y a une sanctification dans notre chair qui ne se fera pas toute seule, un renouvellement saint de notre âme (de nos pensées) que Dieu ne fera pas pour nous.

Sans la sanctification, personne ne verra Dieu

A quoi bon se dire chrétien et aller à l'église sans changer lorsque notre vie est couverte de péché ? Un tel homme ressemblerait à une épave de vieille voiture dans un garage de voitures neuves. On se demanderait : « Mais qu'est-ce que cette voiture fait ici ? », et on aurait raison. Le péché n'a rien à faire dans la maison de Dieu et on ne peut pas accepter un joueur qui fait semblant de faire partie de l'équipe. Si quelqu'un se dit frère et qu'il vit dans le péché, il est un contre-témoignage à la vérité et une profonde repentance s'impose pour lui. Je ne parle pas ici d'un homme pécheur par nature ou d'un incroyant, mais de ceux qui, devenus enfants de Dieu, se permettent de vivre avec toutes espèces de péchés.

Toutefois, le but n'est jamais de jeter la pierre à celui qui tombe, car Dieu a toujours la puissance de délivrer le juste qui ne cache pas son péché mais se confie en Celui qui pardonne de tout péché.

Si la sainteté convient à la maison de Dieu, c'est parce que sans la sanctification personne ne verra le Seigneur. La sanctification n'est pas le fait de faire demi-tour à notre péché, mais c'est en même temps le fait de s'approcher de Dieu. Sinon nous sommes juste religieux et satisfaisons la chair.

Combien d'églises peuvent-elles dire aujourd'hui réellement : « Dieu était présent ce matin » ? Je ne parle pas d'artifices, d'excitations charnelles, de foules, de musiques ou de talents oratoires mais de la vraie présence de Dieu qui fait tomber sur ses genoux le pécheur.

> *Jean 12 : 26*
> *Si quelqu'un me sert, qu'il me suive; et là où je suis, là aussi sera mon serviteur. Si quelqu'un me sert, le Père l'honorera.*

Combien peuvent sincèrement dire : « Dieu était là aujourd'hui lorsque je priais » ?

> *Psaumes 34 : 5*
> *Quand on tourne vers lui les regards, on est rayonnant de joie, Et le visage ne se couvre pas de honte.*

Lorsqu'on passe un temps dans la présence réelle de Dieu, on ne ressort pas de la même façon. On entend souvent dire : « Oh après cette réunion votre vie ne sera plus jamais la même », mais pourtant c'est si rarement le cas.

> *Ésaïe 59 : 2*
> *Mais ce sont vos crimes qui mettent une séparation Entre vous et votre Dieu; Ce sont vos péchés qui vous cachent sa face Et l'empêchent de vous écouter.*

Si tu lis cette pensée du jour aujourd'hui, c'est que je crois que tu cherches Dieu et que tu veux lui plaire, mais peut-être qu'aujourd'hui tes péchés te séparent de Lui. Peut-être que depuis longtemps tu n'as pas vraiment senti sa présence ? Depuis combien de temps n'as-tu pas entendu clairement sa voix ? Oh Dieu veut pardonner tes péchés qui te séparent de Lui, il veut te purifier, te pardonner, effacer tous tes péchés aujourd'hui ! Il veut le faire aujourd'hui si seulement tu viens à lui de tout ton cœur ! Oh ne remets pas à plus tard son invitation précieuse, mais dès maintenant, enferme-toi dans un lieu secret, mets-toi à genoux s'il le faut, demande-lui pardon et prends une vraie décision de Le servir pour toujours. Ne regarde pas à la vanité de ce que tu laisses derrière toi, c'est un faux-semblant, un démon déguisé en ange de lumière, une séduction créée pour te faire tomber, mais regarde à Jésus et crie à Lui !

Aucun péché n'est trop grand à effacer pour Dieu, Il est fidèle et juste pour pardonner celui qui ne cache pas ses transgressions, et Il est puissant pour nous délivrer de tout esclavage. Il te délivre aujourd'hui, sois délivré au Nom de Jésus-Christ ! Sois libéré maintenant même ! Alors que tu viens à Lui, Il te délivre et te remplit à nouveau de son amour, maintenant même ! Le passé est derrière, tu es délivré au Nom puissant de Jésus-Christ !

11 AOÛT

Selvaraj Rajiah

La compassion libère la manifestation de Dieu

Bien souvent nous constatons que les gens se fixent comme but d'obtenir les dons, la puissance, l'onction et la foi. Mais c'est l'amour qui produit toutes ces manifestations. Vous direz peut-être : « Je ne suis pas serviteur de Dieu. Je ne prêche pas, ni n'impose les mains aux malades »...

Rappelez-vous, Etienne n'était pas prédicateur, mais simplement diacre, attaché à la distribution des repas des veuves et aux services des pauvres dans l'église primitive. Il montrait tant d'amour et de dévouement dans son travail que la manifestation de Dieu est apparue pendant son service, et de grands prodiges et des miracles ont eu lieu. Beaucoup de chrétiens se plaignent : « On dirait vraiment que Dieu ne fait pas grand-chose dans mon milieu professionnel ». Il a agi dans celui d'Etienne.

Dieu ne veut pas seulement manifester Sa puissance surnaturelle dans le cadre de l'Église. Il veut se révéler partout où l'amour agit. Êtes-vous déjà entré dans une maison et y avez-vous spontanément ressenti l'amour de Dieu ?

L'amour est tangible. Je peux sentir l'amour, je peux sentir l'amour des gens à mon endroit, tout comme je peux sentir l'opposition. Celui qui demeure dans l'amour demeure en Dieu. Ainsi, vous pouvez apporter l'amour partout où vous allez. Vous pouvez faire venir la présence de Dieu en tout lieu, parce que l'amour apporte sa présence.

Lisez le livre des Actes des Apôtres, et vous verrez que l'église primitive marchait dans l'amour. Leur charité était si forte et réelle que, lorsque l'ombre de Pierre couvrait les malades, ceux-ci étaient guéris. Si vous voulez vraiment ressembler à Jésus, vous devez marcher dans la même voie que Lui. Sa puissance n'a pas d'autre secret. Jésus possédait l'onction. Tous les miracles qu'Il a accomplis étaient faits par la puissance du Saint-Esprit. Le seul fait d'être le fils de Dieu ne signifiait pas qu'il pouvait automatiquement accomplir des miracles. Il était déjà fils de Dieu à l'âge de douze ans aussi bien qu'à trente. Mais ce n'est qu'une fois oint et revêtu de la puissance du Saint-Esprit qu'Il a opéré des miracles.

En fait, les miracles que Jésus a accomplis, Il les a faits en tant que fils de l'Homme, oint du même Saint-Esprit que vous et moi. Chaque croyant, rempli du Saint-Esprit dispose de la même puissance en lui ou en elle pour faire chacun des miracles de Jésus.

Comment se fait-il que nous parlions si souvent de miracles, de signes, de prodiges, d'onction et de la puissance qui est en nous, mais que nous en voyons si rarement les manifestations ?

Il existe beaucoup de chrétiens qui n'ont jamais vu un miracle se produire par leurs mains sous la puissance de Dieu. Chacun de nous possède une onction propre et il existe un canal par lequel cette onction est libérée. Ce canal s'appelle la compassion. Chaque croyant rempli de l'Esprit a la puissance de l'Esprit-Saint en lui. Cela signifie que chaque croyant, rempli de l'Esprit est oint pour guérir les malades, chasser les démons, ressusciter les morts et prêcher l'Évangile de Jésus-Christ. Mais nous devons apprendre à libérer l'onction, et c'est la compassion qui la libère. Le mot grec pour « compassion » signifie « émouvoir les entrailles ».

Lorsque le croyant est saisi de compassion et de pitié pour les gens, il est sensible à leurs besoins et libère la compassion qui va opérer le miracle. Ainsi, notre problème n'est pas de manquer de puissance ou d'onction mais bien de compassion.

Il y a des années, dans ma jeunesse, je travaillais comme aide dans un ministère qui organisait des croisades dans de nombreuses villes et villages en Inde. Des semaines avant la croisade, le responsable prenait son équipe à part pour prier et intercéder en faveur des foules. Il montrait un tel amour et une telle compassion pour elles pendant ces moments de prière que, lorsqu'il montait sur l'estrade et se mettait à prêcher, toute cette miséricorde et cet amour se dégageaient de lui, apportant aux gens la délivrance de toutes leurs maladies et infirmités.

Semaine après semaine, mois après mois, j'ai observé cet homme. Je regardais comment il priait, intercédait pour les gens, puis comment il s'occupait d'eux avec amour.

Après cela, je me mettais à part et demandais à Dieu de briser mon cœur de pierre et de m'aider à avoir plus de charité et de compassion pour les autres. Quand je me suis réellement mis à chercher le Seigneur, Il a agi dans mon cœur et j'ai commencé à voir les gens sous un autre jour. Lorsque je priais pour les malades et les nécessiteux, je sentais leurs souffrances et blessures secrètes, je pleurais pour eux de compassion. Quand je leur imposais alors les mains, Dieu les guérissait sur le champ.

Le jour où Dieu m'a donné un cœur miséricordieux, mon ministère a reçu une autre onction.
Je prêchais le même message, mais mon ministère possédait une onction d'amour, de pitié et de compassion supplémentaire. Des jougs étaient brisés dans la vie des gens. Je n'avais plus à m'efforcer de justifier mes convictions ou la puissance de mon ministère. J'ai compris que c'est la compassion qui produit l'onction dans le monde. Seuls l'amour et la compassion divine peuvent porter de tels fruits.

Quand vous commencerez à agir dans cette dimension, vous commencerez à voir des choses que vous n'avez encore jamais vues. Vous verrez l'exaucement de vos prières. Vous chasserez les démons. Vous n'aurez pas besoin d'essayer de vous faire remarquer lorsque vous servirez Dieu, parce que les besoins d'autrui vous tiendront sincèrement à cœur, et vous saurez que vous devez demeurer ferme dans la foi pour les voir libérés.

Extrait du livre « Que manque t-il pour obtenir la puissance de Dieu ».

12 AOÛT

Jérémy Sourdril

Comment chasser satan de nos vies ? Trois hommes qui ont fait face au diable

Avez-vous déjà prié pour que le diable vous laisse tranquille ? Beaucoup de chrétiens prient pour être délivrés du diable, mais en fait ils ne réalisent pas qu'ils ont déjà été délivrés de l'autorité légale du diable, qu'ils doivent marcher dans leur autorité en Christ et rappeler à satan quelle est sa place : sous nos pieds.

Certains diront : « Oui mais Jésus nous a montré comment il fallait prier en disant : délivre-nous du malin ». Oui, mais prier seulement ne fera rien. Dans cette prière transitoire, Jésus nous montre que Dieu a la puissance de nous préserver du malin, et à la croix, Jésus est venu nous délivrer de la puissance du malin.

> *Colossiens 1 : 13*
> *Qui nous a délivrés de la puissance des ténèbres et nous a transportés dans le royaume du Fils de son amour,*
>
> *Colossiens 2 : 15*
> *Il a dépouillé les dominations et les autorités, et les a livrées publiquement en spectacle, en triomphant d'elles par la croix.*

Quand est-ce que nous avons été délivrés de la puissance des ténèbres, du malin ? À la croix. Zacharie dans Luc 1 : 71 regardait à ce que Jésus allait accomplir, Jésus regardait à ce qu'il allait accomplir, mais Paul regardait à ce qui avait déjà été accompli. De la même façon, Jésus a dit de prier : « Que ton Royaume vienne », et selon le même verset de Colossiens 1 : 13, nous savons que le Royaume de Dieu est déjà là et que nous en sommes au bénéfice.

Jésus

Souvent les gens prient sans regarder à ce que dit la Parole au sujet de ce pourquoi ils prient. Avez-vous déjà remarqué ce que fit Jésus lorsque satan se présenta devant lui pour le tenter ? Jésus refusa les paroles de satan, il lui résista parfaitement par la Parole de Dieu et au bout d'un moment alors que le diable continuait à le tenter il prit autorité sur lui et lui ordonna de le quitter. En fait, la Bible nous demande de résister au diable, pas de le chasser seulement. On peut chasser un démon de quelqu'un mais on doit dans nos propres vies résister au diable avec la Parole de Dieu. C'est par la Parole de Dieu que nous lui résisterons, comme nous l'a montré Jésus. Quel bon exemple ne pensez-vous pas ! ? Paul dira plus tard :

> *Jacques 4 : 7*
> *Soumettez-vous donc à Dieu; résistez au diable, et il fuira loin de vous.*

Paul a mis en lettres ce que Jésus avait vécu dans le désert. Comment le diable nous laissera tranquille ? En lui résistant, ferme en la foi. Éphésiens 6 : 13 nous montre encore comment résister à satan :

> *Éphésiens 6 : 13*
> *C'est pourquoi, prenez toutes les armes de Dieu, afin de pouvoir résister dans le mauvais jour, et tenir ferme après avoir tout surmonté.*

Parmi les armes de Dieu se trouvent la Parole de Dieu et la Foi. Nous devons nous munir dans la foi de la Parole de Dieu. Quelqu'un a dit un jour : « J'aimerais que le diable me laisse tranquille pour toujours » ! Mais en fait, tant que nous serons sur cette terre, nous devrons lui résister. Cela ne sert à rien de crier jusqu'à avoir mal à la gorge, de sauter et de gesticuler dans tous les sens mais il faut simplement lui résister d'une foi ferme par la Parole de Dieu et Dieu a promis qu'il fuirait (en courant !). L'un des moyens de lui résister est bien sûr de marcher dans la sainteté et l'obéissance à la Parole.

> *Éphésiens 4 : 26-27*
> *Si vous vous mettez en colère, ne péchez point; que le soleil ne se couche pas sur votre colère, et ne donnez pas accès au diable.*

Parfois des gens veulent chasser le diable de leur vie, mais en fait ils lui ouvrent constamment des portes car ils ne marchent pas selon les principes de la Parole et ils s'étonnent d'avoir des problèmes avec lui. Le diable travaille la très grande majorité du temps dans les pensées, il faut donc garder nos pensées et refuser de penser à l'échec, à la maladie, et à toutes sortes de pensées destructrices. Cela nous protègera. Si nous avons ouvert une porte, demandons pardon au Seigneur qui nous pardonnera parfaitement. Jésus a prié :

> *Jean 17 : 15*
> *Je ne te prie pas de les ôter du monde, mais de les préserver du mal.*

Dieu peut nous préserver du mal, mais cela ne peut se faire que dans un cadre de sanctification et d'obéissance à la Parole de Dieu, et en ramenant toute pensée captive à l'obéissance de Christ.

Pierre

> *Matthieu 16 : 23*
> *Mais Jésus, se retournant, dit à Pierre : Arrière de moi, satan ! Tu m'es en scandale; car tes pensées ne sont pas les pensées de Dieu, mais celles des hommes.*

Pierre encouragea le Seigneur à ne pas aller jusqu'au bout de ce qu'il était appelé à faire et à manquer le but. Finalement il encouragea Jésus à pécher de cette manière. Certains pensent que Jésus a chassé le diable de la vie de Pierre mais en fait non, il a chassé le diable qui essayait de parler au travers de Pierre à ce moment précis. Pierre avait accepté certaines pensées, mais il changea d'attitude.

> *Luc 22 : 31-32*
> *Le Seigneur dit : Simon, Simon, satan vous a réclamés, pour vous cribler comme le froment. Mais j'ai prié pour toi, afin que ta foi ne défaille point; et toi, quand tu seras converti, affermis tes frères.*

Jésus pria pour que la foi de Pierre ne défaille pas malgré les attaques du diable. Il ne pria pas que le diable ne vienne plus jamais le déranger. Sa prière fut exaucée puisque Pierre demeura fidèle au Seigneur, même après son reniement.

Judas

Quand on lit la chute de Judas, il est évident que Judas était fortement attaqué dans ses pensées par rapport à son berger Jésus. Effectivement, dès le moment où nous sommes engagés dans un ministère, dans une église, le diable cherche toujours à semer des pensées de division chez les brebis. Judas, comme Jésus et Pierre, avait été tenté, et Jésus va dire que celui qui mange le pain qui aura été trempé le livrera. Ensuite, Jésus va donner ce pain à Judas. Judas aurait encore pu tomber aux pieds de Jésus à ce moment précis, refuser ce pain et refuser ces pensées diaboliques ! Il était encore temps de revenir en arrière et de résister au diable en demandant à Jésus son pardon et son aide ! Mais Judas prit ce pain et il est dit qu'à ce moment-là satan entra en lui. Il avait donné un accès au diable en acceptant sur une longue durée et de façon réfléchie la pensée de livrer Jésus et le diable entra par cette porte ouverte. Je pourrais aussi parler d'Adam et Eve, qui ont écouté, réfléchi, médité, et accepté la proposition de satan.

Ne soyons pas comme Judas, mais armons-nous de la Parole de Dieu et résistons jusqu'au bout à satan. S'il continue à nous faire des histoires, ordonnons-lui de quitter nos vies. Jésus n'a pas chassé le diable pendant une heure ni même dix minutes, mais une seule parole pleine de foi et d'autorité a suffi : « Arrière de moi ».

Comment chasser le diable de nos vies :

- Prendre conscience du fait que nous avons été délivrés de l'autorité légale du diable (méditer la Parole de Dieu à ce sujet).
- Ne pas donner accès au diable : tout commence dans nos pensées puis cela se manifeste dans notre attitude.
- Si nous avons ouvert des portes, demander pardon à Dieu.
- Marcher dans la sainteté et l'obéissance à la Parole de Dieu et ramener toute pensée captive à l'obéissance de Christ.
- Résister au diable par la Parole de Dieu.
- Si le diable continue à nous faire des histoires, ordonnons-lui avec foi et autorité de se retirer de notre présence.
- Il fuira en courant, comme un voleur pris en flagrant délit de vol par la Police.

13 AOÛT

Olivier Derain

Découvrir, accepter et exécuter la volonté de Dieu pour sa vie

Matthieu 6 : 10 : « Que ton règne vienne; que ta volonté soit faite sur la terre comme au ciel ».

Dieu a une volonté et il désire nous la communiquer. Dans l'Ancien Testament, il y a plus de 2500 références où il est dit : « Ainsi parle l'Éternel », mais nous sommes nés de nouveau et il faut savoir comment Dieu parle, et reconnaître quand il nous parle. Si je marche avec le Seigneur sans connaître sa volonté, il me sera difficile d'avancer.

Dans la Parole, nous avons la volonté générale de Dieu. Par exemple, sa volonté est que tous les hommes soient sauvés, amenés à une vraie repentance, puis attachés à une église locale. Mais dans quelle église ? Cela relève de la volonté spécifique de Dieu. Il n'est pas non plus utile de se demander si c'est la volonté de Dieu de nous guérir, car la Parole est déjà claire à ce sujet. C'est pourquoi, il est très dommage d'enterrer des jeunes chrétiens.

Dieu, dans sa Parole, nous révèle sa volonté générale. Alors que nous sommes confrontés à La Parole, ne la remettons jamais en question.

Par contre, il y a la volonté spécifique de Dieu : ses plans personnels, ses desseins pour toi. Dieu a un registre général pour son corps mais aussi un registre pour la vie de chacun. Il sait ce qu'il veut te donner, mais il va falloir le recevoir. Certains ne savent pas comment savoir si c'est Dieu; ou d'autres veulent recevoir des révélations extraordinaires de Dieu. Observons Moïse, qui reçut la volonté de Dieu à travers un buisson, alors qu'il était en train de garder ses moutons ! Pas de jeûne sec ! Dieu se révèlera si vous avez un cœur, si vous lui dites : « Je veux te consacrer ma vie ». Ce ne sera pas ce que nous, nous choisirons, mais ce que Dieu a choisi pour nous. Beaucoup de chrétiens ont déjà des idées préconçues sur beaucoup de choses. Dieu veut que nous marchions par Sa Parole.

La première façon dont Dieu nous parle est par votre esprit et non par votre tête. C'est votre esprit qui a la capacité de recevoir des choses de Dieu. La Bible nous dit dans Romains que nous sommes dirigés par l'Esprit de Dieu, nous qui sommes nés de nouveau, et non les inconvertis, sauf pour leur salut. Dieu va d'abord nous parler au travers de notre esprit, c'est là que nous recevrons des paroles de Dieu, et souvent, il y aura des confirmations dans l'église, par prophétie par exemple. Mais attention à ne pas courir après les prophéties, car il le confirmera lui-même. Beaucoup disent : « Seigneur, je veux ce matin que tu me parles par prophétie ». Mais c'est Dieu qui choisit sa manière de nous parler et souvent il nous parlera par notre cœur.

Il peut aussi confirmer sa volonté par un frère ou une sœur. Il pourra vous dire : « Je priais pour toi et j'ai reçu cela pour toi ». Gloire à Dieu ! Dans le Nouveau Testament, ils n'étaient pas dirigés par les prophéties mais par l'Esprit de Dieu. Par l'Esprit en nous, nous avons la capacité de savoir que c'est bien Dieu qui nous parle. Alors que dans l'Ancien Testament, ils devaient interroger le prophète. Mais aujourd'hui, cela ne se passe pas comme cela, nous vivons à la lumière du Nouveau Testament.

Parfois, Dieu peut nous parler par voix audible, par vision ou encore par songe. Mais je vous en prie, quand vous rêvez quelque chose, ne croyez pas comme les Babyloniens que cela vient forcément de Dieu. Il peut aussi répondre par des signes mais ne faites pas de toison avec Dieu, certains jouent des pièces de théâtre avec Dieu. L'Esprit de Dieu nous parle et nous confirme. Ne mettez jamais de signe devant Dieu, comme par exemple : « S'il fait beau, je ferais ceci ou cela... ». Dans ce cas, vous auriez une chance sur deux... C'est être immature que de « prier » ces choses.

Si Dieu veut vous appeller, il vous parlera, et la même pensée reviendra encore et encore. Beaucoup de chrétiens fabriquent la volonté de Dieu par leur prière. Aussi, si Dieu vous parle et met une pensée dans votre esprit encore et encore, cela vient de lui. C'est dans sa présence que Dieu va se révéler. Dieu nous montre ces choses, et nous voit dans ces choses. Quand Dieu lui-même nous expose cette image, cela s'impose à notre esprit. Dieu peut aussi parler fortement dans notre cœur.

> *Ésaïe 6 : 8*
> *J'entendis la voix du Seigneur, disant : Qui enverrai-je, Et qui marchera pour nous ? Je répondis : Me voici, envoie-moi.*

Jésus a accepté la volonté du Père quand il est venu. Dans la Trinité, Dieu est un seul. Dieu le Père planifie, le Fils exécute et le Saint Esprit est celui qui révèle. Quand Jésus était dans le ciel de gloire, Dieu le Père ne l'a pas forcé ! Mais Jésus a accepté la volonté du Père.

Découvrir la volonté de Dieu est la première étape. La seconde est de l'accepter. Comme nous le verrons dans l'Écriture, cela a un prix. Plus Dieu vous appellera à de grandes choses, plus cela vous coûtera.

Le premier désir d'un chrétien devrait être de faire ce que Dieu demande, et de se mettre dans la position où Dieu va lui parler : « Je veux avoir ce cœur prêt à ce que Dieu me parle ». Nous ne pouvons accomplir la volonté de Dieu sans mettre notre vie sur l'autel : « Ma vie est pour toi et je veux accepter ta volonté et t'obéir, même si ce n'est pas ce que je veux faire ». Personnellement mon désir propre n'a jamais été d'être pasteur. Je disais aux gens : « Moi je ne veux pas être pasteur », mais Dieu m'a dit il y a plusieurs années de faire une église par plusieurs fois et je me suis alors rappelé toutes les fois où je disais à Dieu : « Ce que tu veux, je le ferai ». Cependant La joie de l'obéissance surpasse tout.

1 Samuel 15 : 22
Samuel dit : L'Éternel trouve-t-il du plaisir dans les holocaustes et les sacrifices, comme dans l'obéissance à la voix de l'Éternel ? Voici, l'obéissance vaut mieux que les sacrifices, et l'observation de sa parole vaut mieux que la graisse des béliers.

14 AOÛT

Olivier Derain

Découvrir, accepter et exécuter la volonté de Dieu pour sa vie (suite)

Beaucoup disent : « Seigneur quoique tu demandes je le ferai ». Vous devriez faire cette prière de tout votre cœur, car Dieu vous prendra au mot. Pour ma part, je disais : « Seigneur envoie-moi où tu veux mais pas en Afrique ». J'avais peur de me retrouver dans le désert du Burkina Faso, dans une maison en paille, sans eau ni électricité...

Sachez que Dieu vous emmènera dans de belles choses, mais pas là où vous pensez. Dieu m'a appelé la première année de ma vie spirituelle, en me disant : « Tu seras directeur d'une école biblique », et je disais : « Merci Seigneur ». Je me voyais dans une grande école biblique. La Parole de Dieu était claire, confirmée et je me disais que la première chose à faire était de quitter mon travail, et de faire l'école biblique.

À cette époque, l'école biblique était dirigée par un américain. Je pensais : « Dès qu'il partira, devine qui prendra la place de l'école biblique de France : Olivier Derain ! ».

Voyez comment on peut se faire rapidement des idées. Quand Dieu nous parle, on peut être d'accord et l'accepter, mais encore faut-il discerner les temps et les moments. Beaucoup de gens sont comme Ismaël dans le corps de Christ, au lieu d'Isaac. Ils essaient de se mettre eux-mêmes dans le plan de Dieu. Ce sont des opportunistes. Dieu nous parle mais attendons le moment de Dieu, préparons-nous. Il y a des gens qui disent qu'ils vont renverser toute la Terre avec l'évangile, et finalement 10 ou 20 ans plus tard, ils n'ont rien renversé, si ce n'est peut-être les murs de leurs maisons.

Quand j'étais à l'école biblique, c'était intéressant d'écouter les gens. À nous entendre, nous aurions pu évangéliser toute la Terre car finalement, nous avions tous de grandes visions. Nous étions tous remplis de la Parole de Dieu, et enseignés par des personnes extraordinairement ointes. Quand nous faisons le bilan 10 ans plus tard : Jésus n'est pas encore revenu, tous n'ont pas atteint leurs visions.

Pourquoi ? Car il y avait beaucoup d'opportunistes. Moïse avait un puissant appel de Dieu, il savait qu'il deviendrait un grand libérateur pour le peuple d'Israël. Moïse, grand prince d'Egypte, éduqué dans la sagesse des Egyptiens (c'est ce que la Bible nous dit) arrive sur son char, et que voit-il ? Un égyptien qui frappe un esclave hébreu. En voulant entrer dans son rôle de libérateur, Il frappe tellement fort qu'il le tue !

Moïse n'avait pas discerné les temps de Dieu et il se retrouve 40 ans derrière des moutons ! Gloire à Dieu, il avait un cœur sincère et Dieu le rattrapera. Abraham dut aussi faire face à cette situation. Il savait que par sa postérité, il y aurait une nation à naître. Mais sachez que ce n'est pas parce que vous avez des promesses qu'elles vont s'accomplir. Dieu a besoin d'un cœur sincère pour pouvoir réaliser Ses choses. Il a besoin que vous acceptiez Ses choses et il va falloir une préparation. Car la plupart des gens qui se donnent un titre ne fréquentent que « l'église de nulle part ». Où donnent-ils leur dîme ? « Mais moi je prie tous les jours... » ! Il n'en est pas ainsi, il y a des temps de préparation.

Quand Dieu nous appelle, nous devons faire les choses de base. Puis, nous parlerons comment Dieu va vous donner votre onction, comment il va réaliser ses plans au travers de vous. L'obéissance de base permet à Dieu d'éprouver votre caractère, votre fidélité, travailler votre cœur dans les choses de base. Oui, vous avez reçu la volonté de Dieu mais attention, discernez bien les temps de Dieu. On est parfois étonné d'entendre des pasteurs, du haut de leur chaire, qui disent : « Dieu m'a appelé à être pasteur au Burundi », trois semaines plus tard, ils sont partis se réfugier à l'étranger.

Si Dieu vous a appelé à être ici, soyez-y. Il ne changera pas d'avis du jour au lendemain. Taisons-nous, ou soyons sérieux. Dieu dit quelque chose, la personne s'implique et après elle disparaît. Cela donne une mauvaise image de Dieu.

Il y a beaucoup de gens qui disent : « Dieu m'a parlé », si Dieu a parlé, nous devrions voir les choses se réaliser. Avant de chanter à la radio trottoir ce que Dieu dit, soyez fidèle et marchez avec votre Dieu, c'est lui qui vous amènera là où il veut. Plus vous aurez une relation forte avec le Seigneur, plus vous serez prêt à vous soumettre à sa volonté. Dans le cas contraire, vous devrez réaliser votre responsabilité.

Car beaucoup sont comme les athéniens : lorsque Paul a prêché, ils commençaient à être fatigués et à bailler. Mais quand ils ont entendu le mot résurrection, ils ont voulu l'entendre une autre fois. Beaucoup sont prêts à louer, mais il en reste peu lorsqu'il s'agit d'engagement. Pourtant, rappelons-nous que Jésus, lui s'est engagé jusqu'au bout.

> *Hébreux 5 : 7*
> *C'est lui qui, dans les jours de sa chair, ayant présenté avec de grands cris et avec larmes des prières et des supplications à celui qui pouvait le sauver de la mort, et ayant été exaucé à cause de sa piété,*

Vous ne pourrez accomplir pleinement la volonté de Dieu sans la foi et la souffrance.

La foi :

Dieu va vous donner une mesure de foi selon votre appel. C'est par la foi que vous pourrez entrer dans ce que Dieu vous appelle à faire, au moment où Il vous le dira. Ne pensez pas que faire la volonté de Dieu ne se passera pas sans embûche, il y en aura, et alors vous saurez si c'est vous ou Dieu qui avez choisi ces choses. Par contre, quand vous faites la volonté de Dieu, les choses ne seront pas faciles du jour au lendemain. Plus votre appel est grand, plus vous allez être amené à faire des grandes choses. Dieu vous demandera tout : toute votre vie, pas une partie. Vous serez obligé de vous engager totalement, pas à 80 % mais à 100 %. Peu de gens sont prêts à dire : « Je suis prêt pour cela ». Beaucoup sont prêts à s'engager peu tout en souhaitant la pleine bénédiction. Mais Dieu ne peut pas car quand vous serez dans la pleine volonté de Dieu, il y aura des épreuves, que seule la foi pourra balayer et démolir. Il y aura des choses miraculeuses qui se passeront sans que vous ayez eu besoin de forcer la main de Dieu ou de chasser tous les démons du coin.

Des gens veulent s'engager dans des choses et Dieu dit non. Mais ils y vont quand même et ils en récoltent les fruits pourris. Mais si vous acceptez le non de Dieu, vous verrez partir la belle jeune fille ou le travail dont vous rêviez depuis longtemps. Cela demande de l'engagement. Faire nos propres plans paie tout de suite, mais coûte plus tard. Tandis que faire les plans de Dieu, nous coûte sur le coup, mais paie plus tard.

Soyez prêt à vivre la persécution, tout comme Jésus l'a vécue.

> *2 Timothée 3 : 12*
> *Or, tous ceux qui veulent vivre pieusement en Jésus-Christ seront persécutés.*

Persécution : faire des choses de Dieu avec un cœur sincère et voir une opposition satanique.

> *Hébreux 5 : 9*
> *Et qui, après avoir été élevé à la perfection, est devenu pour tous ceux qui lui obéissent l'auteur d'un salut éternel,*

Jésus a accepté le plan et Dieu l'a élevé. Ce n'est pas en faisant les choses à votre manière, qu'il va faire de même avec vous. Dieu rémunère ceux qui lui obéissent. Mais il y a trop peu de chrétiens qui disent : « Je veux faire ce que tu veux ». Les chrétiens sont très influencés. Faites ce que Dieu vous demande de faire. Dieu ne vous parlera pas toutes les cinq minutes pour confirmer et reconfirmer ces choses. Faire la volonté de Dieu coûte mais si vous le faites, vous serez rémunéré ici, et dans le ciel. Dieu demande : ton cœur et ton obéissance. Si vous êtes engagé comme Dieu le veut, vous verrez la bénédiction. C'est une grande source de bonheur que de faire la volonté de Dieu, même si tous les jours ne sont pas faciles.

Finalement, il s'agit de continuer dans la course, ne pas courir la course des autres, pas plus, pas moins.

15 AOÛT

Jérémy Sourdril

Pourquoi cachez-vous Jésus ?
Je vous lance un défi aujourd'hui !

En tant qu'enfant de Dieu, vous possédez un trésor inestimable, un trésor qui n'a pas de prix.

> *2 Corinthiens 4 : 6-7*
> *Car Dieu, qui a dit : La lumière brillera du sein des ténèbres, a fait briller la lumière dans nos cœurs pour faire resplendir la connaissance de la gloire de Dieu sur la face de Christ. Nous portons ce trésor dans des vases de terre, afin que cette grande puissance soit attribuée à Dieu, et non pas à nous.*

Ce trésor inestimable, Jésus-Christ, vit en toi. Mais la connaissance de la Gloire de Dieu ne se manifestera jamais si tu n'ouvres pas la bouche. Tu es une lampe. Tu as tout pour éclairer les hommes, et il te suffit d'appuyer sur l'interrupteur pour faire jaillir la lumière que Dieu a mise en toi. Je ne connais pas ton prénom, je ne sais pas si tu es dans ton salon, dans ta chambre, dans un cyber café, dans ton université, dans un transport ou ailleurs, mais sache que tu portes un trésor merveilleux en toi et puissant à l'extrême. Pourquoi méprises-tu sans cesse ce trésor que Dieu a mis en toi ? Pourquoi réduis-tu sans cesse l'image que tu as de toi-même, image que Dieu est venu rétablir par la Croix ?

Qui que tu sois aujourd'hui, si tu es son enfant, tu portes en toi la Parole de Dieu, tu portes en toi la lumière de ce monde qui éclaire tout homme, tu portes en toi Jésus-Christ. Tu peux éclairer le monde par la lumière que Dieu a mise en toi en ouvrant simplement la bouche et en déclarant la Parole de Dieu.

> *Romains 10 : 8*
> *Que dit-elle donc ? La parole est près de toi, dans ta bouche et dans ton cœur. Or, c'est la parole de la foi, que nous prêchons.*

Tu as la Parole de Dieu dans ton cœur, mais il faut que tu la prêches ! Il faut que tu la déclares ! Le monde ne verra jamais Jésus si tu gardes la lumière en toi. Il y a plus de lumière dans ton esprit que ne peut en contenir le soleil. Lorsque tu ouvres ta bouche et que tu déclares la Parole de Dieu, le monde est éclairé. Tout à coup, alors que tu ouvres simplement ta bouche, quoi que tu ressentes, tu n'as rien à ressentir, mais la puissance de la Parole de Dieu travaille les cœurs. Elle endurcit les cœurs durs et elle fait fondre les cœurs ouverts.

Ce trésor que tu portes, c'est Jésus-Christ, le Fils du Dieu Tout-Puissant, Créateur du ciel et de la terre, Dieu éternel, trois fois saint. Tu le portes dans un vase de terre. Il ne s'agit pas de toi. Il s'agit des autres. Arrête de penser à toi, arrête de raisonner sans cesse, car nos raisonnements empêchent Dieu d'agir au travers de nous. Ouvre juste ta bouche.

Un jour, Jésus a vu la foule fatiguée et lassée, et elle était comme des brebis qui n'ont pas de berger. Jésus a pleuré. Les gens se pressaient de partout car enfin, Dieu se manifestait quelque part ! Ils étaient tellement heureux, eux que la religion avait déçus, ils étaient fatigués de ne pas voir Dieu dans leur entourage ! Vous savez, le monde cherche Jésus, le monde cherche Dieu, même l'église cherche plus de Jésus. Les gens sont désespérés, ils ne trouvent personne pour leur parler de Jésus !

Il y a quelques semaines, j'ai eu la joie d'amener un jeune homme à Christ et il m'a dit : « Mais personne ne m'avait dit ! ». Est-ce que les gens qui vous entourent savent qui vous cachez en vous ? Que diraient-ils s'ils réalisaient que vous avez la solution à tous leurs problèmes ? Je vous en prie, ne cachez pas Jésus, mais ouvrez juste la bouche avec la hardiesse que Dieu vous donne, et envoyez la Parole. Prêchez la Parole avec simplicité et la sagesse que Dieu vous donne. Le diable est méchant et il veut faire mourir les gens, il n'attendra pas ce soir pour tuer quelqu'un s'il le peut, il le ferait aujourd'hui. Toi, vas-tu attendre demain ?

> *Hébreux 3 : 7-8*
> *C'est pourquoi, selon ce que dit le Saint-Esprit : Aujourd'hui, si vous entendez sa voix, N'endurcissez pas vos cœurs, comme lors de la révolte, Le jour de la tentation dans le désert… Car :*
>
> *Hébreux 13 : 8*
> *Jésus-Christ est le même hier, aujourd'hui, et éternellement.*

Ce que Dieu a fait hier au travers des croyants, il veut le faire aujourd'hui avec toi. Je te lance un défi : aujourd'hui même, dévoile à quelqu'un le trésor que tu caches, aujourd'hui, parle de Jésus à quelqu'un, et reviens pour nous rendre un témoignage sur cette page. Les circonstances ne viendront pas pour t'aider, ni le temps, ni les hommes, mais Dieu est toujours prêt en toi à se lever dans ta bouche, à investir ta bouche et à changer le monde.

16 AOÛT

Jérémy Sourdril

Passion ou Compassion ?

Peu de chrétiens sont des gens passionnés pour Dieu. Mais il faut dire qu'il y en a plusieurs ! J'ai eu l'occasion d'en voir en Afrique, en Europe et en Amérique. En fait, il y en a partout, ils sont disséminés, mais ils ne représentent pas la majeure partie des croyants. Parmi ces gens passionnés, tous ne sont pas des gens de compassion.

Il y a effectivement une différence entre la passion et la compassion. La compassion, même si elle paraît moins puissante au premier abord s'avère être beaucoup plus puissante que la passion. Je crois que nous sommes appelés à être des gens passionnés, avec compassion, ou encore des gens passionnés de compassion.

Animé d'un zèle amer

Le mot le plus proche de la passion tel que j'en parle ici est le mot zèle. Dans 2 Rois au chapitre 10, vous pourrez lire le zèle qui animait Jéhu.

> *2 Rois 10 : 16-17*
> *Et dit : Viens avec moi, et tu verras mon zèle pour l'Éternel. Il l'emmena ainsi dans son char. Lorsque Jéhu fut arrivé à Samarie, il frappa tous ceux qui restaient d'Achab à Samarie, et il les détruisit entièrement, selon la parole que l'Éternel avait dite à Elie.*

Jéhu était un homme vraiment zélé pour Dieu (nous comprenons ici qu'il existe une différence entre la passion et la compassion) et Dieu appréciait ce type de zèle. En fait, le contraire du zèle, c'est la tiédeur. Le chrétien tiède n'est pas passionné pour Dieu. On peut l'asseoir dans un repas entouré d'inconvertis et on ne voit pas de différence entre lui et ceux qui ne connaissent pas Dieu. Le chrétien tiède parle peu de sa relation avec Jésus-Christ, pour ne pas dire pas du tout. Il pourra parler de Dieu mais pas de sa relation intime avec Jésus, s'il en a une. Le chrétien tiède va à l'église, même avec sa Bible, mais il n'est pas passionné.

Paul était un homme extrêmement passionné, même après sa conversion. Cependant dans son zèle « pré-conversion », il faisait tuer les chrétiens. Il dira de lui-même que dans son zèle, il persécutait les chrétiens.

> *Galates 1 : 14*
> *Et comment j'étais plus avancé dans le judaïsme que beaucoup de ceux de mon âge et de ma nation, étant animé d'un zèle excessif pour les traditions de mes pères.*

Dans l'Ancien Testament, plusieurs avaient du zèle pour Dieu. Élie dira de son zèle à Dieu : « J'ai déployé mon zèle pour l'Éternel ».

> *Jean 2 : 17*
> *Ses disciples se souvinrent qu'il est écrit : Le zèle de ta maison me dévore.*

Alors que j'avais 19 ans, j'ai prêché dans un groupe de jeunes ma première prédication sur le zèle amer d'Ezéchiel. Mon pasteur m'avait corrigé sur un élément du message en me montrant que notre zèle aujourd'hui ne pouvait pas être le même que celui d'Ezéchiel, que notre zèle ne doit pas être amer. Je me souviens encore de mon verset de base pour le message :

> *Ezéchiel 3 : 14*
> *L'esprit m'enleva et m'emporta. J'allais, irrité et furieux, et la main de l'Éternel agissait sur moi avec puissance.*

Certains chrétiens ont développé ce type de zèle à cause d'une mauvaise interprétation de notre alliance ou plutôt d'un cruel manque de connaissance (et d'amour) de la nouvelle alliance. Aujourd'hui nous ne sommes pas appelés à être irrités et furieux, mais à être zélés dans l'amour.

17 AOÛT

Jérémy Sourdril

Passion ou Compassion ? (suite)

Animé d'un zèle amoureux

Le Nouveau Testament nous encourage beaucoup à avoir du zèle. Il est aussi dit de Dieu qu'il est animé de zèle. Jésus était passionné par le Royaume de Dieu, les disciples suivaient sa passion de près, car les gens passionnés ont le don pour attirer notre curiosité et notre soif. C'est d'ailleurs pour cela qu'on a appelé le film de son sacrifice précieux : « La Passion du Christ », parlant des souffrances et des supplices qui ont accompagné son sacrifice. Jésus pouvait passer la nuit en prière car il était passionné, il pouvait se lever tôt et traverser un lac pour un homme par passion.

Il est dit de Jésus, reprenant un verset du Psalmiste :

> *Jean 2 : 17*
> *Ses disciples se souvinrent qu'il est écrit : Le zèle de ta maison me dévore.*

C'est bien là la différence avec Jésus. Oui Jésus était passionné, mais ce n'est pas sa passion seule qui l'a amené à accepter et à endurer la croix. C'était sa compassion.

> *Matthieu 9 : 36*
> *Voyant la foule, il fut ému de compassion pour elle, parce qu'elle était languissante et abattue, comme des brebis qui n'ont point de berger.*

J'ai toujours trouvé ce verset formidable. Il y a une grande puissance dans ce verset. Jésus pouvait, en regardant la foule, être enveloppé d'une compassion divine qui l'amenait à se donner entièrement, à guérir les foules et à les enseigner jusqu'au petit matin s'il le fallait.

On trouve de plus en plus de chrétiens passionnés pour faire des affaires pour le Royaume de Dieu et cela est une bonne chose. Nous sommes appelés à être des gens passionnés. Les gens qui ne sont pas passionnés se font souvent écraser par les autres. Ce qui est souvent malheureux, c'est de voir des incroyants passionnés dans leurs passions charnelles écraser les chrétiens non-passionnés.

Il nous faut une vision pour avoir de la passion. Sans vision, pas de passion. Si tu veux être passionné tu dois développer une vision, mais pas sans compassion.

> *Romains 12 : 11*
> *Ayez du zèle, et non de la paresse. Soyez fervents d'esprit. Servez le Seigneur.*

> *Galates 4 : 18*
> *Il est beau d'avoir du zèle pour ce qui est bien et en tout temps, et non pas seulement quand je suis présent parmi vous.*

Des gens ont dit (ou pensé) : « J'ai montré beaucoup de compassion dans ce que j'ai fait pour telle ou telle personne », mais nos œuvres aussi belles soient-elles ne prouvent pas que nous sommes dans la compassion. Des milliardaires donnent des millions à des œuvres de bienfaisance sans aucune compassion mais simplement pour l'image que cela pourra leur apporter. Plus que cela, il est écrit :

> *1 Corinthiens 13 : 2-3*
> *Et quand j'aurais le don de prophétie, la science de tous les mystères et toute la connaissance, quand j'aurais même toute la foi jusqu'à transporter des montagnes, si je n'ai pas l'amour, je ne suis rien. Et quand je distribuerais tous mes biens pour la nourriture des pauvres, quand je livrerais même mon corps pour être brûlé, si je n'ai pas l'amour, cela ne me sert de rien.*

Tu peux donc faire des choses incroyables et ne pas être dans l'amour divin. C'est pour cela que certains fous se tuent pour leur faux dieu sans être aucunement dans l'amour. Sans aller jusque-là, nous faisons parfois des choses sans être dans l'amour, et nous ne recevrons pas de récompense pour cela, même si bien entendu l'amour ne cherche pas de récompense.

Soyons des gens passionnés et amoureux des âmes qui nous entourent !

Nous devons être des gens passionnés de compassion. Ce qui doit faire vivre notre passion, c'est la compassion. Vous pouvez facilement avoir de la passion sans compassion mais il est plus difficile d'avoir de la compassion sans passion. Il nous faut d'abord chercher la compassion, cherchons à aimer les gens comme Jésus les a aimés, vous pouvez aimer les gens d'un amour qui vous surprendra vous-même. La Bible déclare que l'amour a été répandu (avec abondance !) dans nos cœurs par le Saint-Esprit. Là encore, ce n'est pas notre amour mais il s'agit de l'amour de Dieu. Mon amour est limité mais celui de Dieu jamais !

J'ai commencé il y a plusieurs mois à déclarer alors que je me lève le dimanche matin pour aller à l'église : « Je suis rempli de l'amour de Dieu pour les gens », « J'aime les gens », « Je suis amoureux des gens qui m'entourent ». Je me souviens que la première fois que j'ai fait cela, j'étais dans une réunion de prière juste avant l'église et je me suis dit : « Tu es bizarre de dire cela », mais aussitôt je sentais que je venais de créer une grande route à l'amour de Dieu pour passer au travers de moi, et cela fonctionne ! Depuis, je n'ai pas arrêté de le dire. Je m'efforce, par amour, à le dire en me levant avant le culte, en conduisant jusqu'à l'église, en montant les escaliers de l'église, en arrivant dans l'église. Cela me motive et m'encourage à démontrer mon amour. Vous pouvez le faire du lundi au dimanche sans interruption, pour les non-croyants comme pour les chrétiens ! Pour ma part j'aspire à le faire toujours plus !

Aimer les gens avec passion, voilà ce qui nous amènera dans les hauteurs avec Dieu, voilà ce qui réjouira le cœur de notre Seigneur Tout-Puissant qui nous aime.

Jésus est merveilleux.

18 AOÛT

Michaël Lebeau

La règle des 5P pour amener une âme au Salut

Je m'étonne de voir à quel point, nous (les chrétiens nés de nouveaux) nous nous détournons si facilement de la priorité de Dieu pour notre vie à savoir « Sauver les perdus ». Et à quel point, l'Église se soucie de moins en moins des âmes qui vont en enfer...

Cependant, j'ai espoir que la tendance va s'inverser et que nous allons de moins en moins chercher nos intérêts mais que nous ferons passer en premier les intérêts de Dieu qui assurément compte sur nous pour sauver un maximum d'âmes. Cet enseignement parle des cinq étapes importantes qui vous aideront à gagner des âmes.

P1 : Prière d'intercession

Le célèbre prédicateur anglican John Wesley a déclaré dans un de ses ouvrages : « Il semble que Dieu soit limité par notre vie de prière, et qu'il ne puisse rien faire pour l'humanité à moins qu'une personne ne le Lui demande ». Kenneth Hagin lui-même confirme cette réalité dans son livre « l'art de la prière » en rajoutant : « J'ignore pourquoi il en est ainsi ».

La Bible nous montre clairement que Dieu cherche des intercesseurs sur qui il peut compter pour sauver l'humanité. Souvenez-vous de l'histoire d'Abraham qui intercéda pour le salut de son neveu Lot qui aurait dû périr dans la destruction de Sodome et Gomorrhe (cf. Genèse 18). Grâce à l'intercession d'Abraham, Dieu a envoyé deux anges pour sauver Lot et sa famille avant la destruction de la ville. Cette image est l'ombre de l'intercession que le croyant né de nouveau doit faire en faveur des perdus.

> *Ezéchiel 22 : 30*
> *Je cherche parmi eux un homme qui élève un mur, qui se tienne à la brèche devant moi en faveur du pays, afin que je ne le détruise pas; mais je n'en trouve point.*

Une personne qui se préoccupe du salut éternel de son prochain se doit de fléchir les genoux et prier de tout son cœur avec ferveur pour que le Seigneur par le Saint-Esprit touche sa vie et l'amène à la foi en Christ.

Si nous prêchons à des personnes sans préalablement avoir prié pour elles, nous aurons peu de résultats. Prions pour le salut de notre entourage, de notre ville ou village avant de prier pour le salut du monde entier.

Prions avec amour et non par devoir religieux pour apaiser notre conscience.

Si vous avez à cœur le salut d'une personne alors appliquez cette règle du premier P : Prier avec amour pour que le Seigneur la sauve.

P2 : Parfum de Christ

> *2 Corinthiens 2 : 14-16*
> *Grâces soient rendues à Dieu, qui nous fait toujours triompher en Christ, et qui répand par nous en tout lieu l'odeur de sa connaissance ! Nous sommes, en effet, pour Dieu la bonne odeur de Christ, parmi ceux qui sont sauvés et parmi ceux qui périssent : aux uns, une odeur de mort, donnant la mort; aux autres, une odeur de vie, donnant la vie. Et qui est suffisant pour ces choses*

Toute personne ayant reçu le Seigneur Jésus comme sauveur, reçoit le don du Saint-Esprit. Cette expérience s'appelle la nouvelle naissance, non seulement Dieu vous donne son Esprit Saint qui vient habiter en vous, mais en plus de cela, il change complètement votre cœur c'est-à-dire votre esprit. La Bible dit dans le livre d'Ezéchiel qu'il ôte votre cœur de pierre et qu'il vous donne un cœur de chair. Votre cœur respire maintenant la vie de Dieu, et diffuse la bonne odeur de Christ tel un parfum.

Assurez-vous donc de marcher selon les exigences du Seigneur afin que votre entourage incroyant sente la bonne odeur de Christ qui se dégage de vos actions et de votre comportement.
Avant vous mentiez et maintenant vous êtes honnête, avant vous étiez triste et maintenant la joie rayonne sur votre visage, avant vous étiez colérique et maintenant vous respirez la douceur de Jésus, avant vous haïssiez des personnes et maintenant vous aimez même vos ennemis.

Si vous avez à cœur le salut d'une personne, alors avant d'aller lui parler du Seigneur, assurez-vous d'appliquer cette règle du second P : Faire sentir à votre entourage le parfum de Christ par une vie intègre débordante d'amour.

P3 : Prêcher la bonne nouvelle de l'Évangile

Après avoir prié pour le salut d'une personne, après lui avoir fait sentir le parfum de Christ, viendra le temps où le Saint-Esprit vous demandera de lui prêcher la bonne nouvelle de l'Évangile.

A ce moment, souvenez-vous d'une chose, ce n'est pas vous qui pourrez produire le miracle de la nouvelle naissance mais c'est uniquement le Saint-Esprit. Donc il est impératif de ne pas compter sur vos capacités lorsque vous prêchez le Salut par la Foi en Jésus-Christ, mais de mettre votre confiance entièrement dans la personne du Saint-Esprit.

> *Jean 16 : 7-11*
> *Cependant je vous dis la vérité : il vous est avantageux que je m'en aille, car si je ne m'en vais pas, le consolateur ne viendra pas vers vous; mais, si je m'en vais, je vous l'enverrai. Et quand il sera venu, il convaincra le monde en ce qui concerne le péché, la justice, et le jugement : en ce qui concerne le péché, parce qu'ils ne croient pas en moi; la justice, parce que je vais au Père, et que vous ne me verrez plus; le jugement, parce que le prince de ce monde est jugé.*

Il y a bien des années, une amie m'appela par téléphone pour me dire qu'elle n'arrivait pas à amener son futur beau-frère au salut. Il était dans la drogue, il connaissait déjà le message de l'Évangile, mais il ne voulait pas se repentir. Elle me demanda conseil. Je lui expliquai que sa foi ne devait pas reposer sur ses propres capacités quand elle lui annonce l'Évangile, mais qu'elle doit uniquement compter sur la personne du Saint-Esprit. Elle suivit mon conseil et dès le lendemain alors qu'elle lui parlait au bord d'une plage, il fut convaincu de péchés et accepta le Seigneur Jésus. Il délaissa complément la drogue et fut baptisé d'eau. Alléluia !

Lorsque vous prêchez à une personne, il faut respecter trois choses :

- Donner envie ! Lui donner envie de connaître Jésus par votre témoignage personnel par exemple.
- Pourquoi ? Lui expliquer pourquoi elle a besoin d'être sauvée.
- Comment ? Lui expliquer comment obtenir le salut en invoquant avec Foi le nom du Seigneur Jésus.

> *Romains 10 : 13*
> *Car quiconque invoquera le nom du Seigneur sera sauvé.*

Quoi qu'il en soit, il n'y a pas de chemin tout tracé pour amener une âme au salut, l'important est de toujours être conduit par le Saint-Esprit. Une simple phrase comme : « Jésus t'aime ! », ou : « Jésus est mort pour tes péchés » peut amener une révélation dans le cœur d'une personne.

Si vous avez à cœur le salut d'une personne alors appliquez cette règle du troisième P : Prêcher la bonne nouvelle de l'Évangile.

19 AOÛT

Michaël Lebeau

La règle des 5P pour amener une âme au Salut (suite)

Pour être sauvé, il ne suffit pas de croire en Jésus, il faut également recevoir le pardon des péchés par un acte de foi qu'on appelle : « La prière du salut ».

P4 : Prière du Salut

Il est INDISPENSABLE d'amener le pécheur qui croit à poser un acte de foi. Dans le livre des actes des apôtres, la prédication de l'Évangile était directement suivie par un acte de foi et de repentance appelé : « Le baptême d'eau ». Pour des raisons pratiques, au cours des siècles, les évangélistes ont amené l'auditoire à poser un autre acte de foi qui produit le miracle de la nouvelle naissance dans le cœur d'une personne : « L'appel suivi de la prière du Salut ». Puis, la personne ayant fait la prière du salut rejoint une église et se fait baptiser d'eau par son pasteur. Certains évangélistes bien organisés continuent à baptiser directement après avoir prêché la bonne nouvelle de l'Évangile. Que le baptême d'eau ait lieu immédiatement ou pas, ce qui est important, c'est que le pécheur qui croit pose un engagement de foi public et qu'il reçoive à ce moment le pardon de ses péchés et la nouvelle naissance.

Comment faire la prière du Salut ?

Lorsque vous faites faire à un pécheur la prière du salut, il ne faut pas s'adresser à Dieu le Père mais il faut se tourner vers Dieu le Fils : Jésus-Christ. Car c'est Jésus qui a reçu du Père l'autorité et la puissance de pardonner les péchés.

> *Actes 10 : 42-43*
> *Et Jésus nous a commandé de prêcher au peuple et d'attester qu'il a été lui-même désigné par Dieu comme juge des vivants et des morts. Tous les prophètes rendent de lui le témoignage que quiconque croit en lui reçoit par son nom le pardon des péchés.*

Vous devez demander à la personne de répéter une simple prière après vous. Vous pouvez en trouver un exemple à la fin du livre à la page : « Comment recevoir Jésus comme Sauveur ? ».

> *Romains 10 : 13*
> *Car quiconque invoquera le nom du Seigneur sera sauvé.*

Nous pourrions amplifier la traduction de ce verset comme ceci : « Quiconque fera appel (publiquement) à Jésus avec foi (pour être pardonné de ses péchés) sera sauvé ».

> *Romains 10 : 10-11*
> *Car c'est en croyant du cœur qu'on parvient à la justice, et c'est en confessant de la bouche qu'on parvient au salut, selon ce que dit l'Écriture : Quiconque croit en lui ne sera point confus.*

Si vous avez à cœur le salut d'une personne alors appliquez également cette règle du quatrième P : Faire faire la prière du salut après lui avoir prêché la bonne nouvelle de l'Évangile.

P5 : Prendre soin : comment prendre soin d'un nouveau-né ?

Maintenant que vous avez appliqué les quatre premières règles, il ne faut pas s'arrêter en si bon chemin... Souvenez-vous que la personne qui vient de recevoir le pardon de ses péchés est encore un nouveau-né spirituel. Il ne connait rien aux réalités spirituelles, il va falloir prendre soin de lui pendant plusieurs mois.

1. **Lui donner du lait :**

- Offrez-lui une Bible (il existe des Bibles en vente à 1.50 € maintenant) et conseillez-lui de commencer la lecture par le nouveau testament avant de lire l'Ancien Testament. Lui dire de la lire tous les jours de tout son cœur et de demander au Seigneur de lui parler au travers de Sa Parole qui est réellement vivante.

- Envoyez-lui régulièrement des enseignements vidéos/audio de qualité par email ou sur les réseaux sociaux comme Facebook.

- ♦ Offrez-lui de bons livres chrétiens édifiants

- ♦ Montrez-lui des témoignages poignants de vies transformées comme celui de Nicky Cruz par exemple afin de fortifier sa foi.

2. **L'intégrer dans une église locale et la présenter à l'un des pasteurs :**

- ♦ Dites-lui pourquoi est-ce si important d'avoir une église locale ? Expliquez-lui également le rôle du berger dans sa vie. Si vous voulez en savoir plus vous-même sur le rôle primordial de l'église locale dans la vie du croyant, je vous invite à écouter un enseignement que j'ai pu apporter dans mon église : « Le rôle primordial de l'église locale dans ma destinée ».

3. **La pousser à avoir quotidiennement une relation personnelle avec Dieu le Père dans la prière.**

4. **Prendre de ses nouvelles régulièrement pour l'encourager dans sa nouvelle vie avec le Seigneur et** prier avec elle.

5. **La connecter avec vos amis chrétiens :** N'oubliez pas que les personnes que vous fréquentez affectent votre destinée. Elle doit maintenant être entourée de personnes qui partagent sa foi, qui ont une vie en règle avec Dieu.

Que Dieu fasse de vous un gagneur d'âmes au nom puissant de Jésus-Christ et en cela votre Père céleste sera glorifié.

Jean 15 : 8
Si vous portez beaucoup de fruit, c'est ainsi que mon Père sera glorifié, et que vous serez mes disciples.

20 AOÛT

Jérémy Sourdril

Dieu s'est rendu faible face à ton libre arbitre

Dieu est Tout puissant, mais Dieu ne nous force jamais à accomplir sa volonté.

Parfois des gens disent que Dieu a forcé le Pharaon à endurcir son cœur, mais en fait Dieu connaissait le cœur de Pharaon et il savait qu'il était un homme méchant, qu'il avait un cœur mauvais, et l'action de Dieu a simplement dévoilé ce qui était déjà dans le cœur de cet homme.

Un œuf que vous avez fait durcir à la casserole ne change pas de nature, vous l'avez simplement fait durcir. C'est comme un citron : le citron est citron avant et après que vous le pressiez. Pour connaître et goûter le jus du citron, vous avez besoin de le presser, mais ce n'est pas vous l'auteur du jus qui était déjà dans le « cœur » du citron, vous l'avez simplement mis en évidence. C'est ce qui s'est passé avec le Pharaon, Dieu a pressé son cœur pour en faire sortir le jus, il a mis en évidence sa méchanceté et son cœur pourri.

Il y a bien une chose dans laquelle Dieu a choisi de se rendre faible, c'est face à ton libre arbitre. Dieu ne te forcera pas. C'est toi qui décides ce que tu fais avec sa parole, avec ce qu'il te dit personnellement. Il est probable que Dieu t'ait déjà parlé au sujet de quelque chose à faire ou à revoir et que tu n'aies pas écouté. Et bien Dieu ne te forcera pas à le faire.

Certaines personnes pensent que tout ce qui se passe dans leur vie a pour origine la volonté de Dieu, mais c'est faux. D'autres encore pensent que si Dieu veut faire quelque chose dans notre vie, il le fera forcément... c'est également faux.

Là où je voudrais en venir aujourd'hui, c'est que Dieu ne te forcera pas à faire le bien. Jésus a dit : « Allez », et nous choisissons parfois de rester. Jésus a dit : « Faites le bien », et nous choisissons parfois de faire le mal. Jésus a dit : « bénissez », et nous maudissons. Parfois... Dieu s'est rendu faible face à ton libre arbitre pour que tu lui montres qui tu es vraiment.

Quelle bénédiction de savoir qu'on peut surprendre Dieu par notre attitude, qu'on peut lui faire plaisir par nous-mêmes, qu'il peut être satisfait par les choix qu'on prend dans nos vies. Il aurait été triste d'avoir un Dieu qui fasse de nous des robots. Dieu a mis devant chacun de nous la vie et la mort, et c'est à nous de choisir. Il nous dit de choisir la vie, mais il ne nous oblige pas.

Jésus nous a demandé de faire le bien autour de nous en annonçant l'Évangile. Que feras-tu avec ce commandement ? Il a dit :

> *Jean 13 : 34*
> *Je vous donne un commandement nouveau : Aimez-vous les uns les autres; comme je vous ai aimés, vous aussi, aimez-vous les uns les autres.*

Des millions de chrétiens dans le monde vont à l'église tous les dimanches, ils prient chaque semaine, ils prient avant de manger, ils lisent la Bible, ils parlent de Dieu entre eux, ils ont des livres chrétiens à la maison, ils enseignent la Bible à leurs enfants, mais ils ne veulent pas obéir au seul commandement de Jésus. Vous êtes chrétien ? Vous savez comment vous pouvez aimer les autres ? En annonçant l'évangile autour de vous.

Vous n'en avez peut-être pas envie, vous pouvez peut-être trouver 1000 raisons pour ne pas le faire, et bien Dieu ne vous forcera pas à le faire, et il vous laissera même mourir ainsi. Toutefois, vous pouvez choisir de faire le bien. Oh ! Je vous en prie, vous avez la mort et la vie devant vous, vous pouvez amener une odeur de mort ou une bonne odeur de vie, vous pouvez amener la vie chez les gens que vous rencontrez aujourd'hui !

Dieu vous a laissé le choix, et il veut voir ce que vous choisirez de faire.

21 AOÛT

Filipe et Marie Alves

Refusez les disputes

Un jour, j'assistais à une dispute entre deux chrétiens. Chacun était persuadé d'être dans son bon droit et voulait le prouver par À plus B. Finalement, ils étaient tous deux énervés et cette dispute les avait davantage blessés.

J'étais à côté d'eux et tout à coup j'ai ressenti la présence de Jésus comme jamais : une Paix extraordinaire m'envahit. Je sentais que notre Seigneur était là, mais il était à distance de cette dispute; ni d'un côté, ni de l'autre. Pourtant chacun des protagonistes était persuadé que Jésus était de son côté.

Laissez-moi vous dire que lorsque vous vous disputez avec quelqu'un, Jésus n'est jamais là, il n'est jamais d'accord avec vous. Les disputes sont des instruments puissants que le diable utilise pour blesser, diviser, détruire. Ne vous laissez pas tromper ! Bien souvent, quand Dieu est à l'œuvre dans un domaine de votre vie, l'ennemi va tout mettre en œuvre pour détruire ce que Dieu fait et la dispute est l'un des moyens les plus efficaces pour cela.

Vous revenez d'une réunion où Dieu vous a parlé, vous êtes dans la joie et là vous vous disputez avec quelqu'un pour des raisons absurdes, et tout ce que Dieu vous a donné paraît s'être envolé : la Paix, la Joie, il ne reste plus rien ! Le diable a tout volé et vous êtes maintenant focalisé sur ce que l'on vous a dit; la petite réflexion que l'on vous a faite prend des proportions démesurées et se transforme en énorme problème. Le diable ne veut pas que l'on sorte de nos problèmes et il fera tout, je vous l'assure, pour nous remettre le nez dedans.

Mais face aux querelles, la solution est simple. Dieu veut former en nous son caractère afin de rentrer dans les œuvres qu'il a préparées d'avance. La Parole nous dit de rechercher la Paix avec tout le monde :

> *Hébreux 12 : 14-15*
> *Recherchez la paix avec tous, et la sanctification, sans laquelle personne ne verra le Seigneur. Veillez à ce que nul ne se prive de la grâce de Dieu; à ce qu'aucune racine d'amertume, poussant des rejetons, ne produise du trouble, et que plusieurs n'en soient infectés;*

Si quelqu'un dit du mal de vous, ou vous fait du mal intentionnellement ou pas, faites le choix de Dieu : ne répondez pas, vous allez avoir la victoire sur l'ennemi. Réagissez toujours dans l'amour et là vous allez être utilisé par Dieu : quelle joie ! Ce n'est pas la solution de la facilité. C'est difficile de ne pas répondre lorsque l'on est blessé ou énervé, mais quel bonheur de faire la volonté de Dieu et de déjouer les pièges de l'ennemi !

Nous voulons tous être puissamment utilisés par Dieu, mais il faut d'abord qu'Il forme notre caractère. Moïse après avoir supporté le peuple d'Israël est devenu l'homme le plus doux de la terre. Le caractère de Dieu a été façonné en lui. Dieu ne nous utilisera pas si nous passons notre temps à nous quereller. Par contre, soyez-en sûr, l'ennemi lui vous utilisera !

Alors ne donnez plus accès au diable et laissez-vous transformer par Dieu. Développez le caractère de Christ en vous !

22 AOÛT

Jérémy Sourdril

Il y a deux occasions d'annoncer l'Évangile

La Bible nous dit qu'il y aura une différence entre celui qui ne le sert pas, et celui qui le sert. Jésus a aussi dit que lorsque nous nous retrouverions dans une situation extrême, il nous inspirerait les bonnes paroles à dire à ceux qui nous condamnent.

> *Matthieu 10 : 19*
> *Mais, quand on vous livrera, ne vous inquiétez ni de la manière dont vous parlerez ni de ce que vous direz : ce que vous aurez à dire vous sera donné à l'heure même;*

C'est ce qui s'est passé pour cette jeune vendeuse de téléphones portables en Floride, le 23 Juillet 2010. Le contexte n'était pas celui des juges, mais d'un braqueur, qui, entré dans le magasin de cette jeune chrétienne, demande à ce qu'elle lui remette la caisse. On voit même les deux personnages, Israël Camacho, le braqueur, et Nayara Goncalves, la chrétienne vendeuse, dans un enregistrement effectué par la caméra de surveillance du magasin et rendu publique.

L'homme de 37 ans discute avec elle quelques instants de la pluie et du beau temps puis demande à voir un téléphone. Il semble assez nerveux et demande alors l'argent de la caisse, mais la jeune femme lui témoigne de Jésus.

Discussion entre le braqueur et la jeune chrétienne :

Le braqueur :
« Je déteste faire cela, n'ayez pas peur ».

La jeune chrétienne :
« Vous pouvez me faire ce que vous voulez. Je vais juste vous parler du Jésus qui est en moi ».

Le braqueur :
« Que Dieu vous bénisse », réplique le braqueur qui la menace d'un revolver. « J'ai honte de devoir faire cela mais je n'ai pas d'autre choix ».

La jeune chrétienne :
« Vous n'avez pas besoin de faire ça, Jésus à de biens meilleurs projets pour vous, pour toutes les personnes dehors », proclame la vendeuse de 20 ans. « Je ne vous reproche rien, je ne vous juge pas, je ne sais pas ce que vous vivez, mais nous traversons tous des temps difficiles ».

Le braqueur :
« C'est pour cela que je ne veux faire de mal à personne, je n'ai jamais fait cela avant ».

La jeune chrétienne :
« Vous savez quoi, je peux vous aider à trouver un travail, j'ai beaucoup d'amis qui peuvent vous aider. »

Le braqueur :
« J'ai un travail ».

La jeune chrétienne :
« Réellement ? Alors pourquoi faites-vous cela ? ».

Le braqueur :
« Si je ne trouve pas 300 dollars, je vais être expulsé de chez moi, je suis vraiment désolé ».

La jeune chrétienne :
« Vous n'avez pas d'amis qui peuvent vous aider ? Jésus peut changer votre vie ».

En discutant, la vendeuse réalise que cet homme fréquentait auparavant la même église qu'elle... Il est vraiment touché mais il réclame toujours que Nayara Goncalves lui donne l'argent qu'il demande. Elle lui explique alors qu'elle devra rembourser elle-même jusqu'au moindre centime l'argent qu'il volera. L'homme est vraiment déstabilisé. Avant qu'il ne parte, la jeune femme essaie de le convaincre de retourner à l'église. Elle lui dira :

« Jésus peut vous aider; il peut changer votre vie. Vous pouvez vous faire de vrais amis à l'église. Parlez à un pasteur, il pourra vous aider. Jésus revient bientôt ».

Israël Camacho lui révèle que son arme est un revolver à air comprimé et l'encourage même pour sa compassion et son calme. Il partira en disant :

« Bonne journée, que Dieu vous bénisse ».

On saura quelques temps plus tard, qu'il a braqué un magasin de chaussures et pris l'argent de la caisse, avant d'être arrêté par la Police.

Il y a deux occasions d'annoncer l'Évangile : la bonne occasion, et la mauvaise occasion

Nayara est l'exemple d'une chrétienne qui s'est laissé utiliser par le Seigneur. Il est vraiment bon de voir que Dieu nous protège dans des situations extrêmes. Jésus habite en nous, et il veut manifester son amour envers le monde qui ne le connait pas. Que ce témoignage soit pour nous un encouragement à témoigner en tout lieu, comme a dit Paul :

Prêchez en toute occasion, favorable ou non

> *2 Timothée 4 : 2*
> *Prêche la parole, insiste en toute occasion, favorable ou non, reprends, censure, exhorte, avec toute douceur et en instruisant.*

Quelle parole qui nous pousse à l'audace ! Quelqu'un a dit : « Il y a deux occasions d'annoncer l'Évangile, la bonne occasion, et la mauvaise occasion ! » N'ayons pas peur de parler de la part de Dieu, refusons la peur de prêcher l'Évangile et d'annoncer que Dieu est bon ! Soyons aujourd'hui une personne qui annonce la bonne nouvelle de l'Évangile en toute occasion !

Si nous laissons vivre Jésus en nous, nous pourrons voir les choses les plus extraordinaires se passer au travers de nous, par la puissance de Celui qui vit en nous.

23 AOÛT

Raoul Wafo

Pas de place pour l'ignorance

Osée 4 : 6 : « Mon peuple est détruit, faute de connaissance. Puisque tu as rejeté la connaissance, Je te rejetterai, et tu seras dépouillé de mon sacerdoce; Puisque tu as oublié la loi de ton Dieu, J'oublierai aussi tes enfants ».

Dieu précise ici que c'est son peuple qui est détruit par ignorance. L'ignorance se définie comme étant l'absence de la connaissance. L'ignorance ouvre la porte à la destruction dans notre vie.

Une personne ignorante est une personne prisonnière. L'ignorance continue de faire plus de ravages dans le monde que le VIH. D'ailleurs le VIH ne subsiste que par l'ignorance d'un remède. C'est une malédiction que d'être une personne ignorante. Nous devons détester l'ignorance et tout faire pour en être délivré.

Le manque, la pauvreté, la faiblesse, la stérilité dans un domaine de notre vie sont des signes qui démontrent notre ignorance dans ce domaine précis; car la connaissance apporte toujours la délivrance.

Dieu attend de nous que nous fassions tout notre possible pour avoir accès à la connaissance de la vérité. C'est la connaissance de la vérité qui t'affranchira de ton affliction. Car il te faut connaître quelque chose pour expérimenter quelque chose. Tu dois donc faire un effort délibéré pour avoir accès à la vérité. Plus tu as accès à la connaissance, mieux tu es épanoui. Et c'est la sagesse que te procurera la connaissance qui te donnera de régner sur celui qui est ignorant; ce sont les sages qui règnent.

Montre-moi l'abondance d'un homme ou d'une nation qui vit et moi je te montrerai la connaissance au travers de cette abondance.

Je ne sais pas ce qui te rend captif aujourd'hui, mais ce que je sais; c'est que tu n'as pas besoin d'une imposition des mains ou d'une prophétie quelconque, mais plutôt de t'exposer à la connaissance. Dieu aime la connaissance et ne justifie pas l'ignorance. Alors que le diable aime l'ignorance et son règne subsiste par elle.

Prions :

« En tant qu'enfant de Dieu, j'ouvre mon cœur à la connaissance de la vérité. Seigneur donne-moi la force de persévérer sur ce sentier. Je déclare qu'il n'y a pas de place pour l'ignorance dans ma vie aujourd'hui et à jamais au nom de Jésus-Christ. Je prends l'engagement d'affectionner la connaissance; crée en moi cette faim sacrée. Amen ».

24 AOÛT

Jérémy Sourdril

Le sacrifice qu'implique le ministère pastoral

Un pasteur est une personne qui a livré sa vie pour les autres. Sa pensée quotidienne se tourne vers ses brebis et les âmes qui l'entourent. La prière et le fardeau pour ces âmes sont sa respiration.

Chaque nouvelle semaine, chaque nouvelle année qui passe est pour lui un appel vers le Seigneur. Le cri de son cœur est de trouver une direction toujours plus précise pour aider le peuple et mieux le servir...

Peu de croyants sont conscients du sacrifice constant qu'implique le service du ministère pastoral. Un pasteur est un berger que Dieu a appelé pour s'occuper d'une partie du troupeau de Dieu, dans un endroit déterminé, quelque part sur cette Terre. Je ne pense pas qu'il ait existé sur la terre un seul pasteur réellement appelé par Dieu, qui n'ait pas pleuré, bien souvent d'ailleurs, en faveur des brebis que Dieu lui a confiées. Jésus lui-même, à bien des reprises dans les évangiles, fut ému de compassion envers les gens, comme par exemple dans :

> *Matthieu 9 : 36*
> *Voyant la foule, il fut ému de compassion pour elle, parce qu'elle était languissante et abattue, comme des brebis qui n'ont point de berger.*

Jésus pleura également sur Jérusalem. Il n'était pas en train de pleurer pour un territoire ou un morceau de terre, mais il pleurait en faveur de la vraie Jérusalem, celle pour laquelle il allait payer un prix immense à la Croix. Trop souvent, les chrétiens oublient que le ministère pastoral n'est pas un métier. Le ministère pastoral est un service pour les autres. Les gens ne réalisent pas les souffrances et le prix à payer du ministère de pasteur. Le pasteur se sent parfois la personne la plus seule qui puisse exister. Sans cesse observé, souvent critiqué, souvent jugé, souvent montré du doigt.

La pensée de ce siècle présent est radicalement opposée à la pensée de Christ. Cette pensée enseigne aux hommes à critiquer constamment leur prochain. Tout ce qui est présenté par les médias est baigné dans la critique et le jugement de l'autre. Aussi, lorsqu'un chrétien arrive à l'église, s'il ne se laisse pas remplir continuellement du Saint-Esprit comme nous dit Éphésiens 5 : 19, il ne rendra pas un culte au Seigneur, mais il jugera les faits et gestes de son pasteur et des personnes appelées à servir Dieu qui se présenteront devant le peuple. Si le pasteur vient à utiliser un mot ou une expression qui ne lui paraît pas juste, un exemple ou un enseignement contraire à sa pensée, il sera charnellement poussé à le critiquer et le juger.

Un pasteur n'est pas un fonctionnaire de l'Évangile, mais c'est un serviteur qui a offert sa vie à Dieu pour le servir et pour servir le peuple. Un pasteur est une personne qui a livré sa vie pour les autres. Sa pensée quotidienne se tourne vers ses brebis et les âmes qui l'entourent. La prière et le fardeau pour ces âmes sont sa respiration. Chaque nouvelle semaine, chaque nouvelle année qui passe est pour lui un appel vers le Seigneur.

Le pasteur selon le cœur divin n'est pas attiré par ce qui brille, mais son cœur se tourne vers les besoins des gens. Le pasteur prie : « Seigneur, aide Mme unetelle, soutien frère untel, je t'en prie, illumine ses yeux, protège sœur unetelle... ». Le pasteur prie régulièrement pour les brebis que Dieu lui a confiées. Il a un cœur pour elles. Aussi longtemps que son cœur est attaché à Dieu, aussi longtemps son cœur ne peut se détacher des âmes. Il porte le fardeau des âmes. Il cherche constamment comment s'améliorer et comment mieux servir les autres. Chaque semaine, il se pose la question : « Quel message puis-je apporter à l'église cette semaine ? », « Comment les aider à comprendre ce que Dieu veut leur dire en ces temps ? », « Quel exemple pourrais-je leur donner pour les aider ? », « Comment puis-je aider cette personne ? ». Mais bien au-delà de ces questions, c'est une nourriture de prières incessantes qui montent vers Dieu. Jésus a pu dire en vérité :

> *Jean 4 : 32*
> *Mais il leur dit : J'ai à manger une nourriture que vous ne connaissez pas.*

Ce n'était pas seulement d'offrir sa vie en sacrifice, mais c'était de faire la volonté de son père au quotidien : aimer son prochain et démontrer l'amour du Père. De la même façon, le pasteur a une nourriture quotidienne. Il va puiser auprès de Dieu dans les supplications et dans toutes sortes de prières, dans la louange joyeuse et l'adoration profonde : le caractère, les forces, le message et l'amour du Christ pour son peuple. Un pasteur qui commence à vivre pour lui-même et qui ne veut plus payer le prix au quotidien sera un pasteur qui perdra sa vision. Si le pasteur, à cause de la dureté du ministère et du coût quotidien que cela implique ne se consacre plus, il ne pourra plus porter de fruit. En fait, le pasteur est responsable de son succès ou de sa défaite. Le pasteur doit garder continuellement le cap, et ne pas se relâcher. Ceci est difficile, et nous devons honorer nos pasteurs pour cela. Aimez votre pasteur et honorez-le, afin qu'il serve le Seigneur non pas en gémissant, mais avec joie.

25 AOÛT

Dorothée Rajiah

Pourquoi avons-nous besoin de prier ?

N'avez-vous jamais pensé ainsi : « Mais pourquoi dois-je prier ? À quoi sert la prière ? Pourquoi devrais-je me mettre à part et passer du temps dans la prière alors que Dieu connaît mes besoins et que ce n'est rien pour Lui d'y pourvoir ? ».

Beaucoup de gens pensent comme cela parce qu'ils n'ont pas la révélation de la raison pour laquelle il est si important de prier.

Et la conséquence, c'est qu'ils ont une vie de prière faible et que l'ennemi joue avec leur vie et leurs circonstances.

Mais aujourd'hui, vous allez avoir cette révélation qui va totalement transformer votre vie de prière et qui va faire de vous une bombe dans la prière au point que le diable va chercher à tout prix à vous éviter !

La raison pour laquelle nous devons prier est simple : c'est parce que satan est le prince de ce monde. Jésus a été très clair à ce propos. Il a dit que satan était le prince de ce monde et que son avenir était déjà écrit :

> *Jean 14 : 30*
> *Je ne parlerai plus guère avec vous; car le prince du monde vient. Il n'a rien en moi;*
>
> *Jean 12 : 31*
> *Maintenant a lieu le jugement de ce monde; maintenant le prince de ce monde sera jeté dehors.*

Lorsque l'homme a péché, il a donné à satan la domination sur la terre. L'homme avait reçu de Dieu la domination mais il l'a abandonnée lors de la désobéissance. Aussi, satan règne sur ce monde. C'est pourquoi il y a tant de guerres, de haines, de profits injustes, de crimes et de perversités. Dieu ne peut maintenant agir légalement qu'au travers des gens qui s'abandonnent à Lui, qui prient, qui font sa volonté et qui amènent Son Royaume sur la Terre.

Il est limité dans Son action à moins que quelqu'un prie et amène Dieu sur la scène. Voilà pourquoi la Bible nous enseigne à prier. Voilà pourquoi Paul n'a cessé de nous exhorter à prier sans cesse, par toutes espèces de prières et de supplications. Paul savait que la prière était le seul moyen de faire entrer Dieu en scène et cela n'a pas changé aujourd'hui.

- Lorsque je prie, je donne l'autorité à Dieu sur cette terre, dans ma vie, dans la vie de mes enfants, etc.
- Lorsque je prie, je permets à la volonté de Dieu de s'accomplir sur la terre : Dieu veut que tous soient sauvés, Dieu veut que tous soient guéris, etc.

Si la volonté de Dieu pouvait s'accomplir librement sur la terre, alors il n'y aurait plus besoin de prêcher, il n'y aurait pas besoin de prier, tout le monde serait sauvé, tout serait beau ! Or vous savez que ce n'est pas le cas. Seule la prière peut inverser les choses !

Décidez donc dès aujourd'hui de mettre vos genoux à terre tous les jours, et entrez dans la prière avec plus de puissance et de détermination que jamais.

26 AOÛT

Anne Bersot

Le vilain petit canard

Cette histoire m'a beaucoup marquée quand j'étais petite. Un œuf de cygne s'était malencontreusement retrouvé dans une nichée de canetons. Quand l'œuf a éclos, c'est un petit cygne qui est sorti, entouré de petits canards. Il était tellement différent des autres qu'il a été rejeté, mis de côté, mal jugé et bousculé par les autres.

Il faisait partie de la « famille », mais il en était mis au ban, à cause de ses différences, il était noir, les autres étaient jaunes, il était grand, les autres petits...

Nous aimons nos familles, nous les chérissons de tout notre cœur, mais lorsque nous acceptons Christ comme Sauveur, nous devenons souvent un « vilain petit canard ». S'attacher à Christ est une folie pour les hommes (1 Corinthiens 1 : 18), et le suivre provoque forcément une rupture douloureuse avec notre milieu. Nous qui portions tous les espoirs de nos parents, de nos frères et sœurs, de nos professeurs, de nos voisins, nous ne retrouvons incompris, pris pour des fous, les moutons noirs du troupeau.

Il ne faut pas leur en vouloir, ils n'ont pas les éléments pour comprendre notre choix et c'est souvent pour nous défendre ou nous protéger qu'ils nous repoussent, nous entravent, et parfois même nous persécutent. Jésus nous dit qu'en le suivant, « l'homme aura pour ennemis les gens de sa maison » (Matthieu 10 : 35). Dur programme ! L'apôtre Paul était d'une famille ancrée dans le judaïsme, il persécutait les chrétiens, et lorsqu'il s'est converti, il s'est mis tout le monde à dos : les gens de sa religion, et ses propres parents. C'est dans les larmes que son engagement pour Christ s'est fait. Voici ce qu'il dit dans l'épître aux Romains au sujet de sa famille :

> *Romains 9 : 2*
> *J'éprouve une grande tristesse, et j'ai dans le cœur un chagrin continuel...*

Paul est déchiré, mais son choix est fait, il est ferme, et il ne cèdera pas aux pressions de son milieu pour faire marche arrière. Jésus va même jusqu'à dire :

> *Matthieu 10 : 37*
> *Celui qui aime son père ou sa mère plus que moi n'est pas digne de moi.*

Alors faut-il pour autant tourner le dos à sa famille ? Certainement pas ! Certains groupes religieux poussent leurs adeptes à le faire, et c'est contraire à la Parole de Dieu. Quel amour pourrons-nous leur montrer si nous avons rompu tous les ponts ?

La Parole de Dieu nous dit d'honorer nos parents (Exode 20 : 12), et cela est valable qu'ils soient chrétiens ou non. Ils nous ont élevés, ils ont pris soin de nous, se sont levés la nuit pour nous soigner et nous nourrir, ils ont fait des sacrifices, alors nous devons en retour les respecter, les aimer, les honorer, même si nous ne nous soumettons plus à leur autorité et que nous n'avons plus les mêmes valeurs. Il faut se détacher de leur influence, oui, mais certainement pas les envoyer aux oubliettes ! Donnons-leur en retour notre amour, notre attention, prions pour eux tous les jours, et soyons patientes. Ils verront avec les années que Dieu a pris soin de nous, que nous n'avons manqué de rien, que nous avons de belles familles épanouies, des vies passionnantes et comblées.

Quel meilleur témoignage ? Ils ne sont pas idiots, ils compareront avec ceux qui ne suivent pas le Seigneur, et ils verront eux-mêmes qui a fait le bon choix. Soyez patients et continuez à les aimer, ce sont aussi des âmes à gagner, et des vies précieuses pour qui Jésus a donné sa vie... ça vaut la peine de supporter quelques contrariétés !

27 AOÛT

Jérémy Sourdril

Êtes-vous satisfait de votre salaire ?

Quelqu'un a dit que plus de la moitié des prières de demandes qui montent au Ciel ont un rapport avec l'argent. En écoutant les prières de certaines personnes, je peux croire que cette déclaration est proche de la réalité. Il est donc bon de parler d'argent.

Il y a beaucoup de gens qui ne sont pas satisfaits de leur salaire, que ce soit dans la fonction publique ou dans le secteur privé. Ayant grandi dans le système français, mon environnement naturel m'a appris une chose : étudie tant que tu peux pour avoir plus tard ton travail.

J'ai entendu régulièrement la même question posée à ceux qui m'entouraient et à moi-même : que veux-tu faire comme travail plus tard ? Chacun étudie pour trouver SON travail, le travail étant ce qui va répondre à ses besoins plus tard.

Il y a deux choses qui sont très ancrées dans la mentalité française (et certainement ailleurs c'est clair), c'est la peur du chômage (le désir d'une sécurité de l'emploi) et le désir d'un meilleur salaire.

La peur du chômage (le désir d'une sécurité de l'emploi) :

Qu'arrive-t-il quand quelqu'un perd son travail ? Il se retrouve dépendant des aides sociales (chômage) si les aides sociales existent dans son pays, et si les aides sociales n'existent pas, il se retrouve sans aucune ressource, s'endette et peut se retrouver à la rue si son entourage ne peut pas l'aider. N'est-ce pas quelque chose de terrible ?

Finalement, la vie de beaucoup de gens est soumise à la puissance financière d'un homme qui est leur directeur. Si la société coule, les employés sont licenciés et se retrouvent sans aucun revenu.

Le salarié est donc dépendant d'un patron puis, une fois licencié, il est dépendant des aides sociales ou de l'aide d'un ami ou de sa famille.

Qui est notre directeur ?

> *Matthieu 23 : 10*
> *Ne vous faites pas appeler directeurs; car un seul est votre Directeur, le Christ.*

Beaucoup de gens ont une peur bleue des décisions de leur patron. Quand arrive un moment de crise dans leur entreprise, ils épient leur patron pour voir s'il va les licencier, ils sont de plus en plus stressés jusqu'à se rendre malades, faisant de cela leur sujet de discussion préféré, et parfois attendent simplement le jour de licenciement où ils diront : « Je savais bien que j'allais être licencié ». Malheureusement une telle remarque n'est pas le signe d'une grande spiritualité, mais d'une incompréhension de qui ils sont en Christ.

- Une personne licenciée par son entreprise a-t-elle été licenciée par Christ ?
- Qui est notre directeur ?
- Qui est celui qui nous dirige ?
- Est-ce que la décision d'un patron et ses échecs peuvent diriger notre vie et notre destinée ?
- Notre destinée n'est-elle pas dans les mains du Seigneur ?

Une personne licenciée n'a pas été licenciée par Christ ! Notre directeur, c'est Christ, c'est donc lui qui dirige notre vie, et c'est lui qui nous donnera les finances dont nous avons besoin, quelles que soient les circonstances économiques.

N'y a-t-il pas une solution si je perds mon travail ?

Trouvez-vous normal qu'une personne qui perd son emploi se retrouve sans aucune ressource ? Plusieurs remercient le Seigneur pour l'aide sociale, mais n'y aurait-il pas quelque chose de mieux pour celui qui perd son travail ? Est-ce qu'être au chômage est un bon témoignage de foi ou y aurait-il un meilleur témoignage à donner en temps de crise ? En fait, existe-t-il une solution qui ferait en sorte que, si je perdais mon travail, je pourrais continuer à vivre dans le désert ?

Le désir d'un meilleur salaire

En fait, on réalise que la grande masse des gens est soumise à un tout petit pourcentage de personnes riches et/ou dirigeantes. La grande masse attend souvent une augmentation de salaire et en fin d'année on lui annonce une augmentation de 0, 1%, c'est fou mais c'est pour beaucoup une réalité. Ils attendent toute l'année pour recevoir finalement 0, 1% d'augmentation ! Si le directeur coupe les vivres, ce sont tous les autres qui en subissent les conséquences désastreuses. Les gens sont attachés à LEUR travail toute leur vie. En parlant avec un ami un jour, il m'a fait prendre conscience qu'en France, les gens sont tellement habitués à avoir LEUR travail qu'ils ne pensent parfois jamais à avoir plusieurs fleuves (travail) dans leur vie.

Quatre fleuves dans nos vies

> *Genèse 2 : 10-13*
> *Un fleuve sortait d'Eden pour arroser le jardin, et de là il se divisait en quatre bras. Le nom du premier est Pischon; c'est celui qui entoure tout le pays de Havila, où se trouve l'or. L'or de ce pays est pur; on y trouve aussi le bdellium et la pierre d'onyx. Le nom du second fleuve est Guihon; c'est celui qui entoure tout le pays de Cusch.*

Avez-vous déjà remarqué ces fleuves dans le jardin d'Eden ? Ce fleuve se divisait pour devenir quatre fleuves qui entouraient le jardin. La source dans notre vie c'est Dieu, c'est de lui que découlent les quatre fleuves. Il ne s'agit pas d'un homme, d'un directeur qui dirigerait notre vie de son bon vouloir, comme j'en ai parlé plus haut. Notre source, le fleuve de base, c'est Dieu.

Je crois réellement que le désir de Dieu est de nous arroser de plusieurs fleuves. Trop de gens ont eu les yeux fixés toute leur vie sur un seul fleuve, c'est le premier fleuve de Pischon, c'est le travail pour lequel ils ont étudié ou pour lequel ils travailleront toute leur vie. Ils ne réalisent pas qu'il peut et qu'il devrait avoir plusieurs fleuves dans leur vie. En fait, il serait bon d'avoir quatre fleuves dans nos vies.

Qu'arrive-t-il si le fleuve de Pischon devient sec ? Il n'y a plus d'eau. Nous savons que le fleuve de Dieu, la source, ne peut pas devenir sèche, mais si nous n'avons amené le fleuve de Dieu qu'à un seul endroit dans notre vie (Pischon), nous courons un certain risque, celui de ne pas avoir de solution si celui-ci venait à s'assécher par la volonté de l'homme.

Ce que je dis, c'est que nous devons chercher auprès de Dieu les trois autres fleuves (Guihon, Hiddékel, Euphrate) qui vont pouvoir nous faire tenir debout si la crise venait à attaquer Pischon. Le problème, c'est que la majorité des gens bloquent ces trois fleuves par des façons de penser. Un homme qui est licencié devrait pouvoir continuer à vivre grâce à ses trois autres fleuves. Trouvez le moyen d'avoir plusieurs fleuves dans votre vie, tout en restant bien sûr dans la légalité. Avant tout, ne fixez plus vos yeux sur le faux directeur, mais fixez les yeux sur le Seigneur, puis soyez intelligent, inspiré, et trouvez le moyen de ne pas être dirigé par la puissance d'un homme, en ouvrant quatre fleuves financiers dans votre vie. En ayant un peu de ressources ici et un peu là, cela évitera beaucoup de crises.

Rappelez-vous une chose : le fleuve à la source n'est jamais épuisé : c'est le fleuve de Dieu. Ce n'est pas la peur de perdre notre travail qui doit nous motiver à avoir plusieurs fleuves dans nos vies, bien entendu, mais plutôt que : « possédant toujours en toutes choses de quoi satisfaire à tous nos besoins, nous ayons encore en abondance pour toute bonne œuvre » !

Trouvez des fleuves financiers dans nos vies est un challenge, et ne se fait pas du jour au lendemain. Mais vous pourriez commencez aujourd'hui à réfléchir à comment ouvrir de nouveaux fleuves dans votre vie, par votre créativité ou les dons que Dieu a mis en vous. Le but n'est donc pas forcément d'avoir un meilleur salaire, mais d'avoir plusieurs fleuves/salaires/revenus (tout en gardant une vie équilibrée) !

28 AOÛT

Mamadou Karambiri

Inscrivez-vous à l'école de la prière

Matthieu 7 : 7 : « Demandez, et l'on vous donnera; cherchez, et vous trouverez; frappez et l'on vous ouvrira ».

Tout parent désireux de bénir son enfant inscrit ce dernier à l'école pour qu'il y soit enseigné, instruit, équipé pour la vie, pour son avenir. L'école de la prière est un formidable institut de trois cycles d'où vous sortirez parfaitement équipé !

Cycle primaire : demander et recevoir

Tout enfant apprend dès le bas âge à découvrir les mains de sa maman, des mains de sécurité, de protection, de soins, etc. Dès que le bébé crie (demande) il est instantanément exaucé (reçoit) par sa mère. Vous avez découvert la main de Dieu dès les premiers jours de votre conversion à Christ. Comme un bébé et sa mère, des liens forts d'émotions, de sentiments se sont développés entre vous et le Seigneur. Dans ces premiers temps de votre vie chrétienne, vous ne cherchez que sa main de bénédiction.

Cycle secondaire : chercher et trouver

Vous avez grandi et maintenant vous êtes devenu adolescent; vous découvrez que demander n'est plus suivi automatiquement de recevoir. « Demander » se transforme en « chercher », et » recevoir » devient « trouver ». Les notions de temps, de patience, d'efforts entrent en compte... car chercher inclut ces trois éléments. L'insatisfaction qui est en vous maintenant vient du fait que vous êtes au lycée où l'algèbre a remplacé le calcul mental (2 x 2 = 4).

Vous voulez voir la face du Père et pas seulement sa main. Vous êtes prêt à rester dans sa présence jusqu'à découvrir ses délices, ce qui illumine de joie la face du Père. Alors la joie du Père devient votre joie.

Cycle universitaire : frapper et l'on vous ouvrira

Vous êtes un homme affermi, mature et poli. Vous ne pouvez frapper à une porte fermée à clé et ensuite enfoncer cette même porte, sans attendre que l'on vous ouvre. Le seul moyen pour que la porte vous soit ouverte c'est de persévérer et d'importuner le maître de la maison jusqu'à ce qu'il se lève et vous ouvre. Frappez avec persévérance au cœur du bon Père céleste. Il se lèvera, vous ouvrira son cœur et vous en donnera les bons trésors : le pain (la nourriture), le poisson (les minéraux), l'œuf (les vitamines), les vêtements (la justice)... et la présence permanente du Saint-Esprit.

Une prière pour aujourd'hui

« Seigneur, aide-moi à grandir en acceptant ta formation. Que je sois un homme, une femme de Dieu, prêt(e) à toute bonne œuvre. Au nom de Jésus. Amen ».

29 AOÛT

Jérémy Sourdril

Es-tu un Fan ou un Ami de Dieu ?

Si vous croyez en Jésus, mais que vous ne pouvez pas affirmer être un ami de Dieu, c'est peut-être parce que vous n'êtes qu'un Fan de Jésus. Être fan et être ami sont deux choses bien différentes.

Exode 33 : 11
L'Éternel parlait avec Moïse face à face, comme un homme parle à son ami. Puis Moïse retournait au camp; mais son jeune serviteur, Josué, fils de Nun, ne sortait pas du milieu de la tente.

Beaucoup de chrétiens sont justes des fans de Jésus

J'aimerais aujourd'hui parler directement à votre cœur, pas juste à votre tête. Selon *Wikipédia* : « Un fan est une personne qui éprouve une forte admiration pour une personne ». Dans le cas d'un artiste par exemple :

- Le fan adule cette personne et vous pourrez même entendre un fan dire : « J'adore cette personne ! ».
- Le fan peut avoir des posters, des t-shirt, des casquettes, des cd, des livres et autres produits de son artiste préféré.
- Le fan connait énormément de choses sur la vie de cet artiste.
- Le fan sait ce qu'aime son artiste et ce qu'il déteste.
- Le fan connaît un peu ou beaucoup ses façons de penser...
- Si son artiste passe dans sa ville ou dans sa région, le fan se déplacera pour apercevoir, entrevoir son artiste. Certains fans suivent leur artiste préféré toute leur vie dans tout son parcours.
- Lorsqu'on entre chez le fan, tout est centré sur la vie de cet artiste, les enfants en entendent parler, et il est impossible d'entrer chez eux sans savoir que ces fans sont effectivement fans de cet artiste. On ne pourrait pas entrer chez ce fan et repartir en disant : « Mais de qui était-il fan ? ».

J'ai déjà vu une émission où l'on voyait un couple qui adulait une « rock-star ». Si la rock-star devait se produire sur scène le Samedi, ce couple se rendait en général un ou deux jours avant dans la ville où allait paraître ce chanteur, ils dépensaient beaucoup d'argent en déplacement et en hébergement, et ils étaient pourtant assez pauvres. Et ils faisaient la queue longtemps et dépensaient beaucoup pour avoir les meilleures places. Avec fierté, ils pouvaient montrer une photo où le chanteur leur serrait la main ou signait un autographe pour eux. Dieu veut plus que de te signer un autographe sur ton t-shirt préféré, Dieu veut écrire l'histoire de ta vie.

Ce qui est très triste, c'est que dans 99% des cas, la star ne connait pas le prénom de son fan ! Il ne le connait même pas, et s'il le croisait dans la rue, il ne le regarderait même pas, car le fan n'a pas de relation avec sa star.

La leçon à retenir, c'est que OUI, vous pouvez dire que vous adorez Dieu, vous pouvez parler de Jésus à tout le monde, avoir des livres chrétiens chez vous, des Bibles dans votre bibliothèque et un calendrier biblique dans vos toilettes ou dans votre cuisine, vous pouvez écouter de la musique chrétienne et aller à l'église « écouter Dieu », vous n'êtes cependant pas forcément un ami de Dieu !

Vous pouvez devenir un ami de Dieu. C'est votre choix, Dieu est prêt, il vous aime et vous attend.

30 AOÛT

Jérémy Sourdril

Es-tu un Fan ou un Ami de Dieu ? (suite)

Je suis toujours surpris de tous les noms de chanteurs, d'acteurs, d'artistes que les gens peuvent connaître par cœur. Certains jeunes même dans les églises dépensent tout leur argent pour s'acheter des magazines « people » où l'on parle de leurs artistes préférés. Ceci est contraire à l'Esprit de Dieu.

L'ami aime ce que l'autre aime

Jacques 4 : 4
Adultères que vous êtes ! Ne savez-vous pas que l'amour du monde est inimitié contre Dieu ? Celui donc qui veut être ami du monde se rend ennemi de Dieu.

Tellement de chrétiens connaissent plus d'une cinquantaine de noms d'acteurs, d'artistes, de sportifs, de chanteurs non-chrétiens, et ne pourraient pas donner 20 noms de personnages bibliques. Nous ne pouvons pas être amoureux des choses de ce monde. Cela n'est pas possible en tant qu'enfant de Dieu.

1 Jean 2 : 15
N'aimez point le monde, ni les choses qui sont dans le monde. Si quelqu'un aime le monde, l'amour du Père n'est point en lui;

Proverbes 3 : 32
Car l'Éternel a en horreur les hommes pervers, Mais il est un ami pour les hommes droits;

Notre cœur devrait être : « J'aime ce que tu aimes et je déteste ce que tu détestes ». Si j'ai un ami qui déteste le rose, je ne lui offrirai pas un pull rose ! S'il déteste un endroit, je ne l'inviterai pas à y passer ses vacances là ! Dieu est ami avec les gens qui aiment et qui pratiquent la droiture comme Lui.

L'ami est ami des gens que son ami aime

Psaumes 119 : 63
Je suis l'ami de tous ceux qui te craignent, Et de ceux qui gardent tes ordonnances.

Si vous aimez Dieu, vous devez aimer l'Église, vous devez aimer la famille de Dieu, vous devez aimer vos frères et sœurs dans la foi, vous devez aimer les gens que Dieu aime, vous devez avoir des amis chrétiens, votre meilleur(e) ami(e) doit être un(e) chrétien(e).

L'ami est fidèle à son ami

Proverbes 17 : 17
L'ami aime en tout temps, Et dans le malheur il se montre un frère.

Aimer demande toujours de la fidélité. Être ami de Dieu, c'est l'aimer en toutes circonstances, même si les autres nous ont trahis, même si des frères nous ont trahis, même si nous avons tout perdu, même si nous avons été blessés, même si des pensées de doute nous assaillent, nous demeurons fidèles dans notre amour pour Dieu, car : « Qui nous séparera de l'amour de Dieu ? ».

L'ami obéit à son ami

Jean 14 : 15
Si vous m'aimez, gardez mes commandements.

Jean 14 : 21
Celui qui a mes commandements et qui les garde, c'est celui qui m'aime; et celui qui m'aime sera aimé de mon Père, je l'aimerai, et je me ferai connaître à lui.

Être ami de Dieu, c'est aussi obéir à ses commandements, et ses commandements ne sont pas pénibles.

> *1 Jean 4 : 20*
> *Si quelqu'un dit : J'aime Dieu, et qu'il haïsse son frère, c'est un menteur; car celui qui n'aime pas son frère qu'il voit, comment peut-il aimer Dieu qu'il ne voit pas ?*

Au début de ma vie chrétienne, j'ai rencontré deux familles « chrétiennes » qui m'haïssaient, tout en disant aimer Dieu. L'une d'elle s'est écriée : « Je ne te pardonnerai jamais », pour quelque chose que je n'avais pas fait. J'ai senti comme un craquement spirituel dans l'atmosphère, comme si cette parole avait été scellée quelque part. Plusieurs années après, cette malédiction était retombée sur cette personne, à ma grande tristesse. Je le dis souvent : si vous n'avez pas pardonné à quelqu'un, n'imaginez pas aller plus loin, n'imaginez pas plaire à Dieu et répondre à ses exigences, pardonnez aujourd'hui même.

L'ami a confiance en ce que dit son ami

> *Jacques 2 : 23*
> *Ainsi s'accomplit ce que dit l'Écriture : Abraham crut à Dieu, et cela lui fut imputé à justice; et il fut appelé ami de Dieu.*

C'est parce qu'Abraham a cru aux paroles de Dieu qu'il est devenu l'ami de Dieu. Quel privilège ! Mais en fait c'est un choix ! Nous pouvons faire le choix de devenir ami de Dieu ! Dieu veut devenir votre ami ! Vous devez accepter la Parole de Dieu comme étant l'autorité suprême qui dirige votre vie. Ce sera la Parole de Dieu qui vous dirigera, quel que soit ce que disent les gens, votre famille, vous choisirez de CROIRE en Sa Parole.

L'ami connaît intimement son ami

Dieu ne veut pas seulement que vous soyez en relation avec sa Parole, avec l'église, avec les autres croyants, mais il veut que vous soyez ami avec Lui. C'est plus qu'une relation avec Lui, c'est une amitié avec Dieu. L'amitié de Dieu vous est proposée. Si vous devenez ami de Dieu, Dieu vous parlera, Dieu vous bénira, Dieu vous dirigera. Vous n'apprendrez plus seulement des choses sur Dieu, mais vous apprendrez des choses de Dieu lui-même.

Depuis combien de temps Dieu ne vous a-t-il pas parlé personnellement ? C'est le plus grand désir de Dieu d'avoir une relation intime avec nous, et Dieu est attristé de ce que beaucoup de chrétiens prient sans être en relation intime avec Lui. Jésus a promis que le Saint-Esprit nous parlerait, nous dirigerait, nous conseillerait ! Que la relation intime avec le Saint-Esprit soit avec vous !

> *Jean 14 : 18*
> *Je ne vous laisserai pas orphelins, je viendrai à vous.*

> *Jean 14 : 26*
> *Mais le consolateur, l'Esprit-Saint, que le Père enverra en mon nom, vous enseignera toutes choses, et vous rappellera tout ce que je vous ai dit.*

31 AOÛT

Jérémy Sourdril

L'église est-elle pour toi une maison de prière ?

Il y a deux sortes de chrétiens : ceux qui vont à la réunion de prières et ceux qui n'y vont pas. Et dans chacune de ces catégories il existe encore différents types de chrétiens. Nous parlerons aujourd'hui de ceux QUI N'Y VONT PAS.

Parce qu'ils n'ont pas d'église locale

Il y a bien des chrétiens qui ne participent pas aux réunions de prière de l'église car ils n'ont tout simplement pas d'église locale (je ne parle pas de ceux qui n'ont aucune église proche de chez eux).

Ils ont une église « par Internet ». J'ai été effaré de voir sur le profil d'un chrétien il y a quelques jours que son église était un site internet ! Et pourquoi pas un pasteur en plastique et des chantres en pain d'épices ? Ils reçoivent beaucoup de révélations de la part du Seigneur dans la prière, telle que : « Le Seigneur m'a dit de ne plus aller dans les églises, le Seigneur m'a montré que les pasteurs sont des loups, c'est l'apostasie dans l'église et je suis le prophète appelé à tout dénoncer ! ». Enfin, c'est ce qu'ils disent, mais on réalise rapidement que ce n'est pas Dieu qui leur parle... Ils ont des visions, mais de leur propre imagination (on peut vraiment voir des images avec notre imagination) ce n'est pas de cette sorte de chrétiens dont je parlerai aujourd'hui.

Parce qu'ils ont d'autres choses à faire

La grande majorité des croyants ne réalisent pas qui ils sont et à quoi Dieu les a appelés.

> *Luc 14 : 16-18*
> *Et Jésus lui répondit : Un homme donna un grand souper, et il invita beaucoup de gens. À l'heure du souper, il envoya son serviteur dire aux conviés : Venez, car tout est déjà prêt. Mais tous unanimement se mirent à s'excuser. Le premier lui dit : J'ai acheté un champ, et je suis obligé d'aller le voir; excuse-moi, je te prie.*

Dieu nous invite dans sa présence, n'est-ce pas glorieux ? Nous sommes en train d'étendre le Royaume de Dieu, et Dieu a besoin de vous. Où êtes-vous ? Jésus a dit : « Celui qui n'est pas avec moi est contre moi, et celui qui n'assemble pas avec moi disperse ». Effectivement, lors de sa dernière réunion de prières avec ses disciples dans le jardin de Gethsémané, Judas n'était pas là.

Si nous sommes sur cette terre, c'est pour demander, et pour recevoir. Lorsque nous sommes réunis avec nos frères et nos sœurs, c'est justement là que Dieu envoie sa bénédiction, il y a une onction spéciale qui se manifeste lorsque le Corps de Christ est assemblé pour prier. Une église qui ne prie pas est une église qui ne verra ni conversion, ni miracle. Un croyant qui ne prie pas ne verra pas la Gloire Dieu. En tant que croyant, nous devons normalement avoir tué l'esprit égoïste du monde, et nous devons aimer. L'amour, c'est aussi savoir prier avec les autres, pour les autres, c'est savoir prier dans l'unité.

Imaginez une équipe de foot où chacun des joueurs s'entraînerait chez lui. Lors du match, le résultat serait nul. C'est malheureusement ce que vivent beaucoup d'églises, car les chrétiens ne se réunissent plus. Ils pensent qu'ils vont vivre des miracles collectivement, tout en priant seulement individuellement. Nous devons mettre le Royaume de Dieu en premier dans notre vie, et supprimer tout ce qui pourrait entraver cette priorité dans nos vies, car rien n'est plus important que Dieu.

Parce qu'ils n'y croient plus (sans se l'avouer)

Jésus, reprenant un passage d'Ésaïe, a dit :

> *Matthieu 21 : 13*
> *Et il leur dit : Il est écrit : Ma maison sera appelée une maison de prière. Mais vous, vous en faites une caverne de voleurs.*

On a souvent utilisé ce verset pour parler des excès financiers dans certaines églises, et c'est une réalité, mais dites-moi comment on transforme l'atmosphère d'une église en atmosphère de caverne ? En la désertant !

Et si les voleurs ne sont pas des gens de l'église, comment ont-ils pu entrer ? Car il n'y avait personne qui était là pour veiller, pour prier ! Si les voleurs sont les chrétiens, et que Dieu nous demande de prier, mais que nous ne le faisons pas, nous volons Dieu, nous utilisons l'église que Dieu nous a donnée pour autre chose que la prière.

Les gens ne réalisent pas que s'ils vont à l'église le dimanche pour écouter la prédication, etc. Mais qu'ils ne participent pas à la réunion de prières de leur église, ils se trompent ! L'église est avant tout une maison de prières. Si votre vie d'église se résume à venir à l'église le dimanche, vous vous trompez d'objectif, vous devriez participer aux réunions de prière sans oublier la réunion habituelle du dimanche ! En fait, ce que nous désirons en tant qu'enfant de Dieu, c'est vivre l'église telle que la Parole de Dieu nous la montre : une maison de prières avant tout.

C'est dans les réunions de prière que le réveil commence, que les miracles sont enfantés, que la provision se reçoit, que la bénédiction coule, que les projets de Dieu naissent dans nos cœurs, que la vision de Dieu pour nos régions s'établit en nous. Beaucoup de chrétiens se sont découragés, mais Dieu vous libère de l'esprit de découragement. Revenez à la réunion de prière !

> *Matthieu 26 : 41*
> *Veillez et priez, afin que vous ne tombiez pas dans la tentation; l'esprit est bien disposé, mais la chair est faible.*

Dans notre vie chrétienne, nos émotions, nos envies et nos pensées ne doivent pas nous dominer. La Bible dit : « Un esprit faible, qui le relèvera ? ». Si vous mettez votre confiance en Dieu, si vous avez foi en Lui, vous pourrez voir la Gloire de Dieu. Celui qui s'approche de Dieu (en priant) doit croire qu'il existe et qu'il rémunère ceux qui le cherchent (dans la prière). Crois, prie, et tu verras assurément la Gloire de Dieu ! C'est ici une question de foi et de fidélité.

Parce que les autres prient moins bien qu'eux (en gros, « les autres ne sont pas aussi spirituels que moi ! »)

Il y a un autre groupe de gens, ce sont ceux qui ne veulent pas s'assembler, car les autres ne prient pas aussi bien qu'eux. Ils disent que les autres ne savent pas bien prier, et à chaque fois que quelqu'un prie, ils ont des pensées de jugement et c'est une occasion de chute pour eux (cela s'applique aussi à ceux qui participent aux réunions). Si c'est votre cas, ne jugez pas les autres, mais participez et avec votre prière soyez une bénédiction ! Si vraiment vous savez prier, faites en bénéficier les autres, afin que tout le monde soit édifié (et repentez-vous aussi de tous les jugements que vous avez pu avoir) !

01 SEPTEMBRE

Jérémy Sourdril

L'église est-elle pour toi une maison de prières ? (suite)

Nous avons vu hier qu'il y a deux sortes de chrétiens : ceux qui vont à la réunion de prières et ceux qui n'y vont pas. Parlons aujourd'hui de ceux QUI Y VONT !

Et qui ne prient pas !

C'est déjà bien d'aller à la réunion de prières ! Les disciples n'ont pas réussi à prier une heure avec Jésus, mais ils étaient quand même présents, et parce qu'ils étaient présents ils ont pu voir de leurs propres yeux Jésus recoller miraculeusement l'oreille d'un soldat qui avait été coupée par une épée !

Une grande proportion des gens présents ne prie pas et cela pour différentes raisons. J'aimerais vous dire que Dieu peut vous utiliser tel que vous êtes. Si vous avez soif de Dieu, ouvrez votre bouche et Dieu vous dirigera. Les prières les plus puissantes n'étaient pas celles qui ont été données avec le meilleur vocabulaire, mais avec un cœur débordant de soif. Dieu a mis en vous tout ce qui contribue à la vie et à la piété. Croyez-le !

Pendant longtemps je ne priais plus dans mon église car j'avais du mal à m'accorder avec les autres. J'entendais toutes sortes de prières avec lesquelles j'avais du mal à m'accorder. Finalement un jour en lisant ma Bible un verset s'est révélé dans mon esprit :

> *1 Corinthiens 14 : 15-17*
> *Que faire donc ? Je prierai par l'esprit, mais je prierai aussi avec l'intelligence; je chanterai par l'esprit, mais je chanterai aussi avec l'intelligence. Autrement, si tu rends grâces par l'esprit, comment celui qui est dans les rangs de l'homme du peuple répondra-t-il amen à ton action de grâces, puisqu'il ne sait pas ce que tu dis ? Tu rends, il est vrai, d'excellentes actions de grâces, mais l'autre n'est pas édifié.*

Paul va expliquer que lors d'une réunion de prières, il ne faut pas seulement parler en langues, mais aussi prier dans notre langue maternelle, car sinon nos frères et sœurs ne pourront pas dire : « Amen » à notre prière et ne seront pas édifiés. J'ai réalisé que si j'allais aux réunions de prière et que je ne priais pas, cela ne servait à rien ! Je passais à côté de la volonté de Dieu concernant le déroulement des réunions de prières ! Je compris alors qu'autant que cela soit possible, je prierais ! Ensuite, j'ai lu plusieurs versets dans les Psaumes qui nous montrent un grand principe :

> *Psaumes 22 : 22*
> *Je publierai ton nom parmi mes frères, Je te célébrerai au milieu de l'assemblée.*

Adorer et Aimer Dieu, c'est raconter les bienfaits de Dieu à haute voix « parmi les frères ». Cela honore vraiment Dieu, bien plus que des prières de plaintes d'ailleurs.

Ceux qui prient

C'est avec eux que Dieu va travailler, c'est eux que Dieu pourra utiliser. Prions en étant inspirés par le Saint-Esprit et en cherchant dans notre cœur ce que veut prier le Saint-Esprit au travers de nous, parfois par des soupirs inexprimables. Et alors, nous pourrons sortir de la prière avec des paroles inspirées et édifiantes :

> *1 Corinthiens 14 : 26*
> *Que faire donc, frères ? Lorsque vous vous assemblez, les uns ou les autres parmi vous ont-ils un cantique, une instruction, une révélation, une langue, une interprétation, que tout se fasse pour l'édification.*

02 SEPTEMBRE

Joël Spinks

La provision céleste

Psaume 112 : 2-3 : « La génération des hommes droits sera bénie. Il a dans sa maison bien-être et richesse, Et sa justice subsiste à jamais ».

1 Timothée 6 : 10
L'amour de l'argent est une racine de tous les maux; et quelques-uns, en étant possédés, se sont égarés loin de la foi, et se sont jetés eux-mêmes dans bien des tourments.

Depuis des années, les religieux ont mal cité la Bible. Ils nous disent, « L'argent est la racine de tous les maux ». La pensée qui suit est logique, mais elle est une mauvaise déduction : « Comme l'argent est la source du péché, si nous accueillons et célébrons la pauvreté, nous devenons de plus en plus saints et nous jouissons d'une intimité privilégiée avec le Seigneur ».

Cette pensée est complètement fausse et dangereuse ! Elle indiquerait que tous les pauvres, croyants ou non, sont plus saints qu'un chrétien né de nouveau par l'Esprit de Dieu. Quelle hérésie ! Peu de prédicateurs se lèvent pour dénoncer publiquement cette fausse doctrine, mais elle est aussi destructrice qu'un message démesuré sur la bénédiction financière. Peu s'opposent à une telle hérésie sur la pauvreté car elle semble être vraie, possédant une simili-apparence « d'humilité ». Pour dire vrai, cette fausse doctrine est inspirée par le royaume des ténèbres. Comprenez ceci ! Satan sait parfaitement que si l'Église découvre son héritage financier, elle se servira de ces ressources pour diffuser le message de l'Évangile. Satan et ses démons travaillent donc très fort pour séduire les croyants, les garder dans l'ignorance et les empêcher de recevoir leur héritage. Pendant ce temps, les ressources qui devaient servir à la diffusion de l'Évangile, sont dans les casinos et les autres temples mondains qui mènent à la perdition des âmes.

Non ! L'argent n'est pas la racine de tous les maux, mais L'AMOUR de l'argent est le péché en question ! Il y a une grande différence entre ces deux énoncés et nous devons absolument la saisir ! Si la pauvreté procurait la sainteté, Christ serait mort sur la croix en vain ! Il aurait pu s'éviter l'agonie de la croix en nous dérobant tous nos biens matériels et en laissant tous les croyants démunis et sans-abri. Certes, si la pauvreté pouvait sauver, Il ne serait jamais passé par le chemin de la croix. Si la vérité biblique nous concerne, nous comprendrons que seul le sang de Jésus purifie les péchés ! Seule la croix de Golgotha peut remédier à notre séparation avec Dieu.

Quand nous parlons d'argent, nous devons comprendre que l'argent n'est ni bon, ni mauvais mais un simple outil d'échange qui facilite le monde des affaires. Nous devons aussi comprendre que si nous aimons Dieu de tout notre cœur, Dieu se fera un plaisir de nous donner les ressources financières qui serviront à nous bénir et à soutenir la mission chrétienne. Cependant, si l'argent est une idole dans notre vie, Dieu ne nous fera pas confiance avec Sa provision sachant bien que nous ne serons jamais un canal de bénédictions, mais un simple réservoir obstrué.

La Parole de Dieu est claire en ce qui concerne la provision financière prévue pour l'enfant de Dieu.

1 Timothée 6 : 17
Recommande aux riches du présent siècle de ne pas être orgueilleux, et de ne pas mettre leur espérance dans des richesses incertaines, mais de la mettre en Dieu, qui NOUS DONNE AVEC ABONDANCE toutes choses pour que nous en jouissions.

Matthieu 6 : 33
Cherchez premièrement le royaume et la justice de Dieu; et toutes ces CHOSES vous seront données par-dessus.

Comme nous semons dans l'œuvre de Dieu, Dieu se réjouit et les perdus entendent le message qui sauvera leurs âmes. Revenons à la Parole de Dieu ! Délaissons le faux évangile et l'exaltation de la pauvreté. Reconnaissons la pauvreté comme étant ce qu'elle est : une malédiction (Deutéronome 28) ! Échangeons la malédiction pour Sa bénédiction et attendons-nous voir des foules se convertir et se tourner vers Jésus.

03 SEPTEMBRE

Yvan Castanou

Comment vaincre la peur ?

Voici huit étapes pour vous libérer de l'emprise de la peur :

Réalisez que la peur est une émotion derrière laquelle se cache un esprit

> *2 Timothée 1 : 7*
> *Car ce n'est pas un esprit de timidité que Dieu nous a donné, mais un esprit de force, d'amour et de sagesse.*

Un esprit de peur est un esprit dont la nature est la peur. Autrement dit, c'est un esprit qui a peur et qui manifeste ce qu'il est. Puisqu'il a toujours peur, si vous demeurez dans la peur, vous l'invitez implicitement, et il manifestera en vous ce qu'il est tout simplement. Comprenez-moi bien : avoir peur ne signifie pas être possédé par un esprit de peur. Par contre, si vous demeurez en permanence dans cet état de peur chronique, vous risquez d'attirer à vous cet esprit de peur.

Créez une atmosphère de louange et d'actions de grâce autour de vous par la prière

Dieu siège au milieu de la louange. Il monte aux sons des cris d'allégresse de Son peuple. En face de la peur, faites monter l'intensité de la présence divine en vous par la louange et les actions de grâce. Il y a toujours une intensité de présence divine devant laquelle aucun ennemi ne pourra résister.

> *Philippiens 1 : 4-7*
> *Ne cessant, dans toutes mes prières pour vous tous, de manifester ma joie au sujet de la part que vous prenez à l'Évangile, depuis le premier jour jusqu'à maintenant. Je suis persuadé que celui qui a commencé en vous cette bonne œuvre la rendra parfaite pour le jour de Jésus-Christ. Il est juste que je pense ainsi de vous tous, parce que je vous porte dans mon cœur, soit dans mes liens, soit dans la défense et la confirmation de l'Évangile, vous tous qui participez à la même grâce que moi.*

Étudiez et trouvez la Parole de Dieu adaptée à cette situation

Que dit la Bible ? Quelles sont les promesses de Dieu adaptées à ce défi qui est devant vous ? Dieu a déjà libéré toutes les provisions dont vous aurez besoin pendant votre voyage sur terre. Dieu a fait avec vous une alliance qui contient les promesses (des droits) et des devoirs. La particularité de l'alliance avec Dieu est qu'aucun cas de force majeure ne peut être évoqué pour rompre cette alliance. En d'autres termes, Dieu est lié par ce qu'Il a promis. Mais c'est votre responsabilité de lui rappeler ce qu'Il a déclaré dans les promesses de la nouvelle alliance.

> *Ésaïe 43 : 26*
> *Réveille ma mémoire, plaidons ensemble, Parle toi-même, pour te justifier.*

Confessez de votre bouche ce que vous voulez et non ce que vous voyez

Proclamez régulièrement et à haute voix ce que vous savez, et non ce que vous sentez. Devant la peur, ce n'est plus le moment de parler à Dieu, mais vous devez vous retourner vers la montagne dressée devant vous pour lui ordonner de disparaître dans le nom de Jésus. Souvenez-vous que satan ne comprend qu'un seul langage, et c'est celui de la foi violente.

> *Proverbes 18 : 20-21*
> *C'est du fruit de sa bouche que l'homme rassasie son corps, C'est du produit de ses lèvres qu'il se rassasie. La mort et la vie sont au pouvoir de la langue; Quiconque l'aime en mangera les fruits.*

Remémorez-vous et comptez vos succès passés

Y a-t-il quelque chose que Dieu ait fait dans votre vie hier ? Vous a-t-il délivré de la détresse dans le passé ? Certainement, avec un peu de recul, vous vous apercevrez que Dieu a fait de grandes choses dans votre vie, et que, sans Sa bonté, vous ne seriez pas où vous êtes aujourd'hui. Devant l'adversité d'aujourd'hui, souvenez-vous, comme David, que le même Dieu, qui vous a délivré hier, vous délivrera encore aujourd'hui.

1 Samuel 17 : 37
David dit encore : L'Éternel, qui m'a délivré de la griffe du lion et de la patte de l'ours, me délivrera aussi de la main de ce Philistin. Et Saül dit à David : Va, et que l'Éternel soit avec toi !

Attendez-vous à remporter la victoire

Jouer pour gagner et jouer pour ne pas perdre fait toute la différence entre un gagnant et un perdant. Lorsque vous avez prophétisé votre victoire, attendez-vous à triompher, car en Christ vous avez déjà triomphé. Ce à quoi vous vous attendez le plus, sera ce qui se matérialisera dans votre vie. Ne sous-estimez pas la puissance de l'imagination. Vous devez percevoir le succès pour le concevoir, puis croire avant de pouvoir le recevoir.

Agissez ! Dominez la peur en passant à l'action

L'action produit la réaction, et sans action il n'y a pas de réaction. C'est la phase pratique, au cours de laquelle vous allez apprivoiser cette peur en l'affrontant. Souvenez-vous : le courage n'est pas l'absence de peur, mais l'audace d'affronter ce que vous craignez

Disciplinez vos pensées

Mettez constamment autour de vous ce que vous désirez voir à l'intérieur de vous. Puisque vos pensées sont influencées par ce que vous entendez, disciplinez-vous pour n'écouter autant que possible que ce qui vous édifie. Saturez-vous de paroles positives, assertives, et de paroles de foi. Lisez et écoutez des enseignements, des cassettes de proclamations de la Parole de Dieu (Je vous recommanderai à ce sujet les CDs : « Prions Ensemble », dont je suis également l'auteur) ou des témoignages de personnes qui ont réussi à vaincre la peur, la procrastination et l'échec. En résumé, nourrissez régulièrement votre esprit de tout ce qui est positif et agréable à Dieu.

Le courage n'est pas l'absence de peur, mais l'audace d'affronter ce que vous craignez.

Philippiens 4 : 8
Au reste, frères, que tout ce qui est vrai, tout ce qui est honorable, tout ce qui est juste, tout ce qui est pur, tout ce qui est aimable, tout ce qui mérite l'approbation, ce qui est vertueux et digne de louange, soit l'objet de vos pensées.

04 SEPTEMBRE

Jérémy Sourdril

Que faire face à la SÉDUCTION ?
Êtes-vous un(e) séducteur(trice) ?

C'est drôle mais nous sommes les derniers à nous voir tel que nous sommes. Oui, Dieu a voulu qu'on ait besoin d'un miroir. Dieu n'est pas pour la solitude éternelle, mais Dieu a créé l'homme pour vivre des relations. Relations fraternelles, relations entre époux et épouse...

Dieu a voulu que l'homme ait un vis-à-vis, afin que l'homme ne se croie pas auto-suffisant.

Je crois que cette situation est déjà arrivée à chaque personne : quelqu'un vous fait remarquer un défaut que vous avez et vous ne pensiez absolument pas avoir, mais vous réalisez au bout d'un moment qu'il s'avère être vrai.

Avant de connaître Christ, un certain nombre de gens ont développé une mauvaise habitude appelée la séduction, ou encore appelée esprit de séduction. Afin de mieux la discerner, il faut savoir ce qu'elle est. La séduction est un procédé social visant à susciter l'admiration, l'attirance ou l'amour d'une personne pour soi, et d'autre part l'état des personnes éprouvant cette attirance. La séduction peut aussi s'appeler un flirt, les personnes le pratiquant prenant cet acte comme un jeu. Parfois la source de ce procédé peut-être un besoin d'être reconnu, d'être apprécié, un manque d'estime de soi ou au contraire un esprit narcissique.

Quelle que soit sa source, être une personne séductrice n'est pas une bonne chose. Beaucoup d'hommes, et il faut dire beaucoup de femmes utilisent ce principe. Malheureusement il est aussi vivant dans l'Église. Certaines personnes célibataires sont dans leur rapport avec le sexe opposé, séductrices. Parfois les personnes ne le réalisent pas. Tristement cela ne touche pas que les célibataires mais aussi les gens mariés.

Ce monde gît tout entier dans le péché, il vit dans le péché et pratique le péché. Tout dans ce monde est basé sur la séduction. Des publicités pour voiture, parfum, ou même nourriture, en passant par les séries télévisées, les films et le monde de la vente, tout est créé pour nous séduire. On veut séduire le public pour recevoir de lui de l'argent. On séduit les gens par ce qui frappe l'œil.

Les croyants ne sont pas censés vivre comme les gens de ce monde pour être dominés par leurs passions et leurs sentiments. Les sentiments mentent et ce qu'on peut voir et entendre n'est souvent qu'un nuage qui cache un démon.

Le monde est ce qu'il est aujourd'hui car quelqu'un s'est laissé séduire.

> *Genèse 3 : 13*
> *Et l'Éternel Dieu dit à la femme : Pourquoi as-tu fait cela ? La femme répondit : Le serpent m'a séduite, et j'en ai mangé.*

Le procédé de la séduction n'est pas un procédé divin, mais diabolique. Dieu n'est pas quelqu'un qui veut séduire, car la séduction ne montre qu'un seul côté des choses, la séduction est enveloppée de non-dits qui ne sont ni plus ni moins que des mensonges. Dieu ne séduit pas les gens pour les amener à lui. Il leur présente toute la vérité sur ses motivations et les convainc de péché.

Tristement la séduction est utilisée par certaines églises dans le monde pour attirer des incroyants et des chrétiens. Certains construisent leur tour d'ivoire avec des procédés mondains et des méthodes charnelles pour attirer les jeunes, ou encore les gens riches.

Tristement encore, beaucoup de groupes de musiques chrétiennes utilisent la séduction pour attirer les foules. Ils veulent séduire, ils veulent plaire, ils veulent être aimés et reconnus des autres, et ils glissent, ils glissent petit à petit vers la destruction en empruntant un chemin qui n'est pas celui de Dieu.

Il ne faut pas être surpris qu'un groupe de musique ou qu'une église qui utiliserait la séduction connaisse un grand succès car la séduction attire. Ça marche ! Mais ce n'est pas l'onction du Saint-Esprit qui convainc le pécheur de se tourner vers Christ, et de confesser ses péchés en prenant la décision ferme de s'en détourner à jamais.

Pour en revenir à la séduction en tant qu'individu, elle est à bannir de nos vies. Lorsque j'étais jeune, que ce soit au collège ou au lycée, j'ai passé des jours, des mois et des années à vouloir séduire. La séduction lorsqu'on l'accepte vient nous piquer comme un serpent et son poison s'installe en nous jusqu'à prendre toute la place. Certains sont possédés par la séduction. Mais Christ m'a totalement délivré lorsque je suis revenu à Lui. C'est Lui qui l'a fait, et je lui suis tellement reconnaissant pour cela.

Vous ne pouvez pas vous permettre de marcher dans la séduction avec les gens. Ce n'est pas en séduisant les gens que vous trouverez le mari ou la femme que vous cherchez tant. Ce n'est pas en séduisant les gens que vous vous sentirez vraiment mieux, comme une personne d'honneur et aimable. Vous n'avez pas besoin de prouver aux autres et à vous-même que vous êtes une personne que l'on peut aimer et apprécier. Dieu vous aime et vous avez une grande valeur pour lui.

Refusez de vous approcher trop des gens, refusez ce qui n'est pas sain, parfait et bon devant Dieu. Refusez les mauvaises blagues et les mauvaises compagnies. La séduction peut donner un sentiment excitant à la chair, mais là encore c'est un fiel amer très dangereux. Ne jouez pas avec le feu. Vous n'avez pas besoin de séduire mais vous avez besoin de la faveur de Dieu sur votre vie. Lorsque vous cesserez de séduire et que vous marcherez dans la crainte de Dieu, la faveur du Seigneur sera sur vous et vous verrez la vanité de la séduction.

Si vous vous apercevez qu'un frère ou une sœur flirte avec vous d'une façon ou d'une autre, ne prenez pas cela à la légère en vous disant que vous contrôlez bien la situation car VOUS NE POUVEZ PAS FAIRE CONFIANCE À VOTRE CHAIR ! Vous ne le pouvez pas et ne le faites surtout pas ! Proverbes 7 nous parle de la femme séductrice qui réussit à attirer un passant dans la rue :

> *Proverbes 7 : 21-22*
> *Elle le séduisit à force de paroles, Elle l'entraîna Par ses lèvres doucereuses. Il se mit tout à coup à la suivre, Comme le bœuf qui va à la boucherie, Comme un fou qu'on lie pour le châtier,*

Proverbes 7 conclut par :

> *Proverbes 7 : 25-27*
> *Que ton cœur ne se détourne pas vers les voies d'une telle femme, Ne t'égare pas dans ses sentiers. Car elle a fait tomber beaucoup de victimes, Et ils sont nombreux, tous ceux qu'elle a tués. Sa maison, c'est le chemin du séjour des morts; Il descend vers les demeures de la mort.*

Dieu ne prend pas à la légère la séduction mais il veut nous mettre en garde contre cela.

Un jour je venais de prêcher dans l'Ouest de la France et je revenais en train. Le train était bondé et j'étais assis à une table de quatre personnes en face d'une jeune femme de type espagnole. La femme commença à me faire du pied sous la table ! J'étais vraiment choqué. Au début j'ai pensé que c'était une erreur mais elle continuait de plus belle. Je pris ma Bible et je la déposai sur la table et je la lus pour lui montrer que je n'étais pas le bon pigeon ! Elle me regardait comme si j'étais une friandise et c'était vraiment affreux. J'étais coincé de droite et de gauche et je ne pouvais pas sortir. Je me rangeai le plus possible et elle comprit que je n'étais pas intéressé. J'étais vraiment choqué car une telle situation ne m'était pas arrivée depuis mes années au lycée lorsque j'étais loin d'une vie sanctifiée ! Bien sûr, gloire à Dieu, je résistai. Soyons dégoutés de ce genre de choses.

Ne jouez pas avec le feu, mais si le feu vous rencontrait, éteignez-le !

05 SEPTEMBRE

Jérémy Sourdril

Que faire face à la SÉDUCTION ?
Êtes-vous un(e) séducteur(trice) ? (suite)

Un homme marié m'a raconté qu'il était dans un centre commercial et une femme est venue le voir pour lui proposer de boire un verre. Il comprit au bout de quelques minutes ses intentions. Il est si radical, si dégoûté du péché qu'il traita cette femme de prostituée et lui proposa d'aller elle-même à Pigalle, lui disant qu'il était marié...

Je n'aurais pas agi ainsi, mais il nous faut être radical contre la séduction… Jésus lui-même a fait face à la séduction et y a résisté, lorsque le diable lui a montré tous les royaumes de la terre (d'ailleurs la Parole dit qu'il fut tenté EN TOUTES CHOSES comme nous) :

> *Luc 4 : 5-8*
> *Le diable, l'ayant élevé, lui montra en un instant tous les royaumes de la terre, et lui dit : Je te donnerai toute cette puissance, et la gloire de ces royaumes; car elle m'a été donnée, et je la donne à qui je veux. Si donc tu te prosternes devant moi, elle sera toute à toi. Jésus lui répondit : Il est écrit : Tu adoreras le Seigneur, ton Dieu, et tu le serviras lui seul.*

La séduction n'est pas forcément sexuelle ou affective, mais elle peut aussi toucher l'aspect du désir de gloire, d'honneur, de richesses, de pouvoir...

Les disciples vont trouver Jésus qui parle avec une femme samaritaine dans la rue. Ils vont être surpris de cela. Ils n'étaient pas surpris que Jésus parle avec cette femme du fait qu'elle était samaritaine, car lorsqu'ils l'ont vue ils ne savaient pas encore qu'elle était samaritaine, mais ils étaient surpris car ce n'était pas l'habitude de Jésus de parler avec une femme lorsqu'il était seul. Jésus avait déjà parlé à des femmes, comme Marthe, Marie ou d'autres mais cette fois-ci il était seul, c'était un cas isolé, une exception.

C'est d'ailleurs en partie pour cela que Jésus s'est entouré de 12 hommes, car ces 12 hommes allaient vivre très proches les uns des autres pendant au moins trois ans, dormir dans des maisons communes, faire face aux pressions du ministère et du service pour Dieu, et il aurait été difficile pour une femme de se retrouver parmi ces 13 hommes, autant pour la femme que pour les hommes.

> *Jean 4 : 27*
> *Là-dessus arrivèrent ses disciples, qui furent étonnés de ce qu'il parlait avec une femme. Toutefois aucun ne dit : Que demandes-tu ? Ou : De quoi parles-tu avec elle ?*

Plusieurs pasteurs se sont donnés comme règle de ne jamais visiter une femme seuls et non accompagnés. Si vous êtes un homme marié et que vous devez aller visiter une femme, la meilleure chose à faire est toujours d'être accompagné par sa propre femme ou une amie si vous n'êtes pas marié, ou encore une femme bien plus âgée que vous par exemple. C'est une bonne chose et une protection.

Un ami très proche a été accusé par une fille d'avoir voulu abuser d'elle (il la visitait car cette fille avait des problèmes démoniaques). Cela s'est avéré un mensonge mais ce mensonge s'est propagé comme une traînée de poudre.

N'ouvrez pas des portes inutiles au diable, et je veux encore, vraiment, vous exhorter à ne pas mépriser la séduction. Ne pensez pas que vous pouvez vivre et vous entourer de gens qui ont cet esprit de séduction car sinon tôt ou tard vous vous ferez piquer, et vous seriez alors un contre-témoignage pour le Seigneur. Si la séduction (tentation) vient frapper à votre porte, résistez-lui avec la Parole de Dieu et fuyez ! Ayez aussi des pensées pures par rapport à la sexualité, ce qui vous préservera d'ouvrir vous-mêmes des portes à des envoyés de l'ennemi de vos âmes.

> *Jacques 1 : 13-15*
> *Que personne, lorsqu'il est tenté, ne dise : C'est Dieu qui me tente. Car Dieu ne peut être tenté par le mal, et il ne tente lui-même personne. Mais chacun est tenté quand il est attiré et amorcé par sa propre convoitise. Puis la convoitise, lorsqu'elle a conçu, enfante le péché; et le péché, étant consommé, produit la mort.*

Nous ne devons pas marcher dans la peur mais la sagesse de Dieu nous apprend à nous protéger des attaques et des tentations de l'ennemi.

> *1 Corinthiens 10 : 12*
> *Ainsi donc, que celui qui croit être debout prenne garde de tomber !*
>
> *1 Jean 5 : 18*
> *Nous savons que quiconque est né de Dieu ne pèche point; mais celui qui est né de Dieu se garde lui-même, et le malin ne le touche pas.*

N'ayez pas peur de demander à un ami en Christ du même sexe que vous s'il (elle) trouve que vous êtes un séducteur(trice) car vous ne vous voyez peut-être pas comme vous êtes. Parfois des jeunes femmes ou des jeunes hommes sont belles et beaux et il en faut peu pour tomber dans la séduction. C'est une chose dont il faut se débarrasser et vous pouvez demander au Père de vous aider dans cette situation.

Vous pouvez dire aujourd'hui :

« Père, je te demande pardon si j'ai été une personne séductrice. Je veux me débarrasser de ce procédé charnel que j'ai utilisé dans ma vie. Pardonne-moi, lave-moi et délivre-moi entièrement de ce vice s'il te plaît, au Nom Puissant de Jésus-Christ. Je veux marcher dans la sainteté, je crois que tu m'aimes et que tu me changes aujourd'hui ».

Il le fait !

06 SEPTEMBRE

Reinhard Bonnke

Une Europe lavée par le sang

Nous croyons à une Afrique lavée par le sang. Mais qu'en est-il d'une Europe lavée par le sang ? Ce qui se passe en Afrique n'est-il pas possible en Europe ? Le temps est venu de voir les choses différemment !

L'Europe peut se transformer par la puissance de l'Evangile, la plus grande force qui existe sur cette terre. Des sociologues parlent avec arrogance de « l'ère postchrétienne », mais ceci n'est pas vrai. L'Evangile n'est pas mort; il est toujours présent, il ne change pas et chaque détail de son message est toujours applicable aujourd'hui comme dans le passé. Voilà l'alternative décisive de notre vie.

Durant trois siècles, la raison a renié la révélation. Aujourd'hui la raison est récusée par des enseignements postmodernes sur l'irrationalité. Mais ne soyons pas négatifs – cela donne à l'Evangile une opportunité qu'il nous faut absolument ne pas manquer. Les chrétiens savent depuis longtemps que la raison humaine n'est pas rationnelle aux yeux de Dieu. Ses pensées transcendent l'intelligence humaine et convainquent la sagesse du monde de folie. Ainsi, d'une certaine manière, Dieu est post-moderne.

L'Europe peut-elle être lavée par le Sang de Jésus ? Il a souvent été dit que les Africains étaient plus faciles à gagner que les Européens qui ont une carapace dure. Quelle aberration ! La culture africaine est hostile aux influences étrangères, et surtout au nouveau style de vie qu'amène un Evangile révolutionnaire. Pendant plus de cent ans, des missionnaires vécurent et moururent en Afrique, durent faire face à des problèmes complexes et insurmontables et presque personne ne se convertit. L'Histoire de l'Afrique n'a jamais montré que les importations européennes ou d'ailleurs, ont été bienvenues. Le continent noir a produit de nombreux martyrs chrétiens et la situation n'a guère changé aujourd'hui.

Il y a des décennies en arrière, Dieu planta la vision d'une « Afrique lavée par le Sang » dans mon cœur. À cette époque, je faisais partie de l'équipe d'une petite station missionnaire, et il m'arrivait parfois de parler à un petit attroupement de seulement cinq ou six personnes. Une Afrique lavée par le Sang semblait le fruit d'une imagination folle qui n'était pas faite pour plaire à des personnes sensées. Mais la vision m'habitait nuit et jour et refusait de quitter ma pensée. Ma réaction fut hésitante au début, mais finalement, je sautai le pas. Comme Moïse, j'avais frappé le rocher dans le désert; des flots d'eau se mirent à couler et coulent encore trente ans après. Comme la rivière d'Ezéchiel, les eaux devinrent un fleuve qui purifia le sol africain des taches sombres produites par des siècles de conflits, de guerres et de meurtres. L'Evangile a des ressources propres pour le besoin humain, quelle que soit la race ou la culture.

Seul le sang peut couvrir le sang

Le sol européen est tout aussi, voire même plus, entaché et couvert d'actes de violence; c'est la terre la plus mêlée de sang sur cette planète. Seul le sang peut couvrir le sang :

> *Nombres 35 : 33*
> *Car le sang souille le pays, et il ne sera fait pour le pays aucune expiation du sang qui y sera répandu, sinon par le sang de celui qui l'aura répandu.*

L'Agneau de Dieu a donné Son sang pour tous ceux qui ont versé du sang. Il mourut pour eux. Les eaux des sept océans du monde ne suffiraient jamais à couvrir et à laver ces taches, mais le précieux sang du Fils de Dieu peut les laver toutes. Dieu m'a un jour placé en Afrique, alors la vision d'une Afrique lavée par le sang était particulièrement importante à mes yeux. Mais Il a placé d'autres personnes en Europe. Notre Dieu n'a pas une préférence pour les Africains et des préjugés pour d'autres. Les Africains n'ont jamais sollicité une compassion exclusive ou un patronage divin. Les conditions de bases requises pour un réveil n'existent sûrement pas là-bas.

Les premiers chrétiens gagnèrent le cœur des Grecs, des Romains, des Juifs et des Barbares avec la vérité glorieuse de Éphésiens 2 : 4 à savoir que Dieu nous a aimés « d'un grand amour ». Son grand amour est Son Fils; c'est ainsi qu'Il a aimé chacun ; avec Son Fils, par Jésus, au travers de Jésus, en Jésus. Et c'est encore comme cela qu'Il aime aujourd'hui. Il n'existe pas d'amour de seconde classe. Dieu nous aime tous, toujours, avec tout ce qu'Il est, car Il est amour que nous soyons Européens ou Africains.

Paul écrivit à Rome, la plus grande ville du monde, la plus intellectuelle, enracinée dans le paganisme et il affirme :

> *Romains 1 : 15-16*
> *Pour autant qu'il dépend de moi, je suis tout prêt à vous annoncer l'évangile, à vous aussi qui êtes à Rome. Car je n'ai pas honte de l'évangile, car il est la puissance de Dieu en salut à quiconque croit, au Juif premièrement, et au Grec.*

En quel Dieu les Européens croient-ils ? Un Dieu omnipotent en Afrique et impotent en Europe ? Le Seigneur que je connais a plus d'une fois sauvé un million d'âmes en six jours en Afrique. Il peut faire la même chose n'importe où.

Saisissez-vous de la vision !

La vision d'une Europe lavée par le sang ne peut devenir une réalité que si nous croyons en elle et agissons en conséquence. Ne faites rien et rien ne se passera. Dieu ne nous donne pas des visions inspirées pour nous amener à faire ce que nous devons faire mais pour nous montrer ce que Lui seul peut accomplir. Nous excellons à être ordinaires mais Il nous a choisis pour nous donner le privilège de vivre des choses extraordinaires. Saisissez-vous de la vision !

Les gens disent : « Mais je ne suis pas un visionnaire ». D'accord, mais Joseph, qui était un rêveur n'a pas rêvé du Pays promis. Il s'appropria la parole que Dieu avait donnée à Abraham, Isaac et Jacob et : « il donna des ordres au sujet de ses os », afin que son corps retourne avec eux lorsqu'Israël reviendrait en Canaan (Hébreux 11 : 22). Une fois, en pleine mer, Pierre vit une silhouette s'approcher. Pour s'assurer que c'était bien Jésus, Pierre Lui demanda de lui commander de marcher sur les vagues. Demander l'impossible était ce qui caractérisait Jésus.

On a souvent dit que les événements en Afrique étaient des visitations divines. Est-ce le langage du Nouveau Testament ? L'intérêt divin est-il occasionnel et sélectif, ou même peut-être hasardeux ? Dieu aurait-Il une liste Lui rappelant de passer ici ou là, à l'occasion, au cas où Son agenda le Lui permettrait ? Non ! Nous sommes la chose primordiale pour Dieu, Sa priorité pour sauver, guérir et bénir, qu'importe le continent sur lequel nous habitons. Il ne nous délaissera jamais.

Une visitation divine ne correspond pas non plus avec Jean 3 : 16, ce passage où il est question du Dieu qui « a tant aimé le monde ». Notre Dieu n'aime pas seulement certaines personnes bien précises, dans certains endroits, en leur envoyant un réveil occasionnel. L'Afrique n'était pas une plate-forme spéciale pour un spectacle de virtuoses. Dieu n'est pas une star qui se donne en spectacle lors d'occasions très spéciales; Il n'est jamais absent de la scène. Il nous a dit de prier pour des ouvriers sur les champs de moisson et se nomme Lui-même le Seigneur de la moisson. Quitterait-Il ou s'absenterait-Il du champ qui est si important pour Lui ?

Nous ne pouvons pas sortir les gens des ténèbres à l'aide d'arguments. Tout ce que nous devons faire est d'allumer la lumière. L'Europe a été conduite dans le désert mais il n'y a pas de colonne de feu pour guider les gens. Les églises sont trop souvent comme des simulateurs de vol, avec des gens qui n'ont jamais fait un vrai vol, des gens qui sont toujours en train d'apprendre mais qui n'évangélisent jamais. Et ceux qui vont là-bas, à la recherche d'une lumière qui leur montrera le chemin, ne reçoivent que des théories livresques. Un ami évangéliste me raconta un jour qu'un pasteur l'abandonna en pleine campagne d'évangélisation pour aller assister à une conférence sur l'évangélisation !

Jésus est venu pour chercher et sauver les perdus. Nous, les Européens, nous nous qualifions définitivement pour cela ! S'il existe un moment propice pour Jésus en Europe, c'est maintenant. Le moment est venu de parler d'une Europe lavée par le Sang. Il est temps de penser grand, et d'arrêter de s'asseoir après avoir coupé nos propres pelouses. Nous sommes les seuls à pouvoir changer le monde. Les modes ont leurs saisons, mais seulement l'Evangile pourra remodeler l'Histoire.

Nos villes ressemblent peut-être à celles de Canaan, entourées de murs qui s'élèvent à perte de vue, emmurées d'incrédulité. Mais ne l'oublions pas : les murs de Jéricho sont tombés. Les murs d'incrédulité en Europe commencent à trembler. Ce qui est définitivement en retard, c'est le cri du peuple de Dieu. Il n'y pas longtemps encore, le communisme, un Jéricho moderne, semblait être une forteresse imprenable, qui était une menace pour l'avancée de la foi chrétienne, mais 75 ans plus tard, elle s'effondra soudainement.

07 SEPTEMBRE

Jérémy Sourdril

Si tu as du venin à cracher, crache-le par terre !

Il n'y a rien de plus facile que de laisser notre langue diriger notre vie. Et il n'y a rien de plus dur que de la maîtriser. Jacques, en utilisant l'image du mors que l'on met dans la bouche du cheval, va nous conduire à réfléchir à son action sur le cheval.

> *Jacques 3 : 8-11*
> *Mais la langue, aucun homme ne peut la dompter; c'est un mal qu'on ne peut réprimer; elle est pleine d'un venin mortel. Par elle nous bénissons le Seigneur notre Père, et par elle nous maudissons les hommes faits à l'image de Dieu. De la même bouche sortent la bénédiction et la malédiction. Il ne faut pas, mes frères, qu'il en soit ainsi. La source fait-elle jaillir par la même ouverture l'eau douce et l'eau amère ?*

Le mors est placé dans la bouche du cheval pour le conduire

Le cheval a été fait par Dieu pour servir l'homme. Quand Dieu a amené les animaux dans le jardin d'Eden, et a demandé à Adam de leur donner des noms, Dieu était en train de faire d'Adam le père adoptif de tous ses animaux, ou plus précisément leur maître, celui qui devait les dominer et les soumettre à ses volontés.

L'homme utilise un mors pour conduire le cheval, c'est comme s'il devenait un avec le cheval au moment même où il l'utilise. Il serait stupide de penser que le cheval est le maître du mors ou le dirige ! De la même façon, l'homme est le maître de sa langue et il est stupide de se faire diriger par elle. Nous devons soumettre notre langue, ce n'est pas à elle de diriger notre vie, mais c'est à notre esprit de diriger notre langue. Notre langue dirige notre vie, la vie et la mort sont au pouvoir de la langue, mieux vaut savoir comment il faut la traiter.

Le mors est placé dans la bouche du cheval pour régler son allure

Nous devons maîtriser notre langue. La langue peut être un feu dévorant. Nous devons régler la température de la langue, elle doit connaître ce qu'elle peut dire et ce qu'elle ne peut pas dire. Nous devons parfois nous dresser et lui dire : « Bénis Dieu maintenant, même si tu n'en as pas envie », et elle doit le faire ! Même la pensée de Dieu, avant qu'un mot sorte de sa bouche, est épurée sept fois ! On peut dire que Dieu réfléchit avant de parler, même si tout est parfait en lui, il ne s'est jamais permis de dire une parole qui n'est pas juste, pure, parfaite, excellente et sainte.

> *Psaumes 12 : 6*
> *Les paroles de l'Éternel sont des paroles pures, Un argent éprouvé sur terre au creuset, Et sept fois épuré.*

La langue du cheval se trouve sous le mors

N'est-ce pas intéressant ? Le mors vient dire à la langue : « Tais-toi ». Cependant, le cheval réussit parfois à passer sa langue par-dessus pour éviter son action. Il en est ainsi parfois avec nous. Mais voici le point où je voulais venir : il y a de nombreux chrétiens qui passent leur temps à cracher leur venin/poison sur les autres. Ce sont parfois des saisons chez eux. Ils peuvent traverser une saison de doute, une saison où ils doivent patienter et laisser Dieu agir, une saison d'examens divins, d'épreuves divines où Dieu veut sonder leur cœur et leur amour pour Lui et pour son œuvre, une saison de tempêtes, et lors de cette saison ils s'excitent et crachent leur venin sur tous ceux qui ont une oreille pour les écouter.

La tempête dans nos vies n'est pas faite pour que l'on s'agite, que l'on panique, que l'on crie à Jésus : « Que fais-tu, nous périssons ? », elle n'est pas là pour que l'on se plaigne à Jésus et qu'on se dise à l'un et à l'autre : « Il n'y a pas de solution », mais elle est là pour modeler notre caractère, purifier nos motivations, sonder nos cœurs, nous faire grandir en nous faisant vivre des victoires, pour nous rendre plus patient, pour utiliser, développer et faire abonder les fruits de notre esprit.

Quand tu traverses une tempête ou des incompréhensions, ne va pas voir tout le monde en crachant ton venin, semer la division et le chaos, amener le doute et l'exagération chez les autres, ne juge pas le serviteur de Dieu, ne prend pas la place de Dieu, mais si tu as un poison à cracher, crache-le par terre. Au moins, la terre avalera ton crachat, il descendra au centre de la terre, là où résident les démons et le feu dévorant. Rappelle-toi que le poison est souvent flammable. Gardons donc notre bouche, ne lançons pas des malédictions, de la critique, en pensant que cela pourra changer les choses autour de nous. Au contraire, en laissant notre langue critiquer, médire et maudire, nous sommes en train de planter sur notre terrain des pierres sur lesquelles nous allons nous heurter et chuter.

08 SEPTEMBRE

Mohammed Sanogo

Avoir une foi qui déplace les montagnes

Dieu a créé l'Homme à son image : Esprit. Cet esprit est enveloppé dans un corps physique. L'essence de l'Homme n'est donc pas son corps physique (perception à travers ses cinq sens), mais plutôt l'esprit que Dieu a mis en lui. L'esprit qui est en nous est divin. La Bible affirme que nous sommes des dieux.

> *Psaumes 82 : 6*
> *J'avais dit : Vous êtes des dieux, Vous êtes tous des fils du Très-Haut.*

> *Jean 10 : 34*
> *Jésus leur répondit : N'est-il pas écrit dans votre loi : J'ai dit : Vous êtes des dieux ?*

L'homme court après le comblement de ses besoins mais après avoir obtenu des réponses favorables, il reste sur sa faim... En réalité, cette faim est la recherche de la Gloire de Dieu qui est également la plénitude de la manifestation de Dieu.

Comment être comblé de tout manque ?

> *Jean 6 : 34-35*
> *Ils lui dirent : Seigneur, donne-nous toujours ce pain. Jésus leur dit : Je suis le pain de vie. Celui qui vient à moi n'aura jamais faim, et celui qui croit en moi n'aura jamais soif.*

En croyant en Jésus le vrai pain de vie !

> *Jean 11 : 40*
> *Jésus lui dit : Ne t'ai-je pas dit que, si tu crois, tu verras la gloire de Dieu ?*

Pour voir la Gloire de Dieu, il faut croire. L'Homme ne peut atteindre la dimension de Jéhovah Jireh qu'avec la foi qui donne accès à la Gloire.

> *Matthieu 17 : 20*
> *C'est à cause de votre incrédulité, leur dit Jésus. Je vous le dis en vérité, si vous aviez de la foi comme un grain de sénevé, vous diriez à cette montagne : Transporte-toi d'ici là, et elle se transporterait; rien ne vous serait impossible.*

La foi peut faire déplacer une montagne. Avec la foi, rien ne nous serait impossible. Le mot « rien » montre en fait que pour nous, il n'existe aucune limite.

> *Matthieu 21 : 21*
> *Jésus leur répondit : Je vous le dis en vérité, si vous aviez de la foi et que vous ne doutiez point, non seulement vous feriez ce qui a été fait à ce figuier, mais quand vous diriez à cette montagne : Ote-toi de là et jette-toi dans la mer, cela se ferait.*

Tout ce que vous demanderez avec foi, vous l'aurez. Le mot « tout » montre une fois de plus qu'il n'y a pas de limite. Pourquoi alors ne parvenons-nous pas à tout obtenir en Jésus ? C'est une question de foi tout simplement. Comment cette foi fonctionne-t-elle alors ? Qu'est-ce que la foi ? Ou qu'est-ce que CROIRE ?

> *Hébreux 11 : 1*
> *Or la foi est une ferme assurance des choses qu'on espère, une démonstration de celles qu'on ne voit pas.*

09 SEPTEMBRE

Jérémy Sourdril

Regarder aux apparences vous fera perdre des amis !

1 Samuel 16 : 7 : « Et l'Éternel dit à Samuel : Ne prends point garde à son apparence et à la hauteur de sa taille, car je l'ai rejeté. L'Éternel ne considère pas ce que l'homme considère; l'homme regarde à ce qui frappe les yeux, mais l'Éternel regarde au cœur ».

Selon la Parole de Dieu, c'est une chose « naturelle », humaine, que de regarder aux apparences. Goliath, qui n'était pas du peuple de Dieu, n'a regardé qu'à l'apparence du petit David, et cela lui a coûté la vie. Même Samuel, qui était pourtant un homme de Dieu véritable, a regardé à l'apparence de David et Dieu dut lui apprendre un principe important : « Ne regarde pas à l'apparence mais regarde au cœur ».

Quand j'ai déménagé en 2004 de Bretagne en Ile de France, et que j'ai été dans ce qui allait être ma nouvelle église, j'ai débarqué avec mon beau costume et ma grosse Bible Thompson, et je ne discutais pas beaucoup. Les gens se demandaient bien qui j'étais, du fait que je ne parlais pas beaucoup. Plusieurs personnes de cette église, qui sont devenus de véritables amis, m'ont avoué qu'ils se demandaient bien qui était ce jeune avec son costume et sa grosse Bible (dans cette église, les hommes ne portaient pas beaucoup de costumes). Gloire à Dieu, ils ne se sont pas arrêtés à cela et sont devenus d'excellents amis !

Je vois beaucoup de gens dans les églises qui n'ont pas d'amis, car ils ne trouvent pas des gens qui leur ressemblent. Ils cherchent des gens de leur catégorie sociale, de leur culture, de leur âge. Automatiquement, vous remarquerez que les gens qui se ressemblent s'assemblent. Les sportifs vont parler plus facilement aux sportifs, les jeunes aux jeunes, et même les gens du même style vestimentaire se mettront ensemble. Les gens cherchent la plupart du temps des personnes qui sont exactement comme eux. J'aimerais vous encourager si c'est votre cas à ne pas regarder à ce qui frappe les yeux, mais à aller vers les autres par amour fraternel. Je suis sûr que vous pourriez bien vous entendre avec Mme Dupont, ou avec le frère Auguste !

Beaucoup de gens ne réalisent pas que les relations se construisent avec le temps, cela ne se fait pas du jour au lendemain. Il faut du temps pour construire ce qui deviendra peut-être une amitié profonde. Tous ne deviendront pas forcément des amis, mais tous dans l'Église sont des frères, des sœurs, des mères et des pères, et nous nous devons d'aller vers eux. Certaines personnes, à cause de leur a priori et des différences des autres, ont perdu bien des gens qui auraient pu devenir des amis.

Posez-vous sérieusement ces questions :

- Est-ce parce que ce frère est d'un autre milieu social que je ne lui parle pas ?
- Est-ce parce qu'il est d'une autre culture ?
- Est-ce parce qu'il est plus âgé ou plus jeune ?
- Est-ce parce que vous le trouvez moche ?
- Est-ce juste parce que je ne le ressens pas dans mes sentiments ?
- Est-ce à cause d'un a priori ?

Si vous avez répondu oui à l'une de ces questions, je vous inviterais vraiment à dépasser ces barrières humaines et à marcher dans l'amour surnaturel des enfants de Dieu. L'église est une famille, et trop de gens dans la famille se mettent à part et passent à côté de grandes bénédictions. Jésus pouvait parler à des gens bien différents, des pauvres et des riches, des femmes et des hommes, des juifs et des non-juifs, des religieux et des assoiffés de Dieu, des jeunes et des plus âgés. Alors, suivons son exemple.

Une autre chose importante, c'est que la prière aide les relations, c'est souvent lorsque vous prierez avec des gens et que vous partagerez vos situations que vos liens se resserreront.

Alors, dimanche prochain à l'église, ne regardez pas aux apparences, allez vers les autres, invitez-les à la maison et vous verrez qu'un ami peut en cacher un autre !

10 SEPTEMBRE

Selvaraj Rajiah

Élie et Élisée : la préparation au Ministère

2 Rois 2 : 1 : « Lorsque l'ÉTERNEL fit monter Élie au ciel dans un tourbillon, Élie partait de Guilgal avec Elisée ».

Nous voyons que le prophète Élie était sur le point d'être enlevé au ciel. Mais avant qu'il y ait séparation, il faut qu'il y ait transmission. Je voudrais donc que vous observiez bien comment Dieu prépare Son Serviteur.

Guilgal signifie « lieu de circoncision ». Le fait de décrire des cercles, fait partie de notre formation de serviteur. Vous tournez en rond, et de ce fait, votre chair se trouve exposée. Dieu prend toutes les choses de la chair et les retranche, car la chair ne peut se glorifier devant Dieu. Cela fait partie de notre préparation au service chrétien. Malheureusement, trop de chrétiens s'arrêtent à ce stade parce qu'ils ne veulent pas lâcher la chair.

Il fut un temps dans ma vie, où je travaillais pour un ministère dans lequel je tournais en rond. Au début, je n'aimais pas ça du tout. Mais j'ai appris, plus tard, que le cercle prépare l'arène future.

> *2 Rois 2 : 2*
> *Élie dit à Élisée : Reste ici, je te prie, car l'ÉTERNEL, m'envoie jusqu'à Béthel, Élisée répondit : l'ÉTERNEL est vivant et ton âme est vivante ! Je ne te quitterai point. Et ils descendirent à Béthel.*

Béthel signifie « la maison de Dieu ». Dans celle-ci, on trouve deux sortes de ministres de Dieu. D'un côté, nous avons les ministres de Dieu dits « de la maison ». Ils ont été élèves dans la maison et y ont donné les preuves de leur fidélité. De l'autre côté, ce sont les ministres « du dehors ». Ils n'ont pas été élevés sous une autorité. Ce sont des gens qui n'ont pas été envoyés : ils sont simplement allés.

Généralement, où qu'ils aillent, ils dégagent une odeur caractéristique.

On trouve malheureusement beaucoup de ministres « du dehors » dans l'Église aujourd'hui. Aussi, n'allez nulle part avant d'avoir été libéré par le ministre de Dieu avec qui vous êtes. Si vous n'avez pas fait vos preuves dans votre propre maison, vous ne les ferez nulle part ailleurs. Si vous n'avez pas été éprouvé chez vous d'abord, vous n'avez aucun droit d'aller explorer d'autres endroits. Ce que je dis est porteur d'une grande vérité. L'éducation d'un croyant ou d'un ministre de Dieu se fait toujours sous la couverture d'un parent spirituel, d'un « manteau ».

Extrait du livre « Saisir l'esprit et la vision du leader ».

11 SEPTEMBRE

Jérémy Sourdril

Dis leur de ne pas nous oublier...

Notre attitude avec ceux qui sont âgés : ils sont nos pères et nos mères.

> *1 Timothée 5 : 1-3*
> *Ne réprimande pas rudement le vieillard, mais exhorte-le comme un père; exhorte les jeunes gens comme des frères, les femmes âgées comme des mères, celles qui sont jeunes comme des sœurs, en toute pureté. Honore les veuves qui sont véritablement veuves.*

Ces versets de Paul nous parlent de l'attitude que nous devrions avoir envers les personnes âgées, en fait, des relations que nous devrions entretenir avec eux. Chaque personne dans l'Église devrait se préoccuper des personnes âgées, pas seulement les pasteurs des églises.

Une première chose que nous disent ces versets, c'est de ne pas être durs envers ceux qui sont vieux. Dieu nous demande d'être compréhensifs avec eux. En fait, un principe que beaucoup n'ont pas compris, c'est que Jésus est mort pour réunir sous un même nom et sous une seule famille des gens bien différents. Mais plus que cela, dans la famille de Dieu, les vieillards sont comme des pères et les femmes âgées comme des mères, et cela n'enlève rien à notre amour envers nos parents naturels.

Vous pensez peut-être à certains vieux chrétiens qui ne sont pas du tout un exemple, mais nous savons aussi que beaucoup de nos pères et de nos mères dans la chair ne sont pas des exemples non plus, pourtant ils resteront nos pères et nos mères jusqu'à notre mort physique.

> *Matthieu 12 : 48-50*
> *Mais Jésus répondit à celui qui le lui disait : Qui est ma mère, et qui sont mes frères ? Puis, étendant la main sur ses disciples, il dit : Voici ma mère et mes frères. Car, quiconque fait la volonté de mon Père qui est dans les cieux, celui-là est mon frère, et ma sœur, et ma mère.*

Il y a ici un grand principe méprisé par beaucoup de chrétiens : ceux qui sont vieux dans l'église, je parle bien sûr de ceux qui sont nés de nouveau, sont devenus spirituellement nos pères et nos mères. Le fait de naître de nouveau est surnaturel, le fait de devenir enfant de Dieu, a fait en sorte que nous soyons dans une famille, et cela est aussi surnaturel : nous avons des frères et des sœurs partout dans le monde. Mais le surnaturel va plus loin que cela : Dieu nous a donné des pères et des mères, et je ne parle pas des pères spirituels comme on en parle en général, c'est à dire ceux qui nous ont fait grandir spirituellement et qui ont eu un impact sur notre vie, mais de ceux qui auraient l'âge d'être nos grands-parents.

Selon Dieu, il y a des gens dans l'église envers lesquels nous devons avoir un respect et un amour comme celui que l'on devrait offrir à nos pères et mères naturels.

> *Lévitique 19 : 32*
> *Tu te lèveras devant les cheveux blancs, et tu honoreras la personne du vieillard. Tu craindras ton Dieu. Je suis l'Éternel.*

Madame Ricard, une maman dans l'église

J'ai eu une maman dans l'église, elle s'appelait Madame Ricard. Cette femme était une femme incroyable, elle avait servi Dieu avec son mari toute sa vie. Ils s'étaient rencontrés à l'école biblique... c'était une belle histoire d'amour. Et oui, les personnes âgées ont aussi eu des histoires d'amour ! Ils se sont mariés et se sont occupés d'une église pendant longtemps, pour ensuite ne s'occuper que des gens qui étaient oppressés, obsédés ou possédés. Leurs vies étaient pleines de témoignages miraculeux, témoignages de provision surnaturelle, de délivrance, de salut et de sagesse.

Madame Ricard nous racontait comment Dieu avait pourvu en pleine guerre, comment elle avait prié pour recevoir telle somme d'argent dans sa boîte aux lettres et comment elle l'avait reçue le lendemain; c'était un miracle. Elle ne radotait pas, ses témoignages étaient nombreux, vraiment nombreux. À chaque fois que nous les visitions avec ma femme, nous voulions les bénir mais ils nous bénissaient toujours.

Ils ne se plaignaient jamais, et priaient constamment pour les pays du monde, l'Église et les sujets de prière du magazine Portes Ouvertes. Lorsqu'ils se regardaient, c'était avec des yeux d'amour et de tendresse.

Un jour, Monsieur Ricard était près de mourir. Je suis allé le visiter à l'hôpital, et Madame Ricard me demandait si je recevais quelque chose de la part du Seigneur à ce sujet, mais Dieu ne me dit rien. Nous avons prié ensemble, et quoi qu'inconscient, Monsieur Ricard avait comme un sourire sur son visage. Il est mort peu de jours après. Ils avaient passé de merveilleux moments dans la présence de Dieu dans ses derniers instants. Quelques années auparavant, il avait déjà failli mourir, mais un soir, suite à la prière de l'église, il avait été miraculeusement guéri, s'était réveillé et était resté en vie pour sa femme.

Un jour je suis allé la visiter, j'allais peu souvent dans cette ville car j'avais déménagé sur Paris et elle habitait en Bretagne, et quand je n'allais pas la visiter, j'avais honte. Je savais qu'à part un couple de l'église et le pasteur, personne n'allait la visiter régulièrement. Elle pouvait passer deux semaines sans aucune visite de l'église, pourtant elle avait été une énorme bénédiction pour elle, et elle était un exemple vivant de foi. Je me souviens tout particulièrement d'une fois où je devais avoir 14 ans et qu'elle a prophétisé dans l'église, elle était assise devant moi, et je me suis mis à pleurer comme un bébé de toutes mes forces, tellement ses paroles étaient chargées d'onction. Elle avait un don incroyable de prophétie, ses prophéties n'étaient pas superficielles mais elles étaient toujours chargées de puissance. La première fois que j'ai invité à l'église celle qui allait devenir ma femme, elle a donné deux ou trois prophéties et paroles de connaissances tellement précises pour elle ! Parfois elle se levait, les yeux fermés, et se tournait vers la personne pour qui elle prophétisait, et elle prophétisait avec une grande autorité. C'était une femme de Dieu merveilleuse.

Et vous, avez-vous déjà pensé à honorer les personnes âgées de votre église ? Je suis certain que vous pouvez aimer comme Jésus aime. Avec le même amour. Nous pouvons aimer avec l'amour de Dieu ! Je vous encourage à prier afin que Dieu vous inspire dans ces prochains jours à aimer les personnes âgées de votre église et surtout à démontrer votre amour. Si vous avez un cœur d'amour, Dieu vous inspirera.

12 SEPTEMBRE

Jérémy Sourdril

Dis leur de ne pas nous oublier... (suite)

Un jour, alors que j'allais la visiter, elle m'a dit, d'un ton très sérieux, comme jamais : « N'oublie pas les personnes âgées, n'oublie pas les personnes âgées qui sont seules, dis aux gens de ne pas les oublier, elles sont seules et elles souffrent de solitude ».

Elle connaissait EnseigneMoi et avait fait un beau don à l'association, elle connaissait notre oeuvre mais ne connaissait absolument rien à Internet. Toutefois, elle savait que je pourrais écrire sur ce thème à beaucoup de personnes. Je me suis fait la promesse d'écrire à ce sujet un jour.

Une fois, je suis allé lui acheter des fleurs avec ma femme, nous n'avions pas trop de temps, car nous devions repartir à Paris, mais je sentais que je ne la reverrais peut-être plus. Nous sommes allés la voir dans cette maison de retraite, elle était tellement contente de notre cadeau, et quoi qu'elle eût l'air encore en forme, elle me dit que c'était certainement la dernière fois que je la reverrais. Je ne faisais que de penser à cette parole de Jésus :

> *Matthieu 26 : 12*
> *En répandant ce parfum sur mon corps, elle l'a fait pour ma sépulture.*

Je savais que ce bouquet de fleurs préparait sa mort, qu'elle le regarderait jusqu'au jour de sa mort, quelques jours plus tard. J'étais triste comme si quelqu'un de ma famille était mort, elle avait été pour moi une mère et une « prophétesse » dans ma vie, et je lui dédie cette pensée. J'aimerais tellement qu'elle soit là encore, mais j'ai d'autres pères et mères desquels prendre soin.

Que ferez-vous ?

Il y a des « Madame Ricard » dans toutes nos églises ou presque, ou certaines ne peuvent plus se déplacer et les chrétiens les ont oubliées. Vous pouvez laisser les personnes âgées mourir seules dans des maisons de retraite ou chez eux dans le sombre, vous pouvez oublier vos pères et mères spirituels et les abandonner, vous pouvez délaisser ceux qui ont travaillé et prié pour notre salut, mais vous n'agiriez pas dans l'amour, ou vous pouvez les bénir en les visitant de temps à autre, par une carte postale, une bénédiction, ou une inspiration que le Seigneur vous donnera, et ainsi leur démontrer encore combien Dieu les aime.

Vous savez que les personnes qui se ressemblent s'assemblent, or nous ressemblons aux personnes âgées : elles sont comme nous l'ouvrage de Dieu, elles sont comme nous la prunelle de Dieu, elles sont comme nous des enfants chéries du Roi des Rois, ne les oubliez pas.

Si vous le pouvez cette semaine, je vous en prie, partagez cette pensée autour de vous, occupez-vous de vos parents dans l'église et encouragez vos frères et sœurs à le faire. Ne les oubliez pas. Agissez dignement avec eux et prouvez votre amour, votre respect et le caractère de Christ en vous. Personne ne vous verra peut-être, mais Dieu vous regardera et sera honoré par votre obéissance à sa Parole et votre amour envers les saints. Il vous bénira, il prendra soin de vous.

> *Exode 20 : 12*
> *Honore ton père et ta mère, afin que tes jours se prolongent dans le pays que l'Éternel, ton Dieu, te donne.*

> *Proverbes 23 : 22*
> *Écoute ton père, lui qui t'a engendré, Et ne méprise pas ta mère, quand elle est devenue vieille.*

13 SEPTEMBRE

Jérémy Sourdril

Souriez, vous êtes filmés

1 Samuel 16 : 7 : « Et l'Éternel dit à Samuel : Ne prends point garde à son apparence et à la hauteur de sa taille, car je l'ai rejeté. L'Éternel ne considère pas ce que l'homme considère; l'homme regarde à ce qui frappe les yeux, mais l'Éternel regarde au cœur ».

En tant qu'être humain, nous sommes environnés d'une grande nuée de témoins, mais il ne s'agit pas forcément des gens de foi dont nous parle Hébreux 11. Nous vivons avec des gens qui sont témoins de nos actions, des gens qui observent notre vie : nos paroles et nos actions.

> *Marc 3 : 1-2*
> *Jésus entra de nouveau dans la synagogue. Il s'y trouvait un homme qui avait la main sèche. Ils observaient Jésus, pour voir s'il le guérirait le jour du sabbat : c'était afin de pouvoir l'accuser.*

Il y a un excès qui consiste à dire qu'en tant que chrétien, tous les non-croyants nous épient, et l'autre excès est de croire que personne ne nous regarde.

La Bible dit que l'homme regarde, plus précisément qu'il regarde à ce qui frappe les yeux. Ce qui m'intéresse aujourd'hui, ce n'est pas tant le fait que nous sommes observés, mais c'est que les gens nous observent sur la longueur. Oui, les gens regardent à ce qui frappe les yeux mais notre entourage, ceux qui nous connaissent, nous observeront sur la longueur.

Vous avez pu témoigner à certaines personnes de votre famille et subir des « échecs », car certains sont réfractaires à l'évangile. On peut se moquer de vous à votre travail parce que vous êtes chrétien, mais j'aimerais vous dire que rien n'est perdu ! Les gens nous observent à long terme !

Ils peuvent être au courant que vous avez fait des erreurs, que vous avez vécu des échecs personnels au niveau de votre mariage, de votre famille, de vos finances ou de votre travail, et à cause de cela vous avez peut-être été le sujet de moqueries, cela ne veut pas dire que vous avez perdu ! Je le répète, rappelez-vous : les gens vont vous regarder sur la longueur.

Trop de chrétiens tirent un trait sur des gens à qui ils ont annoncé l'évangile car ceux-ci n'ont pas accepté Jésus tout de suite. Il est parfois préférable qu'une personne réfléchisse bien avant d'accepter Jésus, car parfois les gens qui acceptent Jésus tout de suite ne vivent pas le miracle de la nouvelle naissance, ils sont juste enthousiastes sur le coup et finalement ils vont être participants d'une religion.

Les gens regarderont vos réussites, votre attitude dans les mauvais jours et dans les bons jours. Ce qu'il faut qu'ils voient, c'est votre paix et votre joie régner dans n'importe quelle situation. Les gens se diront : « Comment va-t-il réagir lorsqu'on lui annoncera la nouvelle ? », « Comment va-t-il réagir face à la mort de sa mère ? », « Comment va-t-il réagir dans cette situation ? ». C'est aussi pour cela qu'il faut faire attention à nos paroles. Vous ne pouvez pas vous permettre de dire tout ce qui vous passe par la tête, et de raconter vos problèmes à ceux qui ne connaissent pas Christ : les gens veulent voir de quoi vous êtes fait. Ils veulent goûter au jus qui sortira de vous, savoir si c'est un bon jus, ou un jus artificiel. Cela prendra du temps et c'est au fur et à mesure des années qui passent qu'ils verront que vous restez le même malgré les circonstances de la vie, que votre maison est vraiment bâtie sur le roc et alors ils voudront connaître le roc sur lequel vous avez bâti votre vie et vous les gagnerez à Christ.

On ne sait pas du jour au lendemain si une maison est solide ou pas, mais on le sait alors qu'elle surmonte les tempêtes et les intempéries. Votre entourage va vivre les mêmes défis que vous, mais vous pouvez faire la différence car ce n'est plus vous qui vivez, mais Christ en vous se révèlera au cours des années, alors n'oubliez pas : souriez, car vous êtes filmés !

14 SEPTEMBRE

Olivier Derain

Comment rendre son témoignage de conversion à Christ de façon équilibrée ?

La Bible nous exhorte à toujours être prêts à rendre témoignage (rendre compte de notre espérance en Christ). Les opportunités peuvent se présenter à tout moment, sans que nous nous y attendions; pour cela nous devons nous préparer à rendre un témoignage qui va glorifier le Seigneur Jésus, ce de manière équilibrée.

> *1 Pierre 3 : 15-16*
> *Mais sanctifiez dans vos cœurs Christ le Seigneur, étant toujours prêts à vous défendre, avec douceur et respect, devant quiconque vous demande raison de l'espérance qui est en vous, et ayant une bonne conscience, afin que, là même où ils vous calomnient comme si vous étiez des malfaiteurs, ceux qui décrient votre bonne conduite en Christ soient couverts de confusion.*

Malheureusement souvent les chrétiens n'ont pas bien compris comment faire pour transmettre avec efficacité le témoignage de leur rencontre avec Christ, afin d'avoir l'impact désiré. Nous avons tous fait des erreurs dans ce domaine-là, ce qui nous a conduits à nous retrouver parfois dans la confusion ou devant des arguments qui ont coupé court à une conversation qui aurait dû porter ses fruits.

Alors quoi faire et quoi éviter si l'on veut rendre un bon témoignage à une personne pour pouvoir l'amener à Christ ?

Un bon témoignage équilibré doit toujours comporter trois parties

- Ce que vous viviez avant de recevoir Christ.
- Ce qui s'est passé quand vous avez reçu Christ.
- Ce qui se passe depuis que vous avez reçu Christ (votre nouvelle vie).

Ce sont les trois étapes par lesquelles vous êtes passé et que vous devez savoir décrire.

Soyons conscients des erreurs à ne jamais commettre

Souvent lorsque nous témoignons, nous commettons certaines maladresses dont il nous est difficile de nous relever après. Nous avons tous en tant que bébés spirituels, ruiné notre témoignage surtout auprès de nos proches. Nous étions si pressés de partager notre nouvelle foi, que nous avons mis « les pieds dans le plat » et commis des erreurs que nous regrettons encore parfois aujourd'hui. C'est à nos proches (famille, collègues de travail, étudiants ou autres), à qui nous avons rendu en premier témoignage de notre rencontre avec Christ. Le problème c'est qu'ils nous connaissent très bien et qu'ils ont attendu pour voir si ce qu'on leur disait était vrai. Souvent nous avons même choqué ou provoqué notre entourage par des propos qui étaient inappropriés, alors que nous pensions bien faire avec zèle (une contre réaction à la religion dans laquelle nous étions peut-être, est souvent le coup classique).

Les garde-fous pour éviter les erreurs classiques

1) Ne pas présenter l'Évangile en disant que les autres ont tort, que vous avez la Vérité (même si c'est vrai). Toujours GLORIFIER JÉSUS, pas votre église ou votre mouvement. Votre pasteur peut être « super », votre église aussi, mais ce n'est pas l'issue. C'est Jésus qui doit être au centre de notre témoignage. Souvent, ceux qui sont issus des milieux catholiques vont dénigrer leur ancienne église. Un bon catholique se fermera en pensant que vous lui dites qu'il a tort et qu'il doit changer d'église. Présentez plutôt Jésus, qui a changé votre vie tout en esquivant les questions pièges que les gens vont vous tendre à propos de la guerre des clochers.

2) Toujours faire ressortir les POINTS POSITIFS et pas les points négatifs de notre vie. Parfois les chrétiens parlent de Christ et déballent tous leurs problèmes aux inconvertis à qui ils témoignent. Ceci n'attirera pas à Christ celui qui est dans ses péchés, il verra que vous avez autant de problèmes que lui ! Donc pourquoi venir à Jésus ?

3) Pas de « crème sur le gâteau », mais racontez réellement ce que vous avez vécu, ni plus, ni moins. Certaines personnes se sentent frustrées de ne pas avoir un témoignage fracassant, elles auraient aimé que les choses se passent différemment. L'important ce n'est pas ce que vous auriez aimé vivre comme expérience, mais ce que vous avez réellement vécu ! Elles entendent des témoignages d'anciens drogués, de gens qui étaient possédés, de personnes qui ont eu des visions et se disent qu'elles n'ont pas vécu quelque chose de spectaculaire. Votre salut est le plus grand des miracles et la plupart du temps les gens vont s'identifier à vous, c'est-à-dire à : Monsieur et madame tout le monde. Et sachez qu'il existe sur cette terre une immense majorité de gens ordinaires qui ont besoin d'un témoignage simple devant lequel ils vont pouvoir s'identifier. Si quelqu'un n'est pas dans la drogue ou avec des problèmes par-dessus la tête, il vous répondra : « Ce Jésus c'est bien pour toi, mais moi ça va bien ! ». Je me souviens particulièrement du témoignage d'un frère, quand je faisais partie du FGBMFI (Les Hommes d'Affaires du Plein Évangile). Il témoignait de la chose suivante : « Tout allait bien dans ma vie, j'avais une superbe famille, de belles voitures, un superbe appartement avec vue sur la tour Montparnasse et la Tour Eiffel, j'avais un gros salaire, un excellent travail, mais un jour je regardais de la fenêtre de mon luxueux appartement, et je me disais : « à quoi ça sert tout ça ? Quel est le sens de ma vie ? ». Ce qu'il ressentait, c'était le vide dans son cœur et au travers de son témoignage, il a amené plein de gens à Christ, car beaucoup de gens s'identifiaient à lui. Dieu n'appuiera qu'un témoignage vrai, pas des demi-mensonges ou des témoignages enjolivés ! Si vous n'avez pas eu de vision, n'allez pas en fabriquer !

4) Soyez équilibré : Ne parlez pas de votre vie passée pendant des heures avec des détails « croustillants » qui n'en valent pas la peine, ou encore des discussions que vous avez eues au téléphone ou avec quelqu'un en rapportant les moindres paroles, en résumé ne vous noyez pas dans un verre d'eau avec votre témoignage, mais allez à l'essentiel. Ne parlez pas deux minutes, sur ce que Jésus a fait et une heure sur votre vie de péché ! Ne vous vantez pas aussi de certaines choses dont vous devriez vraiment rougir.

5) Une autre erreur commune est de dire : « Avant j'étais un affreux pécheur et maintenant je suis parfait ! ». Au contraire, montrez combien vous étiez misérable, esclave du péché, vide dans votre cœur et faites ressortir l'amour et la compassion de Christ pour vous. Rappelez-vous que les gens nous observent, vous ne pouvez pas vous imaginer combien les inconvertis nous regardent vivre et parfois nous sommes des contre-témoignages. Nos actions parlent plus que nos paroles. Nous serons testés par les inconvertis au sujet de notre foi.

6) Évitez le LANGAGE CHRETIEN (ce qu'on appelle le patois de Canaan), que les inconvertis ne comprennent pas : utilisez des mots simples ou un langage qui ne va pas choquer les gens. Exemple : « J'ai fait une expérience personnelle avec Jésus-Christ », au lieu de : « Je suis né de nouveau ou sauvé », car cette deuxième expression n'a pas vraiment de sens pour un païen. Dites « la Bible » au lieu de « La Parole de Dieu ». Ne citez pas des références de versets, les inconvertis ne connaissent pas la Bible, mais citez de façon simplifiée, pour que tous puissent saisir ce que vous voulez dire. Si vous témoignez en disant : « J'ai été lavé par le sang de l'Agneau ! », vous allez faire fuir les gens qui vous écoutent, ils vont penser que vous êtes dans une secte ou que vous êtes fous. Nous devons réaliser une chose : plus cela fait longtemps que nous sommes en Christ, et plus nous oublions comment un inconverti raisonne. Parfois il est difficile de nous remettre dans la peau d'un inconverti pour pouvoir s'identifier à lui, afin de lui témoigner efficacement.

Savoir comment partager notre expérience

Pour cela je vous inviterais à passer du temps à prier et à écrire un certain nombre de choses que vous avez vécues. Souvent nous comprenons réellement ce qui s'est passé après quelques années de conversion.

Avant de recevoir Jésus :

- Situez-vous : Souvent une personne d'un même milieu amènera à Christ des personnes de même milieux sociaux.
- Qui vous êtes (s'ils ne vous connaissent pas), ce que vous faites dans la vie.

Arrière-plan de vos croyances :

- Je ne croyais en rien.
- J'allais dans les églises traditionnelles.
- J'ai été élevé dans les églises protestantes.

Expliquez ce qui n'allait pas dans votre vie :

- Le vide intérieur.
- Le péché qui vous rendait esclave.
- Le manque de réponses devant la mort.
- Une déception sentimentale.

15 SEPTEMBRE

Jérémy Sourdril

12 obstacles à l'évangélisation

Découvrons aujourd'hui trois obstacles courant qui empêchent les gens d'annoncer l'Évangile librement :

> *Matthieu 16 : 25*
> *Car celui qui voudra sauver sa vie la perdra, mais celui qui la perdra à cause de moi la trouvera.*

Beaucoup regardent à eux-mêmes et ne veulent pas annoncer l'Évangile, alors que la vie chrétienne est justement contraire à ce principe d'égoïsme : nous devons aimer notre prochain comme nous-mêmes. C'est toujours une bonne chose d'annoncer l'Évangile, et nous avons toujours deux opportunités pour l'annoncer : les bonnes et les mauvaises occasions. L'apôtre Paul avait compris que la chair trouve toujours une bonne raison de ne pas obéir à Dieu : « Cette personne n'a pas l'air ouverte », « Ce n'est vraiment pas le bon moment », « Dieu m'a-t-il vraiment parlé ? », « Je ne suis pas vraiment en forme », et j'en passe ! Nous réfléchissons au bon moment (et je ne dis pas qu'il ne doit jamais en être ainsi, il y a des saisons et des rendez-vous divins), alors que cette personne peut mourir d'un jour à l'autre.

> *2 Timothée 4 : 1-2*
> *Je t'en conjure devant Dieu et devant Jésus-Christ, qui doit juger les vivants et les morts, et au nom de son apparition et de son royaume, prêche la parole, insiste en toute occasion, favorable ou non, reprends, censure, exhorte, avec toute douceur et en instruisant.*

Paul demandait à Timothée d'annoncer la Parole et d'y insister en toute occasion, qu'elle soit favorable ou non. Ce conseil ne met aucune limite à notre liberté en Christ d'annoncer la Parole de Dieu. Il lui dira : « Fais l'œuvre d'un évangéliste, remplis bien ton ministère ». Timothée n'était pas évangéliste, il était pasteur, toutefois l'apôtre Paul lui demandait de faire l'œuvre d'un évangéliste et de bien remplir son ministère (pastoral) en même temps. Dans le passé, chaque pasteur était formé comme un évangéliste. N'importe quel pasteur pouvait prêcher l'Évangile avec l'ardeur d'un évangéliste. Aujourd'hui, les serviteurs de Dieu sont de moins en moins nombreux à pouvoir l'annoncer clairement lors d'une réunion. Quel dommage ! Retenons que nous devons annoncer l'Évangile en tout temps et que Dieu ne met pas de limite à cela dans Sa Parole.

Ils se sentent incapables

« Ce n'est ni par force, ni par puissance », mais par l'Esprit du Seigneur. Alors que nous pensons à faire quelque chose pour Dieu, n'oublions jamais qu'il ne s'agit pas de nous. Nous sommes un vase, aussi fragile soit-il.

> *1 Corinthiens 1 : 26-28*
> *Considérez, frères, que parmi vous qui avez été appelés il n'y a ni beaucoup de sages selon la chair, ni beaucoup de puissants, ni beaucoup de nobles. Mais Dieu a choisi les choses folles du monde pour confondre les sages; Dieu a choisi les choses faibles du monde pour confondre les fortes; et Dieu a choisi les choses viles du monde et celles qu'on méprise, celles qui ne sont point, pour réduire à néant celles qui sont,*

> *1 Corinthiens 2 : 2-3*
> *Car je n'ai pas eu la pensée de savoir parmi vous autre chose que Jésus-Christ, et Jésus-Christ crucifié. Moi-même j'étais auprès de vous dans un état de faiblesse, de crainte, et de grand tremblement;*

Nous pouvons faire face à certains défis ou certaines sensations dans notre chair, mais pour autant cela ne doit jamais être un prétexte de ne pas annoncer l'Évangile. Nous sommes selon la Parole de Dieu qualifiés, quel que soit nos origines, notre éducation, nos moyens financiers ou notre faculté à parler. Si Dieu peut se servir d'un âne, il peut se servir de nous. Dieu a juste besoin de vase, nous sommes donc qualifiés, mais si nous restons dans cet état d'esprit de penser que nous sommes incapables, nous nous disqualifions nous-mêmes. Il ne faut pas qu'il en soit ainsi !

Ils ne savent plus d'où ils viennent

> *2 Pierre 1 : 9*
> *Mais celui en qui ces choses ne sont point est aveugle, il ne voit pas de loin, et il a mis en oubli la purification de ses anciens péchés.*

Peu à peu, certains chrétiens se sont laissés aller à du compromis, et se sont attiédis. Cela s'est fait peu à peu. Nous devons prendre garde à notre flamme ! L'apôtre Paul exhortait Timothée de ranimer sa flamme. C'est notre responsabilité. Parfois, nous ne savons pas comment faire, comment ranimer notre flamme.

Notre flamme peut diminuer à cause du péché, mais souvent aussi à cause d'un manque de consécration, de préoccupations diverses. Si cela vous arrive, si vous savez en ce moment que votre flamme est basse, passez du temps dans la présence de Dieu. Vous ne savez pas comment faire ? Lorsque vous arrivez chez vous, occupez-vous de l'essentiel, et passez du temps à méditer. Écoutez un bon message de foi. Alors que votre famille est couchée, mettez de la musique quelque part et commencez à adorer le Seigneur, jusqu'à vous endormir. Il ne s'est rien passé ? Ne soyez pas découragé ! Le lendemain, recommencez à vous approcher de Dieu. Vous verrez que Dieu écoute le désir de votre cœur, et il viendra vous toucher.

A cause de leur tiédeur, certains chrétiens ont oublié d'où ils viennent. Ils ne réalisent plus finalement quelle est la différence entre eux et les non-croyants. En fait ils diront souvent : « Je ne vois pas la différence entre les chrétiens et les autres », mais c'est à eux de faire la différence ! S'ils sont allés dans le compromis, il n'y a pour certains aucune véritable différence visible. C'est un désastre. Ils ont oublié comment Jésus-Christ les a puissamment sauvés en donnant sa vie précieuse pour eux sur la Croix du Calvaire. Même s'ils ont préféré le péché au corps de Jésus-Christ donné pour eux, il est encore temps de s'approcher de Dieu. Quand nous réalisons d'où nous venons, nous sommes encouragés à annoncer l'Évangile. C'est aussi pour cela que la plupart des gens qui en amènent d'autres au Seigneur sont des tout jeunes convertis. Ils sont dans le feu de ce premier amour (qui devrait toujours rester) et viennent de passer du royaume des ténèbres au Royaume de la Gloire de Jésus-Christ ! Ils savent d'où ils viennent alors ils sont plein de feu pour annoncer l'Évangile.

Ils sont orgueilleux

L'orgueil précède la chute et le manque de fruit. Les espions qui sont revenus du pays promis étaient orgueilleux en pensant que ce que Dieu les avait appelé à faire se ferait par leur propre force. Les gens sont orgueilleux parfois et pensent que ce sera par eux-mêmes. Ils sont finalement semblables aux pécheurs qui pensent être sauvés par leurs œuvres : « Ce n'est pas par les œuvres, afin que personne ne se glorifie ». Comment gagnerions-nous les pécheurs si nous pensons comme eux ! Au contraire, « Christ en moi, c'est l'espérance de la Gloire ». Certaines personnes se pensent supérieures, ils ne voudraient pas s'abaisser pour parler aux gens de la rue, aux nécessiteux, aux misérables. Christ lui s'abaissait pour eux.

> *Philippiens 2 : 5-8*
> *Ayez en vous les sentiments qui étaient en Jésus-Christ, lequel, existant en forme de Dieu, n'a point regardé comme une proie à arracher d'être égal avec Dieu, mais s'est dépouillé lui-même, en prenant une forme de serviteur, en devenant semblable aux hommes; et ayant paru comme un simple homme, il s'est humilié lui-même, se rendant obéissant jusqu'à la mort, même jusqu'à la mort de la croix.*

La gloire de l'homme est tellement ridicule par rapport à celle de Jésus-Christ. Il y a des hommes qui sont honorés par tous, et aimés de beaucoup, mais la gloire qu'ils reçoivent est ridiculement ridicule ! Jésus-Christ était revêtu de gloire, et pourtant il a rejeté cette gloire, il a méprisé la honte, il n'a pas regardé comme une proie à arracher d'être égal avec Dieu, mais il s'est humilié. Si vous êtes ce type de personne orgueilleuse, et que vous le reconnaissez, sachez que si vous faites la volonté de Dieu, Dieu vous donnera une gloire au ciel, mais si vous décidez de recevoir la gloire des hommes, vous ne recevrez pas celle de Dieu. Combien celle de Dieu est plus merveilleuse ! Ayez les sentiments de Jésus-Christ, qui a dit :

> *Jean 5 : 41*
> *Je ne tire pas ma gloire des hommes.*

Une bonne déclaration pour aujourd'hui :

« Je refuse de ne pas annoncer l'Évangile en trouvant toutes sortes d'excuses. Je refuse de regarder à mon incapacité car en fait, je suis capable en Lui, combien même je serais faible dans la chair, c'est quand je suis faible que je suis fort. Dieu ne regarde pas à mes forces, mais à sa force en moi. Je prends la décision de ranimer la flamme que Dieu a mise en moi à ma nouvelle naissance. Je vais passer plus de temps avec Dieu. Je veux m'abaisser et mépriser la honte. J'annoncerai l'Évangile quel qu'en soit le prix, en toute occasion, bonne ou mauvaise. Je ne suis pas un pécheur, je suis saint devant Dieu grâce au sang de Jésus. Je suis un gagneur d'âme ! Comme dit le Psaume 104, au verset 4 : « Il fait des vents ses messagers, des flammes de feu ses serviteurs ». Amen ! Je suis en feu pour le Seigneur ! ».

16 SEPTEMBRE

Jérémy Sourdril

12 obstacles à l'évangélisation (suite)

Découvrons aujourd'hui trois obstacles courant qui empêchent les gens d'annoncer l'Évangile librement :

Ils ont des péchés cachés et se sentent sous la condamnation

Peu importe nos péchés, personne n'est parfait. Arrêtons de marcher dans le péché : si notre corps tombe parfois, n'allons pas mettre notre âme et notre esprit à la bassesse de notre corps. Arrêtons de combattre le péché, Jésus a combattu contre le péché jusqu'au sang, nous devons nous identifier à sa victoire qui nous a rendu saint. Nous sommes saints, un point c'est tout.

> *Jean 15 : 3*
> *Déjà vous êtes purs, à cause de la parole que je vous ai annoncée.*
>
> *Romains 6 : 1-2*
> *Que dirons-nous donc ? Demeurerions-nous dans le péché, afin que la grâce abonde ? Loin de là ! Nous qui sommes morts au péché, comment vivrions-nous encore dans le péché ?*
>
> *Romains 6 : 11-12*
> *Ainsi vous-mêmes, regardez-vous comme morts au péché, et comme vivants pour Dieu en Jésus-Christ. Que le péché ne règne donc point dans votre corps mortel, et n'obéissez pas à ses convoitises.*

Être délivré de certaines habitudes mauvaises est une question de foi : il a été fait pour moi sanctification, je suis saint parce qu'il est saint, je ne suis plus esclave du péché.

> *Romains 5 : 1*
> *Etant donc justifiés par la foi, nous avons la paix avec Dieu par notre Seigneur Jésus-Christ,*

Nous sommes justifiés par notre foi. Si nous ne croyons pas que le sacrifice de Christ est assez puissant pour nous purifier de tout péché, nous marcherons sous la condamnation tous les jours de notre vie, et finalement nous nous éloignerons de ce à quoi Dieu nous appelle. Nous devons arrêter de combattre le péché. Oui, vous avez bien lu, il nous faut arrêter de nous battre contre le péché, il faut plutôt se battre contre la mauvaise façon de nous voir par rapport au péché. Il faut renouveler notre intelligence pour la mettre en accord avec la Parole. Selon la Parole, nous sommes morts au péché, un point c'est tout. Selon la Parole, nous avons déjà été délivrés. Au lieu de combattre le péché, marchez dans la victoire de Christ contre le péché ! Marchez dans la paix ! Nous n'aurions pas pu marcher dans la paix si Dieu n'avait pas payé le prix pour nos péchés ! La Bible dit que « C'est à lui que nous devons d'avoir eu par la foi accès à cette grâce, dans laquelle nous demeurons ferme ». Rester ferme dans la grâce de Dieu. Nous avons été JUSTIFIÉS ! Marchons dans notre justification !

> *Romains 4 : 8-9*
> *Heureux l'homme à qui le Seigneur n'impute pas son péché ! Ce bonheur n'est-il que pour les circoncis, ou est-il également pour les incirconcis ? Car nous disons que la foi fut imputée à justice à Abraham.*

Vous savez quoi ? Alors que vous appartenez à Jésus, Dieu ne vous impute pas votre péché. Il l'efface grâce au sang de l'Agneau. Le sang de Christ a plus de valeur que votre péché. Si le sang de Jésus ne pouvait pas effacer tout péché, il serait impuissant et effectivement nous aurions de quoi avoir peur et être dans la honte. MAIS le sang de Jésus couvre et efface complètement notre péché. Nous pouvons donc annoncer l'Évangile avec assurance, nous sommes saints en Lui, gloire à Dieu !

Ils manquent d'amour et sont égoïstes

> *Romains 12 : 1*
> *Je vous exhorte donc, frères, par les compassions de Dieu, à offrir vos corps comme un sacrifice vivant, saint, agréable à Dieu, ce qui sera de votre part un culte raisonnable.*
>
> *Matthieu 9 : 36*
> *Voyant la foule, il fut ému de compassion pour elle, parce qu'elle était languissante et abattue, comme des brebis qui n'ont point de berger.*

Notre responsabilité est de nous offrir tout entier à Dieu. C'est le désir de Dieu. Les bouillants réjouissent le cœur de Dieu.

Lorsque nous nous offrons tout entier à Lui, l'obéissance devient notre nourriture et notre plaisir. Jésus nous a demandé d'annoncer l'Évangile. Lorsque nous offrons notre cœur au Seigneur, nous sommes censés lui obéir en tout point, nous sommes « esclaves » de la justice. Si Jésus nous a demandé d'annoncer l'Évangile, c'est parce qu'il aime les gens. Son amour pour les hommes est extrême, et il aimerait que son amour extrême passe par ses enfants. Vous pouvez aimer les gens comme Dieu. Je ne dis pas que vous pouvez les aimer avec la même intensité, mais vous pouvez les aimer comme Lui. Ce n'est pas de notre amour dont les hommes ont besoin, c'est de l'amour de Dieu en nous. Ne pensez pas que votre amour changera les gens. C'est l'amour de Dieu dont ils ont besoin.

> *Romains 5 : 5*
> *Or, l'espérance ne trompe point, parce que l'amour de Dieu est répandu dans nos cœurs par le Saint-Esprit qui nous a été donné.*

Alléluia ! L'amour de Dieu est répandu dans nos cœurs ! C'est quelque chose que Dieu nous donne gratuitement. Lisez bien ceci : le même amour que Dieu mettait dans le cœur de Jésus est l'amour que Dieu répand en nous. L'amour que Dieu répand dans notre cœur est parfait, pur et saint. C'est cet amour qui faisait battre le cœur de Jésus. Lorsqu'il voyait les hommes, Jésus était ému de compassion. L'amour fait des miracles. La compassion dans l'annonce de l'Évangile produira des choses inattendues. C'est lorsque nous nous donnons à Lui et que nous laissons couler son amour que nous sortirons avec joie, voyant les âmes comme Dieu les voit. Le cœur de Dieu doit battre en nous. « Tu aimeras ton prochain comme toi-même ». C'est le deuxième plus grand commandement ! Nous devons être débordants d'amour : confessons régulièrement que nous sommes amoureux des âmes perdues.

> *Jean 15 : 13*
> *Il n'y a pas de plus grand amour que de donner sa vie pour ses amis.*

Jésus n'a pas seulement donné sa vie pour ses amis, mais aussi pour ses ennemis. Il savait que parmi ses ennemis, il y avait de futurs amis. C'est un message peu enseigné de nos jours, et c'est pourtant un message puissant et un exemple pour nous tous : ayons la même aspiration que celle du Seigneur :

> *Marc 10 : 45*
> *Car le Fils de l'homme est venu, non pour être servi, mais pour servir et donner sa vie comme la rançon de plusieurs.*

Ils sont tièdes

Notre chaleur spirituelle est de notre ressort. C'est notre responsabilité. C'est nous qui choisissons si nous serons froids, tièdes ou bouillants. Nous pouvons nous trouver toutes sortes d'excuses, mais là encore nous devons marcher dans l'honnêteté et réaliser que nous avons le choix. Être bouillant demande des sacrifices et une grande vision. Être froid ne demande pas grand-chose. Être tiède, c'est aspirer à certaines choses, mais ne pas se donner les moyens pour y entrer. Nous pouvons presque être bouillants aujourd'hui, tièdes demain et froids la semaine prochaine. C'est pour cela que nous devons rester vigilant et nous fortifier intérieurement.

Quelqu'un qui est tiède (ou froid), c'est quelqu'un qui « aime » intellectuellement les âmes perdues, mais qui n'ouvre pas assez son cœur pour les aimer d'une façon divine. Les aimer d'une façon divine nous amènera obligatoirement à des actions concrètes. Cela implique une consécration. Alors que vous ne voyez absolument rien, vous passez du temps à détruire le travail de l'ennemi dans la vie des gens en priant, vous intercédez pour eux, suppliant Dieu de les sauver. Vous pensez aux âmes chaque jour de votre vie. Vous cherchez tous les moyens pour atteindre les âmes perdues. Le tiède va à l'église, lit sa Bible et prie, mais n'annonce pas l'Évangile avec zèle et persévérance.

> *Psaumes 68 : 28*
> *Ton Dieu ordonne que tu sois puissant; Affermis, ô Dieu, ce que tu as fait pour nous !*

C'est la volonté de Dieu pour nous. En fait Dieu veut qu'on voit une vraie différence entre ceux qui servent Dieu et ceux qui ne le servent pas. Quand nous ouvrons les yeux pour voir les sacrifices terribles que font les gens de ce monde pour acquérir de l'argent ou du pouvoir, cela devrait parfois nous faire réfléchir à nos propres sacrifices pour le Seigneur, notre ferveur et notre consécration. Dans le monde, certaines personnes sont prêtes « à vendre leurs parents » pour de l'argent, nous les enfants de Dieu devrions être prêts à nous offrir pour l'Évangile. Jésus reprochait à l'église de Laodicée sa tiédeur. Cette église faisait certaines œuvres, mais elle se reposait sur ses acquis et sur sa prospérité au lieu de se reposer sur Dieu et de chercher ce qui est vraiment important. Jésus a dit que des fleuves d'eaux vives couleront de notre esprit. Passons du temps à prier en langue, cela fortifiera notre esprit.

17 SEPTEMBRE

Jérémy Sourdril

12 obstacles à l'évangélisation (suite)

Découvrons aujourd'hui trois obstacles courants qui empêchent les gens d'annoncer l'Évangile librement :

Ils ont une mauvaise façon de voir les âmes perdues et leur destinée

Au moins 5 fois dans l'Ancien comme dans le Nouveau Testament, la Bible déclare au sujet des incroyants qu'il n'en est AUCUN qui fasse le bien. Les gens ne peuvent pas faire le bien selon Dieu, cela leur est impossible.

> *Romains 3 : 10-19*
> *selon qu'il est écrit : Il n'y a point de juste, Pas même un seul; Nul n'est intelligent, Nul ne cherche Dieu; Tous sont égarés, tous sont pervertis; Il n'en est aucun qui fasse le bien, Pas même un seul; Leur gosier est un sépulcre ouvert; Ils se servent de leurs langues pour tromper; Ils ont sous leurs lèvres un venin d'aspic; Leur bouche est pleine de malédiction et d'amertume; Ils ont les pieds légers pour répandre le sang; La destruction et le malheur sont sur leur route; Ils ne connaissent pas le chemin de la paix; La crainte de Dieu n'est pas devant leurs yeux. Or, nous savons que tout ce que dit la loi, elle le dit à ceux qui sont sous la loi, afin que toute bouche soit fermée, et que tout le monde soit reconnu coupable devant Dieu.*

L'homme pécheur est séparé de Dieu et sa colère est sur lui. Mais Dieu veut le sauver. Il a besoin d'intercesseurs, d'hommes et de femmes qui se tiennent sur la brèche en leur faveur. Puisqu'ils sont pécheurs, c'est-à-dire coupables, ils doivent être rendus justes. Leur grand péché est de ne pas reconnaître Jésus-Christ comme Sauveur et de rejeter Dieu. Ils peuvent dire qu'ils n'ont jamais menti, qu'ils n'ont jamais volé et donc qu'ils sont justes, mais la Bible déclare qu'il n'en est pas un seul qui fasse le bien, que tous ont péché et sont privés de la Gloire de Dieu.

> *Romains 5 : 16*
> *Et il n'en est pas du don comme de ce qui est arrivé par un seul qui a péché; car c'est après une seule offense que le jugement est devenu condamnation, tandis que le don gratuit devient justification après plusieurs offenses.*

> *Romains 3 : 26-28*
> *De montrer sa justice dans le temps présent, de manière à être juste tout en justifiant celui qui a la foi en Jésus. Où donc est le sujet de se glorifier ? Il est exclu. Par quelle loi ? Par la loi des œuvres ? Non, mais par la loi de la foi. Car nous pensons que l'homme est justifié par la foi, sans les œuvres de la loi.*

> *Romains 6 : 23*
> *Car le salaire du péché, c'est la mort; mais le don gratuit de Dieu, c'est la vie éternelle en Jésus-Christ notre Seigneur.*

Un seul péché amène la condamnation. Quelqu'un qui comparait devant un juge pour une faute pénale ne peut pas se cacher derrière ses bonnes œuvres en disant : « Monsieur le Juge, savez-vous que je n'ai jamais volé ? Savez-vous que je donne de l'argent à une association caritative et que je lutte en faveur des droits de l'homme ? ».

Le juge ne prendra pas en considération ce genre de propos, il sera toujours aussi coupable et son sort sera une condamnation. Ainsi un homme qui a péché une fois aussi bon soit-il ne pourra pas être sauvé s'il ne reconnait pas Jésus-Christ comme son Sauveur, s'il ne met pas sa foi en Jésus. Les âmes perdues courent en enfer, mais si peu intercèdent. J'aspire moi-même à beaucoup plus pour les perdus, je veux les voir venir au Seigneur, être sauvés et délivrés pour leur bonheur éternel. S'ils n'acceptent pas le Seigneur, ce sera une douleur sans aucune fin. Les secondes suivront des minutes qui suivront des heures, des jours, des semaines, des années, des décennies, des siècles... Ils seront enfermés dans des pensées terribles sans fin. Quel désastre...

Ils pensent que le terrain est trop dur

Partout dans le monde, des chrétiens se cachent derrière « le terrain » qui est trop dur selon eux. Pourtant, même dans une vallée d'ossements desséchés, Dieu peut redonner la vie. Aucun terrain n'est trop dur selon Dieu. Au contraire :

> *Romains 5 : 20*
> *Or, la loi est intervenue pour que l'offense abondât, mais là où le péché a abondé, la grâce a surabondé,*

L'indifférence extrême des gens à Jésus-Christ est un profond péché, plus profond que tout péché. Mais là où le péché abonde, la grâce va surabonder !

Que ce soit l'égoïsme, les beuveries, la drogue, la méchanceté, la richesse sans Dieu, les relations sexuelles dépravées, LA GRÂCE DE DIEU VA SURABONDER ! La grâce de Dieu est une puissance de Dieu, c'est JUSTEMENT la puissance de Dieu pour sauver chaque pécheur ! « C'est par la grâce que vous êtes sauvés ».

> *Romains 3 : 23-24*
> *Car tous ont péché et sont privés de la gloire de Dieu; et ils sont gratuitement justifiés par sa grâce, par le moyen de la rédemption qui est en Jésus-Christ.*

Ce verset est extraordinaire. Quel que soit le péché des hommes, il y a une justification gratuite. On voit que la grâce de Dieu est plus forte que tous les péchés du monde. Cette grâce, engendrée par la foi en Jésus-Christ, sauvera n'importe quel pécheur. Il faut réussir à amener les gens à avoir foi en Jésus, grâce à Dieu. Avant d'aller plus loin, soyons honnêtes et posons-nous les vraies questions :

- Suis-je égoïste, suis-je tiède ?
- Ai-je une mauvaise façon de voir les perdus et leur destinée ?
- Est-ce que je me cache derrière des excuses pour ne pas évangéliser en disant par exemple que le terrain est trop dur, que les gens de ma région ont le cœur dur et ne veulent pas du Seigneur ?

Si c'est votre cas, décidez de changer vos pensées et de les renouveler par la Parole de Dieu.

Ils manquent de fidélité, de persévérance

> *Actes 5 : 42*
> *Et chaque jour, dans le temple et dans les maisons, ils ne cessaient d'enseigner, et d'annoncer la bonne nouvelle de Jésus-Christ.*

Ce qui va alimenter l'amour de Dieu en nous, c'est l'espérance, la persévérance dans la tribulation, qui nous amène à être fidèles. En fait, la fidélité pour le salut des âmes amènera l'amour pour les âmes de la part de Dieu. Dans ce passage d'Actes 5, j'aime ces mots : « chaque jour ». Les disciples annonçaient la bonne nouvelle de l'Évangile chaque jour. Nous sommes des êtres humains et la fidélité est pour beaucoup un obstacle, surtout la fidélité dans l'amour divin, l'amour qui ne cherche pas son intérêt mais qui ne cherche qu'à donner aux autres. Il est si difficile pour la chair d'aimer. Aimer sans rien attendre de l'autre, aimer avec persévérance, aimer même si l'autre nous déteste. C'est l'amour de Dieu. C'est l'amour dont Christ était animé en prenant une forme humaine, entouré d'hommes et de femmes qui allaient le haïr, lui le Sauveur du monde.

Dans l'évangélisation, l'amour doit tenir la première place. Sans amour, même avec une grande foi, il sera impossible de répondre aux exigences du Maître. Une très grande partie de croyants ont, un jour ou l'autre, pris la décision d'annoncer l'Évangile régulièrement, mais peu ont continué, par manque de persévérance. Une image me revient souvent lorsque je pense à cela. Imaginez qu'un pasteur d'une église dise : « Si vous amenez une âme au Seigneur, vous recevrez automatiquement 5000 dollars en espèces de la part de l'église pour vous encourager et vous remercier ». C'est triste mais nous aurions un (faux) « réveil » d'évangélistes zélés qui iraient annoncer l'Évangile partout. Nous devons nous poser la question : « Est-ce qu'une âme n'a pas plus de valeur pour moi que 5000 dollars ? Qu'est-ce qui m'empêche d'annoncer cette bonne nouvelle ? ».

Lorsque nous pensons à l'évangélisation, nous sommes tous défiés quelque part. Nous sommes mis en face de nos responsabilités en tant que disciples de Jésus-Christ, appelés à faire comme le Maître. Aspirons ensemble à une fidélité dans notre engagement envers le Seigneur et envers l'annonce de la bonne nouvelle !

> *Proverbes 13 : 17*
> *Un envoyé méchant tombe dans le malheur, Mais un messager fidèle apporte la guérison.*

> *Proverbes 20 : 6*
> *Beaucoup de gens proclament leur bonté; Mais un homme fidèle, qui le trouvera ?*

> *Hébreux 3 : 2*
> *Jésus, qui a été fidèle à celui qui l'a établi, comme le fut Moïse dans toute sa maison.*

> *1 Timothée 1 : 12*
> *Je rends grâces à celui qui m'a fortifié, à Jésus-Christ notre Seigneur, de ce qu'il m'a jugé fidèle, en m'établissant dans le ministère…*

18 SEPTEMBRE

Jérémy Sourdril

12 obstacles à l'évangélisation (suite)

Découvrons encore aujourd'hui trois obstacles courant qui empêchent les gens d'annoncer l'Évangile librement :

Ils manquent de prière et d'esprit d'unité

> *Actes 4 : 32-34*
> *La multitude de ceux qui avaient cru n'était qu'un cœur et qu'une âme. Nul ne disait que ses biens lui appartinssent en propre, mais tout était commun entre eux. Les apôtres rendaient avec beaucoup de force témoignage de la résurrection du Seigneur Jésus. Et une grande grâce reposait sur eux tous. Car il n'y avait parmi eux aucun indigent : tous ceux qui possédaient des champs ou des maisons les vendaient, apportaient le prix de ce qu'ils avaient vendu.*

Les disciples des Actes, suite au réveil qui eut lieu à la Pentecôte, sont vraiment un exemple pour nous. Ce réveil n'était pas seulement spirituel, il avait aussi touché puissamment l'âme des gens. Ces gens ont été comme marqués au fer rouge dans leur âme. Cela a produit un esprit d'unité extraordinaire. En dehors de cet aspect matériel et financier, il existait une unité spirituelle exemplaire :

> *Actes 2 : 1*
> *Le jour de la Pentecôte, ils étaient tous ensemble dans le même lieu.*

> *Actes 4 : 24*
> *Lorsqu'ils l'eurent entendu, ils élevèrent à Dieu la voix tous ensemble, et dirent : Seigneur, toi qui as fait le ciel, la terre, la mer, et tout ce qui s'y trouve,*

C'est si bon de vivre l'unité dans l'église locale. Si les églises locales sont tant attaquées, c'est en grande partie pour leur enlever la vision première du Seigneur Jésus d'annoncer l'Évangile à toute la création. Le diable fera tout pour, d'un moyen ou d'un autre, empêcher les églises d'annoncer l'Évangile. C'est pour cela qu'il existe dans le monde des dizaines de milliers d'églises qui ne vont pas annoncer l'Évangile. Lorsqu'une église a comme priorité une autre priorité que celle d'annoncer la bonne nouvelle, elle est sur un terrain « dangereux » pour le salut des âmes de sa région.

> *Jean 13 : 35*
> *A ceci tous connaîtront que vous êtes mes disciples, si vous avez de l'amour les uns pour les autres.*

L'amour entre frères et sœurs amènera à l'unité. Le fait est que beaucoup de gens qui évangélisent vont le faire tout seul. Parfois ils sont pleins de jugements envers les autres chrétiens, ils pensent être plus fervents qu'eux et leurs reprochent de ne pas évangéliser comme eux. Mais l'esprit d'unité les aiderait beaucoup.

Ils ne paient pas le prix de leur vie

> *Jean 12 : 24*
> *En vérité, en vérité, je vous le dis, si le grain de blé qui est tombé en terre ne meurt, il reste seul; mais, s'il meurt, il porte beaucoup de fruit.*

Il est impossible de porter du fruit sans que la mort de Christ ne règne dans la dimension dans laquelle nous voulons porter du fruit. Avez-vous déjà remarqué dans ce verset qu'il y a deux étapes différentes pour porter du fruit ?

La première est celle de la nouvelle naissance : c'est la graine qui tombe en terre, c'est cette parole qui tombe dans un bon cœur et le fait naître de nouveau. Mais, pour porter du fruit, la graine doit mourir. Pour ne pas rester seul, nous devons mourir à nos propres ambitions, nos propres motivations, notre propre volonté, nos désirs, nos rêves et même notre appel. Tout doit être remis entre Ses mains, tout doit être déposé à ses pieds comme un sacrifice de bonne odeur. C'est fou de se dire que Dieu accepte et aime lorsque nous lui offrons notre vie. Nous sommes si misérables quand nous venons à Lui, et pourtant il aime l'offrande de notre vie !

Nous n'avons rien à lui offrir, et pourtant lorsque nous lui permettons d'utiliser nos bouches, nos membres, cela le glorifie et le bénit ! Quelle folie !

Jésus a dit que si nous ne mourrons pas, nous resterons seuls. Je ne veux pas rester seul, je veux voir la maison de Dieu remplie d'hommes et de femmes qui ont rencontré Dieu en Jésus-Christ. Je veux que la mort de Christ prenne une si grande place dans mon âme qu'il pourra porter du fruit en moi. Mourir à notre manque de consécration, mourir à tout ce qui nous empêche d'obéir à sa voix, enfin mourir à la désobéissance tout simplement. Dieu est bon, il va vous utiliser, mais il va vous utiliser mort !

Jean-Baptiste pouvait dire :

> *Jean 3 : 3*
> *Jésus lui répondit : En vérité, en vérité, je te le dis, si un homme ne naît de nouveau, il ne peut voir le royaume de Dieu.*

L'apôtre Paul, quant à lui, vivait encore dans une autre dimension :

> *Galates 2 : 20*
> *J'ai été crucifié avec Christ; et si je vis, ce n'est plus moi qui vis, c'est Christ qui vit en moi; si je vis maintenant dans la chair, je vis dans la foi au Fils de Dieu, qui m'a aimé et qui s'est livré lui-même pour moi.*

Oh je prie pour vous et moi, que la mort de Christ prenne toute la place en nous, afin que notre « moi » soit inondé dans sa vie. Nous devons mourir à nous pour vivre en Lui. Mourrons à tout ce qui nous empêche d'annoncer le Christ, le Fils du Dieu Tout Puissant.

Ils sont désobéissants

L'évangélisation n'est pas une option en tant que disciple, c'est un ordre : « Allez ! ». On pourrait finalement dire que l'évangélisation est avant tout une question d'obéissance. Je pourrais presque dire : peu importe ce que vous avez pu penser de ces 12 obstacles à l'évangélisation, vous êtes maintenant face à la Parole de Dieu, et comme je crois que vous aimez le Seigneur, et qu'il met en vous le vouloir et le faire lorsque vous vous décidez pour l'obéissance et lui ouvrez votre cœur, Dieu va faire des choses formidables au travers de vous. Dieu n'est pas un Dieu compliqué, il est un Dieu de paix et de simplicité malgré sa supra intelligence et sa perfection, et il veut nous utiliser. Obéissons avec joie et simplicité de cœur à cette exhortation divine et marchons dans notre liberté en Christ, revêtus de foi ! Dieu vous aime !

> *Marc 16 : 15*
> *Puis il leur dit : Allez par tout le monde, et prêchez la bonne nouvelle à toute la création.*

> *Actes 5 : 20*
> *Allez, tenez-vous dans le temple, et annoncez au peuple toutes les paroles de cette vie.*

19 SEPTEMBRE

Michael Lebeau

Quelle relation dois-je avoir avec Dieu ?

Un jour, une chrétienne me posa une question à laquelle elle n'arrivait pas à trouver de réponses satisfaisantes. Elle me dit : « Je sais que Dieu m'aime d'un amour infini et je sais ce qu'il a fait pour moi, mais il y a une chose que je ne sais pas : quelle relation dois-je avoir avec Lui ? ».

C'est une très bonne question que chacun de nous peut se poser : « Quelle relation dois-je avoir avec Dieu ? ». Ou encore : « Quelle relation Dieu veut-il que j'aie avec Lui ? ».

Souvent dans nos églises nous entendons des chrétiens prier, et nous pouvons tout de suite juger de la profondeur de leur relation avec Dieu, car c'est de l'abondance du cœur que la bouche parle. Certains chrétiens s'adressent à Dieu en ces termes : « Oh Dieu ! », d'autres : « Oh Éternel tout-puissant ! », d'autres : « Oh Éternel des armées ! », d'autres « vouvoient » même Dieu. D'autres disent : « El-Shaddaï ». Et vous, comment vous adressez-vous à Dieu ? Comment pourriez-vous décrire votre relation avec Lui ? Est-ce une relation banale, superficielle ? Pensez-vous que Dieu aime la relation que vous avez avec lui ?

Un jour, les disciples ont demandé à Jésus : « Seigneur, enseigne-nous à prier », car ils avaient vu que Jésus avait quelque chose de plus qu'eux. Ils avaient vu qu'il y avait du vrai dans la relation que Jésus avait avec Dieu; en effet, quand eux s'adressaient à Dieu, il ne semblait pas y avoir de réponse, mais quand Jésus, lui, s'adressait à Dieu, il y avait toujours un retour. Les disciples voyaient que Jésus, qui priait pourtant le même Dieu qu'eux, avait un résultat différent : ils voyaient des prodiges, des miracles, des vies transformées, des démons chassés. Alors ils lui dirent en d'autres termes : « Jésus, nous voyons bien que tu as une relation spéciale avec Dieu, quelle est cette relation ? Comment communiques-tu avec Dieu ? Comment pries-tu, quel est le secret de ta communion avec lui ? Enseigne-nous, car nous savons que la relation que tu as avec Dieu est la vraie, la véritable, celle que Dieu approuve ».

Jésus va leur répondre : « Voici donc comment vous devez prier : Notre Père... ».

> *Matthieu 6 : 9*
> *Voici donc comment vous devez prier : Notre Père qui est aux cieux ! Que ton nom soit sanctifié;*

Oh Alléluia ! N'est-ce pas merveilleux ? J'imagine l'étonnement des disciples qui avaient l'habitude de s'adresser à Dieu avec religiosité. Beaucoup de chrétiens sont étonnés quand nous prions avec trop d'intimité et de simplicité. Mais allons-nous nous adresser à notre papa en le vouvoyant, ou encore en mettant de la distance entre nous ? NON ! Dieu est Notre Père. Jésus nous a révélé Dieu qu'il connaît de toute éternité comme Dieu le Père.

Il emploiera également à plusieurs reprises dans les évangiles l'expression « Père » pour désigner Dieu.

> *Matthieu 5 : 48*
> *Soyez donc parfaits, comme votre Père céleste est parfait.*

> *Matthieu 6 : 15*
> *Mais si vous ne pardonnez pas aux hommes, votre Père ne vous pardonnera pas non plus vos offenses.*

> *Matthieu 6 : 32*
> *Car toutes ces choses, ce sont les païens qui les recherchent. Votre Père céleste sait que vous en avez besoin.*

Paul dira que l'Esprit de Dieu en nous, crie : « Abba Père » !

> *Romains 8 : 15*
> *Et vous n'avez point reçu un esprit de servitude, pour être encore dans la crainte; mais vous avez reçu un Esprit d'adoption, par lequel nous crions : Abba ! Père !*

Abba signifie Papa !

Dieu n'attend pas de vous, en effet, que vous ayez une relation de maître à esclave, mais Dieu est amour, il est votre créateur, et son cœur chavire lorsque vous l'appelez PAPA ! Alléluia ! Nous avons un père, un papa céleste, c'est cette relation que Dieu veut que nous ayons avec lui, une relation de Père à enfant, d'enfant à Père. Oui, j'ai un papa qui m'aime, qui n'est pas là pour me condamner, me juger, mais qui est là pour m'aimer, pour veiller sur moi, pour prendre soin de moi, pour veiller à ce que je grandisse dans ses voies, qu'aucun homme ne me fasse du mal, qu'aucun démon, qu'aucune principauté ne me touche. Son cœur de Père a mal lorsque son enfant est malade, alors sois en bonne santé, son cœur a mal quand tu es dans le besoin, alors sois prospère à tous égards. Cessons de vivre dans la religiosité !

Un jour, mon père m'a dit : « Michaël, j'aimerais que tu reviennes à la maison », car je lui manque. Un père aime voir son fils près de lui : une relation de proximité et d'intimité.

Un jour, j'ai dit à mon père que je l'aimais, et que c'est en partie grâce à lui que j'en suis là où je suis. Il a été ému et il a pleuré : une relation de reconnaissance.

Quand j'étais enfant, plusieurs jeunes ont voulu m'agresser, mais j'ai crié à mon père, et il a couru à mon secours, puis je me suis blotti dans ses bras et mes ennemis ont fui. Une relation de confiance : dans ses bras rien ne peut m'arriver, car mon père est très fort.

Un autre jour, j'ai eu une facture de téléphone terrible et je n'avais pas moyen de la payer, mais mon père est venu dans ma chambre, et au lieu de me juger et de me reprendre, il m'a tendu ce que je devais. Une relation de protection et de soutien où il me donne ce qu'il a et même au-delà.

Une relation de sacrifice : S'il devait mourir pour moi, mon père le ferait. Et Dieu, notre père spirituel, est mort pour nous en son fils Jésus ! ALLELUIA ! Soyons passionnés de Dieu, soyons animés de ses sentiments et d'une pleine connaissance de sa personne, de sa nature de père. Si nous voyons Dieu tel qu'il est, nous aurons une véritable relation avec Lui. Dieu n'est pas abstrait, Dieu est une personne qui a un cœur de papa.

Oui ! Adressez-vous à Dieu comme à votre père qui est au ciel, le Saint-Esprit en vous crie : « Abba Papa ! Mon Papa ! ». Jésus disait Père, car il connaissait Dieu comme étant son père. Etant nés de nouveau, nous sommes devenus enfants de Dieu, nous avons comme frère aîné : Jésus-Christ, et comme papa adoptif : Dieu le Père ! Alléluia !

> *Jean 1 : 12*
> *Mais à tous ceux qui l'ont reçue, à ceux qui croient en son nom, elle a donné le pouvoir de devenir enfants de Dieu,*

Si vous avez reçu le Seigneur Jésus dans votre cœur, si vous êtes passé par la nouvelle naissance, si vous êtes né de Dieu, vous pouvez être sûr que vous êtes son enfant selon ce que déclare la Bible.

Arrêtons de nous adresser à Dieu avec des prières religieuses qui n'arrivent pas jusqu'au cœur de Dieu, mais sachons avoir une relation intime avec Dieu, la relation d'un fils avec son père, d'une fille avec son père.

Comme un père aime son fils, Dieu vous aime. Comme un enfant aime son père et la présence de son père, ainsi nous devons aimer Dieu et aimer passer du temps à ses côtés. Les enfants réclament sans cesse la présence et l'attention de leur père : « Papa, allons ensemble au cinéma ! », « Papa, viens jouer avec moi », « Papa, regarde-moi ! C'est bien ou pas ce que j'ai fait ? ». Oh, vous êtes précieux aux yeux de votre Dieu et Père, vous êtes son enfant, et si l'on vous touche, c'est à la prunelle des yeux de Dieu que l'on touche.

> *Zacharie 2 : 8*
> *Car ainsi parle l'Éternel des armées : Après cela, viendra la gloire ! Il m'a envoyé vers les nations qui vous ont dépouillés; Car celui qui vous touche touche la prunelle de son œil.*

La réponse à cette question : « Quelle relation dois-je avoir avec Dieu ? », se trouve donc être la même réponse que pour la question suivante : « Quelle relation un enfant doit-il avoir avec son père ? ».

20 SEPTEMBRE

Filipe et Marie Alves

La foi (extra) Ordinaire de Noé

Hébreux 11 : 7 : « C'est par la foi que Noé, divinement averti des choses qu'on ne voyait pas encore, et saisi d'une crainte respectueuse, construisit une arche pour sauver sa famille; c'est par elle qu'il condamna le monde, et devint héritier de la justice qui s'obtient par la foi ».

Le Seigneur aurait pu utiliser bien d'autres moyens plus « simples » pour sauver Noé et sa famille. Il aurait pu leur demander de se cacher quelque part et envoyer un cataclysme comme plus tard sur Sodome. Ou bien une épidémie, ou empoisonner l'eau potable comme lors des plaies d'Egypte. Ou alors faire en sorte que tous s'entretuent dans leur folie comme certains ennemis d'Israël. Mais non, Dieu a demandé à Noé de construire un énorme bateau.

La plupart du temps, n'avons-nous pas de « meilleures » idées que Dieu ?... Nous échafaudons des plans, nous réfléchissons, nous avons bien étudié la situation sous tous ses angles, car nous avons la sagesse de Dieu en nous, n'est-ce pas ?... Mais si nous sommes honnêtes, en réalité, la plupart du temps, nous collons plutôt une belle étiquette brillante : « Plan de Dieu », pour que tout le monde puisse la voir, sur un dossier que nous avons imaginé de A à Z... Ou peut-être plus couramment, Dieu nous demande quelque chose et nous commençons à obéir, puis petit à petit nous « arrangeons » le plan de Dieu à notre façon, nous « l'améliorons »... Pour finalement essayer d'accomplir à notre façon la vision ou les objectifs que Dieu nous a montrés.

Je ne dis pas que nous ne devons pas réfléchir et chercher des moyens dans le naturel pour accomplir les plans de Dieu. Car Noé reçut l'ordre de Dieu et il l'accomplit. Il n'est pas mentionné que Dieu lui ait parlé pendant le temps de la construction, jusqu'au jour où l'arche fut terminée. Il semble donc que Noé accomplit l'ordre divin sans aucune intervention surnaturelle, uniquement dans le naturel.

Vu de l'extérieur, il était comme n'importe quel ouvrier, affairé à couper du bois et à assembler des planches. Au début, rien de surnaturel, et son « pas de foi » est vraiment minime : couper des planches et bricoler. Aucune opposition, pas de moqueries, le monde ne voit pas ce que Noé construit. Remarquons que le pas de foi de Noé est chaque jour le même. Il n'a pas fait plus « d'efforts » dans la foi, à la fin de la construction qu'au début. Il n'a pas commencé à prier pour des maux de tête, pour finir par prier pour des résurrections... Il n'a pas commencé à prier pour une âme, pour finir par prier pour le salut d'une nation... Non, chaque jour son pas de foi consistait à se lever et aller bricoler.

Par contre, oui, l'opposition a été croissante de jour en jour. Au début les gens demandent : Noé que fais-tu avec toutes ces planches ? Il aurait encore pu se défiler : Oh, je bricole. Sauf qu'il construisait un gigantesque bateau. Et au bout d'un moment cela se voit... Pensez-vous que les gens qui entouraient Noé étaient de charmants voisins ? Paisibles, un peu moqueurs certainement, mais vivant simplement dans les excès et les plaisirs du monde ? La Bible décrit les gens de l'époque ainsi : « La terre était corrompue devant Dieu, la terre était pleine de violence ». Au point que Dieu amena son jugement sur toute chair, toute âme qui vive, même sur les animaux... Non, Noé a dû subir énormément d'opposition de la part du monde. Mais la finalité c'est que Dieu l'a gardé pendant tout ce temps. Car Noé accomplissait le plan divin, il obéissait simplement. La terre entière aurait pu être contre Noé, Dieu le gardait. Car il était au bon endroit, à faire la bonne chose, au bon moment. Exactement au centre de la volonté de Dieu pour sa vie. Et ni les moqueries, ni peut-être la violence, ni le doute ou le découragement n'ont eu raison de la foi de Noé.

> *Hébreux 11 : 7*
> *C'est par la foi que Noé, divinement averti des choses qu'on ne voyait pas encore, et saisi d'une crainte respectueuse, construisit une arche pour sauver sa famille; c'est par elle qu'il condamna le monde, et devint héritier de la justice qui s'obtient par la foi.*

Noé, ce héros, ce géant de la foi, le seul homme trouvé juste sur terre à son époque accomplit une œuvre extraordinaire dans la foi. Comment ? En coupant du bois et en bricolant. Sans se décourager. Et pourtant, en Hébreux 11, Dieu le place sur le même plan que « d'autres [qui] subirent les moqueries et le fouet, les chaînes et la prison; ils furent lapidés, sciés, torturés, ils moururent tués par l'épée, ils allèrent çà et là vêtus de peaux de brebis et de peaux de chèvres, dénués de tout, persécutés, maltraités, eux dont le monde n'était pas digne, errants dans les déserts et les montagnes, dans les cavernes et les antres de la terre ». Accomplir fidèlement ce que Dieu nous a réellement demandé de faire, c'est là que nous sommes agréables au Seigneur. Et utiles au Royaume de Dieu. Mais sommes-nous en train d'accomplir nos propres plans ou ce que réellement Dieu nous a demandé ?

21 SEPTEMBRE

Anne Bersot

Entrez donc Monsieur !

Quand j'étais « jeune », mon futur mari, qui avait déjà la fibre pastorale, m'avait chapitrée sur l'importance de bien accueillir les nouveaux. Un dimanche matin, bien avant la réunion, tout le monde s'affairait dans tous les coins, les moniteurs mettaient en place leur matériel, les musiciens s'accordaient, bref, c'était une ruche !

Moi, ce matin-là, je n'avais rien à faire de spécial, alors j'attendais sagement dans mon coin. Soudain, la porte battante s'ouvre, et qu'est-ce que je vois ? UN NOUVEAU ! Grand, costaud, barbu, l'air un peu perdu. Je m'arme de mon sourire le plus engageant, et je me précipite sur lui (comme les vendeurs dans les magasins de meubles).

« Bonjour Monsieur, vous allez bien ? Asseyez-vous donc ! Je vais mettre votre manteau au vestiaire. Tenez, le programme de ce matin ». Aux petits oignons ! Je lui donne même un petit livret d'évangélisation (dès fois qu'il se convertisse ce matin !) Le monsieur refuse de s'asseoir devant, et finalement prend place au dernier rang de l'église. Je me dis d'un air entendu qu'il est intimidé et qu'il veut pouvoir s'esquiver si la réunion ne lui plaît pas. « Comme vous voulez, bonne réunion ! Si vous avez besoin de quoi que ce soit... ».

La réunion commence, les chants sont parfaits, la prière, les annonces... Je surveille » mon nouveau » du coin de l'œil : il a l'air de tenir le choc, il écoute tranquillement ce qui se passe. Je prie tout bas que Dieu touche son cœur ce matin, et qu'il découvre combien notre Dieu est grand !

Soudain, la personne qui est au pupitre annonce un prédicateur invité. Tous les regards se tournent vers le premier rang où s'assoient habituellement les « huiles ». Mais au même moment, au dernier rang, quelqu'un se lève : MON NOUVEAU ! Il avance vers le devant, mon cœur commence à s'effriter, et le rouge me monte aux joues ! Il se met au pupitre et.... remercie pour l'excellent accueil de cette église !... J'ai eu la honte de ma vie, et lui, il a dû bien rigoler !

L'accueil est tellement primordial, ça vaut la peine de se tromper de temps en temps. J'ai lu dans une étude sur les conversions que les premières minutes où un nouveau rentre dans une église vont être déterminantes dans le fait qu'il reste ou non, et qu'il se convertisse. Ce n'est pas la prédication (pas tout de suite), ce n'est pas la qualité de la réunion, ni la couleur de la moquette, ce sont les premières minutes, l'impression qu'il va avoir en entrant. C'est sûr que s'il entre et que personne ne le salue, qu'éventuellement il y en ait qui se chamaillent devant lui, l'impression qu'il va avoir va être désagréable, il va être mal disposé à écouter ce que Dieu a à lui dire. L'accueil n'est pas une fin en soi, c'est un outil primordial pour donner la chance à une âme de s'approcher.

Alors soignons l'accueil et ayons l'œil de la maîtresse de maison.

En tout cas, je vous garantis que ça marche, car « mon nouveau », il est resté !...

22 SEPTEMBRE

Jérémy Sourdril

Notre propre volonté doit être crucifiée

Romains 6 : 13 : « Ne livrez pas vos membres au péché, comme des instruments d'iniquité; mais donnez-vous vous-mêmes à Dieu, comme étant vivants de morts que vous étiez, et offrez à Dieu vos membres, comme des instruments de justice ».

Version le Semeur : Ne mettez pas vos membres à la disposition du péché comme des armes au service du mal. Offrez-vous plutôt vous-même à Dieu et mettez vos membres à sa disposition comme des armes au service du bien.

Notre propre volonté doit être crucifiée, soumise à celle de Dieu

Paul dira : « Ce n'est plus moi qui vit, c'est Christ qui vit en moi ». Cela implique une obéissance soutenue. Constamment, nous devrions dire : « Qu'est-ce que Jésus ferait à ma place », « Quelle est ta volonté », et régulièrement : « Suis-je en train de faire ce que Dieu me demande ? ».

> *Philippiens 2 : 5-8*
> *Ayez en vous les sentiments qui étaient en Jésus-Christ, lequel, existant en forme de Dieu, n'a point regardé comme une proie à arracher d'être égal avec Dieu, mais s'est dépouillé lui-même, en prenant une forme de serviteur, en devenant semblable aux hommes; et ayant paru comme un simple homme, il s'est humilié lui-même, se rendant obéissant jusqu'à la mort, même jusqu'à la mort de la croix.*

Jésus avait une attitude, un style de vie, certains diraient une philosophie de vie, un état d'esprit : tout ce qu'il faisait était animé par le désir d'obéir à Dieu le Père. Les deux motivations de Jésus quand il s'est livré pour nous, étaient l'obéissance et l'amour.

Je n'ai pas dit que notre propre volonté devait être écartée. Par exemple, Paul nous parle de ces jeunes veuves qui prennent l'engagement de ne pas se marier pour se consacrer à Dieu, et ainsi écartent leur propre volonté, et qui, au bout d'un moment, reviennent sur leurs décisions et annulent ainsi leur premier engagement. Il s'agit ici d'une volonté écartée, mise de côté. Ce n'est pas suffisant.

Je n'ai pas dit que notre volonté devait être forte pour le bien. On parle parfois de caractère ou de volonté forte. Par exemple, certains prennent des engagements devant Dieu et il survient dans leurs vies des problèmes et les soucis brisent la force de leur propre volonté. Avoir une forte volonté n'est pas suffisant.

Je dis que nous devons faire SA volonté. Il ne s'agit pas de la nature de la volonté (il faut être de bonne volonté pour le bien, mais on parle alors de motivation), mais d'accomplir la volonté de Dieu.

> *Jean 6 : 38*
> *Car je suis descendu du ciel pour faire, non ma volonté, mais la volonté de celui qui m'a envoyé.*

Ne voulez-vous pas avoir les mêmes sentiments que Jésus avait ? Faire la volonté de Dieu est un acte surnaturel.

Des enfants de colère...

Nous savons que nous étions autrefois par nature des enfants de colère :

> *Éphésiens 2 : 3*
> *Nous tous aussi, nous étions de leur nombre, et nous vivions autrefois selon les convoitises de notre chair, accomplissant les volontés de la chair et de nos pensées, et nous étions par nature des enfants de colère, comme les autres.*

Ce verset nous montre ce qu'étaient nos sentiments et notre nature :

- Nous nous conduisions selon nos convoitises charnelles (elles nous animaient, c'était le moteur de nos vies).
- Nous exécutions les volontés de notre chair et de nos pensées (c'était l'essence de nos vies).
- Nous étions par nature des enfants de colère.

Nous savons que cette nature est notre ancienne nature. Elle a été crucifiée avec Christ, et nous avons revêtu la nature de la justice. Qu'est-ce que la justice ? Une définition est d'accomplir tout ce qui est juste, c'est-à-dire faire la volonté de Dieu. Puisque cette nature d'enfant de colère a été crucifiée, nous avons revêtu une nouvelle nature, celle d'enfant de Dieu.

Notre ancienne nature était enchaînée et animée de toutes espèces de convoitises, qui nous faisaient accomplir des actes désirés par notre chair irrégénérée. Cette nature a été crucifiée, mais la convoitise (et le péché) qui agit maintenant dans les fils de la rébellion au travers du siècle présent tente de s'accrocher à nous et de nous enchaîner.

Lorsqu'une tempête de neige vient entourer une maison de toute part, et adhérer au toit de la maison, si la maison n'est pas bien isolée, la température va rapidement chuter à l'intérieur de la maison. Il y aura une réaction systématique.

Lorsqu'un homme se retrouve dans une tempête de neige, ce n'est pas seulement la fatigue qui va faire de lui une victime, mais la neige, quoique glacée, a une capacité d'endormissement. Elle endormira sa victime.

De la même façon, les convoitises et le péché qui habitent dans ce monde endormiront parfois la conscience de celui qui s'y adonne et il ne pourra plus s'en sortir.

> *Jacques 1 : 14*
> *Mais chacun est tenté quand il est attiré et amorcé par sa propre convoitise.*

Si ta propre volonté n'est pas crucifiée et que tu acceptes de la laisser te dominer et diriger ta vie, elle t'amènera tôt ou tard dans le chaos et la défaite.

Comprenez bien : avant que notre ancienne nature n'ait été crucifiée, le péché venait de l'intérieur de nous, de notre esprit mort et vendu au péché. Aujourd'hui, le péché qui règne dans ce monde veut venir de l'extérieur, pour nous envelopper et régner dans nos membres. Rappelez-vous que ce corps est une enveloppe, et on peut toujours envelopper une enveloppe par une enveloppe plus grande !

> *Genèse 4 : 7*
> *Certainement, si tu agis bien, tu relèveras ton visage, et si tu agis mal, le péché se couche à la porte, et ses désirs se portent vers toi : mais toi, domine sur lui.*

Si nous n'avons pas le pouvoir de crucifier notre volonté, nous avons le pouvoir de soumettre notre volonté à celle de Dieu.

23 SEPTEMBRE

Raoul Wafo

Créé ton propre monde

Hébreux 11 : 3 : « C'est par la foi que nous reconnaissons que le monde a été formé par la parole de Dieu, en sorte que ce qu'on voit n'a pas été fait de choses visibles ».

La Bible nous enseigne que, pour créer le monde, Dieu n'a pas utilisé les choses qui existaient déjà, mais plutôt sa parole. Tu as été créé à l'image et à la ressemblance de Dieu et Dieu attend de toi que tu opères par le même principe que lui.

Pourquoi penses-tu que pour réaliser ce projet, amener ce rêve à manifestation, créer cette entreprise, tu as besoin d'argent ou de toute autre chose naturelle ?

Ton compte bancaire peut avoir un solde négatif, mais cela ne signifie pas que ton projet ne se réalisera pas. Utilise maintenant ta parole et commence à appeler à l'existence ce dont tu as besoin, car les choses qu'on voit proviennent toujours de celles qu'on ne voit pas. Ton monde dans lequel tu vis ressemblera étrangement à la qualité des confessions que tu fais. Tu ferais mieux de connaître davantage la parole de Dieu afin de continuer de la confesser en temps favorable et défavorable; et cette parole va te créer le monde, l'environnement dans lequel tu vis. Ce que tu mangeras à ta table sera la conséquence des confessions de la bouche.

Prions :

« Seigneur pardonne-moi pour toutes les paroles négatives que j'ai confessées sur ma vie et mon environnement. Je choisis dès aujourd'hui d'influencer le monde, dans lequel je vis, par la qualité des confessions de ma bouche. Je déclare donc aujourd'hui la victoire de la Parole de Dieu sur les circonstances que je vis ».

24 SEPTEMBRE

Annabelle Sourdril

Ne méprisez pas le mandat des autres

Chaque destinée est unique. Chaque vision, chaque ministère, chaque mandat se complète.

> *Romains 12 : 4-5*
> *Car, comme nous avons plusieurs membres dans un seul corps, et que tous les membres n'ont pas la même fonction, ainsi, nous qui sommes plusieurs, nous formons un seul corps en Christ, et nous sommes tous membres les uns des autres.*

Nous ne pouvons pas tous être des évangélistes, car il n'y aurait personne, ni pour s'occuper des brebis, ni pour les enseigner. Comme dans un corps, chaque partie à sa fonction et joue un rôle capital dans notre bien-être. Pourtant souvent dans notre vie chrétienne, nous sommes parfois tentés de jouer un autre rôle que celui que Dieu nous a attribué.

Envier la position d'un autre

Comme le dicton le dit si bien : « L'herbe est toujours plus verte chez le voisin ». Cela représente bien l'attitude de beaucoup de chrétiens insatisfaits. Au lieu d'accomplir ce à quoi Dieu les appelle, ils veulent accomplir le mandat des autres, pensant que ça leur conviendrait mieux. L'épanouissement se transforme en frustration car la grâce et l'onction ne les accompagnent pas, et ils ne portent pas de fruit.

Dieu ne s'est pas trompé : tant que vous fuirez la mission que Dieu a pour vous, vous serez insatisfait, déçu et frustré. Alors ne vous obstinez pas à penser que ce sont les autres qui vous empêchent d'avancer, mais reconnaissez que vous vous êtes trompé de chemin, repentez-vous et entrez dans le plan merveilleux de Dieu pour votre vie.

Ne pas respecter le mandat des autres

> *Philippiens 2 : 3*
> *Ne faites rien par esprit de parti ou par vaine gloire, mais que l'humilité vous fasse regarder les autres comme étant au-dessus de vous-mêmes.*

Comme Pierre était l'apôtre des circoncis et Paul, celui des incirconcis, nous aussi, nous avons des « champs d'action » différents.

Certaines personnes ont discerné leur appel, mais ne respectent pas celui des autres. Une personne ayant reçu le mandat spécifique de s'occuper des drogués, n'aura peut-être pas la même onction qu'une autre pour se consacrer à l'école du dimanche, et vice-versa.

Il est courant de voir des personnes faire des pressions en dénigrant les ministères autour d'eux qui n'ont pas le même appel. Il arrive qu'une personne qui a un appel pour s'occuper des drogués, méprise celle qui a un appel pour s'occuper des enfants en disant : « La drogue, c'est bien pire, cela devrait être notre priorité à tous en tant que chrétiens ».

Ces deux serviteurs sont utiles autant l'un que l'autre. Les deux ont reçu l'appel de Dieu et aucun des deux ne le méritait plus que l'autre.

Il nous serait à tous insoutenable de voir un corps s'écarteler, c'est un vrai acte de barbarie, que nous ne pouvons cautionner et encore moins en être les auteurs. Mais pourtant, c'est ce que nous faisons dans le corps de Christ, au lieu de nous unir, nous nous obstinons à fonctionner chacun de notre côté (rébellion, orgueil, crainte, etc.).

Ayez l'humilité de reconnaître que Dieu ne se trompe pas, ni pour votre vie, ni pour celle de votre frère ou de votre sœur. Faites ce que Dieu vous appelle à faire et glorifiez-le pour ce qu'Il fait dans la vie des autres.

25 SEPTEMBRE

Dorothée Rajiah

Le MARIAGE : le meilleur camp d'entraînement spirituel !

L'Évangile de Jean est connu pour être l'Évangile de l'amour. Pas étonnant qu'il soit le seul à nous raconter ce puissant miracle au cours d'un mariage ! Dieu est intéressé par le mariage puisqu'Il l'a créé. Il est aussi intéressé plus spécifiquement par NOTRE MARIAGE.

> *Jean 2 : 9-11*
> *Quand l'ordonnateur du repas eut goûté l'eau changée en vin, -ne sachant d'où venait ce vin, tandis que les serviteurs, qui avaient puisé l'eau, le savaient bien, -il appela l'époux, et lui dit : Tout homme sert d'abord le bon vin, puis le moins bon après qu'on s'est enivré; toi, tu as gardé le bon vin jusqu'à présent. Tel fut, à Cana en Galilée, le premier des miracles que fit Jésus. Il manifesta sa gloire, et ses disciples crurent en lui.*

Le mariage est quelque chose de merveilleux parce que :

- C'est le lieu dans lequel nous avons le plus l'occasion de développer les fruits de l'esprit et de manifester la nature de Dieu.
- C'est le plus grand révélateur de notre véritable cœur et de notre nature.
- C'est le meilleur camp d'entraînement spirituel qui puisse exister sur terre !

Si vous voulez avancer avec Dieu et ressembler à votre Seigneur, c'est dans le mariage que cela commence ! Lorsque Jésus est monté au ciel devant ses disciples, Il leur a donné ses dernières instructions en :

> *Actes 1 : 8*
> *Mais vous recevrez une puissance, le Saint-Esprit survenant sur vous, et vous serez mes témoins à Jérusalem, dans toute la Judée, dans la Samarie, et jusqu'aux extrémités de la terre.*

Impossible de servir Dieu dans les bas-fonds des lieux les plus dépravés et perdus du monde si vous n'êtes pas d'abord :

- Un témoin de Jésus-Christ chez vous !
- Un exemple d'amour, de paix, d'unité, de pardon... dans votre propre maison !

Dieu a du BON SENS ! Il a dit :

- A JÉRUSALEM : Ta famille, ton mari, ta femme, tes enfants
- EN JUDÉE : Tes voisins, tes collègues, tes proches
- LA SAMARIE : Ta ville, ta nation
- EXTRÉMITÉS DE LA TERRE : les nations du monde

Tout commence donc à la maison ! C'est le lieu où il faut gagner, c'est l'endroit où il faut manifester Christ, c'est l'emplacement où doit se voir notre nouvelle nature d'enfant de Dieu sauvé, régénéré par le sang de Jésus, lavé de nos péchés, de nos colères, de nos impatiences et intolérances, de nos violences et injustices !

> *2 Corinthiens 5 : 17*
> *Si quelqu'un est en Christ, il est une nouvelle créature. Les choses anciennes sont passées; voici, toutes choses sont devenues nouvelles.*

Paul parlait ici de la nouvelle naissance, du salut qui doit manifester en nous une nouvelle nature : la nature de Dieu. Et attention : ce n'est pas parce que les autres (comme notre mari, notre femme, nos proches, nos amis chrétiens...) ne la manifeste pas, que nous en sommes dispensés. Décidez aujourd'hui de faire de votre foyer un havre de paix et d'amour car : la maison, c'est l'endroit où il faut gagner !

26 SEPTEMBRE

Mamadou Karambiri

Libérez le leader caché en vous

1 Jean 4 : 4 : « Celui qui est en vous est plus grand que celui est dans le monde ».

Il y a un vrai leader caché en vous, de même que le diamant et l'or sont cachés dans le bloc de terre sorti de la mine.

Le leader qui est en vous, s'appelle : « Agneau de Dieu », mais également : « Lion de la tribu de Juda ».

En tant qu'Agneau de Dieu, il vous communique son caractère de douceur et d'humilité. Votre homme intérieur au contact du caractère de cet agneau, est transformé de gloire en gloire à l'image de celui-ci. Les choses anciennes se dissipent au fur et à mesure et les nouvelles choses prennent place. La vie de l'Agneau divin est insufflée en vous par l'Esprit Saint comme la branche attachée au cep vit de la vie du cep et porte son fruit, il en est de même de vous.

La communion avec la vie de l'Agneau divin commence à modeler votre caractère de leader. Vous commencez à refléter les pensées de Christ, l'Agneau de Dieu. Le fruit de l'esprit devient de plus en plus visible en vous. Votre vision intérieure s'éclaircit et votre potentiel s'affermit. Vous découvrez avec étonnement que l'Agneau qui est en vous est aussi un lion. Et ce lion qui est en vous, se réveille et prend position face aux événements extérieurs qui vous environnent.

L'affermissement de votre homme intérieur va vous donner une assurance face aux circonstances extérieures. Le lion de la tribu de Juda qui est en vous n'a jamais perdu un combat. Il ne recule devant aucun obstacle ou danger.

Le leadership du lion est manifesté dans son milieu. Le lion est le héros des animaux et le roi de la brousse. Il est temps que votre environnement voie votre leadership.

Observez ces leaders qui ont écouté la voix de Dieu, qui lui ont obéi et qui ont exercé leur leadership sur leur génération, Josué, Gédéon ou encore Timothée.

Dieu dit à Josué après la mort du grand leader Moïse : « Redresse toi car il y a un leader caché en toi, prends courage et fais entrer ta génération dans l'héritage que je leur ai donné ». Josué ne savait pas qu'il était vainqueur jusqu'à ce qu'il ait reçu la révélation. Cette révélation a transformé la vie de ce jeune serviteur en un grand conquérant.

Gédéon était assis comme un minable zéro alors que Dieu voyait en lui un vaillant héros.

Quant à Timothée le timoré, il est aussi sorti de son fauteuil de timide sur l'encouragement de l'apôtre Paul pour marcher comme un puissant évangéliste.

Qu'en est-il de vous ?

Une déclaration pour aujourd'hui

« Je me lève et proclame que je ne suis ni un timoré, ni un zéro, ni une passoire, mais un vaillant héros. Celui qui est en moi est plus puissant que l'ennemi qui est au dehors. Je suis plus que vainqueur par Christ qui me fortifie ».

27 SEPTEMBRE

Jérémy Sourdril

Être radical pour Christ dans notre soumission à SA volonté

Si Dieu ne veut pas que je fasse ce travail, je ne le ferais pas, un point c'est tout ! Si je dois démissionner car cela me fait vivre dans le compromis, je le ferais. Je serais radical pour Christ, comme Christ fut radical pour moi…

Si, à cause de cela, je dois vivre quelques semaines difficiles, j'en accepterais les conséquences, sachant que celui qui obéit à Dieu est plus riche que celui qui fait sa propre volonté. Rappelez-vous de ce principe : « Nos propres plans paient tout de suite, mais nous coûte plus tard, mais les plans de Dieu coûtent tout de suite, mais paient plus tard ». Je choisirais toujours d'obéir à Dieu, ce sera mon style de vie !

Si Dieu ne veut pas que je me marie à telle personne, (je parle en paraboles) j'arrêterais tout pour le suivre Lui, car je sais que tôt ou tard, cette personne se lèvera contre mon Dieu, et peut-être même m'amènera à revenir à mon ancien style de vie. Comme je veux que mes enfants soient bénis, je ne me marierais pas avec cette personne, quoi qu'il m'en coûte. Je préfère vivre célibataire et cohabiter avec l'Esprit de Dieu dans un studio, plutôt que de vivre avec des démons dans une grande maison !

Si Dieu ne veut pas que j'aille à cette soirée, je n'irais pas. Je m'excuserais mais je n'irais pas, sans avoir égard aux personnes qui pourraient être blessées, mal parler de moi ou mal penser à mon sujet. Je passerais ma soirée chez moi, me réjouissant du regard heureux de Dieu sur ma vie. Je n'irais pas à cette soirée, car je sais qu'elle pourrait m'amener à faire ou à dire des choses qui dépasseraient ma pensée, qui déplairaient à Dieu; et peut-être qui sait, en y allant, cette soirée pourrait être la dernière de ma vie.

Si Dieu me dit d'abandonner cette relation avec telle personne, tel ami, je couperais les ponts en agissant avec sagesse, mais je ne ferais pas de cette soi-disant sagesse un prétexte pour marcher dans le compromis. Ce ne serait pas alors la sagesse divine. Non, je n'agirais pas avec ma sagesse, mais j'observerais les Écritures et j'écouterais la voix de Dieu pour obéir à toute sa volonté.

Si Dieu me dit d'attendre pour faire telle chose, pour prendre telle décision, j'attendrais, sachant qu'il connait tout à l'avance. Je refuserais de manquer de patience, car l'amour est patient, et plutôt que de m'envelopper d'une convoitise charnelle, j'attendrais, car y aller tout de suite me ferait au final perdre du temps.

Si Dieu me dit de ne pas acheter cette maison, cette voiture, cette société, je ne l'achèterais pas ! Car je sais que cette maison pourrait se dresser contre moi en ennemi, et m'appauvrir jusqu'à ne plus pouvoir y habiter ! Car je sais que cette voiture pourrait finir à la casse beaucoup plus tôt que prévu, et me faire perdre deux fois son prix ! Car je sais que cette société pourrait dans quelques mois, m'obliger à faire un dépôt de bilan !

OUI, j'obéirais à Dieu et je refuserais de désobéir car je sais qu'entre moi et Dieu, Dieu est toujours le plus sage !

Si Dieu met dans mon cœur un désir, une vision, un appel, je m'y attacherais fortement, et je ne le mépriserais pas. J'écrirais, tel que je l'ai reçu, entendu, ou avec mes mots, ce que Dieu m'a dit ou a mis sur mon cœur. Je refuse de l'oublier, de l'écarter, de le mettre de côté, de l'endormir ! Si elle tarde, je l'attendrais, en me demandant si je ne suis pas moi-même un obstacle par mes paroles ou mes actions à sa réalisation.

Si Dieu me dit d'apprendre le piano, je m'y adonnerais, car je sais que si Dieu m'a parlé, c'est qu'il a un plan derrière, et je ne voudrais pas me retrouver dans une conférence de 5000 personnes, assis devant un piano par des circonstances étranges, à ne savoir jouer que : « Mon ami Pierrot ».

Si Dieu me dit d'apprendre l'anglais, je ferais tout pour devenir bilingue, avec les moyens que Dieu me donne. Je n'aurais jamais honte de parler anglais, car je ne regarderais pas à mon anglais actuel, mais je regarderais à ce à quoi Dieu m'a appelé. Je ne me mépriserais jamais, car en me méprisant je mépriserais celui qui m'a créé, et Jésus n'a pas méprisé l'ânon qui l'a porté. Cet ânon avait été mis à part pour Jésus, et était bien moins fort qu'un cheval de course. Je regarderais à cet ânon qui a servi parfaitement dans son appel ! Mis de côté, attaché à un poteau et jamais monté, il ne s'est pas retourné contre son maître lorsqu'il voyait les autres ânons servir à quelque chose. Je regarderais à cet ânon ! Il a patiemment attendu, et j'attendrais patiemment d'entrer dans mon appel, même si jusqu'à aujourd'hui je n'ai jamais utilisé ce que je crois avoir reçu, jamais vécu ce à quoi je crois avoir été appelé.

Je m'humilierais toujours plus, sachant que Dieu prépare mon cœur à le servir. Je refuserais de ne parler que le français, de ne regarder que des films en français, de ne fréquenter que des français si Dieu m'a dit d'apprendre l'anglais ! car je sais que peut-être, étant mort à 100 ans célibataire, et demandant à Dieu au ciel : « Pourquoi n'as-tu jamais répondu à ma prière de me marier ? », Dieu me montrera que ce soir du premier Janvier 2012, j'aurais dû me retrouver dans le petit restaurant de Jack Bill Everest, dans le petit village perdu de Fargo, dans le Minnesota, car mon ami américain Tim Fletch, que j'aurais rencontré à un cours d'anglais m'y aurait convié, mais que, désobéissant à Dieu, je n'aurais jamais voulu apprendre l'anglais. Je ne me serais pas alors inscrit à ce cours d'anglais. Pourtant, si j'avais obéi, si je m'étais inscrit, si j'avais rencontré Tim Burton à ce cours comme prévu par Dieu, il m'aurait invité dans ce restaurant ce premier Janvier 2012, et j'y aurais rencontré celle qui allait devenir ma femme : Barbara l'américaine.

Dommage pour moi, je suis mort comme ayant pour seule compagnie qu'un bulldog américain. J'aurais préféré Barbara !

> *Ésaïe 55 : 8*
> *Car mes pensées ne sont pas vos pensées, Et vos voies ne sont pas mes voies, Dit l'Éternel.*

Le parcours de l'eau est semblable parfois au parcours de nos vies. L'homme né du Saint-Esprit sera un homme qui ira, ici et là, écoutant et soumis au Saint-Esprit comme Jésus l'a été.

> *Jean 3 : 8*
> *Le vent souffle où il veut, et tu en entends le bruit; mais tu ne sais d'où il vient, ni où il va. Il en est ainsi de tout homme qui est né de l'Esprit.*

Parce que le Saint-Esprit nous a régénérés, parce que nous avons revêtu cette nouvelle nature, nous sommes des aventuriers de la foi. Jésus a dit qu'il n'avait nulle part ou reposer sa tête. Pourtant, nous savons qu'il dormait régulièrement dans une même maison quand on observe les évangiles. Jésus parlait en fait de sa marche chrétienne (vie de Christ - nous sommes de petits Christ). Oui, sa marche chrétienne ! Voyageur sur cette terre, allant de lieu en lieu faisant le bien autour de lui, guérissant les malades, chassant les démons et délivrant les captifs !

Certains pensent encore peut être à Barbara l'américaine. Vous vous demandez s'il n'y avait pas une deuxième Barbara. Avons-nous une seule personne de prévu sur cette Terre ? Je ne sais pas, mais ce que je sais, c'est que si vous n'avez pas obéi avec promptitude à la volonté de Dieu, il faut vous repentir et obéir à Dieu. Cela amènera la bénédiction à couler à nouveau dans le domaine et la situation où Dieu vous a parlé.

J'ai parlé en paraboles pour des choses matérielles, mais notre désobéissance, et c'est là le plus tragique, pourra faire que des gens ne seront pas sauvés et périront dans leurs péchés. Je refuse qu'il en soit ainsi dans ma vie et la vie de chacun qui lit ce message. Il ne sert à rien de regarder au passé, tout peut changer aujourd'hui.

« Donnez-vous tout entier à Dieu ». J'ai parlé de la volonté. Bien des trésors sont restés enfouis en terre (nous sommes des vases de terre) car les enfants de Dieu étaient indociles et désobéissants.

J'ai appris dans ma vie chrétienne qu'obéir à la voix de Dieu était toujours la meilleure chose à faire, quoi qu'il nous en coûte.

Parfois Dieu place des étapes dans nos vies. Si nous ne passons pas par telle étape d'obéissance, nous ne pourrons pas aller plus loin (le peuple d'Israël dans le désert). Dieu m'a donné deux étapes : distribuer 3000 évangiles dans les boîtes aux lettres de ma ville, et parler du Seigneur à une femme qui passait régulièrement devant chez moi. Je sais qu'il s'agissait de deux étapes pour ma vie. Parce que j'ai accompli ces deux étapes, une troisième étape vient de s'ouvrir à moi, et je suis dans l'expectative !

Ne méprisez jamais la voix de Dieu. Souvent des chrétiens disent : « Je n'entends pas la voix de Dieu », « Je n'arrive pas à l'écouter », pourtant, je sais que Dieu a parlé à chaque personne qui me lit. Devenons sensible spirituellement. Cela se fera entre autre, par une vie consacrée à Dieu, une volonté soumise à celle de Dieu, une vie d'adoration, la prière en langue et une communion de plus en plus forte avec le Saint-Esprit.

28 SEPTEMBRE

Joël Spinks

La prière en esprit

Romains 8 : 28 : » Nous savons, du reste, que toutes choses concourent au bien de ceux qui aiment Dieu, de ceux qui sont appelés selon son dessein ».

Satan et ses démons travaillent 24 heures sur 24, sept jours sur sept, contre le Corps de Christ. L'ennemi désire nous voler, nous égorger et nous détruire. Même s'il sait comment opposer l'enfant de Dieu, le diable ne peut heureusement rien nous faire, si nous ne lui donnons pas d'accès spirituel. Christ nous a donné l'autorité sur lui ! Jésus a dit :

> *Luc 10 : 19*
> *« Voici, je vous ai donné le pouvoir (autorité) de marcher sur les serpents et les scorpions, et sur toute la puissance de l'ennemi; et rien ne pourra vous nuire ».*

Malgré cette glorieuse vérité, plusieurs chrétiens ne semblent jamais bénéficier de cette autorité proclamée par notre Seigneur. Toutes sortes de malheurs envoyés par satan sont trop souvent attribués à Dieu. Ces malheurs sont même reçus comme des cadeaux du Seigneur Lui-même ! Quel scandale ! Cela est vraiment désolant car même si nous lisons des promesses dans la Bible, il semble y avoir toujours une clause particulière qui annule la promesse. « Oui, la Bible révèle telle ou telle promesse, mais si Dieu décide de laisser satan t'affliger, contente-toi dans ta misère ! Dieu se servira de cette chose pour ton bien ». Cette croyance semble juste et elle est affirmée par pratiquement tous les chrétiens, et ce, peu importe la dénomination. « Certes ! Les promesses sont là, mais elles ne sont pas nécessairement applicables pour nous parce que Dieu s'est donné une porte de sortie en nous donnant Romains 8 : 2 ». La tradition enseigne que toutes sortes de malheurs peuvent nous atteindre et que nous pouvons nous consoler croyant que Dieu a un plan caché dans notre souffrance de la malédiction. Permettez-moi d'examiner avec vous ce verset qui a été si bien mal compris !

En fait, ce texte, tiré hors de son contexte, semble dire exactement ce que la tradition affirme. Malheureusement, cette tradition représente mal le sens du texte et elle est coupable d'avoir conduit de nombreuses personnes à renier la foi. Cette tradition a neutralisé l'Église, l'a rendue passive et a perverti l'image du Dieu de la Bible ! Tout ce qui arrive aux croyants n'est pas nécessairement envoyé par Dieu ou même permis de Dieu. Au contraire, Dieu nous a donné la responsabilité d'être vigilants et Il nous commande d'empêcher l'ennemi de venir nous dévorer !

> *1 Pierre 5 : 8*
> *Soyez sobres, veillez. Votre adversaire, le diable, rôde comme un lion rugissant, cherchant qui il dévorera.*

Remarquez, l'apôtre Pierre n'a jamais dit : « Couchez-vous par terre comme des tapis ! Laissez satan faire avec vous ce qu'il veut. Dieu est au contrôle. Si le Seigneur veut vous délivrer, Il le fera. Sinon, endurez ! ». Non et encore non ! Si nous lisons le contexte de Romains 8 : 26-28, nous comprenons que ce texte se réfère aux prières de consécration.

> *Romains 8 : 26-28*
> *De même aussi l'Esprit nous aide dans notre faiblesse, car nous ne savons pas ce qu'il nous convient de demander dans nos prières. Mais l'Esprit lui-même intercède par des soupirs inexprimables; et celui qui sonde les cœurs connaît quelle est la pensée de l'Esprit, parce que c'est selon Dieu qu'il intercède en faveur des saints. Nous savons, du reste, que toutes choses concourent au bien de ceux qui aiment Dieu, de ceux qui sont appelés selon son dessein.*

Quand l'ennemi travaille contre vous, quand vous ressentez une oppression, ou encore, quand vous vous retrouvez dans une situation difficile, l'Esprit de Dieu sait comment vous inspirer dans vos prières pour déjouer les plans destructeurs de satan. Comme vous priez, l'Esprit sait comment venir à votre secours. Ce que satan a planifié pour votre tort, l'Esprit de Dieu sait le transformer pour votre bien !

Lorsque nous prions des prières inspirées et poussées par le Saint-Esprit, c'est alors que nous pouvons proclamer la promesse : « Toutes choses concourent au bien de ceux qui aiment Dieu ». Cette vérité est étroitement liée et dépendante à notre vie de prière. Sans cette dernière, nous ne pouvons pas affirmer avec foi que la terreur de l'ennemi servira à notre bien, car c'est l'Esprit de Dieu qui nous procure le miracle. Soyons donc réveillés ! Discernons et prions en Esprit dès aujourd'hui !

29 SEPTEMBRE

Jérémy Sourdril

Comment vivre et supporter l'ABANDON et le REJET ?

L'injustice a frappé le monde pour la première fois en Eden. Savez-vous que la première personne à avoir été injustement traitée, ce n'est ni Adam ni Eve, mais Dieu ! Dieu avait tout créé parfaitement, et Lucifer s'est retourné contre Dieu à cause de son orgueil. Lucifer était une couronne dans la création angélique de Dieu :

Dieu a été injustement trahi par la couronne de sa création angélique

> *Ezéchiel 28 : 13-17*
> *Tu étais en Eden, le jardin de Dieu; Tu étais couvert de toute espèce de pierres précieuses, De sardoine, de topaze, de diamant, De chrysolithe, d'onyx, de jaspe, De saphir, d'escarboucle, d'émeraude, et d'or; Tes tambourins et tes flûtes étaient à ton service, Préparés pour le jour où tu fus créé. Tu étais un chérubin protecteur, aux ailes déployées; Je t'avais placé et tu étais sur la sainte montagne de Dieu; Tu marchais au milieu des pierres étincelantes. Tu as été intègre dans tes voies, Depuis le jour où tu fus créé Jusqu'à celui où l'iniquité a été trouvée chez toi. Par la grandeur de ton commerce Tu as été rempli de violence, et tu as péché; Je te précipite de la montagne de Dieu, Et je te fais disparaître, chérubin protecteur, Du milieu des pierres étincelantes. Ton cœur s'est élevé à cause de ta beauté, Tu as corrompu ta sagesse par ton éclat; Je te jette par terre, Je te livre en spectacle aux rois.*

J'aimerais que vous oubliiez un instant le diable comme nous le connaissons actuellement. Essayez de vous imaginer présent lors de la création de l'ange qui est devenu Lucifer, satan. Dieu avait tout préparé pour accueillir cet ange parfait en beauté. Dieu est vraiment comme un bon père et une bonne mère qui préparent la chambre du nourrisson qui va bientôt naître. J'aimerais que vous puissiez comprendre cela : c'est avec beaucoup d'amour et de tendresse que Dieu a préparé l'environnement de cet ange. Il est écrit que des tambourins et des flûtes avaient été préparés pour le jour où il fut créé ! Dieu avait créé parfaitement l'environnement de cet ange.

Mais le diable s'est rebellé contre Dieu ! Dieu, qui avait mis tant d'amour dans la création de cet être, venait de se faire injustement trahir, rejeter, renier ! Par celui qu'il avait créé parfait, comme la couronne de sa création angélique. Effectivement, lorsqu'on étudie Ésaïe 14 et Ezéchiel 28, on réalise que le diable avait quelque chose de plus que les autres, c'était lui qui occupait la place de chantre devant Dieu, ce n'était pas n'importe qui. Mais après sa haute trahison, il a été projeté sur la terre avec un tiers des anges, la gloire qui l'entourait s'en est allée et il est devenu un être hideux.

Dieu a été injustement trahi par la couronne de sa création : l'homme

De la même façon, Dieu avait créé parfait l'environnement d'Adam et Eve. Tout avait été préparé pour le jour où ils furent créés. Dieu, avec beaucoup d'amour, ne s'est pas arrêté à la chute de satan, mais il avait décidé de créer des enfants qui lui appartiendraient et qui seraient créés à son image. Comme un père tapisse ou peint la chambre du bébé qui vient, Dieu avait placé des montagnes, des arbres, des lacs... Comme un père qui installe une veilleuse, Dieu avait créé la lune pour la nuit et le soleil pour le jour. Comme un père qui achète des jouets, Dieu avait mis des animaux, du sable, de l'eau, et toutes sortes de choses éblouissantes et satisfaisantes pour l'homme.

Puis il a créé l'homme. J'imagine que Dieu était excité par cela, après « s'être concerté lui-même » (Dieu dit : « Faisons l'homme à notre image »...), il décida d'installer dans le jardin son bébé, celui envers qui tout son amour se manifestait avant même sa création, alors que Dieu formait le jardin d'Eden, un cadre parfait qui allait accueillir l'homme, créé à l'image de Dieu. Dieu prit de la poussière et souffla un souffle d'amour qui venait du plus profond de son cœur d'amour de Père. C'est avec amour qu'il souffla.

Mais le mal qui avait été créé dans le cœur du diable a été accepté par Adam et Eve. À nouveau, l'injustice a frappé le monde pour la deuxième fois en Eden. La deuxième personne à avoir été traité injustement, ce n'était ni Adam ni Eve, mais encore Dieu ! Dieu était trahi par la couronne de sa création.

30 SEPTEMBRE

Jérémy Sourdril

Comment vivre et supporter l'ABANDON et le REJET ? (suite)

Dieu, qui s'était manifesté comme un Père, fut trahi encore et encore, après la chute de l'homme. C'est à cause de cela qu'il pouvait dire cette parole merveilleuse à Abraham :

> *Genèse 28 : 15*
> *Voici, je suis avec toi, je te garderai partout où tu iras, et je te ramènerai dans ce pays; car je ne t'abandonnerai point, que je n'aie exécuté ce que je te dis.*

Dieu ne t'abandonnera JAMAIS

Dieu disait, lui qui avait été lâchement trahi, voire abandonné, disait à Abraham en quelque sorte : « Toi Abraham, mon amour précieux, sache que je ne t'abandonnerai pas, tu peux avoir confiance en moi, jamais je ne te trahirai, jamais je ne te ferai de mal, jamais je ne te blesserai, car je t'aime et mon amour pour toi est parfait ».

Dans l'Ancien Testament, il est dit des dizaines de fois que le peuple de Dieu abandonnait le Seigneur, abandonnait ses ordonnances.

Puis Dieu se manifesta en Jésus comme le Sauveur de l'humanité, comme notre époux bien-aimé qui vient chercher son épouse. Mais là encore, on aperçoit Juda, abandonnant lâchement le Maître, pour jouir de cette vie, pour jouir de l'argent, du pouvoir, cela pour sa perte.

Dieu a été abandonné en même temps que Paul son serviteur

On voit encore plus tard Démas, qui abandonna l'époux (il abandonna Paul mais Dieu avant tout) par amour pour le siècle présent.

> *2 Timothée 4 : 16*
> *Dans ma première défense, personne ne m'a assisté, mais tous m'ont abandonné. Que cela ne leur soit point imputé !*

> *2 Timothée 4 : 10*
> *Car Démas m'a abandonné, par amour pour le siècle présent, et il est parti pour Thessalonique; Crescens est allé en Galatie, Tite en Dalmatie.*

Paul dira dans l'épître de Tite que Tite est son enfant légitime, qu'il laissa en Crète pour s'occuper des affaires du Royaume. Mais ici Tite n'a pas pu l'aider. Paul était seul avec Luc. J'ai remarqué que les hommes de Dieu sont parfois les gens les plus seuls qui puissent exister. Beaucoup n'ont pas d'amis. Ils donnent leur vie pour les autres et souvent on les traine dans la boue et on ne leur donne pas l'honneur qui leur est dû.

Mais Paul lui-même citera quelques versets plus loin qu'il a laissé Trophime malade à Millet (Certains ont pris ce verset pour dire que Dieu ne voulait pas toujours guérir car Paul avait laissé quelqu'un malade, mais c'est faux. Dire cela reviendrait à croire que Paul était Dieu et qu'il avait tout pouvoir pour guérir comme Jésus. Jésus, lui, ne laissait personne malade, sauf quand les gens étaient incrédules ou ne venaient pas à lui pour être guéris). Donc Paul aussi a dû laisser quelqu'un dans « ses problèmes », car nous ne pouvons pas toujours être disponibles pour tout le monde...

Dieu sait ce que c'est que d'être abandonné, d'être évité et rejeté, d'être mis à l'écart et ignoré, comme nous l'avons vu plus haut. Jésus lui-même sait exactement ce que c'est de donner sa vie pour quelqu'un, de l'aimer, de prendre soin de lui, de lui préparer à manger, de le consoler, de l'exhorter, de lui confier ses secrets et de voir cette personne l'abandonner pour une raison ou une autre. (Judas : le manque d'amour, l'amour pour le monde. Les 11 disciples : la peur de se donner entièrement, la peur d'aller jusqu'au bout)

> *Marc 14 : 50*
> *Alors tous l'abandonnèrent, et prirent la fuite.*

Jésus a porté tes souffrances liées au rejet que tu as vécu

Jésus sait exactement ce que tu peux vivre comme injustice. Jésus a été abandonné lui aussi, il a été maltraité par ceux qu'il a aimés. Peut-être qu'aujourd'hui, tu as été trahi par ta femme, par ton mari, par tes enfants, par ton frère, par ta sœur, par ton ami, par ton cousin, par ton collègue. Mais sache que Dieu connait ta souffrance, mais plus que cela Il veut la porter. Il veut s'en charger complètement. Comment vivre l'abandon et le rejet ? Tu dois tout déposer à ses pieds, et voilà comment :

> *Ésaïe 53 : 3-5*
> *Méprisé et abandonné des hommes, Homme de douleur et habitué à la souffrance, Semblable à celui dont on détourne le visage, Nous l'avons dédaigné, nous n'avons fait de lui aucun cas. Cependant, ce sont nos souffrances qu'il a portées, C'est de nos douleurs qu'il s'est chargé; Et nous l'avons considéré comme puni, Frappé de Dieu, et humilié. Mais il était blessé pour nos péchés, Brisé pour nos iniquités; Le châtiment qui nous donne la paix est tombé sur lui, Et c'est par ses meurtrissures que nous sommes guéris.*

> *Marc 15 : 34*
> *Et à la neuvième heure, Jésus s'écria d'une voix forte : Eloï, Eloï, lama sabachthani ? Ce qui signifie : Mon Dieu, mon Dieu, pourquoi m'as-tu abandonné ?*

Jésus a été méprisé et abandonné pour que tu n'aies plus à porter le fardeau des conséquences de ce rejet. Il est dit qu'il a porté sur lui TES fardeaux et TES souffrances. Il l'a fait pour toi, afin que tu ne vives pas les conséquences désastreuses de l'abandon, de la trahison et du mépris. Il est encore dit que le châtiment qui nous donne la paix est tombé sur lui. Cela veut dire qu'il y a une paix promise pour toi AUJOURD'HUI ! Dieu veut te remplir aujourd'hui de sa paix surnaturelle ! Le crois-tu ? Crois-le ! Arrête-toi un instant dans la lecture de cette pensée et mets ta foi en Dieu pour vivre ta délivrance dans quelques instants !

> *Philippiens 4 : 6-7*
> *Ne vous inquiétez de rien; mais en toute chose faites connaître vos besoins à Dieu par des prières et des supplications, avec des actions de grâces. Et la paix de Dieu, qui surpasse toute intelligence, gardera vos cœurs et vos pensées en Jésus-Christ.*

C'est AUJOURD'HUI, et pas demain, le jour de ta délivrance !

Des gens dépensent beaucoup d'argent pour se faire soigner de leur maux d'âme, mais si vous avez besoin de guérison aujourd'hui, fermez la porte de votre chambre et faites connaître vos besoins à Dieu, et il mettra en vous une paix incroyable ! Le croyez-vous ? Si vous croyez que Dieu est capable et que vous êtes prêt(e) à être libéré(e), ne vous arrêtez pas là, mais de tout votre cœur, dites-lui aujourd'hui :

« Seigneur, tu sais comment j'ai été trahi(e), comment j'ai été abandonné(e). Je n'avais pas mérité tout cela, mais toi tu n'avais rien mérité du tout ! Tu m'as aimé(e) parfaitement et moi je t'ai blessé(e), je t'ai fait du mal par mes paroles, par mon attitude, par mes péchés et malgré cela tu m'as aimé(e) et tu m'aimes encore. Je te remercie Seigneur pour ton amour pour moi. Je te remercie d'avoir porté cette souffrance dans ma vie. Je te dépose cet esprit de rejet qui me tourmente, je te dépose tout Seigneur, prends tout, prends tout ! Je te demande pardon pour tous mes péchés, et je prends la décision de pardonner une bonne fois pour tout ce qu'il (elle) m'a fait.

Je choisis de pardonner Seigneur car je suis libre en toi et ce fardeau ne m'appartient plus, il est à toi, tu l'as déjà pris, je n'ai plus à le porter ! Gloire à toi ! Je t'aime Jésus, je t'aime Jésus ! J'ai pardonné et tu me guéris de toute conséquence de ce que j'ai pu vivre. Je suis guéri(e) ! Je suis pardonné(e) ! Je suis béni(e) ! Je suis aimé(e) de toi ! Alléluia ! ».

Dieu le Père a abandonné Jésus entre les mains des hommes, pendant un temps. Mais Dieu ne l'a pas abandonné et l'a fait sortir du séjour des morts. Au Nom puissant de Jésus-Christ, Dieu te fait sortir aujourd'hui du séjour des morts où tu te trouvais. Le crois-tu ?

Crois, et tu verras la Gloire de Dieu.

01 OCTOBRE

Jérémy Sourdril

Résistez à l'intimidation

Actes 15 : 10 : « Maintenant donc, pourquoi tentez-vous Dieu, en mettant sur le cou des disciples un joug que ni nos pères ni nous n'avons pu porter ? ».

Dans ce passage des Actes, des « gentils » qui avaient accepté Jésus faisaient face à l'intimidation de la part des Pharisiens convertis, qui voulaient les mettre sous le joug de la loi. Paul dut les défendre et faire cesser cette intimidation en déclarant :

> *Actes 15 : 19*
> *C'est pourquoi je suis d'avis qu'on ne crée pas des difficultés à ceux des païens qui se convertissent à Dieu,*

Nous faisons tous face un jour ou l'autre à l'intimidation sans forcément s'en rendre compte. L'intimidation peut prendre plusieurs formes : oppression, attaque diabolique au travers de la maladie, persécution, etc. Elle peut être directe ou indirecte, mais en général celui qui la fait subir se cache.

Un jour j'étais dans une retraite de jeunesse qui durait quatre jours, et j'avais remarqué qu'une jeune femme ne venait pas aux réunions. Je demandai à sa sœur de l'inviter à la réunion du soir, croyant qu'il allait se passer quelque chose de spécial.

Ce soir-là, il y avait une présence de Dieu très spéciale, et le Seigneur m'inspira à aller vers cette jeune femme qui s'était finalement jointe à nous et qui était assise sur sa chaise. Je me sentais comme un poisson dans l'eau, nageant dans l'onction. Je m'approchai d'elle et me mit à lui parler de l'amour du Père et elle se mit à pleurer, entendant les paroles que Dieu m'inspirait pour elle. Je lui demandais si elle avait déjà été baptisée du Saint-Esprit. J'aime toujours mieux que ce soit le Saint Consolateur qui console quelqu'un qui pleure. Je ne savais pas qu'elle n'était pas chrétienne car c'était une retraite de quatre jours de jeûne pour chrétiens !

Elle ne savait pas vraiment ce que c'était. Alors je lui demandai si elle avait déjà accepté Jésus, question à laquelle elle répondit que non. Je priai pour elle et en un instant elle fut à la fois sauvée et baptisée du Saint-Esprit ! Quelle réunion glorieuse !

Le lendemain dans la journée, elle criait de douleur, elle avait des douleurs terribles dans le dos et dans le bas ventre. En fait les douleurs avaient commencé dès qu'elle était entrée dans le car qui l'amena à la « retraite ». Tous les jeunes étaient apeurés et ne savaient pas quoi faire, et une personne se décida d'appeler l'ambulance. Pendant l'attente, Dieu m'avait révélé qu'elle avait un gros problème de pardon dans sa famille et que si elle pardonnait et demandait pardon d'avoir gardé cette rancune, elle serait automatiquement délivrée. Le diable avait profité de cette porte ouverte et voulait l'intimider. Elle pleurait et me dit qu'elle ne voulait pas pardonner à son père depuis des années ce qu'elle avait subi, mais je la suppliai de le faire, lui disant qu'elle serait guérie. Je comprenais pourquoi j'avais été inspiré à lui parler de l'amour du Père la veille.

Au bout d'un long moment, alors que sa douleur était insupportable depuis au moins une heure, elle prit la décision de pardonner. Je lui dis qu'elle devait le dire à haute voix. Elle n'arrivait pas : « Je pa... », « Je par… », et enfin elle réussit à confesser qu'elle pardonnait : « Je pardonne ! ». Elle fut instantanément délivrée de toutes ses douleurs. Elle pleurait de joie et remerciait Jésus.

Le lendemain, les douleurs reprirent encore plus fort, et elle criait :

« Mais pourquoi ai-je ces douleurs alors que je viens d'accepter Jésus ? Pourquoi ? »

C'est ici où je voulais en venir. Il est vrai que la Bible déclare que lorsqu'un esprit part, il prend sept autres esprits plus méchants que lui et essaient de s'installer à nouveau, c'est ce qui s'est passé avec elle, mais en fait le diable voulait l'intimider, pour qu'elle cesse de croire en Jésus. L'intimidation est faite pour nous arrêter dans notre croissance et notre marche avec le Seigneur.

Avec un frère pasteur, lorsque nous commandions aux démons de partir, elle n'avait plus de douleur, mais dès que nous lui parlions à elle, les démons la faisaient crier de douleur. On pouvait ressentir un esprit de crainte qui pesait sur les jeunes présents dans cet endroit.

Voilà un des buts principaux de l'intimidation : amener une personne qui se convertit à Dieu dans la crainte, la peur.

Un jeune frère, qui avait pris peur, avait appelé l'ambulance et les ambulanciers arrivèrent et l'amenèrent à l'hôpital. Je l'encourageai à garder sa foi en Jésus, à prier et à se confier en Jésus. Je lui expliquai que le diable tentait de l'intimider. Elle passa la nuit à l'hôpital et revint le lendemain. Elle était tellement heureuse d'avoir accepté Jésus, et de ne pas avoir accepté l'intimidation du diable !

Si nous avions cédé à l'intimidation du diable, en prenant peur, nous aurions baissé les bras, cette jeune femme serait retournée chez elle et tout ce qui avait été réalisé dans l'Esprit n'aurait servi à rien.

N'avez-vous jamais remarqué que souvent, lorsqu'une personne se convertit, « tous les problèmes du monde lui tombent dessus ? ». Oui, le diable essaie d'intimider les gens qui viennent d'accepter Jésus, afin qu'ils n'entrent jamais dans les plans de Dieu pour leurs vies, mais nous pouvons lui résister : lorsque nous démasquons ses stratégies et que nous prenons position au travers de notre autorité en Christ, le diable est obligé de fuir. Si nous fermons la bouche et le laissons faire, cela aura de terribles conséquences.

02 OCTOBRE

Jérémy Sourdril

L'intimidation lorsque vous commencez à vous lever pour Dieu

Nous avons vu hier que nous faisons tous face à l'intimidation un jour ou l'autre, et que l'un des buts de l'intimidation est de nous amener dans la peur. Le diable essaie d'intimider les gens qui viennent d'accepter Jésus, afin qu'ils n'entrent jamais dans le plan de Dieu pour leurs vies, mais que nous pouvons lui résister.

Dans le livre d'Esdras, le peuple de Juda, encouragé par Josué et Zorobabel, était longtemps passé à côté du plan de Dieu. Ils se levèrent enfin pour marcher dans leur appel, mais firent face à l'intimidation :

> *Esdras 4 : 4*
> *Alors les gens du pays découragèrent le peuple de Juda; ils l'intimidèrent pour l'empêcher de bâtir,*

Ils voulaient les empêcher de BÂTIR, de construire, d'aller de l'avant. Néhémie dut aussi faire face à la moquerie et au mépris (qui est une forme d'intimidation), alors qu'il encourageait les gens importants de Jérusalem à reconstruire les murailles de la ville :

> *Néhémie 2 : 19*
> *Sanballat, le Horonite, Tobija, le serviteur ammonite, et Guéschem, l'Arabe, en ayant été informés, se moquèrent de nous et nous méprisèrent. Ils dirent : Que faites-vous là ? Vous révoltez-vous contre le roi ?*

Alors que Jérusalem avançait dans leur résolution, l'intimidation de l'ennemi continua :

> *Néhémie 4 : 2-3*
> *Et dit devant ses frères et devant les soldats de Samarie : À quoi travaillent ces Juifs impuissants ? Les laissera-t-on faire ? Sacrifieront-ils ? Vont-ils achever ? Redonneront-ils vie à des pierres ensevelies sous des monceaux de poussière et consumées par le feu ? Tobija, l'Ammonite, était à côté de lui, et il dit : Qu'ils bâtissent seulement ! Si un renard s'élance, il renversera leur muraille de pierres !*

Voilà un des autres buts de l'intimidation : amener une personne qui se lève pour Dieu dans le découragement.

Vous avez peut-être commencé à vous lever pour Dieu. Peut-être que Dieu vous avait appelé à un service dans l'église, vous vous y êtes enfin engagé et vous avez fait face au découragement ? Peut-être que vous avez décidé de changer une mauvaise habitude dans votre vie mais vous avez des pensées de condamnation qui viennent sur vous ? Peut-être que vous avez commencé une société et les circonstances vous découragent ? Peut-être que vous venez de commencer un nouveau travail et vous ne vous sentez pas à la hauteur ?

Une des facettes de l'intimidation est la moquerie. Elle peut être faite par des hommes, être directe (on se moque de vous ouvertement) ou indirecte (on vous fait des petites insinuations ou vous entendez des choses dans votre dos), mais là où elle viendra principalement, c'est DANS VOS PENSEES ! C'est là que le diable essaiera de vous intimider, de vous décourager afin que vous ne fassiez pas ce à quoi vous avez été appelé.

Vous avez pris une décision ? Vous commencez à vous lever pour Dieu ? Et il y a parfois des pensées en vous-même qui vous disent : « Tu es nul, tu n'y arriveras pas », « Ce rêve, ce projet est trop grand pour toi », « Tu as déjà essayé mille fois, arrête maintenant ! », « Tu n'es pas prêt », « Tu n'es pas aussi bien que celui que tu prends comme modèle », et toutes sortes de pensées ?

> *Néhémie 4 : 15*
> *Lorsque nos ennemis apprirent que nous étions avertis, Dieu anéantit leur projet, et nous retournâmes tous à la muraille, chacun à son ouvrage.*

Une bonne nouvelle pour vous :

Quand le diable est démasqué et quand vous lui résistez, il fuit ! Si vous faites face au découragement, sachez tout d'abord que la crainte ne vient pas de Dieu, le découragement et l'oppression non plus ! Ne restez pas la bouche fermée, sans rien dire, vous devez prendre position, et rejetez à haute voix les mensonges qui viennent dans vos pensées ! Soyez radical envers le diable car il ne vous fera pas de cadeau si vous baissez la tête, si vous le laissez faire sans rien dire, si vous acceptez le découragement. Déclarez la Parole de Dieu et pas ce que vous entendez dans vos pensées non renouvelées ! Vous pouvez le faire !

03 OCTOBRE

Jérémy Sourdril

Comment agir face à la peur ?

Ne vous est-il jamais arrivé d'avoir peur ? « Oui, bien sûr », me direz-vous, « La peur est un sentiment naturel ». En fait, la peur provient d'un sentiment d'insécurité, elle nous attaque lorsque nous avons l'impression de ne plus contrôler une situation. La toute première fois qu'un homme a eu peur, c'est parce qu'il avait péché.

En fait, nous n'aurions jamais dû avoir peur

Je le répète : nous n'aurions jamais dû avoir peur ni savoir ce qu'est la peur, nous n'aurions jamais dû connaître le sentiment de peur. La peur a été enfantée par sa mère le péché. Oui, la mère de la peur, c'est le péché, c'est le péché qui a créé et amené la peur dans ce monde. Donc comprenons dès maintenant que la source de la peur est mauvaise.

- Le premier homme (Adam) a péché et la conséquence de ce péché fut la peur, la peur est née en lui face à sa situation de péché : « J'ai eu peur et je me suis caché ».
- La deuxième fois que l'on trouve le mot peur (traduction Darby, Ostervald ou Martin), c'est lorsque les hommes construisirent la tour de Babel, la source de leur motivation pour cette construction était la peur d'être dispersés sur la surface de la terre. Pourtant l'homme savait que Dieu lui avait demandé de remplir la terre (Genèse 1 : 18). Cette peur les a donc amenés à désobéir à la volonté de Dieu.
- La troisième fois, c'est lorsque Sara mentit, elle dit qu'elle n'avait pas ri en entendant la prophétie faite à son sujet alors qu'elle avait ri, la Bible dit qu'elle mentit parce qu'elle eut peur. Là encore, la peur a amené Sara à pécher, à désobéir à Dieu.

En fait, si on étudie ces trois exemples, on voit que le péché a amené la peur et que maintenant la peur amène le péché !

Sentiment d'insécurité

Si parfois la peur vient parce que notre conscience nous reprend car nous savons que nous avons fait quelque chose de mal, ce n'est pas toujours le cas. Souvent, elle provient d'un sentiment d'insécurité face à une situation (une nouvelle situation, une situation inconnue ou pas). Nous savons que la peur est un sentiment, qu'elle est donc produite dans notre âme, dans nos émotions. En fait nous recevons des informations extérieures qui nous dépassent, nous les analysons et notre intelligence nous dit : « Je ne peux pas contrôler cette situation, au secours, au secours ! ». La Bible ne dit-elle pas :

> *Romains 12 : 2*
> *Ne vous conformez pas au siècle présent, mais soyez transformés par le renouvellement de l'intelligence, afin que vous discerniez quelle est la volonté de Dieu, ce qui est bon, agréable et parfait.*

Dieu nous demande de renouveler notre intelligence afin de connaître quelle est la volonté de Dieu. Nous pouvons contrôler ce qui se passe dans notre âme en nous soumettant à la Parole de Dieu.

> *2 Corinthiens 10 : 5*
> *Nous renversons les raisonnements et toute hauteur qui s'élève contre la connaissance de Dieu, et nous amenons toute pensée captive à l'obéissance de Christ.*

Dieu nous demande de ramener toute pensée captive à l'obéissance de Christ (à la volonté de Dieu). Quelle est donc la volonté de Dieu face à la peur, que doit-on faire pour obéir à Dieu quand la peur vient nous attaquer ? Notre plus grand modèle, c'est Jésus. Une chose que nous pouvons dire, c'est que Jésus n'a jamais écouté la peur !

Jésus a rencontré le diable, des démons, des tempêtes terribles, des moments de persécutions extrêmes, et même dans le « couloir de la mort », Jésus n'a jamais eu peur, ou plus précisément il n'a jamais agi sur un sentiment de peur. Il est fort possible que la peur ait essayé d'attaquer Jésus, il a été tenté en toute chose comme nous, mais il a refusé d'agir sur un sentiment de peur. Voici ce qui fait la différence.

04 OCTOBRE

Jérémy Sourdril

Comment agir face à la peur ? (suite)

Vous êtes-vous déjà posé cette question : « La peur est-elle un péché ? ». Non ? Et bien vous pouvez trouver cette question surprenante... La peur n'est pas un péché, c'est un sentiment, mais agir selon la peur est un péché.

Lorsqu'on a peur de la vie, et qu'on se suicide, qu'on a peur de manquer et qu'on vole, qu'on a peur d'évangéliser et qu'on se tait, qu'on a peur d'obéir à Dieu et qu'on fait demi-tour, dans tous ces cas nous péchons, nous passons à côté du plan de Dieu, de la volonté de Dieu.

Y a-t-il des raisons légitimes d'avoir peur ?

Selon notre intellect limité et selon ce siècle présent aveuglé, oui, mais selon Jésus non ! Je vais vous dire quelque chose que j'aime souvent dire :

Selon les critères de Jésus, il n'y a aucune raison légitime pour laquelle nous devons agir sur la peur.

- Au début des évangiles, l'ange dit aux bergers qui virent une manifestation de la Gloire de Dieu : « N'ayez pas peur ! ».
- A la fin des évangiles, Marie et Marie-Madeleine vinrent au tombeau et elles virent également une manifestation de la Gloire de Dieu et l'ange leur dit : « N'ayez pas peur ! ».
- Au début de son ministère, Pierre vit une manifestation de la puissance de Dieu (un miracle), et Jésus dit à Pierre : « N'aie pas peur car tu seras pécheur d'hommes ! ».
- Sur la montagne, les disciples virent une manifestation de la Gloire de Dieu et Jésus leur dit : « N'ayez point de peur ».
- Quand Jésus marcha sur l'eau, les disciples eurent peur et Jésus leur dit : « Pourquoi avez-vous eu peur ? ».

Dans ces cinq situations, il s'agit de la peur face à une manifestation de la Gloire de Dieu, je conviendrais que ce n'est pas du tout habituel, mais nous pouvons noter qu'à chaque fois Dieu a encouragé les gens à ne pas rester dans cette attitude de peur.

La peur face à nos tempêtes

En général, la peur vient lorsque nous rencontrons une tempête, une grande difficulté. Vous connaissez l'histoire des disciples lorsqu'ils prirent la barque alors que Jésus le leur avait demandé et qu'une terrible tempête s'abattit sur eux ? Ces gens bien habitués à naviguer crièrent de peur, l'eau passait par-dessus la barque et la remplissait peu à peu, les vagues étaient terrifiantes et ils pensaient vraiment qu'ils allaient mourir tellement la tempête était forte.

Avaient-ils des raisons d'avoir peur ? Ils allaient mourir n'est-ce pas ? Eh bien, pour Jésus ils n'avaient pas de raison légitime d'avoir peur. Jésus les reprit en disant :

> *Matthieu 8 : 26*
> *Il leur dit : Pourquoi avez-vous peur, gens de peu de foi ? Alors il se leva, menaça les vents et la mer, et il y eut un grand calme.*

Nous découvrons ici un principe important : lorsqu'il s'agit d'une tempête extérieure, nous devons par notre foi ordonner à la tempête de s'arrêter, ordonner à la montagne de se jeter dans la mer, ordonner au figuier (image de la pauvreté/du manque) improductif de sécher, ordonner à la fièvre (maladie) de nous quitter, ordonner aux démons (oppressions d'origine satanique) de partir... Ne pas prier seulement !

Je ne sais pas quelle est ta tempête aujourd'hui, mais Dieu te dit : « Ne crains pas ! ». Les disciples dans la barque ont eu peur, car ils ne réalisaient pas que Jésus le TOUT-PUISSANT était avec eux. Aujourd'hui, réalise que Jésus est avec toi, et arme-toi de ta foi en Lui pour dominer sur les tempêtes qui s'abattent sur toi.

Dieu n'est jamais surpris par la tempête

C'est ici le point où je voulais arriver. Si nous avons peur, c'est parce que nous ne savons pas comment gérer la situation présente, car nous ne savons pas ce qui va arriver après. Regardez un peu ce verset :

> *Psaumes 139 : 16*
> *Quand je n'étais qu'une masse informe, tes yeux me voyaient; Et sur ton livre étaient tous inscrits Les jours qui m'étaient destinés, Avant qu'aucun d'eux n'existât.*

Tous nos jours sont déjà inscrits dans un livre ! Dieu n'est jamais surpris quand quelque chose nous arrive ! Il savait déjà la veille de la tempête que celle-ci allait arriver dans ta vie ! Il n'est pas surpris ! Toi, tu es surpris, mais sache que Dieu ne l'est pas. Et si Dieu ne l'est pas, tu n'as pas de raison d'avoir peur, car Dieu sait exactement comment te sortir de cette situation.

De la même façon que Dieu savait à quelle heure la tempête allait venir, par où elle allait venir, par quel moyen et pourquoi, il sait exactement comment la tempête peut s'éloigner de toi.

Quand la peur veut te faire agir, quand la peur veut t'immerger, refuse de marcher avec ta tête, mais marche avec ton cœur, choisis d'obéir à Dieu et de ne pas avoir peur. Refuse de paniquer, de crier et de confesser ta peur, refuse de perdre tes cheveux et de ne pas dormir à cause de la peur, refuse l'anxiété, le doute, l'incrédulité, la crainte, la panique ! Toutes ces choses ne sont pas de source divine, mais elles ont été enfantées par le péché lors de la chute d'Adam et Eve. Aujourd'hui, refusez la peur !

05 OCTOBRE

Reinhard Bonnke

Une Europe lavée par le sang

La marée monte (suite de la pensée du 06 septembre)

J'ai grandi près de l'estuaire de l'Elbe, au Nord de l'Allemagne et j'ai souvent vu d'immenses bateaux enlisés dans la boue. Aucune grue ou treuil marin ne pouvait les faire bouger. Mais la marée arrivait doucement, sans bruit, et montait autour de ces carcasses inamovibles. Très vite, ces centaines de tonnes flottaient. Du bord du quai, je pouvais les faire facilement bouger d'un mouvement du pied.

Lorsque nous obéissons à la voix du Saint-Esprit, l'eau se met à monter. Ceci est un fait, non un vœu. Nous voyons des promesses s'accomplir qui semblaient jusque-là ressembler à de la fantaisie. Les paroles de Joël 2 : 28 deviennent réalité :

> *Joël 2 : 28*
> *Je répandrai mon Esprit sur toute chair.*

En 1904, une poignée de personnes noires et quelques blancs étaient assis sur des tonnelets de clous dans un atelier de menuisier, à moitié brûlé, à Los Angeles, et croyaient à Joël 2 : 28; ils parlaient en langues. Personne ne les prenait au sérieux ! Une blague ! Des statistiques pour l'année 2000 révèlent qu'il y a 524 millions de chrétiens pentecôtistes-charismatiques; plus d'un adulte sur dix de la population mondiale.

Si deux douzaines sont devenues 524 millions en moins d'un siècle, que pourraient devenir ces 524 millions ? Il est temps de retrousser nos manches et de ne pas désespérer !

Regardons de plus près les Écritures. Dieu fit une déclaration dramatique à Jérusalem lorsque Christ mourut. De Sa main puissante, Il déchira en deux le lourd rideau brodé de trente pieds de long du Saint des Saints, déclarant désormais ouvert le chemin vers Lui. Mais la portée était encore plus grande, car cela signifiait que Dieu était sorti du Temple et était devenu le Dieu de toute la terre, qui ne serait désormais plus associé à un endroit particulier de ce globe, même plus à Jérusalem. Jésus dit :

> *Jean 4 : 21*
> *L'heure vient où ce ne sera ni sur cette montagne, ni à Jérusalem que vous adorerez le Père.*

Il serait là où nous nous trouvons

> *Jean 14 : 23*
> *Si quelqu'un m'aime... mon Père l'aimera; nous viendrons à lui et nous ferons notre demeure chez lui.*

Lors de la fête juive de Pentecôte à Jérusalem, les premiers disciples – tous des Juifs – reçurent le don du Saint-Esprit.

Quelques années plus tard, l'un d'eux, Pierre, prêcha à des Européens non juifs dans la ville de Césarée. Tous furent baptisés du Saint-Esprit. De retour à Jérusalem, il déclara : « Dieu leur a accordé le même don qu'à nous » – le don du Saint-Esprit – car « Dieu ne fait point de favoritisme mais qu'en toute nation celui qui le craint et qui pratique la justice lui est agréable » (Actes 11 : 17 et 10 : 34-35). Des Européens dans une ville lointaine, non juive, mais le même don du même Dieu ! Dieu avait répété cela mais un peu différemment. Et lorsqu'Il donna ce don dans la ville de Samarie, cela fut à nouveau différent.

Dieu ne copie pas seulement ce qu'Il a accompli dans le passé. Le réveil dans le Pays de Galle en 1904 et le grand réveil de l'Amérique qui se passa 250 ans avant, diffèrent du réveil en Samarie. Nous lisons « qu'il y eut une grande joie dans cette ville » (Actes 8 : 8), et il y a maintenant une grande joie en Afrique. Dieu n'agit pas de façon monochrome. Le passé ne doit pas limiter le temps présent.

La terre entière sera remplie de la gloire du Seigneur

Y aura-t-il un réveil mondial avant le retour de Jésus ? Je ne m'attends pas à cela. Je suis appelé à évangéliser, pas à spéculer. La promesse de Dieu dans Habakuk 2 : 14 me suffit :

> *Habakuk 2 : 14*
> *Car la terre sera remplie de la connaissance de la gloire de l'Éternel, comme le fond de la mer par les eaux qui le couvrent.*

Les eaux couvrent le fond des océans, et il n'y a là aucun endroit sec. Aucune raison intellectuelle et aucun démon ne pourra empêcher cela. L'incrédulité, le post-modernisme européen et la philosophie humaniste ne sont qu'un serpent tortillant, qui change constamment de forme. Mais une chose est certaine : Dieu brisera sa nuque.

Confuses et induites en erreur, les nations occidentales attendent des chrétiens forts qui les conduiront aux sources d'eaux vives. Malheureusement, nous pouvons manquer cette opportunité, distraits par des intérêts mondains. Le jour de la Pentecôte, 120 disciples se rassemblèrent à Jérusalem. Paul dit que quelques 500 hommes avaient vu le Christ ressuscité; cela veut dire que 380 d'entre eux étaient affairés à d'autres choses et manquèrent la plus grande réunion de toute l'Histoire de l'humanité. Les 120 prirent les paroles de Jésus au sérieux et « attendirent à Jérusalem ».

Lors de notre campagne d'évangélisation à Nairobi, Teresia Wairimu m'entendit prêcher. Habitée par un profond désir pour Dieu, elle attendit six années avant de pouvoir aller à une Conférence « Fire » CfaN, priant d'être baptisée du Saint-Esprit. Pour finir, ayant appris que je serais en Norvège, elle n'attendit pas un instant de plus. Teresia prit un avion et assista à notre réunion. Lorsque j'invitai les gens à venir à l'avant, elle fut la première à se lever et courut à l'avant. La puissance Dieu la projeta à terre. De retour à Nairobi, elle organisa une réunion à la maison avec 17 personnes. Ces réunions prirent de plus en plus d'ampleur : par dizaines, puis par centaines, puis par milliers et par dizaines de milliers. Il y a quelques semaines, elle me présenta en tant qu'orateur à un public de centaines de milliers de personnes.

La vie signifie le changement. Les marées changent et peuvent sortir l'Europe de la boue comme les barges de mon enfance.

Matthieu 19 : 26
Avec Dieu toutes choses sont possibles.

06 OCTOBRE

Yvan Castanou

Lion et agneau : la combinaison gagnante des plus que vainqueurs

Apocalypse 5 : 5-6 : « L'un des vieillards me dit : Ne pleure point; voici, le lion de la tribu de Juda, le rejeton de David, a vaincu pour ouvrir le livre et ses sept sceaux. Et je vis, au milieu du trône et des quatre êtres vivants et au milieu des vieillards, un agneau qui était là comme immolé ».

Cela peut sembler contradictoire, mais ce sont bien les deux traits de caractère marquants de notre Seigneur Jésus-Christ : lion et agneau. C'est le dosage équilibré et détonant que nous devons tous manifester pour ressembler à Christ.

Les croyants « lions » sont connus pour leur côté féroce, tenace, persévérant et conquérant. Ils sont reconnaissables à leur côté visionnaire et déterminé à conquérir de nouveaux territoires pour Christ. Ils osent essayer là où tout le monde a échoué et ne sont pas effrayés à l'idée de confronter le diable parce qu'ils n'ont pas peur de l'adversité. Cependant, le danger qui vous guette lorsque vous êtes uniquement lion, c'est l'arrogance, l'ambition personnelle et la tyrannie. Les personnes n'ayant que cette facette du caractère de Christ finissent par devenir des seigneurs dans leur église, leur famille ou leur entreprise, au lieu d'être des serviteurs. Elles n'ont pas compris que le caractère de Christ nécessite un deuxième aspect tout aussi important : celui de l'agneau.

Les agneaux sont connus pour leur douceur, leur humilité, leur vulnérabilité et leur simplicité. Avoir le caractère d'un agneau équivaut à avoir un esprit enseignable, une disposition naturelle à rendre la gloire à Dieu, un cœur humble qui vous fait reconnaître que sans lui, vous ne pouvez absolument rien faire.

Si vous êtes uniquement agneau dans la vie, le diable et les gens vous écraseront. Ils se serviront de votre gentillesse et de votre douceur pour abuser de vous. Le diable vous attaquera sans réserve parce qu'il sait que vous allez prendre les coups et dire « qu'il me soit fait selon ta volonté ».

Par contre, lorsque vous reflétez un dosage équilibré du lion et de l'agneau, vous êtes craint par l'ennemi. Vous ne capitulez jamais devant l'adversité, vous n'acceptez jamais le statu quo, vous osez continuer de croire en l'impossible, mais vous savez également que ce n'est ni par la force, ni la puissance, mais par Son Esprit. Vous aimez les gens et savez les écouter, vous aimez la réprimande et vous êtes enseignable. Vous vous savez tellement vulnérable que vous passez beaucoup de temps dans la présence de Dieu pour vous fortifier.

Vous êtes libéré de l'arrivisme, de l'ambition personnelle, de cette tendance à écraser vos propres frères dans la foi pour parvenir à vos fins. Vous n'abusez pas de l'autorité que Dieu vous a donnée, mais vous l'utilisez pour réprimander le diable, pour servir le Corps de Christ et toute votre génération.

Derrière les chutes tragiques des serviteurs et servantes de Dieu, vous trouvez rarement des carences en connaissance ou en compétence : ce sont plutôt des faiblesses de caractère qui ont causé la ruine des plus grands. Si vous voulez en être préservé, vous devrez demander au Seigneur de former en vous le caractère de Christ. Celui-ci se résume à deux grands traits : lion et agneau !

Une prière pour aujourd'hui

« Seigneur, c'est à toi seul que je désire ressembler. Accorde-moi la grâce de refléter parfaitement les facettes de ton caractère en fonction des circonstances de la vie auquel tu permettras que je sois confronté. Que seule ta nature en moi prévale. Au nom de Jésus, amen ! ».

07 OCTOBRE

Jérémy Sourdril

Le plus grand péché de l'Histoire de l'Humanité

Suite à la mort de Steve Jobs, ex-directeur général d'Apple, le 05 Octobre 2011, j'eus à écrire un article afin d'interpeller les hommes sur leur éternité. Cet homme était riche, mais apparemment, selon ses croyances bouddhistes, ne trouva pas à la fin de sa vie le salut en Jésus...

Pourtant, un bon nombre de chrétiens s'offusquèrent en disant qu'il était un grand visionnaire, un homme courageux, gentil et bon.

Vous pouvez être bon, gentil, aimable, pacifique, vous pouvez être le plus gentil des hommes, et pourtant cela n'aura aucun impact sur votre éternité. Il n'y aura pas selon la Parole de Dieu, une autre destination que le lac de feu et de souffre éternel pour celui qui n'aura pas connu Christ. Il y a aura des jugements plus ou moins sévères, mais bons ou méchants, en dehors de Jésus-Christ, point de salut.

Certaines personnes disent au sujet de certaines personnes qui meurent : « Mais si cet homme était gentil, s'il était un bon père de famille et un bon citoyen, ne sera-t-il pas sauvé, même s'il n'était pas chrétien ? ».

Non.

D'autres disent : « Mais s'il a vécu toute sa vie pour aider les autres, s'il a donné beaucoup d'argent de son vivant aux pauvres et s'il a légué toute sa fortune à des œuvres humanitaires, ne sera-t-il pas sauvé, même s'il n'était pas chrétien ? ».

Non.

« S'il allait à l'église tous les dimanches, lisaient la Bible et faisait des offrandes à l'église, ne sera-t-il pas sauvé, même s'il n'était pas vraiment chrétien ? ».

Non, non et non, la réponse est non. La Bible déclare dans :

> *1 Corinthiens 13 : 3*
> *Et quand je distribuerais tous mes biens pour la nourriture des pauvres, quand je livrerais même mon corps pour être brûlé, si je n'ai pas l'amour, cela ne me sert de rien.*
>
> *Jean 14 : 6*
> *Jésus lui dit : Je suis le chemin, la vérité, et la vie. Nul ne vient au Père que par moi.*

Une personne qui n'a pas l'amour de Dieu en elle, en conséquence d'une expérience personnelle avec Jésus-Christ, qui n'a pas connu intimement par révélation la vérité, qui n'est pas entrée sur le chemin qu'est Jésus et qui n'a pas reçu la vie divine dans son esprit n'est pas sauvée, aussi gentille soit-elle. Il faut qu'elle naisse une seconde fois.

Certains chrétiens commencent à croire comme dit la chanson païenne et anti-biblique : « On ira tous au Paradis ». Non, nous n'irons pas tous au Paradis, nous ne goûterons pas tous à la Présence de Dieu, tous les hommes ne seront pas sauvés.

Nous savons que c'est la volonté de Dieu de sauver tous les hommes, mais tous ne seront pas sauvés. Dieu n'a pas dit qu'Il sauverait tous les hommes mais que c'était sa volonté que tous soient sauvés. La volonté d'une institutrice peut être que tous ses élèves réussissent, mais elle ne fera pas réussir ceux qui ont échoué. Dieu a envoyé la lumière dans les ténèbres, il a envoyé Jésus-Christ afin que quiconque croit en lui ne périsse pas, mais qu'il ait la vie éternelle. C'est le profond désir de Dieu.

Si vous n'avez jamais fait de Jésus-Christ le Sauveur de votre vie, vous pouvez le faire maintenant. C'est entre vous et Dieu. Pour accepter Jésus dans votre vie comme Sauveur, je vous encourage à vous rendre à la fin du livre à la page : « Comment recevoir Jésus comme Sauveur ? », juste après la page du 31 décembre.

08 OCTOBRE

Jérémy Sourdril

Le plus grand péché de l'Histoire de l'Humanité (suite)

Steve Jobs était pour beaucoup une idole. Des chrétiens disent que cet homme a fait avancer le monde, qu'il n'a fait que des bonnes choses et même qu'il était spirituel. Oui il suivait la voie bouddhiste, mais être bon, gentil, religieux ou spirituel ne fera pas d'un homme qu'il soit accepté et sauvé par Dieu.

Finalement, quel est le plus grand péché de l'Histoire de l'Humanité ? C'est de refuser ce que Jésus-Christ a fait pour nous, c'est de refuser de se soumettre à Dieu. Pécher contre le Saint-Esprit n'est-il pas de rejeter Jésus, de refuser l'Esprit Saint de Christ ?

C'est exactement ce péché qu'a commis satan, en voulant devenir plus grand que Dieu. C'est aussi ce péché qu'a commis Judas en livrant Jésus pour un peu d'argent. C'est aussi ce péché terrible que commet toute personne qui refuse de mettre sa foi en Christ. Jésus a dit :

> *Jean 14 : 21*
> *Celui qui a mes commandements et qui les garde, c'est celui qui m'aime; et celui qui m'aime sera aimé de mon Père, je l'aimerai, et je me ferai connaître à lui.*

Plusieurs chrétiens pensent que c'est contre l'amour de voir (considérer) les non-chrétiens comme des pécheurs, mais bien au contraire. Si nous regardons les pécheurs comme étant chrétiens, que devient donc le salut en Jésus-Christ ? Comment un homme qui se croit sauvé, peut venir à la croix, demander à Jésus-Christ le rachat de son âme ?

Les gens oublient la terrible condition des hommes sans Dieu. L'homme psychique est ramené à un état animal. Il poursuit les désirs de sa chair et de ses pensées, mais surtout, il court en enfer !

Ne considérez pas les gens qui vous entourent comme de bonnes personnes, car en les regardant ainsi vous allez oublier l'état de leur âme et de leur esprit ! La mort éternelle est dans leur esprit ! Réveillez-vous je vous en prie ! Je t'en supplie, Église, réveille-toi ! Nous sommes dans le monde, mais nous ne sommes pas du monde, nous ne pouvons pas admirer les hommes au point d'oublier leur état ! C'est contre l'amour de Dieu !

L'amour de Dieu réalise la misérable condition de l'homme déchu, qui est une condition déplorable. Un homme sans Christ c'est un homme perdu, qu'il soit votre acteur ou votre artiste préféré, c'est un homme mort, un cadavre ambulant qui court vers l'enfer. Et cet homme n'a pas besoin de notre sympathie, mais du véritable amour qui nous amène dans une véritable prière d'intercession pour son salut !

Notre sympathie ne changera rien, si elle n'est pas couronnée de l'amour de Dieu. Les gens ont beau aider la société, ils ont beau avoir toute l'apparence du bien, ils peuvent être drôles et gentils, ils peuvent même être votre fiancé(e), s'ils n'ont pas Christ, ils ont pour père le diable et sont étrangers à la vie de Dieu ! Ils ne connaissent pas Dieu ! Ils auraient pu être dans la foule qui suivait Jésus, mais Jésus se serait retourné vers eux pour leur dire :

> *Marc 8 : 34-38*
> *Puis, ayant appelé la foule avec ses disciples, il leur dit : Si quelqu'un veut venir après moi, qu'il renonce à lui-même, qu'il se charge de sa croix, et qu'il me suive. Car celui qui voudra sauver sa vie la perdra, mais celui qui perdra sa vie à cause de moi et de la bonne nouvelle la sauvera. Et que sert-il à un homme de gagner tout le monde, s'il perd son âme ? Que donnerait un homme en échange de son âme ? Car quiconque aura honte de moi et de mes paroles au milieu de cette génération adultère et pécheresse, le Fils de l'homme aura aussi honte de lui, quand il viendra dans la gloire de son Père, avec les saints anges.*

Si une personne a honte de Christ, si une personne ne suit pas le chemin, la vérité et la vie, il ne fait pas partie des enfants de Dieu. Il est perdu.

Regardez comme Dieu. L'apôtre décrivait les persécutions qu'il subissait comme de légères afflictions !

> *2 Corinthiens 4 : 17*
> *Car nos légères afflictions du moment présent produisent pour nous, au-delà de toute mesure, un poids éternel de gloire,*

2 Corinthiens 4 : 11
Car nous qui vivons, nous sommes sans cesse livrés à la mort à cause de Jésus, afin que la vie de Jésus soit aussi manifestée dans notre chair mortelle.

Il dira pourtant dans cette même épître :

2 Corinthiens 11 : 24-27
Cinq fois j'ai reçu des Juifs quarante coups moins un, trois fois j'ai été battu de verges, une fois j'ai été lapidé, trois fois j'ai fait naufrage, j'ai passé un jour et une nuit dans l'abîme. Fréquemment en voyage, j'ai été en péril sur les fleuves, en péril de la part des brigands, en péril de la part de ceux de ma nation, en péril de la part des païens, en péril dans les villes, en péril dans les déserts, en péril sur la mer, en péril parmi les faux frères. J'ai été dans le travail et dans la peine, exposé à de nombreuses veilles, à la faim et à la soif, à des jeûnes multipliés, au froid et à la nudité.

Battu de verges, lapidé..., il voyait ces évènements comme de légères afflictions ! Il mesurait l'étendue de l'éternité face à la brièveté de la vie. Il savait que face à l'enfer cela n'était rien.

J'aimerais que vous puissiez réaliser l'état des gens qui vous entourent. Priez afin que Dieu illumine votre intelligence, qu'il vous donne un esprit de révélation pour voir les âmes perdues comme lui les voit. Il le fera. Que le cœur de Dieu s'installe en vous, afin que vous puissiez vous livrer à Dieu pour le salut de l'humanité. Christ s'est livré pour ce salut, mais nous devons nous aussi nous livrer, nous donner pour la vie des autres afin qu'il voit briller le Seigneur de Gloire.

Des morts vivants, tels sont les gens qui nous entourent. Ils ne connaissent pas la paix de Dieu, ils ne peuvent pas la recevoir. Ils ne connaissent pas la vie de Dieu. Ils ne connaissent pas Jésus-Christ, le Fils de Dieu, Sauveur de l'Humanité. Face au plus grand péché de l'Histoire de l'Humanité, qui est celui de rejeter Jésus-Christ, le Fils de Dieu a payé le plus grand prix de l'Histoire de l'Humanité pour nous.

Bon ou méchant, religieux ou pas, peu importe notre condition, à partir du moment où nous venons à Jésus-Christ, il nous accepte, nous sauve et nous change. Il nous donne sa vie et nous pouvons marcher en nouveauté de vie, comme une nouvelle créature, et aimer vraiment avec l'amour que Dieu répand dans notre cœur. Il ne s'agit pas d'un amour ou d'une paix éphémère qui apparaît pour un temps et disparait, mais d'une paix et d'un amour éternels.

Si vous n'avez jamais fait de Jésus-Christ le Sauveur de votre vie, vous pouvez le faire maintenant. C'est entre vous et Dieu. Pour accepter Jésus dans votre vie comme Sauveur, je vous encourage à vous rendre à la fin du livre à la page : « Comment recevoir Jésus comme Sauveur ? », juste après la page du 31 décembre.

09 OCTOBRE

Mohammed Sanogo

La foi ferme qui déplace les montagnes

Avoir de l'espérance, c'est bien, mais que les obstacles ne nous fassent pas reculer. Nous devons garder fermement nos rêves. Celui qui est ferme reste résolu. Il ne vacille pas :

La fermeté

> *Jacques 1 : 6-8*
> *Mais qu'il la demande avec foi, sans douter; car celui qui doute est semblable au flot de la mer, agité par le vent et poussé de côté et d'autre. Qu'un tel homme ne s'imagine pas qu'il recevra quelque chose du Seigneur : c'est un homme irrésolu, inconstant dans toutes ses voies.*

L'espérance est mise à l'épreuve lorsque nous nous inquiétons du « comment » le rêve va se réaliser.

> *Matthieu 14 : 28-33*
> *Pierre lui répondit : Seigneur, si c'est toi, ordonne que j'aille vers toi sur les eaux. Et il dit : Viens ! Pierre sortit de la barque, et marcha sur les eaux, pour aller vers Jésus. Mais, voyant que le vent était fort, il eut peur; et, comme il commençait à enfoncer, il s'écria : Seigneur, sauve-moi ! Aussitôt Jésus étendit la main, le saisit, et lui dit : Homme de peu de foi, pourquoi as-tu douté ? Et ils montèrent dans la barque, et le vent cessa. Ceux qui étaient dans la barque vinrent se prosterner devant Jésus, et dirent : Tu es véritablement le Fils de Dieu.*

Dans ce passage, nous voyons que Pierre a manqué de fermeté. Il s'est demandé comment il pouvait marcher sur l'eau et ne pas se noyer, alors qu'un vent fort s'était mis à souffler sur la mer sur laquelle il marchait. Ne nous préoccupons pas de la manière dont nous serons exaucés. Le « comment » regarde le Seigneur.

Très souvent, les circonstances qui surviennent juste avant la réalisation de nos rêves, sont contraires à nos espérances. Mais la réalité n'est pas la vérité. La vérité est ce que ce vous êtes capable de créer dans l'atmosphère par vos pensées, qui vient de la parole de Dieu et qui est à même de changer toute circonstance sur la terre. Tout est une affaire de foi ! C'est pour cela que Jésus a cité l'exemple de la montagne qui semble être l'élément le plus inamovible possible car pour notre Seigneur, tout peut bouger, il suffit de croire.

Un projet à réaliser qui nécessite un gros financement ? On regarde au salaire et aux revenus disponibles et on est découragé car on ne sait comment faire face aux dépenses à effectuer... On attend un enfant depuis des années et on prie pour cela avec foi ? Le temps passe, l'enfant ne vient pas... Dans les deux cas, le doute s'installe peu à peu car on se demande comment le rêve peut se réaliser face aux obstacles : le salaire insuffisant, l'âge et la ménopause qui avancent à grands pas ou la stérilité avérée... L'espérance prend un coup et la foi devient vacillante... Non, il ne faut pas qu'il en soit ainsi car la foi est la ferme assurance des choses que l'on espère ! S'inquiéter du « comment », c'est ce qui fait vaciller la fermeté. Prenons exemple sur la femme cananéenne qui a tenu ferme jusqu'au bout, en dépit de l'opposition des disciples et même de Christ; sa fille a été guérie parce qu'elle a eu une foi ferme !

> *Matthieu 15 : 21-28*
> *Jésus, étant parti de là, se retira dans le territoire de Tyr et de Sidon. Et voici, une femme cananéenne, qui venait de ces contrées, lui cria : Aie pitié de moi, Seigneur, Fils de David ! Ma fille est cruellement tourmentée par le démon. Il ne lui répondit pas un mot, et ses disciples s'approchèrent, et lui dirent avec instance : Renvoie-la, car elle crie derrière nous. Il répondit : Je n'ai été envoyé qu'aux brebis perdues de la maison d'Israël. Mais elle vint se prosterner devant lui, disant : Seigneur, secours-moi ! Il répondit : Il n'est pas bien de prendre le pain des enfants, et de le jeter aux petits chiens. Oui, Seigneur, dit-elle, mais les petits chiens mangent les miettes qui tombent de la table de leurs maîtres. Alors Jésus lui dit : Femme, ta foi est grande; qu'il te soit fait comme tu veux. Et, à l'heure même, sa fille fut guérie.*

La femme qui avait la perte de sang pendant douze ans, n'a pas regardé la foule. Elle a eu une pensée pleine d'espérance : sans prononcer un seul mot, elle a cru fermement dans son cœur que si elle parvenait à toucher Jésus, elle serait guérie.
Pas une seule seconde elle ne s'est demandé pourquoi les personnes dans la foule qui pourtant touchaient le Seigneur n'étaient pas guéries. Elle a eu une seule pensée : « Si seulement je parviens à le toucher, je serai guérie ». Sa foi ferme l'a sauvée et guérie !

Marc 5 : 25-34
Or, il y avait une femme atteinte d'une perte de sang depuis douze ans. Elle avait beaucoup souffert entre les mains de plusieurs médecins, elle avait dépensé tout ce qu'elle possédait, et elle n'avait éprouvé aucun soulagement, mais était allée plutôt en empirant. Ayant entendu parler de Jésus, elle vint dans la foule par derrière, et toucha son vêtement. Car elle disait : Si je puis seulement toucher ses vêtements, je serai guérie. Au même instant la perte de sang s'arrêta, et elle sentit dans son corps qu'elle était guérie de son mal. Jésus connut aussitôt en lui-même qu'une force était sortie de lui; et, se retournant au milieu de la foule, il dit : Qui a touché mes vêtements ? Ses disciples lui dirent : Tu vois la foule qui te presse, et tu dis : Qui m'a touché ? Et il regardait autour de lui, pour voir celle qui avait fait cela. La femme, effrayée et tremblante, sachant ce qui s'était passé en elle, vint se jeter à ses pieds, et lui dit toute la vérité. Mais Jésus lui dit : Ma fille, ta foi t'a sauvée; va en paix, et sois guérie de ton mal.

Comment demeurer ferme et garder l'espérance ? En veillant sur nos cœurs, comme nous le conseille la Bible dans Proverbes :

Proverbes 4 : 23
Garde ton cœur plus que toute autre chose, Car de lui viennent les sources de la vie.

C'est du cœur et donc de nos pensées que viennent les sources de la vie.

Lamentations 3 : 14-23
Je suis pour tout mon peuple un objet de raillerie, Chaque jour l'objet de leurs chansons. Il m'a rassasié d'amertume, Il m'a enivré d'absinthe. Il a brisé mes dents avec des cailloux, Il m'a couvert de cendre. Tu m'as enlevé la paix; Je ne connais plus le bonheur. Et j'ai dit : Ma force est perdue, Je n'ai plus d'espérance en l'Éternel ! Quand je pense à ma détresse et à ma misère, À l'absinthe et au poison; Quand mon âme s'en souvient, Elle est abattue au dedans de moi. Voici ce que je veux repasser en mon cœur, Ce qui me donnera de l'espérance. Les bontés de l'Éternel ne sont pas épuisées, Ses compassions ne sont pas à leur terme; Elles se renouvellent chaque matin. Oh ! Que ta fidélité est grande !

Jérémie souffrait tellement qu'il s'apprêtait à perdre espoir. Puis, pour parvenir à demeurer ferme, il a décidé, de repasser dans ses pensées, dans son cœur juste ce qui lui donnera de l'espérance : La fidélité de Dieu.

Lamentations 3 : 21
Voici ce que je veux repasser en mon cœur, Ce qui me donnera de l'espérance.

Faisons de même et nous verrons Jéhovah Jireh agir. Amen.

10 OCTOBRE

Jérémy Sourdril

Êtes-vous radin ?

Je me souviens lorsque j'étais encore plus jeune, ma famille ne roulait pas sur l'or, mais nous avions quand même toujours ce dont nous avions besoin. Je pense que mes parents se sacrifiaient pour pouvoir nous amener en vacances chaque année, ils savaient nous donner le meilleur avec ce qu'ils avaient et je les honorerais toujours pour cela...

... Ma sœur qui était très jeune se faisait parfois du souci pour leurs finances... (Il y a effectivement des enfants qui se préoccupent des finances de leurs parents, alors parents, attention à vos paroles et votre attitude).

Le prix au kilo et au litre

Cela est certainement lié : j'ai toujours fait attention à l'argent. Mais sans le réaliser, je suis devenu extrêmement radin (ma famille ne l'était pas, elle). Non pas seulement envers les autres, mais surtout envers moi-même ! Je me souviens bien des fois où il faisait très chaud après le collège, ou j'avais très soif, et je préférais rester deux heures sans acheter à boire que de dépenser cinq francs. Même chose pour la nourriture ! Et quand il m'arrivait de m'acheter quelque chose, je prenais bien souvent les trucs les plus « mauvais » à manger ou à boire... Je regardais le prix au kilo et au litre ! Vous vous reconnaissez peut-être ? Pour moi, un franc était un franc, et je voulais économiser. Assez jeune, mes parents m'avaient ouvert un compte bancaire et en versaient une somme chaque mois. Je voulais faire grossir cette épargne...

Elle m'a quitté car j'étais trop radin !

Je ne faisais quasiment jamais de sorties « payantes », car je n'aurais pas voulu dépenser de toute façon. Un jour (j'étais un chrétien rétrograde), une fille avec qui je sortais m'a quitté pour la seule raison que j'étais trop radin (elle était très dépensière) ! Même si j'avais voulu, je n'aurais pas pu vraiment changer. Quand elle voulait manger une glace je ne voulais jamais pour ne pas dépenser, et si elle se la payait je ne prenais rien pour moi. Quand je lui offrais des glaces, c'était un petit coup de folie pour moi ! Par contre, quand Noël ou un anniversaire arrivait, je savais offrir de beaux cadeaux aux gens que j'aimais, mais j'économisais le reste de l'année. Je ne réalisais pas vraiment que j'étais une personne radine.

A l'âge de 18 ans, j'avais économisé 4000 francs environ, c'était une belle somme, et beaucoup de mes amis n'avaient rien sur leur compte. Une économie, mais à quel prix ! Mais j'étais toujours radin, ce n'était pas un simple souci d'économie, comme le dit le Proverbe :

> *Proverbes 11 : 24*
> *Tel, qui donne libéralement, devient plus riche; Et tel, qui épargne à l'excès, ne fait que s'appauvrir.*

Comment j'ai été libéré

La nouvelle naissance ne m'a pas libéré, mais il y a trois « choses » qui m'ont libéré : ma femme, un ami et les enseignements de Kenneth Hagin.

Lorsque j'ai rencontré celui qui allait devenir un véritable ami, Michaël Lebeau, nous étions dans une église et je l'ai entendu prier. Quand il priait, j'ai eu vraiment à cœur de l'inviter au Mc Donald's (je ne savais pas qu'il était « abonné » au Mc Donald's...). C'était fou pour moi car j'allais dépenser de l'argent ! Finalement c'est lui qui m'a invité sans que j'eusse le temps de le faire... J'ai découvert qu'il était une personne qui donnait constamment, il aurait pu tout donner à quelqu'un dans le besoin, jusqu'à ses derniers boutons de chemise !

De la même façon, ma femme n'était pas radine. Quand le Seigneur m'a touché à l'âge de 19 ans, et que je suis revenu à Lui, j'avais un travail, mais je n'ai pas le souvenir d'avoir donné ma dîme, mais quelques mois plus tard, quand je me suis marié, à l'âge de 20 ans, nous avons décidé ma femme et moi de donner notre dîme, et nous l'avons toujours donnée. Cela n'a jamais été difficile pour moi. Le fait de rencontrer celle qui allait devenir ma femme, et d'être environné de personnes non-radines a eu un certain impact sur moi.

Mais la chose qui m'a vraiment libéré à cette époque, ce sont les enseignements de Kenneth Hagin sur la foi et les finances. Ce qui nous libère, c'est vraiment la Parole de Dieu, et Kenneth Hagin savait comment utiliser la Parole pour libérer les personnes radines, motiver leur foi et faire d'elles des donneurs.

Petit à petit, j'ai été complètement transformé et je suis devenu un donneur. Aujourd'hui je vis pour donner, j'ai tellement à cœur de soutenir des œuvres chrétiennes, des ministères et des chrétiens.

Le diable aime les radins

Le diable aime les radins, car c'est exactement le contraire de ce que Jésus a enseigné. Jésus nous a enseigné à donner, mais une personne radine n'arrive pas à donner. Il y a des milliards qui resteront toujours dans des comptes bancaires et qui ne serviront à rien, alors qu'ils auraient pu être utilisés pour bénir les gens. Un jour une femme a fait couler sur Jésus un parfum d'un prix fou (environ 13.000 euros), et les pharisiens étaient dégoûtés de sa grande libéralité.

Depuis ma libération, j'ai toujours refusé de ne pas faire d'offrandes aux ministères qui passaient dans mon église. J'ai dit au diable, dans les pires moments financiers : « Tu penses que je ne vais pas donner d'argent car j'ai des problèmes ? Sache que je donnerais et je donnerais encore. Je suis un donneur et tu ne me feras pas changer ». Gloire à Dieu, Dieu a toujours pourvu, et m'a donné une femme merveilleuse qui a un grand don de libéralité ! Elle aimerait constamment offrir des cadeaux aux gens qu'elle aime. C'est peut-être parce qu'elle ne s'occupe pas des comptes ! En tout cas, depuis que je suis libre, le diable ne m'aime plus.

Le diable est un voleur

Le diable est un gros voleur, mais Jésus donne en abondance (Jean 10 : 9 à 11). Parfois le diable viendra vous voler beaucoup d'argent, peut-être même un mois de salaire ou plus. Il vous a peut-être déjà volé alors que vous comptiez faire une bonne affaire, vous avez perdu beaucoup d'argent. Ou alors un évènement ou un autre a fait de vous une personne radine. Peut-être que vous donniez avant, mais les problèmes d'argent ont mis sur vous un poids et une crainte diabolique de manquer de quelque chose. Acceptez que Jésus vous libère. Il le veut aujourd'hui. Si le diable vous a volé, mettez votre foi en Jésus, il vous donnera plus que ce que le diable vous a volé.

11 OCTOBRE

Jérémy Sourdril

Êtes-vous radin ? (suite)

Si j'ai pris hier la liberté de vous parler de mon témoignage personnel, c'est parce que je sais que beaucoup de gens sont comme j'étais avant, et vous en faites peut-être partie.

Chacun est esclave de ce qui a triomphé de lui

Être radin, est vraiment une dépendance dont nous devons être libérés. La Bible dit que chacun est esclave de ce qui a triomphé de lui. La radinerie est vraiment une mauvaise semence et elle fait du mal aux gens qui la possèdent.

Les gens radins vivent pour eux-mêmes et ne peuvent pas être une source de bénédictions pour les autres. Malheureusement il est difficile de dire à quelqu'un qu'il est une personne radine, et du coup parfois ce n'est qu'en se mariant qu'elle réalisera combien elle était radine. Jésus a dit dans Jean 15 : 13 qu'il n'y avait pas de plus grand amour que de donner sa vie pour ses amis. J'aimerais vous encourager à regarder votre vie et vous poser sincèrement cette question pour vous-même : « Suis-je une personne radine ? ».

Il y a des chrétiens qui, lorsqu'ils sont invités à partager un repas fraternel, n'apportent jamais rien avec eux, ils empruntent de l'argent, et « oublient » de le redonner, ils ont sérieusement du mal à donner de l'argent en dehors de leur dîme et de quelques offrandes exceptionnelles. Pourtant Dieu nous appelle à être des donneurs. Nous avons été appelés à cela.

« Dieu doit me parler pour faire une offrande » !

Parfois des gens disent : « Il faut que Dieu me parle pour que je fasse une offrande ». Je suis d'accord, si l'offrande est vraiment importante et pouvait vous mettre dans une situation délicate ! Sinon, vous pouvez toujours donner de votre superflu ! Certains se cachent et ne veulent pas donner 20 ou 50 euros lors d'une offrande, en disant que Dieu ne leur a pas parlé, mais ce qui est bizarre, c'est que ces mêmes chrétiens ne disent pas : « Il faut que Dieu me parle pour aller au restaurant ce soir », « Il faut que Dieu me parle pour m'acheter cet habit », ou encore : « Il faut que Dieu me parle pour mettre de l'essence dans ma voiture » ! Ils dépensent ailleurs et n'ont pas besoin d'une « parole de Dieu » !

Jésus aime celui qui donne, ou « c'est l'intention qui compte » ?

Avez-vous déjà remarqué, que le ministère de Jésus a pu fonctionner financièrement entre autre, car Jésus était soutenu par des femmes riches ?

> *Luc 8 : 3*
> *Jeanne, femme de Chuza, intendant d'Hérode, Susanne, et plusieurs autres, qui l'assistaient de leurs biens.*

Je pourrais vous parler de Marc 12 : 44. Il y avait beaucoup de gens qui avaient de bonnes intentions, mais Jésus a honoré une pauvre veuve qui a fait une offrande au temple en donnant tout ce qui lui restait pour vivre !

> *Marc 12 : 44*
> *Car tous ont mis de leur superflu, mais elle a mis de son nécessaire, tout ce qu'elle possédait, tout ce qu'elle avait pour vivre.*

Dans 2 Corinthiens 8 : 3, Paul se réjouira des chrétiens de Macédoine car ils donnaient avec libéralité :

> *2 Corinthiens 8 : 3*
> *Ils ont, je l'atteste, donné volontairement selon leurs moyens, et même au-delà de leurs moyens,*

Je crois que donner de l'argent ou offrir un cadeau est un beau signe d'amour quand il est fait avec le cœur. Parfois on dit : « C'est l'intention qui compte », mais selon la Parole de Dieu, il n'y a pas que l'intention (les motivations, le cœur) qui compte, il y a également le coût du don pour la personne qui le fait.

Quand vous lisez ce que Jésus a dit à propos de cette pauvre veuve, ce n'est pas le montant en argent qui a fait d'elle la plus grande donatrice, mais c'est le rapport entre ce que cette femme possédait et ce qu'elle a donné. Les riches qui ont donné n'ont pas été honorés par Jésus comme cette femme qui a donné tout ce qu'elle avait.

Pour terminer, j'aimerais faire une parenthèse. Beaucoup de chrétiens se plaignent de ne pas voir plus d'âmes sauvés, plus de qualité dans le milieu chrétien, mais ne sortent jamais 1 euro pour changer cela. Je crois personnellement que chaque chrétien devrait, au bout d'un moment dans sa marche avec Dieu, soutenir régulièrement (pour ne pas dire mensuellement) au moins :

- Une œuvre chrétienne,
- Ou un ministère d'évangélisation,
- Ou un des cinq ministères,
- Ou une famille chrétienne,
- Ou des individus chrétiens,
- Ou encore des inconvertis dans le besoin.

N'avez-vous jamais vu lors de votre passage en caisse une personne pauvre, mal vêtue, qui achetait pour ses enfants et sa famille les choses les moins chères et de moins bonnes qualités ?

- Ne serait-il pas merveilleux de sortir de l'argent et de payer pour elle ?

- N'aimeriez-vous pas aider des gens qui ont du mal à payer un loyer ?

- Il y a sûrement un couple dans votre église qui est dans le besoin, ne serait-il pas bon de leur donner une enveloppe avec de l'argent et un bon pour un menu au restaurant ?

- Quelle œuvre bonne allez-vous faire aujourd'hui. Pensez à quelqu'un et faites ce qui est sur votre cœur aujourd'hui. Demain vous aurez peut-être oublié à la fois votre intention de donner, et aussi 90 % du texte que vous venez de lire. Il ne faut pas qu'il en soit ainsi ! N'oublions pas la Parole et mettons-la en pratique !

Je vous encourage à faire cette prière :

« Seigneur Jésus, merci pour cet enseignement. Merci car tu es un donneur et tu t'es donné dans ta vie sur terre et sur la croix pour que je puisse devenir un donneur. Père, je prie afin que tu me libères de la radinerie, de toute avarice, au Nom Puissant de Jésus-Christ ! Merci car tu me libères, je crois que je suis libéré maintenant même ! Je crois que je deviens un donneur, selon ta sagesse.

Je choisis de t'écouter quand tu me demandes de garder ou de donner. Satan est un voleur et un menteur, je déclare que je ne serais pas asservi et esclave de la radinerie ! Merci car je suis juste, et il y a dans ma maison bien-être et richesse ! Je te dépose toute crainte quant à l'argent, je crois que je suis libre ! Je choisis maintenant de ne plus m'inquiéter, je refuse à présent de m'inquiéter pour quoi que ce soit ! Je refuse d'être un barrage pour ta bénédiction dans la vie des gens qui m'entourent, mais au contraire, je deviens un fleuve de bénédictions financières ! Je t'aime Jésus. Merci pour ton amour ».

12 OCTOBRE

Olivier Derain

Comment rendre son témoignage de conversion à Christ de façon équilibrée ?

Proverbes 11 : 30 : « Le fruit du juste est un arbre de vie, Et le sage s'empare des âmes ». (suite du 14 Septembre)

Pour paraphraser ce verset, c'est celui qui a de la sagesse qui gagne des âmes, pas celui qui en manque. Donc le gagneur d'âmes est quelqu'un qui a de la sagesse, en particulier sur sa façon d'aborder les inconvertis, pour partager son témoignage et arriver à leur faire prendre une décision pour Christ.

Nous avions vu en première partie, ce qu'il y a dans les grandes lignes d'un témoignage équilibré, ainsi que les erreurs classiques à éviter et nous avions étudié comment travailler notre témoignage suite aux fâcheux événements de votre vie de pécheur.

Dans cette deuxième partie, nous allons nous focaliser sur la description de votre rencontre avec Christ. Le où ? Le QUAND ? Et le COMMENT ? Ce sont les questions fondamentales auxquelles il va falloir répondre, en sachant le transmettre à des « profanes » qui ne comprennent pas le « patois de Canaan ». Jésus est venu bouleverser votre vie, il va falloir expliquer, comment, pourquoi Jésus et pas un autre ? Pourquoi pas Mahomet ? Pourquoi pas Bouddha ?...

Votre Rencontre avec Christ :

Vous devez aider les gens à naviguer avec vous quand ils vous écoutent : ils doivent s'identifier quelque part au travers de votre histoire unique, car vous êtes une personne unique avec un témoignage unique. Pourquoi Jésus a été le Seul à pouvoir répondre aux questions fondamentales de votre vie ? En particulier sur celle de la mort et de l'esclavage du péché ? Comment a-t-il pu vous donner l'assurance de la vie éternelle ? Vous aviez des questions, vous aviez un vide dans votre cœur, il faut expliquer pourquoi, quand et comment Jésus a été et est votre réponse.

Donc vous devez vous focaliser sur votre expérience de rencontre, pas sur une religion, ni sur un changement d'église, ni sur un baptême, ni sur des prières ou de beaux chants chrétiens...

Une des questions que vous devez creuser dans votre vie est de savoir reconnaître les jalons qui vous ont montré la route vers Christ. Ce que je veux dire par là, c'est que vous ne vous êtes pas levé un jour, en vous disant : « Aujourd'hui, je vais donner ma vie à Christ ! ». Rien ne s'est passé comme ça, mais le Saint-Esprit vous a cherché pendant des années voire des dizaines d'années. Dieu s'est peut être manifesté à vous alors que vous étiez dans la détresse, dans la confusion, dans la maladie, ou quand vous étiez peut-être petit, et il s'est produit des choses plusieurs fois dans votre vie qui ont été des repères pour vous diriger vers la Croix (sans que vous le sachiez alors), Il faut savoir les reconnaître. C'est aussi certainement quelqu'un qui vous avait parlé de Dieu et du message du salut sans que vous y prêtiez attention à ce moment-là.

Parfois, en tant qu'inconverti, nous avons prié par désespoir en disant : « S'il y a un Dieu, qu'il me tire de cette affaire », puis notre problème s'est résolu et nos circonstances ont changé (les inconvertis et même les plus athées, quand ils sont dans le désespoir, crient à un Dieu auquel ils ne croient pas !). Dieu avait marqué un point dans votre vie, et vous avez rapidement oublié ce que le Seigneur avait fait pour vous ! Mais Il n'avait pas dit le dernier mot dans votre vie. Il vous attendait encore au tournant. Rappelez-vous que toutes ces expériences où vous avez vu Dieu agir sans vraiment vouloir le reconnaître, ceci est important, mais ces expériences ne doivent pas être confondues avec votre expérience de SALUT. Elles vous ont marqué et dirigé petit à petit vers le Chemin, la Vérité et la Vie. Souvent ces jalons ont mis des années à se positionner dans notre vie, puis à un moment particulier tout s'est accéléré. Cela a pris quelques mois ou quelques semaines où tout s'est produit dans votre vie et cela a abouti à une rencontre avec Christ. Vous n'étiez pas intéressé par Jésus, mais maintenant quelque chose vous attire surnaturellement (sans que vous le compreniez vraiment) et tout va se passer très vite.

Recherchez dans votre vie les choses qui vous ont marquées alors, pour accélérer la destinée de votre salut. Peut-être que vous avez vécu une guérison miraculeuse pendant une réunion d'évangélisation, vous avez remarqué une paix particulière qui vous attirait chez la ou les personnes qui vous parlai(en)t de Jésus. Ou encore vous avez rencontré un ami de longue date que vous n'aviez pas vu depuis longtemps et vous avez remarqué qu'il avait complètement changé, cela vous a à la fois intrigué et attiré (sans vous l'avouer, vous souhaitiez en savoir plus) et il vous a témoigné de Christ.

En fait dans cette accélération des choses de votre vie, il faut apprendre à décrire ces moments forts qui vous ont montré que finalement Jésus était la Vérité et qu'Il voulait vous sauver. Vous avez alors réalisé votre état de perdition, vous vous sentiez tellement mal à l'intérieur (c'est la conviction de péché que le Saint-Esprit donne) et vous avez fait le pas.

La décision :

C'est le moment crucial de votre nouvelle naissance. Je vois souvent des chrétiens qui témoignent de leur vie passée de pécheur, puis ils racontent qu'ils ont été dans une église et voilà ils sont devenus chrétiens ! Ceci n'est pas un témoignage de nouvelle naissance. Les gens pensent simplement que vous avez trouvé du réconfort dans une église ou un groupe de chrétiens : « La religion apaise » penseront-ils !

Vous devez savoir bien décrire ce moment ou toute votre destinée éternelle a basculé, ce jour « J », cette heure « H », cette minute « M », où tout s'est passé dans votre cœur, où vous vous êtes effondré devant la Croix de Christ, reconnaissant vos péchés, criant à Dieu de tout votre cœur en demandant à Jésus de vous sauver. Ce moment où le fardeau de vos péchés est parti et où Christ est venu habiter en vous, est un moment très important à partager avec ceux qui ne sont pas sauvés. Ils doivent voir que vous avez fait UNE EXPÉRIENCE PERSONNELLE AVEC CHRIST, pas une prière apaisante ou la rencontre de gens sympathiques ou autre, mais quelque chose de concret qui leur montre que ce n'est pas une histoire de religion, mais que le Jésus se rencontre personnellement. Recherchez tout cela dans votre vie et écrivez-le quelque part, ceci est important, décrivez ce moment de votre nouvelle naissance (ce que vous avez ressenti intérieurement dans votre cœur, ce qui s'est réellement passé).

C'est souvent au bout de quelques temps que l'on est en Christ que l'on peut réellement réaliser ce qui s'est passé en nous quand nous avons reçu Jésus. Dites bien où vous êtes né de nouveau ? Quand ? Et comment ? Ce sont les trois questions auxquelles vous devez répondre précisément. Est-ce que vous étiez seul ? Quelqu'un a-t-il prié pour vous ? Ou avec vous ? Étiez-vous chez vous ? Dans une église ? Au travail ? Dans un groupe de prière ? Devant un média ? Soyez précis sans vous noyer dans les détails.

Depuis que vous êtes né de nouveau :

Qu'est-ce qui a changé maintenant que vous avez reçu Jésus dans cette nouvelle vie ? Les pécheurs vous poseront toujours cette question. « Et maintenant tu parles à Dieu ? Comment te parle-t-Il ? Vois-tu des choses ? ». Parfois ils vous poseront ces questions de manière sarcastiques !

Je vous inviterais à leur témoigner de deux choses :

1- Montrez-leur que vous avez une assurance devant la mort et que vous aimez Dieu, sans être bizarre, car beaucoup de chrétiens sont bizarres et font fuir ! La paix de Christ est en vous et ce monde a tellement besoin de paix Divine, car ce monde est tourmenté et à peur du lendemain.

2- Prenez quelques expériences marquantes que vous avez faites avec le Seigneur (Guérison, provision etc.), là où vous avez vu Dieu agir puissamment dans votre vie. Là encore, expliquez-les avec des mots simples que tout le monde comprend. Évitez de partager avec des inconvertis votre expérience du baptême du Saint-Esprit, car si vous commencez à dire que vous parlez en langue, vous allez sur un terrain difficile !

- Rappelez-vous toujours que Dieu n'a de puissance que pour la vérité, soyez vrai et simple dans votre témoignage.
- Montrez aux gens à qui vous témoignez que vous n'aimez pas la religion, mais Dieu !
- Une des meilleures façons d'amener quelqu'un à Christ est d'abord de nouer une relation d'amitié, puis après de lui partager votre foi en Christ, car si vous « sautez » sur les gens n'importe comment, ils seront souvent rebutés.
- N'hésitez pas à partager l'Évangile de Christ avec les autres au travers de votre témoignage.

Alors, soyez rempli de sagesse et bonne pêche des âmes perdues ! Peuplez le Royaume de Dieu, car vous êtes destiné à cela !

13 OCTOBRE

Jérémy Sourdril

Le repas : La prière pour le repas

1 Timothée 4 : 4-5 : « Car tout ce que Dieu a créé est bon, et rien ne doit être rejeté, pourvu qu'on le prenne avec actions de grâces, parce que tout est sanctifié par la parole de Dieu et par la prière ».

Vous êtes-vous déjà demandé : « Pourquoi est-ce que je prie avant de manger ? »

Un jour, je me suis posé cette question. Dans la vie chrétienne, on fait parfois tout un tas de choses sans savoir pourquoi, et c'est souvent parce que nous faisons des choses mortes, sans vie, complètement religieuses en fait ! On entend toutes sortes de prières, et j'aimerais vous en citer quelques-unes entendues ici et là au moment du repas...

- « Seigneur, je prie afin que tu prennes le contrôle atmosphérique de cet endroit, que tu transformes le monde spirituel dans cet endroit, que tu chasses tout esprit mauvais... ».
- « Seigneur, je prie pour ce repas, je te demande de sanctifier ces aliments, purifie-les, qu'ils fassent du bien à nos corps... Et Seigneur je prie pour tous les gens qui n'ont pas à manger dans le monde... ».
- « Un ami à gauche, un ami à droite, à tous bon appétit, un ami à gauche, un ami à droite... ».
- « Seigneur, comme dit ta Parole, je te demande de purifier ces aliments et s'ils sont mauvais, je te demande de les rendre purs maintenant... Au Nom de Jésus ».
- « bilitoukoumouloutimikililaouasti (en parlant en langues très fort et en s'énervant un peu je ne sais pas pourquoi) ».

Je ne sais pas de quelle façon vous priez avant de manger (si vous le faites), mais ce que je sais, c'est qu'on entend toutes sortes de choses bizarres, et des choses qui ne sont pas vraiment appuyées sur la Parole de Dieu (Je ne dis pas que toutes les prières ci-dessus sont anti-bibliques).

Alors j'aimerais vous poser quelques questions :

Lorsque vous priez pour que Dieu sanctifie votre steak haché, pensez-vous VRAIMENT qu'il se passe quelque chose à l'intérieur de votre steak ? Croyez-vous que des anges se déplacent et suppriment à l'aide d'un pistolet laser destructeurs de « particules malades » tout ce qui n'est pas bon ? Lorsque vous demandez à Dieu qu'il nourrisse tous ceux qui n'ont pas à manger, pensez-vous VRAIMENT que Dieu bouge ne serait-ce que le petit doigt pour vous exaucer ? Je vais peut-être vous choquer mais je ne crois pas que Dieu bouge le moindre petit doigt ! Lorsque vous allez au restaurant et que vous demandez à Dieu que votre plat fortifie votre corps, pensez-vous que vous serez plus fortifié que le païen à la table de derrière qui rote et dit des gros mots avant de manger ?

Lorsque vous chantez des « cantiques » pour le repas comme j'ai cité plus haut, en vous regardant les uns les autres dans le blanc des yeux, pensez-vous que les anges s'accordent avec vous et qu'il y a de la joie dans le ciel ?

Tout ce qui n'est pas fait avec foi n'a AUCUN effet ! Par exemple, c'est la prière de la foi qui sauve le malade, et non la prière seule. Jésus nous a demandé de prier avec foi. C'est la foi qui fait déplacer les montagnes. Pour ma part, j'ai arrêté de prier pour que Dieu purifie les aliments que je mange, mais j'ai plutôt appris à le remercier. Car en fait :

Est-ce biblique de prier pour le repas ?

> *1 Corinthiens 10 : 31*
> *Soit donc que vous mangiez, soit que vous buviez, soit que vous fassiez quelque autre chose, faites tout pour la gloire de Dieu.*

« Rendez grâces en tout temps, par l'Esprit ». Nous nous devons de rendre grâces régulièrement de pouvoir manger, mais nous devons prier avec notre cœur, et pas parce que nous DEVONS prier. Tellement de prières ne sont, en fait, que des « prières à l'estomac », des prières qui sont dites et tournées vers tout le monde sauf à Dieu.

Cela ne vous est jamais arrivé de chanter à l'église et de ne pas vous rendre compte de ce que vous étiez en train de dire ? C'est souvent ce qui se passe lorsque des gens prient pour le repas. Prier pour le repas, est-ce biblique ? Oui, mais ce qui est vraiment biblique, c'est une prière d'actions de grâces ! Le remercier et l'adorer de ce qu'il pourvoit toujours à tous nos besoins !

Il y a une exception. Car me direz-vous, la Bible nous promet que si nous buvons quelque breuvage mortel, cela ne nous fera point de mal. On peut effectivement avoir un doute en mangeant quelque chose (des fruits de mer par exemple, préparez-vous pour les fêtes !), ou encore, vous pouvez être dans une région et douter de ce qu'on vous sert à manger. Dans ce cas, priez ! Tout est sanctifié par la prière. Et si des symptômes de maladie ou si des mauvaises réactions apparaissent, prenez fermement la Parole de Dieu, proclamez-la sur votre corps, tenez ferme dans la foi et utilisez ce verset de l'Écriture. La foi vous préservera de tout mal.

La foi pour demander quelque chose au Nom de Jésus n'a pas vraiment lieu d'être devant un repas, sauf exceptionnellement dans un cas comme je viens de citer. La foi que nous devons utiliser avant un repas, c'est la foi pour remercier, pour proclamer à Jésus, non pas qu'il pourvoira, mais « qu'il pourvoit à tous nos besoins, selon la richesse de sa grâce », et le remercier pour cela. Lorsqu'on a une foi simple, on peut parfois devant un repas adorer le Maître, tellement nous sommes touchés par son amour. Il y a aussi des occasions spéciales, comme des repas de famille pour les fêtes où il est bon de remercier le Seigneur d'une façon toute particulière, au nom de la famille, pour toutes ses bontés à son égard.

On m'a raconté qu'un jour dans un repas fraternel, l'un a commencé à prier et sa prière était tellement longue que l'homme de Dieu qui était présent s'est mis à manger en disant amen. Vous pouvez être choqué, mais il est bon de se remettre en question sur les choses « pseudo-spirituelles » que nous faisons.

Ne vous est-il jamais arrivé de ne pas prier pendant plusieurs jours, mais seulement avant de manger et aux toilettes ? Il y a des gens comme ça, et je vous avoue que j'en ai déjà fait partie ! Passer toute une journée sans communion avec le Seigneur et arriver à l'heure du repas, prier puisque c'est ainsi !

Un frère m'a raconté un jour, qu'il avait passé près de deux semaines sans passer un seul moment avec le Seigneur, et il s'est retrouvé dans un besoin particulier. Il s'est donc arrêté, et a commencé à demander au Père de répondre à son besoin. Vous savez ce que le Seigneur lui a répondu ? Je ne m'en souviens plus mot pour mot mais cela voulait dire quelque chose comme ça : « On se connaît ? ». Bien sûr, c'est un peu exagéré mais je vous assure que l'idée est là !

Oui, nous pouvons « prier pour le repas », mais cela doit toujours découler de notre communion réelle avec Dieu (certaines personnes prennent des airs très spirituels lorsqu'elles passent à table, et elles oublient qu'elles ne sont pas allés à l'église depuis plus d'un mois). Imaginez un mari qui passerait sept jours sur sept dans son bureau sans parler à sa femme, et qui deux fois par jour, mettrait les pieds sous la table, faisant le beau, en affichant un beau sourire et en disant à son épouse : « Je t'aime chérie, merci pour ce repas ! ».

Il ne faut pas beaucoup de foi pour manger après une « Very Fast Prière » ! Il faut simplement être vrai, et arrêter de prendre le Seigneur pour le Père Noël. Vous savez quoi ? Dieu ne sait que faire des prières « à l'estomac ». Dieu ne nous a jamais demandé ça, et on devrait parfois se repentir si on lui a parlé sans être vrai dans ce que nous disions. La Bible ne nous dit-elle pas de discerner le corps de Christ ? Nous devons de la même façon tourner nos regards vers Dieu lorsque nous le remercions pour un repas, même si notre prière est simplement : « Seigneur, je te remercie pour ce repas, merci car tu pourvois toujours à tous mes besoins, et tu pourvoiras encore ! ». Le « Amen » à la fin des prières vaudrait-il la peine d'écrire une autre pensée ?

Plusieurs personnes se sentent saintes car elles remercient toujours le Seigneur pour chaque repas, mais elles ne remercient jamais Dieu ni pour leur tartine de Nutella à seize heures, ni pour leur petite tablette de chocolat cachée dans leur bureau (qu'elles ingurgitent au fil de la journée, lorsque personne ne les regarde), ni pour leur salaire ou leur conjoint !

Cet enseignement ne peut pas être poussé à l'extrême, mais je suis sûr que vous y trouverez quelque chose de bon ! Smith Wigglesworth, l'apôtre de la foi, pouvait prier une heure avant de manger pour rendre grâces au Seigneur, et j'aurais bien aimé être là et être béni ! (il ne mangeait jamais sans lire la Bible et/ou prier) Sur ce, qui veut rendre grâce pour le repas ?

> *Matthieu 15 : 36*
> *Il prit les sept pains et les poissons, et, après avoir rendu grâces, il les rompit et les donna à ses disciples, qui les distribuèrent à la foule.*

14 OCTOBRE

Selvaraj Rajiah

L'importance de saisir la vision et l'esprit du leader

Vous ne pouvez pas accomplir la vision de Dieu tout seul. Vous avez besoin d'un groupe avec vous. Dans ces derniers jours le Saint-Esprit appelle le corps local tout entier à se rassembler. Mais, du sein de ce groupe, Dieu élèvera toujours un leader.

La vision du leader

Un ministre de Dieu que je connais dit sans cesse ceci : « Dieu a tant aimé le monde qu'il n'a pas envoyé un comité. Il a envoyé son fils unique, Jésus ». Une des choses les plus importantes qu'il vous faut comprendre, c'est que vous devez partager la vision et l'Esprit du leader.

Il y aura bien souvent des moments ou des gens oints par le Saint-Esprit viendront dans votre église et vous proposeront volontairement leurs services; mais ils n'ont pas votre esprit. Les gens qui ne partagent pas l'esprit du leader ne pourront accomplir la vision de cette maison, ils provoqueront continuellement des querelles et des problèmes. Il ne peut pas y avoir deux visions dans la même maison; il ne peut y en avoir qu'une seule.

Si vous êtes le ministre de Dieu principal, c'est votre vision que le peuple devra suivre. Les autres doivent laisser de côté leur vision pour se joindre à vous dans l'accomplissement de la vôtre. Autrement, il n'y aura pas d'harmonie dans votre ministère. Ce n'est pas la manière de procéder de Dieu, et le ministère ne prospèrera pas de cette façon.

« Beaucoup sont allés sans avoir été envoyés »

Mais Dieu dit à Moïse : « Choisis 70 hommes que tu connais ».

Lorsque vous prenez la direction d'un ministère, ou d'une église, vous avez le droit de sélectionner ceux qui se joindront à vous. Lorsqu'un nouveau président est élu, il a le droit de choisir son propre cabinet ministériel. Il n'est pas obligé de s'encombrer de l'ancien.

Il en est de même lorsqu'un prédicateur prend la direction d'une église ou d'un ministère. S'il le faut, chacun des membres du personnel devra démissionner. La question n'est pas que vous soyez dans le ministère ou pas. Ce qui compte, c'est que vous ayez la vision du ministère. Il faut qu'il y ait de l'harmonie dans le ministère. Donc, Dieu a dit à Moïse de choisir lui-même.

Extrait du livre « L'importance de saisir l'esprit et l'action du leader ».

15 OCTOBRE

Anne Bersot

Canal de bénédiction ou gros bouchon ?

Il y a une chose qui a l'art de me mettre de bonne humeur le matin, c'est de rester coincé dans un sens unique à l'heure de pointe derrière un camion poubelle.

Quand j'habitais Montréal, tous les jeudis matins, à huit heures moins dix, un camion poubelle bloquait la rue de l'école, prenant au piège bus scolaires, parents, professeurs. Les Montréalais sont des gens courtois, alors personne ne klaxonnait, personne ne vociférait, mais franchement !... Une femme qui fait profession de servir l'Éternel ne klaxonne pas rageusement derrière un camion poubelle, alors je me retenais ! Toute la journée la rue est déserte, sauf à huit heures moins dix le matin ! Ils ne pourraient pas ramasser les ordures à 7 h 40 ? Avant l'arrivée du monde ? Ou bien à 8 h 20, après le rush du matin ? Non ! À huit heures moins dix, histoire d'être pour moi, une « épine de sanctification » dès l'aube ! Dure école !

J'ai souvent entendu ces prières autour de moi : « Seigneur fais de moi un canal de bénédiction ». Après mûre réflexion, je me dis que nous sommes tous déjà des canaux de bénédiction. À partir du moment où nous acceptons Christ comme notre Sauveur, que nous goûtons à l'amour de Dieu pour nous, que nous sommes libérés des entraves de notre péché, nous avons tout pour être des canaux de bénédiction. Le problème, c'est que parfois, les canaux sont bouchés, et que la bénédiction que Dieu veut envoyer ne peut pas passer par nous : tout un tas d'affaires bloquent le chemin, nous rendant impropres à toute bonne œuvre.

La première chose qui peut boucher le canal, c'est le manque de disponibilité de notre cœur. La ligne est occupée à autre chose : l'accumulation des soucis qui prennent de telles proportions qu'il devient impossible de penser à autre chose, ils nous minent, nous effraient, pompent nos forces. Dans un pareil état de cœur, il est impossible d'être attentifs à la voix de Dieu, de voir les besoins autour de nous, et de prendre les décisions constructives qui vont faire avancer le royaume de Dieu.

La deuxième chose qui peut boucher le canal, c'est notre manque de confiance en nous : « Je ne suis pas capable, les autres le feront mieux que moi ». Je vous rassure tout de suite, personne n'est capable, le Seigneur ne s'est jamais fait d'illusion sur aucun de nous, il connaît nos limites et nos faiblesses, il ne nous a jamais pris pour des aigles. Néanmoins, c'est nous qu'il veut utiliser pour sa gloire, il nous aime tels que nous sommes, et il veut réaliser au travers de nous son œuvre parfaite. Avec quelqu'un de tout petit et d'insignifiant, il peut déverser des tonnes de bénédictions !

La troisième chose, et peut-être la pire, c'est la négligence, car ses effets sont insidieux. On se relâche, on fait passer les choses de Dieu en deuxième ou en troisième, derrière toutes nos petites affaires, notre Bible décore le guéridon et le temps passé auprès du Maître se limite à « Seigneur bénis cette journée, amen, où sont passées mes clefs ? » tout en appelant l'ascenseur.

Votre canal est-il bouché ? Les petits ruisseaux font les grandes rivières, si chacun de nous prend bien soin de libérer le passage pour que Dieu puisse agir au travers de nous, nous allons voir de grandes choses !

16 OCTOBRE

Jérémy Sourdril

Le succès selon les hommes VS le succès selon Dieu

Il existe deux types de succès, qui peuvent parfois avoir un aspect extérieur qui se ressemblent, mais qui sont pourtant profondément différents. Selon vous :

- Est-ce que le succès, c'est avoir une belle maison, une belle voiture ?
- Est-ce que c'est avoir une belle famille ou des enfants bien éduqués ?
- Est-ce que c'est aller à Las Vegas et gagner 1 million de dollars ?
- Est-ce que le succès, c'est être reconnu, aimé et admiré des autres ?
- Est-ce que le succès, c'est devenir un chef d'entreprise avec 400 employés ?
- Finalement, est-ce que le succès, c'est atteindre nos rêves les plus chers ?

Selon le dictionnaire, le succès, c'est : « la réussite, un résultat heureux », ou encore : « le fait d'atteindre un objectif souhaité. Une performance », et finalement : « le fait de gagner la faveur du public, d'être connu et reconnu ». Pour mieux comprendre ce qu'est le succès, nous allons survoler rapidement la vie de certains personnages bibliques :

Abraham

> *Genèse 12 : 1-2*
> *Dieu dit à Abram : Va-t'en de ton pays, de ta patrie, de la maison de ton père, dans le pays que je te montrerai. Je ferai de toi une grande nation, et je te bénirai; je rendrai ton nom grand, et tu seras une source de bénédiction.*

Dieu donne un appel à Abraham. Vous êtes-vous déjà posé la question : quand est-ce qu'Abraham est entré dans le succès ? Pensez-vous qu'Abraham est entré dans le succès seulement lorsqu'il s'est établi sur la terre promise ? Non ! Abraham est entré dans le succès dès le verset quatre, lorsqu'il est dit : « Abram partit, comme l'Éternel le lui avait dit ».

Les gens pouvaient se moquer d'Abram en disant : « Où vas-tu ? Tu ne sais même pas où tu vas ? Ton Dieu aurait besoin d'un guide ! ». Abram ne savait pas où aller, mais il obéit à Dieu et partit vers le pays que Dieu allait lui montrer. Les gens pouvaient se moquer de lui, mais Dieu approuvait ce qu'il faisait. Ce que je désire pour ma vie, c'est avoir l'approbation de Dieu sur ce que je fais, c'est tellement plus glorieux que l'approbation des hommes !

Le succès, ce n'est pas quand tu es au sommet

Trop de gens se disqualifient en obéissant pourtant avec autant de rigueur que possible à la volonté de Dieu, car ils ne sont pas encore entrés dans ce que Dieu leur a montré. Ainsi ils se découragent et pensent être dans l'échec. Ils regardent au loin, à ce que Dieu les a appelés à faire, ils regardent où ils en sont, et ils réalisent qu'ils sont encore loin de ce que Dieu leur a montré. Ils perdent courage, ils perdent leur joie. Pourtant, le succès se trouve tout au long du chemin de Dieu. Lorsque nous sommes sur le chemin où Dieu nous a appelés à marcher, nous sommes déjà dans le succès. Le succès se trouve tout au long du chemin. Si vous êtes en train d'obéir à Dieu, vous êtes dans le succès.

Le succès ne commence pas en haut de l'échelle. Jacob n'était pas encore en haut de l'échelle lorsque Dieu lui parla dans Genèse 28. Il était en bas, mais il entra dans le succès à partir du moment où il obéit à Dieu. Toutefois, le succès est complet lorsque nous obéissons jusqu'au bout à la volonté de Dieu. La fin d'une chose vaut mieux que son commencement. À la fin de sa vie sur terre, Jésus fit le bilan de son ministère et put dire : « J'ai gardé tout ce que tu m'as donné... je leur ai donné Ta Parole. ». Son succès fut complet, malgré la chute du fils de la perdition. Il devait accomplir toute l'Écriture et il l'a fait. Il y a aussi des choses que Dieu a écrites à votre sujet qui doivent s'accomplir, afin que les anges disent : « Aujourd'hui l'Écriture à son sujet s'est accomplie ! ».

> *Philippiens 3 : 12-13*
> *Ce n'est pas que j'aie déjà remporté le prix, ou que j'aie déjà atteint la perfection; mais je cours, pour tâcher de le saisir, puisque moi aussi j'ai été saisi par Jésus-Christ. Frères, je ne pense pas l'avoir saisi; mais je fais une chose : oubliant ce qui est en arrière et me portant vers ce qui est en avant,*

Le succès n'est pas déterminé par où en sont les autres dans leur propre vie. La vie chrétienne n'est pas une compétition. Chacun a à courir sa propre course Si quelqu'un veut courir la course de quelqu'un d'autre, il ne sera jamais dans le succès. Jacob était en bas de l'échelle, mais un jour Dieu descendit de l'échelle, et le nom de Jacob fut changé en Israël. Ce n'est pourtant pas là qu'il entra dans le succès, il y était déjà entré en obéissant à Dieu sur le chemin de sa destinée.

Abel

> *Genèse 4 : 4*
> *Et Abel, de son côté, en fit une des premiers-nés de son troupeau et de leur graisse. L'Éternel porta un regard favorable sur Abel et sur son offrande;*

Quand vous pensez à Abel, était-il selon vous dans le succès selon Dieu ? L'Éternel porta un regard favorable sur Abel et sur son offrande ! Il était dans le succès selon Dieu ! Est-ce qu'au moment où son frère s'est dressé contre lui dans les champs, Abel était dans le succès ? OUI ! Il était exactement au bon endroit, au bon moment, à faire la bonne chose ! La Bible dit qu'il fut déclaré juste ! Voilà le succès divin !

> *Hébreux 11 : 4*
> *C'est par la foi qu'Abel offrit à Dieu un sacrifice plus excellent que celui de Caïn; c'est par elle qu'il fut déclaré juste, Dieu approuvant ses offrandes; et c'est par elle qu'il parle encore, quoique mort.*

Hénoc

Est-ce qu'Hénoc a été dans le succès de Dieu ? Pensez-vous qu'Hénoc a connu le succès seulement au moment où il fut enlevé en Gloire ? Non. La Bible déclare qu'AVANT son enlèvement il PLAISAIT à Dieu ! Il était donc déjà dans le succès, c'est d'ailleurs pour cela que Dieu le prit. S'il n'avait pas été dans le succès, Dieu ne l'aurait pas enlevé !

Noé

Est-ce que Noé a été dans le succès divin ? Ah vous pensez peut-être à Noé complètement saoul dans sa tente. Dieu n'y pense pas Lui. Pensez un peu à Noé en train de construire l'arche. Cela dura 75 ans environ. Était-il dans le succès pendant ces 75 ans, ou seulement lorsque l'arche fut terminée ? Il était dans le succès pendant ces 75 ans. Cependant, s'il s'était arrêté la 74ème année, sa 74ème année n'aurait pas été un succès. S'il n'avait pas réussi à faire ce que Dieu lui avait demandé, cela n'aurait pas fait de lui un échec. Cela aurait fait de lui un homme qui pendant 74 ans a été un succès mais qui termina en échec. Les récompenses que Dieu a en réserve pour nous ne sont pas perdues lorsqu'une désobéissance arrive. Dieu ne remet pas le compteur des récompenses à zéro lorsque nous échouons quelque part. Il ne vide pas notre compte bancaire céleste !

Lorsque Noé était au beau milieu du chaos, dans l'arche avec sa famille, dans le noir total et la tempête, était-il dans le succès ? Si on avait pu regarder Noé d'un point de vue extérieur, seul au monde avec sa famille sur une arche, se faisant balloter par la tempête, au beau milieu d'un océan sans fin, aurait-on dit qu'il était dans le succès ? Non ! Pourtant au beau milieu de la tempête et du chaos, il était dans le succès. Il accomplissait exactement ce que Dieu lui avait demandé d'entreprendre. Il était d'ailleurs l'homme le plus riche de la terre ! Alors que dit la Bible au sujet de Noé ? Il devint HERITIER de la justice qui s'obtint par la foi !

Joseph, Daniel et les autres

Joseph dans la prison était dans le succès, il garda un caractère remarquable, exemplaire. Alors même que Daniel était dans la fosse aux lions, il était dans le succès divin. Etienne, rempli du Saint-Esprit, était dans le succès au moment même où les pharisiens lui jetèrent des pierres pour le lapider. Il faisait la bonne chose, au bon moment, c'est d'ailleurs pour cela qu'il put voir la Gloire de Dieu. S'il n'était pas déjà dans le succès, dans l'approbation de Dieu, le ciel lui aurait été fermé, il n'aurait pas vu le Seigneur de Gloire.

> *Hébreux 11 : 13-14*
> *C'est dans la foi qu'ils sont tous morts, sans avoir obtenu les choses promises; mais ils les ont vues et saluées de loin, reconnaissant qu'ils étaient étrangers et voyageurs sur la terre. Ceux qui parlent ainsi montrent qu'ils cherchent une patrie.*

Ces hommes et femmes avaient compris qu'ils n'étaient que voyageurs sur cette terre. Ils ne cherchaient pas le succès des hommes, oh non ils étaient d'une autre patrie ! Ils n'étaient pas en train de construire un royaume terrestre, ils construisaient un royaume Céleste. Ils n'ont pas vu ce qui leur avait été promis, ils ont seulement salué de loin leurs promesses. Pourtant, Dieu approuva leurs voies. En remarquant toutes ces choses, nous nous posons la question : finalement, qu'est-ce que le succès ? C'est ce que nous verrons demain.

17 OCTOBRE

Jérémy Sourdril

Le succès selon les hommes VS le succès selon Dieu (suite)

Les aspirations et les caractéristiques qui amènent au succès divin.

Jean 12 : 24
En vérité, en vérité, je vous le dis, si le grain de blé qui est tombé en terre ne meurt, il reste seul; mais, s'il meurt, il porte beaucoup de fruit.

Vous êtes-vous déjà arrêté sur ce verset ? Jésus nous parle de deux étapes pour porter du fruit. L'une de ces étapes, c'est de mourir. Nous devons mourir pour porter du fruit.

Porter du fruit est la parfaite volonté de Dieu

Jean 15 : 16
Ce n'est pas vous qui m'avez choisi; mais moi, je vous ai choisis, et je vous ai établis, afin que vous alliez, et que vous portiez du fruit, et que votre fruit demeure, afin que ce que vous demanderez au Père en mon nom, il vous le donne.

C'est en portant du fruit que nous serons ses disciples

Jean 15 : 8
Si vous portez beaucoup de fruit, c'est ainsi que mon Père sera glorifié, et que vous serez mes disciples.

Quelle drôle de déclaration ! Jésus était-il en train de dire que celui qui ne porte pas beaucoup de fruits n'est pas son disciple ? Oui ! En tout cas il serait un mauvais disciple ! Il y a là encore deux types de personnes : il y a les chrétiens, et il y a les disciples. Être chrétien et être disciple sont deux choses totalement différentes ! Je rencontre dans la rue beaucoup de gens qui se disent chrétiens, mais presque aucun qui est un vrai disciple ! Les gens pensent qu'en devenant chrétiens ils deviennent disciples, mais c'est complètement faux. Ils deviennent enfants de Dieu. Un enfant n'est pas un disciple. Le vrai disciple, c'est celui qui agit comme le Maître.

Le disciple n'est pas seulement celui qui suit un enseignement. Imaginez un élève qui ne ferait aucun devoir, il refuserait de passer ses examens. Que se passerait-il ? Non seulement il ne pourrait pas obtenir son diplôme, mais aussi il serait exclu, car si l'on ne remplit pas les exigences qu'un élève devrait avoir, nous ne sommes pas considérés comme élève. Judas était un disciple, mais il ne termina pas sa vie comme un disciple. Jésus l'appela à la fin de son ministère, non pas : « mon disciple », mais : « le fils de la perdition ». Il ne répondait pas aux critères du Seigneur.

De la même façon, le Seigneur a établi des règles pour être un disciple. L'une de ces règles, ou conséquences, est de porter du fruit. Comment porter du fruit ? En tombant en terre et en mourant. Nous allons en parler aujourd'hui. Jésus lui-même était un disciple du Père. La Bible dit qu'Il ne faisait que ce que son Père lui demandait et il n'accomplissait que la volonté du Père. Ces deux versets qui se complètent le montrent bien :

Jean 5 : 19
Jésus reprit donc la parole, et leur dit : En vérité, en vérité, je vous le dis, le Fils ne peut rien faire de lui-même, il ne fait que ce qu'il voit faire au Père; et tout ce que le Père fait, le Fils aussi le fait pareillement.

Jean 8 : 28
Jésus donc leur dit : Quand vous aurez élevé le Fils de l'homme, alors vous connaîtrez ce que je suis, et que je ne fais rien de moi-même, mais que je parle selon ce que le Père m'a enseigné.

Le chrétien et le disciple

Nous avons été créés pour porter du fruit. Jésus a parlé de deux étapes, en fait il nous a parlé du chrétien, et du disciple. Un chrétien n'est pas un disciple forcément, par contre un disciple (de Jésus) est forcément chrétien. Le grain de blé tombé en terre, c'est le chrétien né de nouveau. C'est l'image du semeur qui sort pour semer. Le grain de blé qui est mort, c'est le disciple.

Marc 4 : 20
D'autres reçoivent la semence dans la bonne terre; ce sont ceux qui entendent la parole, la reçoivent, et portent du fruit, trente, soixante, et cent pour un.

On a souvent parlé de ces quatre terrains dans l'église, mais on n'a pas toujours réalisé que dans ce quatrième type de terrain, il y a deux types de graines !

Il y a un bon terrain. Mais est-ce que toutes les graines dans la bonne terre ont porté du fruit ? Non. Une amie est venue faire un petit jardin avec ma petite fille dans notre jardin. Ma fille a jeté les graines dans la bonne terre, mais elle les a toutes jetées au même endroit. Cette amie a ensuite essayé de les éparpiller un peu. C'était de la bonne terre, et quelles que soient les raisons, toutes les graines n'ont pas poussé ! Jésus a dit : « Ce sont ceux qui entendent la Parole et la reçoivent ». On pourrait traduire : « Ce sont ceux qui entendent la parole, s'en accaparent et la pratiquent ! ». Effectivement ceux qui entendent la Parole seulement, même s'ils ont un bon cœur, ne porteront pas de fruits réguliers. Les seules graines qui vont porter du fruit sont celles qui vont mourir.

Luc 6 : 47
Je vous montrerai à qui est semblable tout homme qui vient à moi, entend mes paroles, et les met en pratique.

Jacques 1 : 23-24
Car, si quelqu'un écoute la parole et ne la met pas en pratique, il est semblable à un homme qui regarde dans un miroir son visage naturel, et qui, après s'être regardé, s'en va, et oublie aussitôt comment il était.

Nous devons mourir pour porter du fruit. Pour vivre dans le succès, nous devons être morts.

Il y a une différence entre dormir et être mort

A première vue quand on regarde de loin, il n'y a pas de différence entre celui qui est mort et celui qui dort. C'est ainsi que plusieurs personnes âgées se sont réveillées comme chaque matin, mais lorsqu'elles ont embrassé leur conjoint il était mort !

Celui qui dort a, malgré les apparences, les sens éveillés. Si un gros bruit arrive dans la pièce, il peut l'entendre. Si on allume la lumière, cela peut le réveiller car il voit si la lumière est allumée ou non au travers de ses paupières. Mais par-dessus tout, son âme est vivante ! Alors qu'il dort, il rêve de la multitude de ses activités. Ses passions et ses désirs sont encore bien vivants. Ainsi, si ses pensées de la journée se tournent vers le mal, ses rêves se tourneront vers le mal. Si ses pensées sont constamment tournées vers le bien, ses rêves seront tournés vers le bien.

Il y a beaucoup de chrétiens qui paraissent être morts mais en fait ils sont bien vivants ! Ils sont juste endormis. Parmi eux il y a les religieux. À les voir et les entendre parler, on pourrait croire qu'ils accomplissent parfaitement la volonté de Dieu, on a l'impression qu'ils ne pèchent jamais, ils ont l'aspect extérieur de la piété. Ils ne font pas trop de bruit et ils inspirent le respect. On pourrait croire qu'ils sont morts à eux-mêmes, et pourtant ils sont bien vivants, ils vivent selon leurs passions et leurs désirs.

Le grain de blé en terre ne portera pas beaucoup de fruits s'il ne meurt pas. La mort de Christ doit régner en nous. En fait, nous devons mourir dans chaque dimension de ce à quoi Dieu nous a appelés.

- Si Dieu vous a appelé au ministère, un jour ou l'autre vous serez testé : seriez-vous prêt à tout abandonner pour juste aimer Dieu ? S'il vous appelait à faire une chose que personne ne verrait, seriez-vous prêt à le faire ?
- Si Dieu vous a appelé à créer des finances pour le Royaume, seriez-vous prêt à tout lâcher si Dieu vous le demandait, juste pour aimer et servir les autres ?

Vos motivations seront épurées, testées jusqu'au bout. Si tout le monde vous laissait tomber, si vos finances s'écroulaient, si une attaque venait dans votre couple, aimeriez-vous toujours autant le Seigneur ? Dieu ne vous enverra pas des problèmes, mais si la tempête vient frapper votre maison, vous saurez si vous avez bâti votre maison sur le sable ou sur le roc. Le roc, c'est Jésus-Christ. Le roc, ce n'est pas ce que nous donne Jésus-Christ. Le roc, c'est Lui. Alors, si tous nous abandonnaient, si vous avez bâti votre maison sur le roc, vous resterez fidèle à Dieu

18 OCTOBRE

Jérémy Sourdril

Le succès selon les hommes VS le succès selon Dieu (suite)

Voici un verset qui m'a fait me poser beaucoup de questions pendant longtemps : Jean 10 : 9 : « Je suis la porte. Si quelqu'un entre par moi, il sera sauvé; il entrera et il sortira, et il trouvera des pâturages ».

Avez-vous déjà remarqué que Jésus dit : il doit entrer, puis sortir à nouveau ? N'est-ce pas étrange ?

Lorsque nous entrons par Jésus, nous entrons dans le salut, nous devenons enfants de Dieu (chrétiens). Une fois entrés, nous sommes sauvés, c'est une chose faite ! Gloire à Dieu ! Mais après être entrés, nous devons sortir. Qu'est-ce que cela veut dire ?

En fait, entre l'entrée et la sortie, entre la porte et le pâturage, il y a un hall d'entrée. J'aimerais vous parler aujourd'hui de ce hall d'entrée.

Je vous en conjure, sortez du hall d'entrée !

Une fois entrés dans le salut, nous devons porter du fruit. Toutefois, nous pouvons rester des années sans porter de fruits réguliers. Etant entrés dans le salut, nous porterons des fruits très irréguliers, mais Jésus nous a demandés de porter des fruits réguliers, de porter beaucoup de fruits. Le reste ne le satisfait pas. Il veut beaucoup de fruits.

C'est dans ce hall d'entrée que le chrétien est appelé à mourir à lui-même. C'est dans ce hall d'entrée que le chrétien doit faire mourir les désirs personnels de son âme. Le chrétien est déjà mort dans son esprit et la vie extraordinaire de Dieu est entrée dans son esprit, mais c'est là qu'il doit maintenant faire mourir les actions de sa chair, il doit faire mourir ses ambitions personnelles, ses motivations hédonistes.

Si nous restons juste à la porte, dans l'entrée, nous resterons seuls. C'est ainsi que beaucoup de croyants sont seuls. Vous ne pouvez pas être un disciple de Christ et rester tout à fait seul. C'est comme certaines personnes qui disent : « Je suis pasteur », mais qui n'ont aucune brebis derrière eux !

La Bible nous dit qu'il trouvera des pâturages. Ces pâturages, c'est là où nous portons des fruits. Il n'y a pas de fruits dans un hall d'entrée, si ce n'est peut-être une corbeille de fruits (et souvent il s'agit de fruits de décoration en plastique), mais c'est dans le pâturage que nous voyons les plus beaux fruits. C'est là que nous pouvons porter du fruit. Dans un hall d'entrée, nous pouvons voir au mieux une peinture représentant un beau fruit. « Regardez c'était en 1978, j'ai porté un beau fruit ce jour-là ! » C'est bien, mais il est grand temps d'entrer dans le pâturage.

> *Romains 6 : 3*
> *Ignorez-vous que nous tous qui avons été baptisés en Jésus-Christ, c'est en sa mort que nous avons été baptisés ?*

Pour porter du fruit, nous devons nous regarder comme mort au péché. Le péché, c'est manquer la cible, en fait c'est rater le plan de Dieu pour notre vie. Si nous marchons avec une volonté personnelle qui est encore vivante, nous ne marchons pas dans la mort de Jésus. Nous devons être morts dans nos désirs personnels. Il faut que la mort de Jésus remplisse tout notre être.

Dieu nous appelle à nous dépouiller

> *Éphésiens 4 : 20-24*
> *Mais vous, ce n'est pas ainsi que vous avez appris Christ, si du moins vous l'avez entendu, et si, conformément à la vérité qui est en Jésus, c'est en lui que vous avez été instruits à vous dépouiller, eu égard à votre vie passée, du vieil homme qui se corrompt par les convoitises trompeuses, à être renouvelés dans l'esprit de votre intelligence, et à revêtir l'homme nouveau, créé selon Dieu dans une justice et une sainteté que produit la vérité.*

C'est intéressant ici de remarquer qu'il y a une vérité qui est en Jésus. Quelle est cette vérité ? Nous dépouiller !

Nous sommes appelés à nous dépouiller des convoitises du vieil homme. Nous devons tomber en terre et mourir. Lorsque nous sommes dans ce hall d'entrée, c'est là que nous mourrons à nous-mêmes, c'est là que nous sommes appelés à être renouvelés dans l'esprit de notre intelligence. C'est aussi là que, une fois mort, nous revêtissons l'homme nouveau : nous pourrons alors entrer dans le pâturage et porter du fruit.

Le succès divin, c'est se dépouiller du vieil homme qui se corrompt par des convoitises trompeuses. Le succès divin, c'est mourir à ses propres convoitises, à ses propres ambitions. Il n'y aura pas de succès divin avec des motivations humaines.

Ce qui rend l'Église impuissante, c'est lorsqu'elle est habitée par des morts toujours vivants. Ils ne sont pas vraiment morts en fait. Des gens à moitié décidés, à moitié obéissants, à moitié morts, à moitié vivants. La graine est en terre mais elle n'est pas vraiment morte ! Il faut que la graine que tu es, meure ! Il faut que l'Église soit habitée par des morts qui sont morts à leurs propres ambitions.

> *Philippiens 2 : 3-4*
> *Ne faites rien par esprit de parti ou par vaine gloire, mais que l'humilité vous fasse regarder les autres comme étant au-dessus de vous-mêmes. Que chacun de vous, au lieu de considérer ses propres intérêts, considère aussi ceux des autres.*

Ton succès est rattaché au succès de la maison de Dieu, il est attaché au succès des autres. Un chrétien qui réussit seul, sans égard pour les autres est un chrétien qui a en fait échoué. Tu dois vouloir réussir pour bénir les autres. Si tu désires être prospère, si tu désires réussir, cela doit être pour aider les autres, pour faire avancer le Royaume de Dieu. Un chrétien qui cherche l'argent pour seul but de s'acheter des biens personnels a des motivations pourries. Nous ne devons pas chercher l'argent, mais plutôt nous approcher de Celui à qui appartiennent l'or et l'argent. L'or et l'argent ne sont que deux moyens parmi d'autres qui pourront vous aider à être une bénédiction.

> *Philippiens 2 : 5-8*
> *Ayez en vous les sentiments qui étaient en Jésus-Christ, lequel, existant en forme de Dieu, n'a point regardé comme une proie à arracher d'être égal avec Dieu, mais s'est dépouillé lui-même, en prenant une forme de serviteur, en devenant semblable aux hommes; et ayant paru comme un simple homme, il s'est humilié lui-même, se rendant obéissant jusqu'à la mort, même jusqu'à la mort de la croix.*

Oh comme ces versets sont oubliés dans nos églises ! On prêche la bénédiction, mais on oublie le dépouillement de soi. Jésus a lavé les pieds des disciples et nous a montré un exemple. Dans sa condition de soumission, Jésus a même reconnu le ministère de Jean-Baptiste en se faisant baptiser par lui.

Jésus est Dieu. C'est le Fils du Dieu Tout-Puissant. Pourtant, comment Jésus se faisait-il appeler ? Le Grand Dieu ? Le Dieu Tout-Puissant ? Le Roi éternel de Gloire ? Non ! Jésus se faisait appeler le fils de l'homme ! Quelle humilité ! Il s'est abaissé à nous !

Jésus a pris une forme de serviteur, en fait, il s'est fait serviteur. Dans notre prochaine exhortation, je vous donnerai une parole de Dieu personnelle à ce sujet !

19 OCTOBRE

Jérémy Sourdril

Le succès selon les hommes VS le succès selon Dieu (suite)

Nous avons vu que nous devons nous dépouiller de nous-mêmes. Jésus lui-même nous a montré l'exemple en prenant une forme de serviteur… il s'est fait serviteur. J'ai aujourd'hui une parole de Dieu pour vous à ce sujet !

> *Matthieu 20 : 25-28*
> *Jésus les appela, et dit : Vous savez que les chefs des nations les tyrannisent, et que les grands les asservissent. Il n'en sera pas de même au milieu de vous. Mais quiconque veut être grand parmi vous, qu'il soit votre serviteur; et quiconque veut être le premier parmi vous, qu'il soit votre esclave. C'est ainsi que le Fils de l'homme est venu, non pour être servi, mais pour servir et donner sa vie comme la rançon de plusieurs.*

Les gens de ce monde qui veulent le succès écrasent les autres pour arriver dans les hauteurs. Les grands de ce monde, ceux qui sont déjà dans le succès, écrasent les autres pour rester dans le succès, plusieurs ne respectent aucune loi pour cela. Ils utilisent toutes sortes de principes mauvais pour en arriver là où ils en sont. Jésus a dit en fait : QUICONQUE VEUT AVOIR DU SUCCES, qu'il soit votre serviteur !

QUICONQUE VEUT AVOIR plus DE SUCCES QUE LES AUTRES, qu'il soit votre esclave !

> *Jean 13 : 12-17*
> *Après qu'il leur eut lavé les pieds, et qu'il eut pris ses vêtements, il se remit à table, et leur dit : Comprenez-vous ce que je vous ai fait ? Vous m'appelez Maître et Seigneur; et vous dites bien, car je le suis. Si donc je vous ai lavé les pieds, moi, le Seigneur et le Maître, vous devez aussi vous laver les pieds les uns aux autres; car je vous ai donné un exemple, afin que vous fassiez comme je vous ai fait. En vérité, en vérité, je vous le dis, le serviteur n'est pas plus grand que son seigneur, ni l'apôtre plus grand que celui qui l'a envoyé. Si vous savez ces choses, vous êtes heureux, pourvu que vous les pratiquiez.*

Jésus n'était pas rassasié par la foule. Il aurait pu se glorifier d'avoir une si grande foule qui le suivait, mais la foule ne le nourrissait pas. Jésus n'était pas nourri par les compliments, qu'ils soient vrais ou hypocrites. C'est faire la volonté de Dieu qui le nourrissait !

> *Jean 4 : 34*
> *Jésus leur dit : Ma nourriture est de faire la volonté de celui qui m'a envoyé, et d'accomplir son œuvre.*

Lorsque Jésus entra à Jérusalem, il y entra sur le dos d'un ânon ! Il était pourtant dans le succès au moment où il entra ! Lorsque Jésus lavait les pieds des disciples, il était dans le succès ! Jésus sur la croix était dans le succès ! Jésus dans le jardin de Gethsémané était dans le succès ! Lorsqu'on observe tout cela de loin, on pourrait se dire qu'il n'était pas dans le succès ! C'est d'ailleurs ce que pensaient les pharisiens, ils se frottaient les mains en disant : « Il a échoué et nous avons gagné ! ». Mais ils ont réalisé leur erreur, lorsqu'à la Pentecôte, 3000 âmes ont été glorieusement sauvées ! Le succès, ce n'est pas toujours porter du fruit tout de suite, le succès, c'est faire la volonté de Dieu.

> *1 Corinthiens 4 : 9-13*
> *Car Dieu, ce me semble, a fait de nous, apôtres, les derniers des hommes, des condamnés à mort en quelque sorte, puisque nous avons été en spectacle au monde, aux anges et aux hommes. Nous sommes fous à cause de Christ; mais vous, vous êtes sages en Christ; nous sommes faibles, mais vous êtes forts. Vous êtes honorés, et nous sommes méprisés ! Jusqu'à cette heure, nous souffrons la faim, la soif, la nudité; nous sommes maltraités, errants çà et là; nous nous fatiguons à travailler de nos propres mains; injuriés, nous bénissons; persécutés, nous supportons; calomniés, nous parlons avec bonté; nous sommes devenus comme les balayures du monde, le rebut de tous, jusqu'à maintenant.*

> *Philippiens 3 : 7-10*
> *Mais ces choses qui étaient pour moi des gains, je les ai regardées comme une perte, à cause de Christ. Et même je regarde toutes choses comme une perte, à cause de l'excellence de la connaissance de Jésus-Christ mon Seigneur, pour lequel j'ai renoncé à tout, et je les regarde comme de la boue, afin de gagner Christ, et d'être trouvé en lui, non avec ma justice, celle qui vient de la loi, mais avec celle qui s'obtient par la foi en Christ, la justice qui vient de Dieu par la foi, Afin de connaître Christ, et la puissance de sa résurrection, et la communion de ses souffrances, en devenant conforme à lui dans sa mort,*

Lorsque je parle de succès, je ne parle pas d'un succès humain. Je n'y connais rien au succès humain. Si en lisant ces pensées vous cherchiez comment atteindre le succès selon les hommes je suis désolé ! Ce genre de succès ne m'intéresse pas. Est-ce que nous recherchons le succès selon Dieu ou selon les hommes ?

Le vrai succès, c'est de connaître Christ

L'apôtre Paul regardait toutes les choses qu'il avait vécues et qui étaient selon les juifs le succès, et les a regardées comme de la boue. Comment cela est-il possible ? Comment choisir les bonnes priorités ? Comment ne pas se tromper ? L'apôtre Paul choisissait l'excellence de la connaissance de Christ, quelle merveille, quel bonheur ! Si vous recherchez Christ, si vous vous approchez de Lui, vous connaîtrez le vrai succès.

Nous devons mourir à nous-mêmes, mais VIVRE en Christ ! Il y a un succès pour lequel vous n'aurez pas à travailler, c'est un succès inatteignable par les voies de l'homme, c'est un succès que Dieu donne lui-même. L'homme cherche le succès de mille et une façons, mais en touchant Jésus vous touchez le succès. Ce succès ne vient pas à force d'études et de prières mais il vient par une intimité d'amour avec Dieu. La femme à la perte de sang trouva le succès quand elle toucha Jésus, elle n'avait pourtant à l'extérieur aucun signe et aucune prédisposition au succès.

Oui je peux vous assurer que Dieu vous appelle au succès, Dieu ne veut pas vous voir écrasé par la mort, il veut vous voir régner par la vie. La vie, c'est Lui. Quand vous vous approchez de Jésus, il vient écraser, détruire, broyer, exterminer tous vos problèmes. La tempête se calme grâce à votre confiance en Lui. Même si Jésus paraît dormir dans la tempête, Il est là. Reinhard Bonnke raconte que Dieu lui a dit un jour : « Mes paroles dans ta bouche ont autant de puissance que mes paroles dans ma bouche ». Oh quelle révélation extraordinaire ! Quand vous parlez la Parole de Dieu, même si Jésus « dort », la puissance qui se trouve en Jésus vient balayer la tempête.

Votre amour pour Dieu sera défié dans la tempête. Aimerez-vous toujours Jésus dans la tempête, ou sera-t-elle plus forte que votre amour pour Lui ? Est-ce que les questionnements, les interrogations, les problèmes non résolus, le divorce, la maladie, les problèmes financiers ou toutes sortes de persécutions feront changer votre amour pour Lui ? Aimez-vous Jésus pour ce qu'il peut vous apporter, ou l'aimez-vous juste pour qui il est ?

> *Romains 8 : 38-39*
> *Car j'ai l'assurance que ni la mort ni la vie, ni les anges ni les dominations, ni les choses présentes ni les choses à venir, ni les puissances, ni la hauteur, ni la profondeur, ni aucune autre créature ne pourra nous séparer de l'amour de Dieu manifesté en Jésus-Christ notre Seigneur.*

L'apôtre Paul avait connu toutes sortes de problèmes inimaginables, mais son amour pour Dieu était resté ferme. Son amour avait été épuré, sondé. Son amour était vrai. Je ne sais pas quelle tempête vous traversez en ce moment, mais je vous exhorte de tout mon cœur à vous attacher à Jésus, à l'aimer malgré tout ce qui peut vous entourer dans le monde, dans votre âme ou ailleurs. Aimez Jésus quoi qu'il arrive. Aimez Jésus malgré vos questions sans réponse.

> *Colossiens 1 : 16*
> *Car en lui ont été créées toutes les choses qui sont dans les cieux et sur la terre, les visibles et les invisibles, trônes, dignités, dominations, autorités. Tout a été créé par lui et pour lui.*

On connait beaucoup de choses sur Jésus, mais on connait peu Jésus. On dirait que beaucoup de chrétiens cherchent d'autres choses que Christ. L'apôtre Paul pouvait dire après avoir vécu toutes sortes de miracles : « Mon but est de le connaître, LUI ». Quelle déclaration, quelle recherche persévérante ! La gloire des hommes n'a pas de valeur, c'est un vent qui passe rapidement. Ne vous laissez pas emporter par ce vent, vous risquerez de vous trouver sur le chemin large des rétrogrades, de ceux qui vivent pour le regard des autres. Marchez sur ce chemin étroit de l'obéissance à Dieu.

Noé était un homme mort à ce que pouvaient penser les autres. Il construisit son arche pendant des dizaines d'années avec fidélité, alors que tous ses voisins se moquaient de lui. Ne cachons pas notre foi en Christ, comme si nous avions honte de l'Évangile, mais marchons dans la liberté. Un grand nombre de malades qui venait au Seigneur devait abandonner cette attitude pour venir à Jésus le supplier de les guérir. C'est quand ils abandonnaient ce que pouvaient penser les gens qu'ils étaient en mesure de recevoir leur miracle.

20 OCTOBRE

Michael Lebeau

Des oiseaux mangent au Mc Do !

Savez-vous que vous avez de la valeur aux yeux de votre Père céleste ? Vous êtes un enfant de Dieu et par conséquent, Il prend soin de vous !

Un jour, alors que je mangeais sur la terrasse d'un Mc Donald's en plein soleil, je vis une dizaine d'oiseaux venir de toute part pour picorer un reste de Big Mac et de frites dans un plateau sur une table.

Et pendant plus de 10 minutes, les oiseaux prirent le temps de manger à leur faim, jusqu'à ce qu'il ne reste plus rien du reste Big Mac et des frites.

En regardant ce spectacle, je pensais à ce verset de Matthieu, où Jésus dit que les oiseaux sont nourris par notre Père.

> *Matthieu 6 : 26*
> *Regardez les oiseaux du ciel : ils ne sèment ni ne moissonnent, et ils n'amassent rien dans des greniers; et votre Père céleste les nourrit. Ne valez-vous pas beaucoup plus qu'eux ?*

Alors je me dis intérieurement : « Waouh ! Si c'est mon Père céleste qui nourrit ces oiseaux, alors là il y va fort tout de même en leur offrant un repas au Mc Donald's ! Après tout, ce ne sont que des oiseaux ! ».

J'aimerais simplement laisser sur votre cœur cette pensée : vous ne verrez jamais un oiseau en liberté mourir de faim ou être dans le besoin, car Dieu pourvoit toujours pour eux, vous en verrez peut-être même certains manger aux Mc Do ou au Quick. À combien plus forte raison, nous, en tant qu'enfants de Dieu (libres comme les oiseaux; libérés de l'esclavage du péché par le sang de Jésus) notre Père céleste pourvoira à nos besoins, et bien plus encore, il prendra plaisir à vous faire manger des mets succulents dans de bons, de beaux (et de vrais) restaurants... !

Souvenez-vous de cette phrase : « Vous n'êtes pas des oiseaux, vous êtes fils et filles de Dieu votre Père Céleste ».

Si des oiseaux ont l'opportunité de manger au Mc Donald's, vous aurez vous aussi la possibilité en tant qu'enfant du « Tout-Puissant » de manger toujours bien mieux. Simplement, ayez confiance en votre Père céleste, et sachez qu'Il pourvoit à tous les besoins de ses enfants comme tout BON père !

21 OCTOBRE

Filipe et Marie Alves

Êtes-vous trop salés ?

J'ai fait un rêve : je me trouvais dans un endroit rempli de sel et j'en ramassais avec un seau. Un homme vint à côté de moi et me dit avec un rire moqueur : « du sel ? J'en ai plein ma voiture ! ».

Je me suis réveillée et je me demandais ce que signifiait ce songe; Jésus n'a-t-il pas dit que nous étions le sel de la terre ? Pourtant cet homme ne semblait pas être animé par l'Esprit de Dieu.

Parfois Dieu me montrait que nous sommes semblables à cet homme, nous connaissons la doctrine, nous apprenons la Parole de Dieu avec assiduité, mais nous n'en faisons rien. Nous utilisons la Bible pour transpercer nos frères, pour montrer combien nous sommes spirituels et cela ne produit aucun fruit, aucune vie... Nous sommes semblables à la mer morte, cette mer située en plein désert qui pourrait être une source de vie, mais qui n'a aucun débouché sur l'extérieur : elle est tellement salée que toute vie est impossible.

Ainsi Dieu nous donne sa Parole, nous enseigne pour que nous soyons des témoins, pour que nous combattions l'ennemi, pour que nous fassions les œuvres préparées d'avance. Un chrétien qui reçoit et qui ne donne pas est un chrétien mort ! La vie de l'Esprit n'est pas en lui, il ne partage pas le cœur du Père pour les perdus, pour les opprimés, pour les malades. Nous sommes le sel de la terre, nous devons assaisonner le monde, nous devons illuminer notre famille, nos collègues, nos amis... Nous devons produire du fruit.

Jésus dit dans :

> *Jean 7 : 38*
> *Celui qui croit en moi, des fleuves d'eau vive couleront de son sein, comme dit l'Écriture.*

Nous devons donner ce que nous recevons de Dieu.

Jésus est notre exemple parfait : il est venu pour une seule et unique chose : donner. Il a tout donné sans rien retenir, il a été jusqu'au bout pour nous en donnant sa vie !

Alors aujourd'hui suivez son exemple, donnez ce que Dieu a mis en vous, répandez le sel sur la terre, soyez des chrétiens remplis et qui donnent !

22 OCTOBRE

Jérémy Sourdril

Tout homme passera comme l'herbe

Il y a actuellement chez beaucoup de croyants un problème de priorités. Les croyants prennent de nouvelles résolutions, ils désirent une meilleure situation, l'achat d'une maison, de biens, un agrandissement dans leur famille... et pendant ce temps... le monde court à sa perte.

Nous pensons souvent à notre avenir. Nous réfléchissons, nous raisonnons, nous calculons. Pendant ce temps, ce sont des hommes et des femmes, des filles et des garçons qui meurent et qui vont en enfer. Pendant ce temps, ce sont des gens qui meurent les oreilles grandes ouvertes mais n'entendant aucune voix.

Pendant ce temps, ce sont des personnes qui regardent, mais qui sont aveuglés par notre aveuglement.

Beaucoup dans l'Église sont aveugles. Je ne remets pas en cause les doctrines du salut, de la foi en Jésus, des baptêmes, etc. Mais malgré toutes ces bonnes connaissances, son Corps manque la cible.

Vous savez, Dieu n'a pas son cœur déchiré pour nos petits tracas quotidiens, mais pour les âmes qui se perdent. Pendant trop longtemps, les chrétiens sont restés les yeux fixés sur eux-mêmes. Remplis de leurs problèmes, de leurs besoins, de leurs demandes, de leurs prières... pendant que le monde courait à sa perte.

Qui s'est levé et a intercédé ? Qui l'a fait avec persévérance ? Qui a eu le cœur déchiré par la vision de Dieu ? Ce mois-ci, qui a vraiment prié pour ceux qui se perdent ? Quel cœur a-t-il été touché pour eux ? De quels yeux des larmes sincères sont sorties en leur faveur ?

Leurs cris parviennent à Dieu, et Dieu attend de pouvoir utiliser son Corps. Mais nous sommes trop souvent occupés à toutes ces choses que Dieu a promis de nous donner, nous le supplions pour qu'il réponde enfin à nos prières. Il est temps que nous puissions comprendre que les yeux du Père sont sur Son Royaume ! Il nous a demandé de s'occuper de son Royaume, du salut des gens, et qu'il pourvoirait à nos besoins. Ne crions pas à Dieu pour combler nos propres besoins, mais crions à lui pour les âmes perdues.

Certains évènements qui arrivent parfois :

- Nous nous battions entre chrétiens.
- Nous nous disputions pour des choses futiles.
- Nous discutions finances avant de discuter des âmes.
- Nous vivions pour notre propre ventre.
- Si nous avions une bonne idée pour gagner des âmes, nous cherchions à ne la partager avec personne.
- Bien que le monde coure à sa perte, nous courions pour obtenir ce qui nous fait plaisir. Mais le cœur de Dieu n'y est pas.

Au moment même où vous lisez ces lignes, quelqu'un dans le monde aurait pu être sauvé, mais vient de mourir, car un chrétien n'a pas fait ce qu'il fallait. Ce propos est abusif ? Non, car Dieu a un intermédiaire, une personne pour sauver chacun des sept milliards d'êtres humains qui sont sur la Terre. Sinon, il serait injuste. Qui sera sauvé et qui entendra, s'il n'y a aucun envoyé, aucun qui obéit ?

Nous allons passer comme l'herbe, mais nous préférons parfois garder que de donner un peu de notre argent. Il est insupportable que la pensée du monde soit entrée dans l'Église du Seigneur Jésus-Christ ! Il existe des chrétiens partout en France, en Europe et ailleurs, qui possède une maison, qui sont à l'abri de tout souci, mais qui ne donne pas un seul euro aux œuvres que Dieu a établies et qui ont un impact en faveur du Royaume.

Nous allons passer comme l'herbe, mais nous préférons parfois garder notre temps pour nous. Nos séries, notre sport, nos films, nos plats, nos envies, nos désirs; nous laissons le Saint-Esprit de côté et lui demandons de se taire !

Si vous ne priez pas régulièrement pour les âmes, et que vous commencez à vivre pour vous-mêmes, vous êtes en train de démontrer que le salut des gens n'est pas votre priorité. Certains chrétiens passent devant un accident, et leur réaction est la même que tout le monde. Ils voient les pauvres, les malades, les morts spirituels, et ils n'éprouvent aucune compassion. Que votre cœur soit touché par la compassion de Christ !

Nous allons passer comme l'herbe, mais certains s'évadent à toutes sortes de futilités, d'enfantillages et de projets personnels. Nous prêchons la prospérité, et nous faisons bien, mais la prospérité seule est vaine.

Arrêtez-vous un moment, et avec l'aide du Saint-Esprit, sondez votre cœur et observez où vous en êtes. Où est votre cœur ? Avez-vous les yeux fixés sur vos projets personnels seulement ? Vous levez-vous pour simplement aller au travail et gagner un peu d'argent ? Est-ce que le week-end et les vacances sont votre seule motivation ? Votre vie de prière se limite-t-elle à bénir le repas et à vous endormir en priant ?

Dieu demande des heures de prières. Dieu n'en a que faire des heures. Il désire un cœur déchiré pour ceux qui sont perdus.

Je vous assure que Dieu est prêt, et qu'il attend. S'il pouvait trouver quelqu'un. Je n'ai pas soif en cette journée de grandes conférences, de concerts chrétiens, mais j'ai soif que le cœur des chrétiens soit déchiré pour les perdus. Nous dansons et nous nous réjouissons, mais il est temps de pleurer. Pleurons pour les perdus. Ils sont perdus ! La Bible dit d'eux qu'ils ont la pensée obscurcie, qu'ils sont étrangers à la vie de Dieu !

Ils sont perdus à tout jamais ! Je vous en prie comprenez cela, faites taire tous les bruits qui vous entourent, réalisez qu'ils sont perdus et qu'ils courent en direction de l'enfer. La boulangère court en enfer, votre collègue court en enfer, votre caissière court en enfer, mais plusieurs sont intéressés par boire, manger et se divertir. Le temps de se divertir est passé !

Qui donnera de son temps pour agir en leur faveur, combien intercèderont pour eux ? Qui se proposera à aider l'église, à soutenir des projets d'évangélisation ?

Ne perdons pas notre temps à donner notre avis sur le déroulement des réunions, sur nos petits détails, sur la prédication du pasteur, sur tel homme de Dieu, sur telle réunion, sur tel frère ou telle sœur alors que pendant ce temps la vie des gens est ruinée, les foyers se brisent, le diable se déchaîne, les jeunes se droguent.

Ne gaspillons pas le temps que Dieu nous donne. Il est temps que tout cela s'arrête. C'en est fini. Nous mourrons tous un jour. Qui aurez-vous enfanté dans la prière ? Des macaronis, des voyages, des trajets de métro, des revues mondaines, des paroles déplaisantes ? Je vous en prie, intercédez pour ces gens qui se perdent. Ils en ont besoin. Ne donnez pas accès au diable, mais soumettez-vous au Saint-Esprit, et il convaincra le monde au travers de vous, afin qu'ils se donnent au Seigneur. S'ils croient, et confessent, vous aurez gagné ! Gloire au Seigneur ! Mais si par crainte, par peur ou par timidité, vous ne témoignez pas, vous ne proclamez pas, ils mourront au prochain carrefour, emportés par le temps.

23 OCTOBRE

Jérémy Sourdril

Mais comment Jésus peut-il permettre cela ?

Marc 4 : 40 : « Puis il leur dit : Pourquoi avez-vous ainsi peur ? Comment n'avez-vous point de foi ? ».

Jésus lui-même dit à ses disciples de passer à l'autre bord. On peut se demander pourquoi Jésus les a faits passer par le lac, alors qu'il savait qu'une telle tempête allait éclater. Jésus voulait une fois de plus, apprendre une leçon de foi à ses disciples.

On entend dire souvent : « Comment Dieu permet-il cela ? », « Pourquoi Jésus ne me sort pas de cette situation ? ». Cette leçon de Jésus va nous aider à comprendre certaines de nos situations.

A l'intérieur de la barque, il se passait plusieurs choses :

- Les vagues se jetaient à l'intérieur.
- La barque se remplissait peu à peu.
- Au fur et à mesure, l'eau montait de plus en plus haut dans la barque.
- Il faisait très sombre.
- La panique commençait à s'installer parmi les disciples.

Dans nos vies, il y a parfois des tourbillons qui se déchaînent. Nous avons l'impression que tout s'abat sur nous, qu'il ne sera jamais possible de nous en sortir. Les disciples connaissaient le danger de la mer. Certains y avaient navigué presque tous les jours pendant des années. Nous savons que certains étaient pêcheurs. Mais cette fois-ci, la situation les dépasse. Ils n'avaient jamais vécu une telle situation, une situation de détresse totale. Parfois, dans nos vies, nous disons être entourés de ténèbres, comme lorsqu'il fait nuit. Dans la nuit, il n'y a souvent personne dehors, un climat de crainte s'installe, beaucoup ont peur de la nuit.

On trouve dans un psaume les réactions de personnes qui ont vécu la même situation que les disciples :

> *Psaumes 107 : 26-30*
> *Ils montaient vers les cieux, ils descendaient dans l'abîme; Leur âme était éperdue en face du danger; Saisis de vertige, ils chancelaient comme un homme ivre, Et toute leur habileté était anéantie. Dans leur détresse, ils crièrent à l'Éternel, Et il les délivra de leurs angoisses; Il arrêta la tempête, ramena le calme, Et les ondes se turent. Ils se réjouirent de ce qu'elles s'étaient apaisées, Et l'Éternel les conduisit au port désiré.*

Est-ce Dieu qui a fait venir la tempête dans le passage de Marc ? On l'ignore. Il est dit, dans les psaumes, que : « Leur âme se fondait dans le malheur ». Certains ont dû commencer à chercher des solutions par les moyens qu'ils connaissaient déjà, car ils connaissaient la mer. Ils ont alors cherché toutes les solutions possibles, rapidement, regardé à droite et à gauche, devant et derrière, puis se sont rendus compte qu'ils étaient perdus.

Leurs pensées devaient être en ébullition. Peut-être que certains ont pensé à leur famille, ce qu'ils aimaient le plus, ce qu'ils pourraient laisser s'ils mouraient. Il est dit dans ce psaume : « Ils chancelaient comme un homme ivre, Et toute leur sagesse était engloutie ».

Des problèmes intérieurs sont parfois plus forts que nous. Ici, ce sont des évènements extérieurs qui viennent assaillir nos vies. Un homme me disait qu'il avait dû passer par un cancer pour donner sa vie à Dieu. Les chrétiens même, passent par des douleurs qui les emmènent, s'ils combattent le bon combat, de plus en plus près de Jésus. Les combats d'aujourd'hui nous serviront demain.

Cependant, cette façon de penser doit être équilibrée. Trop souvent j'ai entendu des chrétiens dire que Dieu permettait des choses contraires à nos vies. Ce n'est pas vrai. Attention, car cela devient une règle dans de nombreuses églises, ils disent : « Tu es malade, c'est normal », « Tu souffres, c'est normal », « Tu as des difficultés financières, c'est normal »... Non ! Lorsque Jésus reviendra sur la terre, trouvera-t-il des hommes et des femmes de foi qui n'accepteront pas de tels mensonges ?

Dieu ne veut pas nous faire passer par la fournaise. Il veut parfois nous apprendre des leçons. La Parole de Dieu nous dit que la colère de Dieu vient sur les rebelles, sur ceux qui ne Lui obéissent pas, et non sur ses enfants.
Jésus dit dans Matthieu : « Tout ce que vous demanderez avec foi par la prière, vous le recevrez ».

Comment les disciples ont-ils alors réagi ? Après s'être interrogés, voyant que par leurs propres moyens ils ne s'en sortiraient jamais, ils ont vu que Jésus était là, dans la barque, à dormir. Beaucoup de chrétiens attendent toujours le dernier moment pour prier, pour parler à Jésus de leurs problèmes ou de leur situation. Qu'il n'en soit pas ainsi pour vous !

> *Marc 4 : 38*
> *Et lui, il dormait à la poupe sur le coussin. Ils le réveillèrent, et lui dirent : Maître, ne t'inquiètes-tu pas de ce que nous périssons ?*

Beaucoup aussi s'en prennent à Dieu : « Comment permet-il cela ? », « Pourquoi Jésus ne me sort pas de cette situation ? ». Dieu aimerait tellement nous apprendre des leçons, pour que nous allions de gloire en gloire. Ne vous irritez jamais contre lui, il vous aime tellement.

Jésus va leur dire :

> *Marc 4 : 40*
> *Puis il leur dit : Pourquoi avez-vous ainsi peur ? Comment n'avez-vous point de foi ?*

La foi est un ordre de Dieu. Jésus a souvent dit : « Ayez foi en Dieu ».

La foi est ce qui va vous introduire dans le surnaturel. Ne priez pas pour avoir la foi, mais appropriez-vous la foi. Partout dans la Bible, dans la vie de Jésus, il est question de foi. Nous devons avoir la foi. Elle vient par la méditation et l'écoute de la Parole de Dieu. Lorsque nous prions, mettons-nous dans une atmosphère de foi. Pensons à toutes les prières que Dieu a déjà exaucées. Lisons la Parole de Dieu, et appuyons-nous sur ses promesses. Jésus reste le même. Dieu n'aime pas voir ses enfants pleurer. La foi est une ferme assurance des choses qu'on espère, une démonstration de celles qu'on ne voit pas.

Dieu va toujours conduire ceux qui ont foi, au port désiré. Ce n'est pas grâce à la loi et aux bonnes œuvres, mais par la foi. La foi vous conduira toujours de plus en plus loin. La foi, c'est amener à l'existence ce qui n'existe pas. C'est parler aux choses et les amener à l'existence. Croyons que Dieu reste le même. Dieu n'est pas insensible à votre situation. Ayez foi en Dieu. Croyez en sa Parole, et commencez à expérimenter de nouvelles choses.

La foi, c'est comme une carte grise qui prouve que votre voiture vous appartient. La foi n'est pas l'espérance. Tout le monde espère, chrétiens ou non. L'espérance, c'est voir ce que Dieu vous promet, c'est savoir intellectuellement que Dieu veut ceci ou cela pour vous. La foi va amener à la réalité les choses promises par Dieu. La foi va s'approprier les choses qui nous appartiennent en Christ. Pour cela, il faut méditer la Parole de Dieu, rechercher la volonté générale de Dieu, ce qu'Il veut pour tous ses enfants.

Si vous ne savez pas ce que Dieu veut, faites cette prière de Paul :

« Père, remplis-moi de la connaissance de Ta volonté, en toute sagesse et intelligence spirituelle ».

24 OCTOBRE

Raoul Wafo

Cela s'accomplira

Jean 11 : 40 : » Jésus lui dit : Ne t'ai-je pas dit que, si tu crois, tu verras la gloire de Dieu ? ».

Dans l'opération de la foi, on croit toujours au présent et on voit toujours au futur. Il est donc nécessaire qu'il s'écoule un temps entre le moment où tu crois et le moment où tu vois. Cela peut durer une seconde, un mois, 25 ans ou plus. Pendant cet intervalle de temps, le diable, ta chair et le monde s'attaqueront à toi pour te faire croire que Dieu ne t'a pas exaucé. C'est un mensonge ! Ce qui te donnera de tenir jusqu'à la manifestation de la promesse s'appelle la patience. C'est pourquoi la Bible dit que :

> *Jacques 1 : 3*
> *Sachant que l'épreuve de votre foi produit la patience.*

Donc, ce n'est pas parce que tu n'as pas encore vu, ce pourquoi tu as cru, que tu n'as pas eu la foi. Bien au contraire, cette foi peut être en opération même si les résultats ne sont pas encore visibles. Je ne sais pas ce que le Seigneur t'a promis, je ne sais pas non plus ce pourquoi tu as déployé ta foi en le Seigneur, mais je te donne un conseil aujourd'hui : continue de croire, n'abandonne pas car celui qui t'a fait la promesse est extrêmement fidèle pour l'accomplir. Si aujourd'hui, tu ressens une profonde envie d'abandonner, si tu te sens désespéré, je peux t'assurer que la promesse n'est plus loin. Le diable le sait et c'est pour cette raison qu'en ce moment précis il veut te faire abandonner. Tiens ferme !

Prions :

« Seigneur, je te rends grâce, car tu me donnes de comprendre comment marche la foi. En ce jour je renouvelle ma confiance en ta parole. Je sais que je finirai par voir, ce pourquoi j'ai cru, car tu es un Dieu fidèle qui veille sur sa parole pour l'exécuter. J'ai foi que tu accompliras toutes les promesses que tu m'as faites. Merci Seigneur, au nom de Jésus ».

25 OCTOBRE

Dorothée Rajiah

Le Salut pour votre mariage et toute votre famille

Exode 12 : 3-4 : « Parlez ainsi à toute l'assemblée d'Israël : Le dixième jour de ce mois, on prendra un agneau pour chaque maison. Si la maison est trop peu nombreuse pour un agneau, on le prendra avec son plus proche voisin, selon le nombre des personnes; vous compterez pour cet agneau d'après ce que chacun peut manger ».

Dans ce passage, Moïse instaure la pâque. Le peuple d'Israël, qui a vécu en esclavage depuis 400 ans, est sur le point de sortir d'Egypte. Dieu veut les conduire dans la terre promise. L'Egypte représente notre vie sans Christ, esclave du péché et de la mort. La terre promise représente la vie avec Dieu, une vie sauvée et abondante.

Pour pouvoir nous offrir cela, Dieu a dû sacrifier l'Agneau, Jésus-Christ ! L'agneau pour chaque maison dont il est parlé en Exode 12 est une représentation de l'œuvre de Christ pour nous. Dieu a prévu un agneau, Jésus-Christ, pour chaque famille, chaque couple et chaque maison.

Dieu a un plan pour votre mariage, votre famille, vos amis et vos voisins

De votre salut et de votre engagement à vivre une vie qui plaît à Dieu et qui se soumet à la Parole, va jaillir une grande source de bénédictions pour beaucoup. De la même façon que Dieu a parlé à Abraham en Genèse 12 et lui a dit qu'il allait faire de lui une bénédiction et que tous seraient bénis en Abraham ; de la même façon, Dieu veut faire de vous une bénédiction familiale, locale, nationale et universelle !

La foi, la prière, le témoignage, la persévérance dans votre vie vont amener votre mariage, votre famille, vos amis et vos voisins dans Son Royaume. C'est un désir qui doit brûler dans votre cœur si vous êtes un vrai chrétien.

L'Évangile est trop grand et trop merveilleux pour que vous le gardiez pour vous tout seul

Dieu vous a appelés envers ceux qui vous entourent et ceux qui ont besoin de Son aide. Soyez comme la petite servante qui parla à Naaman d'Elisée. Ne vous arrêtez pas de témoigner et d'évangéliser. Partagez Jésus, c'est la meilleure chose que vous puissiez donner aux gens.

Votre couple, votre famille et votre entourage ont besoin des 3T :

Temps :

Un temps de qualité et de quantité.

Vous devez passer avec votre famille et les gens que vous devez amener à Christ du temps de qualité. Si nous n'avons pas de relations avec les gens, comment pouvons-nous leur présenter l'Agneau ?

Talent :

Cela représente vos dons et vos talents.

Ils sont une richesse pour Dieu. Ils peuvent bénir les gens et les conduire à Dieu.

Trésor :

Une bénédiction financière ou un autre type de bénédiction : tel un cadeau, une gentillesse, une parole, une surprise... est une semence dans la vie de vos bien-aimés qui produira une récolte.

26 OCTOBRE

Jérémy Sourdril

La croissance : Ne sois pas nocif à ton propre accroissement !

Trop souvent, les chrétiens développent un langage qui est nocif à leur accroissement personnel. C'est parfois tragique...

Avez-vous déjà entendu ces prières : « Seigneur, nous sommes des êtres de misère », « Seigneur, nous ne sommes pas dignes de toi », « Seigneur, aie pitié de moi », « Seigneur, je voudrais être accepté par toi ».

Vous devez comprendre que les pharisiens n'ont jamais pu être saints comme ils le désiraient, car ils se débattaient toujours avec le péché. Ils voulaient être saints, mais ils n'y parvinrent jamais, car ils n'avaient pas compris une chose : ils ont été créés à l'image de Dieu. Les pharisiens, et les religieux en général, vivent dans le domaine de leur chair. Effectivement, notre chair est vouée à retourner à la poussière, et c'est pour cela que les pharisiens disent : « Seigneur, je suis un être misérable ». Ils vivent leur vie chrétienne comme s'ils étaient un corps !

Je vais vous donner une bonne nouvelle : Dieu dit : « Faisons l'homme à notre image, selon notre ressemblance » ! Je ne suis pas un corps de chair, mais je suis un esprit. Paul lui-même qualifiait le lieu que son esprit utilisait pour vivre sur cette Terre comme une tente. Notre corps est une tente, tout simplement ! Nous devons arrêter dans nos prières et dans nos façons de penser, de vivre comme si nous étions un corps. Non ! Rappelez-vous ceci : nous sommes un esprit, nous possédons une âme, et nous vivons dans un corps. Je le répète :

Nous sommes un esprit, nous possédons une âme, et nous vivons dans un corps

Si maintenant, je dis à Dieu : « Je suis un être misérable », ou encore : « Je ne suis rien Seigneur », ou encore : « Je ne suis que poussière », je suis en train de dire à Dieu : « Seigneur, ce que tu as créé, c'est-à-dire ton image en moi, est misérable, finalement tu es misérable » !

Trop de chrétiens se battent encore et encore avec le péché, car ils vivent dans le domaine de leur corps. En vivant comme un corps, vous prendrez le fruit interdit et vous pécherez. Quand Eve a commencé à désirer la pomme, elle a placé son corps au-dessus de son esprit. En agissant ainsi, nous allons contre notre propre croissance. Nous ne pourrons jamais développer notre relation avec le Seigneur tant que nous n'aurons pas compris notre valeur !

Vous avez été créé à l'image de Dieu, c'est tellement merveilleux et loin de l'image que nous a transmise la religion ! Dieu n'a pas pitié de son image ! Je suis à l'image de Dieu, donc je vivrais naturellement dans le domaine de mon esprit, je ne vivrai donc pas dans des habitudes de péché, mais j'obéirais aux désirs de ce que je suis réellement : les désirs de mon esprit.

Gloire à Dieu, en allant à l'église cette semaine, je vais m'écrier : « Oh merveilleux sauveur, merveilleux père, je ne suis plus indigne devant toi, je ne suis pas misérable, mais je suis ton image dans ce monde, je suis ta ressemblance sur cette Terre, je suis ton image devant mes voisins et mes amis ! Je te loue pour ton image en moi, et je souhaite la laisser prendre place au-dessus de la tente dans laquelle j'habite ».

- En vivant dans le domaine de l'esprit, vous ne serez jamais déçu.
- En vivant dans le domaine de la chair, vous serez toujours déçu.

Gloire à Dieu pour son image en nous, nous avons une valeur immense aux yeux de Dieu, car il nous a faits à son image. Nous avons plus de valeur que tous les diamants de ce monde, bien plus de valeur que l'or et l'argent ! Celui qui nous touche, touche à la prunelle des yeux du Seigneur qui a tout crée.

Confessons ces choses à haute voix, afin de les saisir, et de les proclamer devant le monde spirituel, afin de rétablir une saine et juste pensée en nous !

27 OCTOBRE

Mamadou Karambiri

Les trois amies fidèles

1 Corinthiens 13 : 13 : « Maintenant ces trois choses demeurent : la foi, l'espérance et l'amour... ».

Ces trois choses demeurent parce qu'elles sont liées à Dieu lui-même :

- Dieu est Amour... 1 Jean 4 : 8.
- Dieu est le Dieu de l'Espérance... Romains 15 : 13.
- Dieu est l'auteur de la Foi... Hébreux 12 : 2.

Voulez-vous plaire à Dieu ? Alors, agissez de manière à ce que ces trois choses demeurent abondamment en vous. Car elles ne vous laisseront pas oisif, ni stérile. Elles vous ouvriront les portes de la Vie.

Ces trois choses sont des amies fidèles et inséparables :

L'Amour

L'amour divin qui est répandu dans vos cœurs par le Saint-Esprit vous rendra capable de pardonner comme le Père pardonne. Il vous permettra d'être patient, avec les hommes et de persévérer dans les situations difficiles, voire même de supporter « l'insupportable ». L'amour « agapao » n'échoue jamais.

L'Espérance

L'espérance est une fille de l'Amour car l'Amour espère tout (1 Corinthiens 13 : 7). L'abondance de l'espérance dans votre cœur éloignera de vous toute forme de dépression. L'espérance garde votre cœur dans la paix et la joie en attendant des jours meilleurs ou une réponse à votre prière.

La Foi

L'amour est l'essence de votre foi, car votre foi est agissante par l'amour (Galates 5 : 6). Et l'espérance est l'huile qui permet à ce grand moteur qu'est votre foi de bien tourner.

Si l'une de ces trois amies est absente, malade ou meurt, votre vie ne fonctionnera plus de façon équilibrée. En effet, si l'Amour est absent, elle ressemblera à un moteur puissant bien huilé mais sans essence, et qui ne peut aller loin.

Une espérance morte brûlera votre moteur. Votre vie-moteur sera en état de « Burn Out ».

Enfin, sans la foi, votre vie ressemblera à une grosse voiture remplie d'essence et d'huile, mais où le moteur fait défaut.

Une prière pour aujourd'hui

« Seigneur, remplis-moi de foi, d'espérance et d'amour afin que ma vie te plaise. Qu'aujourd'hui, je puisse chanter que je vis d'espérance, d'amour et de foi ».

28 OCTOBRE

Jérémy Sourdril

Êtes-vous une personne ingrate ?

L'ingratitude est un signe de la fin des temps et un poison pour nous-même.

L'ingratitude est un signe de la fin des temps

> *2 Timothée 3 : 1-2*
> *Sache que, dans les derniers jours, il y aura des temps difficiles. Car les hommes seront égoïstes, amis de l'argent, fanfarons, hautains, blasphémateurs, rebelles à leurs parents, ingrats, irréligieux,*

Je ne sais pas si vous le saviez, mais l'ingratitude fait partie des signes de la fin des temps. Avez-vous déjà remarqué ce petit mot dans le verset de 2 Timothée : « ingrats » ? C'est un petit mot, mais avec de grandes conséquences ! L'ingratitude n'est pas quelque chose de nouveau, mais dans ce siècle présent, où beaucoup vivent centrés sur eux-mêmes, sur leurs besoins personnels et leur propre confort, ce qualificatif est pour de nombreuses personnes un trait marquant de leur personnalité.

Mais d'abord, qu'est-ce que l'ingratitude ? La définition courante est celle-ci : « L'ingratitude, est le fait de ne pas avoir de reconnaissance pour des bienfaits reçus ».

Jésus a dit qu'à la fin des temps, l'amour du plus grand nombre se refroidirait. La gratitude est un fruit de l'amour !

Déjà, dans le livre de Nombres, nous voyons un « bel » exemple de cet état d'esprit. Oui, l'ingratitude est un état d'esprit pour certains, un oubli chez les autres, mais pour d'autres encore, l'ingratitude est presque devenu un style de vie, et fait partie intégrante de leur vie !

Le peuple d'Israël, que nous regardons souvent avec mépris pour leurs multiples erreurs (regardons-les comme des exemples pour nous enseigner, ils ont déjà reçu leurs corrections !), murmurait au sujet de la viande (et du pain comme nous montre Exode 16). Ils ont murmuré puis ont fini par se soulever contre Dieu en venant se plaindre à Moïse. Non seulement ils rejetaient la grâce du Seigneur qui les avait libérés, mais ils venaient s'opposer directement au plan de Dieu concernant Canaan. Voici ce que la Bible nous relate :

> *Nombres 11 : 4*
> *Le ramassis de gens qui se trouvaient au milieu d'Israël fut saisi de convoitise; et même les enfants d'Israël recommencèrent à pleurer et dirent : Qui nous donnera de la viande à manger ?*

Moïse, une fois de plus, s'humilie et crie à Dieu en faveur du peuple. Dieu lui répondit :

> *Nombres 11 : 18*
> *Tu diras au peuple : Sanctifiez-vous pour demain, et vous mangerez de la viande, puisque vous avez pleuré aux oreilles de l'Éternel, en disant : Qui nous fera manger de la viande ? Car nous étions bien en Egypte. L'Éternel vous donnera de la viande, et vous en mangerez.*

Avez-vous relevé que le Seigneur a dit : « Sanctifiez-vous » ? La vraie sanctification signifie que nous devons nous détourner du péché et nous rapprocher de Dieu.

L'ingratitude est un poison pour nous-même

> *Nombres 11 : 31-33*
> *L'Éternel fit souffler de la mer un vent, qui amena des cailles, et les répandit sur le camp, environ une journée de chemin d'un côté et environ une journée de chemin de l'autre côté, autour du camp. Il y en avait près de deux coudées au-dessus de la surface de la terre. Pendant tout ce jour et toute la nuit, et pendant toute la journée du lendemain, le peuple se leva et ramassa les cailles; celui qui en avait ramassé le moins en avait dix homers. Ils les étendirent pour eux autour du camp. Comme la chair était encore entre leurs dents sans être mâchée, la colère de l'Éternel s'enflamma contre le peuple, et l'Éternel frappa le peuple d'une très grande plaie.*

Quels miracles ! Si nous regardons cet évènement d'un point de vue extérieur, nous tirerons comme conclusion que ces cailles étaient empoisonnées, ou du moins qu'elles étaient impropres à la consommation, puisque ceux qui les mangèrent les avaient à peine consommés qu'ils périrent. C'était quelque chose de très rapide. Ces cailles étaient-elles empoisonnées ? Non, elles ne l'étaient pas ! Dieu voulait vraiment par amour nourrir son peuple. L'aurait-il laissé mourir de faim, s'il avait eu la bonne attitude ? Non !

Ce qui m'a frappé dans ce texte, c'est de voir que pas une seule action de grâce n'a été faite par le peuple pour ce miracle de provision, pas un seul remerciement, pas un seul « merci ». On a vraiment l'impression que pour le peuple, cela était quelque chose de normal ! Cela nous fait penser à l'adolescent qui trouve normal d'être nourri, d'avoir une maison, des vêtements à la mode, et de l'argent de poche tous les mois sans avoir le besoin de dire merci et d'être reconnaissant.

Pendant près de deux jours, on voit le peuple ramasser les cailles, et la Bible ne nous relate ni le fait que le peuple s'est sanctifié (comme Dieu leur avait demandé), ni le fait qu'ils aient loué Dieu pour cet exaucement à la prière, ou devrais-je dire, cet « exaucement » à la plainte. Effectivement, comme j'ai entendu dire le Pasteur Olivier Derain : « La prière de plainte n'est pas une prière scripturaire et n'existe pas au Ciel » ! Nous voyons à plusieurs reprises le peuple d'Israël louer Dieu et éclater en triomphes pour l'Éternel, mais ici, ils sont vraiment passés à côté ! Il n'est pas étonnant que Dieu se soit mis en colère face à une telle ingratitude, et face aux plaintes du peuple.

En fait, le poison n'était pas dans les cailles, le poison était dans le cœur du peuple ! Leur manque de reconnaissance et leur mauvaise attitude a été pour eux un poison destructeur. La Bible ne dit-elle pas :

> *Proverbes 18 : 21*
> *La mort et la vie sont au pouvoir de la langue; Quiconque l'aime en mangera les fruits.*

Et encore :

> *Matthieu 12 : 34*
> *Races de vipères, comment pourriez-vous dire de bonnes choses, méchants comme vous l'êtes ? Car c'est de l'abondance du cœur que la bouche parle.*

Il n'est pas toujours obligatoire de parler pour amener la mort ou la vie. Un cœur mauvais amène une mauvaise attitude. Notre cœur a été parfaitement recréé à notre nouvelle naissance, et Dieu a mis en nous un esprit de reconnaissance. Sachons l'exercer !

29 OCTOBRE

Jérémy Sourdril

Êtes-vous une personne ingrate ? (suite)

L'ingratitude est un poison dont il faut se séparer.

L'ingratitude des neuf lépreux

J'ai lu une chose vraiment surprenante dans la Bible. Lisez avec moi ce passage :

> *Luc 17 : 11-19*
> *Jésus, se rendant à Jérusalem, passait entre la Samarie et la Galilée. Comme il entrait dans un village, dix lépreux vinrent à sa rencontre. Se tenant à distance, ils élevèrent la voix, et dirent : Jésus, maître, aie pitié de nous ! Dès qu'il les eut vus, il leur dit : Allez vous montrer aux sacrificateurs. Et, pendant qu'ils y allaient, il arriva qu'ils furent guéris. L'un d'eux, se voyant guéri, revint sur ses pas, glorifiant Dieu à haute voix. Il tomba sur sa face aux pieds de Jésus, et lui rendit grâces. C'était un Samaritain. Jésus, prenant la parole, dit : Les dix n'ont-ils pas été guéris ? Et les neuf autres, où sont-ils ? Ne s'est-il trouvé que cet étranger pour revenir et donner gloire à Dieu ? Puis il lui dit : Lève-toi, va; ta foi t'a sauvé.*

Ces dix lépreux crièrent à Jésus, car leur besoin était profond et bien réel. Ils furent TOUS guéris (Jésus ne fait jamais de favoritisme et l'a toujours démontré dans les Évangiles : ne pas le voir c'est se fermer à la vérité) mais un seul revint remercier Jésus et glorifier Dieu ! Mais qu'ont fait les neufs autres ? Jésus lui-même s'est demandé ! Nous ne saurons qu'au Ciel où sont allés les neufs autres, mais nous savons une chose, et c'est là ce qui est important : sur dix personnes guéries, neuf personnes furent ingrates. Combien nous trouvons de personnes comme cela aujourd'hui ? Combien de gens ont été guéris, touchés par le Seigneur et délivrés, puis n'ont jamais dit : « Merci », ou l'ont ingratement abandonné ?

Je pense personnellement que la plupart de ces neuf personnes ont peut-être perdu leur guérison rapidement. Au verset 19, on a l'impression que Jésus scelle éternellement la guérison du samaritain suite à son attitude. Quant aux autres, s'ils n'ont pas démontré un changement de vie suite à leur miracle, leur condition fut sûrement pire que la première... Si cela est, certains auraient écrit un article sur Internet intitulé : « Les faux miracles de Jésus : neuf des dix personnes qui furent apparemment guéries n'ont pas vraiment été guéries » (C'est ici un autre sujet...).

Beaucoup de chrétiens servant le Seigneur dans le ministère pourraient confirmer ce fait : l'esprit d'ingratitude est vraiment actuel. Parfois en lisant certains livres, des orateurs racontent qu'ils ont prié pour une personne qui était au bord de la mort, puis qu'ils ont prié pour elle, et que des années après, ils revoyaient cette personne qui avait été guérie suite à leur prière ! S'ils ne revoyaient jamais cette personne, certains d'entre eux auraient peut-être fini par dire au Seigneur : « Seigneur, je ne porte pas de fruits, les gens ne sont pas guéris quand je prie, ils ne sont pas édifiés quand je prie, je suis fatigué, je n'en peux plus ! ».

La reconnaissance est une source d'eaux vives

Je crois que le siècle présent a déteint sur beaucoup. On a du mal à dire merci, on a du mal à être reconnaissant. Le plus important, c'est d'abord d'être reconnaissant envers le Seigneur, mais aussi envers ceux qui nous ont bénis ! Il y a quelques années, j'ai eu à cœur d'écrire une lettre à mes parents, pour leur dire combien je les aimais, combien je les remerciais pour tout ce qu'ils avaient fait pour moi. Parfois certaines personnes arrivent à 30 ans, ou 40 ans et s'aperçoivent qu'ils n'ont jamais pris le temps pour dire un grand merci à ceux qui les ont bénis. Il ne faudrait pas qu'il soit trop tard...

Le Saint-Esprit lui-même m'avait dit d'écrire cette lettre, et en l'écrivant je pleurais de gratitude et de reconnaissance. Le Seigneur m'avait ouvert les yeux sur l'importance d'honorer et de remercier ses parents. Je me souviens d'avoir remercié mon père pour toutes les années, ou chaque jour de semaine il venait avec fidélité m'amener à l'école, au collège et au lycée le matin et me reprendre le soir. Jamais il n'a oublié, pas même un jour ! J'étais parfois fier de me dire qu'à 16h50, je savais, sans devoir vérifier, qu'il était déjà stationné à m'attendre.

La reconnaissance est un fruit de l'amour

Je me souviens avoir dit dans cette lettre à ma mère merci pour tout son amour, pour toutes ses attentions, pour tout ce qu'elle avait fait pour moi. Elle pourrait vous dire combien cette lettre a été une bénédiction, un sujet de joie et un baume sur son cœur. Certainement, cette lettre était inspirée, mais j'aimerais vous dire, l'amour est toujours inspiré. Vous n'avez pas besoin d'une révélation pour remercier les gens et être reconnaissant.

Vous vous dites peut-être que vos parents étaient bien différents des miens, et que vous ne trouvez pas de quoi leur dire merci. Pourtant, si vous vous tournez vers Dieu avec sincérité, il vous montrera combien vous pouvez leur dire merci. Vous avez pu vivre des choses terribles, mais l'amour est la plus grande ressource de délivrance et de bénédiction. En aimant et en pardonnant, vous serez vous-même bénis. La reconnaissance est un fruit de l'amour, et cet amour a été répandu dans votre cœur, à votre nouvelle naissance, et c'est à vous de le libérer aujourd'hui (Romains 5 : 5) !

La reconnaissance est-elle pour tous ?

> *Luc 17 : 9*
> *Doit-il de la reconnaissance à ce serviteur parce qu'il a fait ce qui lui était ordonné ?*

En lisant le contexte, on s'aperçoit que Jésus n'était pas en train de dire qu'il ne fallait pas du tout être reconnaissant envers un employé, mais qu'il ne fallait pas attendre de la reconnaissance pour ce qu'on pouvait faire. Attendre de la reconnaissance des autres pour un travail accompli vous rendra souvent amer, car cette reconnaissance ne viendra pas toujours. Envers qui devons-nous être reconnaissant ? Nous pouvons être reconnaissants envers nos parents, comme nous l'avons vu plus haut, mais aussi envers notre famille (parents, enfants...), notre conjoint, notre pasteur, nos professeurs/enseignants, nos bénévoles, etc. En fait, envers tous ceux qui ont fait quelque chose pour vous.

Je suis toujours surpris quand un frère ou une sœur me dit avoir prié pour moi. Cela me bénit toujours de savoir que quelqu'un, ne serait-ce qu'une minute, a pensé et prié pour moi. Je me dois d'être reconnaissant, et parfois la chair nous fait oublier de l'être ! Avez-vous déjà dit merci à votre pasteur, pour sa consécration à vous délivrer la Parole de Dieu ? Avez-vous déjà dit merci à votre conjoint pour sa fidélité, pour son amour, pour le fait d'être à vous et à vous seul ? Avez-vous déjà remercié vos enfants d'avoir obéi à vos commandements ? Avez-vous déjà dit merci à votre professeur pour son enseignement ?

La chair n'aime pas être reconnaissante

La chair, c'est tout ce qui n'est pas renouvelé dans notre marche avec Dieu. C'est en fait notre ancienne nature. Vous pourrez dire : « Pourquoi devrais-je dire merci à mon pasteur, mon conjoint, mon fils, mon professeur ? Ce qu'il fait est normal ! ». Il est aussi normal en tant qu'enfant de Dieu d'être reconnaissant.

Notre ancienne nature n'est pas reconnaissante. Une des principales raisons pour laquelle les gens ne sont pas reconnaissants, c'est parce qu'ils se disent que ce que les gens ont fait pour eux est normal. C'est pour cela que vous voyez des gens ne pas dire merci au serveur du restaurant, à l'automobiliste qui les laisse passer ou encore au patron qui les paie. Vous pouvez être une personne reconnaissante ! Parfois il serait bien de dire : « Merci beaucoup madame pour ce que vous avez fait pour moi ! ». La personne vous regarderait l'air surpris, en se disant en elle-même : « Mais j'ai été payée pour ça ! Cette personne a quelque chose de spécial ».

Faites un bilan pour vous-même

J'aimerais terminer en vous encourageant à faire un bilan pour vous-même. Paul dira aux Colossiens : « Soyez reconnaissants ». Alors, êtes-vous une personne ingrate, ou une personne reconnaissante ? Nous avons tous besoin de grandir ! Pouvez-vous réfléchir un instant ? Fermez les yeux, concentrez-vous, et demandez au Seigneur envers qui vous pouvez démontrer de la reconnaissance. Être reconnaissant envers vos frères et sœurs, c'est l'être envers Dieu.

30 OCTOBRE

Jérémy Sourdril

Chacun est esclave de ce qui a triomphé de lui

Êtes-vous dominé par l'orgueil ou l'argent ?

> *Luc 8 : 18-27*
> *Prenez donc garde à la manière dont vous écoutez; car on donnera à celui qui a, mais à celui qui n'a pas on ôtera même ce qu'il croit avoir. La mère et les frères de Jésus vinrent le trouver; mais ils ne purent l'aborder, à cause de la foule. On lui dit : Ta mère et tes frères sont dehors, et ils désirent te voir. Mais il répondit : Ma mère et mes frères, ce sont ceux qui écoutent la parole de Dieu, et qui la mettent en pratique. Un jour, Jésus monta dans une barque avec ses disciples. Il leur dit : Passons de l'autre côté du lac. Et ils partirent. Pendant qu'ils naviguaient, Jésus s'endormit. Un tourbillon fondit sur le lac, la barque se remplissait d'eau, et ils étaient en péril. Ils s'approchèrent et le réveillèrent, en disant : Maître, maître, nous périssons ! S'étant réveillé, il menaça le vent et les flots, qui s'apaisèrent, et le calme revint. Puis il leur dit : Où est votre foi ? Saisis de frayeur et d'étonnement, ils se dirent les uns aux autres : Quel est donc celui-ci, qui commande même au vent et à l'eau, et à qui ils obéissent ? Ils abordèrent dans le pays des Géraséniens, qui est vis-à-vis de la Galilée. Lorsque Jésus fut descendu à terre, il vint au-devant de lui un homme de la ville, qui était possédé de plusieurs démons. Depuis longtemps il ne portait point de vêtement, et avait sa demeure non dans une maison, mais dans les sépulcres.*

Jésus lui dit : « M'appelles-tu bon ? Il n'y a de bon que Dieu seul ».

Certains disent : « Dès ma jeunesse, j'ai baigné dans la loi, dans la Parole de Dieu, j'ai écouté, entendu des discours et des prédications, je me suis acquis un nom, on me connaît parmi les hommes, on sait qui je suis. On sait quand je suis là, et quand je n'y suis pas ».

Vous devez, comme tout le monde, observer la Parole de Dieu, notre titre et notre passé spirituel ne peut rien nous apporter. Dieu n'est pas meilleur avec une personne qu'avec un autre, avec celui qui est sur la chaise qu'avec celui qui est sur la chaire. Il ne fait point de favoritisme.

« Seigneur, j'ai obéi scrupuleusement aux commandements, j'y ai mis toutes mes forces, j'y suis arrivé ».

> *Philippiens 3 : 9*
> *Et d'être trouvé en lui, non avec ma justice, celle qui vient de la loi, mais avec celle qui s'obtient par la foi en Christ, la justice qui vient de Dieu par la foi,*

Nos bonnes œuvres ne nous donneront pas plus de privilèges qu'un autre, pas plus d'accès auprès de lui !

> *Marc 10 : 21*
> *Jésus, l'ayant regardé, l'aima, et lui dit : Il te manque une chose; va, vends tout ce que tu as, donne-le aux pauvres, et tu auras un trésor dans le ciel. Puis viens, et suis-moi.*

Jésus l'aima pour sa fidélité. Mais, après l'avoir entendu, il lui dira : « Il te manque une chose; va, vends tout ce que tu as, donne-le aux pauvres, et tu auras un trésor dans le ciel. Puis viens, et suis-moi ».

Ce que je vais dire maintenant est destiné à ceux qui veulent être parfaits pour Dieu.

Jésus lui dit : « Si tu veux être parfait »...

C'est vrai, et c'est bien, l'obéissance vaut mieux que les sacrifices. Les sacrifices de la chair... L'obéissance vaut dans le cœur de Dieu bien plus que les sacrifices. Jésus connaît cet homme plus que lui-même. Il va au-delà de ses paroles, de son apparence et de son statut de chef. Jésus sait que quelque chose est plus grand dans son cœur que le désir de suivre les voies de Dieu.

> *2 Pierre 2 : 19*
> *Ils leur promettent la liberté, quand ils sont eux-mêmes esclaves de la corruption, car chacun est esclave de ce qui a triomphé de lui.*

La richesse de cet homme triomphait de lui. Certainement, il lui était difficile de donner de son argent aux pauvres. Certainement, il aimait son argent, il aimait sa situation, il était assis financièrement, il se savait « assis » dans ce monde. Jésus voit profondément dans notre cœur. Il connaît tout de nous, il sait quand nous nous levons et quand nous nous couchons ! Y a-t-il quelque chose qui domine ce désir de suivre Jésus dans votre cœur ?

Par quoi êtes-vous dominé ? Est-ce l'orgueil ?

Supportez-vous les réprimandes qui sont justes, des réflexions qui sont vraies ? Supportez-vous qu'une personne dans votre entourage soit élevée, qu'on dise du bien d'elle ? Lorsqu'on fait des éloges de quelqu'un dans votre travail ou ailleurs, ressentez-vous un trouble à l'intérieur de vous ?

Par quoi êtes-vous dominé ? Est-ce l'argent ?

Donnez-vous à ceux qui en ont le besoin alors que vous en avez la possibilité ? N'éteignons pas la voix de notre conscience. Si vous savez qu'un frère a un besoin, faites-vous quelque chose pour lui ?

Donnez-vous votre dîme, ou votre amour pour l'argent vous empêche-t-il de le faire ?

> *2 Pierre 2 : 19*
> *Ils leur promettent la liberté, quand ils sont eux-mêmes esclaves de la corruption, car chacun est esclave de ce qui a triomphé de lui.*

Rien ne peut être caché devant Dieu, tout est mis à nu devant lui, notre cœur est percé, connu, il connaît les profondeurs de notre vie, il connaît nos désirs.

> *1 Timothée 6 : 10*
> *Car l'amour de l'argent est une racine de tous les maux; et quelques-uns, en étant possédés, se sont égarés loin de la foi, et se sont jetés eux-mêmes dans bien des tourments.*

Que vous soyez dominé par l'orgueil ou par l'argent, Dieu a un plan d'avenir et d'espérance pour vous. Jésus a un plan de libération, de liberté pour vous. Vous êtes libre au Nom de Jésus !

31 OCTOBRE

Jérémy Sourdril

Chacun est esclave de ce qui a triomphé de lui (suite)

Êtes-vous dominé par la paresse ou le sexe ?

Par quoi êtes-vous dominé ? Est-ce la paresse ?

« C'est plus fort que moi. J'aimerais lire la Bible, j'aimerais prier, mais je n'y arrive pas, c'est plus fort que moi ! ».

> *Proverbes 6 : 10-11*
> *Un peu de sommeil, un peu d'assoupissement, Un peu croiser les mains pour dormir !... Et la pauvreté te surprendra, comme un rôdeur, Et la disette, comme un homme en armes.*

« Oui, mais je suis toujours fatigué, quand je me couche, je ne peux pas lire plus de deux minutes ! ». « Un peu croiser les mains pour dormir ».

Quand on est jeune, les journées ne sont pas très fatigantes, mais quand vient la vie active, la vie de couple, puis de famille et les diverses activités, les journées deviennent vite épuisantes. « La pauvreté te surprendra, comme un homme en armes ».

Ce chef dira à Jésus : « J'ai observé toutes ces choses dès ma jeunesse ».

Par nos propres forces, nous finirons par pleurer de douleur, par nous sentir écrasé par la vie. Certains adhèrent à une religion qui est fausse, ils se mettent eux-mêmes dans des lois et dans une religion de commandements. L'apôtre Paul dira d'une certaine façon à ceux qui voulaient se remettre sous la loi, qui voulaient se faire circoncire : « Si vous voulez vous faire circoncire, suivez aussi les 400 commandements de la loi, cela ne sert à rien, vivez par la foi en Jésus ! ». Ne comptez jamais sur vos propres forces pour vaincre le péché, mais attachez-vous à la foi en Jésus.

Par quoi êtes-vous dominé ? Est-ce le sexe ?

« C'est plus fort que moi. J'aime mon compagnon, mais avec toutes les informations qui circulent aujourd'hui, je ne peux pas m'en défaire, je suis attaquée de toute part. J'ai le désir de regarder, de convoiter, de rechercher ! C'est plus fort que moi ! ».

> *Jacques 1 : 14-15*
> *Mais chacun est tenté quand il est attiré et amorcé par sa propre convoitise. Puis la convoitise, lorsqu'elle a conçu, enfante le péché; et le péché, étant consommé, produit la mort.*

> *Actes 5 : 1-10*
> *Mais un homme nommé Ananias, avec Saphira sa femme, vendit une propriété, et retint une partie du prix, sa femme le sachant; puis il apporta le reste, et le déposa aux pieds des apôtres. Pierre lui dit : Ananias, pourquoi satan a-t-il rempli ton cœur, au point que tu mentes au Saint-Esprit, et que tu aies retenu une partie du prix du champ ? S'il n'eût pas été vendu, ne te restait-il pas ? Et, après qu'il a été vendu, le prix n'était-il pas à ta disposition ? Comment as-tu pu mettre en ton cœur un pareil dessein ? Ce n'est pas à des hommes que tu as menti, mais à Dieu. Ananias, entendant ces paroles, tomba, et expira. Une grande crainte saisit tous les auditeurs. Les jeunes gens, s'étant levés, l'enveloppèrent, l'emportèrent, et l'ensevelirent. Environ trois heures plus tard, sa femme entra, sans savoir ce qui était arrivé. Pierre lui adressa la parole : Dis-moi, est-ce à un tel prix que vous avez vendu le champ ? Oui, répondit-elle, c'est à ce prix-là. Alors Pierre lui dit : Comment vous êtes-vous accordés pour tenter l'Esprit du Seigneur ? Voici, ceux qui ont enseveli ton mari sont à la porte, et ils t'emporteront. Au même instant, elle tomba aux pieds de l'apôtre, et expira. Les jeunes gens, étant entrés, la trouvèrent morte; ils l'emportèrent, et l'ensevelirent auprès de son mari.*

Il était possédé par l'amour de l'argent ! Après la vente de sa propriété, il est tenté par sa convoitise. L'amour de l'argent est la racine de tous les maux. Au-delà de la mort physique que l'on voyait beaucoup dans l'Ancien Testament, la mort spirituelle est actuelle.

Attention à la disette spirituelle, la sécheresse spirituelle.

« Ah oui, il était marié à une autre femme, il n'était pas chrétien, mais je l'aimais ! ». « Ah oui, mais les invitations de mes amis pour les soirées mondaines sont nombreuses ! ». Il y a beaucoup trop d'excuses pour couvrir le péché.
Dominez sur le péché ! Dominez sur celui qui rôde ! Combien sont morts spirituellement à cause du manque d'obéissance, et parce que leur convoitise a enfanté un fruit pourri ?!

> *Galates 5 : 1*
> *C'est pour la liberté que Christ nous a affranchis. Demeurez donc fermes, et ne vous laissez pas mettre de nouveau sous le joug de la servitude.*

Lorsque Jésus appelle un pécheur, il ne l'appelle pas à vivre une vie de lois, de fausse religion, mais une vie de foi et de liberté. Là où est l'Esprit de Dieu, là est la liberté. Et ceux qui sont chrétiens ne doivent pas se laisser mettre à nouveau sous le joug de l'esclavage !

Jésus va dire à ce chef : « Il te manque encore une chose : vends tout ce que tu as, distribue-le aux pauvres, et tu auras un trésor dans les cieux ».

Vous n'êtes pas loin d'y parvenir, vous êtes tout proche ! À vos yeux, vous pensez peut-être ne pas plaire à Dieu, vous croyez être loin de pouvoir arriver à ce que vous aviez prévu, aux bonnes résolutions que vous aviez prises, mais à ses yeux vous êtes tout proche ! Si vous comptez sur vous-même, vous êtes effectivement loin d'y arriver, mais si vous comptez sur ses forces, si vous comptez sur Jésus lui-même, vous êtes tout proche.

Ce chef cherchait l'argent. Jésus lui a dit qu'un trésor l'attendrait là-haut, mais un trésor d'une autre valeur. Sachez qu'il n'y aura plus ni détresse, ni pleurs.

Acceptez la solution... : « Il devint tout triste »

Si vous n'acceptez pas la solution de Dieu pour votre vie, celle de lui soumettre ce qui a triomphé de vous, et si vous ne lui soumettez pas votre vie entière, les jours continueront ainsi, et vous serez toujours esclave.

Mais si vous acceptez la solution de liberté, la solution d'obéissance, si vous décidez de regarder à la Parole de Dieu, alors aujourd'hui sera un jour nouveau. Cela dépend de vous, comme ce jeune qui s'est approché de Jésus. Ne refermez pas ce livre tout triste, mais aujourd'hui prenez la décision devant Dieu d'accepter sa solution pour votre vie !

Ne dites pas : je le ferai plus tard. Non ! Aujourd'hui ! La Parole de Dieu a été donnée pour aujourd'hui. Confessez votre péché à Dieu, ce qui a triomphé de vous, et abandonnez-le une fois pour toutes. Jésus montre qu'il est dur à un riche, à celui qui a des richesses (dans son âme : amour de l'argent, sexe, orgueil...), qu'il est difficile à quelqu'un qui est esclave, d'entrer dans le Royaume de Dieu. Mais la bonne nouvelle de Jésus est de dire :

« Ce qui est impossible aux hommes est possible à Dieu ». Croyez donc à la puissante main de Dieu, pour vous retirer de la boue du péché, ou pour retirer quelque chose de mauvais en vous. C'était peut-être plus fort que vous, vous n'y arriviez pas jusqu'ici, mais Dieu vous délivre aujourd'hui.

Approchez-vous de lui et recevez la bénédiction du Seigneur pour la libération et une vie de liberté !

01 NOVEMBRE

Joël Spinks

La faveur divine

Psaume 5 : 12 : « Car tu bénis le juste, ô Éternel ! Tu l'entoures de ta grâce comme d'un bouclier ».

Je remercie le Seigneur pour la grâce, la grande faveur, qu'il m'a données toute ma vie. J'affirme souvent que je suis le « Chouchou du bon Dieu ! » car je le crois honnêtement. Bien sûr, tous ceux qui veulent s'approcher de Lui et devenir Son « chouchou » peuvent recevoir Sa faveur. Ceci dit, j'ai rapidement réalisé que ce ne sont pas toutes les personnes qui comprennent cette dimension de la faveur de Dieu. Permettez-moi d'illustrer ce fait.

Mon épouse et moi étions dans un grand banquet dans l'ouest canadien. Nous étions assis à une table, entourés de pasteurs qui avaient « réussi » dans le ministère. Comme nous étions là pour manger et fraterniser lors d'un déjeuner réservé aux ministres, nous nous attendions à dialoguer avec les pasteurs à notre table. J'ai adressé la parole à l'un des pasteurs. Il m'a répondu poliment, mais, de toute évidence, n'éprouvait aucun intérêt à élaborer sa réponse et entretenir une conversation avec moi. Bref, nous avons fait le tour de la table, essayant de parler avec quelqu'un qui s'intéresserait à nous, mais sans succès ! Afin de vous situer un peu dans notre contexte, nous venions tout juste de déménager en Alberta pour œuvrer au sein d'une antenne de télévision chrétienne. Je n'étais donc pas connu par ces gens « importants ».

Comme la fin du déjeuner approchait, l'un des pasteurs, par miracle, me demanda ce que je faisais dans la vie. « Je suis pasteur associé avec le président de l'antenne de télévision chrétienne ici au Canada ». Tout à coup, tout le monde s'intéressait à nous ! Ils m'offraient leurs cartes d'affaires et ils me faisaient de grands sourires.

Je me souviens d'avoir été surpris par l'état charnel de ces gens. Je pensais : « Je n'avais aucune importance pour vous il y quelques minutes et maintenant, tout à coup, vous me trouvez intéressant ? ». J'ai compris qu'ils espéraient recevoir MA faveur et peut-être recevoir une invitation à l'une des émissions de l'antenne de télévision. Ces hommes et femmes de Dieu de « succès » croyaient devoir manipuler un jeune homme de 27 ans pour recevoir la faveur de Dieu. Ils ne comprenaient pas que la faveur véritable ne vient pas de l'homme, mais de Dieu !

Une des leçons importantes que j'ai apprises de cette expérience est la suivante : Dieu est notre Source en toutes choses ! Comme nous avons une relation vivante et intime avec notre Seigneur, Il nous bénit. Nous n'avons jamais besoin de solliciter les gens pour leur demander de nous côtoyer. Toutes les portes, toutes les opportunités et toutes les grandes personnalités que j'ai rencontrées dans ma vie, se sont tout simplement présentées à moi tout naturellement, et ce, sans aucun effort de ma part. Parfois, je devais me pincer ! « Mais pourquoi Dieu m'a-t-il placé ici aujourd'hui, en ce moment pour discuter avec cette personne ? Wow ! ».

Véritablement, Dieu est bon !

Aujourd'hui, si vous êtes prêt à vivre un peu plus de Sa faveur, relâchez votre foi ! Croyez le Seigneur pour Sa faveur qui est déjà la vôtre. Abandonnez les efforts de la chair pour recevoir Sa grâce et recevez-la comme un enfant qui reçoit gratuitement la provision de son père.

02 NOVEMBRE

Yvan Castanou

Votre attitude détermine votre altitude

Philippiens 3 : 1 : « Au reste, mes frères, réjouissez–vous dans le Seigneur. Je ne me lasse point de vous écrire les mêmes choses, et pour vous cela est salutaire ».

L'attitude est un des facteurs les plus déterminants dans la réussite personnelle, professionnelle et familiale. Elle éloigne ou attire les gens vers vous. Elle limite ou libère la puissance de Dieu dans votre vie.

Si vous désirez vous examiner vous-même, regardez à la manière dont vous réagissez devant un rejet, un licenciement, un refus, une tragédie, une critique négative... ou encore devant vos propres échecs ! Pensez-vous : « Personne ne veut de moi », ou bien : « Dieu sait que ce n'est pas le meilleur pour moi » ? Dites-vous : « Pourquoi m'as-tu abandonné ? », ou bien : « Je te rends grâce de ce que tu es toujours avec moi » ? En réalité, Dieu vous laisse toujours le choix de l'attitude. Vous pouvez choisir d'être amer, inquiet ou en colère. Vous pouvez également vous réjouir si vous réalisez que : « Toutes choses concourent au bien de ceux qui aiment Dieu », et si vous décidez d'appliquer à votre vie ces paroles du psalmiste :

> *Psaume 37 : 25*
> *J'ai été jeune, j'ai vieilli; et je n'ai pas vu le juste abandonné, ni sa postérité mendiant son pain.*

Tout dépend de la perception que vous avez des attributs de Dieu et de votre identité en Christ. C'est cette perception qui déterminera vos réactions face aux circonstances de la vie. Voulez-vous connaître la véritable perception que vous avez de Dieu ? Je ne parle pas de ce que vous essayez de faire croire aux autres, mais du véritable regard que vous portez sur Dieu au quotidien. Considérez votre attitude ! Josué et Caleb le trouvaient si grand que tout le reste semblait si minuscule à leurs yeux. Les dix espions de Canaan le voyaient si petit que les géants semblaient si immenses... Résultat : Josué et Caleb l'ont adoré tandis que les dix espions l'ont accusé.

Deux options vous seront constamment proposées : adorer ou accuser, croire ou douter, bénir ou maudire, obéir ou désobéir. Dieu vous laissera toujours le choix. La bonne attitude vous donnera de l'altitude, et la mauvaise vous clouera au sol. Votre attitude est un langage à part entière : c'est le domaine du non verbal et Dieu y est très sensible. Elle crée un parfum, une odeur, une atmosphère autour de vous. Elle suffit à éloigner Dieu ou à favoriser son intervention.

Réalisez-vous que chacun de nous répand une odeur ? Avez-vous remarqué qu'en présence de certaines personnes, vous semblez respirer un air sain et agréable, tandis qu'en présence d'autres, vous semblez suffoquer et désirez sortir de la pièce ? Certains dégagent une odeur de vie, d'espérance et d'encouragement, tandis que d'autres dégagent une odeur de défaite, de désespoir et de mort.

Dieu ressent également cette odeur que vous répandez. Comment réagissez-vous lorsque vous n'êtes pas content de lui ? Le célébrez-vous tout de même pour tout ce qu'Il est, ou alors Le condamnez-vous ? Il ne s'immisce pas dans une situation de détresse parce que vous pleurez ou que vous n'en pouvez plus. Tout dépend de l'odeur que vous répandez dans cette situation. L'adoration et l'action de grâce accélèrent et hâtent son intervention tandis que les murmures, les plaintes et les accusations le freinent. Paul connaissait l'impact de l'attitude. C'est pourquoi il a écrit :

> *Philippiens 4 : 4*
> *Réjouissez-vous toujours dans le Seigneur; je le répète, réjouissez-vous.*

Votre attitude détermine votre altitude. C'est l'un des secrets les mieux compris par les personnes qui accomplissent leur destinée. Souvenez-vous-en !

Une attitude pour aujourd'hui

Demandez au Seigneur d'illuminer les yeux de votre cœur afin que vous voyiez comme il voit. Adressez-lui cette prière que Moïse a faite : « Seigneur, fais-moi connaître tes voies ». Lorsqu'il vous montre ses voies, il répond aux questions « Pourquoi ? » et « Dans quel but ? ». Cela change votre perception parce que vous savez au plus profond de vous qu'il a un plan, qu'il vous conduit quelque part, et qu'il contrôle toujours la situation. C'est ce qui vous donne la capacité de toujours avoir la bonne attitude.

03 NOVEMBRE

Jérémy Sourdril

Le sommeil : Dieu se préoccupe-t-il de mon sommeil ?

Savez-vous que si vous vivez 100 ans, vous allez passer environ 35 ans à dormir ?

Chrétiens ou non, nous dormons tous ! Beaucoup de chrétiens ont des problèmes de sommeil, ou des questions par rapport au sommeil. Vous êtes peut-être de ceux qui n'arrivent pas à dormir, ou peut-être dormez-vous beaucoup trop ! Quel que soit votre sommeil, ce texte vous sera certainement bénéfique. Il existe beaucoup de livres, d'études, et de sites Internet sur le sommeil; mais finalement :

- Quelle est la position de Dieu sur le sommeil ?
- Dieu se préoccupe-t-il de mon sommeil ?
- Dois-je remplir un quota d'heures de sommeil en tant qu'enfant de Dieu ?

Les Problèmes de sommeil

Trop souvent, on entend dire que les problèmes de sommeil sont une fatalité qui vient avec l'âge. Certains chrétiens pensent que l'insomnie est quelque chose de normal, et laissent libre cours à cette situation dans leur vie.

Avant d'aller plus loin, qu'est-ce que l'insomnie ?

Une des définitions courantes est celle-ci : « L'insomnie est la diminution de la durée habituelle du sommeil et/ou l'atteinte de la qualité du sommeil, avec retentissement sur la qualité de la veille du lendemain ».

Quels sont les troubles de l'insomnie ?

Pendant la nuit, la quantité de sommeil peut être réduite par : des difficultés d'endormissement, des éveils nocturnes, un réveil trop précoce le matin. « Le sommeil est vécu comme léger et non reposant. La journée du lendemain est difficile avec plaintes de fatigue, somnolence, irritabilité, et s'accompagne souvent de troubles de l'humeur ».

Certainement, Dieu a un mot à dire sur ce fait qui touche bon nombre de chrétiens. Le sommeil est lié à notre santé, mais bien plus, à notre caractère, à notre humeur, et à notre vie spirituelle !

La Bible nous donne-t-elle une promesse spécifique à ce sujet ?

> *Proverbes 3 : 24*
> *Si tu te couches, tu seras sans crainte; Et quand tu seras couché, ton sommeil sera doux.*

La Bible nous parle du sommeil, et Dieu nous fait une promesse qui a traversé les alliances ! Dieu a une volonté par rapport à nos nuits : il veut que nous dormions sans crainte, et que notre sommeil soit doux (apaisant, reposant, fortifiant...).

« D'où viennent mes problèmes de sommeil ? »

Les problèmes de sommeil peuvent venir de différentes sources. Dans tous les cas, il existe un moyen biblique d'en sortir. Par exemple, il se peut que le diable vous cherche des histoires, mais gloire à Dieu, il est vaincu !

L'inquiétude

J'aimerais vous rappeler, si vous avez décidé que la Parole de Dieu aurait le premier mot dans votre vie, que celle-ci nous exhorte à ne pas nous inquiéter du lendemain. Jésus a dit :

> *Matthieu 6 : 34*
> *Ne vous inquiétez donc pas du lendemain; car le lendemain aura soin de lui-même. À chaque jour suffit sa peine.*

Ici, deux mots (inquiétez et lendemain) nous montrent que Jésus parle, entre autres, de notre sommeil. Jésus ne veut pas que vous passiez vos soirées et vos nuits à vous inquiéter du lendemain !

Lisez bien ceci : ce n'est pas la volonté de Dieu que vous vous inquiétiez pour vos enfants, pour votre situation professionnelle, pour vos examens, pour votre corps, ou pour tout ce qui peut vous passer par la tête à l'heure où tous les autres dorment. Jésus vous voit la nuit, aussi bien que le jour. Il s'intéresse à votre sommeil. Il ne souhaite pas que vous vous retourniez encore et encore dans votre lit, et que vous vous leviez une multitude de fois dans la nuit. Ce n'est pas sa volonté que votre manque de sommeil ait une conséquence sur votre moral, sur votre soif de vous réunir avec vos frères, sur votre comportement avec vos proches. Dieu n'aime pas vous voir malheureux, triste, fatigué, vous mettre en colère contre votre femme, votre mari, vos enfants ou ceux qui vous entourent, car vous n'avez pas réussi à dormir.

« Que ferait Jésus à ma place ? »

> *Luc 8 : 23*
> *Pendant qu'ils naviguaient, Jésus s'endormit. Un tourbillon fondit sur le lac, la barque se remplissait d'eau, et ils étaient en péril.*

Si vous passez par les difficultés, si votre vie est un tourbillon de problèmes et de voies sans issue, si vous êtes en péril, sachez que Dieu veut vous en sortir. Mais alors :

« Comment m'en sortir ? »

En résumé, Dieu ne veut pas que vous vous inquiétiez, mais que vous vous déchargiez sur lui.

> *1 Pierre 5 : 7*
> *Et déchargez-vous sur lui de tous vos soucis, car lui-même prend soin de vous.*

Il existe un rapport entre notre sommeil et la méditation de la Parole de Dieu. La promesse de Proverbes 3 : 24 que j'ai citée avant est liée à ce verset :

> *Proverbes 3 : 21*
> *Si tu te couches, tu seras sans crainte; Et quand tu seras couché, ton sommeil sera doux.*

Vous êtes allé chez le médecin et à la pharmacie, mais vous avez oublié de prendre le meilleur des médicaments ! Vous avez écouté les conseils, et vous avez suivi scrupuleusement l'ordonnance du docteur, ainsi que la posologie, mais vous avez délaissé celles du Seigneur !

Ordonnance du Seigneur pour votre sommeil :

Conseil : « Que ces enseignements ne s'éloignent pas de tes yeux », « Décharge-toi sur moi de tous tes soucis », car « Je prends moi-même soin de toi ».

Ordonnance : « Que ces enseignements ne s'éloignent pas de tes yeux », « Décharge-toi sur moi de tous tes soucis », car « Je prends moi-même soin de toi ».

Posologie : « Que ces enseignements ne s'éloignent pas de tes yeux », « Décharge-toi sur moi de tous tes soucis », car « Je prends moi-même soin de toi ».

Je vous invite à méditer Sa Parole, et à chercher ce que Dieu veut pour vous. Cherchez dans la Parole. La solution se trouve là. Il est tellement merveilleux de se reposer sur la Parole, de s'endormir paisiblement après l'avoir méditée. Croyez-le, et dites haut et fort : « La Parole de Dieu est le meilleur des médicaments pour mon sommeil ! ».

04 NOVEMBRE

Jérémy Sourdril

Le sommeil : Dieu se préoccupe-t-il de mon sommeil ? (suite)

Le sommeil peut être dangereux.

> *Matthieu 25 : 5*
> *Comme l'époux tardait, toutes s'assoupirent et s'endormirent.*
>
> *Matthieu 26 : 40*
> *Et il vint vers les disciples, qu'il trouva endormis, et il dit à Pierre : Vous n'avez donc pu veiller une heure avec moi !*

Vous êtes peut-être de ceux qui dorment trop. Vos journées sont marquées par la hâte de vous retrouver au lit pour dormir, vous aimeriez rester au lit, encore et encore.

> *Marc 13 : 36*
> *Craignez qu'il ne vous trouve endormis, à son arrivée soudaine.*

Vous me direz : « Ces versets ne parlent pas de sommeil ! ».

> *Proverbes 20 : 13*
> *N'aime pas le sommeil, de peur que tu ne deviennes pauvre; Ouvre les yeux, tu seras rassasié de pain.*
>
> *Proverbes 6 : 6-11*
> *Va vers la fourmi, paresseux; Considère ses voies, et deviens sage. Elle n'a ni chef, Ni inspecteur, ni maître; Elle prépare en été sa nourriture, Elle amasse Pendant la moisson de quoi manger. Paresseux, jusqu'à quand seras-tu couché ? Quand te lèveras-tu de ton sommeil ? Un peu de sommeil, un peu d'assoupissement, Un peu croiser les mains pour dormir !... Et la pauvreté te surprendra, comme un rôdeur, Et la disette, comme un homme en armes.*

Il est bon pour nous, en tant qu'enfants de Dieu, d'avoir une vie saine et équilibrée, et un repos quotidien qui soit bon.

Certains disent : « C'est plus fort que moi. J'aimerais lire la Bible, j'aimerais prier, mais je n'y arrive pas, c'est plus fort que moi ! ». La Bible dit : « Un peu de sommeil, un peu d'assoupissement, un peu croiser les mains en te couchant ! Et la pauvreté te surprendra, comme un rôdeur, et la disette, comme un homme en armes. ». Si vous répondez : « Oui, mais je suis toujours fatigué; quand je me couche, je ne peux pas méditer plus de deux minutes ! », la Bible déclare : « Un peu croiser les mains en te couchant »...

> *Psaumes 13 : 4-5*
> *Afin que mon ennemi ne dise pas : Je l'ai vaincu ! Et que mes adversaires ne se réjouissent pas, Si je chancelle. Moi, j'ai confiance en ta bonté, J'ai de l'allégresse dans le cœur, à cause de ton salut;*

Le sommeil peut être un instrument du diable, afin de vous rendre stérile et d'aucune utilité pour l'œuvre de Dieu. Soyez énergique, et non faible. Soyez plein de force.

Réveillons-nous !

Vous préoccupez-vous de votre vie physique plus que de votre vie spirituelle ? Si vous êtes de ceux qui dorment trop, prenez la décision de donner 30 minutes ou une heure au Seigneur par jour, afin d'être fortifié dans votre vie spirituelle, et de ne plus avoir la sensation de ne prendre qu'un sandwich par semaine le dimanche matin.

Si vous dormez une heure de moins, pour la consacrer au Seigneur, savez-vous que si vous vivez encore 50 ans, vous gagnerez 18.250 heures, soit 13 mois 24h/24, et sept jours sur sept pour le Royaume de Dieu, en communion avec le Roi des rois !

La Bible nous fait mention d'un jeune homme nommé Eutychus, qui était assis sur une fenêtre, pendant un long discours de Paul. Il s'endormit profondément, et entraîné par le sommeil, il tomba du troisième étage, et fut relevé mort. La jeunesse est souvent un moment de la vie où l'on dort beaucoup. Un jeune chanteur chrétien disait : « C'est fou c'qu'on a du temps, c'est fou c'qu'on perd du temps quand on est jeune. On voit passer le temps, on laisse filer le temps quand on est jeune ».

Psaume 132 : 3-4
Je n'entrerai pas dans la tente où j'habite, Je ne monterai pas sur le lit où je repose, Je ne donnerai ni sommeil à mes yeux, Ni assoupissement à mes paupières.

Je vous en prie, ne vous endormez pas jusqu'à la mort ! Prenez garde à votre vie spirituelle, plus précieuse que votre vie physique. Ne donnez pas d'assoupissement à vos paupières, jusqu'à ce que vous ayez passé un temps avec lui. Prenez un temps de communion avec le Seigneur, un temps de qualité, et non de quantité, qui ne vous amènerait pas plus loin. Ne laissez pas filer le temps, ne perdez pas le temps, mais rachetez-le !

Rappelez-vous qu'avant d'être sauvé, vous vivez peut-être une vie déréglée à tout niveau, et que vous avez été sauvé glorieusement ! C'est l'heure de racheter le temps pour Christ !

Ne soyez pas sur la touche, alors que le Saint-Esprit cherche quelqu'un à réchauffer, pour faire de Lui un instrument de réveil !

05 NOVEMBRE

Jérémy Sourdril

Le sommeil : Dieu se préoccupe-t-il de mon sommeil ? (suite)

Que vos nuits soient productives de bonnes décisions !

La nuit est parfois, il est vrai, un moment privilégié pour mettre un temps à part, afin de réfléchir et méditer sur notre avenir en Christ. L'assemblée d'Israël s'était, cette nuit-là, tenue éveillée :

> *Nombres 14 : 1-2*
> *Toute l'assemblée éleva la voix et poussa des cris, et le peuple pleura pendant la nuit. Tous les enfants d'Israël murmurèrent contre Moïse et Aaron, et toute l'assemblée leur dit : Que ne sommes-nous morts dans le pays d'Egypte, ou que ne sommes-nous morts dans ce désert !*

Quel a été le fruit de leur éveil cette nuit-là ? Une rébellion ! Je souhaite que vos nuits soient productives de bonnes décisions. Alors que le soleil est couché, il est parfois bon de se placer devant le Seigneur, et de chercher sa volonté spécifique pour nos vies. Avez-vous déjà remarqué que Dieu parlait beaucoup la nuit ? Dieu ne sommeille ni ne dort, car il garde vos nuits. Il n'y pas de nuit au ciel, et Dieu est toujours vivant la nuit ! Sachons nous ouvrir et chercher sa volonté, alors que le silence qui nous entoure nous offre un moment privilégié avec notre Seigneur.

> *Josué 1 : 8*
> *Que ce livre de la loi ne s'éloigne point de ta bouche; médite-le jour et nuit, pour agir fidèlement selon tout ce qui y est écrit; car c'est alors que tu auras du succès dans tes entreprises, c'est alors que tu réussiras.*

Le succès est dans la Parole de Dieu. Si vous cherchez une solution ou un conseil, il est préférable qu'il soit divin. Deux expressions clés : « Parole de Dieu », et « vie de communion avec Dieu ». Ouvrez vos cœurs, et recevez les instructions de celui qui a formé sur vos vies des projets de paix, et non de malheur, afin de vous donner une espérance, mais aussi un avenir puissant en Lui.

Se tenir éveillé

> *Luc 9 : 32*
> *Pierre et ses compagnons étaient appesantis par le sommeil; mais, s'étant tenus éveillés, ils virent la gloire de Jésus et les deux hommes qui étaient avec lui.*

> *Actes 16 : 25*
> *Vers le milieu de la nuit, Paul et Silas priaient et chantaient les louanges de Dieu, et les prisonniers les entendaient.*

> *1 Thessaloniciens 3 : 10*
> *Nuit et jour, nous le prions avec une extrême ardeur de nous permettre de vous voir, et de compléter ce qui manque à votre foi.*

Voilà des exemples pour nous aujourd'hui ! Quoique fatigués, les apôtres savaient se tenir éveillés au bon moment. Au milieu des circonstances défavorables, dans le service du Seigneur, ils glorifiaient Dieu. Si Pierre s'était endormi, il aurait raté un moment glorieux ! Sachons être éveillés au bon moment, tant spirituellement que physiquement. Sachons aussi nous mettre à l'écart et nous reposer après des journées fatigantes, comme l'a fait Jésus, et comme il le conseillait lui-même aux disciples. Prenons position contre le diable, contre l'insomnie, les troubles et les problèmes de sommeil. Nous devons parfois nous reposer.

Reposons nos nuits sur la Parole de Dieu. Déchargeons-nous de tous nos soucis à ses pieds. Ayons une vie qui glorifie son nom en tout point.

> *Apocalypse 22 : 5*
> *Il n'y aura plus de nuit; et ils n'auront besoin ni de lampe ni de lumière, parce que le Seigneur Dieu les éclairera. Et ils régneront aux siècles des siècles.*

Je vous invite maintenant à une prière :

Prions Maintenant !

« Seigneur, je suis à présent conscient que tu t'intéresses à mon sommeil. Tu as une volonté par rapport à mes nuits, car elles ont une grande place dans ma vie.

La volonté du diable est que je m'inquiète sur mon futur, ou le futur de mes proches. Le diable veut que je passe de mauvaises nuits, avec des difficultés d'endormissement, des éveils nocturnes, ou un réveil trop précoce le matin. Il veut que mes journées soient difficiles, chargées de plaintes, de fatigue, de somnolence, d'irritabilité, et de troubles de l'humeur.

Ta volonté, Seigneur, se trouve dans Proverbes 3 : 24. Tu veux que mes nuits soient douces, paisibles, et de qualité; tu les veux réconfortantes pour mon corps. Ta Parole est le meilleur des médicaments pour mon sommeil. Tu as formé des projets de paix sur ma vie, et non de malheur, afin de me donner une espérance, mais aussi un avenir en toi. Je choisis ton camp, Seigneur, parce que tu as vaincu l'ennemi, et que tu es mon seul Maître. Satan, quant à toi, tu n'as aucune autorité sur mes nuits.

Je me décharge donc de tous mes soucis à tes pieds, Seigneur Jésus. Ils ne m'appartiennent plus. Tu as porté à la croix ces problèmes de sommeil. Merci, car ils ne sont plus miens, ils ne m'appartiennent plus ! Alors que je serai couché, mon sommeil sera doux. Je prends la décision de fonder mes journées sur ta Parole, et sur une communion de qualité avec toi. Saint-Esprit, je me laisse maintenant diriger par toi. Je suis disponible le jour comme la nuit. Prends toute ma vie, prends mon sommeil; mes jours et mes nuits t'appartiennent. Que mes nuits produisent de bons fruits, de bonnes décisions, et de bons choix.

Je choisis de ne pas croiser les bras, de ne pas m'assoupir. Je ne suis pas un fainéant, mais je suis plein de force et actif en toi.

Je me réjouis pour ta Parole qui m'a donné la solution. Merci Père, dans le merveilleux Nom de Jésus. Amen ! ».

06 NOVEMBRE

Reinhard Bonnke

Gagner des âmes : la priorité de l'Église

Apocalypse 3 : 20 : « Voici, je me tiens à la porte, et je frappe. Si quelqu'un entend ma voix et ouvre la porte, j'entrerai chez lui, je souperai avec lui, et lui avec moi ».

Je suis toujours touché par l'image de Jésus qui se tient à la porte de l'église de Laodicée. Que fait-Il ? Il frappe ! Cette image de l'Apocalypse n'a pas été donnée à la merveilleuse église de Philadelphie. Non, elle a été donnée à une église de croyants tièdes qui aimaient les compromis et ignoraient l'Esprit. Mais que nous communique cette image ? Elle nous dit que les Laodicéens, avec toutes leurs erreurs, n'étaient pas loin de la réalité. Ils devaient simplement se tourner, ouvrir la porte et Il entrerait. Jésus ne les avait pas abandonnés. C'est eux qui s'étaient détournés de Lui. Ainsi, par l'Esprit de Christ qui frappa à la porte à Laodicée, j'aimerais dire aux églises qui ont perdu leur zèle pour l'évangélisation qu'elles ne sont pas loin du but. Faisons à nouveau de l'évangélisation, notre priorité. L'Église de Jésus Christ n'est pas un bateau de plaisance mais un bateau de sauvetage. Nous n'avons pas besoin de gens qui font un show. Du capitaine au cuisinier, chaque personne est nécessaire à bord pour gagner des âmes. Une église qui ne va pas à la rescousse des perdus est perdue elle-même.

Notre ministère, Christ pour toutes les Nations, a aidé bien des églises à redécouvrir leur passion pour l'évangélisation. Nous, les évangélistes, nous amenons les filets dans la ville mais nous devons emprunter les bateaux des églises. Puis ensemble, nous jetons les filets et ramenons vers la rive d'immenses prises de poissons. Lorsque nous avons fini notre travail, nous apportons notre prise aux pasteurs et congrégations locales. Puis nous, les évangélistes, nous lavons et réparons les filets et allons vers d'autres eaux de pêche.

L'enthousiasme grandit lorsque nous annonçons une série de réunions en Afrique. Chaque pasteur sait que son église bénéficiera de cinq soirées où l'Evangile sera prêché. Nous recrutons et formons des coéquipiers de prière venant de ces églises locales et ils doivent passer un test avant de pouvoir faire partie du travail de suite. Nous nous basons et dépendons entièrement des églises locales. Plus de 50% du budget d'une campagne d'évangélisation CfaN est utilisé pour équiper les églises locales dans le travail de suite. Le fruit qui en découle est vraiment sensationnel et la passion pour les perdus de ces églises-là est à nouveau réveillée.

Néanmoins, Christ pour toutes les Nations ne peut être la seule réponse à la perte de l'objectif de l'évangélisation de beaucoup d'églises. Quel est le secret pour pouvoir garder ce feu pour l'évangélisation ? Premièrement, je crois que nous devons nous donner à nouveau entièrement au Saint-Esprit. Oh oui, beaucoup disent cela, mais qu'en est-il de la réalité ? Je crois que lorsque nous faisons vraiment confiance au Saint-Esprit, toutes nos méthodes, nos programmes, notre loyauté à une dénomination particulière et nos traditions bien vieilles deviennent secondaires, voire même extensibles. Nous dépendons entièrement du Feu de l'Esprit. Il est le seul et véritable « gagneur d'âmes ». Il est le feu en personne. Nous avons le grand privilège par « la folie de notre prédication » de devenir des serviteurs de Son Feu.

Lorsque j'étais un jeune missionnaire en Afrique, j'avais dans mon travail un respect dévoué envers mes pères. Ils m'avaient enseigné ce qu'ils considéraient comme les méthodes appropriées du travail missionnaire, des méthodes correctes et qui avaient fait leurs preuves. Je ne pouvais pas passer outre. Mais mon cœur souffrait de voir combien peu de personnes répondaient à l'image rigide que nos pères avaient érigée de notre Sauveur plein de grâce. C'était comme si nous présentions le bébé Jésus enveloppé dans des documents légaux, remplis de règles et de règlements qui masquaient Sa vraie nature. J'aspirais de voir de grandes multitudes d'africains précieux se réjouir en Christ mais dans de telles circonstances, je n'étais pas étonné de voir si peu de personnes se tourner vers Lui.

Dieu a pris un marteau et un burin et a commencé à me façonner. Les choses ne se mirent pas en place du jour au lendemain. J'ai appris une leçon après l'autre. De nouvelles dimensions du Saint-Esprit s'ouvrirent à moi et chacune d'elles me laissa absolument abasourdi. Des signes et des miracles se mirent à se produire et les choses commencèrent à changer. Il faudrait lire mon autobiographie dans son intégralité, « Une vie en feu », pour comprendre et apprécier les différentes étapes par lesquelles le Seigneur me conduisit.

Chacune de ces leçons m'opposèrent à ceux qui étaient attachés aux méthodes, aux programmes, et loyaux à une dénomination particulière et à de longues traditions. Chaque fois, il arriva un moment où il fut nécessaire de se libérer d'elles et de suivre l'Esprit dans sa quête des âmes. Ce fut émotionnellement très dur de passer par ce processus – mais c'est aussi la raison pour laquelle si peu de personnes veulent emprunter ce chemin.

C'est le temps de la moisson !

Je ne peux que donner mon témoignage. J'ai vu plus d'un million de personnes donner leur vie à Christ en une seule réunion et documenter leur décision. J'ai vu 58 millions de personnes s'engager pour Jésus depuis l'an 2000. Et cela n'est pas fini. Des multitudes sont guéries et sont remplies du Saint-Esprit. C'est le temps de la moisson ! Le livre des Actes n'est pas le paroxysme de la puissance de Dieu; il a seulement montré les premiers exemples des possibilités qu'ont ceux qui Le suivent par le Saint-Esprit. Faites-Lui confiance ! N'acceptez rien de moins.

Lorsque nous nous sommes libérés des méthodes éprouvées et testées, nous avons vu des pays entiers ébranlés par la puissance de l'Evangile. Si cela peut être le résultat des choses que Dieu m'a montrées un jour, alors j'espère qu'Il vous montrera de telles choses également. Puissiez-vous recevoir cette révélation de la gloire incomparable de Sa puissance, une puissance qui va au-delà de tout ce qui n'a jamais été vu. Le potentiel de la pentecôte n'a pas encore été tout à fait réalisé – de plus grandes choses arrivent.

Dieu est le créateur des évangélistes. Nous sommes des hommes et des femmes tout à fait ordinaires, en chair et en os. Les anges auraient sans doute été plus efficaces mais dans Sa sagesse infinie, le Seigneur n'avait pas un tel plan. C'est frappant de voir que l'ange qui apparut à Corneille dans Actes 10 n'avait pas le droit de lui mentionner le Nom de Jésus ou de lui expliquer le Salut. Tout ce qu'il avait le droit de lui dire était : « Envoie maintenant des hommes à Joppé, et fais venir Simon, surnommé Pierre ». Ce puissant séraphin des cieux devait se plier à la volonté du Tout-Puissant et laisser à Pierre le grand privilège d'annoncer l'Evangile de Jésus Christ à Corneille. Il ne nous reste plus qu'à accepter avec émerveillement et humilité, qu'il plaît à Dieu d'appeler et d'envoyer des gens comme vous et moi. Nous, les humains, sommes si privilégiés. Nous ne devrions avoir aucune retenue à accomplir cette œuvre.

Les porteurs de l'Evangile diffèrent d'une génération à l'autre mais l'Evangile reste à jamais le même. En ce moment, c'est à notre tour de l'annoncer. Dieu nous a appelés, chacun de nous. L'Evangile a toujours besoin d'être annoncé jusqu'aux extrémités de la terre. Parfois, je me demande si les millions d'âmes que je moissonne aujourd'hui n'auraient pas dû être moissonnées par ceux qui se sont détournés de cet appel.

Des hommes et des femmes qui prêchent un Evangile sans compromis

Je ne crois pas que le plan de Dieu soit de permettre à l'enfer d'être plus grand que le ciel. Bien que les Écritures parlent dans Matthieu 7 : 13 de « beaucoup » qui sont sur la voie de la perdition, il faut que ces derniers soient interceptés par des hommes et des femmes qui prêchent un Evangile sans compromis. Par Sa mort sur la croix, Jésus a élevé le plus grand barrage de tous les temps. Il s'élève à la vue de tous, en plein milieu de la voie qui mène à la perdition. Celui qui veut le franchir, devra le faire de manière délibérée. Vous et moi, en tant que disciples de Jésus, nous nous tenons au pied de la croix et crions aux gens :

> *2 Corinthiens 5 : 20*
> *Soyez réconciliés avec Dieu.*

Beaucoup de gens ont entendu l'appel du Salut, et l'entendent encore aujourd'hui ! Hébreux 2 : 10 nous révèle que tout a été accompli pour conduire « beaucoup de fils à la gloire » et Apocalypse 7 : 9 parle d'une conclusion couronnée de succès. Jésus nous a dit de faire des disciples parmi toutes les nations. Ces mots n'étaient pas vides de sens !

De plus, rien n'a été prévu dans l'Écriture au cas où l'Evangile faillirait. Ce ne sera jamais le cas ! Les gens sont sauvés, guéris et baptisés du Saint-Esprit, aujourd'hui plus que jamais dans l'Histoire de l'humanité. Nous ne sommes pas appelés à nous engager dans une guerre dont la fin est incertaine. Nous sommes appelés à partager la victoire et le butin. Le secret invincible de Dieu est la croix de Jésus Christ, qui effraie chaque démon en enfer. Mes paroles sont une invitation à vous joindre à une armée conquérante et non une supplication à soutenir une résistance désespérée et sans issue contre une armée surpuissante. Notre capitaine ne perdra jamais la bataille – à jamais.

C'est pour cette raison que je vous presse de faire partie de cette armée. Faites de l'évangélisation à nouveau une priorité dans vos vies et dans vos églises. Je crois que le meilleur est devant nous. La terre entière résonnera des louanges de notre Dieu et Sauveur. Dans toutes les nations et dans toutes les langues, les gens confesseront que Jésus Christ est Seigneur, à la gloire de Dieu le Père. Amen.

07 NOVEMBRE

Mohammed Sanogo

Ce qui est Visible est né de l'Invisible

Hébreux 11 : 3 : « C'est par la foi que nous reconnaissons que le monde a été formé par la parole de Dieu, en sorte que ce qu'on voit n'a pas été fait de choses visibles ».

Ce passage nous fait comprendre que tout ce que nous voyons de manière physique a été initié dans le monde invisible. Déplacer une montagne par la foi commence dans le monde invisible avant sa matérialisation dans le monde physique. Devrions-nous être étonnés de voir par exemple, une bombe atomique faire disparaître une montagne dont on a demandé le déplacement dans la prière ? Non, c'est possible par la foi. Le « comment cela va se faire ? » importe peu. Lorsqu'on s'interroge sur la question, on manque de foi justement. Sachons seulement que les circonstances vont se mettre en place pour que la montagne se déplace effectivement.

> *Jean 1 : 1-3*
> *Au commencement était la Parole, et la Parole était avec Dieu, et la Parole était Dieu. Elle était au commencement avec Dieu. Toutes choses ont été faites par elle, et rien de ce qui a été fait n'a été fait sans elle.*

La Bible nous révèle dans ce verset que si tout ce qui existe vient de l'invisible, l'origine de toute chose, c'est la parole. La parole dont il est question ici n'est pas le verbe en tant que tel, mais c'est quelque chose de plus fort que cela : la pensée.

Oui, la pensée est une parole qui se fait clairement entendre dans le monde invisible. La pensée n'est pas une idée fugace qui nous traverse; c'est une idée que nous mûrissons et entretenons et dont nous attendons des effets. Ce que Dieu exauce, ce ne sont pas nos paroles, mais nos pensées.

> *Ecclésiaste 10 : 20*
> *Ne maudis pas le roi, même dans ta pensée, et ne maudis pas le riche dans la chambre où tu couches; car l'oiseau du ciel emporterait ta voix, l'animal ailé publierait tes paroles.*

Ce passage montre clairement que la pensée est une parole, elle a une voix et cette voix résonne dans le monde invisible.

Ce que Dieu exauce, ce sont nos pensées dominantes. Attardons-nous quelque peu sur l'exemple de Pierre. Il a d'abord marché sur l'eau parce que dans sa pensée, il a cru en la parole de Jésus qui lui a dit « viens ». Il a focalisé ses pensées sur l'objectif qu'il devait atteindre : rejoindre Jésus. Mais lorsque le vent a soufflé, Pierre n'a pas prononcé une seule parole, mais tout s'est joué au niveau de sa pensée. Ses pensées de confiance en la parole de Jésus, et focalisées initialement sur la réalisation de son objectif, se sont changées, à la vue du vent, en peur de se noyer et il a coulé !

> *Job 3 : 25*
> *Ce que je crains, c'est ce qui m'arrive; Ce que je redoute, c'est ce qui m'atteint.*

Ce verset ne dit-il pas que « ce que je crains, c'est ce qui m'arrive. Ce que je redoute, c'est ce qui m'atteint » ? Lorsqu'il y a contradiction entre la parole et la pensée, cela provoque la cacophonie dans le monde invisible et le négatif qui domine dans la pensée prend le dessus. Au lieu d'être exaucé comme on le dit avec le verbe, on reçoit une réponse contraire. « Que celui qui doute ne s'imagine pas qu'il obtiendra la moindre chose du Seigneur » :

> *Jacques 1 : 6-7*
> *Mais qu'il la demande avec foi, sans douter; car celui qui doute est semblable au flot de la mer, agité par le vent et poussé de côté et d'autre. Qu'un tel homme ne s'imagine pas qu'il recevra quelque chose du Seigneur*

Dans le livre de Matthieu, la Bible nous donne une autre illustration :

> *Matthieu 5 : 28*
> *Mais moi, je vous dis que quiconque regarde une femme pour la convoiter a déjà commis un adultère avec elle dans son cœur.*

Dieu nous montre qu'il considère que l'acte est déjà consommé rien que parce qu'il a déjà eu lieu en pensée ! C'est une démonstration que tout se passe d'abord dans l'invisible avant la matérialisation dans le monde physique. Lorsque nous prions, nous devons penser et croire qu'effectivement nous avons reçu ce que nous demandons.

Marc 11 : 23-24
Je vous le dis en vérité, si quelqu'un dit à cette montagne : Ote-toi de là et jette-toi dans la mer, et s'il ne doute point en son cœur, mais croit que ce qu'il dit arrive, il le verra s'accomplir. C'est pourquoi je vous dis : Tout ce que vous demanderez en priant, croyez que vous l'avez reçu, et vous le verrez s'accomplir.

L'espérance

L'espérance est différente de la nostalgie, basée sur des souvenirs du passé. L'espérance est une pensée positive, un rêve favorable pour l'avenir. C'est une pensée ou un sentiment qui amène à croire à l'éventualité de l'accomplissement de faits. L'espérance c'est une pensée, un souhait, un rêve, une vision. Sans espérance, on ne peut être exaucé. Si nous prions pour avoir un pays salubre, mais que nous n'imaginons pas du tout un pays propre, garni de fleurs, de panneaux, de feux qui marchent, etc., nous ne le verrons pas s'accomplir.

Quelle est notre espérance lorsque nous prions pour le mariage par exemple ? La crainte de tout ce que le célibat apporte comme problème tel la solitude, la jalousie de voir de plus jeunes que nous dans un foyer, de voir les autres avec une alliance au doigt ?

Ne nous focalisons pas sur ce que nous craignons, sur nos cauchemars ou nos désespoirs car nous risquons de voir se réaliser ce que nous craignons, nos cauchemars.

Job 3 : 25
Ce que je crains, c'est ce qui m'arrive; Ce que je redoute, c'est ce qui m'atteint.

Comme le dit ce verset, ce que nous craignons, c'est ce qui nous arrive. Il faut, en priant pour un sujet, rêver de ce que nous voulons voir se réaliser. La foi est la ferme assurance de ce qu'on espère, ne l'oublions pas ! Rêvons donc plutôt du foyer paisible et heureux que nous souhaitons avoir ! C'est cela l'espérance, une des conditions de la foi. Manquer d'espérance, c'est avoir des doutes et donc manquer de foi.

Beaucoup d'églises sont fondées sur la bataille contre la sorcellerie, les démons, les tactiques qu'ils utilisent. Cela ne fait qu'amplifier dans leur vie la manifestation des sorciers et des démons ! Les sorciers et les démons existent, certes, mais ne les attirons pas vers nous en passant tout notre temps à les combattre. La vie en Christ n'est pas un combat perpétuel contre les sorciers, mais la pleine manifestation du règne de Dieu et l'établissement de Sa Volonté sur la terre ! Au cours de cette vie, nous avons bien sûr à combattre et mener des guerres contre les esprits mauvais, mais nos pensées doivent être focalisées sur la Vie abondante que Jésus est venue apporter à l'Humanité. Passer notre temps à redouter les sorciers ou chercher des stratégies pour les combattre revient à en faire notre priorité (notre pensée dominante), penser constamment à eux, et donc les attirer dans notre existence : souvenez-vous, ce sont nos pensées dominantes qui voient leur matérialisation. C'est donc avoir foi en leur manifestation dans nos vies. La foi devrait être la ferme assurance de nos espérances et non de nos désespoirs ou nos cauchemars.

Les églises devraient donc se focaliser sur le Seigneur Jésus et sur ses bienfaits, sur la bonté de Dieu !

Philippiens 4 : 6-8
Ne vous inquiétez de rien; mais en toute chose faites connaître vos besoins à Dieu par des prières et des supplications, avec des actions de grâces. Et la paix de Dieu, qui surpasse toute intelligence, gardera vos cœurs et vos pensées en Jésus-Christ. Au reste, frères, que tout ce qui est vrai, tout ce qui est honorable, tout ce qui est juste, tout ce qui est pur, tout ce qui est aimable, tout ce qui mérite l'approbation, ce qui est vertueux et digne de louange, soit l'objet de vos pensées.

08 NOVEMBRE

Jérémy Sourdril

Dieu en a horreur

Proverbes 6 : 16-19 : « Il y a six choses que hait l'Éternel, Et même sept qu'il a en horreur; Les yeux hautains, la langue menteuse, Les mains qui répandent le sang innocent, Le cœur qui médite des projets injustes, Les pieds qui se hâtent de courir au mal, Le faux témoin qui dit des mensonges, Et celui qui excite des querelles entre frères ».

N'avez-vous jamais remarqué comment Dieu détestait le fruit mauvais des lèvres ? La Bible entière est parsemée de cette vérité. Il y a dans le cœur de Dieu une sainte horreur de la bouche qui ment, celle qui exagère, celle qui divise les amis, celle qui répand la calomnie.

Que nos paroles ne soient pas nombreuses sur cette Terre, car lorsque nous parlons beaucoup, la Bible dit que nous ne manquons pas de pécher.

Je vous en prie, chers amis, efforçons-nous de garder notre langue. Savez-vous d'où vient l'expression : « Tourner sept fois la langue dans sa bouche avant de parler ? ». De la Bible, bien sûr !

> *Psaumes 12 : 7*
> *Les paroles de l'Éternel sont des paroles pures, Un argent éprouvé sur terre au creuset, Et sept fois épuré.*

La Parole de Dieu est sept fois épurée !

> *Matthieu 5 : 37*
> *Que votre parole soit oui, oui, non, non; ce qu'on y ajoute vient du malin.*

Ce n'est pas le fait de promettre qui est diabolique, mais de confesser des choses que nous ne pensons pas véritablement, des choses que nous ne ferons pas réellement, des choses que nous ne croyons pas en fait.

Attention à nos propos, car ils détermineront le cours de notre vie ! Jésus met toujours l'accent sur notre confession, Il a en horreur la bouche qui ne dit pas la vérité.

Attention à nos paroles ! Nous avons besoin d'être touchés par le doigt de Dieu, même les plus sages d'entre nous. Dieu voit bien plus loin que ce que nous pouvons confesser parfois. Il voit notre cœur, et là, plus de mensonges possibles ! Vivons dans la vérité, car rappelons-nous, ce qui n'est pas vérité est mensonge.

09 NOVEMBRE

Selvaraj Rajiah

La Parole inaltérable de Dieu

Psaumes 119 : 89 : « A toujours, ô Éternel ! Ta parole subsiste dans les cieux ».

Lorsque Dieu a conduit Josué et le peuple d'Israël dans la Terre Promise, la nouvelle des prodiges que Dieu accomplissait au milieu d'eux s'est répandue très rapidement au point que les peuples étaient effrayés devant la conquête du peuple de Dieu. Les habitants de Gabaon furent aussi terrifiés.

Aussi élaborèrent-ils un plan pour ne pas être vaincus. Ils mirent au point une feinte. Plusieurs hommes se déguisèrent et s'approchèrent du camp des hébreux vêtus de vêtements sales et usés, portant avec eux de vieilles outres de vin et du pain sec. Ils racontèrent à Josué qu'ils étaient ambassadeurs d'un pays lointain et demandèrent à Josué de faire alliance avec eux (Josué 9).

Ce n'est que plus tard que Josué apprit qu'en réalité ces gens avaient menti, qu'ils ne venaient pas d'un pays lointain mais qu'ils s'étaient joués de lui. Les Israélites murmurèrent pour que les habitants de Gabaon ne soient pas épargnés mais l'alliance étant conclue. Elle devait être honorée et Josué ne pouvait plus faire marche arrière. Ce qu'il avait promis, l'alliance qu'il avait faite, il a dû la respecter.

A combien plus forte raison, notre Dieu qui a fait alliance avec nous par Son propre sang et dont la parole est établie dans les cieux, honorera Son alliance avec vous !

La Bible dit qu'Il est un Dieu d'alliance. Il ne rompt pas son alliance. Il est le Dieu d'Abraham, d'Isaac et de Jacob. Il est aussi votre Dieu et ce qu'Il vous a promis, Il va l'accomplir. Restez dans la foi et l'expectative ! Le Dieu que vous servez est un bon Dieu.

10 NOVEMBRE

Olivier Derain

Parlez à vos montagnes, pas de vos montagnes !

Marc 11 : 23 : « Je vous le dis en vérité, si quelqu'un dit à cette montagne : Ote-toi de là et jette-toi dans la mer, et s'il ne doute point en son cœur, mais croit que ce qu'il dit arrive, il le verra s'accomplir ».

La plupart des chrétiens qui prient annulent leurs prières par leurs paroles ! C'est incroyable, de voir combien des enfants de Dieu sincères et honnêtes avec eux-mêmes, prient et demandent avec ferveur au Seigneur de les aider d'agir dans telle ou telle situation et cinq minutes après leur prière commencent avec leur bouche à dire exactement le contraire de ce qu'ils viennent de prier !

Jésus, dans ce verset nous donne une des plus grandes lois spirituelles qui existent : la loi de la confession. Ce qui sort de notre bouche est déterminant pour voir la puissance de Dieu en action dans nos vies. Si nous prions et que nos circonstances n'ont pas l'air de changer, il faut continuer à parler à notre montagne et lui dire : « Problème (maladie, manque, insécurité...), dans le Nom de Jésus, tu te courbes et je proclame la puissance de mon Dieu sur toi ».

Malheureusement, la plupart des chrétiens prient et disent : « Je suis toujours malade, je suis toujours au chômage, certainement Dieu n'a pas entendu ma prière... ». Ils parlent toujours de leur montagne et ne la voit pas s'ôter de leur vie.

Confessons :

« Je veux veiller à ce qui sort de ma bouche, pour ne plus annuler mes prières par des confessions négatives. Je comprends que ce que je dis avec ma bouche peut permettre à la puissance de Dieu de couler ou au contraire à cette même puissance de s'arrêter, alors qu'elle commençait à agir dans ma situation. Je réalise de plus en plus que ce que je sème, je vais le récolter ».

Prions :

« Père, je Te demande pardon pour mon ignorance sur le flot de Ta puissance dans ma vie. Je Te demande de m'aider à veiller sur ma bouche et je veux apprendre à proclamer Ta parole sur mes situations et à ne plus bloquer Ta puissance. Merci, car Tu es un Dieu qui exauce mes prières, mais Tu veux que j'apprenne à ne plus parler de mes problèmes, mais à parler de TES SOLUTIONS dans ma vie. Merci car Tu m'aimes d'un amour merveilleux et Tu veux que Ta puissance passe dans mes situations. Au Nom puissant de Jésus. Amen ! ».

11 NOVEMBRE

Jérémy Sourdril

Jésus garda le silence

« Ne réponds-tu rien devant ceux qui t'accusent ? ».

Matthieu 26 : 59-63
Les principaux sacrificateurs et tout le sanhédrin cherchaient quelque faux témoignage contre Jésus, suffisant pour le faire mourir. Mais ils n'en trouvèrent point, quoique plusieurs faux témoins se fussent présentés. Enfin, il en vint deux, qui dirent : Celui-ci a dit : Je puis détruire le temple de Dieu, et le rebâtir en trois jours. Le souverain sacrificateur se leva, et lui dit : Ne réponds-tu rien ? Qu'est-ce que ces hommes déposent contre toi ? Jésus garda le silence. Et le souverain sacrificateur, prenant la parole, lui dit : Je t'adjure, par le Dieu vivant, de nous dire si tu es le Christ, le Fils de Dieu.

Devant tout le sanhédrin, Jésus garde le silence

Matthieu 27 : 12
Mais il ne répondit rien aux accusations des principaux sacrificateurs et des anciens.

Devant les anciens aussi, Jésus garde le silence

Matthieu 27 : 14
Et Jésus ne lui donna de réponse sur aucune parole, ce qui étonna beaucoup le gouverneur.

Devant Pilate, Jésus se tait encore

Jean 19 : 19
Pilate fit une inscription, qu'il plaça sur la croix, et qui était ainsi conçue : Jésus de Nazareth, roi des Juifs.

Devant Hérode, là aussi, Jésus ne répondit pas

Nous avons à suivre les pas de Jésus. Jésus, dans ce temps particulier, parla peu. Jésus n'était pas un très grand bavard, mais il connaissait le moment opportun pour parler. Les paroles qui sortaient de sa bouche attiraient les gens. Lors de ses dernières heures, Jésus ne répondit pas à ses nombreux accusateurs. Ces dernières heures ne devaient pas être utilisées à cela. Jésus répondra seulement au sujet de sa divinité : il est bien le Fils de Dieu. Ces derniers instants devaient révéler particulièrement sa nature.

Lors de son ministère, il dira souvent aux gens qu'il a guéris de se taire (son heure n'était pas encore venue). Il ne cherchait aucunement la gloire. Les prophéties messianiques disent de lui qu'on ne l'entendra pas crier dans les rues. Effectivement, Jésus ne se glorifiait aucunement de ses œuvres.

Que ce soit devant la moquerie, les insultes, les pièges, les accusations ou encore sous les coups, Jésus ne rendra jamais le mal pour le mal. Il était semblable à une brebis muette devant ceux qui la tondent !

Lors de ces heures, il affirma être le Christ. L'heure était proche, et s'il avait dit aux gens témoins de ses miracles de se taire au sujet de leur miracle, il leur avait dit aussi de se taire concernant sa divinité. Mais l'heure était venue d'annoncer publiquement sa divinité. Les choses cachées devaient être révélées.

Personne n'a pu dire et démontrer, au cours de l'histoire, être le Fils de Dieu. Mais Jésus l'a fait. Dieu lui-même a rendu témoignage à son Fils en disant : « Celui-ci est mon fils bien-aimé ». Ne doutez pas. Ses actes et ses paroles ont rendu témoignage de sa divinité. Ésaïe nous dit que devant lui, des rois ont fermé leur bouche, « Car ils verront ce qui ne leur avait pas été raconté, ils comprendront ce qu'ils n'avaient pas entendu ».

12 NOVEMBRE

Jérémy Sourdril

Jésus garda le silence (suite)

Nous pouvons éviter des disputes.

Les disputes de mots dans la vie quotidienne

Jésus ne répondait pas face aux accusations. La Bible nous dit que les disputes de mots sont vaines, elles n'amènent rien de nouveau. Elles n'engendrent que la ruine pour ceux qui les écoutent. Combien d'inconvertis ont malheureusement été témoins de disputes de chrétiens ? Combien d'enfants ont subi, dans la peur, les disputes de leurs parents ? On dit du diable qu'il est l'accusateur :

> *Apocalypse 12 : 10-11*
> *Et j'entendis dans le ciel une voix forte qui disait : Maintenant le salut est arrivé, et la puissance, et le règne de notre Dieu, et l'autorité de son Christ; car il a été précipité, l'accusateur de nos frères, celui qui les accusait devant notre Dieu jour et nuit. Ils l'ont vaincu à cause du sang de l'Agneau et à cause de la parole de leur témoignage, et ils n'ont pas aimé leur vie jusqu'à craindre la mort.*

Si le diable vient vous accuser, répondez-lui par la Parole de Dieu, ou gardez le silence. Lorsque le peuple d'Israël sortait d'Egypte, Dieu a dit au travers de Moïse :

> *Exode 14 : 14*
> *L'Éternel combattra pour vous; et vous, gardez le silence.*

Seul Dieu peut vous aider à surmonter des péchés. Ce n'est pas le diable que vous devez écouter, mais votre conscience ! Le peuple d'Israël, à la lecture de la loi qui durait environ un jour, pleurait, car il savait qu'il était loin d'obéir à Dieu. Il y a des temps pour pleurer, et d'autres pour se réjouir. Ce jour-là, Josué leur a dit, à eux, de se réjouir !

Les disputes de mots dans la vie spirituelle

On viendra vous éprouver, et vous tenter au sujet de la foi. On viendra vous troubler et vous perdre par de faux discours. On viendra parfois vous nuire par des disputes au sujet de la Bible. Je connais une personne qui avait chuté spirituellement à cause de ces choses. Certaines sectes, par leurs discours, séduisent des âmes mal affermies. La Bible dit que des gens viendront, faisant profession de connaître Dieu, mais rejetant ce qui en fait la force.

> *1 Pierre 2 : 1*
> *Rejetant donc toute malice et toute ruse, la dissimulation, l'envie, et toute médisance,*

Attention à ceux qui renient Jésus-Christ comme n'étant pas le Fils unique de Dieu.

Attention à ceux qui disent : « Ne touche pas, ne goûte pas, ne prends pas ». J'ai déjà rencontré de telles personnes, mais la Bible dit que leurs commandements ne sont que des préceptes humains, derrière une apparence de sagesse.

> *Colossiens 2 : 16*
> *Que personne donc ne vous juge au sujet du manger ou du boire, ou au sujet d'une fête, d'une nouvelle lune, ou des sabbats :*

> *1 Jean 2 : 13*
> *Je vous écris, pères, parce que vous avez connu celui qui est dès le commencement. Je vous écris, jeunes gens, parce que vous avez vaincu le malin. Je vous ai écrit, petits-enfants, parce que vous avez connu le Père.*

Gagnons, au contraire, en ayant des discussions spirituelles ! Que notre parole soit inattaquable ! Méditons donc la Parole de Dieu avec un grand intérêt ! Ces discussions nous édifient et nous encouragent. Lorsque Jésus parlait aux deux disciples sur le chemin après sa résurrection, le cœur de ces disciples bouillait !

Le pouvoir de la langue

Jacques 3 : 6-10
La langue aussi est un feu; c'est le monde de l'iniquité. La langue est placée parmi nos membres, souillant tout le corps, et enflammant le cours de la vie, étant elle-même enflammée par la géhenne. Toutes les espèces de bêtes et d'oiseaux, de reptiles et d'animaux marins, sont domptés et ont été domptés par la nature humaine; mais la langue, aucun homme ne peut la dompter; c'est un mal qu'on ne peut réprimer; elle est pleine d'un venin mortel. Par elle nous bénissons le Seigneur notre Père, et par elle nous maudissons les hommes faits à l'image de Dieu. De la même bouche sortent la bénédiction et la malédiction. Il ne faut pas, mes frères, qu'il en soit ainsi.

La langue a un pouvoir qu'on ne réalise pas. Elle a 17 muscles ! Ce n'est pas le gouvernail qui peut conduire un bateau à bon port, mais c'est avant tout l'âme de celui qui le dirige !

Il nous est arrivé, à tous, de mal parler. Paroles blessantes, paroles vaines, paroles irréfléchies sont parfois dans nos bouches, et laissent des traces dans les cœurs. Jacques nous dit :

Jacques 3 : 10
De la même bouche sortent la bénédiction et la malédiction. Il ne faut pas, mes frères, qu'il en soit ainsi.

Choisissons de ressembler à Jésus dans nos attitudes. Lui savait quand et comment parler, il ne prenait pas des engagements rapidement. Que nos paroles soient toujours accompagnées de grâce !

13 NOVEMBRE

Jérémy Sourdril

Entrer dans le jardin

Avant que Dieu eût créé l'homme, il a concentré ses pensées à créer un jardin. Mais pourquoi Dieu créait-il un jardin ? Toutes ses pensées, tout son cœur, étaient concentrés sur cette idée. Dieu a créé des animaux, des poissons, toutes espèces végétales et minérales... Enfin, le jardin était créé.

Toutes ces merveilles avaient été créées pour un être extraordinaire : l'homme. Il y a dans la pensée de Dieu « l'idée du jardin » pour l'homme et la femme.

Mais un jour vint le serpent, et avec lui la maladie, la pauvreté, la mort, la honte, le mensonge, le viol, la tyrannie, l'excès, l'envie, la convoitise, les paroles qui blessent, etc. Mais le jardin était encore là.

L'homme a préféré choisir « l'idée du serpent », et il lui a vendu son droit de propriété. Le péché est entré dans le jardin, ce lieu où Dieu était présent partout, le serpent et l'homme en ont été chassés. L'homme et le serpent ont pris avec eux la nature du péché, et l'ont amenée dans le monde. Le diable est alors devenu le « dieu » de ce monde. Mais le jardin était encore là.

Les sacrificateurs, les rois et les prophètes transportaient avec eux le jardin. Une fois par an, le sacrificateur entrait dans le jardin, dans le lieu très saint et il ressortait plein de gloire. Ce lieu très saint attirait tous les hommes, et beaucoup auraient souhaité y entrer. Lorsque Jésus est venu, il transportait « l'idée du jardin ». Jésus a dit : « Je suis le chemin, la vérité et la vie ». Beaucoup entrent par ce chemin pour le salut, mais ils s'en détournent et ne goûtent pas à la vie promise par Jésus. Le jardin, avec tout ce qu'il contient, est disponible grâce à la croix, mais beaucoup n'y passent pas. Pourtant, le jardin est encore là.

Si votre vie de prière est misérable, si elle est fade, et que vous avez l'impression que vos prières ne dépassent pas le plafond; si vous vivez une vie de prière jamais exaucée, si prier vous fait peur maintenant, ou si la prière ne vous dit plus rien, sachez qu'il y a une solution. Je vous assure que, si vous passez par le chemin, vous y trouverez la vie et l'abondance, la joie et l'amour, la richesse et la guérison; vous trouverez au bout de ce chemin la vérité, les fruits de l'esprit et l'onction, la restauration et la délivrance.

Je vous en prie, si vous êtes dans le cas d'une vie de prière qui ne vous plaît pas, prenez un temps à part. Criez vers lui avec votre corps, votre âme et votre esprit. Passez un temps avec le Maître, et il vous répondra. Sa volonté pour votre vie est le jardin. Il a rendu tout accessible grâce à la croix, et il a rendu possible la bénédiction en abondance. Si vous vous approchez de lui sincèrement, vous entrerez dans le jardin.

Le jardin, c'est la présence tangible de Dieu, cette présence du lieu très saint. Lorsque nous « sortons » de la prière, pour vaquer à nos occupations, l'odeur du jardin doit émaner de nous, et les gens doivent la ressentir. La présence de Dieu est disponible pour vous, choisissez-la !

Je vous bénis et vous encourage à entrer dans une nouvelle dimension dans votre intimité avec le Seigneur Jésus. C'est votre décision.

14 NOVEMBRE

Anne Bersot

Vous avez du talent ! Assumez-le bien !

Savez-vous qu'il y a des personnes qui ont un talent fou, mais qui restent dans leur coin, craignant qu'on leur reproche de manquer d'humilité ?

J'écoutais avec délice une jeune femme chanter récemment pendant le moment de louange de notre église. Sa voix était magnifique, pure et on sentait une profonde onction sur ce chant. Elle exerçait son talent incroyable, mais pourtant, ce n'était pas elle qui était mise en avant, c'était Dieu. Elle s'éclipsait complètement derrière la splendeur de son Maître. Je me suis dit : « C'est exactement cela qui glorifie le Seigneur ! »... mais quel gâchis ça aurait été si cette fille était restée cachée dans son coin, timidement, n'assumant pas son talent, et craignant qu'on lui reproche de se mettre en vedette ! ».

Dès qu'on a un talent, la première chose qui empêche généralement de se lever est la crainte d'être accusée de manquer d'humilité. Un talent est un trésor qui fait des jaloux, et qui est aussi un terrain très glissant pour les personnes mal affermies. Plus on a de talent, et paradoxalement, plus il faut d'humilité pour que Dieu puisse vraiment s'en servir.

Dieu vous a-t-il donné un talent particulier ? Il faut avant tout que vous l'assumiez bien

Reconnaissez déjà devant Dieu, et dans la prière que tout ce que vous avez, tout ce que vous êtes, tout ce que vous savez faire, est un cadeau de Dieu, et que vous n'y êtes pour rien. Même si vous avez travaillé dur pour en arriver là, votre talent vient entièrement de Dieu, votre capacité à travailler vous est venue de Dieu, et c'est lui qui a mis autour de vous les personnes et les moyens matériels pour vous amener là (professeurs, argent pour payer les cours, temps et santé pour pratiquer...).

Comprenez et acceptez du plus profond de votre cœur que votre talent ne vous appartient pas, qu'il appartient au Maître de la moisson, et c'est donc lui qui décidera des temps et des circonstances dans lesquelles il se servira (ou non) de vos talents. Il a une œuvre à mener sur la terre, c'est lui, le « gestionnaire des ressources humaines ». Alors ce n'est pas à vous de décider de vous mettre au placard et de rester assis là à ne rien faire, ou au contraire, de vous imposer de votre propre initiative. Apprenez sans amertume à vous soumettre à Ses décisions.

Apprenez la patience

Le temps de Dieu est parfait, pas le vôtre ! Ce n'est pas à vous de décider du moment où votre talent va servir, ne comptez pas non plus sur les hommes pour vous ouvrir les portes : c'est Dieu qui le fera. Ce n'est donc pas la peine d'essayer de forcer les choses, de vous agacer, d'essayer de vous « caser », ou de piaffer dans votre coin, parce qu'on ne vous donne pas l'occasion de vous servir de votre talent : profitez de ce temps pour vous perfectionner, si vous avez la conviction que Dieu désire s'en servir un jour. Soyez « tiptop », travaillez votre « art », faites des progrès dans la consécration, la soumission, la vie de prière, car quand la porte s'ouvrira, vous aurez à assumer votre talent avec une grande sagesse et force dans la foi, pour ne pas succomber à l'orgueil et aux pressions, puis finalement tomber.

Placez votre talent sur l'autel de l'Éternel, en acceptant sincèrement l'idée qu'Il pourrait, si telle est Sa volonté, ne rien en faire du tout... Et quand votre cœur sera dans cet état de soumission parfaite, le Seigneur pourra vraiment en faire quelque chose...

15 NOVEMBRE

Jérémy Sourdril

Le remède contre le stress : « À chaque jour suffit sa peine »

Le stress est répandu sur la terre comme la rosée sur l'herbe d'un champ une nuit claire et fraîche.
Le stress provoque toutes sortes de maladies, de disputes et de maux divers.

Selon Wikipédia, un événement stressant provoque une réaction en chaîne qui débute dans le cerveau et aboutit à la production de cortisol. Le cortisol active alors deux zones du cerveau : le cortex cérébral pour qu'il réagisse au stimulus stressant (fuite, attaque, immobilisation...) et l'hippocampe, qui va apaiser la réaction. Si le stress est trop fort ou prolongé, l'hippocampe saturé de cortisol ne peut plus assurer la régulation. Le cortisol envahit le cerveau et installe une dépression...

Même si vous n'avez peut-être pas compris toute cette description, il y a un fait que je retiens particulièrement, c'est que tout commence dans le cerveau.

En tant qu'enfant de Dieu, nous ne sommes pas appelés à gérer les situations de la vie avec notre cerveau premièrement, mais avec notre esprit. Comprenons que nous sommes avant tout un être spirituel ! Imaginez une personne coupant du bois avec des ciseaux. Les ciseaux sont très utiles mais dans cette situation ne serait-ce pas surprenant ? Il en est souvent de même pour nous : nous utilisons une dimension de notre être que nous ne devrions pas utiliser à ce moment-là et de cette façon-là.

Dieu veut, qu'alors que nous rencontrons une difficulté, nous puissions écouter, non pas notre cerveau mais notre esprit. De notre esprit viennent les sources de la vie.

La recette pour détruire le stress

La recette pour détruire le stress se résume en un verset. Jésus nous a donné une clé pour vaincre le stress :

> *Matthieu 6 : 34*
> *Ne vous inquiétez donc pas du lendemain; car le lendemain aura soin de lui-même. À chaque jour suffit sa peine.*

La société dans laquelle nous vivons est une société hyperactive qui court après l'argent et le pouvoir. Les capitales en sont fortement touchées. Tokyo, Paris, New York, Toronto et bien d'autres sont touchées par ce phénomène. Il faut dire que les gens ont bien souvent leurs priorités complètement déréglées.

Jésus nous a donné une excellente recette contre le stress. Dans ce passage, Jésus vient détruire l'inquiétude, le stress, concernant tout ce qui touche à l'argent. Comme je l'ai dit ailleurs, selon Jésus, il n'y a aucune raison valable d'être inquiet. Aucune.

Si vous êtes dans la vie active, que vous êtes une personne de vision, travailleuse, il vous est sûrement arrivé et il vous arrive peut-être encore de stresser quand vous pensez à tout le travail qui vous attend. Vous pensez peut-être à faire les devoirs avec vos enfants, faire à manger, nettoyer le linge, préparer les affaires du lendemain, amener vos enfants à l'école, à tous vos dossiers au travail, à votre Vendredi chargé, à vos activités du Samedi matin, les enfants à amener ici et là, les bouchons, vos activités à l'église à préparer... Rien que de lire tout ceci certains d'entre vous sont déjà stressés !

Personnellement, il m'arrivait régulièrement d'être stressé quand j'avais des semaines chargées, des prédications à préparer et d'autres choses à faire. J'en perdais ma joie, ce qui n'est pas biblique ! Rien ne doit nous faire perdre notre joie, même s'il existe un temps pour pleurer (le deuil en est un exemple, et Dieu est là pour nous fortifier et nous consoler).

Si vous faites face au stress, vivez au jour le jour. Cela ne veut pas dire que vous ne devez pas prévoir les choses et vous projeter dans l'avenir, mais vous devez vous reposer sur Dieu pour le lendemain qui arrive. Quand je suis personnellement attaqué par le stress à cause de mes différentes activités, je regarde au jour où je suis et au lendemain. Je ne pense pas aux jours suivants, sauf si bien entendu je dois préparer des choses urgentes et importantes. Autrefois, lorsqu'une semaine chargée arrivait, je pensais à toutes les choses que j'avais à faire au cours de la semaine ou dans les semaines à venir, à mes obligations, me demandant comment je pourrais y faire face. Cela m'arrivait aussi souvent alors que je devais prêcher.

Le fait est que Dieu est là pour nous aider dans les situations de stress, surtout lorsqu'il s'agit du ministère. Dieu connait nos journées chargées et il est là pour nous secourir. Si Dieu nous a demandé de faire quelque chose, il saura nous inspirer.

Ce n'est jamais la volonté de Dieu que nous vivions dans le stress et dans la panique ! Jésus a dit :

> *Jean 14 : 27*
> *Je vous laisse la paix, je vous donne ma paix. Je ne vous donne pas comme le monde donne. Que votre cœur ne se trouble point, et ne s'alarme point.*

La paix de Dieu, fruit de notre esprit, est disponible pour nous dans chacun de nos besoins. Dès que nous faisons face au stress, la paix de Dieu est disponible pour nous. Jésus nous l'a donnée, elle nous appartient ! Vous ne devez pas payer pour l'avoir ou faire des efforts mais simplement croire que vous l'avez reçue, vous confier en Lui et manifester sa paix. Dieu vous partage sa paix. Il nous a justement donné sa paix pour de tels moments, afin que nous les traversions avec tranquillité. Armez-vous de foi, de paix et de confiance en Dieu. Marchez dans la paix de Dieu et ne vous inquiétez pas pour votre semaine.

Jésus est mort et a donné sa vie afin que nous puissions marcher dans sa paix. Ce monde est sans cesse attaqué par des oppressions spirituelles mais pour nous qui sommes enfant de Dieu, la paix de Dieu vient écraser les oppressions. Vous n'êtes plus obligé de vous ronger les ongles jusqu'à l'os, Dieu peut vous délivrer maintenant même ! Ne vous inquiétez de rien, choisissez de vous soumettre à la Parole de Dieu. N'essayons pas de nous battre encore et encore avec nos propres forces pour surmonter le stress, mais sachons nous abandonner entre les mains du Seigneur, abandonnons nous avec confiance dans la Parole de Dieu.

16 NOVEMBRE

Filipe et Marie Alves

Soyez politiquement incorrect !

En écoutant les informations, mon attention s'arrête sur les propos d'un journaliste. Il est outré par les déclarations d'un pasteur qui affirme, en substance : « Jésus est la seule Vérité, la Bible est le seul livre inspiré ». Propos inacceptables, choquants, et pourtant...

En tant que chrétien et disciple de Jésus, nous sommes ses porte-parole, or nous voyons que Jésus a dit :

> *Jean 14 : 6*
> *Jésus lui dit : Je suis le chemin, la vérité, et la vie. Nul ne vient au Père que par moi.*

C'est un message sans ambiguïté, qui pour les gens du monde est irrecevable car jugé intolérant. C'est pourquoi, lorsque nous partageons l'Évangile, nous devons être « politiquement incorrects ». N'en déplaise au monde et au diable, Jésus est le seul chemin pour aller au Père.

N'ayez pas peur de le dire, ne craignez pas pour votre réputation, mais gardez les yeux fixés sur le Royaume de Dieu (Matthieu 10 verset 32).

N'essayons pas de rendre l'Évangile acceptable aux yeux du monde, mais prêchons-le tel qu'il est. Prêchons Jésus-Christ fils de Dieu, crucifié pour nos péchés et seul médiateur entre Dieu et les hommes : c'est l'Évangile qui libère les captifs, qui transforme les vies (Jean 8 versets 31 et 32).

Personnellement, j'ai parfois partagé l'Évangile en essayant de le rendre « plus acceptable », car je craignais que les gens me rejettent, mais ça n'a jamais abouti à rien ! Ce ne sont pas nos paroles qui convaincront les gens, c'est bien la Parole de Dieu ! Nous serons peut-être rejetés par certains, mais je vous assure que beaucoup seront touchés et transformés.

Nous travaillons pour le Royaume de Dieu, n'ayons pas les yeux fixés sur le monde; notre mission, en tant que chrétien, est d'annoncer l'Évangile afin d'amener le plus grand nombre au Salut.

Alors dès aujourd'hui, mettez vos chaussures du zèle (Éphésiens 6 verset 15) et n'ayez pas peur !

17 NOVEMBRE

Jérémy Sourdril

Le remède contre le stress : À chaque jour suffit sa peine (suite)

Voulez-vous pratiquer des œuvres ou marcher dans Ses œuvres ?

Bien souvent, nous stressons pour des choses que Dieu nous a demandées de faire. Lorsque nous y réfléchissons bien, nous réalisons que c'est ridicule. Celui qui nous a appelés nous donne l'onction pour accomplir ce que nous devons faire. La Bible déclare :

> *Éphésiens 2 : 10*
> *Car nous sommes son ouvrage, ayant été créés en Jésus-Christ pour de bonnes œuvres, que Dieu a préparées d'avance, afin que nous les pratiquions.*

Une traduction, qui je crois est la meilleure, dit : « Car nous sommes son ouvrage, ayant été créés en Jésus-Christ pour de bonnes œuvres, que Dieu a préparées d'avance, afin que nous Y MARCHIONS ».

J'ai médité sur ce verset pendant longtemps car j'y ai trouvé une grande bénédiction. Dieu a préparé des œuvres, et nous avons juste à y marcher dans la paix. Il n'est plus question de pratiquer seulement, mais de marcher. Beaucoup de gens veulent pratiquer des choses pour obtenir de la part de Dieu, mais en fait, ils se reposent beaucoup dans leurs propres œuvres. Ils se disent que s'ils font encore et encore des prières ou des œuvres, ils pourront entrer dans ce que Dieu a prévu pour eux, mais en fait, je crois que nous pouvons arriver à une étape dans notre vie chrétienne, notre vie de service, où nous aurons juste à marcher pour entrer dans les bonnes œuvres que Dieu a préparées d'avance pour nous.

Ces œuvres sont préparées d'avance pour nous, ce n'est pas à nous de les préparer. Ainsi, Dieu a déjà préparé et écrit notre vie, et Dieu nous donnera la capacité pour notre mariage, notre famille, notre travail, si nous sommes dans Sa volonté pour notre vie.

Voyez deux hommes, l'un s'appelle Monsieur Pratique et plante des « semences » de champignons, puis chaque jour il les arrose et s'en occupe avec beaucoup de soin. Cela lui prend beaucoup de travail, lui procure beaucoup de stress, car il doit s'occuper de sa plantation et se demande toujours s'il n'a pas trop plu, s'il ne l'a pas trop arrosée, s'il a fait la bonne chaleur, si c'était bien le temps d'ensemencer son terrain. Enfin, lorsque les champignons sont prêts, il les ramasse et peut les cuisiner. L'autre homme s'appelle Monsieur Promenade. Après son travail, il se promène dans une forêt et découvre ici et là sur le sentier un grand nombre de champignons qu'il a juste à ramasser pour les cuisiner.

Les deux hommes ont ramassé les champignons et ont eu la même récolte, mais l'un a travaillé en stressant et avec beaucoup de mal, pour récolter ce que l'autre a trouvé sur son chemin sans rien faire, si ce n'est de les ramasser. Cela me rappelle la parabole au sujet des ouvriers. Certains avaient travaillé toute la journée, et d'autres, juste une heure, pour être payés au même salaire. Les premiers furent mécontents et crièrent à l'injustice.

Je crois que nous pouvons nous décharger du stress et de beaucoup de travaux inutiles afin de marcher dans ce que Dieu a prévu pour nous. Cela ne veut pas dire que nous ne travaillerons plus, mais cela veut dire que Dieu multipliera ce que nous faisons pour Lui et qu'il mettra devant nous les fruits à porter. Certaines personnes prient pendant des dizaines d'heures, pour obtenir ce que certains reçoivent, en ayant prié une minute avec foi dans la grâce de Dieu. Plus j'avance dans la vie chrétienne, et plus je réalise que Dieu se glorifie de nous faire porter des fruits que nous n'avions pas prévu. Je peux parfois être à un endroit en train de me promener, et Dieu met devant moi une personne qui a soif de Lui. J'ai vécu plus de choses fortes dans l'évangélisation à ce jour, alors que je n'étais pas dans la rue pour évangéliser, que lorsque je suis sorti pour le faire. Je crois que nous devons aimer Dieu, et être ouvert pour marcher dans tout ce qu'Il a prévu pour nous. Marchons dans la joie et dans la paix, juste en aimant Jésus, et il nous fera marcher dans des sentiers nouveaux, des sentiers paisibles pour notre âme. N'a-t-il pas dit :

> *Matthieu 11 : 28*
> *Venez à moi, vous tous qui êtes fatigués et chargés, et je vous donnerai du repos.*

On aurait pu lire : « Venez à moi, vous tous qui êtes fatigués d'être stressés, et je vous donnerai du repos ! ». Cette parole n'est pas que pour les inconvertis, mais elle s'applique aussi aux enfants de Dieu ! Saisissez-vous aujourd'hui de cette Parole et approchez-vous de Jésus avec confiance. Le Seigneur nous aime et il nous donne gratuitement sa Paix. Ayez confiance.

18 NOVEMBRE

Michael Lebeau

Surtout n'abandonne pas, tu finiras par trouver !

Nous traversons tous des épreuves difficiles qui finissent souvent par voler notre joie, notre santé, notre enthousiasme et parfois même nos rêves les plus chers. Nombreux sont ceux qui, dans le feu de l'épreuve, abandonnent, « jettent l'éponge » et retournent à la « case départ » !

Quel dommage, quel gâchis, quelle souffrance inutile, quel temps perdu, pourquoi s'être battu autant pour au final abandonner ?

Les épreuves seront toujours là dans votre vie sur terre, et ce quel que soit votre origine, votre position, votre entourage... Mais vous devez savoir qu'il existe une loi spirituelle qui, si vous l'appliquez, vous permettra de trouver la solution qui vous fera sortir de ces situations difficiles !

L'histoire de Thomas Edison :

Vous connaissez sûrement Thomas Edison ? Le célèbre inventeur de l'ampoule électrique, mais aussi de la pile électrique et du phonographe...

Lorsque Thomas Edison inventa l'ampoule électrique, un jeune reporter lui posa la question suivante : « Qu'est-ce que ça fait d'avoir échoué plus de 2000 fois, avant de réussir à inventer l'ampoule électrique ? ». Thomas Edison répondit : « Non, je n'ai pas échoué, j'ai simplement découvert 2000 méthodes qui ne fonctionnent pas ! ». De même, il lui a fallu plus de 25.000 essais avant de réussir à fabriquer la première pile électrique.

La loi de la recherche :

Bien aimé, Thomas Edison avait compris ce que Jésus nous a enseigné lorsqu'il dit dans Matthieu 7 : 8 : « Celui qui cherche trouve » !

> *Matthieu 7 : 8*
> *Car quiconque demande reçoit, celui qui cherche trouve, et l'on ouvre à celui qui frappe.*

La voici la fameuse loi dont je vous parlais plus haut, « Celui qui cherche trouve ». Je l'appelle personnellement « La loi de la recherche », c'est une loi simple mais puissante qui fonctionne dans tous les domaines.

Thomas Edison l'avait compris, c'est pour cela qu'il ne se laissait pas décourager par les épreuves... Comment un homme pouvait trouver encore le courage de chercher pendant des années, s'il ne savait pas au fond de lui qu'il finirait forcément par trouver la formule qui produirait de la lumière ? Qui lui a dit que c'était possible ? Personne n'avait vu avant lui que la lumière être produite grâce à une autre source que le feu, le soleil, la lune ou les étoiles. Mais il a appliqué cette loi, il a cherché et il a fini par trouver car celui qui cherche trouve.

Ma petite anecdote :

A plusieurs reprises dans ma vie, je me suis retrouvé face à un mur, j'ai cherché et j'ai toujours fini par trouver. Par exemple, j'ai développé un programme informatique sur enseignemoi.com, mais pour une raison que j'ignorais certains utilisateurs n'arrivaient pas à le faire fonctionner. Pendant trois mois de Septembre à Décembre 2010, j'ai essayé plusieurs centaines de méthodes pour résoudre ce problème, mais ce fut en vain. J'étais désespéré, je me levais tôt, me couchait tard, ma femme ne savait plus quoi faire, j'ai même fait intervenir un prestataire externe compétent dans le domaine, mais lui-même n'a pas trouvé la solution...

J'étais prêt à abandonner, mais je me suis souvenu de cette Parole de Jésus : « Celui qui cherche trouve ». Alors je me suis fortifié, j'ai continué à prier et à remercier Dieu pour la solution qu'il allait me donner et un soir alors que je m'apprêtais à éteindre mon ordinateur, j'eus une nouvelle idée et c'était enfin la bonne méthode.

Quel soulagement après trois mois de recherche intensive !

Et vous ? Comment réagissez-vous face à l'épreuve ?

Comme moi, vous rencontrez peut-être des difficultés dans le domaine financier, émotionnel, relationnel, santé, spirituel ou professionnel qui vous poussent à abandonner. Vous vous dites : « J'ai tout essayé, mais j'ai échoué tellement de fois, ça n'a pas fonctionné, c'est trop dur, la pression est trop grande, je n'en peux plus ! », et vous avez fini par abandonner ! J'aimerais vous dire : « Bien-aimé, si tu sais que Dieu n'est pas contre ce que tu cherches à obtenir, alors n'abandonne pas, persévère, car si tu continues à chercher tu finiras par trouver ! ». L'erreur serait d'abandonner, car alors tous les efforts consentis auraient été en vain, tout ce que tu as construit serait réduit à néant. Ressaisis-toi, fortifie-toi, affermis ton front, confie-toi en Dieu, il n'y a rien d'impossible avec Dieu, il renouvellera tes forces et le Saint-Esprit qui met en toi le faire et le vouloir t'aidera à persévérer et tu finiras par trouver.

Peut-être me diras-tu : « Michaël, mon épreuve n'est pas comme celle de Thomas Edison, pour moi il n'y a aucune solution humaine ! ». Oui, il est possible qu'il n'y ait aucune solution humaine, mais savez-vous que vous pouvez appliquer la loi de la recherche pour produire avec Dieu un résultat SURNATUREL ? Vous avez peut-être prié, crié, supplié Dieu, et il n'est pas encore intervenu... Mais n'oubliez pas ce que Jésus nous a dit : « Celui qui cherche trouve », il nous adressa aussi la parabole de la pauvre veuve et du juge inique, pour nous montrer qu'il faut toujours prier et ne pas se relâcher.

> *Luc 18 : 1-8*
> *Jésus leur adressa une parabole, pour montrer qu'il faut toujours prier, et ne point se relâcher. Il dit : Il y avait dans une ville un juge qui ne craignait point Dieu et qui n'avait d'égard pour personne. Il y avait aussi dans cette ville une veuve qui venait lui dire : Fais-moi justice de ma partie adverse. Pendant longtemps il refusa. Mais ensuite il dit en lui-même : Quoique je ne craigne point Dieu et que je n'aie d'égard pour personne, néanmoins, parce que cette veuve m'importune, je lui ferai justice, afin qu'elle ne vienne pas sans cesse me rompre la tête. Le Seigneur ajouta : Entendez ce que dit le juge inique. Et Dieu ne fera-t-il pas justice à ses élus, qui crient à lui jour et nuit, et tardera-t-il à leur égard ? Je vous le dis, il leur fera promptement justice. Mais, quand le Fils de l'homme viendra, trouvera-t-il la foi sur la terre ?*

Ne vous découragez pas, cherchez encore Dieu de tout votre cœur dans la prière, cela prendra peut-être un mois, deux mois, un an ou plus... mais vous finirez par trouver et alors il règlera surnaturellement votre situation d'une manière tellement surprenante.

> *Jérémie 29 : 13*
> *Vous me chercherez, et vous me trouverez, si vous me cherchez de tout votre cœur.*

Ainsi que le malade cherche Dieu, jusqu'à obtenir sa guérison, que l'entrepreneur cherche, jusqu'à réussir, que le pasteur cherche le Seigneur, jusqu'à ce qu'il reçoive le revêtement de puissance et que celui qui est dans le besoin cherche, jusqu'à être pourvu... Dans votre recherche, n'oubliez jamais que vous avez un merveilleux conseiller, le Saint-Esprit qui vous aidera à accélérer la manifestation de la solution.

Une confession pour aujourd'hui :

« En appliquant, la loi de la recherche et avec l'assistance du Seigneur, je finirai moi aussi par trouver ma solution, mon bonheur, mon miracle... Je ne considère plus mes échecs comme une défaite mais je considère plutôt chaque échec comme un tremplin qui me rapproche de la solution. Oui en persévérant dans ma recherche, le rêve que Dieu a mis dans mon cœur se réalisera un jour et aucune épreuve ne saura m'arrêter ! ».

19 NOVEMBRE

Jérémy Sourdril

« Allez », le testament du Seigneur Jésus pour toi...

Conte : On raconte qu'une personne très vieille venait d'élaborer un antidote qui guérissait toute maladie. Effectivement, cet antidote avait été mis à l'épreuve sur de nombreuses personnes, et même les maladies incurables étaient guéries. Malheureusement, ce scientifique mourut, et emporta avec lui sa recette miracle...

Cet homme avait deux enfants : un fils et une fille. Ils furent contactés par un homme disant détenir une enveloppe très importante, qui appartenait à leur père, et qui leur était destinée. Ils le rencontrèrent, et leur surprise fut grande quand ils y découvrirent le testament de leur père. Ses dernières paroles disaient simplement : « Voici la recette de l'antidote ». Puis suivait une recette de quelques ingrédients, recette qui aurait pu être exécutée par un petit garçon.

Le testament

> *Marc 16 : 15*
> *Puis il leur dit : Allez par tout le monde, et prêchez la bonne nouvelle à toute la création.*

Lorsque Jésus est ressuscité, il a été confronté à trois choses : au doute, à l'incertitude, et au manque d'amour. Il va le reprocher à ses disciples, et tout de suite, sans plus tarder, il leur donne ce nouveau commandement. On ressent que Jésus n'a pas de temps à perdre. En quelques mots, il va leur annoncer de grandes révélations et va s'en aller auprès du Père. Jésus vous a donné la recette de l'antidote, à vous qui lisez ces lignes, et c'est votre mission en tant que fille et fils :

> *Marc 16 : 15*
> *Puis il leur dit : Allez par tout le monde, et prêchez la bonne nouvelle à toute la création.*

Les dernières paroles de quelqu'un qui s'en va pour longtemps sont souvent les plus importantes; ce sont celles qu'on médite, les derniers instants passent et repassent dans notre mémoire. Les images des catastrophes qui surviennent dans le monde resteront des années dans les pensées, jusqu'à la mort pour certains.

Alors pensez aux disciples ! Jésus repart pour la deuxième fois ! Imaginons leurs sentiments ! On pourrait se demander : « Pourquoi est-il revenu ? Il a dû oublier quelque chose ! ». Non ! Il ressuscite, et il nous passe le relais ! Il vous passe le relais ! Quand Jésus ressuscite, il ressuscite pour vous, il vous a passé le relais, c'est sa dernière volonté pour votre vie ! Il vous a donné les ingrédients pour sauver une multitude ! On pourrait dire que c'est son testament pour vous !

« Allez », mais nous sommes restés dans le temple !

Ce verset est l'un des versets les plus connus, mais l'un des moins pratiqués aujourd'hui ! Il y a une différence avec ce texte-ci : « Allez, tenez-vous dans le temple, et annoncez au peuple toutes les paroles de cette vie ». Nous sommes restés dans le temple ! Un verset nous parle de se tenir dans l'église et d'être enseigné, d'écouter la Bonne Nouvelle, et l'autre est le commandement général de Dieu pour chacun de nous, aller dans le monde et annoncer l'Évangile.

Ne nous trompons pas de vocation ! Êtes-vous chrétien ? Oui ? Un disciple de Jésus-Christ ? Eh bien votre vocation est d'évangéliser !

« Allez », le soldat

Arrêtons-nous sur le terme : « Allez ». Savez-vous que Jésus ne l'a pas employé par hasard ? Lorsque Jésus dit : « Allez », il sait comment ce terme a été utilisé dans la Parole.

Le terme « Allez », est employé aussi pour combattre des peuples, des idoles. C'est notre combat, d'où l'armure du chrétien dans Éphésiens ! L'armure qui y est décrite est aussi pour évangéliser : « Ayez pour chaussures à vos pieds la disponibilité à servir la Bonne Nouvelle de la paix ».

A quoi servent les chaussures du soldat, sinon à marcher ? Avez-vous déjà vu un soldat qui réfléchit sur des stratégies de combat toute sa vie, sans jamais se lever pour partir à la guerre ? Notre armure, c'est la foi pour évangéliser, le zèle, le casque du salut ! Annonçons-le !

Ce terme est aussi souvent employé pour aller à la rencontre de quelqu'un.

« Allez », le changement radical

Le terme : « Allez », est utilisé environ 12 fois par le Pharaon à Moïse. C'est sa royauté, sa position d'autorité, qui lui permet d'utiliser ce terme. On l'utilise pour partir dans un pays, s'y établir, pour prendre possession d'un lieu. Trop souvent, chez les chrétiens, c'est le dehors qui a pris possession d'eux, et non pas eux qui ont pris possession du dehors. Prenons possession de la ville.

Le terme : « Allez », est employé plus de 30 fois comme un tournant dans une vie ou pour un peuple; c'est un changement radical, une étape à franchir. Cette expression comprend un sentiment de décision. Un changement radical ! N'est-ce pas le but du Seigneur que vous évangélisiez ? Quand je lis ce verset, je le lis ainsi : « Va, Jérémy, dans le monde entier » ! C'est son but pour chacun de nous.

Je vous donne la définition du péché : « Manquer le but ». On en vient donc à la conclusion que ne pas évangéliser est un péché. Qu'est-ce que la repentance ? Se détourner du péché d'une manière générale. Et le terme : « Allez », nous le dit; c'est un changement radical que je dois prendre dans ma vie ! « Seigneur, pardonne-moi ! ».

Lorsque Jésus nous dit : « Allez », il sait qu'il nous faut prendre une décision, sortir de nos habitudes. Je dois sortir du pays, sortir de ma méditation vaine et sans fruit !

Je dois annoncer l'Évangile, « aller », d'une manière ou d'une autre.

Je dois sortir parfois de mon ordinateur ! Je serais heureux, si vous fermiez ce livre et alliez de suite évangéliser. Ce qui est incroyable, c'est de se dire qu'entre la rue et l'endroit où vous êtes en ce moment, il y a en fait des kilomètres quand il s'agit d'évangéliser.

Jésus ne dit pas : « S'il te plaît, selon ta volonté, comme il te plaît, veux-tu bien aller et annoncer ma Bonne Nouvelle ? ». Non ! Il dit cette parole avec une autorité, que lui seul possède en tant que Roi des rois ! Si Jésus nous avait dit : « Allez dans le monde entier, et prêchez la Bonne Nouvelle à toute la création, vous toucherez 100 euros à chaque fois que vous aurez annoncé le plan du salut à quelqu'un », ne le feriez-vous pas ? Imaginez un peu ! En une heure, nous gagnerions des milliers d'euros ! Répondons à cette question : « L'aurais-je fait plus régulièrement ? ». Soyons francs !

20 NOVEMBRE

Jérémy Sourdril

« Allez », le testament du Seigneur Jésus pour toi… (suite)

Allez, et non reculez.

> *Jérémie 7 : 17-18 : « Ne vois-tu pas ce qu'ils font dans les villes de Juda et dans les rues de Jérusalem ?Les enfants ramassent du bois, Les pères allument le feu, Et les femmes pétrissent la pâte, Pour préparer des gâteaux à la reine du ciel, Et pour faire des libations à d'autres dieux, Afin de m'irriter ».*

Nous vivons dans un pays où l'idolâtrie est à tous les coins de rue ! Le péché s'accroît toujours. Que faire ?

> *Jérémie 7 : 23-24*
> *Mais voici l'ordre que je leur ai donné : Écoutez ma voix, Et je serai votre Dieu, Et vous serez mon peuple; marchez dans toutes les voies que je vous prescris, Afin que vous soyez heureux. Et ils n'ont point écouté, ils n'ont point prêté l'oreille; Ils ont suivi les conseils, les penchants de leur mauvais cœur, Ils ont été en arrière et non en avant.*

Il nous a donc parlé ! « Écoutez ma voix ». Quel est le testament qu'il m'a laissé ? Que m'a-t-il commandé avec autorité ? Évangéliser ! Je suis allé en arrière, et non en avant. J'ai reculé du monde pour aller dans la maison de Dieu. L'homme de Dieu dira : « Regarde si je suis sur une mauvaise voie ».

> *Jérémie 8 : 13*
> *Je veux en finir avec eux, dit l'Éternel; Il n'y aura plus de raisins à la vigne, Plus de figues au figuier, Et les feuilles se flétriront; Ce que je leur avais donné leur échappera.*

Nous avons galvaudé ce que Dieu nous a donné. Nous l'avons gâché par un mauvais usage ! Pourquoi restons-nous toujours assis ? Allons donc dans les villes fortes, pour mourir à nous-mêmes ! Nous connaissons la parabole des mines : « Seigneur, tu m'avais donné…, elle en a rapporté 10 ». Plus de raisin à la vigne.

Allez, au milieu des loups

Jésus nous a dit : « Ne portez ni bourse, ni sac, ni souliers, et ne saluez personne en chemin ». Quand on évangélise, on y va faible de corps, mais c'est dans cette faiblesse que Dieu peut agir. On n'y va pas pour se promener, saluer les gens, mais on leur parle comme il le faut. Dieu nous dit : « Avance en pleine eau », et alors nous pêcherons. Ne restons pas dans le cercle fermé de nos connaissances, car comme Pierre, nous dirons bien souvent : « Seigneur j'ai pêché toute la nuit sans rien prendre ». Mais allons plutôt en eaux profondes, là où nous ne connaissons rien, où nous laisserons toute la place au Saint-Esprit pour qu'il agisse.

Allez, avec la puissance du Saint-Esprit

Le Saint-Esprit, à quoi sert-il ? Le Saint-Esprit nous est donné, pour que le message du salut soit annoncé. Attendons-nous, après avoir prié, à la Providence de Dieu qui saura nous amener vers les âmes en recherche. Nous avons l'antidote de Dieu, grâce au « testament » qu'il nous a laissé. Son antidote guérit toute maladie : « Guérissez toute maladie ». Des miracles doivent être accomplis. Lorsque j'aurai témoigné de Christ, planté la Parole, le Saint-Esprit rendra témoignage à la vérité dans les cœurs.

Dieu est avec nous

Jésus nous a dit : « Celui qui vaincra, je le ferai asseoir avec moi sur mon trône, comme moi j'ai vaincu et me suis assis près du Père ». Gagnons la bataille, sortons et remplissons notre vocation ! Jésus nous a donné l'antidote, c'est la Bonne Nouvelle de l'Évangile à annoncer à chaque homme. Il fera au-delà de ce que nous pensons ou imaginons : des nouvelles naissances, des miracles, des délivrances et des guérisons.

21 NOVEMBRE

Annabelle Sourdril

L'onction et la magie

Alors que Jésus guérit des aveugles et des boiteux, des gentilles fées, elles, d'un coup de baguette magique peuvent transformer une citrouille en carrosse.

La concurrence est rude, l'Évangile semble bien fade face aux histoires merveilleuses, dont nos petits trésors se délectent gentiment.

Ces dessins animés veulent faire croire à une magie innocente qui rend la vie plus facile. Les petits garçons se prennent à rêver d'avoir des super pouvoirs, grâce auxquels ils pourraient soulever la voiture de papa d'un seul doigt. Et les petites filles, elles, rêvent d'un monde rose où elles seraient des princesses dans un royaume magique.

> *Luc 4 : 18*
> *L'Esprit du Seigneur est sur moi, Parce qu'il m'a oint pour annoncer une bonne nouvelle aux pauvres; Il m'a envoyé pour guérir ceux qui ont le cœur brisé, Pour proclamer aux captifs la délivrance, Et aux aveugles le recouvrement de la vue, Pour renvoyer libres les opprimés,*

L'onction n'est pas un gadget qui transforme des cailloux en bonbons, mais c'est bien plus ! Elle guérit le malade, délivre l'opprimé, change des vies à tout jamais.

Que nos enfants aient soif du surnaturel de Dieu : voir les paralytiques se lever, les aveugles voir, les sourds entendre.

En tant que parents ou responsables (moniteurs, professeurs, etc.), nous avons la responsabilité de leur donner un environnement où ils pourront se nourrir de la Parole de Dieu. Alors investissons pour eux, en leur donnant accès à des ressources d'origine divine.

> *Actes 2 : 17*
> *Dans les derniers jours, dit Dieu, je répandrai de mon Esprit sur toute chair; Vos fils et vos filles prophétiseront, Vos jeunes gens auront des visions, Et vos vieillards auront des songes.*

L'onction et la magie ne sont pas sœurs, au contraire, elles sont ennemies. La magie est la puissance séductrice que le diable utilise pour détourner les hommes de l'amour de Dieu. Tandis que l'onction, c'est l'esprit de vérité qui se répand dans les cœurs pour amener la liberté.

Alors à nous de choisir quel programme nous choisirons pour cette nouvelle génération.

> *Marc 10 : 14*
> *Jésus, voyant cela, fut indigné, et leur dit : Laissez venir à moi les petits enfants, et ne les en empêchez pas; car le royaume de Dieu est pour ceux qui leur ressemblent.*

22 NOVEMBRE

Raoul Wafo

Ce n'est pas parce que ça dure que Dieu a dit non

Jacques 1 : 3 : « Sachant que l'épreuve de votre foi produit la patience ».

Dans le Royaume de Dieu, il est important de vivre en accord avec la sagesse parfaite de notre créateur. Dieu en créant l'être humain que tu es, a intégré dans ton fonctionnement que tu devrais affronter des épreuves, défis et adversités. Face à certaines situations, tu auras bien souvent envie de voir les choses se faire le plus rapidement possible, mais il ne faut jamais oublier que ta foi sera quelques fois éprouvée !

Mais face à l'épreuve, ce qui donnera à la foi de continuer de vivre en toi, c'est la patience; le fait de savoir attendre, le cœur plein de conviction, que ce que tu espères et attends se fera. La Bible nous dit que l'espérance en Dieu ne déçoit jamais (Romains 5 : 5).

Si tu le sais, pourquoi t'inquiètes-tu donc ?

N'oublie jamais ! Ce n'est pas parce qu'une chose a tardé que Dieu a dit non ! Prends l'exemple d'Abraham notre père dans la foi, Dieu lui avait-il pas parlé ? Combien de temps lui avait-il fallu pour voir la naissance d'Isaac, le fils de la promesse ? 25 ans, un quart de siècle. Qu'aurais-tu fait à sa place ?

Tu ferais mieux de te rappeler que ton Dieu ne ment jamais; quand il dit une chose, il a la capacité de l'amener à l'existence. Je sais que tes voisins, tes amis peuvent se moquer de toi parce que ta promesse n'est pas encore arrivée, mais ne te décourage surtout pas ! Car de grandes choses sont sur le point d'arriver; sois patient, Dieu agira certainement en ta faveur.

Prions :

« Seigneur fortifie-moi dans mon homme intérieur; et que Christ continue d'habiter dans mon cœur par la foi. Je veux continuer de croire en tes promesses, je sais que tu as la capacité de faire ce que tu m'as promis, mon âme restera patiente devant l'Éternel son créateur en ce jour et à jamais au nom de Jésus. Amen ! »

23 NOVEMBRE

Dorothée Rajiah

Ce que Dieu attend de nous !

Lorsqu'on étudie la relation de Jésus avec Ses disciples, que l'on se penche sur la façon dont Il leur parlait, les enseignait, les instructions qu'Il leur donnait, on reçoit une image claire de ce que Jésus attend de nous. Jésus aimait Ses disciples mais il les formait !

La formation, dans quelque domaine que ce soit, est indispensable, primordiale et déterminante pour réussir. Or, quand c'est pour Dieu, nous avons plus que toute autre chose, le devoir de réussir et d'agir avec excellence. Aussi, nous devons accepter d'être formés par Dieu et d'être envoyés pour pratiquer.

Dieu veut t'exercer, Dieu veut te mettre « le pied à l'étrier », Il veut que tu pratiques comme les disciples l'on fait - même si tu ne t'en sens pas capable.

Dieu ne cherche pas des gens capables, Il n'a jamais rien accompli avec des gens capables.

Il a choisi Abraham et Sarah qui étaient stériles, Il a choisi Esther qui était esclave et orpheline, Il a choisi Gédéon qui tremblait, Il a choisi David qui était berger, Il a choisi Paul qui était meurtrier et Il t'a choisi Toi, pour que tu sois utile à Son œuvre, pour que tu portes du fruit, pour que tu propages la Bonne Nouvelle et que beaucoup de vies soient changées et transformées par l'amour de Dieu agissant au travers de toi.

Si tu ne t'en sens pas capable alors sache dès maintenant que tu es justement la bonne personne que Dieu cherche. Tu es la personne que Dieu va oindre et va utiliser quand tu vas faire le pas de foi de Lui obéir et de te mettre à l'œuvre pour Dieu.

Voyons ce que disent les Écritures :

> *Luc 9 : 11-17*
> *Les foules, l'ayant su, le suivirent. Jésus les accueillit, et il leur parlait du royaume de Dieu; il guérit aussi ceux qui avaient besoin d'être guéris. Comme le jour commençait à baisser, les douze s'approchèrent, et lui dirent : Renvoie la foule, afin qu'elle aille dans les villages et dans les campagnes des environs, pour se loger et pour trouver des vivres; car nous sommes ici dans un lieu désert. Jésus leur dit : Donnez-leur vous-mêmes à manger. Mais ils répondirent : Nous n'avons que cinq pains et deux poissons, à moins que nous n'allions nous-mêmes acheter des vivres pour tout ce peuple. Or, il y avait environ cinq mille hommes. Jésus dit à ses disciples : Faites-les asseoir par rangées de cinquante. Ils firent ainsi, ils les firent tous asseoir. Jésus prit les cinq pains et les deux poissons, et, levant les yeux vers le ciel, il les bénit. Puis, il les rompit, et les donna aux disciples, afin qu'ils les distribuassent à la foule. Tous mangèrent et furent rassasiés, et l'on emporta douze paniers pleins des morceaux qui restaient.*

Quelle histoire extraordinaire et quelle leçon les disciples ont appris !

Dieu sait bien le danger qui existe d'avoir des disciples qui aiment leur Maître, qui aiment tout ce qu'Il dit et fait, qui aiment le suivre et le voir agir et qui risquent fortement de se complaire à recevoir toute leur vie de l'enseignement, des vérités, des bons messages... SANS JAMAIS SE LEVER ET FAIRE L'ŒUVRE DE DIEU !

Aussi, Jésus a mis Ses disciples au travail. Une large foule était assemblée et n'avait pas mangé. Jésus se tourna vers les disciples et leur dit : « Donnez-leur vous-mêmes à manger ».

Ils ne s'attendaient pas à cela ! C'était une tâche effrayante, une chose qu'ils étaient incapables de faire. Mais ils n'avaient pas le choix ! Ils ont dû le faire. Et c'est quand ils se sont mis à agir que le miracle s'est produit. C'est toujours comme cela avec Dieu ! C'est quand vous commencez à obéir, quand vous commencez à faire les choses que le miracle, la capacité et la provision viennent !

Dieu vous appelle à Le servir, c'est-à-dire à prier pour les autres, à témoigner de Jésus, à prendre votre place dans l'église, à mettre vos talents à la disposition du Seigneur, à être un leader. Vous dites peut-être : « Je ne peux pas ! », mais Dieu dit : « Si, avec moi, tu le peux ! ».

24 NOVEMBRE

Jérémy Sourdril

Dieu n'est pas dupe

Dieu est un Dieu d'amour. Il est notre Seigneur et il nous aime d'une façon merveilleuse. Son amour est si bon envers nous. J'aime passer du temps dans sa présence, car c'est là que mon visage s'éclaire, c'est là que ma foi est renouvelée, c'est là qu'il me rafraîchit et qu'il bénit encore ma vie.

Jésus vous aime d'un amour éternel et il ne cessera pas de vous aimer. Il vous aimera les jours ensoleillés et les jours pluvieux, lorsque vous serez jeune, ou quand la vieillesse sera là. Et il nous aime malgré nos gros mensonges...

Faire la différence entre le désir et la réalité

Si vous êtes chrétien et que vous lisez cette pensée du jour, c'est certainement que vous avez soif du Seigneur. Vouloir connaître Dieu est vraiment quelque chose de bon, qui réjouit d'ailleurs le cœur du Seigneur. Beaucoup de gens veulent plus de la part de Dieu, il désire marcher avec Lui, il désire être saint, il désire le connaître. Ce sont des bons sentiments, de bons désirs que de vouloir se sanctifier pour le Seigneur.

Je ne sais pas si vous avez déjà fait attention à ce que vous chantez au Seigneur ? J'imagine que oui sinon c'est que vous n'avez jamais vraiment loué ! Les églises ont pris l'habitude de faire chanter aux gens des chants tout préparés, avec des paroles prêtes « à l'emploi ». Et parfois ces paroles sont chantées par des gens qui ne vivent pas du tout ce qu'ils déclarent.

Cela me fait penser à certains adolescents, qui veulent être reconnus par les autres pour ce qu'ils possèdent et qui par exemple ont un téléphone portable (parfois un factice) et le montrent à tous leurs amis, mais en fait ils n'ont pas d'argent alors le téléphone n'a pas de forfait et il est inutilisable. Ou encore quelqu'un achète des balles de golf et les fait tomber de son sac, mais il n'a jamais joué au golf car c'est trop cher pour lui mais il veut bien paraître devant les autres. Aussi quelqu'un parlera de sa petite copine car tous les autres en ont une, mais en fait il n'en a pas et s'imagine une petite amie... Si nous faisons cela avec Dieu sachons qu'il n'est pas dupe.

Savez-vous que lorsque vous chantez quelque chose à l'église, vous êtes en train de parler à Dieu ?

Nous déclarons des choses dans nos louanges

Lorsque vous chantez, vous êtes en fait en train de déclarer des choses à Dieu. La louange, ce n'est pas lire des paroles qui sont sur un écran ou que tous les autres répètent. Vous pouvez lire des paroles qui sont sur un écran tout en louant Dieu mais seulement si vous le dites avec vérité ! Il faut dire que tellement de chrétiens chantent des choses sans même penser à ce qu'ils disent. Si on leur demandait au chant suivant : « Que viens-tu de dire à Dieu ? », ils l'auraient oublié. Cela nous est tous arrivé et il ne faut pas qu'il en soit ainsi ! Si vous chantez quelque chose, il faut le croire, il faut que ce soit une réalité dans votre vie.

Imaginez que je dise chaque jour à ma femme, en la réveillant le matin : « Oh ma chérie, je t'aime, je vais te préparer un petit déjeuner, ensuite je te masserai les pieds, je ferai la vaisselle et je t'amènerai en voyage ce soir ». Et juste après avoir chanté, je ferme la porte, et je pars au travail pour la journée, ensuite je reviens à la maison et je lui dis : « Tu as fait à manger ? J'ai faim ! Tu ne voudrais pas me masser les pieds j'ai beaucoup marché aujourd'hui ! ».

Cela nous paraît ridicule mais c'est pourtant cela que nous faisons supporter à Dieu parfois !

Nous lui disons : « Seigneur je te servirais toute ma vie », et à la sortie de l'église le pasteur nous demande de ramener quelqu'un qui n'a pas de voiture à son domicile et nous disons que nous ne pouvons pas. Nous prions : « Je te donne tout Seigneur », et lorsque le temps des offrandes est là nous baissons la tête et faisons exprès de ramasser quelque chose par terre (j'exagère un peu même si cela s'est déjà produit !), ou encore quand le Seigneur nous demande de lui donner plus de temps nous faisons comme si nous n'avions pas entendu. Nous déclarons : « J'irais ou tu veux Seigneur », et lorsqu'il nous demande de déménager ou tout simplement d'aller parler à quelqu'un sur le trottoir d'en face nous ne bougeons pas. Nous chantons encore : « Une heure dans tes parvis vaut mieux que mille ailleurs », mais pendant les six jours qui vont suivre cette déclaration nous ne passerons même pas une heure dans sa présence.

Nous aurions vraiment du mal à supporter de la part des gens qui nous entourent de tels mensonges. Oui ce sont des mensonges. Nous pouvons déclarer la Parole de Dieu dans la foi, en croyant ce que la Parole de Dieu dit à notre sujet, mais quand il s'agit de ce que nous devons accomplir nous-mêmes et ce qui est de notre ressort, nous nous devons de parler avec vérité.

Nous parlons à un Dieu de vérité

Dieu n'apprécie pas le mensonge, et à la fois Dieu est bon et patient envers nous. C'est triste à dire mais Dieu a depuis bien longtemps l'habitude des grandes déclarations que l'homme ne réalisera pas. Voilà pourquoi il est écrit :

> *Nombres 23 : 19*
> *Dieu n'est point un homme pour mentir, Ni fils d'un homme pour se repentir. Ce qu'il a dit, ne le fera-t-il pas ? Ce qu'il a déclaré, ne l'exécutera-t-il pas ?*

Ce que Dieu dit, il le fait. S'il dit quelque chose, il est bien sûr de le faire. S'il promet quelque chose, il l'exécutera.

J'aimerais vraiment vous encourager à parler à Dieu avec vérité. Parlez-lui ce qui est sur votre cœur, sans passer par 10.000 chemins pour le lui dire, car de toute façon Dieu sait tout avant que vous ne lui demandiez.

Faire la différence entre le désir et la réalité n'est pas contraire à la foi. La foi n'est pas un mensonge, mais la foi va se manifester tôt ou tard. Trop de gens font des confessions chaque jour de leur vie qu'ils ne réalisent jamais. Cela n'est pas bien. Il faut tenir ses engagements et être une personne de valeur. Mieux vaut chanter un peu moins mais déclarer la Parole de Dieu avec vérité. Nous désirons tout lui donner, mais nous pouvons dire : « Je veux tout te donner », avec un cœur sincère, plutôt que : « Je vais tout te donner ». Cela peut ne vous paraître qu'une histoire de mot mais c'est beaucoup plus que ça en fait, car cela devient une habitude dans la vie des gens et cela détruit la puissance de leur autorité en Christ.

Croyez-moi que si vous déclarez des choses sans jamais les pratiquer, et que vous voulez prendre autorité sur un esprit mauvais dans la vie de quelqu'un par exemple, vous aurez du mal à exercer votre autorité car l'autorité s'appuie sur la vérité.

Louer Dieu en esprit et en vérité

Mon appel aujourd'hui n'est pas de vous décourager à louer Dieu, mais à louer Dieu en esprit et en VÉRITÉ. J'ai dû dans ma propre vie supprimer des prières et des louanges que je n'étais pas en mesure de vivre ou de porter. Cela a été une bénédiction et m'a permis de grandir en Christ. Ce message n'est pas contre le fait de confesser la Parole de Dieu, mais contre le fait de déclarer des choses constamment à Dieu sans vouloir vraiment changer, sans se donner vraiment les moyens de le faire et sans vraiment laisser à Dieu la possibilité de nous modeler pour que ces déclarations de foi deviennent réalité dans notre vie.

Désirer une chose, c'est bien, mais l'accomplir et la rendre réalité, c'est mieux

Je peux dire à ma femme : « Je t'achèterais une belle voiture ». Ma femme ne s'attendra pas forcément à la recevoir le lendemain, mais dans les semaines ou les mois qui suivent. Cela est normal et compréhensible.

Par contre si je ne l'ai pas fait au bout de 10 ans, quelle aura été la valeur réelle de ma parole ? Si je déclare quelque chose à Dieu, je dois tout mettre en œuvre pour accomplir cette chose. Si par contre je déclare à ma femme : « Je vais acheter du pain », ma femme ne s'attend pas à ce que je lui remette le pain quelques semaines ou quelques mois plus tard, mais le jour même. Il y a donc des choses que nous déclarons à Dieu qui demandent plus de temps à devenir réalité, et pour autant nous ne mentons pas à Dieu, et il y a des choses que nous pouvons changer aujourd'hui.

Soyons de ceux qui louent le Seigneur en esprit et en vérité, en désir et en réalité.

25 NOVEMBRE

Jérémy Sourdril

La femme est le secours de l'homme : devenez une seule chair

Que vous soyez marié ou non, vous pouvez utiliser plusieurs principes donnés ici, dans votre relation avec Dieu et avec les autres, et vous préparer à votre futur mariage si c'est dans votre objectif.

La femme est le secours de l'homme, pas la roue de secours de l'homme

> *Genèse 2 : 18*
> *L'Éternel Dieu dit : Il n'est pas bon que l'homme soit seul; je lui ferai une aide semblable à lui.*

Dieu ne voulait pas laisser l'homme sans influence. L'homme a besoin d'une influence. Même Dieu se révèle en trois personnes. En fait, lorsque Dieu a dit qu'il lui ferait une aide qui soit son vis-à-vis, littéralement c'est une aide qui lui sera son secours.

Dieu est venu secourir l'homme de sa solitude. La femme a été créée au départ pour répondre au besoin d'un homme seul. La femme a été créée pour être une aide pour l'homme, pas pour être une roue de secours. On utilise une roue de secours lorsqu'on crève un pneu sur l'autoroute par exemple. Une roue de secours est en général dans le coffre ou sous le coffre. On n'y prête jamais attention. On l'utilise que si on en a besoin. Il ne doit pas en être ainsi de notre femme. Elle n'est pas une roue de secours, ce ne doit pas être elle la dernière au courant.

Ne parle pas plus à ton chien qu'à ta femme

> *Genèse 2 : 20*
> *Et l'homme donna des noms à tout le bétail, aux oiseaux du ciel et à tous les animaux des champs; mais, pour l'homme, il ne trouva point d'aide semblable à lui.*

Dieu a créé tous les animaux mais Adam n'était pas entièrement comblé. Vous avez entendu qu'il a été dit : « Le chien est le meilleur ami de l'homme », mais moi je vous dis que le meilleur ami de l'homme c'est sa femme !

Il y a des hommes qui préfèrent leur chien à leur femme ! Sur Wikipédia on peut lire au sujet du chien : « Le chien est un animal social et de contact (comme l'homme). La solitude est une grande souffrance pour lui. Il a aussi toujours besoin de rencontres avec ses congénères. Il est fréquemment en recherche de partenaires que ce soit pour le jeu, le toilettage mutuel, et la reproduction ». Certains maris pensent que leur femme est là à peu près pour répondre aux mêmes besoins... Beaucoup de maris discutent avec leur chien plus qu'avec leur femme. Il y a des maris qui passent effectivement plus de temps avec leur chien qu'avec leur épouse.

Dieu a amené vers Adam tous les animaux pour qu'il leur donne des noms mais Adam s'est vite aperçu qu'il ne pourrait pas trouver dans tous ces animaux quelqu'un qui soit comme lui. Il a peut-être parlé avec un rat et il a sûrement été déçu. Il a peut-être dormi avec une moufette et l'a regretté. Finalement il a dû trouver un chien, là il était content : « Oh ça c'est le bon toutou à son papa, eh tu as vu Dieu il me ramène la pomme quand je lui la lance ! ». Mais l'homme avait vraiment besoin de quelqu'un qui soit de sa race. Quelqu'un avec qui il pourrait discuter, en qui il pourrait se confier. Dieu a dit qu'il n'était pas bon que l'homme soit seul juste après lui avoir donné le commandement de ne pas toucher au fruit interdit. Certainement la femme a été créée pour conseiller son mari. Si Adam avait été tenté en premier, Dieu attendait de la part d'Eve qu'elle puisse être une bonne conseillère, qu'elle puisse écouter son mari et le conseiller avec sagesse : « Tu devrais obéir à Dieu plutôt qu'à ce serpent étranger ».

Il y a des choses que les maris n'osent pas avouer à leur femme. Si un homme est tenté, et qu'il ne réussit pas à s'en sortir, il a besoin d'en parler à sa femme, lorsque sa femme est prête à écouter. Cette déclaration nous amène à un point crucial de la nature d'un couple béni :

Un couple a besoin de ne faire qu'une seule chair pour être béni

> *Amos 3 : 3*
> *Deux hommes marchent-ils ensemble, Sans en être convenus ?*

Si deux hommes doivent se mettre en accord pour marcher ensemble, à plus forte raison un couple. En fait, il est dit dans :

Genèse 2 : 24
C'est pourquoi l'homme quittera son père et sa mère, et s'attachera à sa femme, et ils deviendront une seule chair.

« Une seule chair ». Si un homme quitte ses parents pour s'attacher à une femme, c'est pour faire avec elle une seule chair. C'est bien là, la source des problèmes de couple dans le monde.

Le monde dit aujourd'hui beaucoup de choses sur le couple. Le monde dit que tu peux coucher avec n'importe-qui. Le monde dit que tu peux offrir ton corps pour passer une bonne soirée avec un étranger à partir du moment où tu es majeur. Mais en aucun cas le monde ne te dira que lorsque tu offres ton corps à quelqu'un tu deviens une seule chair avec cette personne. Le monde ne dira pas non plus que tu dois devenir réellement une seule chair avec la personne avec laquelle tu te maries. D'ailleurs dans certains pays, les femmes gardent leur nom de famille une fois mariées et ne prennent pas le nom de leur mari. Il y a eu tellement de divorces qu'ils traitent tous les gens comme des futurs divorcés.

La Bible nous montre que nous devons devenir vraiment une seule chair avec notre conjoint. Ce principe est extrêmement puissant. Ma femme n'est pas une ennemie, ni un adversaire, mais je suis un avec elle. Je ne pourrais pas prendre une décision importante sans lui en parler, je ne pourrais pas vivre quelque chose d'important sans lui en faire part, la Bible ira jusqu'à dire :

1 Corinthiens 7 : 4
La femme n'a pas autorité sur son propre corps, mais c'est le mari; et pareillement, le mari n'a pas autorité sur son propre corps, mais c'est la femme.

1 Corinthiens 6 : 19
Ne savez-vous pas que votre corps est le temple du Saint-Esprit qui est en vous, que vous avez reçu de Dieu, et que vous ne vous appartenez point à vous-mêmes ?

En aucun cas mon corps m'appartient. Je n'en suis que le gestionnaire. Il appartient à Dieu et à ma femme.

Tellement de gens ne se donnent pas entièrement à leur conjoint. Ils gardent des choses pour eux. Des parties de leur vie qu'ils gardent pour eux. Certaines personnes vivent avec des comptes séparés... Je trouve cela dommage.

En fait, je dois voir ma femme comme mon propre corps. Jamais je ne vois un ennemi, jamais je ne vois un obstacle. Je ne regarde jamais ma femme d'un mauvais œil. Avec ma femme, je forme une unité. Dieu se révèle en trois personnes, moi je me révèle en deux personnes.

Je dis parfois à ma fille : « Papa et maman sont toujours d'accord », ainsi un enfant n'essaiera pas de contourner l'autorité. Personne ne peut remplacer une épouse. Personne ne peut remplacer un bon époux. Nulle part ailleurs vous trouverez ce principe de devenir un avec quelqu'un, si ce n'est dans le cadre du couple.

26 NOVEMBRE

Jérémy Sourdril

Comment Dieu m'a appelé à EnseigneMoi…

Ce qui est merveilleux avec Dieu, c'est que Dieu utilise des choses folles pour confondre les fortes. Je dis cela pour moi-même. Je suis né le 09 Février 1983, en Bretagne, à l'Ouest de la France.

J'ai vécu mon enfance dans un petit village, il s'appelait le village de Roscoët, et parfois, en pensant à ce » trou » dans lequel j'habitais, je pensais à David le berger, caché derrière ses brebis, qui est devenu, grâce à Dieu seul, un grand roi. Je m'étais dit à l'époque : « Est-ce que cela serait possible pour moi de voyager dans le monde ? ». J'avais environ 12 ans.

Ma mère a été sauvée lorsque j'avais sept ans. Je peux dire que sans Jésus, notre famille n'en serait plus vraiment une aujourd'hui. Ma mère s'adonnait à l'astrologie et à l'occultisme, dépensant tout l'argent du ménage. Lorsque des gens nous visitaient, elle leur tirait les cartes et « pratiquait » le pendule. Ces pratiques ont amené dans la maison une odeur de mort, et ma mère rêvait de serpents. En partant en voiture au travail très tôt le matin, elle entendait comme des voix lui disant de se jeter sous un camion.

Quelques années auparavant, mes parents avaient accueilli une étudiante américaine, qui leur avait offert une Bible. Ma mère avait même participé à quelques cours bibliques. Cette étudiante était chrétienne, et la Bible avait été posée dans une armoire. Alors que la situation de mes parents devenait très difficile, ma mère dut aller à l'hôpital pour se faire enlever des caillots dans l'estomac. Dans cet hôpital, non seulement on allait lui enlever ses caillots, mais Jésus-Christ allait lui enlever tout le poids du péché qui pèse sur ceux qui ne connaissent pas Dieu.

Un pasteur est venu la visiter et lui a offert un magazine chrétien de témoignages. En le lisant, elle fut convaincue de péché et appela mon père en disant : « Chéri, c'est fini l'astrologie ». Elle, qui la veille parlait d'astrologie aux infirmières de l'hôpital, leur parlait à présent de la merveilleuse expérience qu'elle avait fait avec Jésus.

Nous avons rejoint une église baptiste, puis une église de Pentecôte. C'était en Bretagne, en France. C'est là que je suis né de nouveau. J'ai vécu de belles expériences et j'aimais vraiment Dieu. Pendant toute ma jeunesse, je lisais ma Bible et je priais, je crois, chaque jour. À mes 17 ans j'avais dû lire ma Bible au moins quatre fois. Toutefois, à cause de différents éléments, je vivais ma vie comme quelqu'un qui ne connaissait pas Dieu, parfois même pire, tout en disant à tout le monde que j'étais chrétien et en invitant mes amis à l'église.

À l'âge de 17 ans, j'ai déménagé avec mes parents dans une autre ville, plus loin de l'église, et nous ne sommes pas allés à l'église pendant environ deux ans (dans cette période de temps, l'église vécut une division et le pasteur fut « chassé » de l'église).

Chez un ami commun, alors que j'étais encore rétrograde, j'ai rencontré celle qui allait devenir ma femme, Annabelle. Je lui ai dit que j'étais chrétien et elle avait vraiment soif de Dieu. Plus elle me posait des questions, et plus j'avais soif de revenir au Seigneur et à l'église. Un jour, je retournai à l'église, et après y être retourné plusieurs fois, je l'invitai. Je lui avais parlé des prophéties et du parler en langues, ce que je faisais pour chaque personne que j'invitais.

Le premier jour où elle vint, elle reçut trois prophéties et paroles de connaissance extrêmement précises, par une petite dame âgée de l'assemblée. Une de ses paroles lui disait de faire attention à deux femmes qui lui tiraient les cartes : une jeune femme brune et une femme plus âgée aux cheveux blancs. Ce qui est drôle, c'est qu'elle avait parlé de Dieu et de moi à ces deux seules personnes : cette jeune femme brune qui lui tirait les cartes et cette femme plus âgée qui était la femme de son père (Gloire à Dieu, ces deux femmes se donnèrent au Seigneur quelques années plus tard !). Dans cette église, alors que je revenais au Seigneur, une famille me fit des histoires, pour quelque chose que j'aurais dit quelques années auparavant dans une discussion.

Un matin, j'arrivai en retard à l'église. C'était une petite église qui pouvait peut-être contenir 80 personnes. Lorsque vous étiez en retard, à peu près tout le monde se retournait pour vous regarder. Alors que j'ouvrais la porte, et que beaucoup se retournèrent, j'étais assez gêné puis, très clairement, j'entendis dans mon esprit comme si quelqu'un m'avait parlé audiblement : « Va dans le groupe de maison que l'ancien pasteur dirige chez lui ».

Je dis au Seigneur : « Mais non je ne peux pas sortir de l'église, déjà que je suis en retard, aussi, que va encore penser la famille qui me fait des histoires ? Et le temps que j'arrive là-bas il sera encore plus tard ! ». Mais cette Parole était si claire que je n'y résistais pas.

Je pris ma voiture et en 15 minutes, je me retrouvai devant la maison de l'ancien pasteur (qui avait été chassé). La salle à manger était pleine de chaises, et il ne restait plus qu'une seule place, au premier rang ! Je me frayai un passage et m'installa à côté d'un jeune de mon âge (je sus après qu'il avait laissé cette place pour le Saint-Esprit ! Il faisait souvent ça à cette époque) Ce jeune se mit à prier avec un zèle qui m'attira. Je me dis : « Il a quelque chose que je n'ai pas, il faut que j'invite ce jeune au Mc Donald's ! ». C'était le premier miracle. J'avais toujours été radin et dépenser de l'argent pour un Mc Donald's... c'était un miracle en soi !

A la fin de cette réunion, à peine eus-je le temps de l'inviter que ce jeune homme me parla et me dit : « Je veux t'inviter au Mc Donald's ! ». Ce que je ne savais pas, c'est qu'il y était abonné, c'était probablement le client le plus fidèle de la ville !

Ce jeune homme me parla de sa courte et puissante expérience avec Dieu. Il venait d'être sauvé quelques mois plus tôt et avait de beaux témoignages qui me donnèrent plus soif de Dieu. Ce jeune homme s'appelait Michaël Lebeau. Depuis ce jour, on ne s'est plus jamais quitté, et je dois le dire, on a mangé probablement une centaine de fois au Mc Donald's ensemble !

Michaël me rejoignit dans mon église et quitta ce groupe de maison, groupe qui mourut tragiquement quelques mois plus tard. J'aimais et j'ai toujours aimé ce Pasteur qui avait été pour moi un modèle et un père spirituel.

Dans mon église, nous rencontrâmes un autre jeune, un peu plus âgé que nous. C'était un gabonais qui s'était installé pour ses études dans la ville. Michaël et ce jeune réalisèrent qu'ils habitaient à moins de 30 mètres l'un de l'autre dans une résidence universitaire. Nous avons commencé à nous lier d'amitié, Annabelle et moi, avec Michaël et ce jeune Gabonais. Il avait vécu de belles expériences au Gabon dans un groupe de jeunes dont il faisait partie, et la première fois qu'il nous invita chez lui, il nous montra le reportage-reconstitution sur l'homme ressuscité des morts au travers du ministère de Reinhard Bonnke. Nous étions Annabelle et moi surpris, elle n'était pas encore née de nouveau.

Ce Gabonais allait devenir quelques années plus tard le Pasteur et Fondateur des églises ACER, mon ami le Pasteur Alain-Patrick Tsengue.

27 NOVEMBRE

Jérémy Sourdril

Comment Dieu m'a appelé à EnseigneMoi... (suite)

Ma route jusqu'à EnseigneMoi.

A cette époque, Annabelle luttait avec Dieu mais n'était pas prête à lui donner sa vie. Je devenais de plus en plus passionné par Dieu et celle qui m'avait ramené au Seigneur me quitta (elle avait bien raison car je n'étais pas encore prêt !). Pendant l'été qui suivit, avec Michaël, nous tînmes des réunions de jeunes pour nous préparer à l'évangélisation, puis Alain-Patrick Tsengue nous rejoignit en fin d'été. Nous étions entre trois à sept pendant tout l'été, mais nous vivions de belles expériences. Dieu me rappelait constamment mon appel au ministère. Finalement, le groupe grandit et plusieurs personnes vinrent écouter l'Évangile pour la première fois de leur vie. Pendant tout le mois d'Août, je travaillais dans un camping la nuit et je priais pour le copain de ma sœur afin qu'il soit sauvé.

Quelques jours après ce mois d'août, il trouva chez lui ce groupe de jeunes que ma sœur avait invité. Il était surpris par la liberté que nous avions à adorer Jésus et à chanter de tout notre cœur au Seigneur. Après la deuxième réunion, il ouvrit l'Apocalypse où il est écrit que « seul Jésus est digne d'ouvrir les sept sceaux », et il fut glorieusement convaincu de péché et sauvé. Il était très connu dans la ville, il avait un groupe de Reggae, et avait toujours eu sur lui une Bible, quoi qu'il ne fût pas né de nouveau. Je revis Annabelle et l'invita à nos réunions de jeunes. Elle y vit Gwen qu'elle connaissait pour être un gars « cool » et connu dans la ville. Elle fut surprise de le voir chrétien. Le Seigneur lui parla encore et elle l'accepta. Le groupe de jeunes grandissait ! Plusieurs jeunes revinrent au Seigneur, furent sauvés, baptisés du Saint-Esprit et transformés jusqu'à ce jour.

Un jour, je rencontrais une sœur de l'église à qui Michaël avait parlé. Elle s'appelait Alice et était Burundaise. Elle avait déménagé du Burundi en France pour le travail de son mari. Michaël voulait que je la rencontre, car elle avait un témoignage bouleversant : elle avait vu Jésus. Lorsqu'elle me parla, j'étais vraiment béni et je me dis : « Elle a vraiment quelque chose de spécial cette sœur ». En parlant avec elle, elle me raconta qu'elle avait pris des cours bibliques qui avaient transformé sa vie au Burundi. Elle avait même des CDs MP3 de ces cours avec elle. J'en empruntai. En écoutant ces cours j'étais bouleversé. Je n'avais jamais entendu un tel enseignement. J'avais l'impression d'avoir été aveuglé depuis toutes ces années où j'avais été à l'église. Je me disais que je n'avais jamais compris ce qu'était la prière, ce qu'était la foi, qui j'étais réellement, et cela en quelques heures d'enseignement. Je décidai d'écrire à ce pasteur.

Je me présentai par mail : « Cher Pasteur Olivier Derain, je m'appelle Jérémy Sourdril et j'ai rencontré Alice, qui m'a prêté des CDs de vos enseignements ». Et oui, ces cours étaient ce qui est devenu l'Institut Biblique EnseigneMoi, dont je suis devenu le directeur international ! Le Pasteur Olivier Derain me remercia et me proposa de l'aider à nettoyer les cours audio. J'étais vraiment enthousiaste. J'en parlais à Michaël et le Pasteur Olivier partagea sa vision de proposer un Institut Biblique par correspondance sur Internet au format audio. Cela n'existait pas à ma connaissance. Michaël, qui étudiait en informatique, lui dit qu'il le ferait. Je me mariai peu de mois après à Annabelle, la merveilleuse femme que Dieu m'avait fait rencontrer un an et demi avant, alors que j'étais, lors de notre rencontre, rétrograde et elle inconvertie.

Quelques mois plus tard, alors que nous grandissions tous dans le Seigneur, le Seigneur parla à Michaël, qui était tout juste sur le point d'obtenir le diplôme pour lequel il était venu en France (il vivait à l'île de la Réunion), en lui disant d'arrêter ses études (il y a beaucoup de farceurs qui disent cela mais il faut en voir les fruits). Michaël était pourtant l'un des meilleurs de sa promo. Au bout de plusieurs semaines, Michaël ne comprenait pas. Rien ne se passait. Il pensait que c'était l'heure du ministère. Un jour à l'église, notre Pasteur eut une prophétie : « Dans un mois, je vais te relever et je te parlerai ». Michaël comptait les jours et un mois après, il se retrouva à Paris dans une église d'environ 1000 personnes, et le prédicateur pointa pendant le message Michaël en disant : « Tu as arrêté tes études et pour toi il n'y a plus d'espoir, mais sache que quand tu reviendras dans ta région, ce sera avec une fraîche onction et je te parlerai ». Ce prédicateur, c'était Selvaraj Rajiah de l'église Paris Centre Chrétien. Il ne l'avait jamais rencontré et c'était la première fois qu'il mettait les pieds dans cette belle église.

Michaël revient de ce week-end, et effectivement, le soir même, alors qu'il était sous sa douche, le Seigneur lui parla et lui dit : « Tu dois faire un site Internet qui s'appellera EnseigneMoi, ce sera un site où il y aura beaucoup de prédicateurs différents et qui amènera une certaine unité entre les ministères, une diversité et une profondeur dans l'enseignement ». À l'époque, il n'existait aucun site consacré à l'enseignement avec plusieurs orateurs. Michaël appela le pasteur Olivier Derain et lui dit : « Le Seigneur m'a parlé de créer un site. Sur ce site il n'y aura pas seulement ton ministère (l'Institut Biblique), mais une multitude d'autres ministères ». Le Pasteur Olivier Derain lui dit : « Gloire à Dieu ! », et l'encouragea dans cette vision. C'était la première journée d'EnseigneMoi.

28 NOVEMBRE

Jérémy Sourdril

La deuxième journée d'EnseigneMoi (suite)

Michaël et moi étions tout excités, face à l'appel de Dieu de créer ce site Internet. Il nous fallait nous mettre au travail, et trouver des gens pour nous aider. Michaël vit le site internet d'un jeune chrétien, du nom de David Houstin, et lui écrivit un mail en ces termes : « J'ai un projet Internet et j'aimerais t'en parler ».

Lorsque David ouvrit son mail, il sentit une puissante conviction dans son cœur qu'il fallait rejoindre ce projet. Et c'est ce qu'il fit. Nous partagions la vision à différents jeunes qui étaient tout zélés pour le projet, puis nous fîmes une première réunion pour amener le projet devant le Seigneur. Des jeunes firent 500 kilomètres pour nous rejoindre. Finalement, de la trentaine de jeunes qui vinrent ce jour-là, seules une ou deux personnes nous aidèrent réellement. Nous avions besoin d'argent. J'avais fait un prévisionnel des coûts pour visiter des pasteurs, et d'autres charges, qui s'élevaient à un peu plus de 3900 euros. Moins d'un mois plus tard, une jeune sœur nous fît un don de 4000 euros, sans connaître nos besoins, ni ce prévisionnel.

Des portes s'ouvrirent et nous rencontrâmes différents pasteurs dans le Nord, l'Ouest et le Centre de la France, puis en Belgique. Plusieurs étaient surpris de notre projet et ne pouvaient entrevoir en nous, que deux jeunes un peu trop zélés et innocents. Certains nous encouragèrent. Nous décidâmes de nous installer dans la région parisienne. J'étais marié depuis un an, et nous nous installèrent dans une maison, Michaël, David, Annabelle, moi-même, puis un homme avec ses deux enfants, qui ne nous aida jamais vraiment. Pendant cinq mois, nous travaillâmes à temps plein, bénévolement, vivant comme nous le pouvions. Dieu pourvut toujours.

Nous avons vécu de bons moments, des moments en haut et des moments en bas. Nous avons vécu des oppressions, des batailles et des persécutions, de grands défis et de grandes montagnes, mais Dieu bénit cette petite équipe de quatre jeunes. Quand le site EnseigneMoi sortit en Janvier 2005, je ne pensais pas que nous aurions eu, à force de travail et de bénédictions, 500.000 visites chaque mois six ans après. Dieu qui nous avait parlé au travers du verset d'Osée 4 : 6, avait vraiment dans le cœur d'enseigner son peuple.

> *Osée 4 : 6*
> *Mon peuple meurt faute de connaissance. Puisque tu as rejeté la connaissance, Je te rejetterai, et tu seras dépouillé de mon sacerdoce; Puisque tu as oublié la loi de ton Dieu, J'oublierai aussi tes enfants.*

Nous avons touché plusieurs millions de personnes différentes, nous avons reçu des témoignages de salut, de délivrances, de guérisons, de baptêmes du Saint-Esprit, de couples bénis, de familles transformées, de gens édifiés et touchés par la Parole de Dieu ! À Dieu soit la Gloire, à lui seul ! Dieu n'a pas fini son travail !

Je ne sais pas ce que Dieu a mis dans votre cœur, quel est le rêve, quelle est la vision qu'il vous a donnée, mais s'il vous l'a donnée c'est que vous pouvez le faire. Oh ce ne sera pas facile, nous combattons contre des esprits méchants et nous sommes dans une guerre spirituelle, mais si Dieu a parlé, cela vaut le coup de payer le prix ! Quand Dieu nous parle, nous pouvons imaginer, mais Dieu peut nous donner encore au-delà de tout ce que l'on imagine. Dieu est un grand Dieu, et je veux, au Nom Puissant de Jésus-Christ, rappeler les visions et les rêves que Dieu a mis en vous, qui dorment, qui sommeillent, ou qui se fatiguent ! Je déclare que Dieu a la puissance de vous amener là où il le veut, que Christ en vous, c'est l'espérance de la Gloire ! Je le répète encore, Dieu peut faire POUR VOUS, EN VOUS et AU TRAVERS DE VOUS infiniment au-delà de tout ce que vous pensez ou imaginer, par la force, par la puissance extrême du Saint-Esprit qui habite en vous.

Je vous exhorte à parler votre vision. Ce que Dieu vous a appelé à faire, même si cela vous paraît petit ou général, commencez à parler ces choses. « Merci Seigneur, car tu m'as appelé à « ... ». J'appelle ces choses dans ma vie et je réveille les rêves que Dieu a mis en moi. Je verrai sa Gloire. Dieu a prévu des projets de paix, de bonheur et de bénédiction pour moi ». Dieu n'en a pas fini avec vous, oh non ! Vous avez encore beaucoup de fruits à porter pour Lui ! Voyez grand, rêvez grand, car votre Dieu est un GRAND Dieu ! Voyez à sa mesure.

> *Ésaïe 59 : 1*
> *Non, la main de l'Éternel n'est pas trop courte pour sauver, Ni son oreille trop dure pour entendre.*

> *Ésaïe 55 : 10-11*
> *Comme la pluie et la neige descendent des cieux, Et n'y retournent pas Sans avoir arrosé, fécondé la terre, et fait germer les plantes, Sans avoir donné de la semence au semeur Et du pain à celui qui mange, Ainsi en est-il de ma parole, qui sort de ma bouche : Elle ne retourne point à moi sans effet, Sans avoir exécuté ma volonté Et accompli mes desseins.*

29 NOVEMBRE

Mamadou Karambiri

Il n'y a aucun avenir dans votre passé

Luc 9 : 62 : « Quiconque met la main à la charrue et regarde en arrière... ».

Pourquoi vous retourner pour regarder les « bons vieux jours » alors que le meilleur est devant vous ?

Paul fait une déclaration solennelle sur son passé :

- Il fut circoncis le huitième jour : c'est un signe de l'alliance avec Dieu.
- Il appartient à la race d'Israël : c'est un fidèle descendant d'Abraham, Isaac et de Jacob.
- Il est qualifié irréprochable à l'égard de la justice de la loi; ce qui est un cas exceptionnel, par rapport à tous ceux qui étaient sous la loi.

Tel est le parcours exceptionnel d'un jeune homme consacré et cherchant à plaire à Dieu de tout son cœur.

Et pourtant, ce parcours si glorieux est devenu un simple fait historique du passé de Paul sur la route de Damas.

Dès que Paul a mis ses mains à la charrue du Seigneur, il a cessé de regarder en arrière. Les choses qu'il considérait comme des gains, il les a regardées comme une perte, à cause de Christ. Et celles qui étaient pour lui comme des pertes, il les a transformées en perles par la grâce du Seigneur.

Quels sont vos gains et vos pertes du passé ?

Êtes-vous encore lié(e) par votre sombre passé ? Votre passé vous hante-t-il, revenant en mémoire à tout moment, lorsque vous avez de grandes décisions à prendre ?

Alors, arrêtez-vous et croyez ce que la Parole de Dieu dit :

> *2 Corinthiens 5 : 17*
> *Les choses anciennes sont passées...*
>
> *Éphésiens 4 : 21-22*
> *Vous avez été instruits à vous dépouiller, par rapport à votre vie passée...*

Arrêtez de regarder où vous étiez dans le passé et commencez à regarder là où Dieu vous amène dans la terre promise de la vie abondante en Christ. Votre destin est devant vous et non derrière vous. Vous ne pouvez pas changer votre passé. Aucune richesse ne peut acheter votre passé. Jetez-le dans la mer d'oubli de Dieu (Michée 7 : 19) et prenez le joug de Dieu sur vous. Vous trouverez le repos de votre âme !

Aujourd'hui, Dieu fait toutes choses nouvelles dans votre vie. Dieu est le «Dieu du destin» et votre destinée n'est pas cachée devant lui. Ne dites pas que les jours passés étaient meilleurs que ceux présents et ceux à venir.

Le Dieu de votre destinée vous a préparé une fin bien meilleure que votre commencement. Regardez le commencement de Jacob, David, Joseph, Daniel et voyez leur fin. Dieu est au contrôle dans votre vie. Demeurez simplement dans sa Parole et laissez son Esprit vous conduire, et vous parviendrez sûrement et certainement à Canaan, tels Josué et Caleb.

Une action pour aujourd'hui

Comme le fils prodigue, levez-vous, sortez de votre passé et allez résolument vers le Père d'amour qui vous attend avec la belle robe, l'anneau et le veau gras.

30 NOVEMBRE

Joël Spinks

La révélation de la Croix

1 Corinthiens 1 : 18 : « La prédication de la croix est une folie pour ceux qui périssent; mais pour nous qui sommes sauvés, elle est une puissance de Dieu ».

Luttez-vous présentement contre le péché ? Si oui, j'ai une bonne nouvelle pour vous ! Vous pouvez cesser ce combat dès aujourd'hui ! Vous dites : « Quoi ? ». Oui, c'est exact ! Dieu ne nous appelle pas à combattre le péché car ce combat a déjà été gagné à la croix il y a 2000 ans ! Dieu nous appelle plutôt à combattre le bon combat de la foi.

> *1 Timothée 6 : 12*
> *Combats le bon combat de la foi, saisis la vie éternelle, à laquelle tu as été appelé, et pour laquelle tu as fait une belle confession en présence d'un grand nombre de témoins.*

Lorsque nous comprenons que la foi dans l'œuvre de la croix, accomplie par le Seigneur Jésus, est l'unique solution qui nous permet de marcher dans la victoire, notre foi n'est plus centrée sur nous et nos combats, mais sur la victoire déjà acquise par le Seigneur Jésus ! Nous ne prions plus, « Seigneur, délivre-moi ! ». Nous prions plutôt, « Merci Seigneur parce que tu m'as délivré ! » Permettez-moi d'illustrer ce glorieux message.

Un jour un homme est entré dans mon bureau recherchant la délivrance sur l'immoralité sexuelle. Pendant de nombreuses années, il fréquentait le milieu chrétien, mais sans expérimenter la victoire sur son péché. Il a demandé conseil auprès de nombreux pasteurs. À chaque fois, on l'encourageait à se consacrer davantage : « Tu dois prier plus ! Tu dois assister plus souvent aux réunions de l'église ! Tu dois lire plus fidèlement la Bible ! ». Croyez-vous que les pasteurs lui proposaient de faire de bonnes choses ? Certainement ! C'est bien de lire la Bible, de prier et de se rendre à l'église. Mais le problème est qu'on ne lui donnait jamais le remède à son problème.

Nous nous sommes auto-séduits, pensant que si nous pouvons « performer » correctement pour le Seigneur, nous aurons (ou nous nous procurerons) notre victoire. Si cela était possible, Jésus n'aurait sûrement pas souffert la croix ! S'il avait pu s'éviter la croix en disant tout simplement, « Lisez la Bible ! Priez et soyez fidèles à l'église et vous aurez la victoire ! ». Je suis convaincu qu'Il l'aurait évité. Non ! Même si nous désirons marcher dans cette bonne consécration chrétienne, la source de notre victoire n'est pas en nous et en notre performance. Seule la puissance de Dieu peut nous accorder la vraie liberté !

En reprenant le texte du début dans 1 Corinthiens 1 : 18, nous comprenons que « la prédication de la croix est une folie pour ceux qui périssent; mais pour NOUS qui sommes sauvés, elle est une PUISSANCE de Dieu ». Nous avons essayé de vivre la vie chrétienne victorieusement mais par notre propre puissance, par nos efforts personnels. Non ! Cela demeure impossible ! Notre bonne volonté ne suffit pas. Nous devons avoir Sa puissance surnaturelle opérante en nous. Cette puissance ne vient que par une foi absolue et complète dans l'œuvre de la croix. C'est à ce moment-là que nous pouvons vivre la vraie vie victorieuse, celle de la résurrection.

J'ai prié pour cet homme et je lui ai partagé le message de la croix. Il a reçu la révélation dans son cœur et, pour la première fois en 30 ans, il a été complètement libéré ! Il n'avait jamais vécu une seule journée sans se livrer au monde des obscénités. Mais après la révélation de la croix, il a vécu une liberté parfaite. Six mois après notre rencontre, il m'a témoigné : « Pasteur Joël, je suis encore libre ! ». « Bien sûr mon frère ! Jésus t'a affranchi il y a 2000 ans ! »

Vous recherchez la délivrance ? Vous êtes fatigué de livrer un combat contre une dépendance ? Tournez-vous vers Jésus ! Réalisez que votre vieille vie de péché a été crucifiée à la croix et que vous marchez maintenant libre en Jésus !

> *Galates 2 : 20*
> *J'ai été crucifié avec Christ; et si je vis, ce n'est plus moi qui vis, c'est Christ qui vit en moi; si je vis maintenant dans la chair, je vis dans la foi au Fils de Dieu, qui m'a aimé et qui s'est livré lui-même pour moi.*

01 DÉCEMBRE

Jérémy Sourdril

La femme est le secours de l'homme : devenez une seule chair

Éphésiens 5 : 28 : « C'est ainsi que les maris doivent aimer leur femme comme leur propre corps. Celui qui aime sa femme s'aime lui-même ».

Le mari doit s'occuper de sa femme

J'imagine que vous vous rasez chaque jour, ou au moins que vous vous lavez chaque jour, ou que vous vous lavez les dents chaque jour (j'espère pour votre conjoint !). Allez-vous aux toilettes chaque jour ? Mangez-vous chaque jour ? (je sais que certains hommes s'épilent et regardent leurs muscles dans le miroir chaque jour mais chut !)

Si vous avez répondu oui à au moins une de ces questions (j'espère sinon vous êtes probablement un extra-terrestre), cela veut dire que CHAQUE JOUR, vous prenez soin de votre corps. Chaque jour, votre Seigneur vous demande de prendre soin de votre femme !

« Ma femme ne s'occupe pas d'elle »

Certains maris reprochent à leur femme de ne pas s'habiller comme ils le souhaiteraient, de ne pas mettre certaines choses qu'ils aimeraient, ou encore de ne pas aller assez souvent chez le coiffeur, ou de ne pas prendre assez soin d'elle, ou de prendre trop de poids. Tu dois sortir du cash ! Commence à lui acheter des vêtements, arrête de grogner quand elle te propose de faire les magasins, prends un rendez-vous pour elle chez le coiffeur, achète lui un abonnement dans une salle de sport, commence à faire les courses et à préparer des repas équilibrés, car en prenant soin de son corps tu prends soin de ton corps. Ne reproche pas à l'autre ce que tu pourrais régler par toi-même. Si ta femme ne s'occupe pas d'elle, occupe-toi d'elle !

Une seule chair cela doit aussi être une même vision

Cette unité doit se manifester également dans nos façons de penser et surtout dans notre vision. Si l'homme va d'un côté et la femme d'un autre côté, cela n'est pas possible. Nous devons avoir une vision commune, surtout en ce qui concerne notre marche avec Dieu. L'homme qui a donné sa vie à Christ ne s'appartient plus à lui-même mais il appartient à Dieu. Il devient gestionnaire de sa vie, et en tant que bon gestionnaire il doit être bien certain que le propriétaire sera d'accord avec ses choix. Il doit se marier avec une personne qui appartient à Dieu également. S'il est déjà marié lorsqu'il rencontre Christ, la Bible dit de ne pas se séparer.

Les deux ne s'appartenant plus à eux-mêmes, Dieu donne au mari un droit sur le corps de son épouse, et à l'épouse un droit sur le corps de son époux. En fait, ce n'est pas l'époux qui donne son corps, c'est Dieu qui donne à l'épouse un droit sur le corps de son mari.

Ainsi, si le couple rencontre une difficulté, les deux doivent se tourner vers celui à qui ils appartiennent, au propriétaire de leur vie.

> *Psaumes 34 : 5*
> *Quand on tourne vers lui les regards, on est rayonnant de joie, Et le visage ne se couvre pas de honte.*

- Le couple béni ne traverse pas les difficultés avec ses propres raisonnements, ni avec sa confiance dans le passé commun.
- Le couple béni tourne ses regards vers Dieu.
- Si un couple béni venait à se mettre en colère, ce couple ne laisserait pas passer une nuit sur sa colère, mais ensemble ils choisiront l'obéissance à celui qui a dit :

> *Éphésiens 4 : 26*
> *Si vous vous mettez en colère, ne péchez point; que le soleil ne se couche pas sur votre colère,*

- Le couple béni choisit toujours d'obéir à Dieu avant tout. Il place Dieu en premier, croyant que Dieu est plus intelligent, plus sage que lui.
- La vision d'un couple béni est de bénir d'autres personnes, de construire ensemble un mariage qui sera une bénédiction pour les autres.

- Un couple béni n'est jamais un couple seul.

  Jean 12 : 24
  En vérité, en vérité, je vous le dis, si le grain de blé qui est tombé en terre ne meurt, il reste seul; mais, s'il meurt, il porte beaucoup de fruit.

- Un couple béni vit pour les autres. Il consacre sa vie pour les autres.

Ceux qui ont été déçus

Il y a bien des gens qui ont été déçus. Il y a beaucoup de femmes qui ont été tellement déçues par les hommes qu'elles ont fait de leur chien leur meilleur ami. Elles leur achètent même des petits manteaux pour l'hiver avec des petites chaussettes. « Eh Channel, tu ne sais pas ce que je t'ai acheté ? Des petites chaussettes pour marcher dans la neige »... « Channel je nous ai trouvé un petit hôtel pas cher pour le week-end dont tu m'en diras des nouvelles » ! Elles amènent leur chien au magasin et leur demande de choisir ce qu'ils veulent manger. Chez mes grands-parents, le chien mangeait à table dans une assiette !

Une femme a dit : « Avant j'avais un homme, maintenant, j'ai un chien. Finalement, c'est assez semblable : ça ronfle, ça pète et ça prend toute la place dans le lit ». Si c'est l'image que vous avez des hommes, vous n'êtes pas prête à vous marier ! Les blessures que vous avez pu avoir dans le passé doivent être guéries.

- Si vous avez été marié et que vous êtes séparée, vous avez besoin de guérison.
- Beaucoup de gens divorcés restent avec des blessures, et Dieu veut vous guérir. Il faut accepter de ne pas regarder en arrière.
- Tant que tu seras blessée, tu blesseras les autres et tu te blesseras toi-même.
- Certaines femmes n'ont plus aucune confiance en l'homme car elles ont été trompées, mais il faut rétablir une bonne image de l'homme.

Beaucoup se sont données entièrement à leur mari et ont été trahies, et c'est une chose terrible, mais je vais vous dire quelque chose : il y a un espoir. Dieu veut guérir ton cœur. Je ne parle pas d'une aide psychologique, je ne parle pas de conseils ou même de sagesse humaine, je parle de la puissance de Dieu ! La puissance de Dieu est CAPABLE de te guérir en un seul instant, en une seconde. Nous servons un Dieu surnaturel, arrêtons de nous attendre à un Dieu qui répond seulement par des choses humaines. Dieu va guérir des cœurs brisés, Dieu va guérir des cœurs ce matin.

Tu ne peux pas regarder en arrière et construire ton demain. Si vous ne renouvelez pas vos façons de penser, vos mentalités, et par cela vous montrez que vous ne recevez pas une pleine délivrance, vous allez vous ouvrir à des oppressions spirituelles qui vous prendront tout. Il ne restera pas une seule goutte d'espoir pour un bon mariage dans le Seigneur. Il y a aussi ceux qui n'ont pas de place pour quelqu'un, mais qui pourtant voudraient quelqu'un :

> *Matthieu 25 : 1-10*
> *Alors le royaume des cieux sera semblable à dix vierges qui, ayant pris leurs lampes, allèrent à la rencontre de l'époux. Cinq d'entre elles étaient folles, et cinq sages. Les folles, en prenant leurs lampes, ne prirent point d'huile avec elles; mais les sages prirent, avec leurs lampes, de l'huile dans des vases. Comme l'époux tardait, toutes s'assoupirent et s'endormirent. Au milieu de la nuit, on cria : Voici l'époux, allez à sa rencontre ! Alors toutes ces vierges se réveillèrent, et préparèrent leurs lampes. Les folles dirent aux sages : Donnez-nous de votre huile, car nos lampes s'éteignent. Les sages répondirent : Non; il n'y en aurait pas assez pour nous et pour vous; allez plutôt chez ceux qui en vendent, et achetez-en pour vous. Pendant qu'elles allaient en acheter, l'époux arriva; celles qui étaient prêtes entrèrent avec lui dans la salle des noces, et la porte fut fermée.*

Si vous rencontrez une personne qui est « appelée » à être votre mari, mais que votre mère prend toute la place, ou que vous vous suffisez à vous-même, ou que vos enfants prennent toute la place, vous allez le faire fuir.

02 DÉCEMBRE

Jérémy Sourdril

Comment démontrer ma reconnaissance ?

J'ai déjà parlé sur le fait de dire : « Merci ». Dire : « Merci », est peut-être l'acte le plus simple de la reconnaissance. C'est simple, même si certaines personnes attendent des années pour pouvoir le dire. Il y a d'autres façons d'être reconnaissant, et nous allons en voir quelques-unes.

Je n'ai pas trouvé le mot « Merci » dans la Bible, mais j'ai trouvé de nombreux actes de reconnaissance. Il y a bien plus qu'un « simple » merci pour exprimer notre reconnaissance !

En étant attentif et disponible

Si je vous demandais de me donner le nom d'une personne reconnaissante dans la Parole de Dieu, vous me donneriez peut-être le nom de Marie, la sœur de Lazare. Déjà, nous voyons Marie aux pieds de Jésus, écoutant sa Parole. Marthe sa sœur, s'indignait de ce qu'elle ne l'aidait pas pour servir, et en avait fait la remarque à Jésus, qui lui dit que Marie avait choisi la bonne part.

Plus tard, lorsque Jésus vint pour ressusciter Lazare, le frère de Marie, elle se jeta à ses pieds en disant : « Si tu avais été ici, mon frère ne serait pas mort ». Nous savons que Jésus a ressuscité Lazare, et on peut lire ces évènements qui se sont passés quelques jours plus tard :

> *Jean 12 : 2-3*
> *Là, on lui fit un souper; Marthe servait, et Lazare était un de ceux qui se trouvaient à table avec lui. Marie, ayant pris une livre d'un parfum de nard pur de grand prix, oignit les pieds de Jésus, et elle lui essuya les pieds avec ses cheveux; et la maison fut remplie de l'odeur du parfum.*

C'est drôle : Marthe sert toujours à table, et Marie est toujours aux pieds du Seigneur ! Voilà trois fois que Marie se trouve aux pieds du Seigneur. Là encore, on (Judas le voleur) s'indigna de cette marque de reconnaissance que Marie exprima. Ceci nous montre qu'exprimer sa reconnaissance énervera certaines personnes ou suscitera des moqueries et des remarques désobligeantes. Marie était tellement reconnaissante de ce qu'avait fait Jésus pour son frère Lazare. Sa reconnaissance était d'être attentive à Jésus, d'être disponible pour lui, et son humilité envers le Seigneur en était un fruit. Vous ne pourrez pas être régulièrement reconnaissant si vous êtes quelqu'un d'orgueilleux. Vivre et marcher dans la reconnaissance implique une notion et une part d'humilité.

En faisant une offrande d'amour

Marie avait été si touchée par le ministère de Jésus qu'elle aurait certainement vendu tous ses biens pour lui. Elle a fait une offrande au ministère de Jésus ! Vous me direz peut-être : « Non ce n'était pas une offrande d'argent, c'était du parfum ». Savez-vous qu'à l'époque, offrir du parfum était une offrande habituelle ? Si vous lisez l'Exode, vous verrez que Dieu a dit à Moïse :

> *Exode 30 : 35*
> *Tu feras avec cela un parfum composé selon l'art du parfumeur; il sera salé, pur et saint.*

> *Exode 30 : 1*
> *Tu feras un autel pour brûler des parfums, tu le feras de bois d'acacia;*

L'offrande de parfum était quelque chose de divin au départ, et a été repris par les peuples païens :

> *1 Rois 11 : 8*
> *Et il fit ainsi pour toutes ses femmes étrangères, qui offraient des parfums et des sacrifices à leurs dieux.*

C'était donc une vraie offrande selon l'alliance dans laquelle Marie vivait. Dans la nouvelle Alliance, depuis la résurrection de Jésus, on voit les chrétiens et les disciples de Jésus donner principalement de l'argent.

Vous êtes-vous déjà demandé de combien était l'offrande de Marie ? Nous savons qu'elle était d'un grand prix (« un parfum de nard pur de grand prix »). L'équivalent de 50 euros ? De 150 euros ? De 500 euros ? De 1000 euros ? Mille euros, vous exagérez, diront certains. Pourtant, l'offrande de Marie était équivalente à environ 13.000 euros ! (18.000 dollars !) Oui, vous avez bien lu, il n'y a pas trois zéros en trop ! Judas a dit :

> *Jean 12 : 5*
> *Pourquoi n'a-t-on pas vendu ce parfum trois cents deniers, pour les donner aux pauvres ?*

300 deniers étaient égal à 300 jours de travail d'un ouvrier moyen, soit environ 13.000 euros (ils travaillaient six jours sur sept). Avez-vous remarqué ce qu'a dit Judas ? Relisez le verset : « Pour le donner aux pauvres ». Cela ne vous fait pas penser à quelque chose ? Judas était en train de reprendre une parole de Jésus pour la retourner contre lui. Il voulait aussi se faire passer pour spirituel. Contredire Jésus, c'est ce que faisaient régulièrement les pharisiens qui voulaient piéger Jésus par leurs questions ! Judas avait à présent l'esprit des pharisiens ! Regardez :

> *Matthieu 19 : 21*
> *Jésus lui dit : Si tu veux être parfait, va, vends ce que tu possèdes, donne-le aux pauvres, et tu auras un trésor dans le ciel. Puis viens, et suis-moi.*

Marie avait en fait peut-être vendu tout ce qu'elle possédait ! (La veuve dans Luc 21 a été appréciée de Jésus à cause du cœur qui était derrière l'offrande. La valeur n'était pas la même, mais là encore, la veuve avait donné : « Tout ce qu'elle avait pour vivre »). Elle avait dû entendre Jésus dire cette phrase au jeune homme riche et elle voulait se donner entièrement à Jésus. Je connais de telles personnes : elles ont tellement été touchées par le Seigneur qu'elles sont prêtes à tout pour lui obéir.

Judas disait en fait à Jésus : « Tu as dit de tout vendre pour donner aux pauvres, mais Marie a gâché cet argent ! ». Vous savez, les disciples n'étaient pas nés de nouveau, les murmures et les questionnements pouvaient être rapides à venir ! Si Jésus n'avait rien répondu, les disciples se seraient dits en privé : « C'est vrai, Marie a gâché tout cet argent et Jésus n'a rien dit. Jésus se met-il vraiment en peine des pauvres ? ». Mais Jésus a non seulement agréé son offrande, mais il a défendu devant tous l'acte de reconnaissance de Marie.

Suite à cet évènement, on parlait de Marie comme étant « celle qui oignit le parfum le Seigneur et qui lui essuya les pieds avec ses cheveux » (Jean 11 : 2). Quand on voyait Marie, on se rappelait de son acte de reconnaissance. Faire une offrande peut être un acte de reconnaissance concret ! Le Seigneur ne vous a-t-il jamais parlé dans votre cœur, vous disant de faire une offrande à telle personne ? Vous savez de quoi je parle ? Je parle de cette petite voix à l'intérieur de vous. Vous vous êtes peut-être dit : « Ce doit être ma chair », ou : « Je dois me tromper », ou : « Il me faut une confirmation ». Avez-vous eu besoin d'un signe pour acheter votre télévision, votre voiture ou votre ordinateur ?

03 DÉCEMBRE

Jérémy Sourdril

Comment démontrer ma reconnaissance ? (suite)

Des idées pour exprimer sa reconnaissance.

En obéissant

> *Jean 14 : 15*
> *Si vous m'aimez, gardez mes commandements.*

Vous pouvez être reconnaissant à vos parents et au Seigneur en mettant tout votre cœur à leur obéir. La reconnaissance est un style de vie qui peut se démontrer par l'obéissance. Des enfants obéissants, c'est souvent des enfants reconnaissants (je n'ai pas dit toujours).

En faisant un cadeau

Dans l'Ancien Testament, la notion de cadeau est très présente. L'action d'offrir un cadeau doit toujours aller de pair avec notre cœur. Nous voyons les frères de Joseph, Jacob et bien d'autres serviteurs de Dieu offrir des présents. Offrir un cadeau est une bénédiction pour celui qui le reçoit, mais aussi pour celui qui donne ! Dans l'Ancien Testament, lorsqu'on s'offrait des cadeaux, c'était souvent car on reconnaissait la valeur et le statut (autorité, position...) de la personne à qui on l'offrait. Offrir un cadeau, quand il est fait sous l'inspiration et par amour, est une vraie bénédiction.

> *Proverbes 17 : 8*
> *Les présents sont une pierre précieuse aux yeux de qui en reçoit; De quelque côté qu'ils se tournent, ils ont du succès.*

En aimant, en adorant

Si votre reconnaissance s'adresse aux gens, aimez-les. Femme, aimez votre mari. Pour ce qu'il représente, pour ce qu'il est, pour sa protection et pour tout ce qu'il fait de bon pour vous et votre famille. Mari, aimez votre femme, pour ce qu'elle représente, pour son dévouement, pour le bonheur qu'elle vous apporte, pour sa sagesse et pour tout ce qu'elle fait de bon pour vous et votre famille. Soyez reconnaissant ! Si votre reconnaissance s'adresse à Dieu, voici ce que vous pouvez faire :

> *Hébreux 12 : 28*
> *C'est pourquoi, recevant un royaume inébranlable, montrons notre reconnaissance en rendant à Dieu un culte qui lui soit agréable, avec piété et avec crainte,*

Ce verset vaudrait une autre étude ! Il pourrait se résumer par cet autre verset : « Offrez-vous tout entier à Dieu ».

D'autres idées... La reconnaissance envers une personne peut aussi s'exprimer ainsi :

- En lui souriant,
- En ayant un geste ou une attention amicale et particulière pour elle (carte postale, coup de téléphone, bouquet de fleurs, cadeaux, etc.),
- En priant pour elle,
- En lui écrivant une lettre ou une chanson,
- En faisant pour elle quelque chose qui vous coûte,
- En lui donnant des nouvelles et en en prenant,
- En honorant cette personne devant (ou pas) les gens (certains maris devraient apprendre cela), etc.

Le Seigneur vous montrera la meilleure façon d'être reconnaissant. La vraie reconnaissance, c'est un style de vie, mais vous pouvez également poser des actes de reconnaissance. Dieu va vous inspirer car vous avez un bon cœur !

04 DÉCEMBRE

Yvan Castanou

Si vous pouvez voir l'invisible, vous pourrez accomplir l'impossible

Actes 26 : 19 : « En conséquence, roi Agrippa, je n'ai point résisté à la vision céleste ».

Être capable de voir ou ne pas voir l'invisible : voici l'un des éléments qui marque la différence entre les personnes qui font des exploits avec Dieu et les autres. Celles qui accomplissent leur destinée sont toujours des visionnaires. Et même si la vision seule ne suffit pas, elle reste un fondement indispensable. Si vous cessez de voir, vous cesserez de vous mouvoir.

La Bible dit que lorsqu'il n'y a pas de vision, le peuple périt (Proverbes 29. 18). Il se laisse distraire, démonter et détruire. À l'inverse, la vision de Dieu vous fait vivre; elle vous donne une direction, une motivation et une espérance. Elle est votre lampe intérieure. Si elle s'éteint, tout devient morose, sombre et triste dans votre vie.

Même au travers des épreuves, lorsque vous pensez être au fond du gouffre, tant que la vision de Dieu brille encore en vous, vous n'avez pas tout perdu et vous n'êtes pas vaincu. Paul le savait, et c'est pourquoi il a écrit :

> *2 Corinthiens 4 : 16 et 18*
> *C'est pourquoi nous ne perdons pas courage... parce que nous regardons, non point aux choses visibles, mais à celles qui sont invisibles; car les choses visibles sont passagères, et les invisibles sont éternelles.*

Vous ne pouvez pas séparer la vision d'une personne et sa destination dans la vie.

Vous ne devenez pas ce que vous voulez, mais ce que vous voyez. Ce que vous voyez affecte ce que vous croyez. Si vous ne voyez rien dans votre esprit, vous ne pouvez pas prétendre avoir la foi. Ne vous y trompez pas, la foi n'est pas aveugle ! Elle voit une réalité invisible qui n'est simplement pas encore manifestée. Réalisez-vous que la foi et la folie ne sont séparées que par deux lettres (« l » et « e ») ?

Que voyez-vous ? Pour les contemporains des frères Wright, inventer l'avion était une mission impossible. Le monde développé d'alors était persuadé qu'il n'était pas possible de vaincre la loi de la pesanteur, et donc que tout objet suspendu en l'air était obligé de s'écraser au sol. Grâce à leur obstination à refuser le statu quo, les frères Wright, qui étaient fils de pasteur, ont ainsi prouvé au monde que ceux qui peuvent voir l'invisible sont capables d'accomplir l'impossible.

Les visionnaires ne sont pas faciles à intimider. Ils jettent rarement l'éponge. Ils effraient l'enfer par leur ténacité. Ils voient toujours quelque chose que leurs contemporains ne voient pas. Ils voient des possibilités là où les autres voient des problèmes, et des opportunités lorsque la majorité ne voit que des obstacles.

Que voyez-vous ? Si vous pouvez voir l'invisible, vous pouvez accomplir l'impossible ! C'est un des secrets bien compris par les personnes qui accomplissent leur destinée !

Une prière pour aujourd'hui

« Père, illumine les yeux de mon cœur, afin que je découvre le but unique, pour lequel tu m'as façonné sur mesure avant la fondation du monde. Accorde-moi la grâce de comprendre, d'accepter et de courir vers la réalisation de ta vision pour ma vie. Au nom de Jésus, Amen ! ».

05 DÉCEMBRE

Dorothée Rajiah

Comment être plus productif ?

Cher(e) ami(e), cherches-tu la direction de Dieu pour ta vie ? En as-tu marre de courir ? Te sens-tu épuisé par la pression constante de la vie, toujours dans cette quête « d'arriver » financièrement ? As-tu besoin de vivre une percée dans ta vie ? Penses-tu peut-être : « Je ne peux plus me battre ! »

Gloire à Dieu si tu en es arrivé là ! Ma remarque te surprend-elle ? Quand nous ne pouvons plus nous battre, quand nous sommes trop fatigués pour continuer par nos propres moyens, c'est à ce moment-là que nous pouvons voir Sa main agir dans notre vie ! Mes paroles peuvent sembler religieuses ou irréalistes, MAIS JE SAIS PAR EXPÉRIENCE que cette « formule » est celle que vous devez recevoir pour vivre LA percée véritable.

Nous devons arriver à cette place du repos de Dieu et en Dieu. Cher ami, seul toi pourras prendre la décision de t'arrêter pour recevoir Sa direction et Son revêtement d'onction pour la tâche qui est devant toi. Toi seul, peux arrêter le train de cette montagne russe d'activités. Toi seul, peux te réserver ce temps avec ton Dieu pour Lui répondre, par la suite, « oui, j'accepte cette prochaine étape dans ma vie. »

Si tu es fatigué de te battre, c'est une bonne chose car Il se rend disponible pour TOI maintenant ! Ce n'est pas dans le cœur de Dieu que Ses enfants s'épuisent et se tourmentent par une énorme charge écrasante.

> *Psaumes 24 : 8*
> *Qui est ce roi de gloire ?-L'Éternel fort et puissant, L'Éternel puissant dans les combats.*

Nous avons donc des combats, mais Il se manifestera comme le Tout-Puissant qui prend en charge nos défis SI NOUS LE LAISSONS PRENDRE EN CHARGE ! « Oui mais cela exigera peut-être un pas nécessitant un risque ? » C'est exact ! C'est ça la foi. Humainement parlant, la foi semble ridicule et risquée et mènera même à un désastre potentiel. MAIS avec Dieu, quand Il conduit, le désastre n'arrive pas car Il nous guide dans LA bonne direction (Psaume 23).

Tu dis peut-être : « Je sais qu'Il est Tout-Puissant, mais ceci dit, je dois quand même gagner mon pain pour vivre ! ». NON, Il l'a déjà gagné pour toi ! Si tu travailles, c'est pour Dieu et jamais pour gagner ton pain ! Christ nous a rachetés de la malédiction (Galates 3 : 13). Dieu s'est adressé à Adam lui disant qu'il travaillerait à la sueur de son front, mais Christ a porté la couronne d'épines sur son front afin de libérer l'homme de cette poursuite de pain ! Médite donc sur le douzième chapitre de l'évangile de Luc :

> *Luc 12 : 22-31*
> *Jésus dit ensuite à ses disciples : C'est pourquoi je vous dis : Ne vous inquiétez pas pour votre vie de ce que vous mangerez, ni pour votre corps de quoi vous serez vêtus. La vie est plus que la nourriture, et le corps plus que le vêtement. Considérez les corbeaux : ils ne sèment ni ne moissonnent, ils n'ont ni cellier ni grenier; et Dieu les nourrit. Combien ne valez-vous pas plus que les oiseaux ! Qui de vous, par ses inquiétudes, peut ajouter une coudée à la durée de sa vie ? Si donc vous ne pouvez pas même la moindre chose, pourquoi vous inquiétez-vous du reste ? Considérez comment croissent les lis : ils ne travaillent ni ne filent; cependant je vous dis que Salomon même, dans toute sa gloire, n'a pas été vêtu comme l'un d'eux. Si Dieu revêt ainsi l'herbe qui est aujourd'hui dans les champs et qui demain sera jetée au four, à combien plus forte raison ne vous vêtira-t-il pas, gens de peu de foi ? Et vous, ne cherchez pas ce que vous mangerez et ce que vous boirez, et ne soyez pas inquiets. Car toutes ces choses, ce sont les païens du monde qui les recherchent. Votre Père sait que vous en avez besoin. Cherchez plutôt le royaume de Dieu; et toutes ces choses vous seront données par-dessus.*

Remarque bien que je n'encourage nullement la paresse et l'oisiveté. Non, il est important et essentiel que l'homme travaille (2 Thessaloniciens 3 : 10), cependant, ce travail doit s'effectuer selon la direction de Dieu gardant toujours en tête que notre patron est le Seigneur Lui-même et jamais un employeur humain !

Cette RÉVÉLATION est nécessaire si tu désires vivre ta percée ! Oh, l'ennemi de nos âmes DÉSIRE nous garder occupé, dans une course pour notre tranche de pain ! Dis-lui que ton pain a déjà été payé par le Seigneur Jésus Christ !

> *Philippiens 4 : 19*
> *Et mon Dieu pourvoira à tous vos besoins selon sa richesse, avec gloire, en Jésus-Christ.*

Alléluia ! Certes, le travail est bon, mais dans la bonne direction et avec la bonne intensité pour porter les bons fruits que le Seigneur désire. Que faire alors ? ARRÊTE-TOI AU NOM DE JÉSUS et reçois SA DIRECTION ! Si Dieu semble ne rien dire pendant un moment, continue dans ton travail mais en te réservant un temps important avec Dieu. S'Il t'appelle à continuer, Sa grâce sera là pour rendre tes tâches possibles. Si la grâce n'y est pas, prie d'avantage !

Psaumes 46 : 10
Arrêtez, et sachez que je suis Dieu : Je domine sur les nations, je domine sur la terre.

S'Il domine ainsi, Il saura dominer dans ta vie SI tu le laisses faire. J'aime aussi ce passage dans :

2 Chroniques 32 : 7-8
Fortifiez-vous et ayez du courage ! Ne craignez point et ne soyez point effrayés devant le roi d'Assyrie et devant toute la multitude qui est avec lui; car avec nous il y a plus qu'avec lui. Avec lui est un bras de chair, et avec nous l'Éternel, notre Dieu, qui nous aidera et qui combattra pour nous. Le peuple eut confiance dans les paroles d'Ezéchias, roi de Juda.

Si tu lui donnes le temps CETTE SEMAINE, peut-être même un jour complet, Il combattra pour toi ! Il te dira ce qu'Il veut de toi. Il te dirigera. Un moment dans Sa présence vaut mieux que l'or et sera tellement plus productif pour toi !

Psaumes 84 : 10
Mieux vaut un jour dans tes parvis que mille ailleurs; Je préfère me tenir sur le seuil de la maison de mon Dieu, Plutôt que d'habiter sous les tentes de la méchanceté.

C'est tellement vrai car c'est en passant du temps spécial avec Dieu qu'Il donnera Ses stratégies et fera en sorte que le travail que nous faisons pour Lui soit plus fructueux.

Aujourd'hui, je t'exhorte en te citant Dieu, ton créateur : « Ainsi vous parle l'Éternel : Ne craignez point et ne vous effrayez point devant cette multitude nombreuse, (tous tes obstacles) car ce ne sera pas vous qui combattrez, ce sera Dieu ». Véritablement, humainement parlant, cela n'a pas de sens, je le sais ! En fait, habituellement, si une idée nous vient de Dieu, c'est normal que ce ne soit pas normal. Mais, es-tu normal ? Veux-tu une vie normale ? Si oui, continue à forcer avec tes deux bras.

Mais si tu veux vivre un miracle, paie le prix en renonçant à ta raison humaine et en te REPOSANT DANS SES BRAS ! Prends un rendez-vous avec Jésus cette semaine, sans faute ! Passe du temps avec Lui pour Le prier, Le louer et Le chanter. Reçois, au nom de Jésus, ta percée ! Tu verras, et ce, d'une manière miraculeuse, Sa direction, Sa provision et Sa bénédiction !

06 DÉCEMBRE

Jérémy Sourdril

L'esprit de pauvreté

Dieu est un Dieu riche. Il a créé la terre riche, il désire montrer la richesse de sa Gloire, il a rendu riche Abram et bien d'autres, c'est lui qui donne la richesse, il ne donne jamais la pauvreté à ceux qui lui appartiennent.

Les routes du ciel sont pavées d'or, Dieu est un Dieu riche qui aime la diversité. La pauvreté ne le glorifie jamais alors que la richesse peut le glorifier.

> *Genèse 1 : 20*
> *Dieu dit : Que les eaux produisent en abondance des animaux vivants, et que des oiseaux volent sur la terre vers l'étendue du ciel.*

J'ai été pendant des années esclave d'une mentalité de pauvreté. Je n'en étais pas conscient, comme la plupart des gens ne sont pas conscients de cet asservissement. J'économisais tout ce que je pouvais gagner ou recevoir, ce qui fait qu'à l'âge de 19 ans, j'avais plus d'argent dans mon compte que la majorité des jeunes de mon âge. La Bible dit que celui qui épargne à l'excès s'appauvrit. En fait, celui qui épargne à l'excès développe une mentalité de pauvreté qui l'appauvrit.

Pour ma part, je pouvais passer tout un après-midi dans la chaleur sans m'acheter à boire (ni à manger). Je n'aimais pas l'eau, alors je regardais le prix du soda ou du jus de fruit et de toute façon je n'aurais pas voulu payer pour acheter de l'eau. Il m'est arrivé d'aller dans un magasin, lors d'après-midi chaleureux, et je regardais le prix des jus de fruits voulant acheter le moins cher, pour finalement repartir sans rien. J'aurais bien pris une canette, mais le prix au litre de la bouteille de deux litres était moins cher, alors je pensais à acheter la bouteille de deux litres, mais finalement cela n'aurait pas été très pratique à transporter... « La canette ? La bouteille ? La canette ? La bouteille ? ». Christ est Celui qui, non seulement délivre de l'esprit de pauvreté, mais revêt d'un esprit généreux et prospère.

C'est une honte pour moi d'avoir vécu avec cette mentalité. Elle me colla à la peau, ou devrais-je dire que je la collais à ma peau, jusqu'à ce que je sois marié. Il m'arrivait de faire des cadeaux généreux, mais pas pour moi-même. Quand je me mariais, j'étais constamment attiré vers les promotions « -50% », « -75 % », et il m'est arrivé d'acheter des choses que je n'aimais pas mais c'était une affaire me disais-je ! Je ne m'achetais à peu près jamais rien, sauf si c'était en promotion. Oui, je faisais des affaires, mais à quel prix ! J'aurais même pu acheter des choses dont je n'avais pas besoin, mais qui avait une très grosse promotion ! Mais nous ne sommes pas appelés à être dirigés par les promotions, mais par le Saint-Esprit ! C'est ce que Dieu m'inspira un jour que je faisais mes courses, alors que j'allais de rayon en rayon, à la recherche d'une bonne promotion.

Une fois marié, quand je faisais les courses, je regardais le prix au kilo ou au litre de chaque aliment que je devais acheter. J'étais vraiment esclave. Cela ne m'enlevait pas ma joie, mais certainement ma liberté. Lorsqu'il m'arrivait d'aller dormir dans un hôtel, je prenais tous les échantillons gratuits de savon ou autres qui pouvaient se trouver dans ma chambre et que je n'utiliserais d'ailleurs jamais. Si je mangeais dans un restaurant, je regardais la carte scrupuleusement de haut en bas pour prendre la chose la moins chère au niveau qualité-prix-goût. Même dans les grandes occasions, je ne prenais jamais à boire car je me disais : « Une canette de 33 centilitres coûte trois euros dans ce restaurant alors qu'une bouteille de deux litres vaut un euro dans un magasin, conclusion : six fois plus cher ». Je ne l'achetais donc pas car je voulais juste en avoir pour mon argent.

Certaines personnes disent à leurs enfants : « Pense aux enfants qui n'ont pas à manger », mais ils font porter un joug à leurs enfants qu'eux-mêmes ne veulent pas toucher du bout des doigts : s'ils se mettaient vraiment en peine des pauvres, ils les soutiendraient financièrement, en finançant par exemple des organisations chrétiennes comme le SEL (Service d'Entraide et de Liaison).

J'ai vécu ainsi durant des années. Si je vous partage tout ceci avec précision, c'est parce que je crois que beaucoup de gens sont touchés par ces mentalités de pauvreté, et si c'est votre cas, j'aimerais que vous puissiez vous reconnaître pour être délivré aujourd'hui même de ce joug. Ce genre de mentalités, empêche de grandir financièrement, ce genre de mentalités empêche certaines personnes d'obtenir et d'aspirer à des choses plus grandes, à un meilleur travail, à un futur conjoint qui soit une bonne personne, bref, ces mentalités peuvent s'attacher à tous les domaines de la vie.

Certains pensent ainsi que Dieu est un Dieu pauvre, mais la pauvreté ne fait pas plaisir à Dieu. Dieu ne se réjouit pas de voir des gens souffrir de la pauvreté. Avoir ce genre de mentalités est un frein à notre prospérité. Vous pouvez même donner votre dîme (quoi qu'il soit dur à le faire généralement lorsqu'on a cette mentalité) comme je la donnais (et cela ne me dérangeait pas du tout au contraire cela me faisait plaisir d'honorer le Seigneur), mais ne pas prospérer du tout ! Nous pouvons obéir à Dieu d'un côté, mais de l'autre lui désobéir par notre mentalité, et ainsi empêcher Dieu de nous bénir en retour pour les semences que nous avons faites.

Certaines personnes sont alors surprises de ne pas réussir dans les affaires, elles sont surprises de ne pas vendre leurs biens quand c'est le moment, elles sont surprises de ne pas être promues dans leur travail, mais il ne faut pas s'en étonner. Plus que nos actes, Dieu bénit la mentalité qui vient avec nos actes. Vous pouvez effectivement avoir des actes qu'on pourrait considérer comme de l'amour sans qu'ils ne soient aucunement poussés par des « mentalités » d'amour. Or, malgré les actes, sans l'amour, nous ne sommes rien, donc Dieu ne peut mettre sa bénédiction sur ces actes vides d'amour.

J'ai commencé à être enseigné sur la prospérité. J'ai appris plus tard que ce mot faisait peur à certains chrétiens alors qu'il est dans la Bible. Mais parfois les chrétiens ont peur de certains mots de la Bible, car ils ont été utilisés à l'extrême. Pour autant il ne faut pas les rayer de la Parole de Dieu. Certains ont rayé de leur Bible : « délivrance, guérison, Saint-Esprit », et bien d'autres mots.

J'ai lu un excellent livre qui s'appelait : « Les clés bibliques de la prospérité financière » et ce fut le premier pas vers ma délivrance. Puis, j'ai eu la grâce d'être enseigné par le Pasteur Olivier Derain et ainsi, par des enseignements, et en voyant ma propre femme et des amis vivre avec un esprit généreux, la délivrance fut totale.

Quand je vois aujourd'hui des chrétiens vivre avec cet esprit, j'en ai vraiment compassion. Je crois réellement qu'il existe, non seulement des mentalités, mais des esprits méchants de pauvreté qui rabaissent l'être humain à la déchéance et au désespoir. Combien de chrétiens supplient Dieu de pouvoir payer leurs factures, mais parfois Dieu n'arrive pas à le faire car leurs mentalités les empêchent de recevoir. L'argent n'est pas un problème pour Dieu, mais c'est toujours le caractère de la personne qui détient l'argent.

07 DÉCEMBRE

Jérémy Sourdril

L'esprit de pauvreté (suite)

Luc 6 : 20 : « Alors Jésus, levant les yeux sur ses disciples, dit : Heureux vous qui êtes pauvres, car le royaume de Dieu est à vous ! ».

Quand j'ai commencé à suivre mes premiers cours de l'Institut Biblique EnseigneMoi en 2003, j'ai pu découvrir plusieurs choses au sujet de ce verset :

1- Jésus n'a pas dit : « Heureux NOUS les pauvres », car Jésus ne se considérait pas comme pauvre bien entendu. Il a vécu dans la bénédiction, et comme je dis parfois, il est né avec une cuillère d'or dans la bouche ! Les mages lui ont apporté assez de richesses pour faire vivre pendant des années toute sa famille. Plus tard, son ministère était soutenu par des femmes riches telles que Jeanne, femme de Chuzas intendant d'Hérode.

2- Jésus n'a pas dit non plus : « Heureux PARCE QUE vous êtes pauvres ». Non, comme je l'ai dit plus haut, la pauvreté ne fait pas partie des bénédictions, mais au contraire elle se situe au niveau de la malédiction.

3- Jésus a en fait voulu dire aux pauvres : « Heureux vous les pauvres, parce que grâce au Royaume de Dieu vous allez pouvoir sortir de cette condition de pauvreté ».

L'homme ne naît pas avec une mentalité de pauvreté, mais il forge cette mentalité au travers de sa famille généralement ou de son entourage proche. S'il refuse cette mentalité, il peut prospérer et sortir de sa condition. Ainsi, dans le monde entier, même dans la famine, Dieu bénit l'homme qui connaît le cœur, la richesse et la mentalité de Dieu.

Dieu a créé le monde infini, la terre avec une abondance extraordinaire, et il veut faire connaître au monde au travers de nous la richesse de Sa Gloire. Il veut aussi pourvoir à tous nos (il s'agit de nos besoins et pas des siens, Dieu a tout ce qu'il veut) besoins avec la richesse de Sa Gloire, en Jésus-Christ. Dieu a dit : « Que les eaux foisonnent d'un fourmillement d'êtres vivants ». Dieu n'a pas été radin lors de sa création mais sa création est riche et diversifiée.

Dieu n'est pas dérangé quand ses enfants sont riches, qui le serait ? Mais il dit : « Que celui qui est riche soit riche pour Dieu ». Il est difficile à un riche d'entrer dans le Royaume de Dieu, mais une fois que nous y sommes entrés, nous pouvons goûter à la richesse de Dieu au travers d'un caractère et de motivations sanctifiés.

Si vous êtes sous le joug de ces mentalités de pauvreté, la connaissance libère ainsi que l'onction de Dieu. Le peuple de Dieu périt faute de connaissance, mais vous avez déjà reçu assez aujourd'hui pour être délivré une fois pour toute de cela.

L'esprit de pauvreté qui pousse au vol

Cet esprit de pauvreté amène parfois les gens à voler. C'est ce qui pousse les gens à voler dans leurs entreprises du papier, des stylos, etc. Alors qu'ils pourraient s'en acheter eux-mêmes. C'est ce qui les pousse à utiliser l'argent de leur société pour faire des choses personnelles. Certains font passer des factures au nom de leur société à cause de cela. C'est aussi cela qui poussent certaines personnes à télécharger illégalement des films qu'ils pourraient louer pour très peu d'argent.

Pensez GRAND !

Refusez de penser petit, de poser des actes de pauvreté, refusez de donner vos pièces jaunes à Dieu (et même les grises d'ailleurs), refusez de comparer encore et encore les prix de ce que vous devez acheter jusqu'à en perdre votre joie et votre liberté. Oui, nous devons agir avec sagesse au niveau de nos finances, mais aussi avec foi ! La foi n'est pas contraire à la sagesse, et la sagesse n'est pas contraire à la foi.

Refusez d'être constamment dirigé vers les promotions. Pensez GRAND, voyez GRAND car vous avez un GRAND Dieu, riche et bon envers tous. Dieu désire, non seulement que nous ayons EN ABONDANCE pour nous-mêmes, mais encore pour pourvoir à toute bonne œuvre !

Pensez d'une manière élevée, rendez toute pensée captive à l'obéissance de Christ, renouvelez votre intelligence par la Parole de Dieu à ce sujet. Je proclame maintenant même, au Nom de Jésus-Christ, que vous êtes délivré de tout esprit et de toute mentalité de pauvreté ! Ces choses se détachent de vous et je déclare que vous êtes guéri, délivré, béni et que vous deviendrez une source de bénédiction.

Quand je suis sorti de cette condition, j'ai pu petit à petit adopter la mentalité de Dieu jusqu'à devenir un donneur. Je suis aujourd'hui un donneur par sa grâce, c'est Lui qui l'a fait en moi. Je jette mon pain à la surface de l'eau, et non seulement il me revient, mais il est imbibé de l'eau de sa richesse. Je ne suis plus esclave de l'argent, mais c'est l'argent qui est esclave de moi, il me court après et me poursuit, étant juste un instrument et sous l'autorité du maître, afin que j'accomplisse ma course avec tout ce dont j'ai besoin au niveau financier.

L'argent de ce monde ne vaut rien, l'argent ne mérite pas d'être aimé et apprécié, il ne mérite pas d'être recherché et poursuivi, l'argent est juste un instrument que Dieu nous donne pour nous bénir et bénir les autres.

> *2 Corinthiens 8 : 9*
> *Car vous connaissez la grâce de notre Seigneur Jésus-Christ, qui pour vous s'est fait pauvre, de riche qu'il était, afin que par sa pauvreté vous fussiez enrichis.*

Jésus-Christ avait des trilliards de trilliards d'or et d'argent, il possédait toute chose, l'univers entier lui était soumis, mais il s'est fait pauvre pour nous. En comparaison de ce qu'il avait au Ciel, il était pauvre sur la Terre même s'il ne manqua jamais de rien. Maintenant qu'il est au Ciel, et qu'il a pris sur lui notre pauvreté, ouvrons nos cœurs pour recevoir sa richesse et son amour. Déclarons avec le Psalmiste :

> *Psaumes 23 : 1-6*
> *Cantique de David. L'Éternel est mon berger : je ne manquerai de rien. Il me fait reposer dans de verts pâturages, Il me dirige près des eaux paisibles. Il restaure mon âme, Il me conduit dans les sentiers de la justice, À cause de son nom. Quand je marche dans la vallée de l'ombre de la mort, Je ne crains aucun mal, car tu es avec moi : Ta houlette et ton bâton me rassurent. Tu dresses devant moi une table, En face de mes adversaires; Tu oins d'huile ma tête, Et ma coupe déborde. Oui, le bonheur et la grâce m'accompagneront Tous les jours de ma vie, Et j'habiterai dans la maison de l'Éternel Jusqu'à la fin de mes jours.*

08 DÉCEMBRE

Mohammed Sanogo

Les pierres de David - L'atmosphère de miracles

Le passage ci-dessous fait une description effarante du géant Goliath qui semblait invincible aux yeux du peuple d'Israël. Goliath, c'est le problème opiniâtre qui nous semble insurmontable, qui nous épuise, nous humilie et qui constitue un affront pour Dieu : maladie, célibat, stérilité, chômage, pauvreté, problème conjugal chronique, etc.

> *1 Samuel 17 : 4-7 et 39*
> *Un homme sortit alors du camp des Philistins et s'avança entre les deux armées. Il se nommait Goliath, il était de Gath, et il avait une taille de six coudées et un empan. Sur sa tête était un casque d'airain, et il portait une cuirasse à écailles du poids de cinq mille sicles d'airain. Il avait aux jambes une armure d'airain, et un javelot d'airain entre les épaules. Le bois de sa lance était comme une ensouple de tisserand, et la lance pesait six cents sicles de fer. Celui qui portait son bouclier marchait devant lui (...). David ceignit l'épée de Saül par-dessus ses habits, et voulut marcher, car il n'avait pas encore essayé. Mais il dit à Saül : Je ne puis pas marcher avec cette armure, je n'y suis pas accoutumé. Et il s'en débarrassa.*

Conduit par l'Esprit de Dieu, David a pris d'abord un bâton, puis cinq pierres polies dans le torrent. Il a terrassé Goliath avec une première pierre et triomphé miraculeusement de ce géant.

> *2 Samuel 21 : 15-22*
> *Les Philistins firent encore la guerre à Israël. David descendit avec ses serviteurs, et ils combattirent les Philistins. David était fatigué. Et Jischbi-Benob, l'un des enfants de Rapha, eut la pensée de tuer David; il avait une lance du poids de trois cents sicles d'airain, et il était ceint d'une épée neuve. Abischaï, fils de Tseruja, vint au secours de David, frappa le Philistin et le tua. Alors les gens de David jurèrent, en lui disant : Tu ne sortiras plus avec nous pour combattre, et tu n'éteindras pas la lampe d'Israël. Il y eut encore, après cela, une bataille à Gob avec les Philistins. Alors Sibbecaï, le Huschatite, tua Saph, qui était un des enfants de Rapha. Il y eut encore une bataille à Gob avec les Philistins. Et Elchanan, fils de Jaaré-Oreguim, de Bethléhem, tua Goliath de Gath, qui avait une lance dont le bois était comme une ensouple de tisserand. Il y eut encore une bataille à Gath. Il s'y trouva un homme de haute taille, qui avait six doigts à chaque main et à chaque pied, vingt-quatre en tout, et qui était aussi issu de Rapha. Il jeta un défi à Israël; et Jonathan, fils de Schimea, frère de David, le tua. Ces quatre hommes étaient des enfants de Rapha à Gath. Ils périrent par la main de David et par la main de ses serviteurs.*

Dans ce verset, il nous est révélé que David aura à tuer par la suite quatre autres philistins. Les quatre autres pierres ont spirituellement permis à David de vaincre quatre autres grandes adversités dans sa vie. Les cinq pierres sont des instruments que Dieu nous donne pour triompher de cinq formes d'adversité majeures que nous pouvons rencontrer dans la vie. Beaucoup, face à l'adversité, veulent utiliser la pierre qui a servi à tuer Goliath pour terrasser les quatre autres géants. Or, David avait cinq pierres dans sa gibecière. À chaque géant, une pierre bien précise.

L'atmosphère de miracles, c'est l'environnement spirituel que le chrétien crée pour activer un miracle de Dieu. Mais pour qu'il y ait miracle, il faut qu'il y ait un problème qui nécessite un miracle. Par exemple, pour qu'il y ait le miracle de la résurrection de Lazare, il a fallu qu'il meure et qu'il soit même déjà en état de décomposition.

Pour créer l'atmosphère de miracles, il faut :

Bien garder son cœur :

> *1 Samuel 16 : 5-8*
> *Il répondit : Oui; je viens pour offrir un sacrifice à l'Éternel. Sanctifiez-vous, et venez avec moi au sacrifice. Il fit aussi sanctifier Isaï et ses fils, Et il les invita au sacrifice. Lorsqu'ils entrèrent, il se dit, en voyant Eliab : Certainement, l'oint de l'Éternel est ici devant lui. Et l'Éternel dit à Samuel : Ne prends point garde à son apparence et à la hauteur de sa taille, car je l'ai rejeté. L'Éternel ne considère pas ce que l'homme considère; l'homme regarde à ce qui frappe les yeux, mais l'Éternel regarde au cœur. Isaï appela Abinadab, et le fit passer devant Samuel; et Samuel dit : L'Éternel n'a pas non plus choisi celui-ci.*

1 Samuel 16 : 9-13
Isaï fit passer Schamma; et Samuel dit : L'Éternel n'a pas non plus choisi celui-ci. Isaï fit passer ses sept fils devant Samuel; et Samuel dit à Isaï : L'Éternel n'a choisi aucun d'eux. Puis Samuel dit à Isaï : Sont-ce là tous tes fils ? Et il répondit : Il reste encore le plus jeune, mais il fait paître les brebis. Alors Samuel dit à Isaï : Envoie-le chercher, car nous ne nous placerons Pas avant qu'il ne soit venu ici. Isaï l'envoya chercher. Or il était blond, avec de beaux yeux et une belle figure. L'Éternel dit à Samuel : Lève-toi, oins-le, car c'est lui ! Samuel prit la corne d'huile, et l'oignit au milieu de ses frères. L'esprit de l'Éternel saisit David, à partir de ce jour et dans la suite. Samuel se leva, et s'en alla à Rama.

David a été choisi pour être oint roi alors que personne, ni le prophète, ni son père, encore moins lui-même, ne pensaient qu'il serait choisi parmi les fils d'Isaïe. Tous regardaient à l'apparence. Dieu n'a pas regardé à l'apparence de David mais avant tout à son cœur. Pour que nous puissions nous mettre dans l'atmosphère de miracles, nous devons veiller sur notre cœur. De quoi est-il rempli ? D'ambitions charnelles, de méchanceté et de vanité ? Dominons les désirs de la chair et appliquons le verset suivant :

Proverbes 4 : 23
Garde ton cœur plus que toute autre chose, Car de lui viennent les sources de la vie.

Être déterminé comme David ou la femme cananéenne :

1 Samuel 17 : 48
Aussitôt que le Philistin se mit en mouvement pour marcher au-devant de David, David courut sur le champ de bataille à la rencontre du Philistin.

Matthieu 15 : 21-28
Jésus, étant parti de là, se retira dans le territoire de Tyr et de Sidon. Et voici, une femme cananéenne, qui venait de ces contrées, lui cria : Aie pitié de moi, Seigneur, Fils de David ! Ma fille est cruellement tourmentée par le démon. Il ne lui répondit pas un mot, et ses disciples s'approchèrent, et lui dirent avec instance : Renvoie-la, car elle crie derrière nous. Il répondit : Je n'ai été envoyé qu'aux brebis perdues de la maison d'Israël. Mais elle vint se prosterner devant lui, disant : Seigneur, secours-moi ! Il répondit : Il n'est pas bien de prendre le pain des enfants, et de le jeter aux petits chiens. Oui, Seigneur, dit-elle, mais les petits chiens mangent les miettes qui tombent de la table de leurs maîtres. Alors Jésus lui dit : Femme, ta foi est grande; qu'il te soit fait comme tu veux. Et, à l'heure même, sa fille fut guérie.

Elle n'a pas redouté l'opposition de Christ ni des disciples, mais dans sa détermination, elle a provoqué Dieu. Son attitude d'adoration a déclenché son miracle !

Savoir toucher le cœur de Dieu :

La perte de sang était un Goliath pour la femme dont parle la Bible dans Marc 5 : 25-34.

Elle a été rongée par ce mal douze ans durant. Elle s'est faufilée dans la foule pour pouvoir atteindre et toucher Jésus. Ce dernier, pourtant pressé çà et là par la foule, c'est-à-dire touché, peut-être même bousculé, a demandé, à la surprise de ses disciples : « qui m'a touché ? ». Cela signifie que Jésus ne se sentait pas touché par tous ceux qui étaient dans la foule qui pourtant exerçaient des pressions physiques sur lui ! Ces gens n'avaient pas créé l'atmosphère de miracles ! Mais cette femme a cru qu'en touchant Jésus, elle serait guérie ! Quelle foi extraordinaire ! Elle a ainsi dégagé une atmosphère qui a déclenché le miracle pourtant non prévu par le Seigneur. Créons l'atmosphère qui provoque le miracle et nous verrons la gloire de Dieu !

La peur, un élément qui gâche l'atmosphère de miracles

Le Seigneur avait appelé Pierre à marcher sur l'eau, mais Pierre n'a pas pu atteindre le but car il a eu peur du vent qui soufflait. Sa crainte et son doute ont brusquement mis fin au miracle qui commençait pourtant à se réaliser. Combien d'enfants de Dieu ont peur et repoussent ainsi l'accomplissement du miracle de Dieu ! Le type de regard posé sur le problème auquel on fait face : Israël regardait la taille de Goliath et le magnifiait au lieu de magnifier la grandeur de Dieu. Il nous faut, réagir comme David et voir la petitesse de notre Goliath devant la grandeur de Dieu. C'est ainsi que nous verrons que notre problème est en fait facilement solvable par Dieu, tellement notre Père est grand ! Amen.

09 DÉCEMBRE

Selvaraj Rajiah

Le cri de la foi

Beaucoup de chrétiens affirment croire à la guérison, aux signes et aux miracles. Ils disent :

« Je crois aux miracles et j'attends seulement que le Seigneur m'accorde le mien ». Si c'est là votre façon de croire, il n'y a alors rien d'étonnant à ce que vous n'ayez pas encore obtenu votre guérison ou votre miracle. C'est pour cela aussi peut-être que vos prières ne sont pas exaucées. Vous ne devriez pas attendre Dieu parce que c'est Lui qui vous attend. Il y a 2000 ans, le Seigneur a pourvu au salut, à la guérison et à la délivrance de toute l'humanité. Il nous a donné la vie « abondante » et, grâce à cette vie abondante de Dieu en vous, vous n'avez plus à subir le péché, la maladie ou la pauvreté. Jésus-Christ a pourvu au moyen de sortir de vos ennuis.

Il est la réponse à tous vos besoins

Vous n'êtes obligé d'être aveugle ou sourd. Ni même d'avoir le cancer. Vous pouvez vivre en parfaite santé parce que Christ a pourvu à cela. Il y a cependant quelque chose à faire pour recevoir cette provision. Dieu attend que vous fassiez votre part. Rappelez-vous seulement que Dieu est fidèle et que Lui fera sa part.

Les gens pensent souvent que les miracles arrivent juste comme ça. Mais les miracles sont les résultats directs du cri de la foi, les réponses aux appels d'un cœur désespéré.

Il y a quelques semaines, j'étais invité pour prêcher à un séminaire de deux jours dans le sud-ouest de la France. Juste avant la réunion du deuxième soir, un homme me téléphona à l'hôtel. Il sanglotait au bout du fil. Je pouvais à peine le comprendre alors qu'il m'expliquait la cause de sa situation désespérée : son fils de dix ans se mourait d'un cancer des os. Il ne pouvait pas marcher et vivait dans une souffrance continuelle. Il me demanda de le rencontrer avant la réunion et de prier pour son enfant. Juste avant la réunion du soir, cet homme m'amena son fils, s'attendant à ce que je prie pour lui sur le champ, afin de le ramener aussitôt à la maison. Et pourtant, je me sentis pousser à leur demander de rester pour la réunion, ce qu'ils acceptèrent.

Après les chants et les louanges au Seigneur, je commençai à prêcher la Parole de Dieu. Mais je ne pus continuer parce que l'enfant hurlait de douleur. Je demandai alors au père de l'amener en avant afin de prier pour sa guérison, et aussitôt, le Seigneur guérit de sa souffrance le petit garçon qui se mit à marcher. Gloire à Dieu ! Le cœur désespéré de cet homme lui avait permis de recevoir un miracle !

Extrait du livre « 3 Clés pour votre Miracle ».

10 DÉCEMBRE

Olivier Derain

Bonnes ou mauvaises relations : à nous de choisir !

1 Corinthiens 15 : 33 : « Ne vous y trompez pas : les mauvaises compagnies corrompent les bonnes mœurs ».

Dieu veut que nous ayons un bon entourage, car nos relations nous influencent en bien ou en mal.

Il a pourvu dans Son Église à de bonnes relations, quelqu'un a dit : « Nous attirons ce que nous sommes » (à méditer !). En d'autres termes, regardons notre entourage, les gens que nous fréquentons et cela nous en dira long sur qui nous sommes, ce qui émane de notre personne.

Beaucoup de chrétiens disent : « Ha encore un ou une avec qui j'ai des ennuis ! », et cela se réitère souvent.

Un homme de Dieu a dit un jour : « Si Bob a des problèmes avec tout le monde, c'est Bob le problème ». Alors peut-être que vous vous retrouvez dans Bob. Dans ce cas-là, la solution n'est pas loin et ce n'est pas de s'aigrir envers les autres, mais de tout simplement CHANGER !

Prions :

« Père, je te remercie de ce que Tu veux le meilleur pour ma vie concernant mes relations. Je veux examiner en ce jour mes relations, pour renforcer celles qui sont bonnes, prendre des distances avec celles qui sont mauvaises pour ma vie spirituelle et ma communion avec Toi. Je Te demande de me connecter aux bonnes personnes, de me donner des « rendez-vous Divins », avec lesquelles je pourrais m'épanouir en Christ et des personnes que je pourrais aider pour être un témoignage pour Ta gloire. Amen ! ».

11 DÉCEMBRE

Jérémy Sourdril

Assieds-toi tous les jours à la table du Seigneur avec Mephibocheth

La Bible nous parle régulièrement d'alliance. L'alliance peut être spirituelle, morale ou physique. Elle peut être sous forme de contrat, le plus souvent d'un échange de bien, et la forme d'alliance la plus forte est l'alliance faite avec le sang. Elle peut être entre des individus, des nations, ou encore avec Dieu ou le diable.

Bien des serviteurs de Dieu de l'Ancien Testament avaient contracté des alliances. Par exemple dans 1 Samuel 18 : 3, nous voyons Jonathan faire une alliance avec David :

> *1 Samuel 18 : 3*
> *Jonathan fit alliance avec David, parce qu'il l'aimait comme son âme.*

Jonathan et David vont contracter une alliance, qui sera précisée dans :

> *1 Samuel 20 : 14-16*
> *Si je dois vivre encore, veuille user envers moi de la bonté de l'Éternel; et si je meurs, ne retire jamais ta bonté envers ma maison, pas même lorsque l'Éternel retranchera chacun des ennemis de David de dessus la face de la terre. Car Jonathan a fait alliance avec la maison de David. Que l'Éternel tire vengeance des ennemis de David !*

Il faut comprendre un principe important sur l'alliance. Lorsqu'on contractait une alliance, celle-ci était inviolable, elle était : « à la vie, à la mort ». Si l'une des personnes était en danger, elle devait protéger l'autre et devait combattre pour l'autre, s'il le faut au prix de sa vie. Après leur alliance, Jonathan va mourir, et à cause de l'alliance que David a faite avec lui, il va dire en :

> *2 Samuel 9 : 1*
> *David dit : Reste-t-il encore quelqu'un de la maison de Saül, pour que je lui fasse du bien à cause de Jonathan ?*

Cela me fait penser à mon voisin actuel. Son meilleur ami était le propriétaire de la maison dans laquelle j'habite, et il avait pour lui beaucoup d'amour en tant que meilleur ami. Mais cet homme est mort. Bien des mois plus tard, je me suis installé avec ma famille dans cette maison. Ici au Canada il y a des tempêtes de neige, et un matin nous nous sommes réveillés avec environ 60 centimètres de neige. Le voisin est sorti et avec une machine est venu enlever la neige devant notre maison pour que nous puissions aller à l'église. Il a fait bien d'autres choses comme cela, cette semaine encore il est venu traiter un arbre dans mon jardin, et tout cela à cause de l'amitié qu'il avait avec cet homme. Il me dit : « Mon ami m'a tellement aidé que je lui dois encore beaucoup, je peux donc bien vous rendre des services car en le faisant, c'est comme si je le faisais pour lui ». Voilà une belle amitié ! David, par égard pour Jonathan, eut une réaction similaire.

> *2 Samuel 9 : 3*
> *Le roi dit : N'y a-t-il plus personne de la maison de Saül, pour que j'use envers lui de la bonté de Dieu ? Et Tsiba répondit au roi : Il y a encore un fils de Jonathan, perclus des pieds.*

Cet homme était perclus des pieds. La loi dira au sujet de tels gens :

> *Lévitique 21 : 21*
> *Tout homme de la race du sacrificateur Aaron, qui aura un défaut corporel, ne s'approchera point pour offrir à l'Éternel les sacrifices consumés par le feu; il a un défaut corporel : il ne s'approchera point pour offrir l'aliment de son Dieu.*

Lorsque nous sommes venus à Christ, nous étions privés de la présence du Roi des rois. Nous n'avions aucun droit légal de nous approcher de Dieu, mais nous étions sous le jugement. Le fils de Jonathan, dont le nom était Mephibocheth, est vraiment l'image du bossu de Notre Dame qui se présente devant la belle Esmeralda. C'est exactement cette image ici. Les gens infirmes étaient des parias, des gens qui devaient vivre reclus du peuple, à l'extérieur. Ils ne pouvaient offrir des sacrifices. Ils se cachaient, vivaient de la manche, certains étaient errants et vivaient comme des morts-vivants, méprisés par la foule, délaissés, abandonnés, ignorés de tous. Tout cela à cause de la malédiction de la loi.

> *2 Samuel 9 : 4*
> *Le roi lui dit : Où est-il ? Et Tsiba répondit au roi : Il est dans la maison de Makir, fils d'Ammiel, à Lodebar.*

Lorsque le roi a fait enquêter sur la famille de Jonathan, le serviteur Tsiba méprisa Mephibocheth, il ne l'appelait même pas par son nom mais l'appelait « le fils de ton seigneur ». Le serviteur était en train de dire : « Oui il y a bien un fils de Jonathan mais il est perclus des pieds, laisse tomber, c'est un vaurien ! ». D'ailleurs Mephibocheth, bien qu'étant un « fils de Jonathan » n'avait même pas eu d'héritage et le roi David ne le connaissait pas, bien qu'il aimait Jonathan. Voici comment Mephibocheth devint perclus des pieds :

> *2 Samuel 4 : 4*
> *Jonathan, fils de Saül, avait un fils perclus des pieds; et âgé de cinq ans lorsqu'arriva de Jizreel la nouvelle de la mort de Saül et de Jonathan; sa nourrice le prit et s'enfuit, et, comme elle précipitait sa fuite, il tomba et resta boiteux; son nom était Mephiboscheth.*
>
> *2 Samuel 9 : 5*
> *Le roi David l'envoya chercher dans la maison de Makir, fils d'Ammiel, à Lodebar.*

Dans ce passage parlant de Mephibocheth, il est parlé de David comme étant le roi David, alors que les chapitres avant et après, il est parlé de « David » simplement, ceci pour montrer encore plus la différence entre le paria Mephibocheth et sa majesté le roi David...

Le roi est donc allé faire chercher Mephibocheth. J'aimerais que vous puissiez bien comprendre ce qui s'est passé. Si c'était à l'époque actuelle, imaginez Mephibocheth, un pauvre clochard qui dort à la Porte de la Villette à Paris. Il dort depuis 15 ans à cette même porte, mais personne n'y fait jamais attention, il est sale, il pue l'alcool, il se fait parfois dessus, il a les mains sales et grasses. Mais voilà qu'en plein jour, une escorte de 10 limousines, accompagnée de 10 motards de police à l'avant et à l'arrière de l'escorte s'arrête devant la porte où se trouve Mephibocheth. Puis, deux hommes en costume noir viennent le chercher et l'amènent à la résidence présidentielle afin d'y rencontrer le président ! C'est ce qui s'est passé pour Mephibocheth !

> *2 Samuel 9 : 8*
> *Il se prosterna, et dit : Qu'est ton serviteur, pour que tu regardes un chien mort, tel que moi ?*

Mephibocheth est une préfiguration du pécheur qui vient à Christ. Lui-même se définit comme un chien mort. Le terme « chien mort » est le plus expressif terme de mépris qui soit. D'ailleurs une définition du prénom Mephibocheth, c'est le mot « honte ». Ses parents lui avaient donné comme prénom « honte » ! On ne sait pas vraiment pourquoi, mais il hérita d'une malédiction.

Mais la puissance de l'alliance que David avait contractée avec Jonathan a dépassé tout cela. La grâce de Dieu manifestée en Jésus-Christ est venue briser, déchiqueter, détruire, ravager, dépouiller, extraire la malédiction qui pesait sur nous ! Dieu dira au serpent :

> *Genèse 3 : 15*
> *Je mettrai inimitié entre toi et la femme, entre ta postérité et sa postérité : celle-ci t'écrasera la tête, et tu lui blesseras le talon.*

Mephibocheth était blessé des pieds, il est l'image de l'Église rachetée par Christ. Mais quand Jésus est venu, il était en train de dire « Que les boiteux viennent à moi, que les parias, les délaissés et les clochards, ceux qui n'ont aucune valeur, que les vauriens viennent à moi ! ». C'était totalement révolutionnaire ! Dieu l'avait annoncé dans le livre de Michée mais les pharisiens refusaient de croire que même les boiteux entreraient dans la présence de Dieu. C'est nous qui étions boiteux, c'est nous qui étions maudit !

12 DÉCEMBRE

Jérémy Sourdril

Assieds-toi tous les jours à la table du Seigneur avec Mephibocheth (suite)

L'alliance par le sang est le plus solennel, le plus sacré et le plus élevé des contrats que deux parties peuvent faire ensemble. Elle ne peut être en aucun cas brisée. L'alliance que Dieu a contractée avec nous au travers du sang de Jésus-Christ est inviolable. Dieu dit dans sa Parole qu'il ne peut se renier lui-même.

Nous avons aujourd'hui, au travers de cette alliance, un accès au salut et à toutes les promesses de Dieu.

> *2 Corinthiens 11 : 2*
> *Car je suis jaloux de vous d'une jalousie de Dieu, parce que je vous ai fiancés à un seul époux, pour vous présenter à Christ comme une vierge pure.*

L'alliance par le sang est proche de l'alliance du mariage. Nous sommes la fiancée, l'épouse de Christ, et même si nous sommes infidèles, lui demeure fidèle car il ne peut se renier lui-même. Son ALLIANCE AVEC VOUS EST ÉTERNELLE.

> *2 Samuel 9 : 9*
> *Le roi appela Tsiba, serviteur de Saül, et lui dit : Je donne au fils de ton maître tout ce qui appartenait à Saül et à toute sa maison.*

Par le sang de Jésus, nous nous retrouvons à nouveau dans la position de gouverneur sur les biens de Dieu, dans le jardin de Dieu. Yahou ! Nous revivons en Eden ! Tout ce que le diable t'a volé, cette alliance de sang te le rend légalement ! Tout ce qui a trait à la terre, au travail de tes mains, la malédiction dans le travail, le fait de ne pas trouver de travail et d'être au chômage, de tout ceci nous avons été délivrés à cause de l'alliance par le sang ! Mon voisin est pour moi une bénédiction à cause de l'amitié qu'il avait avec cet homme qui est mort, je n'ai rien fait pour cela, mais juste parce que j'habite ici, j'hérite de cette « alliance ». Voici ce que le roi David dit au serviteur Tsiba :

> *2 Samuel 9 : 10*
> *Tu cultiveras pour lui les terres, toi, tes fils, et tes serviteurs, et tu feras les récoltes, afin que le fils de ton maître ait du pain à manger; et Mephiboscheth, fils de ton maître, mangera toujours à ma table. Or Tsiba avait quinze fils et vingt serviteurs.*

Le serviteur de Jonathan, Tsiba, se retrouve à servir Mephibocheth

> *Apocalypse 3 : 20*
> *Voici, je me tiens à la porte, et je frappe. Si quelqu'un entend ma voix et ouvre la porte, j'entrerai chez lui, je souperai avec lui, et lui avec moi.*

A ce sujet la sainte cène nous rappelle que nous avons été rétabli, délivré de toute malédiction, libéré par le sang de Jésus, et que nous sommes bénéficiaires d'un héritage grâce au sang de Jésus-Christ.

Revoyons la scène :

- Mephibocheth, c'est l'image du pécheur qui fait alliance avec Dieu en se repentant. C'EST NOUS.
- David, c'est l'image de Jésus qui vient nous rendre tout ce que le diable nous a volé et nous rétablir. C'EST JÉSUS.
- Jonathan, avec qui David a fait alliance, c'est DIEU LE PERE.
- Tsiba, le serviteur de Jonathan qui devint serviteur de Mephibocheth, c'est l'image des ANGES à notre service. « Or Tsiba avait 15 fils et 20 serviteurs ». Pour un seul Mephibocheth, il y avait 36 serviteurs (anges) pour le servir, pour un homme perclus des pieds ! C'est la puissance de l'alliance.

> *2 Samuel 9 : 11*
> *Il dit au roi : Ton serviteur fera tout ce que le roi mon seigneur ordonne à son serviteur. Et Mephiboscheth mangea à la table de David, comme l'un des fils du roi.*

C'est ici l'image de notre identification avec Christ. Quand Dieu a chassé Caïn, il a mis sur lui une marque qui montrait que personne ne devait le toucher, sous peine de mort. C'était une marque du doigt de Dieu. Chacun qui voyait cette marque savait que Caïn avait une alliance avec Dieu lui-même. Il transportait cette marque avec Lui. De la même façon, nous avons été scellés, marqués par Dieu et tout le monde diabolique voit que nous sommes marqués par Dieu. Le diable n'a aucune autorité pour nous toucher.

Le sang de Jésus nous protège, et nous pouvons avec notre bouche activer les bienfaits et les conséquences du sang de Jésus dans nos vies. Jésus est devenu péché pour nous afin que nous devenions justice de Dieu. Nous sommes la justice de Dieu, c'est notre nature ! Merci Jésus pour ton Sang Précieux ! Merci pour l'héritage qui est le mien en Jésus-Christ en tant que croyant ! Si vous n'avez pas fait une expérience réelle avec Jésus-Christ, je vous invite à faire cette prière :

« Dieu, je viens à toi tel que je suis, comme ce Mephibocheth, avec mes défauts, avec mes péchés. Je viens te demander pardon pour tout cela. Pardonne-moi, lave-moi, fais de moi ton enfant. Je veux manger à ta table ».

Si vous n'avez jamais fait de Jésus-Christ le Sauveur de votre vie, vous pouvez le faire maintenant. C'est entre vous et Dieu. Pour accepter Jésus dans votre vie comme Sauveur, je vous encourage à vous rendre à la fin du livre à la page : « Comment recevoir Jésus comme Sauveur ? », juste après la page du 31 décembre.

13 DÉCEMBRE

Jérémy Sourdril

Problème relationnel

Un jour ou l'autre dans notre vie, nous nous trouvons confrontés, que nous le voulions ou pas, à un conflit relationnel. Ce conflit peut être familial, amical, ou simplement relationnel. Il y a eu beaucoup de paix, de temps, de force et d'argent perdus avec ce genre de conflit. Ne nous laissons pas voler toutes ces choses !

> *Romains 12 : 18*
> *S'il est possible, autant que cela dépend de vous, soyez en paix avec tous les hommes.*

L'apôtre nous demande d'être en paix avec tous les hommes, s'il est possible. Il existe donc des situations où il n'est pas possible d'être en paix avec quelqu'un. Mais il est dit aussi : « autant que cela dépend de vous », donc il n'existe aucune situation où nous devons garder rancune ou de ne pas être en paix avec une personne alors que nous avons le pouvoir de changer cette situation. Aucune.

Cela me rappelle une histoire qui a marqué ma vie. Alors que je revenais au Seigneur, une famille me reprochait quelque chose, et, dans une réunion d'église, le père de famille s'est levé, prêt à me donner un coup de poing. Dans le désir de marcher dans la paix, j'ai été demander pardon à cette famille pour quelque chose que je n'avais pas fait ! Mais, comme réponse à ma demande, la mère cria : « Je ne te pardonnerai jamais » ! Tout ceci pour une parole stupide que j'aurais dite 3 ans plus tôt ! J'avais fait tout ce que j'avais pu, mais cette famille décida de ne pas marcher dans la paix. Même des années après, je leur renvoyai une lettre pour les bénir, mais je ne reçus jamais de réponse.

> *Matthieu 5 : 23-24*
> *Si donc tu présentes ton offrande à l'autel, et que là tu te souviennes que ton frère a quelque chose contre toi, laisse-la devant l'autel, et va d'abord te réconcilier avec ton frère; puis, viens présenter ton offrande.*

Cette parole du Seigneur nous pousse vraiment à l'amour, à l'humilité, et à la recherche de la paix. Avez-vous bien remarqué qu'il a dit : « Si ton frère a quelque chose contre toi » et non pas : « Si tu as quelque chose contre ton frère » ? Cela veut dire que si nous savons qu'une personne a quelque chose contre nous dans l'église, nous devrions aller la voir pour rechercher la paix. Si cette personne ne le veut pas, nous sommes quittes devant le Seigneur et nous pouvons marcher dans une bonne conscience. Si par contre cette personne est disposée à chercher la paix, nous avons gagné notre frère, gloire à Dieu ! C'est fou comme les gens sont prêts à donner de l'argent, mais quand il s'agit de régler ce que Dieu leur demande de régler, ils ne le font pas. Pour les gens, c'est souvent plus facile de donner de l'argent et ainsi de chercher une forme de sainteté (ils se disent inconsciemment : j'ai donné de l'argent donc je suis quelqu'un de bien) que de régler un différend. Le Seigneur était clair : si tu as un problème relationnel, va le régler, un point c'est tout. Dieu ne veut pas l'argent et l'adoration qui vient d'un cœur partagé. Si nous essayons de régler ce problème et que la personne n'est pas disposée à le régler, nous avons fait notre part.

Il existe cependant une façon de régler le problème. N'allons pas voir cette personne « plein de nous-mêmes », pour lui prouver que nous avons raison et continuer le combat, mais allons-y avec un cœur qui recherche la paix, en acceptant même de ne pas recevoir de pardon ou d'excuse. Allons-y plein d'amour et de douceur ! Cherchons la paix, autant que possible, c'est à dire : faisons-le de tout notre cœur !

> *Romains 12 : 17*
> *Ne rendez à personne le mal pour le mal. Recherchez ce qui est bien devant tous les hommes.*

Cela vous paraît peut-être impossible de pardonner ou encore de chercher la paix, et vous vous dites : « Je n'irai pas le voir, je ne lui parlerai plus donc je ne fais rien de mal finalement », mais vous gardez de l'amertume et de la haine en vous ! Vous êtes en train de rendre le mal en ne réagissant pas et en laissant les choses ainsi sans vouloir les régler. Trop de gens marchent chaque jour de leur vie avec des sacs de problèmes relationnels non réglés sur leur dos, c'est tellement dommage !

> *Romains 12 : 19*
> *Ne vous vengez point vous-mêmes, bien-aimés, mais laissez agir la colère; car il est écrit : À moi la vengeance, à moi la rétribution, dit le Seigneur.*

Certains chrétiens lisent ce genre de verset et souhaitent que Dieu envoie un châtiment vers les gens qui les ont blessés, mais ce n'est pas du tout ce que la Bible nous demande d'attendre. Nous devrions plutôt prier avec amour, oui avec amour pour ces gens qui nous ont blessés. Si nous nous faisons appeler chrétien, si nous nous réclamons du nom du Seigneur, nous nous devons d'obéir à la Parole, sans laisser de côté les choses qui ne nous plaisent pas. Il y a des gens pour qui c'est un miracle de lire ce texte jusqu'ici car vous ne voulez pas du tout régler ce problème, mais il le faut, et vous le pouvez, grâce à sa force en vous ! Entretenir ou conserver un conflit n'est pas selon le cœur de Dieu. Pratiquons la Parole aujourd'hui ! Ne rendez à personne le mal pour le mal, ayez donc une attitude différente de celle qu'on a eu à votre égard ! Aller régler un problème ne veut pas dire accepter tous les péchés ou autre chose qu'on nous a fait, mais nous pouvons par exemple demander pardon à l'autre personne de l'avoir blessée, d'avoir été quelque part une occasion de chute pour elle. Ainsi, même si nous ne sommes toujours pas d'accord avec elle, nous avons fait notre part.

> *Matthieu 5 : 46-48*
> *Si vous aimez ceux qui vous aiment, quelle récompense méritez-vous ? Les publicains aussi n'agissent-ils pas de même ? Et si vous saluez seulement vos frères, que faites-vous d'extraordinaire ? Les païens aussi n'agissent-ils pas de même ? Soyez donc parfaits, comme votre Père céleste est parfait.*

Si vous appartenez à Christ, vous avez l'Esprit de Christ qui vit en vous ! Vous pouvez donc avoir une attitude différente et la manifester ! Vous le pourrez seulement en vous humiliant devant le Seigneur, en acceptant d'obéir à Sa Parole. Que préférez-vous ? Votre amour pour Dieu ou établir votre propre justice ? Est-ce que votre colère, rancune ou haine contre cette personne est plus forte que votre amour pour Dieu ? C'est à vous de répondre ! Je prie que votre réponse soit non ! Jésus nous demande d'être parfait, nous avons la capacité d'obéir, ressemblons à notre Père plutôt qu'aux païens qui ne connaissent pas l'amour de Dieu !

Vous voulez pratiquer la Parole aujourd'hui ? Vous êtes peut-être aux toilettes en ce moment, dans votre cuisine, salon, chambre ou voiture, mais vous pouvez dès aujourd'hui prendre la décision de régler cette histoire une bonne fois pour toutes. Ne remettez pas à demain ce que vous pouvez faire le jour même ! Prenez un papier et notez la ou les personnes avec qui vous avez un différend, priez pour savoir comment chercher la paix, puis agissez ! Ecrivez-le, ne dites pas que vous le ferez plus tard et que vous n'oublierez pas, car tout travaillera contre cette décision et il est possible que demain vous trouviez moins urgent de régler ce problème. Vous pouvez aller voir la personne, l'appeler ou lui écrire, comme le Seigneur vous l'inspirera !

> *Romains 12 : 20*
> *Mais si ton ennemi a faim, donne-lui à manger; s'il a soif, donne-lui à boire; car en agissant ainsi, ce sont des charbons ardents que tu amasseras sur sa tête.*

Certains oublient le contexte dans lequel ce verset est écrit, alors ils marchent dans la haine et disent : « Ah Dieu va me venger c'est ce qu'il a dit, il va envoyer quelque chose de mauvais sur eux, il va leur faire du mal mais ils l'ont bien mérité, je prie qu'ils aient ce qu'ils méritent ! ». Ce n'est vraiment pas dans cette attitude que le Seigneur nous veut, ce n'est pas dans de telles motivations que ce verset peut être appliqué. Oh non il nous faut marcher dans l'amour.

> *Romains 12 : 21*
> *Ne te laisse pas vaincre par le mal, mais surmonte le mal par le bien.*

Voilà ce qui nous pousse à cette attitude d'humilité et d'amour. Il y a là une promesse : en agissant bien, le mal sera surmonté. Cela ne veut pas dire que nous réussirons à avoir la paix automatiquement, mais cependant, nous aurons bien agi et c'est là que se trouve notre victoire : c'est dans notre attitude et non pas dans les réactions des autres à notre attitude. Nous pouvons surmonter le mal, car Dieu ne nous a rien demandé dans Sa Parole que nous ne puissions faire. Prions le vouloir et le faire, que seule sa volonté s'accomplisse !

« Oh oui Seigneur, je n'irai pas donner mon offrande hypocritement sans avoir réglé mes différends. Je choisis de t'obéir et de te faire confiance sachant que tu as toujours raison. Je t'aime, je choisis de pardonner, je pardonne ! Je choisis l'attitude qui mène à la victoire, je choisis de te plaire et d'aimer. Je veux faire ta volonté, alors je ferai ce que tu me demandes : je règlerai mes différends, quoi qu'il m'en coûte, je m'humilierai et choisirai la voie de l'amour. Amen ! ».

Je ne sais pas comment vous le ferez, mais je sais que Dieu vous y aidera ! Je suis fier de vous ! N'hésitez pas à me raconter votre témoignage de gloire, et sachez que la vraie victoire est d'accomplir ce que Dieu nous a demandé.

14 DÉCEMBRE

Anne Bersot

Faux contact !

Nous roulions à l'époque dans une vieille Volkswagen orange fluo, que la femme de mon pasteur avait surnommée « Mandarine ». On nous repérait de loin dans la ville et aucun de nos déplacements ne pouvait passer inaperçu. En plus, elle pétaradait joyeusement, ce qui n'ajoutait pas à la discrétion de l'attelage.

Le pire était au démarrage, quand nous empestions tout le quartier avec une épaisse fumée noire ! Pauvre planète ! En chrétiens remplis de foi, nous avions projeté de traverser la France avec Mandarine pour aller rendre visite à ma famille. Conducteur prévoyant, mon mari avait vérifié l'huile du moteur. Il avait rajouté un bon bidon, car elle consommait presqu'autant d'huile que d'essence.

Après une centaine de kilomètres, un voyant rouge s'est mis à clignoter au tableau de bord. Chez moi, perpétuelle inquiète, un voyant rouge qui s'allume, c'est l'arrêt immédiat et le branle-bas de combat, mais pas pour mon mari, qui ne commencera à s'inquiéter que lorsque l'apocalypse sera déjà bien entamée. « Arrête-toi chéri, il y a quelque chose qui ne fonctionne pas ! » « Mais non, ne t'inquiète pas, c'est un faux contact ! ». Le « faux contact » commençait à durer. Mon mari tapotait distraitement le tableau de bord pour « stopper le faux contact ».

Quelques kilomètres plus loin, alors que nous traversions une zone de campagne complètement déserte, la nuit tombait, et le ciel était noir plombé. Le capot s'est mis alors à fumer. « Chéri, regarde, ce n'est pas normal ! Arrête-toi ». « Mais non, ne t'inquiète pas, le moteur est chaud, et comme il pleut, l'eau se transforme en vapeur ». La « vapeur » commençait à tourner au hammam, et une odeur de chaud venait provoquer en moi une grosse poussée d'adrénaline. Le « faux contact » s'éternisait, mais tout allait bien, mon mari était comme d'habitude serein, le sourire aux lèvres, pas inquiet pour deux sous, il fredonnait. Péniblement, pétaradant et fumant, nous sommes enfin arrivés chez mes parents. Supputant que « Mandarine » était en grande souffrance, mon père a plongé dans le moteur dès l'arrêt des turbines. Il s'est redressé complètement ébahi : le réservoir d'huile n'avait pas été refermé, toute l'huile avait giclé sur le moteur, il ne restait plus une goutte !

Mandarine avait survécu au supplice... et moi avec !

Dieu allume régulièrement des voyants rouges dans notre vie. Ce sont parfois des sentiments de malaise, un manque de paix concernant une décision, parfois, quelqu'un vient nous mettre en garde, une lecture dans la Parole de Dieu ou l'expérience d'un ami peuvent nous mettre la puce à l'oreille. Il faut vraiment s'y montrer sensible, sinon, nous risquons de nous fourvoyer dans une situation inextricable ou nuisible. Le type même d'une bonne décision, c'est celle qui a été réfléchie, pesée, conforme à la parole de Dieu, compatible avec notre foi, et qui obtient dans notre cœur, un écho paisible. Quelque chose vous tracasse, vous chicote ? Vous n'êtes pas en paix avec une décision ou une orientation de votre vie ? Vous n'êtes pas sûr à 100% que Dieu approuve ? Alors arrêtez tout, placez-vous devant Dieu et examinez à la lumière de sa Parole et de sa présence si ce que vous êtes en passe de faire est juste.

Ne laissez pas passer un voyant rouge et priez, comme l'apôtre Paul, d'être « transformés par le renouvellement de l'intelligence, afin de discerner la volonté de Dieu, ce qui est bon, agréable, et parfait », car il y a des erreurs qu'on paie cher.

15 DÉCEMBRE

Jérémy Sourdril

Je ne lui ai pas dit

On dit que la vie est courte, et c'est vrai qu'elle l'est. 120 ans, c'est notre héritage. En fait c'est l'héritage du péché. 120 ans sont les années qui nous sont proposées dans notre corps, et, même si nous sommes éternels, nous devons gérer notre temps ici-bas., gérer nos priorités, gérer notre vie, dans tous ses détails, ses défis, ses ennemis...

Dieu a donné à l'être humain le pouvoir de parler. Oh, les animaux échangent des informations et des milliers de fourmis peuvent travailler ensemble pour un même but dans l'unité, mais Dieu a donné à l'homme quelque chose de plus. Il a donné à l'homme la capacité de parler. Nos paroles ont un pouvoir. Oui, il y a eu des abus à ce sujet, mais la Bible montre clairement que nos paroles ont un potentiel de puissance.

> *Proverbes 18 : 21*
> *La mort et la vie sont au pouvoir de la langue; Quiconque l'aime en mangera les fruits.*

Ceci n'est pas une simple image, c'est une puissante vérité. Dieu nous a créés à son image, avec un potentiel infini.

> *Marc 9 : 23*
> *Jésus lui dit : Si tu peux ! Tout est possible à celui qui croit.*

Tout est possible par le moyen de la foi. Tout est possible pour celui qui place sa foi en Jésus-Christ. Lorsque la foi dans notre cœur est reliée à notre bouche et que nous parlons ce que nous croyons, des choses merveilleuses peuvent se passer. Véritablement.

> *Romains 10 : 9*
> *Si tu confesses de ta bouche le Seigneur Jésus, et si tu crois dans ton cœur que Dieu l'a ressuscité des morts, tu seras sauvé.*

Lorsque notre foi se connecte à notre bouche, les choses les plus extraordinaires peuvent arriver. Vous pourriez même être assis sur les toilettes en ce moment, et déclarer avec votre bouche une parole de foi pour qu'un miracle se manifeste. Il ne s'agit pas de la position naturelle où vous vous trouvez, il ne s'agit pas d'une parole naturelle qui sortirait de votre bouche. C'est « surnaturel » ! Ce qui manque parfois à la foi de notre cœur, c'est la confession de notre bouche. On pourrait dire que la foi dans notre cœur est naturelle (notre cœur n'a pas besoin de croire pour voir, Dieu habite dans notre cœur et tout y est parfait), mais que la confession de notre bouche vient mettre un « sur » sur le naturel pour transformer le naturel en surnaturel.

> *Jean 1 : 1-3, 12*
> *Au commencement était la Parole, et la Parole était avec Dieu, et la Parole était Dieu. Elle était au commencement avec Dieu. Toutes choses ont été faites par elle, et rien de ce qui a été fait n'a été fait sans elle.*
>
> *Mais à tous ceux qui l'ont reçue, à ceux qui croient en son nom, elle a donné le pouvoir de devenir enfants de Dieu,*

La Parole nous a donné un pouvoir, le pouvoir de devenir enfant de Dieu. En le devenant, nous rappelons à tout ce qui existe que nous sommes créés à l'image de Dieu. Nous pouvons, de la même façon que notre Père le fait, appeler les choses qui ne sont pas comme si elles étaient, passer du désir à la réalité, et tout ceci par notre parole. Lorsque la Parole de Dieu se trouve dans notre cœur, elle a un potentiel de puissance. Lorsqu'elle est déclarée par notre bouche, il se produit une explosion spirituelle ! Tout devient possible !

Il est probable que vous croyiez le meilleur de Dieu, vous croyez ce que Dieu vous a dit personnellement, vous croyez à la guérison, au bonheur, à la joie, à la fertilité. C'est le moment de « parler » ces choses, car ces choses écrites dans la Parole de Dieu ou dans votre cœur ne viendront pas à l'existence si elles restent écrites. Vous avez besoin de « parler » les rêves que Dieu vous a donnés, vous devez les déclarer régulièrement. Vous devez « parler » ce que vous croyez au sujet de la Parole de Dieu. Déclarez la Parole de Dieu aujourd'hui ! Dites : « Je crois... », et complétez cette phrase !

16 DÉCEMBRE

Jérémy Sourdril

Je ne lui ai pas dit (suite)

Je voudrais vous amener quelque part aujourd'hui. À un point très précis. Vous avez reçu des paroles, et vous ne les avez pas données. Ces paroles portaient pourtant en elles la vie. Elles portaient une puissance.

Avez-vous déjà remarqué le poids des paroles ? On a parlé du poids des mots... Combien un : « Je t'aime » peut être réconfortant, combien un : « Je te pardonne » peut nous saisir et changer nos vies ! Nos paroles ont un poids, une capacité. Le fait est que beaucoup d'enfants de Dieu gardent des paroles que Dieu leur a données. Dieu leur met à cœur de parler à quelqu'un, et ils ne le font pas. Ils raisonnent, encore et encore, de semaines en semaines et de mois en mois, et ils éteignent ainsi la voix de Dieu. Ils pensent que ce sont eux, ils ont peur de se tromper, ils réfléchissent, ils ne veulent pas paraître faillibles.

Un jour, ma femme a reçu une prophétie, qui comprenait cette exhortation : « Pourquoi gardes-tu mes paroles ? Ce ne sont pas tes paroles, ce sont mes paroles ». Quelle exhortation ! Elle s'en est saisie, gloire à Dieu.

De la même façon, il est fort probable que le Seigneur puisse vous dire aujourd'hui : « Pourquoi gardes-tu mes paroles ? Ce ne sont pas tes paroles, ce sont mes paroles ». Le Seigneur ne vous a-t-il pas mis à cœur de parler à quelqu'un cette année et vous ne l'avez pas fait ? Il y a peut-être même des années ?

La Parole de Dieu est très douce. Le Saint-Esprit est aussi très doux, il parle avec douceur et respect. Oui, le Saint-Esprit nous respecte, il n'est pas un abuseur, il se laisse inviter. Il vient nous parler parfois à propos de quelqu'un, pour aider cette personne et pour l'encourager, pour donner une parole de plus sur la route du salut ou de la délivrance d'une personne, mais nous n'obéissons pas.

Nous savons qu'il existe des « deuxième choix » de Dieu. Des gens que Dieu n'avait pas choisis au départ, mais Dieu les a choisis car le premier choix a dit non. Ce premier choix ne l'a peut-être pas prononcé, mais son silence voulait dire non. Ainsi, lorsque Dieu nous met à cœur une phrase, un mot, et que nous le gardons pour nous, nous sommes en train de dire : non.

Dieu aimerait vous utiliser pour marcher dans les dons spirituels. Je ne sais pas pourquoi l'homme est si religieux pour penser que les dons spirituels ne sont que pour l'enceinte des quatre murs de l'église ! La prophétie, la parole de sagesse ou de connaissance par exemple, peut être donnée dans le couloir de l'église, même dans les toilettes ! Elle peut être donnée dans un magasin, dans la rue ou au travail. Dieu veut nous utiliser, c'est son désir !

Souvent nous bloquons les paroles de Dieu, par peur de nous tromper, mais savez-vous, si vous voulez vraiment plaire à Dieu et le servir, Dieu ne viendra pas vous frapper parce que vous vous êtes trompés ! Si vous avez un bon cœur, animé par une bonne motivation, et que vous vous trompez, Dieu vous montrera ce qu'il en est, il saura vous aider à vous corriger pour faire mieux la prochaine fois.

Il y a des paroles que nous aurions voulu dire à des gens qui nous ont quittés, mais c'est trop tard. Oui, nous les reverrons peut-être, ou pas, mais cela n'aurait-il pas été bon qu'ils les entendent et puissent être touchés par la vie de ces paroles ? Toutefois, si c'est vraiment trop tard (dans le cas d'une personne morte par exemple) ne nous décourageons pas, ne nous culpabilisons pas, mais au contraire, faisons de cette situation une occasion de dire : « Plus jamais je retiendrai une parole du Seigneur ! ».

Une femme que j'aimais beaucoup s'appelait Madame Ricard. C'était une femme vraiment âgée. Elle avait un don de prophétie extraordinaire. Elle pouvait être assise à sa place, quelqu'un pouvait entrer dans l'église pour la première fois, et elle pouvait prophétiser pour cette personne sans même la regarder et lui dévoiler sa vie. C'est une promesse de la Parole de Dieu :

> *1 Corinthiens 14 : 24-25*
> *Mais si tous prophétisent, et qu'il survienne quelque non-croyant ou un homme du peuple, il est convaincu par tous, il est jugé par tous, les secrets de son cœur sont dévoilés, de telle sorte que, tombant sur sa face, il adorera Dieu, et publiera que Dieu est réellement au milieu de vous.*

Les prophéties de cette sœur étaient d'une précision exquise. Elle se levait parfois de sa chaise, et se retournait un peu comme si elle sentait à qui cette parole était destinée. Je me souviens d'être entré à l'église alors que j'avais 16 ans peut-être. Elle était juste devant moi, et ma sœur était assise à mes côtés. Je parlais au Seigneur et elle a prophétisé des choses que j'avais au plus profond de mon cœur. Je me suis mis à pleurer sans pouvoir me calmer ni me retenir. Plus de 10 ans après, je me souviens encore de ce moment divin. Mon frère a été touché de la même manière par ce don, et même celle qui allait devenir ma femme alors qu'elle entrait pour la première fois dans une église.

Mon pasteur était aussi rempli de ce don. Elle et lui pouvaient, très souvent, commencer à ne dire qu'un seul mot et si la prophétie était pour vous, vous sentiez la présence de Dieu venir sur vous d'une façon exceptionnelle, puis la prophétie continuait, tout cela dans une très grande simplicité.

Les paroles que Dieu nous donne sont chargées de puissance, elles sont chargées de vie, elles sont chargées de quelque chose que nous, qui sommes appelés à les dire simplement, ne sentons pas forcément. Nous obéissons juste, et lorsque nous donnons cette parole, la vie de Dieu coule sur la personne à qui nous parlons. Il peut ne rien se passer de visible, mais cette parole accompagnera cette personne toute sa journée, toute sa semaine, parfois toute sa vie.

Je ne parle pas de prophéties seulement, mais de toutes ces paroles d'encouragement que Dieu veut nous donner. Dieu est vraiment un Dieu d'encouragement, il aime relever les genoux abattus, il aime l'édification du Corps.

> *Ésaïe 35 : 3-6*
> *Fortifiez les mains languissantes, Et affermissez les genoux qui chancellent; Dites à ceux qui ont le cœur troublé : Prenez courage, ne craignez point; Voici votre Dieu, la vengeance viendra, La rétribution de Dieu; Il viendra lui-même, et vous sauvera. Alors s'ouvriront les yeux des aveugles, S'ouvriront les oreilles des sourds; Alors le boiteux sautera comme un cerf, Et la langue du muet éclatera de joie. Car des eaux jailliront dans le désert, Et des ruisseaux dans la solitude;*

Avez-vous remarqué au verset 4 la façon dont Dieu travaille avec nos paroles ? C'est lorsque nous parlons que Dieu vient ouvrir les yeux des aveugles. Dieu a besoin de paroles avec lesquelles travailler. Vous pouvez avoir une vision d'encouragement. Vous pouvez choisir aujourd'hui d'être un porte-parole de Dieu, de dire : « Ce que Dieu me dit de dire, je le dirai, je ne fermerai pas ma bouche ».

Parfois il s'agira juste d'un mot, et lorsque vous ouvrirez la bouche d'autres paroles viendront. Parlez les paroles de Dieu dans la foi.

> *1 Pierre 4 : 11*
> *Si quelqu'un parle, que ce soit comme annonçant les oracles de Dieu; si quelqu'un remplit un ministère, qu'il le remplisse selon la force que Dieu communique, afin qu'en toutes choses Dieu soit glorifié par Jésus-Christ, à qui appartiennent la gloire et la puissance, aux siècles des siècles. Amen !*

Et si vous faisiez quelque chose de fou ? Si vous écriviez de votre main sur un papier un verset encourageant, et vous vous engagiez à le donner à quelqu'un dans les prochaines 24 heures. Vous priez pour recevoir un verset, et Dieu vous en mettra un à cœur. Ensuite, Dieu mettra certainement sur votre chemin une personne qui en a besoin. Cela peut être dans la rue, à un collègue, à la boulangère, à la caissière... Dites-lui simplement que vous avez une parole d'encouragement de la part de Dieu pour lui, et donnez-lui ce papier. Vous n'imaginez pas ce que Dieu peut faire avec Sa Parole. C'est Sa Parole et il a dit qu'il l'accompagnait. Dieu sera avec vous, alors, faites-le et multipliez les occasions !

> *Marc 16 : 20*
> *Et ils s'en allèrent prêcher partout. Le Seigneur travaillait avec eux, et confirmait la parole par les miracles qui l'accompagnaient.*

17 DÉCEMBRE

Jérémy Sourdril

La dernière journée de Pierre... quand tu as échoué devant Dieu

Pierre avait passé trois ans et demi avec le Seigneur, mais son cœur n'était pas encore prêt. Comme le jeune homme qui avait obéi aux 10 commandements mais dont la richesse lui empêchait de suivre vraiment Jésus, Pierre avait encore des choses à vivre, des choses à changer pour suivre le Seigneur et lui obéir.

Pierre avait dit à Jésus qu'il serait prêt à mourir pour lui, mais voilà que Jésus ne paraissait pas du même avis que lui.

> *Matthieu 26 : 34-35*
> *Jésus lui dit : Je te le dis en vérité, cette nuit même, avant que le coq chante, tu me renieras trois fois. Pierre lui répondit : Quand il me faudrait mourir avec toi, je ne te renierai pas. Et tous les disciples dirent la même chose.*

Pierre avait le don pour remettre en question l'autorité, peut-être pensait-il tout savoir mieux que les autres ? C'est bien le problème de beaucoup de gens appelés à faire quelque chose pour Dieu. Dieu met dans leur cœur un appel et ils se sentent déjà leader alors qu'ils ne le sont pas encore, si bien qu'ils ont du mal à se soumettre aux décisions des leaders « au-dessus » d'eux... C'est ce qui s'était déjà passé quelque temps plus tôt.

> *Matthieu 16 : 21-23*
> *Dès lors Jésus commença à faire connaître à ses disciples qu'il fallait qu'il allât à Jérusalem, qu'il souffrît beaucoup de la part des anciens, des principaux sacrificateurs et des scribes, qu'il fût mis à mort, et qu'il ressuscitât le troisième jour. Pierre, l'ayant pris à part, se mit à le reprendre, et dit : À Dieu ne plaise, Seigneur ! Cela ne t'arrivera pas. Mais Jésus, se retournant, dit à Pierre : Arrière de moi, satan ! Tu m'es en scandale; car tes pensées ne sont pas les pensées de Dieu, mais celles des hommes.*

Pierre a osé reprendre Jésus ! Voilà donc notre Pierre à Gethsémané, confiant en lui, ayant tenu tête à Jésus quant au fait de donner sa vie pour Lui. Pierre avait une grande confiance en sa capacité à gérer les choses. C'est certainement ce qui lui donna de l'élan pour marcher sur les eaux. On parle parfois du Pierre faible d'avant la Pentecôte, mais Pierre avait un caractère fort, c'était un bon marin et il savait où il allait. C'était probablement un homme têtu qui, lorsqu'il avait une idée en tête, personne ne pouvait l'amener à changer d'avis.

Pierre avait une trop grande confiance en lui-même et en ses propres forces. Il n'était donc pas encore utilisable pour le service de Dieu. Il y a des gens qui servent Dieu et qui ne sont pas utilisables, mais ce n'est pas forcément Dieu qui les a placés où ils sont. Lorsque nous désirons servir Dieu, toute estime de soi, confiance en ses propres forces, foi humaine doivent être mises en Jésus et transformées à son image.

Jésus ne pouvait rien faire par lui-même mais apparemment beaucoup de chrétiens pensent pouvoir, eux, faire des choses par eux-mêmes. Quelle folie !

Pierre s'est retrouvé à Gethsémané, encore fort dans sa pensée de se donner entièrement à Jésus.

> *Matthieu 26 : 37*
> *Il prit avec lui Pierre et les deux fils de Zébédée, et il commença à éprouver de la tristesse et des angoisses.*

Mais voilà que la fatigue vient le chercher, l'oppression spirituelle aussi, et Pierre s'endort. Lui qui était prêt à mourir pour Christ n'a pas pu veiller une heure avec le Seigneur. De plus, le Seigneur le reprend sur son manque de persévérance. C'était désagréable pour sa chair.

> *Matthieu 26 : 40*
> *Et il vint vers les disciples, qu'il trouva endormis, et il dit à Pierre : Vous n'avez donc pu veiller une heure avec moi !*

Pierre, qui n'avait pas réussi dans le domaine spirituel (le domaine le plus important), a voulu montrer sa grande force dans le domaine naturel. Il n'avait pas compris que le combat ne se situe pas au niveau du naturel, que ce n'est ni par la force ni par la puissance...

Jean 18 : 10-11
Simon Pierre, qui avait une épée, la tira, frappa le serviteur du souverain sacrificateur, et lui coupa l'oreille droite. Ce serviteur s'appelait Malchus. Jésus dit à Pierre : Remets ton épée dans le fourreau. Ne boirai-je pas la coupe que le Père m'a donnée à boire ?

Pierre devait être dépité. Lui qui voulait plaire au Seigneur, voilà qu'au moment où Jésus avait le plus besoin de lui, il fut repris trois fois par le Seigneur. Il n'avait pas réussi spirituellement, et il s'était trompé dans les choses naturelles. Il dut finalement fuir avec les autres disciples… comme Jésus l'avait prophétisé.

Matthieu 26 : 58
Pierre le suivit de loin jusqu'à la cour du souverain sacrificateur, y entra, et s'assit avec les serviteurs, pour voir comment cela finirait.

Lui qui avait promis de protéger le Seigneur, il le suivait de loin seulement. Puis il vit quelque chose d'affreux se passer sous ses yeux… sans rien faire…

Matthieu 26 : 67-68
Là-dessus, ils lui crachèrent au visage, et lui donnèrent des coups de poing et des soufflets en disant : Christ, prophétise; dis-nous qui t'a frappé.

Je ne sais pas si vous avez déjà échoué en voulant suivre le Seigneur et faire de votre mieux pour Lui, mais sachez qu'il n'y a pas de trou trop profond d'où le Seigneur ne saura vous tirer dans votre vie. Il vous relèvera, il vous amènera là où il l'a décidé, jusqu'à ce que vous compreniez profondément que ce n'est pas votre force que Dieu pourra vous utiliser.

18 DÉCEMBRE

Jérémy Sourdril

La dernière journée de Pierre... quand tu as échoué devant Dieu (suite)

Pierre allait d'échec en échec. Il n'avait pas réussi dans le domaine spirituel, ni dans le domaine naturel, mais Jésus n'avait pas dit son dernier mot. Il n'allait pas l'abandonner.

Matthieu 26 : 67-68
Là-dessus, ils lui crachèrent au visage, et lui donnèrent des coups de poing et des soufflets en disant : Christ, prophétise; dis-nous qui t'a frappé.

Pierre devait se sentir comme un moins que rien. C'est évident qu'il repensait aux grandes déclarations qu'il avait faites à Jésus et à la réalité actuelle. Il voyait celui à qui il avait dit qu'il était prêt à mourir pour lui se faire frapper. Tout un tas de questions devaient surgir dans ses pensées. Et le diable devait en rajouter : « Tout cela c'est à cause de toi, tu n'as pas prié dans le jardin, tu t'es endormi, tu es un lâche, il va mourir par ta faute, tu es un traître comme Judas, en plus, tu n'as pas fait ce que tu as déclaré, toi aussi tu vas mourir ! ».

La peur et la honte se mélangeaient en lui, jusqu'à ce qu'on lui dise :

Matthieu 26 : 69-70
Cependant, Pierre était assis dehors dans la cour. Une servante s'approcha de lui, et dit : Toi aussi, tu étais avec Jésus le Galiléen. Mais il le nia devant tous, disant : Je ne sais ce que tu veux dire.

Par trois fois il déclara ne pas connaître Jésus. Ce n'est pas que Pierre n'aimait pas Jésus, mais il se sentait complètement impuissant, il n'avait plus confiance en ses forces, son orgueil qu'il avait peut-être accumulé alors qu'il avait chassé des démons s'évaporait. Il avait peur de mourir. Le coq chanta par deux fois, puis il rencontra le regard du Seigneur. Pierre devait être plein de culpabilité. Il n'aurait jamais pu imaginer que les choses se seraient passées comme cela. Lui qui pensait contrôler les choses ne contrôlait plus rien. Finalement :

Matthieu 26 : 75
Et Pierre se souvint de la parole que Jésus avait dite : Avant que le coq chante, tu me renieras trois fois. Et étant sorti, il pleura amèrement.

Lorsque Pierre pleura, personne n'était là pour l'entendre. Pierre s'était caché, il était seul, face à sa honte, face à face avec lui-même, face à face avec son impuissance. Personne n'était là pour entendre Pierre pleurer, sauf Dieu. Dieu a vu le cœur déchiré de Pierre, Pierre était si triste, je suis certain qu'il a senti même dans son cœur physique la douleur de son abandon, la douleur de sa défaite.

Pouvez-vous l'imaginer en train de pleurer, face à son échec ? Je l'imagine recroquevillé contre une pierre, assis sur le sol de terre. Peut-être qu'il repensait à l'appel que Jésus lui avait fait, mais tout était fini !

Matthieu 16 : 18
Et moi, je te dis que tu es Pierre, et que sur cette pierre je bâtirai mon Église, et que les portes du séjour des morts ne prévaudront point contre elle.

« Quand je pense à ce que Jésus m'avait dit, et moi je l'ai trahi ! ». Quel désespoir. Pierre a dû passer la pire nuit de sa vie. Peut-être a-t-il fait des cauchemars... Vous savez quoi ? Après cet évènement, on n'entend plus parler de Pierre jusqu'à la résurrection. On ne voit pas Pierre devant Pilate, on ne le voit pas non plus aux pieds de la croix. Il n'a pas porté la croix de Jésus et ne l'a pas embaumé ! Apparemment, il n'était pas là !

Je pense qu'il était là, et il devait être sous un choc émotionnel terrible. Ce Jésus avec qui il avait passé trois ans et demi, qui l'avait aimé, qui lui avait tout appris, qui lui avait fait confiance, il l'avait trahi, il n'avait pas prié pour lui et il ne l'avait pas suivi jusqu'au bout ! Cela aurait été insupportable de croiser le regard de Jésus alors qu'il était sur la croix. Alors Pierre regarda de loin.

Pierre n'était peut-être pas témoin de sa mort, mais il l'était de sa résurrection. Lorsque Marie-Madeleine couru voir Pierre et Jean, pour leur annoncer que Jésus n'était plus au tombeau, Pierre courut jusqu'au tombeau, précédé par Jean. Une lueur d'espoir devait rejaillir du cœur déchiré de Pierre. Jean arriva le premier, mais n'entra pas dans le tombeau. Pierre, lui, entra. Il crut. Le soir même, Jésus se présenta devant eux, leur apportant la paix et soufflant en eux l'Esprit de Dieu.

Plus tard, Jésus demanda par trois fois à Pierre s'il l'aimait, s'il l'aimait plus que les autres. Pierre fut attristé. Il avait renié Jésus trois fois et avait déclaré que même si tous les autres l'abandonnaient, lui ne l'abandonnerait pas. C'est étonnant que Jésus soit revenu sur cela. Il voulait régler quelque chose dans le cœur de Pierre.

Parfois le leader fait des choses qui peuvent nous sembler blessantes mais qui sont pour notre bien, pour nous former à de grandes choses. Toute confiance en nous-mêmes, tout orgueil, toute chose non réglée, doivent être extirpés de nos vies pour le servir pleinement. Pierre, voulant peut-être encore se comparer à Jean demanda à Jésus le futur de celui-ci, mais Jésus ne lui répondit pas.

Les derniers jours, les dernières heures avec Jésus n'étaient pas extraordinairement géniales pour Pierre, mais son cœur avait été complètement terrassé. Des choses avaient été arrachées puis d'autres choses avaient été plantées par le Seigneur. Ce fut les dernières heures du Pierre auto-suffisant, du Pierre orgueilleux, du Pierre confiant en ses forces. Pierre était maintenant utilisable.

Dieu se servit de lui d'une façon glorieuse, et 3000 personnes naquirent de nouveau. Ce fut le début d'un réveil, et Pierre n'en tira aucune gloire. Il avait appris que cela ne venait pas de lui. Il avait appris que la gloire est pour Dieu seul. Il avait appris l'humilité et l'obéissance, par les choses qu'il a souffertes, et il vécut des choses extraordinaires avec Dieu. Pierre put écrire :

> *1 Pierre 1 : 6-9*
> *C'est là ce qui fait votre joie, quoique maintenant, puisqu'il le faut, vous soyez attristés pour un peu de temps par diverses épreuves, afin que l'épreuve de votre foi, plus précieuse que l'or périssable qui cependant est éprouvé par le feu, ait pour résultat la louange, la gloire et l'honneur, lorsque Jésus-Christ apparaîtra, lui que vous aimez sans l'avoir vu, en qui vous croyez sans le voir encore, vous réjouissant d'une joie ineffable et glorieuse, parce que vous obtiendrez le salut de vos âmes pour prix de votre foi.*

Votre foi peut être éprouvée, vous ne vous sentez peut-être pas à la hauteur, mais sachez-le bien, vous ne serez jamais à la hauteur de Dieu, mais c'est Dieu qui s'élèvera en vous. Votre « moi », doit mourir complètement, pour laisser vivre Christ en vous. Si vous pensez avoir déçu Jésus, sachez que vous n'êtes pas le seul, et que Jésus n'est pas déçu, mais il connaît tout à l'avance. SON APPEL RESTE FERME pour vous. Humiliez-vous sous la puissante main de Dieu et il vous élèvera au temps convenable, mais ne cherchez pas à être élevé, cherchez à vous humilier devant lui, afin qu'il puisse transformer votre caractère et supprimer en vous ce qui vous rendrait inutilisable, improductif pour son Royaume.

Vous n'êtes pas le pire, vous n'êtes pas le raté parmi les chrétiens, mais vous avez une grande valeur aux yeux de Celui qui a besoin d'ouvriers dans sa moisson. Jésus vous aime, et Jésus vous prendra par la main jusqu'au bout, et il vous formera encore, comme il l'a fait avec Pierre, plein de patience à son égard malgré ses capacités. C'est ce qui est merveilleux avec Dieu, il utilise des hommes imparfaits, afin que nulle chair ne se glorifie devant Dieu.

> *1 Corinthiens 1 : 27-29*
> *Mais Dieu a choisi les choses folles du monde pour confondre les sages; Dieu a choisi les choses faibles du monde pour confondre les fortes; et Dieu a choisi les choses viles du monde et celles qu'on méprise, celles qui ne sont point, pour réduire à néant celles qui sont, afin que nulle chair ne se glorifie devant Dieu.*

19 DÉCEMBRE

Michael Lebeau

Qui dirige ta vie ?

Il m'a fallu près de 10 ans de vie chrétienne pour réaliser l'ampleur et l'importance de cette question. Aujourd'hui, je peux dire : grâce à Jésus, je suis une personne libre, heureuse et épanouie car « mes convictions dirigent ma vie ».

Votre vie est-elle dirigée par les autres ?

Lorsque j'étais adolescent, la majorité de mes décisions étaient influencées par mes amis. Je pensais comme eux, j'allais dans la même direction qu'eux. Inconsciemment, c'était eux qui décidaient de ma tenue vestimentaire, de mon style, de mon langage, et même de mes petites amies... Je faisais tout ce qu'il fallait faire pour être accepté par eux et pour plaire au plus grand nombre. Ma vie et mes actions étaient dirigées par mon entourage. J'ai décidé de faire des études d'ingénieur pour faire plaisir à mes parents. En réalité, ce n'était pas mon rêve que j'étais en train de réaliser mais le rêve de mes parents pour ma vie : avoir un travail avec un bon salaire, et sécuriser ainsi mon avenir financier. J'ai donc laissé mes parents décider de mon avenir à ma place.

Même après avoir rencontré le Seigneur Jésus, ma vie a continué à être dirigée par les autres. Je dirigeais ma vie uniquement selon leurs conseils et leurs désirs. Quand ils m'aimaient j'étais heureux, quand ils me reprochaient des choses, je souffrais. Le regard des autres sur ma vie déterminait mes faits et gestes. Je n'avais pas de propres convictions, mais je jugeais que les opinions et les convictions des autres pour ma vie avaient plus de valeur que mes propres appréciations. En réalité, je n'étais pas libre de mes choix, j'étais devenu esclave de mon prochain.

Et vous ? Chaque jour, réalisez-vous les rêves que Dieu a mis dans votre cœur ou êtes-vous en train d'accomplir les rêves que les autres ont pour vous ? Faites-vous les choses pour plaire aux autres ou pour être accepté par eux ? Faites-vous des choses dont vous n'avez pas envie par peur de décevoir les autres ou êtes-vous réellement libre de vos actions ? Savez-vous « dire NON » aux autres pour faire ce que vous jugez être prioritaire pour votre vie ?

Votre vie est-elle dirigée par l'argent ?

Ceux qui ont leur vie dirigée par l'argent et la richesse ne peuvent pas jouir de la liberté d'une vie en Jésus-Christ. Ils sont malgré eux esclaves d'un maître redoutable que Jésus appelle Mammon.

> *Luc 16 : 13*
> *Nul serviteur ne peut servir deux maîtres. Car, ou il haïra l'un et aimera l'autre; ou il s'attachera à l'un et méprisera l'autre. Vous ne pouvez servir Dieu et Mamon.*

Pour beaucoup c'est l'argent qui règne en despote. C'est l'argent qui décide si oui ou non ils vont faire un travail. C'est l'argent qui décide si oui ou non ils vont sourire aujourd'hui. C'est lui qui décide de la destination de leurs vacances, de leurs études, de la ville où ils vont habiter, des personnes qu'ils vont fréquenter. C'est l'argent qui fait qu'ils vont sacrifier leur vie de famille pour le travail. C'est Mammon qui vole leur temps et ils n'ont plus de disponibilité pour faire ce que Dieu leur demande de faire.

Et vous ? L'argent, le désir de richesse vous a-t-il éloigné du couloir de votre destinée ? Si c'est le cas, allez-vous continuer à obéir à ce mauvais maître encore longtemps ? Dès aujourd'hui, frères et sœurs, soyez affranchis de « Mammon » et goûtez à la liberté d'une vie dirigée entièrement par le Seigneur.

> *Proverbes 23 : 5*
> *Veux-tu poursuivre du regard ce qui va disparaître ? Car la richesse se fait des ailes, Et comme l'aigle, elle prend son vol vers les cieux.*

> *Jérémie 29 : 11*
> *Car je connais les projets que j'ai formés sur vous, dit l'Éternel, projets de paix et non de malheur, afin de vous donner un avenir et de l'espérance.*

Nous ne pourrons pas servir à la fois le Seigneur et Mammon, car nous ne pouvons obéir à deux maîtres qui ont des projets bien différents pour notre vie. Cela créera division dans notre cœur, un choix s'impose. Suivez le conseil de Jésus pour être libéré de l'influence de l'argent :

Matthieu 6 : 25
C'est pourquoi je vous dis : Ne vous inquiétez pas pour votre vie de ce que vous mangerez, ni pour votre corps, de quoi vous serez vêtus. La vie n'est-elle pas plus que la nourriture, et le corps plus que le vêtement ?

Votre vie est-elle dirigée par votre chair ?

Peut-être n'avez-vous pas passé un temps de qualité avec le Seigneur depuis plusieurs semaines parce que « votre chair » (votre nature charnelle) n'en a pas envie... Elle préfère regarder des films, aller au restaurant, se distraire, discuter pendant des heures au téléphone et sur Facebook. Peut-être ne prenez-vous plus le temps de lire la Bible parce que votre chair, vos désirs, vos passions vous poussent dans une autre direction. Peut-être cela fait plusieurs années que vous ne vous êtes même pas « posé », installé dans votre canapé une demi-journée pour lire un bon livre édifiant parce que vos inquiétudes et votre peur de l'échec vous poussent à travailler toujours plus. Peut-être ne témoignez-vous plus de Jésus à votre prochain parce que vous êtes devenu esclave de votre nature charnelle qui s'est installée dans une zone de confort.

Souvenez-vous aujourd'hui de qui vous êtes, vous n'êtes pas un être charnel, vous êtes « esprit » et votre esprit a été recréé le jour où vous avez invoqué le nom du Seigneur Jésus.

2 Corinthiens 5 : 17
Si quelqu'un est en Christ, il est une nouvelle créature. Les choses anciennes sont passées; voici, toutes choses sont devenues nouvelles.

Vous êtes une nouvelle création, l'Esprit de Dieu habite dans votre esprit et c'est votre esprit, le « véritable vous » qui doit diriger votre vie et non votre chair. Le domaine de l'esprit c'est le domaine des convictions, des révélations et des intuitions que Dieu vous donne. Vous devez marcher selon l'esprit, selon les convictions qui sont dans votre cœur. C'est cela, la liberté à laquelle le Seigneur vous a appelé !

Une vie dirigée par l'Esprit de Dieu :

Si vous vous êtes senti concerné par cette exhortation, je vous encourage à devenir réellement libre aujourd'hui en choisissant de laisser Dieu diriger votre vie par les convictions, les révélations et les intuitions qu'il mettra dans votre esprit. Pour cela je vous encourage à méditer sur les points suivants :

- Je suis pleinement accepté par Dieu non à cause de ce que je peux faire et accomplir, mais à cause de ma foi en Jésus-Christ.

  Philippiens 3 : 9
  Et d'être trouvé en lui, non avec ma justice, celle qui vient de la loi, mais avec celle qui s'obtient par la foi en Christ, la justice qui vient de Dieu par la foi.

- Je ne cherche pas à plaire aux hommes, mais je me satisfais entièrement du regard de Dieu sur ma vie. Ce qui m'importe c'est ce que Dieu pense de moi et non ce que les hommes pensent de moi.

- Je réalise que je suis mort à la croix avec Christ, que l'ancienne personne que j'étais n'existe plus, mais que maintenant je suis une nouvelle création ressuscitée avec Christ et c'est maintenant Christ qui vit en moi. Etant donc mort à moi-même, je n'ai rien à prouver aux autres, je vis par Christ et pour Christ. Christ est ma vie, et je me laisse totalement diriger par Sa Parole.

  Romains 6 : 6-7
  Sachant que notre vieil homme a été crucifié avec lui, afin que le corps du péché fût détruit, pour que nous ne soyons plus esclaves du péché; car celui qui est mort est libre du péché.

- Je décide aujourd'hui de ne plus me laisser diriger par les autres, par les circonstances, par l'argent et par mes envies charnelles. Je réalise que je suis capable d'avoir mes propres convictions, mes propres goûts, mes propres visions, mes propres projets inspirés par Dieu. Je n'ai pas besoin qu'on me dise toujours quoi faire pour accomplir les bonnes œuvres que Dieu a mises dans mon cœur.

  Éphésiens 2 : 10
  Car nous sommes son ouvrage, ayant été créés en Jésus-Christ pour de bonnes œuvres, que Dieu a préparées d'avance, afin que nous les pratiquions.

Alléluia, devenez aujourd'hui libre au nom puissant de Jésus-Christ ! Je me réjouis avec vous de ce nouveau départ !

20 DÉCEMBRE

Filipe et Marie Alves

Il t'appelle à marcher à sa suite !

Jésus est, pour nous chrétiens, l'exemple parfait ! Je vous invite à étudier le passage qui introduit le début de son ministère afin que nous puissions être enseignés...

> *Luc 4 : 14-20*
> *Jésus, revêtu de la puissance de l'Esprit, retourna en Galilée, et sa renommée se répandit dans tout le pays d'alentour. Il enseignait dans les synagogues, et il était glorifié par tous. Il se rendit à Nazareth, où il avait été élevé, et, selon sa coutume, il entra dans la synagogue le jour du sabbat. Il se leva pour faire la lecture, et on lui remit le livre du prophète Ésaïe. L'ayant déroulé, il trouva l'endroit où il était écrit : L'Esprit du Seigneur est sur moi, Parce qu'il m'a oint pour annoncer une bonne nouvelle aux pauvres; [Il m'a envoyé pour guérir ceux qui ont le cœur brisé,] Pour proclamer aux captifs la délivrance, Et aux aveugles le recouvrement de la vue, Pour renvoyer libres les opprimés, Pour publier une année de grâce du Seigneur. Ensuite, il roula le livre, le remit au serviteur, et s'assit. Tous ceux qui se trouvaient dans la synagogue avaient les regards fixés sur lui. Alors il commença à leur dire : Aujourd'hui cette parole de l'Écriture, que vous venez d'entendre, est accomplie. Et tous lui rendaient témoignage; ils étaient étonnés des paroles de grâce qui sortaient de sa bouche, et ils disaient : N'est- ce pas le fils de Joseph ?*

Ce passage est vraiment extraordinaire ! Jésus vient de passer 40 jours dans le désert, à jeuner et à prier, il a été tenté par satan et il commence son ministère « revêtu de la puissance de l'Esprit » : Quelle différence !

Ce passage d'Ésaïe 61 que les juifs devaient lire régulièrement prend tout son sens : Jésus lit cette parole qui parle de lui-même et tous sont captivés : « les yeux de tous, dans la synagogue, étaient fixés sur lui ». Il parle avec autorité et puissance et les résultats ne se font pas attendre : dans les versets suivants : les démons se manifestent et Jésus les chassent, les malades viennent à lui et sont guéris. Dieu vous appelle aujourd'hui et cela est certain, il vous appelle à marcher à sa suite, il vous appelle à entrer dans les œuvres préparées d'avance pour vous.

Comme Jésus, vous devez vous préparer, vous ne pouvez pas faire l'économie de ce temps privilégié où Dieu va vous révéler son plan pour votre vie, il va vous revêtir de son onction. Vous ne ferez pas les œuvres par vous-même mais par lui, tout comme Jésus ne faisait rien de lui-même :

> *Jean 5 : 36*
> *Moi, j'ai un témoignage plus grand que celui de Jean; car les œuvres que le Père m'a donné d'accomplir, ces œuvres mêmes que je fais, témoignent de moi que c'est le Père qui m'a envoyé.*

Ce temps nécessaire est un temps de mise à part, de consécration totale, c'est aussi un temps où satan va essayer de vous voler cet appel et cette vision que Dieu a commencé à mettre en vous ! Il ne veut pas que vous rentriez dans les œuvres préparées d'avance, il va vous faire douter comme il l'a fait avec Jésus, il va essayer de vous faire contourner le désert : tu as vu comme c'est dur ! Tu n'es pas dans la bonne direction, abandonne !

Dans ces temps de difficultés, faites comme Jésus répondez à satan par la parole de Dieu : voici ce que Dieu m'a promis, je vais m'attacher à ses promesses ! Soyez des chrétiens obstinés et résolus à être des instruments pour Dieu, qu'importent les épreuves gardez les yeux fixés sur sa parole pour votre vie ! Je crois fermement que Dieu va agir puissamment au travers de chrétiens qui vont, à l'exemple de Jésus, se consacrer totalement à Dieu, afin d'être des instruments et accomplir la volonté de Dieu sur terre ! Jésus nous a promis :

> *Jean 14 : 12-13*
> *En vérité, en vérité, je vous le dis, celui qui croit en moi fera aussi les œuvres que je fais, et il en fera de plus grandes, parce que je m'en vais au Père; et tout ce que vous demanderez en mon nom, je le ferai, afin que le Père soit glorifié dans le Fils.*

Il va susciter un peuple qui ne cherche pas son intérêt ou sa propre gloire mais un peuple qui veut désespérément voir la manifestation de la gloire de Dieu.

> *Jean 15 : 8*
> *Si vous portez beaucoup de fruit, c'est ainsi que mon Père sera glorifié, et que vous serez mes disciples.*

21 DÉCEMBRE

Jérémy Sourdril

J'ai entendu Jésus qui pleurait

J'ai entendu Jésus qui pleurait. Il pleurait car il cherche son peuple, mais souvent son peuple ne le désire plus.

« Cherchez-moi », a dit Jésus, « Cherchez-moi de tout votre cœur. J'aime ceux qui me recherchent jour et nuit. Cherchez moi, et je changerai le mal en bien, le sol aride en prairie arrosée ».

Pouvez-vous entendre son cœur ? Le pouvez-vous ? Écoutez un instant. Écoutez les battements de son cœur. Jésus vous cherche et vous désire. Il aime celui qui se décide à lui consacrer un temps quotidien. Celui qui écoute et qui tend l'oreille vers Lui.

Aujourd'hui, décidez-vous. Jésus cherche son peuple. Il est tout près de vous.

22 DÉCEMBRE

Jérémy Sourdril

Ne pas être joyeux n'est pas spirituel

Il y eut une époque de ma vie spirituelle où je m'étais fait voler ma joie car je ne comprenais pas la joie selon Dieu. Je priais, me consacrais, j'assistais à toutes les réunions d'églises que je pouvais, je détestais le péché sous toutes ces formes et à cause de cela j'avais beaucoup de mal à me tenir avec des incroyants, parfois même avec les chrétiens.

J'ai rencontré des gens comme cela et des pires. Dieu les appelle à toucher et aimer les gens, mais ils développent un esprit critique et de rejet par rapport aux gens du dehors (et parfois malheureusement du « dedans »). Si des frères et sœurs se réunissent pour passer un bon temps ensemble, ce genre de personne ne sourit pas, ils se mettent de côté et « plombent l'ambiance ». Lorsqu'ils voient des chrétiens heureux et épanouis, ils les remettent en place par des versets bibliques sortis de leur contexte... En fait le bonheur des autres chrétiens les met mal à l'aise.

Si vous leur parlez d'une bénédiction matérielle que vous avez reçue, ils vous diront que ce n'est pas ça l'essentiel, et ils ont raison, mais ils le diront avec un ton négatif et avec beaucoup de sous-entendus, car la plupart du temps ils sont frustrés eux-mêmes de ne pas être bénis. Si vous leur parlez de vos rêves ou de ce que vous pensez être votre appel, ils vous diront que l'important c'est la relation avec Dieu. Ils ont raison sur le fond, mais pas sur la forme et les motivations qui les poussent à vous dire cela, car ils remettront tout en question pour que vous ne puissiez pas vivre la joie du Seigneur, la joie de la louange, la joie de la bénédiction, car, finalement, vous devez porter le même fardeau qu'eux.

Certains pensent qu'il faut être toujours très sérieux en tant que chrétien et que nous n'avons plus le droit de rire. C'est tragique ! Plusieurs se sentent mal lorsqu'ils passent une soirée à rire entre frères et sœurs.

Je me souviens d'une soirée que j'avais passée avec des jeunes chrétiens. Nous avions ri toute la soirée et nous nous étions vraiment bien amusés, sans rien faire de mal. Une sœur nous avait dit qu'elle se sentait mal car elle avait trop ri et elle avait vraiment l'impression d'avoir péché du fait d'avoir trop ri.

Il y a aussi des croyants qui disent : « Paul éprouvait constamment une grande douleur et un chagrin continuel, alors nous ne pouvons pas vraiment rire », mais c'est tordre les écritures que d'en arriver à de telles conclusions et c'est surtout extrêmement religieux !

Des gens disaient de Paul qu'il était tout le temps triste, ils le regardaient comme :

> *2 Corinthiens 6 : 10*
> *Comme attristés, et nous sommes toujours joyeux; comme pauvres, et nous en enrichissons plusieurs; comme n'ayant rien, et nous possédons toutes choses.*

Il y a des gens qui deviennent chrétiens, qui étaient auparavant des gens qui savaient rire et s'amuser, mais lorsqu'ils deviennent chrétiens, c'est comme s'ils n'avaient plus le droit de rire et d'être joyeux. Paul nous exhortera en disant :

> *1 Thessaloniciens 5 : 16*
> *Soyez toujours joyeux.*

Il n'y a pas vraiment de quoi tergiverser dans ce verset. Cette phrase est claire, c'est un ordre. En fait, Dieu ordonne notre joie !

En 2003, mon beau-frère et moi avions invité un pasteur à manger à la maison. Et, vous ne pouvez pas imaginer ce qui s'est passé : ce pasteur n'a pas spécialement parlé de Dieu pendant le repas, mais il a raconté des blagues et a parlé de choses simples de la vie. Nous avons ri pendant tout le repas. J'étais choqué. J'étais vraiment choqué. Je m'étais fait comme idée qu'un pasteur ne pouvait pas vraiment rire comme ça, mais qu'il devait être très spirituel et ne parler que de choses de Dieu. Je ne me souviens pas de ce qu'il a prêché ce jour-là, mais je me souviens qu'il m'a donné une autre image de ce que peut être un homme de Dieu.

Il m'arrivait autrefois, lorsque je passais une journée plaisante ou une soirée entre amis, de me sentir mal car j'avais l'impression d'avoir fait quelque chose de mal, alors qu'il n'en était rien ! Si je ne faisais pas quelque chose de productif pour le Royaume de Dieu, ne serait-ce qu'une journée, je me sentais mal. Le fait est que beaucoup de croyants ont ce problème. Ils n'arrivent pas à jouir de la vie, ils ne sont jamais satisfaits. Mais avoir du plaisir est quelque chose de biblique. Dieu ne veut pas que nous vivions tristes et maussades pensant être les plus spirituels ou pensant ne pas avoir assez fait pour Dieu... Certains pensent qu'ils doivent toujours marcher « dans l'esprit », dans le sens de ne jamais s'occuper de leur corps, mais l'esprit sait aussi s'occuper du corps. Alors, profitez des fêtes qui arrivent avec joie, bonté, amour, compassion et sainteté !

Plusieurs sont tellement frustrés et non épanouis dans leur vie qu'ils remettent leurs frustrations sur les autres personnes. Ils se sentent toujours rejetés mais ce sont eux-mêmes qui s'éloignent des autres par leur attitude désagréable. Après, ils s'étonnent de ne pas être invités à manger chez les gens de l'église, et ils développent un esprit de rejet qu'ils ont eux-mêmes créés.

Quand vous invitez quelqu'un à la maison et que vous vous sentez jugés, repris et encouragés à la « tristesse pseudo chrétienne-spirituelle », vous n'avez plus vraiment l'envie de réinviter cette personne, et c'est compréhensible ! Vous pouvez parfois inviter plusieurs personnes et l'un d'eux ne va pas parler de toute la soirée, il ne rira pas aux blagues et les deux ou trois seules fois où il parlera ce sera pour casser les autres par des versets bibliques dit avec jugement. Cela n'est pas bon !

Nous ne sommes pas appelés à reprendre les autres constamment, car nous nous savons ce qui est bon, ce qui est bien, ce qui est vrai. Si Jésus s'était amusé à reprendre les gens à chaque fois qu'il n'était pas d'accord il aurait passé son temps à reprendre les gens.

Si vous vivez des frustrations et que vous n'êtes pas heureux, il serait bon de rechercher la joie, de marcher dans la joie et de passer du temps avec des frères et sœurs qui vous apprendront comment marcher dans la joie. Même si vous pensez être plus spirituel qu'eux, choisissez et apprenez à ne pas les juger, mais à prendre le bon de chacun d'eux.

Aujourd'hui, marchez dans la joie du Seigneur, il vous a sauvés et ses plans sont pour vous des plans de bonheur. Chaque jour de votre vie, Dieu veut renouveler ses grâces à votre égard. Il vous aime d'un amour éternel, il pourvoit à vos besoins et vous n'avez à vous inquiéter de rien, quel bonheur !

23 DÉCEMBRE

Jérémy Sourdril

Quand Dieu te dit de le faire, fais-le !

Dans Proverbes, la Bible déclare qu'un fils sage fait la joie de son père. Un fils sage, ou encore un fils obéissant. Certainement, notre obéissance à la volonté de Dieu réjouit le cœur de Dieu.

L'obéissance vaut mieux que les sacrifices

> *1 Samuel 15 : 22*
> *Samuel dit : L'Éternel trouve-t-il du plaisir dans les holocaustes et les sacrifices, comme dans l'obéissance à la voix de l'Éternel ? Voici, l'obéissance vaut mieux que les sacrifices, et l'observation de sa parole vaut mieux que la graisse des béliers.*

Il est parfois surprenant lorsque vous avez l'habitude de prier pour des gens d'entendre certaines requêtes de prières. Je prêchais dans une église il y a plusieurs mois et une femme s'est approchée pour recevoir la prière. Elle m'expliqua alors qu'elle était stérile et qu'elle n'arrivait donc pas à avoir d'enfant. L'espace de quelques secondes, j'étais dans la foi, croyant vraiment que Dieu est un Dieu de fertilité, et je commençai à me réjouir intérieurement de la future action de Dieu. J'ai commencé à prier : « Seigneur merci car tu es un Dieu de fertilité, je prie pour ma sœur... ». Cette sœur pleurait à chaudes larmes du fait qu'elle ne réussissait pas à avoir un enfant, puis je me suis arrêté soudainement. J'ai comme entendu une parole dans mon esprit et j'ai alors dit à cette femme : « Êtes-vous mariée ? ». La femme me répondit que non ! Je demandais si ce monsieur était chrétien et elle me répondit non encore ! J'étais stupéfait ! Je dis alors à cette femme qu'elle n'était pas stérile, mais qu'elle devait mettre sa vie en règle pour marcher dans la bénédiction de Dieu.

Très souvent, des gens veulent qu'on prie pour eux, mais ils n'obéissent pas justement à ce sujet. Quelqu'un ira vous voir vous demandant de prier pour que Dieu touche ses finances car il a des problèmes d'argent et à la fois il vous dira que Dieu lui a demandé de ne pas travailler... quelqu'un d'autre vous dira de prier pour sa femme qui est irritable alors qu'il la rabaisse constamment et n'a que des paroles négatives à son égard, un autre vous demandera de prier pour entrer dans son ministère et avoir plus d'onction mais refuse de servir dans un ministère d'aide à l'église, un autre encore vous demandera de prier pour que Dieu s'approche de lui, mais lui-même se refuse de passer du temps avec Dieu.

En fait beaucoup de gens veulent recevoir plus de bénédictions, plus de grâce, plus de faveur... mais ne veulent pas obéir à ce que Dieu leur a demandé, ils disent : « Oui mais regarde tout ce que je fais pour Dieu, je donne ma dîme, je vais à l'église, le lis la Bible, pourquoi ça ne marche pas dans ma vie ? ». C'est souvent un simple problème d'obéissance à la volonté de ce que Dieu a dit.

Obéir tout de suite quand Dieu parle

Ne vous est-il jamais arrivé de ressentir une volonté de Dieu spécifique pour vous et de savoir que c'est le moment et de ne pas obéir ? De retarder le moment où vous allez effectuer ce que Dieu vous demande d'accomplir en disant au Seigneur : « Un peu plus tard, je le ferai plus tard » ?

Dieu vous a peut-être parlé à propos de quelque chose de très précis. Cela fait peut-être quelques semaines, quelques mois ou quelques années, et vous n'avez toujours pas fait ce que Dieu vous a demandé, pourtant c'était le moment ? Vous y avez parfois repensé mais un raisonnement contraire à l'obéissance de ce que Dieu vous avait dit est apparu et a éteint le petit feu qui naissait dans votre cœur. Vous avez peut-être dit : « Je ne peux pas », ou : « Comment pourrais-je faire ça de toute façon ! ».

> *Jacques 1 : 22*
> *Mettez en pratique la parole, et ne vous bornez pas à l'écouter, en vous trompant vous-mêmes par de faux raisonnements.*

Ce sont des raisonnements qui nous empêchent souvent de voir la puissance de Dieu dans nos vies. Mettez en pratique la Parole que Dieu vous a dite sans raisonner ! Arrêter de raisonner des raisonnements raisonnables ! Imaginez comment un raisonnement peut s'élever contre la puissance de Dieu lorsque nous lui laissons la place !

> *2 Corinthiens 10 : 5*
> *Nous renversons les raisonnements et toute hauteur qui s'élève contre la connaissance de Dieu, et nous amenons toute pensée captive à l'obéissance de Christ.*

Il n'est pas dit ici que nous renversons tous les démons de la ville, mais les raisonnements contraires à la Sainte Parole de Dieu. Il y a des pensées qui nous empêchent d'obéir à Dieu, alors même que nous paraissons spirituels et que nous manifestons certaines œuvres chrétiennes. Vous pouvez tout donner à Dieu, vous pouvez lui donner votre argent, votre corps, votre temps, mais ce que Dieu veut, c'est ce que Lui vous a demandé de faire.

Je vous en prie, si Dieu vous a parlé à propos de quelque chose, mais que vous repoussez constamment ce que vous devez faire, changez de route, changez de voie, convertissez-vous à cette parole que Dieu vous a donnée.

Que ce serait-il passé si les Israélites avaient crié avant le signal devant la tour de Jéricho ? Rien ! Il ne se serait rien passé ! Pourtant ils auraient pu crier de la même façon, il ne se serait absolument rien passé, car ce n'était pas le moment ! Dieu a pu vous parler de faire quelque chose, mais ce n'est peut-être pas le moment. Il faut savoir discerner, en écoutant notre témoignage intérieur, le moment favorable pour agir.

Si Jésus avait donné sa vie avant le temps, son œuvre n'aurait pas été parfaite, complète ! Les prophéties faites à son sujet n'auraient pas toute été accomplie ! C'est pour cela qu'il disait parfois :

> *Jean 2 : 4*
> *Jésus lui répondit : Femme, qu'y a-t-il entre moi et toi ? Mon heure n'est pas encore venue.*

Jésus lui-même était conscient qu'il y avait un temps. Il ne faisait pas n'importe quoi et tout ce qu'il voulait mais il obéissait à son cœur, à ce que lui disait le Père, afin de tout faire comme le Père avait orchestré. S'il n'avait pas fait attention, il aurait pu mourir prématurément !

Obéir dans la grâce ou transpirer dans la poisse !

Découvrez ce principe : lorsque Dieu vous demande de faire quelque chose, Dieu vous donne en même temps la grâce de pouvoir accomplir cette parole, Dieu vous donne la faveur, Dieu vous donne l'onction pour faire ce qu'il vous a appelé à faire. Vous avait-il dit d'écrire à telle personne et vous ne l'avez pas fait ? Vous avait-il dit de témoigner à votre famille, mais vous avez repoussé cela à Noël prochain, vous avait-il dit de faire quelque chose dans l'église, mais vous êtes toujours assis ?

En fait, si vous n'obéissez pas quand Dieu vous parle, la grâce et la faveur pour faire cette chose vont s'estomper, et s'essouffler. Et lorsque vous allez vous réveiller, ressentir cette tristesse spirituelle, cette sensation désagréable de désobéir à Dieu, et alors que vous priez, Dieu vient remettre cette pensée dans votre cœur, et lorsque vous prendrez la décision d'obéir, l'onction ne sera probablement plus là. Vous allez devoir obéir à Dieu, mais cela va vous demander un effort bien plus important que si vous aviez obéi tout de suite. Pourquoi c'est si dur de faire ce que Dieu m'a dit ? Peut-être parce que vous avez mis longtemps à répondre à l'appel !

Si Dieu vous a demandé d'aller à l'Est il y a cinq ans mais que depuis vous marchez toujours à l'Ouest, vous allez devoir rattraper tout le temps perdu et faire demi-tour ! Alors que l'Est était plus proche de cinq ans, vous allez devoir transpirer. L'onction brise le joug, et parce que vous n'êtes peut-être plus dans ce temps de grâce particulière, des problèmes peuvent survenir et vous vous posez la question : « Rien de ce que je fais ne réussit ». Si tel est le cas, si vous n'avez pas répondu aux pressions du Saint-Esprit dans votre cœur, il n'est pas trop tard ! Cela demandera peut-être plus de courage et de force, mais c'est encore possible aujourd'hui ! Tout est possible à celui qui croit !

Même si l'onction s'est dissipée pour accomplir cette action parce que vous n'aviez pas obéi au bon moment, repentez-vous simplement, et j'ai une bonne nouvelle pour vous, après la repentance vient la restauration. Dieu saura vous oindre à nouveau pour accomplir ce qu'il vous avait dit, et vous allez bientôt vous réjouir !

24 DÉCEMBRE

Dorothée Rajiah

Le Mystère de Noël !

Depuis le jour ou Adam et Eve ont péché, depuis l'instant où le péché est entré dans ce monde, Dieu a préparé et attendu ce jour glorieux !

> *Matthieu 2 : 1-10*
> *Jésus étant né à Bethléem en Judée, au temps du roi Hérode, voici des mages d'Orient arrivèrent à Jérusalem, et dirent : Où est le roi des Juifs qui vient de naître ? Car nous avons vu son étoile en Orient, et nous sommes venus pour l'adorer. Le roi Hérode, ayant appris cela, fut troublé, et tout Jérusalem avec lui. Il assembla tous les principaux sacrificateurs et les scribes du peuple, et il s'informa auprès d'eux où devait naître le Christ. Ils lui dirent : À Bethléem en Judée; car voici ce qui a été écrit par le prophète : Et toi, Bethléem, terre de Juda, Tu n'es certes pas la moindre entre les principales villes de Juda, Car de toi sortira un chef Qui paîtra Israël, mon peuple. Alors Hérode fit appeler en secret les mages, et s'enquit soigneusement auprès d'eux depuis combien de temps l'étoile brillait. Puis il les envoya à Bethléem, en disant : Allez, et prenez des informations exactes sur le petit enfant; quand vous l'aurez trouvé, faites-le-moi savoir, afin que j'aille aussi moi-même l'adorer. Après avoir entendu le roi, ils partirent. Et voici, l'étoile qu'ils avaient vue en Orient marchait devant eux jusqu'à ce qu'étant arrivée au-dessus du lieu où était le petit enfant, elle s'arrêta. Quand ils aperçurent l'étoile, ils furent saisis d'une très grande joie.*

> *Matthieu 2 : 11-18*
> *Ils entrèrent dans la maison, virent le petit enfant avec Marie, sa mère, se prosternèrent et l'adorèrent; ils ouvrirent ensuite leurs trésors, et lui offrirent en présent de l'or, de l'encens et de la myrrhe. Puis, divinement avertis en songe de ne pas retourner vers Hérode, ils regagnèrent leur pays par un autre chemin. Lorsqu'ils furent partis, voici, un ange du Seigneur apparut en songe à Joseph, et dit : Lève-toi, prends le petit enfant et sa mère, fuis en Egypte, et restes-y jusqu'à ce que je te parle; car Hérode cherchera le petit enfant pour le faire périr. Joseph se leva, prit de nuit le petit enfant et sa mère, et se retira en Egypte. Il y resta jusqu'à la mort d'Hérode, afin que s'accomplît ce que le Seigneur avait annoncé par le prophète : J'ai appelé mon fils hors d'Egypte. Alors Hérode, voyant qu'il avait été joué par les mages, se mit dans une grande colère, et il envoya tuer tous les enfants de deux ans et au-dessous qui étaient à Bethléem et dans tout son territoire, selon la date dont il s'était soigneusement enquis auprès des mages. Alors s'accomplit ce qui avait été annoncé par Jérémie, le prophète : On a entendu des cris à Rama, Des pleurs et de grandes lamentations : Rachel pleure ses enfants, Et n'a pas voulu être consolée, Parce qu'ils ne sont plus.*

De la même façon que nous ne connaissons aujourd'hui ni le jour ni l'heure du retour de Jésus, personne ne savait à l'époque quand le Messie tant attendu, allait venir. C'était un « Secret Défense » bien gardé au Ciel car rien ne devait entraver ni faire échouer le Plan unique et parfait de Dieu pour la Rédemption pour tous les hommes.

> *1 Corinthiens 2 : 7-8*
> *Nous prêchons la sagesse de Dieu, mystérieuse et cachée, que Dieu, avant les siècles, avait destinée pour notre gloire, sagesse qu'aucun des chefs de ce siècle n'a connue, car, s'ils l'eussent connue, ils n'auraient pas crucifié le Seigneur de gloire.*

Ce Plan allait mettre totalement KO satan et anéantir ses œuvres. C'était un Plan Top secret et ultra confidentiel !

C'est pour cette raison que Dieu a choisi de nous annoncer la venue de ce Messie par différents prophètes (David, Ésaïe...), à différentes époques, chacun recevant une partie différente de révélation, s'assurant ainsi que les « cartes étaient brouillées » pour l'ennemi.

Satan ne connaissait donc ni le temps ni le Plan de Dieu. Mais une chose est sûre, c'est que depuis la prophétie donnée par Dieu dans le jardin, il était TRES anxieux. Il ne cessait de se demander quand « la semence de la femme » viendrait et lui écraserait la tête, d'où elle viendrait et au travers de qui.

Satan regardait de tous les côtés et se méfiait de toute personne susceptible d'être celle qui lui écraserait la tête. Mais il ne pouvait pas se douter que le Messie, le Roi de gloire, serait un bébé emmailloté dans une crèche ! C'est cela « la sagesse de Dieu, mystérieuse et cachée, que Dieu, avant les siècles avait destinée pour notre gloire »

Satan a cherché à tout prix à empêcher cette prophétie de s'accomplir. Il a fait tuer tous les bébés mâles de moins de deux ans, Il a voulu férocement détruire la semence de David... Mais il n'y a pas une parole ni une promesse que Dieu nous ait donnée qu'il puisse empêcher de s'accomplir.

Tout, ABSOLUMENT TOUT ce que Dieu a dit, Il le fera !

Lorsque Jésus est monté au ciel sous les yeux de Ses disciples, des anges leur ont déclaré :

> *Actes 1 : 11*
> *Hommes Galiléens, pourquoi vous arrêtez-vous à regarder au ciel ? Ce Jésus, qui a été enlevé au ciel du milieu de vous, viendra de la même manière que vous l'avez vu allant au ciel.*

Vous pouvez être sûrs que cela va se produire !

Aussi, dans ce temps de Noël, préparons-nous à célébrer la victoire ultime de Jésus !

C'est notre fête à nous et c'est avec la Pâque, la plus belle fête qui soit.

Si vous n'avez jamais fait de Jésus-Christ le Sauveur de votre vie, vous pouvez le faire maintenant. C'est entre vous et Dieu. Pour accepter Jésus dans votre vie comme Sauveur, je vous encourage à vous rendre à la fin du livre à la page : « Comment recevoir Jésus comme Sauveur ? », juste après la page du 31 décembre.

25 DÉCEMBRE

Reinhard Bonnke

Car un enfant est né !

Ésaïe 9 : 6 : « Car un enfant est né, un fils nous est donné ».

Avez-vous déjà été si excité au sujet d'un cadeau de Noël original et choisi avec beaucoup de soin pour un bien-aimé, que vous aviez vraiment du mal à en garder le secret ? Colossiens 4 : 3 parle du « mystère de Christ ». J'ai souvent dit que si la naissance du Christ devait rester un secret alors ce fut vraiment le secret le moins bien gardé de toute l'histoire de notre monde. Dieu était si enthousiaste à propos du don de Noël et du Salut pour vous et moi qu'Il ne put garder la venue de Jésus secrète. Il ne voulait en aucun cas que quelqu'un passe à côté de ce cadeau. Lorsque nous lisons les Écritures avec cette perspective, c'est comme si le Père ne pouvait garder cela pour Lui-même. Il voulait que Sa création (vous et moi) anticipe l'arrivée de ce merveilleux cadeau qui ressemblait à un paquet où il était inscrit : « Ne pas ouvrir avant Noël ».

Dieu fit allusion à ce cadeau dès le jardin d'Eden lorsqu'Il parla « de la descendance » de la femme. Puis dans toute l'Écriture, Il fit des allusions et laissa des indices çà et là. Même Pierre expliqua que les prophètes avaient parlé de Sa venue mais ne savaient pas réellement de quoi il s'agissait. Depuis des millénaires, des hommes pieux avaient imploré Dieu : « Oh Seigneur, déchire les Cieux et descends ! » Et finalement, Il vint; non comme le « héros de guerre » qu'ils avaient attendu et dont ils pensaient avoir besoin, mais comme le Prince de la Paix. 2000 ans plus tard, le jour de Son anniversaire met encore la moitié du monde en émoi. C'est vrai, certains célèbrent Sa venue uniquement le jour de Noël mais des millions d'autres célèbrent le don d'amour de Dieu, Jésus Christ, l'année durant car ils Lui ont personnellement ouvert leurs cœurs.

Jésus, le Fils bien-aimé

Jésus grandit comme tous les petits garçons de Son temps. Il vécut dans des conditions que les plus pauvres d'entre nous aujourd'hui considèreraient comme absolument sordides et inacceptables. Puis Il travailla en tant que charpentier à une époque où le travail physique était méprisé et en général accompli par des esclaves. Pour finir, Il alla dans les rues et se fit connaître comme le « Fils promis ». Durant ces années cachées le Père avait veillé sur Lui. Lors de sa première apparition publique, le Père déclara ouvertement Sa connexion divine avec Son Fils en proclamant des Cieux :

> *Luc 3 : 22*
> *Tu es mon Fils bien-aimé; en toi j'ai mis toute mon affection.*

Il est intéressant de voir que les premiers chapitres de la Bible commencent avec Adam puis deviennent immédiatement l'histoire de toute l'humanité. Plus tard, le récit recommence avec un homme : Abraham. Mais à nouveau, l'histoire converge vers les nations et l'Ancien Testament se termine par la tragédie de la nation d'Israël. Néanmoins, un autre livre s'ouvre ensuite, le Nouveau Testament, avec la description d'un homme, mais cette fois-ci « un homme au-dessus de tous les hommes » : le Christ, Jésus. L'histoire se termine également, mais aboutit néanmoins sur un nouveau commencement. L'Apocalypse est le préliminaire d'une nouvelle création et tout l'univers tressaille de joie. Nous nous dirigeons aujourd'hui vers cette réalisation grandiose et pleine de gloire qui a commencé de manière si théâtrale à Noël.

La parole vivante derrière l'Écriture

Les évangiles selon Matthieu et Luc nous donnent une description claire de la naissance de Jésus. Une des caractéristiques de l'évangile de Matthieu est l'utilisation presque abusive de citations de l'Ancien Testament. Il dit que les Écritures s'accomplissent en Christ. Lorsque nous nous penchons sur ces passages, nous ne trouvons pas toujours explicitement des prédictions du Christ; ces passages n'ont généralement rien à faire avec Sa venue. La question qui se pose alors est : Comment peuvent-ils alors en être l'accomplissement ? Par exemple, Joseph et Marie échappèrent à la menace du Roi Hérode et se réfugièrent en Egypte. Ils retournèrent dans leur pays lorsqu'Hérode mourut :

> *Matthieu 2 : 15*
> *Il y resta jusqu'à la mort d'Hérode, afin que s'accomplisse ce que le Seigneur avait annoncé par le prophète : J'ai appelé mon fils hors d'Egypte.*

Ce prophète était Osée, mais le passage cité, Osée 11 : 1, fait référence à Israël lors de sa sortie d'Egypte avec Moïse, des siècles auparavant. Il ne s'agit pas d'une prédiction du Christ. Alors comment peut-il s'agir d'un accomplissement des Écritures lorsque l'enfant Jésus revient d'Egypte ?

La réponse est merveilleuse. Toutes les écritures dans l'Ancien Testament font référence à Christ. Il est le grand Représentant du peuple d'Israël. Il était avec Israël à sa sortie d'Egypte, et cet épisode est réincarné dans Sa personne lors de Sa sortie personnelle de ce pays. L'Ancien Testament doit être interprété et compris par Jésus; alors, nous comprenons les Écritures. Jésus est la Parole vivante qui se cache derrière la Parole écrite. Il jette une lumière véritable sur l'Écriture dans son intégralité et illumine chaque verset d'une signification plus profonde. Ceci apparait également dans l'évangile de Luc. Dans Luc 24 : 13-35, nous lisons le récit de deux disciples qui rencontrent le Christ après Sa résurrection. Le verset 27 dit : « Et, commençant par Moïse et par tous les prophètes, il leur expliqua dans toutes les Écritures ce qui le concernait ». Toutes les Écritures se rapportent à Jésus. Qu'importe la manière dont nous la lisons, nous ne pourrons jamais nier Sa présence.

Tout parle de Lui

Il n'est pas difficile de trouver des prophéties de l'Ancien Testament qui trouvèrent leur accomplissement en Christ. Les scribes que Hérode consulta dirent que la naissance du Christ aurait lieu à Bethléem et citèrent Michée 5 : 2 : « Et toi, Bethléem... car de toi sortira un chef qui paîtra Israël, mon peuple » (Matthieu 2 : 6). Jésus naquit là-bas. Ceci était correct. À partir de leur Bible, les sacrificateurs et les scribes construisirent une image complète du Messie (le Christ). Durant Sa vie ici-bas, le Christ accomplit non seulement ce que précisément les prophètes avaient salué de loin mais Il révéla ce qu'était vraiment le Messie. Un autre exemple se trouve dans :

> *Jérémie 31 : 15*
> *On entend des cris à Rama, des lamentations, des larmes amères; Rachel pleure ses enfants; elle refuse d'être consolée sur ses enfants, car ils ne sont plus.*

Jérémie parlait de sa propre époque lorsque les ennemis du nord avaient envahi et détruit le pays. Néanmoins, Matthieu cite ce passage en rapport avec les bébés qu'Hérode avait fait tuer, espérant ainsi éliminer le Christ. Matthieu vit, au-delà des lamentations de Jérémie, s'élever le personnage de Christ au milieu d'un massacre d'innocents, sous la main jalouse d'Hérode.

Voilà comment Il accomplit ce qui avait été écrit dans les Écritures. Et bien plus. La vie de Jésus ne fut pas seulement illuminée par les Écritures de l'Ancien Testament; Il était celui qui illuminait en personne les Écritures. Sa vie révéla leur dimension et leur profondeur insoupçonnées. Jésus dépassait l'image que les scribes avaient érigée de Sa personne par leurs Ecrits. La Parole vivante dépasse la Parole écrite. La Bible parle de Lui du début à la fin, en commençant par Adam. Christ était le second Adam. La Genèse ne dit pas que l'arche de Noé avait quelque chose à faire avec Jésus, mais nous parlons communément de Lui comme étant « notre arche et notre refuge » au milieu du jugement de Dieu. Prenons un personnage quelconque de la Bible; par exemple Joseph, et il fera écho de mille manières à la personne de Jésus pour ceux qui le connaissent. Le livre de l'Exode nous relate l'histoire grandiose de la délivrance du peuple d'Israël de l'esclavage en Egypte; cette histoire s'éclipse derrière une histoire encore plus grande, celle de la délivrance de l'esclavage du péché par Jésus Christ, le Sauveur. Dans la Bible, nous trouvons cinq longs chapitres (dans l'Exode) qui décrivent en détails l'Arche de l'Alliance, une « boîte » avec un couvercle en or. Ce couvercle est appelé le trône de la grâce. Dans tout ceci, il est question de Jésus. Il est notre Arche de l'Alliance et notre trône de grâce. Il amène dans cette image désuète une nouvelle réalité, vivante. Les sacrifices sur les autels du Temple, les fêtes, leur histoire ; dans tout ceci, nous Le voyons transparaître.

Sa lumière illumine les Écritures, et nous avec

Pourtant, lorsque je pense à Christ qui illumine toute l'histoire de l'Ancien Testament, cela me touche qu'Il puisse également illuminer notre vie personnelle et faire luire notre propre histoire. Prenez quelques instants pour méditer ceci ! Christ change des vies. Il donne un sens aux choses et aux situations les plus banales... comme rien d'autre au monde. Quelle raison d'être a quelque chose ou quelqu'un sans Christ ?

Il est né pour nous. Voilà le message glorieux de Noël. C'est un message que le monde entier a besoin d'entendre. Rappelez-vous : ne gardez pas le Christ de Noël secret. Penchez-vous sur la Bible et vous Le trouverez, partout ! Restez ancrés dans la Parole, marchez avec le Seigneur et laissez le commandement d'aller partout dans le monde avec la Bonne Nouvelle de Jésus-Christ, devenir la plus grande ambition de votre vie !

Notre Seigneur est un cadeau si merveilleux de la part de notre Père céleste ! C'est un cadeau pour lequel nous pouvons passer toute l'éternité dans la reconnaissance. Joyeux Noël et que Dieu vous bénisse !

26 DÉCEMBRE

Dorothée Rajiah

La Joie de Noël !

La naissance de Jésus a été le secret le mieux gardé du ciel au travers des siècles. Mais la naissance de Jésus a aussi été le sujet d'une grande joie.

Luc 2 : 8-20

Il y avait, dans cette même contrée, des bergers qui passaient dans les champs les veilles de la nuit pour garder leurs troupeaux. Et voici, un ange du Seigneur leur apparut, et la gloire du Seigneur resplendit autour d'eux. Ils furent saisis d'une grande frayeur. Mais l'ange leur dit : Ne craignez point; car je vous annonce une bonne nouvelle, qui sera pour tout le peuple le sujet d'une grande joie : c'est qu'aujourd'hui, dans la ville de David, il vous est né un Sauveur, qui est le Christ, le Seigneur. Et voici à quel signe vous le reconnaîtrez : vous trouverez un enfant emmailloté et couché dans une crèche. Et soudain il se joignit à l'ange une multitude de l'armée céleste, louant Dieu et disant : Gloire à Dieu dans les lieux très hauts, Et paix sur la terre parmi les hommes qu'il agrée ! Lorsque les anges les eurent quittés pour retourner au ciel, les bergers se dirent les uns aux autres : Allons jusqu'à Bethléem, et voyons ce qui est arrivé, ce que le Seigneur nous a fait connaître. Ils y allèrent en hâte, et ils trouvèrent Marie et Joseph, et le petit enfant couché dans la crèche. Après l'avoir vu, ils racontèrent ce qui leur avait été dit au sujet de ce petit enfant. Tous ceux qui les entendirent furent dans l'étonnement de ce que leur disaient les bergers. Marie gardait toutes ces choses, et les repassait dans son cœur. Et les bergers s'en retournèrent, glorifiant et louant Dieu pour tout ce qu'ils avaient entendu et vu, et qui était conforme à ce qui leur avait été annoncé.

Dieu a choisi de partager son secret et sa joie avec des bergers

La Bible dit que dans les contrées proches de là où Jésus est né, il y avait des bergers qui veillaient toute la nuit pour garder leurs troupeaux. Un ange est venu vers ces bergers leur annoncer la naissance du Sauveur. Quel privilège cela était pour eux de recevoir une telle visitation ! Alors que personne ne savait, que ce secret céleste était caché aux sages, aux scribes et même aux rois dont Hérode, ce même secret a été révélé aux bergers !

Amos 3 : 7

Car le Seigneur, l'Éternel, ne fait rien Sans avoir révélé son secret à ses serviteurs les prophètes.

Les bergers représentent les vrais chrétiens qui ne dorment pas pendant les temps de nuit spirituelle dans lesquels nous sommes. Ils représentent aussi les vrais chrétiens qui prennent soin des brebis, qui s'en occupent, qui les protègent... Car les vrais chrétiens, les disciples savent prendre soin des brebis du Seigneur.

Quand on aime Jésus, on aime les brebis pour lesquelles Il est mort !

Lorsque l'ange est venu rencontrer les bergers, il a dit que Sa naissance serait le sujet d'une grande joie. Puis, il est écrit qu'il y eut parmi l'armée céleste une grande joie et beaucoup de louange et d'adoration. Dans les cieux, la joie était totale. Le Plan de Dieu avait marché, rien ne l'avait arrêté. Dieu était allé au bout de ce qu'Il avait prévu et maintenant que Jésus était né, plus rien ne pouvait empêcher notre rédemption. La naissance de Jésus est véritablement une grande joie !

Dieu a aussi choisi de partager son secret et sa joie avec les rois mages

La naissance de Jésus a non seulement été le sujet d'une grande joie pour les bergers mais aussi pour les rois mages.

Matthieu 2 : 9

Après avoir entendu le roi, ils partirent. Et voici, l'étoile qu'ils avaient vue en Orient marchait devant eux jusqu'à ce qu'étant arrivée au-dessus du lieu où était le petit enfant, elle s'arrêta.

Les rois mages représentent les peuples païens et perdus des nations du monde. Les païens sont tous ceux qui ne font pas partie de l'alliance de Dieu et qui ne connaissent pas ses lois et ses ordonnances. Mais Dieu a choisi de révéler son secret et sa joie avec des gens comme nous qui allions avoir un cœur ouvert pour le recevoir simplement.

Les rois ont suivi cette étoile qui brillait. Ils savaient qu'elle signifiait qu'un grand roi était né dans le monde. Ils sont arrivés jusqu'à la crèche et là, au milieu du foin, de la paille, des animaux et des objets de ferme, ils ont plié le genou et ils ont adoré. Ils n'ont pas vu ce petit enfant avec des yeux naturels, ils l'ont vu avec des yeux spirituels. Ils n'ont pas vu un simple petit enfant, ils ont vu un puissant Roi, le Sauveur du monde, le Roi de gloire.

La Bible nous dit « qu'ils furent saisis d'une grande joie ». Le salut allait se répandre à tous les peuples.

Dans ce jour de Noël, ne laissez rien ni personne vous voler votre joie. Célébrez Noël de tout votre cœur, louez Dieu, aimez les gens et rappelez-vous que ce n'est pas la fête du Père Noël, c'est la fête du Sauveur venu dans ce monde nous sauver selon le plan parfait de Dieu !

Si vous n'avez jamais fait de Jésus-Christ le Sauveur de votre vie, vous pouvez le faire maintenant. C'est entre vous et Dieu. Pour accepter Jésus dans votre vie comme Sauveur, je vous encourage à vous rendre à la fin du livre à la page : « Comment recevoir Jésus comme Sauveur ? », juste après la page du 31 décembre.

27 DÉCEMBRE

Jérémy Sourdril

Sept attitudes face à la croix

Soyez comme le spectateur de cette scène, et réfléchissez !

> *Luc 23 : 26-35*
> *Comme ils l'emmenaient, ils prirent un certain Simon de Cyrène, qui revenait des champs, et ils le chargèrent de la croix, pour qu'il la porte derrière Jésus. Il était suivi d'une grande multitude des gens du peuple, et de femmes qui se frappaient la poitrine et se lamentaient sur lui. Jésus se tourna vers elles, et dit : Filles de Jérusalem, ne pleurez pas sur moi; mais pleurez sur vous et sur vos enfants. Car voici, des jours viendront où l'on dira : Heureuses les stériles, heureuses les entrailles qui n'ont point enfanté, et les mamelles qui n'ont point allaité ! Alors ils se mettront à dire aux montagnes : Tombez sur nous ! Et aux collines : Couvrez-nous ! Car, si l'on fait ces choses au bois vert, qu'arrivera-t-il au bois sec ? On conduisait en même temps deux malfaiteurs, qui devaient être mis à mort avec Jésus. Lorsqu'ils furent arrivés au lieu appelé Crâne, ils le crucifièrent là, ainsi que les deux malfaiteurs, l'un à droite, l'autre à gauche. Jésus dit : Père, pardonne-leur, car ils ne savent ce qu'ils font. Ils se partagèrent ses vêtements, en tirant au sort. Le peuple se tenait là, et regardait. Les magistrats se moquaient de Jésus, disant : Il a sauvé les autres; qu'il se sauve lui-même, s'il est le Christ, l'élu de Dieu !*

> *Luc 23 : 36-49*
> *Les soldats aussi se moquaient de lui; s'approchant et lui présentant du vinaigre, ils disaient : Si tu es le roi des Juifs, sauve-toi toi-même ! Il y avait au-dessus de lui cette inscription : Celui-ci est le roi des Juifs. L'un des malfaiteurs crucifiés l'injuriait, disant : N'es-tu pas le Christ ? Sauve-toi toi-même, et sauve-nous ! Mais l'autre le reprenait, et disait : Ne crains-tu pas Dieu, toi qui subis la même condamnation ? Pour nous, c'est justice, car nous recevons ce qu'ont mérité nos crimes; mais celui-ci n'a rien fait de mal. Et il dit à Jésus : Souviens-toi de moi, quand tu viendras dans ton règne. Jésus lui répondit : Je te le dis en vérité, aujourd'hui tu seras avec moi dans le paradis. Il était déjà environ la sixième heure, et il y eut des ténèbres sur toute la terre, jusqu'à la neuvième heure. Le soleil s'obscurcit, et le voile du temple se déchira par le milieu. Jésus s'écria d'une voix forte : Père, je remets mon esprit entre tes mains. Et, en disant ces paroles, il expira. Le centenier, voyant ce qui était arrivé, glorifia Dieu, et dit : Certainement, cet homme était juste. Et tous ceux qui assistaient en foule à ce spectacle, après avoir vu ce qui était arrivé, s'en retournèrent, se frappant la poitrine. Tous ceux de la connaissance de Jésus, et les femmes qui l'avaient accompagné depuis la Galilée, se tenaient dans l'éloignement et regardaient ce qui se passait.*

Nous avons tous entendu parler de la croix et nous avons tous vu le symbole de la croix. C'est avec crainte que nous en parlons, car elle n'est pas seulement un symbole, mais une puissance. La croix est une puissance. La Bible déclare dans :

> *1 Corinthiens 1 : 18*
> *Car la prédication de la croix est une folie pour ceux qui périssent; mais pour nous qui sommes sauvés, elle est une puissance de Dieu.*

Quelle est votre attitude face à la prédication de la croix ? Nous allons observer rapidement différentes réactions face à la croix. Trouvez quelle est la vôtre !

La louange face à la croix

Il s'agit des chrétiens qui ont reçu la révélation de l'amour de Dieu, qui ont donné leur cœur à Dieu, et qui se sont repentis profondément, qui ont goûté le pardon de Dieu et la délivrance du péché. En regardant la croix, nous pouvons louer le Seigneur, car nous connaissons le prix payé par celui qui nous a tant aimés. Pourtant, nous avons besoin de mieux connaître la croix, il nous faut une plus grande révélation de la croix. Un centenier, à la vue de cette scène, a glorifié Dieu, en confessant que Jésus est le Christ.

L'étonnement

Ce même centenier a été étonné devant cette scène. Tel est peut-être votre cas face à la croix. Vous êtes surpris de ce que Jésus a fait, et vous en restez là. Est-ce vous, ce spectateur étonné ?

L'interrogation

Les disciples témoins de la croix s'interrogeaient. Ils ne comprenaient pas pourquoi ce Jésus, qui avait dit sauver les pécheurs, mourait sur cette infâme croix. Jésus avait dit qu'Il serait toujours avec eux, et pourtant Il était là, mourant sur cette croix. Ils s'attendaient peut-être à ce que Jésus descende de la croix, mais cela ne s'est pas passé ainsi. Sachez que Jésus est mort sur la croix pour le pardon de vos péchés. Cela aussi Il l'avait annoncé. Il avait dit qu'il devait s'offrir pour tous, pour le pardon des péchés. Il est mort pour tous. Vous ne comprenez peut-être pas toute l'étendue de cet acte, mais Jésus vous dit : « Viens à la croix ». Jésus est celui qui a le pouvoir de pardonner tous vos péchés. Le péché est entré dans le monde par un homme. À cause de l'introduction du péché dans le monde, l'homme souffre depuis. À cause de ce même péché, l'homme est éloigné de Dieu. Grâce à Jésus-Christ, le pardon des péchés est devenu possible, et par ce pardon vous pouvez vous rapprocher de Dieu. Êtes-vous ce spectateur qui se pose des questions ?

L'indifférence

> *Jean 19 : 20*
> *Beaucoup de Juifs lurent cette inscription, parce que le lieu où Jésus fut crucifié était près de la ville : elle était en hébreu, en grec et en latin.*

Lorsque vous entendez ce que Jésus a fait pour vous, êtes-vous de ceux qui passent seulement devant la croix ? Arrêtez-vous à la croix ! Il est mort pour vous ! Serez-vous ce passant, celui qui est pressé par les choses de ce monde, et qui en oublie l'essentiel ? Où passerez-vous l'éternité ? Loin de Dieu, ou à ses côtés ? Souffrant, ou souriant ? Vous pourrez toujours passer à côté de la croix avec de l'indifférence, mais vous passerez à côté de ce pour quoi vous avez été créé.

Si vous êtes déjà à Christ, quelle est votre attitude aujourd'hui face à la croix ? L'attitude de celui qui passe et qui regarde simplement cette œuvre magnifique ? Ou vous arrêtez-vous près de la croix ? Est-ce que vous pensez rendre à Dieu ce qu'Il mérite, ou vivez-vous votre vie égoïstement ? Si vous vivez pour vous-même, vous êtes semblable à ce passant. Arrêtez-vous un moment pour réfléchir. Près de Jésus mourant, il y avait des soldats qui se sont partagés la tunique de Jésus. Nous qui sommes chrétiens, sommes-nous de ceux qui profitent seulement de ce que nous a laissé Jésus-Christ, ses bienfaits et tout ce qui nous est donné en Lui ? Es-tu ce spectateur indifférent ?

Si vous n'avez jamais fait de Jésus-Christ le Sauveur de votre vie, vous pouvez le faire maintenant. C'est entre vous et Dieu. Pour accepter Jésus dans votre vie comme Sauveur, je vous encourage à vous rendre à la fin du livre à la page : « Comment recevoir Jésus comme Sauveur ? », juste après la page du 31 décembre.

28 DÉCEMBRE

Jérémy Sourdril

Sept attitudes face à la croix (suite)

Face à la croix, personne n'est sans réaction. Quelle est votre réaction face à la Croix ?

La moquerie

Luc 23 : 36-37
Les soldats aussi se moquaient de lui; s'approchant et lui présentant du vinaigre, ils disaient : Si tu es le roi des Juifs, sauve-toi toi-même !

Il y a là deux brigands. L'un à droite, et l'autre à gauche. Le premier se moque. Dans le monde d'aujourd'hui, beaucoup se moquent encore de la croix. Et pourtant, à l'heure de la mort, beaucoup d'entre eux en appellent à Dieu devant la réalité de la mort. Aujourd'hui, les gens outragent la croix, et ils en ont horreur. Le film : « La Passion de Christ », a déchaîné des milliers de personnes. L'un dira : « C'est parce que les Juifs sont montrés comme des meurtriers », et l'autre dira : « C'est à cause de la violence de ce film ». Mais, je vous le dis, tout cela est mensonge et voile sur leurs yeux. Christ a souffert. Ésaïe dit que l'on détournait de Jésus le visage tellement il avait été défiguré sous les coups. Et cela, il l'a fait pour chacun de nous.

La société nous montre des gens nus sur des magazines; il existe même des magasins de pornographie. Des films d'horreur sortent tous les mois, de pures fictions inventées par telle ou telle personne, mais, quand un homme décide de retranscrire la scène de la croix, le monde se déchaîne et se moque de Christ. Quelle est votre attitude face à la croix ? Êtes-vous le spectateur qui se moque ?

La tristesse sans repentance

Luc 23 : 48
Et tous ceux qui assistaient en foule à ce spectacle, après avoir vu ce qui était arrivé, s'en retournèrent, se frappant la poitrine.

Face à toutes ces choses, nous pouvons éprouver de la tristesse, comme ces foules. Mais nous pouvons nous en arrêter là. Voulez-vous aller plus loin ? Si vous n'êtes jamais passé par la repentance, sachez que vous êtes pécheur devant Dieu, et que seul Lui pourra vous sauver. Jésus-Christ est venu pour vous sauver ! Demandez pardon de tout votre cœur ! Détournez-vous du péché, et acceptez Jésus comme votre véritable sauveur.

La repentance

Luc 23 : 40-43
Mais l'autre le reprenait, et disait : Ne crains-tu pas Dieu, toi qui subis la même condamnation ? Pour nous, c'est justice, car nous recevons ce qu'ont mérité nos crimes; mais celui-ci n'a rien fait de mal. Et il dit à Jésus : Souviens-toi de moi, quand tu viendras dans ton règne. Jésus lui répondit : Je te le dis en vérité, aujourd'hui tu seras avec moi dans le paradis.

Le deuxième brigand a tout gagné. Nous avons été comme ce brigand. Il est juste d'être condamné par Dieu ! Nous l'avons mérité ! Si vous agissez comme ce brigand, vous serez sauvé. Si vous donnez entièrement votre vie à Christ, Il la prendra et vous transformera. Dieu vous aime, et parce qu'il vous aime, il a envoyé Jésus, son fils unique, pour vous donner une vie nouvelle.

Conclusion

La Bible dit que, lorsque Jésus a rendu son dernier soupir, le voile du temple s'est déchiré. Ce voile était là comme un signe pour séparer les hommes de la Présence de Dieu. Aujourd'hui, ce voile est déchiré. Vous avez maintenant un libre accès auprès de Dieu, car en Jésus tous vos péchés sont pardonnés.

Si vous n'avez jamais fait de Jésus-Christ le Sauveur de votre vie, vous pouvez le faire maintenant. C'est entre vous et Dieu. Pour accepter Jésus dans votre vie comme Sauveur, je vous encourage à vous rendre à la fin du livre à la page : « Comment recevoir Jésus comme Sauveur ? », juste après la page du 31 décembre.

29 DÉCEMBRE

Raoul Wafo

Une expérience surnaturelle

1 Rois 17 : 6 : « Les corbeaux lui apportaient du pain et de la viande le matin, et du pain et de la viande le soir, et il buvait de l'eau du torrent ».

Je veux que tu te tiennes prêt à faire une expérience surnaturelle dans ta marche avec ton Créateur.

Pour prendre soin de toi, Dieu n'a jamais tenu compte de la situation naturelle; économique, politique sociale, etc. Il est le créateur du ciel et de la terre, Il est le tout-puissant.

Quand il eut une famine en Israël Dieu conduisit son prophète, son oint, à un torrent d'eau où il fut nourri par un corbeau qui lui apportait fidèlement des portions de repas constitué de pain et de viande, matin et soir. Bien que le corbeau est connu pour son impureté et son avarice l'ordre lui avait été donné de Dieu de nourrir fidèlement son serviteur.

Pierre a expérimenté le surnaturel quand il sortit le statère de la bouche du poisson. Ne limite pas Dieu dans son action. Le surnaturel est plus réel que le naturel, car il gouverne le naturel. Tout ce que tu vois provient de choses qui ne sont pas visibles. Tu n'as donc pas besoin de le voir pour le croire, mais crois-le et tu le verras. Quel que soit la situation que tu traverses ou le besoin que tu as, continue de lui faire confiance.

Dieu est le Maître de tout ce qu'il a créé; hommes, oiseaux, poissons, animaux, argent, or, diamant, pétrole, etc. Il peut ordonner à chacune de ses choses de prendre la direction de ta destinée en ta faveur. Tu es certainement sur le point d'expérimenter le miracle de ta saison.

Prions :

« Éternel, je veux garder mes yeux sur toi, je veux continuellement être conscient du surnaturel qui gouverne le naturel. Je crois que ton pouvoir est illimité et que ton action ne tardera pas à mon égard. Merci, de me donner d'expérimenter la manifestation du surnaturel en ma faveur, au Nom de Jésus, j'ai prié. Amen ! ».

30 DÉCEMBRE

Jérémy Sourdril

« Je me souviens »

La nation du Québec a une devise très particulière, qui figure sur la porte principale de l'Hôtel du Parlement à Québec depuis 1883 et qui trouve sa place sur chaque plaque d'immatriculation. Cette devise est : «Je me souviens ».

L'auteur de cette devise n'a pas laissé d'explication particulière à ce sujet, mais beaucoup pensent qu'il faisait référence à l'histoire de cette nation, avec ses victoires, ses défaites et ses malheurs.

Au début du livre d'Ezéchiel, on trouve un passage étonnant. Dieu demande au prophète Ezéchiel de manger un rouleau où il est écrit : Lamentation, Plainte, Gémissement, qui a aussi été traduit par : Lamentation, Méditation, Devenir, ce qui est en fait la description des trois phases de l'histoire d'Israël dont parlent les prophéties du livre Ezéchiel. Ces trois phases sont : « Déportation, vie en exil, retour ».

Beaucoup de gens se souviennent de leur passé. Je dirais même que beaucoup vivent dans leur passé. Ils ont des blessures et vivent comme s'ils étaient en exil tous les jours de leur vie.

Médites-tu sur ton passé, sur tes blessures ?

J'aimerais vous parler de l'enfance aujourd'hui. Il y a beaucoup de gens qui ont de profondes blessures dues à l'enfance. Plusieurs ont au fond d'eux des racines, des blessures profondes de choses vécues pendant leur enfance. Vous avez peut-être été abusé. Abusé moralement ou abusé sexuellement. Peut-être avez-vous vécu des choses difficiles dans votre jeunesse, des chocs émotionnels, la perte d'un être cher, une affreuse déception, le rejet ou encore l'abandon...

Trop de chrétiens restent des années, parfois toute leur vie avec des mauvaises racines dans leur cœur. Certaines personnes sont comme en exil dans leur vie, elles ont l'impression de tourner en rond, elles ont l'impression que rien n'avance, elles sont souvent oppressées et ne réussissent pas vraiment leur vie. C'est comme si elles étaient bloquées par quelque chose qui les empêchaient d'aller plus loin.

Il y a des chocs émotionnels qui ouvrent la porte à des mauvais esprits, comme des esprits de rejets ou des esprits impurs.

Je me souviens... Beaucoup se souviennent des chocs et des abus subis dans leur passé. Pensez-vous constamment à votre passé ? Méditez-vous sur les choses du passé, sur les blessures du passé ?

Le diable est méchant, le diable déteste l'être humain, car Dieu aime l'être humain d'une façon exceptionnelle. Le diable blesse les gens, et entre par les blessures. Lorsqu'une personne reste avec une blessure, il laisse une porte ouverte au diable. La porte d'entrée du diable, c'est parfois une plaie ouverte.

> *Marc 5 : 2-4*
> *Aussitôt que Jésus fut hors de la barque, il vint au-devant de lui un homme, sortant des sépulcres, et possédé d'un esprit impur. Cet homme avait sa demeure dans les sépulcres, et personne ne pouvait plus le lier, même avec une chaîne. Car souvent il avait eu les fers aux pieds et avait été lié de chaînes, mais il avait rompu les chaînes et brisé les fers, et personne n'avait la force de le dompter.*

Cet homme possédé avait réussi à se défaire de ses chaînes. Il n'était pas lié à l'extérieur, mais à l'intérieur il était lié par un grand nombre d'esprits mauvais et de pensées de destruction, de dépression et de mort. Ainsi beaucoup de gens ont réussi à se délier à l'extérieur. Apparemment tout va bien, ils ont une maison, une voiture, une famille, un travail, mais à l'intérieur ils sont oppressés, dépressifs, plein de toute espèce de pensées mauvaises, chaque jour de leur vie.

Beaucoup sont aujourd'hui dans la méditation. Ils ont vécu des choses terribles, et leur cœur est comme toujours en suspens, comme s'il était à l'air, suspendu au-dessus d'un ravin. Un cœur n'est pas fait pour être à l'extérieur, mais pour être protégé à l'intérieur. Pourtant, certains ont parfois l'impression qu'on leur presse le cœur à vif. Certains ont des nausées, vomissent. D'autres mangent sans s'arrêter. Certains font des cauchemars et ont des oppressions. Certains sont introvertis, liés par la honte et le rejet. Certains sont liés à cause du choc qu'ils ont vécu par un péché ou un autre et en sont esclaves.

Beaucoup essaient d'être de bons chrétiens mais ils sont dominés par leurs pensées. Ils se souviennent. Jésus dira dans :

Luc 17 : 32
Souvenez-vous de la femme de Lot.

Dans Genèse 19, des anges sont venus pour délivrer Lot et sa famille du chaos qui régnait dans la ville de Sodome et Gomorrhe. Dans cette ville, tout n'était que péché, cette ville était le territoire d'esprits mauvais. Il s'y passait des choses choquantes et affreuses. Les anges ont dit à Lot et à sa famille de ne surtout pas regarder en arrière par risque de mourir. Mais :

Genèse 19 : 26
La femme de Lot regarda en arrière, et elle devint une statue de sel.

Jésus dira de se souvenir de ce qu'a vécu la femme de Lot. Ne regardez pas en arrière. Ne regardez pas à ce qui s'est passé. Ne regardez pas à ce qu'a pu vous faire subir le diable. Si tu regardes constamment à l'échec, tu vivras l'échec. Si tu regardes constamment au péché, tu vivras le péché. Si tu regardes constamment à la mort, tu vivras la mort.

Quel que soit le Sodome et Gomorrhe dans lequel tu as vécu, quel que soit le chaos que tu as vécu sans avoir rien demandé, Dieu peut te délivrer avant demain soir !

31 DÉCEMBRE

Jérémy Sourdril

« Je me souviens » (suite)

Devenir, Retour...

> *1 Jean 3 : 8*
> *Celui qui pèche est du diable, car le diable pèche dès le commencement. Le Fils de Dieu a paru afin de détruire les œuvres du diable.*

Jésus est venu pour détruire les œuvres du diable dans ta vie. Je vous en prie emparez-vous de cette parole aujourd'hui.

Pour certains d'entre vous, vos parents étaient méchants avec vous, certains étaient alcooliques et vous battaient. D'autres se moquaient de vous et vous diminuaient devant vos frères et devant vos amis, devant votre famille. Certains avaient des pères qui ne parlaient jamais. Certains n'ont reçu aucune marque d'affection, et cela a produit en vous une limitation. Beaucoup sont limités parce qu'ils ont vécu des choses difficiles.

Si vous êtes devenu un enfant de Dieu, vous êtes passé dans un autre Royaume. Vous ne devez plus vivre sous le joug de l'esclavage.

Dans le chapitre 37 d'Ezéchiel, Dieu transporte Ezéchiel dans une vision devant une vallée remplie d'ossements secs. Dieu va lui poser une question : « Il me dit : Fils de l'homme, ces os pourront-ils revivre ? Je répondis : Seigneur Éternel, tu le sais. Il me dit : Prophétise sur ces os, et dis-leur : Ossements desséchés, écoutez la parole de l'Éternel ! Ainsi parle le Seigneur, l'Éternel, à ces os : Voici, je vais faire entrer en vous un esprit, et vous vivrez ».

Certains ne savent plus si la délivrance est possible même par Dieu lui-même... Les ossements se rapprochèrent les uns des autres, la chair apparut et la peau les couvrit.

> *Ezéchiel 37 : 11*
> *Il me dit : Fils de l'homme, ces os, c'est toute la maison d'Israël. Voici, ils disent : Nos os sont desséchés, notre espérance est détruite, nous sommes perdus !*

Vous n'avez peut-être plus d'espérance. Vous êtes pourtant chrétien, mais votre espérance est détruite. Vous n'arrivez pas à imaginer votre vie différente. Vous êtes comme aveuglé. Vous ne réussissez pas à croire la Parole de Dieu car vous êtes aveuglé par le voile du passé, par le voile de l'échec, par le voile du péché.

> *Ezéchiel 37 : 12*
> *Prophétise donc, et dis-leur : Ainsi parle le Seigneur, l'Éternel : Voici, j'ouvrirai vos sépulcres, je vous ferai sortir de vos sépulcres, ô mon peuple, et je vous ramènerai dans le pays d'Israël.*

Lamentation > Méditation > Devenir est un message pour vous aujourd'hui. Il y a un avenir pour vous. J'aimerais vous laisser une puissante parole. La Parole de Dieu est vie et Esprit. Je prie qu'à chaque fois que vous voudrez regarder au passé et à vos échecs, vous vous rappeliez du verset que je vais vous donner maintenant, car ce n'est pas de vos échecs dont il faut vous souvenir :

> *2 Timothée 2 : 8*
> *Souviens-toi de Jésus-Christ, issu de la postérité de David, ressuscité des morts, selon mon Évangile,*

Voilà ce que Dieu vous appelle à vous souvenir ! Jésus-Christ est celui qui déchire tes chaînes aujourd'hui, Jésus-Christ te délivre aujourd'hui. La Bible dit que Jésus a vaincu la mort, il a rendu impuissant le diable qui nous dominait. Dieu sait ce que vous avez vécu, Dieu connaît, et Dieu se lève contre l'injustice dans votre vie, Dieu est en COLERE contre l'injustice dans votre vie, il va vous délivrer !

Ésaïe 42 : 14-16
J'ai longtemps gardé le silence, je me suis tu, je me suis contenu; Je crierai comme une femme en travail, Je serai haletant et je soufflerai tout à la fois. Je ravagerai montagnes et collines, Et j'en dessécherai toute la verdure; Je changerai les fleuves en terre ferme, Et je mettrai les étangs à sec. Je ferai marcher les aveugles sur un chemin qu'ils ne connaissent pas, Je les conduirai par des sentiers qu'ils ignorent; Je changerai devant eux les ténèbres en lumière, Et les endroits tortueux en plaine : Voilà ce que je ferai, et je ne les abandonnerai Point.

C'est ce que Dieu fera pour toi si tu l'appelles, si tu lui déposes simplement ton orgueil, tes souffrances, tes blessures. Je proclame sur vous la puissance du sang de Jésus-Christ, le sang qui purifie, le sang qui délivre.

Colossiens 2 : 13-15
Vous qui étiez morts par vos offenses et par l'incirconcision de votre chair, il vous a rendus à la vie avec lui, en nous faisant grâce pour toutes nos offenses; il a effacé l'acte dont les ordonnances nous condamnaient et qui subsistait contre nous, et il l'a détruit en le clouant à la croix; il a dépouillé les dominations et les autorités, et les a livrées publiquement en spectacle, en triomphant d'elles par la croix.

Le diable n'a plus aucune autorité dans ta vie. Jésus a dit : « Je vous laisse la paix, je vous donne ma paix. Je ne vous donne pas comme le monde donne. Que votre cœur ne se trouble point, et ne s'alarme point ».

Matthieu 11 : 28-30
Venez à moi, vous tous qui êtes fatigués et chargés, et je vous donnerai du repos. Prenez mon joug sur vous et recevez mes instructions, car je suis doux et humble de cœur; et vous trouverez du repos pour vos âmes. Car mon joug est doux, et mon fardeau léger.

Jean 10 : 10
Le voleur ne vient que pour dérober, égorger et détruire; moi, je suis venu afin que les brebis aient la vie, et qu'elles soient dans l'abondance.

Galates 5 : 1
C'est pour la liberté que Christ nous a affranchis. Demeurez donc fermes, et ne vous laissez pas mettre de nouveau sous le joug de la servitude.

Après la délivrance

Jésus-Christ est ressuscité et il est prêt à utiliser quiconque se laissera utiliser par lui. Après ta délivrance, Dieu a besoin de toi et : « Ce ne sera ni par puissance, ni par force, mais par mon Esprit ».

Dieu veut utiliser ses enfants, mais trop de chrétiens restent toute leur vie dans leurs blessures et dans leur passé et ils ne peuvent pas avancer. Dieu veut que tu deviennes, c'est à dire que tu entres dans ses projets d'avenir. Mais si tu n'arrives pas à recevoir la vision de Dieu pour toi, tu es comme un aveugle. Un aveugle ne peut pas aider un autre aveugle. Tu as besoin de voir. Dieu a de toute éternité écrit des projets très précis dans lesquels tu dois marcher. Des choses que tu dois faire. Des gens que tu dois gagner pour Christ. Des guérisons à vivre, au travers de tes mains. Des gens à délivrer, au travers de ta vie, car Dieu a dit :

Marc 16 : 17
Voici les miracles qui accompagneront ceux qui auront cru : en mon nom, ils chasseront les démons; ils parleront de nouvelles langues;

L'année qui vient est une année toute nouvelle, je le déclare pour vous au Nom de Jésus-Christ !

Comment recevoir Jésus comme Sauveur ?

Parlant des croyants, la Bible déclare :

1 Jean 3 : 1
Voyez quel amour le Père nous a témoigné, pour que nous soyons appelés ***enfants de Dieu*** *! Et nous le sommes. Si le monde ne nous connaît pas, c'est qu'il ne l'a pas connu.*

La Bonne Nouvelle, c'est que nous pouvons connaître Dieu et recevoir la vie éternelle !

Jean 3 : 16-17
Car Dieu a tant aimé le monde qu'il a donné son Fils unique, afin que quiconque croit en lui ne périsse point, mais qu'il ait ***la vie éternelle****. Dieu, en effet, n'a pas envoyé son Fils dans le monde pour qu'il juge le monde, mais* ***pour que le monde soit sauvé par lui****.*

Confier sa vie à Jésus-Christ est un acte de foi qui commence par une déclaration de votre bouche :

Romains 10 : 9-13
Si tu confesses ***de ta bouche*** *le Seigneur Jésus, et si tu crois* ***dans ton cœur*** *que Dieu l'a ressuscité des morts,* ***tu seras sauvé.*** *Car c'est en croyant du cœur qu'on parvient à la justice, et c'est en confessant de la bouche qu'on parvient au salut, selon ce que dit l'Écriture : Quiconque croit en lui ne sera pas dans la confusion.*
Il n'y a aucune différence, en effet, entre le Juif et le Grec, puisqu'ils ont tous un même Seigneur, qui est riche pour tous ceux qui l'invoquent. ***Car quiconque invoquera le nom du Seigneur sera sauvé.***

Vous pouvez maintenant même, faire la paix avec Dieu, et devenir son enfant ! Si vous n'avez pas accepté Jésus comme Sauveur, je vous encourage à déclarer cette prière de tout votre cœur. Il ne s'agit pas d'une formule magique, mais ce qui importe c'est votre attitude de cœur et votre sincérité. C'est la foi !

Une prière pour une vie nouvelle :

« Seigneur Jésus, je crois que Tu es le Fils de Dieu, je crois que tu es mort à la croix pour moi. Je crois que tu es ressuscité des morts. Je reconnais que j'ai dirigé jusqu'à présent ma propre vie et qu'ainsi j'ai péché contre toi. Jésus, pardonne-moi pour ce grand péché.

Viens dans mon cœur. Je te donne ma vie, et je te reçois maintenant comme mon Sauveur, mon Seigneur et mon Dieu. Je t'appartiens pour toujours, je te servirai et je te suivrai le reste de ma vie.

À partir de maintenant, je fais de toi la priorité dans ma vie. Je n'appartiens plus, ni à ce monde, ni au diable. Je suis à toi ! ».

2 Corinthiens 5 : 17
Si quelqu'un est en Christ, il est une nouvelle créature. Les choses anciennes sont passées; voici, toutes choses sont devenues nouvelles.

Si vous êtes sincère et que vous avez prié de tout votre cœur, vous êtes à présent sauvé ! Vous êtes un enfant de Dieu ! Je vous encourage à faire les trois choses suivantes :

1- Faites part de la décision que vous venez de prendre à un chrétien de votre entourage

Vous pourriez par exemple contacter la personne qui vous a offert ce livre ou me contacter directement à : « prieres@ enseignemoi.com ».

2- Rejoignez une bonne église qui enseigne que la Bible est la Parole de Dieu

Vous êtes devenu comme un nouveau bébé dans votre cœur. De la même façon qu'un bébé a besoin de parents, un bébé spirituel a besoin d'une famille spirituelle. Dieu a une famille pour vous. C'est l'église locale que nous présente le Nouveau Testament.

Je vous encourage à trouver une bonne église vivante proche de chez vous. Vous pouvez m'écrire en m'indiquant votre ville de résidence. Je vous aiderai à en trouver une. Jésus a dit qu'il est le Seul médiateur entre Dieu le Père et l'homme. Ne rejoignez donc pas une église où l'on prie des morts ou des « saints hommes ». Jésus-Christ est le seul qui est vraiment ressuscité !

3- Faites-vous baptiser d'eau

Bien que vous soyez déjà un enfant de Dieu, Dieu désire que vous puissiez faire un acte d'engagement devant les hommes et devant le monde. Ce n'est pas ce qui vous sauve, vous êtes déjà sauvé ! Mais c'est un acte d'obéissance qui répond à ce commandement de Jésus :

> *Matthieu 28 : 18-20*
> *Jésus, s'étant approché, leur parla ainsi : Tout pouvoir m'a été donné dans le ciel et sur la terre. Allez, faites de toutes les nations des disciples,* ***les baptisant au nom du Père, du Fils et du Saint-Esprit****, et enseignez-leur à observer tout ce que je vous ai prescrit. Et voici, je suis avec vous tous les jours, jusqu'à la fin du monde*

Présentation des 15 Auteurs

Jérémy Sourdril

Né en Bretagne en France, Jérémy Sourdril a connu le Seigneur à l'âge de 7 ans. Il grandit dans « l'église » et y fait ses premières expériences avec Dieu. Alors qu'il est très jeune, il ressent un appel à servir Dieu, que Dieu confirmera vers l'âge de 12 ans. Un soir, alors qu'il lit l'histoire d'un revivaliste, Dieu met dans son coeur le désir d'expérimenter un réveil futur.

Il vit une adolescence comparable à celles de ses amis non-chrétiens. Loin de refléter le caractère d'un véritable disciple de Jésus-Christ, il leur parle toutefois de Jésus et les invite les uns après les autres à l'église. Tous les soirs, il lit sa Bible et suit également des cours bibliques.

En 2002, il rencontre en l'espace de 6 mois quatre personnes qui vont radicalement changer sa vie : Annabelle Colas, qui allait devenir son épouse, Michaël Lebeau, Alain-Patrick Tsengue et Olivier Derain. Il commence avec ces 3 premiers un groupe de jeunes et y vit des expériences fortes. Pendant plusieurs mois, son appel au ministère est confirmé à plus de quinze reprises, acceptant alors l'appel de Dieu pour sa vie. Les enseignements du Pasteur Olivier Derain vont alors bouleverser sa vie spirituelle.

Le 1er Janvier 2003, alors qu'il conduit sa voiture, le Seigneur le visite puissamment de son amour. À partir de ce jour, tout devient nouveau. Il se marie en septembre 2003 et commence à prêcher.

En 2004, Jérémy Sourdril fonde l'association « EnseigneMoi » en France, en tant que co-fondateur, au côté de Michaël Lebeau. En 2005 naît leur fille Eden.

En 2010, il crée avec Michaël et Olivier le siège international d'EnseigneMoi au Québec et rejoint l'équipe ministérielle de l'église de la victoire au côté du pasteur Joël Spinks (il a été le directeur du Campus de la Victoire IBEM à Granby, où il y a enseigné pendant 4 ans).

En 2011, il écrit le livre 365 Jours aux Pieds du Maître, où 14 auteurs participent (Mamadou Karambiri, Reinhard Bonnke, Olivier Derain, Mohammed Sanogo, etc..).

En 2013, il écrit avec son épouse le livre 365 jours au coeur des Proverbes, devenu Best-Seller Francophone.

En 2015, alors directeur d'EMCI TV, il sort son 3ème livre du nom de : « L'amour injuste ».

Courant 2016, il est relâché de toutes ses fonctions administratives au sein des Ministères EnseigneMoi pour se dédier totalement au ministère de la Parole. Son épouse le remplace en tant que directrice d'EMCI TV. Il siège toujours sur le Conseil de direction d'EnseigneMoi / EMCI TV.

Après 14 ans depuis son appel, Dieu l'établit dans son appel prophétique, en plus du ministère d'enseignant déjà reçu. Il exerce un ministère itinérant, et est toujours impliqué dans l'équipe ministérielle de l'Église de la Victoire, au Québec.

En décembre 2016, suite à un appel de Dieu de « lever une armée d'évangélistes », il sort son 4ème livre : « 365 jours au coeur du Monde ».

Dans cette même vision, sous son ministère « Association Ministère inébranlable », il sort en novembre 2017 sa nouvelle émission: « GO ! », où on le voit annoncer l'Évangile dans les rues muni de caméras.

Évangéliste Reinhard Bonnke

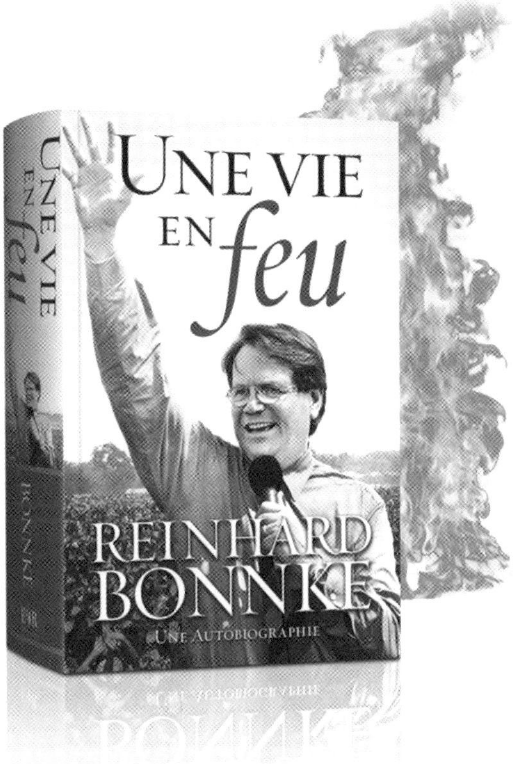

Reinhard Bonnke, évangéliste, est surtout connu pour ses grandes campagnes d'évangélisation sur tout le continent Africain.

Fils de pasteur, Reinhard donna sa vie au Seigneur à l'âge de neuf ans, et reçut un appel pour la mission en Afrique. Après une école biblique au pays de Galles et avoir été pasteur en Allemagne durant sept ans, il commença son œuvre missionnaire en Afrique.

Il organisa des réunions dans une tente qui pouvait recevoir 800 personnes. Mais comme les foules grandissaient, il fallut acheter une tente plus grande. En 1984, il donna l'ordre de construire une des plus grandes tentes mobiles qui existe au monde avec 34 000 places assises. Mais très rapidement, cette tente ne suffit plus.

Reinhard Bonnke est le fondateur du ministère Christ pour toutes les Nations qui a des bureaux internationaux en Afrique, en Allemagne, au Royaume-Uni, au Canada, à Singapour et aux Etats-Unis.

Durant les 22 dernières années, plus de 120 millions de personnes ont participé aux campagnes d'évangélisation.

Depuis seulement l'année 2000, plus de 58 millions de personnes se sont décidées pour Jésus Christ et ont manifesté leur engagement en remplissant une carte de décision. Ces cartes d'engagement sont très utiles pour le travail de suite, car ces personnes peuvent être ainsi très rapidement intégrées dans les églises locales.

Reinhard Bonnke est également connu pour ses Conférences « Fire » qui ont déjà eu lieu dans de nombreux pays, partout dans le monde et dont l'objectif principal est d'équiper des responsables et membres d'églises pour l'évangélisation. À cet effet, ses messages clairs, fondés sur la Bible et ses livres et livrets sont la base théologique. Ces publications ont été éditées à 190 millions d'exemplaires et traduits dans 143 langues. Ces livres sont donnés gratuitement à des millions de nouveaux convertis durant les campagnes d'évangélisation et aux étudiants d'écoles bibliques comme matériels d'étude.

L'école « Reinhard Bonnke School of Fire » - un programme d'étude par correspondance - ainsi que la Série de Films Full Flame ont également le même objectif : inspirer des disciples de Jésus à être des témoins actifs et les former de manière effective. Christ pour toutes les Nations est une association sans but lucratif enregistrée à Francfort mais qui a également des bureaux en Afrique, aux Etats-Unis, au Canada, en Angleterre, à Singapour et en Australie.

Pasteur Mamadou Karambiri

Le Pasteur Mamadou Karambiri dont le nom est évocateur dans le milieu chrétien au Burkina et au-delà, est le co-fondateur avec son épouse du Ministère du Centre International d'Evangélisation/Mission Intérieure Africaine (CIE/MIA) dont le siège est à Ouagadougou, Burkina Faso.

Prédicateur laïc à partir de Janvier 1977 et Ministre de l'Évangile à plein temps depuis Janvier 1990, Mamadou Karambiri a été reconnu et établi comme apôtre en Janvier 2004, fait « chevalier de l'Ordre national » par le Président du Faso en Décembre 2005 et élevé au rang de Docteur en Divinité en Juillet 2007 par l'Université chrétienne LOGOS de Floride.

Economiste de formation, il a été successivement Directeur de la promotion des échanges à l'Office National du Commerce Extérieur, Directeur commercial de Faso Fani (la nationale du textile), Directeur Général de Faso Yaar (la plus grande société de distribution du pays à l'époque). Au cours de son parcours professionnel, il a aussi occupé les fonctions de vice-président du Conseil Economique et Social, Vice-président de la Chambre de Commerce et Président du Conseil d'Administration de la Compagnie aérienne « Naganagani ».

Né dans une famille musulmane très pratiquante à Tougan, dans le Nord-Ouest du Burkina, Mamadou Karambiri fut dès son jeune âge initié aux traditions et à la lecture des versets coraniques dans la ville de Bobo-Dioulasso.

Le pasteur Mamadou Karambiri a été mis en contact avec le christianisme vers l'âge de 10 ans quand il se cachait pour aller à la mission catholique de son village afin de lire des revues sur les martyrs de l'Ouganda et autres magazines sur le petit Jésus. Ces récits ont eu un impact sur ses pensées d'enfant. Comme tout bon lycéen, les activités sportives notamment le Handball et le Basketball, les jeux ont commencé à accaparer son âme. Dieu et la religion étaient devenus secondaires dans sa vie et c'est dans cette atmosphère de ténèbres spirituelles qu'il a plu au Seigneur de se révéler à lui au mois de Juin 1973 à Toulouse, alors qu'il était en année de Licence d'économétrie.

C'est là qu'il donne sa vie à Jésus-Christ.

Après sa conversion, Mamadou Karambiri réussit à ses examens universitaires, fut rempli du Saint-Esprit et les dons spirituels commencèrent à se manifester dans sa vie. Il était passionné pour les âmes, et les gens se convertissaient à l'Université et dans les marchés. Il témoignait également dans les bus, à l'hôpital, dans les rues. La grâce du Seigneur se reposait sur lui.

En Février 1975 sur trois semaines, il fit des expériences merveilleuses avec le Seigneur Jésus. Il eut des visions ouvertes du Seigneur Jésus qui lui parla en ces termes « Voici, j'ai détruit les œuvres des ténèbres et je te donne toute la puissance sur l'ennemi ».

En 1985, le Seigneur le conduisit à mettre en place une cellule de prière qui comprenait le couple Karambiri et leurs enfants. Très vite cette cellule connut une croissance spectaculaire en atteignant 500 personnes en 1987. Ce qui conduisit à l'ouverture de la première Église du Centre International d'Evangélisation. Cette église connut une croissance extraordinaire et se démultiplia d'abord dans les quartiers de Ouagadougou et ensuite dans l'ensemble du territoire burkinabè et au-delà.

Le pasteur Karambiri ne cesse aujourd'hui de parcourir le monde pour annoncer le message de salut.

Il prêche la Parole de Dieu au Tabernacle Bethel Israël, l'Église du siège du Centre International d'Evangélisation qui accueille plus de 5.000 personnes à chaque réunion. Son ministère s'est développé à travers les médias et il anime aujourd'hui plusieurs émissions sur des stations de Radio et de télévision au Burkina Faso et dans des pays comme le Niger, le Togo, le Gabon, la Côte d'Ivoire, le Mali, etc. Le Pasteur Karambiri est père de quatre enfants, Sarah, Samuel, Anne Daniella et David.

Pasteur Mohammed Sanogo

Le pasteur Mohammed SANOGO est le président de l'organisation Chrétienne Messages de Vie et le pasteur principal de la mission évangélique Vase d'honneur à Abidjan Côte d'Ivoire.

Depuis plusieurs années, il sillonne les régions de la Côte d'ivoire pour y annoncer la bonne nouvelle et ramener le cœur des hommes à Dieu. Son ministère l'a aussi conduit dans plusieurs pays d'Europe pour y enseigner le peuple de Dieu.

Son fardeau : « ramener le cœur des hommes à Dieu, piller l'enfer ». Ce fardeau caractérise l'ensemble des messages que Dieu lui donne; ceux-ci vont de l'évangélisation (ramener les inconvertis à Dieu) à des messages de réveil spirituel et prophétiques à l'Église. Il s'efforce par l'Esprit de Dieu à amener l'église à une véritable communion avec Dieu par la sanctification et l'adoration. Comme son nom l'indique le Pasteur Mohammed SANOGO est d'origine musulmane, né d'une famille musulmane.

A l'âge de 15 ans dans sa soif de connaître Dieu il lui pose des questions en ce qui concerne l'Islam et le Christianisme. Lorsque Dieu lui répond de suivre le Christ il met dans son cœur un fardeau pour les âmes. Dès lors cumulant étude scolaire et évangélisation (Pst SANOGO est diplômé (DUT) de ENSTP actuel INP-HB à Yamoussoukro), il sillonne villes et villages pour y annoncer le royaume de Dieu. C'est ainsi que va naître l'organisation chrétienne Messages De Vie en 1996 et la mission évangélique Vase d'honneur en 2002.

Il est marié à Lilliane Sanogo, avec laquelle il a deux enfants Braddi et Yéliane.

Aujourd'hui encore ses activités sont essentiellement centrées sur la Côte d'Ivoire.

Pasteur Raoul Wafo

Le révérend Raoul Wafo, en plus de ses fonctions pastorales, est également diplomate, vice-président ; représentant résident adjoint du RCEEDAO, chargé des Affaires Sociales et Humanitaires. Son ministère est accompagné de signes, de prodiges et de divers miracles.

Conférencier, motivateur et enseignant dans les écoles bibliques, Raoul Wafo est aussi très sollicité pour des programmes de réveils dans les églises à travers le monde entier.

Né au Cameroun, il répond très tôt à l'appel de Dieu ; dès l'âge de 24 ans. Après plusieurs formations bibliques et théologiques, il part pour la mission. Ce qui le conduira dans diverses nations avant qu'il ne s'établisse en Côte d'Ivoire où il arriva par la foi et sans soutien d'une église ni organisation quelconque. Il passera ses premières nuits dans une gare de bus (à Adjamé Côte d'Ivoire) avant d'être recueilli par des refugiés, vivant dans des conditions très précaires.

Aujourd'hui, le Ministère qu'il dirige est un réel canal de bénédiction de par les messages diffusés sur de multiples canaux (radios, télévisions et sites webs) qui ont un véritable impact sur plusieurs vies tant en Côte d'Ivoire que dans le monde.

Le Temple de la Foi créé seulement en 2007 compte aujourd'hui environ un millier de fidèles. Parti de rien pour être milliardaire, il partage sa riche expérience d'entrepreneur et d'homme d'affaires à succès, lors des conférences qu'il tient. Il est PDG, Administrateur d'entreprises et Conseiller spirituel pour plusieurs hommes influents de la planète. Vous l'entendrez toujours dire : «un homme de Dieu n'est pas nourri (récompensé) par le pupitre, mais par Dieu qui l'a appelé ! « Il est marié à Danielle WAFO.

Pasteurs Selvaraj et Dorothée Rajiah

Le Pasteur Selvaraj Rajiah est mort-né. Les médecins déposèrent son petit corps inanimé dans les bras de ses parents, leur diagnostic était sans appel. Mais son père le serra dans ses bras, priant que si Dieu le ramenait à la vie, il serait consacré à Son service. Dieu lui rendit miraculeusement la vie.

A l'âge de 14 ans, il accepta Jésus-Christ comme son Seigneur et fut baptisé du Saint-Esprit. Peu après, il fut sévèrement attaqué par la fièvre typhoïde. Il resta dans le coma pendant 13 jours. Son état ne permettait plus d'espoir. Les médecins préparaient la famille à son décès imminent, quand Jésus entra dans sa chambre d'hôpital. Il toucha son front et lui dit à trois reprises : « Fils, Je te guéris pour un but. Prêche le message de la foi et de la guérison à ta génération ». Suite à cette visitation puissante, il fut instantanément guéri.

Tandis qu'il poursuivait ses études d'ingénieurs à l'Université, Dieu l'appela à se préparer au ministère que le Seigneur lui avait confié. Conduit par l'Esprit, il partit étudier la Parole dans un collège biblique durant 5 ans.

Après avoir obtenu son diplôme, il retourna en Inde où il prêcha l'Évangile, village après village, organisant croisades et séminaires, et formant les pasteurs. Il atteignit des milliers de personnes et beaucoup furent guéries et sauvées par la puissance surnaturelle de Dieu.

Cinq ans plus tard, le gouvernement de l'Inde refusa de renouveler son visa de missionnaire et le somma de quitter le pays en l'espace de trois mois. Le diable bombardait sa pensée en disant : « Tu es fini. Ton ministère est terminé ». Il arriva en Europe les poches vides après avoir tout quitté, sa maison, son ministère... il n'avait plus rien. Mais le Seigneur lui dit : « Fils, prêche Ma Parole sans compromis. Ma Parole est comme un filet; quand tu lances ce filet, il attrape toujours des poissons ».

Dieu lui ouvrit surnaturellement les portes pour prêcher et enseigner partout en Europe. Le Pasteur Selvaraj vit les mêmes miracles en Inde se produire en Europe : les gens étaient sauvés, guéris et délivrés ! Puis, Dieu l'appela à commencer une église pionnière en France, qui naquit dans la puissance et les miracles, et grandit surnaturellement d'une poignée de personnes à plusieurs centaines. En 1992, le diable voulut à nouveau détruire son ministère mais dans cette nouvelle tempête, Jésus lui apparut pour la seconde fois. Un jour, il écrivait une lettre dans son bureau quand le Seigneur le visita et lui dit : « Fils, Je te guéris et Je guéris ce ministère ».

Depuis ce jour, le ministère n'a cessé d'aller de miracles en miracles. Aujourd'hui, l'église Paris Centre Chrétien à La Courneuve compte plusieurs milliers de personnes qui se rassemblent avec le désir commun de Le louer, L'adorer et Le suivre. Le Pasteur Selvaraj a voyagé et prêché l'Évangile intensivement ces 40 dernières années sur les cinq continents, dans plus de 65 nations. Il a également fondé et construit 350 églises dans le monde et plusieurs orphelinats en Inde.

Rassasié de jours, le Pasteur Selvaraj Rajiah est parti dans la présence du Seigneur le 23 décembre 2011.

Pasteur Dorothée Rajiah donna sa vie à Jésus à l'âge de sept ans. Très vite, Dieu commença à lui parler et à se révéler à elle. À 12 ans, elle reçut une vision extraordinaire du ciel puis de l'enfer qui allait la préparer à l'appel de Dieu sur sa vie.

A 20 ans, Dieu bouleversa ses plans et l'appela à prêcher et enseigner le glorieux Évangile de Jésus Christ. Aujourd'hui, elle dirige les Éditions Parole de Foi, une maison d'Edition qui transforme les vies dans le monde entier en éditant des auteurs tels que Benny Hinn, John Osteen, Fred Price, TD. Jakes, Paula White...

Leur ministère est reconnu et respecté dans le monde entier. Leur église est considérée comme une grande source d'inspiration et tendrement appelée « La Maison » par des milliers de personnes en France et dans le monde. Leur Centre de Formation Biblique « La Parole de Foi » a formé des centaines de croyants et de pasteurs qui ont fondé des œuvres en Yougoslavie, en Allemagne, en Afrique, en Angleterre, Suisse...

Le ministère soutient et finance tous les mois plus de 300 orphelins, 150 veuves, un programme hebdomadaire : « nourrir les pauvres »... et beaucoup d'autres œuvres en Asie et en Afrique.

Le Pasteur Dorothée Rajiah est aujourd'hui la pasteure principale de l'église Paris Centre Chrétien.

Pasteur Michaël Lebeau

Michaël Lebeau est né en Bretagne et est co-fondateur des Ministères EnseigneMoi. Il se convertit en 2002 lors d'une réunion des hommes d'affaire du plein Évangile. C'est en 2004 qu'il reçoit dans son cœur la vision de créer le site enseignemoi.com.

Michaël est pasteur associé à l'Église de la Victoire du Québec (EVQ). Son désir premier est d'apporter la Bonne Nouvelle de l'Évangile au plus grand nombre par le biais de la prédication et des médias.

Il vit au Québec depuis juillet 2011, où il travaille en tant que pasteur et président pour l'organisme Ministères EnseigneMoi.

Il est marié à Yveline (originaire de la Suisse), animatrice de l'émission *Bonjour Chez Vous* (EMCI TV).

Pasteur Joël Spinks

Révérend Joël Spinks est le pasteur-fondateur de l'Église de la Victoire du Québec, située à Granby, Québec, Canada. Cette dernière a pour vision de rejoindre la francophonie par le biais des médias. Pasteur Joël anime également l'émission de télévision et de radio « Vie de Foi » produites par EMCI-TV et est l'auteur des livres « Understanding Divine Healing », « Jésus Révélé : l'Évangile de Jean expliqué » et « Lumière Prophétique » (Les Éditions EnseigneMoi). Par ailleurs, il siège sur le conseil d'administration des « Ministères EnseigneMoi » depuis 2010.

D'origine québécoise, Pasteur Joël a grandi dans un foyer chrétien; il est un croyant de quatrième génération, qui a reçu la nouvelle naissance vers l'âge de 4 ans. Doté d'un zèle autodidacte, il a passé sa jeunesse à poursuivre Dieu par l'étude des Saintes Écritures et par son implication au sein de l'église locale, l'Église Salut et Délivrance du Canada. À l'âge de 12 ans, il débutait l'enseignement de l'école du dimanche et jusqu'à l'âge de 18 ans, il voyageait en tant que soliste « Southern Gospel » lors de croisades d'évangélisation. En 1999, il enregistre un album intitulé « Let Him be your Refuge » qui lui permet de voyager pendant quatre ans et demi sous la bannière « Joël Spinks Ministries » en tant que ministre itinérant au Canada et aux États-Unis. Pasteur Joël a exercé le ministère en Amérique du Nord, dans les Antilles, en Europe, en Afrique et en Australie.

En 2003, Pasteur Joël est invité à participer à l'émission « Lifeline » produite par l'antenne de télévision Miracle Channel en Alberta. Immédiatement après l'enregistrement de cette première émission, sa famille et lui sont invités à se joindre à l'équipe ministérielle dans les médias nationaux. L'émission « Lifeline » à laquelle ils participent était télédiffusée sur Miracle Channel (Canada), CTS (Canada), Vision TV (Canada), NRB Channel (États-Unis) et Australian Christian Channel (Australie).

C'est en septembre 2003 que les Spinks quittent le Québec pour déménager dans l'ouest canadien. Pendant quatre ans, Pasteur Joël est pasteur-associé à l'église de l'antenne Miracle Channel et il enseigne à l'école ministérielle : Miracle Channel School of TV Ministry. De plus, il anime le quotidien bilingue « Semence de la Foi / Seeds of Faith » ainsi que l'émission de télévision « Revival in the Land » jusqu'à son retour dans l'est du Canada en septembre 2007. Par la suite, Pasteur Joël participe à l'émission « From the River », télévisée sur Miracle Channel, CTS, Vision TV et Cornerstone TV (États-Unis). À la conclusion d'une saison d'enregistrement d'émissions, et à la suite de quelques voyages ministériels dans l'arctique canadien, il retourne avec sa famille au Québec pour implanter l'Église de la Victoire du Québec en septembre 2008. C'est donc à partir de la province du Québec qu'il recommence à exercer un ministère télévisuel en tournant des émissions pour la chaîne EMCI-TV (Enseignemoi Canal International). Son émission phare s'intitule « Vie de Foi ». Le Révérend Joël Spinks est un ministre qui possède une licence ministérielle depuis 2002 et un ministre de culte ordonné depuis 2003. En octobre 2015, il est accueilli dans l'association d'églises ACER (Assemblée Chrétienne pour l'Évangélisation et le Réveil/membre de la CEAF, membre de la fédération protestante de France). Au niveau académique, il est titulaire du « Diplôme Collégial » du Cégep de Granby (Granby, Québec, Canada); du « Diplôme du Formateur en Évangélisation » du ministère Evangélisation Explosive (Fort Lauderdale, Floride, États-Unis d'Amérique), le « Certificat en Leadership Ministériel » de l'Institut Biblique du Québec (Longueuil, Québec, Canada); et du « Baccalauréat en Théologie » de Saint Paul's Bible Institute (New York, New York, États-Unis d'Amérique). Pasteur Joël et son épouse Mathilde sont parents de deux jeunes filles, Flora-Mae et Félicité. La famille Spinks réside à Bromont, Québec au Canada.

Pasteur Yvan Castanou

Yvan Castanou est le pasteur principal de l'église Impact Centre Chrétien (ICC). Après avoir effectué des études supérieures dans les domaines du Commerce, du Marketing, et de la Finance Internationale, il entreprend une formation à l'Institut Biblique de Paris puis à l'Académie des Hautes Études Théologiques et Pastorales. En mars 2004, il ordonné Pasteur par les Pasteurs André Thobois et Emmanuel Toussaint.

ICC est une grande famille spirituelle. Des milliers de fidèles de différentes nationalités se réunissent chaque dimanche pour un culte de célébration, dans différentes campus basés en Europe, en Afrique, en Amérique du Nord, aux Antilles et en direct sur internet.

Yvan Castanou est aussi le directeur et fondateur d'Impact École Biblique Internationale (IEBI). C'est également un musicien et chantre passionné de Christ. Cette année, il a été reconnu Apôtre par le Pasteur Mamadou Karambiri lors d'Impact Conférence 2016.

Il est marié au Pasteur Modestine et ont ensemble quatre enfants.

Filipe et Marie Alves

Filipe et Marie Alves sont originaires de la région parisienne en France. Ils sont parents de quatre jeunes enfants : Hannah née en 2003, Ethan en 2005, Hugo en 2007 et Jérémie en 2009.

Née en 1980, Marie Alves a grandi dans une famille chrétienne. Elle est la fille de Marc Dillard, fondateur de l'association d'aide à l'évangélisation Passe à Ton Voisin (radiop.free.fr).

« Mes parents m'ont enseignée dans la parole de Dieu. J'ai pris la décision de suivre le Seigneur à l'âge de 13 ans. Je me suis mariée à 22 ans avec Filipe et nous avons créé ensemble la société LITTLE JAMES, une marque française de vêtements pour garçons en vente sur Internet (littlejames.fr). Je travaille depuis chez moi, car j'ai vraiment à cœur d'être présente pour mes enfants afin de les élever et de les faire grandir dans le Seigneur : c'est un super challenge ! »

Filipe Alves est né en 1979 : « J'ai été élevé dans la foi, après la conversion de mes parents lorsque j'étais enfant. Puis c'est à l'adolescence que j'ai réellement pris un engagement avec le Seigneur, lors de rencontres de jeunes originaires de différentes églises en France. Après notre mariage, le Seigneur nous a permis de rencontrer l'équipe du site EnseigneMoi.com, et malgré toutes ces années passées dans les milieux chrétiens, notre vie a été profondément transformée par la Parole de Dieu au moyen des cours de l'IBEM » (Institut Biblique EnseigneMoi, par correspondance - ibem.fr).

Récemment, ils ont ouvert une deuxième boutique sur Internet, de vêtements pour Hommes, ETHNIC BLUE. Filipe Alves s'occupe également de la traduction pour les Ministères EnseigneMoi, en rapport avec les différents ministères partenaires.

Visitez leur site internet : ethnicblue.com

Pasteur Olivier Derain

Le pasteur et enseignant Olivier sert le Seigneur à plein temps en tant que missionnaire à Bujumbura au Burundi en Afrique Centrale. Le pasteur Olivier Derain est président de l'IBEM (Institut Biblique Enseigne Moi). Ayant reçu le Seigneur en 1982 au travers des « Assemblées de Dieu » en France, où il fait ses premiers pas dans le Seigneur, il reçoit un appel de Dieu très rapidement après son salut. Il est diplômé depuis 1993 de l'école Biblique RHÉMA (du ministère de Kenneth Hagin) aux USA.

En 1994, avec son épouse, ils répondent à l'appel de Dieu en venant au Burundi, pour la première fois avec leurs 6 enfants au milieu de la guerre civile, qui a fait rage pendant 10 ans dans cette nation (de 1993 à 2003) qui a vu plus d'un demi-million de personnes tuées. Olivier fonde l'Institut Biblique Héritage (IBH), qui est une école interdénominationnelle. En 1996, ils reviennent en France une année et demie pour repartir au Burundi, à la fin 97, ils redémarrent l'Institut Biblique.

Au début 1999, Dieu les appellent à fonder l'église « El Shaddaï », une église charismatique, bénie et grandissante où la Parole de Dieu y est dispensée sans compromis. La vision étant d'établir une église principalement francophone, stable et puissante dans la Parole et la présence du Saint-Esprit dans cette région d'Afrique Centrale où l'enseignement de la Parole de Dieu fait tragiquement défaut. Le ministère « El Shaddaï » a aussi 6 programmes radio hebdomadaires sur les ondes au Burundi, avec un programme TV. Le pasteur Olivier est auteur de livres d'enseignements bibliques sur divers sujets, livres qui bénissent régulièrement des chrétiens de toutes dénominations. Les points forts de son ministère est l'expérimentation de la présence de Dieu au travers de la louange et l'adoration et l'enseignement pratique de notre Héritage en Christ. Il a vu et voit régulièrement des personnes touchées par la puissance de Dieu, qui sont glorieusement sauvées, baptisées du Saint-Esprit avec le signe du parler en langue, complètement restaurées dans leur vie spirituelle et guéries; tout ceci pour la seule et unique gloire du Seigneur Jésus-Christ.

Pasteurs Jonathan et Anne Bersot

Jonathan Bersot est né et a grandi en Afrique, au Sénégal puis a vécu en France. Informaticien de formation, Jonathan va répondre à l'appel du Seigneur en allant se former à l'Institut de Théologie Biblique des Assemblées de Dieu de France pour ensuite être pasteur à Annecy, Nîmes et Toulon.

En 2002, c'est à Montréal qu'il poursuivra ses études de théologie. Après avoir obtenu une Maîtrise en Théologie, option études bibliques avec l'Université de Montréal, puis un Master en éducation avec l'Université de Paris la Sorbonne, le pasteur Bersot détient également un doctorat (PhD) en études bibliques.

Jonathan Bersot a été le pasteur principal de l'Église de Pentecôte de Drummondville de 2003 à 2017, ainsi que le doyen académique de l'Institut Biblique du Québec (depuis l'été 2011).

Le pasteur Bersot enseigne aussi régulièrement en Afrique dans différents instituts ou facultés. Jonathan est marié avec Anne depuis plus de vingt ans, ils ont trois filles, Heidi, Sophie et Élise. Ils vivent actuellement à Drummondville, au Québec.

Anne a passé son enfance en France et a connu l'Évangile à l'âge de 21 ans. Après avoir suivi la formation pastorale de l'Institut de théologie biblique des Assemblées de Dieu de France, elle a servi le Seigneur aux côtés de son mari, le pasteur Jonathan Bersot, dans plusieurs villes de France, avant de partir pour le Québec dans la ville de Drummondville. Elle a été rédactrice en chef et coordinatrice de Top Féminin de 2003 à 2006.

Elle est titulaire d'un Master en management d'une Grande école de commerce européenne et s'est spécialisée en management du changement et management personnel. Elle a une Maîtrise en théologie, option traduction biblique à l'Université de Montréal.

Après s'être consacrée à l'éducation de ses trois filles en étant mère au foyer pendant plusieurs années, passionnée de traduction et de langues étrangères, elle est maintenant traductrice agréée au Canada et travaille à l'adaptation de matériel écrit pour la francophonie pour divers ministères anglophones, ainsi que des agences séculières.

Tous les deux sont présents dans les émissions de *Bonjour Chez Vous* (EMCI TV).

Prières
INSPIRÉES
Soyez transformé
par cette émission !
Avec
Jérémy Sourdril
Retrouvez-moi chaque jour, du lundi au vendredi, pour
un temps de prières inédit sur prieresinspirees.tv.

LIVRE + CD

NOUVEAU

L'AMOUR INJUSTE

Livre + CD audio du livre
270 pages - Format poche

Un livre prophétique pour l'Église. Découvrez comment aimer Dieu comme il le mérite.

Vous découvrirez une dimension d'amour et de relation avec le Seigneur à laquelle vous n'avez jamais peut-être pensé...

La révélation contenue dans ce livre fera jaillir de votre cœur une soif nouvelle, une faim pour la présence du Saint-Esprit, et vous aidera à aimer Dieu comme il le mérite réellement.

365 JOURS AU COEUR DU MONDE

365 courtes pensées
460 pages, dont 35 illustrées
Format poche

Par ce livre, Dieu veut réchauffer votre cœur. Ce livre va vous brûler. Il va brûler vos doigts et il va brûler votre cœur. Si vous avez soif de Dieu, vous allez expérimenter une nouvelle passion et un feu nouveau pour Dieu, pour son œuvre et pour ses intérêts !

Ce livre est un appel prophétique pour toute l'Église, une invitation divine à répondre à son appel d'aller briller au cœur du monde. Allez-vous répondre oui ?

DÉCOUVREZ LES TARIFS SPÉCIAUX SUR :

365joursaucoeurdumonde.com
365proverbes.com
365joursauxpiedsdumaitre.com
amourinjuste.com

VOUS SOUHAITEZ CONTACTER
OU SOUTENIR CE MINISTÈRE ?

MINISTÈRE INÉBRANLABLE
JÉRÉMY SOURDRIL
BP 4
78354 JOUY EN JOSAS CEDEX
FRANCE

MINISTÈRE INÉBRANLABLE
JÉRÉMY SOURDRIL
BP 184
J2L 1A9 BROMONT (QC)
CANADA

JEREMY@INEBRANLABLE.COM
FACEBOOK.COM/JEREMYSOURDRIL

WWW.365JOURSAUXPIEDSDUMAITRE.COM